Flora Orientalis: Monocotyledoneae

Edmond Boissier

FLORA ORIENTALIS

OUVRAGES DE M. ED. BOISSIER

Vol. v, fasc. 1, pp. 1-428   1882
"   " "   2, § 429-868   1884
See Supplement pp xxvi-xxvii

FLORA ORIENTALIS

SIVE

ENUMERATIO PLANTARUM

IN ORIENTE

A GRÆCIA ET ÆGYPTO AD INDIÆ FINES

HUCUSQUE OBSERVATARUM

AUCTORE

EDMOND BOISSIER

Soc. Phys. Genev., Soc. Linn. Londin.
Reg. Acad. Scient., Matrit., etc., Sodali.

———

VOLUMEN QUINTUM

—

MONOCOTYLEDONEÆ

GYMNOSPERMÆ. ACOTYLEDONEÆ VASCULARES

———

GENEVÆ ET BASILEÆ
APUD H. GEORG, BIBLIOPOLAM

LUGDUNI
APUD EUMDEM, 65, RUE DE LA RÉPUBLIQUE

—

APR. 1881

4

GENEVÆ, EX TYPIS CAREYANIS.

FLORA ORIENTALIS.

PLANTÆ VASCULARES.

CLASS. II. MONOCOTYLEDONEÆ.

ORD. CXX. HYDROCHARITACEÆ

(L. C. Rich. Mém. Instit. 1811, p. I. 55. — *Hydrocharides* Juss).

Flores sæpius dioici. Perigonium (2) 3-6-phyllum in floribus femineis tubo plus minus elongato suffultum, in masculis tubo destitutum. Stamina 3-12, antheræ ditheceæ 2-4-loculares. Ovarium inferum uni- vel pseudo-6-pluriloculare sæpius multi-ovulatum, ovula placentis parietalibus affixa anatropa vel orthotropa. Stylus brevissimus vel elongatus, stigmata (2) 3-6. Fructus submersus perigonii limbo coronatus uni-vel spurie pluriloculuaris baccæformis vel membranaceus indehiscens rarissime stellatim dehiscens. Semina indefinita exalbuminosa, testa membranacea. Embryo plerumque rectus.

TR. I. HALOPHILEÆ (Aschers. Linn. 1867 p. 172 Trib. *Najadacearum*). [1]

Pollen confervoideum septatum. Ovarium uniloculare placentis parietalibus. Stigmata longe exserta. Folia basin versus angustata sæpe petiolata.

[1] Tribus (ut et ordinis character) a cl. et am. Dr• P. Ascherson elaborata et *benigne communicata.*

HALOPHILA (Dupetit Thouars Gen. nov. Madag. p. 2, N° 6).

Flores diclini dioici (ex cl. Drew monoici.) *Masc.* Perianthium simplex triphyllum. Stamina tria cum perianthii phyllis alternantia. Antheræ sessiles extrorsæ 4-loculares. *Fem.* Perianthium perexiguum 3-2-phyllum (interdum 4-5-phyllum ?.) Ovarium lageniforme placentis 2-5 plerumque 3 parietalibus ovula sæpius plurima anatropa ascendentia foventibus. Stigmata 2-5 (plerumque 3) inter perianthii phylla multoties breviora inserta, filiformia intus caniculata. Fructus membranaceus. Semina plerumque numerosa subglobosa, testâ facile solubili. Embryo macropodus ; axis hypocotyleus puncto radiculari infero, superne excavatus plumulam e cotyledonis annularis horizontaliter accumbentis aperturâ vaginali emergentem excipiens. — Herbæ marinæ perennes submersæ. Folia per paria approximata frondosa laminâ trinervi. Flores in ramo haud elongato terminales spathâ diphyllâ involucrati, masculi pedunculati, feminei sessiles. Fecundatio hydrogama.

SECT. BARKANIA (Ehrenb. et Hempr. Abh. Berl. Acad. 1832. I. p. 429. — *Halophila* Bayley Balfour Trans. Bot. Soc. Edinb. 1879, cujus dissertatio egregia pro genere accuratius cognoscendo summopere commendanda), Caules repentes ramosi ad nodos radicantes. Foliæ cujusque rami (præter infima bina frondosa quorum lamina plerumque obtusa et transverse venosa in petiolum basi vaginantem attenuatur) squamiformia per paria oblique decussata tertio primo cuique superposito.

1. **H. ovalis** (R. Br. Prodr. Nov. Holl., p. 339 ! sub *Cauliniâ*), caule tenerrimo, foliorum frondosorum laminâ obovatâ vel obovato-ellipticâ integerrimâ in petiolum plerumque pluries longiorem attenuatâ ⚥ *H. ovalis* Hook. fil. — *H. ovata* Gaud. in Freyc. Voy. bot. p. 429. tab. 40, fig. I. — *H. Kotschyana* Fenzl Mss.

Hab. in maris Rubri vadosis arenosis præsertim inter scopulos corallinos ad Suez (Del ! Frauenfeld ! Aschers !), ad Kosseir (Klunzinger !), ad Mirsa Sobaya prope antiquam Berenicen (Schweinf. 694 ! ad insulam Barkan prope introitum sinûs Ælanitis sitam (Ehrb !), prope Djeddam (Hildebr. 107 !), in sinu Persico ad insulam Karek et prope Buschir (Ky !)

Foliorum lamina 10-15 mm. longa.

β *major* (Zolling. Verz. p. 75, sub *Lemnopsi*) Foliorum laminâ elliptico-lanceolatâ acutiusculâ 35-80 mm. longâ.

Hab. prope Suez (Frauenfeld !)

Ar. Geogr. Oceanus Indicus et Pacificus ad oras tropicas Africæ, Asiæ et ejus insularum, Polynesiæ, Australiæ etiam extratropicæ.

2. H. stipulacea. (Forsk. Fl. Æg. Arab. p. 158! sub *Zosterá*) foliorum frondosorum laminâ elliptico-lanceolatâ spinuloso-serrulatâ in petiolum plerumque multo breviorem attenuatâ. 4. *H. Stipulacea* Aschs., *Thalassia stipulacea.* König Ann. bot. II, p. 97.

Hab. cum precedente in mari Rubro ad oras Ægypti prope Suez (Del! Ehr! Schimp. 1001! Ky. 413! Frauenfeld! Aschers! Letourn!), ad Kosseir Schimp! Pullen! Klunz!), ad Mirsa Ouadi Lechuma (Schweinf. 696!), ad Mirsa Sobaya (Schweinf!), Arabiâ petræâ prope Tor (Ehrb! Bové!)

Planta plerumque sterilis robusta confertim ramosa foliis 5 centim. longis, 7 mm. latis; ad littus projecta more *Zosterarum* etc., albescit et parenchymate inter venas protruso eximie bullata evadit; inde *Zostera bullata* Del. Pl. Eg. p. 289, tab. 53, fig. 6 — *Thalassia bullata* Kunth — *Barkania bullata* Ehrenb. et Hemp. loc. cit. tab. V. II. Plantæ floriferæ folia 15 mm. longa.

Ar. Geogr. Mare Rubrum inter tropicos, insulæ Africæ orientalis.

Tʀ. II. VALLISNERIEÆ [Endl. gen. p. 161.

Pollen globosum. Ovarium uniloculare placentis parietatibus. Stigmata perigonium haud superantia. Folia linearia basin versus haud angustata.

VALLISNERIA (Michel. Gen. 10).

Flores dioici. *Masc.* Spatha scapum brevissimum terminans ovata trivalvis flores numerosos minimos breviter pedicellatos supra receptaculum unicum congestos includens. Perigonium membranaceum tripartitum laciniis obovato-oblongis post anthesin reflexis. Stamina tria basi perigonii inserta, antheræ subglobosæ biloculares loculis discretis. *Fem.* Spatha scapum longissimum filiformem spiraliter contortum terminans ore bifida florem solitarium sessilem includens. Perigonii tubus cum ovario connatus, limbi laciniæ tres ovatæ. Staminodia tria laciniis perigonii alterna. Ovarium cum perigonii tubo connatum uniloculare multiovulatum. Ovula plurima ascendentia anatropa. Stylus nullus, stigmata tria magna ovata sæpe bifida. Capsula cylindrica unilocularis limbo perigonii coronata polysperma. Semina cylindrica parietalia funiculo longo suspensa. Embryo rectus. — Planta aquatica submersa.

1. V. spiralis (L. Sp. 1441) rhizomate gracili stolonifero fibras radicales tenues et folia linearia plana subpellucida longissima obtusa superne subdenticulata edente, floribus masculis sub anthesi a pedicellis solutis in aquæ superficie natantibus, floribus femineis eodem tempore scapi laxatâ spirâ emergentibus atque iterum fæcundatione peractâ scapi spiris contractis sub aquâ immersis et fructum maturantibus ♃. Rich. Mém. Inst. tab. 3. — Nees Gen. Ic. — Rchb. Germ. tab. 60.

Hab. in aquis lente fluentibus, Mesopotamia ad fluvium Chabur prope

Bas et Ain (Haussk!), Babylonia ad Bagdad (Noë!) et Bassora (Haussk!), Persia australis ad Ispahan et borealis ad Enzeli juxta mare Caspium (Haussk!), Belutchia (Stocks!).

Ar. Geogr. Hispania et Gallia australis, Helvetia et Germania australes, Italia borealis, regio Danubialis, Rossia media et australis, India, Nova Hollandia, America.

BLYXA (Dup. Thouars Gen. Madag. 14. — L. C. Rich. Mém. Inst. II. 63 tab. 4 et 5).

Flores dioici. *Masc.* Spatha scapum brevem terminans multiflora ore bifido, flores inæqualiter pedicellati. Perigonium sexpartitum laciniis exterioribus calycis interioribus petaloideis. Stamina 3-8, filamenta filiformia, antheræ oblongæ apiculatæ loculis binis connectivo angusto junctis. Ovarii superi rudimentum globosum, stylus setaceus trifidus. *Fem.* Spatha ut in mare sed uniflora flore sessili. Perigonii tubus elongatus basi cum ovario connatus, limbus ut in mare. Ovarium cum perigonii tubo connatum uniloculare, ovula plurima ascendentia anatropa. Stylus filiformis elongatus cum perigonii tubo connatus apice breviter exsertus liber. Stigmata tria linearia integra. Bacca cylindrica unilocularis. Semina plurima ascendentia. Embryo rectus. — Herbæ aquaticæ submersæ sed flores emersi.

1. **B. octandra** (Roxb. Corom. tab. 165 sub *Vallisneriâ*) stolonifera, foliis omnibus radicalibus linearibus elongatis integerrimis, florum masculorum scapo subcompresso foliis æquilongo vel longiore, spathâ cylindricâ, perigonii phyllis externis oblongo-lanceolatis internis albis linearibus recurvis duplo longioribus, floris feminei scapo breviore et crassiore, spathâ cylindricâ, flore pedicello (receptaculo?) longo suffulto, laciniis corollinis albis linearibus, germine cylindrico obsolete triquetro ♃ *B. octandra* Dupetit Th. loc. cit.

Hab. in oryzetis Persiæ occidentalis prope antiquam Susam (Haussk. ex cl. Asch. in litt.).

Ar. Geogr. India orientalis.

Tʀ. III. STRATIOTEÆ (Endl. Gen. p. 162) Pollen globosum. Germen placentis valde prominentibus incomplete septatum.

SERIES PRIMA. — Aquæ dulcis incolæ.

HYDROCHARIS (L. Gen. 1126).

Flores dioici. *Masc.* Fl. 2-3 in spathâ diphyllâ pedicellati. Perigonii phylla externa 3 herbacea, interna 3 petaloidea majora præflora-

tione corrugata. Stamina 12 filamentis basi in columnam brevem connatis bicruribus, crure postico sæpe ananthero, antheræ ovatæ basifixæ.
Fem. Flos intra spatham solitarius et longe pedicellatus. Calycis
tubus ovario adnatus, limbus tripartitus. Corolla ut in flore masculo.
Staminodia tria filiformia. Nectarii squamæ tres carnosæ. Ovarium cum calycis tubo connatum sexloculare multiovulatum, ovula
dissepimentis affixa ascendentia anatropa. Styli sex brevissimi crassi,
stigmata totidem bipartita. Bacca ovata sexlocularis muco repleta.
Semina parva ovata exalbuminosa, texta laxa verrucis obsita. Embryo
ovatus. — Herba florifera natans, fructifera demersa.

1. **H. morsus-ranæ** (L. J. Sp. 1466) rhizomate tenui stolonifero e nodis fibras natantes et rosulas foliorum edente, foliis longe
petiolatis orbiculari-reniformibus, stipulis oblongo-lanceolatis membranaceis inferne petiolo adnatis, perigonii phyllis externis ovatis
concavis, internis multo majoribus orbiculatis albis basi luteo-maculatis, baccâ ovatâ oblongâ ♃. Ic. Lam. Ill. tab. 870. — Nees
Gen. Germ. Ic. — Rchb. Germ. tab. 63.

Hab. in aquis stagnantibus in ditione ut videtur rara, Œtolia ad Missolunghi (Nieder!).

Ar. Geogr. Europa borealis et media a Scandinaviâ et Rossiâ mediâ ad Lusitaniam, Hispaniam mediam, Italiam borealem, Bosniam, regionem Danubialem, Sibiria, Nova-Hollandia.

OTTELIA (Pers. Ench. 1. 400).

Flos hermaphroditus in spathâ tubuloso-alatâ ore bifidâ solitarius
et sessilis. Perigonii tubus cum ovario connatus, limbus sexpartitus
laciniis externis herbaceis, internis majoribus petaloideis, singulis basi
externâ glandulæ depressæ insertis. Stamina 6-12, filamentis cuneato-
oblongis, antheris linearibus basifixis. Ovarium cum tubo perigonii connatum placentis parietatibus ad axim tendentibus incomplete
6-8-loculare. Ovula plurima parietalia ascendentia anatropa. Stigmata
6-8 sessilia linearia bifida. Bacca perigonii limbo coronata oblonga
teretiuscula incomplete 6-8-locularis. Semina plurima exalbuminosa.
Embryo orthotropus. — Herbæ aquaticæ foliis submersis.

1. **O. alismoides** (L. Sp. 754 sub *Stratiote*) rhizomate ovato
inferne fibras radicales longas superne folia rosulata edente, foliis
longe petiolatis laminâ submersâ vel natanti orbiculari-cordatâ sæpe
plus minus elongatis petiolos sæpius superantibus, spathâ ovoideo-
oblongâ breviter bilobâ longitudinaliter 5-6-alatâ alis herbaceis inæquilatis, perigonii phyllis externis oblongo-lanceolatis calycinis,
internis petaloideis albis obovatis multo majoribus, fructu ovato
intra spatham recondito ♃. *Ottelia alismoides* Pers. Syn. — Ic. L.

C. Rich. Mem. Inst. 1811 tab. 7.— *Damasonium Indicum* Willd. Sp. 2. 276. — Roxb. Corom. tab. 185. — Bot. Mag. tab. 1201.

Hab. in aquis lente fluentibus et oryzetis Egypti inferioris ad Rosettam (Del! Planta!), ad Damiatam (Sieb! Schweinf!), ad El Ajun in Oasi parvâ (Aschers!).

Ar. Geogr. India Orientalis, Australia tropica.

Obs. *Stratiotes aloides* L. planta ejusdem ordinis Europæ magis borealis incola in prov. Caucasicis ad fl. Terek a Gulddenstædtio indicata ibi a recentioribus non observata fuit.

SERIES SECUNDA. — Maris incolæ.

ENHALUS (C. A. Rich. Mém. Inst. 1811, II p. 64)[1].

Flores dioici. *Masc.* Perianthium duplex coloratum, sepala tria petalis totidem paulo breviora. Stamina tria episepala, antheræ subsessiles oblongæ quadriloculares lateraliter dehiscentes. *Fem.* Perianthium duplex phyllis tribus sepalinis oblongis, tribus petaloideis subduplo longioribus extus elegantissime undulato-plicatis. Ovarium lageniforme subcompressum costis novem papillis gracilibus cylindricis interdum ramosis fimbriatis. Placentæ sex bilamellatæ in centro fructûs subcontiguæ. Ovula pauca in angulo cujusque placentæ cum pariete externâ affixa anatropa. Stigmata sex paulo supra basin in ramos binos lineares divisa. Fructus ovatus spurie septatus (abortu 3-4-locularis) demum deliquescens. Semina 3-14 irregulariter conica, hilo basilari, chalazâ apicali. Embryo macropodus puncto radiculari infero, plumula lateralis valde evoluta sulco basilari cotyledonis conici viridis excepta. — Herba marina submersa, rhizomate crasso stolonifero, radicibus fasciculatis, foliis distichis late linearibus apice rotundatis superne serrulatis, nec ligulatis, nec auriculatis, vaginis apertis, inflorescentiis axillaribus compresso-pedunculatis primum spathâ diphyllâ inclusis. Pedunculus inflorescentiæ masculæ brevis, flores innumeri minutissimi supra receptaculum elongatum capituli ad instar conglomerati demum a pedicellis gracilibus soluti aquæ innatantes. Flos femineus pedunculo spiraliter contorto suffultus solitarius sessilis masculis multoties major. Fecundatio *Vallisneriæ* modo aërogama.

1. E. acoroides (L. fil. Suppl. p. 268 sub *Stratiote*) foliorum laminâ 23-29-nervi, nervorum marginalium fasciculis fibrovasalibus setarum nigrarum ad instar persistentibus in rhizomatis apice comam formantibus, spatharum phyllis carinato-complicatis ad carinam (et in spathâ masculâ etiam utrinque in nervo laterali) papillis gracilibus fimbriatis ♃. *E. acoroides* Steud. Nom. — *E. Kœnigii*

[1] Genus a cl. et am. Dr P. Ascherson elaboratum et benigne communicatum.

L. C. Rich. loc. cit. p. 78. — *E marinus* Griff. Not. pl. As. III, p. 178, Ic. tab. 249, 250.

Hab. in mari Rubro prope Yambo territorii Hedjaz (Botta!).

Herba robusta rhizomatis comâ *Posidoniam Oceanicam* æmulans, setis nigris longissimis e nervis marginalibus foliorum emortuorum reliquis insignis. Folia ad quinque decim. longa, 12-15 mm. lata. Pedunculus masculus 4 centim., spatha 3 centim., flores 2 mm. longi. Pedunculus femineus 4 decim. longus, spatha 5 cent., fructus ad 3 cent. longi.

Ar. Geogr. Oceanus Indicus et Pacificus ad Asiæ, Africæ, Australiæ, Melanesiæ oras inter tropices.

THALASSIA Soland. Mss — König Ann. Bot. II, p. 96.
(Ex parte)[1]. — *Schizotheca* Ehrenb.

Flores dioici. *Masc.* Perigonium simplex sepalinum, phylla tria oblonga obtusissima concava subherbacea integerrima. Stamina 9 (ex cl. Duchassaing in *T. testudinum* 12). *Fem.* (in *T. testudinum* tantum notus). Perianthium duplex, sepala 3 multo minora subherbacea lanceolata acuta serrulata, petala 3 subcolorata oblonga utrinque attenuata serrulata, ovarium subcompressum papillis cylindrico-clavatis dense muricatum in tubum breviorem gracilem hexagonum lævem productum, placentis subsenis bilamellatis unâ alterâve minus evolutâ. Ovula pauca anatropa in angulo inter placentam et parietem externam ovarii ad basin affixa. Stigmata bifida (tot quot placentæ perfectæ?) Fructus subglobosus rostratus spurie 2-4-locularis septis demum evanidis demum (in *T. Hemprichii* saltem) ab apice ad basin in valvas 10-20 stellatim expansas dehiscens. Semina bina irregulariter depresso-globosa vel reniformia hilo basilari, chalazâ rostri breviter et late conici ad instar prominente. Embryo macropodus puncto radiculari infero?, plumula valde evoluta cotyledonis laminæ viridis sulco arcte appositâ cum eâ seminis rostrum implens. — Herbæ marinæ submersæ, rhizomate repente folia squamiformia amplexicaulia numerosa gerente, hinc inde radicante, ramis passim erectis superne frondoso-foliatis; folia omnia disticha, frondosa late linearia apice rotundata superne serrulata nec ligulata nec auriculata, vaginis apertis, demum squamose nec fibrose secedentibus. Flores solitarii, axillares (?) brevipedunculati spathâ diphyllâ involucrati, masculus supra spatham pedicellatus, femineus subsessilis. Fecundatio probabiliter aërogama.

1. **T. Hemprichii** (Ehrb. Symb. Phys. bot. tab. XI. I. (ined). — Act. Berl. Acad. 1832, 1 p. 429. — Solms Laubach in Schweinf. Beitr. Æth. p. 194, 246 sub *Schizothecâ*) foliorum laminâ 9-15 nerviâ dentibus ex toto scariosis e cellularum parietis externi processibus tantum nec cellulis ipsis prominentibus formatis (conf. cl.

---

[1] Genus a cl. et am. Dr P. Ascherson elaboratum et benigne communicatum.

Magnus Sitzb. Naturf. Freunde Berlin 1870 p. 86), spathæ masculæ, phyllis lineari-oblongis integerrimis, floribus femineis..... ♃ *T. Hemprichii* Aschers.

Hab. in maris Rubri vadosis inter scopulos corallinos ad Kosseir (Klunzinger!) et Djeddam (Schweinf!) ubi *Kholân el qaçab* audit.

Folia cum vaginis 15-20 centim. longa 4-10 mm. lata. Spatha mascula 25 mm., flos 7 centim. æquantes. Fructus viridis nucis avellanæ magnitudine. Planta *Cymodoceæ nodosæ* et *C. rotundatæ* similis a quibus primo visu distinguitur rhizomate foliis squamiformibus numerosis obtecto et foliis nec ligulatis nec auriculatis. A nostrâ specie differt *T. testudinum* Kön. ad oras Indiæ occidentalis obvia; quæ planta robustior, folii dentes ex parte herbacei ex cellulis ipsis et earum processibus nec ex solis processibus formati, spathæ masculæ tandem ex cl. König phylla irregulariter serrulata. *Thalassiæ testudinum* flores masculi, *T. Hemprichii* autem flores fæminei præsto haud sunt, in femineis speciei prioris spathæ phylla serrulata.

Ar. Geogr. Oceanus Indicus et Pacificus ad oras Africæ et Asiæ tropicæ, Archipelagus Indicus, Melanesia.

TR. IV. HYDRILLEÆ (Casp. in Pringsh. Jahrb. I, p. 493).

Pollen globosum. Ovarium uniloculare placentis parietalibus. Stigmata tria. Folia sessilia, parva, verticillata, rarius sparsa.

HYDRILLA (L. C. Rich. Mem. Inst. 1811, 2, 61 tab. 2).

Flores dioici. *Masc.* Spatha sessilis subglobosa irregulariter rupta flore unico pedicellato. Perigonium sexpartitum laciniis exterioribus calycinis, interioribus petaloideis. Stamina tria laciniis exterioribus opposita, filamenta brevia filiformia, antheræ ovatæ loculis binis contiguis. *Fem.* Spatha sessilis tubulosa uniflora ore obliquo flore sessili. Perigonii tubus filiformis elongatus basi ovario connatus, limbus sexpartitus phyllis externis calycinis, internis petaloideis. Ovarium placentis ternis, ovula plurima ascendentia anatropa. Stylus setiformis elongatus cum tubo perigonii connatus, stigmata lineari-lanceolata indivisa, bacca subtrigona unilocularis. Semina paula cylindrica ascendentia. — Herba gracilis submersa, floribus natantibus.

1. **H. verticillata** (Roxb. Corom. tab. 164 sub *Serpiculâ*) caule elongato tenui fluitante, foliis 3-6 verticillatis sessilibus oblongovel lineari-lanceolatis serrulatis. *Masc.* spathis axillaribus sessilibus 1-4-nis parvis globosis muricatis, perigonii phyllis externis ovatis internis cuneato-oblongis. *Fem.* Spathâ multo majore axillari solitariâ tubulosâ, baccâ elongatâ siliquæformi ♃ *H. verticillata* Rich. loc. cit. *Udora occidentalis* Koch syn.

Hab. in fluviis, ditionis civis dubia, in Indiæ orientalis aquis copiosa, probabiliter in Belutschiâ calidiore reperienda.

Ar. Geogr. Pomerania, Prussia, Lithuania, India orientalis, China, Japonia, Archipelagus Indicus, Australia, Insulæ Africæ orient.

ORD. CXXI. ALISMACEÆ.

(L. C. Rich. in Ann. Mus. Par. I., p. 365).

Flores hermaphroditi rarius monoici. regulares. Perigonium hexaphyllum phyllis externis calycinis, internis corollinis. Stamina hypogyna sex vel indefinita, antheræ biloculares longitudinaliter dehiscentes. Ovaria indefinita rarius 6-8, singula stylo terminata, verticillata vel capitata unilocularia uniovulata, rarius biovulata, rarissime pluriovulata. Ovula campylotropa, si unicum basilare erectum, si bina alterum ex suturâ ventrali horizontale. Carpella indehiscentia. Semen exalbuminosum. Embryo uncinatus.

ALISMA (L. Gen. 460 ex parte).

Flores hermaphroditi. Sepala tria herbacea persistentia. Petala tria calyce majora decidua æstivatione involuta. Stamina (in nostrâ) sex, antheræ ad dorsi basin affixæ. Ovaria numerosa receptaculo disciformi insidentia, in orbem disposita, uniovulata ovulo erecto, micropyle extrorsâ, stylus lateralis, stigma obsoletum. Carpella compressa coriacea monosperma. Semen erectum. Embryo uncinatus. — Herba aquatica.

1. **A. Plantago** (L. Sp. 486) foliis longe petiolatis acutis ovatis vel cordatis vel lanceolatis, floribus composite et verticillatim in paniculam pyramidatam scapum terminantem dispositis, pedicellis elongatis, bracteis breviter lanceolatis, petalis albis orbiculatis, carpellis compressis obovatis obtusis dorso sulcatis in fructum centro infundibulariter excavatum congestis ♃. Ic Nees Gen. Germ. — Rchb. Germ. tab. 57. *A lanceolatum* With. forma foliis angustis.

Hab in paludosis et ad aquas totius ditionis a Græciâ ad Egyptum! Mesopotamiam! Persiam australem! regnum Cabulicum (Griff!).

β *decumbens.* — Folia angusta, scapus brevis decumbens pauciflorus. — *A. repens* Schimp. Pl. Eg. exs. n° 34, (non Cavan. quod *Ech. ranunculoidis* formam sistit).

Hab. in Egypto inferiore prope Abuzabel (Schimp !).

Ar. Geogr. Europa omnis, Sibiria tota, India borealis, Abyssinia, America borealis, Australia.

ECHINODORUS (L. Rich. Mém. Mus. Hist. Nat. 1815 I. p. 365).

Flores hermaphroditi. Sepala tria herbacea persistentia. Petala tria calyce majora decidua æstivatione imbricata. Stamina (in nostrâ) sex, antheræ basi bifidâ affixæ. Ovaria numerosa supra receptaculum globosum capitato-congesta in stylum brevem terminalem attenuata uniovulata ovulo erecto. Carpella vix compressa multicostata coriacea monosperma. Semen erectum. Embryo uncinatus. — Herba aquatica facie *Alismatis.*

1. E. ranunculoides (L. Sp. 487 sub *Alismate*) foliis lanceolatis trinerviis acutis in petiolum seusim attenuatis, scapo foliis æquilongo vel sublongiore apice umbellato vel verticillattm biumbellato, pedicellis elongatis, petalis obovatis transverse sublatioribus albis roseo-tinctis, carpellis ellipsoideo-subquadrangularibus longitudinaliter 3-4-sulcatis sensim attenuatis et stylo recto rostratis ♃. *E. ranunculoides.* Engelm. — Rchb. Germ., fig. 55.

Hab. in paludosis et hyeme inundatis, in parte occidentali ditionis rarissime, Peloponnesus ad Naupliam (Orph !).

Ar. Geogr. Lusitania, Hispania, Gallia centralis et occidentalis, Helvetia, Britannia, Germania occidentalis et borealis, Gothia, Italia, Dalmatia, Rossia media, Africa borealis, Insulæ Canarienses.

DAMASONIUM (Juss. Gen. 46. — *Actinocarpus* R. Br.)

Flores hermaphroditi. Sepala tria herbacea persistentia. Petala tria calyce majora decidua. Stamina sex, antheræ dorso vix supra basin affixæ. Ovaria-6-8 verticillata receptaculo plano vix incrassato inserta basi connata unilocularia 2-pluriovulata in stylum rectum brevem attenuata. Carpella lateraliter compressa basi latâ receptaculo adnata stellatim divergentia coriacea lanceolata in rostrum rectum sensim attenuata. Semina (in nostrâ specie) bina vel abortu unicum. Embryo uncinatus. — Herba aquatica.

1. D. Bourgæi (Cosson Not Pl Crit. Esp. p. 47) foliis longe petiolatis oblongis basi truncatis vel cordatis 3-5-nerviis, scapis crassiusculis folia subsuperantibus, florum verticillis 5-7 remotisculis 5-7-floris in racemum laxum dispositis inferiore interdum composito, pedicellis demum crassis fructu vix longioribus, petalis albis rhomboideo-ovatis brevissime unguiculatis, carpellis triangulari-lanceolatis acutis valde nervosis nervis fere ad rostri apicem productis, seminibus oblongo-cylindricis muriculatis ⊙ *Actinocarpus Damasonium* Guss. Syn. I. p. 440 non Sm.

Hab. ad fossas demum exsiccatas, Lycia ad Elmalu (Bourg !) Egypte inferior ad Abuzabel (Schimp. exs. 35!).

Affine *D. stellato* Pers. pro cujus varietate a nonnullis habetur, hoc differre videtur carpellis fructiferis subduplo majoribus obsolete nervosis longius et manifestius rostratis rostro non sulcato-nervoso, seminibus duplo majoribus subcurvatis transverse rugulosis.

Ar. Geogr. Hispania, australis, Lusitania, Sicilia, Sardinia, Africa borealis.

SAGITTARIA (L. Gen. 1067).

Flores monoici (in spec. exot. interdum dioici vel polygami) superiores masculi. Sepala tria herbacea persistentia. Petala 3 calyce majora decidua æstivatione imbricata. *Masc.* Stamina supra receptaculum inserta in nostrâ numerosa, filamenta brevia, antheræ basifixæ. *Fem.* Ovaria indefinita receptaculo subcarnoso globoso insidentia in capitulum congesta compressa extrorsum gibba uni-ovulata ovulo erecto, stylus brevis, stigma simplex obtusum. Carpella membranacea compressa marginata. Semen erectum. Embryo uncinatus. — Herba aquatica floribus ternatim verticillatis verticillis remotis basi bracteis membranaceis obsitis in racemum terminalem dispositis.

1. S. sagittifolia (L. Sp. 1410) foliis longe petiolatis profunde sagittatis acutis lobis divergentibus acuminatis, scapo erecto simplici, pedicellis flore bracteâque sublongioribus, petalis albis calyce duplo longioribus obovatis transverse latioribus in unguem brevem contractis, carpellis obovatis dorso alatis oblique et obtuse rostratis ♃. Ic. Lam. Ill. tab. 776. — Rchb. Germ. fig. 94. — Nees Gen. Germ. Ic.

Hab. in aquis, Macedonia et Thracia (Friv. ex Griseb.), Transcaucasia ad mare Nigrum prope Redoutkale (Bayern!) et ad Caspium prope Lenkoran (Hohen.), Babylonia ad Korna (Noé!), Affghania (Griff.)

Ar. geogr. Europa septentrionalis et media a Scandinaviâ et Rossiâ boreali ad Lusitaniam, Hispaniam et Italiam australes, regionem Danubialem, Sibiria tota, India orientalis, China, Japonia.

ORD. CXXII. BUTOMACEÆ.

(L. C. Rich.)

Flores hermaphroditi regulares. Perigonium hexaphyllum phyllis biseriatis exterioribus calycinis vel interdum corollinis, tribus internis majoribus petaloideis. Stamina hypogyna definita vel indefinita, antheræ lineares biloculares lateraliter secundum longitudinem dehiscentes. Ovaria sex vel plurima verticillata distincta vel basi cohærentia unilocularia multiovulata. Ovula placentæ parietali reticulatæ affixa anatropa. Carpella suturâ ventrali dehiscentia. Semina creberrima exalbuminosa, embryo rectus vel uncinatus.

BUTOMUS (L. Gen. 507).

Flores hermaphroditi. Sepala tria persistentia subcolorata. Petala tria sepalis submajora persistentia. Stamina novem, sex per paria phyllis exterioribus, tria interna petalis opposita. Ovaria sex verticillata ventre et basi cohærentia supra basin ad conjunctionem poris nectarifluis instructa stylo persistente oblique rostrata. Ovula creberrima parietalia subhorizontalia. Carpella coriacea. Semina minuta longitudinaliter sulcata testâ membranaceâ. Embryo rectus cylindraceus. — Herba aquatica.

1. **B. umbellatus** (L. Sp. 532) rhizomate horizontali, foliis longissimis lineari-subtriangularibus acutis, scapis cylindricis folia subsuperantibus, umbellâ terminali multiflorâ basi involucro triphyllo cinctâ, phyllis foliaceis breviter lanceolatis, pedicellis longis inæqualibus, perigonii phyllis obovatis internis submajoribus roseis ♃. Lam. Ill. tab. 324. — Rchb. Germ. fig. 103. — Nees Gen. Ic.

Hab. ad fossas et aquas lente fluentes, Macedonia (Friv.), Thracia et Bithynia (Sibth. Thirke!), agrum Trojanum (Schmidt!), Lycia ad Elmali (Bourg!), Cappadocia ad Cæsaream (Bal!), Cælesyria (Post!), Damasci (Gail!), Tauria (Stev.), prov. Caucasicæ (Led. Bayern!), Iberia et ditio Talysch (C. A. Mey.), Affghania (Griff.).

Ar. Geogr. Europa borealis ab Angliâ et Scandinaviâ ad Lusitaniam, Italiam centralem, regionem Danubialem et Rossiam mediam, Songaria, Sibiria, India boreali-occidentalis, China.

ORD. CXXIII. JUNCAGINEÆ.

L. C. Rich. Mem. Mus. 2 p. 365.

Flores hermaphroditi regulares. Perigonium hexaphyllum herbaceum phyllis subæqualibus. Stamina sex hypogyna, antheræ biloculares longitudinaliter dehiscentes. Ovaria 3 vel 6 libera vel angulis ventralibus connata unilocularia 1-2-ovulata ovulis ascendentibus anatropis. Stylus nullus, stigmata papillosa apice ovarii adnata. Carpella 3 vel 6 vel basi tantum connata et superne distincta vel in fructum 3-6-sulcatum connata maturitate ab axi centrali secedentia angulo interno dehiscentia 1-2-sperma. Semina erecta exalbuminosa. Embryo rectus.

TRIGLOCHIN (L. Gen. 453).

Perigonium hexaphyllum deciduum phyllis ovato-concavis tribus interioribus altius insertis. Stamina sex filamentis brevissimis, antheris sub medio dorso affixis. Ovaria 6 in unicum connata uniovulata, tria alterna interdum sterilia, styli subnulli, stigmata brevia plumosa. Ovula basilaria. Carpella axi filiformi adnata ab eo demum soluta monosperma angulo ventrali demum (et an semper?) dehiscentia, alterna tria interdum sterilia. Semen erectum testâ tenui. — Herbæ floribus racemoso-spicatis.

1. **T. maritimum** (L. Sp. 483) rhizomate obliquo fibris vestito, foliis carnosulis lineari-semicylindricis carnosulis supra caniculatis, scapo foliis longiore in racemum strictum elongatum densiflorum abeunte, pedicellis strictis fructu brevioribus, fructu ovato apice sub stigmatibus coarctato hexagono carpellis sex ellipticis triquetris dorso subcanaliculatis tandem secedentibus ♃. Ic Lam Ill. tab. 260, fig. 2. — Rchb. Germ. tab. 52. — *T. Ani* et *T. Rögneri*. C. Koch Linn. XXII, p. 272.

Hab. in pratis salsis interioribus Armeniæ ad Baibut (Bourg!) et in paludibus ad Euphratem prope Erzerum (Huet!), in Cappadociâ ad Bereketly (Bal!).

Cl. Balansa in Cappadociâ cum plantâ typicâ mixtam formam fructu carpellis ternis constante legit.

Ar Geogr. Europa borealis et media a Britanniâ et Scandinaviâ ad Rossiam et a Lusitaniâ et Hispaniâ boreali ad Italiam centralem, Dalmatiam, regionem Danubialem, Sibiria, Africa borealis, America borealis.

1. **T. palustre** (L. Sp. 482) rhizomate brevissimo bulbiformi tunicis et fibris subparallelis vestito, foliis anguste linearibus semiteretibus, scapo foliis longiore in racemum longum strictum gracilem abeunte, pedicellis strictis fructu brevioribus, fructu rachi adpresso lineari basi attenuato angulato, carpellis tribus subteretibus subulatis basi attenuato-aristatis a parte inferiori primum ab axi secedentibus ♃. Ic Fl. Dan. tab. 490. — Nees Gen. Germ. Ic. — Rchb. Germ. tab. 51.

Hab. in uliginosis, ad fossas, regionis praesertim montanæ et alpinæ, Anatolia in monte Anemas 6000' (Held!), Cappadocia ad Cæsaream et in regione subalpinâ montis Masmeneudagh (Bal!), Armenia prope Baibut (Bourg!), Regio Caucasica (Ledeb.) Persia borealis ad radices montis Demavend (Ky. 615!), Affghania cirsa Herat (Bge!) et Cabul (Griff!) in valle Kurum (Aitch!).

Ar. Geogr. Europa tota presertim borealis et media, Sibiria, China, Tibetia, America borealis et australis.

3. **T. Barrelieri** (Lois. Fl. Gall. p. 705) rhizomate bulbiformi oblongo fibris parallelis anastomosantibus vestito, foliis lineari-subulatis semicylindricis erectiusculis superne sulco exaratis, scapo erecto vel ascendenti foliis vix longiore in racemum brevem laxiusculum abeunte, pedicellis fructu subæquilongis erecto-patentibus, fructu erecto-patenti oblongo-lineari superne attenuato, carpellis tribus subteretibus ab axi primum a parte inferiori secedentibus ♃.

Ic. Barrel. 271. — Rchb. Germ. fig. 9-16. — *T. palustre* var *β*. L. Sp., p. 483.

Hab. in arenosis maritimis Atticæ, ad Phalerum (Boiss! Heldr!) ad Eleusin (Heldr!), in insulá Aeginá (Sprun!) ad littora Cretæ (Heldr!), Smyrnæ (Bal!) Fl. Apr Jun.

Ex cl. Chamisso et Schlecht., E. Mey. Buchenau, M. Micheli, etc. *T. Barrelieri* a *T. bulboso* Capensi specifice non differt; specimina Capensia tamen fibris tunicarum multo copiosioribus rigidioribus et superne longe productis præsertim stigmatibus duplo longioribus triangulari-lanceolatis patentirecurvis nec ovatis obtusis differre observo. Speciem affinem *T. laxiflorum* Guss. foliis utrinque planis et sulcatis varie flexis, capsulis brevius pedicellatis et axi adpressis, florendi tempore autumnali specifice distinctum ex ditione nondum vidi.

Ar. Geogr. Lusitania, Hispania, Gallia occidentalis et australis, Italia, Dalmatia, Africa borealis.

ORD. CXXIV. POTAMEÆ.

(Juss. Dict. Sc. Nat. vol. 43, p. 93).

Flores hermaphroditi vel unisexuales. Perigonium inferum tetraphyllum, vel tantum in floribus femineis obvium et cupuliforme, vel in floribus utriusque sexus nullum. Stamina 1-4, filamenta brevissima, antheræ plerumque dithecæ longitudinaliter dehiscentes. Ovarium e carpellis 1-8 liberis sessilibus nunc demum pedicellatis uniovulatis constans. Ovulum e suturâ ventrali pendulum vel lateraliter affixum. Fructus carpellis liberis nucamentaceis vel subdrupaceis constans. Semen exalbuminosum. Embryo macropodus uncinatus vel rectus. — Herbæ in aquâ dulci vel mariná vigentes.

Ser. I. FLUVIALES. — Aquæ dulcis vel subsalsæ incolæ.

ZANNICHELLIA (L. Gen. 1034).

Flores monoici masculi et feminei interdum arcte approximati, masculi distincte, nunc longe pedunculati. *Masc.* Perigonium nullum. Anthera (interdum binæ) thecis binis connectivo excurrente longitudinaliter adnatis. *Fem.* Perigonium membranaceum breve cupuliforme basin carpellorum cingens. Carpella 4-8 sessilia vel pedicellata oblonga compressa, stylus brevis vel elongatue. Stigma peltatum. Ovulum unicum suspensum. Carpella matura coriacea compressa germinatione in 2 valvas dehiscentia. Semen oblongum testa tenui. albumine nullo. Embryonis cotyledon longe acuminata et circinnatim inflexa.

1. Z. palustris (L. Sp. 1475) caulibus tenuiter filiformibus radi-

cantibus, foliis angustissime linearibus vel filiformibus, stipulis intra
foliaceis, carpellis 2-6 in umbellulam breviter pedunculatam congestis
compressis oblique oblongis vel sæpius semilunatis lævibus vel margine dorsali convexo vel rarius etiam ventrali concavo crenato-
dentatis ♀. Ic. Nees Germ. — *Z. dentata* Willd. (forma carpellis
dentatis). — Planta quoad floris masculi longitudinem, carpella plus
minus longe pedicellata, plus minus longe stylata, margine integra
vel dentata formas plures a nonnullis pro speciebus habitas sed quæ
intermediis confluunt præbens.

α *genuina* Aschers. Fl. Brand., p. 668. — Floris masculi pedunculus elongatus, fructus breviter pedicellati subdentati vel den-
tati stylo 2-3 plo longiores, stigma denticulatum. — Micheli Nov. Gen.
tab. 34. fig. I. — *Z. macrostemon* J. Gay. *Z. repens* et *Z. major*
Bænningh. Rchb. Germ., tab. XVI, fig. 20 et 24. — *Z. polycarpa*
Nolte fig. 23.

β *pedicellata* Aschers. loc. cit. p, 669. — Floris masculi pedunculus
abbreviatus, pedicelli carpello æquilongi vel vix breviores, stylus
carpellum sæpe æquans, stigma obscure denticulatum ♀. Ic. Mich.
tab. 34. fig. 2. — *Z. dentata* Willd. — *Z. brachystemon* Gay. — *Z.
pedunculata* Rchb. — *Z. gibberosa* Rchb. Ic. Germ. 21 et 22.

Hab. omnes formæ altera in alteram transeuntes in aquis totius ditionis a
Græciâ (Heldr!) et Macedoniâ (Friv!), ad Egyptum et ejus Oases (Ehrenb!
Schweinf! Asch!), Persiam! regionem Caucasicam! regnum Cabulicum
(Griff!).

Ar. Geogr. Totus orbis (præter Australiam).

POTAMOGETON (L. Gen. 474).

Flores hermaphroditi spicati. Perigonium herbaceum tetraphyllum
phyllis brevissime unguiculatis æstivatione valvatis. Antheræ quatuor subsessiles phyllis antepositæ dithecæ thecis connectivo plus
minus sejunctis. Carpella quatuor erecta uniovulata stylo brevissimo vel nullo, stigmate peltato. Ovulum suturæ ventrali infra apicem
affixum pendulum campylotropum. Nuculæ quatuor vel abortu 1-2
subdrupaceæ sessiles monospermæ, endocarpio duro, albumen nullum.
Embryo uncinatus, — Herbæ aquaticæ.

§ 1. **Heterophylli** Koch. — Folia inferiora submersa alterna
floralia natantia subopposita dissimilia, stipulæ liberæ.

1. **P. natans** (L. Sp. 182) caule longo subsimplici, foliis omnibus longepetiolatis, submersis oblongis, vel lanceolatis sub anthesi ob
laminam putredine destructam ad petiolum reductis, natantibus coriaceis nervosis ovatis vel ovato-oblongis basi leviter cordatis et ad
limbi ortum biplicatis, petiolis semiteretibus supra planis, pedunculis

caulem crassitie æquantibus, spicâ dense cylindricâ, sepalis rhombeo-rotundatis, nuculis ovatis recentibus compressis margine obtusis ♃. Rchb. Ic. Germ. tab. 50.

Hab. in aquis stagnantibus vel lente fluentibus totius ditionis a Græciâ et Cretâ ad Syriam ! Egyptum, Persiam ! Affghaniam (Aitch !).

β. *serotinum.* — Petioli elongati, folia submersa longius persistentia, natantia augustata basi magis attenuata. — *P. serotinum* Schrad.

Hab. in canalibus regionis Delta orientalis Egypti (Schweinf !) et alibi.

Ar. Geogr. Totus fere orbis terrarum in temperatis et subtropicis.

2. P. fluitans (Roth Tent. Germ. I. 72) caule elongato sæpe ramoso, foliis omnibus longe petiolatis, submersis sub anthesi persistentibus oblongo-lanceolatis membranaceis pellucidis, natantibus coriaceis tenuioribus late oblongo-lanceolatis basi attenuatis non plicatis, petiolis subtriquetris supra convexis, pedunculis caule subcrassioribus, spicâ cylindricâ densâ, sepalis rhombeo-rotundatis, nuculis ovatis compressis margine acutiusculo ♃. Rchb. Germ. tab. 49. — *P. natans* var. *fluitans* Cham.

Hab. in aquis, probab. in fere totâ ditione, Creta prope Khania (Raul !), Syria (Bové !), Tauria et prov. Caucasicæ (Ledeb.).

Ar. Geogr. Terrarum orbis fere totus in temperatis et tropicis.

3. P. rufescens (Schrad. in Kth. Fl. Berol. p. 5) caule sub-simplici, foliis submersis sessilibus membranaceis pellucidis lanceolatis basi et apice attenuatis obtusiusculis margine lævibus, foliis natantibus demum rufescentibus coriaceis oblongis obtusis in petiolum eis breviorem attenuatis, pedunculo caule subcrassiore, spicâ cylindricâ compactâ, sepalis reniformibus, nuculis lenticulari-compressis margine acutis ♃. Rchb. Ic. Germ. tab. 32. — *P. annulatum* Bellard. — *P. Alpinum* Balb.

Hab. in aquis, Affghania (Griff. ex Aitchison), specimen imperfectum ex Corcyrâ (Letourn) ! hûc spectare videtur.

Ar. Geogr. Europa borealis et media a Britanniâ et Scandinaviâ ad Italiam borealem in Alpibus, Montenegro et Bosnia, Sibiria, America borealis.

§ 2. **Homophylli** Koch: — Folia omnia submersa conformia (præter floralia pedunculos fulcrantia quæ subopposita sunt) alterna, ovata vel lanceolata. Stipulæ liberæ.

4. P. lucens (L. Sp. 183) caule ramoso, foliis omnibus submersis membranaceis pellucidis breviter petiolatis a basi cuneatâ ovatis vel lanceolatis mucronatis margine serrulato-scabris inferioribus alternis superioribus suboppositis, pedunculis caule crassioribus superne incrassatis, spicâ dense cylindricâ pedunculo breviore, sepalis transverse ellipticis, nuculis oblique ellipticis subcompressis recentibus margine obtusis leviter carinatis ♃. Ic. Rchb. Germ. tab. 36. — *P. serratum* Web.

Hab. in aquis, Macedonia in lacu Castoria (Frieder. ex Griseb), Byzantii (Sm), Peloponnesus in agro Eliensi (Sm), Egyptus in canali aquæ dulcis prope Suez (Schweinf!), Ismailia, Ramses (Letourn.!) Libanus prope Yamouny (Bl!) regnum Cabulicum ad Ghuznee (Griff!).

Ar. Geogr. Europa borealis et media ad Italiam centralem, Dalmatiam, regionem Danubialem et Rossiam mediam usque, Sibiria, Africa borealis, India orientalis.

5. **P. perfoliatus** (L. Sp. 182) caule ramoso, foliis omnibus submersis plurinerviis membranaceis pellucidis a basi cordatâ amplexicauli ovatis vel ovato-lanceolatis margine scabriusculis, pedunculis crassitie caulem æquantibus spicâ breviter cylindricâ longioribus, sepalis breviter ovatis, nuculis recentibus obovatis compressis margine obtusis ♃. Ic Rchb. Germ. fig. 53 et 54.

Hab. in aquis, Macedonia (Sibth.), prov. Caucasicæ (C. a Mey.), Palestina ad Jordanum (Bové!), Persia prope Ispahan et in montibus Kuh Kilouyeh Persiæ australis (Haussk!), Affghania ad Herat (Bge!), regno Cabulico et Belutschiâ (Stocks!)

Ar. Geogr. Europa omnis, Sibiria, India orientalis, Nova Hollandia, America borealis.

6, **P. crispus** (L. Sp. 18), caule dichotome ramoso subcompresso, foliis omnibus submersis membranaceis sessilibus lineari-oblongis obtusis serrulatis undulato-crispis, pedunculis crassitie caulem æquantibus spicâ oblongâ subinterruptâ 3-4- plo longioribus, sepalis ovatis, nuculis ovatis compressis rostro tenui recurvo eis subæquilongo terminatis ♃. Ic. Rchb. Germ. fig. 50 et 51.

Hab. in aquis, Byzantii (Sibth.), Tauria, prov. Caucasicæ et Transcaucasia (Led), Damasci (Wetzstein!) Arabia petræa (Bové!), Egyptus infer. (Del.! Ehrb.! Fig.! Schweinf!) in ditione Fayoum (Asch!), ad Kenne (Schimp. 947! Schweinf.!) et Syenem (Ky!)

Ar. Geogr. Europa omnis, Sibiria, Japonia, India borealis, P. B. Spei, Nova Hollandia, America borealis.

§ 3. **Chloëphylli Koch.** — Folia omnia submersa graminea conformia (præter floralia pedunculos fulcrantia quæ suopposita sunt) alterna. Stipulæ liberæ.

7. **P. acutifolius** (Link in Ræm. et Sch. 3, p. 513) caule alato-complanato dichotome ramosissimo, foliis omnibus submersis membranaceis pellucidis sessilibus exacte linearibus multinerviis cuspidatis, pedunculis spicas 4-6-floras fructiferas breviter ovatas æquantibus, sepalis transverse rhombeis, nuculis semiorbiculatis compressis dorso convexis breviter uncinato-rostratis margine interno recto et basi gibbo aucto ♃. Ic. Rchb. Germ. tab. 26.

Hab. in aquis Iberiæ Caucasicæ (Wilh. ex C. Koch) E ditione nondum vidi.

Ar. Geogr. Europa borealis ad Galliam, Germaniam, regionem Danubialem, Rossiam mediam usque.

8. **P. obtusifolius** (M. K. Deutsch. Fl. 1., p. 855) caule tenui subcompresso marginibus obtuso ramosissimo, foliis omnibus submersis membranaceis pellucidis sessilibus linearibus 3-5-nerviis obtusis breviter mucronatis, pedunculis spicam continuam ovato-oblongam æquantibus, sepalis rhombeis, nuculis oblique obovatis compressis rostro brevi recto truncato terminatis margine interno convexo supra basin non gibboso ♃. Rchb. Germ. tab. 25. — *P. gramineus* Sm. Prodr. I. p. 108 ?

Hab in aquis, Peloponnesus si synonymon Smithii hûc recte adducitur Persia occidentalis inter Tchinar et Maregun (Haussk!) et prob. alibi.

Ar. Geogr. Europa præsertim borealis et media, Sibiria Uralensis.

9. **P. compressus** (L. Sp. 183) caule ramoso compresso-alato fere plano et subfoliaceo, foliis omnibus submersis membranaceis pellucidis sessilibus multinerviis linearibus elongatis obtusiusculis cuspidatis, pedunculis spicâ fructiferâ cylindricâ 10-15-florâ duplo longioribus, sepalis transverse ovatis, nuculis oblique obovatis rostro brevi obtuso, margine interno convexo ♃. *P. Zosteræfolius* Schum. Rchb. Germ. tab. 27.

Hab. in aquis Thraciæ borealis ad Stanimak (Friv. ex Griseb.) E ditione nondum vidi.

Hab. in Europâ boreali et mediâ, Sibiriâ, Americâ boreali.

10. **P. pusillus** (L. Sp. 184) caule tenui cylindrico subcompresso ramosissimo, foliis omnibus submersis membranaceis pellucidis sessilibus anguste linearibus sub 3-nerviis acutiusculis mucronulatis, pedunculis spicâ brevi interruptâ 4-8-florâ 2-3-plo longioribus, sepalis semiorbiculari reniformibus, nuculis vix compressis oblique ellipticis in rostrum breve rectum abeuntibus margine interno convexo ♃. Rchb. Germ. tab. 22.

Hab. in aquis, Armenia prope Baibut (Bourg!), prov. Caucasicæ et Transcaucasia (Ledeb.), Egyptus in Oasi parvâ (Asch!) et magnâ (Schweinf!), Persia occidentalis (Haussk!) et prov. Khorassan prope Mesched (Bge!).

Ar. Geogr. Europa tota, Sibiria, Japonia, Africa borealis, Abyssinia, P. B. Spei, insulæ Canarienses et Madera, America australis et borealis.

§ 4. **Coleophylli Koch.** — Folia omnia submersa graminea alterna basi in vaginam stipulæ aduatam abeuntia.

11. **P. pectinatus** (L. Sp. 183) caule filiformi ramosissimo ancipiti, foliis lineari-setaceis obsolete canaliculatis acutis uninerviis transverse venosis, pedunculis elongatis, floribus in fasciculos subunilaterales remotos dispositis spicas longas tenues valde interruptas formantibus, sepalis transverse sublatioribus, nuculis semiunaribus subcompressis dorso obtusis margine interiore recto in

rostrum breve abeunte ♃. Ic. Rchb. Germ. tab. 19.- *P. marinus*
Delile herb. ex Aschers.

Hab in aquis communis, Græcia (Sibth.), Corcyra et Zacynthus (Letourneux!) Macedonia (Friedr), Creta (Heldr!), Egyptus in ditione Fayoum (Ehrb!
Aschl Schweinf!); Deltâ (Del.! Schweinf. et in Oasi Magnâ (Schweinf!) prov.
Caucasicæ (C. Koch!), Persia (Haussk! Bge!), regnum Cabulicum (Griffl).

Ar. Geogr. Europa tota, Sibiria, Africa tota, India, America borealis et australis, Australia, Nova Zelandia.

§ 5. **Enantiophylli Koch**. — Folia omnia submersa et subopposita, inferiora exstipulata, florale superius vel bina
suprema unilateraliter vel utroque latere stipulâ aucta.

12. P. densus (L. Sp. 182) caulibus cylindricis dichotome
ramosis, foliis omnibus submersis oppositis decussatis scssilibus
amplexicaulibus membranaceis pellucidis ellipticis vel ovato-lanceolatis plus minus congestis et tunc recurvis, spicis e dichotomiis
subglobosis parvis 2 - 4 - floris pedunculis brevibus fructiferis
recurvis suffultis, sepalis ovato-deltoideis acutis, nuculis obovatis
compressis dorso late carinatis in rostrum breve recurvum abeuntibus ♃. Rchb. Ic. Germ. tab. 28.

Hab. in aquis, Peloponnesus (Sibth!), Armenia (Bourg!), Cappadocia (Ky!),
Syria Libanotica (Bl!) et prob. multis aliis locis.

β *lanceolatus*. — Folia lanceolata vel lineari-lanceolata sæpius
magis dissita. *P. serratus* L. Sp. 183. — *P oppositifolius* D.C.

Hab. cum typo, vidi e Syriâ bor. prope Aintab (Haussk!) et e Damasco
(Wetzst!)

Ar. Geogr. Europa media et australis a Britanniâ et Daniâ ad Rossiam
mediam, Africa borealis, America borealis.

RUPPIA (L. Gen. 175).

Flores 2 hermaphroditi in spicam primum vaginis foliorum floralium inclusam dispositi. Perigonium nullum. Stamina bina filamentis
brevissimis squamiformibus. Antheræ magnæ loculis binis extrorsis filamento medio dorso insertis basi divergentibus. Pollinis grana anguste
oblonga curvata utrâque extremitate dilatata. Carpidia quatuor (nunc
ad 10) primum sessilia demum plerumque longe pedicellata uniovulata. Stylus nullus, stigma sessile peltatum. Ovulum pendulum. Carpella fructifera pyriformia sæpe obliqua crustacea ineunte germinatione operculo dehiscentia. Albumen nullum. — Herbæ in aquis
salsis et salsuginosis crescentes habitu *Potamog. pectinati.*

1. R. spiralis (L. herb., Dumort. Fl. Belg. p. 164) caulibus
filiformibus ramosissimis, foliis filiformibus, pedunculis post anthesin
longissimis et basi spiraliter tortis, antherarum thecis oblongis, carpellis fructiferis ovoideis obliquis erectis apice sensima ttenuatis podo-

gyno eis 4-10-plo longiore suffultis ♃. Ic. Rchb. Germ. tab. 17 fig. 26.
— *R. maritima* L. Sp. 184 ex p.

Hab. in aquis salsis, salsuginosis maritimis et stagnis salsuginosis interioribus totius fere ditionis, Byzantii (Montbret!) Græcia in Atticâ et Cephaloniâ (Heldr!), Ætoliâ (Nied!), pr. Arta (Clarke!), Cyprus (Ky!), Syria littoralis (Bové!), Egyptus inferior ad Alexandriam et Damiatam (Ehrenb! Sieb!) Fayoum (Asch! Schweinf!) in oasibus deserti Libyci (Schweinf! Asch!), prov. Caucasicis ad Mare Nigrum et Caspium (Ledeb.). Arab. *hamoul.*

Ar. Geogr. Europa media et australis, Sibiria Uralensis, Japonia, Africa borealis et australis, America borealis et australis, Australia.

2. R. rostellata (Koch in Rchb. Ic. Crit. 2 p. 66 fig. 306) caulibus tenuiter filiformibus ramosissimis, foliis filiformi-setaceis, pedunculis post anthesin non elongatis nec spiraliter tortis, antherarum thecis subglobosis, carpellis ovoideo-semilunatis apice valde et oblique attenuatis podogyno eis 4-10-plo longiore suffultis ♃. Rchb. Germ. fig. 25.— *R. maritima* L. Sp. ex p. et herb.

Hab. in salsis et salsuginosis, vidi ex Argolide in paludibus ad Lernam. (Sprun!), Cretâ Heldr! Egypto ad Alexandriam (Del! Letourn. 135!) ad Rosettam (Ehrb.! Letourn!), in Oasibus deserti Libyci (Ehrb! Schweinf! Aschs!), inter Kosseir et Ras Benass (Schweinf!), Arabia petraea ad Mare Rubrum prope Tor (Ehrb! Arabice *henzislod* sive *henzalôd.*

Ar. Geogr. Europa, Africa borealis, America borealis.

Ruppiæ species probabiliter intra ditionis limites obviæ.

R. Drepanensis Tin. in Guss. Syn. Fl. Sic. II, p. 878.) caulibus tenuissimis ramosissimis, foliis tenuissime setaceis flexuosis. pedunculis post anthesin longissimis spiraliter tortis, antherarum thecis ovalibus, carpellis ovoideis oblique erectis, podogyno eis 4-10 plo longiore suffultis ♃.

Hab. in reg. Mediterraneâ magis occidentali usque ad Bari Apuliæ (Rabenhorst!).

R. brachypus (Gay in Cosson Not. plant. crit. p. 10) caulibus tenuiter filiformibus ramosissimis, foliis filiformibus, pedunculis post anthesin non elongatis nec tortis, antherarum thecis ovoideo-subglobosis, carpellis ovoideis oblique erectis podogyno ea vix æquante suffultis ♃.

Hab. in reg. Mediterraneâ magis occidentali, in Mari Baltico.

Cl. et am. Dʳ Ascherson cæterum (in litt.) omnes *Ruppias* pro unius speciei formis habet.

SER. II. MARINÆ. — Maris incolæ.[1]

CYMODOCEA (König Ann. Bot II, p. 96. — *Phucagrostis major Theophrasti* Cavol. Phuc. Ανϑησις p. XIII, tab. I. — *Phucagrostis* Willd. Sp. IV. 649).

Flores dioici nudi. *Masc.* Antheræ 2 quadriloculares pedunculo

[1] A. cl. et am. Dʳˢ P. Ascherson elaboratæ et benigne communicatæ.

eadem altitudine insertæ lateraliter connatæ, thecis longitudinaliter dehiscentibus appendiculâ subulatâ superatis. Pollen confervoideum. *Fem.* Carpidia 2 collateralia, singulum stigmatibus binis fasciiformibus elongatis superatum; ovulum unicum ex apice carpelli pendulum suborthotropum, carpellum maturum compressum semiovatum vel semiellipticum osseum indehiscens. Semen liberum pendulum, testa solubilis. Embryo macropodus puncto radiculari laterali, cotyledon cylindricus axi hypocotyleo superne appressus in vaginâ plumulam valde evolutam fovens. — Plantæ marinæ submersæ, rhizomate repente ad nodos radicante cum ramificationibus hinc inde foliorum delapsorum cicatricibus plus minus prominentibus annulato. Folia disticha præter ramorum prophylla omnia frondosa, vaginantia vaginis apertis superne plus minus distincte biauriculatis ad laminæ basin in ligulam productis Fœcundatio hygrogama.

Sect. I. Phycagrostis (Aschers. Linn. XXXV, p. 160.).

Rhizoma ex internodiis brevibus et elongatis (quotannis alternantibus) exstructum, cum ramis erectis brevibus molle facile comprimendum (vaginâ e cellulis libri ad instar incrassatis formatâ destitutum). Folia linearia ductibus aeriferis percursa apice rotundata denticulata vel serrulata dentibus herbaceis. Flores in ramorum cum sterilibus conformium apice solitarii vel ramo usurpatore suprafastigiati spurie laterales.

1. **C. nodosa** (Ucria Pl. ad Linn. opus add. Nº 30 sub *Zosterá*) foliorum cicatricibus annulos clausos efformantibus, vaginâ cylindricâ diametro pluries longiore distincte auriculatâ, laminâ anguste lineari septemnervi superne denticulatâ, flore masculo longe pedunculato e vaginâ folii supremi exserto, femineo præter stigmatum apices incluso, carpelli semiovati carinâ integerrimâ vel indistincte repandâ ♃. *C. nodosa* Asch. — *C. æquorea* Kön. l. cit. — *Phucagrostis major* W. l. cit. — Bornet Ann. Sc. Nat. V., Ser. I., I. (cujus dissertatio egregia pro genere accuratius cognoscendo maxime commendanda).

Hab. in vadosis limosis et subarenosis maris Mediterranei usque ad 2 metr. descendens sæpissime *Zosteræ nanæ* consociata. Ex. gratiâ oræ Peloponnesi (Bory), sinus Smyrnaicus (Seetzen! Bal. 392!), Egyptus ad Alexandriam (Del! Ehrb! Asch!). Probabiliter vulgatissisima. E Ponto Euxino haud innotuit.

Rhizoma purpurascens 2 mm. crassum supra limum repens. Vaginæ plerumque totæ secedentes 3-4 centim. longæ 3 mm. latæ. Folia ad 4 decim. (ex cl. Webb usque ad 1 metr. longa) 1½-5 mm. lata. Pedunculus ad 1 decim. longus. Antheræ flavæ coccineo-punctatæ 15 mm longæ. Carpella albido-fusca 8 mm. longa A *Zosteris* foliis denticulatis facile distinguitur.

Ar. Geogr. Mare Mediterranneum et Atlanticum ad Gades, Tingidem, insulas Canarienses (*C. Webbiana* Juss. et *C. Préauxiana* Webb), ad oras Senegambiæ.

2. **C. rotundata** (Ehrb. et Hempr. Symb. Phys. bot. tab. XI, 11. ined. sub *Phucagrosti*) differt a specie priori cui simillima foliis

7-13-nervibus, carpelli carinâ grosse et acute dentatâ; flores masculi adhuc ignoti ♀. *C rotundata* Aschers. et Schweinf.

Hab. in maris Rubri vadosis ad Tor (Ehrb!), Kosseir (Klunzinger!) ad Mirsa Uadi Lechuma (Schweinf!).

A *C. nodosâ* diversa videtur foliis plerumque paulo latioribus (vaginæ ad 4-5 cent. longæ 3 mm. latæ, lamina 5-15 cent. longa 2-4 mm. lata). vaginis sæpe *Thalassiæ* ad instar partim lacero-persistentibus.

Ar. Geogr. Mare Rubrum intra tropicum, Archipelagus Indicus, oræ Australiæ trop., Melanesiæ.

3. C. serrulata (R. Br. Prodr. Fl. Nov. Holl. p. 339 sub *Caulinia*) foliorum cicatricibus annulos apertos efformantibus, vaginâ obconicâ 2-3-plo tantum longiore quam latâ distincte auriculatâ. laminâ late lineari 11-19-nervi superne distincte herbaceo-serrulatâ, floribus femineis præter stigmatum apices inclusis. Flores masculi et fructus adhuc ignoti ♀. *C. serrulata* Asch. et Magnus.— *Posidonia serrulata* Spreng. — *Thalassia Indica* Wight et Arn. ined. (Wight herb. 2414!)

Hab. in maris Rubri vadosis ad Kosseir (Klunzinger!).

A *C. ciliatâ* cui vaginâ et laminâ latis brevibus (hæc 5-12 centim. longa 4-8 mm. lata, illa 25-30 mm. longa 7-10 mm. lata) et serraturis distinctis adeo similis ut eas prius (Linn. XXXV. 162) confuderim differt præter notas histologicas a cl. Magnus (Ber. Naturf. Freunde, Berl. 1870, p. 88,89) expositas ramis erectis brevibus, cicatricibus apertis, vaginæ auriculis conspicuis, laminâ haud emarginatâ.

Ar. Geogr. Oceanus Indicus et Pacificus ad oras tropicas Africæ, Asiæ, Australiæ etiam extratropicæ et insularum adjacentium, Melanesiæ.

Sect. II. Phycoschœnus (Aschers. Linn. XXXV, p. 162) Rhizoma et rami steriles *Phycagrostis*. Foliorum lamina teres apice obtusiuscula superne parum applanata propter auriculas valde conspicuas in vaginæ (laminâ delapsâ diu persistentis) apice quasi dorsalis, ductibus aëriferis percursa. Ramus florifer inferne laxe et distiche ramosus. Inflorescentiæ cymosæ multifloræ demum in cymas spiciformes medianas (*drepania* Buchenau cf. Magnus Naturf. Freund. 1872, p. 32) abeuntes. Flores bracteis binis (quarum vagina brevis latissima laminaque brevissima decidua) involucrati.

4. C. isoëtifolia (Aschers. Sitz. Ber. Naturf. Freund. 1867, p. 3) foliorum cicatricibus annulos apertos efformantibus, vaginis cylindrico-obconicis, laminâ læte virente carnosâ in sicco pallide glaucescente longitudinaliter sulcatâ, apice retuso subcartilagineo-tridentatâ, drepaniis masculis densifloris, pedunculis brevissimis, femineis laxifloris, carpellis semiovalibus bracteæ vaginam æquantibus ♀. *C. æquorea* var. Wight herb. 2413! KunthEnum. III p. 118 excl. synon.

Hab. in mari Rubro ad Suez (Schimp. sub 961!), Tor et Akaba (Lefévre), Kosseir (Klunzinger!), Mirsa Uadi Lechuma (Schw. 699!).

Inter plantas phanerogamas marinas (cum *C. manatorum* Asch. Indiæ occidentalis incolâ atque foliis longioribus et gracilioribus in sicco nigricantibus floribusque plus duplo majoribus diversâ) foliis teretibus junciformibus insignis. Rhizoma gracile rubrum, vagina ad 4 centim. longa superne 3-4 mm. lata, lamina 6-11 centim. longa 1 ¹/₂-1 mm. crassa, anthera 2 mm , fructus 3 mm. longi.

Ar. Geogr. Oceanus Indicus et Pacificus ad oras tropicas Africæ, Asiæ, Australiæ et insularum adjacentium, Polynesiæ.

SECT. III. AMPHIBOLIS (Agardh Sp. Alg. I, p. 474 *Algarum* genus! — Asch. et Magnus Sitz. Ber. Nat. Fr., Berlin 1870, p. 84, 89, (Sect. *Cymodoceæ*). Rhizoma cum ramis erectis elongatîs sæpe iterum ramosis durum sublignosum etiam in sicco teres, fasciculis fibrovasalibus centralibus vaginâ e multis cellularum libri instar incrassatarum stratis formatâ circumdatis (conf. cl. Magnus l. cit.). Foliorum lamina plana late linearis ductibus aëriferis destituta. Inflorescentia *Phycagrostis.*

5. C. ciliata (Forsk, Fl. Eg. Arab. p. 157 sub *Zosterâ*) ramis erectis (ex Forsk. viridibus) ex internodiis numerosis brevibus exstructis, foliorum cicatricibus annulos clausos formantibus, vaginis obconicis tantum 2-3-plo longioribus quam latis, auriculis exiguis, laminâ 23-25-nervi apice emarginato-retusâ superne dentibus scarioso-marginatis (*Flossenzæhne* Magn.) argute serrulatâ, stigmatibus apice tantum exsertis. Flores masculi et fructus adhuc ignoti ⚥. *C. ciliata* Ehrb. *Thalassia ciliata* Kön. loc cit. p. 97. — *Phucagrostis ciliata* Ehrb. et Hempr. Symb. Phys. bot. tab. VI ined.

Hab. in mari Rubro ad Suez (Schimp. 961!), Tor (Ehrb! Bové! Lefévre !), Yambo (Botta !), Djedda (Botta !). Ex cl. Forsk Arabice *Koschar* audit.

Planta robustissima ramis quasi lignosis insignis, vaginæ 2 ¹/₂ centim. longæ ad 1 centim. latæ, lamina 6-14 cent. longa 7-10 mm. lata. Ab hâc differt *C. Antarctica* (Labill. sub *Ruppiâ*) species Australiæ extratropicæ, planta multo minor et gracilior internodiis longioribus, foliis late semilunato-emarginatis cæterum integerrimis. Cujus speciei proles juveniles post innovationem valde singularem (cf. cl. O. Tepper Trans. Roy Soc. South. Austr. 1881 et Ascherson Sitzungsb Bot. Verein. Brandenb. 1882 p. 28) a stirpe matrice solutæ statum sistunt a cl. Agardh pro novo Algarum genere propositum.

Ar. Geogr. Oceanus Indicus et Pacificus inter trop. ad oras Africæ et insular. adjac., Australiæ.

HALODULE (Endl. Gen. p. 1368. — *Diplanthera* Du Petit Thouars Gen. Nov. Madag. p. 3 nᵒ 7, nec R. Br.

Omnia *Cymodoceæ* sed antherarum alterâ altius exserta apice eâdem longitudine alteram superans. Carpidia stigmate singulo (nec binis) superata. Carpella matura subrotundo-ovalia parum compressa. Habitus *Phycagrostis.* Rhizoma gracile sed firmum foliorum delapsosum cicatricibus prominulis annulatum. Vaginæ cylindricæ distincte biauriculatæ et ligulatæ. Lamina anguste linearis apice dentibus duobus lateralibus acutis, trinervis nervo medio lateralibusque binis, nervis secundariis (qui in *Phycagrostis* et *Zosteræ* speciebus conspicui) obscuris. Flos masculus pedunculo longiusculo, femineus tantum stigmatum apicibus exsertus. Fœcundatio hygrogama.

1. H. uninervis (Forsk. Fl. Eg. Arab. p. 159 sub *Zosterâ*) laminâ foliorum inter dentes apicales parum rotundato-productâ sæpe nervo mediano mucronato-excurrente tridentatâ ♃. *H. australis* Miq) Fl. Nederland. Ind. III p. 227 — *Phucagrostis tridentata* Ehrenb. et Hempr. Mss. — *Zostera trid.* Ehrb. et Hempr. Symb. Phys. bot. tab XIX, ined. — Solms Laubach in Schweinf. Beitr. Fol. Æth. p. 196. — *Diplanthera tridentata* Steinh. Ann. Sc. Nat. II. Ser. IX, p. 98, tab. 4 B.

Hab. in maris Rubri vadosis in oris Egypti ad Suez (Del! Schimp! Frauenfeld!), Ras Gimsah (Schweinf. 192!), Kosséir (Schimp! Klunz!), Mirsa Uadi Lechuma (Schweinf. exs. 699!), Arabiâ prope Tor (Ehrb! Lefévre!), Yambo (Botta!) Djedda (Botta! Hildebr. 105!).

Formæ teneræ (quales floriferæ masculæ semper et femineæ interdum)*Ruppiam* æmulant; formæ robustiores autem *Zosteram nanam* referunt, in eis folia cum vaginis 8-15 cent. longa 2 mm. lata. Antheræ 3 mm., carpellum (maturum haud vidi) 2 mm. longum. A *Zosterâ nanâ* Rth. distinguitur præter folia apice 2 vel sæpius 3-dentata nervis secundariis indistinctis et rhizomate elongato diu persistente. Ab hâc differt *Halodule Wrightii* Aschers. species Indiæ occidentalis et ? Africæ occidentalis foliis longioribus et gracilioribus plerumque semilunatim bicuspidatis, antheris duplo majoribus; fructus maturus in specie Americanâ niger. *Zostera uninervis* Forsk. vix alia nisi species nostra in mari Rubro vulgatissima quâcum descriptiones mancæ Forskalii et Vahlii bene congruunt. *Zostera nana* Rth. in quâ cl. Reichenbach contra cl. Nolte opinionem (qui specimen typicum inspexisse videtur) speciem Forskalianam e Mocha descriptam quæsivit non propius quam ad insulam Nossibé reperta fuit ; insuper nervus medianus « obscurus » ex Forsk, vix de *Zosteræ* ullius foliis dici potest.

Ar. Geogr. Oceanus Indicus et Pacificus ad oras tropicas Africæ, Asiæ et insularum adjacentium, Polynesiæ.

ZOSTERA (L. It. Vestrog. p. 167. — *Phucagrostis minor Theophrasti* Cavol. Phuc. Ανϑησις p. XIV, tab. II).

Flores hermaphroditi nudi ex antherâ et carpidio suprapositô constantes. Antheræ thecæ duo omnino separatæ cristâ semilunatâ interne conjunctæ, 1-3 plerumque 2-loculares rimis longitudinalibus dehiscentes. Pollen confervoideum. Carpidium deorsum calcaris ad instar productum sursum in stylum in stigmata duo fasciiformia divisum abiens. Ovulum unicum pendulum suborthotropum. Fructus cylindricus membranaceus indehiscens. Semen liberum pendulum, embryo (cf. ex. gr. cl. Decaisne et Lemaout Trait. p. 648) maximâ ex parte axis hypocotylei parte inferiore antice sulcatâ constans, quo in sulco pars axis superior cylindrica descendens cum cotyledone sursum reflexo in vaginâ plumulam valde evolutam fovente excipitur. — Herbæ marinæ submersæ rhizomate repente compresso aurantiaco ad nodos radicante, postice cito destructo, internodiis sæpe subarcuatis. Rami erecti alii steriles breves, alii floriferi sympodialiter repetito-ramosi. Folia disticha vaginantia ligulata

laminâ lineari integerrimâ apice rotundatâ et plerumque emarginatâ. Caulis florifer compressus, inflorescentia spicata alternodisticha in axis apicis complanati (spadicis) facie anticâ, folii summi
floralis vaginâ fissâ (spathâ) inclusa; ramificatio ex axillâ folii penultimi laminâ destituti; ramus quisque prophyllum laminâ destitutum
in axillâ ramum sequentis ordinis ferens et folium florale gerens,
usque ad prophylli exsertionem axi præcedentis ordinis adnatus.
Fœcundatio hygrogama. Flores proterogyni.

Obs. Disquisitionibus organogeneticis a cl. de Lanessan institutis (Assoc.
Franc. Nantes 1875) verosimillimum videtur florem *Zosteræ* ex antherâ et carpidio supraposito (nec ut cl. Vahl secutus cum cl. Bornet et Irmisch prius
admisi juxtaposito) componi. Antheram unicam dithecam (nec ut cl. Lanessan
cum cl. Duval Jouve aliisque proponit binas monothecas) statui ex analogiâ
Cymodoceæ, etsi observante cl. Lanessan theca inferior prius quam superior e
spadicis superficie emergat. Antheræ longitudinaliter non solum axi floris sed
etiam axi spicæ adnatæ adeo insolitæ sunt ut organogenia exceptionalis etiam
expectanda sit.

1. Z marina (L. Sp. I. p. 968) robusta, foliorum vaginâ (præter floralia) clausâ exauriculatâ laminâ apice rotundatâ (in latioribus
emarginatâ cum mucrone) 3-5 rarius 7-9-nervi nervis lateralibus
externis a margine distantibus, secundariis in quovis interstitio
numerosis, spathâ internodio præcedenti (pedunculo) et laminæ æquilatâ, floribus numerosis normaliter ebracteatis, testâ (ut fructus)
longitudinaliter sulcatâ ♃.

Hab. in vadosis arenosis et limosis ad maris Mediterranei plagas magis septentrionales atque in Ponto Euxino hinc inde usque ad 10 metr. profunditatis
descendens; oræ Argolidis (Sprun!), Hellesponti (Sibth. Calv!), Ponti prope
Rhizé (Bal. 936!), sinus Smyrnaicus (Seetzen! Bal. 394!) Græce *Phykia.*

Folia ad 1 metr. longa 2-5 mm. lata, spatha ad 8 cent. longa. Formas
angustifolias foliis interdum (*Z. angustifolia* Horn. Fl. Dan. tab. 1501) specie
sequente haud latioribus quales in mare Baltico et Germanico occurrunt e
plagis Mediterraneis non vidi. In tali (nisi forte prole hybridâ) semel offendi
veras bracteas ut in specie sequente; bracteas a cl. Duval Jouve depictas
cum cl. de Lanessan pro spadicis marginis undulati prominentiis habeo.

Ar. Geogr. Oræ maris Mediterranei Europeæ et Asiaticæ a Smyrnâ ad fretum Gaditanum usque, Oceani Atlantici (cum Mare Baltico et Germanico)
usque ad mare Album, Islandiæ, Groenlandiæ occidentalis, Unalaschka, Japoniæ, Americæ bor. ora orientalis, California?

2. Z. nana (Roth Enum. pl. Germ. p. 8) tenella, foliorum vaginâ
superne fissâ, bianriculatâ, laminâ angustissimâ apice emarginatâ
trinervi nervis lateralibus marginantibus, interstitiis nervis secundariis 3-4-percursis, spathâ quam pedunculus et lamina multo latiore,
floribus 3-12 (intra spadicis marginem juxta antheras bracteis
oblongo-linearibus supra spadicem incurvis (retinaculis) totidem
stipatis, testâ (ut fructus) lævi ♃. *Phucagrostis minor* Cavol. loc.
cit. hanc ad speciem descripta. — *Zostera emarginata* Ehrb. et
Hemp. Symb. Phys. Bot. tab. XIX (ined). — *Z. uninervis* Rchb.
Germ. p. 137 nec Forsk. — *Z. nodosa* Guss. Pl. Sic. Syn. 11 p. 565
nec Ucria. — *Z. minor* Nolte in Rchb. Ic. Germ. VII, p. 2, tab. 11

Hab. in maris Mediterranei vadosis limosis et arenosis usque ad profunditatem 2 metr. descendens. E ditione hucusque tantum vidi e sinu Smyrnaico (Seetzen! Bal. 393!), Egypto intra Alexandriam et Rosettam (Ehr!), in mari Nigro ad oras Tauriæ prope Kertsch (Ledeb!) et ditionis Dobrudscha (Peters!), in mari Caspio ad Baku et Enzeli (Haussk!). Probabiliter in mari Mediterraneo vulgatissima.

Folia 5-30 cent. longa ¹/₂-2 mm. lata, spatha 1 ¹/₂ cent. longa.

Ar. Geogr. Littora maris Mediterranei et Oceani Atlantici usque ad insulas Canarienses et ad Scotiam, Jutlandiam, Sueciam occidentalem; in mari Baltico ad oras Daniæ, Slesvigiæ, Holsatiæ, Gedaui; Africa australis ?, insula Nossibé prope Madagascar ?, Japonia ?

POSIDONIA (Kœnig Ann. Bot. II, p. 95).

Flores polygami nudi *Flos herm.* Stamina 3, antheræ sessiles thecis lateralibus bilocularibus longituditer deshiscentibus connectivo latissime squamiformi separatis. Pollen confervoideum. Carpidium unicum. Stigma sessile stellatim incisum. Ovulum unicum campylotropum (?) placentæ laterali affixum, micropyle basilari. Fructus subdrupaceus demum irregulariter dehiscens. Testa pericarpio adnata, hilum laterale maximum impressum. Embryo macropus, punctum radiculare basilare, plumula apicalis valde evoluta, cotyledone a foliis plumulæ distincto nullo. *Flos masc.* Stamina 3. Carpidium nullum. — Herbæ marinæ submersæ robustissimæ. Rhizoma crassum dense cespitosum haud stoloniferum absconditum intra vaginas foliorum delapsorum quarum supremæ integræ scariosæ inferiores autem in fibras parallelas solutæ, quare rhizoma cum pede leporino comparandum. Radices fasciculatæ validæ. Folia disticha vaginantia vaginis apertis, auriculis minimis, ligulâ brevissimâ. laminâ late lineari apice rotundatâ integerrimâ. Scapus terminalis ramo usurpatore superatus inde spurie lateralis. Spica composita ut et spiculæ bracteis magnis foliaceis involucrata, spiculæ cujusvis flos summus masculus, reliqui hermaphroditi. Fœcundatio hygrogama.

1. **P. Oceanica** (L. Mant. p. 123 sub *Zosterâ*) foliis sub 13, nerviis, spiculis trifloris, antherarum connectivo longe aristato-fructu subsemiovali olivæformi ♃. *P. Oceanica* Del. — *P. Caulini* Kön. l. cit. p. 96. — *Caulinia Oceanica* D. C.

Hab. in fundo arenoso et lapidoso maris Mediterranei usque ad metr. 30 profunditatis descendens probabiliter ubique vulgatissima. Græcia ad oras Atticæ (Heldr!) Naupliam (Berger!), Syra (Raul!), peninsula Athoa (Griseb.), ad Adramyttium Mysiæ (Virchow!), in sinu Smyrnaico (Fritsch!), Ægyptus ad Alexandriam (Ehr! Asch!) Ex Ponto Euxino non innotuit. Græce *Phykia.* Arab. *stenâra.*

Folia ad 5 decim. longa 7 mm. lata. Ab hâc specie differt *P. australis* Hook. fil. species Australiæ extratropicæ spiculis subsexfloris laxis, connectivo mutico, fructu longiore.

Ar. Geogr. Mare Mediterraneum, littora Atlantica peninsulæ Ibericæ.

ORD. CXXV. NAIADACEÆ.

(E. Meyer Preussens Pflanzengattungen (1839) p. 64.)

Flores unisexuales, monoici vel dioici. Involucrum floris masculi monandri duplex, fæminei (in spec. Orientalibus semper) simplex quodammodo ovarium uniloculare sistens, apice 2-3 stigmata gerens, rarius duplex, tum interius stigmatiferum. Filamentum nullum vel brevissimum, rarius elongatum, anthera 1-4-locularis. Ovulum solitarium; erectum anatropum. Semen nucamentaceum involucro spathaceo persistenti inclusum exalbuminosum. Embryo rectus macropodus radiculâ hilum spectante. — Plantæ in aquâ dulci et subsalsâ vigentes.

NAIAS (L. G. 1096. — *Caulinia* Willd.).

Flores monoici vel dioici ad basin ramorum solitarii vel glomerati. *Masc.* Involucrum exterius calyptræforme apice 2-4-fidum vel tubulosum apice attenuatum et denticulatum, interius cum antherâ concretum et cum eâ dehiscens. *Fem.* Stigmata subulata introrsum papillosa. — Herbæ aquaticæ submersæ annuæ, caulibus ramosissimis rigidis gracilibus folis linearibus spinuloso-dentatis vel subintegris binatim suboppositis basi dilatatis, oblique decussatis, planis medianis parium subsequentium spiraliter caulem ambientibus, junioribus in axillis fasciculatis. Cf. cl. Magnus Beitræge zur Kenntniss der Gatt. *Najas* Berlin 1870.

Sect. I. Eunaias Aschers. Fl. Brandenb. I. p. 669. — Flores dioici solitarii. Involucrum floris masculi exterius obverse campanulatum apice 2-4-dentatum. Anthera 4-locularis valvis 4 demum revolutis dehiscens. Caules plus minus aculeati.

1. N. major (All. Ped. II. p. 221) caule ramoso tereti superne præsertim aculeato, foliis lineari-lanceolatis acute repando-dentatis dentibus spinulosis, vaginis foliorum integerrimis, semine ovato crustaceo duro obsolete reticulato-rugoso ⊙. Nees Germ. Ic. — *N. marina* L. Sp. 1441 ex parte. — *N. monosperma* et *N. tetrasperma* Willd.

Hab. in aquis lente fluentibus, provinciæ Caucasicæ (ex Ledeb), Persia ad Asterabad (Karelin!), desert. Arab. (Borszczow!) regnum Cabulicum) Griffl),

Ar. Geogr. Europa, Asia temp. et trop., Algeria, Ins. Canar., Réunion, America bor., Ind. Occ., Brasilia, Ins. Sandw., Australia.

2. N. muricata (Del. Egypte p. 375, tab. 50, fig I) caule ramosissimo ut et rami transverse et crebre undique aculeato, foliis breviter linearibus crispis in aculeos transversos acutos creberrime et profunde serratis ⊙.

Hab. in aquis Egypti inferioris ad Ramleh, Kafr Daour, Rosettam (Letourn.) Fareskour (Del! Ehrb!), Damiatæ (Sieb!) ad Esbeh prope Damiatam (Schweinf!) Fayum pr. Medine (Schweinf! et Birket-Karun (G. Roth!) Arabice *Horeische.*

Caules et folia eis *N. majoris* angustiora crebrius et crispe aculeata, semen (ex Chamisso) minus brevius ovatum.

SECT. II. CAULINIA (WILLD. Asch. loc. cit). — Flores monoici sæpius aggregati. Involucrum floris masculi exterius tubulosum medio ventricosum apice denticulatum vel campanulatum. Anthera (*N. minoris*) evalvis apice tandem lacera. Caules non aculeati.

3. **N. minor** (All Ped. 2. p. 221) caule ramoso, foliis anguste linearibus recurvatis rigidis margine remote dentato-spinulosis, vaginis superne ciliato-denticulatis, antherâ uniloculari, semine anguste elliptico-cylindrico ⊙. Nees Gen. Germ. Ic. — *Caulinia fragilis* Willd. Act. Berol. 1798, p. 88, tab. I.

Hab. in aquis Egypti inferioris (Del! Ehrb.!) in Oasi parvâ (Asch!), in Mesopotamiæ fossis inter Erbil et Altun (Haussk!), in paludibus Ponti Lazici prope Rhizé ad ostium fluvii Askalos Deré (Bal!) Persiâ boreali pr. Asterabad (v. Baer!) et austr. ad Kermanchah et Ispahan (Hausskn.!)

Ar. Geogr. Europa media, Africa borealis.

4. **N. graminea** (Del. Eg. p. 377, tab. 50, fig. 3) caulibus flagelliformibus ramosis, foliis fasciculatis anguste linearibus elongatis flaccidis sub lente tenuiter spinuloso-ciliatis, basi utrinque auriculâ lanceolatâ denticulatâ auctis, antherâ 4 loculari, semine ovato-oblongo ⊙. *Naias Alagnensis* Poll. Ver. III, p. 49. — *N. serristipula* Nocc. et Balb. Fl. Ticin. tab. 15.

Hab. in fossis et oryzetis, Egyptus inferior ad Rosettam (Del!) et Damiatam (Ehrb!) Benha (Schweinf!), in oasibus Dachel et Chargeh (Schweinf! Asch!), prope Kahiram (Schweinf!), in Syriâ littorali (Gaill!), Persiâ occidentali prope Susa (Haussk!).

Ar. Geogr. Italia borealis, Africa bor. et trop., Ind Or., Archipelagus Indicus, Japonia.

ORD. CXXVI. LEMNACEÆ.

(Link Handb. I p. 289).

Frondes natantes solitariæ vel sæpius 2-4 cohærentes ovatoorbiculatæ vel oblongo-lanceolatæ ex paginâ inferiori sæpius 1-plures radicellas emittentes Flores monoici masculi 1 vel 2 unicostamine constantes cum fæmineo ovario solitario constante bracteâ vel spathâ minutâ inclusi seu basi nudi, e paginâ superiore vel fissurâ

marginali frondis erumpentes. Ovarium uniloculare basi ovulum 1 vel
plura erecta fovens, stylus brevis, stigma concavo-peltatum. Fructus
membranaceus indehiscens. Semen funiculo brevi basilari affixum
horizontale vel erectum testâ carnosâ operculo apicali ; albumen
parcum, embryo e cotyledone maximo plumulam retroversam oper-
culum versus spectantem includente chalazam versus rotundato
constans. Cf. cl. Hegelmaier Die Lemnaceen. Leipz 1868.

WOLFFIA (Horkel ex Schleid. Linn. XIII. 389).

Frondes minutæ fibras radicales non emittentes. Flores e cavitate in paginâ superiore frondis erumpentes spathâ destituti, masculus unicus. Filamentum breve crassiusculum, anthera ditheca
thecis unilocularibus, in 2 valvas dehiscens. Ovarium uniovulatum
ovulo erecto orthotropo. Stylus brevis stigmate lato.

1. W. hyalina (Del. Ill. N° 877 sub *Lemnâ*) frondibus ovalibus
minutis basi in pedunculum frondem ipsam superantem hyalinum
productis. — *Wolffia hyalina* Hegelm. Mon. tab. IV. — *W. Delilii*
Schleid. Linn. XIII p. 390.

Hab. in aquis stagnantibus ad Gurnam Eg. sup. (Ehrenb.), ad Kahiram
(Ehrenb. Kotschy 497! Schweinf!), inter Kahiram et Suez (Frauenf. ex
Hegelm.), Galioub (Sickenb!), ad lacum Menzale (Ehrenb.), Damiettæ (Del).
ad Rosettam (Schleid.).

LEMNA (L. Gen. N° 1038, ex parte).

Frondes e paginâ inferiore radicellam singulam emittentes præter
spatham aphyllæ. Flores e fissurâ marginis frondis exserti spathâ bivalvi inclusi. Stamina bina, filamenta longiuscula filiformia,
anthera ditheca. thecæ bilocellatæ locellis superpositis, transverse
dehiscentibus. Ovarium 1-6 ovulatum. — Vasa spiralia nulla.

1. L. trisulca (L. Sp. 1376) frondibus tenuibus oblongo-lanceolatis apice acutis minute denticulatis in pedunculum tandem
longum attenuatis cruciatim congestis, radicis calyptrâ acutâ, semine
hemianatropo ♃. — Ic. Rchb. Germ. tab. 15 fig. 19. — Hegelm.
Lemn. tab. Vet VI.

Hab. in fossis, Byzantii (Sibth.), Caucasus et Transcaucasia (Ledeb.),
Persia australis ad Schiras (Ky. 301!).

Ar. Geogr. Europa, Asia temperata et tropica, Africa borealis, Ins. Mau-
ritii, Australia, America borealis, Mexico.

2. L. minor (L. Spec. 1376) frondibus obovatis vel oblongo-
obovatis crassis parum asymmetricis utrinque planis subtus non
spongiosis coleorrhizâ non appendiculatâ, radicis calyptrâ rotundato-
obtusâ, semine hemianatropo ♃. Ic. Rchb. Germ. tab. 14. Hegelm.
Lemn. tab. IX el X.

Hab. in fossis fere ubique, Græcia in Atticâ et Cephaloniâ (Heldr!), Macedonia (Griseb.), Syria littoralis (Bl!), Tauria et prov. Caucasicæ (Ledeb.)

Ar. Geogr. Totus fere terrarum orbis in temperatis et tropicis.

3. L. paucicostata (Hegelm. Lemn. p. 139 tab. VIII) frondibus obovatis vel oblongo-obovatis valde asymmetricis tenuibus, coleorrizâ alato-appendiculatâ, radicis calyptrâ acutâ, semine orthotropo. ♃. Hegelm. Lemn. tab. VIII.

Hab. in aquis, Egyptus in Oasibus (Schweinf! Aschers!)

Ar. Geogr. India orientalis, Japonia, Africa tropica, America borealis et tropica, Polynesia?

4. L. gibba (L. Sp. 1277 frondibus obovatis crassis superne convexiusculis subtus valde convexis spongioso-inflatis enerviis coleorrhizâ longâ cylindricâ exappendiculatâ, radicis calyptrâ sæpius breviter acutatâ, seminibus 1-6 anatropis ♃. — *Telmatophace gibba* Schleid. Linn. XIII, p. 391. — Rchb. XIV. Germ. tab. — Hegelm. Lemn. tab. XI-XIII.

Hab. in aquis, Græcia in Peloponneso (Orph!), Macedoniæ insula Thasos, (Friedr.), Egyptus inferior circa Alexandriam (Gaill! Schweinf. Letourn.) ad lacum Menzale (Ehrb.), Benha (Schweinf.), Kahiram (Schweinf!) in ditione Fayoum (Aschers!(Schweinf!), in Oasibus deserti Libyci (Schweinf! Aschers!.) Affghania (Griff!).

Ar. Geogr. Europa Africa borealis et australis, Australia, America.

SPIRODELA (Schleid. Linn. XIII, p. 391).

Omnia Lemnæ, sed radicellæ plures. Frondes basi membranaceo-foliatæ. Antherarum locelli collaterales, longitudinaliter dehiscentes. Ovula 1-2. Vasa spiralia manifesta.

1. S. polyrrhiza (L. Sp. 1377 sub *Lemnâ*) frondibus subrotundo-obovatis crassis utrinque planis subtus non spongiosis palmatim et apice convergentim nervosis 3-4 congestis, radicellis fasciculatis, ovulis hemianatropis, fructu sub 1-spermo ♃. — Ic. Rchb. Germ. fig. 17. — Linn. XIII, p. 392 - *Spirodela polyrrhiza* Schleid. Hegelm Lemn. p. 151, tab. XIII-XV. —

Hab. in aquis, Egyptus (Del., Schweinf.), Transcaucasia ad Lenkoran (Hoh.).

Ar. Geogr. Prob. Orbis totus, (ex Africâ australi, Polynesiâ nondum innotuit).

ORD. CXXVII. ARACEÆ.

(Meisn. Gen. 861. — *Aroideæ* Juss).

Spadix carnosus simplex floribus sæpius unisexualibus et nudis rarius hermaphroditis et perigoniatis totus vel pro parte tectus. Spa-

tha in nostris ad spadicis basin eum sæpius involvens. Antheræ biloculares. Ovaria libera (ìn nostris) 1-3-locularia. Fructus indehiscens
baccatus rarius siccus. Seminis testa coriacea sæpius crassa. Embryo
(in nostris) rectus in axi albuminis carnosi.

Sub. I. EUARACEÆ Endl. Flores nudi.

BIARUM (Schott. Melet. I, 17. — (*Biarum, Cyllenium, Ischarum,* *Leptopetion* Schott Prodr.).

Spatha basi convoluta in tubum ovatum vel oblongum marginibus
plus minus connatis. Spadix superne in appendicem nudam clavatam vel cylindricam productus inferne flores femineos et superius
masculos intervallo sejunctos sessiles in annulos binos polycyclos
congestos ferens. *Masc.* Antheræ binæ consociatæ biloculares loculis
connectivo inter eos breviter producto conjunctis superne rimâ vel
poro dehiscentibus. *Fem.* Ovarium uniloculare uniovulatum stigmate
brevi discoideo sessili vel stylo terminatum. Ovulum sessile basale
orthotropum. Genitalia abortiva a basi incrassatâ subulata inter
inflorescentiam femineam et masculam, interdum quoque supra
masculam. Baccæ uniloculares monospermæ. — Herbæ tuberosæ
foliis ovatis oblongis vel lanceolatis in petiolum attenuatis hysteranthiis.

Sect. I. Eubiarum Engl. — Genitalia abortiva inter inflorescentias
     binas et iterum supra masculam obvia. Antheræ connecti-
     vum plus minus manifeste apiculatum, rima lateralis a
     vertice thecarum ad basin producta. Stigma sessile.

1. **B. tenuifolium** (L. Sp. 1370 sub *Aro*) tubere globoso
depresso, foliis elongatis spathulato-lanceolatis in petiolum longe
attenuatis, pedunculo brevi hypogæo, spathæ intus atropurpureæ
laminâ lanceolatâ tubo 5-8-plo longiore, spadicis appendice tenuiter
cylindricâ purpureâ spatham plerumque excedente, inflorescentiâ
femineâ globosâ a masculâ cylindricâ intervallo longo sejunctâ, genitalibus sterilibus infra et supra inflorescentiam masculam numerosis
laxis retrorsis ♃. — *B. tenuifolium* Schott. — Ic. Rchb. Germ. tab.
X. — *B. gramineum, B. abbreviatum* et *B. Zeleborii* Sch. Prodr. —
B. Spruneri Schott Gen. Ar. tab. 7 non Boiss.

Hab. in collibus Græciæ circa Athenas (Heldr. 2814!), Cephaloniæ (Schimp.)
Peloponnesi in Taygeto (Heldr!) et in collibus prope Golass (Pichl!), Anatoliæ ad Smyrnam (Ky N° 367!) Fl. in planitie Oct. sed in montibus Julio.

Specimina Orientalia folia Italicis sublatiora habent, spathæ valde variant
plus minus elongatæ obtusæ vel acuminatæ, appendix plus minus elongata

Ar. Geogr. Italia, Dalmatia. Planta Hispanica *B. Arundanum* foliis brevibus latis abrupte et longe petiolatis species distincta videtur.

SECT. II. CYLLENIUM Schott. Genitalia sterilia supra flores femineos
tantum. Antheræ connectivum apice prominulum, rimæ
a vertice thecarum ad medium usque productæ. Stigma in
ovario conico-attenuato sessile.

2. **B. Spruneri** (Boiss. Diagn Ser. I. 13 p. 5) tubere ovato,
foliis oblongis obtusis margine undulatis sensim in petiolum æquilongum vel breviorem attenuatis, pedunculo brevi hypogæo, spathæ
laminâ atropurpureâ late lineari-lanceolatâ acuminatâ tubo suo cylindrico triplo vel quadruplo longiore, spadicis appendice atropurpureâ
cylindricâ vel subclavatâ spathæ æquilongâ, inflorescentiâ masculâ
cylindricâ tenui a femineâ dimidio breviore spatio eâ plus duplo longiore remotâ, genitalibus sterilibus tantum infra spicam masculam
obviis uncinatis, 2-3 sæpe in unicum 2-3-furcatum connatis ♀.
B. rhopalospadix C. Koch Ind. Berol, 1853. — *Ischarum Spruneri* Schott Syn. 7. — *Cyllenium Spruneri* Schott Gen. Arac. tab. 9.

Hab. in collibus Græciæ, Attica ad Phalerum et Eleusin, ad radices Hymetti
(Sprun! Boiss! Heldr. Herb. Norm. 512!), Peloponnesus Bory (ex Eng.) Fl.
Apr. Maio.

Facies omnino *B. tenuifolii* a quo præter characteres sectionis differt foliorum laminâ latiore, breviore, undulatâ; floratione vernali.

3. **B. Carduchorum** (Schott Prodr. 65 sub *Cyllenio*) tubere
globoso depresso, folis spathulato-ellipticis obtusiusculis abruptiuscu-
cule in petiolum angustatis, pedunculo longiusculo; spathæ laminâ
atro-purpureâ late oblongo-lanceolatâ acuminatâ tubo suo anguste
cylindrico 2 ¹/₂-plo longiore, spadicis appendice atropurpureâ cylindricâ spathæ subæquilongâ, inflorescentiâ masculâ cylindricâ tenui
a femineâ globosâ spatio eâ fere dimidio breviore sejunctâ, genitalibus sterilibus tantum supra flores femineos obviis densis recurvis
♀. *B. Carduchorum* Engl.

Hab. in agris et pascuis regionis montanæ Carduchiæ 4000 ' (Ky 474!), in
Syriâ boreali, Cataoniâ, Assyriâ ad Aleppo, Malatia, Diarbekir, Kharput
(Haussk!) Fl. Sept. Januar.

Foliorum lamina tripollicaris pollicem lata, spatha eâ *B. Spruneri* major
et latior 6-8 poll. longa, inflorescentia mascula 8 lineas longa a fæmineâ
minus remota.

SECT. III. ISCHARUM Blum. — *Ischarum* et *Leptopetion* Schott. —
Genitalia sterilia pauca supra flores femineos tantum.
Antherarum connectivum vix prominulum, rimæ a vertice
mediam partem thecarum vix attingentes vel ad porum
reductæ. Ovaria in stylum abrupte abeuntia..

4. B. eximium (Sch. et Ky. Œst. Bot. Woch. 1854 p. 81 sub *Ischaro*) tubere subrotundo depresso, foliis elliptico-spathulatis in petiolum longe attenuatis, pedunculo brevissimo, spathæ tubo ventricoso imâ basi tantum connato laminâ oblongo-ovatâ obtusâ apiculatâ extus purpurascente minute maculatâ intus atropurpureâ 3-4-plo breviore, spadicis appendice atropurpureâ crasse cylindricâ ad medium subintumescente spathâ subbreviore, inflorescentiâ femineâ brevi ab inflorescentiâ masculâ longe cylindricâ spatio eæ æquilongo sejunctâ, genitalibus sterilibus filiformibus elongatis fere totum spatium inter inflorescentias occupantibus ♃. *B. eximium.* Engler. — Schott Ar. Gen. tab. 10 fig. 19.

Hab. in planitie Cilicicâ prope Adana ad viam Romanam versus Minaret Khan (Ky. 3431) Floret Sept.

Petioli 4-6-pollicares, lamina magna, spatha 5-6 pollices longa 1 ¼-2 poll. lata. Appendix eis specierum præcedentium crassior et brevior.

5. B. Pyrami (Schott Prodr. 66 sub *Ischaro*) tubere globoso depresso, foliis obovato-ellipticis in petiolum eis longiorem abrupte attenuatis obtusis oblique nervosis, pedunculo subnullo, spathâ e tubo ventricoso basi tantum connato in laminam quadruplo longiorem late lanceolatam acuminatam atropurpuream demum apice revolutam abeunti, spadicis appendice atropurpureâ cylindricâ spathæ æquilongâ, inflorescentiâ femineâ brevi subdisciformi a masculâ breviter cylindricâ spatio masculæ æquilongo sejunctâ, genitalibus sterilibus filiformibus sparsis totum intervallum occupantibus ♃. *B.]Pyrami* Engl. — Ic. Bot. Mag. 5324. — *Isch. nobile* Schott Prodr. p. 66 (ex cl. Engl).

Hab. in Ciliciâ ad Messis versus Schoch Meran et juxta arcem Semiramidis (Ky), ad lacum Tiberiadis (Hook. fil.). Non vidi.

Folia ex icone laminam quadripollicarem tres pollices latam habent. Differt a *B. eximio* foliis latioribus abrupte petiolatis, appendice multo longiori sexpollicari, spicâ masculâ abbreviatâ distinctum.

6. B. Bovei (Decaisn. Ann. Sc. Nat. 1835 pag. 4) tubere globoso folia 4-8 edente, foliis oblongis vel elliptico-oblongis in petiolum eis longiorem abrupte vel sensim contractis, pedunculo brevi subterraneo demum elongato, spathæ tubo ad tertiam partem usque connato laminâ elongato-lanceolatâ acutâ intus atropurpureâ triplo breviore, spadicis appendice spathâ subbreviore cylindricâ apice subattenuatâ, inflorescentiâ femineâ hemisphericâ a masculâ sesquilongiore breviter cylindricâ intervallo eâ triplo longiore sejunctâ, genitalibus sterilibus paucis subulatis ovariis vicinis ♃ Ic. Rumphia I tab. 29. *B. Bovei* var *Blumei* Engler. — *Isch. Kotschyi* Sch. Gen. Ar. tab. 10 fig. 1-18. — *I. crispulum* Sch. Prodr. 68. — *I. Olivieri* Sch. Ann. Mus. Lugd. 1. 278.

β *Karsaami* Sch. Prodr. 67. — Folia ovata — *Arum Karsaami*
Rauw. Hod, I, p. 115.

Hab. cum varietate in Libano (Bové), circa Beilan et Aleppo (Haussk!) in
ditione Kassan Oghlu Ciliciæ orientalis (Ky. 442!), inter Aleppo et Mossul
(Oliv!), inter Sivas, et Tokat Anatoliæ (Barré!) Fl. Sept. Dec.

Foliorum lamina 1 ¹/₂-3-pollicaris, spatha 3-4-pollicaris. Ex itinere Olive-
riano adsunt specimina sterilia foliis basi subcordatis subauriculatis; an
species distincta? Cl. Engler ut varietates *B. Bovei* adnumerat *B. Hœnseler i*
et *B. dispar* plantas Hispanicas et Algerienses quæ mihi spathâ brevi superne
tenuiter angustatâ, spadice tenuissimâ specifice distinctæ videntur.

7. B. angustatum (J. D. Hooker Bot. Mag. tab. 6355 sub
Ischaro) tubere globoso-depresso, foliis paucis oblongo-lanceolatis
acutis in petiolum laminæ æquilongum crassum sensim attenuatis,
pedunculo brevissimo vaginis breviter oblongis acutiusculis membranaceis incluso, spathæ tubo albido oblongo vix tumido in laminam
saturate purpuream tubo subæquilatam eoque quintuplo longiorem
lineari-loriformem acuminatam sensim abeunte, spadicis appendice
gracillimâ cylindricâ spathâ subbreviore apice attenuatâ, inflorescentiâ femineâ globoso-depressâ a masculâ eâ subduplo longiore breviter
cylindricâ intervallo eâ subbreviore sejunctâ, genitalibus sterilibus
paucis subulatis inter binas inflorescentias sparsis ♃.

Hab. in Syriâ meridionali loco non notato (J. D. Hook.) Fl. Dec.

Tuber magnit. *Sol. tuberosi* parvi, folia cum petiolo 8-9 pollicaria laminâ
fere sesquipollicem latâ, spatha sex pollices longa laminâ sex lineas circiter
latâ. Inter congenera Orientalia Sect. *Ischari* foliis angustis in petiolum longe
angustatis et spadicis tubo angustato insigne.

8. B. Russellanum (Schott Prodr. 63) tubere globoso folia
20-30 elongata anguste linearia interdum obverse lanceolata obtusa
inferne longe attenuata glauca edente, pedunculo sub anthesi exserto
spathæ tubo æquilongo, spathæ tubo ovato-oblongo ad medium usque
connato laminâ oblongo-lancceolatâ intus atropurpureâ 2 ¹/₂-plo breviore, spadicis appendice spathâ subbreviore crassiuscule cylindricâ
utrinque attenuatâ atropurpureâ, inflorescentiâ femineâ hemisphæ-
ricâ quam mascula breviter cylindrica breviore ab eâ intervallo masculâ triplo longiore sejunctâ, genitalibus abortivis tertiam partem
intervalli occupantibus congestis filiformibus longis ♃. *Arum Syriacum* Russ. Alepp. II. 264. Spr. Syst. III. 768. — Prob. *Arisarum
Homaid* Rauw. Hod. I. 115 et *Isch. Homaid* Sch. Prodr. 70.

Hab. in agris calcareis ad Aleppo Syriæ (Haussk!), inter Aleppo et Mossul
(Oliv!). Fl. Mart.

Folia vel 7-10 pollices longa 1 ¹/₂-2 lineas lata vel breviora superne 3-5
lineas lata. Inter utramque formam intermedia adsunt. Spatha 6-7 pollices
longa. Species foliis numerosissimis angustis insignis.

9. B. Alexandrinum (Boiss. Diagn. Ser. I, 13 p. 6) tubere
ovato folia pauca linearia vel lineari-lanceolata in petiolum longe

angustata margine sæpe undulata acuminata et apice recurva edente,
pedunculo spathâ sæpius longiore, spathæ parvæ viridis atropurpureæ tubo ovato ad apicem usque connato in laminam angustissime
linearem eo subduplo longiorem abrupte contracto, spadicis appendice filiformi atropurpureâ spathæ æquilongâ vel longiore, inflorescentiâ femineâ breviter ovatâ a masculâ breviter cylindricâ laxiusculâ intervallo masculâ vix longiore sejunctâ, genitalibus abortivis
in intervallo perpaucis conicis ♃. *B. Olivieri* Blum. Rumph. 1.
115 pro parte. — *Isch. Olivieri* Sch. Syn. 8 non Bl. Ann. Mus. Lugd.
— *Leptopetion Alexandrinum* Sch. Gen. Ar. tab. 8.

Hab. in collibus aridis et in arenosis circa Alexandriam Egypti (Oliv: ex
Engl. nec in herb. meo), Ky. 397! Gaill! Letourn. Pl. Eg. 142! Schweinf!
Barbey!), ad Aboukir (Let!), Fl. Nov. Febr.

Folia superne interdum 2 ¹/₂ lineas lata sæpius multo angustiora, spatha
1 ¹/₂-2 ¹/₂ pollicaris.

ARUM (L. Gen. 1028).

Spatha ampla basi convoluta in tubum ovatum vel oblongum,
laminâ concavâ. Spadix superne in appendicem nudam clavatam vel
cylindricam productus inferne flores femineos et supra masculos
intervallo sejunctos sessiles in annulos binos polycyclos congestos
ferens *Masc.* Antheræ 3-4 consociatæ biloculares, connectivo inter
thecas sæpe prominulo apice sublateraliter rimâ brevi dehiscentes.
Fem. Ovarium uniloculare pluriovulatum stigmate sessili hemispherico. Ovula orthotropa funiculis brevibus placentæ parietali affixa
horizontalia. Genitalia abortiva a basi bulboso-incrassatâ subulata
inter inflorescentiam femineam et masculam atque sæpius quoque
supra masculam obvia. Baccæ uniloculares oligospermæ. Semina
globosa testâ subcoriaceâ ad hilum incrassata et fungosa. — Herbæ
tuberosæ foliis sagittatis proteranthiis.

§ I. **Discotuberosa** Engl. — Tuber rotundatum e centro
depresso folia et pedunculum emittens.

1. **A. Dioscoridis** (Sibth. et Sm. Prodr. II, p. 245) bulbo rotundo
depresso, petiolis laminâ 2-3-plo longioribus superiore ad tertiam
partem vaginato, foliis hastatis triangularibus vel lanceolatis acutis
lobis lateralibus oblongo-triangularibus divergentibus, pedunculo
petiolis subbreviore, spathæ amplæ tubo oblongo intus sæpius pallido, laminâ tubo quadruplo longiore late oblongo-lanceolatâ longe
acuminatâ purpurascente maculis atropurpureis lentiformibus parvis et majoribus obsitâ, spadicis appendice spathâ subbreviore atro-
violaceâ cylindricâ vel clavæformi inferne plus minus distincte

stipitatâ, annulo femineo inflorescentiâ masculâ duplo longiore, geni-
libus supra flores femineos paucis supra masculos multis a basi
bulbosâ verruculosâ longe setaceis purpurascentibus ♃. Ic. Fl.
Græca tab. 947. — Regel Gartenfl. 1872 tab. 742 sub *A spectabili.*
— *A. Cyprium* Schott Bonpl. X p, 368.

Hab. ad sepes, vias regionis inferioris Cariæ ad Tchesmé (Oliv!), Pamphyliæ ad Adalia (Heldr! Bourg. 257!), Cypri (Sibth. Ky. 181!).

β *spectabile* Engl. — Spathæ lamina maculis nigris confluentibus
inferne plus minus atropurpurea. — *A. spectabile* Schott Ic. Ar.
tab. 31-33. — Regel Gartenfl. 1872 tab. 742. — *A. Liepoldii* Schott
Prodr. 77.

Hab. in insulâ Chios (Auch. 2676!), Rhodo (Bourg!), Ciliciâ ad Mersina
(Bal. 828 sub. *A. Palestino!*). Syriâ littorali ad Tripolin (Bl. 627!).

γ *Syriacum* Engl. — Folia sæpius minora abbreviata lobis basilaribus magis divaricatis. Spatha sæpe minor 6-8-pollices longa, spadicis appendix tenuior cylindrica non clavata. — *A. Syriacum* Blum.
Rumph. I. 119.

Hab. in Syriâ ad Berythum (Boiss! Ky. Suppl. 438! Barbey!) Cataoniâ ad
Malatia (Haussk!).

δ *Philisteum.* — Pumilum, folia parva lobis divaricatis, spatha
lanceolata acuminata saturate purpurea masculis paucis flavidis,
appendix filiformi-cylindrica. — *A. Philisteum* Ky. in Schott Prodr.
79. — *A. pumilum* Ky. Sched.

Hab. in Palestinâ Philistæâ inter Gaza et Khan Iunus (Ky. 1114), in ditione
Kassan Oghlu Ciliciæ orientalis ad Beilankoi (Ky. Suppl. 441!), in Mesopotamiâ (Auch. 2678! specimen fere æquo jure ad var β tribuendum).

Varietates enumeratæ potius formæ sunt vix definitæ intermediis altera in
alteram transeuntes.

2. A. detruncatum (C. A. Meyer in Schott Prodr. p. 80)
tubere.... petiolis laminâ multo brevioribus, laminâ oblongâ obtusâ
basi horizontaliter truncatâ obsolete cordatâ, pedunculo petiolis breviore, spathæ tubo ovato-oblongo laminâ elongato-lanceolatâ acuminatâ triplo breviore, spadicis appendice crassâ sensim clavatâ spathâ
vix quartâ parte breviore, carpellorum annulo inflorescentiâ masculâ duplo longiore, genitalibus sterilibus inter annulos et supra
antheras ex areolis longitudinalibus sulcis profundis sejunctis in setas
longas deflexas productis ♃.

Hab. in rupestribus ad Schabbulagh Persiæ borealis (Szov!).

Foliorum lamina 5-6 pollicaris, spatha 8-9 pollices longa e sicco viridi-pur-
purascens, spadicis appendix crassa longa. Antheræ nigræ.

β *conophalloides.* — Folia triangularia acutiora basi profundius
cordata lobis lateralibus acutis horizontaliter divaricatis, spatha viridis rubello-marginata, spadicis appendix violaceo-plumbea. — *A.
conophalloides* Ky. in Schott Prodr. 97. — *A. rupicola* var. *conophalloides* Engl. Mon. Phan. II, p. 589.

Hab. in Ciliciæ monte Bulghardagh, in angustiis Karli Boghaz et montibus Kassan Oghlu ad Gorumse (Ky. 81 !), Libano ad Cedros (Bl. 779 !). Specimen ex Pir Omar Gudrun Kurdistaniæ 5000' (Haussk!) hûc quoque referendum videtur.

Differt a typo foliis acutioribus, auriculis basilaribus elongatis acutis, hujus quoque annulus antherarum niger. Species ab *A. rupicolá* spathâ longâ, appendice crassissimâ omnino aliena, sulcis profundis areolas longitudinales elongatas a quibus cilia prodeunt circumscribentibus notabilis.

3. A. Palæstinum (Boiss. Diagn. Ser. I. 13 p. 6) *tubere globoso depresso, petiolis laminâ amplâ triplo longioribus fere ad medium usque vaginatis, foliis ovatis vel oblongis hastato-sagittatis lobis divergentibus ovatis obtusis, pedunculo petiolis æquilongo, spathæ extus viridis intus atropurpureæ immaculatæ tubo campanulato in laminam late oblongo-lanceolatam obtusam rarius acuminatam abeunti, spadicis appendice atropurpureâ spathâ subbreviore crasse cylindraceâ vix clavatâ, annulo femineo et masculo fere æquilongis, genitalibus abortivis infra et supra stamina numerosis atropurpureis a basi incrassatâ verruculosâ longe setaceis* ♃. Ic. Bot. Mag. tab. 5509.

Hab ad radices rupium umbrosarum Palestinæ, circa Hierosolymam (Boiss! Barbey!) ad Abugosch (Ky. 439!) ad Naplouse (Barbey !), in monte Carmelo (Boiss!) Fl. vere.

Petioli pedales et ultrâ, lamina 5-8 pollices longa, spatha 5-7-pollicaris ; species inter affines spathâ plerumque obtusâ atropurpureâ immaculatâ, appendice crassâ, florum annulo masculo et femineo æquilongis distincta.

4. A. Creticum (Boiss. et Heldr. Diagn. Ser. I. 13, p. 9) *tubere globoso depresso, petiolis ultra medium longe vaginatis laminâ sesquilongioribus, foliis triangulari-oblongis sagittatis lobis breviter et late triangularibus acutis divergentibus, pedunculo petiolis sublongiore, spathæ tubo ovato laminâ oblongâ acuminatâ albidâ interdum rubello-punctatâ triplo breviore, appendice fusiformi flavidâ rubello suffusâ spathâ subbreviore, annulis florum femineorum et masculorum subæquilongis subcontiguis, genitalibus abortivis inter annulos paucissimis supra annulum masculum nullis* ♃. Raulin Descr. Cret. tab. 17.

Hab. in lapidosis Cretæ, faux Selia Eparchiæ Hagio Vassily et mons Tavutsi Eparchiæ Sitia 5000' (Heldr !) Fl. Apr.

Foliorum lamina 3-5 pollices longa et lata, spatha 5-9 pollices longa, species appendice crassiusculâ fusiformi nec distincte stipitatâ et genitalium sterilium deficientiâ notabilis ulterius observanda.

5. A. hygrophilum (Boiss. Diagn. Ser. I. 13, p. 7) *tubere....., petiolis laminâ subtriplo longioribus parte tertiâ inferiore anguste vaginatis, foliis hastato-subtrilobis lobis elongatis lanceolatis margine erosulis lateralibus valde et sæpe horizontaliter divergentibus intermedio æquilongis vel dimidio brevioribus, pedunculo petiolis subbreviore, spathæ parvæ angustæ viridi purpureo-marginatæ vel intus*

inferne purpureæ tubo oblongo laminâ lanceolatâ acuminatâ triplo breviore, appendice purpureâ tenuiter cylindricâ non clavatâ spathâ tertiâ parte breviore, annulo florum femineorum masculis duplo longiore, ovariis verruculoso-tuberculatis, genitalibus abortivis inter annulos paucis, superioribus supra annulum antherarum ab eo brevi spatio sejunctis numerosis a basi verruculosâ longe setaceis deflexis purpureis ♃. *A. Ehrenbergii* Schott Œst. Bot. Zeit. 1858 p. 386!

Hab. ad aquas Syriæ ad Berythum, Tripolin, Sidonem (Bl! Gaill!). ad Zebdani Antilibani (Boiss! Ky. 131!), Cypro prope Kytræam (Sint!).

β *rupicola.* — Pedunculus petiolis sublongior. Folia oblonga cordata auriculis brevioribus latioribus oblongo-triangularibus obtusis minus divergentibus, spatha virens, genitalia sterilia inter annulos numerosiora, superiora annulo staminum subcontigua. — *A. rupicola* Boiss. diagn. Ser. 13 p. 7.

Hab. in rupestribus umbrosis Antilibani supra Zebdani (Boiss!).

Petioli in formâ typicâ 1-1 ½ pedales in varietate breviores, foliorum lobi in typo sæpe 3-5 pollicares in β breviores et latiores. Species insignis spathâ parvâ 2 ½-5-pollicari, appendice totâ longitudine tenuiter cylindricâ non clavatâ, ovariis verruculosis.

6. A. Griffithii (Schott Syn. p. 15. — N. E. Brown Journ. Linn. Soc. XVIII p. 257) tubere globoso, petiolis ad medium usque in vaginam dilatatis, laminâ hastato-oblongâ petiolo 2-3-plo breviore lobis lateralibus elongato-oblongis obtusis intermedio acuto subduplo brevioribus, pedunculo petiolis æquilongo vel longiore, spathæ laminâ anguste lanceolatâ acuminatâ tubo subcylindrico longiore extus viridi purpureo-suffusâ intus purpureâ, appendice spathâ breviore purpureâ cylindricâ obtusâ basi attenuatâ, antheris purpureis, genitalibus abortivis a basi inflatâ filiformibus tortuosis inter stamina et ovaria 4-5-seriatis supra antheras paucioribus purpureis ♃.

Hab. in Affghaniâ ad Otipore Bharowul (Griff. exs. 6001), in valle Kurum inter Pewar Kotal et Alikhel (Aitch.). Non vidi.

Petioli sæpe sesquipedales, spatha 3 ½-4-pollicaris. Affine dicitar *A. hygrophilo.*

7. A. Kotschyi (Boiss. et Hoh. Diagn. Ser. I. 13, p. 8), tubere....., foliis longe petiolatis oblongis sinu brevi aperto rotundadis obtusis auriculis basilaribus breviter ovatis obtusis, pedunculo petiolos subsuperante, spathæ brevis viridis tubo ovato laminâ anguste lanceolatâ duplo breviore, appendice rubellâ tenuiter cylindricâ spathâ dimidio breviore, annulo femineo masculis multo longiore, ovariis verruculoso-tuberculatis, genitalibus sterilibus purpureis paucis sub et supra antheras ♃.

Hab. in Persiæ borealis fauce Dudera montis Elbrus et ad Derbent prope Teheran (Ky. 725!).

Foliorum lamina 2 ½-3 ½-pollicaris, spatha e minimis in specimine 2-3-pollices tantum longa. Affine videtur *A. hygrophilo* var. β, foliis basi aperte et parum profunde cordatis auriculis brevibus obtusissimis discrepans. Ulterius observandum.

8. **A. Orientale** (MB. Taur. Cauc. II, p. 407) tubere subgloboso, petiolis laminâ 3-4-plo longioribus, foliis sæpe nigro-maculatis hastato-sagittatis lobis ovato-triangularibus obtusiusculis subdivergentibus, pedunculo petiolis longiore, spathæ tubo oblongo laminâ plus minus intense purpureâ vel nigrâ 2 ½-3-plo breviore, spadicis dimidiâ spathâ longioris stipite in clavam purpuream tenuem eo longiorem ampliato, florum femineorum annulo masculis 2-3-plo longiore, genitalibus abortivis subtus et supra annulum masculum ab eo remotis paucis longissime setaceis ♃. *A. Phrygium* Boiss. in Bal. Pl. Anat. exs.

Hab. in Anatoliâ boreali ad Boli, Safranbol, Mersiwan (Wiedem), Phrygiâ ad Yachamichlar Khan prope Ouchak (Bal!) in Tauriâ (Stev! Rehm!), in Iberiâ Caucasicâ ad Tiflis (Rupr!).

β *elongatum*. — Foliorum lamina elongata, spatha pallidior 6-8-pollicaris. — *A. elongatum* Stev. Verz. Taur. p. 319. — *A. Nordmanni* Schott Syn. — *A. incomptum* Schott Prodr 88 ? ex Engler.

Hab. in Tauriâ ad Alupka (herb. meum!), Ponto Lazico ad Rhizé (Bal. exs. sub. *A albispatho*!). Specimina imperfecta e ditione Talysch (Buhse!) et e Persiâ boreali prope Siaret (Bge!) hûc quoque referenda videntur.

γ *gratum* Engl. — Spatha oblonga tubo intus purpureo, laminâ virenti margine purpureo-punctatâ et plus minus suffusâ, spadicis appendix in clavam crassiorem stipite suâ duplo longiorem abruptius dilatata. — *A. gratum* Schott Prodr. 89.

Hab. in Tauro Cilicico (Ky. ex Schott), Syriâ boreali ad Ainbeitha (Haussk!) Libano ad Cedretum 5000′ (Ky. 281!) et supra Dimam (Bl!).

Species quoad formas diversas nondum sat nota affinis *A. maculato* a quo differt tubere globoso depresso (an hæc nota sat firma?), florum spicâ tenuiore in appendicem longiorem abeunti, annulis masculo et femineo filamentisque sterilibus inter se magis remotis. *A. Orientale* Rchb. Germ. tab. 9 cui *A. Petteri* Schott et *A. nigrum* Ic. Ar. tab. 37 38 ut synonyma adducenda sunt est prob. *A. Orientalis* forma clavâ crassiore et breviore.

Ar. Geogr. Dalmatia.

§ 2. **Ootuberosa** Engl. — Tuber ovato-oblongum horizontaliter protensum folia et pedunculum apice emittens.

9. **A. maculatum** (L. Sp. 1370) tubere ovato-oblongô, petiolis laminâ duplo longioribus, foliis hastato-sagittatis lobis divergentibus deflexis fusco maculatis vel concoloribus, spathæ tubo oblongo laminâ lanceolato-oblongâ viridi-flavidâ violaceo sæpe suffusâ triplo breviore, spadicis spathâ 2-½ plo brevioris appendice e stipite flavo in clavam purpuream stipite breviorem sensim dilatato, annulo femi-

neo masculo 2-3-plo longiore, genitalibus rudimentariis supra ovaria paucis supra stamina numerosis subulato-attenuatis ♃. Ic. Fl. Dan. tab. 505. — Rchb. Germ. tab. 8. — *A Heldreichii* Orph. Mss.

Hab. in umbrosis regionis montanæ Græciæ, Parnassus (Orph!), Parnes Atticæ (Orph! Heldr. Fl. Gr. exs. 3101), Eubæa (Beck ex Engler).

Ar. Geogr. Europa media a Britanniâ et Gothiâ ad Rossiam mediam, Hispaniam et Italiam australes, Dalmatiam, regionem Danubialem.

10. A. Italicum (Mill. Dict. N° 2) tubere oblongo crasso, petiolis laminâ duplo longioribus, foliis triangulari-hastatis albo-venosis lobis valde divaricatis, pedunculo petiolis breviore, spathæ albæ tubo oblongo-cylindrico laminâ late oblongâ apertâ planiusculâ acuminatâ quadruplo breviore, spadicis spathâ triplo brevioris appendice flavâ clavatâ in stipitem clavâ breviorem attenuatâ, florum femineorum annulo masculis 3-4-plo longiore, genitalibus abortivis supra ovaria paucis supra stamina numerosis a basi verruculosâ longe setaceis ♃. Ic. Rchb. Germ. tab. II. Regel Gartenfl. t. 426. — *A. albispathum* Stev. Taur. Verz. p. 318! ad *A. Orientale* ex cl. Engler relatum sed ex speciminibus Tauricis hûc absque dubio referendum. — *A. Byzantinum* Schott Ic. Aroid. tab, 34-35 an Clus? — *A. concinnatum* Schott Ic. Ar. tab. 39 40. — *A. Numidicum, A. Nickelii* et *A. marmoratum* Schott Prodr. — *A. Ponticum* Schott Bonpl. 1862, p. 148.

Hab. in umbrosis, ad agrorum margines, Zacynthus (Marg!), Eubæa (ex cl Engl.) Attica ad montem Pentelicum (Sart!), ad Koruni Atticæ (Heldr!), Peloponnesus (Bory!), ad Taygeti radices (Engl.), Creta ad Khania (Raul!), Byzantii (Ky. ex Engl.), Pontus ad Trapezuntum (Ky. Suppl. 425), Tauria meridionalis (Stev!), Abchasia (Nordm. ex Ledeb.), Cyprus (Ky. 739!)

Ar. Geogr. Europa australis a Galliâ occidentali et mediterraneâ, Helvetiâ et Tyrolo australibus ad Dalmatiam, Africa borealis.

11. A. melanopus, tubere...., petiolis longissimis nigris, laminâ triangulari hastato-trilobâ lobis lateralibus horizontaliter divaricatis late lanceolatis acutiusculis terminali 2-3-plo minoribus, pedunculis nigris petiolo multo brevioribus, spathæ amplæ virentis margine purpureo-tinctæ tubo ovato ventricoso laminâ longe acuminatâ late oblongâ 4-5-plo breviore, spadicis spathâ plus dimidio brevioris appendice fuscescenti in clavam basi abrupte attenuatam et stipite suo sublongiorem abeunti, carpellorum annulo inflorescentiâ masculâ subduplo longiore, genitalibus sterilibus inter annulos paucis erectis supra antheras copiosis deflexis, omnibus a basi dilatatâ papillosâ longe setaceis ♃.

Hab. in Syriâ prope Aleppo (unde radices misit cl. Haussknecht!).

⟩ Petioli pedales, lamina 6-7-pollices longa et lata, spatha 9-12-pollices longa, appendicis stipes pollicem, clava sesquipollicem longa. Pulchra species affinis *A. Italico* a quo differre videtur petiolis longis nigris, laminâ subtrilobâ non albo-venosâ, spathâ virenti purpureo-tinctâ, appendicis clavâ fuscescenti-purpureâ.

HELICOPHYLLUM (Schott Ar. I, p. 20. — *Eminium* Schott).

Spatha basi convoluta in tubum ovatum vel oblongum laminâ concavâ. Spadix superne in appendicem clavatam vel cylindricam productus inferne flores femineos et supra masculos in annulos polycyclos
congestos ferens. *Masc.* Antheræ geminatæ biloculares connectivo
tenui apice non producto, loculi versus apicem rimulâ dehiscentes.
Fem. Ovarium uniloculare biovulatum. Ovula orthotropa erecta basilaria funiculo brevi affixa. Genitalia abortiva longe subulata inter
spicam femineam et masculam. Bacca sæpius monosperma. — Herbæ
tuberosæ foliis proteranthiis sagittatis vel intorto-pedatisectis.

1. **H. Lehmanni** (Bunge pl Lehm. p. 503 sub *Biaro*) tubere
sphærico-depresso, foliis crassis lanceolatis a basi sensim angustatâ
rarius rotundatâ in petiolum attenuatis penninerviis nervis lateralibus inter se remotis, pedunculo petioli breviore, spathæ extus viridis intus atropurpureæ tulo oblongo ad basin usque fisso laminâ
oblongo-ellipticâ obtusâ subduplo breviore, spadicis appendice nigrâ
cylindricâ brevi spathâ subbreviore, inflorescentiâ masculâ et femineâ
subæquilongis intervallo annulis triplo longiore genitalibus sterilibus
e basi ovatâ subulatis longis patentibus toto obsito sejunctis, genitalibus sterilibus nonnullis supra antherarum annulum ♃. *H. Lehmanni* Regel Gartenfl. 1881 p. 291 t. 1056.

Hab. in Turkestaniâ occidentali prope Karguta et Batkakkum (Lehm! Sewer
sow etc.). Fl. Febr. Mart.

Foliorum lamina 4-8-pollicaris basi 1-1 ½ poll. lata. Spatha 4-pollicaris. A
cl. Schott et Engler confusum cum *Eminio Ledebourii* Schott Aroid. I tab. 22.
= *H crassifolio* Engler quod ex cl. Regel differt foliis a basi cordatâ vel
subhastatâ ovato-lanceolatis nervis lateralibus approximatis, genitalibus sterilibus supra antheras nullis.

2. **H. Rauwolfii** (Blum. Rumph. I. 121 sub *Aro*), tubere globoso, foliis petiolo eis sæpius longiore suffultis crassis inferiore
ovato-cordato cæteris hastatis lobo medio oblongo-lanceolato vel spa-
thulato obtuso lateralibus multo angustioribus et brevioribus lineari-
lanceolatis interdum bipartitis arrectis, pedunculo brevi, spathæ
extus albidæ tubo ovato laminâ late oblongo-lanceolatâ intus atropurpureâ et lævi 2 ½ plo breviore, spadicis spathâ subdimidio brevioris appendice breviter stipitatâ clavatâ brevi obtusâ atropurpureâ
exsiccatâ tuberculoso-rugosâ, inflorescentiâ femineâ a masculâ æquilongâ interstitio triplo longiore genitalibus sterilibus longe filiformibus
obsesso sejunctâ ♃. *H. Rauwolfii* Schott Prodr. 113 — Gen. Ar.
tab. 20 — *A. Kotschyi* Schott Prod. 114.

Hab. in graminosis fertilibus Ciliciæ ad Bouloukli prope Mersina (Bal!),
Syriæ borealis inter Aleppo et Aintab (Haussk!).

β. *Olivieri* Engl. — Foliorum adultorum lamina pedatisecta seg-

mento intermedio lanceolato lateralibus utrinque 8-9 angustioribus
linearibus acutis intortis. — *H. Olivieri, H. Aucheri* et *H. Russellia-
num* Schott Prodr. Aroideæ tab. 30. — *Arum intortum* Russ. Alepp.
II. 264. — *A. heterophyllum* Ancher.

Hab. in agris inter Aleppo et Aintab et ad Terek Mesopotamiæ (Haussk!)
inter Aleppo et Mossul (Oliv!).

Cl. Engler observante hæc varietas est tantum forma magis evoluta foliis
magis dissectis speciei. Lamina 2-3-pollices longa transverse sublatior, spatha 4-5-pollices longa. Spadicis appendix 8-15 lin. longa.

3. H. crassipes (Boiss. Diagn. Or. I. 13, p. 9 sub *Dracunculo*)
tubere globoso, foliis petiolo eis longiore sæpe purpureo-maculato
suffultis ambitu ovatis transverse latioribus pedatipartitis laciniis
utrinque 7-9 decurrentibus lineari-lanceolatis elongatis intortis, segmento intermedio vel oblongo-lanceolato duplo latiore vel lanceolato-
lineari lateralibus simili, pedunculo brevi apicem versus valde incrassato, spathæ tubo crasso oblongo ad basin usque aperto extus
albovirenti vel purpureo-maculato laminâ ovato-oblongâ obtusâ atropurpureâ et densissime verruculosâ 1 ½-2 plo breviore, spadicis
appendice spathâ dimidiâ vel tertiâ parte breviore brevissime stipitatâ
cylindrico-clavatâ atropurpureâ exsiccatâ tuberculato-rugosâ, inflorescentia fæmineâ quam mascula sublongiore ab eâ interstitio 3-4-plo
longiore genitalibus filiformibus longis toto obsito sejunctâ ♃. *H.
crassipes* Schott Syn. I. 22. — *H. spiculatum, H. Dracunculus, H. angustatum* et? *H. Loftusii* Schott Prodr. — *Dracunculus minor* Blum.
Rumph. I. 125. — Schott Aroid. tab. 28 et 29.

Hab. in cultis inter Aleppo et Mossul (Oliv!) inter Aleppo et Aintab
(Haussk!), ad Tripolin (Bl!) in Libano supra Berythum (Boiss!), ad Rascheya
Antilibani (Boiss!), in Palestinâ australi inter Nuckl, El Arysch et Gaza
(Boiss!), Ouadi el Gradi et Ouadi Sheriah (Barbey), ad Damascum (Ky. 750!),
ad orientem Jordani (Payne!).

Cl. Engler formas distinxit sed altera in alteram nimis transeuntes. Affine
H. Rauwolfti var. *Olivieri* a quo distinguitur pedunculo superne valde incrassato, spathâ intus crebre verruculosâ nec lævi.

DRACUNCULUS (Schott Melet. I, 17).

Spatha basi convoluta in tubum ovatum fissum, laminâ maximâ
tandem retrocurvâ. Spadix superne in appendicem longe stipitatam
clavatam longam crassam abiens inferne flores femineos et masculos
in spicas polycyclas arcte contiguas edens. *Masc.* Antheræ 3-4 coalitæ
biloculares connectivo tenui apice subprotuberante, thecæ poris
minutis rotundis apice dehiscentes. *Fem.* Ovarium oblongum uniloculare subsexovulatum. Ovula orthotropa funiculo brevi affixa, alia
basi fixa erecta, alia ex apice loculi pendula. Semen rugosum. Genitalia sterilia supra spicam masculam pauca brevissima interdum
nulla. — Herbæ tuberosæ foliis proteranthiis.

1. D. vulgaris (Schott Melet. I. 17) tubere crasso rotundato, foliorum petiolis pedunculum eis longiorem vaginis arcte amplexantibus caulem simulantibus ad vaginas maculatis, laminâ pedatisectâ amplâ transverse latiore segmentis 11-15 sæpe oblique albo-lineatis oblongolanceolatis decurrentibus medio latiore, spathæ tubo ventricoso laminâ oblongâ vel lanceolatâ acuminatâ atropurpureâ multo breviore, spadicis appendice atropurpureâ e stipite tenuiore faucem tubi supe rante in clavam elongatam spathæ sæpe æquilongam incrassatâ, inflorescentiâ masculâ et femineâ subæquilongis, genitalibus sterilibus supra antheras paucis conicis interdum nullis ♃. Schott Aroid. tab. 23 et 24. — *Arum Dracunculus* L. Sp. 1367. — Ic. Fl. Græc. tab. 946. — *Drac. polyphyllus* C. Bauh. — Rchb. Ic. Germ. tab. 12. — *Dr. Creticus* Schott Prodr. 120.

Hab. in umbrosis Atticæ (Sprun! Heldr!), Bæotiæ (Engl.), Eubeæ (Beck!) Lesbi (Post!), Macedoniæ (Friv!), Byzantii (Murm!), Lydiæ (Boiss!), Cretæ, (Sieb!), Rhodi (Bourg!), Lyciæ et Pamphyliæ (Bourg!).

Variat macularum ad vaginas dispositione et formâ, appendicis cum ejus stipite et cum spathâ proportione, spatha interdum sesquipedalis et longior.

Ar. Geogr. Lusitania australis?, Gallia australis, Italia, Dalmatia, Croatia.

ARISÆMA (Mart. Fl. 1831, p. 458).

Flores dioici vel monoici. Spathæ tubus convolutus fauce ampliatus, lamina fornicata. Spadix liber vel alius femineus et alius masculus vel androgynus, in appendicem variam sæpe valde elongatam productus. *Fem.* Flores 2-5-andri sessiles vel stipitati, antheræ connectivum indistinctum, thecæ poro vel rimâ dehiscentes. *Fem.* Ovarium uniloculare intus in apice cavitatis processu spongiolifero præditum ovatum in stylum brevem attenuatum, ovula 1-9 orthotropa erecta placentæ basilari affixa. Staminodia abortiva subulata in plantâ femineâ supra ovaria. Bacca oligosperma, semina sphæroideo-ovata apice subconica. — Herbæ tuberosæ foliis synanthiis tripartitis vel trisectis, vel pedatisectis.

1. A. abbreviatum (Schott Œsterr. Woch. 1857 p. 382) tubere rotundo, foliis binis longe petiolatis pedatisectis segmentis 9-11 ovatooblongis vel lanceolatis acuminatis basi connatâ sessilibus, pedunculo petiolos subsuperante, spathæ brevis tubo ovoideo laminâ cymbiformi acuminatâ tubo sublongiore ovatâ vix incurvâ cuspidatâ, spadice plerumque androgynâ, appendice inflorescentiâ masculâ breviore non stipitatâ sensim incrassatâ apice truncatâ spatham vix superante ♃.

Hab. in saxosis calidis vallis Kuram Affghaniæ ad rivum Shendtoi 6-7000' Aitch. Journ. Linn. Soc. 1880 p. 99) Non vidi.

Petioli 6-12-pollicares alte vaginati, segmenta intermedia 2-3-pollices longa, spatha 1-2-pollicaris, appendix 3 lineas tantum longa.

Ar. Geogr. Regio Himalaica.

ARISARUM (Targ. Tozz. Ann. Mus Flor. II 617).

Spathæ tandem evanescentis tubus longus rectus clausus fauce subcontractus, lamina procurva fornicata. Spadix imâ parte spathæ dorso coalita inflorescentiam fæmineam 3-5-floram unilateraliter ferens, dein masculam ei arcte contiguam sparsifloram superne in appendicem longe stipitatam filiformem vel clavatam abiens. *Fem.* Ovarium imâ parte rachidi immersum uniloculare pluriovulatum, stylus cylindrico-conicus, stigma hemisphericum penicillatum. Ovula placentæ basilari funiculis brevibus affixa orthotropa erecta. *Masc.* Flores monandri breviter stipitati, anthera peltatim affixa hippocrepiformis thecis binis rimâ continuâ dehiscentibus. Baccæ aggregatæ. Semina subsena ovoidea acuta longitudinaliter rugosa funiculo obconico brevi et strophiolo funiculo longiore et crassiore suffulta. — Herbæ tuberosæ foliis sagittatis synanthiis.

1. **A. vulgare** (Targ. loc. cit.) tubere ovato vel breviter cylindrico petiolis laminâ pluries longioribus, laminâ ovato-cordatâ vel sagittatâ obtusâ vel acutâ auriculis rotundatis vel acutis plus minus divergentibus, pedunculo petiolo subæquante, spathæ tubo cylindrico longitudinaliter albo et rubro-lineato in laminam purpuream ovatam vel lanceolatam incurvam abeunte, inflorescentiâ femineâ brevissimâ, masculâ laxissimâ triplo longiore, appendice tenui supra tubum antice curvatâ et exsertâ interdum apice leviter incrassatâ ♃. Ic. Rchb. Germ. tab. 7. — Schott Gen. Ar. t. 5. — *Arum Arisarum* L. Sp. 1370. — Fl. Græc. tab. 948. — *Arisarum Sibthorpii, A. Forbesii, A. Jacquini, A. Balansanum, A. crassifolium* Schott.

Hab. in cultis et saxosis regionis inferioris in montanam interdum ascendens, Græcia tota et ejus insulæ!, Cyprus (Ky!), Anatolia occid. in Cariâ (Forbes) Fl. hyeme et primo vere.

β *Veslingii.* — Spatha longior laminâ sæpe tubum æquante, appendix sæpe longius exserta ; non varietas sed forma cujus transitus ad typum frequentes. — *A. Veslingii* et *A. Libani* Sch. Prodr.

Hab. in Egypto ad Alexandriam (Gaill! Letourn! Barb!), Palestinâ (Roth!), Syriâ littorali (Gaill! Haussk!). Specimina nonnulla Græca huic adunmerari queunt.

Ar. Geogr. Tota regio mediterranea Europæ et Africæ borealis, insulæ Canarienses.

SUB. II. ORONTIACEÆ R. Br. — Flores perigonio obsiti.

ACORUS (L. Gen. 434).

Spatha phyllodio cum pedunculo continuo constans. Spadix lateralis floribus hermaphroditis sessilibus dense spicatis undique obsitusconoideo-digitiformis. Perigonium phyllis senis fornicatis apice truncatis constans. Stamina sex hypogyna squamis perigonii opposita, filamenta libera membranacea, antheræ adnatæ loculis binis longitudinaliter dehiscentibus. Ovarium obconico-oblongum obtuse sexangulare vertice subtruncatum 2-3-loculare stigmate, sessili minuto. Ovula in loculis plura orthotropa ex apice loculi funiculo spongioloso pendula sublageniformia, micropyle fimbriatâ deorsum spectante. Capsula baccata obverse pyramidata 2-3-locularis vel abortu unilocularis et oligosperma. Semen oblongum pendulum integumentis binis ad oram fimbriatis exteriore sublongiore. — Herbæ rhizomate repente aromatico, foliis distichis ensiformibus.

1. A. Calamus (L. Sp. 402) foliis ultra vaginam longe productis linearibus costâ prominente, pedunculo triquetro, spathâ elongatolineari acutâ spadice crasso cylindrico-subconico 5-6-plo longiore, perigonii phyllis ovarium oblongum vix superantibus ♃. Ic. Fl. Dan. 1158. — Schott Gen. Ar. tab. 98, fig. 1-13.

Hab. ad aquas, Laconia (ex Sibth.), Transcaucasia ad Sallian versus mare Caspium (M. B.) E ditione nondum vidi.

Ar. Geogr. Europa borealis et media ab Angliâ et Scandinaviâ ad Rossiam mediam, Galliam, Italiam borealem, regionem Danubialem, Sibiria, Japonia, China, regio Himalaica, America borealis.

Obs. *Colocasia antiquorum* Schott = *Arum Colocasia* L species Indica in Græciâ et ejus insulis, Anatoliâ australi. Syriâ, Egypto colitur et sæpe subspontanea ocurrit.

Pistia stratiotes L. sub *P. Ægyptiacæ* nomine ex Egypto indicata fuit sed in Nubiâ tropica et Æthiopiâ tantum crescere videtur.

ORD. CXXVIII. PALMÆ.

(L. Meth. Sex. — Juss. Gen. 37).

Flores monoici vel polygamo-dioici rarius hermaphroditi parvi sæpius sessiles bracteati spadicis ramis inserti. Perigonium duplex, calyx et corolla calyciformis, ambo triphylli vel tridentati. Stamina hypogyna vel perigyna sena biseriata rarius terna, filamentis liberis vel basi in urceolum connatis. Ovarium liberum carpellis tribus vel distinctis vel inter se coalitis unilocularibus. Ovulum unicum (rarissime bina collateralia) erectum orthotropum micropyle superâ, vel plus minusve anatropum micropyle parietem spectante. Styli brevissimi carpellorum vel loculorum numero. Fructus baccatus vel drupaceus aut trilobus vel trilocularis ant abortu unilocularis et monospermus, sarcocarpium carnosum, vel fibrosum, endocarpium varium chartaceum, fibrosum vel lignosum. Semen loculum implens, testa cum endocarpio sæpius coalita. Albumen magnum cartilagineum, carnosum vel ligneum plicis testæ sæpius ruminatum. Embryonis in albumine situs varius. — Arbores facie peculiari, trunco sæpius indiviso, foliis alternis ad apicem caudicis congestis laminâ pinnatim vel palmatim divisâ.

HYPHÆNE (Gaertn. Fruct. II, 13, tab. 82. — *Cucifera* Del).

Flores dioici in spadice spathis incompletis vaginato distiche ramoso, rami cylindrici squamulis pilosis dense imbricatis obsiti. Flores parvi ad squamularum axillas subsessiles solitarii. *Masc.* Calyx tripartitus. Corolla tripetala. Stamina sex filamentis liberis. Antheræ ovatæ basi bifidæ dorso affixæ. *Fem.* Calyx triphyllus. Corolla tripetala. Stamina rudimentaria. Ovarium tri vel rarius biloculare, stigmata 3-2 sessilia. Drupa abortu simplex unilocularis rarius 2-3 loba sarcocarpio fibroso, putamine ligneo. Albumen corneum cavum æquabile. Embryo apicalis verticalis.

1. **H. Thebaica** (Del. Descr. Eg. p. I, tab. 1 et 2 sub *Ciciferâ*) arborea 15-30-pedalis trunco pluries dichotomo annulato, foliis ad ramorum extremitatem congestis palmato flabelliformibus filis inter lacinias 20-25 lanceolatas acutiusculas pendulis, petiolo laciniis breviore complanato canaliculato spinis uncinatis obsito, spadicis inter folia erumpentis ramis amentiformibus cylindricis plantæ masculæ subternis, floribus pallide flavis, drupis obovatis sessilibus flavis pruinosis ♃. *Cucifera Thebaica* Del. — *Hyphœne crinita* Gaertn. — *Hyphœne Cucifera* Pers. Syn. II, 623.

Hab. in Egypto superiore (Del. Ky! Boiss!), Arabiâ petreâ ad Tor (Bové ex Decaisne), Vulgo *Doum.*

Ar. Geogr. Nubia, Abyssinia, Africa tropica.

CHAMÆROPS (L. Gen. 1219).

Flores polygamo-dioici, in eâdem vel diversâ plantâ alii hermaphroditi alii masculi in spadice spathis 2-4 quarum interior completa cincto sessiles bracteati *Masc.* Calyx tripartitus. Corolla tripetala. Stamina 6-9, filamenta basi connata, antheræ oblongæ. *Herm.* calyx et corolla maris, stamina sena filamentis in cupulam hypogynam connatis. Ovaria terna vel rarius plura distincta, stigmata subulata subsessilia. Baccæ ternæ vel abortu pauciores monospermæ. Albumen ruminatum. Embryo dorsalis. — Palmæ subacaules vel caudice brevi, frondibus palmatis.

1. **Ch. humilis** (L. Hort. Cliff. 482) subacaulis sobolifera fibrillitio denso petiolorum insertionem vestiente, petiolis laminâ palmatipartitâ brevioribus aculeis ascendentibus armatis, laciniis 10-15 integris lanceolatis acutis, spathæ valvis acuminatis, inflorescentiâ

Chamærops.

oblongâ simpliciter vel duplicatim ramosâ, baccis ellipticis lutescenti-fuscescentibus 5. *Phœnix humilis* Cav. Ic. tab. 15.

Hab. in calidis siccis regionis inferioris sed ditionis civis dubia. Insulæ Græcæ Corcyra et Zacynthus (ex cl. Martius), Asia minor (ex Kth.), Palestina in valle Hierochuntinâ (ex Rauwolf It. 149) sed a recentioribus nullibi nec in Græciâ, nec in Anatoliâ et Syriâ, nec in Egypto indicata.

Ar. Geogr. Lusitania, Hispania australis et orientalis, Sardinia, Sicilia, Italia australis, Africa borealis.

2. **Ch. Ritchieana** (Griff. Palms Brit. Ind. p. 135) subacaulis, fibrillitio ad foliorum basin nullo, petiolis inermibus laciniis 10-15 induplicatis ultra medium bipartitis angustis acuminatis, baccis oblongis vel sphæricis 5.

Hab. in Affghaniâ (Ritschie), in valle Kuram ejusdem regionis (Aitcheson). Non vidi.

PHŒNIX (L. Gen. 1224).

Flores dioici in spadice ramosissimo spathâ simplici cincto sessiles. *Masc.* Calyx cupuliformis tridentatus. Corolla valvatim tripetala. Stamina 6 vel 3, filamenta subnulla, antheræ lineares. *Fem.* Calyx cnpularis tridentatus. Corolla imbricatim tripetala. Ovaria tria globoso-ovata distincta, stigmata sessilia uncinata. Drupa monosperma sarcocarpio molli. Semen sulco longitudinali exaratum, albumen corneum. Embryo dorsalis vel subbasilaris. — Arbores caudice simplici, foliis terminalibus pinnatis.

1. **Ph. dactylifera** (L. Hort. Cliff. 482) caudice elato, foliis glaucescentibus elongatis pinnis lanceolato-linearibus acuminatis complicatis rachide crassâ compressâ, spadicis ramis elongatis flexuosis, baccis sessilibus cylindraceo-ellipticis 5. Ic. Lam. Ill. tab. 893. — Delile Eg. tab. 62.

Hab. in partibus meridionalibus Græciæ et Anatoliæ, Ægypti et Syriæ australis, Arabiæ, Persiæ australis (Bge!) frequenter culta, in australioribus tantum v. gr. Egypto littorali Nubiæ finitimâ (Schweinf!), Arabiâ, Persiâ australi et forsan Belutschiâ spontanea.

Ar. Geogr. Europa australior ubi hinc inde colitur, Africa borealis interior ubi spontanea.

ORD. CXXIX. TYPHACEÆ.

(Juss. Gen. 25).

Flores monoici in spicas densissimas cylindricas vel globosas congesti, spicæ superiores masculæ, inferiores femineæ. Perigonium squamis ternis vel pluribus aut setis constans. Stamina 1-3 filamentis capillaribus liberis vel basi connatis. Ovarium liberum uniovulatum ovulo pendulo, stylus unicus, stigma simplex unilaterale. Nucula pericarpio membranaceo vel subdrupaceo. Semen pendulum. Embryo linearis in albuminis farinacei axi, radicula supera.

SPARGANIUM (L. Gen. 1041).

Flores in capitula globosa ex axi primariâ et secundariis dispositi, inferiora feminea, superiora mascula. *Masc.* Perigonium squamis membranaceis integris vel bifidis inter stamina constans. Stamina subterna, filamenta brevia demum elongata libera, antheræ biloculares. *Fem.* Perigonium squamis paleaceis ternis ovarium cingentibus constans. Ovaria libera vel bina connata sessilia unilocularia, stylus brevis crassus cum ovario continuus, stigma unilaterale. Fructus basi contractus cum squamis deciduus indehiscens subdrupaceus epicarpio spongioso endocarpio osseo apice pertuso. Semen putamini adhærens — Herbæ aquaticæ.

1. **S. ramosum** (Huds. Angl. 401) caule erecto folioso, foliis ensiformibus basi triquetris lateribus concavis, capitulis in paniculam terminalem patule ramosam foliosam dispositis sessilibus rarius pedunculatis, perigonii squamis sublinearibus superne abrupte spathulatis integris, stigmate lineari, fructibus angulatis obpyramidatis stipitatis breviter rostratis ♃. Ic. Rchb. Germ. tab. 326. — *S. erectum* var. cl. L. Sp.

Hab. ad aquas fere totius ditionis a Græciâ! Cretâ! ad Syriam (Bl!), Mesopotamiam (Haussk!), Persiam borealem, regnum Cabulicum (Griff!).

Ar. Geogr. Europa tota, Sibiria, Africa borealis.

2. **S. simplex** (Huds. Angl. 401) caule erecto folioso, foliis linearibus basi triquetris lateribus planis, capitulis in racemum simplicem inferne foliatum dispositis inferioribus pedunculatis cæteris sessilibus, perigonii squamis lineari-oblongis apice erosulis, stigmate lineari, fructibus non angulatis longe ellipticis basi in stipitem superne in rostrum gracile longum attenuatis ♃. Ic. Rchb. Germ. tab. 325. — *S. erectum* var β. L. Sp. — *S. emersum* Rehm. Schw. Meer p. 80, saltem ex spec. Kotschyano citato mihi non differre videtur.

Hab. ad aquas. E ditione vidi tantum ex Armeniâ Turcicâ ad radices montis Bingöldagh (Ky. exs. 508 sub *S. natante!*), in Transcaucasiâ ad Piatigorsk (Bayern!).

Ar. Geogr. Europa borealis et media ad Lusitaniam, Hispaniam et Italiam medias, regionem Danubialem, Bosniam, Serbiam, Rossiam, usque. Sibiria, India borealis.

TYPHA (L. Gen. 1040).

Florum spicæ 2-3 in eâdem axi, superior mascula, inferiores 1-2 femineæ. *Spic. Masc.* foliis floralibus 3-4 cito deciduis interstincta, flores nudi 1-3-andri setis numerosis ex axi ortis simplicibus vel ramosis suffulti, filamenta filiformia simplicia vel ramosa, anthera quadrilocularis connectivo dilatato terminata. *Spic. fem.* Flores vel nudi vel bracteolâ apice spathulatâ suffulti, ovarium oblongum breviter stipitatum basi setis numerosis (perigonialibus) obsitum. Stylus filiformis. Stigma lineare vel spathulato-ovatum. Fructus nucularis stipite longo pilifero instructus indehiscens vel rimâ longitudinali dehiscens. — Herbæ aquaticæ rhizomate repente stolonifero, caulibus cylindricis foliosis plerumque elatis, foliis elongatis erectis linearibus coriaceis. — Cl. Dr Rohrbach monographiam pedetentim secutus sum.

§ I. **Dehiscentes**. Nuculæ pericarpium cum semine non connatum sulco longitudinali fructu madefacto dehiscente obsitum.

* Stigmata lanceolato-spathulata.

+ Flores feminei bracteolâ destituti.

1. **T. latifolia** (L. Sp. 1377) foliis lato-linearibus planis caule florente longioribus, spicis cylindricis sæpius contiguis fæmineâ brunneo-nigricante, stigmatibus spathulato-lanceolatis acutis setas perigoniales longe superantibus ♃. Ic. Fl. Dan. tab. 645. — Rchb. Ic. Germ. tab. 323.

Hab. in aquis, Macedonia (Frider.), Byzantii (Rigler ex Rohrb.), Caucasus et Transcaucasia (Nordm! C. Koch! Hoh!), Cilicia (Tchih.), Cyprus (Ky.), Syria ad fluv. Barrada prope Damascum (Gaill. 400!), Egyptus (ex Figari).

Ar. Geogr. Europa tota a Scandinaviâ ad Rossiam mediam, Songaria, Sibiria omnis, Abyssinia, America borealis.

** Stigmata linearia.

+ Flores feminei bracteolâ suffulti.

2. **T. angustifolia** (L. Sp. 1377) foliis (sæpius anguste) linearibus extus convexis intus planis caule florente longioribus, spicis cylindricis sæpius remotis femineâ brunneâ, bracteolis a basi filiformi dilatatis ovato-spathulatis perigonii setis æquilongis, stigmatibus linearibus setas perigoniales longe superantibus ♃. Ic. Fl. Dan. 815. — Rchb. Germ. tab. 321.

Hab. ad aquas, Macedonia ad Thessalonicam (Fried. 929 ex Rohrb.), Byzantii (ex Griseb), Libanus ad Broummana (Bl. 489!) et ad rivum Damour (Gaill. 409 *bis*!).

Ar. Geogr. Europa fere tota a Scandinaviâ ad Rossiam septentrionalem, Hispaniam australem, Dalmatiam, Bosniam, Africa borealis, insulæ Canarienses, Africa tropica et Capensis, America borealis.

3. **T. angustata** (Bory et Chaub. Fl. Pelop. N° 103) foliis anguste linearibus extus valde convexis intus planis caulem florentem superantibus, spicis cylindricis sæpius intervallo remotis femineâ pallide brunneâ griseo-punctatâ, bracteolis a basi filiformi dilatatis ovato-spathulatis stigmata linearia subæquantibus setas perigoniales longe superantibus ♃. *T. angustifolia* Smith Prodr. — Marg. et Reut. Zant. non L. — *T. media* Bory et Chaub. Exp. Mor. — *T. æqualis* Schnitzl. Typh. 25. fig. 28. — *T. Damiatica* Ehrenb. Hort. Berol.

Hab. in aquis Græciæ, Attica (Heldr!), Peloponnesus (Bory! Orph!), Zacynthus (Marg.), Creta (Heldr! Raul!), Syria borealis ad Marasch (Haussk!), Arabia petrea (Ehrenb. Schimp. 366!), Egyptus ad Damiatam (Ehr.), Alexandriam (Gaill!), Cahiram (Schweinf!), Persia austro-occidentalis (Haussk!) et boreali-orientalis ad Asterabad (Karel. ex Rohrb.) et ad Meschhed (Bge!), regnum Cabulicum (Griff. 5621).

Ar. Geogr. India septentrionalis, Abyssinia, Nubia.

§ 2. **Indehiscentes.** Nuculæ pericarpium cum semine connatum esulcatum indehiscens.

* Stigmata lanceolato-spathulata-Flores feminei non bracteolati.

4. **T. stenophylla** (F. et Mey. Bull. Phys. Math. Petersb. III, p. 209) foliis anguste linearibus caule florente longioribus extus convexis intus planiusculis, spicis remotis femineo breviter cylindrico-elliptico brunneo, stigmatibus lanceolato-spathulatis setas perigoniales longe superantibus ♃. *T. angustifolia* C. Koch Linn. XXII 269. — Tchih. As. Min. II, 649 non L. — *T. Balansæ* Reut mss.

Hab. ad aquas Ciliciæ prope Mersina (Ball), Transcaucasiæ in Grusiâ (C. Koch!), Dughestaniæ ad Achly (Becker!).

Folia 3 lineas lata, spica feminea sesquipollicaris masculâ duplo vel triplo brevior.

Ar. Geogr. Italia septentrionalis, Rossia media orientalis, Songaria.

* * Stigmata linearia-Flores feminei bracteolati.

5. **T. Laxmanni** (Lepech. Nov. Act. Acad. Petrop. XII p. 84) foliis caulium floriferorum gracilium ad vaginas latas aphyllas vel breviter mucronatas reductis, fasciculorum sterilium anguste linearibus extus convexis intus planis caulem æquantibus, spicis contiguis vel remotis femineis demum brunneo-fuscis subclavatis ellipticis

vel ovato-spathulatis perigonii setis apice capitato-incrassatis æqui-
longis, stigmatibus linearibus setas longe superantibus ♃. *T. minor*
Smith Brit. — Engl. Bot. tab. 1457. — *T. minima* Hoppe Cent. 3. —
Rchb. Ic. Germ. tab. 319.

Hab. in paludosis arenosis et ad fluvios, Caucasus (M.B , C. A. Mey!) Abchasia (Nordm.), Iberia (Wilh.), Persia boreali-orientalis (Bge!), Turkestania
inter Buchara et Sumarcand (Lehm.), Affghania (Griff!), Belutschia (Stocks!).

Ar. Geogr. Gallia austro-orientalis, Helvetia, Germania et Italia borealis
secus fluvios ex Alpibus oriundos, Hungaria, Croatia, Rossia australis, Songaria, Sibiria, China borealis.

6. T. Haussknechtii (Rohrb. Typh. p. 99) caulibus floriferis
gracilibus parte inferiori foliatis, foliis anguste linearibus caulem
longe superantibus supra vaginam triquetris superne plano-convexis,
spicis masculâ et femineâ distantibus breviter cylindricis, bracteolis a basi filiformi dilatatis ovato-spathulatis perigonii setas longe
superantibus, stigmatibus linearibus bracteolis subbrevioribus ♃.

Hab. in Cataoniâ ad fluvium Göksu inter Behesne et Adiaman (Haussk!).

Valde affinis *T. Laxmanni*, præsertim ejus formæ antumnali *T. Laxmanni*
var. gracilis, forsan hujus specici ex ipso Rohrb. subspecies. Differt foliis
inferne triquetris ad angulos laterales subdenticulatis, bracteolarum cum setis
proportione.

ORD. CXXX. ORCHIDEÆ.

(Juss. Gen. 64).

Flores hermaphroditi irregulares. Perigonium superum petaloi-
deum sexpartitum phyllis ternis externis cum binis interiorum
labium superius formantibus sæpe in galeam conniventibus, tertio
interiore (situ primario superiore sed ovarii torsione inferiore) *label-*
lum formante. Ovarium uniloculare multiovulatum placentis parietalibus. Stamina terna cum stylo arcte connata *gynostemium* formantia,
duo lateralia sterilia *staminodia* sæpe obsoleta, intermedium fertile
(rarius duo lateralia fertilia intermedium sterile). Anthera bilocularis
(rarius 1-4-locularis) vel gynostemio tota adnata non mobilis persistens,
vel imâ basi adnata opercularis libera persistens aut decidua. Pollen
conglobatum in massas ceraceas vel granulosas (*pollinia*) sæpe *cau-*
diculâ suffultas et glandulis stigmatis adhærentes, stylus indistincter
apice inter loculos antheræ in processum carnosum (*rostellum*) productus, stigma discum viscosum in gynostemii facie excavatum formans, lateraliter sæpe glandulâ simplici vel duplici nudâ vel plicaturâ
(*bursicula*) inclusâ instructum. Capsula rimis ternis longitudinalibus
dehiscens, Semina scobiformia. Albumen nullum.

Ordinis conspectus.

TR. I. OPHRYDEÆ Lindl. — Anthera unica fertilis gynostemio tota adnata persistens. Pollinia bina caudiculata massulis ceraceis indefinitis axi arachnoideâ elasticâ colligatis constantia caudiculæ glandulæ inserta.

§ 1. **Bursiculatæ**. Bursiculæ duo vel unica glândulas obtegentes.

· *Monadeniæ* Rchb. — Glandula unica.

Serapius, Aceras, Anacamptis.

· · *Diadeniæ* Rchb. — Glandulæ binæ.

+ Bursicula unica.

Tinæa, Orchis, Nigritella.

+ + Bursiculæ duo.

Ophrys.

§ 2. **Ebursiculatæ**. — Bursiculæ nullæ, glandulæ nudæ.

Ggmnadenia, Herminium, Platanthera.

TR. II. NEOTTIACEÆ Rchb. f. — Anthera unica imâ basi tantum cum gynostemio connata cæterum libera persistens et marcescens. Pollinia in nostris non caudiculata granulosa vel pulverea.

· Glandula stigmatica (proscolla) nulla.

Cephalanthera.

· · Glandula stigmatica cui pollinia demum adhærent.

Epipactis, Limodorum, Goodyera, Spiranthes, Neottia, Listera.

TR. III. ARETHUSEÆ Rchb. — Anthera unica terminalis demum omnino libera opercularis decidua. Pollinia (in nostrâ) caudiculata lobulis elastice cohærentibus constantia glandulæ stigmaticæ demum adhærentia.

Epipogon.

Tr. IV. CYPRIPEDIEÆ Lindl. — Antheræ binæ laterales fertiles, antica sterilis petaloidea.

Cypripedium.

Trib. I. OPHRYDEÆ.

SERAPIAS (L. Gen. 1012).

Perigonii phylla externa in galeam plus minus longe connata, interna basi dilatata et longe cuspidata. Labellum ecalcaratum basi 1-2-gibbum trilobum lobis lateralibus erectis, medio longiore refracto. Gynostemium apice in acumen longum subpetaloideum productum. Anthera tota adnata verticalis loculis parallelis interjecto rostello. Pollinia caudiculis distinctis suffulta, glandula communis unica intra bursiculam inclusa. Ovarium non contortum. — Herbæ tuberosæ.

1. S. Lingua (L. Sp. 1344) tuberibus globosis altero pedicellato, caule humili folioso, foliis linearibus et lanceolatis acutis supremis ad vaginam subdilatatam reductis, spicâ 2-5-florâ demum laxâ, bracteis oblongis acutis flores non æquantibus, perigonii pallide violaceo-virentis phyllis externis oblongo-lanceolatis acutis summo apice excepto coalitis, interioribus subbrevioribus anguste lanceolatis acuminatis, labello phyllis subduplo longiore obscure purpureo basi unicalloso trilobo lobis lateralibus semiovatis terminali multo majore ovato-oblongo acutiusculo ♃. Ic. Rchb. Germ. tab. 89. Bot. Mag. 5868 fig. B. — *S. oxyglottis* Tod. Sic. 112 non W.

Hab. in herbidis humidis, Peloponnesus ad Androusa (herb. Fauché!), Attica ad Pentelici radices (Sart!), Zacynthus (Marg!), Corcyra (Barbey!), Creta (Heldr!), Byzantii (Wied!). Fl. vere.

Ar. Geogr. Europa australis tota a Galliâ occidentali et australi ad Istriam et Dalmatiam, Africa borealis.

2. S. laxiflora (Chaub. in Bory Fl. Pél. N° 1526) tuberibus ovatis vel oblongis, caule gracili folioso, foliis lanceolato-linearibus superioribus ad vaginas reductis, spicâ paucifiorâ demum laxâ, bracteis oblongis acutis flores subæquantibus, floribus parvis, perigonii pallide rubri phyllis externis lineari-lanceolatis acutis tertiâ parte superiori liberis, internis brevioribus a basi ovato-oblongâ longe acuminatis, labello phyllis externis æquilongo atropurpureo basi bicalloso trilobo lobis lateralibus rotundatis galeâ occultatis, terminali angustiore lanceolato ♃ Rchb. Germ. tab. 90 fig. 2 et 3. — *S. occultata* Gay. — *S. parviflora* Parl.

Hab. in olivetis, pascuis regionis inferioris, Attica (Sprun. Heldr!) Byzantii (Coum!), Bithyniâ ad Broussam (Thiske!), Smyrnæ (Auch!), Cilicia (Ky. 413!).

Specimina Orientalia varietatem *Columnæ* Rchb. fil. labelli lobo medio lateralibus longiore et libero deflexo nec flori appresso et occultato sistunt. Hæc species *S. Linguæ* valde affinis est et e sicco sæpe ægre distinguenda, differt præsertim phyllis apice liberis, labelli abbreviati basi bigibbi lobo intermedio angustiore, flores paulo minores.

Ar. Geogr. Lusitania, Hispania australis et borealis, Gallia australis, Italia, Sicilia, Africa borealis.

3. **S. pseudocordigera** (Mor. Fl. Ven. 374) tuberibus ovatis sæpius sessilibus, caule elato folioso, foliis lanceolatis acutis supremis ad vaginam reductis, spicâ etiam anthesi ineunte laxâ, bracteis oblongo-lanceolatis purpurascentibus acutis flores æquantibus vel superantibus, perigonii pallide purpurei, phyllis externis lanceolatis acutis præter summum apicem connatis, labello atropurpureo basi bigibbo phyllis longiore trilobo lobis lateralibus semiovatis obliquis, intermedio duplo longiore et subangustiore a basi cuneatâ oblongo-lanceolato ♃. Rchb. Germ. tab. 89. — *S. longipetala* Poll. Veron. 3 p. 30. — *S. cordigera* Griseb. Spic. non L.

Hab in pratis fertilibus sæpe paludosis, Zacynthus (Marg!), Laconia (Orph!), Attica (Heldr!), Thracia et Byzantium (Griseb! Coum!), Anatolia occidentalis (Tchih!), Cilicia (Ky!), Cyprus (Ky. 178), Syria littoralis (Bl! Barbey!) et borealis ad Antiochiam (Ky!), Palestina ad Hebron (Ky. 482!), Iberia, Gouria, Imeretia (Szov!) Ledeb!).

Ar. Geogr. Hispania, Gallia occidentali-australis et australis, Helvetia australis, Italia, Istria.

4. **S. cordigera** (L. Sp. 1345) tuberibus ovatis altero sæpe breviter pedicellato, caule elato folioso, foliis lanceolato-linearibus superioribus ad vaginas reductis, spicâ sub antheri congestâ ovatâ, bracteis late ovatis vel oblongis acutis flores æquantibus vel excedentibus, perigonii purpurei phyllis externis ovatis vel oblongis acutis ad apicem usque connatis, internis a basi rotundatâ in cuspidem abruptiuscule contractis, labello atropurpureo galeâ longiore basi bicalloso phyllis subduplo longiore trilobo lobis lateralibus semicordatis intermedio subtriangulari ovato basi cordato lateralibus æquilato sed longiore ♃. Rchb. Germ. tab. 88. — Bot. Mag. 5868 fig. A.

Hab. in collibus, pratis sæpe humidis, Peloponnesus in Messeniâ (Despr. ex Rchb.), Atticâ (Fraas ex Rchb.), Cretâ ad Candiam (Heldr!), Byzantium ad Therapia (Thuret!).

Ar. Geogr. Europa australis a Galliâ austro-occidentali ad Dalmatiam, insulæ Azoricæ, Africa borealis.

Obs. Cl. Prof. Orphanides e Græciâ misit flores *S. trilobæ* Viviani. — Rchb. Germ tab. 86, formæ hybridæ in Galliâ australi, Italiâ, Istriâ quoque obviæ, ex connubio *S. cordigeræ* vel *pseudocordigeræ* cum *Orchide papilionaceâ* vel *O. laxiflorâ* ortæ.

Aceras.

ACERAS (R. Br. Ait. Kew. V. 191).

Perigonii phylla in galeam conniventia rarius subpatentia. Label-
lum tripartitum vel trilobum basi gibbum vel breviter calcaratum
basi lamellis destitutum. Gynostemium breve. Anthera adnata loculis
parallelis. Pollinia caudiculata, caudiculis glandulæ communi insertis.
Bursicula unica unilocularis. Rostellum conicum. Pollinia caudiculata caudiculis distinctis glandulæ unicæ insertis. Ovarium contortum. — Herbæ tuberiferæ.

1. A. Anthropophora (L. Sp. 1343 sub *Ophryde*) tuberibus
globosis, caule superne nudo, foliis oblongo-lanceolatis supremo ad
vaginam reducto, spicâ longâ densâ tenuiter cylindricâ multiflorâ,
bracteis flavidis lanceolatis cuspidatis ovario subbrevioribus, floribus virenti-flavidis, perigonii subgaleati phyllis externis ovatis acutis,
labello lineari plano basi subtus bigibbo non calcarato ovario longiore
tripartito laciniâ intermediâ longiore bifidâ interdum cum denticulo
interjecto, laciniis lacinulisque linearibus obtusis vix divaricatis ⚥.
Aceras anthropophora R. Br. H. Kew. Ic. Fl. Dan. tab. 103. — Nees
Gen. Germ. Rchb. Germ. t. 5.

Hab. in calcareis siccis regionis montanæ; vidi tantum ex Atticâ in monti-
bas Hymetto et Pentelico (Heldr! Sart!), pinetis montis Parnes (Boiss !
Heldr !) Fl. Apr. Mai.

Ar. Geogr. Europa media et australis ab Angliâ, Belgio, Germaniâ mediâ,
Helvetiâ ad Dalmatiam et Rossiam mediam, Africa borealis.

Obs. Cl. Prof. Orphanides legit in monte Malevo Laconiæ supra Platanos
et mihi dedit specimen *Aceratis* inter *A. anthropophoram* et ut videtur *Orchi-
dem masculam* hybridum. In eo perigonii phylla duplo longiora oblonga
erecta sed in galeam non conniventia, labellum calcare brevi conico obsitum ut in *A. anthropophora* partitum sed laciniis longioribus, eis lobi intermedii divaricatis.

2. A. longibracteata (Biv. Cent. Sic. I p. 57, tab. IV, sub
Orchide) tuberibus oblongis magnis, caule valido elato, foliis late
oblongis carnosis, spicâ ovatâ vel oblongo-cylindricâ densiusculâ,
bracteis lanceolatis acutis virenti-membranaceis ovaria imo flores
excedentibus, floribus magnis, perigonii subpatentis phyllis purpurascentibus viridi-nervosis vel sordide purpureis externis ovatis
obtusis, labello calcare crasso brevi conico obsito perigonio duplo
longiore tripartito ad centrum pallide roseo purpureo-punctato ad
lobos et margines purpureo laciniis lateralibus lanceolatis falcatis
margine externo versus basin sæpe undulatis, laciniâ intermediâ
divaricatim bilobâ obcordatâ lobis obtusis sæpe crenulatis ⚥. *A.
longibracteata* Rchb. f. Germ. t. 119. — Bot. Reg. t. 357. — *Orchis
Robertiana* Loisel. Gall. II. 606.

Hab. in collibus herbidis umbrosis regionis inferioris, Peloponnesus ad Patras (Bory!), Attica (Sprun! Heldr!), Creta (Sieb! Raul! Heldr!), Chios (Oliv.) Fl. Febr-Mart.

Ar. Geogr. Insulæ Canarienses, Lusitania australis, Gallia australis, Corsica, Sardinia, Italia australis, Sicilia, Africa borealis.

3. A. hircina (L. Sp. 1337 sub *Satyrio*) tuberibus magnis ovato-oblongis, caule elato crasso, foliis oblongo-lanceolatis glaucis, spicâ longâ oblongo-cylindricâ, bracteis membranaceis linearibus ovario longioribus, perigonii phyllis externis oblongis viridibus intus purpureo-punctatis in galeam obtusam conniventibus, labello basi calcare saccato brevissimo aucto pendulo longissimo tripartito parte basilari indivisâ late-lineari albidâ purpureo-punctatâ valde undulato-crispâ, laciniis olivaceis lateralibus brevibus linearibus falcatis intermediâ lingulari longissime productâ æstivatione spiraliter convolutâ apice 2-3-dentatâ ♃. Jacq. Austr. tab. 367. — *A. hircina* Lindl. Orch. 282. — Rchb. Germ. t. 8. — *Orchis hircina Crantz* — *Loroglossum hircinum* Rich. — *Himantoglossum hircinum* Spreng.

β *caprina* Rchb. Germ. tab. 7. — *Orchis caprina* M B. Taur. Cauc. III p. 602. — Vix varietas, spica laxior, galea subelongata, calcar sublongius.

Hab. in collibus siccis in ditione rarior, Græcia in insulâ Cephaloniâ) Letourn!), Eubeâ (Fraas), Thracia (Friv.) Bithynia ad Brussam (Thirke!), Tauriâ (Stev.).

Omnes loci orientales ad formam β a typo cæterum vix distinguendam spectare videntur.

Ar. Geogr. Europa media et australis ab Angliâ, Belgio, Germaniâ mediâ ad Rossiam mediam, Africa borealis

4. A. affinis, tuberibus magnis ovato-oblongis, caule elato, foliis oblongis, superioribus lanceolatis vaginantibus, spicâ laxâ elongatâ, bracteis membranaceis lanceolatis acuminatis ovaria superantibus perigonii sordide purpurascentis phyllis externis ovato-oblongis in galeam obtusam conniventibus, calcare brevissime conico-saccato obtuso, labello rubello-olivaceo cuneato-oblongo trilobo lobis lateralibus semioblongis subfalcatis brevibus margine undulatis a gynostemii basi decurrentibus, laciniâ intermediâ ligutiformi parte indivisâ 5-6-plo longiore apice bifidâ ♃.

Hab. in pinetis ad orientem urbis Gheyra Cariæ (Boiss. Spec. unicum!). in quercetis supra Bulghas Kiöi Phrygiæ (Bal! spec. unicum!), in graminosis montis Ssof dagh Cataoniæ (Haussk!) Fl. Jan.

Inter *A. hircinam* et *formosam* quasi intermedia, calcar brevissimum prioris sed labellum ut in *A. formosá* parte indivisâ breviter cuneatum nec longe lineari-attenuatum, lacinia intermedia eâ *A. formosæ* longior sesquipollicaris. Rarissima videtur, an ideó proles hybrida? sed *A. hircina* in eisdem regionibus non occurrere videtur.

5. A. formosa (Stev. Mém. Mosq. IV, p. 66 sub *Orchide*) tuberibus magnis ovato-oblongis, caule elato, foliis oblongis et oblongo-

lanceolatis, spicâ elongatâ laxiusculâ, bracteis lineari-lanceolatis
membranaceis ovaria superantibus inferioribus flores æquantibus,
perigonii phyllis externis oblongis obtusis viridi-purpureis in galeam
obtusam conniventibus,calcare cylindraceo ovarium dimidium æquante,
labello præter aream pallide roseam viridi cuneato-oblongo trilobo
lobis lateralibus semioblongis obtusis margine undulatis a gynoste,
mii basi decurrentibus, laciniâ intermediâ ligulæformi labelli parte
indivisâ æquilongâ vel sublongiore apice retusâ ♃. *Aceras formosa*
Lindl. — *Orchis mutabilis.* Stev Mém. Mosq. III. p. 244. — Rchb.
Germ. tab. 6. — Linn. Transact. II. tab. 37.

Hab. in montanis nemorosis, Caucasus orientalis inter Derbent et Kuba
(Stev., C. Koch), in ditione Talysch (C. A. Mey). Non vidi.

ANACAMPTIS (Rich. Mem. Mus. Hist. Nat. 4, p. 47. —
Orchidis sp. L. — *Aceratis* sp. Rchb. f.).

Perigonii phylla patentia subæqualia. Labellum patens subæqualiter trilobum in calcar longum productum basi lamellis binis parallelis
prominentibus instructum. Gynostemium breve obtusum. Processus
rostellaris conicus. Anthera adnata loculis parallelis bursiculâ uniloculari conjunctis. Pollinia caudiculata caudiculis distinctis glandulæ
communi bilobæ affixis. Bursicula unica unilocularis. Ovarium contortum. — Herba tuberosa facie *Orchidis.* — Genus ab *Acerate* cui
glandulâ unicâ accedit, facie et calcare elongato *Orchidis* meo sensu
separandum.

1. **A. pyramidalis** (L. Sp. 1332 sub *Orchide*) tuberibus ovatis, caule elato crassiosculo. foliis lanceolato-linearibus superioribus
omnino vaginantibus, spicâ densâ multiflorâ conicâ dein globosâ et
cylindraceâ, bracteis lineari-lanceolatis acutis coloratis ovario subbrevioribus, floribus roseis, perigonii phyllis ovato-lanceolatis acutiusculis, labelli semitrifidi lobis oblongis obtusis subæqualibus obtusis
vel truncatis, calcare filiformi ovarium æquante vel superante ♃.
Jacq. Autr. tab. 266. — *An. pyramidalis* Rich. Mém. Mus. — *Aceras
pyramidalis* Rchb. f. Germ. tab. 361.

Hab. in collinis, sylvaticis siccis, regionis inferioris et montanæ,Græciâ omni
et ejus insulis ! Macedoniâ in Athone (Grisel!), Cretâ (Heldr!), Rhodo (Bourg!)
Anatoliâ boreali (Auch. 2238!) et australi in Ciliciâ (Ky !), Cypro (Ky!),
Syriâ littorali (Bl! Gaill !) Palestinâ ad Hebron (Roth!), Tauriâ et prov.
Caucasicis !, Persiâ boreali (Bge!).

β. *brachystachys* Rchb. Germ. loc. cit. fig. 2. — Gracilior, spica
tenuior, flores minores carnei, bracteæ cuspidatæ. — *O. brachystachys*
Urv. Enum. 121.

Hab. in montibus Pentelico et Parnes Atticæ (Boiss! Heldr ! Orph!), insulâ
Melos (Urv.), Cretâ (Sieb !) Bithyniâ (Thirke).

Ar. Geogr. Europa media et australis a Britanniâ, Daniâ et Gothiâ ad Rossiam mediam, Africa borealis.

TINÆA (Bivon. Giorn. Scienz. Sicil, N° 139).

Perigonii phylla externa in galeam conniventia inferne connata apice libera, lateralia basi gibbosa. Labellum patens planum trifidum basi brevissime calcaratum, gynostemium brevissimum. Anthera tota adnata loculis subparallelis rostello minuto sejunctis. Pollinia caudiculis brevissimis. Glandulæ binæ distinctæ intra bursiculam bilocularem inclusæ. Ovarium lineare vix contortum. — Herba tuberosa facie *Aceratis* vel *Herminii* — Genus ab *Acerate* glandulis distinctis, ab *Orchide* gynostemio brevissimo et perigonii phyllis externis lateralibus basi subsaccatis distinctum.

1 **T. intacta** (Link in Schrad. Journ. 1799 sub *Orchide*) tuberibus ovatis, caule sæpius humili, foliis ovato-oblongis interdum maculatis, summis longe vaginantibus angustis, spicâ densiflorâ cylindricâ interdum subsecundâ, bracteis membranaceis acutis ovaria subæquantibus, floribus minutis, perigonii phyllis carneis intensius purpureo-lineatis externis ovato-lanceolatis acutis, labello phyllis subæquilongo carneo trifido laciniis lateralibus linearibus, intermediâ latiore et sublongiore apice bifidâ cum vel absque apiculo, calcare ovario quintuplo breviore tenuiter conico ♃. *Aceras intacta* Rchb. Germ. 2. 148. — *Tinœa cylindrica* Biv. loc. cit. — Barl. Orch. tab. 27. — *Ophrys densiflora* Desf. Tourn. Cor. p. II. tab. 6. — *Aceras densiflora* Boiss. Voy. Esp. — *Peristylus densiflorus* Lindl. — *A. secundiflora* Lindl. — *Satyrium maculatum* Desf. Atl. *Orchis Atlantica* Willd. Sp. 10. 42.

Hab. in umbrosis, nemorosis regionis inferioris et submontanæ, Laconia in monte Malevo (Orph!), Attica in Corydalo, Pentelico, Parnes (Sprun! Boiss! Heldr!), insulæ Demonisi (Wied!) Bithynia prope Moudania (Griseb!) Cyprus (Ky. 1861). Fl. apr, Mai.

Ar. Geogr. Insulæ Canarienses, Madera, Africa borealis, Lusitania, Hispania, australis, Gallia australior, Corsica, Sardinia, Italia australis, Sicilia, Dalmatia.

ORCHIS (L. Gen. 1009 ex parte).

Perigonii phylla externa in galeam conniventia vel patentia. Labellum anticum patens subtus et postice calcaratum. Gynostemium breve erectum. Anthera tota adnata loculis parallelis processu rostellari interjecto. Pollinia caudiculata caudiculis singulis basi glandulâ viscosâ præditis. Bursicula unica bilocularis glandulas tegens. Ovarium sæpius contortum.

Specierum Orientalium dispositio.

Sect. I. Herorchis Lindl. — Perigonii phylla externa in galeam conniventia.

˙Tubera ovato-globosa indivisa apice non attenuata. Bracteæ membranaceæ.

+ Bracteæ ovaria subæquantes.

1. Labellum indivisum.

O. papilionacea.

2. Labellum trilobum lobis muticis.

O. Morio.

3. Labellum trilobum lobis longe caudatis.

O Comperiana.

4. Labellum profunde trifidum vel tripartitum.

O. ustulata, coriophora, sancta, tridentata, lactea.

+ + Bracteæ brevissimæ squamiformes. Labellum tripartitum.

O. Simia, Steveni, militaris, punctulata, fusca, longicruris.

· · Tubera cylindrica fusiformi-attenuata interdum lobata.
Bracteæ herbaceæ.

O. angustifolia.

SECT. II ANDRORCHIS Lindl. — Perigonii phylla lateralia externa patentia vel reflexa.

· Tubera ovato-globosa indivisa apice non attenuata.

+ Bracteæ fere herbaceæ simplicinerviæ.

O. globosa, sphærica.

+ + Bracteæ membranaceæ plerumque coloratæ simplicinerviæ.

1. Labellum indivisum.

O. saccata.

2. Labellum trilobum (rarius in nonnullis speciebus interdum subindivisum).

O. patens, mascula, pinetorum, pallens, Provincialis, quadripunctata, Anatolica.

+ + + Bracteæ membranaceæ saltem inferiores retinerviæ.

O. palustris, laxiflora.

· · Tubera palmatiloba vel fida lobis fusiformi-attenuatis. Bracteæ saltem inferiores retinerviæ.

O. incarnata, latifolia, sambucina, pseudosambucina, maculata.

Sect. III. Herorchis.

1. O. papilionacea (L. Sp. 1331) tuberibus globosis, foliis
breviter lanceolatis, spicâ pauciflorâ ovatâ laxiusculâ, bracteis 3-5-
nerviis purpurascentibus ovarium superantibus, perigonii laciniis
externis ovato-lanceolatis purpureis in galeam conniventibus, labello
orbiculari vel ovato basi constricto rubro-vinoso margine sæpius
crispo phyllis externis longiore, calcare cylindrico-subulato ovario
subbreviore ♃. Ic. Fl. Græc. tab. 928. — Rchb. tab. 10.

Hab. in collibus regionis inferioris et montanæ totius Græciæ (Sprun !
Heldr! Orph !) Fl. vere.

β rubra Rchb. — Labellum minus rhomboideum — *O. rubra*
Jacq. Ic. Rar. 183.

Forma intermediis sensim ad typum transiens, nec varietas.

Hab. in Peloponneso (herb. Fauchè!) Cretâ (Sieb! Heldr!), Cycladibus
(Orph!), Macedoniâ (Friv!), Thraciâ et Bithyniâ (Griseb. Noë!), Anatoliâ
boreali ad Samsum (Tchih!) et Trapezuntem (Huet!), Pamphyliâ (Heldr!),
Syriâ littorali (Bl ! Gaill!), Palestinâ (Roth !) ad Dhoheriyeh (Barbey!).

Ar. Geogr. Europæ regio mediterranea in Galliâ ad Lugdunum et in littorali ad Istriam usque, Africa borealis.

2. O. Morio (L. Sp. 1333) tuberibus ovato-globosis indivisis,
foliis oblongo-lanceolatis, caulinis angustatis caulem amplexantibus,
spicâ laxâ sæpius abbreviatâ, bracteis oblongis purpurascentibus
ovarium subæquantibus trinerviis, summis uninerviis, perigonii laciniis in galeam obtusam brevem conniventibus, labello trilobo lato
lobis lateralibus rotundatis medio retuso, calcare ascendenti vel horizontali cylindrico obtuso apice sensim incrassato labello subæquilongo ♃. Ic. Fl. Dan. tab. 253. — Rchb. tab. 11.

Hab. in pratis, Thracia et Bithynia (Griseb, Slbth.). Pontus ad Trapezuntem (Bourg!), Cyprus (Sint!), Tauria, Caucasus (Wilh. etc!) et Transcaucasia (Ledeb.).

β picta. — Forma e regionibus calidioribus a typo spicâ graciliore,
floribus minoribus, calcare sublongiore ovario sæpe æquilongo vix
distincta — Rchb. tab. 13 fig. 1-3. — *O. picta* Lois. Gall. tab. 26.

Hab. typo vulgatior in Atticæ monte Pentelico (Sprun! Heldr! Boiss!),
Corcyrâ (Barbey!), Anatoliâ (Auch!), Ciliciâ littorali ad Aladagh (Bal!).

γ albiflora. — Labellum obscurius trilobum, flores albidi. — *O.
Syriaca* Boiss. et Bl. Mss.

Hab. in Libano ad Beitkhaschbo (Bl!), supra Sidonem (Gaill!), in pinetis
montis Solyma Lyciæ (Heldr!).

Ar. Geogr. Europa tota a Scandinaviâ meridionali, Sibiria. Var. *picta* in
regionibus australibus.

3. O. Comperiana (Stev. Nouv. Mém. Soc. Imp. Mosc. I. 259 tab. 12) tuberibus globosis, caule elato valido, foliis inflmis obovato-oblongis, superioribus sensim angustatis, spicá pauciflorá oblongá, bracteis lanceolatis acutis 3-5-nerviis ovario sublongioribus, floribus magnis, perigonii laciniis ovatis in galeam purpuream elongatam acutiusculam conniventibus, labello roseo a basi connatâ dilatato trilobo lobis triangularibus intermedio in lacinias binas lateralibus in unicam abeuntibus, laciniis omnibus angustissime linearibus longissimis, calcare cylindrico ovario æquilongo ♃. Ic. Rchb. t. 158. — *Comperia Taurica* C. Koch Linn. XXII p. 288.

Hab. in sylvaticis Lydiæ ubi in monte Corax prope Smyrnam unicum specimen Jan. 1842 legi, ditio Kassan Oglu Ciliciæ orientalis ad Gorumse 4200' (Ky. Suppl. 255!), in subalpinis ad Gulek Boghaz (Ky.) in nemorosis vallium Laspi et Baidar Tauriæ meridionalis (Compère, Steven!).

Pedalis et sesquipedalis, labelli laciniæ in alabastro contortæ pollicem et amplius demum longæ; labello *Aceratem hircinam* refert sed retinacula bina et characteres *Orchidis.*

4. O. ustulata (L. Sp. 1333) tuberibus ovato-oblongis integris, caule ad medium usque folioso sæpius humili, foliis inferioribus oblongis superioribus omnino vaginantibus, spicâ densiflorâ, bracteis membranaceis coloratis uninerviis lineari-lanceolatis ovarium æquantibus vel brevioribus, floribus minutis, perigonii laciniis breviter ovatis liberis in galeam globosam intense purpuream conniventibus, labello albido purpureo-punctato angusto trifido lobis lateralibus linearibus truncatis intermedio longiore a basi cuneatâ dilatato bifido, calcare deflexo ovario 3-4-plo breviore ♃. Ic. Rchb. Germ. tab. 16,

Hab in pratis Caucasi septentrionalis (M. B., Wilh. Overin!) Iberia ad Tiflis (Wilh!).

Ar. Geogr. Europa media ab Angliâ et Scandinaviâ meridionali ad Hispaniam borealem et Italiam mediam in alpinis, Dalmatiam, Bosniam, regionem Danubialem, Rossiam mediam, Sibiria Uralensis.

5. O. coriophora (L. Sp. 1332) tuberibus ovato-globosis indivisis, caule fere ad apicem folioso, foliis lineari-lanceolatis acutis, spicâ densiflorâ bracteis membranaceis lineari-lanceolatis subuninerviis ovario æquilongis vel longioribus, floribus brunneo-purpureis, perigonii phyllis oblongis acutis ad medium coalitis et in galeam acutam labello vix longiorem conniventibus, labello pendulo semitrifido lobis subæqualibus medio oblongo integro lateralibus rhombeis subcrenatis, calcare conico labello subbreviore ♃ Jacq. Austr. tab. 122. — Rchb. t. 15. — *O. cassidea* M. B. Taur. Cauc. III. p. 600.

Hab. in pratis humidis regionum septentr. ditionis, Tauria et prov. Caucasicæ (Ledeb.), Armenia ad Baibut (Bourg! Huet!), Caucasus orientalis usque ad 6600' (Rupr!), Persia borealis in monte Elbrus prope Passgala (Ky. 277!) et ad Siaret prov. Asterabad (Bge!).

β. *fragrans.* — Labelli lobus medius lateralibus sublongior, cal-

car labello æquilongum. Odor sæpe gratus nec cimicinus. — *O. fra-*
grans Poll. — Rchb. tab. 14.

Hab. in humidis regionum magis australium frequens, Græcia et ejus
insulæ! Anatolia occid. ad Smyrnam (Boiss!) et australis (Ky! Heldr!), Cyprus (Ky. 497!), Syria littoralis (Bl! Gaill!), Mesopotamia (Ky. 148!), Persia
occid. ad Mendeli (Noë 1162!)

Ar. Geogr. Europa media et australis a Galliâ, Belgio, Germaniâ mediâ ad
Rossiam mediam.

6. O. sancta (L. Sp. Ed. II 1330 tuberibus ovato-globosis indivisis, caule toto folioso, foliis lineari-lanceolatis acutis sursum sensim
diminutis, spicâ densiflorâ elongatâ, bracteis membranaceis quinquenerviis lanceolatis subuninerviis ovario longioribus, floribus majusculis sordide purpurascentibus, perigonii phyllis lanceolatis acuminatis ultra medium coalitis in galeam lanceolatam acuminatam labello
longiorem conniventibus, labelli penduli basi cuneati flabellati
semitrifidi lobis lateralibus rhombeis acute-3-4-serratis, intermedio
subduplo longiore lanceolato acuto integro vel denticulato, calcare
recurvo ovario 2-3-plo-breviore ♃ *O. coriophora* var. *sancta* Rchb.
f. Germ. p. 173. — *O. Urvilleana* Steud. Nom.

Hab. in arenosis maritimis ad Smyrnam (Boiss! Bal. 157!) insulæ Chios
Auch. 2332! Orph!) ad sepes insulæ Cos (Urv.), Rhodi (Bourg!). Pamphyliâ
ad Adalia (Bourg!) Ciliciâ ad Anazarbam (Ky. 37!), Cypro (Ky!), collibus et
sylvaticis Syriæ littoralis ad Berythum et Sidonem atque in Libano (Bl!
Gaill!), Palestinâ in monte Ithabure (Boiss! Ball!) ad Achzib (Barbey!)

Affinis *O. coriophoræ* sed videtur specifice distincta staturâ majori sæpe
pedali vel sesquipedali, floribus duplo majoribus, galeâ lanceolatâ longe acuminatâ, labelli lobo intermedio lanceolato lateralibus duplo longiore.

7. O. tridentata (Scop. Carn. 190) tuberibus oblongis indivisis,
foliis oblongo-lanceolatis, caule gracili elongato, spicâ densâ anthesi
ineunte brevi subglobosâ, bracteis lanceolato-subulatis membranaceis uninerviis ovarium æquantibus, perigonii phyllis externis ovato-
lanceolatis acutis basi cuneatis in galeam acutam vel acuminatam
roseo-lilacinam conniventibus, labello deflexo lilacino rubro·varie-
gato trifido lobis lateralibus divaricatis lineari-spathulatis truncatis et
interdum denticulatis, intermedio obcordato bilobo ad sinum sæpe denticulo deorsum flexo obsito, calcare cylindrico deflexo ovarium dimidium superante ♃. Jacq. Ic. Rar. tab. 599. — Rchb. Germ. tab. 19.
— *O variegata* All. Ped. 2. p. 147. — *O. Taurica* Lindl. Orch. 271.
— *O. commutata* Tod. Orch. Sic. 24 (variatio floribus submajoribus,
habitu robustiore). — *O. brevilabris* Fisch. et Mey. Ann. Sc. Nat.
Ser. IV I., p. 30!

Hab. in collibus, herbidis regionis inferioris et montanæ, Attica (Heldr!),
Macedonia (Friv.), Bithynia (Thirke!), Troas (Tchih!), Aladagh Anatoliæ
bor. (Wied!), Pontus ad Trapezuntem (Bourg!), Cilicia (Ky!), Tauria, Caucasus et Transcaucasia!, Syria littoralis et regio inferior Libani (Bl! Gaill!),
Palestina (Boiss! Barbey!) Fl. vere.

Ar. Geogr. Belgium, Gallia orientali-australis, Germania media et australis, Italia, Dalmatia, Bosnia, regio Danubialis.

8. **O. lactea** (Poir. Dict. IV. p. 594) tuberibus oblongis indivisis, caule humili firmo, foliis oblongis vel oblongo-lanceolatis, spicâ sub anthesi ovatâ densiflorâ, bracteis membranaceis lanceolato-linearibus acuminatis uninerviis ovario subæquilongis, floribus albis vel subroseis labello rubro-punctato, perigonii phyllis externis a basi ovatâ connatâ lanceolatis longe acuminatis in galeam acuminatam conniventibus, labello pendulo trifido lobis lateralibus obconico-spathulatis truncatis, intermedio latiore flabelliformi indiviso vel rarius emarginato, calcare dependente curvulo ovario subbreviore ♃. Rchb. Germ. tab. 18. — *O. acuminata* Desf., Atl. 2, p. 218, tab. 247. — *O. conica* Wild. Sp. 14. — *O. Tenoreana* Guss. Syn. 533. — *O. variegata* var. *acuminata* Boiss. Voy. Esp., *O. tridentata* var. *lactea* Rchb. fil.

Hab. in collibus regionis inferioris, Creta ad Akrotiri (Heldr!), Bithynia (Duparquet!), Syria littoralis prope Sidonem (Bl!). Fl. Mart

A cl. Rchb. fil. et a me ipso olim pro varietate *O. tridentatæ* habita sed omnes botanici qui eas plantas vivas comparaverunt eas specifice distinctas esse asserunt, caulis firmior et humilior, spica ovato-conica nec globosa, perigonii phylla longius acuminata, labellum formæ diversæ.

Ar. Geogr. Gallia australis, Lusitania, Hispania australis, Corsica, Sardinia, Italia australis, Sicilia, Africa borealis.

9. **O. Simia** (Lam. Fl. Fr. 3, p. 507) tuberibus ovatis indivisis, caule elato, foliis ovato-oblongis, spicâ ovatâ densiusculâ bracteis membranaceis uninerviis ovato-oblongis ovario multo brevioribus, perigonii phyllis basi coalitis ovato-lanceolatis in galeam roseo-cineream acutam conniventibus, labello dilute purpureo galeâ longiore ad discum gregatim papilloso tripartito laciniis lateralibus linearibus mediâ profunde bifidâ cum dente interjecto, laciniis et lobis subæquilongis angustissimis, calcare cylindrico obtuso ovario duplo breviore ♃. Rchb. Germ. tab. 21. — *O. tephrosanthos* Vill. Dauph. II, p. 53.

Hab. in collibus calcareis et sylvaticis montanis. Macedonia (Friv!), Bithynia (Thirke ex Griseb.), Pontus ad Samsun (Tchih!), Pamphylia ad Adalia (Bourg!), Cyprus (Sint!), Libanus ad Beit Khaschbo et ad Conventum S^ti Georgii (Bl!), Palestina ad Hebron (Roth 487!) ad Dhoheriyeh forma floribus minoribus pallidis (Barbey!), Tauria, Caucasus (M. B.), Iberia (Rupr!).

β *laxiflora.* — Spica laxior oblonga laxiuscula 2-3-pollicaris. Accedit hâc notâ ad *O. Steveni* sed laciniæ labelli angustæ et subæquilongæ.

Hab. in Ciliciâ littorali ad pagum Alladagh (Bal!), Persiâ boreali ad Siaret (Bge!).

Ar. Geogr. Anglia, Belgium, Lusitania, Hispania, Gallia, Germania austro-occidentalis, Helvetia, Italia, Dalmatia, Bosnia.

10. **O. Steveni** (Rchb. fil. Ic. Germ. p. 29, tab. 20) tuberibus ovatis indivisis, caule elato valido, foliis amplis ovatis et late oblongo-

linearibus, spicâ elongatâ cylindraceâ laxiusculâ, bracteis triangulari-
lanceolatis acuminatis brevissimis, perigonii phyllis oblongo-lanceolatis acutis in galeam elongatam acutam conniventibus, labello roseo
tripartito laciniis lateralibus linearibus obtusis abbreviatis, intermediâ apice bicruri cum dente interjecto ad crura usque papillosâ,
cruribus purpureis linearibus obtusis laciniis lateralibus brevioribus
et sublatioribus, calcare incurvo retuso ovario duplo breviore ♃.

Hab. in Caucaso (Stev! Rupr.), in montosis prov. Asterabad Persiæ orientalis prope Siaret (Bge!).

Folia eis *O. Simiæ* majora, labelli crura et sæpe laciniæ laterales breviores et latiores, spica laxior et longior sed varietas laxiflora *O. Simiæ* nexum
inter eas species forsan indicat.

11. O. militaris (L. Cod. 6816 excl. var. β — Jacq. Ic. Rar. III

p. 16) tuberibus ovatis indivisis, caule elato, foliis oblongis majusculis, spicâ ovatâ et oblongâ densiusculâ, bracteis ovatis acutis enerviis vel uninerviis ovario multo brevioribus, perigonii phyllis ovatis
acutis inferne connatis in galeam roseam acutam elongatam conniventibus, labello tripartito purpureo laciniis lateralibus linearibus
obtusis intermediâ a basi longe lineari papillosâ abrupte dilatatâ
bilobâ cum denticulo interjecto lobis divergentibus obovatis vel oblongis, calcare cylindrico ovario duplo breviore ♃. Rchb. Germ.
tab 24. — *O. Rivini* Gouan III. tab. 74. — *O. galeata* Poir. — *O. cinerea*
Schranck.

Hab. in Tauriâ (Stev.), Caucaso et Transcaucasiâ (M.B., Stev., C. Koch,
Rupr!). Byzantii (ex Smith Prodr. An recté?).

O. Raddeana Regel Index Petrop. 1869 in Caucaso (Radde) ex ipso cl. auctore in litt. hujus speciei variatio videtur labelli lobo intermedio ex apice
rotundato acuminato.

Ar. Geogr. Anglia, Dania, Gothia, Belgium, Gallia, Germania, Helvetia,
Italia septentrionalis et media, regio Danubialis, Sibiria omnis.

12. O. punctulata (Stev. in Lindl. Orch. 273 — Taur. Enum.

p. 323) tuberibus oblongis integris, caule elato, foliis late oblongis
obtusis, spicâ oblongâ vel oblongo-cylindricâ multiflorâ laxiusculâ,
bracteis membranaceis uninerviis triangulari-ovatis acutis brevissimis, perigonii phyllis oblongis in galeam acutiusculam roseo-lilacinam conniventibus, labello flavo-viridi basi secus nervos laterales
callulis cristato tripartito, laciniis lateralibus linearibus vel lineari-
spathulatis obtusis curvatis, intermediâ cuneatâ, flabellatim dilatatâ bilobâ cum denticulo interjecto lobis crenulatis, calcare cylindraceo ovarium dimidium æquante ♃. Rchb. Germ. tab. 17.

Hab. in umbrosis montosis Tauriæ meridionalis inter Laspi et Sudak rara
(Stev!). Fl. medio Marte.

β. *sepulchralis* Rchb. l. cit. p. 27. — Planta procerior magis multiflora. Labelli segmenta lateralia latiora magis spathulata 3-4 nec

binervia, calcar apice inflatum. -- *O. sepulchralis* Boiss. et Heldr. Diagn. Ser. I. 13 p. 10. — Ic. Rchb. tab. 155 fig. V.

Hab. inter sepulchra umbrosa Turcica prope Adalia Pamphyliæ (Heldr!), Bithynia ad Boli (Wied!), in vallibus montium Tokat (Auch. 5355 !). Fl. Marte.

Facies *O. militaris* a quo differt labelli aliter colorati et secus nervos basi-lares callulis subcristati laciniis lateralibus spathulato-dilatatis incurvis.

13. O. fusca (Jacq. Austr. IV, p 307) tuberibus ovatis indivisis, caule elato robusto, foliis amplis oblongis lucidis, spicâ ovatâ densâ, bracteis ovatis uninerviis minimis, perigonii laciniis externis ovatis acutis inferne connatis in galeam fuscam brevem acutam connivienti-bus, labello dilute roseo purpureo-picto toto papilloso tripartito laci-niis lateralibus linearibus retusis interdum denticulatis, intermediâ lato-lineari a basi sensim dilatatâ obcordatâ lobis latis retusis sæpe denticulatis, calcare cylindrico ovario dimidio breviore ♃. Jacq. loc. cit. p. 307. — *O. purpurea* Huds. Angl. p. 334. — Rchb. Germ. t. 26. — *O. maxima* C. Koch Linn. XIX, p. 14.

Hab. in umbrosis regionis montanæ, Thracia ad Ainadjick (Griseb.), By-thynia in Olympo (Griseb. W. Barbey!), Pontus ad Samsun (Tchih!), Cappa-docia in valle Gerune montis Argæi (Ky. Suppl. 234!), Tauria (M.B.), Iberia Transcaucasica et ditio Karadagh (Ledeb.).

O. Caucasica Regel Index Petrop. 1869 ex Caucaso ex cl. auctore in litt. videtur hujus variatio labello indiviso vel subtrilobo.

Ar. Geogr. Europa media ab Angliâ et Daniâ ad Rossiam mediam, Hispa-niam borealem, Italiam mediam, Dalmatiam, regionem Danubialem.

14. O. longicruris (Link in Schrad. Journ. II, p. 323) tuberi-bus oblongis integris rarius bifidis, caule stricto, foliis numerosis oblongo-lanceolatis et lanceolatis margine valde undulatis, spicâ ovatâ densâ, bracteis membranaceis uninerviis ovatis acuminatis minutis, perigonii phyllis non connatis oblongis acutis in galeam acutam dilute lilacinam purpureo-nervosam conniventibus, labello roseo elongato tripartito non papilloso basi lamellis binis triangularibus aucto laciniis lateralibus linearibus elongatis subfalcatis, intermediâ longiore et latiore divaricatim bifidâ lobis linearibus longissimis cum denticulo interjecto, calcare cylindrico ovarium dimidium æquante, ♃ Rchb. Germ. tab. 23. — *O. undulatifolia* Biv. Cent. II, 44. — Sibth. et Sm. Fl. Græc. tab. 977. — *O. tephrosanthos* Desf. Atl. non Vill.

Hab. in collibus regionis inferioris, Attica in montibus Hymetto, Pentelico, insulâ Salami (Sprun ! Boiss! Heldr!), Messeniâ (Despreaux!). Zacynthi Weiss!), Cretâ in monte Metaxa (Heldr!), Ætoliâ (Nied!), Bithyniâ (Thirke!), Syriâ ad Alexandrette (Ky. 267!), Cypro (Ky. 350!). Fl. Aprili.

Ar. Geogr. Lusitania et Hispania australes, Italia media et australis, Sicilia, Algeria.

15. O. angustifolia (M. B. Taur. Cauc. II, p. 368) tuberibus cylindraceis longe attenuatis acutis, interdum apice 2-3-lobis, caule

5

plus minus elato, foliis lineari-lanceolatis acutis erectis superioribus angustissimis in bracteas sensim transeuntibus, spicâ elongatâ angustâ sæpius laxiusculâ, bracteis herbaceis trinerviis lanceolatis acutis ovaria æquantibus vel sæpius superantibus, floribus roseis, perigonii phyllis externis oblongis acutiusculis in galeam conniventibus, labello galeâ sublongiore a basi anguste cuneatâ valde dilatato breviter trilobo lobis lateralibus rotundatis interdum crenulatis, intermedio æquilongo vel æquilato vel angustiore dentiformi, calcare anguste cylindrico incurvo acuto ovario duplo breviore ♃. Rchb. Germ. tab. 156 et t. 56 fig. III. — *O. Iberica* M. B. in Willd. Sp. IV, 25. — *O. leptophylla* C. Koch Linn. XXII p. 28. — *O. Natolica* F. et M. Ann. Sc. Nat. 1854, p. 30!

Hab. in uliginosis et ad rivulos locis magis septentrionalibus exceptis subalpina et alpina. Græcia in monte Kyllene supra Trikala 4000 ' (Heldr!), monte Velugo Œtoliæ (Fraca!), monte Œtâ Phtiotidis 4500-6000 ' (Heldr!), Byzantii (Dᵃ Liston), ad Ancyram (Wied!), Isauriâ in valle Djoksu Tauri (Heldr!), Tauri Cilicici monte Bulghar Dagh (Bal!), Lycaoniâ (Tchih!), Cypro (Sint!), Syriâ in monte Amano 3000 ' (Ky. 164!), Libano ad Eden, Hadet, etc. (Ehr! Bl!), Hermone in valle Orny 6000 ' (Ky. 220!), Mesopotamiâ ad Surug (Haussk!), Cataoniæ monte Berytdagh 8000 ' (Haussk!). Armeniâ ad Erzerum (Tchih!), inter Baibut et Ispir(Huet!), Tauriâ meridionali (Stev!), Transcaucasiâ in alpinis (M.B. Eichw!), ditione Talysch (Buhse!), Persiâ orientali in montibus prope Jezd (Buhse!), occidentali inter Sihna et Kermanchah 9000 ' (Haussk!). Fl. Oct.

Multum variat semipedalis vel pedalis, spicâ laxâ et facie *Gymn.* 'odoratissimæ et procera 1-2-pedalis spicâ 6-9-pollicari densâ fere *Gymn. conopseæ*. Bracteæ in formis diminutis abbreviatæ, in proceris elongatæ flores interdum snperantes.

SECT. II. ANDRORCHIS.

16. **O. globosa** (L. Sp. 1332) tuberibus oblongis apice rarius bilobis, caule stricto elato, foliis siccatione nigricantibus longe vaginantibus oblongis superioribus ad spicam usque sensim diminutis lanceolatis acutissimis, spicâ densissimâ globoso-conicâ, bracteis viridibus purpureo-maculatis lanceolatis trinerviis ovario sublongioribus, floribus roseis, perigonii laciniis externis ovatis acuminatis apice sæpe spathulatis initio in galeam subconniventibus sed mox patentibus, labello phyllis sublongiore porrecto ligulato a basi vix dilatato trilobo laciniis lateralibus rhombeis obtusis vel retusis, intermediâ sublongiore retusâ, calcare gracili conico dimidium ovarii vix æquante ♃. Ic. Jacq. Austr. III, tab. 266. — Rchb. Germ. tab. 29. — *Traunsteinera globosa* Rchb. pat.

Hab. in pratis alpinis, Pontus Lazicus (C. Koch ex cl. Rchb. fil.) E ditione non vidi.

Ar. Geogr. Gallia in Pyreneis, Alpibus, montibus Arverniæ, Jurasso, Vogesis, Germania, Italia in Apenninis, Istria, montes regionis Danubialis.

17. **O. sphærica** (M. B. Taur. Canc. III, p. 579) tuberibus oblongis, caule stricto, foliis longe vaginantibus inferioribus oblongo-lanceolatis obtusiusculis mucronatis, superioribus sensim diminutis lanceolatis acutis, spicâ globosâ, bracteis herbaceo-membranaceis lanceolatis trinerviis ovarium æquantibus, floribus albis, perigonii phyllis ovatis acuminatis apice sæpe spathulatis primum in galeam subconniventibus sed dein patentibus, labello parce purpureo-punctato porrecto ligulato a basi subdilatato apice trifido laciniis lateralibus lanceolatis acutis intermediâ sublongiore ligulatâ acutâ, calcare conico gracili ovarium dimidium æquante ♃. Rchb. Germ. tab. 28.

Hab. in pratis alpinis Caucasi occidentalis 4800-7500' (C. A. Mey.), monte Beschtau (Hoh!) montibus Iberiæ (M.B.), Caucaso orientali ad Dido et Gunib (Rupr!), Ponto Lazico 700' (Bal!).

Similis præcedenti a quâ præter bracteas virentes et flores albos differt labelli lobis omnibus acutis.

18. **O. saccata** (Ten. Nap. Prodr. 53) tuberibus ovato-oblongis, caule crassiusculo sæpius humili, foliis ovatis et ovato-oblongis acutis brevibus sæpe nigro-maculatis, spicâ breviter cylindricâ laxiusculâ, bracteis magnis oblongis acutis cucullatis sæpius purpureis ovario longioribus, perigonii phyllis intense purpureis externis oblongis obtusis interdum livido-olivaceis lateralibus reflexis centrali curvato, labello intense purpureo a basi subcuneata obovato vel fere orbiculari margine crenulato indiviso, calcare crasso cylindrico ovario duplo breviore ♃. Ic. Ten. Fl. Nap. tab. 248.— Rchb. Germ. tab. 40. — *O. sparsiflora* Ten. Sched.

Hab. in collibus regionis inferioris, Atticâ ad Phalerum (Sprun! Boiss!) insulâ Æginâ (Sprun!), Rhodi (Bourg!) Ciliciâ orientali ad Tumla Gala (Ky. Suppl. 55!), Syriâ littorali circâ Sidonem (Gaill!), Syriâ ad Aintab et Mesopotamiâ ad rivum Wiran Scheher (Haussk!), Persiâ australi ad Schiraz (Ky. !68) et in quercetis Kotel Pirasun (Haussk!). Fl. Febr. Mart.

Ovarium in hâc specie fere semper rectum tamen ex cl. Rchb. f. interdum tortum evadit.

Ar. Geogr. Hispania australis, Gallia australi-orientalis, Sardinia, Italia australis, Sicilia, Melita, Africa borealis.

37. **O. patens** (Desf. Atl. II, p. 318) tuberibus oblongis indivisis, caule mediocri vel elato, foliis obovato-oblongis supra vaginam angustatis, spicâ laxiusculâ, bracteis lineari-lanceolatis cuspidatis ovario æqnilongis, floribus roseis, labelli lobis intensius purpureis, perigonii phyllis oblique ovatis obtusis, labello basi valde cuneato profunde trilobo ad medium papilloso-velutino lobis lateralibus curvatis obtusis intermedio latiore subquadrato retuso sæpe denticulato, calcare conico dimidium ovarium vix æquante ♃. Rchb. Germ. tab. 32. — *O. brevicornis* Viv.

Var. *Orientalis* Rchb. Germ. p. 38. — Procerior, flores majores, spica pluriflora, labelli lobi laterales semiovati. — Rchb. tab. 33 fig. 2. — *O. patens* Vis. Fl. Dalm.

Hab in regione montanâ superiore montis Mouraddagh (Bal!), in monte Tauro (Veit ex Rchb).

Hæc species ab *Or. masculæ* formis calcare brevi conico imprimis distinguitur; forma Orientalis Italicæ et Canariensi sat conformis ab Atlanticâ floribus saltem tertiâ parte majoribus differt.

Ar. Geogr. Africa borealis, insulæ Canarienses, Hispania australis, Alpes máritimæ et Genuenses, Dalmatia.

20. O. mascula (L. Sp. 1333) tuberibus ovato-oblongis magnis, caule elato, foliis oblongo-lanceolatis interdum nigro-maculatis, spicâ elongatâ laxâ, bracteis lanceolato-linearibus acuminatis membranaceis purpurascentibus uninerviis ovario subæquilongis, floribus purpureis, perigonii phyllis externis ovatis acutis vel obtusiusculis erecto-patentibus lateralibus tandem reflexis, labello basin cuneatam versus papillis filiformibus velutino profunde trilobo lobis latis dentatis intermedio retuso mucronato, calcare cylindrico horizontali vel ascendente ovarium subæquante ♃. Ic. Fl. Dan. tab. 467. — Rchb. Germ. tab. 38.

Hab. in pratis sylvaticis regionis montanæ, Græcia borealis (Sprun!) Peloponnesus in Messeniâ (Bory), in monte Malevo Laconiæ (Orph!), Thracia, (Friv.), Bithynia (Thirke! Post!), Olympus (Barbey!), Pontus ad Samsun (Tchih!), Libanus ad Becherre (Ehrenb. sub. *O. deflexâ*!) Tauria, Caucasus et Transcaucasia (M. B, Hoh! etc.), Persia borealis (Gmel. Buhse!) prov. Asterabad ad Siaret (Bge!).

Ar. Geogr. Europa omnis media et australis ab Angliâ, Daniâ, Gothiâ ad Rossiam mediam, in australioribus montana, Sibiria Uralensis, Africa borealis.

21. O. pinetorum (Boiss. et Ky. Sched. Cilic. 1859) tuberibus oblongis indivisis, caule elato, foliis oblongis summis ad vaginas reductis, spicâ elongato-oblongâ obtusâ densiusculâ, bracteis membranaceis purpurascentibus lanceolatis cuspidatis ovario fere dimidio brevioribus, floribus roseis, perigonii phyllis oblongis obtusis erecto-subpatulis, labello crebre nervoso brevissime papillari-velutino phyllis vix longiore a basi brevissime cuneatâ obovato-rhombeo trilobo lobis lateralibus semiovatis intermedio sublongiore quadrato truncato obtuse retuso-bilobo, calcare horizontali vel ascendente a basi angustâ valde inflato saccato ovario dimidio breviore ♃.

Hab. in sylvis subalpinis montium Kassan Oghlu Ciliciæ orientalis ad pagum Gorumse 5400' (Ky. 71!). Fl. Mai.

Pedalis, folia inferiora 2-3-pollicaria 9-10 lin lata. Spica demum 4-6-pollicaris luxiuscula, flores paulo minores eis *O. masculæ* cujus labellum longius cuneatum papillis elongatis obsitum est. Ab eâ et ab affinibus calcare inferne angustato superne valde inflato distincta.

22. O. pallens (L. Mant. 292) tuberibus ovatis integris, caule stricto valido, foliio obovatis vel oblongis supra medium dilatatis, spicâ ovato-cylindricâ densiflorâ, bracteis lanceolatis membranaceis flavidis ovario æquilongis, floribus luteis, perigonii phyllis ovato-

oblongis obtusis, labello brevissime papilloso-velutino porrecto basi
cuneato transverse sublatiore breviter trilobo lobis lateralibus rotundatis interdum subcrenatis, intermedio sublatiore interdum retuso,
calcare crasso cylindrico ovario subbreviore ♃. Ic. Jacq. Austr. tab.
45. — Rchb. Germ. tab. 34. — *O. sulphurea* Sims Bot. Mag.
t. 2569.

Hab. in regione alpinâ Turciæ Europeæ prope Ipek (Frid. ex Griseb.) in
Hymetto Atticæ (Fraas ex Rchb) et Messeniâ ad Kubeh (Bory), Tauro Cilicico
in Cedretis Maaden Tepessi (Ky. ex Rchb. f.), prov. Transcaucasicâ Karabagh (Hoh.).

β pseudopallens Rchb. f. Germ. p. 48. — Gracilior, labellum subintegrum, — *O. pseudopallens* C. Koch Linn. XIX p. 13.

Hab. in montibus Bithyniæ (Thirke).

Ar. Geogr. Gallia austro-orientalis, Helvetia australis, Germania media et
australis, Italia, regio Danubialis, Dalmatia, Bosnia.

23. O. Provincialis (Balb. Misc. Alt., p. 20, tab. 2) tuberibus
oblongis obtusis, caule modice elato, foliis lanceolatis mucronulatis
sæpe maculatis, spicâ laxâ, bracteis lanceolatis acutis ovaria subæquantibus flavido-membranaceis, floribus pallide flavis, perigonii
phyllis oblongis obtusis, labello brevissime papillari-velutino trilobo
crenato-dentato lobis lateralibus obtusangulis intermedio retuso vel
bifido, calcare cylindraceo gracili sursum curvato ovarium æquante
vel superante ♃. Ic. Ten. Nap. tab. 87. — Rchb. Germ. tab. 35. —
O. leucostachya Griseb. Spic. II, p. 359 (ex Rchb). — *O. Cyrilli* Ten.

Hab. in collibus regionis inferioris, Attica in Pentelico (Sprun! Boiss!)
Parnes (Heldr!), mons Athos Macedoniæ (Griseb.). Fl. Apr. Mai.

β pauciflora Rchb. Germ. p. 34. — Minor, spica pauciflora brevis.
flores majores labello magis dilatato. — *O. pauciflora* Ten. Fl. Nap,
tab. 88. — Rchb. tab. 36. — *O. læta* Steinh.

Hab. in Atticæ montosis cum typo et in monte Œnos Cephaloniæ (Heldr!),
Creta ad Askyphous (Heldr!), Smyrnæ in collibus (Bal. 155!).

Cl. Tenore et Parlatore hauc pro specie propriâ habent sed saltem ex speciminibus siccis notas specificas non video.

Ar. Geogr. Hispania borealis, Gallia australis, Italia, Istria, Dalmatia,
Africa borealis.

24. O. quadripunctata (Cyr. in Ten. Prodr. p. 53) tuberibus
ovatis vel globosis, caule gracili sub spicâ nudo, foliis oblongis
supremis ad vaginam reductis, spicâ laxâ gracili, bracteis lanceolatis
coloratis subuninerviis ovario brevioribus hoc rarius æquantibus,
floribus purpureis parvis, perigonii phyllis externis patentibus oblongis obtusis, labello phyllis externis subæquali basi late cuneato et 2-
4-punctato trilobo lobis subæqualibus intermedio subretuso, calcare
filiformi recto basi subæquali ovarium æquante ♃. Ten Fl. Nap. 89.

— Rchb. Germ. t. 156. — *O. Branciforti* Biv. Sic. Man. I. N° 3. tab. 1. — *O. Hostii* Tratt. Obs. p. 187. — *O. trichocera* Brongn. Exp. Mor. tab. 32 fig. 2.

Hab. in collibus regionis inferioris montanæ et interdum subalpinæ, Corcyra (Letonrnl), Græcia in Messeniâ (Bory l), Laconiæ monte Malevo (Orph!) Argolide (Boiss!), Bæotiâ (Orph!), Atticâ (Sprnn! Heldr!), insulis Eubæâ et Hydra (Heldr!'), Creta usque ad 5000' (Heldrl) Cypro, in monte Buffavento (Ky. 417) Fl. Apr.

Ar. Geogr. Sardinia, Sicilia, Iialia orientalis, Dalmatia.

25. O. Anatolica (Boiss. Diagn. Ser. I, 5, p. 56) tuberibus ovatis integris, caule gracili sub spicâ nudo, foliis oblongis vel oblongo-lanceolatis supremis lineari-lanceolatis acuminatis, spicâ laxissimâ paucifiorâ, bracteis anguste lanceolatis coloratis ovario subbrevioribus, floribus purpureis, perigonii phyllis patentibus oblongo-linearibus obtusis, labello a basi cuneatâ amplo phyllis longiore trilobo rarissime subintegro lobis obtusis intermedio retuso, calcare a basi inflatâ tenuiter cylindrico horizontali vel ascendente ovario longiore ♃. Rchb. Germ. tab. 37.

Hab. in collinis regionis inferioris et montanæ, insula Chios (Orph!), Caria Pinard l), Lycia in pinetis montis Solyma (Heldr! Bourg!), Cilicia littoralis (Auch. 2236!) et ad pagum Alladagh (Bal!), ditio Kassan Oghlu Ciliciæ orientalis in Cedretis (Ky. 185), Cyprus in monte S¹ Crucis (Ky. 185!), Syria littoralis et regio inferior Libani Bl! Gaill l), Palestina ad Hierosolymam (Roth 488!), Mesopotamia (Haussk!).

β Kochii. — Flores subminores, labelli lobi laterales angustiores, calcar subbrevius. — *O. rarifiora* C. Koch Linn. XIX, p. 15.

Hab. ad Brussam Bithyniæ (Thirkel).

Species ab *O. quadripunctatâ* affini floribus majoribus præsertim labello phyllis multo longiore et calcare basi ampliato elongato optime distincta.

25. O. palustris (Jacq. Call. I, p. 75) tuberibus globosis vel oblongis, caule elato tereti stricto, foliis strictis anguste lineari-lanceolatis a basi sensim angustatis, spicâ laxâ, bracteis lineari-lanceolatis acutis ovario longioribus trinervibus retinerviis, floribus roseis, perigonii phyllis oblongis obtusis, labello porrecto phyllis longiore a basi late cuneatâ dilatato trilobo lobis lateralibus rotundatis, intermedio æquilongo vel sæpius longiore quadrato sæpius retuso, calcare cylindraceo amplo recto ovario breviore ♃. Jacq. Ic. Rar. tab. 181. — Rchb. Germ. t. 40. — *O. laxifiora* C A. Mey. Ind. Cauc. non Lam. — *O Mediterranea* Guss.

Hab. in pratis humidis, paludibus, Zacynthus (Schmidt!), Attica ad Phalerum (Sprun!), Anatolia (Auch. 2228!), Armenia ad Van (Noë!) et circa Erzerum (Huet!), Syria borealis ad Suadieh et Mesopotamia ad radices montis Karadja Dagh (Ky!), Persia ad Persepolin (Ky. ex Rchb.), prope Schiras (Ky 879!), Transcaucasia ad Caspium (C.A.M). Fl. Jun.

Ar. Geogr. Succia meridionalis, Belgium, Gallia, Helvetia, Germania, Italia, Dalmatia, regio Danubialis, Africa borealis.

27. O. laxiflora (Lam. Fl. Fr. III, p. 504) tuberibus oblongis, caule elato tereti valido, foliis late lineari-lanceolatis elongatis a basi sensim angustatis, spicâ laxâ, bracteis lanceolato-linearibus acutis ovario brevioribus 3-5 nerviis infimis retinerviis, floribus intense purpureis, perigonii phyllis elongato-oblongis obtusis, labello porrecto phyllis longiore a basi cuneatâ valde dilatato trilobo lobis lateralibus latis obtusis intermedio breviore et angustiore sæpe deficiente et tunc labellum bilobum vel subindivisum, calcare cylindraceo gracili sæpius curvato ovarium subæquante ♃. Rchb. Germ. tab. 41. — *O. ensifolia* Vill. — *O. platychila* C. Koch Linn. XIX, p. 13. — *O. Caspia* Trautv. Stirp. Nov. V, p. 16.

Hab. in paludosis, pratis humidis, Græcia in Argolide (Heldr!), Arcadiâ (Despr!), Messeniâ (Bory!), Atticâ ad Chelidoni (Heldr!), Macedonia et Thraciâ (Griseb.), Byzantii ad aquas dulces (Barbey!), Bithyniâ (Thirke), Cypro (Ky. 493!), Cælesyriâ (Gaill!), Palestinâ ad lacum Merom (Post!), prope Samariam (Barbey!), prov. Caucasicis (M.B., Radde!), Persiâ boreali ad Asterabad (Kar!). Fl. Mai.

Ar. Geogr. Hispania, Gallia, Helvetia, Italia, Dalmatia, Transylvania.

28. O. incarnata (L. Fl. Suec. p. 312) tuberibus compressis palmatifidis, caule elato attenuato gracili fistuloso, foliis immaculatis erectis lanceolatis a basi latiore sensim attenuatis apice cucullatis acutis, spicâ densiflorâ oblongo-cylindricâ apice ineunte anthesi acutâ, bracteis herbaceis retinerviis inferioribus flores sæpe superantibus, floribus carneis vel roseis, perigonii phyllis oblongis obtusiusculis externis reversis demum erectis, labello trilobo, calcare cylindrico-conico ovario subbreviore ♃. Ic. Rchb. tab. 45.

Hab. in pratis humidis et palustribus in ditione ut videtur rarior, Attica ad Phalerum (Fraas ex Rchb.), Iberia et prov. Karabagh (Ledeb.), Caucasus orientalis 6000' (Rupr!), Persia australis in uliginosis alpis Kuh Daëna (Ky. 613! forma humilior calcare magis attenuato curvato quæ var. *Kotschyi!* Rchb. Germ. p. 53.) Intermedia adsunt.

β *olocheilos*. — Labellum dilatatum subintegrum.

Hab. in Tauro Cilicico prope Gülek (Ky. 73!), Cælesyriâ (Post!), Persiâ boreali in monte Elbrus prope Passgala (Ky. 184!)

Ar. Geogr. Europa septentrionalis et media ad Lusitaniam, Hispaniam centralem, Italiam septentrionalem, Dalmatiam, regionem Danubialem usque.

29. O latifolia (L. Sp. 1334) tuberibus palmatifidis, caule crasso fistuloso, foliis sæpe maculatis erecto-patulis infimis oblongis mediis oblongo-lanceolatis et lanceolatis a basi angustiore versus medium dilatatis acutis, spicâ densiflorâ ovato-oblongâ, bracteis herbaceis trinervibus retinerviis inferioribus et intermediis flore longioribus, floribus intense purpureis, perigonii phyllis oblongis obtusis externis reversis demum erectis, labello trilobo, calcare conico-cylindrico descendente ovario sæpius breviore ♃. Ic. Rchb. Germ. tab. 50. — *O. incarnata* var *major* Boiss. in Ky. Cilic. exs. — *O. triphylla* et *O. affinis* C. Koch Linn. XXII, p. 283.

Hab. in pratis uliginosis, Laconia (Sibth.), Messenia (Bory), Macedonia et Thracia (Griseb), Pontus Lazicus (Ky! Bal!), Armenia Turcica (Huet!) Caucasus et Transcaucasia (Ledeb), Cataonia in monte Berytdagh (Haussk!), Cilicia in alpe Bulghardagh 6600' (Ky. 73!) et in montibus Kassan Oghlu 4000' (Ky 172!), Persiæ australis monte Sawers (Haussk!) in valle Kuram Affghaniæ 6-7000' (Aitch!).

Specimina ex Ponto, Armeniâ, Ciliciâ, Persiâ proceriora sunt 1-¹/₁-pedalia labello sæpe ampliore; ea olim ad *O. incarnatam* adduxeram sed ob foliorum formam et directionem *O. latifoliæ* certe adnumeranda. Ex bulbis hujus speciei *Salep* Persicum preparatur (Haussk!).

Ar. Geogr. Europa tota a Norvegiâ et Sueciâ meridionali ad Rossiam arcticam, Sibiria, Africa borealis.

30. **O. sambucina** (L. Sp. 1334) tuberibus oblongo-fusiformibus apice breviter 2-3-lobis rarius indivisis in fibras attenuatis, caule mediocri crassiusculo fistuloso fere toto folioso, foliis oblongis oblongo-lanceolatis parte inferiori attenuatis, spicâ ovatâ densiusculâ, bracteis oblongis acutis retinerviis herbaceis flores inferiores superantibus, floribus flavis labello purpureo punctato vel purpureis, perigonii phyllis oblongis obtusis externis sub anthesi reversis, labello obscure trilobo vel indiviso margine crenulato vel irregulariter lobato, calcare cylindrico-conico ovarium subæquante, testæ cellulis reticulatis ♃. Ic. Jacq. Austr. tab. 108. — Rchb. Germ. tab. 60.

Hab. in pratis montanis siccis, Macedonia in Scardo 4500'-5000' (Griseb.), Thracia in monte Rhodope (Friv.), Peloponnesus in montibus supra Androussa (Gittard!).

Ar. Geogr. Scandinavia australis, Gallia, Lusitania, Hispania borealis et centralis, Helvetia, Germania, Italia, Dalmatia, Bosnia, Serbia, regio Danubialis, Rossia septentrionalis.

31. **O. pseudosambucina** (Ten. Syn. Neap. p. 72) tuberibus oblongo vel cylindraceo-fusiformibus apice attenuatis sæpe 2-3-lobis, caule gracili fistuloso, foliis crebris anguste lineari-lanceolatis parte inferiori subattenuatis, spicâ ovato-oblongâ laxiusculâ, bracteis herbaceis oblongo-lanceolatis retinerviis inferioribus flores superantibus, floribus ochroleucis albis vel roseo-purpureis, perigonii phyllis oblongis obtusis externis reversis demum erectis, labello basi plus minus cuneato trilobo, calcare cylindraceo curvato ovarium æquante, testæ cellulis hyalinis ♃. Ic. Ten. Fl. Nap. tab. 86. — Rchb. Germ. tab. 61. — *O. sambucina* M. B. Fl. Taur. Cauc. et C. A Mey. Enum. non L. — *O. Romana* Seb. et Maur. Pl. Fasc. II, tab. 3. — *O. flavescens* et *O. tenuifolia* C. Koch Linn. XXII. p. 281.

Hab. in collibus et saxosis regionis montanæ, Attica in Hymetto et Pentelico (Sprun!, Boiss! Heldr!), Messenia (Bory! (Laconia (Fraas), Byzantii et in insulâ Prinkipos (Thuret! Coumany!), Anatolia borealis (Auch. 4258), Pontus ad Samsun (Tchih!), Tauria, Caucasus et Transcaucasia (M. B., Szov!, Rupr!) Persia borealis (Buhse!), Libanus ad Broummana (Bl!), ad Antoura (Gaill!) Antilibanus ad Rascheya (Post!).

Ab *O. sambucinâ* affini caule gracili, foliis angustis, calcare elongato, testæ sculpturâ distincta.

Ar. Geogr. Italia australis, Sicilia.

32. O. maculata (L. Lp. 1335) tuberibus palmatis longe attenuatis, caule elato solido, foliis sæpe nigro-maculatis inferioribus oblongis, intermediis lanceolatis utrinque attenuatis summis bracteiformibus, spicâ cylindraceâ densiflorâ, bracteis retinerviis linearilanceolatis acuminatis inferioribus flores æquantibus, floribus roseispersicinis vel purpureo-maculatis interdum albis, perigonii phyllis oblongis obtusis vel acutis externis reversis vel patentibus, labello trilobo lobis lateralibus majoribus oblique quadratis obtusis crenulatis, calcare cylindrico ovario breviore, testæ cellulis reticulatis ♃. Ic. Fl. Dan. tab. 933. — Rchb. Germ. t. 55.

Hab. in sylvaticis et pratis humidis regionum magis septentrionalium ditionis, Macedonia (Friedr. ex Griseb.), Pontus Lazicus littoralis ad fluv. Of. (Bal '), Grusia Caucasica (C. Koch), Caucasus orientalis (Rupr!).

β *saccigera* Rchb. f. — Validior sæpe elatior et spica elongata multiflora, bracteæ flores longius superantes, labelli lobi acutiores, calcar crassius inflatum ovario æquilongum. — Rchb. Germ. tab. 57. — *O. saccigera* Brongn. in Exp. Mor. p. 60, tab. 32 fig I. — *O. Macedonica* Griseb. Reis. Rum. — *O. lancibractea* C. Koch Linn. XXII. 282. — *O. macrostachys* Tineo Fl. Sic.

Hab. in humidis regionum australiorum, Peloponnesus in Taygeto (Bory: Pichl!) Kyllene (Orph!), Parnassi fauces et Olympus Thessalus (Heldr!). Macedonia Griseb.), Byzantii (Coumany!) Armenia Rossica (C. Koch), ditio Talysch (Buhse!), Cappadocia meridionalis (Tchih!), Libanus supra Eden (Bl!), prope Hammana (Gaill!).

Ar. Geogr. Europa fere omnis a Scandinavia ad Rossiam, Sibiria omnis. Varietas β in Hispaniâ australi, Siciliâ, Dalmatiâ, Banatus.

Species dubia.

O. Boryi (Rchb. f. Orch. Germ. p. 19 tab. 151) tuberibus ovatis, caule modice elato sub spicâ nudo, foliis oblongo-lanceolatis inferne longe angustatis supremis ad vaginas reductis, bracteis lanceolatis membranaceis ovarium dimidium æquantibus, spicâ laxâ pauciflorâ, perigonii phyllis oblongis obtusis, labello phyllis sub longiore transverse sublatiore trilobo lobis subæqualibus obtusis vel truncatis crenulatis intermedio retuso, calcare filiformi ovario subbreviore ♃.

Hab. in Messeniâ ad Phigaleam et in monte Ithome cum *O. quadripunctâ*, (Despréaux!) Vid. a cl. Lenormand communicatam.

Simillima *O. quadripunctata* a quâ specimen authenticum exsiccatum distinguere nequeo; perigonii phylla e sicco vix galeata dicenda. Cl. Rchb. fil notam distinctionis in seminum testâ fibris reticulatis insculptâ dum in *O. quadripunctatâ* testa cellulis hyalinis constat indicat. An varietas *O. quadripunctatæ* ? an hybrida hujus cum aliâ specie?

NIGRITELLA (Rich. Orch. Eur. 26, fig. 4).

Perigonii phylla omnia libera patentia subæqualia. Labellum posti-
cum (superum) basi brevissime calcaratum. Gynostemium breve.
Anthera tota adnata loculis parallellis contiguis. Rostellum inter
loculos prominens. Pollinia breviter caudiculata, glandulæ binæ distinctæ bursiculæ loculos antrorsum singulatim occludentia hinc
seminuda. Ovarium non contortum. — Herbæ tuberosæ facie
Orchidis.

1. **N. angustifolia** (Rich l. cit.) tuberibus palmatis lobis elongatis sensim attenuatis, caule humili toto folioso, foliis numerosis
anguste liuearibus acutis margine papillosis, spicâ conicâ tandem
ovatâ densiflorâ, bracteis lanceolatis acutis flores subæquantibus,
floribus atropurpureis, perigonii phyllis lineari-oblongis acutis,
labello resupinato phyllis æquilongo ovato rhomboideo acuto integro
♃. *Satyrium nigrum* L. Sp. 1338. — *Orchis nigra* Scop. — *Nig.*
nigra Rchb. Germ. tab. 115. — Jacq. Austr. t. 368.

Hab. in pratis alpinis Græciæ sept., mons Velugo Ætoliæ (Sprun), mons
Œta (Fraas).

Ar. Geogr. Montes Norvegiæ et Scandinaviæ, Galliæ, Helvetiæ. Germaniæ,
Italia in Apennnino, montes regionis Danubialis, Dalmatiæ, Bosniæ, Rossia
media et Sibiria Uralensis (ex Ledeb).

OPHRYS (L. Gen. 1011 ex parte).

Perigonii phylla externa patentia. Labellum anticum ecalcaratum
patens basi sæpius gibbosum. Gynostemium breve apice sæpe in
acumen rostriforme productum. Anthera tota adnata loculis parallellis rostello nullo. Pollinia caudiculata singula basi glandulâ prædita.
Bursiculæ duo distinctæ. Ovarium non contortum. — Herbæ tuberiferæ.

Speciorum Orientalium dispositio

§ 1. **Musciferæ** Rchb. f. — Labellum planiusculum marginibus non
replicatum basi gibberibus destitutum apice non appendiculatum.

· Perigonii phylla bina interna lateralia glabra.

O. fusca, lutea.

· · Perigonii phylla bina interna pubescentia vel velutina.

O. muscifera, Speculum.

§ 2. **Fucifloræ** Rchb. f. — Labellum planiusculum vel subforni-
catum marginibus non replicatum basi bigibbosum appendice terminali glabrâ. Perigonii phylla bina lateralia interna
velutina.

O. tenthredinifera, arachnites.

§ 3. **Araniferæ**. Rchb. f. — Labellum marginibus revolutis valde
convexum indivisum vel trilobum basi gibbis binis in corni-
cula interdum elongatis sæpissime instructum apice appen-
diculo vel callo obsitum.

* Labellum indivisum vel obscure denticulatum.

O. aranifera, atrata, ferrumequinum.

* * Labellum trilobum.

O. hiulca, apifera, œstrifera, bombyliflora.

§ 1. **Musciferæ.**

1. **O. fusca** (Link in Schrad. Journ. 1799, p. 325) tuberibus
ovatis, foliis oblongis glaucis, spicâ brevi pauciflorâ, perigonii phyllis virentibus oblongis superiore cucullato, lateralibus internis ligulatis glabris, labello lato cuneato oblongo convexo præter lituras
binas parallelgas glabras a basi ad medium usque productas toto
velutino fusco apice trilobo lobis lateralibus brevibus obtusis, intermedio majore emarginato-bilobo non appendiculato ♃. Rchb. Germ.
tab. 92.

β *iricolor* Rchb. fil. — Labelli fusci vel brunnei lituræ discolores
griseo-cæruleæ vel azureæ, flores sæpe eis typi majores. — *O. iricolor*
Desf. Corol. tab. 3 — Bory Fl. Pelop tab. 24, fig 1.

Hab. typus cum varietate in collibus calcareis, Græcia tota et ejus insulæ
(Spr! Heldr! Boiss! etc.), Creta (Heldr!), Macedonia et Thracia (Griseb!),
Bithynia (Griseb!), Lydia (Fleisch!), Pamphylia (Heldr!), Rhodus (Bourg!),
Cyprus (Ky!), Syria littoralis ad Sidonem (Gaill!), Palestina ad Hierosoly-
mam (Roth!), Fl. Febr. Apr.

Ar. Geogr. Lusitania, Hispania australis et orientalis, Gallia occidentali-
australis et australis, Italia, Dalmatia, Africa borealis.

2. **O. lutea** (Cav. Ic, II, p. 46, tab. 160) tuberibus subglobosis,
foliis-oblongis, spicâ brevi laxe pauciflorâ, perigonii phyllis viridi-
lutescentibus ovatis lateralibus internis lineari-oblongis glabris subbrevioribus, labello obovato basi vix cuneato convexo apice trilobo a
basi ad medium fasciâ violaceâ antice sæpe bilobâ notato circâ fasciam purpurascenti-velutino margine flavo glabro cincto, lobis planiusculis lateralibus brevibus obtusis intermedio truncato crenato vel

retuso non appendiculato ♃. Rchb. Germ. tab. 94. — Fl. Pelop. tab, 34, fig. 2.

Hab. in saxosis calcareis, fruticetis regionis inferioris et montanæ, Græcia tota et ejus insulæ (Sprun! Boiss!), Creta (Heldr!), Macedonia (Friv.), Byzantii (Coumany!), Bithynia (Griseb.), Lydia (Auch!), Cyprus (Ky!), Syria littoralis ad Berythum et Sidonem (Gaill!), Palestina ad Hierosolymam (Boiss!), Persia australis ad Kotel Pirasun (Haussk!). Fl. medio vere.

Ar. Geogr. Lusitania, Hispania, Gallia occidentali-australis et australis, Italia et ejus insulæ, Dalmatia, Africa borealis. Flores in speciminibus ex Hispaniâ australi et Africâ Gallicis et Orientalibus sæpius majores.

3. O. muscifera (Huds. Fl. Angl. p. 340) tuberibus parvis ovato-globosis, foliis oblongis et oblongo-lanceolatis, caule gracili in spicam gracilem laxifloram sæpe elongatam abeunte. perigonii phyllis viridibus, externo superiore dilatato cucullato binis lateralibus internis lineari-filiformibus convolutis antice velutinis, labello phyllis exterioribus longiore oblongo basi cuneato convexo ad medium trilobo fusco præter fasciam glabram angustam antice bilobam ad basin lobi intermedii velutino, lobis lateralibus anguste linearibus porrectis intermedio multo majore a basi ad apicem breviter bilobum non appendiculatum dilatato ♃. Rchb. Germ. tab. 95. — *O. myodes* Jacq. Misc. II. 273.

Hab. in Achaiâ (ex Sm. Prodr.). E ditione nondum vidi.

Hab. in collibus sylvaticis Europæ mediæ ab Angliâ, Scandinaviâ, Rossiâ mediâ ad Hispaniam borealem, Italiam mediam, regionem Danubialem usque.

4. O. Speculum (Link in Schrad. Journ. 1799, 2, p. 324) tuberibus ovato-globosis, foliis oblongis et oblongo-lanceolatis glaucescentibus, spicâ pauciflorâ laxâ, perigonii phyllis externis ovato-oblongis lutescentibus internis lateralibus atropurpureis cæteris plus duplo brevioribus triangularibus antice puberulis, labello obovato basi subcuneato subconvexo ultra medium trifido ad centrum glaberrimo nitido azureo villâ flavidâ cincto secus marginem fuscum revolutum longe et dense villoso, lobis lateralibus oblongo-linearibus parvis intermedio multo majore oblongo vel ovato obtuso vel subretuso non appendiculato ♃. Rchb. Germ. t. 96. — Mogg. Ment. tab. 72, fig. A. *O. Scolopax* Willd. Sp. IV. p. 69 et Brot. Phyt. Lus. tab. 2 non Cavan. — *O. vernixia* Brot. Fl. Lusit. I, p. 27.

Hab. in collibus regionis inferioris præcedentibus rarior, Græcia in Argolide (Sprun!), Messeniâ (Bory!), Atticâ (Fraas), Byzantii ad Bujuckderé (Coumany!), Bithyniâ ad Nicomediam (Thirke), Smyrnâ (Auch. 2250!), Rhodo (Heldr!), Syriâ littorali ad Tripoli (Bl!). Fl. Mart. Apr.

Ar. Geogr. Lusitania, Hispania australis, Sardinia, Sicilia, Italia australis, Africa borealis.

§ 2. Fuciflorae.

5. O. tenthredinifera (Willd. Sp. 4, p. 67) tuberibus magnis

ovalis vel oblongis, foliis oblongis et oblongo-lanceolatis acutis. spicâ
laxâ pauciflorâ, perigonii phyllis externis oblongo-ellipticis obtusis
roseis viridi-nervosis, internis lateralibus binis 3-4-plo brevioribus
triangularibus antice velutinis, labello phyllis externis longiore convexo obovato 'a basi cuneatâ sensim dilatato prope basin utrinque
gibbere conico instructo antice emarginato cum apiculo ovato acuto
in medio, toto præter maculam basilarem glabram fuscam rhomboi-
deam vel quadratam velutino et viridi-lutescente, fasciculo setarum ad basin apiculi, gynostegii apice obtuso ♃. Rchb. Germ.
tab. III. — Bot. Reg. tab. 205. Exp. Mor. tab. 34, fig 3. — *O. rosea*
Desf. — *O. villosa* Desf. Cor. Tourn. tab. 4. — *O. episcopalis*
Poir. in Lam. Encycl. Suppl. IV, 170. — *O. grandiflora* Ten. Fl.
Nap. II, p. 309.

Hab. in collibus calcareis regionis inferioris, Peloponnesus (Bory!), Attica
(Sprun! Boiss! Heldr! Orph. Fl. exs. 464!), Creta (Heldr!), Rhodus (Held!),
Syria littoralis (Bl!), Palestina (Roth!).

Ar. Geogr. Lusitania, Hispania australis, Corsica, Sardinia, Italia australis,
Africa borealis.

6. **O. arachnites** (Scop. Carn. II, p. 194 var. 2 sub *Orchide*)
bulbis globosis, foliis oblongis et lanceolato-linearibus acutis, spicâ
laxâ 3 8-florâ, perigonii phyllis externis ovato-oblongis roseis viridi-
lineatis, internis lateralibus binis multo minoribus triangularibus
velutinis basi subhastato-cordatis, labello obovato-quadrato phyllis
externis longiore convexo margine non replicato basi bigibbo apice
truncato et medium versus appendice glabrâ flavidâ sursum recurvâ
instructo præter maculas et lineas glabras obscuras luteo-marginatas
glabras versus basin sitas velutino-fuscescente, gynostemio apice
acuto ♃. Ic. Vaill. Bot. tab. 30. — *O. fuciflora* Rchb. Germ. p. 85,
tab. 109. — *O. exaltata* Ten.

Hab in pascuis et collibus, insula Corcyra (Klœtscher!), Bithynia ad Brussam (Thirke!), Caria meridionalis (Tchih!), Syria littoralis ad ostia Orontis
(Ky.), ad Berythum (Bl!), Libanus prope Abeih (Bl!).

β *Attica* Boiss. et Orph. Diagn. Ser. II, 4, p. 91. — Pumila, flores
minores, perigonium virens, labellum flavo-virens.

Hab. in Atticâ prope Stadium (Orph!).

Ar. Geogr. Anglia, Germania media et australis, Lusitania, Hispania borealis, Gallia, Italia, Dalmatia, regio Danubialis.

§ 3. Araniferæ.

7. **O. aranifera** (Huds. Angl. 392) tuberibus ovato-globosis,
foliis pallide virentibus oblongis vel lanceolatis, spicâ laxâ interdum
elongatâ pluriflorâ, perigonii phyllis externis patentibus ovato-oblongis margine reflexis pallide virentibus, internis lateralibus binis brevioribus lineari-lanceolatis glaberrimis, labello phyllis externis sub-

æquilongo oblongo-obovato vel fere orbiculari convexo tumido margine reflexo indiviso vel utrinque denticulo aucto basi interdum gibbis binis parvis glanduliformibus aucto apice integro vel obsolete 2-3 denticulato non appendiculato præter lineas 2-4 longitudinales basi transverse conjunctas glabras velutino purpureo-fusco margine interdum lutescente, gynostemio obtusiusculo. ♃. — *O araniferu genuina* Rchb. Germ. tab. 97.

Hab. in collibus præsertim regionis montanæ in ditione rarior, mons Kyllene Peloponnesi prope Flamburitza 4500' (Orph!), Creta in umbrosis olivetorum prope Platania (Heldr!), Pontus prope Samsun (Tchih!).

Ar. Geogr. Europa media et australis ab Angliâ ad Germaniam mediam, Dalmatiam, regionem Danubialem.

8. O. atrata (Lindl. Bot. Reg. tab. 1807) tuberibus ovatis crassis, foliis oblongis glaucescentibus, spicâ laxâ pauciflora, perigonii phyllis externis virentibus oblongo-lanceolatis obtusis patentibus, internis binis lateralibus brevioribus linearibus glaberrimis, vexillo phyllis externis fere longiore amplo obovato convexo margine reflexo prope basin gibbis magnis vel mammis binis aucto integro vel obsolete crenulato apice minute apiculato præter lineas binas longitudinales parallelas cyaneas glabras dense velutino atroviolaceo, gymnostemio acuto ♃. *O. aranifera* var. *atrata* Rchb. Germ. tab. 100. — *O. mammosa* Desf. Cor. Tourn. tab. 2 et Rchb. Germ. tab. 101, fig. I.

Hab. in collibus, dumosis regionis inferioris usque ad montanam præcedente multo vulgatior, Græcia omnis (Spr! Boiss! Heldr !), Macedonia (Friv!), Rhodus (Bourg!), Pamphylia (Heldr!), ditio Kassan Oghlu Ciliciæ (Ky. 121!). Fl. Mart. Apr.

Eam cl. Rchb. fil. ut varietatem *O. araniferæ* habet a quâ tamen vexillo multo majore et magis elongato sæpissime apiculato aliter picto longius velutino basi multo crassius gibboso specifice distincta videtur. *O. mammosa* est forma labello brevius velutino.

Ar. Geogr. Hispania australis, Gallia australis, Corsica, Italia australis, Dalmatia.

9. O. ferrum-equinum (Desf. Coroll. Tourn. p. 9, tab. 5) tuberibus oblongis, foliis oblongis et oblongo-lanceolatis, spicâ 2-5-florâ laxiusculâ, floribus magnis, perigonii phyllis externis oblongis roseis, lateralibus internis binis anguste linearibus ciliatis, labello magno late ovato egibboso convexo integro marginibus replicato antice breviter apiculato atroviolaceo velutino inter medium et apicem lituris binis glabris cyaneis divergentibus interdum in ferrum equinum conjunctis notato, gynostemio brevi apiculato ♃. Rchb. Germ. tab. 99. — Bot. Reg. 1847. tab. 46, fig. 2. — *O. andracnitis* Bor. et Ch. Fl. Pélop. p. 62, tab. 34, fig. 5.

Hab. in collibus regionis inferioris et montanæ, Zacynthus (Marg!) Peloponnesus (Bory!) Argolis (Sprun!), Attica in Pentelico, Lycabetto, insulâ Salami (Sprun! Heldr!), Ætolia (Nieder !), Creta ad Anopolim prov.

Sphakia (Heldr!), in Transcaucasiá prope Baku (C. A. Mey. ex Rchb.) Fl.
Mart. Apr.

Sæpe confusa cum *O. Bertolonii* Galliæ australis, Italiæ, Dalmatiæ incolá
quæ differt labello a basi ad apicem antrorsum curvatum concavo basi angustato aliter picto, etc.

10. **O. hiulca** (Sprun. Sched. — Rchb. Germ. p. 93, tab. 101, fig.
2) tuberibus ovatis vel oblongis, foliis oblongis et lanceolato-linearibus, spicá pauciflorá, perigonii phyllis externis oblongis virentibus,
lateralibus internis binis brevioribus linearibus velutinis, labello late
obovato atropurpureo velutino lituris binis albis vel cærulescentibus
glabris parallelis basi transverse coalitis percurso supra medium
trilobo lobis lateralibus ovatis obtusis intermedio multoties majori
ovato transverse sublatiore in apiculum brevem ascendentem abeunte,
gynostemio obtusiusculo ♃. Rchb. Germ. tab 101, fig. 2 et ex cl.
Rchb. tab. 169, fig. I, sub *O. exaltatá*. — *O. Reinholdi* Sprun. ex.
Sched. hùc omnino nec ad *O. scolopacem* spectare videtur. — *O.
galactostictos* Heldr. Mss.

Hab. in collibus prope Athenas et in monte Hymetto (Sprun !) Lycabetto
(Heldr!), in Syriá littorali (Labill!).

Affinis *O. ferroequino* a quá labello trilobo et lituris versus labelli apicem
nec ad ejus basin conjunctis differt. Ad *O. hiulcam* forsan referenda *O. ferrumequinum* var. *Æginensis* Rchb. labello trilobo instructa et quam cæterum non vidi.

11. **O. apifera** (Huds. Angl. I, 340) tuberibus ovato-globosis,
foliis oblongis et lanceolatis, spicá laxá, perigonii phyllis externis
ovato-oblongis roseis viridi-nerviis, internis lateralibus binis brevissimis triangularibus velutinis, labello phyllis externis subbreviore
subrotundo-obovato convexo semigloboso obscure purpureo velutino
minute maculá glabrá lineolisque variegato marginibus reflexo trilobo lobis lateralibus oblongis inflexis plus minus gibberosis intermedio multo majore obovato apice retuso cum appendice glabrá,
deorsum flexá, gynostemio in rostrum tenue flexuosum producto ♃.
Rchb. Germ. tab. 105. — *O. albiflora* Sprun. Sched.

Hab. in collibus, umbrosis siccis, Græcia in Messeniá (Bory), Atticá,
Eubæá, Æginá (Sprun!).

Ar. Geogr. Europa media et australis a Galliá, Germaniá occidentali et
australi, Helvetiá ad Dalmatiam et regionem Danubialem, Africa borealis.

12. **O. æstrifera** (M. B. Taur. Cauc. II, 369) tuberibus oblongis,
foliis oblongis et oblongo-lanceolatis, spicá laxiflorá, perigonii phyllis
externis oblongis roseis viridi-vittatis, internis binis lateralibus
interne velutinis linearibus vel lanceolatis acutis, labello oblongo-obovato stipitato marginibus inflexis valde concavo trilobo lobis lateralibus basi gibbosis dense et longe velutinis triangularibus convolutis
porrectis sæpe elongatis, intermedio oblongo marginibus revolutis
semicylindrico præter maculas glabras pallidiores breviter velutino·

brunneo appendice terminali latâ brevi sursum curvatâ, gynostemio brevissime rostrato ♃. *O. Scolopax* var *bremifera* Rchb Germ. tab. 107. — *O. bremifera* Stev. Mem. Mosq. II p. 174 — *O. Scolopax* Fl. Pélop. tab. XXIV, fig. 4.

Hab in collibus regionis inferioris et montanæ, Græcia omnis (Sprun! Boiss! Heldr!), Cephalonia (Heldr!), Lydia ad Smyrnam (Auch. 2251!), Pamphylia (Heldr!), Cilicia littoralis (Bal!), Syria littoralis et Libanus (Bal! Gaill!) Transcaucasia (M. B.), Persia borealis in monte Elbrus (Ky. 145! sub *O. pictâ*) ad Siaret prov. Asterabad (Bge!). Fl. vere.

β *cornuta.* — Labelli loborum lateralium gibbi in cornua horizontalia vel recurva elongati. — Rchb. Germ. tab. 108. — *O. cornuta* Stev. Mem. Mosc. II. 195. — *O. picta* Fl. Pelop. tab. 33. — *O. picta* var. *Æstrifera* Fl. Pélop. tab. 34, fig. 8.

Hab. cum typo, Peloponnesus (Bory!) Attica (Sprun! Heldr!) Corcyra (Barbey!) Zacynthus (Marg!), Ætolia (Nied!), Creta (Heldr!) Macedonia (Friv!), Galatia Wied!, prov. Transcaucasicæ (Hoh!).

Hæc species a cl. Rchb. fil. et aliis cum *O. Scolopax* Cav. — *O. picta* Link — *O. Scolopax* var *picta* Rchb. f. conjungitur sed hæc cæterum valde affinis præter labellum antrorsum attenuatum et appendicem lanceam angustam gynostemio longe et tenuissime rostrato mihi differre videtur. Hujus area geographica diversa, Lusitania, Hispania australis, Gallia australis, Africa borealis. In Italiâ nec *O. Scolopax* nec *O. Æstrifera* crescunt.

Ar. Geogr. Dalmatia, Serbia.

13, O. bombyliflora (Link in Schrad. Journ. 1799 II, 325) tuberibus globosis sessilibus. accessoriis ad fibrarum radicalium elongatarum apicem obviis, caule pumilo, foliis oblongis, spicâ laxâ 1-3-florâ rarius 4-6-florâ, perigonii phyllis externis pallide virentibus ovatis, internis binis lateralibus minutis oblongis velutinis, labello phyllis externis subbreviore suborbiculari trifido lobis lateralibus anguste oblongis villosis intermedio multo majore trilobo ob margines valde reflexos hemispherico apice subtus callo deorsum verso instructo præter signum læve ligulatum a basi ad apicem productum velutino gibbis binis basilaribus, gynostemio apice brevi obtuso ♃. Rchb. Germ. tab. 104. — *O. tabanifera* Willd. Sp. IV, p. 88. — Exped. Mor. tab. 33 fig. 2. — *O. umbilicata* Desf. Cor. Tourn. t. 5. — *O. labrofossa* Brot. Phyt. tab. 88. — *O. pulla Ten.* — *O. hiulca* Seb et Maur. Cent. 13, p. 43, non Spruner.

Hab. in arenosis humidis maritimis Græciæ, Zacynthus (Marg!), Attica et Ægina (Sprun! Boiss! Heldr!), Peloponnesus (Bory), Creta ad Cydoniam (Heldr!).

Ar. Geogr. Lusitania, Hispania australis, Corsica, Italia, Dalmatia, Africa borealis, insulæ Canarienses.

GYMNADENIA (R. Br. in Ait. Kew V. p. 191).

Perigonii phylla externa libera patentia vel in galeam conniventia. Labellum postice calcaratum patens trifidum. Gynostemium breve.

Anthera tota adnata loculis parallelis cum rostello oblongo inter-
jecto. Pollinia bina longiuscule caudiculata, glandulis distinctis affixa.
Bursicula nulla. Ovarium contortum. = Herbæ tuberosæ facie
Orchidis.

1. G. conopsea (L Sp. 1335 sub *Orchide*) tuberibus palmatis
lobis elongatis, caule gracili elato, foliis lanceolato-linearibus acutis
erectis superne sensim diminutis, spicâ multiflorâ gracili laxiusculâ
vel cylindrica densâ, bracteis lanceolatis acutis ovarium æquantibus
vel superantibus, floribus roseis, prrigonii phyllis externis patentibus, floribus roseis, perigonii phyllis externis patentibus ovato-
oblongis, labello cuneato transverse sublatiore trilobo lobis subæqualibus ovatis obtusis vel truncatis, calcare filiformi ovario sæpius
duplo longiore, polliniorum caudiculis glandulis linearibus oblique
affixis ♃. *G. conopsea* R. Br. l. cit Rchb. tab. 70 et 72.

Hab. in pratis regionis montanæ et alpinæ, Messeniæ et Arcadiæ montes
(Bory), Parnassi regio abietina et Olympus Bithynus in pascuis alpinis
(Heldr!), Macedonia (Friv.), Ponti Lazici regio alpina supra Djimil 8400'
(Ball), Armenia Rossica (C. Koch), Tauriæ montes (Stev.), Caucasus et Trans-
caucasia (C. A. M., Hohen! Becker!), Persia borealis in prov. Ghilan (Auch.
5952!).

Specimina Orientalia sæpius formam densifloram exhibent.

Ar. Geogr. Europa fere tota ab Angliâ et Scandinaviâ ad Rossiam borealem,
Hispaniam borealem, Italiam, Dalmatiam, regionem Danubialem, Sibiria.

2. G. Friwaldii (Hampe in Reg. Bot. Zeit. 1837, p. 230) tuberibus bi vel trifidis lobis attenuatis elongatis, caule gracili, foliis
paucis oblongo lanceolatis acutis supremo bracteæformi, spicâ tenuiter et breviter cylindricâ densiusculâ, bracteis lanceolatis acutis ovario longioribus, floribus parvis albis, perigonii phyllis conniventibus
ovato-oblongis obtusis internis oblongis, labello cuneato ovato obtusissime et subæqualiter ad tertiam partem trilobo, polliniorum caudiculis ovatis oblique affixis, calcare filiformi acuto ovarium dimidium
æquante.

Hab. in Alpibus Rumeliæ (Friv!).

Facie et characteribus affinis *G. albidæ* perigonii phyllis internis ovatis,
calcare cylindrico obtuso, ovario plus dimidio breviore, labelli lobis inæqualibus acutioribus distinctæ.

Ar. Geogr. Alpes Hungariæ.

HERMINIUM (L. Fl. Suec. p. 265).

Perigonii campanulati phylla distincta. Labellum basi saccatum
hastato-trifidum. Gynostemium breve. Anthera adnata loculis basi
divergentibus. Pollinia brevissime caudiculata glandulis maximis dis-

6

tinctis subconcavis affixa. Bursiculæ nullæ. Ovarium contortum. — Herbæ tuberosæ minutifloræ.

1. **H. monorchis** (L. Sp. 947 sub *Orchide*) tubere sub anthesi unico sessili globoso, junioribus 1-2 longe pedicellatis, caule humili tenui, foliis subbinis fere basilaribus oblongis acutis, tertio superiori angusto bractœæformi, spicâ tenui elongatâ laxâ, bracteis lanceolatis acutis flores æquantibus, floribus minutis virenti-flavidis, perigonii phyllis externis oblongis obtusis, lateralibus internis binis ligulatis versus medium utrinque obtusangulis, labello basi brevissime et conice saccato plano horizontali trifido lobis lineari-lanceolatis obtusis, intermedio longiore ♃. *H. monorchis* R. Br. Ait. Kew. V, p. 191. — Nees Gen. Germ. Ic. — Rchb. Germ. t. 63. — *Herm. clandestinum* Gr. et Godr.

Hab. in subalpinis Caucasi occidentalis 5500' (C. A. Mey.), Caucaso centrali prope Sion (Rehm!), Caucaso orientali-boreali 6-6800' (Owerin!). Fl. Jun.

Ar. Geogr. Europa borealis et media a Lapponiâ et Rossiâ arcticâ ad Galliam, Italiam mediam, regionem Danubialem, Sibiria, Himalaya occidentalis.

PLATANTHERA (Rich. Orch. Eur. 35).

Perigonii phylla omnia in galeam conniventia vel duo lateralia exteriora patentia. Labellum indivisum vel trilobum calcaratum. Gynostemium obtusum. Anthera tota adnata 'loculis parallelis vel divergentibus. Pollinia caudiculata, glandulæ binæ rostelli lobis lateralibus affixæ nudæ. Bursicula nulla. Ovarium contortum. — Herbæ tuberiferæ.

§ 1. **Filicornes** Rchb. Germ. — Calcar longum filiforme.
Perigonii phylla lateralia externa patentia.

1. **P. bifolia** (L. Sp. 1331 sub *Orchide*) tuberibus oblongis apice attenuatis, foliis radicalibus binis suboppositis magnis petiolatis obovato-oblongis obtusis, cæteris 2-3 bracteiformibus lanceolatis, caule gracili, spicâ multiflorâ densiusculâ, bracteis lanceolatis obtusiusculis ovario æquilongis, floribus albidis suaveolentibus, perigonii phyllo superiore ovato-triangulari basi cordato cum binis internis fornicato, lateralibus binis externis lanceolatis patentibus, labello indiviso longe lineari obtuso, calcare filiformi arcuato ovario sesquilongiore, antheræ loculis parallelis, foveæ stigmaticæ margine crasso ♃. *P. bifolia* Rich. Mém. Mus. p. 57. — *P. solstitialis* Bönningh. in Rchb. Fl. exs. — Rchb. Germ. tab. 77.

Hab. in pratis umbrosis et in sylvaticis, Græcia continentalis ad Zeitun

Fraas (ex Rchb.), Corcyra (Heldr!), Byzantium (Sm! Post!). Pontus Lazicus prope Rhizé (Bal!), Tauria (Stev!), Caucasus 5400-6000 ' (C. A. M , Ow(rin!), Iberia (Ledeb.), ditio Talysch (Hoh!).

Ar. Geogr. Europa omnis a Scandinaviá ad Rossia borealem, in australioribus montana et alpina, Sibiria, Africa borealis.

2. **P. montana** (Schm. Fl. Boh. 1793, p. 35 sub *Orchide*) tuberibus oblongis apice attenuatis obtusis, foliis radicalibus binis suboppositis magnis petiolatis obovato-oblongis obtusis, caulinis paucis bracteiformibus lanceolatis, caule elato, spicá laxá multiflorá, bracteis oblongo-lanceolatis obtusis ovario æquilongis, floribus albo-virentibus inodoris, perigonii phyllo superiore cordato-ovato cum binis interioribus fornicato, lateralibus externis binis ovato-lanceolatis patentibus, labello indiviso lanceolato obtuso, calcare filiformi apice clavato ovario subduplo longiore, antheræ loculis versus basin divergentibus, foveæ stigmaticæ margine angusto ♃. *P. montana* Rchb. Germ. tab. 78. — *P. chlorantha* Curt. ex Rchb. Germ. exc. I, p. 120. — *Orchis virescens* Gaud.

Hab. in umbrosis regionis montanæ cum præcedente sæpe confusa et ideo area incompleta, Macedonia in castanetis Athois (Griseb.), Tauria (Pareyss ex Rchb.), Caucasus (Rupr!), Transcaucasia (Ledeb. Hoh!), Cyprus in pinetis (Ky. 755) et prob. alibi.

Ar. Geogr. Europa fere tota a Scandinaviá ad Rossiam, in australioribus montana, Sibiria Altaica.

§ 2. **Crassicornes** Rchb. Germ. — Calcar breve crassum. Perigonii phylla omnia in galeam couniventia vel connata.

3. **P. viridis** (L. Sp. 1377 sub *Satyrio*) tuberibus palmatis lobis attenuatis, caule humili, foliis 3-6 remotis inferioribus a basi cuneatá ovatis et oblongis obtusis superioribus sensim diminutis lanceolatis acutis, spicá brevi plus minus densiflorá, bracteis herbaceis lanceolatis flores flavido-virides æquantibus vel superantibus, perigonii phyllis externis ovatis obtusis internis linearibus omnibus in galeam subglobosam conniventibus, labello lineari pendulo apice tridentato galeá sesquilongiore, calcare crasso scrotiformi brevissimo ♃. *P. viridis* Rchb. Germ. tab. 82. — *Peristylus viridis* Lindl. — *Cœloglos sum viride* Hartm. Fl. Scand. p. 329.

Hab. in pratis alpinis, Armenia Turcica supra Trapezuntem (Ky! 558!), Pontus Lazicus supra Djimil 6000' (Bal!), Tauria (Stev.), Caucasus omnis 1800-8000' (M. B., C. A. M , Rupr!) Guria et Iberia (Szov!), ditio Talysch (Hoh!). Fl. Oct.

Ar. Geogr. Europa borealis et media a Lapponiá ad Rossiam arcticam, Hispaniam borealem, Italiam centralem, Bosniam, regionem Danubialem, Sibiria tota, America borealis.

4. **P. satyrioides** (Stev. Mém: Mosq. II. 176 sub *Orchide*) tuberibus binis oblongis acutis indivisis, caule crassiusculo, folio basi-

lari elongato late oblongo-lanceolato subplicato acutiusculo, superioribus 2-3 ad vaginam longam acuminatam reductis. spicâ laxâ 7-10-florâ, bracteis scariosis ovalis acutis brevissimis, floribus sessilibus majusculis, perigonii sordide viridi-purpurascentis phyllis externis oblongis acutis apice excepto in galeam connatis, binis internis inclusis angustioribus et brevioribus labello virenti-fusco pendulo galeâ subbreviore trilobo lobis lateralibus rhombeis medio longiore oblongo-lineari retuso, calcare crasso obtuso labello dimidio breviore ♃. *P. satyrioides* Rchb. Germ. tab. 85.

Hab. in subalpinis umbrosis Tauriæ supra pagum Kunsch, inter Elbusli et Sauksu otque in valle Laspi (Stev.), in Iberiá prope Elisabethpol (Frick in Herb. Hort. Petrop!), in scopulosis umbrosis prov. Asterabad Persiæ borealis prope Siaret (Bge ! Fl. Apr. Mai.

Semipedalis vel pedalis, folium inferius sæpe semipedale 9-15 lineas latum, flores eos *Orchidis coriophorœ* referentes et submajores. Planta rarissima viva iterum observanda. Bracteæ ex cl. Rchb. fil. potius *Orchidis* quam *Platantherœ* et affinitas cum *O. coriophorâ* et *sanctâ* manifesta sed bursicula non adesse videtur.

Trib. II. NEOTTIACEÆ.

CEPHALANTHERA (Rich. Mem. Mus. 4 p. 51).

Perigonii phylla distincta subconniventia labellum obtegentia. Labellum medio constrictum subarticulatum articulo inferiore (*hypochilio*) subsaccato rarius calcarato bilobo cum gynostemio parallelo et basi cum eo connato, articulo superiore (*epichilio, laminâ*) apice subreflexo. Gynostemium elongatum erectum. Anthera oblonga mobilis dorso affixa loculis discretis. Pollinia bina cylindrica biloba. Rostellum et glandula stigmatica (*proscolla*) nulla. Ovarium contortum. — Herbæ perennes rhizomate donatæ.

1. **C. rubra** (L. Maut. 490 sub *Serapias*) rhizomate cylindrico elongato obliquo fibrifero, caulibus elatis sulcatis totâ longitudine foliatis, foliis sessilibus lanceolatis acutis multinerviis superne diminutis et angustatis, spicâ laxâ 5-9-florâ pubescente, bracteis herbaceis lanceolatis ovaria æquantibus vel superantibus, floribus roscis, ovario fusiformi pubescente, perigonii phyllis oblongo-lanceolatis acuminatis, labello non calcarato phyllis subæquilongo superne ad nervos undulato-subcristato versus medium strangulato-trilobo laminâ triangulari-ovatâ acuminatâ ♃. *C. rubra* Rich. Ann. Mus. IV, p. 60. — Rchb. Germ. tab. 177. — *Epipactis rubra* Fl. Græc. tab. 933.

Hab. in collibus dumosis et sylvaticis siccis regionis montanæ, Græcia in monte Ænos Cephaloniæ (Letourneux!) montibus Parnes Atricæ (Sart!), Velugo Ætoliæ (Samar!), Olympo Thessaliæ (Heldr!). Macedoniæ monte Athos (Griseb!), Bithyniá in Olympo (Thirk!), Cariá (Pinard!), Ponto (C

Koch!), Ciliciâ ad pagum Kechlick (Bal!), ditione Kassan oglu 4000' (Ky. 155!) Tauriâ, Caucaso et Transcaucasiâ (Ledeb. Owerin!), ditione Talysch (C A. M!), prov. Asterabud Persiæ ad Siaret (Bge!) Fl. Oct.

Ar. Geogr. Europa borealis et media omnis, in Euaopâ australi rarior, Sibiria Uralensis.

2. C. Royleana (Lindl. ex Rchb. in litt. ad cl. Regel sub *Epipactis*) rhizomate.... caule striato-angulato glabro, foliis glabris a basi amplexicauli elliptico-lanceolatâ attenuatis acutis, bracteis lineari-lanceolatis flores superantibus, spicâ laxâ glabrâ, floribus rubris, perigonii phyllis conniventibus ovato-lanceolatis acuminatis internis subminoribus cæterum conformibus, ovario sub lente minute hirtulo, labello ecalcarato phyllis sublongiore ad medium constricto laminâ ovatâ attenuatâ acutâ ♃. Regel Act Hort. Petrop. VI, p. 490.

Hab. ad rivum Muili prope Samarkand Turkestaniæ (Kranse ex Regel) (Non vidi).

Affinis dicitur *C. rubræ* a quâ differt rachide glabrâ, ovario ferə glabro, labello elungato, stigmate quadrats crenato nec sublabelliformi.

Ar. Geogr. Regio Himalaica.

3. C. ensifolia (Murr. Linn. Syst. Ed. XV, p. 670 sub *Serapias*) rhizomate horizontali valde fibrifero, caule elato sulcato stricto crebre foliato, foliis distichis erecto-patentibus lanceolatis acutis superioribus linearibus, spicâ laxâ sæpe multiflorâ glabrâ, bracteis ovatis acutis minutis ovario multo brevioribus, floribus niveis, labello apice flavo maculato, ovario glabro, perigonii phyllis externis lanceolatis acutis internis ellipticis obtusis, labello phyllis externis breviore non calcarato fere orbiculari ad venas subcristato versus medium strangulato-trilobo laminâ (*epichilio*) triangulari transverse latiore obtusâ mucronulatâ ♃. *C. ensifolia* Rich. l. cit. — *Serapias xiphophyllum* L. fil Suppl — *C. xiphophyllum* Rchb. Germ. tab. 118. — *Serapias grandiflora* L. ex parte et Fl. Dan. tab. 506.

Hab. in pratis umbrosis sylvaticis regionis montanæ, Græcia in monte Pentelico Atticæ (Heldr!), Parnasso (Sart!), Velugo Ætoliæ (Fraas), Bithynia in Olympo (Thirke!), Anatolia borealis (Wied!), Pontus Lazicus (Calv!), Tauria, Caucasus et Transcaucasia (Led. Hoh!), Persia boreali-orientalis ad Siaret (Bge!), districtus Kuram Affghaniæ (Aitch!), Libanus prope Eden (Reyg!), Fl. Oct.

β *gibbosa.* — Labellum subtus manifeste saccato-gibbosum, cæterum omnia typi.

Hab. prope pagum Allahdagh Ciliciæ prope Mersina (Bal. sp. unicum !).

Ar. Gegr. Europa media et australis a Daniâ et Norvegiâ ad Rossiam australem, Sibiria Uralensis, regnum Maroccanum.

4. C. pallens (Willd. sp. IV, 85 sub *Epipactis*) rhizomate brevi fibras numerosas edente, caulibus sulcatis totâ longitudine folialis, foliis inferioribus ovatis et oblongo-ovatis acutis superioribus oblongo-lanceolatis infimis ad vaginas reductis, spicâ laxâ sæpius pauciflorâ, bracteis inferioribus lanceolatis flores superantibus superioribus lineari-setaceis ovario subbrevioribus, floribus pallide ochroleucis labello intus flavido, ovario glabro, perigonii phyllis omnibus oblongis obtusis, labello phyllis breviore non calcarato ovato-orbiculari ad nervos dentato-cristato versus medium strangulato-trilobo laminâ obtuse cordato-triangulari transverse latiore *♃. C. pallens* Rich. loc. cit. — *Serapias grandiflora* L. ex parte Fl. Dan. tab. 1400. — *C. grandiflora* Babingt. — *C. Lonchophyllum* Rchb. Germ. tab. 119. — *C. acuminata* Ledeb. Fl. Ross. IV. p. 78 non Lindl.

Hab. in umbrosis, sylvaticis, regionis montanæ, Græcia in monte Kyllene Arcadiæ (Orph!), montibus Parnasso et Velugo (Sart.), Lyciâ in monte Solyma (Heldr!), Ciliciâ ad Güleck (Bal!) et in ditione Kassan Oghlu (Ky. 139!), Tauria, Caucasus, Transcaucasia (Led. C. A. Mey!), ditio Talysch (Hoh!).

Ar. Geogr. Europa media et australis ab Angliâ, Daniâ ad Rossiam australem.

5. **C. cucullata** (Boiss. et Heldr. in Sched. Cret. 1847. — Diagn. Ser. I, 13, p. 12) rhizomate brevi fibras numerosas edente, caulibus sulcatis totâ longitudine crebre foliosis, foliis inferioribus ad vaginas reductis intermediorum laminâ parvâ oblongâ vel lanceolatâ basi cucullatâ, supremis in bracteas lanceolatas acutas quarum inferiores flores æquant sensim abeuntibus, floribus sordide ochroleucis, ovario glabro, perigonii phyllis externis lanceolatis acutis internis brevioribus obtusis, labello phyllis breviore, calcare brevi conico subincurvo acuto ovato-oblongo trilobo, laminâ ovato-oblongâ acutiusculâ *♃. Cephalanthera epipactoides* Fisch. et Mey. Ann. Sc. Nat. 1854, p. 30!

Hab in dumosis et sylvaticis montanis, Creta in montibus Lassiti supra Mules 4000' (Heldr!), in monte Taktali supra Smyrnam (Boiss!), in Troade prope Kastamboli et Pisidiâ (Tchih!), Bithyniâ prope Boli et monte Ylgasdagh Galatiæ (Wied!), Lyciâ supra Elmalu (Bourg!), Ciliciâ ad pagum Allahdagh (Bal!), Armeniâ ad Tortum (Calv!), Kurdistaniâ Persicâ in montibus Mendeli (Noë 1187!), Persiâ boreali prope Rudbar (Buhse!), Fl. Maio.

Caules ½-1½ pedales, foliorum laminæ eis *C. pallentis* breviores, flores paululum minores phyllis extermis elongatis. Species a congeneribus calcare sesquilineam longo statim distinguenda.

EPIPACTIS (Hall. Enum. Helv. 277).

Perigonii phylla patentia subæqualia. Labellum medio constrictum articulatum, articulo inferiore cum gynostemio rectangulo, articulo superiore latiore basi bicalloso. Gynostemium breve. Anthera erecta mobilis basi gynostemii apici insidens bilocularis. Stigma subquadratum late marginatum Rostellum breve obtusum glandulâ (*proscolld*) terminatum. Pollinia bina oblonga bifida glandulæ demum affixa. Ovarium non contortum in stipitem attenuatum. Herbæ perennes rhizomate donatæ.

1. **E. palustris** (Scop. Carn. II, p. 204 sub *Serapias*) rhizomate repente fibras numerosas edente flagellifero, caule elato totâ longitudine folioso superne pubescente, racemo spiciformi laxo, bracteis lanceolatis acutis inferioribus ovarium æquantibus, floribus pedicellatis reflexis, perigonii griseo-virentis rubello suffusi phyllis externis oblongis acutiusculis, internis subbrevioribus ovatis, labelli albidi purpureo-striati hypochilio secus lineam mediam canaliculatam nectarifero utrinque in lobum triangularem producto, epichilio transverse ovato crenulato ♃. *E. palustris* Crantz Austr. II, p. 262. — *Serapias longifolia* L.-*E. longifolia* Rchb. Germ. tab. 131.

Hab. in pratis paladosis regionis montanæ et alpinæ, Græcia contin. (Fraas ex Rchb.), Armenia Turcica ad Baibut (Bourg!), Pontus Lazicus ad Djimil 6000' (Bal!), Caucasus (M. B.), Iberia (Hoh,), Grusia (Wilh.).

Ar. Geogr. Europa ab Angliâ et Scandinaviâ ad Rossiam mediam, in Europa australi rarior, Sibiria.

2. **E. veratrifolia** (Boiss. et Hoh. in Ky. Pers bor. exs. 1847. — Diagn. Ser. I, 12, p. 11), rhizomate repente fibras longas caruosas stolonesque edente, caulibus proceris crebre foliosis, foliis nervosissimis infimis ad vaginas subinflatas reductis, inferioribus ovatis vel oblongis supra vaginam sæpe subcordatis superioribus lanceolatis longissimis sensim acuminatis in bracteas sensim abeuntibus, spicâ laxâ sæpius elongatâ, foliis floralibus et bracteis flores inferiores multoties superantibus supremis ovaria æquantibus, rachide pedicellis ovariisque dense pubescentibus, floribus nutantibus purpureis viridi tinctis, perigonii subcampanulati phyllis externis puberulis lateralibus semiovato-incurvis intermedio ovato-oblongo omnibus acuminatis, lateralibus internis brevioribus, labello phyllis breviore hypochilio concavo incurvo, opichilio a basi truncato-subcordatâ oblongo versus medium abrupte angustato subtrilobo lobis lateralibus parvis obtusis intermedio lanceolato acuto ♃.

Hab. in humidis, ad rivos regionis montanæ, Syria in Libano supra Sidonem (Gaill!), in valle Solima (Bl!), ad Mar Tserkis (Bl! Ky. 253!), ad Abeih (Post!), in monte Amano (Ky. 104!), Ciliciâ (Tchih!), Armeniâ Kurdicâ ad Mâkiis (Ky. 559!), Persiâ boreali ad Rudbar (Auch. 5359!), ad Sengerud (Buhse!), in monte Elbrus propre Derbend (Ky. 401! et 632!), Persiâ australi in montibus Sawers et Eschker 8000' (Haussk!), in districtu Kuram Affghaniæ (Aitch!), Fl. Oct.

Species insignis habitu inter *Cephalantheram* et *Epipactidem* media, caules 2½-3½-pedales, folia intermedia sæpe 6-9 pollices longa pollicem ½-1½ lata, spicæ foliatæ laxæ ½-1 pedem longæ, flores eis *E. latifoliæ* duplo majores.

3. **E. latifolia** (All. Ped. 2, p. 151) rhizomate crassiusculo fibras carnosas gemmasque sessiles edente, caule valido teretiusculo crebre foliato superne pubescente, foliis ad nervos et margines pubescenti-

scabris internodio longioribus inferioribus ovatis et ovato-lanceolatis
superioribus lanceolatis et linearibus dissitis, spicâ elongatâ multiflorâ subsecundâ, bracteis late lanceolatis inferioribus flore longiori
bus, floribus nutantibus, perigonii virentis violaceo-suffusi phyllis
ovatis acutis internis æquilongis, labelli purpurei albo-marginati
hypochilio concavo ostio angusto, epichilio ovato acuminato apice
recurvo callis basilaribus subobsoletis, ovario parce puberulo ♃.
Serapias helleborine L. Sp. 1344 ex parte. — *Ser. latifolia* L. Syst.
— *Epip. helleborine* Crantz. — Rchb. Germ. tab. :34-136. — *E.
purpurata* Sm. — *E. viridiflora* Hoffm.

Hab. in umbrosis, sylvaticis præsertim regionis montanæ, montes Achaiæ
(Heldr!), Ætoliæ (Sprun!), Parnassus (Guicc!), Anatolia borealis (Wied!)
Lydia in montibus Smyrnæ (Boiss!), Cataonia (Haussk!), Cilicia (Ky! Bal!),
Libanus ad Danie (Ky!), Tauria, Caucasus et Transcaucasia (M. B. Hoh!
etc.,) Persia bor. (herb. Hort Petrop!), Fl. Oct.

Ar. Geogr. Europa omnis a Scandinaviâ ad Rossiam, Sibiria, Japonia, regio
Himalaica, Africa borealis.

4. E. atrorubens (Hoffm. Germ. p. 182) rhizomate crassiusculo

fibras carnosas gemmasque sessiles edente, caule teretiusculo inferne
crebre foliato superne furfuraceo, foliis ad nervos scabris internodio
longioribus inferioribus ovatis superioribus lanceolatis et linearibus
dissitis, spicâ multiflorâ subsecundâ, bracteis anguste lanceolatis
inferioribus flores æquantibus, floribus nutantibus obscure sanguineis, perigonii phyllis oblongis acutis externis furfuraceis, labelli
hypochilio excavato ostio amplo, epichilio ovato acuto apice recurvo
cristis basalibus plicato-crispis, ovario valde pubescente ♃. — *E.
rubiginosa* Gaud. Helv. 5. 465. — *E. helleborine* var. *rubiginosa*
Rchb. Germ. tab. 182.

Hab. in cylvaticiis montanis Græciæ, Parnassus (Guicc!), Velugo Ætoliæ
(Fraas), Olympus Thessalus (Heldr! Orph!), Caucasus orientalis (C. Koch),
Persia borealis (Auch. 5859! Buhse!).

Forsan formis intermediis ad præcedentem transit.

Ar. Geogr. Europa fere omnis ab Angliâ et Scandinaviâ ad Rossiam.

5. E. microphylla (Ehrh. Beitr. IV, 42) rhizomate fibras carno

sas gemmasque edente, caule gracili remote folioso, foliis margine
pubescenti-scabris parvis oblongis et oblongo-lanceolatis internodio
brevioribus, spicâ laxiusculâ subsecundâ, bracteis lanceolatis et linearibus inferioribus flores æquantibus, floribus nutantibus, perigonii
fuscescenti-sanguinei phyllis ovato-oblongis acutis externis furfuraceis, labelli purpurei margine albidi hypochilio saccato ostio amplo,
epichilii ovati crenulati apiculati gibbis basilaribus gyroso-plicatis,
ovario furfuraceo —. *E. latifolia* var. *microphylla* D. C. Fl. Fr. —
Rchb. Germ. tab. 152.

Hab. in sylvis umbrosis præcedentibus rarior, Bithynia ad Brussam (Thirke
ex Rchb.), Cilicia ad fauces montanas Gulek Boghaz 3800' (Ky!), Tauria ad
Läspi (Stev.), Caucasus orientalis in Daghestaniâ (C. Koch).

A præcedentibus foliis abbreviatis remotis, caule et spicâ gracilibus distincta, nonnullis *E. latifoliæ* varietas.

β? *congesta.* — Folia valde nervosa breviter oblongo-lanceolata internodiis æquilonga stricta, inferiorum lamina vaginis subinflatis vix longior. Spicæ densifloræ.

Hab. ad Bounarbachi prope Smyrnam (Bal!).

Rachis spicæ valde furfuracea, bracteæ omnes breviter lanceolatæ. Forma insignis ex speciminibus binis radice destitutis tantum mihi nota, ulterius observanda.

Ar. Geogr. Dania, Belgium, Germania, Gallia, Italia, Dalmatia, regio Danubialis.

LIMODORUM (Tourn. Inst. 497).

Perigonii phylla erecto-subpatentia. Labellum medio constrictum subarticulatum, hypochilium gynostemio parallelum: basi cum eo connatum et calcaratum; epichilium indivisum. Gynostemium elongatum trigonum. Anthera oblonga terminalis mobilis bilocularis. Pollinia bina indivisa glandulæ stigmaticæ transverse ovatæ bilobæ tandem adhærentia. Ovarium non contortum stipitatum. — Herba parasitica aphylla.

1. **L. abortivum** (L. Sp. 1336 sub *Orchide*) aphyllum totum violaceum, rhizomate parasitico brevi horizontali fibras carnosas numerosas edente, caulibus crassis elatis vaginis crebris inferioribus obtusis superioribus lanceolatis bracteæformibus obsitis, spicâ longâ laxiusculâ, bracteis lanceolatis acutis ovario sæpe longioribus, floribus magnis strictis, perigonii phyllis externis lanceolatis, internis subbrevioribus et angustioribus, labelli perigonio subbrevioris et eo inclusi laminâ oblongâ crenulatâ, calcare subalato ovarii longitudine ♃. *L. abortivum* Swartz Act. Holm. VI, p. 80. — Rchb. Germ. tab. 129.

Hab. in sylvaticis montanis, ad radices Pinorum et forsan Quercuum parasiticum, Græciâ in Atticâ (Heldr!), Bœotiâ (Sart.), Macedoniâ et Thraciâ (Griseb!), Bithyniâ (Thirke!), Cretâ (Heldr!), Rhodo (Bourg!), Cypro (Ky!), Anatoliâ occidentali (Boiss! Bal!), et australi (Bal! Ky!), Tauriâ (M. B.), Transcaucasiâ (Hoh! Radde!). Fl. Oct.

Ar. Geogr. Europa media a Belgio, Galliâ, Helvetiâ, Germania mediâ ad Dalmatiam et regionem Danubialem, Africa borealis.

¡GOODYERA (R. Br. in Ait. Kew V, 197).

Perigonium ringens cum ovario fere rectangulum. Labellum breve basi leve profunde excavatum saccatum antice in laminam brevem

canaliculatam recurvam productum. Gynostemium breve. Anthera
oblonga stipitata pone rostellum bidentatum inserta. Pollinia bina
obovata indivisa glandulæ communi subquadratæ inter rostelli cornua
inserta. Ovarium non contortum. — Herbæ pumilæ rhizomate ramoso
articulato, floribus minutis.

1. G. repens (L. Sp. 1839 sub *Satyrio*), rhizomate gracili
repente stolonifero, foliis inferioribus congestis ovato-oblongis acutiusculis venosis in petiolum brevem abrupte contractis, caule brevi
ascendente, foliis adpressis linearibus acuminatis, spicâ terminali
densâ unilaterali pubescenti-glandulosâ, floribus sessilibus albis,
bracteis herbaceis lanceolatis acutis ovaria excedentibus, perigonii
phyllis binis lateralibus externis subpatentibus, internis cum exteriori superno conniventibus subangustioribus ♃. *G. repens* R Br.
l. cit. — Ic. Fl. Dan. tab. 812. — Jacq. Austr. tab. 369. — Rchb.
Germ. tab. 109. — *Neottia repens* Sw.

Hab. in sylvis umbrosis præsertim abietinis, Pontus Lazicus supra Khabackar 5600' in sylva Abetis orientalis (Bal!), Caucasus centralis in Ossetiâ
(M. B.), Caucasi orientalis ditio Alagir 6000' (Rupr!), Iberia (C. Koch),
vallis Kuram Affghaniæ in pinetis 9-10000 (Aitch).

Ar. Geogr. Europa borealis et media, Scotia, Scandinavia, Rossia, Gallia,
Helvetia, Germania, Italia borealis, Dalmatia, regio Danubialis, Serbia,
Sibiria, Japonia, America borealis.

SPIRANTHES (Rich. Orch. Eur. 28).

Perigonium ringens cum ovario fere rectangulum. Labellum cana-
liculatum basi bicallosum phyllis lateralibus externis subinclusum
indivisum. Gynostemium subsemiteres inferne in rostellum bifidum
erectum productum. Anthera mobilis libera rostello incumbens. Pollinia bina bifida subclavata glandulæ oblongæ affixa. Ovarium contortum. — Herbæ perennes pumilæ parvifloræ, fibris radicalibus
napiformibus vel cylindricis.

1. S autumnalis (Rich. l. cit.) radice tuberibus napiformibus
minute papillosis indivisis constante, foliis omnibus in fasciculum
radicalem dispositis cum caule florifero non coetaneis ovatis vel
oblongis petiolatis, caule florifero laterali scapiformi vaginis arctis
apice breviter lanceolatis obsito, spicâ spirali secundâ gracili pubescenti-glandulosâ, floribus albis sessilibus, bracteis ovato-triangulis
ovario longioribus, labello obovato oblongo antice crenulato ♃. Ic.
Fl. Dan. 387. — Rchb. Germ. t. 122. — *Ophrys spiralis* L. Sp.
1340. — *Neottia spiralis* Swartz.

Hab. in pascuis argillosis siccis, Græcia in Messeniâ (Bory!), Laconiâ
(Psarides!), Atticâ ad Piræeum (Reinert!), Cretâ (Friv.), Thraciâ (Friv!),

Smyrnæ (Fleisch.), Ponto ad Boztepe prope Trapezuntem (Ball), Caucaso et Transcaucasiá (C. Koch., Nordm.). Fl. autumno.

Ar. Geogr. Europa media et australis a Daniá, Germaniá ad Rossiam mediam, Africa borealis.

2. S. œstivalis (Lam. Ency. IV, 567 sub *Ophryde*) radice tuberibus cylindraceis attenuatis constante, foliis ad basin caulis congestis cum eo coëtaneis lanceolato-linearibus in petiolum attenuatis, caule gracili vaginis 2-4 apice lanceolatis obsito, spicâ gracili spirali unilaterali, floribus albis, bracteis lanceolatis ovarium excedentibus, labello ligulæformi antice dilatato crenulato ♃. Rchb. Germ. tab. 123.

Hab. in pratis humidis, Græcia in Messeniá ad Koubeh (Bory!), Byzantium prope Domouz deré (herb. Duparquet!), mons Jyldisdagh Anatoliæ borealis (Wied!). Fl. Oct.

Ar. Geogr. Lusitania, Hispania, Anglia, Gallia, Helvetia, Belgium, Germania occidentalis et australis, Corsica, Sardinia, Italia borealis et media, Croatia.

NEOTTIA (L. Act. Ups. 1740 p. 33).

Perigonii phylla subæqualia campanulata superiora in galeam subconniventia. Labellum non inclusum nec calcaratum porrectum basi saccato-scrotiforme apice bilobum. Gynostemium breve tereliusculum. Anthera terminalis mobilis ovata bilocularis rostello lamellari indiviso incumbens. Pollinia bina bipartita glandulæ communi hyalinæ fugaci inserta. Ovarium non contortum. Capsula subcoriacea ovato-oblonga. — Planta parasitica aphylla facie *Orobanches*.

1. N. Nidus avis (L. Sp. 1339 sub *Ophryde*) tota pallide brunnea aphylla. rhizomate fibris numerosis caruosis in globum congestis constante, caulibus crassiusculis erectis vaginis apice lanceolatis cucullatis obsitis, spicâ terminali oblongâ parte inferiori laxâ, bracteis lanceolato-linearibus ovario dimidio brevioribus, perigonii phyllis ovato-oblongis obtusis labello phyllis longiore oblongo lobis ligulatis obtusis, valde divaricatis ♃. *N. Nidus avis* Rich. l. cit. — Rchb. Germ. tab. 121. — *Epipactis nidus avis* All. Ped. — *Neottidion nidus avis* Nees Gen. Germ. Ic.

Hab in sylvis umbrosis montanis, variarum arborum parasitica, Messenia (Bory). Olympus Thessalus in pinetis (Heldr!), Macedonia in peninsulá Athoá (Griseb.), Bithynia in Olympo (Tchih), Tauria, Caucasus et Transcaucasia (M. B. Hohl etc.), ditio Talysch (C. A. M.).

Ar. Geogr. Europa a Britanniá, Scandinaviá, Rossiá septentrionali ad Hispaniam borealem, Italiam, Dalmatiam, Bosniam, regionem Danubialem, Sibiria Uralensis.

LISTERA (R, Br. Hort. Kew Ed. 3. p. 201).

Perigonii phylla in galeam subconniventia. Labellum non inclusum nec calcaratum deflexum ligulatum basi planum. Gynostemium breve. Anthera terminalis mobilis ovata bilocularis rostello indiviso incumbens. Pollinia bina bipartita glandulæ communi adhærentia. Capsula membranacea subglobosa. — Herbæ foliiferæ virides. — Genus characteribus affine *Neottiæ* sed foliiferum, non parasiticum, habitus diversissimus, labellum basi non saccatum, etc.

1. L. ovata (L. Sp. 1340 sub *Ophryde*) rhizomate fibras nume-rosas longas edente, caule gracili elongato infra medium bifolio, foliis magnis oppositis sessilibus ovatis mucronatis, racemo elongato laxo, bracteis ovatis acutis pubescentibus pedicello brevioribus, floribus virentibus, perigonii phyllis externis ovatis obtusiusculis, internis dimidio augustioribus linearibus, labello phyllis duplo longiore lineari profunde bifido lobis linearibus, gynostemio superne fornicato antheram fovente ♃. *L. ovata* R. Br. l. cit. — *N. ovata* Rchb. Germ. tab. 127. — Fl. Dan. tab. 137. — *Epipactis ovata* All.

Hab in pratis umbrosis, ad sepes, sylvas montanas, Peloponnesus in La-coniâ (Sart.), mons Velugo Ætoliæ (Fraas), Macedonia (Griseb.), Bithynia (Wied!), Cilicia orientalis in Cedretis ditionis Kassanoglu prope Gorumse 5000' (Ky 58!), Tauria et Caucasus (M. B. Owerin!), Iberia (Eichw.), ditio Talysch (Hoh!). Fl. Oct.

Ar. Geogr. Europa fere omnis ab Angliâ et Scandinaviâ ad Rossiam, in aus-tralioribus rarior, Sibiria Uralensis.

2. L. cordata (L. Sp. 1340 sub *Orchide*) rhizomate filiformi repente fibras tenues edente, caule brevi gracili versus medium bifolio, foliis parvis oppositis sessilibus ovato-triangularibus. racemo brevi pauci et laxifloro, bracteis minimis ovatis pedicello brevioribus, floribus minutis virenti-flavidis breviter pedicellatis, perigonii phyl-lis omnibus subæqualibus oblongis obtusis, calcare phyllis longiore lineari trilobo lobis lateralibus brevibus dentiformibus intermedio elongato in lacinias lineares bipartito, gynostemio brevi dente appen-dicu'ato ♃. *L. cordata* R. Br. loc. cit· — *Neottia cordata* Rich. — Rchb. Germ. tab. 128.

Hab. in muscosis sylvaticis et turfosis alpinis rarissima, Pontus Lazicus supra Djimil inter *Rhododendri Caucasici* dumeta 7000' (Bal!), Guria Trans-caucasica (Nordm. ex Ledeb.).

Ar. Geogr. Europa borealis et media a Britanniâ, Scandinaviâ et Rossiâ arcticâ ad Pyreneos, et Italiam septentrionalem et mediam, Sibiria tota, Ame-rica arctica et borealis.

Trib. III ARETHUSEÆ.

EPIPOGON (Gmel. Sib. I, p. 11).

Perigonium resupinatum phyllis patentibus subæqualibus. Labellum superum trilobum lobis lateralibus parvis patulis, medio multo majore indiviso concavo basi conice saccato. Gynostemium oblongum rectum antice prope basin stigmate tabulæformi prominulo obsi·tum apice bifidum. Anthera grandis apice cavo gynostemii recepta antice mucronata bilocularis. Pollinia duo candiculis longis planis glandulæ triangulari supra stigma gynostemio adhærenti demum affixa. — Herba parasitica aphylla.

1. E. aphyllum (Sw. Summ. Veg. Scand. 1814, p. 32) rhizomate ramoso ramis coralloideis, caulibus caruosulis aphyllis parce squamosis, floribus 2-7 laxe spicatis, perigonii flavescentis phyllis lanceolato linearibus, labello albido purpureo-maculato lobo medio ovato margine crenulato et antice bilineatim papilloso ♃. Ic. Fl. Dan. 1253. — Rchb. Germ. tab. 116. — Nees Germ. Gen. — *E. Gmelini* Rich. — *Satyrium epigogium* L Sp. 1338.

Hab. in sylvis obscuris Fagi et Coniferarum parasiticum rarissime. In ditione ad latera montis Zivu Iberiæ Caucasicæ (Steven ex M. B.).

Ar. Geogr. Scandinavia, Helvetia, Germania, Galliæ montes, Italia borealis, regio Danubialis, Rossia, Sıbiria.

Obs. *Pogoniæ* sp. (Sect. *Nervilia* Lindley).

Hab. in Affghaniâ ad rivi Koussur margines (Griff. Journ. 75!), in Belutchiâ (Stocks 857!).

Folio deficiente hanc rite determinare nequeo; caulis pedalis vaginis subinflatis membranaceis apice oblique truncatis obsitus, spica laxiuscula 4-6-pollicaris, perigonii phylla elliptico-lanceolata acuta basi attenuata, labellum phyllis subæquilongum secus lineam mediam subcristatum rhomboideum trilobum lobo terminali sublongiore acutiore. Calcar tenue labello subbrevius Affinis videtur *P. carinatæ* Wight Ic. tab. 1720 quæ calcare brevissimo, labello intus villoso, etc. differt.

Trib. IV. CYPRIPEDIEÆ.

CYPRIPEDIUM (L. Gen. 1015).

Perigonii phylla patentia. Labellum magnum inflatum calceoliforme. Gynostemium cernuum apice trilobum lobis lateralibus brevioribus subtus antheriferis, medio petaloideo-dilatato oblongo. Antheræ loculis binis confluentibus univalves. Pollen granulis in massam glatinosam conjunctis constans. Stigma deltoideum in gynostemii facie sub antheris. Ovarium non contortum. — Herbæ foliosæ rhizomate donatæ.

1. **C. Calceolus** (L. Sp. 1346) rhizomate sæpe elongato fibras numerosas edente, caule tereti pubescente polyphyllo, foliis magnis amplexicaulibus ovato-oblongis acuminatis pubescenti-scabris, flore sæpius unico basi bracteato, perigonii brunneo-purpurascentis phyllis quaternis lanceolatis acuminatis superiore binis connatis constante, labello luteo purpureo-picto, antherâ stipitatâ inferne præter lineam carinantem lævi ♃. Rchb. Germ. tab. 144.

Hab. in pratis, rupestribus, sylvis frondosis regionis montanæ, Græcia in monte Velugo Ætoliæ (Sprun.), Tauriá et prov. Caucasicis (M. B , Hoh). Fl. Octob.

Ar. Geogr. Europa mediâ ab Angliâ, Scandinaviâ, Rossiâ mediâ ad Galliam, Helvetiam, Italiam borealem, regionem Danubialem, Sibiria tota.

ORD. CXXXI. IRIDACEÆ.

(Lindl. Introd. 232. — *Irideæ* Juss. Gen. 57).

Flores hermaphroditi regulares vel irregulares bracteati. Perigonium superum corolllnum tubuloso-sexfidum vel partitum laciniis æqualibus vel interioribus dissimilibus regularibus vel bilabiatis. Stamina tria basi laciniarum exteriorum perigonii inserta, antheræ biloculares extrorsum dehiscentes. Ovarium inferum vel rarius vertice exserto semisuperum triloculare vel rarissime uniloculare multiovulatum ovulis in angulo interiori loculorum vel in columnâ centrali 2-3-seriatis anatropis sæpius horizontalibus. Stylus simplex brevissimus vel elongatus, stigmata tria simplicia, laciniata, vel petaloidea. Capsula membranacea vel coriacea trilocularis loculicide trivalvis valvis medio septiferis. Semina globosa vel angulata, testa membranacea vel carnoso-incrassata, embryo rectus cylindraceus intra albumen carnosum vel corneum axillis. — Herbæ rhizomatosæ vel bulbosæ.

Tʀ. I. CROCEÆ. — Perigonium regulare laciniis internis exterioribus conniventibus, staminibus liberis æquilateralibus.

CROCUS (L. Gen. 55).

Perigonium regularc infundibuliforme erectum tubo longissimo, limbi sexparliti lacinis oblongo-spathulatis conformibus, interioribus interdum minoribus. Stamina tria libera inclusa filamenlis rectis, antheris lineari-sagittatis. Stylus filiformis elongatus ex tubo perigonii exsertus ramis tribus stigmatosis vel subintegris vel fimbriatis aut multifidis. Cnpsula chartacea oblongo-trigona ab apice trivalvis. Semina globosa testâ membranaceâ, albumine corneo. — Herbæ acaules, cormo (bulbo) annuo prolifero tunicis (foliorum parte inferiori dilatatâ et connatâ) membranaceis fibrosis vel reticulatis vestito, foliis anguste linearibus sæpius carinatis et bicanaliculatis synanthiis vel hysteranthiis, scapis ex cormo solitariis vel pluribus post anthesim elongatis basi nudis vel *spathâ basali* membranaceâ inclusis; *spathâ propriâ* ovarium basi amplectente monophyllâ vel diphyllâ semper obviâ.

In *Crocorum* elaboratione notis et animadversionibus a cl. et amiciss. G. Maw hujus generis monographiam mox edituri mihi humanissime communicatis valdopere adjutus fui.

Specierum Orientalium dispositio.

SERIES I. INVOLUCRATI. — Spatha basalis ex apice cormi orta scapum amplectens.

§ 1. **Membranacei.** — Tunicæ cormi membranaceæ parallele fibrosæ.

`*` Autumnales (Confer *C. Lazicum*).

+ Flos aurantiacus.

C. Scharojani, Lazicus.

+ + Flos pallide ochroleucus, albus vel violaceus.

C. vallicola, ochroleucus, zonatus, Karduchorum.

`* *` Vernales. Flores albi vel violacei.

C. Billiotii, Boissieri.

§ 2. **Reticulati** — Cormi tunicæ reticulatim fibrosæ. Omnes autumnales.

C. sativus, Haussknechti, Hadriaticus.

SER. II. NUDIFLORI. — Spatha basalis nulla.

§ 1. **Reticulati.** Cormi tunicæ reticulatim fibrosæ.

`*` Autumnales. — Flos roseus vel cærulescens.

C. cancellatus.

`* *` Vernales

× Flos violaceus.

C. variegatus, Sieberi, Veluchensis.

× × Flos aurantiacus.

C. Susianus, Ancyrensis, Gargaricus.

§ 2. **Intertexti** (G. Maw). — Tunicæ fibris tenuibus obliquis angulo acuto intertextis constantes. — Flores vernales.

C. Fleischeri, parviflorus.

§ 3. **Membranacei.** — Tunicæ membranaceæ sæpius fibris parallelis constantes inferne demum in fibras vel lacinias verticales solutæ rarius, (*C. Boryi*) coriaceæ non fibrosæ et basi in lacinias triangulares fissæ.

· Vernales

+ Stigmata multifida.

× Flores albi vel violaceo-vittati.

C. Gaillardoti, hyemalis, candidus.

× × Flores aurantiaci.

C. vitellinus, graveolens, Balansæ, Olivieri, Suterianus.

+ + Stigmata indivisa. — Flores aurantiaci.

C. aureus, Korolkowii.

· · Autumnales. — Flores albi, vittati vel purpurei.

+ Stigmata multifida.

C. Tourneforti, Veneris, Boryi, lævigatus.

+ + Stigmata indivisa.

C. Caspius.

§ 4. **Annulati.** — Tunicæ membranaceæ vel cartilagineæ inferne in annulos horizontaliter circumscissos demum fissiles secedentes.

· Vernales. Stigmata indivisa.

× Flores aurantiaci.

C. chrysonthus, Danfordiæ.

× × Flores albi violaceo striati vel violacei.

C. biflorus, Crewei, aërius, Tauri, Cyprius.

· · Autumnales. — Stigmata multifida. Flores violacei.

C. speciosus, pulchellus.

Species non satis nota.

C. Hermoneus.

SER. I. INVOLUCRATI.

§ 1. Membranacei.

1. **C. Scharojani** (Rupr. in Regel Gartenfl. 1868. p. 154, tab. 578) cormi parvi subsphærici tunicis tenuiter membranaceo-subfibrosis, foliis hysteranthiis usque ad florationem anni insequentis sæpius persistentibus glabris subternis carinâ dilatatâ laminæ subpilatâ. flore subautumnali, spathâ propriâ monophyllâ exsertâ, perigonii aurantiaci concoloris laciniis oblongo-linearibus acutis tubo elongato triplo brevioribus, filamento antherâ pallidé flavâ subæquilongo. stigmatibus antheris subbrevioribus aurantiacis clavatis breviter fimbriatis ♃. G. Maw Gen. Croc. t. 8.

Hab. in declivitate boreali Caucasi occidentalis in districtu Abadsechen ad fontes fluvii Bielaja 6600' (Scharojan!), in montibus Ponti Trapezuntini supra Stavros (Billiotti). Vidi spec. in herb. Acad. Petrop.

Folia vittâ albâ destituta demum 9-10 pollices longa sæpius anno insequenti persistentia. Spatha basalis tubulosa brevis. Perigonii laciniæ fere 2 pollices, tubus 4 ½-5 pollices longi. Hæc species ut et *C. vallicola* ocius cæteris autumnalibus floret.

2. **C. Lazicus** (Boiss. et Bal. Pl. Pont. exs. 1866) cormi parvi interdum stoloniferi tunicis tenuiter membranaceis subfibrosis, foliis glabris synanthiis flore vix brevioribus, spathâ propriâ simplici vaginis longiore. flore vernali serotino (vel autumnali præcoci) intense aurantiaco concolori, perigonii tubo limbo duplo longiore laciniis obovato-ellipticis obtusis fauce glabrâ, filamento antheræ fuscescenti subæquilongo, stigmatibus antheras excedentibus aurantiacis clavatis integris vix lobulatis altero interdum profundiuscule plurifido ♃. G. Maw Gen. Croc. t. 12

Hab. in regione alpinâ Ponti Lazici supra Djimil 7800' in pratis humidis (Balansa!). Fl. Augusto vel verosimilius Junio.

Probabilius species vernalis serotina quam autumnalis præcox, nam cl. Maw observante omnes species autumnales tantum vere insequenti folia edunt. Inter congeneres ovario subsessili insignis et species unica in quâ spatha basalis vaginas foliaceas superat (Maw). Perigonii laciniæ 1 ¼ pollices longæ.

3. **C. vallicola** (Herb. Bot. Regist. 1845. — Misc. p. 7) cormi depressi tunicis tenuiter membranaceis fibris tenuissimis subparallelis intermixtis, foliis hysteranthiis glabris albo-vittatis carinâ latâ

laminæ subæquilatâ, spathâ propriâ simplici vaginas excedente, floribus autumnalibus majusculis, perigonii pallide ochroleuci tubo limbo
sesquilongiore, laciniis elliptico-lanceolatis acuminatis intus interdum
tenuiter purpureo-venosis, fauce barbatâ luteo-maculatâ, filamento
antherâ pallidâ duplo breviore, stigmatibus pallidis clavatis brevissime fimbriato-dentatis antheras superantibus ♃. Ic. Bot. Reg. 1847,
tab. 16, fig. 3. — G. Maw Gen. Croc. tab. 2.

Hab. in monte Kulakdagh Alpium Ponti supra Trapezuntem (Herb.), in
montibus supra Stavros (cormus unicus a cl. Billiotti missus formam sistens
floribus minoribus tenuissime lilacino-venosis G. Maw), Pontus Lazicus
supra Djimil et Khabackar 7000' (Bal!). Fl Jul. Aug.

β Suwarowianus. — Spatha diphylla vaginis inclusa. Perigonii
faux non barbata et laciniæ obtusæ vel acutiusculæ sed non acuminatæ. Stigmata aurantiaca. — *C. Suwarowianus* C. Koch Linn. XXI
p. 633. — *C. vallicola* var. *Zohrabi* G. Maw in litt.

Hab. in Armeniæ montibus circa Erzerum (Zohrab; Calvert! Ky. Suppl. 552!),
in Caucasi ditionibus Letschkum et Ossetiá (C. Koch!), Alagir et Radscha
7-8000' (Rupr!). Fl. Sept.

Spatha basalis tubulosa pollicaris, perigonii laciniæ in formis majoribus
sesquipollicem et amplius longæ. Varietas β a typo characteribus pluribus
in descriptione indicatis differt et forsan ex cl. Maw speciem propriam
sistit.

4. C. ochroleucus (Boiss. et Gaill. Diagn. Ser. II, 4 p. 93) cormi
tunicis externis subcoriaceis fuscis demum fissis internis tenuiter
membranaceis, foliis angustis glabris synanthiis, spathâ propriâ
diphyllâ vaginis sæpius inclusâ, flore autumnali pallide ochroleuco,
perigonii tubo limbo duplo longiore laciniis longe ellipticis obtusis,
fauce luteo-maculatâ barbatâ, filamento antherâ albidâ subbreviore,
stigmatibus aurantiacis parum dilatatis brevissime 3-4-lobis ♃. Ic.
Bot. Mag. tab. 5297. — G. Maw Gen. Croc. t. 11.

Hab. in rupestribus calcareis Libani supra Sidonem (Gaill! Bl!), in Antilibano inter Berythum et Damascum (Gaill! J. D. Hooker). Fl. Oct. Dec.

Spatha basalis bivalvis scapos plures sæpe cingens, perigonii limbus 12-15
lineas longus.

5. C. zonatus (J. Gay in Bal. exs. 1855) cormi tunicis teneris
membranaceis, foliis hysteranthiis glabris carinâ dilatatâ laminæ subæquilatâ, spathâ propriâ vaginis breviore, flore autumnali pallide
lilacino, perigonii tubo limbo 2-3-plo longiore laciniis obovato-ellipticis
obtusis venis 7-9 intensioribus percursis ad faucem barbatam maculis binis aurantiacis zonam formantibus obsitis, filamento antherâ
albidâ subbreviore, stigmatibus aurantiacis clavatis breviter lobulatis
interdum profundius multifidis ♃. G. Maw Gen. Croc. tab. 4. — *C.
Kotschyanus* C. Koch Index Berol. 1853, Baker in Gard. Chr. 1873
et G. Maw in Gard. Chron. 1879, p. 234 non Herbert. — *C. Cilicius*
Ky. exs. 1853, N° 316 (specimina cum *C. cancellato* var. *Cilicico* sæpe
commixta.

Hab. in regione montanâ Tauri Cilicici prope Gülek Boghaz (Bal. 823! Ky. 316!), in Libano inter Dimam et Harun (Bl!). Fl. Sept. Oct.

Inter specimina a cl. Balansa collecta transitus manifesti inter stigmata vix lobulata et multifida multo rariora adsunt.

6. **C. Karduchorum** (Kotschy in pl. Cilicico-Kurdicæ 1859) cormi sphærici tunicis tenuibus membranaceis parce et parallele fibrosis supra apicem cormi in lacinias fibroso-membranaceas productis, foliis hysteranthiis sed usque ad florationem anni insequentis persistentibus angustis glabris brevibus, spathâ propriâ vaginis non longiore, flore autumnali vinoso-lilacino, perigonii tubo limbo 2-3-plo longiore, laciniis ellipticis obtuse acuminatis, fauce concolore, filamento antherâ pallide flavâ dimidio breviore, stigmatibus antheras excedentibus lacteis in lacinias capillares multifidis ♃. G. Maw Gen. Croc. tab. 5.

Hab. in montibus Armeniæ Kurdicæ inter Mükûs et Schirvan 6000' (Ky. exs. 449). Fl. Septembris fine. Non vidi. (Ex descr. et Icone cl. et am. G. Maw).

Facies *C. zonati* quocum a cl. Baker confusus fuit et a quo stigmatibus carneis profunde multifidis, fauce concolori, etc. differt. Folia lineam dimidiam lata, perigonii tubus 2-2 ½-pollicaris, laciniæ pollicem longæ 5 lineas latæ. Spatha basalis usque ad apicem ovarii producta.

7. **C. Billiottii** (G. Maw in litt.) cormi ovati tunicis tenuiter fibroso-membranaceis inferne in lacinias angustas solutis, foliis subternis synanthiis glabris sub anthesi perigonii faucem æquantibus, spathâ propriâ simplici inferne tubulosâ perigonii tubo subbreviore, perigonii intense purpureo-violacei tubo limbo 2 ½-plo longiore, laciniis oblongo-spathulatis, fauce intensiore, filamento antherâ luteâ brevi dimidio breviore, stigmatibus aurantiacis antheras subexcedentibus clavatis brevissime fimbriatis ♃. G. Maw Gen. Croc. tab. 17.

Hab. in montibus Ponti supra Trapezuntem prope pagum Stavros (A. Billiottii). Fl. Maio. (Vidi specimen in herb. cl. G. Maw.)

Folia sub anthesi 3-4-pollicaria angusta. Spatha basalis ovarium multo excedens spatham propriam fere æquans, perigonii laciniæ vix pollicem longæ. Facies omnino *C. aërii* tunicis circumscisse annulatis, spathæ basalis deficientiâ cæterum omnino alieni.

8. **C. Boissieri** (G. Maw in litt.) cormi tunicis...., spathâ basali univalvi brevi, foliis subquaternis synanthiis florem subæquantibus latiusculis glabris, spathâ propriâ monophyllâ rubro-punctatâ exsertâ, flore vernali albo, perigonii tubo limbo duplo longiore laciniis anguste oblongo-spathulatis basi longe attenuatis, filamentis albis antherâ luteâ duplo longioribus, fauce glabrâ, stigmatibus antheras æquantibus clavatis aurantiacis brevissime dentatis ♃. G. Maw Gen. Croc. tab. 20.

Hab. in Ciliciâ campestri ad Coryci antrum hodie *Korghoz* (Tchih! Specimen unicum cormo destitutum). Fl. fine Junii (cl. Tchibatcheff. in litt. ad G. Maw.

Folia 1 ¼. lineam lata, perigonii laciniæ 14 lineas longæ superne tres lineas latæ, antheræ eis congenerum breviores tres lineas longæ. Species inter *Crocos Involucratos* militans sed radice adhûc ignotâ inter *Membranaceos* et *Reticulatos* dubia. Floret Junio et igitur probabilissime e loco elato. Coryci antrum tempore Strabonis celebre in viciniis suis optimum *Croci* genus alebat.

§ 2. Reticulati.

9. **C. sativus** (L. Sp. p. 50) tunicis radicalibus supra cormum breviter productis reticulatim fibrosis areolis elongatis augustis, foliis synanthiis hirtis erectis vel patentibus, spathâ propriâ bivalvi, flore autumnali violaceo, perigonii tubo limbo sesquilongiore laciniis oblongis utrinque attenuatis obtusis, fauce barbatâ, filamento antherâ luteâ dimidio breviore, stigmatibus antheras superantibus exsertis coccineo-aurantiacis sensim clavato-incrassatis integris vel obscure lobatis ⚥. G. Maw Gen. Croc. tab. 20. — *C. Cartwrightianus* Herb. Bot. Reg. 1843 Misc. 181, 1844, tab. 3, fig. 6 et 1845, tab. 37 fig. 6-7. — *C. Græcus* Heldr. Sert. Hellen. 1876, p. 11. — *C. Orsinii* Parl.

Hab. in collibus et regione inferiori montium circa Athenas (Sprun. sub *C. odoro*, Heldr! Orph. Fl. Gr. exs. 71!), Cycladibus (Herb.), Cretâ (Raulin!), montibus supra Smyrnam (Elwes! Maw). Fl. Sept. Nov.

β *Pallasii* G. Maw Mss. — Perigonii tubus limbo duplo longior, faux flavescens, stigmata antheris subbreviora vel eas subæquantia vel vix superantia. — *C. autumnalis* M. B. Taur. Cauc. I, p. 27. — *C. Pallasii* M. B. Taur. Cauc. III, p. 35. — *C. Pallasianus* Herb. Bot. Reg. 1844, tab. 3, fig. 2. — *C. hybernus* Friv. exs. et *C. campestris* Herb. Bot. Reg. 1843, Misc. p. 30. — *C. Thomasii* Ten. Mem. Croc. p. 12 tab. 4. ex cl. G. Maw.

Hab. in Thraciâ (Friv!), Tauriâ (Stev!).

Ar. Geogr. Dalmatia (var. β. *Pallasii*) In locis Italicis, Sabaudis, Tyrolicis *C. sativus* nullo modo indigenus. ad ex agris ubi colitur elapsus.

10. **C. Haussknechtii** (Boiss. et Reut. in Haussk. pl. exs. 1865) tunicis secus spathas et scapum longe productis reticulatim fibrosis areolis elongatis angustissimis, spathâ propriâ bivalvi, foliis subhysteranthiis latiusculis margine scabridis, flore autumnali dilute cæruleo, perigonii tubo limbo duplo longiore laciniis elliptico-lanceolatis acutis, fauce barbatâ, filamento antherâ luteâ quadruplo breviore, stigmatibus sensim clavato-incrassatis rubro-aurantiacis integris subfimbriatis antheris subbrevioribus ⚥ *C. sativus* var. *Haussknechtii* G. Maw in litt.

Hab. in apricis calcareis montis Dalechani supra Sungur inter Kermanchah et Hamadan Persiæ occidentalis 5000' (Haussk!). Fl. Oct.

Folia sub anthesi nondum evoluta vel brevissima spathâ occultata, ea anni antecedentis sæpe sub anthesi persistunt. Perigonii laciniæ 1 ½-2 pollicares.

Hæc planta a cl. et am. G. Maw ut varietas *C. sativo* conjungitur sed præter tunicarum et foliorum characteres color floris diversus, laciniæ multo longiores et angustiores. Cormus crassus.

11. C. Hadriaticus (Herb. Bot. Reg. 1845 Misc. N° 77. — 2847 tab. 16, fig. 7, 8, 9) cormi tunicis tenuiter fibroso-reticulatis areolis latiusculis, spathâ propriâ bivalvi, foliis hirtis synanthiis, flore autumnali albo, perigonii tubo limbo sesquilongiore laciniis elliptico-obovatis obtusis, fauce vix barbatâ aurantiacâ interdum extus rubro-tinctâ, filamento antherâ luteâ breviore, stigmatibus coccineo-aurantiacis clavatis subintegris antheras superantibus ♃. G. Maw Gen. Croc. tab. 30. — *C. Cartwrightianus* var *Leucadensis* Herb. Bot. Reg. 1845 Misc. p. 4.

Hab. in Albaniâ ad Bisdun prope Janina (Saunders), in insulis Leucade (Letourn I), Chrysobeloni, Meganisi (Herb.). Fl. Sept. Oct.

Var *β? Peloponnesiacus* G. Maw in litt. — Folia hysteranthia (non nota). Flos minor albus concolor fauce fere omnino imberbi. — *C. Peloponnesiacus* Orph. in Boiss. Diagn. Ser. II, 4, p. 95.

Hab. in regione inferiori montis Malevo Laconiæ prope Ajanni Atl. 3000' (Orph. Fl. Gr. exs. N° 68). Fl. Oct.

SER. II. NUDIFLORI.

§ 1. Reticulati.

12. C. cancellatus (Herb. Bot. Magaz. tab. 3864) tunicis radicalibus reticulatim fibrosis fibris secus scapi partem inferiorem in setas rigidas longiusculas productis areolis oblongo-rectangulis, foliis hysteranthiis leviter ciliatulis, flore autumnali, perigonii tubo albido limbo albido vel pallide roseo duplo longiore, laciniis oblongis basi extus intensius striatis obtusis, fauce glabrâ antheris flavis filamento quadruplo longioribus, stigmatibus antheras superantibus in lacinias apice subdilatatas multifidis ♃. Bot. Mag. 6103. — Bot. Reg. 1847, tab. 16, fig. 4 et 5. — G. Maw Gen. Croc. tab. 31. — *C. Schimperi* J. Gay in Schimp. Cephal. exs. — *C. Spruneri* Boiss. et Heldr. Diagn. Ser I, 7. p. 193. — *C. nudiflorus* Sibth. et Sm. Fl. Gr. p. 13 — *C. dianthus* C. Koch Linn. XXI, p. 934! — *C. Mazziaricus* Herb. Bot. Reg. 1845 Misc. p. 3.

Hab. in rupestribus ad radices montium Atticæ (Sprun! Heldr! Orph. Fl. Græc. exs. 69 I), ad Naupliam (Herb.), Cephalonia (Schimp.), Leucade (Herb.), Armenia Turcica in valle flavii Tuzla Tchaï (C. Koch!). Fl. Sept. Nov.

β. Damascenus G. Maw in litt. — Perigonii griseo-cærulescentis laciniæ extus basi trilineatæ, stigmata paulo minora. Tunicæ ut in typo. — *C. Damascenus* Herb. Bot. Reg. 1845. — Misc. I, tab. 37 fig. 1. — *C. edalis* Boiss. et Bl. Sched.

Hab. in Antilibano circa Dimas et Marhaba (Gaill!), circa Damascum (Cartwright), Libano supra Eden et in cacuminibus inter Yamouny et Dimam (Bl!), inter Alexandrette et Aleppo (Haussk!). Fl. Oct. Decemb.

γ. *Cilicicus* G. Maw in litt. — Perigonium paulo minus læte roseum. Stigmata in lacinias tenuiores profundius fissa Cormi tunicæ eodem modo ac in typo reticulato-areolatæ sed fibræ tenuiores et setæ terminales abbreviatæ. — *C. Cilicicus* Kotschy exs. 316 (sæpe cum *C. zonato* commixtus). — *C. Pylarum* Gay in Bal. exs. Nº 822! et Nº 821! sub *C. cancellato.* — *C. Kotschyanus* Herb. Hortic. Soc. 2, p. 285, nec C. Koch.

Hab. in Ciliciá inter Mersina et Tarsus (Bl!), Tauro ad Pylas Cilicicas usque ad regionem alpinam 6000–8000' (Ky! Bal!).

13. C. variegatus (Hoppe et Hornch. Tageb. 187) tunicis cormi crasse fibrosis eximie reticulatis areolis oblongo-rectangulis, foliis synanthiis glabris angustis rectis, flore vernali, spathâ propriâ diphyllâ, perigonii tubo limbo violaceo sublongiore laciniis elliptico-lanceolatis acutis basi attenuatis externis tribus vittis ternis intensioribus fimbriatis pictis, fauce glabrâ concolori, filamentis flavis subpuberulis antherâ fuscescente duplo brevioribus, stigmatibus aurantiacis clavatis subintegris antheras subsuperantibus ♃. Sturm Deutsch. Fl. XIII, tab. 53. — *C. reticulatus* G. Maw Gen. Croc. tab. 35. — *C. reticulatus* var *variegatus* Herb. Bot. Reg 1843 Misc. 30 et Bot. Reg. 1847 tab. 16 fig. 2 (forma flore albicante).

Hab. in pratis saxosis, Macedonia (Friv!), Tauria (herb. Fauché!), Caucasus sept. (Steven!). Floret vere.

A *Cr. Sieberi* tunicarum fibris crassioribus et areolis dilatatis, perigonii lacinis acutis et fauce concolori, etc., distinctus. Planta regionis inferioris nec alpina.

β *micranthus* G. Maw in litt. — Flores minores, tunicarum fibræ tenuiores. — *C. micranthus* Boiss. Diagn. Ser II, 4, p. 95.

Hab. in faucibus Tauri Cilicici (Auch. 2127!).

Ar. Geogr. Littorale Austriacum, Dalmatia, Serbia, Hungaria, Moldavia, Rossia australis.

14. C. Sieberi (J. Gay in Bull. Fer. 1831, Vol. 25 p. 220) tunicis cormi crassiusculis eximie reticulatis areolis elongatis angustis, foliis synanthiis glabris latiusculis, flore vernali, spathâ propriâ duplici, perigonii tubo pallido limbo violaceo sesquilongiore, fauce glabrâ aurantiacâ laciniis oblongis obtusis, antherâ aureâ filamento subpuberulo duplo longiore, stigmatibus aurantiacis clavatis subintegris ♃. Bot. Mag. tab. 6036. — G. Maw Gen. Croc. tab. 33. — *C. nivalis* Bory et Chaub. Exp. Mor. p. 21, tab. 2 fig. 1, et Bot. Reg. 1847, tab. 4, fig. 2. — *C. Sieberianus* Herb. Bot. Mag. 1043. — *C. Sibthorpianus* Herb. Bot. Reg 1042, Misc. 28 et *C. sublimis* Herb. Bot. Reg.

1845 Misc. 81. — *C. Thessalus* Boiss. et Sp. Diagn. Ser. 1, 13, p. 17. — *C. Atticus* Orph. Mss.

Hab. in regione montanâ et alpinâ ad nivem deliquescentem, mons Œta Thessaliæ (Sprun!), Delphi Eubeæ (Auch. 2217! Orph! Heldr!), montes Parnes et Pentelicus Atticæ (Heldr! Orph. Fl. Gr. exs. 67!), mons Kyllene (Heldr!), Taygetus 6-7000' (Boiss! Heldr!). Fl. vere.

β *versicolor* Boiss. et Heldr. — Perigonii pallidioris laciniæ extus marginibus exceptis intensius coloratæ. — *C. vernus* Smith Prodr. I, p. 34 ex parte non L.

Hab. in montibus Idâ et Lazzaro Cypri 6000' (Sieb! Heldr!).

15. C. Veluchensis (Herb. Bot. Reg. 1847, tab. 4, fig. 3 (mala) tunicis cormi parvi tenuissime fibrosis obscure reticulatis areolis angustis, foliis synanthiis glabris latiusculis, flore vernali, spathâ propriâ duplici, perigonii violacei concoloris tubo limbo sesquilongiore laciniis oblongis obtusis, fauce barbatulâ concolore, filamento antherâ luteâ subæquilongo, stigmatibus aurantiacis dilatatis lobulatis vel breviter fissis antheras subsuperantibus ⚥. Bot. Mag. tab. 6198. — G. Maw Gen. Croc. tab. 32. — *C. Sieberi* var. *Veluchensis* Baker in Gard. Chron. 1873. — *C. Balkanensis* Janka Breviar. p. 8.

Hab. ad nives deliquescentes regionis alpinæ Græciæ, in Ætoliæ montibus Velugo (Tymphrestus) (Sprun!) et Corax 6-7700', Parnasso (Orph! Guicc!). monte Hæmo Thraciæ supra Kalofer (Janka exs. sub. *C. Thessalo!*). Fl Mai, Jul.

Facie affinis *C. Bannatico* Heuffel foliis latioribus distincto et qui insuper scapum basi involucratum habet et spatham propriam monophyllam. Facie proximus quoque *C. Sieberi* tunicarum coriacearum fibris crassioribus eximie reticulatis, fauce glabrâ flavâ etc. alieno. Nonnulli ad *C. Veluchensem C. uniflorum* Schur ex Transylvaniæ alpibus referunt, sed specimina Transylvanica ob spatham univalvem mihi ad *C. Bannaticum* referenda videntur.

16. C. Susianus (Ker Bot. Mag. tab. 652) cormi tunicis crasse fibrosis eximie reticulatis areolis elongatis ellipticis, foliis synanthiis angustis ciliatulis rigidulis patenti-arcuatis vel recurvis flore demum longioribus, flore vernali, spathâ diphyllâ, perigonii tubo limbo aurantiaco duplo longiore laciniis ellipticis acutis externis vitis tribus nigricantibus percursis, fauce glabrâ, filamento puberulo antherâ luteâ subbreviore, stigmatibus antheras superantibus clavato-incrassatis subintegris ⚥. Ic. G. Maw Gen. Croc. tab. 36. — Rchb. Pl. Crit. tab. 928 et Ic. Germ. 358 — *C. reticulatus* var. α M. B. Taur. Cauc. 1, p. 28 et Cent. Ross. tab. 1, fig. sinistr. — *C. reflexus* Herb. Bot. Mag. 1841. — *C. revolutus* Haw. Hort. Transact. 1, p. 186. — *C. Rægnerianus* C. Koch Linn. XXI, p. 634.

Hab. in saxosis Tauriæ meridionalis (M. B., Stev!). Fl. primo vere.

Præter florum colorem eximie differt a *C. variegato* foliis longis rigidis patenti-curvatis, perigonii abbreviati et magis patentis tubo elongato, etc.

17. **C. Ancyrensis** (G. Maw Mss. et Gen. Croc. tab. 38) cormi ovato-pyriformis tunicis fibroso-reticulatis fibris crassis latis membranâ tenui conjunctis areolis linearibus, foliis synanthiis angustissimis rectis glabris, flore vernali, spathâ diphyllâ e vaginis exsertâ, perigonii parvi abbreviati tubo limbo aurantiaco duplo longiore, laciniis oblongis obtusis, fauce glabrâ, filamento puberulo antherâ flavâ triplo breviore, stigmatibus aurantiacis antheras excedentibus incrassatis sublobatis ♃. *C. reticulatus* var. *Ancyrensis* Baker Journ. Linn. Soc. XVI, p. 80.

Hab. in Anatoliá prope Ancyram (Dom. Liston), in monte Argæo Cappadociæ et in monte Akkerdagh Cataoniæ supra Marasch (Dᵃ Danford!) circa Sivas (Hubbard ex Maw). Fl. Febr. Mart.

Valde affinis *C. Susiano*, fibræ tunicarum tenuiores, folia glabra nec ciliata, perigonium minus abbreviatum laciniis obtusis et non nigricantivittatis, stylus in stigmata minus profunde partitus, statio alpina nec campestris.

18. **C. Gargaricus** (Herb. Bot. Mag. 1841 ad calcem tab. 3866) cormi ovati minimi tunicis membranaceis tenuissime fibrosoreticulatis areolis elongatis angustis, foliis synanthiis 2-3 sub anthesi florem subæquantibus glabris latis late carinatis, flore vernali solitario parvo, spathâ monophyllâ brevi, perigonii intense aurantiaci tubo limbo vix sesquilongiore laciniis oblongis obtusis, fauce glabrâ, filamento subpuberulo aurantiaco antherâ flavâ subduplo breviore, stigmatibus aurantiacis apice incrassatis et sublobatis antheris subbrevioribus ♃. Ic. Bot. Reg. 1847, tab. 17, fig. 1 (pessima). — G. Maw Gen. Croc. tab. 39. — *C. Thirkeanus* C. Koch Linn. XXI, p. 633!

Hab. in monte Gargaro Troadis (herb. Banks), in Olympo Bithyno supra Broussam 3-4000' (Thirke! G. Maw, W. Barbey!). Fl. vere.

Plantula 3-4-pollicaris insignis cormo minuto magnitudine pisi, folia etiam sub anthesi lineam vel amplius lata, perigonii laciniæ 8-10 lineas longæ. Facies et color *C. chrysanthi* foliis angustis, tunicis annulatis etc. distincti.

§ 2. Intertexti.

19. **C. Fleischeri** (J. Gay in Fer. Bull. 1831, p. 219) cormi basi soboliferi ovato-conici tunicis pallidis fibris tenuibus valde approximatis sinuatis angulo acuto intertextis constantibus, foliis synanthiis tenuissimis glabris erectis flores vernales sub anthesi superantibus, spathâ diphyllâ acutissimâ tubo breviore, perigonii tubo limbo albo sublongiore, laciniis ellipticis obtusiusculis flavido suffusis et extus basin versus fulvo-lineatis, fauce glabrâ, filamento puberulo antherâ longiuscule mucronatâ breviore; stigmatibus aurantiacorubris antheras superantibus in lacinias sensim subincrassatas multifidis ♃. G. Maw Gen. Croc. tab. 66. — Journ. the Garden tab. 153.

— *C. Fleischerianus* Herb. — *C. candidus* Boiss. Diagn. Ser. I,. 13. p. 17 non Clarke. — *C. Smyrnensis* Pœch in Cypr. Enum. p. 11. — *C. minimus* var. *major* Presl Bot. Bem. p. 116.

Heb. in collibus ad Smyrnam (Fleisch. sub *Cr. variegato!*) prope Budja- (Elwes, G. Maw.) in Ciliciâ (Auch. 21291).

Species tunicarum fibris tenuissimis verticalibus sinuosis et intertextis valde insignis; folia vix lineæ tertiam partem lata, perigonii limbus 9-11 lin. longus.

20. C. parviflorus (Baker Journ. Bot. XIV, p. 226) cormi ovati tunicis fibris tenuibus confertis obliquis angulo acuto inter- textis apice in cuspides breves productis constantibus, foliis 3-4 synanthiis glabris angustissimis flores vernales sub anthesi fere æquantibus, spathâ diphyllâ exsertâ tubo breviore, perigonii tubo pallide lilacino limbo lilacino duplo longiore, segmentis oblongo-spa- thulatis obtusis, fauce concolore glabrâ, filamento glabro citrino antherâ aurantiacâ duplo breviore, stigmatibus aurantiacis antheris brevioribus apice cuneatis brevissime fimbrialis ♃. G. Maw Gen. Croc. tab. 67.

Hab. in pinetis Ciliciæ littoralis prope pagum Anascha 4000' ad septen- triona urbis Tarsus situm (Dᵃ Danford). Fl. vere. Vid. iconem a cl. G. Maw pictam te benigne communicatam.

Planta florifera vix quadripollicaris, perigonii tubus 1 ½-2-pollicaris, laciniæ 5-6 lineas longæ. Flos e minimis.

§ 3. Membranacei.

21. C. Gaillardoti (Boiss. in Gaill. et Bl. Pl. Syr. exs.) cormi oblongo-conici tunicis crassiusculis parallele subreticulatim et dense fibrosis in fibras tandem solutis, foliis synanthiis glabris angustissi- mis tandem flore multo longioribus circinnatim recurvis, floribus e spathâ bivalvi elongatâ sæpe pluribus hyemali-vernalibus, perigonii tubo tenui limbo albo duplo longiore, laciniis anguste ellipticis acuti- usculis extus pallide lilacino suffusis, fauce glabrâ flavâ, filamento luteo antherâ albâ breviore, stigmatibus pallide aurantiacis in lacinias apice interdum subcrassiores multifidis antheras vix æquantibus ♃. G. Maw Gen. Croc. tab. 48. — *C. hyemalis* var. *Gaillardoti* Boiss. et Bl. Diagn. Ser. II, 4, p. 93. — *C. Aleppicus* Baker in Gard. Chron. 1873.

Hab in Syriæ regione inferiori et montanâ, circa Berythum (Bl! Haussk!), supra Sidonem ad pagum Scanderun (Gaill!), in Antilibano inter Damascum et Dimar et in valle Ouadi el Harir (Gaill!), circa Aleppo ·in graminosis- (Haussk!). Fl. Dec. Jan.

Hauc speciem in Diagn. Fl. Or. cum *C. hyemali* combinavi sed cl et am. G. Maw observationibus edoctus hauc nunc specifice diversam habeo, tunicæ evidenter fibrosæ sunt et præsertim parte inferiori in fibras solutæ, folia te- nuiora demum circinnata, flores minores, area magis septentrionalis.

22. C. hyemalis (Boiss. et Bl. Diagn. Ser. II, 4, p. 93) cormi ovato-subconici tunicis subcoriaceis lævibus non fibrosis inferne in lacinias lineares demum fissis, foliis synanthiis glabris erectis vel erecto-patulis flore demum longioribus, floribus hyemali-vernalibus e spathâ bivalvi interdum 2-3-nis, perigonii tubo limbo albo 1 ½-2-plo longiore laciniis ellipticis acutis externis extus interdum violaceo-vittatis vel lineolis brevibus obsitis. fauce aurantiacâ glabrâ, filamento antherâ fuscescente duplo breviore, stigmatibus aurantiacis tenuiter et profunde multifidis antheris longioribus ♃. G. Maw Gen. Croc. tab. 43.

Hab. in regione inferiore Libani ad Scanderun supra Saida 1500-1800' in consortio *C. Gaillardoti* (Gaill! Bl!), in monte Garizim Judeæ (Gaill!), circa Hierosolymam (Roth 296!) Fl. Dec. Jan.

Folia eis *C. Gaillardoti* latiora non circinnata, tunicæ læves nec fibris parallelis striatæ demum inferne in lacinias latiuscule lineares solutæ.

β *Foxii* G. Maw in litt.— Antheræ intense nigræ. Perigonii laciniæ anguste elliptico-lanceolatæ.

Hab. in Palestinâ ad pagum Der Diwan prope Jericho (Fox).

23. C. candidus (Clarke Trav. II, p. 145 non Boiss. Diagn.) cormi ovati tunicis in fibras validas planas arcte contiguas parallelas supra apicem cormi productas demum solutis, foliis 3-4-nis synanthiis latis ad margines et carinam angustam ciliatulis, flore veruali, spathâ diphyllâ faucem perigonii æquante, perigonii tubo limbo candido duplo longiore laciniis oblongis obtusis externis interdum extus plumose purpnreo-venosis, fauce glabrâ luteâ, filamento antherâ flavâ breviore, stigmatibus aurantiacis antheras æquantibus in lacinias capillares numerosas fere a basi multifidis ♃. G. Maw Gen. Croc. tab. 54. — *C. lagenæflorus* var. *candidus* Herb Journ. Hort. Soc. II, p. 202. — *C. Kirkii* G. Maw Gard. Chron. 1873, p. 680.

Hab. in monte Gargaro Troadis (Clarke!), ad Renkioi (Dardanelles) in collibus calcareis (Dr Kirk). Fl. Mart. Apr. Vidi iconem pulchram a cl. G. Maw pictam.

Folia demum 2½ lineas lata et post anthesim pedem et amplius longa, perigonii laciniæ 12-13 lineas longæ 3 ½-4 latæ. Cl. G. Maw specimina typica Clarkiana is Mus. Florentina detexit, hæc est igitar certissime hujus auctoris species.

24. C. vitellinus (Wahlenb. Isis XVI, p. 106) cormi tunicis in lacinias lineares angustas planas inferne demum fissis, foliis synanthiis latiusculis interdum margine ciliolatis demum valde elongatis basi vaginis latis inclusis, floribus hyemali-vernalibus, spathâ diphyllâ tubo breviore, perigonii tubo limbo aurantiaco concolore triplo longiore, laciniis oblongo-ellipticis obtusis, fauce glabrâ, filamento basin versus puberulo antherâ albidâ breviore, stigmatibus stamina æquantibus in lacinias lineares profunde multifidis ♃. Bot. Mag. tab. 6416. G. Maw Cr. t. 50. — *C. Syriacus* Boiss. et Gaill.

Diagn. Ser. II, 4. p. 94 (ex cl. syn. *C. Balansæ.*) — *C. lagenæflorus* var. *Syriacus* Herb. Hort. Soc. 2, p. 282 ex cl. Maw.

Hab. in Syriá littorali circa Berythum (Bl!), ad Scanderun et in valle Barghoutié supra Sidonem (Gaill!). Fl. Dec. Mart.

Folia demum pedalia sesquilineam lata, perigonii limbus pollicaris vel brevior.

25. C. graveolens (Boiss. et Reut. Mss.) cormi tunicis in lacinias lineares angustas planas inferne demum solutis, foliis synanthiis anguste linearibus glabris humi expansis flore longioribus, floribus pluribus hyemali-vernalibus, spathâ diphyllâ acutissimâ tubo æquilongâ vel longiore, perigonii tubo limbo abbreviato aurantiaco triplo longiore, laciniis ellipticis obtusis patentissimis extus nigricanti et plumose tristriatis, fauce glabrâ, filamento antherâ albidâ duplo breviore, stigmatibus flavis in lacinias lineares apice interdum bilobas stamina æquantes profunde multifidis ♃. *C. lagenæflorus* var ? *Syriacus* Herb. Bot. Reg. 1843 Misc. p. 29. — *C. vitellinus* G. Maw. in litt.

Hab. in lapidosis ad Gebel Nahas prope Aleppo Syriæ borealis (Haussk!), in dumosis prope Bellan (Haussk!). Fl. Jan. Mart.

Hanc plantam cl. et am. G. Maw pro varietate *C. vitellini* habet sed ab eo mihi specifice differre videtur foliis manifeste angustioribus humi expansis et demum circinnatis, spathæ valvis acutissimis perigonii tubo longioribus nec eo brevioribus, limbi valde expansi stellati nec campanulati laciniis angustioribus extus nigro-vittatis nec concoloribus. Odorem gravem *Sambuci* spirat.

26. C. Balansæ (J. Gay in Bal. exs. 1854) cormi oblongo-conici tunicis pallidis in lacinias lanceolatas planas inferne demum fissis, foliis synanthiis latis erectis et erecto-patulis ad margines et carinam ciliolatis flores superantibus, floribus 1-3 vernalibus, perigonii tubo spatham diphyllam superante limbo aurantiaco duplo longiore, laciniis elliptico-oblongis extus brunneo striatis et suffusis, fauce glabrâ, filamento glanduloso antherâ luteâ subbreviore, stigmatibus aurantiacis antheras superantibus a basi in lacinias capillares apice subcrassiores pluries multifidis ♃. G. Maw Gen. Croc. tab. 51. — *C. vitellinus* var. *Balansæ* G. Maw Gard. Chr. 1879, pag. 234 et Boiss. Diagn. Ser. II, 3, p. 94

Hab. in collibus calcareis circa Smyrnam ad Koukouloudja (Bal. exs. N° 34!), inter Taktali et Boudja (G. Maw), Floret medio Marte.

Olim *C. vitellino* ut varietas adnumeratus sed ex cl. Maw observationibus recentioribus specifice distinctus, folia multo (lin-1 ½) latiora, flos major extus fusco-striatus, floratio eâ *C. vitellini* et *C. graveolentis* multo serior.

27. C. Olivieri (J. Gay in Fer. Bull. 1831, vol. XXV, p. 219) cormi conici parvi tunicis subcoriaceis demum in lacinias anguste lineari-lanceolatas planas inferne fissis, foliis synanthiis ciliatis latiusculis demum dilatatis erectis flores superantibus, flore vernali

parvo, perigonii tubo spathâ diphyllâ acuminatâ longiore limbo
aurantiaco concolore triplo longiore, laciniis oblongis obtusis, fauce
glabrâ, antherâ palllide citrinâ filamento puberulo luteo longiore,
stigmatibus antheris brevioribus aurantiacis in lacinias apice subincrassatas pluries multifidis ♃. Bot. Mag. tab. 6031. — G. Maw Gen.
Cr. tab. 53. — *C. lagenæflorus* var. *Oliverianus* Herb. Bot. Reg.
1843 Misc. p. 29. — *C. sulphureus* Klatt non Ker. — *C. chrysanthus* Herb. Bot. Reg. 1847, tab. 4, fig. 1, non Bot. Mag.

Hab. in Peloponneso prope Naupliam (Sprun!), in monte Kyllene 3500'
(Orph!) in montis Parnes Atticæ regione abietinâ (Heldr! Orph. Fl. exs. 721),
monte Citheron Bæotiæ (Heldr!), insulâ Chios (Oliv.). Fl. Mart. Apr.

Folia demum sæpe 2 lineas lata, perigonii limbus 12-15 lineas longus interdum autem 9-10 lin. longus.

28. C. Suterianus (Herb. Bot. Reg. 1845 Misc. p. 5) cormi
parvi breviter conici tunicis demum in lacinias anguste lineares planas inferne solutis, foliis angustissimis ciliatulis erectis synanthiis
flores æquantibus, flore vernali minimo, perigonii tubo spatham
diphyllam acuminatam superante limbo aurantiaco concolore vel basi
brunneo-maculato triplo longiore, fauce glabrâ, filamento antherâ
breviore, stigmatibus aurantiacis antheris brevioribus in lacinias
apice subincrassatas multifidis ♃. G. Maw Gen. Croc. tab. 52. — *C.
Aucheri* Boiss. Diagn. Ser. 1, 13, p. 16.

Hab. in Bithyniâ (Pestalozza!), circâ Gueivé (Auch. 5349!), prope Ancyram
(Suter ex Herb.).

Folia lineam dimidiam tantum lata, perigonii limbus 6-8 lineas tantum
longus. Valde affinis *C. Olivieri* a cujus formis parvifloris foliis angustis
præsertim differt, forsan cl. G. Maw assentiente tantum hujus varietas.

29. C. aureus (Sibth. et Sm. Fl. Gr. I, p. 25, tab. 35) cormi
majusculi tunicis in fibras planas arcte contiguas et parallelas demum
solutis, foliis synanthis latiusculis erectis ciliatis, flore vernali, perigonii tubo spathâ monophyllâ æquilongo vel longiore limbo aureo
concolori vel extus fusco-vittato æquilongo vel longiore, laciniis
ellipticis obtusiusculis, fauce glabrâ, filamento antherâ albidâ 2-3-
plo breviore obsolete puberulo, stylo in stigmata tria clavata subintegra flava antheris subbreviora breviter diviso ♃ Rchb. Pl. Crit.
tab. 925 et Ic. Germ. tab. 557. — G. Maw Gen. Croc. tab. 55. — *C.
Mœsiacus* Ker Irid Gen. p. 72. — *C. lagenæflorus* Haw. Phil.
Trans. I, p. 134· — *C. vernus* Bot. Mag. tab. 45, non *L.* — *C. sulphureus* Ker Bot. Mag. 938 et 1834 (formæ hortenses).

Hab. in Thraciâ et Bithyniâ, prope Sestum (Sibth.) prope Brussam et
Gemleck (G. Maw in litt). Fl. vere.

A temporibus antiquis cultus et varietatum hybridarumque innumerabilium
e culturâ ortarum parens (Maw).

Ar. Geogr. Serbia, Banatus, Transylvania.

30. C. Korolkovii (Maw et Regel Act. Petrop. XV, p. 499) cormi magni ovato-globosi tunicis tenuiter et parallele fibrosis fibris obsoletissime reticulatis ultra apicem bulbi productis, foliis synanthiis numerosis angustis late carinatis ciliatis sub anthesi tubum æquantibus, spathâ uni vel bivalvi tubo breviore, flore vernali?, perigonii tubo limbo aurantiaco 2 ¹/₂-plo longiore laciniis ovato-oblongis obtusis exterioribus brunneo suffusis, filamento antherâ aurantiacâ triplo breviore, stigmatibus aurantiacis antheras longe superantibus incrassatis integris ♃. G. Maw Gen. Croc. tab. 56.

Hab. in Turkestaniâ occidentali circa Samarkand (Fetchenko), in montibus Karatau (Korolkow). Fl. vere ? Non vidi.

Facie affinis *C. aureo* sed flores minores laciniis 9-11 lineas tantum longis, tunicæ in fibras tenues nec in lacinias cartilagineas planas demum solutæ, folia multo tenuiora, filamenta brevissima, stylus eo *C. aurei* multo longior. Unica *Croci* species floribus aurantiacis donata versus orientem ab areâ generis longe remota.

Ar. Geogr. Turkestania orientalis.

31. C. Tournefortii (J. Gay in Bull. Fer. Vol. XXV, p. 120) cormi conici vel lageniformis tunicis teneris pallidis parallele fibrosis inferne in fibras demum solutis, foliis synanthiis glabris angustis erectis flores demum æquantibus vel superantibus, floribus 1-3 autumnalibus, spathâ diphyllâ, perigonii fauce aurantiacâ glabrâ laciniis ellipticis acutiusculis lilacinis interdum purpureo-venosis, filamento luteo pulerulo antherâ albâ subbreviore, stigmatibus in lacinias tenuissimas antheras excedentes aurantiacas multifidis ♃. G. Maw Gen. Croc. tab. 47. — *C. Tournefortianus* Herb. Bot. Reg. 1855 Misc p. 5 et tab. 37, fig. 3. — *C. Boryi* var. *Tournefortii* Baker Gard. Chr. 1873. — *C. Orphanidis* J. D. Hooker Bot. Mag. t. 5776. — *C. Pholegandrus* Orph. Mss.

Hab. in Cycladum insulis Pholegandros (Orph!), Melos (Armenis!), Syra (Cadetde Fontenay!). Fl. Nov.

Valde affinis *C. Boryi* cujus tunicas tenuiter membranaceas habet et a quo præsentim colore floris differt.

32. C. Veneris (Tappeiner in Pæch Cypr. Enum. p. 10) cormi conici tunicis pallidis inferne in ffbras parallelas demum solutis, foliis 6-7 synanthiis angustissimis glabris, floribus 1-3 autumnalibus, spathâ diphyllâ tubum fere æquante, perigonii tubo limbo albido duplo longiore, laciniis lineari-lanceolatis obtusis externis extus violaceo-lineatis fauce flavescente, filamento antherâ albidâ brevi fere duplo breviore, stigmatibus aurantiacis stamina superantibus in lacinias apice sæpe subdilatatas profunde multifidis ♃. G. Maw Gen. Croc. tab. 48. — *C. Cretensis* Kornicke in Flora 1856, 409 (ex cl. G. Maw).

Hab. in collibus calcareis insulæ Cypri prope Paphos (Ky!), Cretæ (Oliv. Friv. ex cl. Maw). Fl. Nov.

Scapus humilis, folia lineæ $^1/_2$-$^1/_2$ lata, perigonii laciniæ 7-10 lineas longæ
1 $^1/_2$-2 $^1/_2$ latæ. Planta ex speciminibus male exsiccatis et paucis hucusque
tantum nota, tunicarum et totius plantæ indole affinis *C. Tournefortii* cujus
forsan varietas et a quo floribus parvis et perigonii lacinis angustis præsertim
differt, perigonii laciniæ in speciminibus Cretensibus interdum extus purpu-
reo-lineatæ (G. Maw in litt.).

33. C. Boryi (J. Gay in Bull. Fer. XXV 1831, p. 220) cormi
ovato-conici tunicis teneris pallidis inferne in fibras demum solutis,
foliis synanthiis glabris angustis flores æquantibus demum valde
elongatis, floribus 1-3 autumnalibus, spathâ diphyllâ, perigonii tubo-
limbo duplo longiore. fauce glabrâ aurantiacâ, limbi lactei concoloris
laciniis ellipticis acutiusculis, filamento luteo puberulo antherâ albâ
subbreviore, stigmatibus aurantiacis in lacinias tenuissimas antheras
superantes multifidis ♃. Bory et Chaub. Fl. Pelop. tab. 3 non Gay.
— Bot. Mag. t. 6187. — G. Maw Gen. Croc t. 476. — *C. Marathoni-
sius* Heldr. Atti Congr. Firenze 1874, p. 235 (forma major foliis latioribus, floris limbo interdum sesquipollicari, stigmatibus brevioribus).
— *C. Boryanus* et *C. Ionicus* Herb. Bot. Reg. 1847 tab. 16,
fig. 10.

Hab. in insulâ Zacyntho (Marg!), Cephaloniæ monte Nero (Schimp!),
Bæotiâ (Sprun!), Messeniâ (herb. Fauché!), Laconiâ ad Gythium (Maratho-
nisi) (Cadet!), Laconiâ ad radices Taygeti (Psarides!).

34. C. lævigatus (Bor. et Chaub. Fl. Pélop. Nº 50, tab. 2)
cormi ovato-conici tunicis intense brunneis coriaceis lævigatis inferne
demum in lacinias triangulari-lanceolatas a tunicâ externâ ad internas adpresse imbricatas sensim elongatas divisis, foliis synanthiis
glabris angustis demum patentibus et flores superantibus, floribus
1-3 autumnalibus, perigonii tubo limbo sesquilongiore, limbo purpu-
reo-violaceo sæpius intense vittis violaceis plumosis percurso rarius
albo concolore laciniis ovato-oblongis obtusiusculis, fauce glabrâ luteâ,
filamento luteo interdum minute glanduloso antherâ albidâ breviore,
stigmatibus aurantiacis antheras valde superantibus in lacinias flavas
vel aurantiacas apice interdum subincrassatas multifidis ♃. G. Maw
Gen. Croc. tab. 49.

Hab. in saxosis regionis inferioris montium Atticæ (Sprun! Heldr! Orph.
Fl. exs. 70!), Argolidis (Sprun!), Eubeæ (Heldr!), Cretæ (Raul!). Fl.
Oct. Dec.

Variat flore toto violaceo vel vittis intense violaceis plumoso-ramosis percurso rarius præter faucem albo concolori. Tunicis coriaceis inferne in lin-
gulas oblongo-triangulares imbricatas incisis a *C. Boryi* et *C. Tournefortii*
distinctus.

35. C. Caspius (Fisch. et Mey in Hoh. Talysch Enum. p. 22)
tunicis cormi ovali subcoriaceis striatis in lacinias lineares demum
a basi solutis, foliis synanthiis angustissimis glabris flori demum
æquilongis, flore autumnali, spathâ diphyllâ, perigonii tubo flavido
limbo albo duplo longiore, laciniis ellipticis elongatis obtusiusculis,

fauce lutescente vix puberulâ, filamento antherâ pallide flavâ subbreviore, stigmatibus aurantiacis spathulatis integris antheras subsuperantibus ♃. G. Maw Gen. Croc. tab. 46.

Hab. in pratis Transcaucasiæ ad Caspium prope pagum Sialakenti non procul a Lenkoran et prope pagum Astara (C. A. M! Hoh.), in prov. Masanderan Persiæ prope Asterabad (Buhse !). Fl. Sept. Oct.

Semipedalis, perigonii lamina sæpe sesquipollicaris. Facies formarum majorum *C. Tournefortii* a quo stigmatibus integris statim dignoscitur.

§ 4. Annu*l*ati.

36. C. chrysanthus) Herb. Journ. Hort. Soc. 1847, Vol. II, p. 385) cormi tunicis crassiusculis inferne in annulos horizontaliter circumcissis, foliis ciliatis erecto-patentibus angustis demum flores excedentibus dilatatis, floribus 1-3 vernalibus, spathâ diphyllâ tubo breviore, perigonii aurantiaci tubo limbo sesquilongiore, laciniis oblongis obtusiusculis concoloribus rarius fusco-lineatis, fauce glabrâ, filamento puberulo antheræ aurantiacæ basi longe sagittatæ subæquilongo, stigmatibus spathulatis integris aurantiacis antheras superantibus ♃. G. Maw Gen. Croc. t. 620. — Bot. Mag. tab. 6162 (flores nimis pallidi). — *C. annulatus* var. *chrysanthus* Herb. Bot. Mag ad calcem tab. 5862. — *C. sulphureus* Griseb. Spic. II, p. 373 et Heldr. Herb. Norm. non Ker. — *C. croceus* C. Koch Linn. XIX, p. 7!

Hab. in regione abietinâ et subalpinâ ad nives deliquescentes, Parnassus supra Livadi 3500'-4000' (Heldr. Herb. Norm. 633! sub *C. sulphureo*), Thracia in monte Hæmo (Friv!), Olympus Bithynus 1000-3500 (Maw), mons Mourad Dagh Phrygiæ (Bal!), Ionia in montibus prope Smyrnam Yamanlar Dagh (Bal!) Taktalidagh et Nymphdagh 2500-4000' (Maw).

β *albidus* (G. Maw in litt.) Perigonium albidum fauce croceâ.

Hab. in montibus circa Smyrnam et in Olympo Bithyno cum typo (Maw).

Hæc forma ad quasdam *C. biflori* varietates accedit a quibus foliis ciliatis nec glabris distinguitur.

γ *cærulescens* (G. Maw in litt.) Perigonium pallide cæruleum aurantiaco maculatum vel suffusum.

Hab. cum typo in Olympo Bithyno (Maw).

Hæcce ambo varietates unicum exemplum præbent *Croci* floribus aurantiacis donati et ad colorem album vel cæruleum vergentis. Forsan ex cl. Maw formæ hybridæ sunt inter *C. chrysanthum* et *C. aërium* in eisdem locis crescentes.

Ar. Geogr. Regio Dobrutcha Rumeliæ.

37. C. Danfordiæ (G. Maw Mss.) cormi ovato-conici tunicis cartilagineis apice in lacinias triangulares acutas productis inferne annulatim circumscissis, foliis 3-4-nis ciliatis sub anthesi flores æquantibus vel excedentibus, spathâ propriâ bivalvi vaginas excedente, perigonii pallide citrini tubo limbo parvo quadruplo longiore,

laciniis ellipticis obtusis, fauce glabrâ concolore, antherâ luteâ filamento duplo longiore. stigmatibus filamenta vix excedentibus aurantiacis sensim subincrassatis integris ♃. G. Maw Gen. Croc. tab. 63.

Hab. in Antitauro prope Yarpuz et Japizite (Dom. Danford), in Anatoliâ
orientali prope Sivas (Rev. W. Hubbard). Vidi specimen cultum in herb. cl.
Maw.

Folia angusta 5-6 pollices longa, perigonii tubus tripollicaris, laciniæ 8-9
lin. longæ. Affinis *C. chrysantho* a quo floribus pallidis fere dimidio minoribus et imprimis filamentis stigmatibusque brevissimis differt.

38. C. biflorus (Mill. Dict. N° 4) cormi ovati tunicis membra-
naceis inferne in annulos demum fissos horizontaliter circumscissis,
foliis synanthiis angustis glabris erectis flori sub anthesi æquilongis,
floribus 1-3 vernalibus, spathâ diphyllâ, perigonii tubo limbo sublongiore laciniis elliptico-oblongis obtusis intus albis externis extus 3-5-
violaceo-vittatis, fauce glabrâ lutescente, filamento puberulo antherâ
luteâ dimidio breviore, stigmatibus aurantiacis antheras subsuperantibus apice incrassatis integris vel brevissime lobulatis ♃. Ic. Bot.
Mag. tab. 845 — Rchb. Ic. Crit. tab. 935 et 936. — Ic. Germ. tab. 356.
— G. Maw Gen. Croc. tab. 59. — *C. annulatus* Herb. Bot. Mag. 1841.
— *C. pusillus* Ten. Fl. Nap. tab. 206. — *C. circumscissus* Haw.

β *violaceus*. — Perigonii laciniæ violaceæ extus intensius et plu-
mose vittatæ vel striatæ. — *C. vernus* M. B. Taur. Cauc, I, p. 28 non
L. — *C. Adami* J. Gay Bull. Fer. 28, p. 219. — *C. annulatus* var.
Herb. Bot. Mag, tab. 3368. Vix varietas.

Hab. in montibus Argolidis (Sprun!), Tauriâ (Stev!), Somchetiâ et Iberiâ
Caucasicis (M. B. Hohen! Rupr!), Persia borealis (Bge!). Fl. Febr. Mart.

γ *nubigenus* Maw. — *C. nubigena* Herb. Bot. Reg. 1843. Misc. p.
81. — Flores minores ad medium laciniarum purpurei margine pallidiores, filamenta antheris subæquilonga.

Hab. in summo monte Gargaro Troadis (ex Herb.), circa Scutari (G. Maw!)
in montibus Lyciæ (Elwes!).

ð *Petalozzæ* Maw in litt. — Folia angustissima (lineæ ¹/₈ lata) etiam
sub anthesi valde elongata recurva vel circinnata, flores minores,
perigonium albidum concolor fauce aurantiacâ, filamenta antheris
æquilonga; opinionem cl. G. Maw qui plantam vivam in locis natalibus observavit secutus hanc sub *C. biflori* varietatibus enumero.

Hab. ad Bosphorum ad Maslak inter Pera et Buyukderé (Coumany! Maw),
in Bithyniâ ad Bolu (Pest!).

Ar. Geogr. Italia a Pedemontio ad Siciliam, littorale Austriacum, Dalmatia
Serbia.

39. C. Crewei (Hook. fil. Bot. Mag. tab 6168) cormi ovato-globosi
tunicis cartilagineis inferne in annulos horizontaliter circumscissis,
foliis 2-5 synanthiis erectis supuberulis, floribus 1-3 vernalibus, spathâ diphyllâ tubo multo breviore, perigonii tubo purpureo-striato
limbo duplo longiore, limbi intus albi laciniis oblongo-lanceolatis acuti-

usculis extus vittis 3-5 purpureis obsitis, fauce glabrâ lutescente, filamento luteo antheræ purpureo-nigricanti æquilongo, stigmatibus aurantiacis antheris subæquilongis vix incrassatis integris vel obsolete lobatis ♃. G. Maw Gen. Croc. tab. 60. — *C. melantherus* Boiss. et Orph. in Orph. pl. exs. 1870.

Hab. in insulâ Syrâ Archipelagi (Elwes), in monte Taygeto Pelopponesi (Psarides!), in regione alpinâ montis Elmali Lyciæ (Bourg. exs. sub *C. bifloro!*) Fl. Mart Apr.

Species affinis *C. bifloro* a quo antherarum colore præsertim differt.

40. C. aërius (Herb. Journ. Hort. Soc. II, p. 288) cormi parvi ovati tunicis membranaceis cartilagineis inferne in annulos demum fissos horizontaliter circumscissis, foliis synanthiis angustis glabris erectis, floribus 1-2 vernalibus spathâ diphyllâ acuminatâ tubum perigonii subæquante, perigonii tubo limbo albo-violascente vel saturate violaceo sesquilongiore, fauce luteâ glabrâ, filamento subpuberulo antherâ flavâ duplo longiore, stigmatibus aurantiacis apice incrassatis integris antheris subæquilongis ♃. G. Maw Gen. Croc. tab. 58. — *C. Sibthorpianus* Herb. Bot. Reg. 1845 Misc. p. 5 nec Herb Misc. p. 28.

Hab. in regione alpinâ, Olympus Bithynus (Auch. 2125! Thirke exs. sub *C. bifloro!*, G. Maw, W. Barbey!), Alpes Ponti inter Trepezuntem et Erzerum (Auch 5350!), montes circa Erzerum (Huet! Calv!), Kurdistania (Layard ex Maw).

Cl. Herbert varietatem pallidam (α *Stauricus*), a formâ intense violaceâ (β *pulchricolor*) distinguit sed ambo intermixtæ in Alpibus Ponticis crescunt.

Species valde affinis *C. bifloro* sed ex cl. G. Maw characteribus gravioribus ab eo distincta, foliorum structura dissimilis, pollinis granula multo minora, semina rubra nec pallide fusca.

41. C. Tauri (G. Maw in litt. et Croc. tab. 61) cormi ovato-globosi tunicis membranaceis inferne in annulos horizontaliter circumscissis, scapo elongato, foliis 4-8 synanthiis glabris angustis rigidulis sub anthesi flores superantibus, floribus 2-4 vernalibus, spathâ diphyllâ tubo breviore, perigonii tubo elongato limbo purpureo fere duplo longiore, fauce glabrâ lutescente, filamento antherâ flavâ triplo breviore, stigmatibus flavis integris subclavatis antherarum basin parum excedentibus.

Hab. in Tauro ad Pylas Cilicicas (Auch. 2128 et 2654 in D. C. herb).

Semipedalis, folia sub anthesi 4-6-pollicaria lineam dimidiam vix lata, perigonii limbus 15-16 lineas longus. Species pulchra a *C. bifloro* cui affinis distincta staturâ majore, tunicis tenuioribus, perigonio non violaceo-striato et præsertim stigmatibus brevissimis antheræ quartam partem inferiorem æquantibus.

42. C. Cyprius (Boiss. et Ky. in Ky. Pl. Cypr. 1859) cormi parvi ovati tunicis membranaceis inferne in annulos horizontaliter circumscissis, foliis 3-4 synanthiis latiusculis glabris jam sub anthesi flores subsuperantibus, floribus vernalibus 1-2, spathâ monophyllâ rarius diphyllâ perigonii tubo duplo breviore, tubo limbo basi longe attenuato 2-3-plo longiore laciniis ellipticis obtusis basi angustatis pallide violaceis externis dorso late et intensius univittatis, fauce glabrâ, filamento aurantiaco antherâ lutescenti breviore, stigmatibus aurantiacis clavato-incrassatis obsolete fimbriatis antheras superantibus ♃. G. Maw Gen. Croc. tab. 57.

Hab. in regione sylvaticâ Cypri in monte Olympo supra Prodromo ad nives 5000' (Ky. 257!). Fl. Apr.

Cormus avellanâ minor, planta 4-6-pollicaris, folia sub anthesi lineam lata, perigonii limbus infundibuliformis 10-12 lineas longus. Unica species filamentis aurantiacis donata (G. Maw). Facies *C. aërii* ad folia multo latiora, perigonii limbus inferne magis attenuatus, cormi tunicæ tenuiter membranaceæ nec cartilagineæ basique minus regulariter circumscissæ. Filamenta aurantiaca huic speciei peculiaria (G. Maw).

43. C. speciosus (M. B. Fl. Taur. Cauc. I, p. 27) cormi globosi parvi basi soboliferi (Maw) tunicis tenuiter membranaceis inferne in annulos horizontaliter circumscissis, foliis valde hysteranthiis latiusculis glabris demum longissimis, flore autumnali amplo, spathâ diphyllâ vaginis occultatâ, perigonii tubo valde exserto limbo violaceo duplo longiore, laciniis obovato-oblongis basi interdum lutescenti-suffusis externis acutiusculis, fauce glabrâ, filamento minute velutino antherâ luteâ subduplo breviore, stigmatibus croceis stamina superantibus in lacinias breves subincrassatas multifidis ♃. Ic. Cent. Ross. tab. 71. — Bot. Reg 1839, tab. 40. — Bot. Mag. tab 3861. G. Maw Gen. Cr. tab. 64. — Gartenfl. tab. 379. — *C. multifidus* Rchb. Pl. Crit. tab. 947 non Sm.

Hab. in umbrosis Tauriæ (M. B. Stev!), alpibus Ponticis in monte Kalatdagh (Stavros), inter Trapezuntem et Baibut (Ky. 484, sub *C. pulchello*), Caucaso inferiore et Transcaucasiâ a Mare Nigro ad ditionem Talysch (M. B. Hoh! Rupr!), prov. Karabagh (Szov!), Persiâ boreali maritimâ (Buhse!). Fl. Oct. Nov.

Folia demum pedem longa, perigonii tubus interdum 4-pollicaris, limbus 1 ½-2 pollices longus.

Ar. Geogr. Hungaria, Transylvania.

44. C. pulchellus (Herb. Bot. Reg. 1844, tab 3, fig. 1) cormi parvi globosi tunicis cartilagineo-membranaceis inferne in annulos horizontaliter circumscissis, foliis valde hysteranthiis latis glabris, flore autumnali mediocri, spathâ diphyllâ vaginis occultatâ, perigonii tubo tenui valde exserto limbo pallide cæruleo intus purpureo-lineato triplo longiore, laciniis oblongis exterioribus acutis, fauce glabrâ aurantiacâ, filamento croceo longe et patule hispido antherâ albâ subbreviore, stigmatibus croceis in lacinias longas apice subincrassatas profunde multifidis stamina superantibus ♃. G. Maw Gen. Croc. tab. 65. — Moore Fl. Mag. 1850, p. 273 Ic. — *C. speciosus* Griseb. Spic. II, p. 374 non MB.

Hax. in Macedoniá australi prope Thessalonicam (Friv!), circa Byzantium et Scutari (Auch. 2123! Heldr!), in regione inferiori Olympi Bithyni (Noë 205 sub *C. multifido*!). Fl. Nov.

Affinis *C. specioso* a quo notis indicatis et flore dimidio minore, dignoscitur, variat floribus albis (G. Maw). Tunicæ fere *C. biflori* eis *C. speciosi* crassiores. Folia eis *C. speciosi* manifeste latiora, omnium congenerum excepto *C. iridifloro* latissima (G. Maw. in litt).

Species non satis nota.

C. Hermoneus (Ky. Sched. It. Syriac. 1855) cormi pyriformis elongati tunicis tenuiter membranaceis parallele fibrosis obsolete reticulatis apice in lacinias cuspidatas productis, foliis 7-9 latiusculis glabris plantá fructiferá elongatis, spathá propriá bivalvi, floribus...., capsulá elongato-oblongá ♃. G. Maw Gen. Cr. tab. 44.

Hab. in montis Hermonis Antilibani summitate 9000' ad nives (Ky n⁰ 990 in herb. Mus. Vindob.).

Specimina fructifera æstate probab. lecta plantam vere florentem indicant. Hanc speciem imperfecte notam ex descriptione et icone mihi a cl. et am. G. Maw communicatis insero ; ex ejus opinione quamvis flores ignoti siut ob formam cormi longi pyriformis tunicis tenuiter et parallele fibrosis vestiti cum nullá aliá specie Syriæ incolæ confundi potest.

ROMULEA (Maratti. Seb. et Mauri Fl. Rom. Prodr. p. 11. — *Trichonema* Ker Ann. Bot. I. 222).

Perigonium regulare corollinum infundibuliforme tubo brevi limbo sexpartito patente. Stamina tria libera erecta antheris basifixis extrorsum et longitudinaliter dehiscentibus. Ovarium inferum trigonum triloculare ovulis numerosis angulo centrali affixis, stylus filiformis, stigmata tria vel breviter lobata vel bifida vel bipartita. Capsula membranacea trigona. Semina subglobosa vel angulata. — Herbæ caulescentes humiles bulbosæ, flore in spathá bifoliá solitario vel paucis corymbosis.

1. **R. Bulbocodium** (L. Sp. 51 sub *Ixiá*) bulbi tunicis fuscis coriaceis, scapo unifloro rarius 2-3-floro, foliis linearibus compressis supra sulcatis erectis vel recurvatis scapo subduplo longioribus, spathæ valvis inæqualibus superiore late hyalino-membranaceá, perigonii spathá subduplo longioris pallide violacei rarius albi parte inferiori lutei laciniis elliptico-lanceolatis tubo brevi fauce intus pilosulá, staminibus stylo brevioribus filamentis pubescentibus, stigmate subæqualiter sexfido, capsulá majusculá ovatá obtuse trigoná, seminibus lævibus. ♃. *R. Bulbocodium* Seb. et Mauri. — Rchb. Germ. fig. 782. — Jacq. Ic. rar. t. 271. — Moggr. Ment. tab. 93. —

Trichonema subpalustre et *T. Pylium* Herb. Bot. Reg. XXXIII, tab. 40. (Icones absque descriptione).

Hab. in arenosis maritimis et rupestribus regionis montanæ, Græcia! et Cyclades!, Creta usque ad 4000' (Sieb! Heldr!), Macedonia et Thracia (Griseb!) Anatolia occidentalis et australis!, Syria littoralis et Libani regio inferior (Gaill!). Fl. vere.

Ar. Geogr. Gallia occidentalis, regio mediterranea Europæ et Africæ borealis.

2. **R. crocea** (Boiss. et Heldr. Diagn. Ser. I. 13, p 18) tunicis coriaceis fuscis, foliis linearibus compressis sulcatis recurvo-patulis scapo unifloro rarius bifloro triplo longioribus, spathæ valvis subæquilongis externâ herbaceâ internâ late membranaceo-marginatâ, perigonii croceo-aurantiaci spathâ subduplo longioris tubo brevissimo laciniis ellipticis externis tribus dorso anguste fuscescentibus. filamentis basi villosis, stigmatibus sexfidis stamina longe superantibus perigonio vix brevioribus ♃.

Hab. in pineto montis Solyma Lyciæ supra Karabahir (Heldr!). Fl. Mart.

Scapi 2-2 ½-pollicares, folia 5-6-pollicaria, perigonium fere magnitudinis *R. Bulbocodii* a quo colore floris differt.

3. **R. nivalis** (Boiss. et Ky. Diagn. Ser. II. 4, p. 92 sub *Trichonema*) bulbi tunicis chartaceo-membranaceis, foliis linearibus plicatis patulo-recurvis sub anthesi flores parum superantibus, scapo humili 1-2-floro, spathæ valvis lineari-lanceolatis herbaceis margine anguste membranaceis alterâ subangustiore, perigonii spathâ subduplo longioris ad ⅔ longitudinis luteo-aurantiaci violaceo-lineati et superne violacei tubo brevissimo laciniis ellipticis, staminibus stigmate trifido brevioribus, capsulâ ovatâ, seminibus angulato-globosis ruguloso-tuberculatis ♃.

Hab. ad nives in totâ parte superiore Libani, ad Cedros (Bl!), ad Ainete (Bl!), mons Sannin (Ehrenb!), Gebel Baruk (Ball!), vallis Martsch Antilibani supra Zebdani (Ky. 81!). Fl. Mai. Jun.

A *R. Bulbocodio* præter florum subminorum colorem tunicis radicalibus tenuioribus non coriaceis, vaginis scapi paucinerviis, stigmate trifido et seminibus non lævibus differt.

4. **R. Linaresii** (Parl. Fl. Panorm. I, p. 38) bulbi tunicis fuscis coriaceis, foliis linearibus compressis supra sulcatis recurvis vel distortis scapo 1-4-floro multo longioribus, spathæ valvâ superiore late hyalino-marginatâ, perigonii violacei fauce pilosulâ atropurpurei spathâ subduplo longioris tubo longiusculo laciniis lanceolatis acutiusculis, filamentis a basi ad medium pilosulis, stigmate staminibus breviore trifido ramis bilobis, capsulâ oblongâ, seminibus lævibus nitidis ♃. *Ixia Bulbocodium* Fl. Græc. I, p. 26, tab. 36 non L.

Hab. in collibus saxosis Atticæ ad radices Hymetti Pentelici et Parnethos (Heldr!), in Peloponneso (herb. Fauché!), in regione inferiori Taygeti (Boiss!) Thessalia (Sprun!), Byzantium (Wiedem!).

Flores magnitudine inter *R. Bulbocodium* et *R. Columnæ* intermedii, species perigonii fauce intus intensius coloratà sed concolori nec luteà ab affinibus distincta.

Ar. Geogr. Corsica, Italia australis, Sicilia.

5. **R. ramiflora** (Ten. Ind. Sem. Neap· 1826, p. 3) bulbi tunicis subcoriaceis, foliis linearibus compressis sulcatis erectis vel recurvis scapo elongato 2-3-floro multo longioribus, spathæ valvis herbaceis anguste margine membranaceis, perigonii parvi violacei fauce pilosulà citrinà tubo brevissimo laciniis lanceolatis externis extus viridescentibus, filamentis a basi ad medium pilosulis, styli trifidi staminibus brevioris ramis bilobis, capsulà oblongà ♃. Ic. Ten. Fl. Nap. tab. 203, fig. 3. — Mogg. Ment. tab. 92.

Hab in Atticæ arenis maritimis ad Phalerum (Sprun! Boiss! Heldr!) et interioribus ad Kephissiam (Heldr!), Cypro (Sint!). Fl. Febr. — Apr.

Flores submajores eis *R. Columnæ* a quà differt fauce glabrà, spathæ valvà superiore latius membranaceà, filamentis parte externà tantum a basi ad medium pilosis perigonio dimidià nec tertià parte brevioribus.

Ar. Geogr. Hispania australis, Italia australis, Corsica, Sicilia.

6. **R. Columnæ** (Seb. et Maur. Fl. Rom. Prodr. p. 18) bulbo tunicis coriaceis fuscis vestito, foliis linearibus compressis supra sulcatis erectis vel recurvis scapo humili 1-3-floro multo longioribus, spathæ valvà superiore margine late hyalino-membranaceà, perigonii parvi spatham parum superantis pallide cærulei vel albidi ad faucem citrinam glabri tubo brevi, laciniis oblongo-lanceolatis acutis intensius trilineatis, filamentis glabris vel facie internà parce pilosulis, styli staminibus subbrevioris ramis tribus bilobis, capsulà ovoideo-hexagonà, seminibus subtuberculatis ♃. Ic. Rchb. Germ. fig. 784. — Mogg. Ment. tab. 91.

Hab. in Atticæ arenosis ad vias (Sprun! Heldr! Clem!), Syriâ littorali ad Sidonem (Bl!), Cypro (Sint!).

Ar. Geogr. Gallia occidentalis et australis, Italia, Corsica, Sicilia, Africa borealis.

Tr. II. IRIDEÆ. — Perigonium laciniis internis exterioribus dissimilibus, staminibus æquilateralibus.

IRIS (L. Gen. 59).

Perigonium corollinum basi tubulosum, limbo regulari sexpartito, laciniis alternis externis patulis vel extremitate reflexis, internis sæpius erectis. Stamina tria libera, filamenta ad basin laciniarum exteriorum perigonii inserta, antheræ basifixæ oblongæ biloculares longitudinaliter extrorsum dehiscentes. Ovarium triloculare (rarius uniloculare) ovulis numerosis loculo centrali affixis, styli tres basi plus minus cohærentes dilatati et petaliformes stamina tegentes supra convexi subtus concavi, singuli lobis binis (cristis) terminati subtus ad loborum originem laminâ transversâ papillosâ (stigmate proprio) Instructi. Capsula trigona vel hexaedra coriacea vel chartacea loculicide trivalvis. Semina sphæroidea vel angulata. Herbæ perennes foliis gramineis vel ensiformibus, floribus hermaphroditis in spathâ 2-3-phyllâ solitariis vel pluribus, radice vel bulbo, vel rhizomate tuberifero vel rhizomate fibras edente constante.

Specierum Orientalium distributio.

SUBGEN. I. XYPHION. — Radix bulbo tunicato constans.
Ovarium triloculare.

SECT. I. GYNANDRIRIS Baker. — Perigonii laciniæ interiores erectæ externis subæquilongæ. Filamenta parte inferiori inter se et cum stylo coalita.

1. Sisyrinchium.

SECT. II. EUXIPHION Baker. — Laciniæ internæ erectæ externis subæquilongæ. Filamenta libera.

I. reticulata, histrio.

SECT. III. JUNO Baker. — Laciniæ internæ minimæ horizontales vel deflexæ. Filamenta libera.

I. Persica, Caucasica, Palestina, Sindjarensis, fumosa, Stocksii, Aitchisoni.

SECT. IV. MICROPOGON Baker. — Laciniæ internæ omnino abortivæ. filamenta libera.

I. Danfordiæ.

SUBGEN. II. HERMODACTYLUS. — Rhizoma tubera nuda fibrasque edens. Ovarium uniloculare placentis parietalibus tribus.

SECT. V. HERMODACTYLUS.

I. tuberosa.

SUBGEN. III. EUIRIS. — Rhizoma sæpius obliquum vel repens ovarium triloculare.

SECT. VI. APOGON Baker. — Perigonii laciniæ nec externæ
nec internæ barbatæ.

* Acaules vel subacaules, perigonii tubus elongatus.

I. maculata, humilis, Cretensis.

* * Caulescentes. Capsula trigona.

I. Songarica, Sibirica, fœtidissima, pseudoacorus.

* * * Caulescentes. Capsula hexagona.

I. graminea, Sintenisii, notha, Guldenstädtiana, ochroleuca, Monnieri.

SECT. VII. ONCOCYCLUS Baker. — Perigonii laciniæ externæ latere
interiore inferne pilosæ nec regulariter secus lineam mediam
barbatæ.

* Caulis elatus.

I. Susiana, Heylandiana, Sari, Lortetii.

* Caulis pumilus.

I. Iberica, acutiloba, paradoxa, Helenæ.

SECT. VIII. HEXAPOGON Baker. — Perigonii laciniæ omnes secus
ungues barbatæ.

I. falcifolia, filifolia.

SECT IX. POGONIRIS Baker. — Perigonii laciniæ externæ intus parte
inferiori secus lineam mediam barbatæ.

* Caulis nanus sæpius uniflorus. Spatha bivalvis.

I. pumila, æquiloba, Attica, Balkana.

* * Caulis pumilus interdum subnullus sæpius biflorus. Spatha trivalvis.

I. rubromarginata, mellita, lutescens, nudicaulis.

* * * Caulis elatus ramosus pluriflorus.

I. sambucina, squalens, flavescens, Germanica, Florentina, pallida, Junonia.

SUBGEN. I. XIPHION. — Radix bulbosa. Ovarium triloculare.

SECT. I. GYNANDRIRIS. — Perigonii laciniæ subæquilongæ interiores erectæ. Filamenta basi et inter se cum ovario coalita.

1. I. Sisyrinchium (L. Sp. 59) bulbo globoso depresso tunicis fibrosis pallidis vestito, caule gracili flexuoso, foliis subbinis flores-superantibus distichis linearibus falcatis coriaceis elevatim nervosis canaliculatis dorso rotundatis, fasciculo 2-4-floro terminali lateralibus que sæpius 2-3 nis-sessilibus alternis, spathis membranaceis lanceolatis ventricosis acuminatis, ovario subsessili, perigonii tubo gracili ovario longiore, limbi cæruleo-purpurei laciniis externis obovato-spathulatis laminà reflexà basi flavo vel albido-maculatà ungue lineà pubescente notato, laciniis interioribus subbrevioribus erectis lanceolatis obtusis, stigmatibus laciniis internis æquilongis in lobos subulato-lanceolatos profunde bifidis ♃. *Xiphion Sisyrinchium* Baker in Seem. Journ. IX. p. 42. — Bot. Mag. tab. 6096. — *I. Ægyptia* Del. Ann. Sc. Nat. II, p. 237.

Hab. in collibus et aridis regionis inferioris totius Græciæ et insularum! Anatoliæ orientalis et australis maritimæ! Syriæ littoralis et regionis supenis Libani ad Hadet (Bl!), Palestinæ (Barbey!), Egypti inferioris!, Persiæ orientali-australis (Bge!), Affghaniæ (Griff!), Belutschiæ (Stocks!). Fl. vere.

β *monophylla* Heldr. Atti Fir. 1864, p. 234. — Folium unicum angustissimum, caulis humilior 2-4-pollicaris fasciculo sæpius unico terminali, perigonium fere duplo minus sordide cærulescenti-lutescens. — *I. monophylla* Boiss. et Heldr. in Herb. Norm. 51.

Hab. cum typo in salsis ad Juncos Atticæ prope Patissia et ad Phalerum (Heldr!), in Egypto ad Alexandriam (Samar. 3116!), ad Bir el Sabid (Barbey!).

Ar. Geogr. Regio Mediterranea totius Europæ et Africæ borealis.

SECT. II. EUXIPHION. — Perigonii laciniæ subæquilongæ internæ erectæ. Filamenta libera.

2. I. reticulata (M. B. Taur. Cauc. I, p. 34) bulbo ovato, tunicis fibroso-reticulatis fibris longitudinalibus fibrillis obliquis connexis, caule nullo, foliis 1-3 subulato-tetragonis ad facies canaliculatis flori subæquilongis demum valde elongatis, spathis linearibus unifloris, perigonii tubo ovario breviter pedicellato 5-6-plo longiore, limbi intense violacei laciniarum exteriorum laminà reflexà oblongâ ungue 2-3-plo breviore superne areâ flavâ nigro-maculatà obsità, laciniis interioribus sublongioribus erectis lanceolatis acutis, stigmatibus laciniis subbrevioribus in lacinias lanceolatas acutas bifidis ♃. M. B. Cent. tab. 11. — Bot. Mag. 5577. — Gartenfl. t. 677. — *Xiphion reticulatum* Klatt.

β *Krelagei* Regel Gartenfl. 1873 t. 779, fig. 2. — Inodora, violaceo-purpurascens, tubus perigonii spatham non excedens

Hab. typus cum var. in montibus Cappadociæ (Auch. 3132!), Armeniæ Turcicæ prope Erzerum (Auch. 5344! Calv!), Iberiæ, Somchetiæ et prov. Karabagh M. B., Hoh!), Persiæ borealis (Szov! Buhse!). Fl. primo vere.

3. I. histrio (Rchb. fil. Bot. Zeit. 1872, p. 388) bulbo ovato, tunicis fibroso-reticulatis fibris longitudinalibus fibrillis obliquis connexis, foliis 1-2 acute tetragonis ad facies canaliculatis flore longioribus, spathis unifloris linearibus acutis, perigonii tubo apice exserto ovario breviter pedicellato 3-4-plo longiore, limbo cæruleo, laciniarum exteriorum laminā reflexā oblongā disco aureā et venis obliquis prope marginem in maculas intense violaceas abeuntibus pictā ungue sesquibreviore, laciniis internis oblanceolatis erectis, stigmatis segmentis lanceolatis margine exteriore sæpe crenatis ♃. *Xiph. histrio* Hook. Bot. Mag. 6033. — *I. Libani* Reut. Mss.

Hab. in Libano inter Kafferhaia et Ain el Ledjé 4500' (Gaill!), supra Sidonem et in Palestinæ monte Garizim (Gaill!), circa Hierosolymam (Roth 299!). Fl. primo vere.

Differt ab *I. reticulatā* flore aliter colorato propter ungues abbreviatos laciniarum subminore, bulbi tunicæ in speciminibus spontaneis non minus ac in *I. reticulatā* reticulatæ.

SECT. III. JUNO. — Perigonii laciniæ internæ minimæ horizontales vel reflexæ. Filamenta libera.

4. I. Persica (L. Sp. p. 59) bulbi ovati tunicis membranaceis fuscis superne productis, caule nullo, foliis 3-5 sub anthesi abbreviatis tandem valde elongatis linearibus canaliculatis glaucis, spathæ valvis elongatis non ventricosis, tubo subexserto cærulescente ovario sessili pluries longiore, limbi tubo subduplo brevioris laciniis externis oblanceolato-oblongis albidis vel pallide cæruleis violaceo-maculatis superne carinā flavā instructis parte reflexā maculā amplā intense violaceā notatis, interioribus cæruleis minimis deflexis anguste lineari-spathulatis subdentatis, stigmatibus cærulescentibus laciniis externis vix brevioribus ♃. Ic. Bot. Mag. tab. 1. — Red. Lil. tab. 189.

Hab. in montibus Cappadociæ (Auch. 2131!), ad Euphratem (Chesn. 3), inter Murghab et Persepolin Persiæ australis (Haussk!). Fl. vere.

Folia demum pedalia parte inferiori 4-5 lineas lata.

5. I Caucasica (Hoffm. Comm. Soc. Phys. Mosq. I, p. 40) bulbi ovati tunicis membranaceis superne productis, caule brevi sæpius bifloro, foliis 4-6 distichis imbricatis lanceolatis valde falcato-recurvis sensim angustatis acuminatis canaliculato plicatis multinerviis cartilagineo-marginatis, spathis herbaceis unifloris oblongo-lanceolatis ventricosis acutis, perigonii tubo ovario subsessili 4-5-plo longiore sub-

exserto, limbi pallide lutei tubo subbrevioris laciniis exterioribus spathulato-lanceolatis tertiâ parte superiori recurvis facie superiori
lineâ elevatâ flavâ cristiformi instructis, interioribus multo minoribus
deflexis unguiculatis apice spathulato-dilatatis dentatis vel trifidis,
stigmatibus lacinias externas æquantibus in lobos ovatos obtusos cre-
natos partitis ♃. Sweet Flow. Gard. tab. 255. — Gartenfl. tab. 800.
— *Xiph. Caucasicum* Baker.

Hab. in Armeniâ Turcicâ (Auch. 5345! Calv! Huet!), circa Gumusch Khané
(Bourg!), Kurdistaniâ (Barré de Lancy!), Iberiâ, Somchetiâ, prov. Karabagh
(Stev! Szov! Hoh!), Persiâ bor. (Ky. 192! Buhse! Bge!), Turkestaniâ (Fed-
schenko).

6. I. Palæstina (Baker in Seem. Journ. 1871, pag. 108 sub *Xiphio*)

bulbo ovato tunicis membranaceis ultra collum productis
vestito, caule brevissimo vel subnullo 1-3-floro, foliis 5-6 distichis
lanceolatis valde falcato-recurvis sensim angustatis acuminatis canaliculato-plicatis multinerviis margine cartilagineo-ciliatulis, spathis
unifloris lanceolatis longe attenuato-cuspidatis, perigonii tubo ovario
sessili 4·5-plo longiore spatham subsuperante, limbi ochroleuci pallide lilacino-tincti tubo sesquibrevioris laciniis exterioribus oblongis
quartâ parte superiori recurvis, interioribus minimis deflexis anguste
lineari-lanceolatis, stigmatibus lacinias externas æquantibus in lobos
oblongo-triangulares acutos partitis ♃.

Hab. in Palestinâ prope Hebron (Lowne ex Bak., W. Barbey!), in planitie
Saron (Hayne ex Bak.), in rupestribus Libani Sidoniensis supra Scanderun
(Gaill. 313!), in calcareis ad Aleppo et in monte Sindjar Mesopotamiæ
Haussk!). Fl. Jan. Febr.

Valde affinis *I. Caucasicæ* a quâ distinguitar spathis longius acuminatis,
floris colore, tubo ovarii et limbi proportione longiore, laciniis externis lineâ
cristæformi destitutis, stigmaticis lobis acutis. Folia 2-3 pollices longa 4-6 lineas lata.

7. I. Sindjarensis (Boiss. et Haussk.)

bulbo elongato oblongo
tunicis membranaceis longe productis vestito, caule brevi 2-3-floro
distiche et imbricatim 8-10-phyllo, foliis viridibus late lanceolatis
acutis arcuato-recurvis canaliculato-plicatis elevatim multinerviis
supremis angustatis, spathis unifloris lanceolatis acuminatis herbaceis, perigonii tubo spathæ æquilongo limbo duplo ovario 4-5-plo longiore, limbi cærulei laciniis externis obovatis reflexis in unguem
attenuatis lineâ mediâ clavatâ cristæformi instructis, internis horizontalibus parvis oblongo-spathulatis unguiculatis, stigmatis lobis
laciniis externis subbrevioribus ovatis ♃.

Hab. in desertis Mesopotamiæ ad radices montium Sindjar et Gebel Taktak
(Haussk!). Fl. Mai.

Planta semipedalis, folia semipedalia basi 15-18 lineas lata. Affinis *I. fu-
mosæ* differt floribus paucis in parte superiori caulis brevis congestis, perigonii limbo cæruleo, ab *I. Palœstinâ* foliis longis latis spathis non longe
cuspidatis, etc.

8. **I. fumosa** (Boiss. et Haussk. in Haussk. Sched. 1865) bulbi ovati tunicis membranaceis longe productis, caule elongato 8-10-floro distiche et imbricatim polyphyllo, foliis glaucescentibus elevatim multinerviis late lanceolatis acutis arcuato-recurvis canaliculato-plicatis superioribus sensim angustioribus, floribus in axillis solitariis spathis tubulosis vix inflatis acuminatis inferne membranaceis suffultis, tubo spathas vix superante ovario quadruplo limbo subduplo longiore, limbi ochroleuco-virentis plus minus fumoso-suffusi laciniis exterioribus spathulato-oblanceolatis paulo supra dimidium recurvis lineâ elevatâ cristæformi flavidâ percursis, laciniis internis minutis deflexis unguiculatis apice spathutato-dilatatis dentato-laceris, stigmatis oblongi concavi lobis ovatis eroso-dentatis laciniis externi, subbrevioribus ♃. *Xiphion Aucheri* Baker in Seem. Journ. 1871s p. 1010.

Hab. in agris et siccis calcareis Syriæ ad Aleppo et Turmanin (Ky. 252! Haussk!). Fl. Marte.

Semipedalis vel pedalis, folia 4-5 pollices longa inferne 1 $^1/_2$-2 poll. lata, perigonii tubus 2-2 $^1/_2$ pollices, limbus sesquipollicem longus.

9. **I. Stocksii** (Baker Gard. Chron. 1876, p. 723 sub *Xiphio*) bulbi oblongi tunicis membranaceis fuscis longe productis, caule brevi vel longiusculo distiche et remotiuscule 7-8-phyllo 1-4-floro, foliis anguste lanceolatis plicatis attenuato-acuminatis falcato-incurvis elevatim multinerviis albo-marginatis, spathis axillaribus unifloris lanceolatis acutis subventricosis, tubo perigonii non exserto, limbi (ex sicco) pallide flavi laciniis externis obovatis in unguem duplo longiorem sensim attenuatis, internis parvis horizontalibus rhomboideis cuspidatis in unguem abrupte contractis, stigmate.., ♃.

Hab. in regione montanâ et alpinâ Affghaniæ (Griff.). Belutschiæ in collibus prope Quettah et in monte Chehel Tun 5000-9500' (Stocks. 961!).

β? *purpurea* Baker in litt. — Subacaulis uniflora, folia abbreviata.

Hab. in valle Kurrum Affghaniæ (Aitch. N° 71!).

Planta 6-9-pollicaris, folia 5-6 pollicaria 5-6 lineas lata ; species ex floribus emarcidis et igitur imperfecte nota.

10. **l. Aitchisoni** (Baker Journ. Bot. 1875 (XIII) p. 108) bulbi ovati tunicis brunneis membranaceis, foliis radicalibus 3-3 anguste linearibus gramineis canaliculatis nervosis corneo-marginatis cauli 2-3-bracteato 1-3-floro æquilongis, spathæ valvis lanceolatis membranaceis tubum æquantibus, perigonii tubo anguste infundibuliformi ovario sessili cylindrico tertiâ parte longiore, limbi tubo duplo longioris lilacino-purpurei laciniis externis oblongo-spathulatis in unguem attenuatis carinâ flavâ elevatâ superne instructis, laciniis internis deflexis triplo brevioribus longe unguiculatis laminâ parvâ rhomboideo-cuspidatâ ♃.

Hab. in Affghaniâ prope Otipore (Griff. ex Baker Var. *flaviflora*). Non vidi-

A præcedentibus foliis filiformibus pedalibus sesquilineam latis, tubo brevi etc., distincta. Facies *I. filifoliæ*. spatha 1 ¹/₂-2-pollicaris, tubus pollicem, laciniæ exteriores 1 ¹/₂-2 pollices longæ.

Ar. Geogr. India boreali-occidentalis.

SECT. IV. MICROPOGON. — Perigonii laciniæ internæ abortivæ. Filamenta libera.

11. I. Danfordiæ (Baker Journ. Bot. 1876 (XIV) p. 265 sub *Xiphio*) bulbi ovati tunicis membranaceis brunneis, caule subnullo, foliis 2 3 radicalibus post anthesin evolutis anguste linearibus canaliculatis falcatis, spathæ unifloræ solitariæ valvis membranaceis linearibus, ovario cylindrico intra spatham pedicello æquilongo suffulto, tubo subexserto, limbi infundibuliformis aurantiaci tubo parte dimidiâ brevioris laciniis externis oblongo-spathulatis laminâ reflexâ oblongâ fauce nigro-punctatâ ungue obscure barbato breviore, laciniis internis abortivis, stigmatibus luteis lobis deltoideis limbo perigonii subbrevioribus ♃.

Hab. in Tauri Cilicici montibus Anaxlia juxta pagum Anascha ad fonteo Pongar Halil Ogdu Alt. 4000' (Domina Danford). Fl. Marte. Non vidi.

Planta florifera 2-4-pollicaris, folia 1¹/₂-2 lin. lata, perigonii tubus 1 ¹/₂-pollicaris, perigonii segmenta pollicaria supra medium 3-4 lin. lata.

SUBGEN. II. HERMODACTYLUS. — Rhizoma tubera nuda et fibras edens. Ovarium uniloculare.

SECT. V. HERMODACTYLUS. — Perigonii laciniæ non barbatæ, interiores brevissimæ erectæ.

12. I. tuberosa (L. Sp. p. 58) rhizomate subhorizontali brevi apice digitatim 2-4 tubera nuda oblongo-cylindrica edente, caule erecto gracili unifloro, foliis infimis ad vaginam reductis cæteris longe vaginatis laminâ flavidâ tetragonâ caule longiore, spathâ sæpius univalvi lanceolatâ acuminatâ, ovario oblongo intra spatham pedicello eo longiore suffulto, perigonii tubo ovario multo breviore, laciniis non barbatis exteriorum laminâ reflexâ ovato-orbiculari fuscâ ungue oblongo-cuneiformi viridi-flavido duplo breviore, laciniis internis triplo brevioribus flavo-virentibus erectis oblongo-cuneiformibus apice tenuiter cuspidatis, stigmatis lobis perigonio subbrevioribus lanceolatis acuminatis, capsulâ obovatâ ♃. Ic. Bot. Mag. 531. — Fl. Græc. t. 41. Rchb. Germ. fig. 776. — *Hermodactylus tuberosus* Salisb.

Hab. in collibus et siccis regionis inferioris et montanæ, Græcia tota et ejus insulæ (Sibth., Sprun! Heldr! etc.), Byzantii (Wied!).

Ar. Geogr. Gallia australis, Italia, Dalmatia, Africa borealis.

SUBGEN. III. EUIRIS. — Rhizoma obliquum vel repens fibriferum. Ovarium triloculare.

SECT. VI. APOGON. — Perigonii laciniæ omnes non barbatæ.

13. I. maculata (Baker Gard. Chron. VI. (1876) p. 517) rhizomate gracili fibras filiformes edente, foliis radicalibus 5 6 ensiformibus falcatis firmis, caule h mili foliis breviore inferne monophyllo, spathæ unifloræ valvis lanceolatis acuminatis, ovario cylindrico intra spatham pedicello eo dimidio breviore suffulto, perigonii tubo ovario duplo longiore ad faucem dilatato, limbi laciniis externis tubo 2 ½-plo longioribus obovatis unguiculatis versus medium reflexis et maculâ cæruleâ obsitis, internis subæquilongis oblongis cuspidatis. stigmatis perigonio dimidio brevioris lobis oblongis obtusis subintegris ♃.

Hab. in Mesopotamiâ (Auch!).

Planta facie *I Caucasicam* referens 6-8 pollicaris, folia radicalia sub anthesi semipedalia 6-8 lineas lata, caulis tripollicaris, spatha 2-3-pollicaris, ovarium semipollicare, perigonii tubus pollicaris, limbus 2½-pollicaris laciniis externis semipollicem longis ex sicco pallidus cæruleo maculatus.

14. I. humilis (M. B. Taur. Cauc. I. p. 33) rhizomate repente crassiusculo ramoso, foliis omnibus radicalibus rosulatis anguste linearibus firmis elevatim nervosis planis erectis florem multo superantibus, caule subnullo, spathæ intra foliorum rosulam subsessilis valvis linearibus acuminatis firmis, perigonii tubo ovario cylindrico intra spatham breviter pedicellato 3-4-plo longiore, limbi tubo æquilongi cæruleo-lilacini laciniis externis panduræformi-spathulatis centro lutescentibus et purpureo-venosis in unguem purpurascentem laminâ sublongiorem attenuatis, interioribus æquilongis oblanceolato-unguiculatis, stigmatis lobis perigonio tertiâ parte brevioribus lanceolatis acutis margine exteriore dentatis, capsulâ ovato-globosâ trigonâ ♃. M. B. Cent. tab. 13

Hab. in Caucaso septentrionali ad Pätigorsk et Nartzana (C. A. M., Hoh!). Fl. Mai.

Ar. Geogr. Transylvania, Rossia australis.

15. I. Cretensis (Janka Œsterr. Bot. Zeit. 1867 p. 376) rhizomate repente brevi ramoso, foliis omnibus radicalibus dense ecspitosis anguste linearibus erectis acutis subcoriaceis crebre striatis florem æquantibus vel nonnullis eum superantibus, caule subnullo, spathæ unifloræ valvis lanceolatis, acuminatis, perigonii tubo subexserto ovario sessili oblongo multo longiore, limbi tubo sesquibrevioris laciniis æquilongis lilacino-purpureis, exteriorum laminâ deflexâ ungue duplo breviore ovato-oblongâ basi luteâ venis obliquis lilacinis pictâ, laciniis interioribus erectis concoloribus oblongis, stigmatis lobis anguste lanceolatis extrorsum serrulatis perigonio tertiâ parte brevioribus ♃. Ic. Bot. Mag. tab. 6343. — *I. stylosa* var. *angustifolia* Boiss. Diagn. Ser. I. 13 p. 15. — *I. humilis* Sieb. exs. non M. B.

Hab. in rupestribus regionis inferioris et montanæ, Græciâ in Peloponneso ! Atticâ et Thessaliâ (Heldr!), insulis Ionicis (Baker). Leucade (Letourn!), Cretâ (Sieb! Heldr!), Rhodo (Heldr!), Anatoliâ in Cariâ (Pinard!), Syriâ littorali ad Beilan (Haussk!). Fl. primo vere.

Valde affinis *I. unguiculari* Poir. = *I. stylosæ* Desf. a quâ sat differre videtur foliis brevioribus et angustioribus 1 ¹/₂-2 lin. latis, laciniarum laminis angustioribus oblongis in ungues sensim attenuatis nec late obovato-spathulatis, stigmatis lobi insuper in *I. unguiculari* in caudas setaceas bifidi.

26. I. Soongarica (Schrenk Enum. I. p. 3) cespitosa, rhizomate brevi, collo basibus foliorum vetustorum fibrisque vestito, caule erecto paucifolio spathis terminalibus 1-2 approximatis, foliis anguste linearibus firmis radicalibus flores subsuperantibus, spathæ 1 3-floræ valvis lanceolatis acuminatis foliaceis, ovario intra spatham pedicello ei æquilongo suffulto, perigonii tubo ovario sesquilongiore, limbi tubo sublongioris (albidi purpureo-venosi?) laciniis internis obovatis unguiculatis laminâ reflexâ ungue triplo breviore, laciniis internis æquilongis oblanceolato-unguiculatis, stigmatis lobis anguste lanceolatis, capsulâ trigono-cylindricâ ♃.

Hab. in Persiâ austro-orientali ad Ischredabad inter Kerman et Ispahan (Bge!), in monte Söfi prope Ispahan (Bode!), in desertis arenosis Turkestaniæ occid. (Lehm!), in Affghaniâ (Griff.), Belutschiâ (Stocks!).

Pedalis, folia radicalia 14-16 pollices longa 1-1 ¹/₂ lineam lata. Affinis *I. tenuifoliæ* quæ in ditione non crescit et differt caule brevissimo, perigonii tubo multo longiore et laciniis angustis, etc

Ar. Geogr. Songaria.

17. I. Sibirica (L. Sp. 57) rhizomate repente ramoso cespitoso, foliis ensiformibus anguste linearibus elevatim multinerviis, caule tereti fistuloso 1-3-floro parte inferiore paucifolio foliis radicalibus longiore, spathæ valvis lanceolato-linearibus brunneis scariosis, ovario acute trigono intra spatham pedicello 3-4-plo longiore suffulto, perigonii tubo brevissimo cyathiformi, laciciarum exteriorum laminâ reflexâ obovatâ dilute cærulcâ violaceo-venosâ in unguem oblanceolatam eâ subbreviorem attenuatâ, internis æquilongis oblongo-spathulatis violaceis, stigmatis lobis brevibus obtusis denticulatis, capsulâ trigonâ breviter apiculatâ ♃. Jacq. Austr. tab. 3. — Bot. Mag. tab. 50. — Rchb. Germ. tab⋅ 341. — *I. pratensis* Lam. — *I. acuta* Willd.

Hab. in pratis humidis. Anatolia borealis supra Samsun (Tchih!), Caucasus borealis et subalpinus (M. B., Frick! C. A. Mey), Caucasus orientalis in ditione Tindal 7000' (Ruprecht!), Fl. ineunte æstate.

Ar. Geogr. Scandinavia meridionalis, Gallia, Belgium, Germania, Italia borealis, Regio Danubialis, Rossia media et australis, Sibiria omnis, Japonia.

18. **1. fætidissima** (L. Sp. 57), cespitosa, rhizomate crasso repente, caule elato compresso spathas 2-3 approximatas superne edente, foliis firmis ensiformibus caulem æquantibus, spathæ 2-3-floræ valvis lanceolatis acuminatis, ovario oblongo intra spatham pedicello eo 4-5-plo longiore suffulto, tubo ovario duplo breviore apice dilalato, limbi laminis externis livide cæruleis deflexis in ungues eis breviores pallide luteos violaceo-variegatos attenuatis, internis subbrevioribus oblanceolatis lutescentibus variegatis stigmatis flavidi laciniis externis duplo brevioris lobis acutis, capsulâ oblongo-trigonâ apice umbonatâ ♃. Ic. Engl. bot. tab. 596. — Rchb. Germ. fig. 775.

Hab. in pascuis humidis, circa Byzantium (Smith Prodr.) in Iberiâ Caucasicâ (M. B.), in Affghaniâ (Baker). E ditione nan vidi et mihi civis valde dubia.

Ar. Geogr. Britannia, Gallia, Hispania, Lusitania. Italia, Africa borealis insulæ Canarienses

19. **I. pseudoacorus** (L. Sp. 56) rhizomate crasso obliquo, caule elato tereti-subcompresso alternatim ramoso, foliis late ensiformibus acutis inferioribus caulem subæquantibus superioribus abbreviatis, ramis strictis spathâ terminatis infimis elongatis cæteris sensim abbreviatis, spathâ diphyllâ herbaceâ 2-3-florâ, ovario cylindrico intra spatham pedicello æquilongo vel longiore suffulto, perigonii tubo ovario dimidio breviore, limbi intense flavi laciniis externis ovatis obtusis reflexis in unguem eis breviorem contractis ad basin laminæ fulvo-maculatis et radiatim purpureo-venosis, laciniis internis triplo minoribus oblanceolato-spathulatis erectis, stigmatibus laciniis externis brevioribus in lobos acutos externe dentatos bifidis, capsulâ ellipticâ obtuse trigonâ apiculatâ ♃. Fl. Dan. tab. 494. — Rchb. Germ. fig. 771

Hab. ad aquas totius ditionis a Græciâ et Macedoniâ! ad regionem Caucasicam!, Persiam borealem (Buhse!), Syriam littoralem (Ky!) et ad Damascum (Gaill!). Fl. Apr. Jan.

Ar. Geogr. Europa tota a Scandinaviâ et Rossiâ, Africa borealis.

20. **I. ensata** (Thunb. Trans. Lim. sol. II. p. 328) rhizomate brevi repente, caule firmo tenui compressiusculo folia 2-3 abbreviata et spatham 1-3-floram ferente, foliis radicalibus firmis anguste linearibus caulem superantibus, spathæ valvis linearibus herbaceis, ovario intra spatham pedicello eo longiore suffulto, perigonii tubo brevissimo, perigonii purpureo-lilacini laciniis omnibus æquilongis oblanceolatis, exteriorum laminâ reflexâ ungue subbreviore luteo-maculatâ ad faucem venosâ internis lanceolato-spathulatis sæpe laceris, stigmatis lobis dentatis, capsulâ oblongâ rostratâ sexangulari ♃. Regel Gartenfl. 1880 tab. 1031. — *I. graminea* Thunb. Fl. Jap. non L. — *I. biglumis* Vahl Enum II. 149. — *J. Pallasii* Fisch. Rchb. Pl. Crit. tab. 479. — *I. oxypetala* Bunge! et prob. C. A. Meyer ex cl. Maxim in litt. — *J. hæmatophylla* Link. — *J. longispatha* Fisch. Bot. Mag. tab. 2528.

Hab. in valle Kurrum Affghaniæ (Aitch. ex Baker).

Ar. Geogr. Regio Himalaica, Turkestania, Soongaria, Sibiria, China, Japonia.

21. I. graminea (L Sp. 58) rhizomate cylindrico late repente, caule ancipiti flexuoso parce folioso apice 1-3-floro, foliis linearibus flores multo superantibus, spathæ valvis linearibus, ovario intra spatham pedicello eo 2-3-plo longiore suffulto, tubo cyathiformi brevissimo, laciniarum exteriorum laminâ ovato-orbiculari lilacino-purpureâ fauce variegatâ ungue dilatato oblongo purpureo sordide luteo-vittato multo breviore, laciniis internis obovato-oblongis erectis saturate violaceis, stigmatis lobis breviter et late triangularibus, capsulâ hexagonâ ♃. Ic. Jacq. Austr. tab 2. — Rchb. Germ. tab. 346.

Hab. in insulâ Cephaloniâ (Held!). Alii loci in Macedoniâ et Thraciâ indicati ad *I. Sintenisii* spectant.

Ar. Geogr. Hispania borealis, Gallia austro-occidentalis, Germania australis et orientalis, Italia, Dalmatia, regio Danubialis, Rossia australis.

22. I. Sintenisii (Janka Adat. Erd. p. 173) rhizonate obliquo, caule tenui flexuoso foliis radicalibus anguste linearibus coriaceis glaucescentibus subbreviore, foliis caulinis 3-4 vaginis elongatis caulem obtegentibus limbo abbreviato, spathæ terminalis unicæ 1-3-floræ valvis herbaceis obtuse carinatis tubo perigonii longioribus, perigonii tubo ovario pedicello subæquilongo suffulto semper et sæpius dupli longiore in faucem sensim ampliato, perigonii segmentorum exteriorum laminâ elliptico-rotundatâ cærulescente ungue dilatato purpureo multo breviore, laciniis internis subbrevioribus lanceolato-cuneatis apice truncatis vel retusis, stigmatis lobis triangularibus acutis, capsulâ...... ♃. *I. graminea* Griseb. Spic. II. p. 370 non L.

Hab. in Macedoniâ (Friv.), Thraciâ in monte Hæmo supra Slivno (Friv.), circa Byzantium (Thuret! Coumany! Schlumberger!), in Cretâ ad Cydoniam (Weiss!), Anatolia borealis ad Boli, Safranbol, Kastamoni (Wied!).

Semipedalis et interdum pedalis, folia 2 lineas lata. Facies *I. gramineæ* et *I. spuriæ*, foliis angustioribus et præsertim perigonii tubo elongato ab eis statim distinguenda.

Ar. Geogr. Bulgaria in ditione Dobrudscha.

23. I. notha (M. B. Cent. Ross. tab. 77. — Taur. Cauc. III p. 45) rhizomate crasso obliquo, caule elato tereti-subcompresso spatham terminalem et sæpius 2-3 laterales brevitor pedunculatas et sessiles edente, foliis ensiformibus strictis, caulinis superioribus abbreviatis, spathæ 1-2-floræ valvis late lanceolatis longe acuminatis, ovario cylindrico intra spatham pedicello æquilongo suffulto, perigonii tubo ovario multo breviore superne abrupte dilatato, limbi cærulei ampli laciniis externis ovatis deflexis lineâ flavidâ notatis in unguem æquilongum purpureo-venosum angustatis, externis subbrevioribus oblongis basi valde attenuatis, stigmatibus ungues laciniarum externarum æquantibus in lobos acutiusculos recurvatis bifidis, capsulæ

duræ trigonæ rostratæ augulis bicristatis ♃. Rchb. Ic. Crit. X
fig. 1236. — *I. spuria* var. *major* Bot. Mag. nota ad 1131. — *I. Halophila* Bot. Mag. tab. 875 non Pallas.

Hab. in herbidis subsalsis Caucasi septentrionalis (M. B., C. A. Mey.),
Kachetiæ (Hoh!).

Affinis *I. spuriæ* Europæ mediæ incolæ quácum a cl. Baker ut varietas
adnumeratur, hæc differt flore minori, spathæ valvis non longissime acuminatis, laminis exterioribus albido-flavicantibus cæruleo-pictis, interioribus
violaceis.

Ar. Geogr. Rossia austro-orientalis.

24. I. Guldenstädtiana (Lepech. Act. Petrop. 1781 I, 292,
tab. 8-Rchb. Ic. Crit. X, fig. 1230.) rhizomate crasso obliquo, caule
elato tereti subcompresso spathas plures alternas approximatas
sæpius edente, foliis firmis lanceolato-linearibus ensiformibus radicalibus caulem sæpius superantibus, caulinis abbreviatis, spathæ 2-3-
floræ valvis lanceolatis acutis membranaceis, ovario elliptico intra
spatham pedicello æquilongo suffulto, perigonii tubo ovario æquilongo
superne dilatato, laciniarum exteriorum laminâ patenti albidâ vel
livescente angustâ obovatâ in unguem eâ longiorem lutescenti vel
aurantiaco-carinatum angustatâ, laciniis internis subbrevioribus oblanceolatis erectis albis luteo-lineatis, stigmatis lobis deltoideis subintegris, capsulâ oblongâ acutâ sexangulari longe rostratâ ♃. *I. halophila* Pall. It. non Bot. Mag. — *I. diluta* M. Cent. Ross. tab. 81 (non
edita). — *I. stenogyna* Red. Lil. t. 310. — *I. salsa* Pall. It. II,
p. 461. — *I. Daënensis* Ky. exs. Pers. austr. — *I. Sogdiana* Bge.
Pl. Lehm, Nº 1351 (forma floribus cærulescentibus).

Hab. in humidis interdum salsis, Pontus in maritimis Samsun (Tchih!),
Armenia prope Erzerum (Calv!), prope Everek (Ky. 220 sub *I. nothâ!*), Cau-
casus et Transcaucasia (M. B. Radde! Hohen!), Persia borealis (Szov!
Buhse!), Persia austr. inter Ispahan et Schiras (Auch. 5346!), in alpe Kuh
Daëna (Ky. 646!), in ditione Bachtiaris (Haussk!), in valle Kurrum Affgha-
niæ (Aitch. 423!).

Variut florum vario modo variegatorum colore.

Ar. Geogr. Rossia australis, Songaria, Sibiria Altaice.

25. I. ochroleuca (L. Mant. 175) rhizomate crasso brevi obli-
quo, caule tereti elato superne 2-4 spathas approximatas edente,
foliis firmis late ensiformibus caulem æquantibus glaucescentibus,
caulinis diminutis, spathæ 2-3-floræ valvis herbaceis lanceolatis acuminatis, ovario elliptico-cylindrico pedicello intra spatham eo sublongiore suffulto, perigonii tubo ovario sublongiore superne abrupte
dilatato, laciniarum exteriorum laciniâ undulatâ reflexâ obovatâ ad
centrum flavidâ luteo-venosâ albo-marginatâ ungui flavo æquilongâ,
externis subæquilongis oblanceolatis obtusis secus lineam mediam
flavidis margine albidis, stigmatis ungue laciniarum externarum vix
longioris lobis semiovatis acutis, capsulâ oblongâ longe rostratâ tri-

9

gonâ ad angulos bicarinatâ ♃. Ic. Bot. Mag. tab. 61. — Rchb. Ic. Crit. X, fig. 1289. — *I. Orientalis* Mill. Ic. tab. 154 non Thunb.

Hab. In humidis, paludes ad occasum Smyrnæ 'Boiss! Bal. exs. 4021 sub *I. Guldenstädtianâ*), montes prope Angora (Wied!), Syria littoralis ad Tripoli (Bl!).

Differt ab *I. Guldenstädtianâ* fere eodem modo ac *I. notha* ab *I. spuriâ* laminis externis multo latioribus deflexis nec patentibus.

26. I. Monnieri (D. C. in Redouté Lil. tab. 236) rhizomate crasso brevi obliquo, caule tereti elato superne 3-4 spathas edente, foliis firmis late ensiformibus, spathæ bifloræ valvis lanceolatis, ovario cylindrico profunde sulcato pedicello intra ovarium eo longiore suffulto, perigonii tubo ovario breviore, limbi intense flavi concoloris laciniis externis ovatis obtusis deflexis ungui æquilongis, internis subæquilongis oblongo-spathulatis bilobis, stigmatis ungue laciniarum externarum vix longioris lobis concavis brevibus obtusis, capsulâ... ♃.

Hab. in Rhodo (ex hort. Lemonnier), in Cretâ (Sieber ex Baker) Non vidi.

Pulchra species ex icone valde affinis *I. ochroleucæ* sed omnibus partibus major, laciniæ magis dilatatæ intense luteæ concolores venis et maculis destitutæ.

SECT. VII. ONCOCYCLUS. — Perigonii laciniæ externæ facie interiori et ungue undique pilosæ.

27. I. Susiana (L. Sp. 55), rhizomate brevi obliquo, caule elato unifloro folia anguste lineari-ensiformia glaucescentia subæquante versus medium foliis caulinis 1-2 brevibus bracteæformibus obsito, spathæ valvis lanceolatis acuminatis tubo perigonii sublongioribus, perigonii tubo ovario cylindrico intra spatham breviter pedicellato æquilongo, limbi maximi luride griseo-cærulescentis undique maculis et venis anastomosantibus nigro-cæruleis picti laminis subæquilongis et latis ovato-orbiculatis abrupte et breviter unguiculatis externis reflexis basi nigro-maculatis inferne late nigricanti-pilosis, internis subconcavis secus unguem sparsim pilosis, stigmatis intensius brunneo-nigricantis superne acute carinati lobis orbiculatis obtusissimis subreflexis ♃. Bot. Mag. tab. 531. — Fl. des Serres, tab. 1067.

Hab. in Persiâ prope Ispahan (Auch. 5342!).

28. I. Heylandiana (Boiss. et Reut. Mss.) rhizomate brevi repente, caule elato unifloro parte inferiori folioso foliis glaucescentibus anguste ensiformibus falcatis multo longiore, spathæ herbaceæ valvis lanceolatis acutatis tubo sublongioribus, perigonii tubo ovario sessili æquilongo vel sublongiore, limbi majusculi laminis externis reflexis oblongis sordide albidis lineis et maculis fusco-violaceis pictis ad medium intus fusco-maculatis et inferne late albo-barbatis, laminis internis submajoribus erectis obovatis intensius fusco-reticulatis, stigmatis lati tenuiter fusco-striati lobis latis brevibus crenatis sursum curvatis, capsulâ obscure trigonâ basi et apice attenuatâ ♃.

Hab. in Mesopotaniâ inter Mossul et Bagdad (Olivier!) et inter Diarbekir et Mardin (Ky. n° 307!).

Sesquipedalis, folia 8-9 pollices longa 4 lineas lata, perigonii laminæ eis *I. Susianæ* a quâ coloratione differt minores minus latæ 1 ¹/₂-2 pollices longæ. Capsula 2 ¹/₂ pollices longa.

29. I. Sari (Schott Mss. — Baker Garden. Chron. V, (1876) p. 780) rhizomate brevi obliquo, caule unifloro, foliis linearibus complicatis elongatis obtusiusculis, spathæ valvis lanceolatis tubo æquilongis, perigonii tubo ovario sessili cylindrico sublongiore, limbi vivide lilacini laciniis oblongis unguiculatis patenti-ascendentibus ad medium valde pilosis, internis sublongioribus erectis orbiculato-obovatis curvatis, stigmatibus concoloribus latis ♃.

Hab. in Ciliciâ ad fluvium Sarum (Ky.),Hûc prob. referenda specimina ex alpinis montis Bakkyrdagh ditionis Kassan Oglu Ciliciæ orieutalis (Ky. 86 sub *I. Ibericâ*) et planta ex lacu Merom Palestinæ a cl. Gaillardot missa.

Facies *I. Ibericæ* sed major sesquipedalis, folia vix curvata longiora (sæpe pedalia) et latiora (5-6 lineas lata) et obtusiora, perigonii laciniæ concolores et exteriorum laminæ vix reflexæ (Ex cl. Baker descriptione).

β lurida. — Perigonii laciniæ omnes sordide albidæ versus medium punctis et versus peripheriam lineis creberrimis fuscescentibus pictæ, exteriores supra partem pilosam maculâ nigrâ obsitæ, stigmata parte inferiore purpurascentia superne nigricantia. Floris color *I. Susianam* referens sed laciniæ minores.

Hab. tn Ciliciâ unde plantam vivam a cl. et am. Leichtlin communicatam colui.

30. I. Lortetii (W. Barbey Mss.) rhizomate abbreviato, caule mediocri unifloro, foliis anguste linearibus complicatis caulem æquantibus, spathæ valvis lanceolatis tubo perigonii sublongioribus, perigonii tubo ovario sessili cylindrico duplo longiore limbi laciniis externis oblongo-reflexis pallide azureis fusco-punctatis sparsim pilosis, internis sublongioribus erectis orbiculatis pallidissime roseis ♃.

Hab. in dumosis siccis Libani australis inter Mais et Hussin 2000' (cl. D' Lortet). Fl. medio Maio.

Fere pedalis, folia 6-8 pollices longa 3 lineas lata, flores magnitudinis *I. Ibericæ et I. Sari*, huic præsertim affinis sed distincta caule proceriore, foliis longioribus angustioribus acutissimis, perigonii tubo longiore phyllisque discoloribus aliter coloratis.

31. I. Iberica (Hoffm. Comm. I, p. 41) rhizomate brevi crasso, caule pumilo unifloro nudo vel supra basin folio abbreviato obsito, foliis radicalibus glaucis anguste linearibus plicatis falcatis caule brevioribus, spathæ herbaceæ phyllis lanceolatis acuminatis tubum perigonii æquantibus, ovario sessili cylindrico tubo breviore, limbi ampli laciniis omnibus subæqualibus brevissime unguiculatis obovatis basi cuneatis, externis reflexis lutescentibus creberrime fusco-lineatis et punctatis ad medium sæpe maculâ nigrâ amplâ obsitis, interioribus erectis albis vel pallide lilacinis venosis, stigmatis deflexi lobis brevibus recurvis ♃. Bot. Mag. tab. 5847. — Gartenflora tab. 386 et 713.

Hab. in collibus Iberiæ (Szov! Ruprecht!), Armeniæ Rossicæ (Bnhse!), Persiæ borealis (Auch. 5343!), in monte Totschal prope Teheran (Ky. 223!).

Caulis 3-6-pollicaris, folia vix sex pollices longa 3-4 lineas lata, limbi laminæ amplæ sæpe 2 ¹/₂ pollices longæ. Exteriores variant ochraceæ (Gartenfl. t. 386, fig. 2.)

32. I. acutiloba (C. A. Mey. Ind. Cauc. 82) rhizomate brevi repente, caule sæpius abbreviato unifloro foliis anguste linearibus plicatis æquilongo vel breviore, spathæ herbaceæ valvis lanceolatis acuminatis tubo longioribus, perigonii tubo ovario cylindrico breviter pedicellato sublongiore, limbi pallide lilacini crebre purpureo-venosi laciniis concoloribus externis supra medium in laminam oblongam acutam reflexam dilatatis intus pilosis, internis tertiâ parte majoribus oblongo-spathulatis acutiusculis erectis, stigmatis lobis deltoideis ♃. Ic. Gartenfl. t. 812. — *I. Helena* C. Koch Linn. XXI, p. 639.

Hab. in Transcaucasiâ ad Baku (C. A. Mey!), in aridis Iberiæ ad Elisabethpol (Hoh. exs. sub. *I. Iberica*!). Specimina ex Persiâ boreali (Buhse!) húc quoques pectare videntur. Alia ex monte Totschal prope Teheran (Ky. 223), pessime exsiccata dubia sunt.

33. I. paradoxa (Stev. Mém. Mosq. V, p. 355) rhizomate brevi repente, caule pumilo unifloro folia anguste linearia caniculata sæpe falcata subsuperante, spathæ valvis lanceolatis acutis submembranaceis tubo sublongioribus, tubo ovario cylindrico breviter pedicellato sublongiore, limbi intense lilacino-purpurei intensius lineati laciniis externis multo minoribus horizontalibus lineari-spathulatis ungue piloso in laminam minutam semiorbicularem dilatato, laciniis internis multo majoribus obovatis obtusis unguiculatis, stigmatis laciniis externis subbrevioris lobis parvis deltoideis ♃. Ic. Gartenfl. tab. 386.

Hab. in collibus aridis deserti Iberici prope Elisabethpol (Hoh!), Armeniâ Rossicâ (Buhse!), in districtu Khoï prov. Aderbidjan Persiæ ad Seidkhodji (Szov!). Fl. vere.

Caulis variat 3-8-pollicaris, folia graminea 2 lineas lata; species inter affines laciniis externis perigonii multo minoribus lineari-spathulatis insignis.

34 I. Helenæ (W. Barbey Mss) rhizomate abbreviato, caule pumilo gracillimo unifloro, foliis radicalibus anguste linearibus complicatis falcatis caule triplo brevioribus, spathæ valvis lanceolatis tubo perigonii longioribus, perigonii tubo ovario sessili cylindrico subduplo longiore, limbi lilacini laciniis externis erecto-patulis obovato-oblongis secus unguem et ad medium intense purpureis parte inferiori præsertim secus unguem papillis elongatis sparsis intense purpureis obsitis, laciniis internis submajoribus erectis late ovatis concoloribus ♀.

Hab. in arenosis deserti inter Egyptum et Palestinam prope El Arich, ad Ouadi el Gradi, Ouadi Cheriah et Nachel Aboukeila (W. Barbey !). Fl Marte.

Fibræ radicales numerosæ elongatæ rubellæ, collum vaginis in fibras tenues solutis obsitum, caulis semipedalis. Folia radicalia 3-4 pollices longa 2-3 lineas longa circinnata, caulina 2-4 abbreviata erecta. Flores eis *I. Ibericæ* subminores, perigonii phylla præter exteriorum maculam mediam intensius purpuream concoloria, Species papillis laciniarum exteriorum sparsis quidem sed secus lineam mediam magis confertis transitum ab *Oncocyclo* ad *Pogoniridem* præbens.

SECT. VIII HEXAPOGON. — Perigonii laciniæ omnes secus unguem barbatæ.

85. I. falcifolia (Bge Pl. Lehm. p. 505) rhizomate brevi repente nodoso, foliis anguste linearibus canaliculatis erectis vel recurvis cauli æquilongis, caule gracili, spathæ terminalis 2-3-floræ valvis 3-4 lanceolatis acutis, ovario cylindrico intra spatham pedicello eo dimidio breviore suffulto, perigonii tubo e spathà exserto ovario triplo longiore, limbi lilacini laciniis æquilongis externarum laminà elliptico-rotundatà patenti ungue totà longitudine barbato triplo breviori, laciniis internis oblanceolato-unguiculatis erectis usque ad ₂/⁸ longitudinis intus parce barbatis, stigmatis lobis semiovatis incurvis conniventibus ♀.

Hab. in desertis argillosis Turkestaniæ inter Buchara et Kermine (Lehm!)ᵗ Affghaniá (Griff.), Belutschiá (Stocks 937!).

Caulis semipedalis, folia sesquilineam lata, limbi laciniæ 1 ¼ poll. longæ. Folia sæpe erecta et nomen ideo subimproprium.

86. I. filifolia (Bge Pl. Lehm. p. 506) rhizomate repente nodoso, foliis filiformibus caule tenui gracili nudo longioribus, spathæ terminalis 1-2-floræ valvis membranaceis lanceolatis acuminatis, perigonii tubo ovario breviter pedicellato sublongiore, limbi pallide lilacini laciniis externis oblongis tertià parte superiore reflexis secus unguem late et dense barbatis, internis angustioribus secus unguem parce barbato-lineatis, stigmatis lobis semiovatis ♀.

Folia vix dimidiam lineam lata, scapus 3-7-pollicaris, flores eis *I. falcifoliæ* subminores. Eadem probabiliter ac *I. longiscapa* Ledeb. ex Sibirià Uralensi cujus tamen spatha trivalvis dicitur, in *I. filifolià* bivalvis.

SECT. IX POGONIRIS. — Perigonii laciniæ externæ tantum intus secus unguem barbatæ.

87. I. pumila (L. Sp. 56 ex parte) rhizomate brevi cespitoso obliquo, caule brevissimo vel subnullo unifloro, foliis ensiformibus

glaucis acutis mucronatis caule longioribus, spathæ valvis binis lanceolatis superne membranaceis dorso rotundatis, perigonii tubo ovario intra spatham sessili 4-5-plo longiore e spathâ longe exserto,
limbi violacei cærulei vel albido-ochroleuci laciniis externis
oblongo-obovatis intus barbatis, internis exteriores latitudine superantibus, stigmatum laciniis lanceolatis latere exteriori dentatis,
antheris filamentum subæquantibus, capsulâ oblongâ obscure trigonâ
♃. Jacq. Austr. tab. 1. — Bot. Mag. t. 9. — Rclib. Germ. t. 327. —
I. diantha C. Koch Linn. XXI, p. 637 et herb!

Hab. in collibus regionis inferioris, Bithynia (Griseb!), Tauria, Caucasus
et Transcaucasia (Ledeb!), ditio Schuragel (C. Koch!).

Cum hâc specie sæpe commixta fuit *I. Chamœiris* Bert. planta Gallica et
Italica perigonii tubo ovarium duplo tantum excedente aliisque notis distincta.

Ar. Geogr. Austria, Dalmatia, regio Danubialis, Rossia australis, Sibiria.

38. I. æquiloba (Ledeb. Ind. Dorp. 1823) rhizomate brevi obliquo cespitoso, caule brevissimo unifloro, foliis ensiformibus acutis
caulem superantibus, spathæ diphyllæ valvis herbaceis lanceolatis
apice valde attenuatis tubum subæquantibus, perigonii tubo ovario
sessili 4-5-plo longiore, limbi violacei vel albido-ochroleuci laciniis
longitudine et latitudine subæqualibus intus barbatis laminâ obovatâ
reflexâ, stigmatis laciniis lanceolatis acuminatis subintegris, antheris
filamento longioribus ♃.

Hab. ad lacum salsum Starvii Osero Tauriæ (Ledeb.), sed a cl. Steven in
Tauriâ non nota.

Valde affinis *I. pumilæ* et hujus forsan varietas; major, spathæ valvæ longiores, stigmata in lobos longiores angustiores divisa.

Ar. Geogr. Rossia austro-orientalis.

39. I. Attica (Boiss. et Heldr. Diagn. Ser. II, 4, p. 91) cespitosa
rhizomate brevi obliquo, caule brevi vel subnullo unifloro, foliis
anguste ensiformibus falcatis spatham æquantibus vel sublongioribus,
valvis membranaceis linearibus obtusis dorso rotundatis, perigonii
tubo ovario sessili quintuplo longiore e spathâ exserto, limbi violacei
vel ochroleuci laciniis æquilongis obovato-oblongis, externis laminâ
reflexis paulo angustioribus intus barbatis, stigmatis lobis semioblongis latere exteriore dentatis interiore prope marginem nervo elevato
percursis ♃. Regel Gartenfl. tab. 377. — *I. pumila* Sm. Prodr. No 90
non L.

Hab. in saxosis montium Atticæ, Hymettus, Pentelicus, Corydalus, Parnes, insulæ Pharmacusæ 'Sprun! Boiss! Heldr! Herb. Norm. 50!), regio
inferior Parnassi prope Rachova (Guicc!), insula Chios (Orph!). Fl. Apr. Mai.

Valde affinis *I. pumilæ* cujus forsan varietas angustifolia; differt tamen
foliis falcato-recurvis, spathæ valvis obtusioribus minus inflatis.

40. I. Balkana (Janka Adatok Erd. p. 173) rhizomate crasso
obliquo, caule unifloro rarissime bifloro humili sed spathâ longiore,

foliis radicalibus ensiformibus cauli æquilongis vel brevioribus, foliis caulinis 3-5 abbreviatis, spathæ herbaceæ inflatæ ovato-oblongæ valvis acutissimis a latere plano-compressis dorso carinato-subalatis, perigonii tubo ovario cylindraceo-oblongo brevissimo pedicellato duplo longiore, limbi tubo 2 ½-plo longioris purpureo-violacei dilutius venosi laciniis æquilongis externis angustioribus obovato-cuneatis a tertiâ parte inferiori reflexis intus cærulescenti-barbatis, internis late obovato-ellipticis subretusis, stigmatis perigonii laciniis dimidio brevioris lobis triangularibus acutiusculis margine erosulis, filamentis antherâ longioribus, capsulâ tereti ovali-oblongâ ⚥. Ic. Term. Fnz. tab. XIV.

Hab. in saxosis graminosis regionis mediæ montium Balkan Thraciæ borealis supra Kalofer (Jauka). Vidi sicc. cultam.

Affinis ex cl. anctore *I. Reichenbachii* Heuffel. Cl. Buker eam *I. Olbiensi* associat a quâ jam valvis acute carinatis ex cl. auctore longe distat.

41. I. rubromarginata (Baker Gard Chron. 1875, I, p. '524)

rhizomate breviter repente, caule nullo, foliis brevibus ensiformibus acutis distichis eximie falcatis spatham vix excedentibus, spathæ 1-2-floræ valvis 2-3 lanceolatis carinato-compressis rubro-marginatis apice herbaceis, perigonii tubo ovario sessili oblongo quadruplo longiore, limbi venoso-fusci tubo brevioris laciniis exteruis triplo angustioribus et quartâ parte brevioribus intus violaceo-barbatis laminâ spathulato-oblongâ reflexâ, internis obovatis in unguem eis triplo breviorem abeuntibus, stigmatis lobis acutissimis, filamento antheræ subæquilongo, capsulâ... ⚥. *I. pumila* Griseb. Spic. II, 370, ex parte.

Hab. ad Scutari prope Byzantium (Griseb., W. Barbey!). Fl. vere.

Planta florifera 3-4-pollicaris, folia 2 ½-pollices longa 4 lin. lata, ffos magnit. *I pumilæ* a quâ differt perigonii laciniis externis interiorum proportione multo minoribus et intensius coloratis ; omnes venis longitudinalibus intensioribus pictæ.

42. I. mellita (Jank. Adatok Erd. p. 272)

rhizomate carnoso obliquo, caule gracili pumilo, foliis radicalibus anguste lanceolatis falcatis caule longioribus, caulinis 3-4 ad basin caulis plerumque confertis, spathæ 1-2-floræ valvis late lanceolatis acuminatis a latere compressis et dorso-carinato-subulatis, perigonii tubo ovario oblongo sessili triplo longiore spatham excedenti et demum nutanti, limbi luride violacei dilutius venosi laciniis externis brevioribus et angustioribus obovato-spathulatis a medio reflexis et intus cærulescenti-barbatis, laciniis internis oblongo-ellipticis erectis margine undulatis, stigmatis perigonio duplo brevioris lobis acuminatis margine exteriore fimbriato-laceris, filamentis antherâ sublongioribus, capsulâ ovato-trigonâ acutâ ⚥. *I. pumila* Griseb. Spic. II, 370 ex parte.

Hab. in herbidis aridis collium Thraciæ borealis prope Philippopolin (Friv., Janka !). Fl. Apr. Mai. Vid. sicc. cultam.

Caulis 1-5-pollicaris, spatha eâ *I. pumilœ* multo latior et magis inflata, flores eis hujus speciei submajores, caulis manifestus et spatha sæpius biflora.

43. I. lutescens (Lam. Encycl. III, p. 277) rhizomate crassiusculo repente, caule pumilo 1-2-floro foliis ensiformibus acutis sublongiore, spathæ valvis ventricosis late lanceolatis parte superiore cito emarcidis, ovario oblongo-trigono brevissime pedicellato, perigonii tubo ovario duplo longiore, limbo pallide fiavo, laciniarum exteriorum laminâ oblongo-spathulatâ fuscescenti, internis sublatioribus erectis unguiculatis, stigmatis lobis semiovatis acutis dentatis ♃. Ic. Bot. Mag. 2861.

Hab. in cacumine montis Alidagh Cappadociæ 5000' (Bal. exs. 1113 si hæc specimina fructifera vix semipedalia hûc recte refero). Planta ex hujus seminibus culta elatior evadit fere pedalis 1-4-flora.

Ar. Geogr. Europa australis ?

44. I. nudicaulis (Lam. Encycl. III, p. 296), rhizomate breviter repente, caulibus 1-3-pumilis simplicibus unifloris vel jam parte inferiori semel vel bis furcatis nudis vel ad furcationem folio diminuto obsitis, foliis radicalibus ensiformibus falcatis caulem floriferum æquantibus fructiferum superantibus, spathæ 1-2-floræ valvis ovatis vel oblongis inflatis herbaceis sæpe purpureo tinctis, perigonii tubo ovario subsessili oblongo duplo longiore, limbi intense violacei laciniis subæquilongis exteriorum laminâ obovatâ reflexâ albido-barbatâ, internis in unguem abruptius attenuatis, stigmatis lobis breviter lanceolatis acutis dentatis, capsulâ oblongâ trigonâ ♃. Rchb. Ic. Germ. fig. 758. — *I. aphylla* L. Sp. p. 56 (nomen improprium). — *I. Bohemica* Schm. — *I. Hungarica* W. K. pl. rar. tab. 226. — *I. biflora* Rchb. Ic. Germ. 332 non L. — *I. furcata* M. B. Taur. Cauc. III, p. 52. Cent. Ross. tab. 51.

Hab. in Caucaso et Iberiâ (M. B. Hohen ! C. A. Mey !).

Ar. Geogr. Germania orientalis, regio Danubialis, Rossia media et australis.

45. I. sambucina (L. Sp. 55) rhizomate crasso repente, caule modice elato ramoso 3-4-floro foliis glaucis ensiformibus longiore, spathæ valvis oblongo-navicularibus sub anthesi a basi ad medium herbaceis, perigonii tubo ovario subsessili sublongiore, laciniis externis patentibus violaceis albo-barbatis albo-marginatis ungue lutescente, internis obovatis unguiculatis sordide luteis lilacino-tinctis, stigmatis lobis ovatis marginibus interioribus inter se contiguis ♃. Jacq. Hort. Vind. tab. 2. — Bot. Mag. tab. 187. — Rchb. Germ. fig. 762.

Hab. in Transcaucasiâ ad Elisabethpol (Hohen. ex Ledeb.), an vera civis ? Floret Junio. Odor gravis.

Ar. Geogr. Germania, regio Danubialis. Frequenter culta et area inde incerta.

46. **I. squalens** (L. Sp. 56) rhizomate crasso repente, caule elato folia ensiformia superante superne ramoso spathas 3-4 edente, spathæ valvis oblongo-navicularibus obtusis sub anthesi a basi ad medium herbaceis, perigonii tubo ovario subsessili æquilongo, laciniarum exteriorum laminâ obovato-cuneatâ reflexâ violaceo-purpureâ venis fuscis, laciniis interioribus æquilongis obovatis unguiculatis crispulis luteis lilacino variegatis ♃. Jacq. Austr. tab. 5. — Rchb. Germ. fig.763.

Hab. in Caucaso et Persiâ boreali (ex Baker). E ditione nondum vidi. Fl. Maio.

Ar. Geogr. Germania, Transylvania, Moldavia.

47. **I. flavescens** (D. C. in Red. Lil. tab. 375), rhizomate crasso brevi repente, caule elato 3-4-floro, foliis ensiformibus caule brevioribus, spathis inferioribus pedunculatis cæteris sessilibus valvis laxis ovato-oblongis inflatis parte superiori membranaceis, perigonii tubo ovario cylindrico subsessili æquilongo vel sublongiore, limbi flavi laciniis obovatis subæqualibus exterioribus fusco-lineatis intus aurantiaco-barbatis, stigmatis lobis semiovatis latere exteriori denti-ticulatis acutis ♃. Ic. Flow. Gard. Ser. II, tab. 56. — Rchb. Ic. Crit. fig. 1242. — *I. sulphurea* C. Koch Linn. XXI, p. 637 ex cl. Baker.

Hab. in Iberiâ Caucasicâ (C. Koch), Armeniâ Rossicâ (Szov! Fl. Maio.

Ar. Geogr. Bosnia (Sendtn. ex cl. Baker).

48. **I. Germanica** (L. Sp. 55) rhizomate crasso brevi repente, caule procero plurifloro foliis ensiformibus glaucis acuminatis longiore, spathæ valvis oblongo-navicularibus sub anthesi a basi ad medium herbaceis, perigonii tubo ovario subsessili sublongiore, limbo intense violaceo unguibus flavidis fusco-venosis, laciniarum exteriorum laminâ obovatâ verticaliter deflexâ intus luteo-barbatâ, internis æquilongis subito in unguem contractis, stigmatis lobis ovalis divaricatis ♃. Bot. Mag. tab. 670. — Rchb. Ic. Germ. tab. 765.

Hab. in multis ditionis locis sed forsan non ubique spontanea; Græcia in montosis Achaiæ prope Megaspileon (Heldr!), Tauria (M. B.), Armenia Turcica (Huet!), Persia borealis ad Asterabad (Bge!). Fl. Aprili. Flores inodori.

Ar. Geogr. Europa centralis et australis.

49. **I. Florentina** (L. Sp. 55) rhizomate crasso late repente, caule · elato folia late ensiformia acuta longe superante superne ramoso 2-4 spathas gerenti, spathæ valvis lanceolato-navicularibus sub anthesi præter carinam herbaceam scariosis, perigonii tubo ovario longiusculo pedicellato sublongiore, limbi albi vel dilute cærulescentis laminis amplis obovatis exteriorum deflexis in ungues flavicantes abeuntibus flavo-barbatis, interioribus oblongo-obovatis, stig-

matis laciniis porrectis non divaricatis ♃. Ic. Fl. Græc. tab. 39. —
Bot. Mag. 671. — Rchb. Germ. fig. 766.

Hab. in Laconiâ (Hawkins ex Sibth.), Macedoniâ et Bithyniâ (Griseb),
Cypro (Ky. 888!) Rhodo (Smith Prodr., Bourg!) Fl. Maio. Flores leviter suaveolentes.

Ar. Geogr. Regio Mediterranea sed frequenter culta et area incerta.

50. **I. pallida** (Lam. Dict. III. p. 294) rhizomate crasso repente
caule elato plurispatho folia late ensiformia longe superante, spathæ
valvis oblongis sub anthesi omnino scariosis, perigonii tubo ovarium
cylindricum breviter pedicellatum æquante, limbo pallide violaceo
laminis amplis externis deflexis late obovatis intus flavo-barbatis et
basi intensius venosis, internis erectis æquilongis, stigmatis lobis
semiovatis acutis latere exteriore dentatis ♃. Rchb. Germ. fig. 767.
— *I. Germanica* Fl. Græc. tab. 40 non L.

Hab. in campestribus Cretæ (Sibth). in rupestribus montanis Rhodi
(Bourg!), in Syriâ prope Tripoli (Bl!), Palestinâ boreali Hayne (ex Baker)
Fl. Jun. Flores suaveolentes.

51. **I. Junonia** (Schott et Ky. Œster. Bot. Woch. 1854, p. 209)
rhizomate crasso repente, caule elato folia ensiformia subarcuata
glaucescentia superante, spatharum valvis latis obtusis supra medium
scariosis, perigoni tubo ovario breviore laminis externis reflexis late
oblongo-obovatis intus luteo-barbatis purpureo- violascentibus ferrugineo-venosis in unguem pallidum attenuatis, internis rotundato-
ovatis abrupte unguiculatis pallide violaceis basi ferrugineo-venosis,
stigmatis lobis violascentibus lacerato-incisis ♃.

Hab. in Tauro Cilicico (Kotschy). (Non vidi).

Hanc speciem mihi e descriptione tantum notam cl. Baker ut varietatem
I. pallidæ adjungit. Colui plantam sub hoc nomine ex hortis botanicis accep-
tam albifloram quæ ab *I. Florentinâ* non differt.

Species non satis nota.

I. Haynei (Baker Gard. Chron. VI, (1876) p. 710) rhizomate
breviter repente, caule spatham unicam terminalem edente, foliis radicalibus 5-6 ensiformibus caule subbrevioribus, caulinis subbasilaribus
subbinis diminutis, spathæ valvis viridibus lanceolatis acuminatis,
perigonii tubo virenti ovario subsessili cylindrico subbreviore, limbi
tubo 3-¹/₂-plo longioris lilacino-purpurei laciniis externis obovato-
cuneatis a medio reflexis intus barbatis, internis latioribus obovato-
unguiculatis ♃.

Hab. in monte Gibboa Palestinæ (Hayne ex Baker). Non vidi.

Caulis subpedalis, folia radicalia pollicem dimidium lata, spathæ valvæ 2
pollices, limbus tres pollices longus. Facies *I biflor*. Species ex unico et
imperfecto specimine nota et ex cl. auctore quoad affinitatem dubia. An *On-
cocycli* Sp?

Tʀ. III. GLADIOLEÆ. — Perigonium irregulare staminibus
unilateralibus arcuatis.

GLADIOLUS (L. Gen. 57).

Perigonium corollinum irregulare tubo brevi laciniis sex subbila-
biatis. Stamina 3 ad apicem tubi inserta ascendentia inclusa, antheræ
lineares paulo supra basin bifidam dorso affixæ extrorsæ. Ovarium
inferum triloculare loculis pluriovulatis, stylus filiformis, stigmata
tria a basi filiformi spathulato-dilatata. Capsula membranacea loculicide trivalvis, semina vel compressa alata vel aptera globoso-pyri-
formia deorsum producta. — Herbæ bulbosæ, floribus in spathâ
diphyllâ solitariis in spicam disticham vel secundam dispositis. Species characteribus non sat firmis interdum distinctæ et specimina e
sicco interdum non rite determinanda.

* Inæquinervii. — Foliorum nervi pauciores, intermedius cæteris crassior
in parte inferiori folii subitâ inflexione ad latus interius folii flexus.

     + Semina globoso-pyriformia non alata.

1. G. segetum Gawl. Bot. Mag. tab. 719) (fibris tunicarum
radicalium parallelis validiusculis superne anastomosantibus areolis
oblongis, florum spicâ laxâ subflexuosâ distichâ subunilaterali, spathæ valvis lanceolatis valde inæqualibus inferiore in floribus inferioribus perigonium sæpe æquante, perigonii tubo brevi parum incurvo
laciniâ superiore longiore et latiore a lateralibus recessâ, antheris
filamento sublongioribus, stigmatibus a basi ad medium angustis
sensim in laminam oblongam dilatatis, capsulâ globoso-obovatâ apice
impressâ trisulcâ obtuse trigonâ, seminibus globoso-turbinatis deorsum productis non alatis ♃, Rchb. Germ. fig. 731.-*G. Italicus* Gaud.
Helv. I, p. 96. — *G. Ludovicæ* Jan.-*G. Caucasicus* Herb. Bot. XXVII,
Misc. 65 ex descript. — *G. communis* Fl. Græc. tab. 37 a cl.
Gussone ad *G. dubium* suum relatus huic certe spectat.

Hab. in cultis inter segetes totius ditionis a Græciâ! et ejus insulis! Macedoniâ et Thraciâ!) ad Syriam interiorem et maritimam!, Ægyptum inferiorem
prope Alexandriam (Letourn!), Tauriam et prov. Caucasicas! Persiam borealem (Ky 242!) et australem inter Ispahan et Schiraz (Haussk!).

Forma perigonio abortive diminuto, *G. Guepini* Koch in cultis ad Mariut
prope Alexandriam (cl. Planta!) lecta fuit.

Ar. Geogr. Regio mediterranea totius Europæ et Africæ borealis. Madera,
insulæ Canarienses.

     + × Semina compressa alata.

2. G. Byzantinus Mill. Dict. III. — Bot. Mag. tab. 874) tunicarum radicalium fibris tenuibus parallelis, folis latis, caule valido

elato, florum spicâ multiflorâ laxiusculâ distichâ subunilaterali, spathæ valvis inæqualibus, perigonii tubo brevi subincurvo, laciniis
tribus superioribus approximatim porrectis, inferioribus lateralibus
intermediâ angustioribus et subbrevioribus, antheris filamento subæquilongis, stigmatibus fere a basi dilatatis obovatis obtusis, capsulâ
oblongo-obovatâ obtuse trigonâ, seminibus late membranaceis ♃. Ic.
Rchb. Crit. VII, fig. 866.

Facie, spicâ distichâ, floribus magnis affinis *G. séjetum*, sed laciniæ perigonii non adeo divaricatæ, semina alata, etc.

Ar. Geogr. Liguria, Corsica, Sardinia, Sicilia, Africa borealis.

3. G. communis (L. Sp. 52 pro parte) tunicarum radicalium
fibris validis parallelis in areolas angustas anastomosantibus, foliis
latis, florum spicâ unilaterali, spathæ valvis inæqualibus lanceolatis,
perigonii tubo incurvo, laciniis parum inæqualibus campanulatim
subconniventibus, antheris filamento brevioribus, stigmatibus a basi
ad apicem sensim dilatatis obovatis, capsulæ obovatæ angulis obtuse
carinatis, seminibus compressis late alatis ♃. Rchb. Germ. fig. 777.

Hab. in Tauriâ et Iberiâ (M.B.), Caucaso occidentali alt. 2400' (C. A. Mey).
Vidi specimen e bulbis ex Tiflis missis in hort. cl. J. Gay cultum), Persia
borealis ad Siaret (Bge!).

Ar. Geogr. Species ut videtur rarior, specimina spontanea e Galliâ australi
circâ Telonem, Corsicâ ad Bastelica (Reverchon!) tantum vidi. Prætereâ in
Germaniâ septentr. a cl. Koch indicatur.

4. G. Illyricus (Koch ap. Sturm 83 Ic.) tunicarum radicalium
fibris tenuibus parallelis dense stipatis superne anastomosantibus
angustissime areolatis, foliis subternis acuminatis, spicâ brevi pauciflorâ laxiusculâ distichâ, spathæ valvis binis lanceolatis acutis
valde inæqualibus inferiore flores inferiores subæquanti, perigonii
tubo subincurvo laciniis rhombeo-oblongis obtusis mucronuiatis
laciniâ supremâ longiore infimâ lateralibus sublatiore, antheris filamento brevioribus, stigmatibus a basi ad medium linearibus subito
in laminam subrotundo-ovatam dilatatis, capsulis obovato-trigonis,
seminibus anguste alatis ♃. Rchb. Germ. fig. 780 — *G. dubius* Guss.
Syn. I, p. 36 non differre videtur.

β *Anatolicus* Boiss. herb. — Labii superioris laciniæ inferiores
angustiores et superiori manifeste breviores, filamentum antherâ vix
longius. — *G. tenuiflorus* C. Koch Linn. XXI, p. 636.

Hab. in rupestribus, Smyrnæ in montanis (Auch. 2222! Boiss!), Carla (Pinard!), Pamphylia ad Adalia (Bourg!), montes Kassan Oglu Ciliciæ orientalis
5000' (Ky. 119!), Libani regio inferior (Gaill!), prope Eden (Bl!), Transcaucasia (Hoh! C. Koch! Szov!).

Hæc forma Orientalis mihi intermediis ad *G. Illyricum* Europeum transire
videtur. *G. Alpigenus* C. Koch Linn. XXI. 635 ex speciminibus pessimis ejus
herbarii ex Armeniâ Turcicâ mihi ad eamdem speciem ut forma perigonio
diminuto (*G. Guepini* analoga) reducendus videtur.

Ar. Geogr. Illyria, Dalmatia, Italia australis, Sicilia, Gallia, Hispania.

5. G. imbricatus (L. Sp. 52) tnnicarum radicalium fibris parallelis dense congestis superne anastomosantibus areolis angustissimis, caule gracili subdiphyllo folio inferiore sæpius obtuso, spicâ florum secundâ densâ, spathæ valvis breviter lanceolatis vix inæqualibus, perigonii tubo incurvo laciniis parum inæqualibus anguste unguiculatis obovatis subconniventibus, antheris filamento brevioribus, stigmatibus a basi sensim dilatatis oblanceolatis, capsulâ obovatâ obtuse trigonâ, seminibus anguste alatis ♃. Ic. M. B. Cent. tab. 60. — Rchb. Germ. fig. 778. — *C. Rossicus* Pers. Syn. I, p. 46. — *G. tenuis* M. B. Taur. Cauc. I, p. 29. — *C. subbiflorus* Boiss. in Tchih. As. Min. cl. p. 519 et *G. Raddeanus* Trautv. Pl. Nov. 1875, p. 55! forma pauciflora. — *G. hygrophilus* Boiss. et Huet Mss.

Hab. in pratis humidis, Armenia Turcica ad Koblat (Huet!), mons Berytdagh Cataoniæ 7000' (Haussk!), prope Van (Deyrolle!), Caucasus borealis et occid. 4200'-6000' (M. B. C. A. A.), Daghestania (Cbodsko!).

β *Kotschyanus.* — Perigonii laciniæ ternæ superiores inferioribus breviores, stigmatum lamina magis dilatata. — *G. Kotschyanus* Boiss. Diagn. Ser. I, 13, p. 15.

Hab. in Mesopotamiâ inter Suerek et Diarbekir (Ky. 163!).

γ *Libanoticus* Diagn. Ser. II, 4, p. 92. — Spathæ valvæ abbreviatæ elevatim nervosæ, spica pauciflora. — *G. Libanoticus* Boiss. in Ky. exs. 1855.

Hab. in humidiusculis vallis Martsch Antilibani supra Zebdani (Ky. 150!).

Ar. Geogr. Germania orientalis, Banatus, Transylvania, Rossia, Sibiria Uralensis.

6. G. triphyllus (Sibth. Mss. in Smith Prodr. I, p. 25) tunicarum radicalium fibris parallelis in areolas angustas anastomosantibus, caule tenui humili flexnoso subtriphyllo, foliis angustissime linearibus 4-5-nerviis nervis lateralibus marginantibus, floribus 2-3 approximatis, spathæ valvia anguste lanceolatis inæqualibus elongatis, perigonii tubo brevissimo recto, laciniis labii superioris purpureis oblongis breviter attenuato-unguiculatis, inferioris magis patentibus rhombeis in unguem subæquilongum attenuatis albis maculâ purpureâ rhombeâ pictis, stigmatum laminis angustis, capsulâ... ♃ *G. communis* var *triphyllus* Fl. Græc. tab. 38.

Hab. in Cypro ad meridiem montis Troodos (Sibth.), [in collibus ad Epiotissa (Sint. et Rigo!), ad monasterium Melandrina versus Antiphoniti (Ky. 531!). Fl. Apr.

Semipedalis, folia 1 ½-2 lineas lata. Nulla cum *G. palustri* similitudo quocum e cl. Grisebach confunditur.

** Foliorum nervi æquales æquidistantes paralleli.

7. G. atroviolaceus (Boiss. Diagn. Ser. I, 13, p 14) tunicarum radicalium fibris crassis parallelis anastomosantibus areolis angustis

elongatis, foliis anguste linearibus acuminatis æquidistanter 6-ner-
viis, spicâ brevi secundâ confertim 5-7-florâ, spathæ valvis anguste
lanceolatis acuminatis inæqualibus inferioribus tubo longioribus,
perigonii atroviolacei tubo valde curvato, limbi horizontalis vel cernui laciniis obovato vel oblongo-spathulatis in ungues laminâ breviores attenuatis lateralibus lobii euperioris et sæpe inferiori labii inferioris brevioribus, antheris filamento æquilongis vel sublongioribus
apice in mucronem subincurvum attenuatis, stigmatibus ad medium
usque linearibus dein in laminam spathulatam dilatatis, capsulâ
oblongâ retusâ trisulcâ torulosâ, seminibus globoso-turbinatis vel
pyriformibus apteris ♃. G. *Aleppicus* Boiss. eod. loc. p. 13. — G.
petræus Boiss. et Huet Mss.

Hab. in lapidosis et quoque inter segetes, Palestina ad Hierosolymam
(Roth 298!) ad Bethleem (Barbey!), Syria circa Damascum et ad El Keneissa
Antilibani (Gaill!), circa Aleppo (Ky. 86!) et inter segetes ad Aintab, Ma-
rasch, Karput et in Mesopotaniæ deserto Dara atque circa Terek, Mardin
(Haussk!), in petrosis Armeniæ Turcicæ ad Kassuklu (Huet!), Persiâ in monte
Ssahend prov. Aderbidjan prope Shah Iordi (Buhse!), prope Teheran (Ky. 28!),
prope Ispahan (Auch. 5352!).

Copiâ speciminum ex variis locis notæ differentiales inter species hic enumeratas evanescerunt. Pedalis vel sesquipedalis, folia 1 ½-3 lineas lata, spica
conferta et perigonium valde curvatum G. *imbricati* a quo cæteris neglectis
foliorum nervatione statim dignoscitur.

8. G. Persicus (Boiss. Diagn. Ser. I, p. 102) tunicarum radi-
calium fibris parallelis dense stipatis supérne anastomosantibus
areolis angustissimis, foliis anguste linearibus æquidistanter 6-8-
nerviis, caule gracili folia non superante, spicâ distichâ 5-10-florâ
laxâ, spathæ valvis oblongo-ellipticis obtusiusculis membranaceo-
marginatis, perigonii rosei tubo recto laciniis oblongo-lanceolatis
acutiusculis superiore sublongiore, filamentis antherâ sublongioribus,
stigmatibus a basi ad medium linearibus dein dilatatis, capsulâ... ♃.

Hab. in Persiâ australi prope Persepolin (Ky. 260! et 858!), boreali ad
Seidkhodji (Auch. 5351!).

Foliorum nervatione affinis G. *atroviolaceo* a quo specifice differe videtur
spicâ laxâ distichâ, perigonii rectiusculi nec valde incurvi laciniis angustioribus. Flores rosei nec atropurpurei.

9. G. halophilus (Boiss. et Heldr. Diagn. Ser. I, 13, p. 14) tuni-
carum radicalium fibris crassis totâ longitudine anastomosantibus
areolis oblongo-ellipticis, foliis anguste linearibus glaucescentibus
rigidis æquidistanter 4-6-nerviis incurvis caule gracili brevioribus,
spicâ laxiusculâ brevi flexuosâ 2-5-florâ, spathæ valvis lanceolatis
margine et apice membranaceis perigonii tubo vix longioribus, perigonii rosei tubo incurvo laciniisque obovatis obtusis lateralibus brevioribus, antheris filamento subbrevioribus, stigmatibus a basi sensim
dilatatis oblanceolatis, capsulâ.... ♃.

Hab. in salsis hyeme inundatis planitiei Koniah Lycaoniæ (Heldr!). Fl.
Junio.

Folia more præcedentium nervata sed duriora paucinervia sesquilineam
tantum lata, tunicæ latius areolatæ fibris crassioribus, valvæ apice scariosæ,
stigmata angustiora. Flores eis *G. palustris* fere majores.

ORD. CXXXII. AMARYLLIDACEÆ

R. Br. Prodr. 296.

Flores hermaphroditi regulares (rarius et in nostris nunquam irregulares) bracteis spathaceis inclusi. Perigonium superum corollinum
hexaphyllum vel infundibuli-tubulosum limbi laciniis biseriatis. Stamina sex disco epigyno imposita vel perigonii tubo aut fauci inserta
ejus laciniis opposita. Antheræ biloculares introrsum dehiscentes.
Ovarium inferum triloculare vel rarissime septis incompletis uniloculare, ovula plurima in loculorum angulo centrali biseriata anatropa
sæpius horizontalia. Stylus simplex, stigma integrum vel trilobum.
Capsula trilocularis loculicide trivalvis valvis medio septiferis.
Semina horizontalia vel pendula globosa vel compressa aut angulata,
testa tenuis membranacea in alam sæpe producta rarius crassa et
carnosa. Embryo in albumine axilis eo plerumque multo brevior. —
Herbæ perennes bulbosæ scapigeræ, rarius caulescentes caule foliato.
Ordo staminibus senis et introrsis ab Iridaceis distinctus.

Tʀɪ. AMARYLLEÆ Endl. — Perigonii faux coronâ destituta.
Herbæ bulbosæ scapigeræ.

LEUCOIUM (L. Gen. 402).

Perigonium superum spathâ inclusum campanulatum laciniis sex
subæqualibus apice incrassatis. Filamenta sex fauci perigonii inserta,
antheræ erectæ introrsæ apice obtusæ. Ovarium triloculare, loculis
multiovulatis, stylus filiformis vel clavatus. Stigma simplex. Capsula
recens carnosa tandem loculicide dehiscens et trivalvis. Semina subglobosa. — Herbæ bulbosæ scapigeræ bulbo tunicato, floribus albis.

1. **L. æstivum** (L. Sp. 414) foliis late linearibus obtusis canaliculatis elongatis, scapo ancipiti foliis longiore, spathâ 3-6-florâ lanceolatâ pedicellis inæqualibus æquilongâ vel longiore, perigonii
nutantis albi laciniis obovatis concavis in mucronem obtusum sub-
virescentem subito contractis, stylo anguste claviformi, seminibus
globosis testâ crustaceâ atrâ ♃. Ic. Jacq. Austr. tab. 208. — Rchb.
Germ. fig. 805.

Hab. in paludosis et pratis humidis, Eubæa (Heldr!), Macedonia et Thracia (Griseb.), Byzantii (Auch! Barbey!), Anatolia borealis tota (Wied ! Tchih!), Armenia ad Erzerum (Calv!), Imeretia (Radde), Tauria et Transcaucasia (Ledeb), Persiæ borealis prov. Ghilan (herb. Petrop!). Fl. Oct.

Ar. Geogr. Anglia, Dania, Gallia media et australis, Helvetia, Germania, Dalmatia, regio Danubialis.

2. L. autumnale (L. Sp. 414) foliis filiformibus vix canaliculatis subhysteranthiis, scapo filiformi, spathâ lineari indivisâ vel bipartitâ 1-3-florâ, pedicellis filiformibus inæqualibus flore nutanti albo longioribus, perigonii phyllis ovato-oblongis apice tridentatis, stylo filiformi, seminibus angulatis testâ tenui nigrâ ♃. Ic. Bot. Mag. 960. Rchb. Germ. fig. 806. — *Acis autumnalis* Herb.

Hab. in collibus demissis Cephaloniæ (Schimper et Wiest!). Fl. Oct.

Ar Geogr. Lusitania, Hispania, Sardinia, Sicilia, Africa borealis.

GALANTHUS (L. Gen. 401).

Perigonium superum spathâ uniflorâ inclusum limbo sexpartito laciniis tribus externis longioribus patentibus, internis brevioribus erectis margine inte se conniventibus. Stamina sex ad faucem perigonii inserta inclusa, filamenta brevissima, antheræ erectæ apice attenuatæ et ibi late dehiscentes, sæpe in acumen subalatum productæ. Ovarium triloculare loculis multiovulatis, stylus filiformis, stigma acutum. Capsula recens subcarnosa demum trivalvis et loculicide dehiscens. Semina subglobosa. — Herbæ bulbosæ scapigeræ, bulbo tunicato, floribus albis sæpius viridi-maculatis.

* Antheræ in acumen subulatum productæ.

+ Flores vernales.

1. G. nivalis (L. Sp. 413) vaginâ radicali apice truncatâ et breviter fissâ, foliis binis synanthiis linearibus obtusis subcanaliculatis, scapo cylindrico unifloro foliis vix longiore, flore pendulo, phyllis externis albis obovato-oblongis obtusis basi attenuatis, internis dimidio brevioribus obovato-cuneatis obcordatis albis maculâ viridi semicirculari albo-marginatâ obsitis lobis obtusissimis, staminibus phyllis internis subdimidio brevioribus, filamentis antherâ apice subulato-attenuatâ quadruplo brevioribus ♃. Rchb. Germ. fig. 807.

Hab. in sylvis montanis Thraciæ (Friv. ex Griseb.), in agro Byzantino (Sibth.), in Iberiâ prope Tiflis (Rupr!).

β *Redoutei* Regel Gartenf. 1874, p. 202. — Folia latiora (5-6 lin. lata)-*G. nivalis* var. *latifolius* Hort. — *G. nivalis* β *major* et γ *Caspius* Ruprecht Gartenf. 1868. — *G. nivalis* Redouté Lil. t. 200.

Hab. in Iberiâ Caucasicâ prope Kadschori et Tiflis (Szov! Rupr!), circa Lenkoran (Hoh!), in Persiâ boreali (Jenisch!), ad Asterabad (Buhse!).

Varietas latifolia sæpe confusa cum *G. plicato* foliis biplicatis distincto.

Ar Geogr. Britannia, Belgium, Gallia, Hispania borealis, Helvetia, Germania, Italia, regio Danubialis, Rossia media.

2. G. Græcus (Orph. in litt,) vaginâ radicali apice truncatâ et lateraliter fissâ, foliis binis synanthiis latiuscule linearibus canaliculatis obtusis glaucis, scapo foliis subbreviore subcompresso, flore pendulo, phyllis exterioribus albis oblongo-ellipticis concavis basi attenuatis, phyllis internis dimidio brevioribus obovatis parte inferiori viridibus apice brevissime et obtuse bilobis et viridi-bimaculatis, staminibus phyllis internis quartâ parte brevioribus, filamentis antherâ apice subalato-appendiculatâ 4-5-plo brevioribus ♃.

Hab. in regione superiori montis Pellinos insulæ Chios alt. 3800' (Orph!) Fl. Aprili.

Folia 3-5 lineas lata, flos magnit. *G. nivalis,* huic et *G. Elwesii* fere intermedius, differt a *G. nivali* phyllis internis minus cuneatis et minus profunde bilobis inferne viridibus nec albis, a *G. Elwesii* flore minore, phyllis externis angustioribus, interiorum lobis non quadratis nec undulato-crispis.

3. G. plicatus (M. B. Taur. Cauc. III, p. 255) vaginâ radicali apice truncatâ et lateraliter fissâ, foliis binis synanthiis erectis late linearibus præter costam mediam subtus carinantem utrinque ante margines plicâ elevatâ longitudinali obsitis marginibus introrsum flexis, scapo cylindrico subangulato unifloro foliis vix longiore, flore pendulo, phyllis externis albis obovato-oblongis obtusis concavis basi attenuatis, internis dimidio minoribus obovato-cuneatis obcordatis albis maculâ viridi semicirculari albo-marginatâ obsitis lobis rotundatis, staminibus phyllis internis tertiâ parte brevioribus, filamentis antherâ apice longe subulato-appendiculatâ 3-5-plo brevioribus ♃. Bot. Reg. tab. 545.

Hab. in umbrosis montanis totius Tauriæ (Stev!), Loci Transcaucasici omnes ad *G. nivalem* var. *Redoutei* spectare videntur.

4. G. Elwesii (J. D. Hooker in Bot. Mag. tab. 6166) vaginâ radicali apice truncatâ et lateraliter fissâ, foliis binis synanthiis late linearibus canaliculatis subcontortis glaucis, scapo foliis subbreviore subcompresso, flore pendulo majusculo phyllis exterioribus albis late obovatis concavis basi abrupiuscule contractis, internis 2 ¹/₂-plo brevioribus cuneato-oblongis medio constrictis obcordatis inferne viridibus superne viridi-bimaculatis lobis quadrato-truncatis divergentibus intus plicato-carinatis circumcirca undulato-crispis, staminibus phyllis internis quartâ parte brevioribus, filamentis antherâ apice longe subulato-appendiculatâ 4-5-plo brevioribus ♃.

Hab. in parte superiori montis Yamanlar dagh prope Smyrnam (Bal Nº 391! sub *G. plicato* Elwes).

10

Facies *G. plicati* sed folia canaliculata cæterum plana non biplicata; insignis lobis phyllorum interiorum quadratis margine undulato-crispis. *Leucoium bulbosum præcox Byzantinum* Clus. Hist. II. p. 169. Ic hûc potius quam ad *G. plicatum* spectare videtur.

× × Flores autumnales.

5. G. Olgæ (Orph. in litt.) vaginâ radicali truncatâ apice lateraliter et breviter fissâ, foliis binis hysteranthiis elongatis linearibus obtusis (e sicco) planiusculis subtus valde glaucis. scapo foliis sublongiore, flore nutante majusculo albo, phyllis externis longe ellipticis obtusis in unguem attenuatis, internis $^1/_2$-plo brevioribus cuneatis longitudinaliter multilineatis breviter obcordatis lobis rotundatis, staminibus phyllis internis 2 $^1/_2$-plo brevioribus, antheris longe subulato-acuminatis, filamentis brevissimis ♃.

Hab. in monte Taygeto Orph. (4017!) Fl. Octobri!.

Folia 6-8 pollicaria tres lineas lata, perigonii phylla externa fere pollicaria 3-3 $^1/_2$ lineas lata interiora ex sicco non viridi-máculata videntur. Species florescentiâ autumnali insignis.

* * Antheræ apice muticæ.

6. G. latifolius (Ruprecht Gartenfl. 1868, p. 130, tab. 578, fig. 1) vaginâ radicali brevi apice truncatâ, foliis binis late oblongo-lanceolatis planis acutiusculis inferne in petiolum longe attenuatis, scapo foliis sublongiore, flore pendulo albo phyllis externis anguste ellipticis utrinque attenuatis obtusisculis, internis triplo brevioribus obovato-oblongis subretusis vel obtusissimis immaculatis vel minute viridi-maculatis, filamentis brevissimis, antheris apice subangustatis non appendiculatis ♃.

Hab. in Transcaucasiâ in Ossetiâ loco Gudgora dicto 7200'-7600' (Bayern.! Ower.), in Suaniâ 6-8000' (Radde') Fl. Maio.

Folia 7-11 pollices longa pollicem circiter lata, flores magnitudinis *G. nivalis* phyllis externis 9 lin. circ. longis 2 $^1/_2$-3 latis. Species ab aliis congeneribus præter folia latiora phyllis internis nec maculatis nec bilobis, antheris non subulato-acuminatis discedens.

STERNBERGIA (W. K. Pl. rar. Hung. II, p. 172.
— Oporanthus. Herb.).

Perigonium superum spathâ uniflorâ inclusum infundibuliforme tubo recto sensim ampliato limbo regulari sexpartito. Filamenta sex summo tubo inserta filiformia, tria breviora. Stylus trigonus, stigma trilobum. Ovarium triloculare loculis biseriatim pluriovulatis. Capsula subcarnosa trilocularis indehiscens. Semina subglobosa. — Herbæ bulbosæ scapigeræ bulbo tunicato, floribus flavis.

1. S. colchiciflora (W. K. Hung. II, tab. 159) foliis hysteranthiis vernalibus obliquis anguste linearibus obtusis inferne attenuatis, flore autumnali, perigonii lutei tubo spathæ subæquilongo, laciniis linearibus tubo æquilongis vel sublongioribus externis acutiusculis internis obtusis interdum subretusis, staminibus limbo 2-3-plo brevioribus ♃. Rchb. Germ. fig. 823. — *Amaryllis colchiciflora* Gawl. — *A. citrina* Fl. Græc. III, tab. 311. — *S. Æthnensis* Guss. Pr. I, p. 595. — *S. Schuberti* Schenk Pl. Sp. p. 11.

Hab. in montosis siccis, mons Olenos Peloponnesi (Sibth.), Macedonia (Friv!), Olympus Bithynus (Noë!) Anatolia prope Ephesum (Roth), Tauria (Stev!), Iberia et Somchetia (Stev!).

Variat proportione laciniarum cum stylo et staminibus, tubi cum laciniis et hisce acutis vel obtusis.

Ar. Geogr. Sicilia, Italia australis, Dalmatia, Hungaria.

2. S. pulchella (Boiss. et Bl. Diagn. Ser. II, 4, p. 97), foliis 3-4 coëtaneis anguste linearibus margine scabridis obtusis vel acutiusculis patenti-curvatis, flore parvo luteo autumnali, perigonii tubo spathæ subæquilongo, laciniis oblongo-linearibus tubo subæquilongis, staminibus limbo tertiâ parte brevioribus ♃.

Hab. in declivibus siccis regionis inferioris Libani (Bl!), inter Alexandrette et Aleppo (Haussk!) inter Aleppo et Mossul Oliv!).

Ab affini *S. colchiciflorâ* foliis synanthiis fere angustioribus, perigonii fere dimidio minoris laciniis 6-7 lineas tantum longis, staminibus perigonii proportione longioribus distincta.

3. S. lutea (L. Sp. 420 sub *Amaryllide*) foliis synanthiis late linearibus concavis obtusis margine cartilagineis denticulato-scabris, scapo foliis subbreviore, spathâ ovato-lanceolatâ basi tubulosâ perigonium dimidium æquante, floribus autumnalibus, perigonii lutei tubo brevissimo tenui in limbum infundibuliformem dilatato, laciniis oblongo-ellipticis obtusis, staminibus perigonio quartâ parte brevioribus, ovario ovato-oblongo intra spatham sessili ♃. *S. lutea* Gawl. — Fl. Græc. tab. 310. — Rchb. Germ. fig. 829.

Hab. in monte Olenos Peloponnesi (Sibth.), Chelmos (Orph!), |Taygeto (Psarides!), montibus Parnes Aiticæ et Hymetto (Heldr!). Cephalonia (Schimp!), Macedonia in Athone (Sibth.), insulâ Poros (Wied!).

Ar. Geogr. Hispania, Gallia australis, Italia, Dalmatia, Africa borealis, sed in quibusdam locis forsan introducta.

4. S. Fischeriana (Herb. Amar. p. 412, tab 47, fig. 8 sub *Oporantho*) foliis synanthiis latiuscule linearibus planis obtusis margine integris, scapo foliis subbreviore, spathâ ovato-lanceolatâ basi tubulosâ perigonio tertiâ parte breviore, floribus vernalibus, perigonii pallide lutei tubo brevissimo crassiusculo in limbum infundibuliformem dilatato, laciniis oblongo-ellipticis obtusis, staminibus perigonio dimidio brevioribus, ovario oblongo-elliptico utrinque attenuato intra spatham stipitato ♃. *Amaryllis lutea* M. B. Taur. Cauc. III. p 255, non L.

Hab. in Iberiá (Wilh.), in prov. Karabagh (Hoh!), ad Aksu inter Tiflis et Schemacha (Bge!). Fl. Febr.

A. *S. luteá* egregie distincta florescentiâ vernali, foliis margine non denticulato-scabris, perigonio tertiâ saltem parte minore tubo magis dilatato, ovario elongato et stipitato.

5. **S. Sicula** (Tineo in Guss. Syn. II, p. 811) foliis synanthiis anguste lineari-subtriquetris canaliculatis subrecurvis margine eximie et pectinatim glandulosis scapo humili sublongioribus, spathâ oblongo-lanceolatâ basi tubulosâ perigonio dimidio breviore, floribus autumnalibus, perigonii lutei tubo brevissimo angusto in limbum infundibuliformem dilatato, laciniis ellipticis acutiusculis, filamentis perigonio tertiâ parte brevioribus, ovario oblongo intra spatham sessili ♃. *S lutea β minor* Boiss. Mss. — S. *lutea var. Græca* Rchb. Ic. Germ. fig. 828.

Hab. in collibus saxosis prope Athenas (Sprun! Heldr. Fl. Gr. ext. 1869!) in monte Lycabe to (Orph!), Cretâ (Raul!).

Ab affini S. *luteâ* specifice differre videtur foliis angustis 2 lineas latis eximie pectinato-glandulosis, perigonii laciniis angustioribus utrinque attenuatis.

Ar. Geogr. Sicilia, Calabria.

6. **S. Clusiana** (Gawl. in Schult. Syst. VII, 794) foliis hysteranthiis vernalibus late linearibus obtusis (an semper?) subcontortis erectis glaucescentibus elongatis, scapo inferne tunicis radicalibus productis vestito, flore autumnali, spathâ lineari inferne tubulosâ apice interdum fissâ perigonii tubo sublongiore, perigonii flavi ampli tubo tenui limbo æquilongo, laciniis late oblongo-ellipticis obtusis, filamentis longioribus dimidium limbum subsuperantibus, ovario elliptico intra spatham substipitato ♃.*S. macrantha* J. Gay in Sched. Bal. 1355. — *Narcissus Persicus* Clus. Hist. Lib. II, 163 Ic.

Hab. in Palestinâ circa Joppen et Hierosolymam (Roth 3!), ad Damascum (Gaill!), in Libano circa Eden (Bl!), Syriâ ad Aleppo (Haussk!), Tauro Cilicico circa Gülek Ky. 344! Bal. 827! Fl. Autumn.

Scapus 2-3-pollicaris, perigonii tubus 1 $\frac{1}{2}$-2 $\frac{1}{2}$-pollices, limbus 2-2 $\frac{1}{2}$-pollices longus, folia evolutæ 7-11 poll. longa 6-8 lineas lata. Flos major eo S. *luteæ* a quâ foliis hysteranthiis perigoniique tubo longo differt. Capsula oblonga sesquipollicem longa.

7. **S. stipitata** (Boiss. et Haussk.) foliis hysteranthiis vernalibus..., scapo elongato tunicis radicalibus productis longe vestito. flore autumnali flavo magno, spathâ inferne tubulosâ superne late lineari dimidium limbum æquante, perigonii tubo limbo æquilongo. laciniis spathulato-oblongis obtusiusculis basi longe attenuatis sub-

stipitatis, staminibus longioribus limbo tertiâ parte brevioribus, ovario oblongo-lineari intra spatham sessili ♃.

Hab. in agris calcareis Persiæ occidentalis inter Dinawer et Sungur in viâ inter Kermanschah et Hamadan (Haussk!). Fl. Sept.

Scapus sæpe 5-6-pollicaris, tunicæ radicales sæpe ultra mediam partem tubi perigonialis productæ, tubus bipollicaris, laciniæ 1 ¹/₂-2 pollices longæ. Folia ignota. Species tubo elongato *S. Clusianæ* affinis sed perigonii phyllis basi longe attenuatis et angustioribus distincta.

UNGERNIA (A. de Bunge Mém. 1875).

Perigonium superum regulare infundibuliforme basi tubulosum limbo campanulato sexpartito. Corona nulla. Stamina sex medio tubo inserta exteriora longiora, antheræ mediofixæ versatiles birimosæ. Ovarium profunde trisulcatum triloculare, ovula plura imbricato-biseriata, stylus filiformis subrectus, stigma minute capitatum. Capsula tenuiter membranacea basi retusa apice breviter et abrupte mucronata tricocca loculis globosis dissepimentis angustis interstinctis. Semina nigra nitida obovata compresso-plana testâ tenui in alam expansâ. — Herba bulbosa scapo nudo, floribus umbellatis spathâ diphyllâ inclusis. — Genus seminibus plano-compressis alatis *Vallotæ* et *Cyrtantho* affine, capsnlâ tricoccâ distinctum.

1. **U . trisphæra** (Bge loc. cit p. 3) bulbo maximo ovato cylindraceo, foliis hysteranthiis...., scapo nudo inferne tunicis creberrimis bulbi incluso, floribus 5-15 umbellatis, pedicellis inæqualibus ovario longioribus spathæ phyllis binis lanceolatis brevioribus, perigonii pallide miniati tubo brevi apice subampliato laciniis oblongis obtusis subapiculatis triplo breviore ♃.

Hab. in planitiebus aridis provinciæ Khorassan Persiæ cica Mesched (Bge!), Floret sub finem Julii et Augusto.

Bulbus pedem dimidium et amplius longus basi diametro 2 ¹/₂-pollicaris. Folia hyemalia vel vernalia ignota, flores pollicem aut paulo amplius longi. Capsulæ 6 lineas longæ 8-7 latæ, cocci piso 2-3-plo majores. Semina 4 ¹/₂ lineas longa.

2. **U. flava** (Boiss. et Haussk.) bulbo...., foliis hysteranthiis, scapo nudo, floribus 6-10 umbellatis pedicellis valde inæqualibus flore æquilongis vel brevioribus suffultis, spathæ valvis binis lanceolatis pedicellos longiores non æquantibus, perigonii flavi brunneo-striati tubo a basi ad apicem sensim ampliato laciniis ellipticis obtusis breviter apiculatis duplo breviore ♃.

Hab. in dumetis Persiæ austro-occidentalis in monte Zagros prope Masibin 8000' (Haussk!). Fl. Aug.

Folia ignota, scapi 9-10 pollicares, perigonium pollicare, ovarium globoso-trisulcum, capsula ignota. Ab affini *V. trisphœrâ* jam colore floris, tubo sensim nec versus apicem ampliato distincta.

Tr. II. NARCISSEÆ. Endl. — Perigonii faux coronâ aucta. Herbæ bulbosæ scapigeræ.

NARCISSUS (L. Gen. 403).

Perigonium superum corollinum tubo elongato limbo hypocrateriformi sexpartito. Corona campanulata vel cupularis integra vel partita aut crenulata. Stamina tubo perigonii infra coronam inserta et ab eâ libera, antheræ medio dorso affixæ. Ovarium ovatum vel oblongum trigonum, loculis 3 pluriovulatis, stylus filiformis, stigma truncatum vel subtrilobum. Capsula loculicide trivalvis. Semina subglobosa vel angulata testâ crustaceâ nigrâ. — Herbæ perennes bulbosæ floribus pluribus rarius solitariis spathâ inclusis.

1. **N. radiiflorus** (Salisb. Prodr. p. 225) foliis anguste linearibus obtusis planiusculis obtuse carinatis, scapo gracili compresso ancipiti unifloro, flore intra spatham longiuscule pedicellato, ovario sub anthesi tereti, perigonii albi phyllis elliptico-oblongis acutis discretis, coronâ brevissimâ cupulari erectâ flavidâ margine subcrenato coccineo cinctâ ♃. Rchb. Germ. fig. 809. — *N. poëticus* Sm. Prodr. p. 758.

Hab. in pratis subalpinis et alpinis, in Helicone et aliis montibus Græciæ septentrionalis (Hawk.), mons Æta (Heldr!). Fl. Oct.

Ar. Geogr. Gallia, Helvetia, Germania australis, Italia borealis, Dalmatia, regio Danubialis, Serbia.

Obs. *N. pseudonarcissus* L. in Caucaso orientali (M. B.) et prov. Karabagh (Eichw.) indicatur sed a recentioribus non observatus. Probab. non spontaneus nam hujus speciei Europeæ area ultra regionem Danubialem non extenditar.

2. **N. Tazetta** (L. Sp. 416) foliis 4-6 glaucescentibus linearibus obtusis planiusculis, scapo ancipiti apice 3-10-floro, pedicellis inæqualibus longioribus florem et spatham oblongam superantibus, perigonii tubo laciniis patentibus albis vel pallide ochroleucis alternatim apiculatis sublongiore, coronâ aureâ cupulari laciniis alternatim latioribus 2-3-plo breviore ♃.

Species summopere variabilis cujus non formas omnes, sed frequentiores et magis notabiles enumero.

α *typicus.* — Perigonii mediocris laciniæ ovato vel oblongo-ellipticæ, corona laciniis triplo brevior plicata subintegra. — Ic. Fl. Græc. tab. 308. — Rchb. Germ. fig. 815.

Hab. in collibus et pratis regionis inferioris, Græcia (Sibth! Heldr!), Byzantium (Wied!), Syria littoralis (Bl!), Damascus et 'Antilibanus (Gaill!), Egyptus ad Alexandriam (Letourn!). Ex Persia orientali ad Tebbes retulit amic. Bge sed an ibi spontaneus? Fl. Vere.

β *Syriacus.* — Perigonii laciniæ oblongæ longiores et angus-

tiores magis discretæ, corona obsolete lobata laciniis 4-5-plo brevior.
— *N. Syriacus* Boiss. et Gaill. Diagn. Ser. II, 5, p. 96.

Hab in Syriâ littorali ad Berythum et Sidonem (Bl! Gaill!), in Antilibano
et ad Damascum (Gaill !).

γ *Orientalis.* — Scapus elatus, flores majores, corona laciniis
quintuplo brevior plus minusve trilobo-fissa eroso-crenulata. — *N.
Orientalis* α Bot. Mag 940 an L. Mant. 38? — *N. Byzantinus* vel
Constantinopolitanus Hortul. — *N. Tenorii* Parlat. Fl. It. 3, p. 137.
An in quâdam parte Orientis spontaneus? an forma hortensis? Cl. et
amic. Dr Levier primus agnovit hanc stirpem a nonnullis annis circâ
Florentiam copiose crescentem eamdem prorsus esse ac planta in
Bot. Mag. exhibita.

δ *Cypri.* — Scapus elatus, bulbus major, flores magni, corona
valde patens integra laciniis triplo brevior. — *N. Cypri* Haw. Phil.
Mag. Sweet Flow. Gard. tab. 92. — *N. elatus* Guss. in Italiâ circâ
Neapolin et Florentiam ex bulbis *Narc. Byzantini* Hort enatus (cl.
Levier in litt.) et nunc ibi copiosus omnino eadem videtur forma.

Hab. in insulâ Cypro (ex Haw.), in agris ad Larnaca (Sint. et Rigo !). Specimina in pomariis Aleppi a cl. Haussk. lecta hûc omnino spectare videntur.

Ar. Geogr. Europa et Africæ borealis regio mediterranea omnis.

3. N. papyraceus (Gawl. Bot. Mag. tab 947) foliis anguste
linearibus subcanaliculatis, scapo foliis subæquilongo compresso
biangulato apice umbellatim multifloro, perigonii albi laciniis tubo
sublongioribus oblongis subdiscretis, coronâ albâ cyathiformi ore
subconstrictâ et crenulato-dentatâ laciniis triplo breviore ♃. Mogg.
Ment. tab. 70. — *N. stellatus* α. Dc. Fl. Fr. — Rchb. Ic. Germ.
fig. 815.

Hab. in vinetis et collibus ad Phalerum Atticæ (Sprun!), ad rupes Naupliæ
in Argolide (Sprun!), Zacinthi (Marg!), in Messeniâ circa Navaria et Calamata (Dænzer!), Cyprus (ex Kth. Enum). Fl. vere.

Ar. Geogr. Gallia australis, Italia.

Obs. *N. dubius* Lois. et *N. odorus* schedularum mendacium Gittardi fide in
Messeniâ indicati ibi non crescere videntur, specimina ex Galliâ australi certe
oriunda.

4. N. aureus (Lois. Fl. Gall. I, 235) foliis viridibus planis
latiuscule linearibus, scapo subtereti multifloro, perigonii flavi laciniis patentibus late obovatis obtusis alternatim mucronatis, coronâ
cupulari aureâ ore subintegrâ laciniis triplo breviore ♃. Moggridge
Ment. tab. 22. — *N. Orientalis* var. .δ Bot. Mag. tab. 1076.

Hab. in collibus Atticæ ad Phalerum (Sprun!) An spont? Fl. vere.

Ar. Geogr. Gallia australis, Italia, Africa borealis.

5. N. serotinus (L. Sp. 517) foliis 1-2 filiformibus superne
canaliculatis hysteranthiis, scapo tereti tenui, floribus 1 rarius 2
intra spatham linearem pedicellatis, perigonii albi tubo gracili laci-

niis stellatim patentibus oblongis vel oblongo-lanceolatis acutis vel
mucronatis sublongiore, coronâ brevissimâ flavidâ trifidâ lobis obtusis retusis, ovario oblongo ♃. Ic. Desf. Atl. tab. 82 (specimen uniflorum) — Burb. Narc. tab. 46. — *N. serotinus* Clus. rar. pl. Hist. I,
p. 162 Icon. — *N. spiralis* F. et M. Ann. Sc. Nat. 4, Ser. I, p. 80.

Hab. in collibus aridis Zacynthi (Marg!), Cephaloniæ (Wiest!) Atticæ ad
Piræum (Heldr. Herb. Norm. 810!), Messeniæ (herb. Fauché!), Cretæ ad
Arcadia (Raul!), Cypri ad Paphos (Ky!), Ciliciæ Tracheæ ad Porto Cavaliere
(Tchih!). Fl. autumno.

Ar. Geogr. Hispania australis et orientalis, Corsica, Sardinia, Italia australis,.
Dalmatia, Africa borealis.

Species dubia.

N. Corcyrensis (Herb. Amar. p. 323, tab. 37) foliis synanthiis
glaucis, scapo unifloro, perigonii laciniis reflexis anguste lineari-lanceolatis acutis pallide sulphureis, coronâ flavâ cupulari laciniis 4-5-
plo breviore trifidâ ♃.

Hab. Corcyræ (Herb.). Non vidi.

Insignis scapo unifloro, laciniis perigonii angustissimis. An *N. serotini*
quem facie refert cum *N. Tazettâ* hybridus?

PANCRATIUM (L. Gen. 161),

Perigonium superum infundibuliforme tubo longo cylindrico, limbo
æqualiter quinquepartito. Corona   campanulata   laciniis   perigonii
parte inferiore adnata in dentes fissa. Stamina faciei internæ corollæ
adnata libera vel coronæ adnata, antheræ medio dorso affixæ. Ovarium triloculare loculis multiovulatis, stylus filiformis, stigma subtrilobum. Capsula ovato-trigona   trilocularis   loculicide   trivalvis.
Semina subglobosa crustacea. — Herbæ perennes bulbo magno,
floribus amplis albis spathâ inclusis.

1. **P. maritimum** (L. Sp. 418) foliis subsynanthiis erectis late
linearibus longis glaucis scapum crassum compressum subæquantibus, spathâ bivalvi lanceolatâ floribus 3-4-plo breviore, floribus 2-8
capitatis subsessilibus, perigonii infundibuliformis albi tubo elongato sensim ampliato, limbi tubo brevioris laciniis lanceolato-linearibus patenti-reflexis subtus fasciâ viridi notatis, coronæ limbo longe
adnatæ laciniis brevioris dentibus duodecim triangularibus acutis,
antheris e fauce exsertis ♃. Fl. Græc. tab. 309. — Rchb. Germ. fig. 821..

Hab. in arenosis maritimis Græciæ et ejus insularum (Sibth. Sprun!, Bory!),
Macedoniæ (Janka!), Byzantii (Coum!), Ponti (Tchih! Bourg!), Transcaucasiæ ad mare Nigrum (Nordm.), Cypri (Sibth.), Egypti infer. ad Alexandriam (Duparq!).

Ar. Geogr. Hispania, Lusitania, Gallia occidentalis et australis, Italia, Dalmatia, Africa borealis.

2. P. parviflorum (Decaisne Pl. Palest. in Ann. Sc. Nat. Déc. 1835 non Desf.) foliis hysteranthiis linearibus, scapo gracili foliis subæquilongo, spathà bivalvi lanceolatâ, floribus 4-10 capitatis pedicellis ovario longioribus suffultis, perigonii infundibuliformis albi tubo tenui limbo subæquilongo, laciniis anguste lineari-lanceolatis, coronæ dentibus lanceolatis acutis perigonii lacinias dimidias æquantibus, antheris e fauce exsertis ♃.

Hab. in fissuris rupium et ad muros siccos regionis inferioris Syriæ maritimæ, collis S^d Dimitri prope Beyrouth (Bové, Bl!) ad Sidonem (Gaill!). Floret Octobri, folia emittit hyeme.

Folia 9-10-pollicaria 4-6 lineas lata, scapi vix pedales, flores pedicellati nec sessiles eis *P. maritimi* triplo breviores (pollicares) tubo et laciniis angustioribus.

3. P. Sickenbergeri (Asch. et Schweinf. Gartenzeitung cum Icone). bulbi obovati tunicis membranaceis fuscis, foliis hysteranthiis glaucis linearibus canaliculatis apice acutatis spiraliter convolutis scapo sublongioribus, spathâ 4-8-florâ bipartitâ phyllis anguste lanceolatis ovario parum longioribus, pedicellis ovario oblongo subbrevioribus, perigonii albi tubo gracili in limbum infundibuliformem eo sesquilongiorem ampliato, limbi laciniis lanceolatis externis acutiusculis internis retusis, coronæ laciniis multo brevioris dentibus late et breviter ovatis in dentes binos late et breviter triangulares acutos bifidis, filamentis æquilongis coronâ longioribus phyllis brevioribus, capsulæ profunde trisulcæ coccis oblongis dorso rotundatis obtu·sis ♃.

Hab. in arenosis deserti Arabiæ Petreæ inter Suez et montem Sinai (Boiss. 1846, spec. sterilia!), in deserto Ægyptiaco-Arabico septentrionali in ditione Bir el. Fachme (Sickenb!), ad Ouadi Eschra, Gebel Cheschen, ostium vallis Ouadi Gjaffara (Schweinf.), in deserto Isthmi ad Bir Abu Elfeni (W. Barbey!) Arabice *Aissalan.*

Flores absque foliis prodeunt medio Octobri, capsulæ Novembri, folla autem vere insequenti nascentia fine æstatis exsiccata fiunt et evanescunt (Sickenb. in lit.). Pedale, folia semipedalia 3-4 lineas lata, perigonium cum ovario 3 ½-pollicare. Capsula nuce avellanâ major subdepressa. Foliorum spiraliter convolutorum similitudine deceptus hanc plantam prius habui pro *P. tortuoso* Herb. Ann. Nat. Hist. IV, p. 28. = *P. tortifolio* Boiss. Diagn. Ser. I, 13, p. 18, Arabiæ tropicæ incolâ quod differt spathâ bicuspidatâ, floribus sessilibus, tubo laminam quadruplo superante. *P. maritimum* foliis latioribus non spiralibus, perigonii limbo ampliore, fructu majore obsoletius trisulco longius differt.

Tʀ. III — IXIOLIRIEÆ. — Perigonium coronâ destitutum.
Herbæ bulbosæ caulescentes.

IXIOLIRION (Fisch. in Endl. Gen. p. 170).

Perigonium superum infundibuliforme ad ovarium usque hexaphyllum. Stamina sex imis perigonii phyllis inserta inclusa, filamenta subulata, antheræ rectæ basi pro receptione filamenti perforatæ. Ovarium triloculare loculis pluriovulatis, stylus filiformis, stigmata tria breviter filiformia patenti-revoluta. Capsula oblongo-clavata basi attenuata apice loculicide trivalvis. Semina ovali-oblonga. — Herbæ perennes bulbo tunicato, floribus magnis cæruleis, caule foliato.

1. I. montanum (Labill. Déc. II, ip. 5. sub *Amaryllide*) caule erecto flexuoso foliato in racemum vel paniculam strictam abeunte pedunculis axillaribus strictis 1-2-floris pedicellis flori æquilongis vel brevioribus, floribus terminalibus sæpe confertis subcorymbosis, foliis anguste linearibus plicatis inferioribus longissimis superioribus longe subulato--attenuatis flores axillares superantibus, perigonii longe infundibularis cærulei phyllis oblongo-linearibus inferne attenuatis trinerviis externis apice longe mucronatis, antheris oblongo-linearibus latitudine suâ quintuplo longioribus defloratis rectis ♃. *I. montanum* Herb. Amar. p. 125, tab. 20 fig. 3.

Hab. in collibus, cultis, in regione inferiore montanâ et subalpinâ, Palestinæ desertum ad meridiem Gaza (Boiss! Barbey!), Palestina (Roth 456!), Libanus (Lab! Gaill!), Antilibanus ad Rascheya (Boiss! Gaill! Post!) Ciliciæ orientalis ditio Kassan Oglu (Ky. 95!), circa Aintab et Aleppo (Haussk!), Mesopotamia (Haussk!), Armenia australis ad Bakker Maaden (Noë!), Persia borealis (Szov! Auch. 5341!), media ad Ispahan (Auch!), austro-orientalis ad Chabbise et Kerman (Bunge!).

Planta 1-2-pedalis, perigonium sæpe tandem sesquipollicare.

2. I. Pallasii (Fisch. et Mey. in Ledeb. Fl. Ross. IV, p. 116 exclusis locis Transcaucasicis) caule erecto flexuoso foliato in racemum brevem pauciflorum vel in corymbum terminalem 2-4-florum abeunti, foliis anguste linearibus plicatis longe attenuato-acuminatis, perigonii cærulei infundibularis phyllis oblongo-spathulatis trinerviis inferne attenuatis externis apice cuspidatis, antheris ovato-oblongis latitudine suâ 2 ½-plo longioribus defloratis rectis ♃. Regel Gartenfl. 1873 tab. 775 et 1877 tab. 910. — *Amaryllis Tatarica* Pall. Voy. V, p. 502, tab. 7.

Hab. in Turcomaniâ ad mare Caspium et in desertis interioribus (Lehm!), in Affghaniâ ad Quettah et Siriab (Griff!), valle Kurrum (Aitch!), Belutchiâ (Stocks 887!).

Valde affine *I. montano* sed flos plerumque brevior pollicem rarius excedens, inflorescentia pauciflora vix racemosa et præsertim antheræ multo breviores. Tertia generis species in ditione non observata est *I. Ledebourii* F. et M. = *Amaryllis Tatarica* Ledeb. Fl. Alt. II, p 40 non Pall. — Herb. Amar. tab. 19 floris magis aperti phyllis erecto-patulis et præsertim antheris d. floratis circinnato-revolutis distincta, Sibiriæ Altaicæ incola. Cl. et am. Regel eas tres species cæterum Act. Hort. Petrop. VI, p. 492, in unicam conjungit.

Ar. Geogr. Campi Caspii, Songaria. Sibiria Uralensis.

ORD. CXXXIII COLCHICACEÆ

(D. C. Fl. Fr. III, p. 192. — *Melanthaceæ* R. Br.)

Flores hermaphroditi rarissime polygami. Perigonium inferum sexfidum vel hexaphyllum. Stamina sex receptaculo vel perigonio inserta. Antheræ extrorsæ. Ovarium liberum vel imâ basi cum perigonio coalitum triloculare ovulis in loculo crebris superpositis angulo centrali affixis anatropis. Styli liberi rarius in unicum coaliti. Capsula in nostris septicido-trivalvis introrsum dehiscens sæpe tripartibibilis. Semina formâ varia. Embryo cylindricus albumine copioso carnoso inclusus. — Herbæ perennes, radix bulbus, rarius rhizoma.

Tr. I. COLCHICEÆ Nees. — Perigonii laciniæ plus minus longe unguiculatæ unguibus liberis vel in tubum connatis. Herbæ bulbosæ.

COLCHICUM (L. Gen. 457).

Perigonium corollinum infundibuliforme tubo elongato cylindrico limbo sexpartito. Stamina sex ad faucem perigonii inserta, tria interiora sublongiora, antheræ oblongæ vel lineares versatiles. Ovarium triloculare loculis pluriovulatis. Styli tres liberi filiformes e tubo longe exserti apice stigmatoso vel falcato unilaterali vel recto, stigmate punctiformi. Capsula ovato-oblonga superne septicide trivalvis. Semina globosa. — Herbæ bulbosæ rarius rhizomate sobolifero donatæ, foliis floribusque spathâ inclusis. Genus quoad specierum distinctionem et determinationem difficillimum et non satis notum; plurium specierum enim inter *Hysteranthia* folia adhucdum ignota sunt et multorum capsulæ, *Synanthiorum* autem species valde variabiles.

Specierum Orientalium distributio.

Sect. I. Blastodes. — Rhizoma horizontale.

C. Boissieri.

SECT. II. EUCOLCHICUM. — Cormus simplex.

' Folia hysteranthia vernalia, flores autumnales.

+ Stylus rectiusculus, stigma punctiforme. Flores non tessellati.

C. lœtum, Decaisnei, Haussknechtii.

+ + Stylus apice falcatus et sæpius incrassatus unilateraliter stigmatosus

× Perigonii limbus tessellatus.

C. variegatum, Parkinsoni, amabile, latifolium.

× × Perigonium non tessellatum.

C. speciosum, candidum, Byzantinum, Turcicum, lingulatum, Parnassicum, Troodi, umbrosum, Kochii, Parlatoris.

' ' Folia synanthia.

+ Flores purpurei, rosei vel albi.

× Antheræ purpureæ vel fuscescentes.

C. fasciculare, Ritchii, brachyphyllum, montanum, Bertolonii.

× × Antheræ luteæ.

C. Steveni, crocifolium, Szovitsii, Libanoticum.

+ Flores lutei.

C. luteum

SECT. I. BLASTODES. — Rhizoma horizontale.

1. C. Boissieri (Orph. Atti Congr. Firenze 1876, p. 31) rhizomate horizontali cylindrico subflexuoso extremitate spatham elongatam unifloram rarius 2-3-floram edente, ioliis 2-3 hysteranthiis vel subsynanthiis linearibus vel lineari-lanceolatis, perigonii rosei tubo tenui spathâ et laciniis multo longiore, laciniis (e sicco) non tessellatis oblongo-ellipticis intus quintâ parte inferiori lamellis binis integris longitudinalibus auctis, filamentis ad basin laciniarum insertis limbo triplo longioribus, antheris luteis versatilibus linearibus latitudine suâ 4-5-plo longioribus, stylis perigonio quartâ parte brevioribus, stigmate attenuato subincurvo ♃.

Hab in regione superiori montis Taygeti Laconiæ 5000' (Orph !). Fl. Sept. Oct.

Species in genere radicis indole eam *Merenderæ soboliferæ* referente insignis.

Rhizoma 1-1 ½ pollicare crassitie pennæ anserinæ extremitate posticâ sub-
incrassatum et ad quartam partem longitudinis superne dente brevi auctum,
extremitate anticâ non cormum sed spatham angustam 2-4-pollices longam
edens. Flores eis *C. autumnalis* subminores tubo (3-5 pollicari), tenuiore et
laciniis angustioribus. Folia sæpius tenuia 1 lineam lata fere *Croci* sed interdum post anthesin latiora 2-3 lineas lata.

Sect. II. Eucolchicum. — Cormus simplex.

· Folia hysteranthia vernalia, flores autumnales.

2. C. lætum (Stev. Mém. Mosq. p. 66 tab. 13) cormi ovati tunicis
crassis in collum longe productis, foliis erectis planis lanceolatis
apice attenuatis acutiusculis, floribus 1-3, perigonii laciniis pallide
lilacinis non tessellatis obovato-oblongis vel ellipticis obtusis tubo
3-4-plo brevioribus basi intus glabris, staminibus limbo duplo brevioribus, antheris luteis filamento subduplo brevioribus, stylis
antheras sæpius superantibus rectiusculis apice subtruncato stigmatosis ♃. *C. autumnale* M. B. Taur. Cauc. I, 293 (quoad pl. Caucasicam).

Hab. in Caucaso ad fluvium Terek (Stev!), in campis versus Grorgiewsk
(C. A. Mey!). Specim. foliifera herb. Ruprecht ex Wladikaukas, supra Tiflis
et ex monte Dindidagh Daghestaniæ hûc spectare videntur. Affine *C. autumnali* differre videtur foliis angustioribus, stylis apice rectiusculis et stigmatibus brevibus, capsulâ breviore pollicari.

3. C. Decaisnei, cormo mediocri ovato tunicis membrenaceis in
collum breviter productis vestito, (foliis latiuscule lanceolatis superne
sensim attenuatis acutiusculis?), floribus 4-6-nis pallide roseis, tubo
laciniis elongatis ellipticis inferne intus subseriatim puberulis multoties longiore, staminibus perigonio dimidio brevioribus, antheris
luteis linearibus utrinque anguste membranaceo-marginatis filamento
triplo brevioribus, stylis stamina subsuperantibus rectis stigmate
punctiformi ♃. *C. lætum* Decaisn. in Bové Fl. Palest. non M. B.

Hab. in Antilibano ad Balbeck (Bové), Libano ad Machmouché, Ghazir et
suprr Djebaa (Gaill!), circa Eden et Tripoli atque ad Cedros (Bl!), Becherre ad
fontes fluvii Kadischa (Schweinf!), in Amano inter Beilan et Ain el Beitha
(Haussk!).

Differt a *C. læto* floribus duplo majoribus, laciniis 1 ¼-2 pollices longis
intus supra faucem hirtis. Folia (si ea speciminis ex Amano hûc recte refero)
6-8 pollicaria 1-1 ½ pollicem lata. Facies *C. candidi* laciniis perigonii angustioribus, staminibus limbi proportione brevioribus et stigmatibus falcatis
distincti.

4. C Haussknechtii, bulbo crasso elongato-oblongo vaginis
membranaceis in collum longum crassum productis, foliis..., floribus
2-6 tubo longissimo, perigonii rosei laciniis patentibus ellipticis vel
obverse lanceolatis obtusis basi attenuatis nervis in parte inferiori glabrâ sinuatim flexuosissimis, staminibus limbo tertiâ parte brevioribus,

antheris breviter linearibus flavis filamento dilatato triplo brevioribus, stylis perigonio subbrevioribus rectis stigmate punctiformi ♃.

Hab. in schistosis montis Elwend Persiæ occid. et in calcareis montis Parrow 5-8000' (Haussk. exs. 926!). Fl. Oct.

Cormus 2-3-pollicaris, vagina 3-4-pollices longa, perigonii laciniæ 1 ½-2 pollicares 4-6 lineas latæ. Species pulchra laciniis patentibus angustis longis quarum nervi parte inferiori crebre et regulariter sinuati sunt insignis. Affine habitu, perigonii laciniis elongatis *C. candido* sed stamina limbi proportione longiora et styli recti.

5. **C. variegatum** (L. Sp. 485) cormo ovato magnitudine nucis tunicis nigris secus spatham totam productis vestito, foliis 4-5 late oblongo-lanceolatis erectis, floribus 3-6, perigonii tubo albido limbo 3-4-plo longiore, laciniis roseis tessellatis elliptico-oblongis obtusis, antheris filamento dimidio brevioribus linearibus perigonio tertiâ parte brevioribus, stylis stamina superantibus apice incurvis et latere convexo longe stigmatosis ♃. Bot. Mag. tab. 1028.

Hab. in Græciâ, in pratis Cretæ ad Messara (Raul!).

Folia 8-12 pollices longa 12-16 lineas lata, perigonii laciniæ fere bipollicares, antheræ tres lineas longæ.

6. **C. Parkinsoni** (J. D. Hook. Bot. Mag. tab. 6990) cormo avellanâ vix majore, foliis elongato-lanceolatis acuminatis margine undulatis patulis humi adpressis, floribus 1-3, perigonii laciniis tubo albido 3-4-plo brevioribus albidis pulchre purpureo-tessellatis elliptico-lanceolatis acuminatis acutiusculis, antheris cærulescentibus linearibus filamento quadruplo longiore suffultis, stylis stamina æquantibus apice stigmatosis subincurvis subincrassatis ♃. *C. Fritillaricum Chiense* Parkins. Parad. p. 155 fig. 5.

Hab. in insulâ Chios (Auct. vet.), Naxos in monte Jovis et in idsulis Mycone Delos Melos (Bory!), Syrâ (Orph!), in montosis sylvaticis Smyrnæ (Fleisch!). Fl Aut.

Affine *C. variegato* ab eo differt foliis non undulatis erectis nec prostratis, perigonii laciniis acutioribus albis regularius et intensius purpureo-tessellatis. Cl. Baker tamen eas in unicam speciem conjungit.

7. **C. amabile** (Heldr. Herb. Norm. — Atti Fir. 1874 p. 228) cormo parvo tunicis tenuiter membranaceis superne non productis vestito, foliis..... floribus 1 rarius 2 parvis, tubo limbum triplo superante, laciniis ellipticis roseis pulchre tessellatis basi internâ bilineatim hirtis, staminibus perigoniu subtriplo brevioribus, filamentis antherâ lineari sesquilongioribus, stylis antheras superantibus apice subincrassatis falcatis et unilateraliter stigmatosis ♃.

Hab. in cacumine Xirobouni monţis Delphi (Dirphyis) Eubeæ 4800' (Heldr. Herb. Norm. 764!).

Inter species tessellatas flore eo *C. autumnalis* subminore, bulbi avellanâ vix majoris tunicis tenuiter membranaceis nec crassis insigne. Tubus tripollicaris, laciniæ 12-15 lineas longæ 4 latæ. *C. pulchrum* Herbert Mss. ex Baker loc. cit. p. 425 ex Cephaloniâ et Epiro descriptione manuscriptâ cl. Herbert tantum notum habet folia loratǐ 4-5 pollices longa 9-14 lin lata canaliculata obtusa undulata subrecumbentia, corollæ limbum 2-2 ½-pollicarem pulchre tessellatum laciniis pollicem latis; est forsan eadem species ac *C. amabile.*

8. C. latifolium (Sibth. et Sm. Fl. Græc. IV, tab. 350 quoad flores non folia)

cormi nuce sæpe majoris tunicis crassis secus spatham plus minus productis, foliis late ovato oblongis obtusis planiusculis, floribus 1-7 magnis, tubo laciniis 4 5-plo longiore, laciniis late ellipticis acutiusculis lilacino-purpureis obscure tessellatis, staminibus perigonio tertiâ parte brevioribus, antheris luteis linearibus subcurvatis, stylis antheras superantibus superne curvatis et latere convexo longe stigmatosis ♃. *C Bivonæ* Bot· Græc. non Guss. — *C. Sibthorpii* Baker Journ. Linn. Soc. XVII, p. 427.

Hab. in montibus Peloponnesi et Græciæ 1000'-5000', montes Taygetus, Malevo, Chelmos, Kyllene (Orph!), Arcadia ad Megalopolin (Orph!), Parnes Atticæ (Heldr. herb. Norm. 805!), Helicon, (Orph!), mons Athos Macedoniæ (Orph!). Fl. Aug-Sept.

β Eubæum. — Flores solitarii rarius bini laciniis subangustioribus elliptico-linearibus. — *C. Eubæum* Orph. Atti Congr. Fir. p. 29 (nomen solum).

Hab. in monte Candyli Eubeæ (Orph!) im monte Delphi (Ky. 766!). Fl. Aug.

Folia 6-9 poll. longa 2-3 lata. Perigonii tubus 5-9 poll. longus, laciniæ 2 pollices et amplius longæ. In Flora Græcâ flores hujus speciei cum foliis *C. Byzantini* commixti describuntur. *C. Bivonæ* foliis multo angustioribus linearibus longe differt.

9. C. speciosum (Steven Act. Mosq. VII, 69, tab. 15)

cormo magno elongato tunicis crassis supra collum productis vestito, caule foliifero sæpe pedali, foliis late oblongo-lingulatis planis obtusis in vaginam longam angustatis, floribus 1-4 maximis læte roseo-purpureis, laciniis ellipticis tubo crasso 4-5-plo brevioribus basi intus flavo-maculatis, staminibus perigonio ½-⅓ brevioribus, antheris linearibus flavis, stylis stamina subsuperantibus apice subincurvis breviter et unilateraliter stigmatosis ♃. Bot. Mag. tab. 6078 optima.

Hab. in Ponti Lazici valle Khakackar 5600' (Bal!), Caucaso in Ossetiâ (C Koch), Caucaso orientali (Rupr!), tractu Swant ditionis Talysch (Hohl!), Persiâ boreali (Auch. 5370! Buhse!).

Species omnium maxima pulchra, foliorum lamina demum fere pedalis 2 ½-3 pollices lata, perigonii tubus 6-9-pollicaris, laciniæ 2 ½ pollices longæ.

10. C. candidum (Schott et Ky. in Ky. Pl. Cilic. N° 91!)

cormi ovato-conici tunicis secus spatham sæpius valde elongatam productis, foliis..., floribus 3-8 albis vel pallidissime roseis, perigonii tubo laciniis anguste lanceolato-linearibus paucinerviis 4-5-plo longiore, staminibus perigonio subtriplo brevioribus, antheris linearibus utrinque longitudinaliter membranaceo-marginatis filamento æquilongis vel subbrevioribus, stylis stamina superantibus apice incrassatis sub-falcatis et unilateraliter stigmatosis ♃. *C. Balansæ* Planch Ann. Sc. Nat. 1855 p. 145.

Hab. in regione subalpinâ Tauri Cilicici 4-5000' (Ky. 91*! Bal!). Fl. Aug. Sept.

β *hirtiflorum.* — Perigonii laciniæ parte inferiori intus plus minus velutinæ. — *C Kotschyi* Boiss. Diagn. Ser. 13 p. 38.

Hab. in Isauriâ inter Beychehr et Koniah (Heldr. 1257!), in alpinis ad Musch Armeniæ (Ky. Suppl. 553!), in Persiæ occidentalis subalpinis 5-7000' inter Sihna et Kermanchah, in monte Elvend supra Hamadan et in ditione Bachtiaris (Haussk.! 927 et 928), ad radices montis Elbrus Persiæ bor. (Ky. 655!).

Spatha in typo cum vaginis interdum 9-10 pollicaris, vaginæ in var. bre-viores. Perigonii laciniæ 3-5 lineas latæ in formâ typicâ 2-2 ¹/₂ pollices, in varietate 1 ¹/₂-2 pollices longæ, antheræ 4 ¹/₂-5 lineas longæ. Characteres hujus speciei magis insignes laciniæ elongatæ angustæ paucinerviæ perigonii, filamentorum quoad lacinias et antheras brevitas atque antheræ membrana marginans, esse videntur.

11. C. Byzantinum (Park. Theatr. 154 fig. 2) cormo maximo pugniformi irregulari, foliis subquinis magnis oblongis vel oblongo-lanceolatis longitudinaliter plicatis, floribus in spathâ numerosis, tubo albido laciniis obovato-oblongis obtusissimis pallide roseis inferne intus hirtulis purpureo-striatis 5-6-plo longiore, staminibus perigonio tertiâ parte brevioribus, antheris luteis breviter linearibus, stylis perigonium subæquantibus apice subincrassato breviter recurvis et stigmatosis ♃. Bot. Mag. tab. 1122 optima! — Gartenfl. tab. 755. — *C. Persicum* et *C. Szovitzianum* Hort. Belg. et Germ. — *Colchicum Byzantinum latifolium* Clus. Hist. I. 198 fig. inf. et 200 fig. sinistr. — *C. latifolium* Fl. Græc. descr. quoad folia.

Hab. circa Byzantium ex Clusio, sed cultum tantum vidi.

Species insignis foliis amplis *Veratri* modo plicatis atque floribus quorum tubus 6-9 pollicaris et laciniæ eis *C. speciosi* et *latifolii* breviores sesquipollice vix longiores intus interne velutino-hirtæ sunt. *C. Orientale.* Friv hûc ab auctoribus relatum est *C. Turcicum* Janka.

β *Cilicicum.* — Flores majores eos *C. latifolii* fere æquantes, laminæ bipollicares elliptico-oblongæ intus ut in typo hirtæ, folia typi.

Hab. in Tauro Cilicico a pago Gülek usque ad regionem Cedrorum 4-6500' (Ky. 84!, Bal!), ad pylas Cilicicas (Heldr!), in cacumine montis Cassii (Boiss!).

12. C. Turcicum (Janka Œsterr. Zeit. 1873, p. 242) cormo ovato majusculo tunicis in collum longe productis vestito, foliis 6-9 margine anguste cartilagineis aculeolato-scabris supra viridibus lucidis subtus opacis externis canaliculatis lanceolato-linearibus a medio utrinque attenuatis acutiusculis humi adpressis undulatis sæpe tortilibus, interioribus erectis planis anguste linearibus, floribus 3-8 roseis tubo laciniis sæpius 2-3-plo longiore laciniis elliptico-lanceo-latis vel linearibus obtusis maculis dilutioribus interdum obscure variegatis intus parte inferiori bilineatim hirtis, staminibus perigonio triente brevioribus, antheris breviter linearibus filamento subduplo longioribus, stylis stamina superantibus superne falcatis subincrassatis ♃ *C. Orientale* Friv. exs.

Hab. Byzantii in prato platanorum ad Bujuk deré, prope Bagdschekiöi et ad pagum Belgrad (Janka!).

Flores eis *C. autumnalis* simillimi sed folia exteriora ut in *C. Parkinsoni* humi expansa et undalata 8-9 lineas lata.

13. C. lingulatum (Boiss. et Sprun. Diagn. Ser. I. 5 p. 66) cormo oblongo mediocri tunicis fuscis crassiusculis in collum productis vestito, foliis 4-6 patentibus breviter et latiuscule oblongo-lingulatis obtusis subundulatis basi attenuatis cartilagineo-marginatis, floribus 1-4 roseis, tubo laciniis anguste linearibus acutiusculis 3-3-plo longiore, staminibus limbo subtriplo brevioribus, antheris luteis breviter linearibus filamento eis sesquilongiore suffultis, stylis antheras superantibus apice incurvis vix incrassatis ♃.

Hab. in regione abietinâ montis Parnethos Atticæ (Boiss. et Sprun! Heldr! Pichl. exs. sub *C. Bivonæ!*). Fl. Sept.

Bulbus avellanâ major, folia 2 pollices tantum longa 5-6 lineas lata, laciniæ perigonii 1-1 ¹/₂-pollicem longæ 2-3 lineas latæ. Species foliis brevilatis grosse undulatis insignis.

14. C. Parnassicum (Sart. Orph. et Heldr. Diagn. Ser. II. 4 p. 122) cormo mediocri ovato-oblongo tunicis membranaceis castaneis supra collum longe productis vestito, foliis elongatis late oblongo-lanceolatis obtusis, floribus 1-3 roseis mediocribus, tubo laciniis elliptico-oblongis obtusis intus glabris 3-4-plo longiore, staminibus limbo duplo brevioribus, antheris linearibus luteis filamento sublongioribus, stylis stamina valde superantibus apice circinnatim falcatis unilateraliter stigmatosis ♃.

Hab. in regione abietinâ et superiori Parnassi frequens (Sart! Heldr! Gaill! Orph. Herb. Norm. 465! sub *C. Neapolitano*), in monte Chelmos (Orph!).

Foliorum adultorum lamina 7-10-pollicaris 15-18 lineas lata, perigonii laciniæ 1-1 ¹/₂-pollicares 4-5 lineas latæ. A *C. autumnali* cui foliis elongatis affine est eis latioribus et obtusioribus, limbi subbrevioris laciniis basi intus glabris nec velutinis, stylis antheras valde excedentibus distinguitur, a *C. Neapolitano* foliis latis.

15. C. Troodi (Kotschy Cypr. p. 190) cormo mediocri globoso tunicis membranaceis superne subproductis vestito, foliis reflexis longe et late linearibus obtusis, floribus 4-5, tubo (an semper?) perigonio æquilongo, laciniis pallide roseis lanceolatis acutis paucinerviis intus ad faucem glabris, filamentis dimidio perigonio sublongioribus, antheris linearibus flavis, stylis stamina superantibus apice recurvis. unilateraliter stigmatosis, capsulâ ovato-oblongâ acutâ ♃.

Hab. in montibus circa Prodromo et in monte Troodos Cypri (Ky. 904!)

11

Folia tantum vidi. Ex monte Elmali Lyciæ specimina sterilia ut videtur similia a Bourgæo lecta vidi.

Folia 8-9 pollices longa 6-8 lineas lata fere *C. Neapolitani,* sed obtusa nec acuta, floris quem non vidi laciniæ lanceolatæ acutæ nec oblongo-lineares.

16. **C. umbrosum** (Stev. Mem. Mosq. VII p. 68 tab. 14) bulbi parvi ovati tunicis fuscis crassis supra collum productis, foliis 4-5 lanceolato-loratis obtusissimis, floribus 1-5 minutis lilacinis, tubo laciniis elliptico-oblanceolatis obtusis 4-5-plo longiore, staminibus limbo 2 1/2-plo brevioribus, antheris flavis breviter linearibus membranaceo-marginatis filamento subduplo longiore suffultis, stylis stamina superantibus vel æquilongis apice subincurvis capitatis breviter stigmatosis ♃. *C. autumnale* quoad pl. Tauricam M.B. Taur. Cauc. III. 281. — *C. arenarium* β *Tauricum* Bot. Reg. 541. — *C. Trapezuntinum* Boiss. Mss.

Hab. in montosis Tauriæ meridionalis et vallis Baidar (Stev!), Ponto inter Amasia et Missak (Tchih!), ad Trapezuntem (Bourg!), Abchasiá et Mingreliâ (Nordm.), Transcaucasiâ occid. ad Zinwal et in valle Abra (Bayern!)

Insigne floribus parvis eos *C. parvuli* Ten. rarius superantibus sed folia omnino dissimilia 8-9 pollicaria 9 lineas lata.

17. **C. micranthum**, cormo minuto ovato tunicis membranaceis teneris in collum breviter productis vestito, foliis..., floribus solitariis roseis, perigonii tubo tenui spatham longe superante limbo 3-5-plo longiore, laciniis lineari-oblongis obtusis intus basi attenuatis glabris, staminibus perigonio 2 1/2-plo brevioribus, antheris linearibus flavis filamento vix brevioribus, stylis apice incrassatis curvatis et unilateraliter stigmatosis antheras non æquantibus ♃. *C. parvulum* Janka Brev. II. p. 8 in notâ non Ten.

Hab. in ericetis aridis inter fruticulos cacuminis montis Chodja Dasch prope Bujukderé non procul a Byzantio (Janka!). Fl. Aug. fine.

Cormus avellanæ magnitudine, perigonii tubus 3-4 pollicaris, laciniæ fere pollicares vix 3 lineas latæ, *C. parvulum* differt floribus fere duplo minoribus, laciniis basi intus hirtulis et laminis binis longitudinaliter auctis, stylis rectis, statio hujus insuper alpina. *C. umbrosum* tandem floribus minutis quoque donatum differt cormi multo majoris tunicis crassis fuscis, floribus sæpius pluribus, antheris filamento duplo brevioribus.

18. **C. Kochii** (Parlat. Fl. Ital. II p. 188), cormi ovati tunicis fuscis in collum longe productis auguste lanceolato-linearibus patentibus canaliculatis basi et apice attenuatis acutis, floribus 1 rarius binis lilacinis vel albis, tubo laciniis oblongo vel lanceolato-linearibus acutiusculis intus glabris pluries longiore, staminibus limbo 3-plo brevioribus, antheris linearibus flavis filamento vix brevioribus, stylis stamina superantibus apice incrassatis et curvatis unilateraliter stigmatosis ♃. *C. polymorphum* Orph. loc. cit. nomen solum. — *C. Neapolitanum* Heldr. exc.

Hab. in monte Hymetto Græciæ (Heldr! Orph!); specimina aphylla ex Cephaloniâ (Schimp. sub *C. alpino* et Heldr. 3754 !) ex Akoli et monte Ænos huc quoque spectare videntur.

Folia tres lineas circiter lata interdum angustiora demum tres pollices longa, perigonii tubus 2-4 pollices, laciniæ 1-1 ¹/₂ pollicares plus minus angustæ. Cum speciminibus ex Istriâ et Dalmatiâ congruit. *C Neapolitanum* Ten. species affinis cæterum foliis latioribus et multo longioribus differt. *C. arenarium* W. K. non Koch facie quoque nostro affine stylis rectis et stigmate capitato distinguitur.

Ar. Geogr. Istria, Dalmatia.

19. C. Parlatoris (Orph. Atti Fir. 1874 p. 32) bulbi parvi ovati tunicis fuscis coriaceis in collum productis, nunc synanthiis nunc subhysterauthiis erectis flexuosis angustissime linearibus gramineis superne sulcatis subtus carinatis acuminatis, floribus 1-2 parvis roseis tubo limbo 2-3-plo longiore, laciniis ellipticis obtusis longitudinaliter striatis, staminibus limbo dimidio brevioribus, antheris flavis linearibus, stylis stamina superantibus *rectis stigmate brevi vix incrassato* ♃.

Hab. in monte Taygeto Peloponnesi (Orph !). Fl. Oct.

Folia 4 pollices longa inferne 1 ¹/₄ lineas tantum lata, perigonii tubus 2-3 pollicaris, laciniæ 12-15 lineas longæ 3-4 lineas latæ. Cormi vaginæ sepe tres pollices supra collum longæ. Species foliis angustissimis insignis nexum inter *Synanthia* et *Hysteranthia* præbens.

* * Folia synanthia.

20. C. fasciculare (L. Sp. 436 sub *Hypoxide*) cormi oblongi tunicis secus spatham brevem breviter productis, foliis 5-7 expansis lanceolatis sensim attenuatis acutis canaliculatis margine ciliatis vel glabris, floribus numerosis fasciculatis, tubo limbo albo 2 ¹/₂-plo longiore, laciniis 6-10-nerviis anguste elliptico-lanceolatis utrinque attenuatis acutis inferne intus laminis binis remotis parallelis rarius in dentem triangulari-lanceolatum abeuntibus obsitis, staminibus dimidium perigonium æquantibus, filamentis inferne incrassatis antherâ fuscescente oblongâ triplo longioribus, stylis rectis antheras subsuperantibus stigmate punctiformi ♃. Russel Aleppo pl. 9. — *Monocaryum fasciculare* Röm. et Sch. Syst. VII. p. 1935 (forma monstrosa carpello et stylo unicis.)

Hab. circa Aleppum Syriæ in agris et collibus calcareis abunde (Haussk. exs. 925 et 930!). Fl. Febr. post *C. brachyphyllum.*

Folia 6-10 lineas lata demum semipedalia, perigonii laciniæ fere pollicares tres lineas longæ, semper acutæ. Hujus speciei forma singularis carpello et stylo unicis interdum occurrit, talis in icone citatâ exhibetur et eam in speciminibus Russellianis cl. R. Brown observavit, cl. Ascherson inter specimina Haussknechtiana plura monostyla et unicum distylum quoque vidit, omnia herbarii mei autem tristyla.

21. C. Ritchii (R. Br. in App. ad Denh et Clapp. 241) cormo oblongo tunicis coriaceis fuscis supra collum productis vestito, foliis

3-4 canaliculatis lanceolatis vel linearibus patulo-reflexis margine
sæpe scabridis, floribus 2-8 roseis vel rarius albis, tubo incluso
limbo triplo longiore, laciniis elliptico-linearibus obtusis 7-9-nerviis
basi interiore lamellis binis parallelis vel parum elevatis integris vel
(præsertim laciniarum interiorum) 1-4 fimbriato-incisis obsitis, staminibus limbo dimidiâ vel tertiâ parte brevioribus, filamentis antherâ
fuscâ breviter lineari 3-4-plo longioribus, stylis rectis stamina subsuperantibus stigmate punctiformi ♃. *C. Ægyptiacum* Boiss. Diagn.
Ser. I, 5, p. 66. — *C. stenopetalum* Boiss. et Bl. Mss.

Hab. in Egypto circa Alexandriam (Auch. 2159! Kralik! Gaill! Schweinf!
Letourn!), valle Ouadi Scheick Arabiæ petreæ (Boiss!) Antilibano et circa
Damascum (Gaill!), Syriâ boreali inter Killis et Aintab (Haussk!). Fl. Dec.
et Januario.

Valde affine *C. fasciculari* cujus interdum quoque laciniæ interiores perigonii dente ex laminâ angustâ orto obsitæ sunt, forsan ejus varietas ?; differt
laciniis obtusis nec acutis, foliis paucioribus, cristâ laciniarum latiore sæpe
3-4-fimbriatâ.

Ar. Geogr. Africa borealis orientalis.

22. **C. brachyphyllum** (Boiss. et Haussk.) cormi parvi ovati
tunicis firmis in collum non productis, foliis planis brevibus multinerviis 3-4-nis expansis inferioribus oblongis superioribus breviter
lanceolatis acutis, floribus numerosis fasciculatis albis vel pallide
roseis tubo crassiusculo superne sensim subdilatato limbo quintuplo
longiore, laciniis 7-9-nerviis anguste elliptico-lanceolatis acutissimis
basi interiori lamellis binis parallelis angustis integris obsitis, staminibus limbo duplo brevioribus, filamentis antherâ breviter lineari
fuscescenti duplo longioribus inferne dilatatis, stylis antheras vix
æquantibus rectis stigmate punctiformi ♃.

Hab. in pascuis humidis ad Bab Allah prope Aleppo et in monte Haura-
dagh supra Killis (Haussk. exs. 923!) Flor. Januar. ante *C. fasciculare*.
Folia inferiora 2 ½ pollices longa 12-15 lin. lata superiora angustiora acuminata, floris tubus 2-2 ¼ pollicaris, laciniæ eis *C. fascicularis* breviores. Huic
affine sed ex cl. Haussknecht distinctum floribus præcocioribus ; tubus crassior superne in limbum dilatatus, folia brevia lata plana nec canaliculata.

23. **C. montanum** (L. Sp. 485 excl. syn. Clus.) cormi parvi
ovati tunicis coriaceis secus spatham breviter productis, foliis synanthiis subternis erecto-patulis demum incurvis lanceolato-linearibus
canaliculato-concavis margine glabris vel scabrido-ciliatulis, floribus
1-8 fasciculatis roseo-lilacinis, tubo laciniis oblongo-ellipticis obtusis
10-15-nerviis intus supra faucem plicis binis longitudinalibus sæpe
obscuris auctis pluries longiore, staminibus perigonio dimidio
brevioribus, antheris oblongo-linearibus purpureo-fuscis, filamentis
basi incrassatis et sæpe hirtulis antherâ longioribus, stylis rectis
antheras vix æquantibus stigmate punctiformi. ♃. Bot. Mag. t. 6443
— *C. bulbocodioides* M. B. Taur. Cauc. I, p. 293. — *C. hololophum*

Coss. et Dur. — *C. Catacuzenium* Heldr. Herb. Norm. 628! —
C. nivale Boiss. et Huct Mss.

Hab. in pratis præsertim regionis montanæ et alpinæ, Parnassus in regione
abietinâ (Heldr. 628!), Bithynia (Pestal! Griseb!), Lydiæ montes (Maw!),
Tauria (Stev!), Armenia Turcica ad Erzerum (Auch. 5369! Calv!), in montibus supra Gumusch et in monte Kalatdagh (Bourg!), ad Van (Noë 27!), Armeniâ Rossicâ (Buhse!), Imeretiâ (Rupr!), Fl. primo vere.

Specimina Orientalia a *C. montano* Hispaniæ et Africæ borealis nullo
modo differre videntur. Differt a *C. Ritchii* et *C. fasciculari* perigonii laciniis
latioribus et brevioribus plurinerviis intus ad basin plicis vix elevatis nec
lamellis latiusculis et sæpe dentatis auctis.

Ar. Geogr. Hispania, Africa borealis, Rossia meridionalis.

24. C Bertolonii (Stev. Act. Mosq. p. 268) cormi parvi ovati
tunicis coriaceis superne breviter productis, foliis synanthiis 2-3
erecto-patulis anguste rarius latiuscule lanceolato-linearibus canaliculato-concavis margine ciliolatis vel glabris, floribus 1-5 roseo-lilacinis, tubo laciniis anguste elliptico-linearibus 5-7-nerviis obtusis
pluries longiore, staminibus perigonio dimidio brevioribus, filamento
antheris oblongis fuscis duplo longiore basi incrassato, stylis rectis
antheras superantibus stigmate punctiformi ♃. *C. Cupani* Guss.
Prodr. I, p. 452. — *C. pusillum* Sieb. Bot. Zeit. 1822, p. 248.

Hab. in siccis regionis inferioris et montanæ, Attica in Hymetto (Heldr.
herb. Norm. 766! Orph. Fl. exs. 113!), Argolis ad Naupliam (Orph!), Ætolia
ad Missolunghi (Nied!), Zacynthus (Marg!), Cephalonia (Schimp!), Cyclades
(Urv.), Melos et Syra (Cadet!), Creta ad Malaxa (Sieb!), Macedoniâ (Friv!).

Differt a *C. montano* perigonii laciniis angustioribus paucinerviis, florescentiâ autumnali.

Ar. Geogr. Sardinia, Italia australis, Dalmatia, Africa borealis.

25. C. Steveni (Knnth Enum. IV, p. 144) cormi oblongi tunicis
fuscis in collum productis, foliis 5-7 lineari-filiformibus, floribus 3-10
fasciculatis roseis, tubo superne e spathâ exserto limbo pluries longiore, laciniis anguste elliptico-linearibus obtusis 7-8-nerviis basi
interiore obsolete bilamellatis, staminibus limbo duplo brevioribus,
filamentis antherâ lineari luteâ 2-3-plo longioribus, stylis antheras
superantibus stigmate obliquo ♃. *C. polyphyllum* Boiss. et Heldr.
Diagn. Ser. II, 4, p. 121.

Hab. in Syriâ (Labill!), Syriâ littorali prope Berythum et prope Sidonem
(Bl!), Palestinâ littorali (Post!), prope Joppen (Roth 491!), Ciliciâ littorali ad
Mersina (Reinert!). Fl. Sept. Nov.

Floribus minutis, laciniis angustis et florescentiâ autumnali affine *C. Bertolonii* differt foliis multo numerosioirbus angustis et antheris luteis nec purpureo-fuscis. Specimen ex Hassarah prope Teheran Persiæ (Buhse exs. 908!)
hûc omnibus notis præter florescentiam vernalem spectare videtur.

26. C. crocifolium Boiss. Diagn. Ser. I, 5, p. 67 (non And. in
Bot. Mag.) cormo oblongo tunicis coriaceis fuscis in collum productis
vestito, foliis 7-8 anguste linearibus canaliculatis hirtulis vel velutino-

hirtis recurvo-patulis, floribus numerosis roseis, tubo longissime filiformi parte supremâ tantum exserto, limbi parvi laciniis anguste
lineari-lanceolatis acutissimis 5-6-nerviis, staminibus limbo tertiâ
parte brevioribus, antheris luteis filamento duplo brevioribus, stylis
antheras superantibus stigmate punctiformi ♃.

Hab. in Persiâ australi prope Schiraz (Auch. 5365!), ad Kotel Mallu
(Haussk!). Specimina Assyriaca prope Mardin et inter Biredjiik et Tcharmelick
a cl. Haussk. lecta fructifera hûc quoque spectare videntur.

Folia sub anthesi filiformia in plantâ fructiferâ latiora (1-2 lin. lata), limbus
perigonii sex lineas longus sesquilineam latus. Capsulæ si plantam As-
syriacam hûc recte refero piso vix duplo majores. Florum minutie a congeneribus distinctum videtur. *C. crocifolium* Bot. Mag. est *C. autumnalis*
forma.

27. C. Szovitsi (C. A. Mey. Ind. Sem. Petrop. 1834, p. 24)
cormi oblongi tunicis in collum productis, spathâ sæpius elongatâ,
foliis 3-4 demum longe lanceolatis canaliculatis margine undulatis
expansis, floribus 3-6 roseis, perigonii tubo e spathâ breviter exserto
limbo multo longiore, laciniis elliptico-lanceolatis 9-10-nerviis obtusis
basi internâ bilamellatis laminis interdum in dentem triangularem
productis, staminibus perigonio tertiâ parte brevioribus, antheris
luteis linearibus filamento triplo longiore suffultis, stylis rectis antheras vix æquantibus stigmate punctiformi ♃. *C. Kotschyi* Boiss.
Diagn. Ser. I, 13, p. 38.

Hab. in montibus Arekligeduk Somchetiæ (Szov!), Persiâ boreali orientali
et Affghaniâ conterminâ circâ Yezd, Kerman (Buhse! Bge!), ad radices
montis Elbrus prope Passgala (Ky. 655). Fl. primo vere.

Spatha sæpe pedem dimidium longa, folia 5-7 pollices longa exteriora 4-5
lineas lata interiora angustiora, laciniæ perigonii 12-16 lin. longæ. A *C. Ritchii* et *fasciculari* foliis elongatis subundulatis, antheris flavis etc distinctum.

28. C. Libanoticum (Ehrenb. Mss) cormo parvo oblongo tunicis fuscis parum productis vestito, foliis ternis breviter lanceolatis
acutis canaliculatis glabris, floribus 2-4 roseis parvis, tubo tenuissimo limbo 2-3-plo longiore, laciniis elliptico-oblongis obtusis 8-
10-nerviis basi elevatim bilineatis, staminibus dimidium limbum
æquantibus, antheris luteis breviter linearibus filamento subtriplo
brevioribus, stylis stamina æquantibus rectis stigmate punctiformi ♃.

Hab. juxta nives in summo monte Sannin Libani (Ehr. 214!). Fl. Jun.

Folia sub anthesi sesquipollicaria inferne 5-6 lineas lata, perigonii laciniæ
9 lineas longæ. Perigonii formâ et laciniis multinerviis affine *C. montano* sed
folia latiora breviora et antheræ luteæ.

29. C. luteum (Baker Gard. Chron. 1874, p. 33) cormo dimi-
diato-globoso tunicis castaneis supra collum productis vestito, foliis
3-4 synanthiis linearibus obtusis canaliculatis, floribus 1-3 luteis,
tubo limbo triplo longiore, laciniis lineari-oblongis obtusis, staminibus limbo tertiâ parte brevioribus, antheris luteis longe linearibus

filamento multo longioribus, stylis filiformibus exsertis, stigmate punctiformi ♃. Bot. Mag. tab. 6153.

Hab. in Affghaniâ prope Otipore (Griff!), in Belutschiâ (Stocks!) in montibus Aktau Turkestaniæ (Krause ex Regel).

Folia 3-4 lineas lata, limbi laciniæ pollicares tres lineas latæ; inter *Colchica* species unica flaviflora, antheris longis et stylis exsertis insuper insignis.

Species non satis nota.

C. Persicum (Baker Journ. Linn. Soc. 1879, p. 430 non Hort. Belg.) cormo magno globoso tunicis atrofuscis 4-5 pollices supra collum productis vestito, foliis..... hysteranthiis, floribus 10-12 autumnalibus, perigonii tubo 3-4-pollicari laciniis saturate purpureis haud tessellatis oblanceolato-oblongis obtusis 5-6 lineas latis, filamentis fere pollicaribus, antheris luteis 5-6 lineas longis, stylis stamina superantibus apice stigmatoso rectis subcapitatis ♃.

Hab. in Persiæ australis ditione Laristan (Cl. Loftus) Non vidi.

Ex cl Baker in cohorte *C. autumnalis* sed foliis ignotis affinitas dubia.

MERENDERA (Ram. Bull. Phil. 1798).

Perigonium corollinum tubo destitutum sexpartitum laciniis unguiculatis, laminâ inferne canaliculatâ filamentum excipiente et basi auriculis donatâ vel destitutâ Stamina sex ad laminarum basin inserta, antheræ extrorsæ vel oblongæ versatiles vel lineares basifixæ. Ovarium triloculare loculis pluriovulatis, styli tres liberi filiformes apice capitato-stigmatosi. Capsula oblonga trilocularis ex apice septicide trivalvis, semina globosa turgida. — Herbæ bulbosæ acaules facie *Colchici*, foliis cum floribus spathâ obtusâ inclusis.

* Antheræ oblongæ versatiles.

+ Cormus sobolifer.

1. **M. sobolifera** (C. A. Mey. Ind. Petrop. I, 1834, p. 24) cormo minimo tunicato ad apicem sobolis horizontalis cylindrici crassiusculi, foliis 3 synanthiis erecto-patulis canaliculatis sub anthesi flores subæquantibus, floribus 1-2 lilacinis, laciniarum unguibus filiformibus, laminâ ungue breviore lanceolato-lineari obtusâ basi attenuatâ et auriculis binis longis lineari-setaceis deorsum directis obsitâ, filamentis laciniâ plus duplo brevioribus, antheris oblongis ♃. *Bulbocodium hastulatum* Friv. Flora 1836, p. 434. — *B. trigynum* Griseb. Spic. II, p. 380 non Ad.

Hab. in arenosis fluvii Maritza Thraciæ borealis prope Cadino (Friv!), Asiâ minore (Auch. 5360!), in pratis Merdj Achdar prope Damascum (Gaill!), ad

Aleppo et Antiochiam (Haussk!), Armeniâ prope Van (Noë 28!), Persiæ prov. Aderbidjan prope Khoï (Szov!), Persiâ australi ad Murgab (Haussk!). Fl. primo vere.

Specimina Thracica Syriacis et Persicis simillima videntur.

+ + Cormus simplex non sobolifer.

2. M. Caucasica (M. B. Taur. Cauc. I, p. 293) cormo ovato non sobolifero tunicis firmis atrofuscis vestito, caule ex medio bulbo superne oriundo, foliis 3-4 synanthiis sub anthesi flores vix superantibus falcato-recurvis canaliculatis, floribus 1-3 roseis vel carneis, unguibus filiformibus laminâ subduplo longioribus, laminâ oblongâ interiorum auriculis dentiformibus brevissimis obsitâ, filamentis laminâ duplo brevioribus, antheris ovatis ♃. Ic. Cent. Ross. tab. 50. — Bot. Mag. tab. 3090. — *Bulbocodium trigynum* Adam.

Hab. in Armeniâ Turcicâ circa Erzerum (Auch. 5364! Calv! Huet!), Asiâ minore (Auch. 2170!) in Caucaso sept. (M. B!), Iberiâ (Hoh!), prov. Karabagh (Szov!), prope Baku (C. A. Mey!), in Persiâ ad Perezend (Auch. 5366!), prope nives alpis Kuh Daëna Persiæ australis (Ky. 705!). Fl. primo vere.

3. M. Raddeana (Regel Gartenfl. 1881, p. 293, tab. 1057 fig. 1) cormi ovati non soboliferi tunicis tenuiter membranaceis fuscis, caule e bulbi basi lateraliter oriundo, foliis tribus synanthiis erectis lanceolatis obtusiusculis florem unicum lilacinum tandem superantibus, unguibus filiformibus laminis erecto-patentibus conniventibus oblongo-obovatis obtusis triplo longioribus ad faucem utrinque sagittato-unguiculatis, filamentis laminâ duplo brevioribus, antheris oblongis ♃.

Hab. in prov. Caucasicis (Radde). Fl. primo vere. Non vidi.

Ab. affini *M. Caucasicâ* caule a basi nec ex centro apicis cormi oriundo ejus tunicis teneris nec coriaceis, perigonii laciniis omnibus nec interioribus tantum longe nec obsolete auriculatis distincta. Folia insuper latiora et erecta nec falcata recurva.

4. M. Eichleri (Regel Garteufl. 1873, p. 294 tab. 952 sub *Bulbocodio*) cormo oblongo tunicis crassis nigris vestito, foliis latiuscule linearibus canaliculatis sub anthesi flores triplo superantibus erectis, floribus subbinis albis, unguibus filiformibus laminâ subtriplo longioribus, laminâ recurvato-patenti oblongo-lineari omnium laciniarum auriculis dentiformibus brevibus obsitâ, filamentis laminâ tertiâ parte brevioribus, antheris ovato-oblongis ♃.

Hab. in Caucaso orientali prope Baku (Eichl.), in Salataviâ (Ower. sp. fructifer.). Fl. primo vere.

Valde affinis videtur *M. Caucasicæ* quâcum a cl. Baker conjungitur, ab eâ differe dicitur foliis sub anthesi longioribus (semipedalibus), florum colore, laciniis omnibus basi sagittatis.

5. M. Attica (Boiss. et Spr. Diagn. Ser. I. 5 p. 67) cormo oblongo tunicis nigris firmis vestito, foliis 3-4 anguste linearibus canaliculatis falcato-patentibus sub anthesi floribus sublongioribus, floribus 2-3 lilacinis unguibus filiformibus laminâ duplo longioribus, laminâ anguste lanceolatâ acutiusculâ auriculis destitutâ, filamentis laminâ dimidio brevioribus, antheris oblongis ♃. *Colchicum Caucasicum* Fl. Pelop. Nº 617?

Hab. in aridis Atticæ ad Piræum, radices Lycabeti, Marathonem (Sprun! Heldr!). Fl. Nov.-Jan.

Affinis *M. Caucasicœ* a quâ distinguitur foliis angustioribus, perigonii laciniis angustioribus et longioribus auriculis destitutis, florescentiâ autumnali.

       * * Antheræ lineares basifixæ.

6. M. Aitchisoni (J.-D. Hook. Bot. Mag. tab 6012) cormo oblongo in collum attenuato tunicis pallide brunneis vestito, foliis 3-4 linearibus canaliculatis sub anthesi flori æquilongis demum valde elongatis erectis, flore pallide lilacino unguibus filiformibus laminâ lanceolatâ et extus carinatâ non auriculatâ sesquilongioribus, antheris viridibus oblongo-linearibus filamento æquilongis laciniis tertiâ parte brevioribus ♃.

Hab. in Affghaniâ (Griff. ex Baker).

A. cl. Baker cum *M. Persicâ* conjuncta sed differt tunicis pallidis, antheris viridibus dimidio brevioribus.

Ar. Geogr. Ditio Punjaub Indiæ borealis.

7. M. Persica (Boiss. et Ky. Diagn. Ser. I. 13 p. 38) cormo oblongo tunicis firmis vestito in collum attenuato, foliis 3-4 latiusculc lineari-lanceolatis erecto-patulis margine lævibus, flore subsolitario roseo, unguibus filiformibus laminâ anguste oblongo-lineari non auriculatâ subtriplo longioribus, antheris luteis longe linearibus filamento sublongioribus perigonio quartâ parte brevioribus ♃.

Hab. in Persiâ boreali prope Teheran (Ky. 80!), ad Anardereh Affghaniæ Persiæ conterminæ (Bge 2!), in valle Kurram Affghaniæ (Aitch!).

Paulo robustior *M. Caucasicâ* ab eâ et congeneribus antheris triplo longioribus 4 ¹/₂-5 lineas longis optime distincta.

8. M. robusta (Bge. Pl. Lehm. p. 515) cormi oblongo-conici elongati tunicis atro-fuscis, foliis 6-7 synanthiis late lanceolatis planis margine serrulato-scabris, floribus 3-4 roseis, perigonii unguibus longe exsertis laminâ elliptico-oblongâ basi attenuatâ non auriculatâ plus duplo longioribus, antheris anguste linearibus filamento duplo longioribus ♃.

Hab. in arenosis deserti Kisilkum Turkestaniæ (Lehm!). Fl. vere. (Vid. sp. sterile.).

Cormus bipollicaris. Folia demum pedem dimidium et amplius longa inferne sex lineas lata, perigonium 2 ¹/₂ pollices, capsula sesquipollicem longa. Congeneribus Orientalibus robustior, antheris linearibus ad *M. Persicam* accedens sed folia multo latiora et margine scaberrima, unguis et laminæ, antheræ et filamenti proportio diversa, antheræ latitudine suâ 20-plo longiores.

Ar. Gegr. Turkestania orientalis.

BULBOCODIUM (L. Gen. 407).

Perigonium corollinum tubo destitutum sexpartitum laciniis unguiculatis, laminâ basi auriculis binis obsitâ. Stamina sex ad basin laminarum inserta filamentis filiformibus, antheris extrorsis versatilibus. Ovarium sessile triloculare loculis pluriovulatis, stylus simplex apice in tres ramos subulatos stigmatosos divisus. Capsula oblonga septicide trivalvis. Semina globosa. — Herbæ acaules bulbosæ. — Genus *Merenderæ* præter stylum simplicem simile

1. **B. Ruthenicum** (Bge. Ind. Sem. Dorp. 1837 p. 11) cormo ovato tunicis nigris membranaceis vestito, foliis ternis synanthiis lanceolato-linearibus canaliculatis post anthesin elongatis rectis, floribus subsolitariis roseis, laciniarum perigonii unguibus laminâ basi obtuse auriculatâ oblongo-lineari sublongioribus, staminibus perigonio duplo brevioribus, antheris oblongis flavis, capsulâ oblongâ acuminatâ ♃. *Colch. versicolor* Ker Bot. Reg. tab. 571 (forma foliis adultis convolutis). — *Bulb. vernum* M. B. Taur. Cauc. 1, 261.

Hab. in Transcaucasia ad Derbent et Sallian (M. B., Eichw!).

Valde affine *B. verno* a quo ex cl. Steven inter alias notas capsulâ dimidio minore longius mucronatâ differt.

Ar. Geogr. Transylvania, Rossia australis.

ERYTHROSTICTUS (Schlecht. Linn. 1, p. 90).

Perigonium corollinum infundibuliforme sexpartitum laciniis unguiculatis, laminâ ad filamenti insertionem 1-2 punctis nectariferis instructâ. Stamina sex ad laminarum basin inserta. Antheræ extrorsæ versatiles. Ovarium triloculare ovulis crebris in loculo superpositis, styli tres liberi apice stigmatosi. Capsula oblonga trilocularis septicide trivalvis, semina globosa tenuissime punctulata. — Herbæ bulbosæ humiles foliis confertis flores corymbosos involucrantibus. — Genus a *Merenderâ* perigonii laminis basi poris nectariferis obsitis distinctum, a cl. Baker cum *Androcymbio* conjunctum quod tamen ex descriptione perigonii laciniis supra unguem convoluto-cucullatis differre videtur.

1. **E. Palestinus** (Boiss. Mss.-Baker Journ. Linn Soc. XVII. p. 445) bulbi ovati tunicis fuscis secus collum hypogæum elongatum productis, caule brevissimo, foliis corymbum pauciflorum involucran-

tibus et valde superantibus rosulatis inferioribus subbinis angustioribus lanceolatis sensim acuminatis, internis latioribus oblongis
abruptius et brevius acuminatis, pedicellis brevissimis, perigonio
lilacino, laciniarum laminâ ungue sublongiore oblongo-lanceolatâ
obtusâ pellucido-punctatâ, filamentis laminâ dimidio brevioribus,
antheris oblongis latitudine suâ duplo longioribus ♃.

Hab. in Palestinâ circa Hierosolymam sed hic locus mihi valde dubius
(Roth. 470!), ad Jericho (Lowne! Barbey!) ad Engeddi (Hayne), Palestinâ
Transjordanicâ (Post!). Fl. Apr.

Planta sesquipollicaris, folia interiora 3-5 lineas inferne lata, exteriora sub-
bipollicaria, perigonium 8-9 lineas longum laciniis 2 lineas latis. Valde et
forsan nimis affinis *E. punctato* Schlecht, qui differre videtur floribus majoribus nigro-punctatis, laciniis latioribus, antheris latitudine suâ triplo longioribus.

TR. II. VERATREÆ Nees. — Perigonii laciniæ liberæ non
unguiculatæ. Radix rhizomate constans.

VERATRUM (L. Gen. 1144).

Flores hermaphroditi nonnullis masculis ovario destitutis. Perigonium ad basin sexpartitum subcoloratum persistens phyllis subæqualibus multinervatis patentibus. Stamina sex imo perigonio inserta,
filamenta filiformia, antheræ dorsifixæ reniformes septo incompleto
subuniloculares extrorsum et transverse dehiscentes. Ovarium carpellis tribus basi cohærentibus unilocularibus multiovulatis constans, styli tres breves patentes, stigmata obsoleta. Capsulæ tres basi
cohærentes apice intus rimâ longitudinali bivalves. Semina plana
alata testâ laxâ membranaceâ, albumine tenui. — Herbæ perennes
validæ rhizomate crasso præmorso, caulibus foliatis, floribus paniculatis.

1. V. album (L. Sp. 1479) caule valido puberulo foliato, foliis
amplis plicatis subtus pubescentibus inferioribus ovato vel oblongo-
ellipticis amplexicaulibus supremis diminutis lanceolatis acuminatis,
paniculæ elongatæ amplæ pubescentis racemis spicatis, perigonii
virentis vel albido-flavidi laciniis oblongo-lanceolatis crispulo-denti-
culatis pedicello multo longioribus ♃. Ic. Jacq. Austr. tab. 335. —
Rchb. Germ. fig. 937.

Hab. in pratis subalpinis et alpinis, Thessalia (Sm. Prodr.), Macedonia
in monte Scardo Orph!, Pontus Lazicus ad Djimil 6000' (Bal!), Caucasus
et Transcaucasia (M. B. Hoh! Nordm. Bayern!).

Ar. Geogr. Lapponia, Gallia, Hispania borealis et Lusitania, Germaniæ
montes, Alpium tractus, regio Danubialis, Rossia, Sibiria omnis, Japonia.

2. V. nigrum (L. Sp. 1479) caule valido elato pubescente
folioso, foliis plicatis glabris inferioribus ovato vel oblongo-ellipticis in petiolum brevem amplexicaulem abeuntibus, floralibus

linearibus, paniculæ elongatæ angustæ racemis araneoso-tomentosis laxe spicatis, perigonii atropurpurei laciniis ellipticis patentissimis pedicello patenti subæquilongis ♃. Ic. Jacq. Austr. 336. Rchb. Germ. 999.

Hab. in regione subalpinâ, montes Laconiæ (Ex Sm. Prodr), Transcaucasia, in Imeretiâ (ex Guld.) E. ditione nondnm vidi.

Ar. Geogr. Helvetia et Germania australes in Alpibus, Italia bor. et media, Dalmatia, Herzegovina, Albania, regio Danubialis, Rossia media, Sibiria omnis, Japonia.

ORD. CXXXIV. LILIACEÆ.

D. C. Theor. Elem. 247).

Flores hermaphroditi in nostris regulares. Perigonium corollinum inferum hexaphyllum phyllis biseriatis vel gamophyllum sexfidum. Stamina sex laciniis opposita hypogyna vel ad phyllorum basin inserta. Antheræ biloculares introrsæ. Ovarium superum rarius semisuperum triloculare vel abortu subuniloculare loculis pluriovulatis. Ovula biseriata angulo interno inserta anatropa vel amphitropa. Styli in unicum coaliti, stigmata 1-3. Fructus capsularis trilocularis loculicide trivalvis valvis medio septiferis. Semina plurima vel abortu pauca formâ varia. Embryo in axi albuminis carnosi.

SERIES I. — Radix bulbosa.

TR. I. TULIPEÆ. — Bulbosæ caulescentes. Perigonii phylla libera Stylus terminalis. Semina (except. *Erythronio* et *Gageœ* speciebus) compressa discoidea.

LILIUM (L. Gen. 410).

Perigonium deciduum campanulatum vel revolutum phyllis æqualibus oblanceolatis, unguibus sulco longitudinali nectarifero canaliculato vel obsoleto instructis. Stamina sex leviter perigyna antheris medio dorso affixis valde versatilibus. Ovarium sessile triloculare, stylus elongatus indivisus, stigma trigonum. Capsula obovoidea hexagona. Semina crebra discoidea. — Herbæ bulbosæ caulescentes bulbis squamosis.

SECT. I. EULIRION Endl. — Perigonii phylla apice tantum falcata. Stamina cum stylo parallela et leviter declinata.

1. L. candidum (L. Sp. 433) glabrum, bulbo ovoideo flavido magno, foliis primariis 6-8 hyemalibus oblanceolatis, caule crasso stricto elato polyphyllo, foliis sparsis ab inferioribus erecto-patentibus magis approximatis oblanceolatis undulatis obtusiusculis ad superiora adpressa lanceolata acuta abbreviatis et angustatis, racemo breviter thyrsoideo, pedicellis erectis apice cernuis basi bracteatis interdum bracteolatis, perigonio albo suaveolenti late infundibuliformi phyllis oblanceolatis basi in unguem attenuatis triente superiore falcatis obtusis apice puberulis, antheris cum polline flavis ♃. Ic. Red. Lil. tab. 199. — Rchb. Ic. Germ. tab. 445. — Elwes Mon. Ic.

Hab. in regione montanâ variis locis sed ubique cultum et fere non semper spontaneum, Græciæ vallis Tempe (Hawkins ex Sibth.), Peloponnesus (Bory), ager Byzantinus (Bergg.), Transcaucasia (Ledeb.), Palestina (ex Kunth). Habeo specimen ut videtur omnino spontaneum in rupestribus ditionis Kesrauan Libani supra Ghazir (Gaill! Bl !).

Ar. Geogr. In Europam australem sæpe introductum.

SECT. II. MARTAGON Endl. — Perigonii cernui phylla valde revoluta. Stamina a stylo declinato undique divergentia.

* Folia verticillata.

2. L. Martagon (L. Sp. 435) bulbi ovati squamis numerosis angustis, caule elato glabro vel sursum puberulo medium versus foliato, foliis in verticillos paucos 6-8-phyllos dispositis patentibus late lanceolatis acutis ciliatulis basi in petiolum brevem attenuatis, superioribus sparsis diminutis et angustatis, floribus in racemum thyrsoideum laxum dispositis, pedicellis basi bracteatis elongatis cernuis, perigonii nutantis roseo-vinosi phyllis lanceolato-oblongis valde revolutis dorso pubescentibus intus punctatis apice obtusis subcucullatis inferne in unguem sulcatum attenuatis, filamentis longis, antheris et polline rubris, capsulâ turbinatâ acute angulatâ ♃. Jacq. Austr. tab. 351. — Rchb. Germ. tab. 451.

Hab. in sylvaticis rupestribus regionis præsertim montanæ, Græcia (Sibth.), in Parnasso supra Dipotamo 5000' (Orph !), circa Byzantium (Coumany! Post!), Transcaucasia occid. (ex Ledeb.). Specimina Græca ex sicco ad formam typicam floribus vinosis nec ad Dalmaticam floribus purpureo-nigris spectare videntur.

Ar. Geogr. Europa media et australis ab Angliâ, Galliâ et Germaniâ ad Rossiam australem, Sibiria, Japonia.

* * Folia sparsa.

3. L. monadelphum (M. B. Taur. Cauc. I, p. 267) bulbi ovati squamis lanceolatis lutescentibus, caule elato fere totâ longitudine crebre foliato, foliis erectis lanceolatis acutis multinerviis subtus ad nervos et margine papillosis superioribus sensim abbreviatis, floribus in racemum thyrsoideum 2-10-florum dispositis rarius solitariis, pedunculis bracteis lanceolatis suffultis apice cernuis, perigonii campanulati sulfurei phyllis oblanceolatis a medio tandem falcato-recurvis glaberrimis intus plus minusve nigro-punctulatis basi et apice interdum purpureo-tinctis, antheris cum polline flavis, capsulâ obovatâ obtuse angulatâ ♃. Ic. Cent. Ross. tab. 4. — Bot. Mag. 1405. — Gartenfl. tab. 738. — Elwes Mon. Ic.

Hab. in Caucasi borealis montibus Beschtau et Kasbek (M. B.), Georgiâ Caucasicâ (Hoh!), Persiæ bor. prov. Ghilan in monte Djulfek (Auch. 5405)

β *Szovitsianum* Baker. — Pollen cinnabarinum. — *L. Szovitsianum* Fisch. Lall. Ind. Petrop VI, p. 16 Gartenfl. tab. 436. — *L. Colchicum* Stev. Mss.

Hab. in Colchide (Szov.), Imeretiâ 2400'-4800' (Rupr!), Ponti Lazici ditionibus Rhizé et Hemschin (Tchihatch!).

Filamenta in hâc specie cl. Elwes observante variant vel omnino libera vel basi vel ad tertiam partem usque connata. *L. Szovitzianum* videtur tantum varietas *L. monadelphi*, notæ diagnosticæ indicatæ v. gr. stylus rectus vel tandem recurvus, capsula plus minusve acutangula fallaces videntur.

4. L. Albanicum (Griseb. Spicil. 2, p. 385) caule a tertiâ parte inferiore crebre foliato, foliis erectis confertis inferioribus oblongolanceolatis acutiusculis superioribus lanceolatis acuminatis omnibus multinerviis nervis remote anastomosantibus margine papilloso-scabris subtus glabris, flore (an semper?) solitario nutante, perigonii mediocris flavi phyllis jam versus medium valde falcato-recurvis superne parte inferiore elevatim verrucosis immaculatis, capsulâ... ♃.

Hab. in cacumine montis Kobelitza Scardi in Macedoniâ 7000' (Griseb!) Vidi in herb. Götting.

Affine *L. Pyrenaico* Gouan quod distinguitur foliis multo angustioribus et ob nervos tres aliis multo crassiores trinerviis nec multinerviis; flores *L. Albanici* minores videntur sed specimina herb. Grisebach valde macra sunt omnibus partibus diminutis. *L. Janka* Kerner. = *L. Pyrenaicum* Baumg. non Gouan = *L. graveolens* Pancic ex Transylvaniâ et Serbiâ omnibus notis *L. Albanico* simile ab eo tantum differt nervis paginæ inferioris eisdem pepillis ac margines foliorum obsitis sed cum hoc indumentum copiositate valde variabile sit hæc nota non sat gravis videtur et *L. Jankæ* meram varietatem *L. Albanici* sistere videtur.

Ar. Geogr. Herzegowina.

5. L. Ponticum (C. Koch. Linn. XXII, p. 234) caule elato a tertiâ parte inferiori crebre foliato, foliis erectis lanceolato-linearibus acuminatis multinerviis nervis venarum ope anastomosantibus subtus ad venas atque margine plus minus papillosis superne abbreviatis, racemo terminali laxo 1-7-floro pedunculis bracteâ 2-3-plo longioribus apice cernuis, perigonii mediocris campanulati flavi phyllis jam infra medium valde falcato-reflexis superne sparsim papillosis, antheris cum polline glabris, capsulâ stipitatâ oblongo-subclavatâ obtusangulâ ♃.

Hab. in Ponto Lazico in district. Rhizé et Hemschin et in monte Tcharantach (C. Koch!), in eâdem regione a regione maritimâ ad ostium fluv. Of ad regionem subalpinam prope Djimil et Khabackar 5700' (Bal!).

Species ex vivo nondum sat nota *L. Pyrenaico* et *L. monadelpho* intermedia. Prior differt foliis elongatis multo angustioribus tri vel quinquenerviis, perigonii phyllis angustioribus longioribus facie copiose papillosis et nigro punctatis. *L. monadelphum* differt floribus duplo majoribus, perigonii phyllis glaberrimis ad vel supra medium falcatis.

6. L. Ledebourii, bulbo...., caule crebre folioso, foliis angustissime linearibus erectis præter marginem subrevolutum papillosum glabris sursum diminutis trinerviis, nervis secundariis et venis remote anastomosantibus, floribus 1-2 terminalibus pedicellis apice cernuis eis longioribus suffultis, perigonii flavi phyllis lanceolatis basi longe attenuatis et nigro-punctatis non papillosis a medio valde falcato-recurvis, antheris flavis ♃. *L. monadelphum* var. *Ledebourii* Baker Linn. Journ. XIV, 246. — *L. Pyrenaicnm* C. A. Mey. Verz. p. 36 et Ledeb. Fl. Ross. non Gouan.

Hab. in nemoribus ditionis Transcaucasicæ Talysch prope pagum Drych 4500' (C. A. Mey!). Vid. spec. in herb. Meyeriano.

Folia intermedia tripollicaria 1 ¹/₂-2 lineas tantum lata, flores eis *L. monadelphi* dimidio minores. *L. Pyrenaico* et *L. Pontico* magis quam *L. monadelpho* affine ab omnibus foliis angustissimis distinctum ulterius investigandum.

7 L. Carniolicum (Bernh. in Mert. et K. Deutsch. Fl. II, p. 536) bulbi ovati squamis lanceolatis, caule-1-2 floro glaberrimo polyphyllo, foliis æqualiter sparsis lanceolato-linearibus apicem versus sensim diminutis omnibus erecto-patulis paginâ inferiore secus nervos papilloso-scabris, pedicellis cernuis, perigonii cinnabarini basi virentis phyllis oblanceolatis arcte revolutis inferne facie interiori lineis elevatis brevibus fusco-purpureis obsitis, capsulâ obovatâ obtuse angulatâ ♃. Rchb. Ic. Germ. fig. 990. — *L. Chalcedonicum* Jacq. Fl. Austr. Suppl. non L.

Hab. in pratis montanis montis Orbeli (Rilodagh) Macedoniæ (Friedr. ex Griseb.). E ditione nondum vidi.

Ar. Geogr. Italia borealis, Carnia, Illyria, Dalmatia, Bosnia.

8. L. Heldreichii (Freyn Botan. Zeit. 1879) bulbi ovati squamis lanceolatis, caule modice elato unifloro polyphyllo secus lineas a foliis decurrentes papilloso, foliis lanceolato-linearibus a basi fere ad medium caulem subconformibus dein subito diminutis magis sparsis ut et inferiora erecto-patulis subtus ad nervos et margines papilloso-scabris, flore cernuo, perigonio intense cinnabarino basi concolori phyllis oblanceolatis arcte revolutis inferne papillis elongatis cinnabarinis obsitis, capsulâ obovatâ obtuse angulatâ ♃. *L. Carniolicum* Heldr. exs. non Bernh.

Hab. in declivibus saxosis et sylvaticis regionis montanæ Græciæ, Parnassus in regione montanâ inferiori loco Pagna et in faucibos Dipotamo (Heldr. Herb. Norm. 654!), in monte Parnes Atticæ supra Tatoi (Heldr!), in regione abietinâ montis Kyllenes 4000' (Heldr!). Fl. Jul.

Species *L. Carniolico* et *Chalcedonico* intermedia, ut videtur sat distincta,

a priori caule glaberrimo, foliis a basi ad apicem sensim diminutis, a posteriori cui magis accedit foliis superioribus erecto-patulis nec imbricatis et
perigonii papillis concoloribus discedens; planta insuper humilior minus
rigida, perigonium intensius coloratum.

9. **L. Chalcedonicum** (L. Sp. 434 ex parte) bulbo ovato

flavido squamis lanceolatis, caule elato rigido polyphyllo rarius unifloro sæpius 2-3-floro crebre polyphyllo secus lineas a foliis decurrentes papilloso, foliis anguste lanceolato-linearibus subtus ad nervos
et margines papilloso-scabris inferioribus a basi ad medium caulem
usque subconformibus erecto-patulis, superioribus abrupte diminutis
imbricatis cauli adpressis, pedicellis divaricatis floribus nutantibus,
perigonii cinnabarino-ignei phyllis oblanceolatis revolutis inferne
verruculis brunneis obsitis, capsulâ obovatâ obtuse angulatâ ♃. Ic.
Bot. Mag. t. 30. — Rchb. Germ. t. 933. — Elw. Mon. Ic.

Hab. in sylvaticis rupestribus montis Malevo Laconiæ prope Kastanitza
(Heldr. exs. 322! Orph. Fl. Gr, exs. 39!), in monte Gymnovouno (Orph!),
Olympo Thessaliæ (Heldr!). Ex cl. Baker in insulis Ionicis.

10. **L. polyphyllum** (Don in Royle Ill. Himal. 388) caule

tenui elato glabro laxe et racemose 4-10-floro crebre folioso sed
parte infimâ et infra racemum nudo, foliis numerosis ascendentibus
sparsis sessilibus anguste lanceolatis infimis obtusis superioribus
acuminatis angustatis, bracteis verticillatis, pedicellis floriferis apice
cernuis, perigonii livide flavescentis vinoso-punctati phyllis oblanceolatis a medio revolutis, ovario stylo valde declinato sesquibreviore,
capsulâ obovatâ acute angulatâ ♃.

β uniflorum. — Bracteæ 2-3.

Hab. in valle Kurram Affghaniæ (Aitchis!).

Ar. Geogr. Regio Himalaica occidentalis.

FRITILLARIA (L. Gen. 411). — *Petilium L.-Rhinopetalum*
Fisch. — *Theresia* C. Koch).

Perigonium deciduum phyllis sex obovatis vel oblongo-spathulatis
ad vel supra basin foveolâ nectariferâ instructis. Stamina sex perigonio breviora filamentis subperigynis, antheris prope basin affixis
subversatilibus. Ovarium sessile triloculare. Stylus filiformis in tria
stigmata plus minus profunde partitus vel indivisus. Capsula obovoidea vel cylindrica sæpius breviter stipitata obtuse vel acute hexagona. Semina multa discoidea. — Herbæ bulbosæ caulescentes, bulbo
tunicato rarius squamoso, floribus campanulatis vel obconicis.

Specierum Orientalium dispositio.

SECT. I. EUFRITILLARIA. — Bulbus parvus tunicatus. Flores terminales solitarii vel pauci.

§. 1. **Trichostyleæ.** — Stylus saltem ad quintam partem in stigmata tria partitus.

˙ Capsula obtuse vel obsolete angulata.

╋ Perigonium campanulatum.

✕ Stylus ad quintam vel quartam partem usque trifidus.

F. latifolia, lutea.

✕ ✕ Stylus ad tertiam vel dimidiam partem usque tripartitus.

1. Elatiores.

F. meleagris, tenella, Pontica, acmopetala, Olivieri, Lycia, Ehvesii, Messanensis.

2. Humiles.

F. Græca, Rhodocanakis, crassifolia, aurea, Kurdica, minuta.

╋ ╋ Perigonium obconicum.

F. obliqua, conica, Reuteri.

§ 2. **Olostyleæ.** — Stylus integer vel apice obsolete trilobus. Perigonium obconicum.

F. tulipifolia, Armena, Pinardi, Ehrarti, Assyriaca, Fleischeri, dasyphylla, Sibthorpiana, Forbesii.

˙ ˙ Capsula acute angulata fere hexaptera.

F. Ruthenica, Karelini.

SECT. II. THERESIA C. Koch. — Bulbus magnus squamosus. Inflorescentia ramosa.

F. Persica, Libanotica.

SECT. III. PETILIUM. L. — Bulbus magnus squamosus. Inflorescentia umbellata.

F. imperialis.

Sᴇᴄᴛ. I. Eᴜғʀɪᴛɪʟʟᴀʀɪᴀ. — Cormus parvus tunicatus. Flores terminales solitarii vel pauci.

§ 1. **Trichostyleæ.** — Stylus saltem ad quintam partem apice in stigmata tria partitus.

1. F. latifolia (W. Spec. II, p. 92) caule crassiusculo monocephalo supra medium 5-7 foliato, foliis glaucis oblongo-lanceolatis inferioribus sparsis superioribus interdum oppositis vel ternatis, flore magno nutanti late campanulato basi truncato flavo-virenti purpureo suffuso sæpe saturatius vinoso-purpureo plus minusve distincte tessellato, perigonii phyllis oblongis obtusissimis supra basin nectario ovato-oblongo impresso foveolatis, staminibus perigonio duplo brevioribus, antheris filamento subduplo brevioribus, stylo vix ad quartam partem trifido, capsulâ longe turbinatâ oblongo-clavatâ ♃. Ic. Red. Lil. tab. 51. — Bot. Mag. tab. 853 et 1207. Variat flore magis flavido Bot. Mag. tab. 1558.

Hab. in regione alpinâ, Pontus Lazicus supra Djimil et in monte Tcharantach 7-7600' (Bal!), Caucasus centralis in monte Kasbeck (M. B.), Iberia (Wilh.), Guria (Szov!).

β *Kotschyana* — Perigonii phylla subangustiora, folia superiora augustius linearia semper sparsa. — *F. Kotschyana* Herb. Bot. Reg. XVII, Misc. 43.

Hab. in montibus ditionis Talysch prope Massula (Buhse !), Persiæ borealis in alpibus Hasartschal montis Elbrus (Ky. 507!), in montibus supra Asterabad (Bge!).

Planta sæpe pedalis, folia caulina inferiora sæpe 3-4 pollices longa 8-10 lineas lata, perigonii phylla 1 ½-1 ¾-pollicaria, capsula bipollicaris. Var. *Kotschyana* intensius purpureo-vinosa et distinctius tessellata sæpius est sed specifice minime distincta.

2. F. lutea (M. B. Taur. Cauc. II, p. 269) humilis, caule monocephalo ultra medium 5-7-foliato, foliis viridibus lineari-lanceolatis sparsis vel supremis linearibus suboppositis, flore mediocri nutanti campanulato basi rotundato sulphureo violaceo-tessellato intus citrino, perigonii phyllis oblongo-ellipticis obtusis supra basin nectario oblongo impresso foveolatis, staminibus perigonio duplo brevioribus, filamentis glabriusculis antherâ 1 ½-2-plo longioribus, stylo antheras superante ad quintam partem trifido, capsulâ parvâ ovato-clavatâ obtuse trigonâ ♃. Ic M. B. Cent. pl. Ross. tab. 41.

Hab. in pratis alpinis Caucasi centralis in monte Kasbek 8500' (M. B. Rehm!), in districtu Alagir Ossetiæ supra Szil et in monte Ararat Armeniæ (Abich ex Bayern).

Palmaris, folia formâ eis *F. latifoliæ* similia sed angustiora, flores minores; ab eâ quâcum a cl. Baker conjuncta fuit capsulâ triplo minore abbreviatâ basi abrupte attenuatâ 7-8 lineas cum stipite tantum longâ longe discedens.

3. F. Meleagris (L. Sp. 436) caule tenui unifloro rarius bifloro foliato, foliis glaucescentibus anguste linearibus canaliculatis sæpissime sparsis, flore magno nutante late campanulato basi subtruncato vinoso-purpureo albido-tessellato, perigonii phyllis oblongo-ellipticis apice obtusis albidis supra basin sulco lineari extus in gibbum elongatum prominente foveolatis, filamentis glabris antherâ sesquilongioribus, stylo ad tertiam partem trifido, capsulâ globosâ abrupte et breviter stipitatâ ♃. Ic. Rchb. fig. 974. Variat flore lutescente vel albido sæpe unicolore. — *F. lutea* Rchb. fig. 975 non M. B.

Hab. in pratis humidis Caucasi (ex M. B.), probab. in Macedoniâ vel Thraciâ. E ditione nondum vidi.

Ar. Geogr. Europa borealis et media ab |Angliâ et Norvegiâ ad Galliam, Italiam borealem, Bosniam, Serbiam, regionem Danubialem, Rossiam mediam et australem.

4. F. tenella (M. B. Taur. Cauc. I, p. 289) caule elato 1-2-floro jam infra medium foliato, foliis anguste linearibus acuminatis canaliculatis sparsis vel interioribus oppositis et superioribus sæpe 2-3 verticillatis, flore mediocri cernuo campanulato extus luride purpureo intus flavido purpureo-tessellato, phyllis elliptico-oblongis obtuse carinatis mucrone obtuso virenti terminatis supra basin nectario ovato impresso extus in gibbum prominente foveatis, filamentis glabris antherâ duplo longioribus, stylo ad medium patule trifido, capsulâ obovatâ breviter stipitatâ ♃. Wickstr. tab. V. — Rchb. Germ. fig. 977 et 978. — *F. montana* Hoppe Flora XV, 2, p. 476. Moggr. Ment. tab. 66. — *F. Caussolensis* Goaty et Pons in Ard. Fl. Alp. mar. — *F. racemosa* α. *minor* Bot. Mag. tab. 1216?

Hab. in pratis insulæ Zacynthi (Marg!). in Caucasi centralis regione alpinâ (M. B., C. A. M. !).

Flores eis *F. Meleagris* minores; differt a *F. Pyrenaicâ* floris brevioris phyllis apice non recurvis, aliisque notis. Specimina herb. Meyeriani abbreviata sunt, semipedalia, Banaticis similia.

Ar. Geogr. Alpes maritimæ, Littorale Austriacum, Dalmatia, Banatus. *F. Orsiniana* ex Appenninis quam non vivam vidi hûc forsan quoque referenda.

5. F. Pontica (Wahl. Isis XXI, p. 984) caule elato sæpius mouocephalo a medio folioso, foliis viridibus late lanceolatis obtusiusculis infimis oppositis intermediis sparsis, supremis ternatim verticillatis florem superantibus, flore magno nutanti campanulato, phyllis oblongo-ellipticis obtusis flavovirentibus margine et superne rubello-tinctis internis latioribus subspathulatis omnibus supra basin nectario ovato orbiculari nigricante foveolatis, filamentis subpapillosis antherâ duplo longioribus, stylo ad medium trifido, capsulâ oblongoturbinatâ non stipitatâ angulis alatis ♃. *F. Olympica* C. Koch Linn. XXII, p. 232.

Hab. in sylvaticis regionis inferioris Macedoniæ (Friv. ex Griseb.), Thraciæ circâ Byzantium (Auch. 2183! W. Barbey! Duparq!), in monte Balkan supra

Kalofer (Janka!), Bithyniâ ad Olympi radices (Barbey! Maw!), monte Aladagh Szaben Anatoliæ borealis (Wied!).

Sæpe sesquipedalis, insignis foliis 3-4 lineas latis 2-4-pollicaribus, capsulâ alatâ. Perigonii colore et habitu. *F. involucratam* refert.

6. F. acmopetala (Boiss. Diagn. Ser. I, 7, p. 104) caule elato

gracili unifloro jam infra medium crebre folioso, foliis omnibus sparsis linearibus vel lineari-lanceolatis superioribus acuminatis, flore magno nutante longe cylindrico-campanulato, phyllis longis oblanceolato-oblongis apice abrupte in mucronem plus minus recurvum contractis basi nectario ovato-oblongo foveolatis et subgibbis extus rubro-fuscis lutescenti-marginatis intus luteis inferne rubro-tessellatis, filamentis papillosis antherâ sesquilongioribus, stylo ultra medium trifido, capsulâ oblongo-clavatâ ♃. *F. Reygassii* Boiss. et Bl. exs.

Hab. in regione subalpinâ montis Amani Syriæ borealis supra Beilan (Auch. 2181!), ad Keserlik supra Arsus (Ky. 1159!), in monte Tschosch Dagh ditionis Kassán Oglu Ciliciæ orientalis (Ky. 87!), in Libano supra Eden (Bl! Reygasse!).

Sesquipedalis, perigonii phylla sesquipollicem et amplius longa, capsula sesquipollicaris. Affinis *F. Pyrenaicæ*, folia longiora et magis acuminata, insignis phyllis in mucronem recurvum abrupte contractis.

7. F. Olivieri (Baker Journ. Linn. Soc. XVI, p. 261) caule elato

monocephalo jam infra medium foliato, foliis 6-10 viridibus ascendentibus sparsis inferioribus oblongo-lanceolatis obtusiusculis superioribus linearibus acutis, flore magno nutanti campanulato ex sicco vinoso-purpureo non tessellato phyllis obovato-oblongis apice subdeltoideis puberulis nectario oblongo foveolatis. filamentis puberulis antherâ sesquilongioribus, stylo ad medium trifido, capsulâ... ♃.

Hab. in monte Elvend Persiæ (Olivier in D. C, herb!)

Pedalis, folia inferiora 8-9 lineas lata, suprema sesquilineam lata perigonio longiora, perigonium 16 lineas longum. Valde affinis *F. Ponticæ* et *acmopetalæ*, a priori foliis supremis non verticillatis, a posteriore phyllis non mucronatis distincta.

8. F. Lycia (Boiss. et Heldr. Diagn. Ser. I, 13, p. 20) caule gra

cili a medio foliato sæpius unifloro, foliis sparsis anguste linearibus canaliculato-plicatis obtusis radicalibus longe petiolatis ovatis acutis cito evanidis, flore breviter campanulato nutanti e sicco luride rubello, phyllis late elliptico-linearibus apice abrupte in mucronem obtusum subrecurvum contractis nectario ovato basi foveolatis, filamentis breviter papillosis antherâ mucronatâ duplo longioribus, stylo ad medium divaricatim trifido ♃.

Hab. in pinetis montis Solyma Lyciæ inter Tchakarlar et Karabahir (Heldr!), ad Tcharyklar prope Adalia (Bourg!),

Affinis *F. acmopetalæ* sed egregie distincta foliis angustissimis plicatis obtusiusculis, colore floris diverso; folia caulina 2-3 pollices longa vix sesquilineam lata, perigonii phylla 12-14 lin. longa.

9. **F. Elwesii**, caule elato 1-2-floro, foliis omnibus sparsis, primariis oblongis petiolatis cito evanidis, caulinis anguste linearibus longis canaliculato-plicatis acuminatis, flore magno longe campanulato iuferne attenuato, phyllis elongatis late oblongo-linearibus obovatis superne subrecurvis obtusis extus flavido-virentibus plus minusve fasciâ marginali vel in interioribus dorsali rubro-fuscâ instructis intus flavovirentibus basi foveolâ ovatâ profundâ instructis, filamentis papillosis antherâ apiculatâ vix longioribus, stylo ovario breviore ad medium trifido, capsulâ.... ♃ . *F. acmopetala* Baker in Bot. Mag. 6321 fig. non Boiss.

Hab. in Lyciâ prope fluvium Dollomon (Elwes !). V. viv. cult.

Pedalis et longior, folia caulina 4-5-pollicaria 2 lineas lata. Perigonii phylla 15-16 lineas longa superne 5 lineas lata. Prius eam pro *F. Lyciâ* habui cujus folia ut in eâ anguste linearia et canaliculata sunt sed *F. Elwesii* differt perigonio longe campanulato aliter colorato, phyllis obtusis nec apiculatis. *F. acmopetalæ* perigonium quoque longe campanulatnm est sed basi non adeo attenuatum, folia latiora plana.

10. **F. Messanensis** (Rafin. Préc. p. 44. — Guss. Syn. I, p. 399) caule elato 1-3-floro, foliis planis glaucis radicalibus lanceolatis petiolatis obtusis cæteris lineari-lanceolatis acuminatis, floralibus sæpe 2-3 verticillatis, flore magno campanulato nutante phyllis externis elliptico-lanceolatis internis latioribus subspathulatis omnibus dorse fasciâ latâ viridi-lutescenti donatis margine nigro-purpurascentibus non tessellatis apice subrecurvis, foveolâ basilari oblongolineari, filamentis papillosis antherâ sublongioribus, stylo ad tertiam partem trifido, capsulâ oblongo-clavatâ obtusissimâ ♃ .

Hab. in monte Malevo Laconiæ prope Hagios Ioannis (Orph !), Cretâ in montibus Sphacioticis supra Anopoli (Heldr !), Corcyrâ et Leucade (Mazz., Letourn !).

Specimina Græca Messanensibus saltem e sicco omnino conformia videntur. Hæc species phyllorum coloratione *F. Græcam* refert staturâ humili, flore minore multo magis abbreviato, capsulâ brevi distinctam.

Ar. Geogr. Sicilia. Loci cæteri ab auctoribus enumerati ad species sequentes nondum ex speciminibus vivis sat definitas spectant. *F. Lusitanica* Wickstr., *F. stenophylla* Boiss. et Reut. et *S. Hispanica* Boiss. et Reut. ex Hispaniâ et Lusitaniâ, *F. Mauritanica* Boiss. et Reut. ex Algeriâ occidentali, tandem *F. neglecta* Parl. = *F. Messanensis* Rchb. Ic. 981-982.

11. **F. Græca** (Boiss. et Sprun. Diagn. Ser. I, 7, p. 104) humilis glaucescens, caule unifloro rarius bifloro a medio 5-8-phyllo, foliis sæpius sparsis inferioribus oblongis vel oblongo-lanceolatis acutis superioribus angustissime linearibus acuminatis, flore nutanti breviter campanulato, perigonii phyllis ovato vel oblongo-ellipticis intus flavidis extus sordide rubellis fasciâ longitudinali latâ luteovirenti, nectario parvo basilari in gibbum extus sæpe prominulo, filamentis glabris antherâ sublongioribus, stylo vix ad medium usque trifido, capsulâ ovatâ obtusâ basi breviter clavato-attenuatâ ♃ .

Hab. in rupestribus dumosis regionis inferioris et montanæ Græciæ, Attica in monte Hymetto (Boiss! Heldr!), monte Mavrovouni insulæ Salamis (Heldr!), monte Malevo Laconiæ (Orph!), Macedoniá (Friv. exs. sub. *Fr. latifolia!*).

β *Guicciardii.* — Humilis sed robustior, valde glauca, pedunculi crassiores rigidiores, caulis sæpe 2 3-florus, folia latiora, perigonium majus longius campanulatum tandem elliptico-oblongum. Capsula abbreviata — *F. Guicciardii* Heldr. et Sart. Diagn. Ser. II, 4, p. 102. — *F. Pyrenaica* Fl. Græc. tab. 328 non L.

Hab. in monte Kyllene Peloponnesi supra Trikala (Orph!), in cacumine montis Parnes Atticæ (Guicc! Boiss! Orph! Heldr!), Parnasso (Sibth.) et supra Rachova loco Lipocessa dicto (Guicc!), in monte Ætá Thessaliæ (Sprun!).

Specimina ex monte Parnes me docuerunt hanc varietatem ad typum sensim transire.

γ ? *Thessalla.* — Folia inferiora opposita vel subopposita, suprema 3 verticillata. — *F. Thessalica* Sprun. exs.

Hab. in monte Œtá Thessaliæ (Sprun. exs.

Species statura humili semipedali, foliis brevibus latis, flore dimidio minore breviore a *F. Messanensi* cui perigonii coloratione accedit longe distincta Amic. Th. de Heldreich var β. specifice differre autumat.

12. F. Rhodocanakis (Orph. Atti Fir. 1874, p. 214 (nomen). — Baker Journ. of. Bot. 1878, p. 323) humilis caule unifloro rarius bifloro a medio vel inferius sparsim foliato, foliis inferioribus late oblongo-lanceolatis obtusis superioribus anguste lanceolatis et lineari-ribus, flore mediocri cernuo campanulato extus parte inferiori luride purpureo superne et intus viridi-flavido purpureo-venoso et interdum obscure tessellato phyllis obtusis oblongis et interioribus obovatis supra basin obscure foveolatis, filamentis papillosis antherâ sublongioribus, stylo ovarium æquante fere ad medium trifido, capsulâ.... ♃.

Hab. in vinetis claustri Hagios Elias insulæ Hydra Archipelagi (Orph! Heldr! Pichl!).

Semipedalis, folia inferiora ¹/₂-1 pollicem lata, perigonium 9-10 lineas longum. Affinis *F. Græcæ*, flores minores colore peculiari.

13. F. crassifolia (Boiss. et Huet Diagn. Ser. II, 4, p. 103) humilis, bulbo crassiusculo, caule crasso 1-2-floro supra medium 5-6-foliato, foliis magnis sparsis confertis carnosis ab inferioribus late oblongis ad superiora anguste lineari-lanceolata angustatis omnibus acutis, flore mediocri nutanti campanulato badio-lutescente longitudinaliter rubro-striato intus rubello-maculato, perigonii phyllis oblongo-ellipticis obtusis supra basin nectario parvo ovato foveolatis, filamentis hirtulis basi dilatatâ attenuatis antherâ subduplo longioribus, stylo stamina paulo superante ad tertiam partem trifido, capsulâ ovato-globosâ turbinatâ basi breviter et obsolete stipitatâ parvâ ♃.

Hab. in Armeniá Turcicá prope Baibut (Auch. 5376!), monte Techdagh prope Erzerum (Huet !), Ponti Lazici monte Bousdouandagh supra Khabackar 7000' (Bal !), in Lyciæ monte Akdagh (Bourg !) et monte Crago (Forbes ex Baker), Tauro Cilicico (Ky. ex Baker !), Libano supra Ainhata (Schlumb !)

Palmaris, folia inferiora sæpe bipollicaria 6-12 lineas lata, flores eis *F. meleagris* minores, capsula 8-9 lineas longa et lata obtuse angulata. Bulbi eis *F. latifoliæ* et *F. luteæ* majores avellanam magnitudine superantes.

β *Hermonis.* — Flos minor e sicco obscurius coloratus intus purpureo-vinosus phyllis 7-8 lineas tantum longis, filamenta magis hirsuta. — *F. Hermonis* Fenzl (in Ky. exs. 1855.)

Hab. in cacumine montis Gebel es Scheik (Hermonis) Antilibani 9-9500' (Auch. 2180! Ky. 184! Lortet !).

Planta 3-4-pollicaris, folia inferiora sesquipollicaria sæpe 6 lineas lata; videtur omnino varietas formæ typicæ.

14. F. aurea (Schott Œst. Bot. Woch. 1854, p. 187) nana, caule unifloro supra medium 4-5-phyllo, foliis glaucis inferioribus elliptico-lanceolatis obtusiusculis sparsis superioribus lanceolato-linearibus acutis interdum oppositis vel ternatis florem æquantibus vel superantibus, flore parvo nutante breviter campanulato aureo purpureo-tessellato, perigonii phyllis cuneato-obovatis obtusis basi foveâ nectariferâ ovatâ vel cordato-triangulari instructis obsolete gibbis, filamentis glabris antheris triplo longioribus, stylo ovario æquilongo ultra medium tripartito, capsulâ.. —. ♃.

Hab. in pratis alpinis Tauri Cilicici (Kotschy !). Vid. viv. cultam.

Plantula 3-4-pollicaris, folia inferiora sesquipollicem longa 5-6 lineas lata, perigonii phylla 9 lineas longa. Differt a *F. luteâ* flore fere duplo minore, stylo profunde trifido.

15. F. Kurdica (Boiss. et Noë Diagn. Ser. II, 4, p. 108) nana, caule unifloro paulo supra medium foliis 3-5 sparsis inferioribus oblongo-lanceolatis superioribus anguste lineari-lanceolatis florem æquantibus omnibus acuminatis obsito, flore parvo nutante late et breviter campanulato basi rotundato rubello lineis saturatioribus percurso et obscure tessellato extus fasciâ viridi lutescenti percurso, perigonii phyllis oblongis obtusis apice puberulis basi nectario ovato instructis, filamentis eximie papillosis a basi dilatatâ attenuatis antherâ 2¹/₂-plo longioribus, stylo ad medium trifido stamina subsuperante, capsulâ.... ♃.

Hab. in subalpinis Kurdistaniæ Turcicæ prope Van (Noë 5!), inter Van et Bitlis (Barré de Lancy !), in convallibus montium districtûs Salma prov. Aderbidjan (Szow !).

Plantula 2-3-pollicaris, folia inferiora 1-1 ¹/₂ poll. longa 4-5 lineas lata, perigonii phylla 7-8 lineas tantum longa. Flore parvo breviter campanulato affinis *F. aureæ* differt foliis acuminatis, phyllis purpurascentibus vix tessellatis, filamentis papillosis, stylo brevius tripartito

16. F. minuta (Boiss. et Noë Diagn. Ser. II, 4, p, 104) nana, caule unifloro supra medium 4-5-phyllo, foliis inferioribus oblongo-lanceolatis acutiusculis superioribus oppositis anguste linearibus acuminatis florem æquantibus, flore nutanti minimo breviter campanulato e sicco pallide lutescenti-rubello longitudinaliter striato non maculato, perigonii phyllis ellipticis utrinque attenuatis apice hirtellis, filamentis papillosis a basi sensim attenuatis antherâ duplo longioribus, stylo....., capsulâ.... ♃.

Hab. in subalpinis Kurdistaniæ Turcicæ prope Van frequens (Noë 61 sub *F. Tauricâ* !).

Omnium minima bipollicaris, folia inferiora sesquipollicaria 4 lineas lata, perigonii phylla lineas sex vix longa. Affinis *F. Kurdicæ* sed ab eâ ex cl. Ky. qui eam vivam observavit specifice distincta; flos minor, perigonii phylla concoloria angustiora basi magis attenuata. Infausto casu stylus in speciminibus obviis deest.

17. F. obliqua (Gawl. Bot. Mag. tab. 857)

17. **F. obliqua** (Gawl. Bot. Mag. tab. 857) caule elato mono-vel 2-5-cephalo a mediâ parte folioso, foliis sparsis inferioribus late oblongis obtusis plurinerviis superioribus anguste linearibus plus minus contortis et obliquis, flore nutanti mediocri obconico extus intusque nigro phyllis elliptico-linearibus basi foveolâ lineari virenti obsitis, filamentis vix papillosis antherâ duplo longioribus, stylo ovario subbreviore trifido stigmatibus revolutis, capsulâ obovato-turbinatâ obtuse angulatâ ♃. *F. tristis* Heldr. et Sart. in Boiss. Diagn. Ser. II, 4, p. 104.

Hab. in fruticetis regionis sempervirentis Græciæ circâ Athenas ubi hortulani cujusdam phytopolæ rabie stultâ eheu nunc fere destructa, prope pagum Patissia (Sart!), in monte Lycabeto et ad radices montis Parnes supra Markopoulo et Tatoï (Heldr!).

Pedalis et elatior, folia inferiora pollicem interdum lata, perigonium 10-12 lineas longum. Species floribus atris insignis.

18. F. conica (Boiss. Diagn. Ser. I, 7, p. 105)

18. **F. conica** (Boiss. Diagn. Ser. I, 7, p. 105) caule gracili 1-2-floro a mediâ parte folioso, foliis omnibus sparsis vel inferioribus oppositis late oblongo-lanceolatis, superioribus angustioribus lineari-lanceolatis, floribus longiuscule pedunculatis cernuis parvis obconicis phyllis elliptico-oblongis subspathulatis glauco-virentibus margine rubellis basi obsolete foveolatis, filamentis puberulis antherâ sublongioribus, stylo perigonio subæquilongo ultrâ tertiam partem trifido stigmatibus recurvis ♃. *F. tulipifolia* Bor. et Chaub. Fl. Pélop. 98 non M. B.

Hab. in regione inferiore Peloponnesi inter Navarin et Modon Messeniæ (Bory!).

Caulis 1-1 ½-pedalis, folia inferiora sæpe 2-3-pollicaria pollicem et amplius lata, perigonium 8-9 lineas tantum longum. A, *F. obliquâ* florum minorum colore, foliis non contortis, filamentis abbreviatis distincta.

19. F. Reuteri (Boiss. Diagn. Ser. I, 5, p. 57)

19. **F. Reuteri** (Boiss. Diagn. Ser. I, 5, p. 57) caule gracili sæpius 2-4-floro, foliis inferioribus lanceolato-linearibus planis acutis, floribus dissitis longiuscule pedunculatis basi foliis binis oppositis anguste lineari-filiformibus suffultis, flore nutanti parvo conico-cam-

panulato phyllis oblongis obtusis apice papillosis extus vinoso-purpureis non tessellatis apice et intus flavidis supra basin foveolâ ovatâ instructis, filamentis papillosis antherâ sesquilongioribus, stylo ad tertiam partem in stigmata recurva trifido, capsulâ (juniore) clavatâ ♃.

Hab, in montibus Persiæ prope Ispahan (Auch. 5379! Jenisch in herb. Hort. Petrop!).

Sæpe pedalis, folia caulina inferiora 3-4 ¹/₂-pollicaria tres lineas lata floralia angustissima et sæpe abbreviata, perigonium 6-10 lineas longum, antheræ breviter apiculatæ. Species floribus subracemosis pedunculatis et foliis floralibus tenuibus insignis.

§ 2. Olostyleæ. — Stylus integer vel apice trilobus. Perigonium conicum

20. F. tulipifolia (M. B. Taur. Cauc. 1, p. 270) caule gracili sæpius monocephalo supra medium foliato, foliis omnibus sparsis glaucis inferioribus oblongis et oblongo-lanceolatis acutiusculis superioribus anguste linearibus, flore nutanti mediocri obconico extus glauco-cærsio livide vinoso non tessellato intus dilutius purpureo phyllis elliptico-lanceolatis exterioribus acutiusculis basi nectario lineari impressis, filamentis glabris antherâ duplo longioribus, stylo indiviso tenui superne subincrassato ovario longiore, capsulâ pyriformi ♃. Ic. Cent. Ross. tab. 21 (optima). — Bot. Mag. tab. 5969 (flos nimis magnus et non sat conicus. — *F. Caucasica* Adams.

Hab. in fruticosis regionis montanæ et subalpinæ Iberiæ Caucasieæ (M. B. Szov! Hoh! Rupr!).

Semipedalis et pedalis, perigonium fere pollicem longum.

21. F. Armena (Boiss. Diagn. Ser. I, 7, p. 106) caule gracili monocephalo a parte mediâ foliato, foliis inferioribus lanceolatis superioribus linearibus omnibus acutis sparsis, flore parvo nutante obconico luride purpureo non tessellato phyllis elliptico-lanceolatis obtusis apice ciliatulis prope basin foveolâ parvâ oblongâ obsitis, filamentis valde papillosis antherâ mucronulatâ sesqui vel duplo longioribus, stigmate antheras superante apice obscure trilobo ♃. Ic. Bot. Mag. 6365 Icon sinistra (Ic. dextra *F. Sibthorpii* exhibet).

Hab. in montibus Armeniæ Turcicæ supra Erzerum (Auch. 5377! Calvert! Zohrab! Huet!), in rupibus ad meridiem urbis Gumusch Khané (Bourg!).

Semipedalis, a *F. tulipifoliâ* cui eam cl. Baker adnumerat filamentis valde papillosis nec glabris distincta sed propius ad *F. Pinardi* accedens a quâ perigonio intus concolore et stylo apice subtrilobo tantum differt An ejus varietas ?

22. F. Pinardi (Boiss. Diagn. Ser. I, 7, p. 106), caule fere a medio foliato sæpius monocephalo, foliis omnibus sparsis inferioribus oblongis vel oblongo-lanceolatis acutiusculis superioribus anguste

linearibus, flore parvo sæpius longiuscule pedunculato nutante obconico campanulato basi rotundato extus livide purpureo intus flavido
non tessellato, phyllis elliptico-lanceolatis obtusis basi nectario parvo
vix foveolato instructis, filamentis dense puberulis antherâ mucronulatâ sesquilongioribus, stylo cylindrico-clavato indiviso, capsulâ... ♃.

Hab. in Cariâ (Pinard exs. sub *F. Fleischeri!*), regione alpinâ Cadmi supra
Gheyra (Boiss!), monte Mouradagh Phrygiæ 7200' (Bal!), montibus insulæ
Chios 3000' (Orph!), in montibus Kassan Oglu Ciliciæ orientalis Ky. 155!
sub *F. aureâ*).

Semipedalis vel pedalis, folia inferiora sæpe 5-9 lin. longa, perigonium 7-9
lineas longum. Differt a *F. tulipifoliâ* perigonii phyllis obtusis, filamentis
valde puberulis nec glabratis antheræ proportione longioribus; a *F. Fleischeri*
flore majore et perigonio basi non trigibbo.

23. F. Ehrharti (Boiss. et Orph. Diagn. Ser. II. 4, p. 105)
caule 1-2-floro (culto 3-5-floro) a mediâ parte foliato, foliis
inferioribus confertis sæpe oppositis oblongo-lauceolatis superioribus
sparsis anguste linearibus, floribus nutantibus longiuscule pedunculatis mediocribus obconicis extus cæsio-fuscis intus viridi-lutescentibus, phyllis elliptico-oblongis vel ovato-spathulatis apice in mucronem obtusum flavidum abeuntibus, foveolâ basilari oblongo-lineari,
filamentis subpapillosis antherâ muticâ sesquilongioribus, stigmate
indiviso antheras subsuperante, capsulâ.... ♃ *F. macrandra* Baker
Mss ♃.

Hab. in montibus insulæ Syra Archipelagi (Orph! Elwes! Maw!). Vid. sicc
et viv. cult.

Spontanea semipedalis, culta pedalis et multiflora. Affinis *F. Pinardi*, perigonii phylla (10-11 lin. longa) pro longitudine latiora, filamenta vix papillosa,
antheræ muticæ.

24. Fr. Assyriaca (Baker Linn. Soc. Journ. XIV, p. 265)
caule gracili monocephalo a medio folioso, foliis sparsis crassiusculis
inferioribus lanceolatis utrinque attenuatis obtusis superioribus
anguste linearibus acutis, flore parvo cernuo anguste cylindrico-
obconico griseo-brunneo phyllis linearibus obtusis basi foveolâ extus
subgibbosâ instructis, filamentis pubescentibus antherâ muticâ sublongioribus, stylo ovario æquilongo apice obscure tridentato, capsulâ
(juniore) pyriformi-clavatâ ♃.

Hab. in graminosis calcareis supra Terek Mesopotaniæ 3000' (Haussk!).
Semipedalis tandem pedalis, folia inferiora 2-3-pollicaria tres lineas lata,
perigonium 7-8 lineas longum phyllis vix 2 lineas latis quâ notâ ab affinibus
satis distincta videtur.

25. F. Fleischeri (Hochst. et St. in Sched. Un. Itin. 1827)
humilis, caule tenui monocephalo a parte mediâ foliato foliis sparsis
inferioribus lanceolatis cæteris anguste linearibus, flore parvo cernuo breviter obconico-campanulato basi truncato livide vinoso-purpureo non tessellato phyllis elliptico-lanceolatis prope basin nectario

profundo foveolatis exterioribus tribus basi gibboso-subsaccatis, staminibus perigonio subbrevioribus, antheris obtusis filamento duplo brevioribus, stylo recto indiviso ovario longiore, capsulâ.... ♃ .

Hab. in collibus argillosis sylvaticis Anatoliæ occid. ad Smyrnam (Fleisch!), in Anatoliâ loco non indicato (Auch. 5378!).

Plantula 4-5-pollicaris, perigonium 7 lineas tantum longum; species perigonio basi truncato-trigibbo notabilis. Specimina Fleischeriana putredine corrupta tantum vidi, Aucheriana descripsi.

26. F. dasyphylla (Baker Gard. Chr. 1875, p. 655) humilis, caule 1-3-floro a medio foliato, foliis 5-7 crassiusculis sparsis vel infimis et superioribus oppositis planis inferioribus oblongo-lanceolatis obtusiusculis superioribus anguste linearibus strictis, flore parvo cernuo obconico-campanulato phyllis elliptico-oblongis obtusis extus flavido-virentibus margine rubro-vittatis intus intensius flavis concoloribus basi foveolâ oblongâ viridi instructis, filamentis papillosis antherâ sesquilongioribus, stylo ovario sublongiore subintegro, capsulâ.... ♃ . Ic. Bot. Mag. tab. 6321 fig. I. — *F. tulipifolia* var *dasyphylla* Bak. Journ. Linn. Soc. XIV, p. 266.

Hab. in collibus Lyciæ inter Moulah et Eskihissar (Elwes!).

Semipedalis, perigonii phylla circ. 9 lineas longa. A. *F. tulipifoliâ* perigonio minus obconico aliter colorato, filamentis hirtis etc. aliena, sed affinis *F. Sibthorpianæ*.

27. F. Sibthorpiana (Sm. Prod. I. p. 229 sub *Tulipâ*) caule humili monocephalo a mediâ parte folioso, foliis inferioribus sparsis vel oppositis oblongis et oblongo--lanceolatis, superioribus diminutis lanceolato-linearibus, flore parvo obconico flavo phyllis ellipticis obtusis superne interdum rubello suffusis foveolâ oblongo-lineari basi nigrescente instructis, filamentis papillosis antherâ duplo longioribus, stigmate clavato apice brevissime trilobo ovario et staminibus longiore, capsulâ.... ♃ . Ic. Fl. Græc. tab. 339. — *F. Armena* Bot. Mag. tab. 6365 ex parte (Icon dextra!).

Hab. in Græciâ, cacumine montis Delphi Eubeæ 5500((Orph! Heldr! Pichler!), monte Kandili Eubeæ sept. (Leutw.), in Messeniâ prope Navarin (Hawkins ex Sm). Anatoliâ austro-occidentali ad Porto Cavalieri (Sibth.), monte Nympho dagh prope Smyrnam (Maw!).

Planta 5-10-pollicaris, folia pro plantæ magnitudine magna interdum 3-4 pollices longa 6-9 lineas lata, perigonium 8-12 lineas longum. Stylus in icone Floræ Græcæ quodam errore omnino abnormis et nimis crassus exhibitus.

28. F. Forbesii (Baker Linn. Soc. Journ. XIV. p. 264) caule gracili monocephalo culto 2-3-cephalo supra medium foliato, foliis sparsis anguste linearibus canaliculatis longis, flore mediocri cernuo obconico luteo basi subvirenti phyllis elliptico-linearibus obtusis prope basin foveolâ oblongo-lineari virenti instructis, staminibus perigonio sulduplo brevioribus, filamentis papillosis antherâ vix sesquilongioribus, stylo crasso indiviso ovario æquilongo, capsulâ... ♃ .

Hab. in dumosis rupestribus Lyciæ ad Macri prope littus maris (Forbesᵣ Elwes!).

Caulis 1-2-pedalis, folia 2 lineas vix longa inferiora sæpe 5-6-pollicaria, perigonii phylla 11-12 lin. longa 2 ¹/₂-3 lineas lata. Affinis *F. Sibthorpianæ* a quâ foliis, etc, omnino differt. Folia angusta canaliculata ut in *F. Elwesii.*

29. F. Ruthenica (Wickstr. Act. Holm. II. 1821 tab. 5) caule gracili elato apice 1-4-cephalo a parte mediâ folioso, foliis numerosis anguste linearibus elongatis erecto-patentibus inferioribus sparsis oppositis vel 3-4-verticillatis, supremis angustissimis flexuosis apice cirrhosis, floribus majusculis cernuis late campanulatis livide vinoso-purpureis intus obscure tessellatis phyllis ellipticis obtusis supra basin nectario oblongo profundo foveolatis et extus subgibbis, staminibus perigonio multo brevioribus, filamentis papillosis antherâ sublongioribus, stylo ovario æquilongo fere ad medium tripartito, capsulâ latitudine suâ breviore sexangulatâ hexapterâ ♃. *F. verticillata* M. B. Taur. Cauc. I, 298, non W. — Ledeb Ic. tab. 2.

Hab. in promontorio Caucasico (M. B.). E. ditione nondum vidi.

Ar. Geogr. Rossia orientalis media et australis, Sibiria Uralensis.

30. F. Karelini (Fisch. Edinb. New. Phil. Journ. 1830, 19 sub *Rhinopetalo*) breviter pubescenti-canescens, caule pumilo crassiusculo apice racemose plurifloro rarius unifloro a medio folioso, foliis infimis oblongis vel oblongo-lanceolatis sæpe oppositis, racemo sæpius denso 3-12-floro, pedunculis floriferis flore brevioribus cernuis fructiferis strictis, foliis floralibus anguste linearibus pedunculos axillares superantibus, floribus parvis patentim campanulatis lilacinis venis longitudinalibus saturatioribus, phyllis obovato-ellipticis acutiusculis supra basin nectario profundo gibboso extus in calcar triangulare fuscum prominenti obsitis, filamentis ciliatis declinatis antherâ brevi longioribus, stylo filiformi integro, capsula depressâ globosâ sulcatâ et sexangulatâ angulis obtusis vel alatis alis sursum sæpe in cornua productis ♃ Ic. Sweet Fl. Gard. t. 282. — *Fr. gibbosa* Boiss. Diagn. Ser. I, VII, p. 107. — *F. pterocarpa* Stocks in Hook. New Journ. IV, p. 180.

Hab. in sterilibus subalpinis Persiæ prope Persepolin (Ky. 827!), prope Kaschan (Bode!), ad Radkann et supra Asterabad (Bge!), Affghaniâ (Griff!), Belutschiâ (Stocks!).

Ar. Geogr. Turcomania, Songaria, Sibiria Uralensis et Altaica.

SECT. II. THERESIA K. Koch. — Bulbus magnus squamosus.
Inflorescentia racemosa.

31. F. Persica (L. Sp. 436) caule elato robusto polyphyllo, foliis sparsis linearibus acutiusculis obliquis erectis, racemo pyramidato 10-30-floro vel foliis bractealibus pedunculos axillares superantibus anguste lineari-lanceolatis aucto vel sæpius nudo, pedunculis patentibus flore cernuo sublongioribus, flore parvo obconico-campa-nulato patenti brevi brunneo-violaceo phyllis oblongo-spathulatis obtusis basi foveolâ ovatâ viridi obsitis, filamentis glabris viridibus antherâ ovatâ 4-5-plo longioribus, stylo indiviso ovario breviore, capsulâ hexagonâ obtuse angulatâ ♃. Ic. Bot. Mag. 1587. — Red. Lil. tab. 67.

Hab. in Armeniâ ad radices montis Ararat (C. Koch), nondum spontaneam vidi.

Bi vel tripedalis, folia 4-5' pollicaria 5-6 lineas lata, perigonii phylla 7-8 lineas longa.

32. F. Libanotica (Boiss. Diagn. Ser. I. 13 sub *Theresiâ*) glauca caule elato polyphyllo, foliis sparsis rarius nonnullis ternatim verticillatis oblongo-lanceolatis vel late lanceolatis acutiusculis obliquis, racemo pyramidato 10-25-floro bracteis linearibus pedunculos axil-lares superantibus aucto vel nudo, pedunculis flore nutanti sesqui longioribus, flore parvo obconico-campanulato patenti brevi pallide lilacino-flavido venis saturatioribus picto phyllis obovatis obtusis nectario basilari ovato obsitis, filamentis papillosis antherâ ovatâ 4-5-plo longioribus, stylo simplici staminibus breviore, capsulâ papyra-ceâ depressâ hexagonâ acutangulâ ♃.

Hab. in lapidosis, ad muros siccos Libani circa Eden, Khan Hussein, etc; (Boiss!), in ditione Kesrouan (Bll Gaill!), Antilibani prope Hasbeya (Post exs! sub *F. Reygassei*), in Palestinâ (Roth! Lowne etc.), in valle Rephaïm (Barbey!).

Demum tripedalis, folia eis *F. Persicæ* majora sæpe 1-1 ¹/₂ pollicem lata, Racemus fructifer sæpe sesquipedalis, flores eis *F. Persicæ* submajores aliter colorati phyllis latioribus. Capsula diametro fere pollicaris. Bulbus magnitudine pugni.

SECT. III PETILIUM. — Bulbus magnus squamosus, inflorescentia umbellata.

33. F. imperialis (L Sp. 435) caule crasso elato basi et infra umbellam nudo cæterum creberrime folioso, foliis ovato-oblongis vel lanceolatis acuminatis infimis oppositis cæteris sparsis superioribus sæpe verticillatis, floribus 5-8 pedunculis cernuis eis triplo brevio-ribus suffultis in umbellam terminalem foliis floralibus linearibus erectis comatam dispositis, perigonii campanulati rubri vel lateritii phyllis oblanceolato-oblongis basi nectario crasso rotundo humorem limpidum exsudanti obsitis extus gibbis, filamentis longis perigonio vix brevioribus, antheris oblongis, stylo exserto apice brevissime tricuspidato, capsulâ maximâ hexapterâ basi in collum turbinatum abrupte angustatâ ♃. Ic. Bot. Mag. 194 et 1215. — *Petilium imperiale* Jaume.

Hab. in montibus Kurdistaniæ Persicæ Avroman et Schahu (Haussk!). Persiæ austro-occidentalis in monte Sawers 9000' (Haussk!), monte Kuh Barfi prope Schiraz (Ky. 3261), prope Sihna (Haussk !), in ditione Bachtiaris (Bode !), Affghania (Griff ! Aitchison !).

Ar. Geogr. Jugum Himalaicum occidentale in Cachemiriâ.

Species dubiæ vel non satis notæ.

F. plantaginifolia (Lam. Encycl. II, 551) foliis radicalibus ovatis nervosis petiolatis, caulinis lanceolatis sessilibus, caule unifloro ♃. *F. Orientalis Plantaginis folio* Tourn. Cor.

Hab. in Oriente loco non indicato.

Deest in herbario Tournefortii et iconem citatam in collectione *Vélins du Muséum* dictâ non reperire potuimus. Ex cl. Wickström ad *F. tulipifoliam* referenda.

F. Bithynica (Baker Journ. Linn. Soc. XIV, p. 264) caule fere pedali bifloro, foliis 10-12 sparsis ascendentibus inferioribus lanceolatis bipollicaribus 3-4 lineas latis superioribus angustioribus, pedicellis cernuis foliis linearibus bracteatis, perigonii flavi pollicem longi phyllis oblanceolatis obtusis rectis 3 lineas latis supra basin obscure foveolatis, staminibus perigonio duplo brevioribus, filamentis pilosis antherâ subbrevioribus, stylo recto indiviso.

Hab. in Olympo Bithyno Noë (ex Baker).

NOTHOLIRION Wall.

Perigonium deciduum phyllis sex oblanceolatis sensim et longe unguiculatis unguiculo foveolâ destituto inferne obtuse carinato. Filamenta sex filiformia perigonio subæquilonga antheris breviter linearibus multoties longiora. Ovarium sessile [triloculare. Stylus filiformis longissimus apice breviter tristigmatosus. Capsula ovoideo-oblonga subclavata. — Herbæ perennes elatæ facie *Phalangii*, foliis linearibus elongatis, bulbo tunicis externis membranaceis scariosis squamisque internis carnosis bulbillos numerosos edentibus constante. Genus infer *Fritillariam* et *Lilium* ambigens, a priore toto habitu, perigonii phyllorum formâ et nectarii defectu, a *Lilio* cui facie similior bulbi structurâ et stylo tricuspidato distinctum.

1. N. macrophyllum (Don Prodr. Fl. Nep. 51 sub *Fritillariâ*) bulbo ovoideo cylindrico crasso tunicis scariosis quaternis costatis tunicato, squamis internis 6-7-nis carnosis, caule elato folioso, foliis late linearibus inferioribus longis canaliculatis superioribus sensim abbreviatis et angustatis, racemo multifloro laxiusculo, bracteis linearibus acuminatis pedunculos superantibus, pedunculis abbreviatis, perigonii infundibuliformis roseo-lilacini phyllis intus prope basin roseo-maculatis ♃. *Lilium roseum* Wall. — Bot. Mag. 4725. —

Lil. Thomsonianum Lindl. Bot. Reg. Vol. 31 tab. 1. — *Lil. longifolium* Griff. Ic. tab. 277.

Hab. in Affghaniâ circa Otipore (Griff!).

Ar. Geogr. Regio temperata Himalaica occidentalis.

TULIPA (L. Gen. 405).

Perigonium deciduum phyllis sex oblongis vel obovatis foveolâ et nectario semper destitutis. Stamina sex perigonio breviora hypogyna filamentis a basi dilatatâ attenuatis, antheris basifixis basi profunde perforatis. Ovarium sessile triloculare, stylus nullus, stigmata tria brevia reflexa canaliculata. Capsula oblonga vel obovata. Semina crebra discoidea. — Herbæ bulbosæ caulescentes bulbo tunicato, flore sæpius solitario campanulato. Species ob characterum graviorum defectum sæpe difficile delimitandæ.

Specierum Orientalium distributio.

§ 1. **Leiostemones.** — Filamenta glaberrima. (Perigonii phylla interiora sæpius paulo latiora et obtusiora.)

· Bulbi tunicæ intus dense lanatæ.

T. Oculus solis, præcox, montana, chrysantha, Sogdiana, Clusiana.

· · Bulbi tunicæ intus glabræ vel apice parce et adpresse hirsutæ.

+ Pedunculus glaber.

T. Gesneriana.

+ + Pedunculus pubescens.

T. Eichleri, suaveolens, Bœotica, undulatifolia, Greigi.

§ 2. **Eriostemones.** — Filamenta basi penicillata. (Pedunculus semper glaber; perigonii phylla inter se subæqualia).

· Grandifloræ. — Flos magnitudine *T. sylvestris.*

T. saxatilis, sylvestris, Orphanidea, Hageri.

· · Parvifloræ. — Flos minor.

T. pulchella, Lownei, Bithynica, violacea, Bibersteiniana, humilis, Cretica, biflora.

§ 1. — **Leiostemones**. — Filamenta glaberrima.

1. **T. Oculus-Solis** (St. Amand Rec. Soc. Agen I, 75.) bulbo magno ovato tunicis intus dense lanatis obsito stolonifero, caule elato flexuoso, foliis 3 4 inferioribus late oblongo-lanceolatis superioribus angustioribus, pedunculo glabro lævi, flore erecto magno campanulato infundibuliformi, perigonii coccinei phyllis basi maculâ oblongo-lanceolatâ nigrâ flavido-cinctâ apice lacerâ interdum apice tridentatâ obsitis ovato-lanceolatis omnibus sed interioribus brevius acuminatis, staminibus perigonio 2 ¹/₂-plo brevioribus, filamentis glabris atropurpureis, ovario cylindrico, stigmatibus parvis ♃. Ic. Red. Lil. tab. 219-Rchb. Ic. Germ. fig. 985 minus bona forsan *T. præcocem* sistens. *T. acutiflora* Poir. Encycl. VIII, p. 134.

Hab. in cultis Libani prope Eden (Reyg!), Palestinæ prope Nazareth (Gaill!), montis Gebel Sindjar Mesopotamiæ (Haussk!).

β Aleppica Baker. — Flos minor phyllis perigonii angustioribus. — *T. Aleppensis* Boiss. et Haussk. Mss.

Hab. in cultis Aleppi prope Kheilan (Haussk!)

Ar. Geogr. Gallia australis. Italia. Forsan ex Oriente introducta.

2. **T. præcox** (Ten. Fl. Nap. I, p. 170 tab. 32) bulbo magno ovato tunicis dense griseo-lanatis obsito stolonifero, caule elato flexuoso cum pedunculo glabro lævi, foliis 3-5 inferioribus latissime oblongo-lanceolatis superioribus angustatis, flore erecto magno campanulato-rotundato coccineo, phyllis basi maculâ amplâ obovatâ nigrescente flavo-cinctâ apice erosâ obsitis late ovato-oblongis exterioribus acutis interioribus subbrevioribus obtusis, staminibus perigonio 2 ¹/₂ plo brevioribus, filamentis brevibus glabris atropurpureis, ovario cylindrico stigmatibus parvis ♃. Rchb. Germ. fig. 986. — *T. Oculus Solis* Bot. Reg. tab. 380 non Am.

Hab. in cultis Græciæ (Orph!), insulæ Chios (Heldr!), Palestinæ (ex Baker), Syriæ ad Aleppo (Haussk!).

Affinis *T. Oculus-Solis* a quâ phyllis perigonii minus patentis concavis obtusioribus et maculæ formâ differt.

Ar. Geog. Gallia australis, Italia; forsan ex Oriente introducta.

3. **T. montana** (Lindl. Bot. Reg. tab. 1106) bulbo crasso ovato tunicis intus dense griseo-lanatis obsito, caule humiliore pedunculoque glabris, foliis subquaternis latitudine valde variantibus oblongo-lanceolatis et lanceolato-linearibus sæpius falcato-recurvis et margine valde undulatis, flore majusculo erecto campanulato extus pallidius intus intensius coccineo phyllis ovatis vel ovato-oblongis planis acutis rarius obtusis cuspidatis, staminibus perigonio 2 ¹/₂-plo brevioribus filamentis glabris, ovario oblongo-cylindrico, capsulâ oblongâ cuspidatâ

𝒳. *T. Armeniaca* Parkins. Parad. 53, tab. 8. — *T. Boissieri* Regel Enum. 48.

Hab. in Palestina ad Ramleh (Roth 454!) australi ad El Arysch (Ky. 879!), Arabiâ Petreâ (Laborde), Antilibano in Hermone (Lortet!) et prope Damascum (Schlumb!), Libano inter Berythum et Damascum (Gaill. 2250!), supra Zachle (Post!), circa Hasrun et Eden (Bl!), Ouadi Cheryah Palestinæ australis (Barbey!), Mesopotamiâ ad Euphratem (Chesn. 94), Armeniâ Kurdicâ inter Van et Bitlis (Barré!) Turcicâ ad Ispir et Erzerum (Huet! Calv'), Armeniâ Rossicâ (Buhse!) Persiâ boreali in monte Elbrus (Ky. 166 ?), australi ad Persepolin (Ky. 826!), ad Gere inter Schiras et Abuchir (Ky. 114!) in montibus Sawers et Eschker Persiæ austro-occidentalis (Haussk!), Affghaniâ (Griff!).

Caulis semipedalis rarius pedalis flores eis *T. Oculus-Solis* minores, folia falcato-recurva et margine sæpius undulata quâ notâ *T. undulatifoliam* phyllis acuminatis et scapo piloso distinctam refert.

β. *Julia* Baker. — Flores minores phyllis pollicem longis vel brevioribus. Planta 3-4-pollicaris —*T. Julia* C. Koch Linn. XXIV p. 225!

Hab. in ditione Transcaucasicâ Schuragel (C. Koch), in Persiæ prove Aderbidjan prope Deliman (Szov. 31!), prope Radkann (Bge!), prope Ispahan (Auch. 5374), in Libano (Labill!).

4. T. chrysantha (Boiss. in Ky Pl. Pers. bor. 1842) bulbo ovato tunicis dense griseo-lanatis obsito, caule humiliore pedunculoque glabris, foliis quaternis glaucis circinnato-recurvis margine cartilagineis et sæpius undulato-crispis lanceolatis et superioribus linearibus acuminatis, flore mediocri erecto campanulato intense flavo phyllis exterioribus oblongis acuminatis interioribus obovatis obtusis sæpe mucronatis omnibus basi obscure brunneo-maculatis, staminibus perigonio 2 ¹/₂-plo brevioribus filamentis glabris, ovario oblongo-cylindrico 𝒳. *T. Lehmanniana* Merckl. in Bge Pl. Lehm. 513.

Hab. in Persiâ prope Ispahan (Auch. 5373!), ad radices montis Elbrus (Ky. 78!), in desertis Turkestaniæ circa Buchara (Lehm!), Affghaniâ (Griff. Journ. 297!), Belutschiâ superiore 5000'-9000' (Stocks. 860!).

Semipedalis, facies et floris magnitudo *T. montanæ* a quâ florum colore (an satis ?) differt. Bulbi cocti castanearum æmuli in Belutschiâ inter delicias æstimantur.

5. T. Sogdiana (Bge. Pl. Lehm. 514) bulbo parvo ovato-oblongo tunicis rufo-fuscis intus rufescenti-villosis, caule humili tenui flexuoso glabro, foliis binis supra medium caulem lanceolatis recurvo-patentibus acutis, flore nubili nutante dein erecto parvo patenti e sicco flavido phyllis externis lanceolato-oblongis acutis apice puberulis interioribus ovatis obtusis subunguiculatis, filamentis glabris basi dilatatis perigonio triplo brevioribus antherâ duplo longioribus, ovario oblongo 𝒳. *T. Bucharica* Merklin Mss.

Hab. in desertis aridis Turkestaniæ inter Buchara et Kermine (Lehm!).

Bulbus avellanâ vix major, caulis 4-5-pollicaris, folia bipollicaria 3-3 lineas lata, perigonii phylla 8-9 lineas longa. Differt a *T. chrysanthâ* foliis angustis non undulato-crispis, flore dimidio minore; facies *T. bifloræ* et *Bieberteinii* a quibus filamentis glaberrimis differt.

13

6. **T. Clusiana** (Vent. in Red. Lil. tab. 37) bulbo ovato crasso tunicis lancoolatis vestito, caule gracili elato superne nudo glabro lævi, foliis 4-5 distantibus elongatis anguste lineari-lanceolatis vel linearibus canaliculatis, flore erecto mediocri infundibuliformi-campanulato phyllis extus roseis albo-marginatis intus albidis fundo cærulescente elliptico-lanceolatis utrinque attenuatis exterioribus acutis interioribus obtusis, staminibus perigonio 3-4-plo brevioribus, filamentis glabris ♃. Ic. Bot. Mag. tab. 1390. — Fl. Græc. tab. 329.

Hab. in cultis Peloponnesi (herb. Fauché!), insulæ Chios (Orph. Fl. Gr. exs. 777!), Syriæ ad Aleppo (Haussk!), Persiæ australis ad Gere inter Abuchir et Schiraz (Ky. 99!).

Specimina Kotschyana e Persiâ australi a cl. Baker ad *T. stellatam* referuntur sed a formâ typicâ *T. Clusianæ* nisi flore paulo minore differunt quæ forma etiam in Galliâ observatur. *T. stellata* Hook. Bot. Mag. 2762 est species Himalaica omnino diversa albiflora phyllis extus virentibus, etc.

Ar. Geogr. Hispania, Gallia australis, Italia.

* * Cormi tunicæ intus glabræ vel apice parce et adpresse hirtæ.

7. **T. Gesneriana** (L. Sp. 438 ex parte) bulbo majusculo tunicis apice intus parce setosis obsito, caule crassiusculo elato glabro, foliis 3-5 infra medium caulem sitis glaucis inferioribus late oblongo-lanceolatis superioribus angustius lanceolatis, flore erecto magno campanulato-globoso luteo vel coccineo intus nigro-maculato phyllis cucullatis late obovato-oblongis obtusissimis, filamentis glabris perigonio triplo brevioribus antheram æquantibus vel superantibus, ovario oblongo-cylindrico apice attenuato ♃. Ic. Bot. Mag. tab. 1135. — — Bot. Reg. XXIV tab. 46.

Hab. in campis, Tauria (M. B. Stev.), Georgia Caucasica (Hohen! Wilh!).

β *minor*. — Flores minores, folia sæpius angustiora. — *T. Armena* Boiss. Diagn. Ser, 2, 4, 99. — *T. Schrenkii* Reg. Enum. ex ipso auctore.

Hab in Armeniâ Turcicâ (Auch, 5271, prope Gumusch Khané (Bourg.), in montibus prope Erzerum (Huet!), in Persiâ (Haussk!) Eadem forma ad radices boreales Caucasi, in Campis Caspiis et Sibiriâ Uralensi crescit.

Ar. Geogr. Regio Danubialis inferior, Rossia australis, Sibiria Altaica.

8. **T. Eichleri** (Regel Gartenfl. 1874, p. 193 tab. 799) bulbi majusculi tunicis externis apice tantum intus strigoso-pilosis, caule elato pedunculoque dense puberulis, foliis ternis remotiusculis loriformi-lanceolatis acuminatis glaucis caulem superantibus superne dense et minute puberulis, flore erecto magno patentissimo coccineo phyllis glabris oblongo-ellipticis apice contracto apiculatis interioribus obovatis apice subtruncatis omnibus maculâ rhombeâ nigrâ luteo-marginatâ basi notatis, filamentis glabris perigonio triplo brevioribus antheram æquantibus, ovario cylindrico ♃ *T. Julia* Haag. et Schm. Catal. non C. Koch.

Hab. in Transcaucasiá ad Schemacha prope Baku (Eichler, Bayern!), in Persiæ monte Kohrud prope Kaschan (Kapherr!).

Caulis sesquipedalis et longior, folia longa inferne vix pollicem lata, flos magnitudinis *T. præcocis* a quá ut et a *T. Oculus Solis* tunicis apice tantum pilosis, pedunculo dense puberulo distinguitur.

9. **T. suaveolens** (Roth Catal. 1, 45) bulbo mediocri tunicis castaneis apice pilosulis, caule humili pedunculoque pubesceutibus, foliis 3-4 ad caulis basin confertis glaucis erecto-patentibus planius- culis florem æquantibus vel superantibus inferioribus late elliptico- lanceolatis cæteris angustioribus, flore magno campauulato phyllis tandem patentissimis obovatis vel elliptico-lanceolatis obtusis inter- dum breviter apiculatis coccineis interdum flavo-marginatis vel varie- gatis, filamentis glabris antherâ brevioribus, stigmate ovario latiore ♃ Ic. Bot. Mag. tab. 839. — Red. Lil. tab. III. ♃. *T. pumilio* Lob.

Hab. in Tauriá (ex Stev.), in Caucaso (ex Regel.).

Ar. Geogr. Rossia australis.

10. **T. Bæotica** (Boiss. et Heldr. Diagn. Ser. II, 4, p. 99) bulbi mediocris tunicis glabris, caule flexuoso pedunculoque pubescenti- scabriusculis, foliis 3-4 versus medium caulem vel superius sitis glabris acutis inferioribus late oblongo-lanceolatis margine plus minus et sæpius valde undulatis superioribus anguste lanceolatis caulem æquantibus, flore majusculo campanulato intense purpureo phyllis oblongis obovatis omnibus sed interioribus abruptius et longe caudato- acuminatis maculâ oblongo-lineari nigricanti flavido-marginatâ basi obsitis, filamentis glabris perigonio multoties brevioribus antheram non æquantibus, ovario cylindrico stigmate duplo angustiore ♃.

Hab. in agris prope marem sitis Bæotiæ inter Oropos et Chalcis (Boiss! Heldr!), Circa Thebas (Orph.), in monte Parnes Atticæ ad Hagios Mercurios (Heldr.).

Circiter pedalis, folia inferiora canaliculata sesquipollicem lata semipedalia, flores magnitudinis *T. strangulatæ* et *T. variopictæ* Reb. quæ ejusdem speciei formas sistere videntur, eis scapo puberulo characteribusque affinis et forsan earum typus sylvestris, distincta tamen foliis abbreviatis margine undulatis et non ciliatis, phyllis multo longius caudato-acuminatis.

β Euanthiæ. — Humilior, flos major, phylla latiora brevius cau- dato-acuminata. — *T. Euanthia* Orph. in Boiss. Diagn. Ser. II, 4, p. 100.

Hab. in regione mediá montis Malevo Laconiæ prope Xerocampi (Orph!).

11. **T. undulatifolia** (Boiss. Diagn. Ser. I, 5, p. 57) bulbo...., caule crassiusculo humili inferne glabro supra folia pubescenti, foliis quaternis versus medium caulem approximatis longis arcuato-recur- vis acuminatis apice circinnatis canaliculatis inferioribus late lanceo- latis margine undulato-crispis superioribus anguste linearibus parte superiori breviter hirtis, flore erecto campanulato puniceo phyllis oblongis apice abruptiuscule et longe acuminatis extus fasciâ latâ

lutescenti-purpureâ intus basi maculâ pallide nigrâ obsitis, filamentis glabris antherâ duplo et perigonio multo brevioribus, capsulâ juniore ovato-trigonâ apice abrupte attenuatâ ♃. Bot. Mag. t. 6368.

Hab. in herbosis pinguibus ad pedem rupium montis Tartali Ioniæ prope Smyrnam (Boiss !) Maio.

Caulis cum pedunculo 6-9-pollicaris, folia inferiora semipedalia pollicem et amplius lata, perigonii phylla externa sæpe bipollicaria. Facies *T. montanæ* a cujus formis undulatifoliis quæ cum eâ sæpe commutantur differt petalis longe acuminatis et charactere scapi pubescentis.

12. T. Greigi (Regel Enum. Tulip. p. 49) bulbi magni tunicis apice intus strigoso-pilosis, caule crasso brevissimo puberulo basi 3-4-phyllo, foliis glauco-viridibus maculis oblongis fuscis copiose conspersis interdum subtiliter puberulis margine cartilagineis et valde undulatis inferioribus late ovatis vel ovato-oblongis superioribus angustioribus, flore magno aperte campanulato intense coccineo phyllis subconformibus ovatis vel cuneato-obovatis breviter acuminatis vel obtusis vel retusis mucronatis basi maculâ magnâ oblongâ nigrâ flavo-marginatâ instructis, filamentis glabris dilatatis nigris antheras subæquantibus, ovario cylindrico filamenta superante stigmate eo latiore superato ♃. Gartenfl. 1873, tab. 773. — Bot. Reg. tab. 6177. — *T. Altaica* var. *Karatavica* Reg. Pl. Transil. N° 1043.

Hab. in Turkestaniâ occidentali circa Samarcand (Sewerzow, Fedschenko!).

Species pulcherima foliis nigro-maculatis 5-6 pollices longis 2-2 ¹/₂ pollices latis erecto-patulis insignis, flos e maximis. Variat perigonio aureo (Regel).

§ 2. — Eriostemones. — Filamenta basi penicillata.

13. T. saxatilis (Sieb. Sched. pl. Cret. — Rchb. Ic. Crit. tab. 396) bulbo globoso tunicis brunneis apice pilosulis vestito, caule elato sæpe jam a parte inferiori bifloro, pedunculis glabris, foliis subternis inferiore late oblongo vel lanceolato superioribus angustioribus, flore magno oblongo-infundibuliformi phyllis extus et intus præter basin amæne malvaceo-roseis intus inferne intense flavis exterioribus late oblongis interioribus obovatis omnibus obtusis basi pilosis et apice puberulis, staminibus perigonio triplo brevioribus, filamentis basi dilatatâ dense barbatis, ovario cylindrico-trigono, capsulâ.... ♃. Ic. Bot. Mag. tab. 6374.— *T. Beccariana* Bicchi ex spec. typico Herb. Mus. Florent. ab amic. Dr Levier mihi benevole misso eadem omnino videtur.

Hab. in Cretâ ad promontorium Maleca 500'-2000' (Sieb! Maw.).

Pedalis vel sesquipedalis, folium inferius pollicem et amplius sæpe latum, perigonii phylla 1 ¹/₂-2 pollices longa. Species in genere colore floris amæne roseo distinctissima. Valde singulare speciem rarissimam Etruscam *T. Beccarianam* Bicchi semel tantum circa Luccam lectam stirpi Creticæ simillimam esse videri.

14. T. sylvestris (L. Sp. 438) bulbo ovato crassiusculo tunicis brunneis intus apice breviter sericeis, caule elato flexuoso superne nudo glabro, foliis ternis glaucescentibus lineari-lanceolatis elongatis acutis canaliculatis, flore ante anthesin cernuo majusculo campanulato flavo extus viridulo phyllis omnibus acutis externis elliptico-lanceolatis internis obovato-ellipticis basi abrupte attenuatâ barbatis, staminibus perigonio 2 ¹/₂-plo brevioribus filamentis basi barbatis ovario brevioribus antheræ æquilongis vel longioribus, capsulâ oblongo-trigonâ abrupte mucronatâ ♃. Fl. Dan. tab. 375. — Bot. Mag. tab. 1202. — Rchb. Germ. fig. 983. — *T. repens* Fisch. in Sweet Flow. Gard. tab 97.

Hab. in Græciæ regione montanâ, Attica in montibus Hymetto, Parnes (Heldr! Boiss! Orph. Fl. Gr. exs. 193 sub *T. Clusianâ!*), Laconia in monte Malevo (Orph!).

Ar. Geogr. Europa media et australis ab Angliâ, Daniâ et Gothiâ ad Rossiam mediam, Hispaniam borealem, Italiam, Dalmatiam, regionem Danubialem.

15. T. Orphanidea (Boiss. in Orph. Fl. Gr. exs. 843. — Heldr. Gartenfl. 1842 p. 309 tab. 373) bulbo ovato parvo tunicis fuscis apice elongatis sericeis, caule elato gracili glabro, foliis infra medium caulem 3-4 læte viridibus anguste linearibus canaliculatis acutis florem æquantibus vel superantibus, flore mediocri campanulato patenti luteo extus purpurascente phyllis oblongo-lanceolatis acutis apice puberulis oblique venosis basi intus obscure nigricanti-maculatis, filamentis dilatatis basi barbatis ovarium æquantibus antherâ sesquilongioribus, capsulâ.... ♃. Bot. Mag. tab. 6310. — *T. Minervæ* et *T. Atheniensis* Orph. Mss. — *T. sylvestris* var. *Orphanidea* Regel Enum. p. 43.

Hab. in regione montanâ Peloponnesi. mons Malevo Laconiæ prope Hagios Petros (Orph!), Arcadia in pratis humidis vallis Bytina (Nymphasia) 2900' (Heldr!), mons Menalus! supra Alonistena 4000' (Bayern), Parnes Atticæ prope Dekeleia 1600' (Heldr. herb. Norm. 812!).

Pedalis et sesquipedalis, folia 3-5 lineas lata, ab affini *T. sylvestri* sat differre videtur foliis et perigonii phyllis angustioribus, floris colore.

16. T. Hageri (Heldr. Gartenfl. 1874, p. 97, tab. 790) bulbo mediocri tunicis fuscis apice elongatis glabris, caule humili crassiusculo glabro, foliis infra medium caulem 4-5 viridibus canaliculatis anguste lineari-loratis acutis margine subundulatis florem superantibus inferioribus humipatentibus, flore mediocri campanulato erecto, phyllis conformibus oblongo-lanceolatis acutis apice velutinis extus purpureis luteo tinctis intus intense coccineis basi maculâ magnâ obtriangulari cæruleo-nigrâ apice lacerâ et luteo-marginatâ obsitis, filamentis dilatatis basi penicillatis ovario brevioribus antheras æquantibus, capsulâ... ♃ Bot. Mag. tab. 6242.

Hab. in pratis montanis montis Parnes Atticæ loco Megalo Chorapho infra

Dekeleiam (Heldr. Herb. Norm. 811 !), in monte Pentelico loco Dionyson dicto (Heldr !).

Affinis *T. Orphanideæ* quácum crescit, humilior crassior, folia latiora et margine sæpius subundulata, inferiora procumbentia superiora florem superantia, perigonii color et maculæ alienæ.

17. T. pulchella (Fenzl in Ky. Reis. Cilic. 379) bulbo parvo ovato tunicis fuscis supra collum productis intus apice pilosulis vestito, caule pumilo glabro, foliis 2-4 confertis ovato-lanceolatis canaliculatis patentibus falcatis, pedunculo supra folia 2-3-pollicari glabro, flore parvo iufundibuliformi-campanulato utrinque purpureo phyllis oblongo–ellipticis utrinque attenuatis acutiusculis basi ciliatis intus maculâ ovatâ nigrescente obsitis, staminibus perigonio 2 ¹/₂-plo brevioribus, filamentis basi dilatatâ valde barbatis, stigmatibus subsessilibus, capsulâ ovato-globosâ angulatâ abrupte et breviter mucronâtâ ♃ . Bot. Mag. tab. 6304. — *T. sylvestris* var. *pulchella* Regel Enum. 43. ♃ *T. Alpina* J. Gay in Bal. exs.

Hab. in argillosis Tauri Cilicici in regione alpinâ 6500'-8000' (Ky. 506! et 240!, Bal!).

Planta florifera 3-4-pollicaris, folia inferiora 4-5 lineas lata, perigonii phylla pollicem longa. Affinis *T. Bithynicæ* phyllis acuminatis basi non maculatis distinctæ et *T. saxatili* Sieb. plantâ multo majore phyllis roseis intus flavo-maculatis.

18. T. Lownei (Baker Linn. Soc. Journ. XIV p. 294) bulbo parvo ovato tunicis fuscis vestito, caule pumilo glabro 1 rarius 2-cephalo, foliis binis confertis lorato-lanceolatis canaliculatis falcatis, pedunculo supra folia bipollicari glabro, flore parvo infundibuliformi-campanulato phyllis elliptico-oblongis acutis basi ciliatis exterioribus extus intense interioribus pallidius roseo-vinosis, omnibus intus albis basi flavo-maculatis, filamentis perigonio dimidio brevioribus basi dilatatâ valde barbatis, stylo attenuato, capsulâ ovato-globosâ obtuse angulatâ abrupte et breviter mucronatâ. ♃.

Hab. in cacumine Hermonis ad nives (Boiss! Lowne, Lortet !), in Libano (Hayne ex Baker) et prope Djurd Hasrun (Blanche!).

Planta florifera tripollicaris, folia tripollicaria 4-5 lineas lata, perigonii phylla 10-11 lin. longa. Valde affinis *T. pulchellæ* differt perigonio intus albido nec concolore purpureo, stylo attenuato manifesto nec obsoleto, stigmatibus sessilibus.

19. T. Bithynica (Griseb. Spic. II, p. 382 ut synonymon) bulbo parvo ovato tunicis fuscis glabriusculis ultra apicem bulbi productis vestito, caule pumilo gracili glabro parte superiori nudo, foliis 2-3 anguste lanceolato-linearibus erecto-patentibus curvatis, flore erecto mediocri intundibuliformi phyllis rubro-sublividis intus coccineis elliptico-lanceolatis utrinque attenuatis acumiñatis basi ciliatis, staminibus perigonio 2 ¹/₂-plo brevioribus, filamentis parte inferiori dilatatis et supra basin eximie barbatis ♃. *T. Turcica* Gr. loc. cit. non Roth.

Hab. circa Byzantium (Coumany!), in regione subalpinâ montis Samanli Bithyniæ 1200' (Griseb!), in regione alpinâ montis Cadmi Lydiæ ad nives (Boiss!), in Asiâ minore loco non notato (Auch. 2178!).

Planta semipedalis vel paulo procerior; folia 3-4 lineas lata vel angustiora. Perigonii phylla in floribus majoribus 16-17 lin. longa, Filamenta a claris Grisebach et Baker nescio quonam errore glabra dicta semper et etiam in specimine typico Grisebachiano eximie burbata sunt. Species affinis *T. pulchellæ* a quâ phyllis caudato-acuminatis differt. *T. Turcica* Roth Catal. I., 45 ex cl. Baker ad *T. sylvestrem*, ex Grisebachio ad *T. Bithynicam* adducta est forma hortensis cujus origo incerta, perigonii phyllis longe lanceolato-acuminatis insignis, et cujus *T. acuminata* Vahl — *T. cornuta.* Dec. — Bot. Reg. tab. 127. synonyma sunt.

20. T. violacea (Boiss. et Buhse Enum. p. 211) bulbo ovato mediocri tunicis fuscis coriaceis vestito, caule pumilo versus medium triphyllo, foliis approximatis linearibus canaliculatis acutis flore sublongioribus, flore erecto mediocri, perigonii phyllis elliptico-lanceolatis acutis violaceis supra imam basin nigricantem maculâ flavâ notatis ad unguem ciliato-barbatis, filamentis perigonio quadruplo brevioribus ad ungues ciliatis antherâ duplo longioribus, stigmatibus minutis ♃.

Hab in prov. Trancaucasicâ Talysch supra pagum Chummes (Buhse!). Vid. viv. cultam ex bulbo ex viciniis urbis Teheran allato.

Semipedalis, folia 3-5 lineas lata, perigonii phylla 15-16 lineas longa. Affinis phyllis acutis *T. Bithynicæ* a quâ differt colore floris, staminum et perigonii proportione diversâ.

21. T. Biebersteiniana (R. et Sch. Syst. VII, p. 382) bulbo ovato mediocri tunicis brunneis apice strigoso-hirsutis, caule glabro flexuoso pumilo unifloro glabro apice longiuscule nudo, foliis 2-3 versus medium caulem remotis anguste lanceolatis vel linearibus canaliculatis acutis erecto-patentibus vel arcuatis, flore parvo ante anthesin cernuo infundibuliformi-campanulato intus flavo extus flavovirenti phyllis acutis externis elliptico-lanceolatis internis sublatioribus oblongo-ellipticis basi ciliatis, staminibus perigonio triplo brevioribus, filamentis basi dilatatâ barbatis antherâ 3-4-plo longioribus, capsulâ ovato-trigonâ breviter et abrupte mucronatâ ♃. *T sylvestris* M. B. Taur. Cauc. I, p. 270 non L. — *T. sylvestris β. minor* Led. Fl. Ross. IV, 136. — *T. Thirkeana* C. Koch Linn. XXII, p. 226. — *T. microgyna* Baker. l. cit. p. 202.

Hab. in Olympo Bithyno supra Broussam(Thirke), monte Idâ (Auch!), regione alpinâ montis Elmali Lyciæ (Bourg!), regione superiori montis Davros Pisidiæ (Heldr!), Tauriâ et prov. Caucasicis (Led.), circa Tiflis (Ruprecht!).

Valde affinis *T. Celsianæ* D. C. = *T. australi* Link Europæ australis occidentalis incolâ. A *T. biflorâ* quoque affini colore florum, caule semper unifloro, phyllis angustioribus et acutioribus distinguitur.

Ar. Geogr. Rossia media et australis.

22. T. humilis (Herb. Bot. Reg. XXX Misc. 30) bulbo crasso tunicis fuscis apice productis et strigoso-pilosis, caule humili glabro

unifloro, foliis 2-3-linearibus recurvo-patentibus canaliculatis, flore
parvo patenti intus pallide purpureo et basi flavido extus rubello-
virenti phyllis elliptico-oblongis utrinque attenuatis acutis basi ciliatis, staminibus dimidium perigonium fere æquantibus, filamentis basi
barbatis antherâ sesquilongioribus ♃. *T. Buhseana* Boiss. Diagn.
Ser. II, 4, p. 98. — *T. biflora* var. *Buhseana* Regel.

Hab. in Persiâ prope Yezd (Buhse!), prope Deliman (Szov!), in monte
Elbrus prope Derbend (Ky. 105!), ad Ispahan (Auch. 5372!). Specimina fructifera capsulis ovato-trigonis apice abrupte acutatis ex monte Sawers Persiæ
australis (Haussk!) hùc quoque spectare videntur.

β *crispatula.* — Folia margine undulato-crispata. — *T. crispatula*
Boiss. et Buhse Enum. p. 211.

Hab. in arenosis Persiæ orientalis ad Gulecki inter Damgan et Rischm
(Buhse!), in Persiâ Affghaniæ conterminâ (Bge Nº 35 !).

Plantula 3-5-pollicaris, perigonii phylla 9-12 lin longa. Valde affinis
T. Bieberstinianœ et *T. biflorœ* a quibus floris colore differre videtur. Capsula
ignota.

23. T. Cretica (Boiss. et Heldr. Diagn. Ser. I, XIII, p. 19)

bulbo parvo ovato vaginis fuscis apice tenuiter et adpresse pilosis,
caule nano monocephalo glabro, foliis 2-3 prope caulis basin confertis canaliculatis patentibus falcatis lanceolatis superiore anguste
lineari, flore erecto minuto extus pallide roseo intus albido phyllis
oblongo-ellipticis acutis basi attenuatis, filamentis perigonii tertiam
partem æquantibus antherâ plus duplo longioribus basi dilatatis et
breviter barbatis, capsulâ ovato-globosâ triquetrâ apice breviter acutatâ ♃ Raul. Descr. Crète tab. 18. — *T. sylvestris* var. *Cretica* Regel
ex parte.

Hab. in omnibus montibus excelsis Cretæ in prov. Sitia, Lassiti, Sphakia
et in monte Idâ (Sieb. exs. promiscue cum *T. saxatili* (Heldr !).

Caulis 2-3-pollicaris. perigonii phylla 9-12 lin. longa, Valde affinis *T. Bieberstinianœ* et *T. pulchellœ* a quibus differe videtur imprimis capsulâ multo
minore, piso vix duplo majore, acutâ nec obtusâ mucronatâ.

24. T. biflora (L. Suppl. 196)

bulbo parvo ovato tunicis superne
parce hirsutis, caule tenui pumilo unifloro vel sæpius 2-5-floro, foliis
2-3 linearibus planis erecto-patulis, floribus parvis erectis infundibu-
liformi-campanulatis extus viridulo-cærulescentibus intus albis basi
luteo-maculatis phyllis oblongo-ellipticis acutis, staminibus dimidium
perigonium æquantibus, filamentis basi barbatis antherâ duplo longioribus, capsulâ parvâ globoso-trigonâ obtusâ abrupte apiculatâ ♃.
Ic. Rchb. Pl. Crit. IV, fig. 579. — Bot. Reg. tab. 535.

Hab. in Iberiâ orientali (ex M. B.), Turcomaniâ (Kar!).

β *major.* — Fere pedalis, folia latiora interdum 6 lineas lata,
perigonium fere pollicem longum.

Hab. in apricis calcareis ad Khan Zenjun inter Persepolin et Schiraz 6000'
(Haussk!).

Ar. Geogr. Rossia australis orientalis, Sibiria Uralensis.

Species non satis nota.

T. oxypetala (Stev. Taur. p. 333), glabra, caule trifolio, foliis margine subundulatis anguste marginatis inferioribus ovato-lanceolatis, filamentis glaberrimis antherâ duplo brevioribus, perigonii phyllis omnibus subæqualiter acutatis interioribus erectis exterioribus apice patentibus roseis ♃.

Hab. in campestribus Tauriæ rarior (Stev.).

Folia eis *T. Clusianæ* duplo latiora, antheræ semiunciales. Affinem *T. Bœoticæ* eam dicit cl auctor sed glabra.

ERYTHRONIUM (Linn. Gen. 414).

Perigonium marcescens phyllis subæqualibus arcte revolutis non foveolatis. Stamina sex hypogyna vel subperigyna perigonio breviora filamentis complanatis apice acuminatis, antheræ elongatæ basifixæ basi profunde perforatæ. Ovarium breviter stipitatum oblongum triloculare. Stylus filiformis interdum subdeclinatus apice tristigmatosus vel indivisus. Capsula obovato-membranacea obtuse angulata. Semina pauca turgida oblonga pendula apice raphe excurrente strophiolata. — Herbæ bulbosæ, caule supra basin foliis binis latis oppositis instructo, flore sæpius solitario.

1. E. Dens-canis (L. Sp 437) bulbo ovoideo-cylindrico non stolonifero basi bulbillis sessilibus aucto, foliis supra basin caulis binis petiolatis ovato-oblongis glaucis purpureo-maculatis, perigonii pedunculati rosei vel violacei phyllis lanceolatis prope basin valde reflexis internis tuberculis 4 callosis auriculatis, stylo apice incrassato et breviter tricuspidato ♃. Ic. Jacq. Austr. tab. 9. — Rchb. Germ. tab. 973.

Hab. in nemorosis, Thracia (Friv.), circa Byzantium (Coumany !), Imeretia (Bayern !), Iberia (Wilh.).

Ar. Geogr. Lusitania, Hispania borealis, Gallia in Pyrenæis et Alpibus, Helvetia, Germania australis, Italia borealis, Dalmatia, Bosnia, regio Danubiales, Sibiria, Japonia.

LLOYDIA (Salisb. Gen. 51).

Perigonium marcescens phyllis tandem subelongatis nectario instructis vel destitutis. Stamina sex hypogyna perigonio breviora, filamenta filiformia, antheræ basifixæ basi profunde perforatæ. Ovarium sessile oblongo-cylindricum triloculare. Stylus brevis stigmate obtuso. Capsula membranacea obovata. Semina parva triangularia compressa. — Herbæ bulbosæ humiles facie *Gageæ* sed floribus albis.

1. **L. serotina** (L. Sp. 444 sub *Antherico*) bulbo elongato cylindrico rhizomatiformi tunicis membranaceis apice longe productis caulis et foliorum basin involucrantibus cincto, foliis radicalibus 2-3 linearibus convolutis duris, caule monocephalo rarius bifloro foliis 3-4 linearibus alternis sensim abbreviatis obsito, perigonii erecti breviter infundibuliformis patentis albidi basi flavescentis phyllis oblongis obtusis basi attenuatis nervis 3-5 roseis divergentibus percursis suprà basin plicà transversà nectariferà auctis, filamentis perigonio triente brevioribus antheris ovato-oblongis, capsulà obovatà obtuse angulatà, seminibus triquetris compressis marginatis testà foveolatà ♃. Engl. Bot tab. 793. — *Lloydia serotina* Rchb. Fl exs. 102. — Ic. Germ. 972. — Nees Gen. Germ. Ic.

Hab. in regione alpinà Caucasi (M. B., C. A. Mey.), ad moles glaciaies Kasbeck (Rehm!), in Caucaso orientali frequens 6600'-9600' (Rupr!).

Ar. Geogr. Alpes Galliæ, Delphinatùs, Helvetiæ, Germaniæ, Angliæ, Italiæ borealis, regione Danubialis, Rossia arctica, Sibiria, regio Himalaica, America borealis.

2. **L. Græca** (L. Sp. 444 sub *Antherico*) bulbo globoso valde fibrifero tunicis apice parum elongatis vestito, foliis radicalibus 2-4 anguste linearibus flexuosis, caule corymboso 1-5-cephalo foliis 3-4 parvis anguste linearibus instructo, perigonii primum cernui infundibuliformis albi phyllis oblanceolatis obtusis basi attenuatis nervis subternis purpurascentibus obsitis basi plicà et nectario destitutis, filamentis dimidio perigonio subbrevioribus, antheris ovatis, capsulà anguste ellipticà obtuse angulatà perigonio aucto breviore, seminibus parvulis triangularibus compressis vix marginatis ♃. Ic. Fl. Græc. tab. 336 — Labill. Dec. V. tab. 8. — *L. Græca* Endl. Gen. 140. — *L. Cretica* Endl. ex Boiss. lapsu calami in Bal exs. 152. — *L. Sicula* Huet hûc nec ad *L. serotinam* spectat.

Hab. in collibus graminosis et rupestribus regionis inferioris et montanæ inferioris totius Peloponnesi, Græciæ insularum vulgatissima, Cephalonia (Schmidt!), Asia minor occid. (Auch! Bal!), Cyprus (Labill! Ky. 194).

Ar. Geogr. Sicilia.

3. **L. rubroviridis** (Boiss. et Ky. Diagn. Ser. 4, p. 106 sub *Gaged*) bulbis cespitosis ovatis membranaceo-tunicatis basi bulbilliferis, foliis radicalibus 1 rarius 2 anguste linearibus caulem sæpe æquantibus, caule corymbose 3-5-cephalo foliis 2-4 anguste linearibus sensim abbreviatis instructo, pedicellis elongatis, perigonii infundibuliformis erecti phyllis elliptico-linearibus basi non nectariferà attenuatis et virentibus superne roseis dorso nervis 3-5-prominentibus instructis, staminibus perigonio tertià parte brevioribus antheris ovatis, capsulà perigonio aucto breviore oblongo-clavatà apice truncatà, seminibus triangularibus compressis lævibus non marginatis ♃. *L. rubroviridis* Baker Linn. Soc. Journ, XIV, p. 301. — *L. Libanotica* Hochst. in Lorent. Wand. p. 326.

Hab. in regione montanâ et alpinâ Antilibani usque ad 8000', mons Hermon (Ky.!), ad Rascheya (Post!), ad occasum Damasci (Gaill!), circa Hiero-solymam (Kiener!).

Planta demum semipedalis et elatior, flores eis *L. Græcæ* subminores.

GAGEA (Salisb. Ann. Bot. II, p. 554 (*Ornithogali* sp. L.)

Perigonium phyllis sex imâ basi connatis planis. Filamenta sex imâ basi perigonii phyllis adnata cæterum libera, filamenta subulata, antheræ ovatæ vel oblongæ basi affixæ et pro receptione filamenti perforatæ. Ovarium trigonum triloculare. Ovula in loculis plura in angulo centrali biseriata horizontalia. Stylus ex apice ovarii subulatus trigonus, stigma subcapitatum subtrilobum. Capsula membranacea sessilis vel attenuato-substipitata. Semina subhorizontalia vel ovata, vel angulata vel plano-compressa. Herbæ bulbosæ floribus umbellatis vel corymbosis, perigonio flavo vel virenti phyllis flavo-marginatis. Characteres ex bulbi structurâ et ex seminum formâ deprompti sunt sed fructûs nondum in omnibus speciebus observati. Genus ab *Ornitho-galo* cæteris neglectis antherarum insertione distinctum.

Specierum Orientalium distributio.

SECT. I. TRIBOLBOS. — Koch Syn. — Bulbi tres horizontales, bini hornotini aphylli nudi, tertius biennis tunicatus folium et caulem floriferum edens. Semina ovata.

G. stenopetala.

SECT. II. DIDYMOBULBOS. Koch Syn. — C. Koch. — Bulbi bini erecti tunicâ communi inclusi inter quos caulis prodit, alter fibris radicalibus instructus, alter minor hornotinus. Semina ovato-globosa.

· Bulbus hornotinus sessilis bulbo bienni lateraliter adnatus.

G. Liottardi, arvensis, foliosa, amblyopetala, Bohemica.

· Bulbus hornotinus basilaris stipitatus.

G. minima.

SECT. III. HOLOBOLBOS Koch. Syn. — C. Koch. — Bulbus unicus erectus tunicâ inclusus apice folium radicale et lateraliter prope basin caulem floriferum edens. Semina (an in omnibus?) angulata.

G. lutea, pusilla.

SECT. IV. PLATYSPERMUM. — Bulbus unicus erectus tunicis inclusus apice folium radicale et lateraliter prope basin caulem floriferum edens. Semina plano-compressa.

G. reticulata, Damascena, chlorantha, bulbifera, Persica.

SECT. I. TRIBOLBOS.

1. G. stenopetala (Fries Mant. 3, p. 23) bulbis horizontalibus altero bienni tunicato folium radicale unicum caulemque angulatum edente altero (vel binis) hornotinis nudis oblongis, folio radicali lineari subtus acute carinato flores superante, foliis caulinis binis oppositis ciliatulis altero basi dilatatâ oblongâ spathæformi, floribus 1-4-pedicellis flore 1 1/2-2-plo longioribus glabris suffultis, perigonii glabri phyllis lineari-oblongis obtusis luteis dorso late viridi-vittatis, antheris subrotundatis, capsulâ sessili ovato-oblongâ ♃. Nees Gen. Germ. Ic. — Rchb. Germ. tab. 474. — *G. pratensis* Ræm. et Sch. VII, p. 756. — *Ornithogalum transversale* Pall. Ind. Taur. — *Gagea transversalis* Stev. Taur. p. 333.

Hab. in colle Leucocastron regionis sylvaticæ montis Parnassi 3500' (Guicc. in Heldr. Herb. Norm. 3418!), in Tauriâ circà Sym.pheropol et in valle Laspi (Stev !).

Bulbi annotini eis speciminum ex Europâ media et boreali minores et non stipitati.

Ar. Geogr. Europa media et australis a Bataviâ, Daniâ et Gothiâ ad Rossiam mediam, Italiam, Siciliam, regionem Danubialem.

SECT. II. DIDYMOBOLBOS.

2. G. Liottardi (Sternb. Denk. Bot. Ges. Regensb. II. sub *Ornithogalo*) bulbis 2 lævibus tunicâ communi inclusis, folio radicali sæpius unico lineari semicylindrico-junciformi fistuloso, caule cylindrico corymbose 1-5-floro, foliis caulinis binis oppositis lanceolatis glabris altero majore convoluto spathæformi, pedicellis flore 3-5-plo longioribus villosis rarius glabris nudis rarius bracteolâ obsitis, perigonii glabri phyllis lanceolato-ellipticis obtusis, capsulâ substipitatâ turbinatâ trigonâ retusâ perigonio quartâ parte breviore, seminibus semiovatis striatis ♃ *G. Liottardi* Schult. Syst. VII, p. 545. — Rchb. fig. 1041. — *G. intermedia* Schl. — *Ornith. fistulosum* Ram. — *G. anisanthos* C. Koch Linn XXII, p. 230!

Hab. in regione alpinâ Olympi Bithyni (W. Barbey!), Ponti Lazici supra Khabackar (Bal!), Armeniâ ad Erzerum (Huet! Calv! C. Koch!), regione superiore montis Argæi (Bal!), in paludosis montium altiorum Persiæ austr.

occid; Kuh Delu (Ky. 484!), in Hermone Antilibani ad nives 9000' (Ky. 193 sub *G, Billardieri* var.)

Ar. Geogr. Alpes, Pyrenæi, montes Corsicæ.

3. G. arvensis (Pers. in Ust. Ann. 5, p. 8, tab I, sub *Ornithogalo*) bulbis binis tunicâ communi coriaceâ in lacinias demum fissâ inclusis minore areolato-foveolato, foliis radicalibus binis linearibus canaliculatis, floralibus binis oppositis vel suboppositis lanceolatis pubescentibus vel villosis axillis interdum bulbiferis, caule foliis radicalibus sæpius superato, floribus 3-12 umbellatis vel corymbosis, pedicellis flore longioribus villosis basi sæpe bracteolis linearibus obsitis sæpe ramulosis, perigonii lutei phyllis lanceolatis acutis extus præsertim parte inferiori et apice pubescentibus, filamentis perigonio tertiâ parte brevioribus, antheris ovato-oblongis, capsulâ obovato-oblongâ obtusâ subretusâ basi attenuatâ perigonio subbreviore ⚥. *G. arvensis* Sch. Syst. VII, p. 547. — Rchb. Germ. tab. 479.

Hab. in cultis sed sæpius in collibus, sylvaticis, etc, regionis montanæ, Græcia in abietinis móntis Parnes Atticæ et in Arcadiâ ad radices Mœnali (Heldr!), Byzantii (Auch!), Anatolia (Sibth.), Cyprus (Sibth. Ky!), Libanus circa Eden, Zachle, Hasrun (Bl!), ad Damascum (Hamm!) et Aleppo (Haussk!), Tauria et prov. Caucasicæ (Ledeb.), circa Tiflis (Rupr!).

Ar. Geogr. Europa omnis media et australis a Daniâ et Belgio ad Rossiam mediam, Africa borealis.

4. G. foliosa (Presl Del. Prag. p. 149 sub *Ornithogalo*) bulbis binis tunicâ communi coriaceâ in lacinias fissili inclusis minore areolato-foveolato, foliis radicalibus subbinis lineari-lanceolatis vel filiformibus canaliculatis, caule laxe et corymbose 1-paucifloro, foliis floralibus alternis et remotiusculis rarius suboppositis glabris vel ciliatis lanceolatis acuminatis inferiore longiore et latiore spathaceo, pedicellis gracilibus simplicibus vel ramosis ad ramificationes bracteolis angustissimis obsitis sæpius villosis, perigonii lutei phyllis lineari-oblongis obtusis fructiferis elongatis glabris vel basi villosulis, filamentis perigonio tertiâ parte brevioribus, antheris ovatis, capsulâ obcordatâ perigonio subduplo breviore ⚥. *G. foliosa* R. et Sch. Syst. VII. p. 1703. — *Ornith. spathaceum* Fl. Græc. tab. 341 non Sch. — *G. polymorpha* Boiss. Voy. Esp. ex parte quoad pl. Orientalem. — *G. Billardieri* variarum coll. Or. non K^th. — *Orn. luteum* Fl. Pelop. non Schult. — *G. pygmea* var β. Ræm et Sch. VII. p. 1705.

Hab. in Græeiâ a regione inferiore ad montanam et subalpinam, Laconia ad Arachova (Boiss!), in montibus Malevo (Orph!) et Taygeto (Bory!), Attica a collibus regionis inferioris ad montem Parnes (Heldr. Herb. Norm. 134!), Parnassus (Heldr!), Creta (Sieb.), Thracia ad Byzantium (Auch! Coumany!), Anatolia in Mysiâ (Sibth!), Lydia ad Smyrnam (Bal. 154! sub *G. Szovitsii*) et Ky. Suppl. sub *G. pusillâ*! Caria (Pinard!), Lyciæ montes Elmali (Bourg!), Rhodus (Heldr!), Cyprus in monte Troodos (Ky. Suppl. 404!), Syria littoralis et Libani regio media (Bl!), Armenia Turcica (Bourg!), ditio Transcaucasica Talysch (Buhse!).

β *micrantha*. — Flores minores. Valde affinis *G. amblyopetalæ* sed bulbus alter areolato-foveolatus nec subtuberculatus, perigonii phylla extus plus minus villosula et angustiora.

Hab. in Libano ad Cedros et alibi (Bl!), in Hermone Antilibani ad nives deliquescentes 8-9000' (Ky. 245 sub *G. Billardieri!*), in subalpinis montis Argæi Cappadociæ 8500' (Ky. Suppl. 274!).

Affinis *G. arvensi* a quâ specimina nonnulla ægre distinguuntur, differt tamen umbellâ paucifloriâ, foliis caulinis sæpissime alternis et remotis, perigonii phyllis obtusioribus. Eam olim sub *G. polymorphæ* nomine in Voy. Bot. Esp. cum *G. chrysanthâ.* R. et Sch. = *G. Nevadensi* Boiss. = *G. Soleirolii* Mutel. = *G. Duricæi* Parlat. ex montibus Corsicæ, Siciliæ, Hispaniæ, Algeriæ oriundâ et foliis angustioribus, floribus minoribus forsan specifice distinctâ combinavi. *Ornith. spathaceum.* Fl. Græca tab. 321. specimen depauperatum optime exhibet, sed *G. spathacea* Hayne ex Europa boreali est species omnino aliena bulbo bulbillis pluribus lateralibus elevatim lineatis aucto, folio caulino aunico convoluto a floribus remoto, etc.

Ar. Geogr. Sicilia.

5. **G. amblyopetala** (Boiss. et Heldr. Diagn. Ser. I, 7, p. 107) bulbis binis parvis tunicâ communi coriaceâ demum in lacinias fissâ inclusis altero minimo lævi vel sub lente obsolete tuberculato, foliis radicalibus binis anguste linearibus vel filiformibus canaliculatis, caule tenui unifloro vel corymbose dichotomo 3-5-floro, foliis caulinis inferioribus binis a basi lanceolatâ acuminatis sæpius alternis rarius oppositis glabris vel basi ciliatulis, superioribus ad pedicellorum ortum brevibus filiformi-setaceis, pedicellis longis, perigonii parvi brevis flavi glabri phyllis ellipticis obtusis basi attenuatis trinerviis, filamentis perigonio subbrevioribus, antheris breviter ovatis, capsulâ obovatâ basi attenuatâ apice truncatâ perigonio tertiâ parte breviore ♃. *G. aurea* C. Koch Linnn. XXII, p. 227!

Hab. in montibus Atticæ, Parnes, etc. (Heldr! mixta cum *G. foliosâ*), in Thraciâ et Bithyniâ circa Byzantium (Auch. 2146', Duparq! Clementi), in regione sylvaticâ Olympi Bithyni (Pichl!), Smyrnæ in collibus incultis (Bal. 153!).

Valde affinis *G. foliosæ* et præsertim ejus var. *micranthæ* differt bulbis minimis juniore tuberculato nec aroolato-foveolato, perigonii minoris semper glabri phyllis latioribus et obtusioribus, filamentis perigonii proportione longioribus.

6. **G. Bohemica** (Zauschn. Deutsch. Fl. II, p. 544 sub *Ornithogalo*) cespitosa, bulbis binis minimis lævibus tunicâ communi ad basin caulis breviter productâ et in lacinias breves fissâ inclusis, foliis radicalibus binis setaceo-filiformibus sulcatis caulem superantibus, caule nano 1-3-floro, foliis floralibus alternis lanceolatis acuminatis, pedicellis brevissimis ut et caulis foliaque sæpe ciliato-villosulis, perigonii majusculi phyllis oblongo-spathulatis obtusissimis luteis margine pallidioribus, filamentis perigonio quartâ parte brevioribus, antheris ovatis, ovario obovato-oblongo ♃ *G. Bohemica* Sch. Syst. VII, p. 549. — Rchb. Germ. fig. 1052. — *G. Szovitsii* Besser. — *Anthericum villosum* Lab. Dec. 5, p. 24, tab. 9 et ideo *G. Billardieri* K^th. Enum. IV, p. 242.

Hab. in Atticæ monte Parnes (Heldr. N° 203 bis mixta cum *G. foliosâ*), in Rumeliâ (Friv!), Anatoliâ ad Ephesum (Lab.), Tauriâ (Stev.), Syriâ in graminosis ad Aleppo et Tourmanin (Haussk. sub *G. Billardieri*), Palestinâ ad Hierosolymam (Roth 440 et 441 !).

Foliis caulinis dissitis affinis *G. foliosæ* sed bulbi multo minores læves, folia radicalia tenuissima, caulis 1-2 pollicaris, perigonii phylla obtusissima.

Ar. Geogr. Gallia media, Germania orientalis et australis, Serbia, Persia australis.

7. **G. minima** (L. Sp. 440 sub *Ornithogalo*) bulbis binis altero minutissimo ad basin bulbi majoris folium radicale edentis sito stipitato tunis nigriis eximie longitudinaliter lineolatis et transverse sulculosis, caule inter bulbos binos oriundo umbellatim 1-4 floro, folio radicali anguste lineari, caulino inferiore paulo infra umbellam sito lanceolato flores subsuperante, bracteis ad pedicellorum ortum filiformibus, pedicellis tenuissimis flore 2-3-plo longioribus, perigonii lutei phyllis lineari-lanceolatis valde acuminatis, filamentis perigonio duplo brevioribus, antheris oblongis, capsulâ ovatâ perigonio breviore ♃. *G. minima* Schult. Syst. VII, p. 539. — *Ornith. Sternbergii* Hoppe.

Hab. in umbrosis et sylvaticis montanis et alpinis, Tauriæ mons Tchatyr Dagh et prov. Caucasicæ (Ledeb.).

A præcedentibus bulbo hornotino minutissimo ad basin majoris sito et substipitato nec adnato, phyllis acutissimis distincta.

Ar. Geogr. Scandinavia, Helvetia, Germania, regio Danubialis, Rossia, Sibiria Uralensis et Altaica.

SECT. III. HOLOBOLBOS.

8. **G. lutea** (L. Sp. I, p. 439 sub *Ornithogalo*) caule ex bulbo conico tunicis scariosis incluso orto, folio radicali solitario erecto latiuscule lineari-lanceolato apice breviter attenuato, floralibus binis suboppositis inæqualibus margine ciliatulis, pedunculis 2-5 simplicibus glabris, bracteis nullis, perigonii glabri phyllis oblongis obtusis luteis viridi-fasciatis, filamentis perigonio subdimidio brevioribus, antheris oblongis ♃. *G. lutea* Schult. Syst. VII, p. 538-Rchb. Germ. fig. 1045. — *Orn. sylvaticum* Pers.

Hab. in sylvaticis Caucasi et Imeretiæ (Ledeb.), montes supra Tiflis 4200' (Rupr !)

Ar. Geogr. Europa media ab Angliâ, Scandinaviâ ad Rossiam borealem et ab Hispaniâ boreali, Italiâ continentali ad regionem Danubialem, Sibiria.

9. **G. pusilla** (Schm. Fl. Boh N° 337 sub *Ornithogalo*) glabra, caule e bulbo unico tunicis subcoriaceis fissis incluso orto, folio radicali unico anguste lineari canaliculato, foliis caulinis binis oppositis vel vix remotis inferiore latiore lanceolato spathaceo, umbellâ sessili 2-6-florâ, pedicellis elongatis simplicibus glabris, perigonii glabri phyllis lanceolatis obtusiusculis, filamentis perigonio tertiâ

parte brevioribus, antheris ovato-oblongis, capsulâ ovatâ perigonio dimidio breviore, seminibus oblongis angulatis striatis ♃. *G. pusilla* Schult. Syst. VII, p. 543. — Rchb. Germ. fig. 1044.

Hab. in Tauriâ (Stev.), Caucaso (M. B.), in montibus ad Tiflis 4000' (Rupr!), Iberiâ (Eichw. C. Koch.), Caucaso orientali (Rupr!), Persiâ boreali ad Passgala jugi Elbrusensis 5000' (Ky. 103! sub *G. Billardieri*), Persiâ australi in montibus Sawers et Kuh Nur 82-13000' (Haussk!).

Ar. Geogr. Bohemia, Austria, Dalmatia, regio Danubialis, Rossia meridionalis, Sibiria Altaica, Turkestania, Songaria.

Sect. IV Platyspermum.

10. **G. reticulata** (Pall. It. III, p. 553 App. tab. D fig. 2 sub *Ornithogalo*) bulbo parvo ovato-conico in tunicis solitario, e collo interdum stolonifero, tunicis numerosis secus caulis partem inferiorem in vaginam plus minus elongatam reticulatim fibrosam productis, caule vel brevissimo e vaginâ non exserto vel sublongiore unifloro vel umbellatim 2-5-floro, foliis anguste linearibus vel filiformibus ut et pedicelli pube brevi crispulâ sæpius obsitis, caulinis superioribus ad basin umbellæ subverticillatis pedicellis crassiusculis flore pluries longioribus, perigonii glabri vel adpresse pubescentis phyllis multistriatis viridibus flavido-marginatis lanceolatis acuminatissimis interioribus subbrevioribus, filamentis perigonio dimidio brevioribus, antheris lineari-oblongis, capsulâ obovato-oblongâ obtusâ perigonio tertiâ parte breviore, seminibus planis triangularibus bimarginatis ♃. *G. reticulata* Sch. Syst. VII, p. 542. — Rchb. fig. 1054. — Regel Fl. Turkest, tab. 19, fig. 1-4. — Expl. Alger. tab. 45 bis, fig. 1. — *G. commutata*! *G. sarmentosa*! et *G. triphylla*! C. Koch Linn. XXII, p. 227-230. — *G. Taurica* Stev. Taur. p. 335.

Hab. in collibus siccis calidis et desertis, Tauria (Stev!), Armenia Turcica (Huet! Calv!), Transcaucasia (Szov! C. A. Mey! Hoh!), Persia borealis et orientalis (Buhse! Bge!), Cilicia (Ky. Suppl. 50!), Syria ad Aintab et Aleppo (Haussk!), Mesopotamia ad Orfa et Mardin (Haussk!), Syria littoralis ad Tripoli (Bl!), Damascus (Gaill!), Palestina ad Hierosolymam (Roth. 439!), Affghania (Griff!).

β *tenuifolia.* — Folia tenuissima anguste filiformia, sæpe circinnato-recurva, flores minores. — *Ornith. circinnatum* L. Suppl. 199.

Hab. in Georgiâ Caucasicâ ad Helenendorf et Elisabethpol (Hohen!), Persiæ prov. Aderbijan (Szov!), ad Rudbar (Buhse!), circâ Persepolin (Haussk!), Libano prope Hasrun (Bl!), monte S^tæ Catharinæ Arabiæ Petreæ (Schimp. 404!), planitie elatâ Galala deserti Ægyptiaco-Arabici (Schweinf!).

γ *fibrosa.* — Bulbus infra vaginam reticulatam abbreviatam fibris crassiusculis ascendentibus intricatis dense vestitus, caulis brevissimus vaginâ inclusus uni-rarius 2-3-florus. — *G. rigida* Boiss. et Sprun. Diagn. Ser. I, 7, p. 108. — *G. Alexandrina* Boiss. Mss. et *G. Granatelli* Boiss. in Letourn. exs. non Parlatore.

Hab. in Argolide (Spruner!), ad Acrocorinthum (Boiss!), insulis Amorgos et Syra (Orph!), Egyptus inferior circa Alexandriam (Samar! Letourn. exs. 207!)

Admodum variat pubescentiâ·plus minusve copiosâ, foliis lineam latis vel tenuissimis fere setaceis, caule brevi vaginâ occultato vel 2-4 pollices longo, perigonio 9-10 lineas et in var. β 5-6 lineas tantum longo. Varietatem *rigidam* pro specie diu habui propter fibras crassas ut in *G. fibrosâ* bulbum dense involventes sed eamdem structuram in speciminibus ex Persiâ et Affghaniâ vidi, bulbi sæpe gregarii. *G. Granatelli* Parl. = *G. Mauritanica* Durieu ex Algeriâ, Siciliâ, Hispaniâ quæ forsan a *G. fibrosâ* Desf. non sat differt et quæ fibris crassis intricatis var γ nostram refert longe distat bulbis geminis et in grege *G. arvensis* militat.

Ar. Geogr. Bulgharia, Africa borealis, Turcomania, Turkestania.

11. G. Damascena (Boiss. et Gaill. Diagn. Ser. II, 4, p. 105) gregarie cespitosa, bulbo solitario tunicis apice in lacinias breves vix fibrosas productis dense vestito et undique fibris radicalibus ascendentibus intricatis obsito, folio radicali elongato, caule plus minus elongato dichotome 2-4-floro, foliis puberulis anguste linearibus præter superiora sæpius opposita sparsis, pedicellis elongatis fructiferis strictis, perigonii glabri phyllis lineari-oblongis obtusis 5-6-striatis extus virentibus lutescenti-marginatis, filamentis perigonio tertiâ parte brevioribus, antheris oblongis, capsulâ clavato-oblongâ truncatâ perigonio subbreviore, seminibus planis triangularibus anguste bimarginatis ♃. *G. cespitosa* Haussk Mss. — *G. monticola* Payne Palest. Exp. Soc. p. 124!

Hab. in fissuris rupium calcarearum Syriæ circa Aleppo (Haussk!), Mesopotamiæ in monte Nimrud Dagh prope Orfa et circa Terek (Haussk!), circa Damascum (Gaill!), prope Berythum (Haussk!), Calesyriâ prope Zachle (Post!), prope Hierosolymam (Post!), regio Moab (Paine!).

Ab affini *G. reticulatâ* tunicis in vaginas breves vix reticulatas abeuntibus et præsertim perigonii phyllis obtusis nec longe acuminatis capsulâque perigonio vix breviore distincta.

12. G. chlorantha (M. B. Taur. Cauc. III, p. 264 sub *Ornithogalo*) bulbi unici parvi oblongi tunicis scariosis apice secus caulis basin productis et ibi in lacinias et fibras solutis, folio radicali solitario anguste lineari vel filiformi caulem superante, caulinis alternis filiformibus vel anguste lanceolatis margine sæpius ciliatis, pedicellis crassiusculis 1-3 simplicibus vel 2-3-floris ad dichotomias breviter bracteatis, perigonii glabri phyllis oblongis obtusis basi attenuatis virentibus luteo-marginatis, filamentis perigonio subdimidio brevioribus, antheris oblongis, ovario elliptico-oblongo ♃. *G. chlorantha* Sch. Syst. VII, p. 264. — Ic. Regel Flor. Turkest, tab. 20. — Rchb. Germ. fig. 1047.

Hab. in lapidosis siccis Iberiæ Caucasicæ (Szov! C. A. Mey! Hoh!), districtus Alagir 7000' (Rupr!), in monte Elbrus Persiæ borealis 7000' (Ky. 108!), ad nives montis Sawers Persiæ australis 12000' forma pusilla floribus minoribus (Haussk!), in Palestinâ ad Hierosolymam (Roth, 442!) circa Byzantium (Coumany!), in montibus Cypri (Sintenis et Rigo!).

Valde affinis *G. bulbiferæ* sed perigonii phylla latissime extus viridia, ovarium anguste elliptico-oblongum nec ovatum, capsulam non novi. Foliorum

14

axillæ ut videtur nunquam bulbiferæ, caules et pedicelli crassiores. *G. glacialis* C. Koch Linn. XXII ex Alpibus Ponti Lazici quantum ex specimine ejus herbarii dijudicare queo est forma pusilla macra uniflora.

Ar. Geogr. Turkestania.

13. G. bulbifera (L. Suppl. 149 sub *Ornithogalo*) minute puberula, bulbo parvo ovato solitario tunicis apice in lacinias (foliorum exsiccatorum reliquias) breviter productis vestito et fibris tenuibus intricatis obsito, caule pusillo humili tenuiter filiformi simplici unifloro vel parce ramoso 2-3-floro, foliis omnibus filiformi-setaceis inferiorum axillâ bulbilliferâ, bulbillo basi folii incluso, pedicellis elongatis sub anthesi nutantibus, perigonii parvi glabri phyllis luteis viridi-vittatis oblongo-lanceolatis acutis vel acuminatis, filamentis perigonio dimidio fere brevioribus, antheris oblongis, capsulâ ovatâ sessili, seminibus compressis ♃ *G. bulbifera* Schult. Syst. VII, p. 552. — Rchb. Ic. Germ. fig. 1056.

Hab. in Armeniâ circa Erzerum (Calv !), Persiâ boreali in collibus circa Khoï (Szov !), Tauriâ (M. B.), regione Caucasicâ (Ledeb.).

Plantula 3-5-pollicaris, folia tenuia, perigonium sex lineas longum.

Ar. Geogr. Rossia meridionalis et orientalis, Turkestania, Sibiria Uralensis et Altaica.

14. G. Persica (Boiss. Diagn. Ser. I, 7, p. 108) !(1846) bulbo parvo ovato-conico in tunicis solitario, tunicis superne ad basin caulis vix productis, caule tenui flexuoso inferne simplici aphyllo superne dichotome ramoso corymboso ramulis tenuissimis infractis, folio radicali elongato, caulino inferiore lanceolato amplexicauli plano plurinervi sæpe ciliatulo cæteris brevibus filiformibus canaliculatis, bulbillis in axillis 1-5 minimis nudis, pedicellis capillaribus flore parvo 2-3-plo longioribus, perigonii glabri phyllis oblongo-lanceolatis obtusiusculis, filamentis perigonio subbrevioribus, stigmate capitato-subtrilobo, ovario clavato-trigono basi attenuato et stipitato apice truncato, seminibus compressis ♃. *Bulbillaria gageoides* Zucc. Abh. Akad. Wiss. Bay. 3, p. 230, tab. 2, fig. 1. — *G. amblyopetala* var. *bulbifera* Boiss. in, Ky. exs. Pers. austr. — Regel Fl. Turkest, p. 112, tab. 17, fig. 8-12 non Boiss. Diagn. — *G. thesioides* C. A. M. Mss. — *Lloydia Kunawurensis* Royle Ill. tab. 93, fig. B ex Baker.

Hab. in Persiâ ad Persepolin (Ky. exs. 237 A !), ad Ispahan (Auch. 5404 !), in Persiâ australi ad nives montis Kuh Nur 13000' (Haussk !), in subalpinis et alpinis Libani ad Cedros (Roth ! Boiss ! Schlumberger !).

β *ebulbillosa.* — Axillæ bulbillos non edentes, bulbi tunicæ in lacinias longiores productæ, folium caulinum inferius cæteris vix latius, superiora minus abbreviata. — *G. stipitata* Merklin in Bge Reliq Lehm. p. 512 (1851). — Regel Fl. Turkest. tab. XIX, fig. 5-8.

Hab. in Persiâ circa Persepolin (Ky. 237 sub *G. amblyopetalâ* ! Haussk !), circa Yezd (Buhse !), in Persiâ orientali et Affghaniâ occidentali (Bge !), in regno Cabulico ad Quettah et Sinab (Griff !).

Plantula 3-5-pollicaris, perigonium 3-4 lineas longum, folium caulinum inferius in formâ typicâ 2 lineas latum. Forma bulbillifera sæpius humilior ramulis abbreviatis et magis infractis, floribus subminoribus. Species *G. bulbiferâ* ramosior, floribus minoribus, bulbillis in axillis nudis nec in folii basi inclusis.

Ar. Geogr. Asia centralis, regio Himalaica.

Species a me non visa et quoad affinitatem dubia.

G. setifolia (Baker Linn. Soc. Journ. XVIII, p. 101) bulbo parvo globoso pluritunicato, folio unico subulato glabro 3-6-pollicari, scapo glabro ¹/₂-3-pollicari, floribus-2-4-umbellatis, bracteis ternis confertis centrali 1 ¹/₂ lin. latâ cæteris anguste linearibus, pedicellis glabris vel puberulis, perigonii phyllis 4 lineas longis lanceolatis acutis extus viridibus intus luteis, filamentis perigonio subbrevioribus, antheris lineari-oblongis.

Hab. in Affghaniâ inter Kuram et Habibkhalla (Aitch.) Non vidi.

Probabiliter e Sect. *Platyspermo* sed semina non descripta. Folium 3-6 pollices longum angustissimum.

Tr. II. SCILLEÆ. — Bulbosæ scaposæ. Perigonii phylla libera. Stylus terminalis. Semina exceptâ *Urgineâ* turgida.

ORNITHOGALUM (L. Gen 418).

Perigonium phyllis sex patentibus imâ basi subconnatis. Filamenta sex (in nostris) hypogyna receptaculo inserta vel brevissime basi perigonii adhærentia lanceolata vel linearia interdum apice tricuspidata, antheræ medio dorso affixæ versatiles. Ovarium sessile triloculare, ovulis in loculo pluribus superpositis biœriatis, stylus filiformis, stigma capitatum subtrisulcum. Capsula membranacea angulis apteris vel alatis. Semina obovata vel angulata. — Herbæ bulbosæ floribus racemosis vel corymbosis, perigonio albo sæpius viridi-vittato, rarius ochroleuco, nunquam cæruleo vel purpureo. Species inter se valde affines et characteribus sat firmis non semper distinctæ.

Specierum Orientalium distributio.

§ 1. **Racemus elongatus.**

* Filamenta omnia vel tria apice tridentata.

O. nutans, Libanoticum.

• · Filamenta omnia indivisa simplicia.

O. Bungei, Pyrenaicum, fuscescens, Narbonense, arcuatum.

§ 2. Racemus abbreviatus ovatus vel corymbosus.

· Perigonium concolor lacteum

O. Arabicum.

• · Perigonium dorso viridi-vittatum.

+ Capsula aptera.

× Pedicelli flore multo breviores.

O. brevipedicellatum.

× × Pedicelli plus minus elongati.

O. comosum, lanceolatum, montanum, cuspidatum, refractum, divergens, umbellatum, tenuifolium, Armeniacum, pedicellare, nivale.

+ + Capsula alata.

× Pedicelli flore longiores.

O. nanum, oligophyllum, Wiedemanni, fimbriatum.

× × Pedicelli flori æquilongi vel breviores.

O. neurostegium, Balansæ.

————————

§ 1. Racemus elongatus.

· Filamenta omnia vel tria apice tridentata.

1. O. nutans (Linn. Sp. 441) bulbo ovato, foliis linearibus canaliculatis scapum æquantibus vel superantibus, racem, secundi
floribus demum pendulis, pedicellis sub anthesi ovario æquilongis
vel longioribus, bracteis lanceolato-acuminatis pedicello longioribus.
perigonii phyllis oblongo-lanceolatis acutiusculis late viridibus albc-
marginatis, filamentis perigonio dimidio brevioribus dilatatis et apice
tridentatis cuspide intermediâ antheriferâ externis brevioribus et
angustioribus, interiorum lobis lateralibus antheram subæquantibus.
capsulâ ovatâ sexcostatâ et sulcatâ apice umbilicatâ ♃. Ic. Jacq.
Austr. tab. 301. — *Myogalum nutans* Link. — *Albucca nutans*
Rchb. Germ. tab. 1031.

Hab. in pratis, mons Mourad Dagh Phrygiæ 8000' (Bal!), Tauria (Stev!)
et prob. alibi.

β *prasandram* Baker. — Stamina breviora simplicia. — *Orn. prasandrum* Griseb. Spic. II, p. 390. — *O. Thirkeanum* C. Koch Linn. XIX, p. 17.

Hab. in cultis, sylvaticis, pratis in Oriente formâ typicâ vulgatior, Græcia in arvis (Orph. Fl. Gr. exs. 194!), in regione abietinâ montis Parnes (Heldr. Fl. Gr. exs. 2797!), Olympus Bithynus in Castanetis (Thirke!), Smyrnæ (Bal. 150!), Caria (Auch. 2141!), mons Elmali Lyciæ in regione alpinâ (Bourg. exs. sub *Myogalo Boucheano!*).

Varietas vel potius variatio filamentis alternatim simplicibus in Helvetiâ quoque occurrit!

Ar. Geogr. Europa media a Galliâ, Daniâ et Gothiâ ad Rossiam mediam, Hispaniam centralem, Italiam, regionem Danubialem.

2. O. Libanoticum (Boiss. et Bl. Diagn. Ser. I, 4, p. 106) bulbo ovato, foliis late lanceolatis planis basi attenuatis scapo æquilongis racemo brevioribus, racemo longo, pedicellis erecto-patulis ovario sublongioribus fructiferis arcuatim pendulis, bracteis scariosis longe acuminatis pedicello longioribus, perigonii omnino albi phyllis oblongo-linearibus obtusis, filamentis perigonio tertiâ parte brevioribus alternatim simplicibus tricuspidatisque cuspide intermediâ antheriferâ triangulari acutâ lateralibus obtusis longiore, capsulâ ovatâ sexcostatâ ♃.

Hab. in Libano circa Eden (cl. Reygasse!).

Caulis cum racemo semipedali sesquipedalis, folia 9-12 lineas lata. Ex unico specimine mihi notum, valde affine *O. nutanti* cujus forsan varietas et a quo differt foliis latis, floribus albis nec late viridi-vittatis, filamentis perigonii proportione longioribus.

* * Filamenta omnia indivisa.

3. O. Bungei, bulbo..., foliis linearibus canaliculatis basi longe atttenuatis scapo æquilongis, racemi brevis densiusculi floribus erectis, pedicellis flore et bracteâ lanceolatâ cucullatâ longe acuminatâ multo brevioribus, perigonii phyllis longe lineari-oblongis obtusis dorso pallide viridi-striatis et vittatis albo-marginatis, filamentis lanceolatis apice attenuatis perigonio triplo brevioribus omnibus integris, ovario ovato, capsulâ.... ♃

Hab in Persiâ boreali prope Siaret et supra Asterabad (Bge !).

Planta vix pedalis, folia 2-3 lineas lata, flores demum 9-10 lineas longi Affine *O. nutanti* a quo floribus etiam post anthesin erectis, filamentis brevioribus et omnibus simplicibus differt.

4. O. Pyrenaicum (L. Sp. 440) bulbo ovato, foliis glaucis linearibus flaccidis patulis canaliculatis sub anthesi jam sæpius emarcidis, scapo elato foliis longiore, racemi elongati multiflori pedicellis erecto-patulis fructiferis scapo adpressis, bracteis lanceolatis sensim acuminatis pedicello brevioribus, perigonii phyllis lineari-oblongis ochroleucis fasciâ mediâ virente, filamentis lanceolatis abrupte acu-

minatis perigonio quartâ parte brevioribus, capsulâ ovatâ trisulcâ ♃.
Rchb. Germ. Ic. 2ll. — Jacq. Austr. t. 103. — *O. sulphureum* W.
K. Pl. rar. Hung. tab. 95.

Hab. in pratis umbrosis, Macedonia in monte Athos (Coumany!), Byzan-
tii (Post!), in montibus Cretæ (Sibth.), Anatolia borealis (Wied!), ager
Trojanus (Schmidt!), Phrygia in collibus Ouchak (Bal. 1324!), Mesopotamia
(Haussk!), Tauria et Transcaucasia (Ledeb.).

Ar. Geogr. Europa media ab Angliâ et Belgio ad Hispaniam borealem
Italiam mediam, Dalmatiam, regionem Danubialem.

5. **O. fuscescens** (Boiss. et Gaill. Diagn. Ser. II, 4, p. 107)
bulbo ovato, foliis linearibus canaliculatis scapo elato brevioribus,
racemi multiflori thyrsoidei elongati pedicellis tenuibus erecto-patulis bracteâ et flore 2-1 ¹/₂-plo longioribus, bracteis scariosis lanceolatis acuminatis ad medium utrinque laciniâ lineari auctis, perigonii
fuscescentis phyllis margine pallidioribus ellipticis obtusis, filamentis
dimidium perigonium vix æquantibus late lanceolatis superne longe
attenuatis, capsulâ.... ♃.

Hab. in cultis Antilibani in valle inter Rascheya et Ain hata (Gaill!).

Sesquipedale, folia 6-8 lineas lata, racemus 6-9-pollicaris, flores magnitudinis *O. Pyrenaici.* Huic et *O. Narbonensi* affine distinctum videtur bracteis
laciniatis, perigonii proportione brevioribus sed ex unico specimine notum et
ulterius observandum.

6. **O. Narbonense** (L. Sp. 440) bulbo ovato, foliis glaucescentibus late vel anguste linearibus canaliculatis sub anthesi sæpius
persistentibus, scapo elato foliis longiore, racemi elongati multiflori
pedicellis erecto-patulis post anthesin scapo adpressis, bracteis lanceolatis longe acuminatis inferioribus pedicellos non æquantibus,
perigonii phyllis oblongo-lanceolatis obtusis lacteis plus minus
anguste viridi-fasciatis, filamentis lanceolatis superne longe attenuatis
perigonio dimidio vix longioribus, capsulâ ovatâ trisulcâ ♃. Ic. Bot.
Mag. 2510 — Rchb. Germ. tab. 1029. — *O. lacteum* Vill. — *O. sta-
chyoides* Ait. — *O. brachystachys* C. Koch Linn. p. 248! (forma
racemo brevi!).

Hab. in campestribus, cultis, herbidis totius regionis a Græciâ et ejus insulis ad Macedoniam! Anatoliam!, regionem Caucasicam! Persiam! Syriam!
Palestinam!

β *pyramidale.* — Majus, folia sæpe latiora interdum ciliata, racemus amplus pedicellis inferioribus magis elongatis. — *O. pyramidale*
L. Sp. 441. — Red. Lil. tab. 422. — Jacq. Ic. tab. 525.

Hab. in Syriâ prope Tripoli (Bl!), Armeniâ Turcicâ prope Warto (Ky!),
Caucaso (herb. Petrop!).

γ *densum.* — Humile, folia margine ciliata, racemus brevis densius-
culus. — *O. densum* Boiss. et Bl. Diagn. Ser. II, 4, p. 107. Nexum cum
typo præbent formæ e Syriâ et Anatoliâ caule et racemo abbreviatis
sed foliis glabris.

Hab. in Syriâ littorali ad Raz Beyrut (Bl!) et in quercetis Libani inter Khan el. Birket et Khan el Djemur supra Berythum (Gaill!).

δ *alpinum*. — Pumilum, racemus brevis, pedicelli etiam sub anthesi stricti flore diminuto vix longiores.

Hab. in collinis alpinis Ciliciæ Kurdicæ (Ky. 125 sub *O. denso*), ad nives montium Avroman, Schahu, Sawers, Persiæ austro-occid. 9-12000' (Haussk!).

Ar. Geogr. Insulæ Canarienses, Lusitania, Hispania, Gallia australis, Italia, Dalmatia, Africa borealis.

7. **O. arcuatum** (Stev. Mem. Soc. Nat. Mosq. VII, p. 271) bulbo ovato, foliis late lanceolato-linearibus subcanaliculatis basi attenuatis apice breviter acutatis, scapo valido elato, racemi longissimi pedicellis flore et bracteâ multo longioribus erecto-patulis dein arcuatim ascendentibus, bracteis breviter lanceolatis acuminatis, perigonii phyllis lineari-oblongis obtusis albis dorso pallide virenti-vittatis, filamentis late lanceolatis superne abruptiuscule attenuatis perigonio dimidio brevioribus, capsulâ ovatâ trigonâ ⚥ *Orn. latifolium* Baker ex parte vix Linnæi

Hab. in virgultis et vineis coloniæ Karass in Ciscaucasiâ (Hoh!), in Tauriâ indicatum sed in Stev. Taur. non enumeratum.

Folia 10-12 lineas lata, racemus pedalis. Valde affine *O. Narbonensi* var. *pyramidali* a quo pedicellis fructiferis erectis arcuatis nec strictis bipollicaribus differt. — *O. latifolium* L. planta e speciminibus cultis tantum nota ab *Or. Narbonnensi pyramidali* non differe videtur.

§ 2. Racemus abbreviatus ovatus vel corymbosus.

* Perigonium concolor lacteum

8. **O. Arabicum** (L. Sp. 441) bulbo magno ovato basi prolifero, foliis late linearibus acutis subcanaliculatis longissimis scapum superantibus suberectis demum patentibus, scapo crassiusculo elato, racemi brevissimi corymbosi multiflori pedicellis erecto-patentibus bracteas late triangulari-lanceolatas acuminatas excedentibus, perigonii magni lactei phyllis ovatis obtusis concavis externis carinatis apice mucronatis et obsolete trilobulatis, filamentis dilatatis apice attenuatis perigonio quadruplo brevioribus, capsulâ obovatâ costis æquidistantibus ⚥. Bot. Mag. tab. 728. — Rchb. Ic. Germ. 1026.

Hab. in insulâ Chios prope Mezavra (Orph!), Egypto (ex Auct.).

Ar Geogr. Lusitania, Hispania, Gallia australis, Italia littoralis et ejus insulæ, Dalmatia, Africa borealis, Madera, insulæ Canarienses.

* * Perigonium dorso viridi-vittatum.

+ Capsula aptera.

9. **O. brevipedicellatum** (Boiss. in Bourg. Lyc. exs. 1860) bulbo simplici ovato, foliis 3-7 anguste linearibus canaliculatis flacci-

dis expansis scapo brevi longioribus, racemi pauciflori densi ovati pedicellis erectis demum subarcuatis flore 3-5-plo bracteâque lanceolatâ brevioribus fructiferis subincrassatis. perigonii majusculi phyllis ovato-oblongis obtusis late viridi-fasciatis, filamentis valde dilatatis superne attenuatis perigonio plus dimidio brevioribus, capsulâ obovatâ costis subæquidistantibus ♃ .

Hab. ad nives deliquescentes in regione alpinâ montium Lyciæ supra Elmali (Bourg. 264!), in monte Troodos Cypri (Sint. et Rigo!).

Folia 4-6-pollicaria lineam lata, racemus pollicem demum duo pollices longus, perigonii phylla sex lineas longa 2 ¹/₂ lata. Floribus breviter pedicellatis affine *O. Balansæ,* diffsrt foliis angustis, capsulâ apterâ, etc.

10. **O. comosum** (L. Sp. 440) bulbo ovato simplici, foliis lanceolato-linearibus margine breviter ciliatis acuminatis erectis superne recurvis scapum æquantibus sub anthesi jam fere emarcidis, racemo denique oblongo, pedicellis in flore et fructu angulo recto patentibus omnibus denique æquilongis flore duplo longioribus, bracteis lanceolatis acuminatis inferioribus pedicellum æquantibus, perigonii phyllis elliptico-oblongis obtusis albis fasciâ dorsali viridi, filamentis dimidium perigonium æquantibus, capsulâ obovatâ apice retusâ æquidistanter sexcostatâ ♃. Jacq. Ic. t. 426. — Rchb. Germ. t. 1021. — *O. Garganicum* Ten. — *O. saxatile* Vis. Dalm. t. 4; fig. 1.

Hab. in montanis apricis, Attica in monte Parnes (Heldr!), in monte Pentelico ad cacumen usque (Sart!), Macedonia borealis (Fried. ex Griseb.).

Flores eis *O. umbellati* fere dimidio minores.

Ar. Geogr. Austria, Italia, Dalmatia, regio Danubialis.

11. **O. lanceolatum** (Labill. Pl. rar. Syr. Dec. V, p. 11, tab. 8) bulbo ovato simplici majusculo, foliis 4-8 glabris late lanceolatis vel oblongo-lanceolatis acutiusculis expansis inferne attenuatis caulem brevissimum vaginantibus corymbo multo longioribus, corymbo densifloro inter folia subsessili capitato tandem elongato ovato, pedicellis primum brevissimis dein plus minus elongatis bracteas scariosas late lineari-lanceolatas superantibus strictissimis, perigonii majusculi phyllis late elliptico-oblongis obtusissimis late viridi-fasciatis, filamentis perigonio triplo brevioribus, capsulâ ovatâ costis subæquidistantibus ♃ .

Hab. in Syriâ littorali ad Laodiceam (Labill.), ad Sidonem (Gaill!), in Libani ditione Kesraouan (Gaill!), ad Ainete (Bll), Antilibano supra Zebdani (Boiss!), inter Dimas et Merdj Jantha (Gaill!), in cacumine montis Hermon 9000′ (Ky. 192! Lortet!), in regione montanâ Cypri supra Prodromo 4000′ (Ky! 707!), regione alpinâ Tauri Cilicici (Bal!).

Folia 4-12 lineas lata, perigonii phylla 8-9 lineas longa.

12. **O. montanum** (Cyr. in Ten. Fl. Nap. I, p. 176) bulbo simplici ovato, foliis 3-5 glabris flaccidis patulis late lineari-lanceolatis apice attenuatis scapo sæpe longioribus, corymbo sæpius multifloro

denso, pedicellis erecto-patulis inferioribus bracteæ lanceolatæ longe acuminatæ æquilongis vel longioribus, scapo humili interdum subnullo, perigonii phyllis oblongo-lanceolatis obtusis albis extus late viridi-fasciatis exterioribus submajoribus, filamentis perigonio 2-3-plo brevioribus, capsulæ obovatæ costis æquidistantibus ♃. Ic. Ten. Fl. Nap. tab. 33. — Rchb. Germ. Ic. 1025 (mala foliis nimis brevibus, corymbo nimis thyrsoideo). — Bot. Reg. 1838 tab. 28 (pessima). — *O Atticum* Boiss. et Orph. olim. — *O. Huetii* Boiss. Diagn. Ser. II, 4, p. 108. — *O. cuspidatum* Griseb. Spic. II. p. 392 non Bertol.

Hab. in Atticâ a Pireo et insulâ Salami (Heldr!) ad montes Parnes et Pentelicus (Heldr! Sart! Orph!), Parnasso ad Dipotamo (Orph!), insulâ Chios (Orph!), Olympo Bithyno (Auch. 2144!), Smyrnæ (Ky. Suppl. 381!), insulâ Demonesi (Wied!), monte Tmolo Lydiæ (Boiss!), Cypro (Ky. Suppl. 499!), Syriâ littorali ad Tripoli (Bl!) et in Libano (Bl! Gaill!), Mesopotamiâ ad Mardin (Haussk!), Kurdistaniâ (Noë 209!), Armenia Turcica (Huet!), Pontus Lazicus ad Djimil 6000' (Bal!).

β *platyphyllum*. — Planta elatior cum corymbo sæpe subelongato fere pedalis, folia latiora 6-8 lineas interdum lata, flores submajores. — *O. platyphyllum* Boiss. Diagn Ser. I, 5, p. 64. — *O. graciliflorum* C. Koch Linn. XXII, p. 248?

Hab. in montibus Cariæ (Pinard!), Syriâ circa Aleppo et Aintab (Haussk!), Armeniâ ad Baibut (Bourg!), in Persiâ loco non notato (Jenisch!).

Variat multum corymbo multi vel pauciftoro, scapo brevissimo vel semipedali, foliis 3-4 vel 6-8 lineas latis, floribus fere magnitudinis *O. umbellati* vel minoribus.

Ar. Geogr. Regnum Neapolitanum, Sicilia.

13. O. cuspidatum (Bertol. Fl. Ital. IV, 99. — Nov. Comm. V, p. 429 tab. 42 non Lindl.) bulbo ovato majusculo, foliis 5-6 glabris lanceolatis erecto-patulis scapum æquantibus, scapo valido in corymbum pluriflorum strictum abeunte, pedicellis inferioribus valde elongatis strictis bracteas anguste lanceolatas acuminatas triplo superantibus, perigonii phyllis elongatis lanceolatis valde acuminatis viridi-fasciatis margine albis, filamentis dimidium perigonium æquantibus, capsulâ turbinato-oblongâ costis æquidistantibus ♃.

Hab. in Mesopotamiâ ad oras Euphratis (Chesn. 107!), in monte Sindjar (Haussk!).

Pedale, folia 4-9 lineas lata; perigonii phylla fere pollicaria. Valde affine *O. montano* var. *platyphyllo* a quo sat differre videtur floribus majoribus et phyllis acuminatis, capsulâ majore.

14. O. refractum (Kit. in Willd. Enum. Suppl. 18) bulbo bulbillis numerosis tunicâ communi inclusis constante, foliis linearibus albo-lineatis corymbum superantibus, scapo brevi, corymbi pedicellis bracteas lanceolatas vix superantibus, fructiferis demum omnino deflexis apice valde recurvis fructu erecto, perigonii phyllis lanceolatis obtusiusculis viridibus albo-marginatis, filamentis perigonio dimidiâ parte brevioribus, capsulâ ovato-oblongâ angulis binatim approximatis subalatis ♃ . Rchb. Germ. fig. 1024.

Hab. in Iberiâ Caucasicâ (ex C. Koch), ditione Talysch (Hoh. ex Ledeb.).

Ar. Geogr. Regio Danubialis.

15. **O. divergens** (Boreau Fl. Centr. p. 507) bulbo bulbillis numerosis tunicâ inclusis constante, foliis linearibus canaliculatis albo-vittatis erectis scapo sublongioribus, scapo elato, floribus corymbosis, pedicellis inferioribus flore 3-4-plo longioribus fructiferis patentibus vel subrefractis fructu erecto, bracteis lanceolatis acuminatis pedicellis triplo brevioribus, filamentis perigonio subtriplo brevioribus, capsulâ obovato-ellipticâ apice subretusâ angulis acutis æquidistantibus ♃. Ic. Jord. Ic. tab. 125.

Hab. in insulâ Chios prope Pityos (Orph !) et prob. alibi.

Hæc species ex cl Freyn Fl. Istr., p. 208 ab *O. refracto* Kit. staturâ majore (pedali), pedicellis longioribus non valde refractis, capsulæ costis æquidistantibus nec per paria approximatis differt. — *O. cuspidatum* Lindl. Bot., Reg. XXXI, non Bertol., tab. 21 ex Byzantio videtur forma culta hujus speciei foliis albomarginatis.

Ar. Geogr. Gallia australis, Illyria, Dalmatia.

16. **O. umbellatum** (L. Sp. 441) bulbo ovato prolifero, foliis glabris patulis linearibus canaliculatis albo-vittatis scapo longioribus, floribus corymbosis, pedicellis inferioribus longioribus fructiferis subhorizontaliter patentibus fructu erecto bracteas lanceolatas acuminatas subsuperantibus, perigonii phyllis lineari-oblongis late viridivittatis obtusis externis mucronulatis, filamentis perigonio dimidio brevioribus, capsulâ ovato-oblongâ costis sex æquidistantibus ♃ Ic. Jacq. Austr. t. 343. — Rchb. Germ. 1019. — *O. minus* L. Mant. 364.

Hab. in cultis, lapidosis, a regione inferiore ad subalpinam, Græcia (Sibth.), Attica (Heldr. Herb. Norm. 785 ! sub *O. paterfamilias*), Cyclades (Sart.), Anatolia (Tchih.), Syria ad Aleppo (Haussk !), Damascum (Gaill !), Berythum (Bl !), Antilibano ad Mandschura (Ky. 679!), Tauriâ (Stev !), Caucaso et Transcaucasiâ (Ledeb.).

Ar. Geogr. Europa tota media et australis ab Angliâ et Gothiâ ad Rossiam mediam, Africa borealis.

17. **O. tenuifolium** (Guss. Prodr. I, 413) bulbo ovato simplici, foliis glabris filiformibus erectis sulco exaratis non vel vix albolineatis scapo brevi æquilongis vel longioribus, corymbi pauciflori pedicellis semper erecto-subpatulis inferioribus elongatis bracteâ lanceolato-subulatâ longioribus, perigonii majusculi phyllis linearioblongis dorso virentibus albo-marginatis obtusis externis obsolete apiculatis, filamentis perigonio dimidio brevioribus, capsulæ obovatæ apice subretusæ costis acutis binatim approximatis ♃ Rchb. Ic. Germ. 1020. — *O. Gussonii* Ten. Fl. Nap. III, p. 337, tab. 226 fig. 1. — *O. Kochii* Parl. Fl. Ital. II, p. 441 (variatio foliis albo-lineatis hûc nec ad *O. collinum* ob folia glabra spectat).

Hab. in collinis a regione inferiori ad montanam et alpinam, Cephalonia in monte Æno 2000' (Heldr !), Acrocorinthus (Orph !), pascua alpina montis Olenos et Parnassus prope Livadi (Heldr !), mons Panachaicos supra Patras (Heldr !), Byzantii (Duparq !), Bithynia (Thirke !), Lydia ad Smyrnam (Noë), Caria (Pinard !), Cyprus (Ky. 498!), Syria ad Aintab et Aleppo (Haussk !), Damascum (Gaill !), Mesopotamia ad Mardin (Haussk !), Cataoniæ mons Berytdagh ad nives (Haussk!), Armenia Turcica ad Gumusch (Bourg !), Armenia Rossica (C. Koch) et Iberia ad Baku et Schemacha (Bge !).

β trichophyllum. — Folia tenuissima subsetacea. — *O. trichophyllum* Boiss. et Heldr. Diagn. Ser. II, 4, p. 108.

Hab. iu Egypto circa Alexandriam (Ehr ! Samar ! Letourn. 206 sub *Orn. umbellato!*).

Species a formis pumilis O. *umbellati* staturá pumilá, foliis angustioribus, capsulæ formá discedens. *U. collinum* Guss. quod ex Oriente non novi valde affine dignoscitur foliis ciliatis. Character ab auctoribus in genere *Ornithogalo* notatus foliorum concolorium vel albolineatorum forsan non sat gravis nec firmus.

Ar. Geogr. Gallia australis, Italia.

18. O. Armeniacum (Baker Gard. Cron. 1879. Jun. p. 748)

bulbo ovato simplici, foliis numerosis angustissime linearibus canaliculatis patenti-subrecurvis scapo multo longioribus albo-lineatis subtus vel tantum margine plus minusve ciliatis, scapo brevi, corymbi densiusculi 8-12-flori pedicellis bracteis membranaceis lanceolatis longe acuminatis æquilongis flore duplo longioribus sub anthesi erecto-patulis fructiferis.. , perigonii phyllis lanceolatis late viridifasciatis acutis, filamentis perigonio duplo brevioribus, capsulâ.... ♃.

Hab. in Armeniá ? (Ky!) Vid. specimen a cl. Leichtlin communicatum et in Horto Vindobonensi cultum. Vidi quoque specimen ex Tauro Cilicico a cl. Maly missum et priori conforme.

Folia 7-10 pollices longa lineam vel sesquilineam lata, scapus brevissimus, perigonii phylla 7-9 lineas longa. Affine *O. nivuli* differt foliis multo longioribus ciliatis, corymbo multifloro, floribus majoribus. Affine quoque *O. collino* foliis paucis, corymbi pauciflori pediceliis longissimis distincto.

19. O. pedicellare (Boiss. et Ky. Sched. 1859. — Insel Cypr.

p. 196) bulbo ovato simplici, foliis radicalibus pluribus anguste linearibus glabris concoloribus planis flores superantibus, scapo subnullo, corymbi brevis laxi 5-7-flori pedicellis longissimis erecto-patentibus vel patentibus flore et bracteâ lineari-lanceolatâ 5-6-plo longioribus, perigonii parvi phyllis lanceolato-ellipticis obtusiusculis virentibus late albo-marginatis, filamentis perigonium dimidium æquantibus, capsulæ parvæ obovato-globosæ costis æquidistantibus ♃.

Hab. in Cypro inter Larnaca et Athienu et prope Famagosta (Ky. 412!), Eamdem speciem legisee videtur cl. Weiss in Cretá ad Cydoniam.

Folia tripollicaria lineá vix latiora, pedicelli inferiores demum bipollicares, flores illis *O. nani* dimidio minores vix 4 lineas longi, capsula vix magnitudine pisi Affine *O. tenuifolio* et *O. nano longipedi* ab utroque floribus parvis, capsulá minutá globosá distinctum videtur.

20. O. nivale (Boiss. Diagn. Ser. I, 5, p. 65) bulbo ovato simplici, foliis anguste linearibus canaliculatis glabris acutiusculis scapo
longioribus late albo-lineatis, scapo brevissimo, corymbi 3-6-flori
densiusculi pedicellis bracteis membranaceis lanceolato-acuminatis
æquilongis flore vix longioribus, fructiferis patentibus arcuatis, perigonii phyllis elliptico-oblongis obtusis late viridi-fasciatis, filamentis
dimidium perigonium æquantibus, capsulæ globosæ angulis æquidistantibus ♃.

Hab. ad nives deliquescentes in summo cacumine Bozdagh Tmoli occidentalis (Boiss!), in montibus ad Nikilar (Auch. 5401!). Fl. Jun.

Folia 4-5 pollices longa lineam lata, perigonium ut et pedicelli sex lineas
circiter longum, capsula magnitudine pisi. Ex cl. Baker varietas alpina
O. umbellati sed ab eo bulbo simplici et characteribus omnino abhorret;
affine autem *O. nano* a quo præter folia late albo-lineata differt floribus minoribus, pedicellis abbreviatis, capsulá superne non alatá.

+ + Capsula alata.

21. O. nanum (Sibth. et Sm. Fl. Gr. IV, p. 28, tab. 332) bulbo
subgloboso simplici, foliis anguste linearibus canaliculatis concoloribus arcuatis corymbum superantibus, scapo brevissimo vel nullo,
corymbo paucifloro, pedicellis bracteá ventricosá oblongo-lanceolatá
subbrevioribus fructiferis arcuato-patentibus vel subrefractis fructu
erecto, perigonii phyllis lanceolatis obtusiusculis albis dorso viridi-
striatis, filamentis perigonio dimidio brevioribus, capsulá globosá
obtusá angulis binatim subapproximatis superne alatis ♃.

Hab. in Græciá ad radices montis Mænali (Heldr!), monte Malevo Laconiæ
(Heldr! Orph!), Kyllene (Orph!), Thraciá ad Philippopolin (Friv!), circá
Byzantium frequens (Sibth. Noë! Auch. 2145!), in Bithyniá (Thirke!), Arme-
niá Turcicá (Calv!) et Rossicá (Buhse!).

β *longipes.* Corymbus laxior, pedicelli fructiferi elongati flore et
bracteá lanceolatá demum duplo longiores. Variatio intermediis in
typum transiens.

Hab. Byzantii cum formá typicá! in saxosis ad Athenas et in monte Corydalo (Heldr!), circá Patras (Boiss!), Zacynthi (Marg!), Corcyræ (Letourneux!).

O. exscapum Ten. Fl. Nap., tab. 44 ex Italiá differt tantum a varietate β
foliis albo-lineatis, capsulá ovato-oblongá.

22. O. oligophyllum (Clarke Trav. VIII, p. 224) bulbo ovato,
foliis 2-3-glabris lineari-lingulatis parte inferiori longe attenuatis
obtusis vel acutiusculis subcanaliculatis, scapo humili foliis breviore
1-3 rarius 5-7-floro, pedicellis flores et bracteas lanceolatas superantibus fructiferis patentibus demum reflexis, perigonii phyllis oblongis
obtusis late et pallide viridibus albo-marginatis externis obtuse
mucronatis, filamentis dimidium perigonium æquantibus lanceolatis
apice breviter attenuatis, capsulá ovatá obtusá hexapterá ♃. *O.
Aucheri* Boiss. Diagn. Ser. I, 5, p. 65. — *O. bifolium* C. Koch Linn.
XIX, p. 10. — *O. æmulum* Schott et Ky. Œst. Woch. IV, p. 162.

— *O. pterocarpum* Boiss. et Ky. in Ky. exs. — *O. hexapterum* Fenzl Mss. — *O. Ruthenicum* Griseb. Spic. II, p. 393 !

Hab. in regione alpinâ montis Tymphresti Ætoliæ ad nives (Heldr !), in monte Hæmo Thraciæ (Clarke), ad collum Tschipka (Janka !), in Olympo (Thirke ! Barbey ! Pichl. 228 !), monte Mouraddagh Phrygiæ 8400' (Bal !), Anatoliâ boreali ad Guenive (Auch. 5402!), et supra Niksar (Tchih !), Tauri Cilicici regione alpinâ (Ky ! Bal !), montibus Kassan Oglu Ciliciæ Kurdicæ (Ky. 72!), Caucasi centralis alpe Kaischaur 6000' (Rupr !).

β *stenophyllum*. — Folia anguste linearia.

Hab. in lapidosis montis Tcharyklar supra Adalia Lyciæ (Bourg !).

Scapus 2-5-pollicaris flaccidus, folia 4-6 pollices longa superne 3-5 lineas lata, perigonii phylla 4-5 lineas longa fere 2 lata fructifera subelongata, capsula sex lineas longa alis sesquilineam latis. Species perigonii phyllis latis et capsulâ late alatâ insignis.

23. O. Wiedemanni, bulbo ovato, foliis 2-3 glabris linearibus breviter acutatis basi longe attenuatis scapo gracili 5-8-floro sublongioribus, pedicellis breviter et laxe racemosis gracillimis bracteâ lineari demum reflexâ floreque multo longioribus erecto-patulis fructiferis patentibus capsulâ erectâ, perigonii phyllis anguste lineari-ellipticis obtusis dorso late et pallide vittatis albomarginatis, filamentis dilatatis versus apicem abruptiuscule attenuatis perigonium dimidium æquantibus, capsulâ ovatâ obtusâ hexapterâ ♃ .

Hab. in Anatoliâ boreali ad Safranbol et in monte Aladagh Szebeu (Wied !).

Semipedale, folia 1 ¹/₂-2 lineas lata, pedicelli 1 ¹/₂-2 pollicares, perigonium 5-6 lineas longum. Valde affine *O. oligophyllo* specifice distinctum videtur pedicellis longioribus non refractis nec pendulis, perigonii phyllis angustioribus. Ulterius tamen observandum.

24. O. fimbriatum (Willd. Nov. Act. Berol. 3) bulbo simplici ovato, foliis 3-8 linearibus canaliculatis sæpe falcato-recurvis undique patule vel retrorsum pilosis scapum pilosum brevem superantibus, corymbi laxiusculi 8-15-flori pedicellis inferioribus elongatis bracteas glabras lanceolatas æquantibus vel superantibus erecto-patulis fructiferis arcuatis patulis vel subdeflexis, perigonii phyllis oblongo-linearibus obtusis late viridi-vittatis, filamentis lanceolatis dimidium perigonium vix æquantibus, capsulæ costis binatim approximatis anguste alatis ♃. Bot. Mag. 3077. — Bot. Reg. tab. 555. — *O. Rægnerianum* C Koch Linn. XXII, p. 246.

Hab. in Græciâ, isthmus Corinthiacus (Bory), Arcadia centralis ad Diaselo 2500'-3000' (Heldr !), Bæotia in regione superiori Heliconis (Orph !), Byzantii (Coumany !), Bithynia (Thirke !), Anatolia (Auch 2143!), ad Smyrnam (Bal. 119!), Tauria ad Sympheropol et Sudak (Stev !), Libanus ad Gebel Baruk (Ball !).

β *ciliatum*. — Folia margine tantum et pectinatim ciliata.

Hab. in Tauro Cilicico (Ky !), circâ Hierosolymam (Post !).

Hæc species variat foliis 1-3 lineas latis

25. O. neurostegium (Boiss. et Blanche) bulbo ovato-conico, foliis 4-5 anguste lineari-lanceolatis inferne et superne longe atte-nuatis scapum humilem superantibus retrorsum hispidis, racemo brevi ovato 5-7-floro pedicellis crassiusculis striatis flore vix longio-ribus sub anthesi strictissimis, bracteis pedicello longioribus lanceo-latis acuminatis herbaceis multinerviis anguste albo-marginatis, peri-gonii parvi phyllis oblongo-linearibus obtusis dorso pallide viridibus multistriatis anguste albomarginatis, filamentis perigonii tertiam partem æquantibus dilatatis superne attenuatis, ovario turbinato subulato, capsulâ.... ♃.

Hab. in Libano superiore ad Djurd Tannourim (Bl. 652 !).

Planta 4-5-pollicaris, folia parte latiori 2 lineas lata, flores 6 lineas longi. Ab affini *O. fimbriato* differe videtur pedicellis abbreviatis strictis, bracteis herbaceis striatis nec membranaceis, floribus minoribus. Ex unico specimine notum et ulterius observandum.

26. O. Balansæ, bulbo ovato simplici, foliis 2-3-nis lineari-lin-gulatis acutiusculis canaliculatis falcato-incurvis scapo brevi longio-ribus, racemo pauci et densifloro ovato, pedicellis erectis flore et bracteâ lanceolatâ brevioribus, perigonii majusculi phyllis late oblongo-linearibus obtusis pallide et late viridi-fasciatis externis obtuse apiculatis, filamentis valde dilatatis superne breviter attenuatis filamento dimidio brevioribus, capsulâ ovatâ erectâ hexapterâ alis binatim subapproximatis ♃. *O. Aucheri* Boiss. in Bal. pl. Ponti et Bourg. Arm. non Diagn.

Hab. in regione alpinâ Ponti Lazici supra Djimil 8000' (Bal !), monte Kolak-dagh Armeniæ 8000' (Huet !), ad nives montis Fecelem supra Gumuschkhané (Bourg !). Specimen Olympi Bithyni cum *O. oligophyllo* a cl. Barbey lectum hûc spectare videtur.

Folia 3-4-pollices longa 4 lineas lata, racemus florifer subcapitatus tandem ovatus sesquipollicaris, perigonium demum 7-8 lineas longum. Prius cum *O. oligophyllo* confusum differt pedicellis brevissimis erectis nec elongatis demum pendulis ; flores paulo majores sunt.

Sp. minus nota.

O. glaucophyllum (Baker in Gard. Chron. 1875, II, p. 36) foliis glaucis linearibus planis vittâ destitutis sensim attenuatis flores longe superantibus (½-pedem longis 6 lineas latis), scapo pollicari, corymbo deltoideo 10-15-floro (3 poll. longo 4 lato), pedicellis erecto-patenti-bus 1-2-pollicaribus, bracteis dimidium pedicellum æquantibus, peri-gonii phyllis lanceolatis acutis facie albis dorso viridibus anguste albo-marginatis (8-9 lin. longis 2 ½-3 latis), filamentis lanceolatis perigonio triplo brevioribus, ovario globoso sexsulco, capsulâ..... ♃.

Hab. in Asiâ minore unde cl. Elwes bulbos retulit.

Ex cl. Baker ex affinitate *O. umbellati.*

Species dubiæ.

O. sororium (Schott et Ky. Œst. Bot. Woch. 1854, Nº 13) foliis paucis lineari-linguiformibus canaliculatis patentissimis apicem versus angustatis glabris, racemo inter folia sessili, pedicellis erectis bracteis lanceolatis acuminatis striatis brevioribus inferioribus perigonio sublongioribus, perigonii phyllis elliptico-linearibus viridibus albo-marginatis, ovario hexaedro aciebus valde prominulis ♃.

O. Cydni (Schott et Ky. Œst. Bot. Woch. 1854 Nº 19) foliis paucis glaucis glabris oblanceolato-linearibus profunde canaliculatis, corymbo inter folia sessili, pedicellis tandem refractis bracteas lanceolato-lineares non æquantibus, perigonii phyllis lineari-oblongis viridibus late albo-marginatis, staminibus perigonio duplo brevioribus, ovario hexaedro aciebus valde prominulis ♃.

Hab. utraque species in Tauro Cilicico unde cl. Kotschy bulbos in Hort. Vindob. cultos retulit.

Species in herbario Vindobonensi ut videtur non obviæ valde incomplete descriptæ et probabiliter ad supra descriptas referendæ. Ex ovario acute hexaedro dicto ad gregem specierum capsulá alatá donatarum verosimiliter referendæ.

O. Afrum. (Zuccagni in Röm. Coll. p. 137. — R. et Sch. Syst. VII, p. 435 (scapo tereti nudo, floribus umbellatis, pedunculis inæqualibus simplicibus ♃. *Allium Afrum* Kth. Enum IV, p. 455.

Hab. in Egypto (Desf.)

Scapus bipedalis. Folia numerosa ensiformia canaliculata. Umbella quinque-flora, flores magnit. *Asphodeli fistulosi* albi laciniis purpureo-vittatis. Capsula trigona. Semina nigra rugosa. Nec *Ornithogalum* nec *Allium* esse videtur.

URGINEA (Steinh. Ann. Sc. Nat. 1834, p. 321).

Perigonium phyllis sex patentibus nectario destitutis. Filamenta sex perigyna basi phyllorum adnata, antheræ versatiles medio dorso affixæ. Ovarium triloculare. Ovula in loculis plurima. Stylus ex summo ovario filiformis, stigma capitatum trisulcum. Capsula chartacea globosa vel oblonga trisulcata. Semina plura compresso-plana alata superposita. — Herbæ bulbosæ floribus racemosis.

1. **U. undulata** (Desf. Atl. I, p. 300 tab. 88 sub *Scillá*) bulbo ovato crassiusculo, foliis omnibus radicalibus hysteranthiis in orbem expansis linearibus canaliculatis valde undulato-sinuatis, scapo gracili erecto foliis multo longiore, racemo laxo brevi, pedicellis ascendentibus perigonio æquilongis vel sublongioribus basi bracteá lineari subcalcaratá eis duplo breviore suffultis, perigonii pallide rosei phyl-

♈. Ic. Bot. Mag. tab. 1140. — Rchb. Germ. fig. 1016. — *Nectaro-scilla hyacinthoides* Parlat.

Hab. in lapidosis et cultis regionis inferioris, insulæ Ionicæ (Parl.), Creta (Oliv.), Chios (Orph!), Pamphylia ad Adalia (Bourg!), Syria littoralis (Gaill! Post!), Palestina in regione Philisteorum (Boiss!). Fl. vere.

Ar Geogr. Lusitania, Gallia australis, Italia maritima, Sicilia, Dalmatia.

5. S. Messeniaca

(Boiss. Diagn, Ser I, 7, p. 110) bulbi ovati tunicis pallidis, foliis 5-7 synanthiis late linearibus planis basi longe attenuatis apice breviter acutatis, scapis gracilibus foliis subbrevioribus, racemo ovato-oblongo-7-12-floro, pedicellis erecto-patulis perigonio æquilongis vel sublongioribus, bracteolâ lineari truncatâ minutissimâ ad pedicelli basin sitâ, perigonii azurei phyllis subpatentibus linearibus obtusis nervo saturatiore, filamentis cæruleis a basi dilatatâ sensim attenuatis perigonio subbrevioribus, antheris cæruleis, ovarii loculis biovulatis, stylo ovario æquilongo, capsulâ.... ♈. *S. amœna* Bory et Ch. Fl. Pelop. p. 15 non L.

Hab. in Messeniâ non procul ab urbe Calamata (Bory!). Fl. vere.

Folia ¹/₂-1 pedem longa 4-10 lineas lata, racemus sesquipollicaris, flores paulo majores eis *S. pratensis* cui affinis est et quæ differt foliis triplo angustioribus acuminatis, pedicellis flore triplo longioribus, bracteis deltoideis, phyllis obovato-oblongis.

6. S. Bithynica

(Boiss. Diagn. Ser. I, 7, p. 3) bulbi ovati tunicis pallidis, foliis 4-5 radicalibus lanceolato-linearibus inferne longe attenuatis apice breviter acutatis, scapo tenui foliis æquilongo, racemo abbreviato ovato 7-10-floro, pedicellis erecto-patulis tenuissimis flori æquilongis vel sesquilongioribus basi bracteolâ minimâ triangulari basi cordato-subbiauriculatâ reflexâ suffultis, perigonii pallide cærulei phyllis patentibus ellipticis obtusis. filamentis linearibus perigonio quartâ parte brevioribus, antheris violaceis. ovarii loculis quadriovulatis, capsulâ.... ♈. *S. amœna* var. β *Bithynica* l. cit. p. 240.

Hab. in montibus Bithyniæ inter Sabandja et Guenive (Auch. 5393!).

Bulbus avellanâ paulo major, folia 3-4 pollices longa tres lineas lata, flores magnitudinis *Scillæ vernæ*, pedicelli tres lineas longi, bracteola lineam aut paulo amplius longa. Nulla affinitas cum *S. amœnâ* floribus triplo majoribus dissitis, pedicellis elongatis strictis etc, alienâ. — *S. amœnam* ex agro Laconico in Smith Prodr. indicatam nullus recentiorum legit.

7. S. cernua

(Red. Lil. tab. 298. — M. B. Taur. Cauc. III, p. 266) bulbo ovato, foliis 2-4 scapos parte inferiori vaginantibus et eos æquantibus erectis late linearibus apice breviter attenuatis, scapis 1-3 semitereti-angulatis tenuibus 1-3-floris post anthesin decumbentibus, pedicellis apice nutantibus lateralibus flore sæpius brevioribus, bracteâ minutâ deltoideâ, perigonii fulgide cærulei phyllis patentibus longe elliptico-linearibus obtusis dorso saturatioribus, filamentis lanceolatis sensim subattenuatis perigonio tertiâ

parte brevioribus, antheris cæruleis, stylo subtriangulari ovario sublongiore, ovarii loculis 8-10-ovulatis, capsulâ ovatâ seminibus non
arillatis ♃. *S. amœna* M. B. Taur. Cauc. I, p. 278 non L. — *S. Sibirica* Andr. Rep. tab. 365 (nomen rejiciendum, in Sibiriâ non crescit).
— *S. azurea* Gold. Mém. Mosc. V. 125. — *S. uniflora* Wild. herb. et
S. monanthos C. Koch Linn. XXII, p. 251 (forma uniflora). — *S.
Roseni* C. Koch l. cit. p. 250.

Hab. in sylvaticis in regionem alpinam ascendens, Pontus Lazicus (Bal!),
Armeniæ Turcicæ montes ad Gumusch Khané (Bourg!), ad Erzerum (Auch.
5390! Calv!), Cyprus (Sint!), Ciliciæ ditio Kassan Oglu (Ky. 156!), mons
Mouraddagh Mesopotamiæ supra Orfa (Haussk), Antibanus (Schlumberger!),
Caucasus (M. B. C. A. Mey!), Transcaucasia (Szov! Hoh!), Tauria (Stev.).

Ab affini *S. amœnâ* foliis angustioribus, floribus paucioribus cernuis nec
erectis distincta.

Ar. Geogr. Bosnia, Serbia, Rossia media et australis.

8. **S. Hohenackeri** (F. et Mey. in Hoh. Talysch Enum. p. 26)
bulbo ovato, foliis 4-5-lineari-lanceolatis elongatis acutis scapum
basi vaginantibus et eum æquantibus, racemo 4-7-floro laxo, pedicellis
tenuibus erecto-patulis basi bracteolis 2 linearibus brevibus basi
setaceo-caudatis suffultis. perigonii pallide cærulei phyllis patentibus
elliptico-linearibus obtusis, filamentis lanceolatis sensim attenuatis
perigonio tertiâ parte brevioribus, antheris cæruleis, stylo tereti ovario duplo longiore, ovarii globosi breviter stipitati loculis 4-ovulatis
♃. *S. cernua* var. *pluriflora* Ledeb. Fl. Ross. IV, 157.

Hab. in prov. Talysch prope Lenkoran in sylvaticis (Hoh!), in Persiâ
boreali prope Asterabad (Bge!), Affghania (Griff. ex Baker).

Ab affini *S. cernuâ* foliis longioribus angustioribus et acutioribus, scapo
multifloro, bracteolis binis basi caudatis etc. diversa. Utriusque notas distinc-
tivas cl. Regel optime exposuit.

Ar. Geogr. India boreali-occidentalis (Baker.)

9. **S. bifolia** (L. Sp. 443) bulbo ovato crassiusculo, foliis binis
scapum ad medium fere amplectentibus suboppositis vel remotiusculis lineari-lanceolatis canaliculatis apice obtuso subconvolutis patentibus vel subrecurvis, racemi pauciflori ovati pedicellis inferioribus
flore 3-4-plo longioribus, bracteolâ minutâ deltoideâ sæpius obsoletâ,
perigonii cærulei phyllis patentibus oblongo-ellipticis obtusis, filamentis a basi lanceolatâ sensim attenuatis perigonio tertiâ parte brevioribus, antheris cæruleis, ovarii loculis 5-6-ovulatis, capsulâ globosâ obtuse trigonâ, seminibus basi arillo (funiculi expansione) obsitis
♃. Engl. bot. tab. 25. — Rchb. Germ. fig. 1015. — *Adenoscilla
bifolia* Gr. et Godr. Fl. Fr.

Hab. in sylvaticis et alpinis, mons Parnes Atticæ ad nives deliquescentes
(Heldr! Orph. Fl. Gr. exs. 314 sub. *S. nivali*), montes Athos Macedoniæ et
Hæmus Thraciæ (Griseb), Byzantii (Duparq!), Tauria (Stev!), Caucasus
(M. B.), Iberia Caucasica (Wilh.). Fl. vere.

β *nivalis* Baker. l. cit. p. 233. — Humilior gracilior, folia bre-

viora et angustiora, racemus sæpe depauperatus, bracteola minima
ad basin pedicellorum sæpius obvia, flores minores phyllis angustioribus. — *S. nivalis* Boiss. Diagn. Ser. 1, V, p. 63. — *S. minor* C.
Koch Linn. XIX p. 9 et *Sc. dubia* C. Koch.

Hab. in regione alpinâ Græciæ, Taygeto (Boiss!), Kyllene et Mænalo
(Heldr!), monte Delphi Eubeæ et monte Corax (Heldr!), montibus insulæ
Chios (Orph!), Olympo Bithyno (Thirke! Pichl.), montibus ad Smyrnam
(Bal. 151!), monte Tmolo et Cadmo supra Gheyra (Boiss!), monte Bereket-
dagh Lyciæ (Pest!), Mouraddagh Phrygiæ (Bal!).

γ *polyphylla.* — *S. bifolia* var. *Taurica* Regel Gartenfl. 1860,
p. 373, tab. 307. — A formâ typicâ foliis 4–5-nis discedens.

Hab. ad nives deliquescentes regionis alpinæ supra Elmalu Lyciæ (Bourg.
exs. 263!), in Tauriâ ex cl. Regel.

Ar. Geogr. Hispania media et borealis, Gallia, Belgium, Helvetia, Germa
nia australis, Italia, Dalmatia, regio Danubialis, Rossia media et australis.

10. **S. xanthandra** (C. Koch Linn. XIX, p. 316) bulbo ovato,
foliis binis caulem fere ad medium usque amplectentibus suboppositis
lineari-lanceolatis racemum superantibus, racemi 10–12-flori pedi
cellis inferioribus flore quadruplo longioribus cæteris brevioribus,
bracteolâ lineari brevissimâ, perigonii campanulati cærulei phyllis
expansis elliptico-linearibus obtusis, filamentis late ovato-triangularibus apice attenuatis perigonio subduplo brevioribus, antheris flavis,
ovarii loculis 8-ovulatis, capsulâ.... ♃. *S. pratensis* C. Koch Linn.
XIX, p. 9, non W. K.

Hab. in Bithyniâ (Thirke!). Vidi in herb. C. Koch.

Scapus cum racemo 10-pollicaris, folia 3–4 lineas lata. Simillima *S. bifoliæ*
sed filamenta breviora et duplo latiora antheræque flavæ nec cæruleæ. Ex
unico specimine nota et ulterius observanda.

Species dubiæ.

S. Byzantina (Poir. Dict. Encycl. VI, 739) foliis linearibus obtusis
scapum subæquantibus, spicâ conicâ densâ multiflorâ, bracteis pedunculos superantibus subulatis, floribus cæruleis.

Hab. in Oriente (Poir.).

Ex cl. Poiret media inter *S. amœnam* et *vernam.* Cl. Baker ex descriptione eam ad *S. Italicam* adducit.

S. Strangwaysii (Ten. Ind. Sem. Nap. 1839 p. 12) foliis lanceolato-linearibus glabris, thyrso multifloro, bracteis pedicellos subæquantibus, floribus albis, capsulâ rostratâ.

Hab. in agro Byzantino (Strangw.).

Ob flores albos *Ornithogali* species videtur (Griseb.).

Tr. III. **ALLIEÆ.** — Bulbosæ scaposæ. Perigonii phylla libera. Stylus a basi ovarii ortus in ejus tubo centrali receptus dein liber. Semina globosa vel angulata.

ALLIUM (L. Gen. N° 409).

Perigonium sexfidum campanulatum vel patens phyllis uninerviis imâ basi connatis vel distinctis. Stamina magis minusve basi phyllorum cohærentia et basi sæpius inter se connata. Antheræ medio dorso affixæ. Ovarium liberum sessile triloculare rarius ob septa incompleta uniloculare. Ovula in loculis sæpius bina rarius 3-6 campylotropa. Stylus filiformis rectus. Stigma simplex vel capitatum. Capsula membranacea vel pergamacea trilocularis vel abortu unilocularis. Semina angulata angulo centrali loculi supra basin affixa. — Herbæ bulbosæ bulbo tunicato, scapo nudo vel plus minus longe vaginis foliorum omnium e bulbo ortorum involuto, floribus terminalibus umbellatis, spathâ membranaceâ prius indivisâ tandem sæpe 2-plurivalvi umbellam involvente.

Specierum Orientalium distributio.

Sect. I. CROMMYUM Webb Phyt. Can. III, p. 342. — Ovula in loculis binis collateralia.

Subsect. I. Porrum Tourn. — Bulbi e rhizomate non orti. Filamenta tria interiora tricuspidata cuspidibus filiformibus vel setaceis, intermediâ antheriferâ.

· Bulbi tunicæ externæ in fibras non solutæ.

+ Folia non fistulosa.

A. *scorodoprasum, ampeloprasum, rotundum, cærulescens, Gorumsense, rubrovittatum, Kotschyi, Lehmannianum.*

+ + Folia fistulosa.

A. *phanerantherum, vineale, sphærocephalum, descendens, Aucheri, Heldreichii, cristatum, junceum, Reuterianum, chamæspathum.*

· · Bulbi tunicæ externæ vel apice vel omnino in fibras demum solutæ.

+ Folia non fistulosa.

A. *macrochætum, margaritaceum, Rudbaricum, atroviolaceum, brevicuspis, Cappadocicum, calyptratum, Cilicicum, scabriflorum, gomphrenoides, pustulosum.*

+ + Folia fistulosa.

A. Sinaiticum, dictyoprasum, Hierochuntinum, armerioides, curtum.

SUBSECT. II. RHIZIRIDIUM Don. — Bulbi rhizomati perpendiculari vel obliquo basi adnati sæpe cespitosi. Filamenta simplicia, rarius interiora basi utrinque denticulo brevi obsita.

· Bulbi tunicæ reticulatim fibrosæ.

A. Victorialis, Tataricum, scabriscapum, strictum.

· · Bulbi tunicæ externæ membranaceæ.

A. chloroneurum, globosum, hymenorrhizum, Aitchisoni, fallax, acutangulum, albidum.

SUBSECT. III. — HAPLOSTEMON. — Bulbi rhizomate carentes. Filamenta omnia simplicia rarissime tria interiora basi utrinque denticulo aucta.

.§ 1. Schœnoprasa. — Folia fistulosa.

A. Cepa, Ascalonicum, Schœnoprasum, scabrellum, umbilicatum, sabulosum, Schergianum, staticiforme.

§ 2. Brachyspatha. — Folia non fistulosa, scapus parte inferiori foliis involucratus. Spathæ valvæ vix vel brevissime caudatæ.

· Filamenta perigonio breviora.

A. erythreum, rubellum.

· · Filamenta perigonio longiora.

A. Weissi, capitellatum.

§ 3. — Codonoprasa. — Folia non fistulosa, caulis pars inferiore foliis involucrata. Spathæ valvæ lanceolatæ longe caudatæ altera saltem umbellam sæpius superans.

· Bulbi tunicæ in fibras non solutæ.

+ Filamenta perigonio quartá vel dimidiá parte longiora,

A. Armenum, Olympicum, carinatum, flavum, Phrygium, pulchellum, stamineum.

+ + Filamenta perigonio breviora vel. eo subæquilonga.

A. pilosum, myrianthum, variegatum, Wiedemannianum, callimischon, Achaium, paniculatum, chloranthum, glumaceum, modestum, Tchihatchevii, montanum, frigidum, Sipyleum, Tauricolum, brevicaule, lepidum, subquin-queflorum, chlorurum.

· · Bulbi tunicæ externæ demum in fibras solutæ.

A. Ruprechti, Djimilense, moschatum, Cupani, callidictyon, Sindjarense, Stocksianum, Bungei, desertorum.

§ 4. **Molia**. — Folia plana. Caulis plerumque (sed non semper) imà basi tantum foliis involucratus. Perigoni phylla plus minus patentia. Spatha lata vix vel brevissime caudata. Bulbi tunicæ nunquam fibrosæ nec reticulatæ. — Grex a binis præcedentibus limitibus firmis non distincta.

· Folia lanceolata vel linearia.

A. oreophilum, Balansæ. Chamæmoly, circinnatum, Libani, Erdelii, subhir-sutum, trifoliatum, hirsutum, Gayi, papillare, Cassium, Zebdanense, eriophyl-lum, laceratum, Carmeli, roseum, Neapolitanum, Phthioticum, triquetrum, paradoxum.

· · Folia oblonga vel ovata.

A. ursinum, Akaka, hæmanthoides, minutiflorum, colchicifolium.

Sᴇᴄᴛ. II. MELANOCROMMYON Webb Phyt. Car. III, p. 347. — Ovula in loculis 3-10 biseriata.

· Perigonii phylla post anthesin erecta rigida.

A. Jœnischianum, Caspium, Bodeanum, Brahuicum, Schuberti.

· · Perigonii phylla post anthesin flaccida vel reflexa.

A. nigrum, Crameri, Cyrilli, chrysantherum, stenopetalum, reflexum, hirti-folium, Jezdianum, cardiostemon, decipiens, Orientale, Aschersonianum, Rothii, Noëanum, Olivieri, tripedale.

SECT. I CROMMYUM. — Ovula in loculis bina collateralia.

SUCSECT. I. PORRUM. — Filamenta tria interna tricuspidata.

  · Bulbi tuniçæ externæ non fibrosæ.

  + Folia non fistulosa.

1. A. scorodoprasum (L. Sp. 425) bulbi ovati bulbilliferi tunicis membranaceis, scapo elato ad medium usque folioso, foliis linearibus planis margine scabris, spathæ valvis ovatis abrupte acuminatis umbellâ brevioribus, umbellæ bulbis violaceis confertis, pedicellis paucis brevibus, perigonii purpurei phyllis ovato-lanceolatis acutis carinâ asperis, filamentis perigonio brevioribus tribus interioribus tricuspidatis cuspide antheriferâ filamento ipso triplo breviore, lateralibus duplo longioribus ♃. Fl. Dan. tab. 1455. — Rchb. Ic. Germ. fig. 1073. — *A. arenarium* Sm. Brit. 356.

Hab. In Cypro et aliis Græciæ insulis (ex Sm. Prodr.), Tauriâ (Georg.), Iberiâ (Stev.).

β? *caudatum.* — Spatha longe caudata umbellam sæpissime omnino bulbiferam superans.

Hab, ad Cedros prope Hadet Libani (Cl. Blanche !).

Ex cl. detectore in exempl. duodenis unicus flos repertus a me non visus. Hæc forma igitur subdubia remanet.

Ar. Geogr. Europa media ab Angliä et Scandinaviâ ad Galliam, Italiam centralem, regionem Danubialem et Rossiam mediam.

2. A. ampeloprasum (L. Sp. 423) bulbi tunicis scariosis, scapo tereti elato usque ad medium foliato folia superante, foliis planis carinatis late linearibus, umbellæ multifloræ pedicellis flores pluries superantibus, perigonii rosei vel purpurei campanulati phyllis ovato-oblongis obtusis dorso plus minus scabris, filamentis perigonio paulo longioribus tribus interioribus tricuspidatis cuspide antheriferâ lateralibus breviore ♃. Ic. Fl. Græc. tab. 382. — Rchb. Ic. Germ. 107. — *A. Thessalum* et *A. Syriacum* Boiss. Mss. — *A. Byzantinum* C. Koch Linn. XXII, p. 250. — *A. Pylium* Notaris Ind. Gennens. 1843 (forma capitulis diminutis!).

Hab. in cultis et siccis totius ditionis a Græciâ et ejus insulis, Macedoniâ, ad Syriam ! Egyptum ad Alexandriam (Letourn !) et in Oasi parvä (Asch !), Anatoliam (Wied !), Transcaucasiam (Ledeb.), Persiam australem (Haussk !) et borealem (Buhse !).

β *leucanthum* Regel Mon. p. 54. — Flores albidi. Vaginæ sæpe scabridæ. Stylus stamina sæpius longe superans. — *A. leucanthum* C. Koch Linn. XXII, p. 240. — *A Wildii* Heldr. Atti Cong. Fir. 1876 p. 232!

Hab. in insulâ Zacyntho (Marg!), Cataoniâ in herbidis montis Berytdagh (Haussk!), Transcaucasiâ in ditione Schirvan (C. Koch!). insulâ Prasu Eubeæ sept. (Wied!).

Stylum elongatum huic plantæ ex cl. Heldr. characteristicum in formâ typicâ speciei sæpe quoque observavi.

γ *pruinosum*. — Perigonium pallide roseum totum pruinoso-scabridum, filamenta longius exserta.

Hab. in scopulo Arpedoni insularum Pharmacusarum Atticæ (Heldr!).

Ar. Geogr. Gallia australis, Lusitania, Hispania, Italia, Dalmatia, Africa boreaiis.

3. A. rotundum (L. Sp. 423) bulbo bulbillos stipitatos sæpius edente, tunicis membranaceis, scapo elato ad tertiam vel dimidiam partem foliato folia linearia plana carinata acuta superante, spathâ ovatâ breviter mucronatâ umbellâ breviore cito deciduâ, umbellæ multifloræ globosæ densæ pedicellis inequalibus inferioribus brevissimis superioribus flore $^1/_2$-2-plo longioribus, perigonii ovato-pyramidati dorso vel tantum ad carinas scabri phyllis ovato-oblongis concavis obtusis vel mucronulatis, filamentis inclusis basi ciliatulis tribus internis tricuspidatis cuspide antheriferâ lateralibus multo breviore, capsulâ perigonio breviore ♃. Rchb Ic. Germ. f. 1879 (flores nimis parvi et nimis aperti). — *A. porphyroprason* Heldr. et Sart. Mss. — *A. Baumannianum* C. Koch Linn. XII, p. 241. — *A. trachyanthum* Griseb. Sp. II, p. 399!

Hab in cultis totius ditionis a Græciâ! et ejus insulis! ad Anatoliam! Syriam! Mesopotamiam (Haussk!). Armeniam (Calv!), Transcaucasiam (Hoh!).

Ar. Geogr. Gallia, Belgium, Germania, Helvetia, Italia, Dalmatia, regio Danubialis, Rossia media et australis.

4. A. cærulescens (Boiss. Diagn. Ser. II, 4, p. 115) bulbo...., scapo ultra medium foliato foliis brevibus linearibus planis carinatis strictis, spathæ membranaceæ lobis 2-3 ovatis mucronatis umbellâ brevioribus, perigonii campanulati cærulescenti-violacei lævis phyllis late oblongis acutiusculis carinâ virentibus, filamentis perigonio tertiâ parte brevioribus basi ciliatulis internis tribus tricuspidatis cuspide intermediâ brevissimâ lateralibus setaceis longe superatâ, externis angustioribus et brevioribus ♃.

Hab. in Armeniâ prope Erzerum (Calv!).

Ex unico specimine bulbo orbato descriptum et ulterius observandum. Caulis pedalis, folia 2 lineas fere lata, umbella avellanâ paulo major, perigonium 3 $^1/_2$ lineas fere longum. Ab affini *A. Aucheri* foliis planis, perigonii phyllis latis, etc., alienum.

5. A. Gorumsense (Boiss. in Ky. pl. Cil. Kurd. 1859) bulbi ovati tunicis tenuiter membranaceis, scapo elato supra mediam partem folioso folia plana linearia multinervia acuminata stricta superante, spathâ cito delapsâ, bracteolis nullis, umbellæ 20-30-floræ pedicellis tenuissimis patulis apice sursum recurvis flore quintuplo longioribus, perigonii campanulati albi nitidi phyllis ovato-oblongis acutiusculis obsolete carinatis, filamentis perigonio 1 ¹/₂-2 plo longioribus externis simplicibus anguste lanceolatis inferne ciliatis, internis latioribus tricuspidatis glabris cuspide antheriferâ filamento ipso æquilongâ lateralibus tenuiter setaceis multo crassiore et subbreviore, stylo exserto ♃.

Hab. ad pagum Gorumse Ciliciæ Kurdicæ (Ky. Suppl. 174!). Fl. Maio,

Bipedale, folia pedalia 2 lineas lata, umbellæ pedicelli 7-9 lineas longi, perigonium 2 lineas longum. Facies et folia multistriata *A. calyptrati* sed tunicæ membranaceæ nec fibrosæ, folia elongata, flores minores carinâ obsoletâ et lævi nec scabridâ, filamenta longius exserta externa inferne valde ciliatula nec gl. bra, interiorum cuspides valde inæquilatæ. Am. Regel Mon. p 51, sub nomine *A. margaritacei* var. *Gorumsensis* plantam mihi ignotam omnino alienam describit.

6. **A rubrovittatum** (Boiss. et Heldr. Diagn. Ser. I, 13, p. 29) bulbi parvi ovati tunicis membranaceis albis, scapo humili ad medium usque foliato folia tenuiter filiformia superne canaliculata flexuosa superante, spathæ valvis binis membranaceis ovatis mucronatis umbellâ triplo brevioribus, umbellæ globosæ minutæ pedicellis externis brevissimis cæteris flori æquilongis vel sublongioribus, perigonii ovato-campanulati phyllis ovato-oblongis carinatis carinâ aculeolatis et rubro-vittatis margine albidis scabridis, filamentis glabris internis tricuspidatis cuspide antheriferâ lateralibus apice subexsertis dimidio breviore, capsulâ perigonio subbreviore ♃.

Hab. in Cretæ saxosis faucis Kordaliotiko inter Speili et Preveli (Heldr!), in rupibus maritimis ad Khania (Raul!).

Caules 2-6-pollicares, umbella avellanâ subminor, perigonium 2 lineas longum. Affine *A. Reuteriano* foliis crassioribus, antheris longe exsertis, etc., diverso.

7. **A Kotschyi** (Boiss. Diagn. Ser. I, 5, p. 117) bulbi ovati parvi tunicis teneris albis, scapo humili ascendente punctis elevatis tuberculato medium versus folio unico semitereti lineari eo æquilongo vel longiore obsito, spathæ membranaceæ valvis scariosis ovatis acuminatis pedicellos non æquantibus, umbellæ 5-12-floræ pedicellis crassiusculis flore sesquilongioribus, perigonii campanulati lævis phyllis oblongo-lanceolatis acutiusculis carinâ saturate violaceis margine albidis, filamentis perigonio tertiâ parte brevioribus triangulari-lanceolatis glabris externis simplicibus internis tricuspidatis cuspide antheriferâ filamento triplo breviore, lateralibus longioribus ♃.

Hab. in glareosis mobilibus montis Kuh Daëna Persiæ austro-occidentalis (Ky. exs 777!).

Caulis tripollicaris ut videtur flaccidus, folia lineam lata, flores majusculi tres lineas fere longi.

8. **A. Lehmannianum** (Merkl. in Bge Rel. Lehm. p. 509) bulbi ovati tunicis externis fuscescentibus cæteris hyalinis, scapo

·bumili ascendenti basi 3-4-phyllo foliis terctiusculis filiformibus subæquilongo, spathâ monophyllâ vel lobatâ acuminatâ hyalinâ pedicellis
dimidio breviore, umbellæ fastigiato-hemisphæricæ pedicellis 15-20
flore duplo brevioribus, perigonii campanulati lævis phyllis ovato-
lanceolatis acuminatis carinâ roseo-purpureis cæterum albidis, filamentis late triangularibus glabris externis simplicibus subulato-attenuatis, internis tricuspidatis cuspide intermediâ lateralibus apice
subexsertis dimidio breviore ♃

Hab. in desertis argillosis Turkestaniæ inter fluvios Kuwan et Syr Darja
(Lehm!).

β. *Bungei.* — Caules interdum ex eâdem vaginâ 2-3, pedicelli sublongiores, filamentorum cuspis antherifera laterales steriles æquans.
— *A. Boissieri* Regel Mon. p. 75.

Hab. in Persiâ boreali prope Schahrud (Bge!), prope Teheran (Herb.
Petrop!).

Caulis 3-4-pollicaris, folia lineam dimidiam lata, pedicelli 4-7 lineas longi,
perigonium tres lineas longum. Ab affini *A. Kotschyi* caule plurifolio, foliis
angustioribus, filamentis apice subexsertis distinctum.`

+ + Folia fistulosa.

9. **A. phanerantherum** (Boiss. et Haussk.) bulbi tunicis membranaceis, scapo tereti elato infra medium folioso, foliis angustis fistulosis..., spathâ cito lacerâ, umbellæ globosæ pedicellis subinæqualibus
flore 2-3-plo longioribus, perigonii basi umbilicati oblongo-tubulosi
subcoriacei phyllis elongato-oblongis obtusis virenti-flavidis interdum apice rubellis carinatis lævibus, filamentis interioribus tribus
tricuspidatis, cuspide antheriferâ exsertâ filamento breviore, lateralibus longioribus, antheris flavidis vel rubello-fuscis filamenti cuspide
intermediâ longioribus lineari-oblongis, ovario oblongo, stylo rubro
longe exserto ♃.

Hab. in dumetis montis Ssoffdagh Syriæ borealis 3000' (Haussk!), in Libano prope Aleih 2500' (Schweinf!).

Caulis 2-2 ¹/₂-pedalis, folia sub anthesi jam fere evanida, umbella diametro
1-1 ¹/₂ pollicaris, perigonium 2 ¹/₂ lineas longum. Species insignis perigonio
.angusto nitido subcoriaceo valde umbilicato et præsertim antheris magnis
fere lineam longis ad tertiam partem longitudinis filamento affixis

10. **A. vineale** (L. Sp. 428) bulbi ovati tunicis membranaceis
basi sæpe solutis, scapo elato ad vel supra medium foliato, foliis
subcylindricis fistulosis superne anguste canaliculatis, spathâ ovatâ
abrupte acutatâ cito deciduâ umbellam subæquante, umbellæ bulbiferæ pedicellis erectis flore 4-5-plo longioribus, perigonii pallide
rosei phyllis lanceolatis acutiusculis dorso carinatis lævibus, filamentis perigonio longioribus tribus interioribus inferne ciliolatis tricuspidatis cuspide intermediâ antheriferâ filamento ipso breviore,
.lateralibus niulto longioribus ♃. Ic. Rchb. Crit. tab. 404. — Ic.
·Germ. 1074.

Hab. in cultis, Macedonia (ex Nym. Cat.), Syria (Ky! loco non notato) et prob. alibi.

β *virens.* — Spatha sublongior, flores rufescenti-virentes. — *A. affine* Boiss. et Heldr. Diagn. Ser. II, 4, p. 114.

Hab in pascuis alpinis, Græcia 3000'-7000', Velugo mons (Heldr. Herb. Norm. 705!), Parnassus (Guicc! Orph. Fl. Gr. exs. 425!), Kyllene (Orph!).

Ar. Geogr. Europa media et australis ab Angliâ et Scandinaviâ ad Rossiam mediam.

11. **A. sphærocephalum** (L. Sp. 426) bulbi sæpe bulbilliferi tunicis membranaceis, scapo elato ad medium foliato folia semiteretia superne canaliculata parte inferiore fistulosa superante, spathâ scariosâ univalvi demum lobatâ, umbellæ globosæ pedicellis externis flori æquilongis interioribus longioribus, perigonii purpurei vel rosei ovato-campanulati phyllis ovato-oblongis obtusis lævibus rarius carinâ asperulis, filamentis internis tricuspidatis cuspidibus exsertis antheriferâ laterales æquante vel superante ♃. Ic. Fl. Dan. t. 211. — Rchb. Ic. Germ. fig. 1080.

Hab. in regione sylvaticâ Olympi Thessali (Heldr. 2536!), Macedoniæ in regione superiori montis Athos (Orph!), Lydiæ in vineis Tmoli supra Birghi (Bal. 143!), regionis Caucasicæ (Wilh?), Libani inter Sidonem et Mocktara (Bl!), Persiâ boreali (Buhse!), Egypto inferiore ad Alexandriam (Letourn. 138!).

β *viridi-album.* Tineo. — Flores albidi. — *A. arvense* Guss. Fl. Sic. Prodr. I, p. 403. — *A. viridi-album* Tineo.

Hab. in cultis, collibus siccis Græciæ in Atticâ (Heldr! Orph!), ad radices Parnassi (Heldr!), in insulâ Cephalleniâ (Heldr!), Macedoniâ in peninsulâ Athoâ (Orph!), Tauro Cilicico (Ky. 309!), Syriâ Libanoticâ (Bl!), Egypto ad Alexandriam (Letourn. 139!).

γ *trachypus.* — Floribus albo-viridibus. Simile varietati β sed pedicelli ut et perigonium scabriduli. — *A. trachypus* Boiss. Diagn. Ser. I, 7, p. 114.

Hab. prope Naupliam (Sprun!).

Ar. Geogr. Europa omnis media et australis a Galliâ, Helvetiâ, Germaniâ ad regionem Danubialem et Rossiam mediam, Africa borealis.

12. **A. descendens** (Fl. Græc. IV, p. 15, tab. 316. — L. Sp. p. 427 ex parte.) bulbi ovati non bulbilliferi tunicis striatis, scapo elato ad medium foliato folia obtuse trigona subtus carinata fistulosa superante, spathâ ovatâ cuspidatâ umbellâ breviore deciduâ, umbellæ multifloræ globosæ demum difformis pedicellis exterioribus abbreviatis deflexo-pendulis flores steriles gerentibus centralibus demum elongatis erectis, perigonii anguste campanulati purpurei phyllis conniventibus oblongo-linearibus obtusis lævibus exterioribus carinatis, filamentis omnibus apice exsertis externis simplicibus internis tricuspidatis cuspide antheriferâ lateralibus breviore ♃.

Rchb. Ic. Germ. fig. 1082. — *A. sphærocephalum* var. *descendens* et
A. margaritaceum var. *purpureum* Regel Mon.

Hab. in vineis, collibus Græciæ (Sibth.), Laconia prope Anavryti (Heldr!)
et in monte Malevo (Orph!), Parnassi regio interior (Orph!), Ætolia (Heldr!),
Lydia (Tchih!), Lycia ad Elmalu (Bourg. 261!), Cyprus (Sibth.), Iberia
Caucasica (Hohen!), Syria littoralis (Gaill!), Palestina (Boiss!).

Ab affini *A. sphærocephalo* umbellá veluti binis superpositis alterá reflexá
sterili alterá erectá constante, floribus minoribus angustioribus, foliis subtus
carinatis nec convexis distinctum videtur.

Ar. Geogr. Gallia australis, Italia australis, Sicilia.

13. **A. Aucheri** (Boiss. Diagn. Ser. I, 7, p. 116) bulbi parvi
vaginis fuscis densiusculis, scapo erecto ultra medium foliato folia
fistulosa subcomplanata superante, spathæ membranaceæ valvis triangularibus acutis brevibus, umbellæ globosæ pedicellis externis
deflexis brevissimis internis floribus subæquilongis, perigonii elongatim campanulati lævis pallide rosei phyllis lanceolatis acuminatis
cariná intense purpureis, filamentis basi ciliatis perigonio fere dimidio brevioribus internis apice tricuspidatis cuspide intermediá
filamento ipso quadruplo breviore lateralibus duplo longioribus ♃.
— *A brevipes* Led. Fl. Ross. IV, p. 165. — *A Carduchorum* C. Koch
Linn. XXII p. 237 ex cl. Regel.

Hab. in Armeniá (Auch. 2192!), prope Erivan (Stev.), in deserto Madschar
(Hoh.), in prov. Ghilan Persiæ (Auch, 5385!).

Sesquipedale, umbella fere magn. *A. sphærocephali*, perigonii 3 lineas
longi phylla acuta *A. acutiflori* et *A. Rudbarici* quæ foliis planis, pedicellis
florum et staminibus elongatis differunt.

14. **A. Heldreichii** (Boiss. Diagn. Ser. I, 4, p. 116) bulbi parvi
ovati tunicis membranaceis, scapo tenui supra basin diphyllo folia
tenuiter fistulosa teretia flexuosa longe superante, spathá membra-
naceá lobatá cito lacerá pedicellis subæquilongá, umbellæ globosæ
pedicellis flori æquilongis vel brevioribus, perigonii longe campanulati
rosei phyllis lanceolatis obtusiusculis lævibus nervo medio intensiore,
filamentis perigonio tertiá vel dimidiá parte brevioribus basi ciliatis
tribus internis tricuspidatis cuspide antheriferá filamento ipso triplo
breviore lateralibus setaceis duplo superatá, externis angustioribus
et brevioribus ♃.

Hab. in regione sylvaticá montis Olympi Thessali (Heldr!). Fl. Aug.

Pedale et sesquipedale, folia diametro lineæ ³/₄ lata, umbella magn. nucis,
perigonium 4 lineas demum longum, umbella et flores omnino *A. schœnoprasi* a quo staminum fabricá longe distat; affine *A. Aucheri*, flores majores,
perigonii phylla obtusiora non acuminata.

15. **A. cristatum**, bulbi parvi ovati tunicis membranaceis,
scapo tenui rigidulo ad tertiam partem foliato folia anguste semiteretia canaliculata fistulosa multistriata superante, spathá brevi ovatá
cito lacerá, umbellæ parvæ globosæ pedicellis parum inæqualibus

flore brevioribus, perigonii majusculi oblongo-campanulati phyllis externis purpureis scabridis oblongis obtusiusculis internis oblongo-spathulatis albidis apice purpurascentibus obtusissimis parte superiori denticulato-cristatis, filamentis externis simplicibus brevioribus internis tricuspidatis basi ciliolatis cuspide antheriferâ brevi lateralibus elongatis apice subexertis ♃. *A. ciliatum* C. Koch Linn. XIX p. 2? non Cyr.

Hab. in sylvaticis Thraciæ prope Kalofer (Pichl. exs. 226!), in Bithyniâ (Thirke!).

Subpedale, folia lineam lata, umbella magn. avellanæ, perigonium 2 ¹/₂ lineas longum. Inter species *A. rotundo* affines phyllis internis perigonii eximie laciniato-cristatis insigne.

16. A. junceum (Sibth. et Sm. Fl. Gr. IV, p. 19 tab 322) bulbi parvi oblongi tunicis iu fibras demum solutis, scapo tenui rigidulo ascendenti ad dimidiam fere partem folioso folia filiformia fistulosa striata superante, spathæ membranaceæ valvis binis ovatis acutis cito laceris, umbellæ globosæ parvæ pedicellis flore brevioribus, perigonii majusculi cylindrico-campanulati phyllis carinatis dorso purpureis margine pallidis ovato-oblongis acutis mucronatis, filamentis externis simplicibus brevioribus, internis tribus inferne subciliatis tricuspidatis cuspide antheriferâ lateralibus bidentatis perigonio subbrevioribus vix breviore ♃.

Hab. in insulâ Cypro ad viam inter Limasol et Paphos atque prope Prodromo (Sibth.. Ky. exs. 624, 767!), in montibus prope Hagion Hilarion (Sint. et Rigo!).

Semipedale vel vix longius, folia tenuissima, umbella avellanam parvam æquans, flos fere tres lineas longus. Species filamentis internis late linearibus apice quinquecuspidatis insignis.

17. A. Reuterianum (Boiss. Diagn. Ser. I, 5, p. 60) bulbi parvi ovati tunicis membranaceis externis nigris, scapo humili ascendenti flexuoso, foliis tenuibus fistulosis striatis culmo sæpe æquilongis, spathæ membranaceæ valvis binis ovato-rotundatis breviter mucronatis brevibus, umbellæ globosæ pedicellis flore vix longioribus, perigonii globoso-campanulati pallide rosei phyllis ovato-oblongis obtusis externis valde scabridis internis tricuspidatis cuspidibus valde exsertis intermediâ lateralibus subbreviore ♃.

Hab. in regione alpinâ montium Anatoliæ, Sipyli cacumen (Boiss!), montes Davros et Stavros Pisidiæ (Heldr!).

Caulis 4-5-pollicaris, umbella avellanâ fere minor, perigonium sesquilineam longum. Ex affinitate *A. sphærocephali* a quo pedicellis brevioribus, perigonio scabrido, etc., differt.

18. A. chamæspathum (Boiss. Diagn, Ser. I, 7, p. 113) bulbi ovati tunicis membranaceis, scapo elato ad apicem usque foliato, foliis sub anthesi emarcidis vaginis longis sulcatis, laminâ tereti fistu-

losâ supremâ umbellam sæpe basi amplexante et spatham simulante
reflexâ, spathâ univalvi reflexâ a basi sublatiore lineari convolutâ
umbellâ longiore, umbellæ multifloræ globosæ pedicellis æqualibus
flore 3–4-plo longioribus, pedicelli albido-virentis lævis phyllis oblongo-
linearibus obtusis, filamentis æquilongis ciliolatis externis simplicibus·
a basi lanceolatâ attenuatis, internis æquilongis tricuspidatis cuspidibus apice exsertis filamento ipso subbrevioribus intermediâ cæteris
sublongiore, capsulâ magnâ obovato-trigonâ perigonio longiore ♃.

Hab. in Atticâ ad Hymettum et Lycabetum (Sprun! Heldr. 2556!), Zacyntho (Marg!), Cephaloniâ (Heldr!), Cretâ in regione sylvaticâ montis Ida
(Heldr!).

Caulis 1 ¹/₂-2-pedalis, folium primarium plantæ junioris ante caulis evolu-
tionem pedale 2 lineas diam. latum, spatha vera sæpe bipollicaris, umbella
diam. sesquipollicaris, perigonium 2 lineas longum, capsula pisum parvum
æquans. Species inter *Porra* caule ad umbellam usque folioso, spathâ elongatâ insignis, foliis crassiusculis, capsulâ magnâ ad gregem *A. Cepæ* accedens·
sed filamenta longe tricuspidata omnino *Porri.*

* * Bulbi tunicæ externæ demum in fibras solutæ.

+ Folia non fistulosa.

19. A. macrochætum (Boiss. et Haussk.)

bulbi parvi ovati·
tunicis fuscescentibus lineato-striatis productis et tandem superne in
fibras solutis, scapo flexuoso ad medium foliato folia linearia lævia
striata superante, spathâ cito delapsâ, umbellæ multifloræ hemisphericæ·
pedicellis tenuibus flore 4–5-plo longioribus basi bracteolatis, perigonii parvi lævis albi vel pallide rosei breviter campanulati phyllis
oblongis subattenuatis obtusis, filamentis glabris externis simplicibus
a basi lanceolatâ attenuatis, internis ovatis apice tricuspidatis cuspide
antheriferâ filamento æquilongâ exsertâ, lateralibus tenuissime
setaceis contortis perigonio 2 ¹/₂-plo longioribus ♃.

Hab. in uliginosis salsis Assyriæ prope Tell Afar et Mossul (Haussk!).
Fl. Maio.

Pedale, folia 2 ¹/₂ lineas lata, umbella diam. 15 lineas lata, perigonium sesquilineam vix longum. Species setis tenuissimis et longissimis filamentorum
insignis ob tunicas apice saltem fibrosas in consortio *A. margaritacei* collocanda.

20. A. margaritaceum (Sibth. et Sm. Fl. Gr. IV, p. 14, tab. 315)

bulbi tunicis externis fuscis superne productis demum apice et
inferne in fibras parallelas solutis, scapo gracili erecto infra vel supra
medium foliato folia filiformia semicylindrica superne canaliculata
superante, spathâ ovatâ abrupte et breviter rostratâ cito deciduâ,
umbellæ dense multifloræ globosæ pedicellis flore 2–3-plo longioribus,
perigonii parvi oblongo-ovoidei phyllis lævibus oblongis vel oblongo-
linearibus obtusis albidis carinâ virenti, filamentis glabris apice
exsertis tribus internis tricuspidatis cuspide intermediâ antheriferâ
lateralibus multo breviore, capsulâ calycem subæquante ♃. Ic. Rchb.·

Germ. fig. 1077. — *A. guttatum* Urv. Enum non Stev. — *A. Frivaldskyanum* Kze Linn. XVI, p. 311. — *A. densiflorum* Hampe Flora 1842, I, p. 80!

Hab. in collibus regionis inferioris et montanæ, Peloponnesus multis locis (Heldr! Orph!), Attica (Heldr! Orph. Fl. Gr. exs. 240!), Œtolia (Samar!), Corcyra et Cephalonia (Let!), Zacynthus (Marg!), Cyclades (Sibth. Urv. Heldr!), Macedonia ad Thessalonicam (Orph!), Bithynia (Clem!), Lydia ad Tmoli radices (Bal. 147!), Cyprus (Sibth.), Mesopotamia (Haussk!).

β *guttatum* Stev. Mem. Soc. Mosc. II, p. 173, tab. 11. — Perigonii phylla alba ad medium maculâ violaceâ vel fuscâ picta.

Hab. in Tauriâ (Stev!). Eadem forma in Rossiâ australi occurrit.

γ *rubellum*. — Perigonium rubellum.

Hab. inter Juniperos in montanis Hæmi prope Kalofer Thraciæ (Pichl!). Eadem forma in Serbiâ crescit.

δ *affine* Regel Mon. p. 50. — Filamenta tricuspidata inferne margine ciliatula cæterum omnia typi. — *A. affine* Ledeb Fl. Ros. IV, p. 146.

Hab. in Iberiâ Caucasicâ (Wilh. Hoh.), Persiâ boreali (Auch. 2704 bis! Buhse!). Persiæ austro-occid. distr. Kuh Kilonyeh (Haussk!).

Ar. Geogr. Hispania media, Italia australis, Sicilia, Dalmatia, Rossia australis

21. **A. Rudbaricum** (Boiss. et Buhse Aufz. p. 215) bulbi ovati tunicis externis apice elongatis et demum in fibras solutis, scapo elato ad tertiam partem foliato folia linearia plana margine et ad nervum medium scabridula superante. umbellæ multifloræ globosæ pedicellis parum inæqualibus flore 3-4-plo longioribus, perigonii nitidi rosei tubuloso-campanulati phyllis lanceolatis acuminatis carinâ serrulato-scabris, filamentis perigonio subbrevioribus internis tribus tricuspidatis cuspide intermediâ lateralibus et ipso filamento glabriusculo breviore ♃. *A multiflorum* Regel Mon. ex parte. — *A. erubescens* C. Koch Linn. XXII, p. 242!

Hab. in Transcaucasiâ (Hoh!) in Persiâ septentrionali prope Rudbar et in jugo Elbursensi inter Kiebsch et Kurschur (Buhse!), in ditione Kuba ad Caspium (C. Koch!).

Bipedale. umbella diametro 1-1 ½-pollicaris, perigonium 2 ½ lineas longum. Valde affine *A. multifloro* Desf. = *acutifloro* Lois. ex Algeriâ et Galliâ australi et ut illud a formis *A. ampeloprasi* perigonii phyllis elongatis et acutis discedens, ab eo dignoscitar antheris inclusis, filamenti parte inferiore non ciliatâ et tunicis externis apice in fibras solutis.

22. **A. atroviolaceum** (Boiss. Diagn. Ser. I, 7, p. 112) bulbi ovato-oblongi tunicis superne elongatis et in fibras demum solutis. scapo elato ad tertiam partem foliato folia linearia multistriata inferne canaliculato-plicata margine scabrida superante, spathâ ovatâ breviter acuminatâ cito deciduâ, umbellæ multifloræ globosæ pedicellis basi bracteolatis superioribus flore 4-5-plo longioribus, perigonii

lævis atropurpurei anguste campanulati phyllis oblongis obtusiusculis, filamentis dilatatis basi ciliatulis externis simplicibus internis tricuspidatis cuspide antheriferâ lateralibus exsertis subbreviore vel æquilongâ ♃. *A. ampeloprasum* var. *atroviolaceum* Regel Mon. p. 54.

Hab. inter segetes et in vineis Armeniæ ad Nackitchewan et in districtu Khoï Persiæ (Szov. exs. sub *A. rotundato!*), ad Nehmedabad (Buhse!), Persiâ australi ad Schiras (Ky. 450!) et in monte Sawers (Haussk!), Lyciâ ad Elmali (Bourg!).

β *angustifolium* Diagn. Ser. I, 13, p. 29. — Folia lin. 1 ¹/₂·2 tantum lata. Umbella minor — *A. serrulatum* Boiss. in Ky. exs.

Hab. ad Gulhak prope Teheran Persiæ borealis, in jugo Elbrusensi prope Nejufter (Buhse!).

Bi vel tripedale, folia in formâ typicâ tres lineas lata, ab *A. Ampelopraso* præter tunicas demum fibrosas perigonio minore angustiore lævi nec scabro, ab *A. rotundo* tunicis fibrosis.

Ar. Geogr. Hungaria australis (ex cl. Kerner Œst. Zeitsch. 1879, p. 37.).

23. A. brevicuspis (Boiss. Diagn. Or. Ser. II, 4, p. 114) bulbi parvi oblongi tunicis in fibras parallelas solutis, scapo ad tertiam partem foliato folia anguste linearia canaliculata striata lævia superante, spathâ cito deciduâ, umbellæ multifloræ globosæ pedicellis tenuibus flore 2-3-plo brevioribus basi bracteolatis, perigonii parvi pallide rosei phyllis oblongis acutiusculis, filamentis late lanceolatis ciliatulis perigonio brevioribus externis simplicibus subulato-attenuatis internis tricuspidatis cuspidibus filamento ipso triplo longioribus parum inæqualibus ♃. *A. serrulatum* var. *gracilior* Boiss. et Buhse Aufz. p. 214.

Hab. in littoribus sylvaticis maris Caspii in Persiâ boreali (Buhse!).

Pedale, valde affine *A. atroviolaceo* cujus forsan varietas, umbella minor, perigonii phylla acutiora, filamentorum cuspides inclusæ nec exsertæ.

24. A. Cappadocicum (Boiss. in Bal. exs. 1856) bulbi ovati tunicis externis superne elongatis et in fibras solutis, scapo elato ultra tertiam partem foliato folia anguste linearia canaliculata striata lævia superante, spathâ deciduâ, umbellæ multifloræ pedicellis flore 2-5-plo longioribus basi non bracteolatis, perigonii parvi rosei nitidi anguste cylindrici phyllis oblongo-ellipticis obtusis filamentis glabris externis a basi lanceolatâ subulatis, internis tricuspidatis cuspidibus subexsertis filamento ipso subbrevioribus antheriferâ lateralibus vix breviore ♃.

Hab. in collibus ad occasum Cæsareæ in Cappadociâ sitis (Bal. exs. 1115!).

Bipedale, umbella sesquipollicem diam. lata; ab *A. ampelopraso* et affinibus tunicis fibrosis remotum, *A. atroviolaceo* Boiss. affine specifice differe videtur foliis lævibus, pedicellis brevioribus non bracteolatis, filamentis non ciliolatis.

16

25. A. calyptratum (Boiss. Diagn. Ser. I, 13, p. 30) bulbi ovati tunicis fuscis superne in vaginas elongatas laxas caulis basin vestientes productis et in fibras solutis, scapo ad tertiam vel mediam partem foliato folia linearia plana multinervia abbreviata superante, spathâ membranaceâ rubellâ calyptræformi ovatâ in cuspidem eâ longiorem abrupte abeunti tandem circumcissâ et lacerâ deciduâ, spathellis albis laceris ad pedicellorum basin, umbellæ laxiusculæ 10-15-floræ pedicellis inæqualibus flore 1-$\frac{1}{2}$-plo longioribus, perigonii albi breviter campanulati phyllis ovato-oblongis obtusis carinâ subvirenti scabridulâ in mucronem prominulâ, filamentis dilatatis glabris internis tribus tricuspidatis cuspide intermediâ antheriferâ subexsertâ, lateralibus triplo longioribus ♃. *A. gramineum* C. Koch Linn. XXII, p. 437 ?

Hab. in regione alpinâ montis Cassii Syriæ borealis (Boiss!). Fl. Jun.

Pedale, tunicæ in vaginas bipollicares productæ, foliorum lamina 1 $\frac{1}{2}$-2 lineas lata, flores 2 $\frac{1}{4}$ lin. longi et totidem lati eos *A. Neapolitani* referentes. Plantam cl. C. Koch ex fluvio Kharackh Armeniæ Rossicæ ex specimine valde imperfecto et spathâ orbato hûc non absque dubio refero.

26. A. Cilicium (Boiss. Diagn. Ser. I, 7, p. 115) bulbi parvi ovati tunicis apice secus scapi basin productis et demum in fibras solutis, scapo gracili ad medium fere foliato folia angustissime linearia canaliculato-plicata superante, spathâ brevissimâ in lacinias lineares cito solutâ, umbellæ parvæ globosæ pedicellis subæqualibus flori æquilongis aut sublongioribus, perigonii oblongo-campanulati purpurei phyllis carinatis externis carinâ verruculoso-scabris oblongis acutiusculis, filamentis tribus internis tricuspidatis basi ciliatulis cuspide antheriferâ lateralibus apice subexsertis dimidio breviore ♃.

Hab. in regione montanâ et alpinâ Tauri Cilicici 4000'-7000! (Ky. 496! sub *A. rotundo*, 47!) monte Masmeneudagh Ceppadoctæ (Bal!), Anatoliâ (Auch. 2197!), monte Amano Syriæ borealis (Ky. 161!), Antilibano in alpinis Bludan (Ky. 568!), Mesopotamiâ ad Mardin et in deserto Ras el ain (Haussk!), prov. Transcaucasicâ Karadagh et Persiâ boreali (Buhse!).

Affine *A. rotundo* sed præter characterem tunicarum caulis gracilior, folia multo angustiora, umbella dimidio minor avellanam paulo superans pedicellis brevioribus.

27. A scabriflorum (Boiss. Diagn. Ser. I, 5, p. 60) bulbi parvi ovati tunicis externis superne productis reticulatim fibrosis, scapo tenui humili rigidulo ascendente ad tertiam partem folioso folia filiformia subteretia subcanaliculata superante, spathæ albæ teneræ valvis binis rotundatis cucullatis brevissime mucronatis umbellâ brevioribus, umbellæ globosæ pedicellis flore sesquilongioribus, perigonii cærulei campanulati phyllis oblongis apice attenuatis acutiusculis externis carinâ papilloso-scabris, filamentis tribus internis a basi late lanceolatâ glabrâ tricuspidatis cuspide antheriferâ subbreviore lateralibus perigonium æquantibus, filamentis externis simplicibus angustioribus et subbrevioribus ♃.

Hab. in salsis hyeme inundatis Cappadociæ orientalis (Auch. 2196!), Isauriæ in planitie inter Iconium et montem Karadagh (Heldr!).

Caulis 7-10-pollicaris, folia brevia ¹/₂-²/₃ lineæ lata, umbella avellanâ vix major, perigonium 2 lineas longum, tunicarum radicalium fibræ areolas longitudinales formantes.

28. **A. gomphrenoides** (Boiss. et Heldr. Diagn. Ser. I, 7, p. 114) bulbi parvi ovati tunicis externis superne productis subreticulatim fibrosis, scapo tenui humili rigidulo ascendente inferne tantum folioso, foliis brevibus lineari-filiformibus, spathæ valvis binis ovatis acutis brevibus, umbellæ ovato-globosæ pedicellis externis brevissimis internis flori subæquilongis, perigonii intense purpurei lævissimi campanulati phyllis longe ellipticis obtusis, filamentis glabris internis perigonio tertiâ parte brevioribus tricuspidatis cuspide antheriferâ lateralibus duplo breviore, externis brevioribus et angustioribus simplicibus ⚥. *A. Ascalonicum* Bory et Chaub. Fl. Pelop. p. 21 non L.

Hab. in rupestribus Laconiæ ad Vitylos (Bory!), in faucibus supra Androuvista (Heldr!).

Semipedale rarius pedale, folia vix lineam lata, umbella avellanâ paulo major, flores magni fere 3 ¹/₂ lineas longi. Species pulchra ex affinitate *A. rotundi* et præsertim *A. Cilicii* a quo differt tunicis reticulatis, filamentis perigonio multo brevioribus, etc.

29. **A. pustulosum** (Boiss. et Haussk.) bulbi parvi tunicis externis elevatim pustulosis superne in fimbrias demum solutis, scapo ultra medium foliato folia angusta canaliculato-plicata striata ad strias scabra parum superante, spathâ cito deciduâ, umbellæ parvæ globosæ pedicellis flore subduplo longioribus basi bracteolatis, perigonii minimi albi ovati pustulis elevatis verrucosi phyllis ovato-oblongis obtusiusculis, filamentis glabris apice breviter exsertis externis simplicibus internis tricuspidatis cuspidibus subæquilongis filamento ipso duplo brevioribus ⚥.

Hab. in monte Begdagh Cataoniæ supra Malatia (Haussk!).

Semipedale vel paulo elatius, folia lineam lata, umbella fructifera 7-8 lineas tantum diam. lata, perigonium lineam longum. Species pustulis elevatis ad tunicas et flores insignis.

+ + Folia fistulosa.

30. **A. dyctioprasum** (C. A. Mey. in K^th. Enum. IV, p. 390) bulbi oblongi tunicis densis reticulatim fibrosis secus caulis basin longe productis, scapo elato ad tertiam partem foliato folia fistulosa crassiuscula apice sensim attenuata superante, spathæ bifidæ valvis ellipticis cuspidatis reflexis umbellâ brevioribus, umbellæ globosæ multifloræ densæ pedicellis externis flori æquilongis internis subduplo longioribus, perigonii parvi ovato-campanulati (e sicco) fuscescenti-rubelli phyllis ovatis obtusis, filamentis dilatatis subciliolatis

externis simplicibus internis tricuspidatis perigonio tertiâ parte longioribus cuspide antheriferâ lateralibus subbreviore ♃.

Hab. in salsis Armeniæ Rossicæ prope Nacktschiwan, in valle Koschadara prov. Karabagh (Szov!).

Bi vel tripedale, folia parte inferiore 2 ¹/₂ lineas diam. lata pedem dimidium et amplius longa, umbella compacta nuce paulo major, perigonium sesquilineam longum.

31. A. Sinaiticum (Boiss. Diagn. Ser. I, 5, p. 117) bulbi ovatoconici tunicis in fibras flavidas longitudinaliter reticulatas supra scapi basin productas solutis, scapo humili crassiusculo ascendente ad medium usque bifolio foliis teretibus fistulosis apice attenuatis fere duplo breviore, spathâ membranaceâ ovatâ plurinerviâ breviter et abrupte mucronatâ pedicellis subæquilongâ cito lacerâ, umbellæ 5-10-floræ pedicellis effusis sursum recurvis flore 2-2 ¹/₂-plo longioribus, perigonii campanulati phyllis oblongis obtusiusculis carinâ pallide rubellis cæterum albis totâ facie scabridulis, filamentis valde dilatatis et inferne ciliatulis externis simplicibus, internis apice tricuspidatis cuspidibus filamento ipso duplo brevioribus apice subexsertis antheriferâ lateralibus vix breviore ♃. *A. deserti* Boiss. in Roth pl. Palest. exs.

Hab. in deserto Arabiæ petreæ inter jugum Sinaiticum et Nuckl (Boiss!), in deserto ad meridiem Hebron (Roth 433!), ad Ain Djeddi (Kerst!). Fl. Maio.

Caulis 4-5-pollicaris, folia 8-10 pollices longa lineam diam. lata, perigonium 3 lineas longum et latum, facies *A. desertorum* Forsk. a quo perigonio brevi, staminibus internis tricuspidatis cæterum alienum est.

32. A. Hierochuntinum, bulbi parvi oblongi tunicis pallide fuscis reticulatim fibrosis, scapo ascendente ad vel infra medium foliato, foliis filiformibus fistulosis scapum æquantibus, spathæ phyllis binis ovato-triangularibus acutis umbellâ multo brevioribus, umbellæ globosæ pedicellis externis brevissimis internis flore sublongioribus, perigonii cærulei cylindrico-campanulati phyllis lanceolatis acutiusculis externis carinâ scabridis, filamentis perigonio tertiâ parte brevioribus glabris tribus internis apice tricuspidatis cuspide antheriferâ brevissimâ lateralibus duplo longioribus, tribus externis angustioribus ♃.

Hab. in faucibus calidis Palestinæ inter Hierosolymam et Jericho (Boiss!), infra monasterium Sⁱ Saba (Ky. 436! sub *A. scabrifloro*), ad Snou Fadel montis Gebel Belas deserti prope Palmyram (Bl!).

Semipedale vel paulo elatius, prius cum *A. scabrifloro* confusum a quo differt perigonii 3 aec 2 lineas longi phyllis elongatis lanceolatis, filamentis perigonio tertiâ parte brevioribus cuspide intermediâ brevissimâ.

33. A. armerioides (Boiss. Diagn. Ser. I, 7, p. 116) bulbi oblongi tunicis in vaginam elongatam superne productis fuscis eximie et tenuiter reticulatis, scapis tenuibus ad medium usque foliatis

folia tenuiter filiformia fistulosa vix superantibus, spathâ bivalvi
ovatâ acutâ membranaceâ umbellam æquante, umbellæ paucifloræ
globosæ floribus subsessilibus, perigonii campanulati albi phyllis
oblongis acutiusculis margine erosulis dorso papillosis et secus carinam aculeolatis, filamentis tribus internis perigonio æquilongis glabris tricuspidatis cuspide antheriferâ lateralibus subbreviore, externis simplicibus brevioribus ♃ .

Hab. in Assyriâ inter Mardin et Diarbekir (Ky. 286!).

Caules ex eâdem vaginâ sæpe bini 4-5-pollicares, umbella 6-8-flora piso
vix duplo major, perigonium 2 ½ lineas longum. Inter species afffnes perigonii phyllis erosulis distinctum.

84. A. curtum (Boiss. et Gaill. Diagn. Ser. II, 4, p. 116) bulbi
parvi sphærici bulbilliferi tunicis membranaceis, scapo crasso pumilo
inferne subtriphyllo folia semitereti-fistulosa supra canaliculata superante, spathæ membranaceæ valvis 2-3 ovatis deflexis brevissimis,
umbellæ globoso-ovatæ pedicellis inferioribus brevissimis superioribus flore demum 2-3-plo longioribus, perigonii parvi ovati campa-
nulato-hemispherici phyllis ovatis obtusis lævibus virenti-rubellis
albo-marginalis, filamentis apice exsertis, internis lanceolatis ciliatulis tricuspidatis cuspide intermediâ antheriferâ lateralibus crassiore
et vix breviore externis angustioribus ♃ .

Hab. in collibus arenosis Egypti ad Ramleh prope Alexandriam (Letourn!)
Syriæ arenosis ad Abaruh ad meridiem Sidonis (Gaill!), Judæâ circa Hierosolymam (Roth 4251), Cypro in montibus Kythræa (Sint!). Fl. Mai.

Tripollicare, folia fere lineam diametro lata, umbella avellanâ paulo major,
perigonium 1 ¼ lineam longum. Affine *A. Reuteriano,* et *A. rubrovittato,* ab
eis caule crasso, floribus minoribus, filamenti cuspidibus subæquilongis sed
inæquilatis distinctum.

SUBSECT. II. RHIZIRIDIUM. — Filamenta simplicia. Bulbi rhizomati
perpendiculari vel obliquo basi adnati.

* Bulbi tunicæ reticulatim fibrosæ.

85. A. Victorialis (L. Sp. 424) bulbis rhizomati descendenti
oblique adnatis cylindricis vel subconicis tunicis externis dense reticulato-fibrosis, scapo infra medium folioso tereti superne angulato,
foliis oblongis vel oblongo-lanceolatis in petiolum brevem attenuatis,
spathâ ovatâ umbellâ breviore, umbellæ globosæ pedicellis flore sesquilongioribus, perigonii albo-virentis phyllis oblongis obtusis, filamentis perigonio sesquilongioribus lanceolatis et superne attenuatis
alternatim angustioribus, stylo exserto ♃ . Ic. Jacq. Austr. tab. 216.
— Rchb. Ic. Germ. fig. 1110.

Hab. in rupestribus subalpinis Caucasi sept. (Steven), occidentalis (C. A. M.)
orientalis in Daghestaniâ 7200' (Rupr!).

Ar. Geogr. Montes Lusitaniæ, Hispaniæ borealis, Galliæ, Italiæ borealis, Helvetiæ, Sudeti et Alpes Germaniæ, regio Danubialis, Sibiria omnis, Kamschatka.

36. A. Tataricum (L. fil. Suppl. 196) bulbis subcæspitosis oblongo-cylindricis apice attenuatis rhizomati descendenti oblique adnatis, tunicis externis dense reticulato-fibrosis, scapo tereti flexuoso firmo supra basin foliato, foliis linearibus canaliculatis vel involutis scapo multo brevioribus, spathæ valvis binis ovatis acuminatis pedicellos flore subbreviores æquantibus, perigonii rosei vel purpurei phyllis erectis lanceolatis sensim et longe attenuatis acutis nervo medio saturatiore, filamentis perigonio paulo brevioribus cum perigonio et inter se longe coalitis a basi valde dilatatâ abruptiuscule subulato-attenuatis, stylo stamina æquante apice capitato ♃. Regel Fl. Turk. tab. 14, fig. 5. — *A. Inderiense* Fisch. Cat. Gor.

Hab. in desertis argillosis Turkestaniæ (Lehm!), ad scaturigines in fauce Dudera montis Elbrus Persiæ borealis (Ky. 264).

Flores fere *A. Schœnoprasi*, perigonium 5 lineas longum.

Ar. Geogr. Rossia australis, Sibiria Uralensis et Altaica, Songaria.

37. A. scabriscapum (Boiss. et Ky. Diagn. Ser. I, 13, p. 31) bulbis oblongo-cylindricis rhizomati oblique descendenti adnatis, vaginis externis dense reticulato-fibrosis, scapo basi tantum foliato tereti striato superne secus strias seriatim papillari-scabrido, foliis 3-4 linearibus brevibus planis flexuosis margine scabridis, umbellæ globosæ multifloræ pedicellis flore 2-3-plo longioribus, spathâ 2-4-lobâ obtusâ demûm deflexâ pedicellis breviore, perigonii campanulati phyllis oblongis obtusis lacteis nervo medio pallide virente, filamentis subliberis a basi lanceolatâ subulato-attenuatis perigonium subæquantibus, antheris fusco-luteis ♃.

Hab. in saxosis montis Elbrus Persiæ borealis prope Passgala (Ky. 262!), prope Schabrud, inter Schahrud et Nichapur, prope Nehmetabad et Kohrud (Bge!), in montibus Backtiaricis (Bode ex Regel), in graminosis montis Sawers Persiæ australis 8000' (Haussk!).

Sesquipedale cespites compactos formans, folia 5-6 pollicaria 3 lineas lata laminâ inferne attenuatâ. umbella diametro pollicaris, flores magn. *A. Cepæ* perigonio 2 ¼ lineas longo.

38. A. strictum (Schrad. Hort. Gott. tab. 1) bulbis oblongo-cylindricis rhizomati descendenti oblique adnatis, tunicis exterioribus reticulato-fibrosis, scapo infra dimidium foliato tereti stricto, foliis linearibus planis inferne supra canaliculatis erectis scapum subæquantibus, spathæ valvis binis ovatis pedicellos æquantibus, umbellæ globosæ pedicellis florem æquantibus vel sublongioribus, perigonii rosei phyllis purpureis oblongis obtusiusculis, filamentis perigonio longioribus imâ basi inter se et cum perigonio connatis basi dilatatis, externis subulato-attenuatis angustioribus, interioribus basi utrinque denticulo obtuso vel acuto auctis, capsulâ phyllis æquilongâ ♃. Rchb. Ic. Germ. fig. 1081.

Hab. in rupestribus subalpinis et alpinis, mons Tufandagh Caucasi orientalis 9000' (C. A M), Iberia supra Elisabethpol (Hohen.).

β brachyodon Regel Mon. p. 166. — Planta minor umbellâ pauciflorâ minore, filamenta breviora antheris subexsertis denticulis basilaribus brevissimis. — *A. brachyodon* Boiss. Diagn. Ser. I, 7, p. 117.

Hab· in monte Kuh Daëna Persiæ austro-occidentalis ad fontem Dchesme Pias (fontem Allii) (Ky. 756 !).

γ anodon. — Denticuli ad filamentorum basi obsoleti. — *A. Christi* Janka. ¡— *A. Szovilsi* Regel Mon. pag. 171. — *A. suaveolens* Gaud. Helv non Schrad.

Hab. in alpibus Armeniæ Turcicæ ad fontes Araxis (Tchih !), Ponti Lazici supra Djimil (Bal !), Caucasi orientalis in monte Azunta 9000' (Rupr!), prov. Karabagh (Szov !).

Ar. Geogr. Helvetia australis, Germania australis et orientalis, Rossia australis, Songaria, Sibiria Altaica et orientalis, regio Amurensis.

       * · Bulbi tunicæ externæ membranaceæ.

39. A. chloroneurum, bulbi obliqui ovati (e rhizomate orti?) tunicis albis remote striatis, scapo humili striato inferne foliato, foliis tenuiter semiteretibus filiformibus valde striatis superne sulcatis scapum subæquantibus, spathâ membranaceâ brevi ovatâ cito lacerâ, umbellæ parvæ globosæ pedicellis flori æquilongis vel sesquilongioribus, perigonii globoso-campanulati phyllis oblongis obtusis albis nervo medio late virente, filamentis perigonio subduplo brevioribus internis ovato-triangularibus phyllo cui insident æquilatis apice breviter attenuatis externis subangustioribus, capsulâ ovato-trigastrâ depressâ perigonio subbreviore ♃.

Hab. in Persiâ orientali inter Kerman et Yezd (Bge exs. 14 !).

Semipedale, folia lineam dimidiam vix lata, umbella diametro 9-10 lin lata, perigonium vix sesquilineam longum. Filamentis latissimis brevibus insigne *A. stricto* ut videtur, affine. Bulbus ex unico et imperfecto specimine descriptus.

40. A. globosum (M. B. Taur. Cauc. I, p. 262) bulbis oblongocylindricis aggregatis, tunicis membranaceis fuscis crassiusculis, scapo erecto tereti striato ad tertiam vel dimidiam partem foliato, foliis lineari-filiformibus teretibus sulcatis scapo sæpius brevioribus, spathæ valvis binis a basi subdilatatâ longe caudatis alterâ umbellam æquante vel superante, umbellæ globosæ pedicellis subæqualibus flore 1 ½-2 plo longioribus, perigonii rosei vel carnei campanulati phyllis ovato-lanceolatis acutis vel acuminatis, filamentis basi lanceolatâ inter se et cum perigonio coalitis superne attenuatis eo sesquilongioribus ♃. Ic. Red. Lil. tab. 179. — Rchb. Ic. Germ. 1088. — *A. Steveni* Wild. — *A. Caucasicum* Bot. Mag. tab. 1143.

Hab. in saxosis apricis montanis Tauriæ, Caucasi et Transcancasiæ M. B. C. A. Mey! Hoh! (Rupr!).

β *ochroleucum.* — Flores albidi vel ochroleuci. — *A. saxatile* M-
B. Taur. Cauc. I, p. 264. — Ic. Ross. tab. 29. — Rchb. Ic. Germ.
tab. 1087. — *A. petræum* Kar. et Kir.

Hab. in rupibus Tauriæ (Stev!), prov. Transcaucasicâ Karabach (Hoh!).

Quamvis in hac specie rhizoma obliquum cui bulbi adhærent minus manifestum sit, tamen ea *Rhiziridio* omni jure adnumeranda est.

Ar. Geogr. Istria, Transylvania, Serbia, Rumelia. Rossia australis. Songaria,
Sibiria Uralensis et Altaica.

41. A. hymenorrhizum (Ledeb. Fl. Alt. II, p. 12) bulbis

crassis oblongo-cylindricis rhizomati abbreviato adnatis, tunicis fuscis
firmis membranaceis apice tantum in fibras solutis, scapo tereti elato
ad medium usque foliato, foliis elongatis linearibus obtusiusculis
scapo brevioribus, umbellæ multifloræ globosæ pedicellis flore 1 $1/2$-
2-plo longioribus, spathæ valvis 1-2 ovatis breviter mucronatis umbellam æquantibus deciduis, perigonii rosei phyllis oblongo-linearibus
obtusiusculis, filamentis imâ basi inter se et cum perigonio connatis
a basi subdilatatâ subulato-attenuatis perigonio sesquilongioribus $\mathcal{U}$.
Ic. Ledeb. tab. 359. — *A. macrorrhizum* Boiss. Diagn. Ser. I, 13,
p. 32.

Hab. in regionibus altioribus montis Demavend Persiæ borealis (Ky. 610!).

Bulbi-3-4-pollicares, culmi 1-2-pedales, folia 3-4 lin. lata, perigonium circ-
2 lineas longum.

Ar. Geogr. Turkestania, Songaria, Sibiria Altaica.

42. A. Aitchisoni, bulbo oblongo-cylindrico extremitate oblique-

fibrillifero tunicis fuscis striatis firmis vestito, scapo tereti ad tertiam
partem foliiferó, foliis quaternis latiuscule linearibus planis obtusis
strictis caule tertiâ parte brevioribus, umbellæ globosæ pedicellis
perigonio brevioribus, spathæ valvis orbiculatis roseis umbellam
æquantibus tandem deciduis, perigonii rosei phyllis oblongis obtusiusculis, filamentis a basi subdilatatâ subulatis perigonio connatis et
eo sesquilongioribus $\mathcal{U}$.

Hab. in valle Kurrum Affghaniæ (Aitchis. № 734!).

Sesquipedale vel pedale, folia 3-6-pollicaria 2 $1/2$-3 $1/2$ iin. lata, capitulum
parvnm *A. stricti* sed bulbus *A. globosi* et *A. hymenorrhizi* a quibus bulbi-
tunicis non membranaceis, foliis brevibus latiusculis, pedicellis flore brevioribus distinguitur. *A. senescens et A. fallax* rhizomate longius differunt.

43. A. fallax (Rœm. et Sch. Syst. VII, p 1072) bulbis conicis e

rhizomate nascentibus tunicis membranaceis integris vestitis, scapo
erecto basi folioso superne angulato, foliis scapo brevioribus anguste
linearibus planis subtus obsolete nervatis ecarinatis plus minus contortis, umbellæ subsphæricæ pedicellis flore sesquilongioribus, spathâ 2-3-lobâ pedicellis multo breviore, perigonii dilute purpurei
ovato-campanulati phyllis oblongis obtusiusculis, filamentis perigonio
longioribus a basi lineari-lanceolatâ subulatis, stylo obtuso perigo-

nium longe superante ♃. *A. angulosum* var. *minus* Trevir. — *A. montanum* Schm. Fl. Boh. IV, p. 28. — Rchb. Ic. Germ. fig 1094.

Hab. in rupestribus subalpinis, Armenia Turcica prope Erzerum (Calvert!)· Prob. quoque in Macedoniá et Thraciá borealibus

Ar. Geogr. Europa media a Daniá et Gothiá ad Rossiam mediam et ab Hispaniá boreali et Italiá mediá ad Dalmatiam et regionem Danubialem.

44. A. acutangulum (Schrad. Sem. Gött. 1608) bulbis conicis e rhizomate repente nascentibus tunicis membranaceis integris vestitis, scapo erecto longiusculo basi folioso superne ancipiti, foliis scapo subbrevioribus anguste linearibus planis subtus nervatis et carinatis, umbellæ subsphæricæ pedicellis flore duplo longioribus, spathâ 2-3-lobâ umbellâ multo breviore, perigonii dilute purpurei ovato-campanulati phyllis oblongis obtusiusculis, filamentis perigonium æquantibus a basi lineari-lanceolatâ subulatis, stylo obtuso perigonium longe superante ♃. Rchb. Ic. Germ. fig. 1095. — *A. angulosum* L. ex parte. — *A. angulosum* var. *majus* Trev.

Hab. in pratis humidis, Transcaucasia prope Elisabethpol (Frick!) et verosimiliter alibi.

Ar. Geogr. Suecia, Gallia septentrionalis, Helvetia, Germania, Italia borealis, regio Danubialis, Rossia media et australis, Sibiria.

45. A. albidum (Fisch. Cat. Gor. 1812, p. 10) bulbis ovato-oblongis aggregatis rhizomati horizontali insidentibus, tunicis membranaceis integris, scapo erecto superne multiangulo inferne foliato, foliis anguste linearibus semiteretibus obtusis scapo dimidio brevioribus, umbellæ hemisphericæ pedicellis flore triplo longioribus, spathâ 1-2-valvi pedicellis 2-3-plo breviore, perigonii breviter campanulati albidi vel flavidi phyllis ovato-oblongis obtusis erecto-patulis, filamentis perigonium æquantibus vel sublongioribus inter se liberis perigonii basi adnatis a basi latiore subulatis, interioribus latioribus, denticulis ad basin staminum majorum interdum obviis, stylo perigonium superante ♃. Rchb. Ic. Crit. tab. 406. — *A. flavescens* Besser Enum. 56.

Hab. in campestribus Tauriæ (Stev!), in subalpinis saxosis Caucasi sept. et occidentalis (C. A. Mey!), orientalis 3600'-6000' (Rupr!), in Iberiæ et Somchetiæ montibus (Hohen!), Armeniá Rossicá (Seidl!).

Ab *A. fallaci* et *A. acutangulo* foliis tenuissimis semiteretibus et florum colore distinctum.

Ar. Geogr. Banatus, Transylvania, Rossia australis, Songaria, Sibiria.

SUBSECT. III. HAPLOSTEMON. — Filamenta omnia simplicia.
Bulbi rhizomate carentes.

§ 1. Schænoprasa. — Folia fistulosa.

46. A. Cepa (L. Sp. 431) bulbo crasso globoso, tunicis membra-

naceis, scapo elato fistuloso inferne ventricoso basi foliato, foliis distichis cylindricis fistulosis acutis scapo brevioribus, umbellâ globosâ
multiflorâ, pedicellis flore 4-5-plo longioribus, spathæ valvis 2·3
reflexis, perigonii albi phyllis patentibus ovato-oblongis acutiusculis,
filamentis perigonio longioribus inter se et cum perigonio basi coalitis
et dilatatis externis edentulis internis basi utrinque dente triangulari obtuso auctis ♃. Ic. Fl. Græc. tab. 326. — Rchb. Ic. Germ.
fig. 1083.

Hab. in regione montanâ et alpinâ prov. Khorassan Persiæ inter Nichapur
et Meschhed (Bge!), in monte Chehel Tun Belutschiæ spontaneum (Stocks
1033 ex Baker).

Specimina descripta a plantâ ubique cultâ umbellis minoribus diametro
sesquipollicem nec 2 ¹/₂ pollices latis tantem differunt et typum spontaneum
hujus speciei cujus patria adhucdum ignota erat sistere videntur.

47. A. Ascalonicum (L. Sp. 429) bulbi ovato-oblongi tunicis
membranaceis integris, scapo fistuloso folia teretia subulato-fistulosa
superante, spathâ membranaceâ bivalvi umbellâ breviore, umbellæ
globosæ pedicellis flore vix longioribus, perigonii albidi vel cærulescentis phyllis oblongo-lanceolatis acutis, filamentis liberis perigonio
æquilongis externis simplicibus subulatis interioribus basi dilatatâ
utrinque breviter unidentatis ♃. Rchb. Ic. Germ. 1076.

A Linnæo et veteribus in Palestinâ, Syriâ et Asiâ minore indicatum sed
hucusque cultum solum notum et probabiliter ditionis nostræ non civis.
Ubique colitur sed rarissime floret. Sterile tantum vidi.

48. A. Schænoprasum (L. Sp, 432) bulbis aggregatis oblongo-
cylindricis tunicis membranaceis griseis, scapis teretibus tertiâ parte
inferiore foliosis, foliis glaucescentibus fistulosis teretibus vel tereti-
compressis acutatis scapum æquantibus vel brevioribus, umbellâ
globosâ spathâ 2-3-valvi ovatâ pedicellis longiore suffultâ, pedicellis
flore brevioribus, perigonii phyllis roseis carinâ saturatiore lanceolatis attenuato-acuminatis, filamentis perigonio duplo brevioribus cum
eo et inter se plus minusve connatis lanceolatis subulato-attenuatis
♃. Rchb. Ic. Germ. 1085. — Fl. Dan. tab. 971. — *A. Sibiricum* L.
Mant. 562. — Rchb. fig. 1186 et *A. foliosum* Clarion (forma major!.

Hab. in graminosis humidis alpinis, mons Velugo Ætoliæ 6000' (Sprun!),
Pontus Lazicus supra Djimil 8000' (Bal!), Armenia Turcica ad fontes Araxis
et in monte Bingoldagh (Tchih!), Caucasus occidentalis (C A. M.), montes
Iberiæ et Guriæ (Szov!), mons Elbrus Persiæ borealis prope Derbend (Ky.
427!), in Tauro Cilicico prope Bulghar Maaden (Bal!).

β Buhseanum. — Filamenta basi latiora ovato-triangularia altius
connata et abruptius cuspidata. — *A. Buhseanum* Regel Mon. p. 81.

Hab. in montibus Ssahend et Elbrus prope Kuschkak Persiæ borealis
Buhse 1027ª).

Omnia specimina Cilicicis pumilis exceptis ad formam elatiorem alpinam
sub nomine *A. foliosi* vel *A. Sibirici* notam sed characteribus non liquidis a
ormâ cultâ distinctam spectant.

Ar. Geogr. Europa fere omnis ab Hispaniâ ad Scandinaviam, Italiam, Ros-siam, Sibiria, Japonia, America borealis.

49. A. scabrellum (Boiss. et Buhse Aufz. p. 215) bulbi ovati tunicis cinerascentibus, scapo elato striato parte inferiori striato, foliis fistulosis scapo brevioribus striatis ad strias denticulato-scabris, umbellæ multifloræ hemisphericæ pedicellis flore triplo longioribus, spathâ ovatâ pedicellis multo breviore, perigonii pallide rosei phyllis oblongo-lanceolatis acutiusculis carinâ saturatiore, filamentis basi connatis triangularibus acuminatis perigonio triplo brevioribus ♃.

Hab. in agris Persiæ orientalis prope Jezd (Buhse 1281/6 !).

Bipedale, folia 8-10 pollices longa, pedicelli 7 lineas, perigonium 3 ½ lineas longum. A cl. Regel varietatibns *A. Schœnoprasi* adnumeratum sed præter foliorum scabritiem sat differre videtur pedicellis elongatis, floribus tertiâ saltem parte minoribus. Statio in cultis nec in alpinis humidis.

50. A. umbilicatum (Boiss. Diagn. Ser. II, 4, p. 113) bulbo..., scapo elato tereti tertiâ parte inferiore foliato, foliis linearibus fistu-losis inferne canaliculatis ad strias scabridis scapo brevioribus, umbellæ bulbiferæ paucifloræ pedicellis crassiusculis inæqualibus flore 3-5-plo longioribus, spathâ ovatâ fissâ bulbillos non superante, perigonii rosei obconici basi umbilicati phyllis elliptico-oblongis obtu-sis, filamentis triangularibus perigonio plus dimidio brevioribus imâ basi inter se et cum perigonio connatis ♃.

Hab. in Belutschiâ (Stocks exs. 1006 !), in valle Kurrum Affghaniæ (Aitchis. 523 !).

Sesquipedale, folia lineam diam. lata. Flores tertiâ parte minores eis *A. rosei* var. *bulbiferi* quod quodam modo refert sed foliis fistulosis statim dignoscitur.

51 A. sabulosum (Stev. in Ledeb. Fl. Ross, IV, p. 170) bulbi conico-oblongi tunicis pergameneis crassis duris longitudinaliter profunde sulcatis, scapo tereti fistuloso basi foliato, foliis filiformibus teretibus fistulosis scapo brevioribus, spathâ brevi deciduâ, umbellæ multifloræ globosæ pedicellis tenuibus flore 2-3-plo longioribus, peri-gonii parvi albi globosi phyllis ovatis concavis obtusis, filamentis perigonio sesquilongioribus a basi lanceolatâ abruptiuscule subulato-attenuatis, capsulâ globoso-trigastrâ phyllis sublongiore ♃. Regel Fl. Turk. tab. 9, fig. 3.

Hab. in desertis arenosis Karakum Turkestaniæ (Lehm !), ad Schurab inter Ispahan et Teheran Persiæ (Bge exs. 13 !).

Pedale, umbella diametro demum pollicaris, perigonium vix lineam lon-gum, facies *A. margaritacei.* Perigonii phylla in sicco rugulis transversis irregularibus anastomosantibus instructa.

Ar. Geogr. Rossia australis. Turcomania, Songaria, Sibiria Uralensis.

52. A. Schergianum, bulbi ovati tunicis membranaceis, scapo ad tertiam partem foliato folia filiformia fistulosa striata brevia supe-

rante, spathæ valvis binis oblongis breviter attenuato-acuminatis
umbellâ subbrevioribus, umbellæ globosæ multi et densifloræ pedicellis tenuibus albidis flori æquilongis vel sesquilongioribus, perigonii lactei anguste campanulati phyllis linearibus obtusiusculis lævibus
externis subcarinatis, filamentis albis a basi subulatis perigonio sublongioribus, capsulâ globoso-trigonâ perigonio sublongiore ♃·

Hab. in saxosis montis Schergi Aniilibani 5000' (Ky. exs. 138 sub *A. margaritaceo*).

Vix pedale, folia lineæ ³/₄ diam lata sub anthesi jam emarcida, umbella
avellanâ paulo major, perigonium sesquilineam vix longum.

53. A. staticiforme (Sibth. et Sm. Fl. Gr. IV, tab. 320) bulbi
ovato-globosi tunicis interioribus albo-membranaceis, scapo tereti
crassiusculo flexuoso mediocri ad medium foliato, foliis 3-4 subteretibus canaliculatis scapo brevioribus sub anthesi jam emarcidis, spathæ persistentis valvis binis a basi late ovatâ abrupte cuspidatis
inæqualibus umbellâ brevioribus aut alterâ eâ sublongiore, umbellæ
globosæ pedicellis subæqualibus tenuissimis flore 2-3-plo longioribus,
perigonii breviter campanulati albi vel rosei phyllis ovato-oblongis
obtusis, filamentis basi perigonio connatis lineari-subulatis eo sublongioribus, antheris luteis exsertis, ovario ovato breviter stipitato,
stylo exserto ♃. *A. flexuosum* Urv. Enum N° 776. — *A. Phalereum*
Heldr. et Sart. Act. Congr. Flor. 1874, p. 233.

Hab. in arenosis maritimis Atticæ ad Phalerum (Heldr! Orph. Fl. Gr. exs.
241 !) et Eleusin (Pichl. exs sub *A. margaritaceo*), insularum Salami et
Æginâ (Sprun !), Syrâ (Weiss!), Astypaleæ et Leri (Urv), Cimoli (Sibth.).

Caulis 6-12-pollicaris, umbella avellana paulo major, perigonium sesquilineam longum.

§ 2. **Brachyspatha**. — Folia non fistulosa scapum inferne
involucrantia. Spathæ vix caudato-attenuatæ.

· Filamenta perigonio breviora.

54. A. erythræum (Griseb. Spic. II, p. 396) bulbi ovato-globosi tunicis externis apice elongatis et in fibras demum subsolutis
internis membranaceis, scapo flexuoso parte dimidiâ inferiori arcte
vaginato et folioso, foliis 2-3-anguste filiformibus supra canaliculatis
scapo brevioribus, spathâ univalvi ovatâ bifidâ subulato-attenuatâ
umbellâ duplo breviore, umbellæ multifloræ pedicellis inæqualibus
flore 2-5-plo longioribus, perigonii pallide rosei campanulati parvi
phyllis oblongis obtusis, filamentis a basi connatâ late triangulari-
lanceolatâ subulatis perigonio paulo brevioribus, stylo apice capitato
perigonium non excedente ♃. *A. tenue* Friv. exs. non Don.

Hab. in collibus herbosis Macedoniæ circa Thessalonicam (Friv !), Byzantii (Coumany !).

Spithameum vel pedale, pedicelli valde inæquales 3-8 lineas longi, perigonium sesquilineam longum. Ab *A. Pallasii* pedicellis valde inæqualibus, a
cohorte *A. pallentis* spathâ ovatâ inflatâ univalvi et floribus dimidio minoribus discedens.

55. **A. rubellum** (M. B. Taur. Cauc. I, p. 264) bulbi parvi
ovato-oblongi tunicis externis striatis apice demum in fibras solutis
internis membranaceis, scapo gracili parte inferiori folioso folia
anguste linearia filiformia semiteretia margine tenuiter denticulata
superante, spathâ indivisâ vel 2-4-valvi mucronatâ umbellâ breviore
demum circumscissâ, umbellæ multifloræ globosæ pedicellis perigo-
nio-2-3-plo longioribus, perigonii rosei basi truncati phyllis lanceolatis acuminatis, filamentis perigonio duplo vel triplo brevioribus
basi inter se et cum perigonio connatis triangulari-lanceolatis subulato-acuminatis alternatim subangustioribus, stylo staminibus breviore ♀. Regel Fl. Turkest. t. 10, fig. 9. — *A. tenue* Don Mon.
p. 34. — C. Koch Linn. XXII, p. 238.

Hab. in prov. Transcaucasicis Iberiâ, Sonchetiâ, Karabagh, Talysch (C. A.
Mey! Wilh!), Persiâ boreali ad Asterabad (Turcz!), prope Siaret et in ditione
Khorassan (Bge!, Belutschiâ (Stocks 1004!).

β grandiflorum. — Flores paulo majores, perigonii tres lineas circ.
longi phylla obtusiuscula. — *A. vulcanicum* Boiss. in Ky. Pl. Pers.
bor. — *A. Griffithianum* Boiss. Diagn. Ser. II, 4, p. 117.

Hab. in rupestribus vulcanicis montanis Rai prope Teheran Persiæ (Ky.
49!), in Belutschiâ prope Quetta (Stocks. 1061!) et prope Hydozye, in Affghaniâ (Griff. 552!).

γ parviflorum Led. Fl. Ross. — Flores typo subminores, perigonium 1 $^3/_4$-2 lineas longum phyllis magis abbreviatis. — *A. synta-
manthum* C. Koch Linn. XXII, p. 239.

Hab. cum formâ typicâ, Georgia Caucasica (Hoh!), Persia borealis (Buhse!).

Formæ extremæ florum magnitudine specifice differre videntur sed intermediis altera in alteram transeunt. Var. *β A. stenophyllo* Schr. valde affinis, sed
hoc filamentis perigonium subæquantibus dignoscitur (Cl. Regel).

Ar. Geogr. Rossia australis, Turcomania, Sibiria Uralensis et Altaica, regio
Himalaica.

* * Filamenta perigonio longiora.

56. **A. Weissii,** bulbi parvi ovati tunicis albis pergamaceis
striatis, scapo humili tenui folia 2-3-anguste filiformia supra canaliculata superante, spathæ valvis binis a basi ovato-oblongâ caudatis
umbellam subæquantibus, umbellæ multifloræ globosæ pedicellis
tenuibus flore parvo subtriplo longioribus basi bracteolatis, perigonii rosei campanulati phyllis ovatis obtusis, filamentis perigonio sesquilongioribus subulatis basi vix dilatatâ perigonio connatis, stylo
longe exserto ♀. *A. erythræum* Weiss Beitr. Fl. Griech. non
Griseb.

Hab. in insulâ Syrâ (Weiss! Orph!), in insulâ Thermiâ Cycladum (Orph!).

Semipedale vel paulo elatius, umbella nuce avellanâ vix major, flos vix
lineam longus. Facies *A. Pallasii* et *A. capitellati.* Ab *A. erythræo* pedicellis
æqualibus brevibus, spathâ bivalvi, antheris exsertis et præsertim ut ab omnibus affinibus stylo longissimo distinctum, ab affini *A. piloso* glabritie et
antheris exsertis.

57. A. capitellatum (Boiss. Diagn Ser, I, 7, p. 118) bulbi
ovato-oblongi tunicis membranaceis exterioribus nigris, scapo pumilo
subascendenti basi folioso folia 1-2 semitereti-filiformia superne canaliculata superante, umbellæ parvæ multifloræ globosæ pedicellis flore
minuto 1 ½-2 plo longioribus, spathæ valvis binis ovatis breviter
mucronatis umbellâ brevioribus, perigonii purpurei phyllis ovato-
oblongis acutiusculis nervo medio saturatiore, filamentis subliberis a
basi dilatatâ attenuatis perigonio sesquilongioribus, antheris nigricantibus ♃.

Hab. ad nives regionis alpinæ, mons Elamout Persiæ borealis (Auch.
5386!), montes Nur, Kellal, Ssebsehuh Persiæ austrooccidentalis (Haussk!),
Affghaniæ vallis Kurrum (Aitch ! ex Baker).

Planta 3-4-pollicaris, umbella 6-9 lineas diam. lata, perigonium hemisphericum 1 ¼ lin. longum. Antheris exsertis affine *A. Pallasii* quod pedicellis
longis, perigonii majoris phyllis elongatis, etc., differt. Facies *A. pusilli* Cyr.

§ 3. Codonoprasa. — Folia nou fistulosa scapum inferne
involucrantia. Spathæ valvæ longe caudatæ.

˙ Bulbi tunicæ in fibras non solutæ.

╋ Filamenta perigonio quartâ vel dimidiâ parte longiora.

58. A. Armenum (Boiss. et Ky. in Sched. Ky. It. 1859) bulbi
parvi ovati tunicis membranaceis, scapo tereti pumilo flexuoso, foliis
semiteretibus anguste filiformibus striatis scapo subæquilongis, spathæ valvis binis membranaceis lanceolatis umbellâ brevioribus aut
eam vix æquantibus, umbellæ subglobosæ pedicellis subæqualibus
capillaribus flore quadruplo longioribus, perigonii parvi purpurei
globoso-campanulati phyllis breviter ellipticis obtusis, filamentis basi
filamento adnatis eoque tertiâ parte longioribus subulatis, capsulâ
globoso-trigastrâ depressâ, stylo longo ♃.

Hab. in alpinis Armeniæ Turcicæ, mons Bingoldagh 8000' (Ky. Suppl. 560!)
Techdagh (Calv!).

Caulis tenuis rigidulus 3-7-pollicaris, umbella diam. 8-10 lineas lata, perigonium vix ½ lineam longum. Affine *A. Olympico* differt foliis angustis
semiteretibus, spathâ brevi, floribus fere dimidio brevioribus.

59. A, Olympicum (Boiss. Diagn. Ser. I, 5, p. 58) bulbi ovati
tunicis externis nigricantibus striatis, scapo tereti ad vel supra
medium foliato folia anguste linearia plana lævia superante, spathæ
valvis binis a basi latiore subulatis umbellâ parum longioribus,

umbellæ multifloræ hemisphericæ pedicellis subæqualibus flore 2-3-plo longioribus, perigonii intense rosei breviter campanulati phyllis ovatis obtusis, filamentis basi perigonio adnatis et eo fere quartâ parte longioribus subulatis, antheris fuscis, capsulâ globoso-trigastrâ, stylo longo ♃.

Hab. in summâ regione abietinâ Olympi Bithyni (Auch. 2194! Boiss! Clem!), ad rupes prope Anamour Ciliciæ Tracheæ (Peronin!).

Gracile 1-1 ¹/₂-pedaie, foliorum lamina 1 ¹/₂-2 lineas lata. Affine *A. pulchello* et ob capsulæ formam præsertim *A. stamineo*, ab utroque differt foliis planis, pedicellis brevioribus et magis æqualibus, spathâ breviore, antheris brevius exsertis.

60. A. carinatum (L. Sp. 426) bulbi ovati tunicis externis fuscescentibus striatis, scapo elato tereti ad medium usque foliato, foliis linearibus striatis inferne canaliculatis scapo brevioribus, spathæ valvis binis longe rostratis alterâ umbellam bulbiferam sæpius valde superante, pedicellis filiformibus valde inæqualibus flore pluries longioribus, perigonii cylindrico-campanulati rosei vel violacei phyllis longe spathulato-oblongis apice valde concavis et truncato-obtusis, filamentis subulatis basi perigonio adnatis eoque subduplo longioribus, ovario trigono, stylo exserto ♃. Ic. Fl. Dan. tab. 2109. — *A. flexum* W. K. Pl. rar. t. 268.

Hab. in graminosis dumosis Thraciæ borealis prope Kalofer (Janka!).

Ar. Geogr. Europa borealis et media a Daniâ et Gothiâ ad Rossiam mediam, Galliam, Italiam, regionem Danubialem.

61. A. flavum (L. Sp. 428) bulbi ovati tunicis externis crassiusculis striatis, scapo tereti ad medium foliato, foliis linearibus carnosis lævissimis supra leviter canaliculatis subtus convexis scapum æquantibus vel brevioribus, spathæ valvis binis lanceolato-linearibus alterâ longissimâ, umbellæ multifloræ pedicellis tenuibus subinæqualibus, perigonii flavi nitentis campanulati phyllis conniventibus oblongis obtusis vel retusis externis carinatis, filamentis perigonio basi adnatis et eo subdupto longioribus subulatis, capsulâ ovato-trigastrâ, stylo longe exserto ♃. Rchb. Ic. Germ. 1603. Jacq. Austr. tab. 141.

Hab. in collibus siccis, Græciæ insulæ (Sm. Prodr!), Macedonia ad radices montis Peristeri (Orph!), Anatolia borealis (Wied!), Armenia Turcica ad Erzerum (Calv!) et Rossica (Szov!), Tauria et Iberia (Stev., M. B.), Persia borealis (Szov! Buhse!).

β *minus.* — Forma alpina caule 2-5-pollicari, umbellæ sæpe paucifloræ, pedicelli sæpe abbreviati flore vix longiores, spatha brevior, filamenta sæpe purpurascentia. — *A. callistemon* Webb Mss. — *A. Webbii* Clem. Sert. Olym. p. 91, tab. 8. Forma analoga *A. flavo* var. *Nebrodensi* Siculo spathâ magis elongatâ tantum diverso.

Hab. in monte Hæmo Thraciæ prope Kalofer (Janka!), regione alpinâ Olympi Bithyni (Auch. 2206! Clmenti!), Smyrnæ colles (Fleisch. sub *A. montano!*)

γ *Guicciardii.* — Forñæ β simile sed spathæ valvæ elongatæ et flores pallide straminei. — *A. Guicciardi* Heldr. in Atti Congr. Fir. 1876, p. 233.

Hab. in regione alpinâ montis Parnassi (Guicce! Orph!).

Ar. Geog. Gallia, Italia, Germania australis, Dalmatia, regio Danubialis, Rossia australis.

62. A. Phrygium (Boiss. in Bal. exs.) bulbi ovati tunicis externis nigricantibus striatis, scapo tereti gracili rigidulo ad medium foliato foliis anguste filiformibus semiteretibus striatis longiore, umbellæ globosæ pedicellis subæqualibus flore 1 ¹/₂-2-plo longioribus, spathæ valvis a basi anguste lanceolatâ longissime et tenuiter subulatis, perigonii straminei breviter ovato-campanulati phyllis oblongo-spathulatis in mucronem abruptiuscule abeuntibus, filamentis basi perigonio adnatis eoque quartâ parte longioribus lineari-subulatis, capsulâ sphærico-trigastrâ, stylo longe exserto ♃.

Hab. prope Ouchak Phrygiæ 2600' (Bal !).

Sesquipedale, umbella nuce avellanâ paulo major, perigonium 1 ³/₄ lin. longum. Differt ab *A. fluvo* spathæ valvis tenuissimis 3-4-pollicaribus, pedicellis brevibus, perigonii minoris phyllis mucronatis.

63. A. pulchellum (Don Mon. p. 46) bulbi oblongi tunicis externis nigricantibus demum in fibras parallelas solutis, scapo elato tereti ad medium usque folioso, foliis anguste linearibus superne caniculatis subtus striatis ad strias et margine asperulis scapum æquantibus, spathæ valvis binis lanceolato-linearibus inæqualibus alterâ umbellam sæpius multo superante, umbellæ multifloræ fastigiato-subeffusæ pedicellis tenuissimis inæqualibus flore pluries longioribus, perigonii violacei obconico-campanulati phyllis conniventibus elliptico-oblongis obtusissimis, filamentis a basi adnatâ anguste lanceolatâ longe subulato-attenuatis perigonio 1 ¹/₂ vel duplo longioribus, antheris violaceis, capsulâ ellipsoideo-turbinatâ ♃. — *A. paniculatum* All. Pedem. D. C. Fl. Fr. — Rchb. Ic. Germ. fig. 1061 non L. — *A. montanum* Rchb. Ic. Germ. fig. 1060 non Fl. Gr.

Hab. in ditionis parte septentrionali, Anatolia septentr. (Wiedemann !), Armenia (Tchih !), Caucasus et prov. Caucasicæ (Ledeb.), Thracia (Friv. exs ! sub *A. fusco*).

Ar. Geogr. Gallia orientalis, Helvetia australis, Italia, Dalmatia, Serbia, regio Danubialis, Rossia australis.

64. A. stamineum (Boiss. Diagn. Ser. II, 4, p. 119) bulbi ovati tunicis externis crassiusculis striatis, scapo tereti flexuoso modice elato ad tertiam partem usque foliato, foliis semiteretibus supra caniculatis angustissimis lævibus scapum sæpe æquantibus, spathæ valvis binis lanceolatis longe subulato-attenuatis umbellam sæpe longe superantibus, umbellæ multifloræ effusæ pedicellis tenuissimis inæqualibus flexuosis divaricatis flore pluries longioribus, perigonii

breviter et hemispherice campanulati rosei phyllis oblongo-ovatis
obtusis rarius acutatis interdum apiculatis, filamentis basi adnatis
perigonio sesquilongioribus a basi sublatiore sensim subulatis, antheris luteis, capsulâ globoso-trigonâ depressâ ♃. *A. effusum* Boiss. in
Bourg. exs.

Hab. in collibus regionis inferioris, Laconia merid. in littore ad Malta
(Heldr!), Lydia ad Smyrnam (Boiss!), Caria (Pinard!), Lycia ad Elmali
(Bourg!), Cilicia littoralis (Bal. 813!), Syria ad Aleppo (Ky!) et Damascum
(Gaill!), Libani regio inferior (Ky! Gaill!), Palestina in monte Carmel et
planitie Esdraëlon (Boiss!), ad Hierosolymam (Roth. 426!), Arabia Sinaica
in cacumine montis Stæ Catharinæ (Schimp. 258 sub *A. pallente!*), Mesopo-
tamia (Haussk!), Persia austro-occid. (Haussk!) et borealis in prov. Ghilan
(Auch. 5387!)

Species ab *A. pulchello* affini ut videtur distincta staturâ plerumque humiliore 6-10 pollices raro excedente, foliis angustioribus lævibus, pedicellis
magis effusis et præsertim perigonio breviore hemispherico nec conico-
campanulato capsulæque formâ.

β *Hymettium.* — Umbella depauperata pedicellis abbreviatis minus
inæqualibus. — *A. Hymettium* Boiss. Diagn. Ser. II. 4, p. 118.

Hab. in Hymetto (Sprun!), in collibus Atticæ prope Heptalophos Heldr!

+ + Filamenta perigonio breviora vel eo æquilonga.

65. **A. pilosum** (Fl. Græc. IV, p. 18, tab. 321) bulbi ovato-
globosi tunicis membranaceis, scapo pumilo tereti flexuoso ad medium usque folioso, foliis semiteretibus canaliculatis vaginisque pilis
patentibus villosis, spathæ valvis binis a basi latiore caudatis umbellæ
æquilongis vel sublongioribus, umbellæ corymbosæ pedicellis purpureis vix inæqualibus flore 1 ¹/₂-2-plo longioribus exterioribus nutantibus, perigonii breviter campanulati rosei phyllis obovato-oblongis
obtusis, filamentis subulatis perigonio æquilongis, ovario sphærico
trigono, stylo exserto ♃.

Hab. in Archipelagi insulis Cimolo (Sibth.) Astypalæâ (Urv.), Melos (Armenis!).

Semipedale, facies *A. staticiformis* vel *A. Weissii*, perigonium vix 1 ¹/₂
lin. longum. Species villositate inter affines insignis.

66. **A. myrianthum** (Boiss. Diagn. Ser. I, 5, p. 59) bulbi ovati
tunicis externis fuscis striatis internis albis tenuiter membranaceis,
scapo elato tereti usque ad medium vel superius folioso folia anguste
linearia fistulosa superante, spathæ valvis binis a basi ovato-oblongâ
abrupte et tenuiter caudatis umbellæ æquilongis vel sæpius eâ longioribus, umbellæ globosæ valde multifloræ pedicellis capillaribus vix
inæqualibus flore pluries longioribus basi bracteolatis, perigonii
lactei parvi breviter campanulati phyllis oblongo-spathulatis obtusis,
filamentis subulatis imâ basi perigonio adnatis eo sublongioribus,
capsulâ globoso-depressâ trigonâ perigonio sublongiore ♃. *A. Wiedemannianum* var. *albiflora* Regel Mon. p. 200.

Hab. in humidis vallis Meandri Lydiæ et circa Hierapolin (Boiss!), in regione inferiori Tmoli supra Philadelphiam (Boiss!), in arenosis maritimis ad Smyrnam (Bal. exs. 390 sub *A. Coppoleri*), Pamphyliá ad Kourmalu (Heldr!), Ciliciæ regione montaná ad Gulek Boghaz 3800' (Ky! Bal!), Egypto inferiore prope Alexandriam (Letourn!), prope Sojut (Wiedem!).

Planta 1-5-pedalis, umbella 100-300-flora magn. nucis vel amplior. Affine *A. paniculato* var. *pallenti* = *A Coppoleri* Tin. a quo distinquitur floribus plus duplo minoribus, perigonio abbreviato, antheris exsertis et præsertim capsulæ formá. *A. staticiforme* differt caule brevi, pedicellis multo brevioribus et paucioribus, foliis fistulosis, flore majori, capsulá stipitatá.

67. **A. variegatum** (Boiss. Diagn. Ser. I, 7, p. 118) bulbi ovati tunicis membranaceis, scapo tereti ad medium foliato folia anguste linearia inferne canaliculata superante, spathæ valvis binis deflexis lanceolatis sensim attenuatis umbellá sublongioribus, umbellæ globosæ multifloræ pedicellis tenuibus subæquilongis flore 3-4-plo longioribus, perigonii minuti oblongo-campanulati nitentis basi flavidi superne intense purpurei phyllis oblongis obtusis, filamentis basi perigonio adnatis anguste lanceolatis perigonio sublongioribus, ovario ovato, stylo exserto ♃.

Hab. in Assyriá inter Diarbekir et Mardin (Ky. 305!).

Sesquipedale, umbella magnitudine nucis, perigonium 1 ¼ lineam longum. Affine *A. myriantho* a quo præter florum colorem differt perigonio sublongiore, filamentis lanceolatis nec subulatis.

68. **A. Wiedemannianum** (Regel Mon. p. 189, ex parte) bulbi ovati tunicis membranaceis, scapo elato tereti ad medium foliato folia filiformi-teretia superante, spathæ valvis binis ovatis ventricosis stricto-sulcatis in caudam subulatam umbellam æquantem vel superantem abrupte contractis, umbellæ multifloræ globosæ pedicellis capillaribus flore 4-5-plo longioribus inæqualibus basi nudis, perigonii purpurei oblongo-campanulati phyllis oblongo-linearibus obtusiuseulis, filamentis subulatis basi perigonio adnatis eo sublongioribus, ovario ovato substipitato, stylo exserto ♃. *A. Wiedemannianum* var. *flore purpureo* Regel loc. cit.

Hab. in Anatoliá prope Eski Scheher (Wiedem!).

Caulis 1-2-pedalis, umbella eá *A. myrianthi* minor minus multiflora inter nucem et avellanum media, perigonium lineam vix excedens eo *A. myrianthi* angustius phyllis angustioribus, ovarium dissimile, valvæ spathæ magis inflatæ. Affine *A. variegato* sed filamenta subulata nec lanceolata.

69. **A. callimischon** (Link Linn. IX, p. 140) bulbi oblongi tunicis membranaceis externis striatis, scapo erecto ad umbellam usque vaginato et folioso, foliis semiteretibus tenuiter filiformibus canaliculatis inferioribus longissimis supremo umbellam superante, spathá univalvi lanceolatá sensim cuspidato-attenuatá umbellam superante, umbellæ fastigiatæ pedicellis 10-15 tenuibus fasciculatis subnutantibus flore 2-3-plo longioribus subæqualibus, perigonii tubuloso-campanulati basi attenuati phyllis roseis cariná saturatiore elongatis late linearibus apice truncatis cum vel absque apiculo, filamentis

subulatis perigonio æquilongis cum eo basi connatis, ovario elliptico, stylo incluso ♃. *A. montanum* Bory et Chaub. Fl. Pél. non Sibth. Fl. Græc. — *A. Boryanum* K^{th}. En. IV, p. 411.

Hab. in dumosis Messeniæ inter Modon et Navarin (Bory!) in dumetis ad Neocastro (Sart!), in regione mediâ Taygeti (Orph!), prope Missolunghi Œtoliæ (Nieder!) et in regione subalpinâ montis Corax (Heldr!).

Pedale vel humilius, perigonium 2 ½ lin. longum. Species affinis *A. tenuifloro*, distinctissima vaginâ supremâ umbellæ fere contiguâ, spathâ univalvi, perigonii phyllis apice eximie truncatis. .

70. **A. Achaium** (Boiss. et Orph. in Orph. Fl. Gr. exs. N° 427) bulbi ovati tunicis membranaceis externis nigris, scapo tereti ad medium usque foliato folia anguste linearia semiteretia subsuperante, spathæ valvis binis lanceolatis acuminatis umbellæ subæquilongis, umbellæ 10-20-floræ pedicellis filiformibus erecto-patulis flore 3-plo longioribus apice incrassatis, perigonii rosei obconico-campanulati phyllis obovato-oblongis obtusis nervo medio subsaturatiore, filamentis basi perigonio adnatis eo subæquilongis lanceolatis sensim attenuatis, ovario oblongo, stigmate subexserto ♃.

Hab. in monte Clocos Achaiæ prope Vostitza sito loco Pente Vryses dicto 4000' (Orph!).

β Parnassicum. — Perigonii angustioris tubuloso-obconici phylla acutiora-lineari, oblonga, filamenta perigonio subbreviora. Spatha sæpe umbellâ longior.

Hab. in regione abietinâ et alpinâ montis Parnassi (Guicc! Heldr. exs. 2766!), montis Malevo Laconiæ ad cacumen (Orph. exs. 3577!).

Semipedale et vix pedale, pedicelli 6-8 lineas, perigonium 2-3 ½ lineas longum. Affine *A. paniculato* et præsertim *A. tenuifloro* Ten. (meo sensu ab omnibus *A. paniculati* formis perigonii magis cyliadrici phyllis acutatis, etc. distincto), ab eis differt flore tertiâ parte saltem longiore, filamentis parte inferiore magis dilatatis. Facies *A. callimischon* Link spathâ univalvi, phyllis perigonii truncatis, etc., cæterum diversissimi.

71. **A. paniculatum** (L. Sp. 428 non D. C.) bulbi ovati tunicis exterioribus membranaceis vel pergamaceis, scapo tereti elato ad vel supra medium foliato, foliis anguste linearibus semiteretibus farctis vel fistulosis inferne canaliculatis, spathæ valvis binis a basi oblongo-ellipticâ in caudam umbellam æquantem vel sæpius eâ multo longiorem abeuntibus, umbellæ diffusæ multifloræ pedicellis tenuibus valde inæqualibus aute anthesin nutantibus perigonio pluries longioribus basi bracteolatis, perigonii albi albo-virentis carnei vel rosei obconico-campanulati phyllis conniventibus late oblongo-linearibus obtusis interdum apiculatis, filamentis perigonio subæquilongis subulatis inter se et cum perigonio breviter coalitis sinubus edentulis vel rarius denticulo auctis, capsulâ ellipsoideâ basi attenuatâ, stylo exserto ♃. Ic. Fl. Græc. tab. 318. — *A. intermedium* D. C. Rchb. Ic. Germ. 1065. — *A. præcissum* Rchb. Germ. fig. 1066. — *A. longispathum*

Red. Lil. tab. 416 (forma spathis elongatis). — *A. dentiferum* Webb Phyt. Canar. tab. 234.

Hab. in cultis regionis inferioris et montanæ totius ditionis a Græciâ! Macedoniâ! ad Caucasum! Transcaucasiam! Syriam! Palestinam.

β *fuscum.* — Folia parte inferiori planiuscula canaliculata apice teretia fistulosa. Vix varietas. — *A. fuscum* W. K. Pl. rar. Hung. tab. 241.

Hab. ad radices Olympi Bithyni (Orph!).

γ *pallens.* — Umbella contracta magis globosa pedicellis abbreviatis minus inæqualibus. Spatha abbreviata. Flores fere semper albi. *A. pallens* Parl. Fl. Ital. — Gren. et Godr. Fl. Fr. et prob. Linn. Sp. p. 427.-Fl. Græc. tab. 817. — *A. rupestre* Stev. Rchb. Ic. Crit. tab. 428. — *A. Coppoleri* Tin. — Guss. Syn. I, p, 394!

Hab. in cultis, vineis, etc., Attica (Sprun! Heldr! Orph!) montes Parnes et Hymettus (Sprun! Sart! forma humilior,) Œtolia (Samar!), regio inferior Parnassi ad Pagna (Heldr!), Argolis (Sart! Orph!), Zacynthus (Marg!), Macedonia (Orph!), Anatolia orientalis (Auch. 2203!), Syria ad Aintab et Marasch (Haussk!), Egyptus ad Aleyandriam (Letourn!), Mesopotamia (Ky. 408!), Palestina (Roth 431!), Tauria et Transcaucasia (Stev. Heldr!), mons Clocos Achaiæ (Orph. Fl. exs. 427!), montes Parnes et Hymettus Atticæ (Sprun! Heldr!), regio superior montis Delphi Eubeæ (Heldr!), Libanus ad Cedros (Bl!).

Inter omnes varietates supra enumeratas transitus manifesti videntur.

Ar. Geogr. Lusitania, Hispania, Gallia occidentalis et australis. Italia, Istria, Dalmatia, Rossia australis, Madera, insulæ Canarienses.

72. **A. chloranthum** (Boiss. Diagn. Ser. I, 13, p. 33) bulbi ovati tunicis externis corticosis nigricantibus internis membranaceis, scapo elato flexuoso ultra medium foliato, foliis subcylindricis fistulosis late viridibus scapo æquilongis, spathæ valvis binis a basi oblongâ longe caudato-acuminatis binis vel alterâ umbellam longe superantibus, umbellæ multifloræ pedicellis inæqualibus flore 2-4-plo longioribus, perigonii pallide luteolo-viridis obconico-campanulati phyllis oblongis obtusis, filamentis a basi lanceolatâ subulato-attenuatis inferne perigonio adnatis et eo subæquilongis, antheris luteis subexsertis, capsulâ ovatâ basi attenuatâ vesiculoso-tuberculatâ ♃.

Hab. in regione superiori montis Cassii Syriæ borealis unde bulbos retuli et plantam vivam descripsi

Pedale et elatius, perigoniun 2 lineas vel paulo amplius longum. Non ut Cl. Regel autumat, *A. fluvo* sed *A. paniculato* multis notis affine, ab eo tamen videtur specifice distinctum foliis evidenter fistulosis, perigonii colore, antheris subexsertis, ovario vesiculoso-tuberculato.

73. **A. glumaceum** (Boiss. et Haussk!) bulbi ovati tunicis externis membranaceis remote et elevatim striatis superne tandem in fibras longas solutis, scapo tereti flexuoso striato ad medium usque foliato, foliis filiformibus angulatis striatis scabridulis superioribus scapum æquantibus, spathæ valvis binis a basi lanceolatâ longe fili-

formi-subulalis folio similibus umbellam longe superantibus, umbellæ
sub-20-floræ pedicellis tenuibus erectis flexuosis flore 5-6-plo longioribus, perigonii membranacei straminei longe cylindrico-campanulati
phyllis lanceolatis obtusiusculis, filamentis basi cum perigonio connatis eo quartâ parte brevioribus lanceolatis sensim attenuatis,
ovario oblongo, stylo incluso ♃.

Hab. in monte Berytdagh Cataoniæ 7000' (Haussk!).

Circiter pedale, folia tenuia rigidala spathæque caudæ sæpe semipedales,
pedicelli 9-10 lineas longi, perigonium 3 lineas longum post anthesin angustatum et supra medium subconstrictum phyllis apice margine convolutis.
Species distinctissima nulli propius affinis.

74. A. modestum (Boiss. Diagn. Ser. I, 13, p. 33) bulbi ovati
tunicis membranaceis, scapo tereti fere ad medium usque folioso foliis
semiteretibus canaliculatis scapum æquantibus vel superantibus, spathæ
valvis binis a basi sublatiore linearibus umbellâ sæpius brevioribus,
umbellæ multifloræ pedicellis capillaribus patulo-effusis vel arcuatis
flore 3-4-plo longioribus, perigonii sordide albo-virentis rubello suffusi cylindrici elongati phyllis oblongo-linearibus apice attenuatis
acutiusculis vel obtusis, filamentis basi perigonio adnatis anguste lanceolatis eo fere dimidio brevioribus, ovario oblongo, stylo incluso ♃.

Hab. in desertis Palestinæ ad meridiem urbis Gaza (Boiss!). V. sp. et viv.
cult.

Caules 5-8-pollicares, pedicelli fere pollicares, perigonium 4 lineas longum.
Species ab omni grege *A. paniculati* perigonio attenuato et filamentis brevibus distincta.

75. A. Tchihatchewii (Boiss. in Tchih. As. Min. II, p. 352)
bulbi ovati tunicis membranaceis exterioribus lutescentibus striatis,
scapo humili flexuoso fere ad medium usque folioso. foliis 2-3 filiformibus semiteretibus striatis curvatis scapo æquilongis. umbellæ paucifloræ pedicellis parum inæqualibus tenuibus longissimis effusis
divergentibus arcuatis, spathæ valvis binis a basi latiore caudatis
umbellâ 3-4-plo brevioribus, perigonii rosei campanulati phyllis ellipticis obtusissimis, filamentis a basi late lanceolatâ attenuatis perigonio basi adnatis et eo sublongioribus, ovario globoso-trigono, stylo
incluso ♃.

Hab. in Armeniæ Turcicæ regione alpinâ circa Gumuschkhané in rupestribus (Tchih. 252 ! Bourg!).

Caules 6-9-pollicares valde flexuosi interdum ex eâdem vaginâ bini,
umbella 20-30-flora pedicellis longioribus 12-15 lin. longis, perigonium
2 lineas longum. Species distinctissima.

76. A. montanum (Sibth. et Sm. Fl. Græc. IV, p. 17, tab.
319) bulbi oblongi tunicis externis coriaceis nigris elevatim et remote
striato-costatis, scapo pumilo ascendente vel flexuoso inferne 1-2
phyllo foliis subteretibus canaliculatis tenuiter filiformibus scapo

brevioribus, spathæ valvis binis a basi lanceolatâ subulato-attenuatis umbellam æquantibus vel sublongioribus, umbellæ pedicellis 5-12 subinæqualibus longioribus florem 1 $^1/_2$-2 plo superantibus, perigonii purpurei breviter campanuloti phyllis oblongo-spathulatis apice acutatis nervo medio saturatiore, filamentis roseis basi cum perigonio coalitis anguste lanceolato-subulatis perigonio vix brevioribus, ovario obovato basi attenuato; stigmate subexserto ♃.

Hab. in fissuris rupium cacuminis Olympi Bithyni (Sibth,. Auch. 2207! Pichler!), in monte Davros Pisidiæ (Heldr!).

Planta 2-4-pollicaris, folia tenuissima, flores 2 $^1/_2$ lineas longi. Species a formis minoribus *A. paniculati* jam tunicarum indole distinctissima. In icone Floræ Græcæ perigonii phylla nimis obtusa exhibentur.

77. A. frigidum (Boiss. et Heldr. Diagn. Ser. I, 13, p. 34)
bulbi ovati tunicis membranaceis exterioribus nigricantibus, scapo tenui humili ad medium usque foliato, foliis 2-3 semiteretibus filiformibus brevibus, spathæ valvis binis lanceolatis deflexis umbellâ subbrevioribus, umbellæ pedicellis 4-7 inæqualibus longioribus florem duplo superantibus, perigonii breviter campanulati stramineo-rubelli phyllis ovato-oblongis abruptiuscule acutatis et mucronatis, filamentis subulatis basi perigonio adnatis et eo æquilongis, capsulâ ovatoglobosâ trigonâ, stylo exserto ♃.

Hab. in lapidosis mobilibus summi Taygeti orientem versus 6000'-7500' (Heldr!).

Caulis 3-5-pollicaris, perigonium 2 $^1/_2$ lin. longum. Prius habuimus pro *A. montano* Fl. Græc. facie simili sed tunicis coriaceis costatis alieno. A formis pumilis *A. paniculati* perigonii phyllis acutis nec obtusis, ab *A. tenuifloro* perigonio non cylindrico, etc., distinctum.

78. A. Sipyleum (Boiss. Diagn. Ser. I, 5, p. 58)
bulbi ovati tunicis teneris membranaceis, scapo humili flexuoso ad medium foliato folia linearia subfiliformia canaliculata superante, spathæ valvis binis deflexis oblongo-lanceolatis longe acuminatis pedicellos subæquantibus, umbellæ paucifloræ fastigiatæ pedicellis valde inæqualibus demum strictis erectis flore 1-$^1/_2$-4-plo longioribus, perigonii oblongo-campanulati pallide rosei phyllis elliptico-lanceolatis acutis, filamentis basi vix dilatatis inter se et cum perigonio connatis perigonio subbrevioribus, capsulâ globoso-trigonâ perigonio breviore, stylo incluso ♃ *A. exile* Boiss. ot Orph. Diagn. Ser. II. 4, p. 118.

Hab. in glareosis montis Sipyli supra Magnesiam Lydiæ (Boiss!), in monte Æpos insulæ Chios (Orph!).

Caulis 6-8-pollicaris, pedicelli 4-15 lineas longi, perigonium 2 $^1/_2$ lineas longum, capsula retusa perigonio subbrevior. Ab affini *A. montano* tunicis teneris, foliis crassioribus lineam fere latis, pedicellis valde inæqualibus, perigonio angustiore, etc., distinctum.

79. A. Tauricolum (Boiss. Diagn. Ser. II, 4, p. 118)
bulbi ovati tunicis externis firmis nigris tenuiter multistriatis secus caulis

basin productis, scapo humili flexuoso ad medium foliato, foliis semiteretibus filiformibus sulcatis flexuosis brevibus, spathæ valvis binis
a basi subdilatatâ filiformibus umbellam plerumque superantibus,
umbellæ fastigiatæ pedicellis 10-15 subæqualibus perigonio subæquilongis, perigonii purpurei campanulati phyllis elliptico-linearibus
acutis, filamentis basi adnatis perigonio sublongioribus a basi anguste
lanceolatâ subulatis, capsulâ ovato-trigonâ perigonio breviore, stigmate exserto ♃. *A. Boissieri* Haussk exs.

Hab. in glareosis regionis montanæ superioris et alpinæ Tauri Cilicici
8000' (Ky. 497 sub *A. moschato* et *A. montano!* et 251 sub *A. frigido*, Bal.
812 !), in Ciliciâ Tracheâ supra Ermenek (Pér !), in monte Begdagh Tauri
Cataonici (Haussk !).

Caulis 3-8-pollicaris, perigonium 2 ¼ lin. longum ; affine *A. montano* et
A. frigido ab utroque tunicis, umbellæ fastigiatæ pedicellis abbreviatis, antheris magis exsertis distinctum, a proximo *A. lepido* K[th] filamentis brevioribus et antheris exsertis discrepans.

80. A. brevicaule (Boiss. et Bal. Diagn. Ser. II, 4, p. 119) bulbi
ovati tunicis membranaceis, scapo nano, foliis 2-3 angustissime linearibus striatis ad nervos et margines scabridulis scapo longioribus,
spathæ valvis binis lanceolatis umbellam æquantibus vel sublongioribus, umbellæ subfastigiatæ pedicellis 10-20 subinæqualibus longioribus florem duplo superantibus, perigonii rosei phyllis lineari-ellipticis
obtusis, filamentis anguste lanceolato-subulatis perigonio subbrevioribus, antheris inclusis, ovario elliptico, stylo breviter exserto ♃.

Hab. in regione alpinâ montis Dededagh Antitauri Cappadocici (Bal !).

Caulis 2-3-pollicaris, perigonium 2 lineas longum. Affine *A. Tauricolo* a
quo tunicis tenuiter membranaceis, foliis scabridis planiusculis, perigonii
phyllis obtusis differt.

81. A. lepidum (Kunth Enum. IV, p. 408) bulbi oblongi parvi
tunicis externis nigris internis albo-membranaceis, scapo nano versus
medium foliis binis semiteretibus sulcatis tenuiter filiformibus æquilongis vel eo sublongioribus obsito, spathæ valvis binis lanceolato-
subulatis alterâ umbellam sæpe superante, umbellæ pedicellis 5-10
subæqualibus flore duplo longioribus floriferis pendulis, perigonii
purpurei cylindrico-campanulati phyllis elliptico-linearibus apice
acutatis, filamentis anguste lanceolato-subulatis perigonio subbrevioribus, ovario ovato, stylo subincluso ♃. *A. saxatile* Hohen. exs.
non M. B.

Hab. ad rupes Iberiæ Caucasicæ ad fontem acidulum Dipmi prope Schuscha (Hoh !), prope Baku (Seidl !), Daghestania ad fontes fluvii Samur 6000
(Rupr !).

Caulis 3-4-pollicaris, perigonium 3 lineas longum, ab *A. Tauricolo*, floribus
majoribus, etc., distinctum. Bulbi sæpe cespitosi.

β *Rehmanni*. — Elatius pedale, umbellæ flores numerosiores et
pedicelli longiores, filamenta abbreviata perigonio quartâ parte breviora, spatha longior.

Hab. ad rupestribus Caucasi circa Kasbek (Rehm. exs. 992!), in Daghestaniâ ad fontes fl. Samur 6600' (Rupr!).

82. A. subquinqueflorum (Boiss. in Bourg. exs. 1862) bulbi oblongi tunicis externis nigris crebre et tenuissime striatis, scapo pumilo ad $^3/_4$ longitudinis folioso et vaginato folia brevia semitereti-filiformia canaliculata superante, spathæ valvis binis lanceolatis longe filiformi-caudatis umbellâ duplo longioribus, umbellæ 3-4-floræ fastigiatæ pedicellis æqualibus flore vix longioribus, perigonii campanulati albidi phyllis elliptico-oblongis obtusis, filamentis anguste lanceolatis subulato-attenuatis perigonio subæquilongis basi cum perigonio connatis ♃.

Hab. in rupestribus prope Baibout Armeniæ (Bourg!), in valle Khabackar Ponti Lazici 6000' (Bal! sub *A. pallenti*).

Semipedale vel pedale, foliorum lamina tenuis vix pollicaris, flores 2 $^1/_2$ lineam longi. Affine *A. Djimilensi* vaginis in fibras solutis, floribus duplo majoribus, etc., distincto. Proximum quoque *A. Serbico* Vis. et Pancic Dec., II, tab. 8 (a cl. Regel inter synonyma *A. moschati* enumerato sed tunicis non reticulatis, pedicellis brevissimis, petalis obtusis ab eo alieno), foliis longis, pedicellis brevissimis, spathæ valvis basi dilatatis, perigonio breviore vix 2 lineas longo, antheris subexsertis distincto. Affine quoque *A. lepido* perigonii multo majoris phyllis acutis etc. diverso.

83. A. chlororum (Boiss. et Haussk.) bulbis ovatis in cespites compactos aggregatis, tunicis externis nigris firmis subtilissime striatis internis albis pellucidis, scapis nanis crassiusculis, foliis scapum superantibus anguste linearibus striatis scabridis, spathæ valvis binis ovatis albo-membranaceis striatis in caudas lineares virides umbellâ sæpe longiores contractis, umbellæ valde pauciifloræ pedicellis 3-5 inæqualibus flori æquilongis vel sesquilongioribus, perigonii albi vel pallide rosei late campanulati phyllis tenuiter membranaceis late oblongis apice breviter acuminatis, filamentis perigonio basi adnatis eoque subbrevioribus a basi lanceolatâ subulatis, ovario ovato, stylo apice subexserto ♃.

Hab. in monte Berytdagh Cataoniæ 9000' (Haussk!).

Caules tripollicares, perigonium fere 3 lineas longum late campanulatum eo *A. Tauricoli, lepidi* et affinium multo tenuius membranaceum.

           * * Bulbi tunicæ externe demum in fibras solutæ.

84. A. Ruprechti, bulbo...., scapo ad tertiam partem foliato folia anguste linearia flaccidula vix superante, spathæ valvis binis ovatis membranaceis inflatis in cuspidem herbaceam alterius umbellâ sublongiorem abrupte contractis, umbellæ hemisphericæ 10-15-floræ pedicellis flori subæquilongis, perigonii majusculi campanulati rosei phyllis oblongo-lanceolatis acuminatis carinâ intensiore, filamentis præter imam basin dilatatam subulatis albis perigonio sesquilongioribus, antheris fuscis, stylo exserto ♃.

Hab. ad moles glaciales Zei districtûs Alagir Caucasi Orientalis 6300″ (Rupr!).

Fere pedale, folia lineæ ¹/₂-¹/₂ partem lata, perigonium 2 ¹/₄ lineas longum. Affinitas ob bulbum non notum dubia. Facies et flores *A. Schœnoprasi* a quo foliis non fistulosis et filamentis longe exsertis alienum est.

85. A. Djimilense (Boiss. in Bal. exs. 1866) bulbis aggregatis

oblongis, tunicis nigricantibus secus scapum elongatis membranaceis demum in fibras parallelas solutis, scapo humili tereti tenui ad medium foliato, foliis lineari-filiformibus semiteretibus canaliculatis tenuissimis flexuosis scapo brevioribus, umbellæ fastigiatæ pedicellis 5-8 flore sublongioribus, spathæ valvis binis lanceolatis acutis pedicellos superantibus, perigonii obconici phyllis oblongo-linearibus elongatis obtusiusculis pallide roseis nervo medio purpureo, filamentis inferne inter se et cum perigonio coalitis anguste lanceolatis subulato-attenuatis perigonio 2 2 ¹/₂-plo brevioribus, capsulâ perigonio duplo superatâ, stylo brevi ♃.

Hab. in regione alpinâ Ponti Lazici supra Djimil 6600′ (Bal !). Fl. Aug.

Bulbi cæspitosi et perigonium elongatum *A. Schœnoprasi* sed ab eo umbellâ fastigiatâ pauciflorâ, spathâ lanceolatâ, foliis non fistulosis, etc , recedens. Caules semipedales, perigonium 4 ¹/₂ lineas longum.

86. A. moschatum (L. Spec, 427) bulbi oblongo-conici tunicis

exterioribus totis vel apice elongato reticulatim fibrosis, scapo tereti tenui folia teretia setaceo-subulata supra anguste canaliculata æquante vel eis breviore, spathæ valvis binis a basi latiore linearibus inæqualibus longiore pedicellos sæpe superante, umbellæ sæpius paucifloræ fastigiatæ pedicellis filiformibus æqualibus vel inæqualibus flore 2-4-plo longioribus basi sæpius bracteolatis, perigonii campanulato-cylindrici phyllis roseis vel albidis carinâ saturatiore lanceolatis acutiusculis, filamentis perigonio tertiâ parte brevioribus basi inter se et cum perigonio connatis a basi lanceolatâ longe subulatis ♃. Rchb. Ic. Germ. 1091. — *A. capillare* Cav. Ic. tab. 206. — *A. setaceum* W. K. Hung. tab. 68.

Hab. in collinis siccis, Peloponnesus (herb. Fauché!), Cyclades (Urv !), Macedonia et Thracia (Friv!), Tauria et Caucasus (Ledeb.), Georgia Caucasica (Hoh! Rehm!), Persia borealis (Buhse!).

Ar. Geogr. Hispania orientalis, Gallia australis, Italia australis, Dalmatia, regio Danubialis, Rossia australis, Sibiria Uralensis.

87. A. Cupani (Raf. Car. (1818) p. 86) bulbi elongati conici

tunicis tenuiter et dense reticulato-fibrosis superne ad basin caulis productis, scapo gracili flexuoso rigidulo ad vel ultra medium foliato folia brevia semiteretia filiformia canaliculata superante, vaginis sæpe pilosulis, spathâ univalvi lanceolatâ acuminatâ persistente erectâ basi tubulosâ umbellam longe superante, umbellæ paucifloræ fastigiatæ irregularis pedicellis valde inæqualibus flore multo longioribus subnutantibus fructiferis erectis basi bracteolatis, perigonii campanulato-cylindrici phyllis oblongo-linearibus obtusiusculis vel retusis apice subreflexis dilute roseis carinâ saturatiore, filamentis imâ basi inter se et cum perigonio coalitis æquilatis a basi lanceolatâ subulato-attenuatis perigonio tertiâ parte brevioribus ♃. *A. moschatum* Urv. Enum. p. 37. — *A. hirtovaginatum* K[th]. Enum p. IV, 412. — *A. Pisidicum* Boiss. et Heldr. Mss. — *A. vaginatum* Pancic Pl. exs.

Hab. in collibus siccis, lapidosis regionis inferioris montanæ et alpinæ, circa Athenas (Heldr. Herb. Norm. 753!), ad Acrocorinthbum (Heldr!), in monte Malevo Laconiæ (Orph!) in montibus Davros et Stavros Pisidiæ 6000' (Heldr!),ᴵCypri montes (Sint. et Rigo!).

Ar. Geogr. Sicilia, Algeria, Serbia.

88. A. callidictyon (C. A. Mey. in K[th]. Enum IV, p. 413)

bulbi ovato-conici tunicis dense reticulato-fibrosis, scapo ascendenti tereti rigidulo usque ad tertiam vel dimidiam partem foliato folia filiformia semiteretia supra canaliculata brevia ad vaginas puberula tandem glabrata superante, spathæ valvis binis a basi ovatâ vel oblongâ breviter caudatis mox ruptilibus, umbellæ paucifloræ fastigiatæ pedicellis inæqualibus basi bracteolatis flore 3-5-plo iongioribus, perigonii carnei campanulati phyllis oblongo-lanceolatis apice attenuatis obtusis, filamentis basi dilatatâ inter se et cum perigonio connatis alternatim angustioribus perigonio quartâ parte brevioribus ♃.

Hab. in regione subalpinâ montis Aslandach Cappadociæ (Bal. exs. sub *A. Cupani*!), montis Berytdagh Cataoniæ 9000' (Haussk!), in lapidosis prov. Aderbidjan Persiæ circa Khoï (Szov!).

Valde affine *A. Cupani* Raf. quocum a cl. Gay conjungitur sed cl. Regel recte animadvertente certe differt spathâ brevi bivalvi nec univalvi lacero-deciduâ nec persistente, filamentisque inæquilatis.

89. A. Sindjarense (Boiss. et Haussk. in Haussk. exs. 1867)

bulbi ovato-oblongi bulbis dense reticulato-fibrosis, scapo erecto firmo parte inferiore folioso folia filiformia semiteretia superne canaliculata brevia multum superante, vaginis breviter pilosulis, spathæ membranaceæ valvis binis lanceolatis longe caudatis reflexis umbellâ brevioribus. umbellæ hemisphæricæ pedicellis purpureis subinæqualibus flore 4-5-plo longioribus, perigonii intense purpurei campanulati phyllis oblongo-lanceolatis acuminatis obtusiusculis, filamentis perigonio quartâ parte brevioribus a basi dilatatâ connatâ attenuatis alternatim angustioribus ♃.

Hab. in uliginosis salsis Mesopotamiæ inter Sindjar et Toll Afar (Haussk!), specimen incompletum ex Palmyrâ (Bl. exs. 4009') hûc spectare videtur.

Pedale, facies omnino *A. rubelli* sed tunicæ diversissimæ, perigonium 2 ¹/₂ lin. longum.

90. A. Stocksianum (Boiss. Diagn. Ser. II, 4, p. 117)

bulbi oblongi tunicis dense parallele et subreticulatim rufescenti-fibrosis, scapo nano inferne vaginato et 3-4 phyllo, foliis semiteretibus filiformibus flexuosis vel circinnatis scapo sublongioribus, spathæ valvis 1-2 ovatis acuminatis umbellâ brevioribus, umbellæ multi-floræ pedicellis patentibus tenuibus flore triplo longioribus, perigonii campanulati pallide rosei phyllis oblongo-lanceolatis acuminatis dorso intensius colorato, filamentis basi inter se et cum perigonio adnatis eo tertiâ vel quartâ parte brevioribus inferne dilatatis triangularibus abrupte attenuatis ♃. *A. Himalayense* Regel Mon. p. 118 !

Hab. in Affghaniâ (Griff. Journ. 540!), in Belutschiâ ad Doubund (Stocks!)

β *Persicum*. Filamenta perigonio vix breviora.

H ab. ad Schurab prope Ispahan (Bge N° 12!).

Planta 3-5-pollicaris, umbella diametro 15-18 lineas lata, perigonium tres lineas longum.

91. A. Bungei, bulbi oblongi elongati tunicis externis pergame-neis firmis basi profunde fissis internis membranaceis parallele mul-tinerviis omnibus superne elongatis, scapo nano crassiusculo inferne foliis duobus semiteretibus filiformibus canaliculatis eo sublongioribus obsito, spathæ valvis ovatis deflexis pedicellis duplo brevioribus, umbellæ pedicellis patentibus et deflexis flore triplo longioribus basi bracteolatis, perigonii breviter campanulati phyllis ovatis acutiusculis mucronulatis albidis carinâ virente, filamentis perigonio tertiâ parte brevioribus basi inter se et cum perigonio connatis triangulari-lanceo-latis subulato-attenuatis alternatim angustioribus ♃.

Hab. in Persiâ orientali inter Kerman et Iezd (Bge N° 10!).

Bulbi tunicæ ut in *A. sabuloso* basi demum in lobos triangulares fissæ.

Scapus 3-4-pollicaris, pedicelli 5-6 lineas, flores 2 lineas longi, folia vix lineam diam. lata. Bulbi tunicæ externæ tandem fissæ nec in fibras solutæ videntur; magna tamen cum *A. Stocksiano* cujus tunicæ fibroso-reticulatæ sunt affinitas.

92. A. desertorum (Forsk. Fl. Eg. Arab. p. 72) bulbi oblongi tunicis externis crassis corticosis internis firmis subreticulatim striatis tandem basi solutis, scapo humili striato ante anthesin apice nutanti supra basin sæpe inflexo inferne subtriphyllo, foliis tenuibus canaliculatis striatis scapum valde superantibus, spathæ valvis binis membranaceis rubrinerviis in cuspidem subulatam longiusculam con-tractis umbellâ longioribus, umbellæ 10-20-floræ pedicellis effusis inæqualibus flore sesquilongioribus, perigonii campanulati albi nitidi phyllis rubello-carinatis oblongo-lanceolatis acutiusculis apice sub-recurvis, filamentis simplicibus perigonio quartâ parte brevioribus a basi subdilatatâ subulatis, antheris flavis, stylo incluso, stigmate capitato ♀.

Hab. in desertis Kahirinis (Forsk. Cramer!), in ditione Hamada deserti Arabici Egypti mediæ (Schweinf!), in montibus prope Suez (Sickenberger!). Fl. Maio.

Caulis 3-4-pollicaris, folia semipedalia lineam dimidiam lata, perigonium fere tres lineas longum.

§ 4. **Molia**. — Folia plana scapum inferne non vel vix involucrantia. Spatha lata vix caudata. Bulbi tunicæ non fibrosæ nec reticulatæ.

˙ Folia lanceolata vel linearia.

93. A. oreophilum (C. A. Mey. Ind. Cauc. p. 37) bulbi ovati tunicis membranaceis, scapo nano tereti ad vel ultra medium foliato et vaginato, foliis binis lineari-lanceolatis vel linearibus planis acutis sæpe recurvis scapo sæpius longioribus, spathâ triangulari-ovatâ acutâ bivalvi pedicellis subbreviore, umbellæ fastigiatæ vel hemisphericæ 10-15-floræ pedicellis flore sesquilongioribus, perigonii purpurei phyllis late ovato-oblongis acutis mucronulatis nervo medio saturatiore, filamentis perigonio triplo brevioribus basi inter se et cum perigonio coalitis late triangularibus abrupte et breviter attenuatis alternatim subangustioribus ♃. Ic. Gartenfl. 1873, tab. 775. — *A. platystemon* Kar. et Kir.

Hab. in petrosis alpinis Caucasi Orientalis in monte Tufandagh 9000' C. A. Mey!), in Daghestaniâ et Salataviâ 7800'-8400 (Rupr!).

Caulis 3-4-pollicaris, folia 1 ¹/₂-2 lineas lata, flos pro plantæ minutie magnus campanulatus 4-4 ¹/₂ lin. longus. Ut et species sequens fere æquo jure inter *Molia* vel inter *Codonoprasa* recensendum.

94. A. Balansæ, bulbi ovati tunicis membranaceis, scapo nano tereti ultra dimidiam longitudinem vaginato et foliato, foliis binis linearibus canaliculatis apice attenuatis recurvis scapo longioribus, spathæ valvis binis triangulari-lanceolatis acutis reflexis pedicellos æquantibus, umbellæ fastigiato-hemisphericæ pedicellis 10-15 flore vix longioribus, perigonii rosei campanulati phyllis ovato-oblongis obtusissimis, filamentis perigonio sublongioribus basi inter se et cum perigonio connatis a basi lanceolatâ subulato-attenuatis alternatim subangustioribus, stylo staminibus longiore ♃.

Hab. in regione alpinâ superiore Ponti Lazici 8000' (Bal!).

Planta 3-4-pollicaris. Species valde affinis facie et characteribus *A. oreophilo* a quo tamen egregie differt perigonii phyllis obtusis filamentisque elongatis. Folia insuper subangustiora canaliculata, spathæ valvæ angustiores, pedicalli paulo breviores et flores subminores 3-3 ¹/₂ lin. longi.

95. A. Chamæmoly (L. Sp. 433) bulbi parvi ovati tunicis cinerascentibus, scapo pygmæo terrâ sepulto vaginis foliorum membranaceis obsito, foliis 3-4 planis anguste lineari-acuminatis gramineis patentibus ciliatis vel villosis umbellam multo superantibus, spathæ lobis binis acutis umbellâ subbrevioribus, pedicellis flore duplo longioribus tandem recurvatis, perigonii lactei phyllis lineari-oblongis obtusis stamina duplo superantibus, filamentis albis a basi triangulari-ovatâ subconnatâ longe subulato-attenuatis, ovario depresso-glo-

boso, stylo filiformi stamina subæquante ♃. Cavan. Ic. tab. 207. —
Rchb. Ic. Germ. fig. 1096.

Hab. in collibus regionis inferioris Peloponnesi (herb. Fauché!), in insulâ
Zacyntho (Sm. Prodr.). Fl. Jan.-Febr.

Ar. Geogr. Hispania australis, Gallia australis, Italia australis, Dalmatia,
Africa boreaiis.

96. **A. circinnatum** (Sieb. Reis. Cret. II, p. 316, tab. 6) bulbi
ovati tunicis pergamaceis, scapo pygmæo terra sepulto foliis arcte
vaginato, foliis planis anguste linearibus caule longioribus laxe villosis parte superiori spiraliter tortis, spathâ bipartitâ acutâ pedunculos
flore sesquilongiores inæquales snbæquante, umbellâ 3-5-florâ, perigoni albi phyllis ovato-oblongis obtusis apice subdenticulatis, filamentis perigonio tertiâ parte brevioribus late lanceolatis breviter
subulato-attenuatis, stylo stamina subæquante ♃. *A. Clusianum* Fl.
Pélop. p. 21 non Retz.

Hab. in regione inferiori insulæ Cretæ ad Perivolizza prope prom. Maleca
(Sieb.), in Peloponneso ad Modon et Navarin (Bory!). Fl. Mart

Planta tripollicaris, foliorum lamina quadripollicaris lineam dimidiam lata.
Affine *A. Chamæmoly*, distinctum foliis angustissimis circinnatis, perigonii
phyllis latioribus, filamentorum fabricâ.

97. **A. Libani** (Boiss. Diagn. Ser. I, 13, p. 26) bulbi mediocris
ovati tunicis griseo-nigricantibus, scapo brevi crassiusculo inferne
tantum vel fere ad umbellam usque folioso, foliis subternis expansis
planis lanceolatis incurvis et sæpe undulato-flexuosis caule longioribus, spathâ pedicellos æquante acuminatâ sæpe 2-3-lobâ, umbellâ
multiflorâ hemisphericâ, pedicellis flore sesquilongioribus, perigonii
albo-straminei phyllis basi longe coalitis lanceolatis acutis, filamentis
perigonio dimidio brevioribus connatis late triangulari-lanceolatis
acutis, stylo staminibus longiore apice vix incrassato.

Hab. in arenosis jugi Makmel Libani 7-8000' (Boiss!), circâ Balbeck et
Zebdani (Post!), ad Djurd Hasrun (Bl!), Khan Mourad inter Berythum et
Damascum (Peyron! forma stenophylla), in cacumine mantis Hermon 9000'
(Ky, 186!), in Palestinâ (Roth 428!), ad Dhoheriyeh Judeæ (W. Barbey!).

Caulis 2-3-pollicaris, folia 4-6-lineas lata, flores fere magnitudinis *A. Erdelii*
a quo differt caule humiliore crassiore, foliis latis, filamentis latis et abbreviatis.

98. **A. Erdelii** (Zucc. Abh. Bay. Acad. III, p. 236, tab. 5) bulbis aggregatis ovati-oblongis tunicis exterioribus coriaceis, scapis
teretibus inferne tantum foliatis, foliis scapo æquilongis vel brevioribus anguste linearibus canaliculato-plicatis longe subulato-attenuatis
margine interdum ciliatulis, spathâ acuminatâ demum 3-4-lobâ pedicellis subbreviore, umbellæ multifloræ dense hemisphæricæ pedicellis
flore sesquilongioribus demum elongatis, perigonii straminei nitentis
phyllis basi breviter coalitis oblongo-lanceolatis acutis subenerviis,
filamentis perigonio æquilongis a basi connatâ dilatatâ sensim atte-

nuatis subulatis, antheris flavis subexsertis, stylo stamina superante apice subcapitato ♃. *A. Philistæum* Boiss. Diagn. Ser. 1, 13, p. 26.

Hab. in Palestinâ prope Hebron (Schub!), ad Scheick Houran (Barbey!), circa Gaza (Boiss! Ky. 419!), ad Mariout prope Alexandriam Egypti (Planta!).

Scapi 4-7-pollicares, folia inferne 1 ½-2 lineas lata. Flores magnit *A. rosei.*

β *roseum.* — Flores carnei vel rosei.

Hab. inter segetes ad Mariout prope Alexandriam (Letourn. exs. 137 bis!).

Facies *A. rosei* quod distinguitur staturâ elatiore, perigonii phyllis latioribus et brevioribus, stigmate non capitato.

99. **A. subhirsutum** (L. Sp. 424) bulbi globosi tunicis albidis, scapo elato tenui tereti parte inferiori folioso, foliis linearibus acuminatis planis flaccidis margine et interdum dorso et facie ciliatopilosis interdum glabratis scapo plerumque brevioribus, spathâ ovatâ acuminatâ sæpe 2-3-valvi pedicellis duplo breviore, umbellâ multiflorâ patente pedicellis flore 3-4-plo brevioribus, perigonii albi concoloris phyllis patentibus oblongis obtusis, filamentis albis perigonio tertiâ parte brevioribus a basi triangulari-lanceolatâ abruptiuscule subulato-attenuatis connatis, stylo staminibus sublongiore filiformi, capsulâ obcordato-trigonâ ♃. Ic. Ten. Fl. Nap. tab. 37, fig. 2. — Rchb. Ic. Germ. fig. 1099. — *A. ciliatum* Cyr. Fl. rar. tab. 6.

Hab. in collibus et arenosis regionis inferioris Peloponnesi et Græciæ (Spr! Boiss! Heldr!), Cycladum (Auch! Weiss!), Cretæ (Raul!), Syriæ littoralis et regionis inferioris Libani (Boiss! Bl! Gail!), Palestinæ ad Hierosolymam (Roth!), Cypri (Sint!).

Ar. Geogr. Regio Mediterranea Europæ, Africa borealis.

100. **A. trifoliatum** (Cyr. Pl. Rar. fasc. II, p. 11, tab. 3) bulbi globosi tunicis pallidis, scapo erecto tereti parte inferiori folioso, foliis flaccidis linearibus acutis scapo plerumque longioribus planocaniculatis margine vel utrâque facie sparsim pilosis vel omnino glabratis, spathâ bifidâ umbellâ breviore, umbellæ multifloræ fastigiatæ pedicellis flore 2-3-plo longioribus, perigonii phyllis oblongolanceolatis acutis albis carinâ vel omnino roseis, filamentis perigonio dimidio brevioribus a basi lanceolatâ breviter attenuatosubulatis, stylo filiformi stamina superante, capsulâ obverse pyramidatâ subtrigonâ ♃. *A. subhirsutum* Fl. Græc. tab. 313, non L. (perigonii phylla nimis obtusa) — *A Græcum* Urv. Enum. p. 37.

Hab. in collibus et cultis regionis inferioris Peloponnesi (Despreaux! Boiss!), Zacynthi (Weiss!), Cretæ ad Sphakia (Heldr!), insulæ Melos Cycladum (Urv!), Cypri ad Prodromo (Ky. 769! et 528 sub *A. hirsuto,*) Syriæ littoralis ad Tripoli et Beyruth (Bl! Gail!), Palestinæ ad Hebron (Ky!).

Affine *A. subhirsuto* quocum a nonnullis confusum, differt perigonii aliter colorati phyllis acutis et staminum cum perigonio proportione diversâ.

Ar. Geogr. Italia occidentalis et australis maritima, Sardinia, Sicilia, Melita.

101. A. hirsutum (Zucc. Abh. Bayr. Acad. III, p. 232, tab 2) bulbo ovato, scapo tereti inferne folioso, foliis 3-4 linearibus planis acutis multinerviis æque ac vaginæ pilis adpresse retrorsis dense obsitis scapo æquilongis, spathæ pedicellis brevioris laciniis binis ovato-lanceolatis acuminatis, umbellâ multiflorâ patente pedicellis inæqualibus perigonio 3-4-plo brevioribus, perigonii albi phyllis oblongo-lanceolatis acutis patentibus, filamentis perigonio dimidio brevioribus lanceolatis basi connatis sensim attenuatis, stylo staminibus longiore ♃.

Hab. in rupestribus Palestinæ prope Hebron (Schubert, Ky. 481!), in planitie inter Hierosolymam et vallem Terebinthi (Boiss!).

Semipedale, rarius pedale, folia interdum tres lineas lata. Affine *A. subhirsuto* et præsertim *A. trifoliato* sed distinctum iadumento pilis latis papillaribus retrorsis densis sericeis nec sparsis flexuosis elongatis constante, a priori insuper perigonii phyllis acutis, a posteriori umbellâ patente et perigonio albo concolori.

102. A. Gayi, bulbo parvo ovato, foliis binis flaccidis angustissime linearibus eximie serrulato-ciliatis scapo gracili subæquilongis, spathæ valvis binis pedicellos subæquantibus, umbellæ 12-15-floræ pedicellis gracilibus flore subduplo longioribus, perigonii albidi vel pallidissime rosei phyllis anguste lineari-lanceolatis elongatis acutiusculis nervo medio intensiore carinante, filamentis albidis basi latiore connatis sensim attenuato-subulatis perigonio subæquilongis, antheris fuscis, capsulâ breviter ovatâ trigonâ ♃. *A. Græcum* J. Gay in Bal. pl. Cilic. 1855 non Urv.

Hab. ad pagum Boulouckli Ciliciæ littoralis prope Mersina (Bal. 814!).

Scapus 9-10-pollicaris, folia 1 ¹/₁-2 lineas lata, pedicelli floriferi 6-7 lineas longi. Ab *A. trifoliato* Cyr. = *Græco* Urv. egregie differt périgonii phyllis angustissimis staminibusque perigonio æquilongis.

103. A. papillare (Boiss. Diagn. Ser. I, 13, p. 27) bulbi ovati tunicis fuscescentibus, scapo crassiusculo ascendenti tereti parte inferiori folioso, foliis scapo vix brevioribus angustissime linearibus canaliculato-plicatis longe subulato-attenuatis ad vaginas præsertim papillis adpressis retrorsis clavatis obsitis, spathæ lobis ovatis cuspidatis pedicellos æquantibus, umbellæ mediocris pedicellis flore duplo longioribus, perigonii albi phyllis ovatis obtusis, filamentis perigonio subæquilongis inter se connatis triangulari-lanceolatis sensim attenuatis, stylo perigonium superante ♀.

Hab. in deserto Palestinæ ad meridiem Gaza (Boiss!), inter Gaza et Khan Ionus (Ky. 828!), in ditione Philisteorum (Barbey!).

Planta 6-8-pollicaris, folia versus basin laminæ 2 lineas vix lata, flores magnitudinis *A. subhirsuti* et *A. hirsuti* a quibus indumento papillis planis subclavatis constante et foliis angustis canaliculato-plicatis distinguitur.

104. A. Cassium (Boiss. Diagn. Ser. I, 13, p. 28) bulbi ovati tunicis cinerascentibus tandem alveolis orbiculatis crebre perforatis, scapo tenui tereti flexuoso parte inferiori foliato, foliis angustissime linearibus scapo vix brevioribus flexuosis brevissime puberulis vel glabratis, spathæ pedicellis dimidio brevioris lobis 2-4 acuminatis, umbellæ 7-12-floræ patentis pedicellis flore subtriplo longioribus, perigonii albidi demum pallide rosei campanulati phyllis oblongo-linearibus obtusissimis, filamentis perigonio dimidio brevioribus basi connatis lanceolatis tertiâ parte superiori subulato-attenuatis, stylo subulato filamenta superante 2. A. *roseum* var. *Cassium* Regel Mon. p. 219. — A. *Cydni* Schott Œsterr. Woch. 1854, p. 217.

Hab. in herbidis cacuminis montis Cassii Syriæ bor. (Boiss!), in præruptis vallis Cydni Ciliciæ (Ky!). Fl. Jul.

β *hirtellum.* — Pilis patulis brevibus ad folia et etiam scapi partem inferiorem hirtum.

Hab. in vallibus jagi Bulghardagh Tauri Cilicici 6500'-7000' (Ky. 13! et 31!), in Libano ad Cedros (Bl. 656 bis!), prope Balbeck (Bl!). Fl. Jun.

Vix pedale, affine A. *subhirsuto* a quo differt foliis angustissimis lineam vix latis, perigonio tertiâ parte majore campanulato nec expanso, tunicis alveolatis. A. *roseum* cujus tunicæ quoque alveolatæ sunt foliis denticulato-scabris, perigonii phyllis latioribus, filamentorum structurâ, etc., longius distat.

105. A. Zebdanense (Boiss. et Noë Diagn. Ser. II, 4, p. 113)

bulbi parvi ovati tunicis fuscis, scapo elato inferne folioso, foliis lanceolato-linearibus acutis planis scapo subbrevioribus margine lævibus vel obsolete scabridis, spathâ ovatâ brevissime acuminatâ pedicellos subæquante, umbellæ 6-10-floræ pedicellis flore vix longioribus, perigonii campanulati albi phyllis oblongis vel ellipticis obtusissimis, filamentis perigonio tertiâ parte brevioribus lanceolatis a basi connatâ sensim attenuatis, stylo antheris sublongiore 2. A. *chionanthum* Boiss. in Bourg. Pl. Arm. exs. 1862.

Hab. in Antilibano prope Zebdani (Ky. 828!) in Libano ad Ain Karna prope Eden et ad Cedros (Bl. 655!), in fissuris rupium ad Gumusch Khane Armeniæ Turcicæ (Bourg!). Fl. Mai. Jun.

Pedale vel bipedale, folia 2-3 lineas lata, flores eis A. *subhirsuti* submajores et campanulati nec patentes, pedicelli multo breviores. Affine quoque A. *permixto* Guss.

106. A. eriophyllum (Boiss. Diagn. Ser. I, 7, p. 112)

bulbi ovati tunicis cinerascentibus foveolato-punctatis, caule erecto tereti glabro inferne foliato, foliis scapum subæquantibus anguste lineari-lanceolatis longe acuminatis inferne et præsertim ad vaginas patule hirtellis rarius glabris, spathâ ovatâ sæpe bifidâ longe acuminatâ pedicellis triplo breviore, umbellæ subfastigiatæ pedicellis 6-15 flore triplo longioribus, perigonii magni anguste campanulati rosei phyllis elliptico-lanceolatis acutis nervo medio saturatiore, filamentis perigonio subbrevioribus a basi connatâ lanceolatâ longe subulato-attenuatis, stylo antheras vix superante 2.

Hab. in Assyriâ inter Mossul et Bagdad (Oliv!), in graminosis rupestribus Persiæ australis prope Kaserun, Dalechi, Gere (Ky. 46! Haussk!).

Sæpe pedale et elatius, folia 2-3 lineas lata, pedunculi pollicares, perigonium 5-7 lineas longum eo *A. trifoliati* duplo majus et anguste campanulatum nec patens. Ab *A. roseo* phyllis angustis longis acutis longius distat

107. A. laceratum (Boiss. et Noë Diagn. Ser. II, 4, p. 112) bulbi ovati tunicis pallidis foveolato-punctatis, scapo elato tereti ad tertiam vel dimidiam partem foliato, foliis subternis scapo brevioribus planis latiuscule linearibus margine et ad vaginas longe ciliatis, spathâ ovatâ sæpe bifidâ pedicellis breviore abrupte et longiuscule acuminatâ, umbellæ multifloræ convexæ pedicellis flore 2-3-plo longioribus, perigonii straminei vel pallide rosei cylindrico-campanulati phyllis oblongo-lanceolatis apice argute fimbriato-laceris, filamentis perigonio subbrevioribus lanceolatis subulato-attenuatis, stylo exserto ♃.

Hab. prope Van Armeniæ (Noë 1711), ad radices montis Gebel Abdul Azis in Assyriâ et in Persiâ australi ad segetes prope Schiras (Haussk!).

Bipedale, folia 3-4 lineas lata, flores angusti *A. eriophylli* a quo perigonii phyllis eximie fimbriato-laceris differt.

108. A. Carmeli (Boiss. Diagn. Ser. I, 13. p. 28) bulbi ovati tunicis albis crassiusculis, scapo crasso elato tereti lævi ad quartam partem usque folioso, foliis linearibus elongatis canaliculato-plicatis longe et sensim attenuatis scapo brevioribus utrinque hirtis et ciliatis, vaginis pilis retrorsis mollibus velutinis, umbellæ multifloræ globosæ pedunculis subæqualibus flore quadruplo fere longioribus, spathâ in lacinias ovato-ventricosas breviter setaceo-caudatas partitâ umbellâ breviore, perigonii lactei hemispherico-campanulati phyllis oblongis obtusis concavis enerviis inter se fere liberis, filamentis imâ basi perigonio adnatis eo quartâ parte longioribus a basi late lanceolatâ sensim attenuatis, ovario globoso, stylo crassiusculo exserto ♃.

Hab. in rupestribus montis Carmeli Palestinæ (Boiss!). Fl. Maio.

Caulis 3-4-pedalis inferne pennâ anserinâ crassior, folia inferiora 1 ½-2 pedes longa basi 6-7 lineas lata, umbella diametro sesquipollicaris, flores magnit. et formæ *A. Cepa*. Affinitas dubia sed *Moliis* ob spathæ formam et indumentum adnumerandum quamvis caulis inferne foliosus et perigonium campanulatum nec patens sint.

109. A. roseum (L. Sp. Ed. II p. 432) bulbi ovati tunicis externis alveolis subrotundis crebris perforatis, scapo elato tereti inferne foliato, foliis latiuscule linearibus planis longe acuminatis margine tenuiter denticulatis scapo brevioribus, spathæ ovatæ pedicellis brevioris lobis breviter acuminatis, umbellâ multiflorâ fastigiatâ pedicellis flore 2-3-plo longioribus, perigonii campanulati rosei phyllis liberis elliptico-oblongis obtusis apice interdum denticulatis, filamentis anguste lanceolatis sensim subulato-attenuatis perigonio tertiâ parte brevioribus, stylo antheras subsuperante ♃. Ic. Fl. Græc. tab. 314. — Rchb. Ic. Germ. fig. 1102.

18

Hab. in cultis Atticæ (Sprun! Heldr!), Peloponnesi (Boiss!), Zacynthi (Marg!), Cretæ (Weiss!), insulæ Chios (Orph!).

β *bulbiferum.* — Umbella bulbifera floribus paucioribus. — Ic. Bot. Mag., tab. 978. — *A. carneum* Ten. Rchb Ic. Germ. 1108. — *A ambiguum* Sibth. et Sm. Fl. Græc., tab. 327. — *A. Tenorii* Spreng.

Hab. in Argolide ad Lernam (Sprun!), ad radices montis Kyllenes (Orph!).

γ *Tourneuxii.* — Pedicelli subbreviores, perigonii abbreviati phylla latiora ovato-oblonga, filamenta basi magis dilatata. — *A. Tourneuxii* Boiss. in Letourn. exs. 1878.

Hab. inter segetes ad Ramleh, Mandara, Mariout prope Alexandriam Egypti (Ehreub! Gaill! Letourn. 205!).

Ar. Geogr. Lusitania, Hispania orientalis et australis, Gallia austro-occid. et australis, Italia, Istria, Dalmatia, Africa borealis.

110. A. Neapolitanum (Cyr. Pl. rar. Neap. I, p. 13, tab. 4) bulbi globosi tunicis pallidis, scapo trigono basi foliato folia superante, foliis loratis vel late linearibus attenuato-acuminatis, spathâ univalvi ovatâ acuminatâ pedicellis breviore, umbellâ multiflorâ fastigiatâ vel convexâ pedicellis flore triplo longioribus, perigonii lactei patentis phyllis late elliptico-ovatis obtusis, filamentis perigonio duplo brevioribus basi adnatis lanceolatis supra medium adpressiuscule subulato-attenuatis, stylo stamina subsuperante ♃. Rchb. Ic. Germ. fig. 1108. — *A. album* Sauti Viag. tab. 7. — *A. lacteum* Sm. Prodr. p. 226. — Fl. Græc. tab. 325. — *A. candidissimum* Cav. Descr. 446. — *A. Sieberianum* R. et Sch. VII, p. 1099. — *A. amblyopetalum* Link Linn. IX, p. 139 ex cl. Regel. — *A. sub hirsutum* Del. Eg non L. (ex cl. Aschers).

Hab. in regione inferiori, Attica (Sprun! Boiss! Heldr!), Creta (Heldr.), Cyclades (Urv.), Rhodus (Auch!), Anatolia occidentalis in Bithyniâ (Thirke!), Pamphylia (Bourg!), Syria interior ad Aleppo (Haussk!) et littoralis (Gaill!), Cælesyria (Post!), circa Hierosolymam (Boiss!), Egyptus ad Alexandriam (Letourn!).

Ar. Geogr. Hispania interior (Matriti) et australis, Gallia australis, Italia, Dalmatia.

111. A. Phthioticum (Boiss. et Heldr.) bulbi globosi valde proliferi tunicis albis, scapo tereti elato parte inferiori 3-4-phyllo foliis approximatis planis linearibus acuminatis umbellam non æquantibus, umbellæ sæpius bulbiferæ fastigiatim 12-15-floræ pedicellis strictis inæqualibus flore 2-4-plo longioribus, spathæ valvis binis ovatis umbellâ multo brevioribus, perigonii albo-straminei phyllis membranaceis lanceolatis acutiusculis longitudinaliter sulcatis strictis, filamentis a basi lanceolatâ subulatis perigonio tertiâ parte brevioribus, stylo stamina vix superante ♃.

Hab. in pascuis subalpinis montis Œta (nunc Katavothra) Phtiotidis alt. 5500'-6300' (Heldr!).

Bipedale, folia parte inferiori 5-7 lineas lata, perigonium magnum 6-7 lin. longum. Ab affini *A. Neapolitano* foliis angustioribus, spathâ non monophyllâ, umbellæ pedicellis strictis, perigonii phyllis erectis nec patentibus, lanceolatis acutiusculis sulcatis nec elliptico-ovatis distinctum. Statio alpina.

112. A. triquetrum (L. Sp. 537) bulbo parvo tenui oblongo, scapo inferne laxe vaginato decumbente acute triquetro, foliis late linearibus supra canaliculatis subtus acute carinatis scapo æquilongis, spathâ bivalvi deciduâ, umbellæ paucifloræ pedicellis inæqualibus flore sesquilongioribus unilateraliter pendulis apice incrassatis, perigonii albi anguste campanulati phyllis elliptico-lanceolatis acutis sub anthesi stellatim patentibus demum conniventi-subglobosis, filamentis perigonio dimidio brevioribus basi subdilatatâ inter se et cum perigonio connatis dein abrupte attenuatis, stigmate trifido 24. Ic. Fl. Græc. tab. 824. — Rchb. Ic. Germ. 1101.

Hab. in Messeniæ cultis circa Calamata (Gittard in herb. Fauché!) sed schedulis hujus collectoris pauca fides habenda.

Ar. Geogr. Lusitania, Hispania, Gallia australis, Italia, Africa borealis.

113. A. paradoxum (M. B. Taur. Cauc. III, p. 267 sub *Scillâ*) bulbo ovato parvo, scapo gracili subangulato inferne vaginato et folium unicum eo longius lanceolatum inferne angustatum acutum edente, spathâ oblongo-lanceolatâ acutâ pedicellis breviore, umbellâ bulbiferâ 1-2 vel rarius 4-6-florâ, pedicellis filiformibus cernuis flore 8-5-plo longioribus, perigonii albi phyllis late elliptico-oblongis acutis, filamentis perigonio 2 ½-plo brevioribus a basi attenuatis, capsulâ magnâ depresso-globosâ 24. *A. paradoxum* Don Mon. p. 72.

Hab. in sylvis Iberiæ Caucasicæ (Wilh!), Kachetiæ et Somchetiæ (Eichw.) prov. Talysch ad Lenkoran (Hoh!), Persiæ bor. prope Asterabad (Bge!).

* * Folia oblonga vel ovata.

114. A. ursinum (L. Sp. 431) bulbo tenui oblongo-lineari, scapo imâ basi folioso semicylindrico obtuse biangulato, foliis subbinis oblongo-lanceolatis acutis in petiolum eis æquilongum vel longiorem abrupte attenuatis, spathâ indivisâ vel 2-3-lobâ pedicellos æquante, umbellæ fastigiatæ pedicellis subæqualibus flore subduplo longioribus, perigonii lactei stellatim patentis phyllis lineari-lanceolatis acutis, filamentis perigonio tertiâ parte brevioribus filiformibus imâ basi tantum inter se connatis, stylo filiformi stamina subsuperante 24. Rchb. Ic. Germ. fig. 1109. — Fl. Dan. tab. 757.

Hab. in sepibus et sylvaticis, Colchis in littore Pontico (Nordm!), Imeretia (Guld.), Caucasus (M. B.).

Ar. Geogr. Europa media et australis ab Angliâ, Norvegiâ, Gothiâ ad Hispaniam borealem, Italiam, Siciliam, Dalmatiam, regionem Danubialem et Rossiam mediam; Sibiria Uralensis et Altaica, Kamschatka.

115. A. Akaka (Gmel. in Ræm. et Sch. Syst. VII, p. 1132) bulbi magni ovati tunicis albis, scapo humili tereti parte subterraneâ vaginis

involutis foliorum vestito, foliis subbinis planis ovatis vel ovato-
oblongis scapo longioribus humi expansis margine cartilagineis obtusis cum mucronulo vel acutiusculis, spathâ umbellâ dimidio breviore
lobis 2-3-ovato-rotundis, umbellâ multiflorâ globosâ tandem hemisphericâ pedicellis flore sublongioribus demum elongatis, perigonii
phyllis carneis nervo medio intensiore basi coalitis oblongo-
linearibus obtusiusculis post anthesin rigidis erectis margine involutis, filamentis perigonio dupo brevioribus basi coalitis a basi latiore
lineari-lanceolatis, stylo elongato indiviso ♃. *A. latifolinm* Jaub. et
Sp. Ill. Or. tab. 103.

Hab. in pratis et glareosis, Armenia Turcica prope Erzerum (Huet! Calv!),
in Persiæ borealis prov. Aderbidjan et Ghilan (Auch. 5384 !), in monte Elbrus
prope Derbend 6-8000' (Ky. 150!), inter Schahrud et Siaret (Bge!), Vulgo
Uolak; folia siccata condimento Oryzæ inserviunt.

Scapus 2-4 pollicaris, folia 2-3 pollices longa 1 ¹/₂-2 lata, umbella fructifera
diametro 2 ¹/₂-pollicaris, perigonium tres lineam longum,

116. A. hæmanthoides (Boiss. et Reut. Mss. — Regel Mon.
p. 240) bulbi ovati tunicis membranaceis, scapo humili tereti parte
subterraneâ vaginis involutis foliorum vestito, foliis binis vel ternis
glaucis planis ovatis vel obovatis obtusis scapo longioribus, spathæ
pedicellis brevioris lobis 2-3, umbellâ multiflorâ globosâ pedicellis
tenuibus flore sublongioribus, perigonii phyllis tenuiter membranaceis niveis a basi latiore connatâ longe lineari-subulatis post anthesin
erectis, filamentis perigonio quintuplo brevioribus a basi oblongâ
abruptiuscule et breviter attenuatis, stylo indiviso stamina subsuperante ♃.

Hab. in monte Schahu Kurdistaniæ Persicæ et in monte Sawers Persiæ
occidentalis ad nives 10-13000' (Haussk!).

Scapus 3-4-pollicaris, folia 1 ¹/₂-2 ¹/₂ pollices lata, perigonium 7 lineas longum. Floribus duplo majoribus, perigonii phyllis membranaceis angustis et
staminum proportione ab *A. Akakâ* distinctum.

β lanceolatum. — Folia angustata et elongata oblonga vel lanceolata (3-7 pollices longa 3-7 lin. lata), perigonium paulo minus pallide roseum phyllis post anthesin tenuius subulato-convolutis (5-6
lineas longis). — *A. Derderianum* Regel p. 242. Ad typum intermediis transire videtur.

Hab. in montibus Sawers, Nur, Esckker (Haussk!).

117. A. minutiflorum (Regel Mon. p. 242) bulbi ovato-glo-
bosi tunicis albo-membranaceis, scapo brevissimo diphyllo, foliis
lorato-oblongis undulatis subrecurvis umbellam subsuperantibus,
spathâ bivalvi umbellâ multo breviore, umbellæ multifloræ hemisphericæ pedicellis inæqualibus flore 4-6-plo longioribus, perigonii parvi
rubelli phyllis lanceolatis subulato-attenuatis demum erectis rigidis
margine subinvolutis, filamentis purpureis lineari-lanceolatis perigonio tertiâ parte brevioribus basi coalitis, stylo ovario sublongiore ♃.

Hab. in Persiæ montibus Bachtiaricis (Bode !). Vid. in herb. Hort. Petrop.

Planta 3-4-pollicaris, folia 5-6 lineas lata, umbella diametro sesquipollicaris, perigonium 1 ³/₄ lineas longum. Affine *A. Akakâ*, floribus 3-4-plo minoribus distinctum.

118. A. colchicifolium (Boiss. Diagn. Ser. II, 4, p. 112) bulbo ovato, scapo humili crasso inferne foliorum vaginis involutis tecto, foliis binis patentibus scapo longioribus oblongis et apice attenuatis, spathæ lobis binis ovatis umbellâ triplo brevioribus, umbellæ multiflorae hemisphericæ pedicellis tenuibus flore 5-6-plo longioribus, perigonii albi phyllis basi connatis oblongis a medio sursum denticulato-laceris post anthesin flaccidis reflexis, filamentis perigonio subbrevioribus a basi connatâ triangulari-lanceolatâ sensim attenuatis, stylo stamina subsuperante ♃.

Hab. in subalpinis prope Bakker Maaden Armeniæ australis (Noë 706!).

Scapus 3 ¹/₂-pollicaris, folia 4-5 pollices longa 1 ¹/₂ lata limbo in petiolum attenuato, umbella fructifera diametro 2 ¹/₂-pollicaris. Facies *A. Akaka* sed perigonii phyllis demum flaccidis et reflexis ab eo eximie distinctum.

SECT. II. MELANOCROMMYON. — Ovula in loculis 3-10 biseriata.

· Perigonii phylla post anthesin erecta rigida.

119. A. Jenischianum (Regel Mon. p. 237) bulbi globosi mediocris tunicis externis cinerascentibus, scapo crassiusculo inferne foliato, foliis subternis lanceolatis subfalcatis caule subrevioribus, spathæ ventricosæ lobis 2-3 acutis pedicellis duplo brevioribus, umbellæ multiflorae subfastigiatae convexæ pedicellis subæquilongis tenuibus flore triplo longioribus, perigonii rosei phyllis lanceolatis acutiusculis obsolete nervosis post anthesin convolutis et erectis basi alte coalitis, filamentis basi cum perigonio alte coalitis a basi late triangulari-lanceolatâ breviter subulatis perigonio quadruplo brevioribus, capsulâ perigonio plus duplo breviore ♃.

Hab. in Persiâ (Jenisch !). Vidi in herb. Hort. Petrop.

Vix pedale, folia sesquipedalia 4-6 lineas lata, pedicelli 12-15 lineas longi, perigonium 5-6 lineas longum. Facies *A. Akakæ* et affinium sed loculi 4-5-ovulati et ideo inter *Melanocrommya* prope *A. Caspium* collocandum.

120. A. Caspium (Pall. It. 3, p. 348, sub *Crino*) bulbo ovato, scapo erecto lævi robusto fistuloso basi folioso, foliis 2-3 caule brevioribus flaccidis planis oblongo-lanceolatis obtusis margine cartilagineis scabriusculis, spathâ bivalvi umbellâ multo breviore, umbellâ multiflorâ globosâ pedicellis flore sextuplo longioribus basi incrassatis demum elongatis rigidis, perigonii albidi scariosi phyllis carinatis oblongo-ellipticis obtusiusculis quam stamina sesqui vel duplo brevioribus colore carneo ad carinam sæpe suffusis post anthesin erectis firmis, filamentis basi dilatatis et connatis abrupte

attenuatis et longissime subulatis, stylo stamina æquante vel superante, stigmate non incrassato, ovario obovato breviter stipitato ♃.
Allium Caspium M. B. Taur. Cauc. I. p. 265. — Ic. Lemaire Jard. Fleur. tab. 176. — *Amaryllis Caspia* W. Sp. II, p. 65.

Hab. in desertis ad radices Caucasi septentrionalis (M. B.), in Turcomaniá (Kar!), Turkestaniá australi (Lehm!).

Ar. Geogr. Rossia australi-orientalis, Songaria, Sibiria Altaica.

121. A. Bodeanum (Regel Mon. p. 238) bulbi ovati tunicis
albo-membranaceis. scapo crasso modice elato basi foliato, foliis lorato-linearibus acutis planis scapo brevioribus, spathâ..., umbellâ multi-florâ hemispherico-fastigiatâ, pedicellis subæquilongis flore 3-4-plo longioribus, perigonii phyllis lanceolatis attenuato-acutissimis albis subpellucidis nervo medio tenui roseo imâ basi coalitis fructiferis rectis, filamentis perigonium dimidium æquantibus a basi quadratâ subbiauriculatâ apice truncatâ abrupte lineari-subulatis, capsulâ globoso-depressâ perigonio breviore, stylo stamina subæquante ♃.

Hab. in Persiá (Bode!). Vidi exemplar unicum in herb. Hort. Petrop.

Scapus ut videtur fere pedalis, folia brevia 4-5 lineas lata, perigonium 5 lineas longum. Filamentorum structura fere *Allii Cardiostemon*, sed ob perigonii fructiferi phylla erecta nec flaccida prope *A. Caspium* militat.

122. A. Schuberti (Zucc. Abh. Münch. Acad. III, p. 234 tab. 3)
bulbo ovato crasso, scapo tereti crasso fistuloso basi tantum foliato, foliis expansis late lorato-lanceolatis planis plus minus undulatis et margine scabridis, spathâ brevi 2-3-valvi, umbellâ amplissimâ sub-globosâ 50-200-florâ sæpins polygamâ, pedicellis florem multoties superantibus demum valde inæqualibus rigidis fertilibus brevioribus sterilibus tandem valde elongatis omnibus apice clavato-incrassatis, perigonii rosei phyllis basi connatis lanceolatis acutis stamina duplo superantibus post anthesin rigidis erecto-patulis, filamentis basi coalitis a basi latiore in cuspidem subulatam sensim attenuatis, ovario depresso-globoso ♃.

Hab. in agris, campi Philistæi ad Ramleh Palestinæ (Boiss! Barbey!), planities Jisrehel (Roth 429!), ad Hebron (Ky. 764!), Sackhaya prope Damascum (Gaill!), Saback inter Aleppo et Aintab et desertum Ras el Ain Mesopotamiæ (Haussk!). In Persiá boreali et Turkestaniá a cl. Regel indicatum.

Umbella fructifera interdum diametro pedalis, pedicelli florum sterilium sæpe semipedales.

123. A. Brahuicum, bulbo..., foliis...., scapo nudo crasso
fistuloso tereti, spathæ lobis reflexis umbellâ multoties brevioribus, umbellæ amplissimæ pedicellis numerosissimis subinæqualibus flore multoties longioribus, perigonii straminei phyllis oblongis obtusis firmis cucullatis anthesi peractâ capsulæ adpressis, filamentis peri-

gonio sesquilongioribus basi dilatatâ connatis abrupte attenuatis, stylo simplici stamina superante ♃.

Hab. in Belutschiâ superiore (Stocks exs. 936),

Valde affine *A. Caspio* a quo differt scapo duplo crassiore (diam. 5 lineas lato), umbellæ multo amplioris (diam. 8-9 pollicaris) pedicellis 4 pollices longis. Flores eis *A. Caspii* paulo minores phyllis magis abbreviatis.

* * Perigonii phylla post anthesin flaccida vel reflexa.

124. A. nigrum (L. Sp. 440) bulbo magno ovato vel subgloboso, scapo elato tereti, foliis omnibus ad collum congestis late lanceolatis acutis planis, spathâ ovatâ brevi tandem 2-4-lobâ, umbellâ multiflorâ densâ convexâ pedicellis subæqualibus flore 2-3-plo longioribus basi nudis, perigonii albi vel pallide rosei phyllis expansis oblongis obtusis liberis demum flaccidis, filamentis perigonio dimidiâ parte brevioribus lanceolatis basi connatis et sensim angustatis, ovario subgloboso ♃. Ic. Red. Lil. tab. 102. — Fl. Græc. tab. 323. — Rchb. Ic. Germ. fig. 1106. — *A. multibulbosum* Jacq. Austr. tab. 10, (forma bulbo basi prolifero.) — Rchb. Ic. Germ. fig. 1107. — *A. Monspessulanum* Gou. Ill. tab. 16. — *A. magicum* Fl. Pelop! an Linn. ?

Hab. in cultis Peloponnesi (herb. Fauché!), |Cephaloniæ (Heldr!), Cycladum (Orph!), Cretæ (Sieb!), Byzantii (Noë!), Anatoliæ occidentalis (Schmidt!), Cypri (Ky!), Libani (Gaill!), Antilibani (Ky. 242!), Mesopotamiæ in graminosis Terek (Haussk! forma umbellâ minore, perigonii phyllis sublongioribus minus expansis).

Nec foliorum latitudine nec bulbi figurâ valde variabilibus *A. multibulbosum* Jacq. ab *A. nigro* differt.

Ar. Geogr. Europa australis a Galliâ et Germaniâ australibus ad Dalmatiam, Africa borealis, insulæ Canarienses.

125. A. Crameri (Aschers. et Boiss.) bulbo ovato crasso tunicis nigris coriaceis demum longitudinaliter fissis obsito, foliis binis vel unico planta florente jam exsiccatis a parte inferiori vaginanti sensim dilatatis apice attenuatis obtusis valde canaliculatis late lanceolatis erecto-recurvis scapo æquilongis margine anguste membranaceis fimbriatis, scapo crasso pedali, spathâ ovatâ bivalvi lacerâ breviter acuminatâ umbellâ breviore, umbellæ multifloræ densæ convexæ pedicellis subæquilongis flore 3-4-plo longioribus, perigonii pallide rosei phyllis anguste elliptico-linearibus obtusis fructiferis non reflexis nervo medio intensiore, filamentis albidis perigonio quartâ parte brevioribus lanceolatis basi inter se et perigonio coalitis, antheris oblongis flavis, ovarii subglobosi loculis 7-8-ovulatis ♃.

Hab. in desertis Kahirinis prope sylvam petrefactam (E. Cramer! Sickenberger!).

Folia pedem aut paulo amplius longa superne 15-18 lineas lata, bulbus fere 2 pollices longus, scapus pedem, pedicelli 7-9 lineas longi. Affine *A. nigro* quod differt bulbi tunicis non coriaceis crassis, foliis numerosis minus canaliculatis, perigonii laciniis latioribus et filamentorum ratione longioribus. Nostra species insuper a cæteris *Alliis* nobis notis odore nullo modo alliaceo differt; hanc prius pro *A. Afro* R. et Sch. VII, p. 535 (sub *Ornithogalo*) habueramus, sed descriptio hujus speciei cæterum nobis ignotæ et valde dubiæ « umbella quinque flora, flores magn. *Asphodeli fistulosi* » nullo modo convenit.

126. A. Cyrilli (Ten. Fl. Nap. III, p. 364) bulbo ovato, scapo aphyllo elato tereti, foliis omnibus ad collum congestis lanceolatis canaliculatis glaucis margine lævibus caule brevioribus, spathâ ovatâ brevi tandem bivalvi, umbellâ multiflorâ densâ convexâ, pedicellis subæqualibus flore 4-5-plo longioribus basi nudis, perigonii albovirentis vel purpurei phyllis lineari-lanceolatis acutiusculis liberis tandem reflexis, filamentis purpureis crassiusculis rigidis carinatis perigonio tertiâ parte brevioribus lanceolatis basi connatis et sursum sensim acuminatis, antheris oblongis fuscis, ovario globoso ♃. *A. fragrans* Cyr. non Vent.

Hab. in cultis Atticæ (Sprun! Boiss! Heldr!), Bæotiæ ad Thebas (Sprun!), insulæ Chios (Orph!). Tauriæ (herb. Stev!).

Affine *A. nigro* sed sæpe humilius, folia angustiora et sæpius breviora, perigonii phylla inprimis multo angustiora fere linearia et mox deflexa, filamenta carnosula rigida carinata longius acuminata. In *A. atropurpureo* affini filamenta basi lata abrupte in mucronem subulatum longum abeunt.

Ar. Geogr. Italia australis.

127. A. chrysantherum (Boiss. et Reut. Mss·) bulbo ovato, scapo tereti crasso elato imâ basi foliato foliis caule brevioribus late lineari-loratis subcanaliculatis superne attenuatis margine integris, spathâ diphyllâ demum 3-4-lobâ pedicellis subbreviore, umbellâ multiflorâ globosâ densâ pedicellis tenuissimis flore pluries longioribus, perigonii albidi phyllis anguste linearibus demum reflexis, filamentis perigonio tertiâ parte longioribus carnosis viridibus breviter triangulari-lanceolatis rigidis internis sublatioribus, antheris luteis oblongis filamento æquilongis, ovario depresso-globoso ♃.

Hab. in deserto Assyriaco inter Nisibin et Sindjar (Haussk!). Fl. Mai.

Bi et tripedale, folia sæpe pedalia 6-12 lineas lata, umbella diametro sesquipollicaris, filamenta ut in *A. Cyrilli* carnosa sed breviora rigidiora, perigonii albi phylla multo angustiora, antheræ duplo longiores flavæ.

128. A. stenopetalum (Boiss. et Ky. in Ky. exs. Cilic. Kurd. 1859) bulbo ovato mediocri, scapo tereti parte inferiori tantum foliato, foliis caule dimidio brevioribus lineari-loratis planis acuminatis margine denticulato-scabris, spathâ 3-4-lobâ umbellâ breviore, umbellâ multiflorâ subglobosâ densâ, pedicellis tenuissimis flore triplo longioribus, perigonii rubri phyllis anguste linearibus demum reflexis, filamentis perigonio quartâ parte brevioribus planis suprâ basin dilatatam breviter connatam abruptiuscule attenuatis apice subulatis interioribus sublatioribus, antheris fuscis, ovario depresso-globoso ♃.

Hab. in argillosis ad fodinas pagi Gorumse ditionis Kassan Oglu Ciliciæ orientalis, alt. 4200' (Ky. 168!).

Sesquipedale, folia 4-5 lineas lata, umbella nuce duplo major. Affine *A. Cyrilli* et *A. chrysanthero* differt bulbo et umbellis minoribus, foliis margine denticulatis, filamentis planis nec carnosulis carinatis, abruptius attenuatis.

129. A. reflexum (Boiss. et Reut Mss.) bulbo mediocri ovato, scapo tereti parte inferiori folioso, foliis glaucis lineari-lanceolatis canaliculatis margine aculeolatis scapo brevioribus, spathâ umbellâ breviore demum lobatâ reflexâ, umbellæ multifloræ dense fastigiatæ pedicellis capillaribus flore 7-8-plo longioribus, perigonii ochroleuci phyllis angustissime linearibus filamento brevioribus demum reflexis, filamentis flavo-virentibus crassiusculis lanceolatis sensim attenuatis interioribus latioribus basi ovato-lanceolatis, antheris flavis ♃.

Hab. in graminosis Mesopotamiæ inter Orfa et Tcharmelik ad montem Nimroddagh (Haussk!). Flores odorati. Fl. Maio.

Sesquipedale, folia 5-7 lineas lata, facies *A decipientis* a quo differt pedicellis numerosissimis et tenuissimis (pollicaribus), floribus minoribus, perigonii lutescentis phyllis angustissimis fere subulatis ; ab *A. stenopetalo* pedicellis longioribus, florum colore, perigonii phyllis filamentorum proportione abbreviatis. Cultum characteres servavit.

130. A. hirtifolium, bulbo..., scapo tereti elato nudo, foliis linearibus parte inferiori canaliculatis papillis albis flexuosis vel retroflexis hirtis, spathâ plurivalvi umbellâ breviore, umbellâ multiflorâ convexâ pedicellis flore sextuplo longioribus, perigonii pallide rosei phyllis linearibus tandem flaccidis revolutis, filamentis perigonio brevioribus supra basin dilatatam connatam abruptiuscule et longe subulatis, capsulâ globosâ retusâ ♃. *A. atropurpureum* var. *hirtulum* Regel Mon. p. 248.

Hab. in Persiâ prope Ispahan (Auch. 5389!), in montibus Bachtiaricis, (Bode ex Regel).

Folia 5-6-lineas lata, pedicelli 12-15 lineas longi. Differt ab omnibus affinibus indumento, ab *A. atropurpureo* W. K. pedicellis elongatis, perigonii colore, filamentis multo longius subulatis. *A. atropurpureum* W. K. legitimum e ditione nostrâ non novi, sed Cl. Baker in litt. in valle Kurrum Affghaniæ (Aitchis.) indicat *A. robustum* Kar. et Kit. speciem Songaricam *A. atropurpureo* valde affinem et ex cl. Regel ab eo specifice non distinctam.

131. A. Iesdianum (Boiss. et Buhse Aufz. p. 217) bulbo ovato crasso, scapo aphyllo tereti elato, foliis ad collum congestis linearibus canaliculatis apice abrupte acutatis, spathâ brevi ovatâ bilobâ, umbellâ multiflorâ hemisphericâ, pedicellis flore 4-6-plo longioribus, perigonii purpurei phyllis angustissime linearibus demum flaccidis, filamentis albidis suprâ basin dilatatam connatam longissime subulatis perigonio æquilongis, capsulâ globosâ retusâ ♃.

Hab. in montibus Persiæ orientalis ad pagum Deh ballo prope Iezd (Buhse!).

Bipedale, folia pedalia 3-4 lineas lata, umbella diametro 2 ¹/₂-pollicaris. Ab affini *A. atropurpureo* W. K. filamentis (albis nec purpureis), longissime subulatis perigonium æquantibus nec eo manifeste brevioribus distinctum; pedicelli insuper longiores, spatha brevior brevius et abruptius mucronata.

132. A. cardiostemon (Fisch. et Mey. Ind. Petrop. VI, p. 1) bulbo subgloboso mediocri, scapo erecto elato parte inferiore foliato, foliis 2-3 flaccidis oblongo vel lanceolato-linearibus margine lævibus scapo multo brevioribus, spathâ 2-3-valvi pedicellis subbreviore demum reflexâ, umbellæ globosæ multifloræ pedicellis tenuibus subæqualibus flore 4-6-plo longioribus, floribus parvis saturate purpureis, perigonii phyllis oblongis obtusis demum flaccidis stamina subsuperantibus, filamentis basi connatis exterioribus lanceolatis a basi attenuatis interioribus oblongo-quadratis apice trilobis lobis lateralibus rotundatis intermedio longiore subulato antherifero, stylo simplici stamina subæquante ♃.

Hab. in prov. Karabagh Transcaucasicæ valle Kotschadara prope Nackitchewan (Szov!), in monte Ssahend prov. Aderbidjan Persiæ (Buhse!).

Sesquipedale, foliorum lamina 4-6 pollices longa 3-5 lineas lata, umbella diametro pollicaris. Facies omnino *A. atropurpurei* sed filamenta diversissima.

133. A. decipiens (Fisch. Hort. Gorenk. Cat. 1812, p. 10) bulbi ovato-globosi tunicis membranaceis integris, scapo elato erecto tenui tereti inferne 1-2-phyllo folia superante, foliis flaccidis lineari-oblongis vel lineari-lanceolatis margine tenuiter serrulato-scabris, spathâ 2-3-valvi brevi reflexâ, umbellâ muliflorâ hemisphericâ pedicellis tenuibus flore 3-4-plo longioribus, perigonii albi phyllis anguste oblongis obtusis imâ basi coalitis patentibus demum reflexis, filamentis perigonium æquantibus vel superantibus basi coalitis lanceolatis sensim subulato-attenuatis, antheris luteis, ovario ovato ♃. *A. tulipifolium* Ledeb. Fl. Alt. II, p. 9. — Ic. Ross. tab. 137. — *A. nigrum* M. B Taur. Cauc. p. 266 non L. — *A. Lallemanti* Regel Ind. Sem. Petrop. 1858, p. 24.

Hab. in Tauriâ (Stev.), prov. Caucasicis (ex cl. Regel), Armeniâ prope Gumusch Khané (Bourg!).

Ar. Geogr. Rossia australis, Songaria, Turkestania, Sibiria Altaica.

134. A. Orientale (Boiss. Diagn. Ser. I, 13, p. 25) bulbi ovato-subrotundi tunicis albido-membranaceis integris, scapo tereti craesiusculo inferne 2-6-phyllo, foliis oblongo-linearibus vel linearibus flexuosis sæpius undulatis longe attenuato-acuminatis, spathâ umbellâ breviore demum reflexâ phyllis 3-4 ovatis, umbellâ multiflorâ hemisphericâ pedicellis flore 2-3-plo longioribus, perigonii albi vel rubelli phyllis oblongo-ellipticis obtusis demum flaccidis vel subreflexis, filamentis perigonio quartâ parte brevioribus a basi connatâ et latiore attenuatis erectis lutescentibus ♃. *A. macrospermum* Boiss. et Ky. in Ky. exs. 482! — *A. Erdelii* Baker in Bot. Mag. tab. 6426 non Roth (forma filamentis basi purpureo-maculatis).

Hab. in graminosis apricis Ioniæ in monte Sipylo (Auch. 2200'), Cariæ (Pinard!), Lyciæ in monte Solyma 4000' (Heldr!), Ciliciæ (Auch. 2188!), Cataoniæ in monte Akkerdagh et Syriæ ad Aintab (Haussk!), Cypri (Ky. 582!), Palestinæ (Post!), Mesopotamiæ (Auch. 2215!), ad Diarbekir (Noë 835!), prope Terek (Haussk! forma foliis latioribus).

Species affinis *A. decipienti* pro quo hanc diu habui, differre vdetur scapo crassiore, pedicellis ratione floris brevioribus, præsertim perigonii phyllis latioribus et longioribus stamina manifeste superantibus.

135. A. Aschersonianum (W. Barbey Herbor. au Levant p. 163, tab. 3.) bulbo ovato tunicis demum laceris vestito, foliis erectiusculis flaccidis lorato-lanceolatis sensim attenuatis subundulatis margine denticulato-scabris scapo crasso elato brevioribus, spathâ demum 2-3-lobâ umbellâ breviore, umbellâ dense multiflorâ hemisphericâ pedicellis flore 3-4-plo longioribus, perigonii rosei phyllis oblongo-linearibus obtusis demum reflexis, filamentis albidis basi coalitis et dilatatis sensim et longe subulato-attenuatis perigonio sublongioribus, antheris pallide fuscis ♃.

Hab. in cultis Syriæ circâ Aleppo (Ky. 71! Haussk!), prope Aintab (Haussk!), in Palestinæ valle Acchor, prope Samariam et inter Hierosolymam et Jericho (Barbey!), prope Mar Saba (Kersten), in Egypto inferiore ad Mariout prope Alexandriam (Letourn. exs. sub. *A. Orientali!*), in Cyrenaicâ (Rohlfs ex Asch.).

Pedale et sesquipedale, folia 5-6 lineas lata. Prius *A. Orientali* adnumeratum sed præter colorem florum certe differt perigonii phyllis angustioribus, filamentis longius subulato-attenuatis, antheris fuscis. Vidi specimen ex Aleppo sub nomine *A. subciliati* designatum sed hoc nomen cæterum manuscriptum ob nimiam similitudinem cum aliis ejusdem generis omnino rejiciendum.

136. A. Rothii (Zucc. Abh. Münch. Acad. III, p. 235, tab. 4) bulbo ovato crasso tunicis laceris vestito, foliis numerosis humi expansis lorato-lanceolatis planis subundulato-contortis margine lævibus scapo crasso pumilo æquilongis vel longioribus, spathâ demum 2-3-lobâ umbellâ breviore, umbellæ dense multifloræ hemisphericæ pedicellis flore $2 \frac{1}{2}$-plo longioribus, perigonii phyllis obovato-oblongis obtusis basi atropurpureis parte superiori albidis, filamentis atropurpureis subæqualibus basi coalitis late triangularibus sensim attenuatis acutis perigonio æquilongis, antheris nigris ♃.

Hab. in Palestinâ australi prope Hebron et in deserto Judâ (Roth 424!), ad Beersebah (Barbey!), in deserto ad meridiem Gaza (Boiss!).

Scapus 3-6-pollicaris, folia 3-5 lineas lata, umbella diametro sesquipollicaris. Ab affini *A. subciliato* scapo humili, foliis angustioribus humi expansis margine lævibus nec denticulato-scabris, perigonii phyllis abbreviatis obovatis, filamentis multo brevius subulatis perigoniam non æquantibus, floris colore diversum.

137. A. Noëanum (Reut Mss. — Regel Mon. p. 235) bulbo ovato mediocri, caule parte inferiori foliato et vaginis tenuiter membranaceis obsito tereti, foliis late linearibus margine papilloso-scabris acutis scapo sæpe æquilongis, spathâ univalvi lobatâ umbellâ multo breviore, umbellæ multifloræ hemisphericæ amplæ pedicellis flore

pluries longioribus demum elongatis subæqualibus paucis abbreviatis, perigonii rosei rarius albi phyllis basi coalitis late lanceolatis
obtusiusculis demum flaccidis, filamentis perigonio duplo brevioribus
rubris basi coalitis a basi late triangulari-ovatâ abrupte attenuatis,
ovario globoso, stylo trifido ♃.

Hab. inter segetes Mesopotamiæ ad Diarbekir (Noë 945!), in agris prope
Aleppo (Haussk !). Fl. vere.

Scapus pedalis, folia 5-6 lineas lata. Umbella fructifera diametro 5-7 pollicaris pedicellis 2 ¹/₄ pollices longis. Flos fere magnitudinis *A. Schuberti* sed
petala minus attenuata et anthesi peractâ non erecta rigida, filamenta omnino
dissimilia.

138. A. Olivieri, bulbo...., foliis late loratis acutis margine obsolete scabridis scapum crassum æquantibus, spathâ pedicellis triplo
breviore latâ lobatâ, umbellâ fastigiato-hemisphericâ pedicellis numerosissimis flore 8-10-plo longioribus inæqualibus, perigonii albidi vel
carnei phyllis lanceolatis acutissimis stamina subsuperantibus demum
eximie reflexis, filamentis basi coalitis a basi triangulari-lanceolatâ
abruptiuscule et longe attenuatis subulatis demum erectis, stylo stamina superante obsolete trifido ♃.

Hab. in Mesopotamiâ inter Mossul et Bagdad (Oliv!), in monte Sindjar
(Dʳ Socin 16!).

Scapus ³/₄ pedalis, folia 9-12 lineas lata, umbella ampla pedicellis demum
bipollicaribus eâ *A. Orientalis* 2-3-plo major. Species filamentis eximie subulatis et demum rigidis insignis.

139. A. tripedale (Trautv. Stirp. Nov. Descr. 5, p. 17) bulbo...,
scapo elato crasso tereti fistuloso basi vaginato, foliis...., spathâ...,
umbellæ multifloræ radiis crassis inæqualibus perigonio amplo campanulato basi late umbilicato 1 ¹/₂-2-plo longioribus, phyllis albidis
basi inter se coalitis externis latioribus tenuiter 5-7-rubrinerviis
inferne concavis et demum deciduis superne in laminam breviter
lanceolatam coarctatis, internis angustioribus, staminibus supra phyllorum basin insertis perigonio multo brevioribus imâ basi parum
dilatatis, capsulâ perigonio dimidio breviore globoso-trigonâ ♃.

Hab. ad Armeniæ Rossicæ thermas Istisu (Radde !). Vidi in herb. cl. Trautvetter.

Tripedale, umbellæ pedicelli vix pollicares, perigonium 6-7 lineas longum,
facies *Nect. Siculi* sed ovarium non semisuperum et perigonii fructiferi phylla
decidua nec cum toro continua et persistentia. Loculi 4-5-ovulati.

Species non satis notæ.

A. lachnophyllum (Payne in Palest. Expl. Soc. Cat. Pl. 125) scapo
3-4-pedali nudo, foliis tribus anguste lanceolatis 1-2-pedalibus
apice angustatis obtusiusculis ad margines et utrinque ad nervos

hispidulis, spathâ 3-4-partitâ valvis ovato-deltoideis umbellæ capituliformi æquilongis in caudas filiformes subito contractis, umbellæ
50-60-floræ pedicellis flore multoties longioribus (6-12 lineas longis),
perigonii (2 ½ lineas longi pallide rosei phyllis oblongis obtusis, filamentis conformibus simplicibus perigonio æquilongis, stylo longo ♃.

Hab. ad Ziza in planitie el Belqâ Syriæ Transjordanicæ (Payne).

Inter *Melanocrommya* militare videtur.

A. *Bachtiaricum* (Regel Mon. p. 222) bulbo..., foliis..., scapo
erecto robusto tereti striato minute aspernlo, umbellâ multiflorâ
hemispherico-globosâ, spathâ albidâ..., pedicellis valde inæqualibus
flore 3-4-plo longioribus, perigonii albidi phyllis non connatis anguste
linearibus stamina plus triplo superantibus post florescentiam valde
crispatis, filamentis subulatis liberis antherâ flavidâ lineari non longioribus, ovario globoso, stylo brevi stigmate indiviso ♃.

Hab. in montibus Bachtiaricis Persiæ australis (Bode!). V. exempl. valde
incompl. in herb. Hort. Petrop.

Non satis notum, umbella magnitudine nucis, perigonii phylla 3 lineas
circiter longa angustissima ; species filamentis brevibus et antheris elongatis
insignis. Radice et foliis ignotis affinitas dubia sed prob. *Molio* adnumerandum.

NECTAROSORDUM (Lindl. Bot. Reg. 1836, p. 1913).

Perigonium subcampanulatum tubo breviter turbinato imæ basi
ovarii adnato et ad apicem pedicelli in discum incrassati inserto,
limbi phyllis sex internis dissimilibus. Filamenta a basi sublatiore
filiformia simplicia. Antheræ medio dorso affixæ. Ovarium semisuperum parte inferiore perigonio adnatum triloculare. Ovula in
loculis plura campylotropa. Stylus filiformis. Stigma simplex. Capsula
coriacea phyllis perigonii cartilagineis persistentibus tecta trilocularis.
Semina in loculis subquaterna angulata albuminosa. — Herba bulbosa elata iuflorescentiâ *Allii*, facie *Alliorum* e grege *Molio*.

1. **N. Siculum** (Ucria sub *Allio*) bulbi ovati tunicis membranaceis, scapo elato crasso tereti fistuloso basi folioso, foliis longis late
linearibus carinatis, umbellâ ex scapi apice incrassato effusâ multiflorâ pedicellis inæqualibus sub anthesi nutantibus fructiferis erectis
strictis apice clavato-incrassatis et in receptaculum amplum dilatatis,
spathâ univalvi membranaceâ viridi-striatâ cito deciduâ, perigonii
sordide viridi-purpurascentis phyllis subenerviis externis ovatis
apice attenuatis obtusiusculis, internis angustioribus carinatis parte
inferiori paduræformiter angustatis demum induratis, filamentis
perigonio fere dimidio brevioribus, capsulâ ovatâ perigonio breviore
♃. *N. Siculum* Lindl. Bot. Reg. 1836, tab. 1912.

β *Dioscoridis* Regel Mon. p. 254. — Flores albidi. — *A. Dioscoridis* Sm. Prodr. I, p. 222. — *Nect. Bulgaricum* Janka Brev. II, p. 8.

Hab. in agro Byzantino (Wied. ex Regel), in umbrosis Cariæ, Mysiæ et Cypri (Smith.).

Planta Smithii mihi ignota et hanc ut synonymon fide auctorum tantum adduco. Planta Bulgarica ex specim. fructiferis a cl. Janka missis a Siculâ non sat differre videtur.

Ar. Geogr. Gallia australis, Corsica, Bulgaria.

Tr. IV. HYACINTHEÆ.

Bulbosæ scaposæ. Perigonii phylla saltem basi vel altius connata.

UROPETALUM (Gawl. Bot. Reg. tab. 156. — *Dipcadi* Med. Act. Pal.).

Perigonium tubuloso-infundibuliforme ad vel ultra medium in segmenta sex linearia partitum, interiora valvatim approximata, externa falcata sub apice gibbosa. Filamenta tubo adnata filiformia, antheræ lineares medio dorso affixæ versatiles. Ovarium triloculare loculis multiovulatis, stylus rectus, stigma subtrigonum. Capsula membranacea trigastra profunde trisulca apice trivalvis. Semina uniseriata plano-compressa vel compresso-angulata. — Herbæ bulbosæ, foliis anguste linearibus carnosis, floribus racemosis secundis.

1. U. unicolor (Stocks in Hook. Journ. IV, p. 180) bulbo crassiusculo ovato, foliis 4-6 glaucescentibus glabris linearibus canaliculatis scapo æquilongis, racemo nutante brevi laxo 4-6-floro, pedicellis patentibus vel nutantibus brevissimis fructiferis erectis, bracteis scariosis deltoideo-acuminatis pedicello duplo longioribus, perigonii viridis cylindrico-campanulati segmentis linearibus obtusis tubum æquantibus subæquilongis exterioribus subfalcato-recurvis, stylo ovaria æquante, capsulâ magnâ basi breviter stipitatâ depressâ profunde trigastrâ apice truncatâ, seminibus oblongis angulato-complanatis apteris ♃.

Hab. in Persiâ australi ad Kotel Mallu (Haussk!), in Belutschiâ inferiore (Stocks!). Bulbi nomine Jungli Bussur (Cepa sylvestris) noti comeduntur.)

Folia 6-8-pollicaria 2-3 lineas lata, racemus pauciflorus nec ut in *U. sero-tino* multiflorus, perigonium 7-8 lineas longum viride nec aurantiacum minus profunde divisum, capsula 10-11 lineas lata 6-7 alta. Semina 3 lineas longa oblonga angulato-compressa, in *U. serotino* autem orbiculata plana.

2. U. erythræum (Webb Phyt. Can. III, p. 341 sub *Dipcadi*) bulbi crassi ovato-conici tunicis albis, foliis 3-4 linearibus carnosis glabris scapo crassiusculo ascendenti æquilongis vel longioribus,

racemo laxo secundo 6-12-floro, pedicellis brevissimis nutantibus
fructiferis erectis, bracteis scariosis deltoideo-lanceolatis acuminatis
pedicello 2 ½-plo longioribus, perigonii viridi-flavescentis tubuloso-
campanulati segmentis internis tubo brevioribus, externis longioribus
cucullatis cucullo in caudam linearem falcato-recurvam producto,
capsulâ sessili late triquetrâ, seminibus ovatis plano-convexis ♃.
Hyacinthus serotinus Forsk. Fl. Eg. Suppl. p. 209 et Delile. Ill.
p. 2. non L.

Hab. in desertis Kahirinis (Forsk.), ad pyramides Gyzenses (Ky. 389 !), ad
Bir el Massah (Barbey!), ad Ouadi Tumilat (Schw !), inter Kahiram et Suez
(Boiss !), deserto Sinaitico (Schimp. 405!). Fl. Mart.

Scapo supra basin ascendente, perigonii laciniis inæqualibus caudâ brevi
appendiculatis a specie præcedenti et ab *U. serotino* distinctum.

MUSCARI (Tourn. Inst. 347) (*Hyacinthi* sp. L. — *Botryanthus* Kunth et *Leopoldia* Parl.).

Perigonium ovatum vel cylindricum sub ore plus minus constrictum et ideo urceolatum dentibus parvis ovato-deltoideis plus minusve
reflexis. Filamenta medio tubo inserta obsolete vel remotiuscule
biseriata filamentis antherâ brevi medio dorso affixâ vix brevioribus. Ovarium trigonum triloculare loculis biovulatis, stylus filiformis, stigma capitatum. Capsula sessilis acute trigona chartacea,
semina carunculâ destituta. — Herbæ bulbosæ floribus racemosis vel
spicatis.

Specierum Orientalium distributio.

SECT. I. MOSCHARIA Salisb. — Perigonium tubuloso-urceolatum
fauce externe in coronam sexlobam dentibus ovatis demum
stellatim patentibus ampliorem intumescens. Filamenta
obscure biseriata. Ovarium ovatum. Flores flavidi odoratis-
simi.

M. moschatum, æstivale, macrocarpum.

SECT. II. LEOPOLDIA Parlat. — Perigonium cylindricum urceolatum sursum sulcatum dentibus reflexis. Filamenta biseriata
seriebus distinctis remotiusculis. Ovarium ovatum. —
Plantæ floribus sterilibus sæpe plus minus longe pedicellatis et in comam terminalem dispositis insignes. Flores fertiles violacei demum olivacei. — In expositione cujus sectionis monographiam cl. et amic. Th. cl. Heldreich secutus

sum qui species plures distinxit quas vivas (quod in plantis summopere affinibus necessarium fuisset!) conferre mihi non licuit, quarum nonnullas tantum e descriptione novi et de quibus igitur judicium ferre non ausus sum.

   • *Tenuifloræ* Heldr. — Perigonium tubuloso-cylindraceum diametro suo 3-4-plo longius.

M. Pinardi, tenuiflorum, Theræum, Trojanum, longipes.

   • • *Brevifloræ* Heldr. — Perigonium breviter cylindricum vel ovato-campanulatum diametro suo 2-2 ¹/₂ plo longius.

   + Flores steriles longe pedicellati.

M. comosum, Pharmacusanum.

   + + Flores steriles breviter pedicellati vel sessiles.

M. Græcum, Holzmanni, Sartorianum, curtum, alpinum, Caucasicum, Neumayeri, maritimum, Weissii, bicolor.

SECT. III. BOTRYANTHUS Kunth. — Perigonium obovatum vel sub-globosum urceolatum. Filamenta uniseriata vel obscure biseriata, ovarium trigonum.

§ 1. — Monophylla.

M. latifolium.

§ 2. — Plurifolia.

   • Perigonium apice manifeste constrictum.

   + Perigonium oblongum vel oblongo-cylindricum.

M. racemosum, pendulum, pulchellum, neglectum, commutatum, Mordoanum, Bourgœi, polyanthum.

   + + Perigonium ovato-globosum.

M. botryoides, Heldreichii, Aucheri, Letourneuxi, pallens, parviflorum.

   • • Perigonium apice vix constrictum dentibus rectis vix curvatis.

M. pycnanthum, discolor, acutifolium.

SECT. I. MOSCHARIA.

1. M. moschatum (W. Enum. p. 378) foliis 5-6 linearibus canaliculatis breviter acuminatis scapo humili sublongioribus, racemo multifloro dense et breviter cylindrico, floribus brevissime pedicellatis vel subsessilibus horizontalibus præter suprema pauca abortiva minima fertilibus, perigonio flavescenti-viridi tubuloso-urceolato

extus apice gibboso et in collum breve coaretato dentibus carnosis
dcmum stellatim patentibus, filamentis paulo supra medium tubum
insertis, capsulæ acute trigonæ valvulis orbiculatis retusis ♃. lc.
Bot. Mag. 734. — Rchb. Germ. fig. 1. — *Muscari ambrosiacum*
Mænch. — *Hyacinthus muscari* L. Sp. 454. — *Botryanthus Sauli*
Jaub. et Sp. Ill. Or. tab. 329.

Hab. in Asiá minore (Forbes), regione alpiná montis Cadmi Cariæ supra
Gheyra ad nives (Boiss l Jaubert!), in montibus Lyciæ (Bourg!), Kurdistaniá
Baker!), Transcaucasiá (Hohen. ex Ledeb.).

2. M. æstivale (Baker Bot. Mag. tab. 6269) foliis 5-6 anguste
linearibus profunde canaliculatis patenti-incurvis scapo longioribus,
racemi elongati multiflori inferne laxiusculi floribus brevissime pedicellatis luteis patentibus superioribus sessilibus purpurascentibus,
perigonii ovato-oblongi sub ore angusto sexgibbi dentibus minutis
patulis deltoideis, antheris purpureis, capsulâ.... ♃.

Hab. in Oriente loco speciali non indicato.

Bulbus majusculus, folia pedalia 2-3 lineas lata læte viridia, scapus semipedalis, racemus spicatus 30-40-florus, perigonium 2 ½ lineas longum. Differt
a *M. moschato* racemo multifloro et perigoniis brevioribus.

3. M. macrocarpum (Sweet Flow. Gard. tab. 210) foliis 5-6
linearibus canaliculatis patulis glaucis scapo brevi longioribus, racemo
cylindrico brevi densiusculo paucifloro, floribus sessilibus horizontali-deflexis supremis paucis valde diminutis sterilibus, perigonio
fertili oblongo-cylindrico flavo basi subangustato apice extus gibboso
sed in collum non constricto ore nigro dentibus carnosis demum
patentibus, filamentis infra medium tubum insertis, capsulâ magnâ
acute trigonâ valvulis transverse latioribus non retusis ♃. *M. moschatum* var. *flavum* Bot. Mag. tab. 1565.

Hab. in Græciá (Orph l an sponte ?), regio alpina montis Masmeneudagh
Cappadociæ (Ball).

Differt a *M. moschato* perigoniis flavis ore nigris sublongioribus basi subangustatis et sub ore non constrictis, filamentis inferius insertis; capsula
major 9-11 lin. lata 7 longa.

Sect. II. LEOPOLDIA.

* Tenuiflora

4. M. Pinardi (Boiss. Diagn. Scr. I, 5, 62 sub *Bellevaliá*) foliis
anguste linearibus canaliculatis erecto-patentibus scapo elato brevioribus, racemo laxo cylindraceo laxifloro pedicellis horizontalibus
perigonio æquilongis vel brevioribus, floribus abortivis anguste tubulosis pedicellis tenuibus eis 2-3-plo longioribus suffultis in comam
laxam elongatam dispositis, perigonio fertili tubuloso-clavato parte

inferiore subattenuato diametro suo 3-4-plo longiore ♃. *Leopoldia Pinardi* Heldr. Leop. p. 14.

Hab. in cultis Cariæ (Boiss! Pinard!), in agro Trojano (Schmidt ex Heldr.), Libano prope Sidonem (Gaill!), Antilibano circa Rascheya (Boiss!).

Folia eis *M. comosi* angustiora, flores fertiles longiores (4-4 ¹/₂ lineas) basi non attenuati.

5. M. tenuiflorum (Tausch Flora 1841, I, p. 234) foliis anguste linearibus erecto-patulis scapo elato subæquilongis, racemo elongato cylindraceo, pedicellis horizontalibus vel subdeflexis flore brevioribus, perigonio tubuloso-cylindraceo diametro suo subtriplo longiore, floribus abortivis numerosis dense et longiuscule spicatis longe et tenuiter tubuloso-subclavatis pedicellis æquilongis patentibus vel pendulis suffultis ♃. *M. tubiflorum* Stev. in Bull. Mosq. 1857.

Hab. in Epiro (Chodzos ex Heldr!), Bithynia ad Broussam (Fritsch!) Tauria et Iberia (Stev.).

Affine *M. Pinardi*, flores fertiles breviores, flores steriles brevius pedicellati et subclavati.

Ar. Gegr. Germania orientalis, Austria, Transylvania.

6. M. Theræum (Heldr. 1. cit. p. 44 sub *Leopoldia*) foliis late linearibus undulatis ciliatis erectis scapum æquantibus, racemo cylindrico laxifloro, pedicellis patentibus perigonio tubuloso-cylindrico dimidio brevioribus, floribus abortivis parvis breviter pedicellatis laxe spicatis ♃.

Hab. in insulæ Theræ (Santorin) solo vulcanico (Schmidt). Fl. Mart. (Non vidi).

Pedale, affine *M. Pinardi* a quo foliis latis undulatis, racemo paucifloro, perigoniis brevioribus brevius pedicellatis (an satis?) differt.

7. M. Trojanum (Heldr. 1. cit. p. 13, sub *Leopoldia*) foliis lineari-lanceolatis patentibus glaucis undulatis ciliatis scapum elatum longe superantibus, racemo densifloro elongato-conico, pedicellis erecto-patentibus flore dimidio brevioribus, perigonio fertili tenui tubuloso-cylindraceo diametro suo triplo longiore pallide olivaceo, floribus sterilibus subsessilibus minutis cærulescentibus dense spicatis ♃.

Häb. in agro Trojano (Schmidt ex Heldr.). Non vidi.

Planta sesquipedalis robusta. Inter species tenuifloras ex descriptione racemo conico nec cylindraceo floribusque sterilibus subsessilibus distinctum.

8. M. longipes (Boiss. Diagn. Ser. I, 13, p. 37) foliis latiuscule linearibus canaliculalo-plicatis flexuosis margine undulatis sub lente scabrido-denticulatis scapo elato brevioribus, racemi longe et late pyramidati pedicellis horizontaliter patentibus perigonio 2-6-plo longioribus, floribus sterilibus congestis anguste tubulosis pedicellis subæquilongis suffultis, perigonio fertili cylindrico basi non attenuato

diametro suo 2 ½-plo longiore, capsulâ (juniore) pedicello crassiusculo eâ multoties longiore suffultâ oblongo-trigonâ acutâ ♃.

Hab. in cultis Judeæ et regionis Philisteæ circa Gaza (Boiss!), iu deserto
Mesopotamiæ prope Ras el Ain (Haussk!), in prov. Aderbidjan Persiæ borealis prope Seidkhodji (Szov. 200 !).

Species insignis inflorescentiâ *Bell. ciliatæ* et floribus *Muscari*, pedalis vel
procerior, folia 4-10 lineas lata, racemus fructifer 4-6 pollices longus et latus-
pedicellis inferioribus 2-2 ½ pollices longis, perigonium tres lineas longum.

· · Breviflora.

9. **M. comosum** (Mill. Dict. 2) foliis linearibus canaliculatis
erecto-patentibus scapum elatum æquantibus vel superantibus, racemo
elongato-conico tandem cylindraceo laxiusculo, pedicellis horizontaliter patentibus perigonio fertili livide brunneo basi subattenuato
superne subcampanulato diametro suo duplo longiore subæquilongis,
comâ florum abortivorum brevi corymboso-effusâ, pedicellis arcuatis
flore minuto violaceo elliptico-clavato 3-4-plo longioribus ♃. Rchb.
Germ. fig. 1001. — *Leopoldia comosa* Parlat.

Hab. in cultis fere totius ditionis a Græciâ ! et Thraciâ (Griseb.) ad Caucasum et Transcaucasiam (Ledeb.), Anatoliam, Cyprum (Ky. 892 !), Syriam ad
Aleppo (Haussk!), Mesopotamiam (Haussk !).

Ar. Geogr. Europa tota media et australis a Belgio et Germaniâ mediâ ad
regionem Danubialem et Rossiam meridionalem, Africa borealis.

10. **M. Pharmacusanum** (Heldr. l. cit. p. 2, sub *Leopoldiâ*)
foliis late linearibus erecto-patentibus scapum elatum æquantibus
vel subsuperantibus, racemo densifloro conico tandem cylindraceo,
pedicellis horizontalibus flore brevioribus, floribus abortivis laxe
spicatis turbinatis pedicellis eis 2-3-plo longioribus suffultis, perigonio fertili amplo cylindraceo basi truncato et vix attenuato diametro
suo 2 ½-plo longiore ♃.

Hab. in insulis Pharmacusis freti Salaminii Atticæ (Heldr!).

Humilius *M. comoso* et *Græco* quibus affine, folia 6-9 lineas lata, perigonium eo *M. comosi* amplius, flores steriles breviores turbinati et brevius
pedicellati.

11. **M. Græcum** (Heldr. Atti Cong. Fir. 228 sub *Bellevaliâ*) foliis
linearibus scapo elato longioribus apice breviter attenuatis, racemo
elongato cylindraceo laxifloro, pedicellis horizontaliter patentibus
florem subæquantibus, perigonio basi truncato cylindraceo-oblongo
diametro suo 2 ½-plo longiore, floribus sterilibus in spicam densam
brevem conicam dispositis ellipticis brevissime pedicellatis ♃. *Leopoldia Græca* Heldr. l. cit. p. 12.

Hab. in montosis Achaiæ prope monasterium Megaspileon (Heldr !).

Facies *M. comosi* a quo differt floribus fertilibus submajoribus parte-
inferiore pallide virentibus superne fusco-violaceis, floribus sterilibus bre-

viter spicatis brevissime nec longe pedicellatis. Bulbus insuper ex cl. Heldr.
eo specierum congenerum major globosus tunicis fuscis nec ovatus tunicis
rufescentibus.

12. M. Holzmanni (Heldr. Atti Congr. Fir. 228 sub *Bellevaliâ*)
foliis linearibus longe attenuato-acuminatis flaccidis scapo humili
sæpe brevioribus, racemo conico pedicellis horizontalibus flori subæquilongis, floribus sterilibus paucis minutis tuberculatis comam
brevem formantibus breviter pedicellatis, perigonio ovato-campanulato basi truncato diametro suo subduplo longiore ♃.

Hab. in saxosis apricis montium Atticæ, Hymetto, Pentelico, Lycabetto,
insulâ Salami (Heldr!), Argolide (Sprun !), Cretâ (Heldr !).

Planta 3-6-pollicaris perigonio breviore magis ovato, comâ florum sterilium
brevi vel subnullâ a *M. comoso* distincta

Ar. Geogr. Istria.

13. M. Sartorianum (Heldr. loc. p. 2, sub *Leopoldiâ*) foliis
linearibus flaccidis attenuato-acuminatis scapo brevi æquilongis,
racemo densifloro valde attenuato conico, pedicellis horizontalibus
inferioribus perigonio cylindrico-subcampanulato basi attenuato longioribus fructiferis elongatis, floribus abortivis subsessilibus spicam
densam brevem formantibus ♃.

Hab. in regione inferiore montis Parnethos Atticæ prope Tatoï 2000' (Heldr.).
Fl. Apr. (Non vidi).

Planta 3-6-pollicaris racemo denso valde conico, perigonio tenui pallide
fusco-flavido, floribus sterilibus cærulescentibus condensatis. Pedicellis inferioribus elongatis a *M. Holzmanni* distinctum.

14. M. curtum (Heldr. loc. cit. p. 4, sub *Leopoldiâ*) foliis glaucis
late linearibus canaliculatis margine undulatis ciliolatis scapo humili
brevioribus, racemo densifloro brevi conico, pedicellis flore fertili
subbrevioribus horizontalibus, perigonio breviter cylindraceo cærulescente basi truncato superne vix ampliato, floribus abortivis paucis
vel subnullis minutis sessilibus ♃.

Hab. in colle petroso aprico Turcobouni propre Athenas rarum (Heldr !).
Fl. Apr. (Non vidi.).

Humile 3-4 pollicare trifoliatum. Ex cl. auctore foliis latis glaucis, perigonio amplo brevi cærulescente nec lurido a congeneribus distinctum.

15. M. alpinum (J Gay in Bal. exs. — Baker loc. cit. p. 413)
foliis anguste linearibus scapo humili sublongioribus, racemo tenuiter cylindrico densiusculo, floribus fertilibus horizontalibus inferioribus brevissime pedicellatis superioribus sessilibus, perigonio luride
virenti cylindraceo basi rotundato parte superiore subangustato diametro suo 2 ½-plo longiore, floribus sterilibus fertilibus longioribus cæruleis breviter et confertim racemosis subclavato-cylindricis
pedicellis erecto-patentibus eis æquilongis vel longioribus suffultis ♃.

Hab. in regione alpinâ Tauri Cilicici (Bal. 151!), in monte Gisyl Tepe 8000' (Ky. exs. 19 sub *M. Pinardi!*), in arvis incultis Armeniæ ad Gumusch-khane (Bourg!),

Semipedale rarius pedale, racemi 2-5-pollicares, folia 1-¹/₂-3 lineas lata, perigonium 2 ¹/₂ lineam longum. Hoc olim pro varietate condensatâ alpinâ *M. Pinardi* habui cui floribus sterilibus longe tubulosis affine est, sed differt floribus fertilibus brevius pedicellatis brevioribusque ore valde coarctatis, sterilium comâ abbreviatâ congestâ.

16. M. Caucasicum (Griseb. Spic. II, 387 sub *Bellevaliâ*) foliis

late lineari-loratis scapo humili sublongioribus, racemo laxe multifloro angusto pedicellis patentibus flore subbrevioribus, perigonio fertili obovato-campanulato brevi diametro suo sesquilongiore, floribus sterilibus numerosis confertis turbinatis breviter pedicellatis ♃. *M. Caucasicum* Baker loc. cit. p. 414. — *Muscari pallens* Hohen. exs. non Besser.

Hab. in montosis aridis Georgiæ Caucasicæ (Hoh!). Fl. Maio,

Folia 4-5 lineas lata, scapus 6-8-pollicaris, flores fertiles 2 lineas longi obovati nec cylindrici quâ notâ et floribus sterilibus valde abbreviatis ab affini *M. alpino* differt.

17. M. Neumayeri (Heldr. loc. cit. sub *Leopoldiâ*) foliis anguste

linearibus erecto-patulis scapum nanum æquantibus, racemo brevi ovato-oblongo paucifloro, pedicellis patulis vel subrecurvis perigonio ovato-campanulato brevioribus, floribus sterilibus subnullis ♃.

Hab. in regione alpinâ montis Ghiona Phtiotidis (Neumayer). Fl. Mai. (Non vidi).

Scapus 2 ¹/₂-pollicaris, racemus 15-florus 9 lineas tantum longus, folia fere sex exacte linearia obtusiuscula et rigidiuscula non vaginantia, perigonium pallide violaceum vix 2 lineas longum dentibus triangularibus brevissimis. Ex descriptione affine *M. alpino*.

18. M. maritimum (Desf. Atl. I, p. 308) foliis linearibus atte-

nuato-acuminatis flaccidis scapum brevem æquantibus vel superantibus, racemo conico laxiusculo, pedicellis tenuibus erecto-patulis flore subbrevioribus, perigonio cylindraceo basi truncato diametro suo duplo longiore, floribus abortivis paucis ovato-clavatis pedicellis erecto-patulis eis brevioribus suffultis ♃.

Hab. in arenosis maritimis littoris meridionalis Cretæ prope Frankokastro (Heldr!), Palestinâ littorali circa Gaza et Ramleh (Boiss!), Syriâ ad Raz Beyrut (Bl!). Specimina ex Persiâ australi ad Persepolin Ky. 820 hûc quoque spectare videntur.

Semipedale rarius pedale, racemus 2-3-pollicaris.

19. M. Weissii (Freyn in Heldr. Leop. p. 12 sub *Leopoldiâ*)

foliis latiuscule linearibus planiusculis margine ciliolatis scapum humilem superantibus, racemo demum laxifloro cylindraceo, pedicellis brevissimis horizontalibus flore quadruplo brevioribus, perigonio basi subtruncato oblongo-campanulato diametro suo 2 $\frac{1}{2}$-plo-longiore, floribus abortivis paucis minutis ovatis brevissime pedicellatis, capsulâ subdepressâ apiculatâ ♃.

Hab. in insulâ Syra Archipelagi (Weiss! Orph!), in insulâ Amorgos (Schmidt).

Scapus cum racemo 2-3-pollicari semipedalis, folia 4 lineas lata, perigonium olivaceum denticulis flavidis, flores abortivi lilacini. Affine *M. Gussonii* Parl. = *M. maritimo* Guss. non Desf. perigonio luteo basi valde attenuato foliisque angustis distincto. A congeneribus capsulâ apiculatâ apice non retusâ distinguitur.

20. M. bicolor (Boiss. in Letourn. Pl. Ægypt. 1878) bulbo ovato majusculo, foliis 3-4 anguste linearibus canaliculatis flaccidis scapum humilem superantibus, racemo brevi ovato laxiusculo pedicellis horizontalibus tenuissimis flore subbrevioribus, perigonii cylindrici tubo sulphureo apice cum dentibus intense cæruleo, floribus sterilibus sessilibus congestis oblongo-cylindricis nigricanti-cæruleis ♃.

Hab. in arenosis ad Aboukir Egypti inferioris (Letourn. 509!). Fl. Febr.

Scapus 2-3-pollicaris, folia 1-1 $\frac{1}{2}$ lineam lata, racemus pollicaris vel sublongior, perigonium tres lineas longum, filamenta biseriata et ovarium in stylum attenuatum quâ notâ in Sect. *Leopoldiâ* militat. Affine *M. maritimo* a quo floribus sterilibus sessilibus et perigonio fertili bicolore distinguitur.

SECT. III. BOTRYANTHUS.

§ 1. **Monophylla.**

21. M. latifolium (Kirk New Edimb. Phys. Journ. 1858) bulbo parvo ovato, folio unico scapum basi amplexante et eo subbreviore oblongo-lanceolato inferne longe attenuato apice breviter acutato plano, racemo oblongo laxiusculo 10-20 floro, pedicellis horizontali-deflexis flore subcernuo triplo brevioribus, floribus sterilibus anguste tubulosis sessilibus, perigonio fertili oboroideo-oblongo urceolato, capsulæ horizontalis pedicello sublongioris valvulis orbiculatis transverse sublatioribus subretusis ♃. *Bellev. monophylla* J. Gay Mss. — *B. muscarioides* Masters Linn. Journ. III, 113.

Hab. in sylvaticis Anatoliæ borealis, Troas inter pagos Nuzlu et Tchauchlar (Tchih. 492! sub *M. paradoxo*), mons Ida Mysiæ (Armitage), regio montana montis Mouraddagh Phrygiæ in pinetis (Bal!).

Scapus pedalis et longior, folium 8-10 lineas longum superne 6-7 lineas latum, perigonium 2 $\frac{1}{2}$ lineas longum, capsula 3 lineas longa 4 lata. Species folio unico lato insignis, ad *Muscari* potius quam ad *Bellevaliam* ob faucem constrictam adnumeranda. Stamina subuniseriata.

§ 2. Plurifolia.

* Perigonium apice constrictum.

+ Oblongum vel oblongo-cylindricum.

22. M. racemosum (L. Sp. 455 sub *Hyacintho*) bulbo mediocri, foliis anguste linearibus junciformibus superne sulco exaratis flaccidis humi expansis scapo longioribus, racemo brevi ovato denso floribus supremis neutris erectis, pedicellis patenti-recurvis flore brevioribus vel æquilongis, perigonii saturate cærulei nutantis ovato-oblongi tubuloso-urceolati dentibus albidis dein cæruleis deltoideis reflexis, capsulæ valvis suborbiculatis apice late retusis ♃. *M. racemosum* Mill. Dict. — Jacq. Austr. tab. 187. — *Botryanthus odorus* K^{th}. Enum. IV, 311.

Hab. in collinis cultis regionis inferioris et subalpinæ totius fere ditionis a Græciá! ubi regionis montanæ Peloponnesi incola, Archipelago!, Macedoniá et Thraciá!, Anatoliá! ad Caucasum et Transcaucasiam!, Persiam borealem, Syriam ad Aleppo (Ky!), Damascum (Gaill!), Libanum (Bl!), Egyptum ad Alexandriam (Letourn!).

β brachyanthum. — Perigonium subabbreviatum ovato-urceolatum — *M. Strangweysii* Griseb. Spic. II, p. 389 non Ten. — *M. Szovitsianum* Rupr. Mss.

Hab. Byzantii in cæmeterio Scutari (Griseb. Wied!), in Olympo Bithyno (Coum! W. Barbey!), ad monasterium Troados Cypri 4200' (Ky. Suppl. 405!), ad Boli Bithyniæ (Wied!), in Iberiá circá Tiflis et Kadschori (Rupr!).

Cum *M. botryoide* ob perigonia abbreviata confundi potest sed folia et capsulæ *M. racemosi*, ad quod intermediis transit.

Ar Geogr. Europa media et australis ab Angliá, Belgio et Germaniá ad Rossiam meridionalem, Africa borealis.

23. M. pendulum (Trautv. Stirp. nov. descript. 5, p. 16) bulbo mediocri, foliis linearibus glabris canaliculato-plicatis arcuato-recurvatis scapo æquilongis, racemo densifloro oblongo, floribus summis sterilibus pallidis ovatis, pedicellis florum sterilium perigonium subæquantibus, eis florum fertilium perigonio 1 ¹/₂ duplo longioribus pendulis, perigonio saturate cæruleo ovato-oblongo tubuloso campanulato apice coarctato dentibus concoloribus tubo quadruplo brevioribus, capsulá.... ♃.

Hab. in Imeretiá prope Kutais (Radde!). Vid. in herb. Trautv.

Unicum specimen in herb. cl. Trauvetter vidi. Planta valde affinis *M. racemoso* et *neglecto* ab eis pedicellis florum fertilium fere duplo longioribus pendulis præsertim discedens. Ulterius investigandum.

24. M. pulchellum (Heldr. et Sart. Diagn. Ser. II, 4, p. 109) bulbo mediocri, foliis anguste filiformibus flaccidis paginá superiore angustissime sulcatis scapo longioribus, racemo breviter cylindraceo angusto laxifloro 11-18-floro floribus superioribus sterilibus sensim abbreviatis, pedicellis flore subbrevioribus patentibus tandem cernuis, perigonii ovato-oblongi cæruleo-violacei dentibus albidis ovatis obtusis recurvis, capsulæ valvis rotundatis vix retusis ♃. Regel Gartenfl. tab. 377 (flores erronee sessiles exhibiti). — *Botryanthus Sartorii* Tod. Hort. Panorm. tab. 5.

Hab. in collibus saxosis, Lycabetus et Turcovouni circa Athenas (Heldr! Fl. Græc. exs. 2378!), Parnassi regio inferior (Guicc.), insula Poros (Reinh.). Specimina quædam ex Antilibano supra Balbeck (Post!) et ex Persiâ boreali prope Massula (Buhse sub *M. racemoso !*) hûc mihi spectare videntur.

Ex cl. Heldreich et Todaro cum *M. racemoso* ex vivo comparatum differt racemo laxo anguste cylindrico neç ovato denso, floribus longius pedicellatis non imbricatis, floribus sterilibus numerosioribus, perigonii dentibus magis revolutis, majoribus et candidioribus.

25. M. neglectum (Guss in Ten. Syll. App. 5, p. 13) bulbi majusculi squamis crassis apice secedentibus, foliis linearibus late canaliculatis erecto-patulis scapo longioribus, racemo oblongo densifloro floribus deorsum imbricatis, floribus supremis sterilibus erecto-patentibus, pedicellis patenti-recurvis flore subbrevioribus, perigonii saturate cærulei nutantis ovato-oblongi lobis albidis ovatis recurvis, capsulæ valvis obovato-orbiculatis apice rotundatis ♃. *M. Atlanticum* Boiss. et R. Pugill. p. 114.

Hab. in cultis, vineis, vidi ex Atticâ in oliveto Athenarum (Heldr!), Armeniâ Turcicâ ad Gumuschkhané (Bourg!), Syriâ ad Aleppo (Haussk!), Persiâ orientali (Bge !) et prob. alibi.

Ab affini *M. racemoso* quocum sæpe confunditur distinctum bulbo magno, scapo elatiore robustiore, foliis latioribus late canaliculatis nec anguste sulcatis, floribus majoribus, capsulæ charactere.

Ar. Geogr. Lusitania, Hispania, Gallia, Helvetia, Germania occidentalis, littorale Austriacum, Dalmatia, Africa borealis.

26. M. commutatum (Guss. Prodr. Sic. I, 426) bulbi mediocris tunicis nigro-fuscis, foliis linearibus canaliculatis flaccidis expansis scapo longioribus, racemo breviter ovato densifloro pedicellis flore duplo brevioribus imo brevissimis cernuis, floribus sterilibus subnullis, perigonii atroviolacei ovato-oblongi turbinati superne eximie angulati dentibus concoloribus obtusis aute anthesin inflexo-conniventibus, capsulæ valvulis ovato-oblongis apice rotundatis ♃. Ic. Flow. Gard. tab. 369. — Ten. Fl. Nap. tab. 229. — *M. Lafarinæ* Tineo — *M. acutilobum* Bert. Comm. Bon. V, p. 431 !

Hab. in Græciâ omnium vulgatissimum (Heldr !), insulâ Zacyntho (Marg !), Atticâ in oliveto, in saxosis Hymetti et Pentelici et insulâ Pharmacusâ (Heldr !), Argolide et Eubæâ (Heldr.), Peloponneso (herb Fauché!), insulâ Therâ (Schmidt), Syriâ ad Aleppo (Haussk!), Palestinâ (Roth ex Baker), Mesopotamiâ ad Euphratem (Chesn. 12!).

Ab affini *M. racemoso* foliis latioribus, racemo densiore et breviore, floribus sterilibus nullis, fertilibus saturatius violaceis superne angulatis subanthesi clausis tandem ob dentes concolores nec albos subconniventes vix recurvos apertis distinctum.

Ar. Geogr. Insulæ Baleares, Sicilia, Italia meridionaiis, Istria.

27. M. Mordoanum (Heldr. Œst· Bot. Zeit. 1878, p. 52) bulbi mediocris tunicis fuscis, foliis scapo æquilongis flaccidis anguste linearibus canaliculatis, racemo brevi ovato laxe paucifloro, floribus paucis inferioribus fertilibus pedicellis patenti-deflexis eis duplo brevioribus suffultis purpureo-cæruleis oblongo-urceolatis apice subinflatis ore subconstricto denticulis pallide purpurascentibus brevibus obtusis per anthesim subrecurvis, floribus summis 5-6 abortivis ovato-cylindricis amethystinis, capsulà late obcordatà ♃.

Hab. in regione inferiori et montanâ ad 2000' insulæ Corcyræ (Spreitzenhofer!). Fl. Aprili. Vidi exempl. unicum in herb. Heldr.

Affine *M. commutato* a quo ex cl. Heldr. differt floribus sublongioribus minus apertis, oris dentibus discoloribus, perigonii colore dilute cæruleo nec atropurpureo, capsulis apice retusis.

28. M. Bourgæi (Baker Linn. Soc. Journ. XI, p. 416) bulbo ovato, foliis lineari-lingulatis canaliculatis falcatis scapo brevi subæquilongis, racemo ovato densifloro tandem oblongo laxiusculo, pedicellis patentibus vel subdeflexis flore subbrevioribus, floribus abortivis subnullis. perigonii saturate cærulei oblongo-tubulosi urceolati dentibus brevissimis triangularibus subconniventibus, capsulæ suborbiculatæ transverse sublatioris valvulis vix retusis ♃.

Hab. in regioue alpinâ montis Akdagh Lyciæ ad nives (Bourg. 2621 sub *M. racemoso* var.), monte Cadmo Cariæ supra Geyra (Boiss !), regione alpinâ montis Mouraddagh Phrygiæ (Bal !), Asiâ minore (Auch. 5398 !).

Folia 3-5-pollicaria 2-3 lineas lata, racemus 6-9 lineas longus. Affine *M. commutato* sed scapus et folia valde abbreviata, flores longius pedicellati.

29. M. polyanthum (Boiss. in Ky. pl. 1859 exs·) bulbo ovato, foliis latiuscule linearibus canaliculatis acutis scapo longioribus, racemo multifloro elongato cylindrico denso tandem laxiusculo, floribus terminalibus paucis neutris patenti-deflexis flori æquilongis, perigonii oblongo-tubulosi intense cærulei dentibus deltoideo-ovatis conniventibus vix recurvis, capsulæ minutæ transverse latioris valvulis retusis ♃.

Hab. in regione intermediâ montis Argæi Cappadociæ supra Tchomaklí 6000' (Ky. Suppl. 284!), in Cedreto montis Tchoschdagh Ciliciæ orientalis supra Gorumse (Ky. 73 sub *M. Strangwaysii!*)

Semipedale et pedale, folia 2-3 lineas lata, racemus fructifer 2-3-pollicaris, folia latiuscula *M. neglecti* et *commutati* a quibus differt pedicellis longioribus et imprimis capsulâ dimidio minore 2 lineas tantum latâ.

+ Perigonium ovato-globosum.

30. M botryoides (Linn. Sp. 455 sub *Hyacintho*) bulbo mediocri, foliis inferne longe attenuatis lanceolatis canaliculatis apice bre-

viter acutatis scapum subæquantibus, racemo brevi oblongo tandem
cylindraceo multifloro floribus superioribus neutris, pedicellis tenuibus flore tertiâ vel dimidiâ parte brevioribus patenti-subcurvatis,
perigonii violaceo-cærulei subglobosi dentibus albidis brevibus subrecurvis, capsulæ horizontalis valvis obovatis ♃. Ic. Bot. Mag. tab.
157. — *M. botryoides* Mill. — *M. Strangwaysii* Ten. Ind. Hort.
Neap. 1839 p. 12 (ex spec. cultis Hort. Neap.! non Griseb. Spicil. —
Botryanthus vulgaris K^th. Enum. IV, 311.

Hab. circa Byzantium (Strangw.), insulâ Melos (Ormenis!), in regione
alpinâ Tmoli occidentalis supra Bozdagh secus rivulos (Boiss! forma foliis
angustioribus ut et scapis elongatis flaccidioribus), in regione alpinâ Ponti
Lazici supra Djimil (Ball), Iberiâ Transcaucasicâ (C. Koch ex Ledeb.).

Ar. Geogr. Europa media a Galliâ et Germaniâ australi ad regionem Danubialem, Italia, Dalmatia.

31. M. Heldreichii (Boiss. Diagn. Ser. II, 4, p. 109) bulbo
mediocri, foliis latiuscule linearibus canaliculatis superne subdilatatis acutiusculis scapo longioribus, racemo ovato laxiusculo 8-12-
floro floribus supremis sterilibus paucis subsessilibus, pedicellis
patulis flore 3-4-plo brevioribus, perigonii subnutantis pallide cærulei
obovato-globosi latitudine 1 ½-plo longioris superne leviter angulati fauce latâ parum constrictâ dentibus albis deltoideis recurvatis,
capsulæ majusculæ valvulis orbiculatis ♃. Saund. Ref. Bot. tab. 172.
— *M. hymenophorum* (Held. Herb. Norm. 662!).

Hab. in lapidosis regionis intermediæ Parnassi supra Rachova ad nives
3000' (Guicc!), mons Chelmos ad nives 7000' forma minor (Heldr!).

Affine *M. botryoidi* a quo differt floribus horizontalibus nec nutantibus et
præsertim perigonio magis elongato angulato-costato apice vix constricto et
vix urceolato dentibus latioribus valde revolutis. Capsula 4 lineas longa et
lata.

32. M. Aucheri (Boiss. Diagn. Ser. I, 5, p. 63 sub *Botryan-
tho*) bulbo parvo ovato, foliis 2-3 lanceolato-lingulatis canaliculatis
acutis recurvis scapo humili brevioribus, racemo paucifloro subgloboso denso, pedicellis patenti-recurvis flore triplo brevioribus, perigonii parvi cærulei breviter ovati apice subconstricti dentibus
triangularibus albidis subrecurvis, capsulâ.... ♃

Hab. in regione sylvaticâ Anatoliæ borealis ad Nikisar (Auch. 5399!)

Scapus 2-3-pollicaris, folia 1 ½-2 pollices longe 2 lineas lata inferne attenuata, flores 6-10 capitati vix lineam longi. Ex affinitate *M. botryoidis* a quo
foliis brevibus, racemo capitato, floribus subsessilibus differt.

β lingulatum. — Differt tantum foliis tres lineas latis, racemo
plurifloro ovato — *M. lingulatum* Baker Journ. Bot. XII, p. 6.

Hab. in monte Tauro vel Mesopotamiâ (Auch. in D. C. herb!).

Descripsi specimina sic a cl. Baker determinata et hujus diagnosi optime
congrua, sed Cl. Aucher specimen N° 5398 a cl. Baker hûc citatum ad diver-
sissimum *M. Bourgœi* spectat!

33. M. Letourneuxii, bulbo majusculo ovato, foliis 2-3 anguste linearibus flaccidis scapo flaccido humili æquilongis, racemo pauci-floro ovato denso floribus subsessilibus cernuis, perigonii parvi cæru-lescentis breviter ovati apice subconstricti dentibus triangularibus albidis vix recurvis, capsulâ... ♃.

Hab. in collibus herbidis ad Aboukir Egypti inferioris (Letourn. pl. Eg. Exs. n° 210 sub *M. maritimo!*). Fl. Febr.

Tripollicare, folia superne 1-1 ½ lin. lata inferne attenuata, racemus 5-6 lineas longus, perigonium lineâ vix longius. Affine *M. Aucheri* differt foliis angustioribus non recurvis, floribus subsessilibus, perigonii dentibus non recurvis.

34. M. pallens (M. B. Taur. Cauc. I, p. 283) bulbo ovato parvo, foliis anguste linearibus vel filiformibus semiteretibus dorso rotundatis scapo humili æquilongis vel longioribus, racemo denso ovato-oblongo floribus supremis sterilibus paucis, pedicellis recur-vatis flore brevioribus bracteolâ suffultis, perigonii penduli albi vel pallide lilacini demum violascentis ovati lobis ovatis obtusis recur-vatis, capsulâ deflexâ pedicello subbreviore profunde trilobâ apice depressâ valvis late obcordatis ♃. *Muscari pallens* Fisch. — Flow. Gard. tab. 259.

Hab. in rupestribus subalpinis Caucasi (M. B.), circa Kasbek et Lar (Rupr!), in Caucaso Iberico (M. B.).

35. M. parviflorum (Desf. Atl. t. 309) bulbo parvo ovato, foliis 5-8 lineari-filiformibus semiteretibus canaliculatis flaccidis scapo filiformi subbrevioribus, racemo 6-12-floro brevi laxiusculo, pedi-cellis flore duplo brevioribus patentibus, floribus sterilibus subnullis, perigonii pallide cærulei ovoideo-urceolati dentibus concoloribus bre-vissimis ovatis recurvis, capsulæ parvæ valvulis orbiculatis trans-verse sublatioribus oblique et elevatim nervosis ♃. *Botryanthus parviflorus* K^th. — *Muscari filifolium* Wahl. Isis XXI, fasc. X, 379. — *M. Cilicicum* Ky. Taur. p. 379!

Hab. in cultis et arenosis regionis inferioris, Attica in planitie prope Psychico (Schmidt!), Cilicia in pratis ad fluvium Sarum (Ky!), Syria littoralis ad Raz Beyrout (Bl!) et ad Sidonem (Gaill!), Egyptus in satis circa Alexan-driam (Samar! Letourn!).

Florescentiâ autumnali ab omnibus congeneribus distinctum.

Ar. Geogr. Insulæ Baleares, Sicilia, Africa borealis.

* * Perigonium apice vix constrictum.

36. M. pycnanthum (C. Koch Linn. XXII, p. 363) bulbo ovato, foliis 2-3-nis lanceolatis canaliculatis basi attenuatis et sca-pum inferne amplexantibus eo sublongioribus superne acutatis, racemo oblongo densissimo pedicellis perigonio æquilongis valde recurvis, floribus sterilibus paucis subsessilibus globosis, perigonii

saturate cærulei breviter oblongo-cylindrici dentibus ovatis acutiusculis rectis tubo quadruplo brevioribus, capsulâ.... ♃.

Hab. in ditione Transcaucasicâ Schuragel in planitie inferiori montis-
Alagäs 6000' (C. Koch !).

Fere pedale, folia 3-4 lineas lata, racemus multiflorus sesquipollicareis, perigonium 2 ¹/₄ lineas longum. Facies *M. neglecti* a quo longe differt perigonii
non ore constricti dentibus majoribus rectis nec recurvis, filamentis ut in
M acutifolio non subbiseriatim versus medium tubum sed versus faucem
insertis, antheris flavidis e fauce subexsertis.

37. M. discolor (Boiss. et Haussk.) bulbo ovato, foliis scapo
humili ascendenti subæquilongis lineari-lingulatis acutiusculis inferne
longe attenuatis, racemo paucifloro ovato-capitato pedicellis flore
quadruplo brevioribus cernuis, floribus sterilibus paucis, perigonio
campanulato saturate violaceo margine albo fauce vix constricto
dentibus late ovato-triangularibus erectis vix incurvis, capsulâ... ♃.

Hab. in montibus Mesopotamiæ supra Terek 3000' (Haussk !). Fl. Apr

Folia 3-4 pollices longa superne 2 lineas lata, racemus 6-10-florus magnitudine avellanæ, perigonium fere tres lineas longum. Species insignis perigonii
campanulati ore vix constricti dentibus rectiusculis.

38. M. acutifolium, bulbo ovato mediocri, foliis binis basi
longe in petiolum attenuatis lanceolatis utrinque attenuatis acutissimis scapo tenui æquilongis, racemo ovato laxo paucifloro pedicellis
deflexis flori subæquilongis, floribus sterilibus paucis globosis minutis, perigonii intense violacei breviter cylindrico-campanulati dentibus
ovato-oblongis obtusis rectis tubo quadruplo brevioribus, capsulâ... ♃.

Hab. in Transcaucasiâ ad Persut (Bayern herb. Hort. Petrop !).

Scapus gracilis 2-5-pollicaris, folia scapum non amplectentia basi in petiolum longe attenuata acutissima tres lineas lata tenuiter plurinervia, perigonium 2 ¹/₂ lineas longum. Filamenta complanata paulo infra faucem inserta
antheris lutescentibus perigonio parum brevioribus subæquilonga. Species
ob perigonium vix urceolatum in dentes rectos nec recurvos profundius fissum, filamenta unserialiter et saperius inserta inter *Bellevaliam* et *Muscari*
subdubia, huic tamen ex habitu, floribus superioribus sterilibus, etc., aptius
adsocianda.

BELLEVALIA (Lapeyr. Journ. Phys. Dec. 1808, p. 425.
— *Hyacinthi* sp. Linn.)

Perigonium campanulatum vel tubulosum ore non constrictum
plus minus profunde sexfidum laciniis erectis vel erecto-patulis.
Filamenta tubo perigonii prope faucem vel infra medium inserta
libera, antheræ medio dorso affixæ. Ovarium trigonum triloculare
loculis biovulatis. Stylus elongatus, stigma obtusum. Capsula depressa
tricocca chartacea vel coriacea, semina carunculâ destituta. Herbæ·
bulbosæ floribus racemosis vel spicatis. — Genus *Hyacintho* et *Mus-*

cari intermedium, a priore ovarii loculis pauciovulatis et seminibus non carunculatis, a posteriore perigonio apice non constricto et urceolato distinctum.

Specierum Orientalium distributio.

Sect. I. EUBELLEVALIA. — Filamenta ad tubi faucem inserta, antherarum apices perigonium subæquantes. Capsula chartacea coccis lateraliter compressis.

* Perigonii laciniæ tubo æquilongæ.

B. Romana.

* * Perigonii laciniæ tubo breviores.

B. ciliata, dubia, trifoliata, macrobotrys, flexuosa, nivalis, montana, densiflora, sessiliflora.

Sect. II. HYACINTHELLA. — Filamenta ad medium tubum perigonii vel paulo inferius inserta, antheræ in perigonio profunde immersæ. Capsula (an in omnibus?) parva coriacea coccis dorso rotundatis.

* Folia elevatim multinervia.

B. leucophœa, lineata, hispida, Heldreichii, nervosa.

* * Foliorum nervi non elevati.

B. micrantha, azurea, paradoxa, Persica.

Sect. I. EUBELLEVALIA.

1. B. Romana (L. Mant. Atl. p. 224 sub *Hyacintho*) bulbo majusculo ovato, foliis 4-5 linearibus canaliculatis glabris patulis scapo elato longioribus, racemo sub anthesi conico dein elongato, pedicellis erecto-patulis flores æquantibus vel sublongioribus, bracteolis minibus triangularibus deflexis interdum basi appendiculatis, perigonii albidi basi cærulescentis tandem sordide violaceo-virentis campanulati laciniis tubo subæquilongis lineari-oblongis acutiusculis, filamentis lanceolatis a basi ad apicem attenuatis, antheris violaceis, capsulâ trigonâ subrotundatâ obtusâ ♃. *R. Romana* Rchb. exc. I, p. 105. — Ic. Germ. 1002. — Fl. Græc. tab. 340. — Nees Gen. Fl. Germ. Ic.

Hab. in agro Argolico et insulâ Cypro (Sibth.). E. ditione nondum vidi.

Ar. Geogr. Gallia australis, Italia, Dalmatia.

2. B. ciliata (Cyr. Neap. II. 22, tab. 10 sub *Hyacintho*) bulbo ovato majusculo, foliis 4-6 loratis basi attenuatis breviter acutatis margine cartilagineis et dense ciliatulis scapo crasso elato sublongioribus, racemi laxe multiflori ovato-oblongi pedicellis floriferis flexuosis flore 4-8-plo longioribus fructiferis rigidis horizontaliter patentibus, bracteis minimis vel abortivis, perigonii campanulati livide purpurascentis segmentis erectis ovatis acutiusculis tubo triplo brevioribus viridi-lutescentibus, filamentis triangulari-lanceolatis antherâ violaceâ brevioribus, capsulâ obovato-oblongâ trigonâ basi longius apice brevius attenuatâ subretusâ ♃. *B. ciliata* Nees Gen. Germ. — *Muscari ciliatum* Bot. Reg. 394. — *H. patulus* Bertol. Comm. Bon. V, 430. — *H. Olivieri* Baker Journ. of Bot. XII, p. 8 (specimen junius pedicellis abbreviatis).

Hab. in agris, Græcia in Atticâ et Argolide (Sprun! Boiss! Heldr!), Bæotia inter Oropos et Chalcis (Heldr!), Macedonia (ex Friv.), Cilicia (Auch. 2118!), Syria ad Aleppo (Haussk!), desertum Ægyptiaco-Palestinum ad Scheick Zeoyed (Barbey!), Mesopotamiâ ad Euphratem (Chesney 106), ad Mardin et desertum Ras el Ain (Haussk!), Tauriâ (Stev.), Iberiâ (Wilh), Belutchiâ prope Kelat (Stocks 934!).

β *glauca.* — Minor, scapus et folia abbreviata oblonga, ea margine interdum non ciliata sed scabrida, perigonium minus 3 lineas longum, pedicelli abbreviati. — *Muscari glaucum* Lindl. Bot. Reg. tab. 1085. — *Bellevalia glauca* K^th. — *Muscari Wilhelmsii* Stev. Taur. 336. — *Hyac purpureus* Griff. Ic. tab. 275, Not. p. 242. — *Hyacinthus Aucheri* Baker Journ. Linn. Soc. XI, p. 431.

Hab. in Transcaucasiæ ditione Grusiâ (C. Koch!), Persiâ in montibus Bachtiaricis (herb. Hort. Petrop!), Ispahan (Auch. 5396!), in monte Sawers Persiæ australis (Haussk!), Affghaniâ et Belutschiâ (Griff. ex Baker.).

γ *stenophylla.* — Semipedalis, folia 5-6-pollicaria 2-3 lineas tantum lata pectinatim ciliata acuminata.

Hab. in arenosis insularum Karrak et Korgo Persiæ australis (Ky. 23!).

Planta in typo pedalis et elatior, in varietatibus semipedalis, folia in typo pollicem sæpe lata et perigonium 4 lineas longum, pedicelli inferiores fructiferi 2-3-pollicares; capsula 6-8 lin longa, in var. β apice profundius retusa.

Ar. Geogr. Italia australis, Rossia australis, Africa borealis.

3. B. dubia (Guss. Cat. Bocc. 1821, p. 32 sub *Hyacintho*) bulbo ovato, foliis subternis linearibus canaliculatis acuminatis scapo longioribus, racemo sub anthesi cylindraceo laxiusculo, pedicellis flori subæquilongis patentibus flore demum subnutanti, bracteolis minutis triangularibus, floribus omnibus fertilibus, perigonii cærulei campanulati segmentis ovato-deltoideis obtusis tubo subtriplo brevioribus, filamentis a fauce liberis triangulari-attenuatis antherâ longioribus, antheris cæruleis, capsulâ acute trigonâ apice valde retusâ obcordatâ ♃. *B. dubia* R. et Sch. VII, p. 387. — *B. Clusiana* Griseb. Spic. II, p. 387!

Hab. in cultis, Græcia in Peloponneso (herb. Fauché!), in Laconiâ (Orph!),

supra Patras (Heldr!), in Ætoliâ (Nieder!), Zacyntho (Marg!), insulâ Hydra
(Heldr!), Græcia (Zucc. ex Baker), Bithynia in arvis prope Jevisa (Griseb!).

Falia 2-4 lineas lata, racemus fructifer semipedalis, capsula 4 lin. longa
5 lata.

Ar. Geogr. Sicilia, Italia australis, Dalmatia, Africa borealis.

4. B. trifoliata (Ten. Nap. III, p. 376, tab. 136 sub *Hyacintho*)

bulbo ovato, foliis 3-4 late lanceolato-linearibus scapo elato longioribus margine breviter ciliatis, racemo cylindraceo brevi laxiusculo,
pedicellis flore subbrevioribus tenuibus patentibus vel cernuis, bracteis minutis deltoideis sæpe bipartitis. perigonii sordide violacei tubuloso-campanulati segmentis virentibus obovato-oblongis obtusissimis
tubo quadruplo brevioribus, filamentis linearibus parte liberâ antherâ
longioribus, antheris violaceis, capsulâ orbiculari acute trigonâ apice
rotundatâ ♃. *B. trifoliata* K[th]. Enum. IV, 306. — *Hyac. abortivus*
Cavalier Notes (forma foliis angustioribus). — *B. Syriaca* Herb. Bot.
Reg. 1844, Misc. p. 89 ex descriptione et *Hyac. Syriacus* Baker Journ.
Bot. XII, p. 8.

Hab. in cultis, Byzantii (Coum!), insulâ Rhodo prope Trianda (Heldr!),
Cypro (Sint. et Rigo!), Pamphyliâ ad Adalia (Bourg!), Syriâ littorali (Post!),
ad Berythum (Cadet!), Tripoli (Bl!), deserto ad fines australes Palestinæ
(Boiss!), Egypto inferiore ad Mariout prope Alexandriam (Letourn!).

Pedalis et elatior, folia 9-12 lineas lata, perigonium 6-7 lineas longum;
differt a *B. Romanâ* perigonii segmentis brevibus, a *B. dubiâ* capsulâ non
obcordatâ 5 lin. longâ et latâ.

Ar. Geogr. Regnum Neapolitanum.

5. B. macrobotrys (Boiss. Diagn. Ser. I, 13, p. 35) bulbo

ovato magno, foliis 3-5 late lanceolatis apice breviter acutatis margine membranaceo obsolete scabridis scapo elongato sublongioribus,
racemo laxe cylindrico fructifero valde elongato pedicellis flore paulo
vel sesquilongioribus patentibus fructiferis arcuatis, bracteis minutis
triangulari-ovatis, perigonii cærulei tandem livescentis breviter campanulati laciniis oblongis obtusis tubo subtriplo brevioribus, filamentis triangularibus antherâ rubello-ferrugineâ subbrevioribus, capsulæ
trigonæ ovatæ mucronulatæ valvulis oblique nervatis ♃.

Hab. in Palestinâ ad meridiem Gaza et inter Ramla et Hierosolymam
(Boiss!), in Syriâ prope Sidonem, in monte Gebel Baruck et in Cælesyriâ
(Post!), Aleppi in pratis udis (Haussk!), Egypto prope Alexandriam (Samar!),
in Transcaucasiâ ad Schemacha (Bayern!).

Sæpe bipedalis, folia 8-10 lineas lata, racemus fructifer sæpe pedalis, perigonium tres lineas longum, capsula 4 lineas longa. Facies *B. trifoliatæ* a quâ
flore duplo breviore statim dignositur. *B. dubia* perigonio brevi quoque
donata differt foliis angustis, pedicellis brevioribus, capsulâ obcordatâ, etc.

6. B. flexuosa (Boiss. Diagn. Ser. I, 13, p. 36) bulbo globoso

majusculo, foliis 5-6 lanceolatis utrinque attenuatis multinerviis
margine membranaceis et breviter denticulato-ciliatis sæpe undulatis,
scapis 1-4 pumilis supra basin demum curvatis et ascendentibus,
racemo brevi laxo ovato fructifero subelongato pedicellis erecto-patu-

lis tandem patulis vel apice cernuis perigonio subbrevioribus, bracteolis minimis deltoideis bifidis, perigonii luridi tuboloso-campanulati
segmentis oblongis obtusis tubo duplo brevioribus, filamentis a basi
triangulari-lanceolatâ attenuatis antherâ sublongioribus, antheris
cæruleis, capsulâ ovato-orbiculari acute trigonâ apice retusâ basi substipitatâ ♃.

Hab. in siccis et muris humo tectis circa Hierosolymam (Boiss! Roth 445!
Ky. 800!), Hebron (Barbey!), Berythi ad Raz Beyrut et in Libano ad Eden
(Bl!), Damasci ad Gebel Khaisoun (Gaill!), Antilibano in agris subalpinis
Bludan (Ky. 779!), planitie Galala deserti Ægyptiaco-Arabici (Schweinf.
257!).

Folia et scapi 3-5 pollices longa, illa 3-5 lineas, in spec. Ægyptiaco 6-7 lin.
lata. Perigonium 3-4 lineas longum, capsula tres lineas longa et paulo latior.
Scapis pumilis curvato-ascendentibus, perigonio brevi, etc. a *B. trifoliatâ*
et *dubiâ* distincta.

7. **B. nivalis** (Boiss. et Ky. Diagn. Ser. II, 4. p. 110) bulbo
ovato, foliis 4-5 lanceolatis utrinque attenuatis acutis margine membranaceo breviter ciliatis scapo longioribus, scapis 1-2 brevissimis
supra basin incurvatis ascendentibus, racemo brevi oblongo densiusculo, pedicellis erectis perigonio multo brevioribus, bracteis ovatis
minimis, perigonii tuboloso-campanulati laciniis oblongo-linearibus
obtusis tubo triplo brevioribus, filamentis triangulari-lanceolatis apice
attenuatis antherâ ovato-orbiculari acute trigonâ apice truncato-sub-
retusâ purpureo-violaceâ longioribus, capsulâ.... ♃.

Hab. ad nives alpium Mandschura Antilibani 6500' (Ky. 58!), in montibus
Troodos Cypri 5000' (Ky. 411!), in montibus supra Chytræam (Sint. et Rigo!).

Scapi 2-3-pollicares, folia 3-4 pollices longa 3 lata, perigonium 2 ¹/₂-3 lineas
longum. Habitu et characteribus *B. flexuosæ* afinis, racemo denso et pedicellis erectis brevissimis distincta.

8. **B. montana** (C. Koch Linn. XXII, p. 252 sub *Muscari*) bulbo
ovato, foliis 4-5 oblongo-lanceolatis basi longe attenuatis acutis margine membranaceis et ciliatulis scapo erecto subbrevioribus, racemo
oblongo pedicellis tenuissimis erectis flore demum cernuo sesquilongioribus, floribus supremis minutis sterilibus globosis, bracteis minimis, perigonii tuboloso-campanulati laciniis azureis tubo lucido
duplo brevioribus ovato-oblongis obtusis mucronulatis, filamentis breviter lanceolatis antheræ cæruleæ æquilongis, capsulâ... ♃.

Hab. in ditionibus Transcaucasicis Lori et Schuragel 3500'-4200' C. Koch!).

Scapus semipedalis, folia medium versus 5-7 lineas lata, perigonium tres
lineas longum. Ab affini *B. flexuosâ* scapis erectis, pedicellis longioribus et
multo tenuioribus etc., distincta.

9. **B. densiflora** (Boiss. Diagn. Ser. I. 7, p. 109) bulbo ovato,
foliis 3-5 lanceolato-linearibus attenuato-acuminatis glabris scapos
superantibus, scapis 1-3 flexuosis, racemo ovato-oblongo densifloro
pedicellis erectis perigonio parte dimidiâ brevioribus, bracteolis

oblongo-lanceolatis obtusis, perigonii tubuloso-campanulati flavidi laciniis oblongo-lanceolatis obtusis tubo subduplo brevioribus, filamentis late lanceolatis antherâ flavâ duplo longioribus, capsulâ.... ♃.

Hab. in Syriä orientali (Auch. 2121!), in pratis uliginosis Kheilan prope
Aintab (Haussk!).

Folia 5-10 pollices longa 3-4 lineas lata, perigonium 4 ½ lineas longum.
Species floribus flavidis, pedicellis erectis, antheris flavis nec cæruleis a congeneribus distincta.

10. B. sessiliflora (Viv. Fl. Lib. 21, tab. VII, fig. 5 sub *Hyacintho*)
bulbo ovato crasso, foliis 2-3 scapi basin cingentibus lanceolatis subpli-
catis patulo-incurvis scapum brevem multo superantibus, racemo oblongo denso fructifero vix elongato, bracteis squamiformibus, floribus subsessilibus, perigonii lucidi campanulati laciniis ovatis acutiusculis
erecto-patulis tubo duplo brevioribus, filamentis lanceolatis antherâ
violaceâ sublongioribus, capsulâ cito deciduâ ovatâ tricoccâ coccis
complanatis ♃. *B. sessiliflora* K^th. Enum. IV, 311. — *Hyac. capitatus.*
Baker Journ. Bot. XII, p. 8!

Hab in palmetis, inter segetes Egypti inferioris, ad Ramleh (Gaill!), ad
arcem Maxi (Samar!), ad Mandara (Letourn!). Fl. Dec. Mart.

Scapus 2-3-pollicaris, racemus 1-1 ½ poll. longus, perigonium 2 ½-3 lineas
longum, capsula 4 ½-5 lineas longa 4 lata.

Ar. Geogr. Cyrenaica.

SECT. II. HYACINTHELLA.

11. B. leucophæa (Stev. Mss. in herb. Berol. sub *Hyacintho*)
bulbo ovato, foliis 2-3 anguste lineari-lanceolatis acutis scapi basin
amplexantibus eoque longioribus elevatim multistriatis inferne angustatis, racemo 20-30-floro oblongo-cylindrico laxiusculo, pedicellis
erecto-patulis flore subbrevioribus capsulâ sesquilongioribus, bracteis
minimis, perigonii pallide cærulei tubulosi laciniis erectis oblongis
obtusis tubo 2 ½-plo brevioribus, filamentis filiformibus antherâ
subbrevioribus, capsulâ globoso-depressâ tricoccâ coccis rotundatis
reticulato-nervosis ♃. *Muscari leucophæum* C. Koch Linn. XXII,
p. 254. — *Muscari pallens* Rchb. Pl. Crit. IV, p. 27, tab. 331 non
M. B. — *Hyac. amethystinus* Pall. It. III, p. 569?

Hab. in Iberiâ ex Ledeb. Fl. Ross. sed mihi incerta civis.

Perigonio tubuloso tres lineas longo nec globoso urceolato a *Muscari pallenti* Fisch. — *Hyac. pallenti* M. B. quocum sæpe confusum fuit omnino diversa.

Ar. Geogr. Rossia austro-occidentalis, Serbia.

12. B. lineata (Steud. in R. et Sch. Syst. VII, p. 584) bulbo
ovato parvo, foliis 2-3 firmis elevatim multinerviis margine pectinatim ciliatis oblongis vel lanceolatis acutis scapum humilem basi

20

amplexantibus et eo brevioribus, racemo ovato laxiuscule 6-12-floro
bracteis squamiformibus minimis, pedicellis erecto-patulis fructiferis
patentibus rectis flore dimidio brevioribus capsulâ sublongioribus,
perigonii azurei campanulati laciniis ovatis obtusis tubo triplo brevioribus, filamentis a basi latiore subulatis antherâ violaceâ sublongioribus, capsulâ globoso-depressâ tricocceâ coccis duris rotundatis
subcarinatis ♃. *B. lineata* K^{th}. Enum. W. p. 309. — *Hyacinthus his-
pidus* Baker loc. cit. p. 429 non Gay,

Hab. in fruticetis collium Smyrnæ (Fleisch. sub *H. ciliato !*), in umbrosis
montis Cadmi supra Denisleh in Cariâ (Boiss !), ad Ouchak Phrygiæ (Bal !).

Scapus florifer 3-4 pollices fructifer 6-8 longus, folia 4-5 lineas lata, perigonium 2 ½ lineas longum. Capsula ejusdem formæ ac *B. nervosa* sed
minor.

13. B. hispida (J. Gay Bull. Soc. Bot. Fr. III, p. 240) bulbo
ovato parvo, foliis 2-3 firmis elevatim multinerviis scapum humilem
tenuem flexuosum basi amplexantibus et eo brevioribus oblongo-
lanceolatis acutis margine et utrinque ad nervos longe strigilloso-
hispidis, racemo brevi oblongo laxiusculo, bracteis obsoletis, pedicellis
floriferis flore brevioribus fructiferis arcuatim erecto-patulis capsulâ
sublongioribus, perigonii intense cærulei laciniis ovatis obtusiusculis
tubo triplo brevioribus, filamentis subulatis antherâ violaceâ sublongioribus, capsulâ depresso-globosâ tricoccâ coccis rotundatis subcarinatis reticulatim nervosis ♃.

Hab. in dumosis Ciliciæ littoralis prope Mersina (Bal. 815!).

β *glabrescens*. — Folia strigillis destituta.

Hab. in Ciliciâ ad Tarsous (Auch. 2116!).

Facies et characteres *B. lineatæ* cui valde affinis et a quâ pedicellis fructiferis sursum arcuatis nec patentibus rectis forsan non sat differt, nam
pili strigillosi in speciminibus Balansæanis characteristici in Aucherianis
cæterum similibus desunt.

14. B. Heldreichii (Boiss. Diagn. Ser. I, 4, p. 111) bulbo ovato
parvo, foliis 2-3 firmis elevatim multinerviis glabris oblongo-lanceolatis acutis scapum humilem basi amplexantibus et eo brevioribus,
racemo brevi spicæformi oblongo laxiusculo, bracteis obsoletis, pedicellis erectis brevissimis florum superiorum subnullis, perigonii
intense cæruleo-violacei cylindrici laciniis ovatis brevissimis, filamentis filiformibus antherâ violaceâ longioribus, ovario sphærico trigono ♃.

Hab. in herbidis inter frutices Pamphyliæ inter Adalia et Yenidje Khan
(Heldr !). Fl. Mart.

Tripollicaris, affinis *B. lineatæ* a quâ differt foliis non ciliatis, floribus subsessilibus, perigonii laciniis brevioribus.

15. B. nervosa (Bertol. Miscell. I, p. 21 sub *Hyacintho*) bulbo
ovato parvo, foliis subbinis firmis elevatim multinerviis margine

membranaceo ciliolatis oblongis vel lanceolato-linearibus scapum humilem basi amplexantibus et eo brevioribus vel æquilongis sæpe incurvis, racemo oblongo brevi densifloro, bracteis squamiformibus fere obsoletis, floribus sessilibus breviter tubuloso-campanulatis, perigonii azurei laciniis ovatis obtusis tubo triplo brevioribus, filamentis subulatis antherâ nigrâ longioribus, capsulâ in axi persistente parvâ durâ rotundato-depressâ tricoccâ coccis rotundatis dorso oarinatis reticulatim nervosis ♃. *B. Aleppica* Boiss. Diagn. Ser. II, 4, p. 3. — *H. sessiliflorus* Baker ex parte. — *H. exculptus* Baker Journ. Bot. XII, p. 7.

Hab. in collibus calcareis prope Aleppo (Ky. sub *Musc. ciliato !* Haussk !) in Mesopotamiâ ad Wiranscheher (Haussk l), ad Gebel Belas deserti ad Palmyram (Bl!), ad Euphratem (Chesn. 11), in monte Gipsaro prope Larnaca Cypri (Samar !).

Planta 2-5-pollicaris, folia latitudine variantia 2-6 lineas lata, racemus spicæformis vix pollicaris, perigonium 3 lin. longum, capsula vix 2 lineas lata coccis duris coriaceis nec ut in *B. sessiliflorâ* cui cl. Baker hanc speciem conjunxit papyraceis plano-compressis.

16. **B. micrantha** (Boiss. Diagn. Ser. I, 5, p. 63) bulbo ovato minuto, foliis binis glabris lineari-filiformibus canaliculatis scapum inferne amplexantibus et ei æquilongis obtusis recurvis, scapo tenui flexuoso, floribus 6-12 minimis sessilibus in spicam oblongam confertis, bracteis minimis, perigonii minimi pallide cærulei ovato-campanulati laciniis triangulari-ovatis obtusis tubo quadruplo brevioribus, filamentis antherâ brevioribus, capsulâ... ♃.

Hab. in Bithyniâ (Pestal!), in Anatoliâ boreali (Auch. 2115!).

Planta 2-3-pollicaris, folia sesquilineam lata, flores eis specierum præcedentium multo minores vix lineam longi. Facies *Musc. parviflori* a quo floribus sessilibus et minoribus ore non constrictis statim distinguitur. Affinis *B. nervosæ,* folia angustiora non elevatim nervosa, perigonium triplo minus.

17. **B. azurea** (Fenzl Del. Sem. Hort. Vind. 1858. — Tchih. As. Min. II, p. 539) bulbo ovato, foliis 2-5 carnosulis lineari-lingulatis navicularibus inferne attenuatis apice obtusis subfornicatis scapum humilem subsuperantibus, racemo multifloro compacto ovato, bracteolis squamæformibus, pedicellis flore triplo brevioribus sub anthesi cernuis fructiferis erectis, perigonii azurei campanulati fauce ampliatâ laciniis tubo triplo brevioribus late ovatis porrectis, filamentis linearibus versus medium tubum insertis antherâ subglobosâ sublongioribus, capsulâ.... ♃. *Amphibolis cælestis* Schott et Ky. Mss. Ky. Taur. p. 279.

Hab. ad Tauri Cilicici plumbi fodinas Gülek 6400' (Ky!). Vid. spec. in hort. Schôubrunn. culta).

Scapus 2-3-pollicaris, folia 3-4-pollicaria 2 ¹/₄-3 lineas lata, racemus subcapitatus 8-9 lineas longus, perigonium tres lineas longum. A *Bellevaliâ leucophœâ* differt foliis non elevatim striatis, floribus sessilibus, perigonio late campanulato nec tubuloso. Facie similis *Musc. pallenti* Fisch. perigonio apice constricto urceolato cæterum generice distincto.

18. B. paradoxa (F. et M. Index Sem. Petrop. I, 30, sub *Hyacintho*) bulbo ovato majusculo, foliis binis anguste linearibus canaliculatis scapo sublongioribus, racemo ovato denso, pedicellis cernuis flore duplo brevioribus, perigonii cærulei campanulati laciniis late ovato-oblongis tubo triplo brevioribus extrorsum subcurvatis, filamentis subbiseriatim infra medium tubum insertis antherâ nigrâ subphæricâ vix longioribus, ovario sphærico-trigono depresso, capsulâ... ♃. *Bellevalia pseudomuscari* Boiss. et Buhse Diagn. Ser. II, 4, p. 110. — *Musc. paradoxum* Baker Journ. Bot. 1874, p. 6. — *M. pycnanthum* B. et Buhse Enum. p. 213, ex parte non C. Koch.

Hab. in prov. Asterabad Persiæ borealis ad ingressum vallis Ketal (Buhse!) Fl. Mart.

Facies *M. neglecti* et *M. pycnanthi*, folia sesquilineam lata, scapus 6-8-pollicaris, perigonium 2 lineas longum campanulatum nec apice constrictum quâ notâ ad *Bellevaliam* nec ad *Muscari* hæc pianta referenda. Affinis *B. Persicæ*, pedicellis curvatis nec erectis, filamentis longioribus, etc., distincta.

19. B. Persica (Boiss. et Buhse Enum. p. 213 sub *Hyacintho*) bulbo ovato, foliis anguste linearibus canaliculatis flaccidis flexuosis inferne attenuatis acutis scapo tenui flexuoso longioribus, racemo fastigiatim corymboso 6-8-floro pedicellis strictis tandem flore sublongioribus basi bracteolâ lineari minimâ suffultis, perigonii cæruleoviolacei campanulati segmentis oblongis obtusis tubo duplo brevioribus, filamentis linearibus medio tubo adnatis antherâ inclusâ duplo longioribus, capsulâ... ♃.

Hab. ad oras arenosas fluvii Sefirud ad Mendjil Persiæ borealis (Buhse!). Fl. Mart. ineunte.

Folia 2-3-pollicaria sesquilineam lata, caules tripollicares. Perigonium tres lineas longum. Facie refert *Hyacinthum fastigiatum* Bertol. bracteis longis lanceolatis, filamentis fauci insertis cæterum alienum. Nostram plantam *Bellevaliæ* nec *Hyacintho* ob ovarii loculos bi nec pluriovulatos et magnam cum *B. leucophœâ* et *azureâ* affinitatem nunc adnumero.

Species non satis nota.

B. Haynei (Baker Journ. Bot. XII, p. 7) bulbo ovato crassiusculo, foliis binis coriaceis rigidis linearibus falcatis dorso elevatim nervosis et inferne hispidulis 3-4 pollices longis 2-3 lineas latis acuminatis margine minute ciliatis, scapo gracili 2-3-pollicari, racemo subspicato 1-1 ¹/₃-pollicari demum 4-5 lineas lato, floribus subsessilibus erecto-patentibus, perigonii saturate cærulei 2 lineas longi laciniis ovato-deltoideis tubo oblongo 3-4-plo brevioribus, filamentis brevissimis complanatis, antheris oblongis cæruleis, capsulâ..., ♃.

Hab. ad Ouadi Zerka regionis Moab Palestinæ orientalis (Hayne in herb. Kew.). Non vidi.

Ex cl. auctore inter *B. sessiliftoram* et *hispidam* intermedia, flores dense subspicati prioris et folia hispida posterioris. An satis a *B. nervosd* distincta ?

STRANGWEIA (Bertol. Mem. Soc. Ital. XXI, p. 1).

Perigonium campanulatum profunde sexpartitum segmentis erecto-patulis. Filamenta tubo infra faucem inserta uniseriata petaloidea basi inter se breviter coalita antheræ æquilonga apice breviter tridentata, dentibus lateralibus triangularibus intermedio tenuiore et sublongiore antherifero. Stylus filiformis, stigma capitatum. Ovarium triloculare loculis 5-6-ovulatis. Capsula globosa. Semina pyriformia. — Genus a *Hyacintho* et *Bellevaliá* filamentis petaloideis basi breviter connatis tridentatis, a priore insuper seminibus funiculo incrassato persistenti non auctis, a posteriore staminibus tubum vix excedentibus nec perigonio æquilongis distinctum.

1. **S. spicata** (Sm. Prcdr. I, p. 237 sub *Hyacintho*), bulbo ovato, foliis 6-8 anguste lineari-lanceolatis scapum humilem superantibus margine ciliatulis, floribus subsessilibus in spicam ovato-oblongam dense congestis erectis, bracteis lanceolatis bipartitis deflexis, floribus triste cærulescentibus, perigonii campanulati segmentis oblongo-lanceolatis obtusiusculis erecto-subpatulis tubo duplo longioribus, filamentis brevissimis cuneato-ovatis apice truncatis tridentatis tubi faucem vix excedentibus, antheris cæruleis, stylo staminibus breviore ♃. *Str. spicata* Bert. loc. cit. — *Bellevalia spicata* Boiss. Diagn. Ser. I, 7, p. 110. — *Puschkinia dubia* Kunth Enum.

Hab. in collibus saxosis regionis inferioris Græciæ, Zacynthus (Sibth; Margot!), Leucada (Letourn!), Attica (Heldr!), Acarnania (Nied!), regio inferior Parnassi ad Arachova 2500' (Heldr. herb. Norm. 618!), Argolis (Sibth. Sprun!). Fl. Febr. Mart.

Scapus 2-5-pollicaris, folia 6-10-pollicaria 2 lineas lata, perigonium 3 ½ lineas longum.

HYACINTHUS (Tourn. Inst. p. 344 ex parte).

Perigonium infundibuliforme semisexfidum laciniis patulis. Filamenta tubo infra medium inserta uniseriata libera brevia. Antheræ dorso supra basin affixæ. Stylus brevis, stigma obtusum. Ovarium triloculare loculis 6-8-ovulatis. Capsula globoso-depressa coccis rotundatis. Semina caruncula funiculari tumidâ basi obsita. — Herbæ bulbosæ floribus racemosis.

1. **H. Orientalis** (L. Sp. 454) bulbo ovato majusculo, foliis late linearibus obtusis canaliculatis, scapo foliis sublongiore in racemum

brevem laxiusculum 4-10-florum abeunte, pedicellis brevissimis
erecto-patulis tandem subnutantibus, bracteis oblongis sæpe bifidis
pedicello brevioribus, perigonii tubuloso-infundibuliformis intense
cærulei segmentis lineari-spathulatis tandem patentibus vel subrecurvis tubo basi ventricoso subbrevioribus, filamentis infra medium
tubum uniseriatis linearibus antherâ subbrevioribus, stylo staminibus
breviore, ovarii loculis 6-10-ovulatis, capsulâ globosâ depressâ
obtuse retusâ ♃. Ic. Bot. Mag. 937. — Rchb. fig. 1005.

Hab. in cultis Peloponnesi prope Nisi an sponte? (herb. Fauché!), in alpinis montis Bakkyrdagh Ciliciæ Kurdicæ 7000' (Ky. 146!), in graminosis
montis Gebel el. Ais Mesopotamiæ (Haussk!), Syriâ in regione inferiore
Libani inter Sidonem et Dair el Kamr atque ad pagum Kaitoulé (Gaill!).

Ar. Geogr. Loci multi regionis Mediterraneæ Europæ sed ubique introductus.

PUSCHKINIA (Adams Nov. Act. Petrop. XIV, p. 164, tab. B.).

Perigonium basi brevissime tubuloso-campanulatum sexpartitum
segmentis rotatim patentibus coronâ membranaceâ ad faucem tubi
impositâ sexfidâ auctum. Filamenta brevia coronæ tubo intus
adnata, antheræ subsessiles lineari-oblongæ versatiles. Ovarium sessile obtuse trigonum triloculare loculis 5-6-ovulatis, stylus filiformis
brevis, stigma capitatum. Capsula membranacea. Semina in loculis
pauca parva globosa. — Herbæ parvæ bulbosæ facie *Scillæ*.

1. P. scilloides (Ad. loc. cit.) bulbo globoso, foliis 2-3 lineari-
loratis scapum basi longe amplexantibus et eo subæquilongis altero
sæpius latiore, racemo brevi 1-6-floro, pedicellis tenuibus erectis
inferioribus flore longioribus, bracteis ad squamulas reductis, perigonii albido-cærulei segmentis lineâ dorsali cæruleâ percursis ellipticis
obtusis tubo triplo longioribus, coronâ perigonio subtriplo breviore
ad medium sexfidâ dentibus truncatis vel retusis ♃. Bot. Mag. tab.
2244. — *Adamsia scilloides* W.

Hab. in Armeniæ Turcicæ alpinis ad nives (Auch. 5392!), Caucaso et Iberiâ Caucasicâ prope Tiflis et Elisabethpol (M. B. Hoh!), prov. Karabagh
(Szov!), Caucaso orientali in Daghestaniâ 8000' (Rupr!).

β *Libanotica*. — Flores submajores, coronæ dentes acutius
bifidi. — *P. Libanotica* Zucc. Hort. Monac. fasc. IV, p, 238.

Hab. in Libani regione alpinâ (Roth), supra Eden et Hasroun (Bl!).

2. P. hyacinthoides (Baker Linn. Soc. Journ. XI, p. 435)
bulbo ovato, foliis binis scapi basin longe cingentibus lineari-loratis
scapo humili longioribus, racemo brevi 1-6-floro, pedicellis omnibus
flore brevioribus, bracteis ad squamulas reductis, perigonii albidi vel
pallide cærulei segmentis oblongo-linearibus obtusis tubo vix longioribus, coronæ perigonio duplo brevioris dentibus retusis ♃.

Hab. ad nives montis Schahu Kurdistaniæ Persicæ 9-12000' (Haussk !), in montibus Ouroumiah (Garden ex Baker.).

Præcedente minor 3-4-pollicaris, folia 3 lineas lata, perigonium minus 4 lineas longum.

CHIONODOXA (Boiss. Diagn. Ser. I, V, p. 61).

Perigonium profunde sexpartitum tubo ovato-urceolato segmentis rotatim patentibus. Filamenta ad faucem tubi inserta brevia lineari-cuneata truncata plana inter se libera, antheræ bifidæ versatiles. Ovarium sessile obtuse trigonum triloculare loculis pluriovulatis, stylus subnullus, stigma capitatum. Capsula sessilis membranacea ovata trilocularis. Semina in loculis pauca horizontalia globosa. — Herbæ bulbosæ facie *Scillæ*, a *Hyacintho* perigonio rotato nec infundibuliformi, filamentis brevibus latis, a *Puschkiniâ* quam habitu refert coronæ defectu distincta

1. C. Lucilliæ (Boiss. loc. cit.) bulbo ovato, foliis binis linearibus canaliculatis apice subcucullatis scapum longe amplexantibus et eo sublongioribus recurvo-patulis, scapo 1-2-floro vel in formâ majore 2-5-floro, pedicellis erecto-patulis tandem subrecurvis flore duplo longioribus, bracteis nullis, perigonii cærulei segmentis oblongis obtusis et alternatim acutiusculis tubo triplo longioribus, filamentis laciniis perigonii quadruplo brevioribus alternatim sublongioribus ♃. *C. Forbesii* Baker Linn. Soc. Journ. XI, p. 436 et Bot. Mag. tab. 6423 (forma elatior magis multiflora).

Hab. in regione alpinâ Tmoli occidentalis supra Bozdagh (Boiss !), in monte Nymphdag prope Smyrnam (Maw), in montibus Lyciæ (Forbes).

Folia 2-4 lineas lata, scapus 3-7 pollices longus, perigonii limbus expansus diametro 15-16 lineas latus.

2. C. Cretica (Boiss. Diagn. Ser. I, 13, p. 24) bulbo ovato, foliis binis late linearibus planis flaccidis apice subcucullatis obtusis scapo sublongioribus, scapo laxe 1-5-floro, pedicellis erectis flore duplo longioribus, bracteis nullis, perigoni cærulei segmentis oblongo-spathulatis obtusis tubo triplo longioribus, filamentis perigonii laciniarum quartam partem æquantibus æquilongis apice valde retusis ♃.

Hab. inter frutices præsertim *Berberidis Creticæ* in regione subalpinâ Cretæ, montes Sphaciotici supra Askyphous, mons Ida, montes Lassiti (Heldr!).

Valde affinis formæ multiflorae præcedentis et ab eâ forsan non specifice distincta, folia latiora, perigonii vix minoris phylla minus patentim stellata et obtusiora, filamenta æquilonga et lata.

3. C. nana (Ræm. et Sch. Syst. VII, 581 sub *Hyacintho*) bulbo parvo ovato, foliis binis anguste linearibus canaliculatis subrecurvo-patentibus scapo gracili 1-3-floro subæquilongis, pedicellis ascendentibus flore longioribus, bracteis nullis, perigonii parvi albidi superne pallide lilacini segmentis elliptico-oblongis obtusis tubo triplo longioribus, filamentis segmentis triplo brevioribus alternatim sublongioribus ♃. *Ch. nana* Boiss. Diagn. Ser. I, 13, p. 24. — Bot. Mag. tab. 6453. — *C. Cretica* Jaub. et Sp. Ill. tab. 433 non Boiss. — *Puschkinia scilloides* Sieb. Reis. Cret. vol. II, 319, tab. 7 non Adams.

Hab. in montibus elatis Cretæ 4000'-6000' (Tournef. Sieb. Elwes), in montibus Sphacioticis et Lassiti (Heldr!).

Planta 3-6-pollicaris, folia 1-2 lineas lata. Differt a præcedentibus flore pallido dimidio minore diametro 7 lineas lato.

Tr. V. HEMEROCALLIDEÆ. — Radix fibroso-carnosa. Plantæ caulescentes. Perigonium inferne tubuloso-gamophyllum.

HEMEROCALLIS (L. Gen. 433).

Perigonium monophyllum late infundibuliforme segmentis sex oblongo-spathulatis flore expanso subrecurvis, tubo brevi. Filamenta sex filiformia ad faucem tubi inserta declinata, antheræ dorso supra basin bifidam affixæ lineari-oblongæ versatiles. Ovarium imâ basi tubo perigonii adnatum sessile oblongum triloculare loculis multiovulatis, ovula biseriata, stylus filiformis declinatus, stigma capitatum. Capsula membranacea vel subcarnosa obovata obtuse trigona. Semina globosa vel subangulata testâ crustaceâ atrâ. — Herbæ radicibus crasse fibrosis, foliis gramineis, floribus corymbosis amplis flavis vel fulvis.

1. **H. flava** (L. Sp. 462) caule elato nudo, foliis anguste linearibus carinatis acutis caule brevioribus, floribus 3-9 breviter pedicellatis, bracteis parvis lanceolatis, perigonii vitellini segmentis oblongo-lanceolatis obtusis planis longitudinaliter multinerviis nervis anastomosantibus ♃. Ic. Rchb. Germ. 112.

Hab. ad aquas, Caucasus ad acidulam Nartzana et Iberia Caucasica (M. B.) E ditione non vidi.

Ar. Geogr. Gallia, Germania australis, Italia borealis, regio Danubialis, Sibiria. Forsan in multis locis introducta.

2. **H. fulva** (L. Sp. 462) caule elato folia pauca minuta squamiformia edente, foliis radicalibus linearibus carinatis acutis cauli subæquilongis, floribus 6-15 brevissime pedicellatis, bracteis parvis lanceolatis, perigonii intus fulvo-rubri segmentis oblongo-lanceolatis obtusis longitudinaliter multinerviis venarum transversarum ope anastomosantibus, interioribus margine undulatis ♃. Rchb. Germ. p. 1113.

Hab. ad aquas, Transcaucasia ad mare nigrum (Szov!), Iberia et ditio Talysch (Hoh!).

β *angustifolia*. — Folia 2-4 lineas tantum lata, caulis abbreviatus.

Ar. Geogr. Gallia et Germania australes, Italia superior, regio Danubialis, Rossia media et australis.

Tr. VI. ANTHERICEÆ. — Radix vel fibris fasciculatis carnosis constans, vel fibrosa, vel rhizoma repens. Perigonii phylla vel urceolo angustissimo basilari connata vel omnino libera. Plantæ caulescentes vel scaposæ.

ASPHODELUS L. Gen. 424.

Perigonium patens regulare phyllis æqualibus uninerviis ima basi connatis. Filamenta basi dilatatâ concavâ ovarium amplectentia dein filiformia erecto-ascendentia, antheræ æquales medio dorso affixæ. Ovarium triloculare ovulis in loculo geminis collateralibus, stylus filiformis, stigma capitato-subtrilobum. Capsula (sicca) coriacea loculicide trivalvis. Semina acute triquetra dorso transverse sulcata. — Herbæ radice tuberibus fasciculatis vel fibris tenuibus constante, scapo aphyllo, floribus racemosis vel paniculatis, pedicellis supra basin vel versus medium articulatis.

Sect. I. GAMON J. Gay. — Perennes, radix tuberoso-fasciculata, folia triquetra.

1. **A. microcarpus** (Viv. Fl. Cors. Diagn. p. 5) radice tuberculis napiformibus crassis oblongis utrinque longe attenuatis constante, collo fibris setosis obsito, foliis triquetris ensiformibus elongatis apice attenuatis. caule elato tereti non fistuloso, racemis densifloris erecto-patulis longe paniculatis. pedicellis erectis flore brevioribus paulo infra medium articulatis apice subclavatis, bracteis lanceolatis inferioribus perigonio longioribus, perigonii albi infundibuliformis phyllis oblongo-ligulatis obtusis rubro vel viridi-carinatis-, filamentis basi dilatatis oblongo-quadratis abrupte attenuatis, capsulâ parvâ obovatâ apice truncatâ hexagonâ inter angulos transverse et elevatim nervosâ ♃. *A. racemosus* L. Sp. 444 ex parte. — Fl. Gr. tab. 334.

Hab. in collibus regionis inferioris totius Græciæ et Archipelagi (Sibth! Sprun! Boiss! Heldr!), Macedoniæ, Thraciæ et Bithyniæ (Griseb!), Anatoliæ occid. (Pinard!), Pamphyliæ (Tchih.) Galatiæ (Wied!), Cypri (Ky!), Syriæ littoralis (Gaill!), Egypti inf. ad Alexandriam (Letourn!). Fl. Febr. Mart.

Ar. Geogr. Insulæ Canarienses, regio Mediterranea totius Europæ et Africæ borealis, Madera, insulæ Canarienses.

2. **A. albus** (Willd. II, p. 138) radice tuberculis napiformibus crassis basi longius attenuatis constante. foliis lineari-canaliculatis carinato-triquetris acutis, caule elato tereti non fistuloso, racemo multifloro compacto sæpius simplici rarius basi 1-2 ramis erectis aucto, pedicellis erectis flore subbrevioribus versus medium articu-

latis apice incrassatis, bracteis a basi ovatâ lanceolatis pedicello longioribus, perigonii albi infundibuliformis phyllis lineari-oblongis
obtusis demum patentibus, filamentis a basi deltoideo-oblongâ sensim
attenuatis, capsulâ majusculâ ovato-globosâ hexagonâ transverse
nervosâ ♃. Rchb. Germ. fig. 1119. — *A. sphærocarpus* et *A. subalpinus* Gr. et Godr.

Hab in regione subalpinâ Macedoniæ in monte Peristeri prope Bitolia
4000' (Griseb.) Fl. Jun.

Ar Geogr. Montes Hispaniæ australis et borealis, Gallia occidentalis. Delphinatus, Alpes Italiæ borealis et Helvetiæ, Apennini, littorale Austriacum,
Dalmatia.

Sect. II. VERINEA Baker. — Monocarpici, radix fibrosa, folia fistulosa.

3. A. fistulosus (L. Sp. 444) radice fibras carnosulas tenues
edente, foliis numerosis anguste linearibus semiteretibus subtus carinatis subfistulosis margine scabridulis subulato-acuminatis erectis
caule brevioribus, caule erecto fistuloso simplici vel sæpius alternatim vel subdichotome ramoso ramis erectis in racemos laxifloros
abeuntibus, bracteis lanceolatis acuminatis, pedicellis strictis ad
medium articulatis flore multo brevioribus, floribus solitariis, perigonii albi vel carnei sub anthesi rotatim expansi phyllis ellipticis obtusis
striâ mediâ virente vel purpureâ, filamentis a basi oblongâ pilosâ
cito angustatis superne fusiformi-dilatatis subinflatis, capsulâ globosâ
pedicello superne sensim incrassato eâ 1 ½-2 plo longiore suffultâ
valvis apice truncato-retusis dorso rugis 2-3 crassis transversis
notatis, seminibus nitidiusculis dorso 2-3 sulcis transversis et ad
latera 2-3 foveis insculptis ⊙ vel ♃. Ic. Fl. Græc. tab. 335. — Rchb.
Germ. fig. 1117.

Hab. in campis, ad vias, in littoribus regionis inferioris maritimæ in
Græciâ! et Archipelago! Cretâ (Sieb!). Byzantii! Cariâ et Lyciâ (Tchih!)
Pamphyliâ (Bourg!), Syriâ ad Aleppo (Ky!) et littorali (Bl! Gaill!), Cypro
(Sint!), Palestinâ ad Hierosolymam (Post!), Egypto inferiore.

Ar. Geogr. Regio mediterranea totius Europæ et Africæ borealis.

4. A. tenuifolius (Cav. Anal. Cienc. III, 46, tab. 27) radice verticali brevi in fibras tenues cito solutâ, foliis angustissime linearibus
subulato-attenuatis erectis scapo brevioribus semiteretibus subfistulosis, caule erecto inferne ut et folia scabridulo tereti fistuloso simplici vel sæpius ramoso, ramis erectis in racemos laxifloros demum
longissimos abeuntibus, pedicellis infra medium articulatis flore
multo brevioribus, bracteis a basi late triangulari acuminatis, floribus solitariis, perigonii albi sub anthesi campanulati phyllis ellipticis
obtusis striâ mediâ purpurascente notatis, filamentis a basi ovatâ
pilosâ cito angustatis superne fusiformi-dilatatis subinflatis, capsulâ
parvâ ovato-globosâ pedicello superne incrassato eâ duplo longiore

stricto suffultâ valvis apice retusis, seminibus sub lente tenuiter punctulatis opacis dorso transverse 2-3-sulcatis lateraliter 3-4 foveis insculptis ☉. *A. æstivus* Rchb. Ic. Crit. tab. 451 non Brot. — *A. microcarpus* Rchb. Germ. fig. 1116 non Viv.

Hab. in saxosis maritimis Atticæ prope Megaram et in insulis Pharmacusis et Salamine (Heldr !). Fl. Apr. Mai.

Affinis *A. fistuloso*, folia et scapus inferne multo scabridiora, pedicelli infrâ medium articulati, flores et fructus duplo vel triplo minores, perigonium 6 nec 11-12 lineas diam. latum sub anthesi campanulatum nec rotatim expansum. Planta omnino annua nec perennans.

β *micranthus*. — Capsulæ et flores minores, perigonium expansum diam. 4 lineas circiter latum. — *A. clavatus* Roxb. Fl. Ind. II, 148. — *A. parviflorus* Wight Ic. tab. 2062 ? (incerta et imperfecta). — *A. fistulosus* Del. Eg. (ex cl. Asch.).

Hab. in Arabiâ petræâ (Schimp. 206! Boiss!), Egypto inferiore ad Alexandriam (Ehr! Auch! Letourn! etc.), oasibus Egypti mediæ (Asch !). deserto inter Keneh et Kosseir (Schweinf!), ad Thebas (Kralik !), Persiâ australi (Ky. 171!), Belutschiâ (Stocks !).

Ar. Geogr. Insulæ Canarienses, Madera, Hispania austro-orientalis, Africa borealis, Nubia, Arabia tropica, India peninsularis, Mauritius.

5. A viscidulus (Boiss. Diagn. Ser. I, 7, p. 118) radice fibrosâ tenui, foliis rosulatis tenuiter subulatis teretibus fistulosis viscidulis glabris, scapis ascendentibus curvatis pumilis folia subsuperantibus in racemum simplicem laxissime 3-5-florum abeuntibus, bracteis triangularibus mucronatis pedicello brevioribus, pedicellis strictis paulo supra basin articulatis fructiferis superne incrassatis, floribus minimis, perigonii albi phyllis oblongis, filamentis a basi ovatâ attenuatis superne iterum dilatatis, capsulâ globosâ depressâ minutâ valvis transverse sulcatis, seminibus cæsiis dorso transverse trisulcatis ad latera lævibus ☉.

Hab. in Arabiâ petræâ (Schimp. 237 sub *A. fistuloso*!), in planitie Ramleh ad meridiem jugi Tih Arabiæ petreæ (Boiss!). Fl. Mart.

Scapi 1-3 extra foliorum rosulam oriundi cum racemo 3-4-pollicares, flores eis *A. tenuifolii* var. *micranthi* etiam minores, capsula piso triplo minor. Species visciditate, scapis tenuibus extrarosularibus distincta.

Ar. Geogr. Africa borealis orientalis.

6. A. pendulinus (Coss. et Dur. in Jamin Pl. Alg. exs. 1852) radice verticali in fibras tenues solutâ, foliis rosulatis viscidulis teretibus subulato--acuminatis fistulosis, scapis extrarosularibus ascendentibus curvatis simplicibus vel infra medium semel aut bis dichotomis, racemis longis laxissimis, pedicellis prope basin articulatis bracteâ albâ deltoideâ parvâ suffultis floriferis erectis flore sesquilongioribus fructiferis elongatis refractis superne subincrassatis, perigonii minimi albi phyllis oblongis nervo medio obscuriore, filamentis medium versus dilatatis sub apice attenuatis, capsulâ pendulâ sphærico-trigonâ valvis transverse sulcatis, seminibus cæsiis dorso transverse sulcatis ad latera lævibus ⊙. *A. refractus* Boiss. Diagn. Ser. I, 13, p. 83.

Hab. in arenosis vallis Ouadi Mokatteb Arabiæ petreæ (Boiss!).

Folia 3-4 pollices longa, scapi 1-1 ¹/₂ pedales, pedicelli fructiferi 4-5 lineas longi, perigonium vix 2 lineas longum.

Ar. Geogr. Algeriæ interioris deserta.

ASPHODELINE (Rchb. Fl. Germ. exc. 116).

Perigonium patens phyllis sex uninerviis basi in urceolum brevem connatis infimo a reliquis magis distante angustiore et basi longius attenuato. Filamenta basi dilatatâ concavâ ovarium amplectentia dein filiformia declinato-ascendentia, exteriora sæpissime multo breviora. Antheræ staminum interiorum longiorum multo majores elliptico-lineares dorso medio affixæ, staminum exteriorum ovatæ minutæ (steriles?) basi ad filamenti insertionem sæpe strumosæ. Ovarium triloculare ovulis in loculo geminis collateralibus, stylus filiformis, stigma subcapitatum. Capsula (sicca) coriacea. Semina acute triquetra dorso transverse sulcata. — Herbæ radice fibris fasciculatis cylindricis constante, caule vel aphyllo vel partim vel toto folioso in racemum vel paniculam abeunte, pedicellis articulatis.

* Perigonium luteum.

1. **A. lutea** (L. Sp. 443 sub *Asphodelo*) radice fibras multas elongatas tenuiter cylindricas edente, caule robusto totâ longitudine dense folioso in racemum simplicem longum densiflorum abeunte, foliis strictis subulatis triquetris lævibus basi in vaginam dilatatis superne sensim abbreviatis, bracteis ovatis cuspidatis pedicellos superantibus, pedicellis erectis infra medium articulatis, perigonii lutei virenti-vittati phyllis oblongo-lanceolatis, filamentis valde inæqualibus externis fere duplo brevioribus, capsulâ globosâ magnâ valvulis irregulariter et grosse rugosis ♃. *Asphodeline lutea* Rchb. Ic. Germ. fig. 1121.

Hab. in rupestribus montanis, Attica in Hymetto (Boiss! Heldr!), Pentelico et Parnes (Heldr!), Parnasso (Sibth.), Archipelago (Wied!), Macedoniâ, Thraciâ et Bithyniâ (Griseb! Thirke!), Mysiâ et Phrygiâ (Tchih.), Cariâ (Pinard!), Syriâ et Libano (Post!), Tauriâ et prov. Caucasicis (Stev. M. B.)

Ar. Geogr. Italia, littorale Austriacum, Dalmatia, Algeria in Atlante.

2. **A. Liburnica** (Scop. Carn. I, 245, tab. 12 sub *Asphodelo*) radice fibras cylindricas crassiusculas sensim attenuatas edente, caule erecto ad tertiam vel dimidiam partem usque foliato superne nudo, follis tenuiter filiformibus subulato-attenuatis triquetris margine scabris, racemo simplici vel basi parce ramoso laxiusculo, brac-

leis parvis deltoideis cuspidatis, pedicellis strictis propa basin articulatis, binis vel solitariis, perigonii lutei phyllis lineari-lanceolatis viridi-vittatis, filamentis valde inæqualibus externis fere duplo brevioribus, capsulâ globosâ valvis transverse corrugatis, seminibus præter sulcos dorsales tenuiter rugulosis ♃. *Asphodeline Liburnica* Rchb. — Ic. Germ. fig. 1120. — *Asphodelus Creticus* Lam. Encycl. I, 200. — Desf. Choix Pl. tab. — *A. capillaris* Red. |Lil. tab. 380.

Hab. in dumosis et sylvaticis regionis montanæ, Taygetus, Megaris loco Kaki Scala dicto et Olympus Thessalus (Heldr!), Macedonia (Friedr.), Creta in regione Sphacioticâ (Sieb! Raul!), Rhodus (Bourg!), monte Cypri (Sint! et Rigo!).

Ar. Geogr. Littorale Austriacum, Dalmatia, Serbia, Italia australis.

3. A. brevicaulis (Bert. Miscell. I, p. 20 sub *Asphodelo*) radice fibras radicales cylindricas tenues edente, caule gracili brevi ascendenti-incurvo ad medium vel ad $_2$/$_3$ longitudinis dense foliato, foliis lineari-subulatis triquetris margine scabridis, racemo rarius simplici sæpius ramose paniculato sublaxifloro, bracteis parvis deltoideis cuspidatis, pedicellis solitariis vel binis strictis infra medium articulatis, perigonii lutei phyllis lanceolatis viridi-vittatis, filamentis externis sesquibrevioribus, capsulâ globosâ valvis ovatis acutis valde corrugatis, seminibus dorso sulcatis cæterum lævibus ♃. *Asphodeline brevicaulis* J. Gay in Bal. exs.

Hab. in dumosis regionis montanæ, Lydia et Caria in regione inferiori montium Mesogis et Cadmus (Boiss. exs. sub *A. Creticâ!*), Cilicia littoralis (Bal. 816!), Syria ad Aintab (Haussk!) et Aleppo (Russ.), Mesopotamia (Haussk!), ad Euphratem (Chesn. 163!), Libanus (Bl! Gaill!), Palestina (Roth!).

Valde affinis *A. Liburnicæ* a quâ differt caule ascendenti-incurvo humiliore ½-1½ pedali altius folioso, perigonio breviore 6-7 lineas longo nec fere pollicari, seminibus lævibus nec undique rugulosis.

4. A. tenuior (Fisch. Cat. Gor. 1812, 9. — M. B. III, 268 sub *Asphodelo*) radicis fibris tenuibus, caule gracili erecto ad vel ultra medium foliato superne nudo in racemum laxissimum simplicem rarius basi ramulo auctum abeunte, foliis strictis subulatis triquetris basi in vaginam membranaceam dilatatis, bracteis lanceolatis longe cuspidatis inferioribus pedicellos subsuperantibus, floribus inferioribus binis cæteris solitariis, pedicellis erectis medio articulatis superne non incrassatis, perigonii pallide flavi phyllis anguste lineari-lanceolatis, filamentis valde inæqualibus, capsulâ obovato-globosâ valvulis obtusis transverse valde sulcatâ pedicello eâ duplo longiore suffultâ, seminibus ad omnes facies plus minusve sulcatis cæterum lævibus ♃. *Asphodeline tenuior* Led. — Ic. Bot. Mag. tab. 2626. — *Asph. tenuiflorus* C Koch Linn. XXII, p. 261 et *A. Szovitsii* C. Koch eodem loco. — *Asph. Persicus* F. et M. in pl. Szov. non Jaub. et Sp. — *A. Tauricus* Lodd. Bot. Cab. 1002.

Hab. in Caucaso septentrionali et occidentali (M. B., C. A. Mey!), ad Badalan prov. Aderbidjan Persiæ (Szov!), in Armeniâ Turcicâ (Calv!), Rossicâ (C. Koch!).

Pedalis, flores mag. *A. Liburnicæ* a quâ potissimum differt bracteis longis pedicellos æquantibus nec minutis deltoideis.

          · · Perigonium album.

     + Filamenta interna cæteris duplo longiora.

      1. Caulis totâ longitudine foliosus,

5. A. Taurica (Pall. Ind. Taur. Cauc. I, p. 279 sub *Asphodelo*) rhizomate brevi sæpe obliquo fibras tenues cylinericas edente, caule robusto totâ longitudine dense folioso in racemum longum densiflorum cylindricum abeunte, foliis strictis linearibus subulato-attenuatis margine scabridulis basi in vaginam membranaceam dilatatis, bracteis magnis scariosis argenteis ovatis vel oblongis acutis vel cuspidatis flores occultantibus, pedicellis strictis brevibus ad medium articulatis infimis 2-3 nis, perigonii albi phyllis lineari-spathulatis nervo medio fuscescente, filamentis valde inæqualibus longiorum antheris triplo majoribus, capsulâ ovatâ valvulis ovatis obtusiusculis vix rugosis, seminibus dorso trisulcatis ad latera elevatim tuberculatis ②. *Asphodeline Taurica* K^th. Enum. Red.— Lil. tab. 370. — *Asph. Morisiana* Clem. Sert. 90, tab. 3 non *Asph. Morisianus* Parl. Fl. Ital.

Hab. in rupestribus regionis subalpinæ et alpinæ, Olympus Bithynus (Auch! Boiss! Clem!) Cadmus Cariæ supra Gheyra (Boiss!), mons Akdagh Lyciæ (Bourg!), Taurus Cilicicus, Masmeneudagh Cappadociæ et Tchochdagh (Bal. 819!), Libanus (Ky! Bl!), Antilibanus supra Zebdani (Post!), Tauria (Stev!), Caucasus (M. B., Hoh!).

      2. Caulis triente inferiore foliosus.

6. A. globifera (J. Gay in Bal. exs. 1856. — Baker loc. cit p. 274) rhizomate brevi fibras cylindricas edente, caule crasso elato triente inferiore dense foliato superne nudo in racemum simplicem densissimum longum cylindricum abeunte, foliis longis lineari-subulatis triquetris scabriusculis erectis basi dilatatis, bracteis lanceolatis acutis scariosis pedicellos æquantibus carinatis nervo medio fusco, pedicellis elongatis strictis medio articulatis inferioribus fasciculatis, perigonii albi laciniis oblanceolatis, staminibus valde inæqualibus, capsulâ parvâ globoso-triquetrâ pedicello sextuplo breviore basi subangustatâ valvulis ovatis elevatim carinatis apice acutis transverse sulcatis, seminibus læviusculis dorso subbisulcatis ①.

Hab. in Cappadociæ monte Masmeneudagh et in collibus supra pagum Talasse 4000' (Bal!), Syriâ inter Aintab et Marasch (Hausk!).

Scapus bipedalis, racemus pedalis. Affinis *A. Tauricæ* differt caule inferne tantum foliato, bracteis angustioribus; pedicelli multo longiores sont 1-1 ¹/₂ pollicares, capsula minor magnitudine Pisi. Ab *A. Damascenâ* foliis crassioribus, caule inferne foliato, racemo multo densiore, pedicellis elongatis et capsulá dimidio minore distincta.

3. Caulis imâ tantum basi foliatus vel nudus.

7. A. rigidifolia (Boiss. Diagn. Ser. I, 13, p. 22 sub *Asphodelo*) rhizomate brevi fibras tenues cylindricas edente, foliis omnibus radicalibus confertissimis rosulatis lineari-subulatis quadrangulis rigidis ad angulos scabridis basi membranaceo-dilatatis, caule tereti elato nudo superne paniculatim ramoso rarius simplici, racemis laxiusculis, bracteis a basi triangulari subulato-acuminatis pedicellis longioribus, pedicellis flore multo brevioribus supra basin articulatis inferioribus 2-4-fasciculatis, perigonii albi phyllis lineari-oblongis nervo saturatiore, filamentis valde inæqualibus, capsulâ juniore globoso-trigonâ, seminibus dorso transverse 1-2-sulcatis lateraliter elevatim punctatis ⚥.

Hab. in collibus apricis Isauriæ prope Iconium versus Beychehr eundo (Heldr!). Anatoliâ boreali ad Safranbol et Mersiwan (Wied!). Fl. Junio.

Caulis cum racemis semipedalibus sesquipedalis, folia 6-7 pollices longa, perigonii phylla 7-8 lineas longa.

8. A. Damascena (Boiss. Diagn. Ser. I, 13, p. 22) radice fibras cylindricas edente, foliis omnibus subradicalibus crebris rosulatis lineari-triquetris subulato-acuminatis margine vix asperulis basi dilatatis, caule crasso elato in racemum simplicem rarius parce paniculato-ramosum longum laxiusculum abeunte, bracteis lanceolatis acuminatis scariosis pedicello sublongioribus, pedicellis fasciculatis supra medium articulatis flore dimidio brevioribus fructiferis elongatis strictis capsulâ subtriplo longioribus, perigonii albi phyllis lineari-oblongis nervo medio saturatiore, filamentis valde inæqualibus, capsulâ breviore obovato-turbinatâ transverse rugosâ, seminibus.... ⚥. *Asph. Damascena* Baker l. cit.

Hab. in valle Ouadi Barrada Antilibani ad Damasci occasum (Boiss!)! inter Ouadi el Djure et Dimar (Gaill. 2274!).

Planta cum racemo pedem et amplius longo tripedalis, folia 8-12 pollices longa, perigonii phylla 9-12 lineas longa.

9. A. Balansæ (J. Gay in Bal exs. 1856. — Baker l. cit. p. 277) radice fibras cylindricas tenues edente, foliis omnibus radicalibus strictis subulatis triquetris striatis margine denticulatis, caule elato nudo in racemum longum densiflorum vel in paniculam parum ramosam abeunte, bracteis breviter triangulari-lanceolatis cuspidatis pedicello brevioribus, pedicellis strictis venus medium articulatis, perigonii albi phyllis oblongo-linearibus nervo saturatiore, filamentis valde inæquilongis, capsulâ turbinatâ basi truncatâ apice umbilicatâ valvulis carinatis transverse plurisulcatis apice non retusis, seminibus elevatim punctatis dorso bisulcatis ⚥.

Hab. in regione montanâ Tauri Cilicici ad Gülek Boghas (Bal. 8171)
Fl. Jun.

Bipedalis et elatior, folia 8-10 pollices longa, perigonii phylla 7-8 lineas
longa. Valde affinis *A. Damascenœ* a quâ foliis serrulatis, bracteis brevioribus, capsulâ inferne magis attenuatâ et basi truncatâ sat differre videtur.

10. **A. isthmocarpa** (J. Gay in Bal. exs. 1055) radice fibras
cylindricas tenues breves edente, caule elato basi tantum foliato in
racemum longum laxiusculum simplicem rarius basi ramosum
abeunte, foliis confertissimis rigidulis anguste lineari-subulatis triquetris margine scabridis basi dilatatis, bracteis oblongo-lanceolatis
pedicellos superantibus, pedicellis fasciculatis ad medium articulatis,
perigonii albi laciniis oblongo-lanceolatis obtusis, filamentis valde
inæqualibus, capsulâ pedicello stricto duplo breviore breviter cylindricâ basi truncatâ apice profunde umbilicatâ valvulis dorso superne
valde corrugatis apice retusis, seminibus dorso bisulcatis undique
elevatim pustulosis ⓩ.

Hab. in regione montanâ superiore Tauri Cilicici supra Bulghar maaden
(Bal 8181), in collibus supra Talasse Cappadociæ (Bal l).

Planta 2-3-pedalis, racemus sæpe sesquipedalis, perigonii phylla 7 lin.
longa 2 lineas lata, capsula 5 lineas longa 3 ½ lata.

11. **A. prismatocarpa** (J. Gay in Bal. exs. 1855) rhizomate
fibras graciles elongatas edente, foliis omnibus radicalibus rosulatis
anguste lineari-triquetris apice subulatis striatis margine scabris basi
dilatatis, caule nudo crasso brevi cito in racemum simplicem longum
densiusculum abeunte, bracteis scariosis lanceolatis caudato-acuminatis, pedicellis fasciculatis ad medium articulatis, perigonii albi
phyllis oblongis obtusis, filamentis valde inæquilongis, capsulâ pedicello sesquilongiore stricto suffultâ pyriformi-trigonâ basi truncatâ
parte inferiori angustatâ apice umbilicatâ valvis panduriformibus
angustis dorso inferne præsertim elevatim carinatis transverse et
remote 6-5-sulcatis apice truncatis subretusis, seminibus læviusculis
dorso bisulcis ⓩ.

Hab. in regione subalpinâ montis Masmeneudagh Cappadociæ (Bal l).

Bipedalis vel elatior, racemus sæpe bipedalis, perigonii phylla 6-7-lineas
longa. Insignis capsulâ 5-6 lineas longâ parte inferiori valde attenuatâ, valvis
inferne elevatim carinatis et plicatis.

+ + Filamenta omnia subæquilonga.

12. **A. prolifera** (M. B. Taur. Cauc. I. p. 280 sub *Asphodelo*)
radice tenui verticali fibrillas tenuissimas breves edente, caule tenui
erecto parte inferiori laxe et remote superne confertissime folioso,
foliis tenuissime subulatis striatis scabriusculis longis erecto-patulis
basi in vaginam membranaceam amplexicaulem dilatatis, ramis e caule
summo 1-6 folia subsuperantibus basi nudis tenuibus in racemos laxe
4-10-floros abeuntibus, bracteis deltoideo-ovatis longe cuspidatis

pedicellos solitarios vel geminos strictos medio articulatos æquantibus, perigonii parvi albi laciniis ellipticis obtusis, filamentis subæquilongis antheris interiorum multo majoribus, capsulâ ovato-globosâ basi subattenuatâ transverse sulcatâ, valvulis ovatis acutis, seminibus dorso transverse sulcatis ad latera elevato-punctatis ⊙ *Asphodeline prolifera* K^{th} — *Anthericum dendroides.* Stev. Mem. Mosq. III, 249 — Hoffm. Comm. tab. 43. — *Phalangium humile* etc. Buxb. Cent. II, p. 34, tab. 36.

Hab. in campis editis et rupestribus Iberiæ, Somchetiæ, prov. Karabagh (Szovl Hoh!), Armeniæ Rossicæ (M. B).

Caulis ¼-1-pedalis, folia 3-4-pollicaria, rami cum racemo demum semipedales, flos expansus diam. 5 lineas latus, capsula piso minor.

Species non satis nota.

A. *parviflora* (Baker Journ. Linn. Soc XV, p. 276) radice...., caule stricto erecto semipedali basi tantum foliato. foliis in rosulam basalem dense confertis ascendentibus subulatis supra basin membranaceo-dilatatam 1 lineam latam 6-8-pollices longis, racemo densissimo simplici 4-5-pollicari expanso 15-lineas lato, bracteis lanceolatis basi deltoideis 9-12 lineas longis, pedicellis ad medium articulatis inferioribus dense fasciculatis 6-9 lineas longis, perigonii albidi 6-9 lineas longi segmentis supra medium 1 lineam latis, filamentis valde inæqualibus, capsulâ.... ♃.

Hab. Byzantii (Liston).

Ex descriptione A. *brevicauli* affinis sed flores albidi dicuntur.

EREMURUS (M.B. Taur. Cauc. III, p. 269. — *Henningia* et *Ammolirion* Kar. et Kir. Bull. Mosq. 1842).

Perigonium infundibulare, tubuloso-campanulatum vel rotatum, segmentis sex basi in urceolum brevem plus minus connatis, interdum subirregulare. Filamenta sex hypogyna in alabastro induplicata vel recta. Antheræ supra basin affixæ sæpe incurvæ, omnes conformes. Ovarium triloculare loculis 2-4-ovulatis, stylus filiformis sæpe declinatus, stigma punctiforme. Capsula membranaceo-coriacea loculicide trivalvis. Semina acute triquetra angulis alatis. — Herbæ radice fibris fasciculatis constante, facie *Asphodeli* et *Asphodelines.*

Specierum Orientalium distributio.

Sect. I. EUEREMURUS. — Perigonii infundibuli-campanulati phylla externa basi trinervia superne uninervia. Filamenta innupta induplicata demum perigonio longiora.

E. spectabilis, Tauricus.

SECT. II. AMMOLIRION. — Perigonii tuboloso-campanulati phylla univervia. Filamenta innupta recta.

E. Inderiensis, Cappadocicus, Bachtiaricus, velutinus.

SECT. III. TROCHANTHUS. — Perigonii rotati phylla uninervia. Filamenta innupta induplicata.

E. Bungei, albocitrinus, Stocksii.

SECT. IV. HENNINGIA. — Perigonii campanulati phylla uninervia. Filamenta non induplicata.

E. anisopterus, Aucherianus, angustifolius, Griffithii, Persicus, luteus, Aitchisoni.

SECT. I. EUEREMURUS.

1. **E. spectabilis** (M. B. Taur. Cauc. III, p. 269) radice fibris crassiusculis cylindricis apice attenuatis constante, collo fibroso, foliis late linearibus acutis margine retrorsum asperis caule tereti nudo elato subbrevioribus, racemo simplici densifloro demum valde elongato, bracteis lanceolatis longe acuminatis ciliatis pedicellos superantibus, pedicellis non articulatis floriferis erectis perigonio sub duplo longioribus fructiferis incrassatis strictis sursum arcuatis, perigonii flavicantis infundibuli-campanulati phyllis lineari-oblongis demum convolutis, filamentis perigonio duplo longioribus, antheris oblongis, capsulâ globosâ pedicello erecto 2-3-plo breviore transverse rugosâ, seminibus vix alatis ♃. Ic. Cent. Ross. t. 61. — Bot. Mag. tab. 4870. — *E. Caucasicus* Stev. Mem. Mosq. IX, p. 96, tab. 6. — *E. Libanoticus* Boiss. Diagn. Ser. II, 4, p. 97.

Hab in rupestribus regionis montanæ et alpinæ, mons Mouraddagh Phrygiæ (Bal !), Pontus australis (Tchih !), Borytdagh Cataoniæ 8000' (Haussk !), Caucasus, Iberia, Abchasia (M. B. Led.), ditio Talysch (C. A. M. Hoh !), Persia borealis (Ky. 321, Auch. 2281 !), ditio Khorassan (Bge !), Libanus ad Eden (Reyg !), Antilibanus supra Zebdani (Boiss !). Fl. Jun.

2. **E. Tauricus** (Stev. Bull. Mosq. IV, 253) radice fibris carnosis cylindricis constante, foliis late linearibus acutis margine lævibus vel asperulis caulem validum nudam subæquantibus, racemo simplici densifloro demum longissimo, bracteis anguste lanceolatis longe acuminatis ciliatis pedicellos superantibus, pedicellis non articulatis erectis arcuatis perigonio subduplo longioribus, perigonii albidi demum late campanulati laciniis lineari-oblongis demum convolutis,

filamentis perigonio duplo longioribus, antheris oblongis, capsulâ globosâ mucronatâ valde rugosâ, seminibus nigro maculatis et transverse fusco-vittatis angulis angustissime alatis ♃. *E. spectabilis* var. *Tauricus* Lall. Ind. Petrop. XI, 68.

Hab. in saxosis sterilibus Tauriæ (Stev!).

Valde affinis *E. spectabili* cujus forsan varietas et a quo perigonii colore, capsulâ majore rugosiore apice mucronatâ tantum differt.

Sect. II. AMMOLIRION.

3. E. Inderiensis (Stev. Bull. Mosq. IV, 257 sub *Asphodelo*) radicis fibris tenuibus carnosis, foliis anguste loratis margine scabriusculis caule tereti nudo brevioribus, racemo tenui densiusculo, bracteis a basi lanceolatâ longe subulatis pedicellos superantibus, pedicellis non articulatis sub anthesi erectis perigonio æquilongis fructiferis ascendentibus arcuatis, perigonii pallide purpurascentis cylindraceo-campanulati phyllis oblongo-linearibus obtusis fusco carinatis, externis basi trinerviis, filamentis perigonio sublongioribus. capsulæ globosæ valvis lævibus, seminibus cinereis ad angulos anguste alatis ♃. *Asph. Inderiensis* Regel. — *Erem. spectabilis* var. *Inderiensis* M. B. Taur. Cauc. III, 270. — *Ammolirion Steveni* Kar. et Kir. Bull. Mosq. 1842, 515.

Hab. in arenosis mobilibus deserti Kisilkum Turkestaniæ (Lehm!).

Caulis 1-1 ½-pedalis, folia 3-4 lineas lata. Perigonium 4 lineas tantum longum cylindricum nec ut in *E. spectabili* patens.

Ar. Geogr. Songaria, Sibiria Uralensis et Altaica.

4. E. Cappadocicus (J. Gay. Mss. — Baker l. cit. 281) radicis fibris cylindricis elongatis crassiusculis extremitate valde attenuatis, foliis glaucescentibus firmis anguste linearibus glabris caulem puberulum subæquantibus, racemo tenui densiusculo, bracteis a basi anguste lanceolatâ longe subulatis pedicello longioribus, pedicellis apice non articulatis erectis apice incurvis flori subæquilongis, perigonio (e sicco) sordide albido cylindrico-campanulato phyllis anguste oblongo-linearibus obtusis externis basi trinerviis, filamentis perigonio sesquilongioribus, capsulâ.... ♃. *Asphodelus glaucus* Auch. Eloy. Mss.

Hab. in Cappadociâ meridionali (Auch. 2332!).

Sesquipedalis, folia 2 lineas lata, perigonium 4 lineas longum. Species *E. Inderiensi* valde affinis.

5. E. Bachtiaricus, radicis fibris cylindricis crassiusculis, collo fibrillis vaginarum foliorum emortuorum dense vestito, caule inferne puberulo tereti in racemum simplicem densiusculum abeunte, foliis glaucis velutinis anguste linearibns canaliculato-plicatis acutis scapo brevioribus, pedicellis erectis non articulatis flore brevioribus, bracteis lanceolatis acuminatis ciliatis pedicellum æquantibus, perigonii ochroleuci tuboloso-campanulati phyllis lineari-oblongis basi triner- viis, filamentis perigonio demum sesquilongioribus, capsulâ.... ♃.

Hab. in montibus Bachtiaricis prope Ispahan (Bode in herb. Hort. Petrop!)·

Ex specimine unico et imperfecto notus, folia 8-9 pollices longa 3-5 lineas lata, racemus brevis videtur, perigonium 5-6 lineas longum, filamenta innupta recta. Ab *E. Inderiensi* indumento, ab *E. velutino* perigonii phyllis basi triner- viis, ab utroque filamentis (in alabastro quoque rectis) perigonium valde superantibus discedens.

6. E. velutinus (Boiss. et Buhse Aufz. p. 217) radice...., foliis longis anguste linearibus canaliculatis minute puberulis caulem lon- gum pubescentem nudum æquantibus, racemo pubescenti simplici laxiusculo demum longissimo, bracteis longe ciliatis lanceolatis acu- minatis pedicello erecto apice deorsum subincurvo et articulato bre- vioribus, perigonio pedicello sublongiore anguste tuboloso-campanu- lato laciniis lineari-oblongis obtusis carinâ puberulis uninerviis, filamentis longioribus perigonium subæquantibus, stylo exserto, capsulâ immaturâ globosâ ♃. *E. pauciflorus* Baker Journ. Bot. 1879, p. 18.

Hab. in valle Gasnabad inter Yezd et Ispahan (Buhse!), ad Ischredabad inter Kerman et Yezd (Bunge!).

Folia pedalia 3-4 lineas lata, racemus tandem pedalis, pedicelli 4 lineas longi, perigonium sex lineas longum laciniis vix lineam latis. Ex affinitate *E Inderiensis* a quo pubescentiâ, perigonii phyllis uninerviis, filamentis inclusis, etc., differt.

Sect. III. TROCHANTHUS

7. E. Bungei (Baker Journ. Bot, 1879, p. 17) glaber, radicis fibris cylindricis crassiusculis collo dense fibroso, foliis glaucis latiuscule linearibus planis margine scabridulis caule tereti elato nudo brevi- ribus, racemo demum elongato densifloro simplici, bracteis subulatis flexuosis pedicello brevioribus, pedicellis patentibus apice articulatis perigonio sublongioribus etiam fructiferis tenuissimis, perigonii intense lutei phyllis oblongis patenti-reflexis, filamentis perigonio duplo longioribus antheris minutis ovatis incurvis, capsulâ pedicello patenti duplo breviore globosâ valvis ovatis irregulariter rugosis, seminibus reticulato-rugosis ad angulos anguste alatis ♃.

Hab. in Persiæ boreali-orientalis regione montanâ et alpinâ inter Schahrud, Nichapur et Meschhed (Bge!).

Planta 2-3 pedalis racemo demum sæpe pedali, folia 3-6 lineas lata, peri- gonium expansum diam. 7 lineas latum, capsula piso paulo major.

β stenophyllus. — Folia angusta 2 lineas tantum lata. — *Ammoli- rion stenophyllum* Boiss. et Buhse Aufz.. p. 218. — *E. aurantiacus* Baker Journ. Linn. Soc. XV, p. 285 et XVIII, p. 102.

Hab. in vallibus jugi Elbrus Persiæ borealis inter Ask et Firuskuh (Buhse!) in valle Kurrum Affghaniæ (Aitchis. N° 100!).

Hic est typus speciei, sed n omine specifico plantæ sæpe latius foliatæ non congruo ut varietatem describo. Pedicelli apice articulati, filamenta perigonio 1 ¹/₂ plo longiora.

8. E. albocitrinus (Baker Journ. Bot. 1879, p. 17) radicis fibris cylindricis crassiusculis brevibus, collo extus fibris et intus membranis latis scariosis vestito, foliis numerosis glaucis lineari-lingulatis basi longe attenuatis apice breviter acutatis caule nudo brevioribus, racemo densiusculo simplici demum longissimo, bracteis a basi latiore subulatis glabris pedicello triplo brevioribus, pedicellis erecto-patentibus apice sursum curvatis et articulatis flore subduplo longioribus, perigonii albo-flavidi fauce citrini phyllis patentissimis oblongis viridi-carinatis, filamentis longioribus perigonio æquilongis, antheris parvis ovato-oblongis incurvis, capsulâ pedicello non incrassato triplo breviore parvâ globosâ lævi, seminibus (junioribus) alatis ♃.

Hab. in regione montanâ et alpinâ inter Nichapur et Meschhed ditionis Khorassan Persiæ (Bunge!).

Folia 6-9 poll. longa 4-6 lineas superne lata, racemus sesquipedalis, pedicelli fructiferi pollicares, perigonium diametro 7-8 lineas latum, capsula magn. pisi. Valde affinis *E. Bungei* a quo differt pedicellis erecto-patulis nec patentissimis, perigonio pallido, filamentis brevioribus et capsulâ non rugosâ.

9. E. Stocksii (Baker l. cit. p. 283) radice...., caule puberulo in racemum densiflorum abeunte, foliis scapo brevioribus elongatis anguste linearibus glabriusculis margine scabridis, bracteis subulatis pedicello brevioribus, pedicellis erecto-patulis fructiferis vix incrassatis apice subincurvis, perigonii albidi? phyllis oblongis fusco-carinatis, staminibus perigonio æquilongis, capsulâ globosâ pedicello 'eâ triplo longiore suffultâ lævi, seminibus in loculo 3-4 alatis ♃.

Hab. in Belutschiâ prope Quettah (Stocks 1057!).

Caulis 1 ¹/₂-2-pedalis, folia pedalia 3-4 lineas lata, capsula piso paulo major. Valde imperfecte floribus fere deficientibus notus, affinis videtur *E. albocitrino.*

Sect. IV HENNINGIA.

10. E. anisopterus (Kar. et Kir. Bull. Mosq. XV, 517 sub *Henningiâ*) radicis fibris cylindricis gracilibus, collo basibus foliorum mortuorum in fibrillas plus minus solutis vestito, foliis anguste linearibus glabris margine scabridulis caulem teretem nudum glabrum æquantibus, racemo terminali simplici laxo, bracteis a basi lanceolatâ longe subulatis ciliatis pedicello brevioribus, pedicellis erecto-patentibus flore sublongioribus apice articulatis, perigonii campanulati lactei phyllis ovato-oblongis obtusis fusco-carinatis et intus basi fusco-maculatis, filamentis perigonio duplo brevioribus, capsulâ depresso-globosâ valvis reticulatis, seminibus fusco-variegatis angulis inæqualiter alatis ♃.

Hab. in Turkestaniâ austro-occidentali (Lehm !).

Bipedalis, folia 2-3 lineas lata, racemus 6-9-pollicaris, perigonium sex lineas longum et apice totidem diametro latum.

11. E Aucherianus (Boiss. Diagn. Ser. I, 7, p. 120) radicis fibris cylindricis tenuibus brevibus, collo vaginis ovatis membranaceis vestito, foliis linearibus carinatis glabris margine scabris caule nudo tereti brevioribus, racemo simplici elongato densiusculo, bracteis scariosis lanceolatis subulato-acuminatis pedicello subbrevioribus margine ciliolatis, pedicellis erecto-patentibus flore sublongioribus apice sursum incurvis et cum perigonio articulatis, perigonii albi laciniis oblongo-obovatis obtusis patentibus, staminibus perigonio subbrevioribus incurvis, capsulâ (ex cl. Baker) magnâ globosâ valvis lævibus, seminibus distincte alatis ♃. Ic. Regel Fl. Turkest. tab. XX, fig. 1. — *Henningia Aucheriana* Boiss. Diagn. Ser. II, 4, p. 98.

Hab. in Persiâ prope Ispahan (Auch. 5382!).

Bipedalis, racemus pedalis et longior, folia 3-4 lineas lata, pedicelli fere pollicares. Differt ab *E anisoptero* perigonio 9-11 lineas diam. lato, expanso nec campanulato, filamentis perigonio vix brevioribus.

Ar. Geogr. Turkestania.

12. E. angustifolius (Baker Journ. Proc. Linn. Soc. XV, p. 282) radice..., foliis 1-¹⁄₂ lineas latis facie glabris margine asperulis, caule bipedali basi laxe puberulo, racemo simplici pedali, bracteis subulatis glabris 4-6 lineas longis, pedicellis patulis apice articulatis inferioribus 10-12 lin. longis, perigonii albidi cernui phyllis oblongis uninerviis exterioribus 2 lineas interioribus 3-3 ¹⁄₂ lin. latis, filamentis perigonio subæquilongis, capsulâ.... ♃. *Henningia angustifolia* J. Gay Mss.

Hab. in Persiâ (Auch. 2168 in herb. Kew). Non vidi.

13. E. Griffithii (Baker loc. cit. 283) radice...., foliis linearibus puberulis subpedalibus 6-8-lineas latis, caule tereti puberulo, racemo densissimo 6-8-pollicari demum 2 pollices lato, bracteis lanceolatis dense ciliatis pedicellos non æquantibus, pedicellis apice articulatis 6-7 lineas longis inferioribus sub anthesi horizontaliter patentibus cæteris ascendentibus, perigonii albi 7-8 lineas longi phyllis supra basin patentibus oblanceolato-spathulatis sesquilincam latis anguste brunneo-vittatis, filamentis perigonio subæquilongis, capsulâ.... ♃.

Hab. in Affghaniâ (Griff. 5803 in herb. Kew). Non vidi.

Ex descriptione in sect. *Henningiâ* militare videtur.

14. E. Persicus (Jaub. et Sp. Ill. Or. tab. 102 sub *Asphodelo*) fibris radicalibus cylindricis crassiusculis longis, collo membranis

vestito, foliis breviter et dense velutinis anguste linearibus acutatis
caule nudo pubescente brevioribus, racemo simplici laxifloro longo,
bracteis late lanceolatis acuminatis ciliolatis pedicello subbrevioribus,
pedicellis erecto-patulis flore sesquilongioribus fructiferis subincrassatis apice articulatis, perigonii rosei campanulato-subpatentis laciniis oblongis acutiusculis fusco-carinatis, filamentis perigonio subbrevioribus, capsulâ magnâ globosâ lævi, seminibus elevatim reticulatis
late alatis ♃. *E. Persicus* Boiss. Diagn. Ser. 1, 7, p. 119.

Hab. in Persiá inter Schiraz et Ispahan (Auch. 5383!), ad Dehballo in
montosis Yezd (Buhse 1325 sub *E. Aucheriano*!), in Belutchiá superiore
(Stocks 913!).

Planta 2-3-pedalis, folia 2-3 lineas lata, pedicelli 1-1 ½-pollicares, perigonium
diam. 9-11 lineas latum Capsula avellanam æquans. Sæpe confusus cum
E. Aucheriano glabritie, racemo denso, perigonio albo valde expanso distincto.
Magis affinis *E. anisoptero* a quo pubescentiâ, perigonio roseo magis expanso,
filamentis longioribus differt.

15. E. luteus (Baker Journ. Bot. 1879, p. 18) radicis fibris
cylindricis elongatis, collo dense fibroso, foliis glabris anguste linearibus canaliculatis margine scabriusculis caule nudo subbrevioribus,
racemo laxiusculo demum elongato, bracteis lanceolatis acuminatis
ciliatis pedicello subbrevioribus, pedicellis erecto-patulis flore sublongioribus apice articulatis fructiferis incrassatis magis patentibus,
perigonii lutei subbilabiati phyllis expansis oblongo-linearibus, filamentis inæquilongis perigonio brevioribus, stylo subexserto, capsulâ pedicello sursum curvato duplo breviore oblongo-clavatâ lævi,
valvis anguste oblongis subcarinatis, loculis 3-4-ovulatis, seminibus
rugulosis latiuscule alatis ♃. *E. Aucherianus β? Buhsei* (Baker).

Hab. in valle Gasnabad regionis montanæ inter Yezd et Ispahan (Buhse
1422!), prope Ssertschah et Ischredabad Persiæ mediæ orientalis (Bge!).

Planta sesqui-tripedalis, folia 2-3 lineas lata, pedicelli fructiferi 1-1 ½-
pollicares, perigonium diametro 9-10 lineas latum. Species formâ capsulæ
oblongo-subelavatæ 6-9 lineas longæ 4 latæ insignis.

16. E. Aitchisoni (Baker Journ Linn. Soc. XVIII, p. 102)
radicis fibris cylindricis longis, collo membranis deltoideis albis
brunneo-lineatis brevibus vestito, foliis lineari-lanceolatis longis
glabris inferne fistulosis, caule nudo tereti stricto foliis multo longiore, racemo denso longo, bracteis magnis lineari-subulatis complicatis albis brunneo-vittatis ciliatis, pedicellis strictis erecto-patentibus,
perigonii pallide rubelli phyllis oblanceolatis obtusis brunneo-vittatis, filamentis declinatis perigonio subbrevioribus, antheris luteis
subglobosis, stylo filiformi falcato longe exserto, capsulâ globoso-trigonâ, seminibus triquetris angustissime alatis ♃.

Hab. in valle Kurum Affghaniæ 12-12000' (Aitch.). Fl. Jun. (Non vidi).

Species pulchra affinis *E. robusto* dicitur, folia sesquipedalia ½-1 ½ poll.
lata. Scapus 3-4 pedes, racemus florifer semipedalis diametro bipollicaris
fructifer sesquipedalis. Pedicelli 9-15 lineas longi. Capsula diametro 5-6 lin.
lata. Ex cl. Baker in Sect. *Henningiâ* militat.

ANTHERICUM (L. Gen. 422. — *Phalangium* Tourn.).

Perigonium phyllis sex patentibus et persistentibus basi breviter
connatis. Stamina sex perigyna tilamentis subulatis, antheræ paulo
supra basin affixæ. Ovarium triloculare loculis (in nostris) pluriovulatis. Capsula membranacea loculicide tri7alvis. Semina angulata
— Herbæ radicibus fibroso-fasciculatis, pedicellis articulatis.

1. A. ramosum (L. Sp. 445) rhizomate obliquo fibras cylindricas subtus edente, foliis linearibus canaliculatis erectis caule
aphyllo paniculatim ramoso brevioribus, racemis brevibus pauci et
laxifloris, bracteis lanceolatis viridibus pedicello erecto-patulo prope
basin articulato 5-6-plo brevioribus, perigonii albi phyllis oblongo-
lanceolatis trinerviis patentibus, stylo recto, capsuiâ globosâ transverse nervosâ 2↓. Rchb. Germ. fig. 1114. — Jacq. Austr. tab. 161.
— *Ph. ramosum* Lam.

Hab. in lapidosis montanis Tauriæ (Stev.), Caucasi (M. B.). E ditione
nondum vidi.

Ar. Geogr. Europa media a Daniâ et Gothiâ ad Hispaniam et Italiam centrales, regionem Danubialem, Rossiam mediam.

2. A. Liliago (L. Sp. 445) rhizomate brevi horizontali fibras
cylindricas edente, foliis linearibus subcanaliculatis vel planis caule
aphyllo simplici vel rarius parce ramoso brevioribus, racemo laxifloro, bracteis membranaceis lanceolatis acuminatis pedicello erecto
infra medium articulato dimidio brevioribus, perigonii albi phyllis
oblongo-lanceolatis trinerviis, stylo declinato, capsulâ ovatâ nervu-
losâ 2↓. Ic. Rchb. Germ. 1115. — Fl. Dan. tab, 616. — *Phal. Liliago*
Schreb.

Hab. in regione montanâ, Olympus Thessalus in sylvaticis (Heldr!), Anatolia borealis ad Safranbol, Kastamouni, Hamanli (Wied!), Taurus Cilicicus
ad Gulek Boghas (Bal!).

Ar. Geogr. Europa media et australis a Daniâ et Gothiâ ad Rossiam mediam, Africa borealis.

NARTHECIUM (Mœhr 1742. — *Abama* Dc.).

Perigonium coloratum sexpartitum laciniis patentibus et persistentibus. Stamina sex, tria hypogyna, tria ad basin phyllorum interiorum inserta, filamenta subulata valde barbata, antheræ biloculares
longitudinaliter et introrsum dehiscentes. Ovarium liberum triloculare loculis pluriovulatis, ovula reflexa basi incrassatæ dissepimen-
torum affixa, stylus simplex stigmate obtuso. Capsula lanceolato-
conica apice loculicide valvis tribus dehiscens. Semina longe filiformia
testâ laxâ inferne et superne in processus filiformes elongatâ. —

Herba perennis rhizomate repente facie *Tofieldiæ,* cujus generis nulla species in ditione hucusque observata fuit. — Genus seminibus utrinque longe caudato-appendiculatis a cæteris *Liliaceis* distinctum et hoc charactere *Juncum* referens, *Juncaceis* a botanicis pluribus adnumeratum.

1. N. ossifragum (L. Sp. 446 sub *Antherico*) radice repente fibriferâ, foliis gramineis lævibus glabris distichis nervosis radicalibus caule brevioribus, caulinis 2-3 abbreviatis, floribus simpliciter racemosis, pedicellis inarticulatis basi et sæpe ad medium bracteolatis strictis flore sublongioribus, perigonii flavi laciniis lanceolato-linearibus, capsulâ acutâ perigonio longiore ♃. *N. ossifragum* Huds. Angl. 155. — Fl. Dan. tab. 42. — Rchb. Germ. fig. 936.

Hab. in humidis regionis alpinæ Ponti Lazici supra Djimil 7200' (Bal!) Statio valde disjuncta et insignis.

Ar. Geogr. Britannia, Scandinavia, Belgium, Gallia, Lusitania et Hispania boreales, Corsica, Germania borealis, Rossia media, America borealis.

Tr VII. ALOINEÆ. — Herbæ vel frutices aut arbusculæ foliis carnosis. Perigonium gamophyllum.

ALOE (L. Gen. 171 ex parte. — Haw. Syn.).

Perigonium tubulosum cylindraceum rectum vel subcurvatum sexfidum regulare fundo nectarifero laciniis elongatis. Stamina sex hypogyna erecta perigonii basi adglutinata. Antheræ introrsæ dorso supra basin affixæ. Ovarium sessile triloculare loculis multiovulatis. Stylus tenuis, stigma simplex. Capsula trilocularis loculicide trivalvis. Semina in loculis plura compressa ad angulos alata. — Plantæ acaules vel caulescentes aut fruticosæ foliis crassis carnosis.

1. A. vera (L. Sp. 458) fruticosa, caule crasso brevi subdiviso, foliis sessilibus confertis lanceolatis erecto-patulis concaviusculis margine dentato-spinosis, scapo folia superante squamoso ramoso, racemis elongatis densifloris, bracteis breviter lanceolatis membranaceis pedicello brevi longioribus, floribus pendulis imbricatis luteis, antheris subexsertis ♃. *A. vulgaris* Lam. Encycl. I, 86. — Fl. Gr. tab. 341. — *A. Barbadensis* Mill.

Hab. ad rupes maritimas regionis inferioris, Græcia ad Uzkalé supra Naupliam (Orph!), insula Andros (ex Diosc.), Cyprus (Sibth.), Syria littoralis ad Ruad, Batroun, etc. (Bl!). An vere indigena ?

Ar. Geogr. In regione Mediterraneâ australiori Europæ, Africæ borealis insularum Canariensium sæpe introducta.

ORD. CXXXV. ASPARAGACEÆ.

Baker Journ. Linn. Soc. XIV, p. 508.

Flores hermaphroditi unisexuales vel polygami. Perigonium inferum sexfidum vel sexpartitum corollinum, rarius 4-8-partitum phyllis externis calycinis. Stamina numero perigonii phyllis æqualia
receptaculo vel perigonio inserta. Antheræ (in nostris) biloculares
introrsæ. Ovarium liberum triloculare loculis uni vel pluriovulatis,
ovulis angulo centrali affixis anatropis. Styli 1 vel 3. Fructus baccatus indehiscens trilocularis interdum abortu 1-2-locularis loculis
monospermis. Semina globosa vel angulata aut triquetra. Embryo
parvus in cavitate albuminis situs. — Herbæ vel suffrutices nunquam bulbosæ.

Tr. I. PARIDEÆ. Endl. — Perigonium octophyllum.
Styli distincti.

PARIS (L. Gen. 500).

Flores hermaphroditi. Perigonium patens octophyllum phyllis
externis calycinis, internis petaloideis interdum deficientibus. Filamenta octo anguste linearia imâ basi coalita supra antheram longitudinaliter adnatam in acumen breve vel longum producta Ovarium
liberum sessile subangulato-globosum 4-5-loculare loculis biseriatim
pluriovulatis, stigmata 4-5 distincta vel basi subconnata filiformia.
Fructus baccatus, semina subrotundo-elliptica. — Herbæ perennes
foliis in summo caule verticillatis, rhizomate elongato.

1. **P. quadrifolia** (L. Sp. 527) rhizomate elongato repente,
caule unico erecto, foliis terminalibus verticillatis subquaternis elliptico vel subrhombeo-obovatis basi cuneatis apice breviter acutatis,
floribus tetrameris octandris tetragynis, perigonii phyllis patentibus
externis 4 herbaceis lanceolatis acutis, internis quatuor subbreviori-
bibus anguste linearibus flavidis, filamentis ultra antheram in
subulam longam productis, stylis ad basin usque liberis ovario æquilongis, filamento pluries brevioribus ♃. Rchb. Germ. tab. 430. —
Engl. Bot. tab. 7.

Hab. in sylvaticis, in ditione ut videtur rara, Iberia (Hohen!), Imeretia
(Guld.).

Ar. Geogr. Europa borealis et media a Britanniâ et Scandinaviâ ad Rossiam,
Italiam et Hispaniam præsertim boreales et centrales, Dalmatiam, regionem
Danubialem, Sibiria Uralensis et Altaica.

2. P. incompleta (M. B. Taur. Cauc. I, p. 306) rhizomate elongato repente, caule unico erecto, foliis terminalibus verticillatis 6-12 obovato-oblongis basi longiuscule attenuatis apice breviter acutatis, floribus tetrameris octandris tetragynis, perigonii phyllis externis 4 viridibus patentibus ovato vel oblongo-lanceolatis acuminatis, internis nullis, filamentis perigonio subduplo brevioribus ultra antheram in apiculum brevissimum productis, stylis imâ basi connatis ovario triplo longioribus stamina superantibus ♃. Ic. M. B. Cent. Ross. tab. 74.

Hab. in umbrosis et sylvaticis Ponti Lazici ad Rhizé (Bal !), Abchasiæ et Guriæ (Nordm !), Caucasi (M. B., C. A. Mey !), Iberiæ (M. B.)

Tr. II. CONVALLARIEÆ. Endl. — Perigonium gamophyllum sexdentatum. Styli in unicum coaliti.

CONVALLARIA (L. Gen. 425 ex parte).

Flores hermaphroditi. Perigonium corollinum campanulato-globosum dentibus sex extrorsum curvatis. Filamenta sex basi perigonii inserta et inclusa, antheræ dorsifixæ versatiles introrsæ, ovarium sessile ovoideum triloculare loculis biovulatis, stylus filiformis persistens, stigma punctiforme. Bacca globosa carnosa, semina globoso-angulata. — Herba perennis acaulis scapo radicali.

1. C. maialis (L. Sp. 451) rhizomate obliquo stolonifero, foliis binis radicalibus oblongis acutis basi in petiolos elongatos cum scapo vaginis inclusos cuneato-angustatis, scapo foliis subbreviore in racemum laxum subsecundum 6-12-florum abeunte, pedicellis flori subæquilongis cernuis apice articulatis basi bracteolatis, perigonio albo, baccâ rubrâ ♃. Fl. Dan. tab. 854. — Rchb. Germ. f. 960.

Hab. in umbrosis, Laconia (ex Sibth.), Byzantii (Tchih.), Tauria, Caucasus et Transcaucasia (C. A. M., Szov !).

Ar. Geogr. Europa borealis et media ab Angliâ et Scandinaviâ ad Rossiam, Hispaniam et Italiam centrales, Dalmatiam, regionem Danubialem, Sibiria, Dahuria, America borealis.

POLYGONATUM (Tourn. Inst. 78, tab. 14).

Flores hermaphroditi. Perigonium corollinum album cylindrico-tubulosum dentibus sex erectis virentibus. Filamenta sex inclusa supra medium tubum inserta, antheræ lineares dorsifixæ. Ovarium sessile oblongum triloculare loculis biovulatis, stylus filiformis persistens, stigma punctiforme. Bacca globosa seminibus globosis. — Herbæ caulescentes rhizomate crasso horizontali.

1. P. vulgare (Desf. Ann. Mus. 9, p. 49) caule glabro angulato inferne nudo, foliis alternis amplexicaulibus ovato-oblongis vel ellipticis glabris, pedunculis axillaribus 1-2-floris, perigonio basi sensim subangustato, staminibus glabris ♃. *Convallaria polygonatum* L. Sp. 451. — Rchb. Germ. tab. 964. — *P. officinale* All. Ped. — *P. glaberrimum* C. Koch Linn. XXII, p. 266 !

Hab. in sylvis montanis, Græcia in Parnasso (Sibth.), Thracia (Sest.), Tauria et Caucasus (M B.), Transcaucasia (Bayern! Szovits! C. Koch!).

Ar. Geogr. Europa borealis et media ab Angliâ et Scandinaviâ ad Rossiam, Lusitaniam, Hispaniam præsertim borealem et centralem, Italia mediam, Bosniam, regionem Danubialem, Sibiriam, Dahuriam.

2. P. pruinosum, caule angulato glabro inferne nudo, foliis alternis oblongis acutiusculis in petiolum brevem attenuatis subtus undique sub lente copiose et minutissime pruinoso-pustulatis, pedicellis glabris solitariis unifloris, perigonio basi sensim subangustato, staminibus glabris ♃.

Hab. prope Siaret Persiæ boreali-orientalis (Bunge!).

Facies omnino *P. vulgaris*, perigonium ejusdem formæ 9-10 lineas longum; huic affine sed distinctum videtur præter folia subpetiolata nec amplexicaulia pruinâ scabridâ foliorum paginam inferiorem vestiente.

3. P. latifolium (Desf. Ann. Mus. Par, IX, p. 40) caule angulato superne puberulo inferne nudo, foliis breviter petiolatis alternis ovatis acuminatis subtus ad nervos pubescentibus, pedunculis axillaribus 1-4-floris pubescentibus, staminibus glabris ♃. *Conv. latifolia* Jacq. Austr. III, t. 232. — Rchb. Germ fig. 965.

Hab. in Tauriæ pomariis ad Sympheropol (Stev.), in Georgiâ Caucasicâ et ditione Talysch (Hohen. ex Ledeb. sed hic locus mihi dubius).

Ar. Geogr. Austria, Dalmatia, regio Danubialis, Rossia media et australis, Japonia.

4. P. multiflorum (L. Sp. 452 sub *Convallariâ*) caule tereti inferne nudo glabro, foliis oblongis alternis basi breviter angustatis glabris, pedunculis axillaribus 3-5-floris glabris, perigonio supra basin subventricosam subconstricto. filamentis pilosis ♃. *Pol. multiflorum* All. Ped. I, 131. — *C. multiflora* Rchb. Germ. fig. 961.

Hab. in sylvaticis, Lacouia (Sibth.), Parnassi regio abietina (Heldr! Orph!), Bithynia (Thirke! Wied!), Armenia ad Gumuschkhané (Bourg!), Tauria (ex M. B.), Caucasus et Transcaucasia (Bayern!), Ciliciæ orientalis ditio Kassan-Oglu (Ky. 156!), vallis Kurrum Affghaniæ (Aitch. ex Baker in litt.).

Ar. Geogr. Europa media et australis a Britanniâ et Scandinaviâ ad Rossiam, Italiam centralem, Dalmatiam, regionem Danubialem, Sibiria, Dahuria.

5. P. polyanthemum (M. B. Taur. Cauc. III, p. 272 sub *Convallariâ*) caule angulato glabro inferne nudo, foliis alternis oblongo-lanceolatis subpetiolatis vel basi breviter attenuatis acutis, subtus ad nervos pruinoso-scabris, pedicellis glabris longiusculis 2-4-floris, perigonio parvo supra ovarium constricto, filamentis ciliatis ♃. *P. polyan-themum* Dietrich. — *Polyg. Orientale* Desf. Ann. Mus. IX, 50, tab. 7. — Jaub. et Sp. Ill. tab. 441 — *P. Cilicicum* Schott et Ky. Œsterr. bot. Woch. VII, :p. 206 ex speciminibus valde imperfectis hûc spectare videtur.

Hab. in monte Bulghardagh Ciliciæ (Ky. 252!), monte Amano Syriæ borealis (Ky. 213!), Cappadociá (Tonrn.), Ponto Lazico supra Khabackar (Bal!). Tauriá meridionali (Stev.), Caucaso (M. B.), prov. Karabagh et Talysch (C. A. M! Hoh!), Hyrcaniá (Auch. 5362!), Persiá boreali (Buhse!).

Flores eis congenerum manifeste minores.

6. P. verticillatum (L. Sp. 451 sub *Convallariá*) caule glabro elato angulato inferne nudo, foliis numerosis per 4-8 in verticillos approximatos dispositis sessilibus erecto-patulis lineari-lanceolatis utrinque attenuatis acutis, corymbis 2-3-floris ex axillis verticillatis cernuis, perigonio parvo tenuiter cylindrico, filamentis papillosis ♃. *P· verticillatum* All. Ped. I, 131. — Fl. Dan. tab. 86. — Rchb. Germ. fig. 966.

Hab. in sylvaticis subalpinis et alpinis, Pontus Lazicus supra Djimil 7200' (Bal!), alpes Guriæ (Szov !), Caucasus occidentalis (C. A. M!), et orientalis in ditione Tindal 7800' (Rupr!), Iberia et Imeretia (Led.), vallis Kurrum Affghaniæ (Aitch !).

Ar. Geogr. Europa borealis et media a Britanniá et Scandinaviá ad Rossiam mediam, Hispaniam borealem, Italiam centralem, Bosniam, Croatiam, regionem Danubialem, regio Himalaica, Sibiria Uralensis.

Sect. III. ASPARAGEÆ. — Perigonium sexpartitum vel gamophyllum sexdentatum. — Folia ad squamulas reducta ; eorum loco ramuli steriles fasciculati subulati vel complanati (cladodia, phyllocladia).

ASPARAGUS (L. Gen. 424).

Perigonium corollinum campanulatum vel hemisphericum sexpartitum. Stamina sex libera inclusa æqualia prope basin phyllorum inserta, antheræ dorsifixæ introrsum dehiscentes. Ovarium triloculare loculis 2-pluriovulatis, stylus rectus filiformis stigmate trilobo. Fructus succulentus baccatus trilocularis abortu sæpe unilocularis. Semina globosa vel triquetra. — Herbæ perennes vel suffrutices ramosissimi. Folia ad squamulas basi sæpius in calcar vel in spinam productas reducta. Rami steriles (*cladodia*) in axillis fasciculati rarius solitarii. Flores abortu dioici vel polygami, rarius hermaphroditi, pedicellis articulatis suffulti. — Species nonnullæ quoad variationis limites nondum satis notæ.

Specierum Orientalium distributio.

**Sect. I. EUASPARAGUS. — Flores polygami vel dioici.
Ovarii loculi biovulati.**

` Flores masculi campanulati.

+ Cladodia fasciculata.

A. tenuifolius, trichophyllus, Palestinus, Lownei, officinalis, scaber, brevifolius, brachyphyllus, maritimus, Persicus, acutifolius, aphyllus.

+ + Cladodia sæpius solitaria.

A. stipularis, filifolius, monophyllus, Griffithii.

` ` Flores masculi hemispherici.

A. verticillatus.

Sect. II. ASPARAGOPSIS Kᵗʰ **Enum. — Flores hermaphroditi.
Ovarii loculi 3-9-ovulati.**

* Flores capitati.

A. capitatus.

` ` Flores racemosi.

A. racemosus, ascendens.

**Sect. I. EUASPARAGUS. — Flores polygami vel dioici.
Ovarii loculi biovulati.**

1. A. tenuifolius (Lam. Dict. I, 294) caule herbaceo tereti erecto basi simplici dein paniculatim ramosissimo ramis gracilibus ascendentibus, foliis squamiformibus basi non calcaratis, cladodiis 10-20 fasciculatis setaceis lævibus, floribus solitariis vel geminis pedunculis setaceis elongatis apice articulatis suffultis, filamentis florum masculorum antherâ subrotundâ quadruplo longioribus, baccâ magnâ (diam. 5-6 lineas crassâ) ♃. Rchb. Ic. Germ. tab. DXIX. — *A. sylvaticus* W. K. Hung. tab. 201. — *A. officinalis* var. β L.

Hab. in pratis et sylvaticis montanis, Bithynia (Thirke!).

Ar. Geogr. Gallia austro-orientalis, Italia, littorale Austriacum, Dalmatia, Serbia, regio Danubialis, Rossia australis.

2. A. trichophyllus (Bge. Enum. Chin. bor. 65) caule herbaceo lævi flexuoso paniculatim ramosissimo, foliis squamiformibus basi breviter calcaratis, cladodiis setaceis gracillimis 4-8-nis erecto-patentibus sæpe subflexuosis, floribus solitariis vel geminis pedicellis 4-5-plo longioribus sub apice articulatis suffultis, antheris oblongis apiculatis filamento dimidio brevioribus ♃.

Hab. in valle Kuram Affghaniæ prope Schalizan (Aitch. 327 !), in Armeniâ ex cl. Trautvetter indicatur.

Ar. Geogr. Rossia austro-orientalis, Songaria, Turkestania, China borealis.

3. A. Palæstinus (Baker Linn. Soc. Journ. XIV, p. 602)

caule elato firmo lævi flexuoso ramosissimo ramis et ramulis infe-rioribus patenti-subreflexis, foliis squamiformibus in calcar non pro-ductis, cladodiis 3-8-nis subulatis tenuissimis curvulis lævibus, pedicellis solitariis flore duplo longioribus versus medium articula-tis, filamentis perigonio brevioribus antheræ oblongæ apiculatæ æqui-longis, baccis.... ♃.

Hab. ad lacum Huleh et ad vada Jordani in Palestinâ septentrionali (Hayne ex Baker), in sylvis ad fl. Jordanum prope Jericho (Kersten !), ad Somak Moabitum prope lacum Tiberiadis (cl. Lortet !). Fl. maio.

Planta 2-3-pedalis, cladodia tenuissima 4-5 lineas longa, perigonium mas-culum 2 ½ lineas longum tubo anguste conico laciniis erecto-patulis. Clado-diis tenuissimis affinis *A. trichophyllo* pedicellis multo longioribus sub apice articulatis, antherarum cum filamento proportione, foliis basi calcaratis, etc. distincto. Cl. Baker specimen Lortetianum meum cum Hayneanis a me non visis contulit.

4. A. Lownei (Baker Linn. Soc. Journ. XIV, p. 601) caulibus

elatis gracilibus lævibus flexuosis subscandentibus ramosissimis ramis patentibus vel reflexis, foliis squamiformibus basi non calca-ratis, cladodiis 4-8-nis setaceis gracillimis debilibus subpatentibus fere pollicaribus, pedicellis geminis arcuatis gracillimis elongatis ad medium articulatis flore 2 ½-plo longioribus, perigonii infundibuli-formis segmentis oblanceolatis, staminibus perigonio tertiâ parte bre-vioribus, antheris oblongis filamento duplo brevioribus ♃.

Hab. ad Jericho Palestinæ (Lowne ex Baker). Non vidi.

Ex cl. Baker insignis cladodiis omniam gracillimis 9-12 lineas longis ea *A. verticillati* referentibus sed tenuioribus. Perigonium infundibuliforme nec ut in eo hemisphæricum.

5. A. officinalis (L. Sp. p. 448) caule herbaceo tereti erecto

basi simplici dein paniculatim ramosissimo ramis erecto-patentibus ramulosissimis, foliis squamiformibus basi brevissime calcaratis, cla-dodiis 3-6-nis fasciculatis subulatis, floribus solitariis vel geminis pedicellis flore 2-3-plo longioribus ad vel supra medium articulatis suffultis, filamentis florum masculorum antheræ oblongæ æquilongis, baccâ magn. pisi ♃. Rchb. Germ. tab. DXVIII. — Flora Danica tab. 803.

Hab. in arenosis, Tauria (Stev !), Caucasus et Transcaucasia (Ledeb. C. A. Mey.), Armenia Turcica ad Baibut secus rivum Tchorock (Bourg !), Persia borealis in prov. Aderbidjan (Szov !).

β *oxycarpus.* — Bacca ovato-subconica. — *A. oxycarpus* Stev. Taur. p, 344

γ *strictus.* — Cladodia stricta abbreviata. — *A. Caspius* Hoh. Talysch p. 24. — *A. polyphyllus* Stev. Taur., p. 343.

Hab. in Tauriá (Stev!), Georgiá Caucasicá (Hoh!), Cappadociá in collibus ad occidentem Cæsareæ (Bal!).

Eamdem formam ex Hispaniá centrali habeo.

Ar. Geogr. Europa media et australis a Norvegiá australi et Gothiá ad Rossiam mediam, Sibiria Uralensis, Africa borealis.

6. **A. scaber** (Brign. Fasc. Forojul. 92) caule herbaceo tereti erecto paniculatim ramosissimo ramis erecto-patentibus ramulosissimis, foliis squamiformibus basi calcaratis, cladodiis 6-8-nis fasciculatis subulatis angulatis ut et ramuli denticulato-scabris, pedunculis flore duplo longioribus supra medium articulatis, filamentis florum masculorum antheræ oblongæ æquilongis, baccá globosá magn. pisi ♃. *A. marinus* Rchb. Germ. tab. DXX. — *A. maritimus* Mill. non Pall. — *A. amarus* D. C. Fl. Fr.

Hab. in Tauriá et Caucaso boreali (Stev. ex Ledeb.) Editione nondum vidi.

Valde affinis *A. officinali,* cladodia subcrassiora, ad angulos denticulato-scabra nec lævia. — *A. littoralis* Stev. Taur., p. 344 ex unicá plantá masculá descriptus húc potius quam ad *A. maritimum* spectat.

Ar. Geogr. Hispania orientalis, Gallia australis, Italia, littorale Austriacum, Dalmatia, regio Danubialis, Sibiria Altaica.

7. **A. brevifolius** (Boiss. in Bourg. Lyc. exs 1860. — Baker Linn. Soc. Journ. XIV, p. 602) caule elato duro tereti flexuoso ramosissimo ramis erecto-patentibus patentim et longe ramulosis, foliis basi minute calcaratis, cladodiis 6-8-nis brevissimis inæqualibus strictis acutis, pedunculis solitariis vel geminis flore subduplo longioribus ad medium articulatis, filamentis...., baccá globosá magn. pisi ♃.

Hab. in arvis incultis ad Elmali Lyciæ (Bourg !).

Bipedalis, rami patentes 7-9 pollices longi. Insignis cladodiis 1-1 ¹/₄ lineas tantum longis. An tamen formis *A. officinalis* etiam adnumerandus ? Affinis quoque *A. brachyphyllo* cladodiis brevibus quoque sed patentibus nec strictis, scabridis nec lævibus donato.

8. **A. brachyphyllus** (Turcz. Bull. Mosq. (1840), 78) caule elato duro tereti flexuoso ramosissimo ramis erecto-patulis ramulis inferioribus patulis vel reflexis, foliis squamiformibus basi obscure calcaratis, cladodiis 6-8-nis brevissimis subulatis scabridis patentibus, pedicellis subsolitariis supra medium articulatis perigonio sublongioribus, antheris oblongis filamento æquilongis, baccá globosá rubrá ♃. *A. trichophyllus* var. *trachyphyllus* K[th]. Enum V. 63.

Hab. in valle Kurrum Affghaniæ (Aitch. 536!).

Ar. Geogr. Regio Danubialis Dobrutscha, Songaria Chinensis.

9. **A. maritimus** (Pall. II, It. II, p. 339) caule herbaceo tandem indurato flexuoso a basi patentim ramosissimo, foliis squamiformibus basi interdum obsolete calcaratis, cladodiis 4-6-nis crassiusculis mucronatis inæqualibus, pedunculis solitariis vel geminis flore non longioribus prope apicem articulatis, antheris oblongis filamento brevioribus ♃. Ledeb. Ic. tab. 393.

Hab. in prov. Transcaucasicis (Ledeb.), Persiá boreali Auch. (5360!), in ditione Khorassan prope Meschhed (Bge!).

β *Breslerianus.* — Cladodia abbreviata 3-4 lineas longa, inferiora terna, superiora solitaria. — *A. Breslerianus* Schult. Syst VII. 323.

Hab. in salsis Armeniæ Rossicæ inter Nackitchewan et Khoï (Szov!), Persiá boreali (Baker).

Ar. Geogr. Rossia australis, Songaria, Sibiria.

10. **A. Persicus** (Baker Linn. Soc. Journ. XIV, p. 603) caule herbaceo elato ramosissimo ramis patentibus vel deflexis, foliis squamiformibus basi calcaratis, cladodiis 4-1-nis ascendentibus subulatis compressis lævibus, pedicellis 1-2-nis flore duplo longioribus supra medium articulatis, filamentis antheræ oblongæ æquilongis, baccis nigris pisum æquantibus ♃.

Hab. in Persiá australi prope Ask ad radices montis Demawend (Ky. 365 sub *A. verticillari!*).

Valde affinis *A. officinali* et ab eo ramis patulo-deflexis, cladodiis paucioribus snbcrassioribus subcompressis 6-9 lineas longis tantum distinctus, ab *A. verticillari* cui prius eum retuleram cladodiis non trigonis et imprimis perigonio campanulato nec hemispherico distinctus.

11. **A. acutifolius** (L. Sp. 449) suffruticosus humilis patentim ramosissimus ramis ramulisque striatis velutinis, foliis inferioribus basi calcaratis, cladodiis 4-12 fasciculatis divergentibus tenuiter subulatis subæqualibus mucronatis, pedicellis 1-2 nis flore sublongioribus versus medium articulatis, perigonii laciniis subæqualibus, filamentis antherâ oblongâ subduplo longioribus, baccâ piso minore ♃. Ic. Fl. Græc. tab. 537. — Rchb. Germ. fig. 972.

Hab. in siccis regionis inferioris, Peloponnesus (Sibth.), Macedonia et Thracia (Griseb.), Bithynia (Sibth.), Smyrnæ (Hook. ex Baker), Cyprus (Ky!), Syria littoralis ad Tripolin (Bl! Haussk!), Libanus ad Aleih (Schweinf!), Fl. Aut.

Ar. Geogr. Europæ regio Mediterranea omnis, Africa borealis.

12. **A. aphyllus** (L. Sp. 450) suffruticosus humilis intricatim ramosissimus ramis ramulisque patentibus angulatis scabris, foliis inferioribus deltoideo-calcaratis tandem spinosis, cladodiis 2-6 fasciculatis patentibus brevibus inæqualibus crassis angulatis pungentibus, pedunculis 1-2- nis flore sublongioribus nutantibus ad medium articulatis, perigonii laciniis internis brevioribus apice incurvis, filamentis antherâ triente longioribus, baccâ piso subminore ♃. Ic. Fl. Græca, tab. 338.

22

Hab. in collibus siccis regionis inferioris, Zacynthus (Marg!), Creta (Sibth. Raul!), Attica et Peloponnesus (Sibth. Sprun!), Macedonia (Friv!), Palestina prope Nazareth (Gaill!). Fl. autumno.

Differt ab *A. acutifolio* caule spinoso, ramis angulatis, cladodiis crassis inæqualibus, perigonii laciniis internis brevioribus.

Ar. Geogr. Lusitania, Hispania, Sardinia, Sicilia.

13. A. stipularis (Forsk. Fl. Eg. Arab. p. 72) suffruticosus, caulibus erectis intricatim et patentissime ramosis ad sepes interdum alte scandentibus ramisque angulato-sulcatis, foliis inferioribus in spinas breves basi productis, cladodiis crassis alternis subsolitariis erecto-patentibus apice spinosis, pedunculis 1-2-nis flore sesquilongioribus ad medium articulatis, perigonii laciniis conformibus, antheris oblongis filamento brevioribus, baccâ piso subminore ♃. *A. horridus* L. fil. Suppl. p. 203. — Fl. Græc. tab. 339. — Cav. Ic. tab. 136.

Hab. in siccis, vineis, ad vias regionis inferioris, insula Santorin Archipelegi (Sart!), Cyprus (Sibth., Ky. 578!), Syria littoralis ad Sidonem (Bl!), Palestina (Ky. 847! Barbey!). Fl. vere.

β *brachyclados*. — Cladodia abbreviata 3-4 lineas longa.

Hab. in Egypto ad Maxi prope Alexandriam (Samar!), in deserto Arabico-Egypti mediæ (Schweinf?)

Nonnullis varietas *A. aphylli*, sed præter characteres differentiales floratio vernalis nec autumnalis.

Ar. Geogr. Lusitania, Hispania australis, Sicilia, Africa borealis, insulæ Canarienses.

14. A. filifolius (Bertol. Misc. I, p. 20) caule herbaceo elato subflexuoso striato ramosissimo ramis ramulisque patentibus et reflexis tenuibus lævibus, foliis basi non calcaratis, cladodiis solitariis elongatis setaceis, pedicellis 1-2-nis flore vix longioribus supra medium articulatis articulo inferiore in scutellam apice dilatato, filamentis antherâ oblongâ duplo longioribus, baccâ.... ♃. *A. Chesneyi* Baker l. cit. p. 602 non sat differre videtur. — *A. Euphraticus* K^{th}. Enum V, p. 73.

Hab. in Mesopotamiâ ad oras Euphratis (Chesney 105!).

Caulis et rami tenues, cladodia tenuissima inferiora 7-8 lineas longa.

15. A. monophyllus (Baker loc. c.t. p. 604) caule herbaceo elato valde flexuoso ramosissimo ramis ramulisque tenuibus striatis lævibus patentibus vel reflexis, foliis inferioribus basi in cuspidem longam deorsum spectantem non pungentem productis, cladodiis subsolitariis patentibus tenuiter subulatis elongatis mucronatis, pedicellis axillaribus 1-2-nis flore sublongioribus supra medium articulatis articulo inferiore apice in scutellam minutam dilatato, filamentis...., baccâ minutâ ♃.

Hab. in Belutschiâ superiore (Stocks 1114 ex parte!).

Cladodia 9-18 lineas longa illis *A. officinali* vix crassiora. Valde affinis videtur *A. filifolio* Bertol. foliis inferioribus in calcar 2-2¹/₂ lineas longum productis præsertim discrepans.

16. **A. Griffithii** (Baker l. cit. p. 604) caule scandenti elato flexuoso ramosissimo ramis patulis, ramulis deflexis tenuibus teretibus striatulis, foliis in calcar non productis, cladodiis 4-1-nis ascendentibus subulatis teretibus mucronatis. pedicellis 1-2-nis flore triplo longioribus supra medium articulatis articulo superiore incrassato, filamentis...., baccâ parvâ ♃.

Hab. in Affghaniá in valle Bamean (Griff. Journ. N° 1134!).

Ex specimine valde imperfecto de hâc plantâ vix dijudicare queo. Differt ab *A. monophyllo* foliis non calcaratis, cladodiis sæpe 3-4-nis 3-6 lineas tantum longis, pedicellis longioribus quorum articulus superior manifeste incrassatus est.

17. **A. verticillatus** L. Sp. 450) basi suffruticosus caulibus herbaceis elongatis subscandentibus flexuosis ramosissimis ramis tenuibus patulis vel deflexis elongatis acute angulato-striatis, foliis inferioribus in calcar duriusculum productis, cladodiis subulatis acute trigonis arcuatis fasciculatis divaricatis inferioribus 8-12-nis superioribus ternis et solitariis, pedicellis flore sesquilongioribus ad vel supra medium articulatis masculis 3 4-nis fæmineis solitariis vel geminis, perigonio hemisphærico-globoso, filamentis antherâ oblongâ sublongioribus, baccâ pisum æquante ♀. *A. scandens* Guldenst. — *A. tricarinatus* D. C. in Red. Lil. t. 451.

Hab. in campestribus et montosis sylvaticis, Laconia ex Sm. Prodr. sed a recentioribus non observatus, Bithynia (ex Sm. Prodr.), Lycaonia (Tchih.), Galatia ad Tokat (Wied!), Tauria meridionalis ubi ad sepes scandit (Stev. Rehm!), Abchasia ad mare nigrum (Nordm.), Georgia, ditiones Karabagh et Talysch (M. B. C. A. M! Hohen!), Persia borealis (Buhse!).

Insignis floribus illis præcedentium duplo minoribus subglobosis nec campanulatis. Cladodia sæpe pollicem longa, in quibusdam formis tamen dimidio breviora.

Ar. Geogr. Rumelia, Bessarabia, Rossia australis occidentalis.

Sect. II. ASPARAGOPSIS. — Flores hermaphroditi.
Ovarii loculi 7-9-ovulati.

18. **A. capitatus** (Baker l. cit. p. 607) caulibus herbaceis subscandentibus patule ramosissimis ramis ramulisque patulo-deflexis gracillimis, foliis inferioribus in calcar subspinescens abeuntibus, cladodiis 3-1-nis tenuiter subulatis patentibus brevibus, pedicellis 2-4-nis ad apicem ramulorum subcapitatis flore brevioribus infra medium articulatis, perigonii hemispherici laciniis late patentibus, filamentis antherâ minutissimâ 3-4-plo longioribus, baccâ minutâ ♀.

Hab. in Belutschiá ad Kishan (Stocks 1114 ex parte).

Cladodia 4-2 lineas tantum longa, pedicelli 1-1 ¹/₂ lineas longi.

Ar. Geogr. India boreali-occidentalis.

19. **A. racemosus** (Willd. Sp. II, 152) suffruticosus ramosissimus late scandens, caulibus lignosis spinis recurvis duris (e foliorum basi ortis) obsitis, ramulis herbaceis tenuibus triquetris patentibus, cladodiis 6-2-nis tenuiter subulatis triquetris vel compressis sæpius falcatis, floribus in racemos tenues elongatos axillares paniculatos vel thyrsoideos dispositis, pedicellis patentibus flore sublongioribus ad medium articulatis basi bracteolatis articulo inferiore in scutellam abeunte, perigonii hemispherici segmentis patentibus, filamentis antherâ minutâ oblongâ 3-4-plo longioribus, baccâ minutâ ♃. *Asparagopsis floribunda* Kth. Enum. V. p. 98.

Hab. in Belutschiâ inferiore (Stocks!).

Ar. Geogr. India orientalis, Mauritius, Africa tropica, Nova Hollandia.

20. **A. ascendens** (Roxb. Fl. Ind. III, 153) suffruticosus ramosissimus elatus, caulibus teretibus albidis spinis subulatis rectis longis obsitis, ramulis gracillimis ascendentibus angulatis, cladodiis 20-6-nis gracillimis subulatis ascendentibus curvatis elongatis, floribus in racemos elongatos densifloros congestos axillares dispositis, pedicellis flore sublongioribus basi bracteolatis ad medium articulatis, perigonii hemispherici segmentis tandem reflexis, filamentis antherâ minutâ 4-6-plo longioribus, baccâ... ♃.

Hab. in Affghaniâ Griffith 5855 et 5858 (ex Baker). Non vidi.

Ex descriptione valde affinis *A. racemoso* a quo cladodiis numerosioribus sublongioribus potissimum differt.

Ar. Geogr. Regio Himalaica occidentalis.

RUSCUS (Tourn. Inst. 79, tab. 15).

Flores dioici. Perigonium viridulum marcescens sexpartitum segmentis tandem patulis interioribus angustioribus in alabastro tectis. *Masc.* Stamina tria in tubulum ovatum connata cujus apice antheræ tres loculis divergentibus adnatæ sunt. *Fem.* Filamenta in tubulum germen cingens antheris destitutum connata. Ovarium sessile triloculare loculis biovulatis, stylus brevissimus, stigma capitatum. Bacca carnosa sæpius unilocularis et monosperma. Semen subglobosum — Suffrutices erecti, foliis minutis scariosis bracteiformibus, ramulis in phyllodia coriacea persistentia venosa sessilia torsione basilari horizontalia mutatis, floribus parvis e costâ faciei inferioris phyllocladiorum ortis.

1. **R. aculeatus** (L. Sp. 1474) suffruticosus humilis ramis erectis, cladodiis coriaceis rigidis oblongis in mucronem acutissimum attenuatis, floribus 1-2 versus medium longitudinem cladodii ortis breviter pedicellatis costâ in bracteolam lanceolatam firmam desinente ♂. Rchb. Germ. fig. 968.

Hab. in sylvaticis rupestribus regionis montanæ, Græcia (Sibth. Heldr!). Creta (Raul!), Macedonia et Thracia (Griseb!), Pamphylia (Bourg!), Cilicia (Ky. Suppl. 431), Libanus prope Abeih 2500' (Schweinf!), Pontus Lazicus (Bal!), Tauria ct Transcauca-ia (Ledeb. Szov!), Persia borealis prope Siaret (Bge!).

β angustifolius. — Cladodia diminuta lanceolata.

Hab in fauce Gülek Boghas Tauri Cilicici (Ky!).

Ar. Geogr. Europa media et australis ab Angliá, Belgio, Helvetiá et Germaniá australioribus ad regionem Danubialem, Africa borealis.

2. R. hypophyllum (L. Sp. 1474 suffruticosus humilis caulibus erectis sæpius simplicibus. cladodiis coriaceis oblongis vel oblongo-lanceolatis acuminatis basi attenuatis inferioribus oppositis superioribus alternis, floribus 5-6 a paginâ inferiori cladodii medium versus ortis umbellulatis, costâ in bracteam minuṭam lanceolatam scariosam desinente ♂. Ic. Bot. Mag. tab. 2049.

Hab. in sylvis umbrosis montis Athos Macedoniæ (Sibth.), Transcaucasiá in Imeretiá (Rupr!), Iberiá, prov. Talysch (M. B. — C. A. Mey. .

Ar. Geogr. Hispania, Italia, Africa borealis, Madera.

3. R. hypoglossum (L. Sp. 1474) suffruticosus humilis caulibus erectis sæpius simplicibus, cladodiis coriaceis oblongis vel oblongo-lanceolatis acutis basi attenuatis inferioribus oppositis cæteris alternis, floribus 3-5 e paginâ inferiori cladodii medium versus ortis umbellulatis, costâ in bracteam magnam foliaceam coriaceam oblongam acutam desinente ♂. Rchb. Germ. t. 969. — Fl. Græc. tab. 955. — *A. hypophyllum* var. *hypoglossum* Lam.

Hab. in umbrosis rupestribus montanis, Macedonia in Athone (Sibth; Friv! Orph!), Bithynia (Thirke!).

Forsan præcedentis varietas.

Ar. Geogr. Hispania, Italia, Germania australis, Dalmatia, Serbia, regio Danubialis.

DANAE (Medic. Mal. 71).

Flores hermaphroditi. Perigonium carnosum gamophyllum urceolatum dentibus parvis deltoideis æqualibus. Filamenta sex in tubum supra medium perigonium ortum connatis antheris sex contiguis e fauce tubi exsertis. Ovarium sessile imperfecte triloculare loculis biovulatis, stylus brevis, stigma capitatum. Bacca globosa unilocularis sæpius monosperma. — Suffrutex erectus vegetationis characteribus *Rusco* similis sed flores terminales racemosi et perigonium gamophyllum.

1. D. racemosa (L. Sp. 1471 sub *Rusco*) suffruticosa erecta ramosissima ramis virgatis erectis, cladodiis oblique oblongo-lanceolatis acuminatis, racemo terminali ex axillâ cladodii supremi orto-6-9floro pedicellis flore subbrevioribus apice articulatis, baccâ magnâ ♃. *D. racemosa* Mœnch Meth. 179.— Ic. Gærtn. tab. 16, fig. 8.

Hap. in sylvaticis, Syria borcealis in quercetis ad Attyk montis Amani 3000' (Ky. 2111), ditio Transcaucasica Talysch (C. A. M. Hoh!), Persia borealis ad Siaret (Buhse! Bge!).

ORD. CXXXVI. SMILACEÆ.

(Lindl. Intr. Ed. II., p. 359. — *Asparagacearum pars* D. C. Fl. Fr.)

Flores dioici rarius hermaphroditi. Perigonium inferum hexaphyllum corollinum. Stamina numero varia (in nostris) libera. Antheræ basifixæ biloculares introrsum dehiscentes. Stylus nullus, stigmata tria. Ovarium liberum triloculare, ovulis in loculo solitariis vel geminis ex angulo interno superiore pendulis orthotropis. Bacca globosa 6-1-sperma. Semina elliptica vel globosa, testâ tenui, embryo intra albumen corneum copiosum minimus. — Frutices vel suffrutices sæpius scandentes.— Ordo ex cl. A. de Candolle Monogr. Phan. vol. I, ab affinibus et præsertim ab *Asparagaceis* stylo nullo et ovulis orthotropis distinctus. Folia insuper structurâ peculiaria, petiolata petiolo e vaginâ orto sæpe cirrhifero infra laminam demum rumpentem articulato.

SMILAX (L. Gen. 1120).

Flores dioici. *Masc.* Perigonium corollinum hexaphyllum patens deciduum. Stamina (in nostris) sex fundo perigonii inserta æqualia. *Fem.* Perigonium maris. Stamina abortiva decidua. Ovarium ellipticum triloculare loculis 1-2-ovulatis ovulis ex apice loculi pendulis, stylus nullus, stigmata tria distincta papillosa recurva decidua. Bacca globosa 1-3-sperma, semina globosa. — Frutices sempervirentes sæpius scandentes sæpissime aculeati, foliis alternis sæpius distichis, floribus umbellatis, umbellis axillaribus solitariis vel racemose dispositis.

Sect.EUSMILAX (Alph. D. C. Mon. Phan. I   pag. 66 — Ovarii loculi uniovulati. Perigonii phylla plus minusve excurvata.

1. **S. excelsa** (L. Sp. 1458) glabra alte scandens ramis aculeatis angulatis, foliis cordato-ovatis rotundatis mucronatis inermibus, cirrhis supra basin petioli insertis, umbellæ 4-10-floræ pedunculo petiolo sublongiore, baccâ rubrâ ♂. Ic. Buxb. Cent. p. 18, tab. 27.

Hab. in sylvaticis et ad sepes regionis inferioris Macedoniæ et Thraciæ (Griseb. Friv.), Byzantii (Ca‑t! Sibth. Auch.), totius Anatoliæ borealis in Bithyniâ et Paphlagoniâ (Wied!), Ponto ad Samsun (Wied!), Trapezuntem (Bal!), Pontum Lazicum ad Rhizé (Bal!), Imeretiam et Mingreliam (Ledeb.), Georgiam Caucasicam et ditionem Talysch (Hoh!), Persiam borealem in prov. Ghilan (Jenisch!) et Asterabad (herb. Petrop.).

Ar. Geogr. Insulæ Azoricæ (ex cl. Alph. D. C).

2. S. aspera (L. Sp. 1458) glabra scandens ramis angulatis flexuosis aculeatis, foliis coriaceis hastato vel cordato-triangularibus margine costâque subtus sæpius aculeatis, cirrhis supra basin petioli insertis, umbellis sessilibus plurifloris in racemos aphyllos axillares et terminales spicatim dispositis, baccis rubris ♂. Rchb. Germ. fig. 970. — Fl. Græc. tab. 959.

Hab. ad sepes et in dumosis regionis inferioris maritimæ Græciæ et ejus insularum !, Macedoniæ et Thraciæ ! Anatoliæ occidentalis et australis maritimæ !, Syriæ littoralis (Bl !), Palestinæ (Roth!). Fl. Aut.

β *Mauritanica*. — Caulis minus aculeatus sæpe elatior, folia subinermia vel inermia ampliora magis rotundata. — *S. Mauritanica* Desf. Atl. II, p. 367. Ad typum intermediis innumeris transit.

Hab. in Macedoniæ peninsulâ Athoâ (Orph!), Atticâ (Heldr!), Syriâ littorali ad Sidonem et Berythum (Gaill! Bl!).

Ar. Geogr. Regio Mediterranea totius Europæ et Africæ borealis, Gallia austro-occidentalis, insulæ Canarienses, Madera, Abyssinia, India borealis.

3. S. vaglnata (Decaisne in Jacquem. It. IV, 169, tab. 169) glabra suffruticosa inermis non scandens, ramis brevibus erectis dichotomis acute angulatis, vaginis (petiolorum vetustorum basi persistente) lanceolatis truncatis 3-5-nerviis, petiolis basi in vaginam dilatatis non cirrhiferis laminâ ovato-orbiculatâ cuneatâ vel subcordatâ brevioribus, pedunculis axillaribus masculis umbellatim 8-10-floris, pedicellis femineis unifloris supra medium articulatis, ovario globoso ♂.

Hab. in valle Kurrum Affghaniæ (Aitch. 701!).

Ar. Geogr. India boreali-occidentalis.

ORD. CXXXVII. DIOSCOREACEÆ.

(R. Br. Prod. p. 294).

Flores dioici. Perigonium regulare tubo in plantâ masculâ brevissimo in femineâ cum ovario connato, limbo supero sexfido persistente. Stamina sex, antheræ basi dorsi affixæ biloculares introrsum dehiscentes. Ovarium inferum triloculare loculis bi rarius uniovulatis. Ovula angulo interiori suspensa anatropa. Fructus nunc (in *Tamo*)

baccatus trilocularis vel abortu unilocularis, nunc (*Dioscorea*) capsularis trigono-trilobus loculicide dehiscens. Semina in baccatis globosa,
in capsularibus compressa membranaceo-alata. Embryo minutus
ovato-globosus in cavitate albuminis prope umbilicum situs. —
Herbæ vel suffrutices, sæpissime volubiles. — Ordo ab *Asparagaceis* ovario infero perigonio adhærente, a *Smilaceis* ovulis anatropis.
distinctus.

TAMUS (L. Gen. 1119).

Flores dioici. *Masc.* Perigonium campanulatum ad medium sexpartitum. Stamina sex fundo tubi inserta, filamenta filiformia. Antheræ
ovato-globosæ didymæ biloculares dorso affixæ. *Fem.* Perigonium
ovario adhærens turbinatum limbo sexpartito persistente. Filamenta
abortiva. Ovarium loculis biovulatis. Stylus trifidus stigmatibus
dilatatis bifidis reflexis. Bacca globosa carnosa perigonii tubo vestita matura dissepimentis evanescentibus subunilocularis. Semina
pendula globosa, testa tenuis, raphe tenuis, chalaza hilo opposita
eleganter fibrillosa. — Herbæ perennes scandentes, radice elongatâ
carnosâ tuberosâ.

1. **T. communis** (L. Sp. 1458) caulibus elongatis volubilibus,
foliis profunde cordatis ovatis integris acuminatis, racemis axillaribus, masculis multifloris folio longioribus floribus longiuscule
pedicellatis, fæmineis brevibus floribus paucis brevissime pedicellatis. baccis subglobosis rubris ♃. Ic. Engl. Bot. tab. 91. — Rchb.
Germ. fig. 971.

Hab. in sylvis et umbrosis totius ditionis a Græciâ! Cretâ (Raulin!), Macedoniâ et Thraciâ! ad Syriam littoralem, Libanum et Palestinam (Boiss!),
regiones Caucasicas!, Persiam borealem (Herb. Petrop!), Kurdistaniam Persicam (Haussk!), Tauriam (M. B.).

β *Cretica.* — Folia cordato-triloba lobis lateralibus rotundatis terminali plus minus elongato acuminato. — *T. Cretica* L. Sp. 1458. —
Fl. Græca, tab. 958. Intermediis ad typum transit.

Hab. in umbrosis, Græcia in faucibus Hymetti et prope Oropo (Boiss!), in
valle Cephissi (Heldr!), peninsula Athoa (Griseb! forma foliis amplis transverse latioribus), Creta et Cyprus (Sibth.), Syria littoralis ad Sidonem (Bl!),
Libanus supra Hamana 3000' (Schweinf!), mons Ssoffdagh supra Aintab
(Haussk!).

Ar. Geogr. Europa media et australis ab Angliâ, Belgio, Germaniâ australi
ad regionem Danubialem, Africa borealis.

Obs. *Dioscorea deltoidea* Wall. Cat. 5110. — Kunth Enum. V. p. 340 ex cl.
Baker in litt. in valle Kurrum Affghaniæ a cl. Aitchison lecta fuit.

ORD. CXXXVIII. COMMELYNACEÆ.

(A. Rich. — Clârke in Monog. Phan. III, p. 115).

Flores hermophroditi raro polygami regulares vel subirregulares. Perigonium hexaphyllum phyllis tribus exterioribus herbaceis calycinis persistentibus uno in æstivatione exteriore, tribus internis petaloideis fugacibus. Stamina sex vel abortu 3 5 hypogyna omnia fertilia vel sæpius nonnulla abortiva, antheræ introrsæ biloculares. Ovarium sessile liberum 2-3-loculare, ovula 3 vel plura orthotropa angulo interno affixa. Stylus simplex, stigma indivisum vel obscure trilobum. Fructus sæpius capsularis ab apice loculicide 2-3-valvis, rarius crustaceus indehiscens vel epicarpio succulento baccatus. Semina albuminosa angulata vel peltata testâ firmâ sæpe reticulâtâ vel foveolâtâ. Embryo cylindricus parvus in foveolâ albuminis ab hilo remotâ nidulans operculo deciduo tectus.

COMMELYNA (L. Gen. 62).

Flores irregulares, perigonii phyllis calycinis binis tertiâ externâ majoribus, tribus corollinis sæpe dissimilibus. Stamina tria fertilia, tria sterilia antheris cruciformibus. Filamenta nuda. Capsula tri vel abortu 2-1-locularis loculis ventralibus 2-1-spermis tertio monospermo vel abortivo. — Herbæ ramosæ, flores in 1-2 racemulos intra bracteam spathiformem complicatam vel cucullatam inclusos dispositi. — Species in ditione nostrâ paucæ omnes subtropicæ.

1. **C. nudiflora** (L. Sp. p. 61) glabriuscula, caulibus procumbentibus e nodis sæpe radicantibus, foliis lanceolatis acuminatis, vaginis sæpe ciliatis, spathis sparsis pedunculatis lateralibus complicatis ovato-lanceolatis, ovarii loculis ventralibus biovulatis, capsulæ trilocularis valvâ dorsali cum semine incluso deciduâ, seminibus breviter cylindricis reticulatis ♃. *C. diffusa* Burm. Ind. p. 18, tab. 7, fig. 2. — *C. pilosa* Pers. Syn. I, 55 — *C. Canariensis* Sm. — *C. agraria* K^th. — Webb et Berth. Phyt. Can. tab. 238.

β *Werneana* Clarke Comm. p. 145. — Folia oblongo-lanceolata basi sæpe rotundata, pedunculi robusti abbreviati, seminis areolæ· parvæ.

Hab. in Egypto (Werne ex Clarke) (Annon potius ex Sennaar ?).

Ar. Geogr. Species tropica et subtropica, Insulæ Canarienses et Maderar· Africa, India, Australia, America borealis et australis.

2. C. subulata (Roth Nov. Sp. 23) glabriuscula, caulibus brevibus erectis, foliis linearibus, spathis subsessilibus ovato-lanceolatis complicatis, ovarii loculis ventralibus biovulatis, capsulæ trilocularis valvâ dorsali cum semine incluso deciduâ, seminibus oblongo-pyramidatis grosse rugoso-foveolatis ♃. *C. striata* et *C. subaurantiaca* Hochst. in Ky. exs — *C. linearifolia* K^{th}. Enum, 4, p. 43.

Hab. in Belutschiâ (Frere ex Aitch.), Egypto superiore (Ky. ex Clarke).

Ar. Geogr. Nubia, Abyssinia, Africa tropica, India orientalis.

Obs. *C. Boissieriana* Clarke loc. cit., p. 161 ex Egypto a cl. auctore indicata ibi non crescit sed ex Africâ tropicâ oriunda est. Specimen legi in Horto Bot. Kahirino cultum.

3. C. Kotschyi (Hassk. in Schweinf. Æth. p. 209) glabriuscula, caulibus diffusis, foliis anguste lanceolatis, vaginis parce ciliatis, spathis breviter pedunculatis complicatis breviter ovatis, capsulæ oblongæ complanatæ bilocularis loculis ventralibus biovulatis, dorsali vel nullo vel vacuo, seminibus subcylindricis sinuato-notatis ♃. *C. Forskahlei* Hochst. in Ky. exs. non Vahl.

Hab. in Egypto superiore (Ky.), Annon potius ex Nubiâ tropicâ?

Ar. Geogr. Africa tropica.

4. C. albescens (Hassk. in Schweinf. Æth p. 210). glabriuscula caulibus erectis basi incrassatis, foliis lineari-lanceolatis margine albidis sæpe undulatis, spathis subsessilibus 1-3 approximatis cucullatis latere altero auriculatis altero uncato-falcatis, capsulæ trilocularis bivalvis loculis monospermis, loculo dorsali deciduo indehiscente scabro cum semine incluso arcte connexo, seminibus ellipsoideis compressis lævibus sed loculi dorsalis globoso ♃. *C. Schimperiana* et *C. multicaulis* Hochst. in Schimp. exs.

Hab. in Belutschiâ (Stocks, Frere).

Ar. Geogr. Abyssinia, Arabia tropica, India orientalis, Insulæ Capitis viridis.

ORD. CXXXIX. JUNCACEÆ

(Bartl. Ord. 37).

Flores in nostris hermaphroditi. Perigonium inferum hexaphyllum, phyllis glumaceis biserialibus. Stamina sex vel tria phyllis opposita, filamenta subulata, antheræ basifixæ biloculares. Ovarium sessile liberum 1-3-loculare 3-pluri-ovulatum, ovula angulo interiori loculorum vel placentis parietalibus inserta anatropa. Stylus simplex, stigmata tria. Capsula tri-polysperma trivalvis. Seminum testa membranacea interdum basi et apice appendiculata. Albumen carnosum. Embryo subcylindricus basi albuminis inclusus. Radicula hilo approximata.

LUZULA (D. C. Fl. Franc. III, p. 158).

Perigonium glumaceum phyllis sex basi cohærentibus æqualibus vel subinæqualibus. Stamina sex basi phyllorum perigonii inserta. Ovarium uniloculare, ovula tria basilaria erecta. Stylus unicus filiformis interdum brevissimus, stigmata tria elongata filiformia undique villosa. Capsula trilocularis trivalvis. Semina e fundo loculi erecta funiculo interdum in fila capillaria elastica decomposito. — Herbæ perennes foliis planis basi vaginatis.

Sᴇᴄᴛ. I. PTERODES (Griseb. Spicil. II, p. 404). Seminis testa apice in alam cristæformem expansa. — Anthelæ pedicelli uniflori.

1. **L. pilosa** (L. Sp. 468 sub *Junco*) rhizomate fibroso cespitoso, foliis radicalibus lanceolato-linearibus margine pilosis, anthelæ corymbosæ simplicis ramis subtrifloris erectis, pedicellis post anthesin refractis, capsulâ ovatâ obtusâ, seminis appendiculâ falcatâ ♃. Engl. Bot. tab. 736. — Rchb. Germ. tab. 381. — *L. pilosa* Willd. Enum. I, p. 393. — *L. vernalis* D. C.

Hab. in sylvis, Transcaucasiâ (Eichw.), Abchasiâ (Nordm. ex Ledeb.), sed dubia civis, forsan cum *L. Forsteri* confusa. — *L. flavescens* Gaud. species affinis sed radice stoloniferâ aliisque notis distincta Serbiæ meridionalis incola (cl. Pancic!) forsan in Macedoniâ reperietur.

Ar. Geogr. Europa borealis et media a Britanniâ, Scandinaviâ, Rossiâ ad Hispaniam borealem, Italiam mediam, regionem Danubialem, America borealis.

2. **L. Forsteri** (Sm. Fl. Brit. III, p. 1395 sub *Junco*) rhizomate fibroso cespitoso, foliis radicalibus linearibus margine pilosis, anthelæ corymbosæ simplicis ramis 1-3-floris, pedicellis etiam fructiferis erectis, capsulâ triquetrâ acutâ, seminis appendiculâ rectâ obtusâ brevi ♃. *L. Forsteri* D. C. Ic. Plant. Gall. rar. I, tab. 2. — Engl. Bot. tab. 1293. — Rchb. Germ. tab. 382. — *Juncus pilosus* Smith Prodr.

Hab. in sylvaticis, regio montana Græciæ in montibus Ænos Cephaloniæ et Parnes Atticæ (Heldr!), Delphi Eubeæ (Orph!), monte Athos Macedoniæ (Griseb!), Byzantii (Sibth! Griseb., Auch!), Olympo Bithyno (Barbey!), Ponto ad Samsum (Tchih!), Trapezuntem (Bourg!), Rhizé Ponti Lazici (Bal!), Imeretiâ (Bayern!) ditione Transcaucasicâ Talysch ad Lenkoran (C. A. Mey.), Persiâ septentrionali ad Siaret (Bge!).

Ar. Geogr. Lusitania, Hispania, Gallia, Anglia, Germania occidentalis et australis, Helvetia, Italia, Serbia et Bosnia, Africa borealis, insulæ Canarienses.

Sᴇᴄᴛ. II. ANTHELÆA (Griseb. loc. cit.). — Seminis testa apice appendiculâ parvâ punctiformi vel obsoletâ instructa basi arillo destituta vel obscurissime arillata. — Anthelæ flores fasciculati.

3. L sylvatica (Huds. Angl. 151 sub *Junco*) rhizomate obliquo subrepente cespitoso, foliis lanceolato-linearibus margine pilosis, caulibus elatis, anthelâ supradecompositâ divaricatâ bracteâ longiore, floribus 2-3 fasciculato-congestis, perigonii phyllis mucronatis capsulam ovato-triquetram acutam æquantibus ♃. *L. sylvatica* Gaud. Helv. 2, p. 568. — *L. maxima* D. C. Fl. Fr. III, p. 160. — Ic. Host Gram. Austr. III, tab. 98. — Rchb. Germ. tab. 390.

Hab. in sylvaticis regionis montanæ, Olympus Thessalus (Heldr!), Macedonia (Friv!) ei in castanetis peninsulæ Athoæ (Griseb.), mons Yígasdagh Anatoliæ borealis (Wied!), Olympus Bithynus (Boiss!), Pontus Lazicus prope Djimil (Bal!), Iberia et Mingrelia in Caucaso (Eichw!).

Ar. Geogr. Lusitania, Hispania borealis, Gallia, Anglia, Dania, Germania, Helvetia, Italia borealis et media, regio Danubialis.

4. L. Græca (Bory et Chaub. Fl. Pélop. N° 591, tab. 12, fig. 1 sub *Junco*) rhizomate obliquo, foliis lanceolato-linearibus acuminatis pilosis, caulibus elatis, anthelæ corymbosæ ramis 3-7 valde inæqualibus et etiam fructiferis erectis altero subsessili, floribus 3-5 capitato-congestis, perigonii phyllis oblongo-lanceolatis cuspidatis capsulam ovatam trigonam acutam superantibus ♃. *L. Græca* Kᵗʰ. Enum. 3, p. 310. — *Juncus nodulosus* B. et Ch. Expéd. Sc. Mor. 105 et *L. nodulosa* E. Mey.

Hab. in pascuis siccis regionis inferioris et montanæ Græciæ, Messenia (Bory!), Laconia in Taygeto (Heldr!) et monte Malevo (Orph!), Hymettus (Boiss!) mons Onion Bæotiæ (Heldr!), Creta in ditione Sphakia 4000' (Heldr!).

Ab affini *L. sylvaticâ* distinguitur anthelâ magis depauperatâ et non divaricatâ, floribus duplo majoribus, perigonii phyllis longius cuspidatis. Semina eis *L. sylvaticæ* similia sunt, submajora, in utráque ad basin obscurissime arillata. — *L. Græca* Guss. Syn. Sic. = *L. Sicula* Parlat. Fl. Ital. II, p. 303 videtur forma pauciflora *L. sylvaticæ*.

Ar. Geogr. Regio montana Africæ borealis.

5. L. spicata (Linn. Sp. 469 sub *Junco*) radice cespitosâ fibrosâ, foliis anguste linearibus canaliculatis inferne plus minusve pilosis, caulibus gracilibus, floribus in spicam nutantem oblongam sæpe lobatam congestis nigris, perigonii phyllis subæqualibus acuminatis capsulam ovatam triquetram mucronatam superantibus ♃. *L. spicata* D. C. Fl. Fr. III, p. 161. — Ic. Fl. Dan. tab. 270. — Rchb. Germ. tab. 379.

Hab. in siccis regionis alpinæ, Macedoniæ mons Scardus (Griseb!), Thracia in monte Rhodope (Friv!), Cappadocia in Argæo (Bal!), Armenia Turcica in monte Techdagh 7-3000' (Huet!), Pontus Lazicus in alpibus Djimil (Bal!), Caucasus centralis 6600'-7800' (C. A. Mey) et orientalis 6500'-9100 (Rupr!).

Ar. Geogr. Alpes totius Europæ borealis, Anglia, Gallia, Helvetia, Germania in Alpibus, Jurasso, montibus Arverniæ, Pyrenæi, Hispaniæ borealis alpes et Sᵃ Nevada regni Granatensis, Italia in Alpibus et Apenninis, Sibiria, Himalaya, Groenlandia, America borealis.

SECT. III. GYMNODES Griseb. loc. cit. — Seminis testa apice non appendiculata basi arillo e funiculo incrassato orto obsita. Grex non sat distincta a præcedente in quâ arillus rudimentarius interdum adest.

6. L. campestris (L. Sp. 468 ex parte sub *Junco*) rhizomate stolonifero, foliis linearibus longe acuminatis margine pilosis tandem glabratis, caulibus humilibus, paniculâ umbelliformi, floribus in spicas ovatas centrales sessiles exteriores pedunculis inæqualibus tandem subcernuis suffultas congestis, perigonii phyllis subæqualibus acuminatis capsulâ breviter obovatâ triquetrâ obtusâ mucronatâ æquilongis vel sublongioribus, seminis arillo basilari obconico ♃ . *L. campestris* D. C. Fl. Fr. III, p. 161. — Ic. Rchb. Germ. fig. 375.

Hab. in pratis et sylvaticis siccis, Peloponnesus (Sibth.), Thracia prope Ruskoi (Griseb.), Byzantii (Sibth. Coumany!), Transcaucasia (Ledeb.). Fl. vere.

Ar. Geogr. Europa fere omnis, Sibiria.

7. L. multiflora (Ehrh. Calam. 127 sub *Junco*) radice fibrosâ cespitosâ, foliis linearibus acuminatis margine pilosis tandem glabratis. caulibus plus minus elongatis, paniculâ umbelliformi, floribus in spicas ovatas alias sessiles alias pedunculatas congestis, pedunculis strictis, perigonii phyllis subæqualibus acuminatis capsulâ breviter obovatâ triquetrâ obtusâ mucronatâ sublongioribus, seminis arillo basilari obconico ♃ . *L. multiflora* Lejeune Fl. Spa I, p. 169. — *L. campestris* var. *nemorosa* Gaud. Helv. — Rchb. Ic. Germ. fig. 838. — *L. erecta* Desv. — *L. nigricans* et *L. Sudetica* (formæ spicis nigris).

Hab. in sylvis et ericetis montanis, Thracia (Friv.), Pontus Lazicus supra Djimil (Bal!), Caucasus et Transcaucasia (Ledeb. Szov!), ditio Talysch (Hohen!), Persia boreali-orientalis ad Siaret (Bge!). Fl. Junio.

β *congesta*. — Spicæ sessiles in capitulum congestæ. — *L. congesta* Lej.

Hab. in pratis alpinis, mons Techdagh Armeniæ Turcicæ 7-8000' (Huet!), Pontus Lazicus supra Djimil 8500' (Bal!), Caucasus orientalis in Tuschetiâ et Daghestaniâ 9-10000! forma nana (Rupr!).

γ *pallescens*. — Spicæ et flores minores pallidi, perigonii phylla magis acuminata et capsulam longius superantia. — *L. pallescens* Besser Enum. p. 15.

Hab. in regione subalpinâ montis Argæi Cappadociæ (Bal!), in sylvis ad Rhizé Ponti Lazici (Bal!).

Ar. Geogr. Europa tota borealis et media ad Hispaniam centralem Italiamque usque, Sibiria, America borealis, Australia.

Species dubia.

L. angustifolia (C. Koch Linn. XXI, p. 625), rhizomate repente, foliis anguste linearibus glabris vel margine et ad vaginas pilosulis, floribus in spicam bracteâ æquilongâ suffultam dispositis, perigonii phyllis oblongis acuminatis subæquilongis, capsulâ sepalis breviore, seminis arillo basilari perbrevi ♃. *L. stenophylla* Steud. Glum.

Hab. in montibus Ponti Lazici (C. Koch). Non vidi.

Ex cl. auctore valde affinis *L. multiflorœ,* descriptio præter rhizoma repens dictum non obstat et verosimiliter ad *L. campestrem* vel *L. multifloram* var. *congestam* adducenda.

JUNCUS (L. Gen. 437 ex parte).

Perigonium glumaceum phyllis sex æqualibus vel inæqualibus basi connatis. Stamina sex basi phyllorum inserta. Ovarium triloculare vel septis incompletis uniloculare, ovula plurima ex angulo loculorum. Stylus unicus, stigmata tria filiformia villosa. Capsula trilocularis vel septis retractis unilocularis loculicide trivalvis. Semina plura subhorizontalia testâ interdum utrinque saccato-relaxatâ. — Herbæ perennes vel annuæ, caulibus simplicibus aphyllis vel foliatis, foliis basi vaginatis teretibus, fistulosis vel canaliculatis vel planis interdum transverse septatis.

Specierum Orientalium dispositio.

Series Prima. — Perennes.

§ 1. **Communes** Engelm. — Caules enodes præter bracteam sub anthelâ pseudolaterali apicem caulis simulantem nudi basi vaginis aphyllis obsiti, alii fertiles alii steriles foliiformus. Semina non caudata.

* Capsula trilocularis.

J. effusus, conglomeratus, glaucus.

** Capsula imperfecte trilocularis.

J. filiformis.

§ 2. **Maritimi** Engelm. — Caules enodes basi vaginis foliiferis obsiti. Folia teretia pungentia non septata. Anthela (in nostris) pseudolateralis. Semina caudato-appendiculata.

· Capsula imperfecte trilocularis.

J. acutus.

· · Capsula trilocularis.

J. maritimus.

§ 3. **Subulati** Buchen. — Caules foliati. Folia teretia fistulosa non septata. Anthela terminalis. Capsula trilocularis. Semina non caudata.

J. subulatus.

§ 4. **Alpini** Engelm. — Caules inferne foliati. Folia filiformia teretia vel inferne canaliculata fistulosa non septata. Anthela terminalis. Capsula imperfecte trilocularis. Semina pauca magna caudata.

J. trifidus, triglumis.

§ 5. **Compressi.** — Caules foliati. Folia canaliculata non septata. Anthela terminalis. Capsula trilocularis. Semina non caudata.

J. compressus, Gerardi.

§ 6. **Cyperoidei.** — Caules foliati. Folia plana. Semina non caudata.

J. sparganiifolius.

§ 7. **Septati** Buchen. — Caules foliati. Folia teretia vel compressa fistulosa septis transversis nodosa. Anthela terminalis. Semina (in nostris) ecaudata.

· Capsula trilocularis

J. obtusiflorus, punctorius.

· · Capsula unilocularis.

+ Folia lævia exsiccata subtiliter striata.

J. alpinus, lampocarpus, acutiflorus.

+ + Folia striata exsiccata sulcata.

J. atratus, striatus, pyramidatus, Rochelianus, Alpigenus.

SERIES SECUNDA. — Annui.

§ 8. Annui. — Semina non caudata.

˙ Folia septata. Capsula unilocularis.

J. pygmæus.

˙ ˙ Folia non septata. Capsula trilocularis.

J. capitatus, bufonius, Tenageia.

SERIES PRIMA. — Perennes.

§ 1. Communes.

˙ Capsula trilocularis.

1. **I. effusus** (L. Sp. 464) rhizomate horizontali repente, caulibus teretibus elatis in vivo lævissimis exsiccatis tenuissime strialis medullâ continuâ farctis, anthelâ pseudolaterali supradecompositâ effusâ, perigonii phyllis stramineis lanceolatis acutissimis, subæqualibus, staminibus tribus, capsulâ obovato-ellipticâ obtusâ styli basi foveolæ insidente mucronatâ ♃. Ic. Host Gram. tab. 82. — Rchb. Ic. Germ. fig. 920. — *J. communis* var β E. Mey. Junc. 12.

Hab. in humidis probab. fere totius ditionis, vidi ex Atticâ (Heldr!), Thracia (Sibth.), Bithynia (Thirke ex Griseb.), Syria littoralis et interior ad Damascum (Ehrenb! Gaill!), Arabia petræa ad Raphidim (Schimp. sub *J. glauco* N° 237 mixtus cum *J. maritimo*), regio Caucasica et Transcaucasia (Ledeb.), Persia borealis (herb. Petrop!).

Ar. Geogr. Europa omnis, Sibiria, Japonia, India, America borealis, Australia.

2. **J. conglomeratus** (L. Sp. 464) rhizomate horizontali repente, caulibus teretibus elatis etiam in vivo tenuiter striatis medullâ continuâ farctis, anthelâ pseudolaterali supradecompositâ glomeratâ, perigonii phyllis plerumque rufescentibus lanceolatis acutissimis subæqualibus, staminibus tribus, capsulâ obovatâ retusâ styli basi mamillam terminalem mucronante ♃. Ic. Host Austr. tab. 82. — Rchb. Germ. fig. 712 et 913. — *J. communis* var. α. E. Meyer.

Hab. in humidis præsertim regionis montanæ, Græcia in regione superiore montis Dirphys Eubeæ 4000' (Heldr!), Byzantii (Noë! Post!), Pontus Lazicus in valle Djimil (Bal!), Transcaucasia (Ledeb.).

Ar. Geogr. Europa fere tota; Australia, America borealis.

3 **J. glaucus** (Ehrh. Beitr. VI, p. 83) rhizomate horizontali repente, caulibus rigidis tenacibus teretibus striatis glaucis basi nitide fusco-vaginatis medullâ loculoso-interruptâ farctis, anthelâ pseudolaterali decompositâ conglomeratâ vel eflusâ, perigonii stramineo-fuscescentis phyllis lanceolatis acutissimis, staminibus senis, capsulâ nigrâ nitidâ elliptico-oblongâ obtusâ mucronatâ perigonio subæquilongâ ⚥. Ic. Host Gram. tab. 81. — Rchb. Ic. Germ. fig. 922.

Hab. in ditione fere ubique a regione inferiori ad alpinam, Græcia præsertim in regione montanâ et subalpinâ, Malevo, Kyllene (Orph!), Æta (Heldr!), Macedonia et Thracia (Sibth. Friv.), Syria littoralis et Libani regio montana et subalpina (Ehr! Bl! Gaill!), Pontus Lazicus ad Khabackar 6000' (Bal!), Mesopotamia (Haussk!), Persiæ australis mons Sawers 8000'(Haussk!), Caucasus et Transcaucasia, Affghania (Griff!).

Ar. Geogr. Europa media et australis a Britanniâ, Daniâ et Gothiâ ad Rossiam mediam, Sibiria Altaica, Africa borealis, Madera.

· · Capsula imperfecte trilocularis.

4. **J. filiformis** (L. Sp. 465) rhizomate horizontali repente, culmis filiformibus subtiliter striatis fistulosis, anthelâ pseudolaterali 5-7-florâ capituliformi vel laxe cymosâ, perigonii pallidi phyllis lanceolatis subinæqualibus externis acutis, staminibus senis, capsulâ subsphæricâ obtusâ breviter mucronatâ perigonio subbreviore ⚥. Ic. Host Gram. tab. 84. — Rchb. Ic. Germ. fig. 919.

Hab. in humidis regionis alpinæ, hucusque in pratis turfosis Ponti Lazici supra Khabackar 3200' (Bal!), et in Caucaso septentrionali (M. B.) tantum observatus.

Ar. Geogr. Europa borealis omnis, in temperatis tantum alpinus, Gallia in Alpibus, Pyrenæis et montibus Arverniæ, Italia in Alpibus et Apenuino, montes regionis Danubialis, Sibiria, America arctica et borealis in alpibus.

§ 2. Maritimi.

· Capsula imperfecte trilocularis.

5. **J. acutus** (L. Sp. 463 var. L.) caudice crasso cespitoso, caulibus numerosis teretibus crassis elatis, foliis bracteâque anthelam superante pungentibus, anthelâ pseudolaterali ramosissimâ multiflorâ fasciculis cymoso-corymbosis constante plus minusve conglobatâ, perigonii pallidi vel fuscescentis phyllis externis lanceolatis obtusiusculis internis ovatis obtusissimis apice scariosis retusis, staminibus senis, capsulâ magnâ ovato-globosâ acutâ perigonio duplo longiore ⚥. Ic. Engl. bot. tab. 1614. — Rchb. Ic. Germ. fig. 894. — *H. Heldreichianus* Marssou ex Parl. Fl. Ital. II, p. 315. — *J. Tommasinii* Parl, Fl. Ital. loc. cit.

Hab. in humidis salsis maritimis et interioribus, Græcia et insulæ (Marg! Heldr!), Macedonia (Friv!), Asia minor (Tchih!), Syria littoralis (Gaill!),

Libanus (Bl!), Egyptus ad Alexandriam (Samar!) et in Oasi parvá (Asch!), Transcaucasia et Persia borealis ad Caspium (C. A. M. Hoh!), et in jugo Elbrus (Buhse !).

β *longibracteatus* Buchenau in litt. — Anthela brevis densiuscula bracteá compresso-cylindricá 8-9-pollicari multoties superata, bractea altera brevis anthelam æquans.

Hab. in Assyriá ad Tell Afar inter montem Sindjar et Mossul (Haussk!).

Ar. Geogr. Anglia, Gallia occidentalis et australis, Hispania, Lusitania, littora Adriatica, Africa borealis, insulæ Canarienses et Azoricæ, Madera, California.

** Capsula trilocularis.

6. J. maritimus (Lam. Dict. III, p. 264) rhizomate horizontali repente, culmis numerosis elatis, foliis teretibus bracteáque flores æquante vel eis subbreviore pungentibus, anthelæ supradecompositæ pseudolateralis pedunculis valde inæqualibus erectis, floribus 2-7 fasciculato-congestis, perigonii pallidi phyllis subinæqualibus externis lanceolatis acutis vel acuminatis interioribus obtusiusculis rarius obtusis, staminibus senis, capsulá ellipticá obtuse trigoná abruptiuscule acutá perigonio æquilongá vel sublongiore ♃. Host Gram. tab. 80. — Rchb. Germ. fig. 895. — *J. rigidus* Desf. Atl. I, p. 312 ex Asch. — *J. Ponticus* Stev. Verz. Taur. p. 346 (forma interdum bracteá anthelam longius superante et capsulá magis ovatá donata intermediis ad typum transiens,).

Hab. in humidis salsis maritimis et interioribus, Græcia in Atticá (Sprun!), Peloponneso ad Corinthum (Heldr!), Creta (Sieb! Raul!), Macedonia (Friv!), Byzantium (Post!), Tauria (Stev.), Transcaucasia ad Sadchuk Kulé ad mare nigrum et ad Baku ad Caspium (C. A. M!), Persia borealis in ditione Khorassan (Bge!), Assyria ad Kerkut (Haussk!).

β *Arabicus* Asch. et Buch. in Sched. — Capsula elliptico-lanceolata phyllis manifeste longior sensim nec abrupte acutata. *J. maritimus* Del. ex Asch. — *J. spinosus* Forsk. Eg. Arab. p. 75. — *J. deserti* Caruel pl. exs.

Hab. in Egypti oasi Farafrah (Asch!), prope Suez (Caruel!), in jugo Sinaitico (Bové!) et ad Raphidim (Schimp. exs. 495 et 287 sub *J. glauco* mixtus cum *J. effusi* specimine paniculá elongatá), Persia austro-occidentalis ad Schurab, (Haussk!).

Ar. Geogr. Britannia, Batavia, Dania, Scandinavia meridionalis, Germania, borealis, Lusitania, Hispania, Gallia, Italia, Dalmatia, Africa borealis,

§ 3. Subulati.

7. J. subulatus (Forsk Ag. Arab. p. 75) rhizomate horizontali crasso late repente, culmis pluribus teretibus elatis foliatis, foliis teretibus fistulosis, anthelá terminali folio brevi ad vaginam sæpe reducto suffultá supradecompositá elongatá paniculæformi pedunculis

strictis inæqualibus, floribus solitariis in cymulas paucifloras dispositis, perigonii pallidi phyllis lanceolatis acuminato-mucronatis externis sublongioribus, staminibus senis, capsulâ ellipticâ subtriquetrâ
obtusâ mucronatâ perigonio subæquilongâ ♃. *J. multiflorus* Desf.
Atl. I, p. 313, tab. 91.

Hab. in humidis regionum australiorum, Græcia in Ætoliâ (Nied !), Peloponneso (Pichl !), Archipelago, Syriâ (K^th), Egypto inferiore (Forsk., Sieb !
Schweinf! etc!), Oasi magnâ et parvâ (Asch !).

Ar. Geogr. Hispania et Gallia australes, Corsica, Italia australis, Sicilia,
Africa borealis.

§ 4. Alpini.

8. **J. trifidus** (L. Sp. 465) rhizomate repente dense cespitoso
foliorum filiformium canaliculatorum caule sæpius longiorum fasciculos edente, caulibus numerosis filiformibus basi vaginâ folium subulatum breve sæpius edente obsitis apice tribracteatis, bracteis folio
similibus filiformibus rigidulis flores longe superantibus basi ligu-
lato-biauritis, floribus 1-3-congestis, perigonii nigricantis phyllis lanceolatis acuminatis, staminibus senis, capsulâ ovatâ triquetrâ longe
rostratâ perigonio subbreviore ♃. Ic. Rchb. Germ. fig. 866.

Hab in pratis siccis graniticis regionis alpinæ Macedoniæ in monte Peristeri 7000' (Griseb ! Orph !), Thraciæ in monte Rhodope (Friv.).

Ar. Geogr. Alpes Europæ borealis et Arcticæ, Europa media in Alpibus,
Sudeti, Pyrenæi, montis Hispaniæ septentrionalis, Apennini, Alpes Sibiriæ,
Groenlandiæ, Americæ borealis.

9. **J. triglumis** (L. Sp. 467) rhizomate fibroso, caulibus brevibus tenuibus parte inferiori foliatis, foliis brevibus filiformibus teretiusculis inferne canaliculatis, capitulo terminali erecto subtrifloro
bracteis ternis ovatis acutis nigris eo brevioribus involucrato, perigonii phyllis late ovatis obtusiusculis, staminibus senis subexsertis,
capsulâ magnâ oblongâ obtusâ nigricante mucronatâ perigonium superante ♃. Ic. Host Gram. tab. 92. — Rchb. Germ. fig. 865.

Hab. in alpibus Caucasi orientalis 9000' (C. A. Mey !).

Ar. Geogr. Regio alpina Scandinaviæ, Rossiæ arcticæ, Angliæ, Pyrenæi,
Alpes Delphinatus, Helvetiæ, Germaniæ, Italiæ borealis, Transylvaniæ,
Sibiriæ, Americæ arcticæ et septentrionalis.

§ 5. Compressi.

10. **J. compressus** (Jacq. Enum. Vind. 60) rhizomate repente,
caulibus tenuibus compressis in medio subunifoliis, foliis radicalibus
et caulino anguste linearibus supra canaliculatis, anthelâ terminali
compositâ ramis erectis bracteâ brevi vel longiusculâ suffultâ, floribus solitariis in cymulas dispositis, perigonii pallidi vel fuscescentis

phyllis subæquilongis ovato-oblongis obtusissimis margine subscariosis, staminibus senis, stylo ovario dimidio breviore, capsulâ subglobosâ perigonium superante ♃. Ic. Rchb. Germ. tab. 399. — *J.
bulbosus* L. Sp. Ed. 2, p. 466.

Hab. in humidis, Tauria et prov. Caucasicæ (M. B.), Caucasus sept. (C. A.
Mey !), Iberia (Hoh.).

Ar. Geogr. Europa septentrionalis et media·ad Galliam, Italiam, Rossiam
mediam usque, Sibiria.

11. J. Gerardi (Loisel. Not. p. 60) rhizomate repente, caulibus
tenuibus subcompressis versus medium subunifoliis, foliis radicalibus
et caulino anguste linearibus supra canaliculatis, anthelâ terminali
compositâ ramis erectis bracteam sæpius superante, floribus solitariis
corymbosis, perigonii pallide vel fuscescentis phyllis subæquilongis
ovato-oblongis obtusissimis margine scariosis, staminibus senis, stylo
longiusculo ovarium æquante, capsulâ oblongâ ♃. Ic. Rchb. Germ.
fig. 888. — *J. Bothnicus* Wahl. Lapp. p. 82. tab. 5. — *J. cœnosus*
Rich. — *J. bulbosus* var. *β. Gerardi* Auct.

Hab. in paludosis, cænosis, sæpius salsuginosis, Attica ad Phalerum (Heldr !
Orph. Fl. exs. 770!), Macedonia ad Thessalonicam (Heldr !), Byzantii (Auch!),
Cilicia ad Gülek et Cappadocia in paludibus Cæsareæ (Bal!), Syria interior
et prope cacumen Makmel Libani (Bl!), Caucasus et Transcaucasia (C. A.
M! Hoh !), Persia bor. (Auch. 5473 !) et australis (Ky. 914 !).

β condensatus. — Sæpius humilior, caules iuferne tantum foliosi,
anthelæ pauciflorae floribus 3-4 in corymbulos capituliformes approximatis. — *J. Persicus* Boiss. Diagn. Ser. II, 7, p. 101.

Hab. in planitie elatâ Kakan montis Kuh Daëna Persiæ australis (Ky.683!
et 612!), in monte Ssahend Persiæ borealis (Buhse!), in regione subalpinâ
montis Masmeneudagh Cappadociæ et prope Cæsaream (Bal!).

Ar. Geogr. Europa borealis et media a Scandinaviâ ad Rossiam, Hispaniam
et Italiam centrales, regionem Danubialem, Sibiria Altaica, Africa septentrionalis, America borealis.

Obs. *J. squarrosus* L. species Europæ occidentalis et septentrionalis omnino
erroneé ut videtur Byzantii a cl. Sestini indicata fuit. ·

§ 6. Cyperoidei.

12. J. sparganiifolius (Boiss. et Ky in pl. exs. Syr. bor.
1862), rhizomate horizontali stolonifero, caulibus elatis compressis
basi vaginiferis totâ longitudine foliatis, foliis planis linearibus acutis
parallele 8-10-nerviis, anthelæ terminalis corymbosæ compositæ bracteâ eâ breviore suffultæ pedunculis inæquilongis divergentibus, floribus 5-7 in capitula dense congestis stellatim divergentibus, bracteis
aristato-acuminatis, perigonii phyllis lanceolatis longe acutato-subulatis, staminibus senis, capsulâ.... ♃.

Hab. in glareosis torrentis supra pagum Ursusa montis Amani occidentalis
Syriæ borealis supra Arsus 2 Julio floribus nondum expansis (Ky. 102!).

Planta sesquipedalis, folia parte inferiore laminæ 3-3 ½ lineas lata, perigonium tres lineas longum acutissimum. Infausto casu capsulæ et semina adhúcdum ignota, species saltem facie *J. cyperoidi* Lah. Chilensi affinis.

§ 7. Septati.

13. J. obtusiflorus (Ehrh. Beitr. 6, p. 83) rhizomate crasso horizontaliter repente, caulibus modice elatis teretibus inferne vaginis aphyllis obsitis medium versus subunifoliatis, folio tereti fistuloso acuto sed non pungenti nodoso cauli subæquilongo, anthelæ decompositæ corymboso-paniculatæ ramis crassis brevibus divaricatis lateralibus sæpe refractis, florum glomerulis numerosis 4-12-floris, perigonii pallidi phyllis subæquilongis oblongis obtusis conniventibus, staminibus senis, capsulâ ovatâ acutâ trigonâ acuminato-subrostratâ perigonio subæquilongâ triloculari, seminibus ecaudatis ♃. Ic. Rchb. Germ. tab. 404.

Hab. in paludibus et ad rivos, vidi tantum ex Græciâ ad scaturigines regionis abietinæ montis Parnes Atticæ (Heldr l).

Ar. Geogr. Anglia, Dania, Scandinavia, Germania, Belgium, Gallia, Hispania, Italia, Dalmatia, regio Danubialis.

14. J. punctorius (L. fil. Suppl. p. 208) rhizomate crasso horizontaliter repente, caulibus elatis tereti-subcompressis basi vaginis aphyllis obtusis et versus medium folio unico tereti crasso septato-nodoso apice subulato et pungente anthelam superante obsitis, anthelæ compositæ vel supradecompositæ aggregatæ vel diffusæ ramis erecto-patentibus, glomerulis compactis multifloris globosis, perigonii ferruginei phyllis æquilongis lineari-lanceolatis exterioribus acutis concavis interioribus planis obtusiusculis, staminibus senis, capsulâ ovato-trigonâ triloculari breviter apiculatâ perigonio sublongiore, seminibus ecaudatis ♃. Ic. Buchen. Mon. Junc. Cap. tab. VIII. — *J. Schimperi* Hochst. Schimp. pl. Abyss. II, exs. Nº 56.

Hab. in aquas, Libanus orientalis ad Chtora (Schweinf l), Arabia petrea in valle Sinaiticâ Raphidim (Bové! Schimp.), Persia orientalis ad Hanlug (Bge l), Belutschia ad Kheishan (Stocks l).

β *exaltatus* Buch. loc. cit. p. 429. — Elatior sæpe sesquipedalis anthela laxa supradecomposita ramis elongatis, capitulis remotis. — *J. exaltatus* Decaisn. Flor. Sin. p. 15. — Forma nec varietas.

Hab. cum typo in monte Sinai Arabiæ petreæ (Bové Nº 34! Schimp. Nº 2791).

Species affinis *J. obtusifloro* a quo differt staturâ elatiore, foliis pungentibus, capitulis sphæricis multifloris 2-3-plo majoribus globosis demum pisum æquantibus. perigonii phyllis externis acutis, capsulâ non rostratâ.

Ar. Geogr. Africa borealis prope Batna (Bal. exs. 739 sub *J. obtusifloro!*) Abyssinia, Prom. B. spei.

* * Capsula unilocularis.

15. J. alpinus (Vill. Dauph. II, p. 233) rhizomate horizontali repente, caulibus modice elongatis teretibus subbifoliis, foliis caule brevioribus tereti-compressis septato-nodosis, anthelæ paniculatæ plus minusve compositæ ramis erectis, floribus in glomerulos 3-8-floros dispositis, perigonii nigri phyllis æquilongis obtusis externis sub apice mucronatis, staminibus senis, capsulâ ovato-oblongâ mucronatâ uniloculari ♃. Ic. Rchb. Germ. tab. 403.

Hab. in regione alpinâ Anatoliæ ad scaturigines et rivulos, Olympus Bithynus (Pichl!), mons Anemas Lycaoniæ 6000' (Heldr!), in Caucaso boreali 6000' (C. A. Mey.), Caucaso orientali 7800' (Rupr!).

Ar. Geogr. Europa borealis a Scandinaviâ ad Rossiam arcticam, montes Galliæ, Hispaniæ, Italiæ centralis, Helvetia, Germania septentr. et Alpes, regio Danubialis, Serbia, America borealis et arctica.

16. J. lampocarpus (Ehrh. Calam. No 126) rhizomate cespitoso sæpe stolonifero, caulibus tereti-compressis foliatis ascendentibus vel decumbentibus, foliis tereti-compressis noduloso-septatis articulis (exsiccatis) subtilissime striatis, anthelâ decompositâ patentim corymbosâ, capitulis 4-10-floris, perigonii brunnei phyllis æquilongis lanceolatis externis acutis internis obtusiusculis vel acutis, staminibus senis, capsulâ nitidâ ovatâ acute trigonâ apice abruptiuscule mucronatâ perigonio sublongiore ♀. Ic. Rchb. Germ. tab. 405. — *J. articulatus* var. α et β. L. Sp. 465. — *J. sylvaticus* D. C. Fl. Fr. III, p. 169. — *J. aquaticus* Roth Tent. II, p. 403.

Hab. in humidis totius ditionis a regione inferiore ad montanam et alpinam ubi frequentior a Græciâ! Macedoniâ! Cretâ! ad Syriam lit'oralem! et Lihanum! Babyloniam et Persiam australem (Haussk!), regnum Cabulicum (Griff!).

Ar. Geogr. Europa tota, Sibiria, Africa borealis, America borealis.

17. J. acutiflorus (Ehrh. Beitr. 6, p. 86) rhizomate crasso longe repente, culmis elatis foliosis tereti-compressis, foliis tereti-compressis fistulosis nodoso-septatis (exsiccatis) subtilissime striatis, anthelâ terminali decompositâ paniculatâ ramis divaricatis, capitulis parvis 4-6-floris, perigonii ferruginei phyllis acuminato-aristatis internis longioribus sæpe recurvis, capsulâ ovato-lanceolatâ sensim acuminato-rostratâ perigonio longiore ♃. Ic. Rchb. Germ. 4006. — *J. sylvaticus* Auct. non D. C. an Rich.?

Hab. in humidis, in Caucaso et Transcaucasiâ (C. A. Mey. Hoh. C. Koch.), Kurdistania (Haussk!), et prob. alibi. Planta sub hoc omnine in Griseb Spicil. citata est *J. atratus* Krock.

Ar. Geogr. Europa tota borealis et media ad Lusitaniam, Hispaniam borealem, Italiam mediam, regionem Danubialem usque, Sibiria.

18. J. atratus (Krock. Siles. No 539) rhizomate tenui breviter repente, caulibus elatis foliosis foliisque tereti-compressis, hisce fistulosis nodosis vaginisque profunde striatis (siccatis) sulcatis, anthelæ decompositæ ramis tenuibus erecto-patulis, glomerulis parvis 4-6-floris, perigonii atrati phyllis aristato-acuminatis interioribus sublongioribus, capsulâ trigono-ovatâ abruptiuscule et longe cuspidatâ perigonio longiore ♃. Ic. Rchb. Germ. fig. 909-910. — *J. melananthos* Rchb. — *J. acutiflorus* Griseb. Spic. Rumel. II, p. 407 non Ehrh.

Hab. in Thraciâ boreali inter Carlova et Kalofer (Frivl), in Transcaucasiâ (Hohen!) et prob. alibi cum *J. acutifloro* confusus.

Valde affinis capitulis parvis et perigonii phyllis acuminatis *J. acutifloro* distinguitur vaginis et foliis profunde striatis in sicco sulcatis, capsulâ abruptius cuspidatâ.

Ar. Geogr. Germania, Italia borealis, Rossia media et australis, Songaria.

19. J. striatus (Schousb. in E. Mey. Syn. Junc. p. 27) rhizomate subterraneo horizontali repente, caulibus erectis vel ascendentibus foliatis ut et folia fistulosa nodosa teretiusculis profunde striato-sulcatis sub lente breviter piloso-scabris, anthelæ corymbosæ brevis vel decompositæ ramis divergentibus, glomerulis majusculis 10-20-floris, perigonii nigricantis phyllis lanceolatis acuminato-aristatis striatis subæqualibus, capsulâ ovato-lanceolatâ acute trigonâ in rostrum perigonium æquans vel vix superans sensim attenuatâ ♃. *J. Fontanesii* Bory et Chaub. Exp. Mor. N° 587 non J. Gay.

Hab. ad scaturigines et in paludosis Peloponnesi, Messenia (Bory), Argolis in palude Lernæ (Despreaux!).

A *J. atrato* foliis valde striato-sulcatis quoque donato et a *J. acutifloro* phyllis acuminato-aristatis quoque instructis facile distinguendus caulium et foliorum scabritie, præsertim capitulis multifloris multo majoribus pisum æquantibus vel superantibus. *J. Fontanesii* J. Gay in Laharpe Junc. p. 42 e Galliâ australi, Hispaniâ et Africâ boreali et ex cl. Cosson et Durieu *J. striati* synonymon cl. Duval Jouve indicante species diversa est radice stolonibus supra solum expansis prolifera, caulibus et foliis vix striatis.

Ar. Geogr. Lusitania, Hispania centralis et australis, Gallia australis, Italia australis, Sicilia.

20. J. pyramidatus Lah. Junc. p. 40) radice cespitosâ surculos supra terram repentes edente, caulibus erectis foliatis foliisque subcompressis fistulosis nodosis crebre striatis, anthelâ corymbosâ simplici vel subcompositâ ramis brevibus patentibus, glomerulis majusculis 6-10-floris, perigonii brunnei phyllis late lanceolatis acuminato-aristatis albo-marginatis striatis elevatim uninerviis subæqualibus, capsulâ a basi latâ pyramidatâ acute triquetrâ in rostrum acutum sensim attenuatâ perigonium tertiâ parte superante ♃. *J. elegans* Ehrenb. Mss.

Hab. in paludosis ad fontes, Egyptus in di.ione Fayum (Schwmnf!), in Oasi parvâ (Asch!), Syria prope Tripolin et Sidonem (Bl!), in Cælesyriâ (Ehrenb!), in deserto inter Hama et Palmyram (Bl!), Assyriâ (Haussk!), regno Cabulico ad Moucklour (Griff.).

β *Kotschyi.* — Minor, capsula minus acutata. — *J. Kotschyi* Boiss. Diagn. Ser. I., 7, p. 102.

Hab. in paludosis montis Sabst Buschom prope Schiras Persiæ australis. (Ky. 446!), in monte Kellal ad nives (Haussk!).

Radice affinis *J Fontanesii* et habitu *J. striato,* capitula magna fructifera ob capsulas divergentes echinata. Differt ab utroque floribus majoribus, perigonii phyllis latis, capsulâ a basi latiore pyramidatâ perigonium longius, superante. Hanc speciem tamen cl. Ascherson (Conf. Engler Bot. Jahrb. L, 141) nunc a *J. Fontanesii* specifice non sejungit. Area *J. Fontanesii* est Lusitania, Hispania australis, Sicilia, Africa borealis.

21. J. Rochellanus (R. et Schult. Syst. VII, 2, p. 1658) rhizomate repente, caule foliato subcompresso, foliis caule sublongioribus subcompressis remote lacunoso-nodosis vaginisque sulcato-striatis, anthelæ corymbosæ contractæ ramis brevibus strictis, glomerulis 5-10-floris, perigonii nigri segmentis lanceolatis acuminato-aristatis externis sublongioribus, staminibus senis, capsulâ ovatâ obtusâ breviter mucronatâ perigonio breviore ♃. *J. sylvaticus* var. *multiflorus* Rochel Banat. pag. 31, tab. 1. — *J. Rochelianus* Schult. in Ræm. et Sch. Syst, VII, 2, p. 1658. — *J. melanocephalus* Friv. Flora 1836, 2, p. 437. — *J. striatus* Griseb. Spic. II, p. 407 non Schousb.

Hab. in uliginosis Thraciæ prope Kalofer (Friv!).

Folia et præsertim vaginæ sulcatæ *J. striati* a quo differt capsulâ non sensim et longe acutatâ sed obtusâ breviter mucronatâ, perigonii phyllis fructum superantibus nec eo brevioribus. *J. Thomasii* Ten. e Calabriâ a *J. lampocarpi* formis vaginis sulcatis etc. alienus a *J. Rocheliano* prob. non differt.

Ar. Geogr. Alpes Banatus.

22, J. alpigenus (C. Koch Linn. XXI, p. 527), rhizomate tenui horizontali repente, caulibus gracilibus erectis foliatis, foliis teretiusculis flores æquantibus vel superantibus tenuibus vix compressis remote et obscure nodosis vaginisque striatis, florum glomerulis in capitulum unicum subglobosum interdum sublobatum bracteâ subulatâ longiore suffultum arcte congestis, perigonii phyllis castaneis superne nigris anguste lanceolatis acuminatis externis sublongioribus, staminibus 3-6, capsulâ ovatâ triquetrâ obtusâ breviter mucronatâ phyllis externis breviore ♃. *J. melanocephalus* Boiss. in Ky. Sched. 1859.

Hab. in paludosis alpinis, Olympus Bithynus (Pichl!), Tmolus Lydiæ ad Bozdagh (Ball!), Armenia Turcica ad Palanteuken (Ky. Suppl. 544!) et in montibus ad Musch (C. Koch), Pontus Lazicus supra Djimil 8400' (C. Koch Bal!), Caucasus occidentalis (Radde! Bayern!).

Planta 1-1 ½ pedalis, capitulum avellanâ paulo minus. Affinis *J. Rocheliano* a quo anthelâ in capitulum congestâ, foliis tenuioribus multo obscurius nodosis differt.

SERIES SECUNDA. — Annui.

23. J. pygmæus (Thuill. Fl. Par. 178) annuus, caulibus nanis filiformibus teretibus inferne paucifoliis, foliis setaceis teretibus

remote et obsolete septatis caules non æquantibus, anthelâ terminali·
capitulo unico vel 2-4 corymbosis inferiore sessili reliquis pedunculatis constante, capitulis 2-5-floris bracteolis scariosis brevibus suffultis, perigonii tubulosi phyllis conniventibus subæqualibus nervosis lanceolatis sensim acutatis, staminibus ternis rarius senis, capsulâ
oblongâ trigonâ perigonio longe superatâ uniloculari, seminibus longitudinaliter striatis non appendiculatis ⊙. Ic. Rchb. Germ. fig. 864
sub *J. triandro.*

Hab. in humidis arenosis in ditione rarissimus, vidi tantum e Cypro prope
Larnaca (cl. J. Ball! 1877), ad torrentes insulæ Melos (ex Urv.).

Ar. Geogr. Lusitania, Hispania, Gallia, Batavia, Dania, Gothia, Italia
occidentalis, Corsica, Sardinia, Sicilia.

24. J. capitatus (Weig. Obs. 28) annuus, caulibus filiformibus·
sæpius abbreviatis imâ basi foliatis, foliis setaceis canaliculatis non
nodulosis caule brevioribus, capitulo 3-8-floro solitario terminali
bracteâ setaceâ elongatâ suffulto rarius 2-3 lateralibus pedunculatis
distantibus omnibus bracteis ovatis cuspidatis flore brevioribus involucratis, perigonii phyllis oblongo-lanceolatis, externis in cuspidem
setaceam sæpe arcuato-patentem abrupte attenuatis interioribus brevioribus acutis vel acuminatis, staminibus ternis, capsulâ ovato-globosâ subtrigonâ mucronatâ phyllis longe superatâ triloculari, seminibus non appendiculatis ⊙. Ic. Rchb. Germ. fig. 362 et 363 sub *J.*·
capitato et *J. pygmæo.* — *J. mutabilis* Cav. tab. 296. — *J. triandrus*
Gouan herb. p. 25.

Hab. in arenosis humidis in ditione rarus, Byzantii (Duparq!), Creta ad
Cydoniam (Weiss !).

Ar Geogr. Europa fere omnis a Daniâ et Norvegiâ ad Rossiam mediam,
Africa borealis, insulæ Canarienses et Azoricæ.

25. J. bufonius (L. Sp. 465) annuus, sæpius pluricaulis, cauli
bus pumilis erectis vel diffusis gracilibus foliatis, foliis lineari-setaceis basi canaliculatis, floribus solitariis plus minus remotis in cymas
erectas corymbosas dispositis, perigonii phyllis pallidis lanceolatis
acuminato-subulatis late membranaceo-marginatis exterioribus longioribus, staminibus senis, capsulâ oblongâ triquetrâ obtusâ mucronulatâ perigonio breviore triloculari, seminibus ovatis læviusculis non
appendiculatis ⊙. Host Gram. Austr. tab. 90. — Rchb. Ic. Germ.
tab. 395.

Hab. in humidis totius ditionis a Græciâ, Egypto et ejus oasibus! ad Regnum Cabulicum et Belutschiam ! In regionem alpinam ascendit, alpes Kuh
Delu Persiæ austr. (Ky. 501!).

β fasciculatus Koch Syn. — Flores approximato-fasciculati. — *J.*
fasciculatus Bert. Fl. It. non Schousb. -- *J. hybridus* Brot. Fl. Lus.
I, p. 513. — *J. insulanus* Viv. Fl. Cors. Rchb. — Ic. Germ. tab. 396.

Hab. in Atticâ (Heldr!), Syriâ littorali (Bl¡), Arabiâ petreâ (Schimp. 113 sub *J. folioso!*), Egypto inferiore (Schimp. exs. 29!).

Ar. Geogr. Totus terrarum orbis.

26. J. Tenageia (Ehrh. Beitr. 4, p. 148) annuus, caulibus fili-.formibus humilibus simplicibus vel ramosis 1-2-foliis, foliis setaceis basi canaliculatis, floribus solitariis remotis subsessilibus in cymas laxas paniculam laxam formantes dispositis, cymarum ramis bifidis patentibus. perigonii phyllis ovato-lanceolatis acutis æqualibus, sta-minibus senis, stigmatibus convolutis, capsulâ subglobosâ obscure trigonâ obtusâ mucronatâ perigonio subæquilongâ, seminibus non appendiculatis reticulatis ⊙. Host Gram. Austr. tab. 91. — *Juncus Vaillantii* Thuill. Par. 177. — Rchb. Ic. Germ. fig. 923.

Hab. in humidis, ad rivulos, Phrygia ad Yaparlar Kiöi et Yachamichlar Kiöi prope Ouchak (Bal!), Cilicia littoralis proqe Mersina (Bal!), Libanus prope Dimam (Bl!) el in Cælesyriâ (Ehr!), Iberia Caucasica (C. Koch), Cau-.casus sept. ad Nartzana (Hohen!).

Ar. Gegr. Hab. in Europâ mediâ et australi a Daniâ ad Rossiam australem, Sibiria Altaica, Africa borealis.

Forma hybrida.

J acuto-maritimus (Ledeb Fl. Ross. IV, p. 234) caudice crasso cespitoso, caulibus elatis, foliis et bracteâ teretibus duris pungentibus, anthelâ pseudolaterali supradecompositâ effusâ, floribus 3-6-fascicu-latis, perigonii phyllis capsulâ oblongâ acutâ brevioribus exteriori-bus acutis interioribus obtusis ♃. *J. littoralis* C -A. Meyer Enum. p. 34.

Hab. in insulâ Sara maris Caspii (C. A. M!), in Persiâ boreali ad Asterabad ·(Buhse!), ad Seikhodji in districtu Khoï prov. Aderbidjan. (Szov!).

Facies *J. maritimi* cujus capsulam acutam et elliptico-oblongam habet sed .majorem et perigonium *J .acuti.* Inter ambo omnino hybridus videtur.

ORD. CXL. CYPERACEÆ.

(Juss. Gen. 26).

Flores hermaphroditi vel diclines in spicas, *spiculas* sic dictas, dispositi, bracteis, *glumis* dictis, distichis vel imbricatis singuli inclusi. Perigonium nullum vel in *setas*, vel in discum aut utriculum mutatum. Stamina (in nostris) tria hypogyna libera, antheræ basi-fixæ liberæ biloculares. Ovarium liberum uniloculare uniovulatum, .stylus unicus, stigmata 2-3, ovulum erectum. Nucula triangularis vel .compressa indehiscens. Semen erectum pericarpio non adhærens, .testa tenuis, embryo minutus in basi albuminis farinacei.

Tr. I. CYPEREÆ Nees.

Flores hermaphroditi. — Spiculæ compressæ vario modo aggregatæ. Glumæ distichæ imbricatæ.

CYPERUS (L. Gen. 66).

Spiculæ sæpius multifloræ vario modo sæpius in umbellam vel capitulum dispositæ. Glumæ distichæ univalves sæpius carinatæ omnes floriferæ rarius 1-3 infimarum minores et vacuæ. Setæ hypogynæ nullæ. Spiculæ rachis angulato-compressa vel ad angulus acuta aut anguste marginata, vel alis membranaceis e glumis decurrentibus aucta. Stylus 2-3, fidus. Stamina 2-3 rarius unicum. Nucula in speciebus distigmatosis compressa, in tristigmatosis triquetra. — Herbæ annuæ vel perennes foliis basi vaginantibus interdum ad vaginas reductis.

Specierum Orientalium distributio.

SECT. I. PYCREUS Nees. — Stylus bifidus. Nucula plus minus compressa (stylus in *C. pygmæo* et *alopecuroide* interdum et rarius trifidus et tunc nucula triquetra. (Rachis spiculæ non alata.

˙ Nucula margine suo spiculæ rachidem spectans.

+ Annui.

C. flavescens, globosus.

+ + Perennes.

C. Rehmanni, tremulus, polystachyus, Mundtii, Monti.

˙ ˙ Nucula facie suá spiculæ rachidem spectans.

C. lævigatus, Pannonicus, distachyus, alopecuroides, pygmæus.

SECT. II. EUCYPERUS. — Stylus trifidus. Nucula triquetra.

˙ Spiculæ rachis angulata vel anguste marginata sed alis non aucta.

C. schœnoides, conglomeratus, fuscus, difformis, Iria, eleusinoides, glaber, Noëanus, compressus, glomeratus, Malaccensis.

˙ ˙ Spiculæ rachis alis membranaceis decurrentibus aucta.

C. congestus, auricomus, articulatus, diphyllus, Papyrus, longus, badius, pallescens, rotundus, esculentus, bulbosus.

Sect. I. PYCREUS.

* Nucula margine suo spiculæ rachidem spectans.

+ Annui.

1. C. flavescens (L. Sp. 68) annuus sæpius cespitosus viridis, radice fibrosâ, culmis gracilibus erectis obtuse trigonis basi foliosis, foliis anguste linearibus acuminatis culmo subbrevioribus, spiculis lanceolatis compresso-planis in umbellam compositam inæqualiter 3–5-radiatam vel in capitulum simplex globosum dispositis sessilibus patentibus, involucri phyllis 2-3-inæqualibus spiculis multo longioribus, glumis arcte imbricatis ovatis obtusis præter carinam viridem subtrinerviam lævibus pallide flavis, staminibus ternis, stigmatibus binis, nuculis globoso-lenticularibus læviusculis vel obsolete rugulosis glumâ dimidio brevioribus ⊙. Ic. Rchb. Germ. fig. 662. — Fl. Gr. tab. 47.

Hab. in paludosis, ad ripas, Macedonia et Thracia (Sibth., Friv!), Anatolia occid. (Bal!), australis in Ciliciâ (Bal)), Tauria, Caucasus et Transcaucasia (Ledeb.), Syria littoralis (Bl! Gaill!), Affghania (Griff! Aitch!).

Ar. Geogr. Europa media et australis a Galliâ et Daniâ ad Rossiam mediam, Sibiria, Africa borealis, India, Nova Hollandia, America.

2. C. globosus (All. Auct. 49) cespitosus radice fibrosâ, culmis gracilibus erectis triquetris basi foliatis, foliis anguste linearibus culmo brevioribus, spiculis lanceolatis compresso-planis sessilibus in umbellam breviter et pauciradiatam vel sæpius in capitulum globosum dispositis, involucri phyllis 2-3 capitulum multo superantibus, glumis arcte imbricatis oblongis obtusiusculis carinâ viridibus trinerviis lateralibus brunneis margine albo hyalino, staminibus binis, stigmatibus binis, nuculis obovato-oblongis compressis tenuiter puncticulatis apiculatis glumâ 3-plo brevioribus ♃. Rchb. Germ. fig. 665. — *C. vulgaris* Kth. Enum. pag. 4. — *C. fascicularis* D.C. non Desf. — *C. Colchicus* C. Koch Linn. XXI, p. 623!

Hab. in humidis, oryzetis, Pontus Lazicus ad Rhizé (Bal!), Colchis ad Poti (Rehm!), prov. Talysch ad Lenkoran (Hoh!), prov. Ghilan Persiæ (Auch. 5484!), Susianæ oryzeta (Haussk!), Syria borealis ad radices Amani (Ky. 126!), ad Tripoli (Bl!), Libanus ad Aleih (Schweinf!), Affghania (Griff!).

Formis elatioribus *C. flavescenti* affinis facile tamen distinguendus spiculis longioribus magis multifloris, glumis angustis lateraliter brunneis et margine hyalinis, seminum formâ.

Ar. Geogr. Hispania australis, Gallia australis, Italia borealis, India orientalis, Africa tropica, Japonia, Nova Hollandia.

+ + Perennes.

3. C. Rehmanni, perennis, rhizomate tenui repente ex nodis fibrilloso, culmis tenuibus erectis triquetris ad tertiam partem usque

foliatis, foliis lineari-lanceolatis culmo brevioribus, spiculis ad unum-
quemque umbellæ 3-4 radiatæ radium brevem 4-5 congestis oblongis
compressis 8-10-floris, involucri phyllis 3-4 valde inæqualibus majoribus spiculas longe superantibus, glumis laxiuscule imbricatis ovato-
oblongis subquinquenerviis carinâ anguste viridi lateribus stramineis margine late roseo-membranaceo, stylo bifido, nuculâ lævi
lenticulari-orbiculatâ glumâ plus dimidio minore ⨾.

Hab. in paludibus ad Poti Colchidis (Rehmann!).

Pedalis, umbellæ radii majores vix pollicares interior subnullus, spiculæ
3-4 lineas longæ. A *C. globoso* spiculis abbreviatis, glumis latioribus roseo-
marginatis et imprimis nuculæ formâ distinctus. *C. tremulus* umbellâ amplâ
supradecompositâ, glumis dissitis obovatis obtusissimis late albo-marginatis
longius differt.

4. C. tremulus (Poir. Encycl. VII, p. 264. — Böck. Linn. 35,
p. 469) radice fibrosâ, culmis elatis triangularibus, foliis planis culmo
brevioribus, umbellæ decompositæ radiis numerosis inæqualibus,
involucri phyllis late linearibus radios longe superantibus, spiculis
anguste linearibus multifloris laxiusculis, glumis dissitis obovatis
obtusis præter carinam virentem subtrinerviam stramineis late albo-
marginatis, staminibus binis, stylo bifido, nuculâ obovatâ subcompressâ punctulatâ glumâ dimidio breviore ⨾. *C. stachyophorus* C.
Koch Linn. XXI, p. 623 et herb! spec. juvenile. — *C. retusus* Nees.
— *C. Hochstetteri* Nees et Böck. Linn. XXXV, p. 471.

Hab. prope Artuschin ad littora Grusiæ in Transcaucasiä (C. Koch in herb.
Berol!).

Specimen etsi non sat evolutum cum Abyssinicis et Indicis bene congruens.
Planta sæpe 2-3-pedalis radiis majoribus 3-4 pollices longis. *C. flavicomus*
Mich. Americanus specifice non differe videtur.

Ar. Geogr. India, Abyssinia, Africa tropica, America.

5. C. polystachyus (Rottb. Descr. 39, tab. 2, fig. 1) peren-
nis?, caudice brevi fibrillifero, culmis triquetris inferne foliatis,
foliis linearibus acuminatis culmo sæpius brevioribus, umbellæ radiis
plurimis brevissimis spiculas corymboso-fasciculatas gerentibus in
capitulum densum sessile congestis, involucri phyllis 3-4 inæqualibus
capitulum longe superantibus, spiculis compressis anguste linearibus
multifloris, glumis arcte imbricatis oblongo-lanceolatis acutiusculis
præter carinam pallide virentem subtrinerviam pallide stramineis,
rachide angulatâ, staminibus subbinis, stylo bifido, nuculis breviter
oblongo-cylindricis subcompressis glumâ duplo brevioribus. — *C.*
fascicularis Lam. Ill. tab. 38 fig. 2.

Hab. in humidis regionum calidiorum, Egyptus in Oasi magnâ (Schweinf!)
Oasi parvâ (Aschers!), ad Qaçr Dachel (Rohlfs!).

Ar Geogr. Italia australis, Africa borealis, tropica et australis, India, America tropica, Nova Hollandia.

6. C. Mundtii (Nees Linn. IX, 283) perennis rhizomate sarmentoso longe repente flagellifero, culmis ultra medium foliatis superne trigonis, foliis subdistichis longe vaginatis laminâ late lineari acuminatâ patenti, umbellæ radiis 5-10 subæquilongis centrali sessili, involucri phylli radios vix æquantibus, spiculis in unoquoque radio 3-7 confertis patentibus compressis oblongo-lanceolatis acutiusculis, glumis imbricatis oblongis obtusis obsolete plurinerviis carinâ sulcatis virentibus latere brunneo-purpureis, stylo bifido, nuculâ obovato-oblongâ subcompressâ glumâ triplo breviore ♃. *C. turfosus* Salzm. exs. — Boiss. Voy. Esp. — *C. distichophyllus* Steud. Cyp. p. 11. — *C. eragrostis* Kth. ex parte non Vahl.

Hab. in lutosis Egypti in Oasi parvâ (Asch!), ad Dachel (Rohlfs!).

Species culmis distiche foliatis, foliorum laminis brevibus latis patentibus insignis.

Ar. Geogr. Hispania austro-occidentalis, regnum Maroccanum, Senegalia P. B. Spei, Abyssinia.

7. C. Monti (Linn. fil. Suppl. 102), perennis, rhizomate repente stolonifero, culmo elato crasso compresso-triquetro inferne foliato, foliis late linearibus carinato-plicatis acuminatis culmum subæquantibus, umbellæ supradecompositæ radiis pinnatim spiculatis spiculis patentibus compressis lineari-lanceolatis compressis multifloris, involucri phyllis inæqualibus majoribus anthelam longe superantibus, glumis laxiuscule imbricatis ovatis obtusis obsolete plurinerviis præter carinam virentem sanguineo-fuscis albo-marginatis, staminibus 3, stylo bifido, nuculâ ovatâ subcompressâ glumâ tertiâ parte breviore ♃. Host Gram. tab. 67. — Rchb. Germ. fig. 666. — *C. serotinus* Rottb. Gram. 31.

Hab. in paludibus, Macedonia (Friv!), Cilicia ad Mersina (Bal!), Colchis ad Poti (Rehm!), Iberia (Ledeb.), prov. Talysch (Hoh!), Affghania (Griff.).

Ar. Geogr. Gallia, Helvetia et Germania australes, Italia, Dalmatia, Serbia, Rossia australis, India borealis.

* * Nucula facie suâ spiculæ rachidem spectans.

8. C. lævigatus (L. Mant. II, 179) rhizomate horizontaliter repente, culmis erectis superne triquetris basi 2-3-phyllis, foliis inferioribus ad vaginam reductis, superioris limbo anguste lineari sæpius brevi, spiculis numerosis sessilibus in anthelam globosam lateralem congestis oblongis compressis albis, involucri phyllis binis vel unico basi subdilatato erecto culmi processum formante, glumis arcte imbricatis ovato-orbiculatis obtusis, staminibus tribus, stylo bifido, nuculâ obovatâ obtusâ externe convexâ interne planiusculâ sub lente punctulatâ glumâ dimidio breviore ♃. Rottb. tab. 16, fig. 1. — *C. lateralis* Forsk. Descr. 13 — *C. mucronatus* Rottb. tab. 8, fig. 4. — *C. lævigatus* var. *albidus* Böck. — *C. Cosyrensis* Tin.

Hab. in arenosis humidis, Syria littoralis ad Tripoli (Bl!), Rhodus (Post!), Arabia petrea (Ehr! Schimp!), Egyptus inferior (Ehr! Samar! etc.). deserta Egypti mediæ et Oases (Schw! Asch!), Persiæ prov. Khorassan (Bge!), Affghania (Griff.).

Ar. Geogr. Insula Pantellaria Siciliæ, Africa borealis, regnum Maroccanum australe, Africa tropica, Madera et insulæ Canarienses, P. B. Spei, India, insulæ Sandwicenses, Nova Hollandia, America tropica.

9. **C. Pannonicus** (Jacq. Austr. 5, App. 24, tab. 6) annuus, radice cespitosâ fibrosâ, culmis decumbentibus humilibus flaccidis basi 2-3-phyllis, foliis præter supremum lineare ad vaginas aphyllas reductis, spiculis 3-6 sessilibus in anthelam lateralem congestis oblongis turgidis subcompressis, involucri phyllis binis altero spicu-las subsuperante altero erectiusculo multo longiore, glumis densissime imbricatis orbiculatis concavis obtusissimis obsolete plurinerviis demum atrofuscis, staminibus ternis, stylo breviter bifido, nuculâ majusculâ glumam fere æquante orbiculari-ellipticâ compressâ ⊙. Rchb. Germ. fig. 600.

Hab. in humidis regionis Caucasicæ, insula Sara maris Caspii (C. A. Mey!).

A *Cyp. læviguto* et *distachyo* radice annuâ, involucri phyllis elongatis, spiculis magis turgidis et imprimis nuculâ magnâ distinctus.

Ar. Geogr. Regio Danubialis, Rossia australis.

10. **C. distachyus** (All. Auct. 48, tab. 2, fig. 5) rhizomate cespitoso repente, culmis erectis superne triquetris basi 2-3-foliatis foliis inferioribus ad vaginam reductis superiore in limbum anguste linearem brevem abeunte, spiculis 2-5 sessilibus in anthelam lateralem congestis linearibus compressis atris sæpe sursum arcuatis, involucri phyllis binis altero brevissimo altero recto culmi processum formante, glumis arcte imbricatis atrofuscis oblongis obtusiusculis, staminibus ternis, stylo bifido, nuculis ovato-ellipticis mucronulatis extus convexis intus planiusculis et lineâ longitudinali prominulâ notatis glumâ tertiâ parte brevioribus ♃. *C. junciformis* Cav. Icon. tab. 204, fig. 1. — Desf. Atl. tab. 7, fig. 1. — *C. mucronatus* Fl. Gr. tab. 49. — Rchb. Germ, fig. 601. — *C. lævigatus* var. *pictus* Böck.

Hab. in humidis et salsuginosis, Græcia in Cretâ (K'h), Peloponneso (Sibth.), Atticâ et Cephaloniâ (Heldr!), Byzantii (Sibth.), Syriâ littorali (Bl! Gaill!), Arabiâ Petrææ (Schimp. 218!), Egypto inferiore (Sieb!) et in Oasi magnâ (Schweinf!), Persiâ mediâ (Haussk!) et orientali prope Mesched et Herat (Bge!); Belutschiâ (Stocks!), Turkestaniâ (Lehm!).

Affinis *C. lævigato* L. quocum a pluribus conjungitur, differre videtur spiculis paucioribus multo longioribus, glumarum et etiam nuculæ formâ.

Ar. Geogr. Hispania australis, Italia, Sicilia, insulæ Canarienses, Africa borealis.

11. **C. alopecuroides** (Rottb. Descr. 38, tab. 8, fig. 2) perennis, rhizomate crasso, culmis crassis elatis triquetris inferne foliatis, foliis planis longis attenuato-acuminatis, umbellæ amplæ compositæ radiis·

inæqualibus apice dense corymboso-spicatis, involucri phyllis longio-
·ribus umbellam longe superantibus, spiculis in spicas oblongo-cylin-
·dricas dense congestis patentibus oblongo-lanceolatis subcompressis,
glumis arctissime imbricatis ovato-ellipticis stramineis carinâ virenti
in mucronem excurrente, rachide non alatâ, stigmate bifido rarius
trifido, nuculâ glumâ plus duplo minore obovatâ biconvexâ mucro-
·natâ vel (in formâ stylo trifido) triquetrâ ♃. *C. dives* Del. Fl. Eg.
p. 125, tab. 4. fig. 3.

Hab. ad canales et lacus Egypti inferioris ad Alexandriam (Gaill! Letourn !), Rosettam (Sieb !), Damiatam (Ehr!), Ægyptum mediam (Schweinf!).

Ar. Geogr. Insulæ Canarienses, Nubia, Abyssinia, India, Nova Hollandia.

12. **C. pygmeus** (Rottb. Descr. 20, tab. XIV, fig. 4) annuus
cespitosus pygmeus, culmis erectis vel diffusis foliis linearibus acuminatis sæpe superatis, spiculis numerosis in capitulum globosum simplex vel compositum involucri phyllis longe superatum congestis
brevibus oblongo-lanceolatis compressis multifloris, glumis arcte
imbricatis oblongo-lanceolatis 5-7-nerviis præter carinam viridem in
mucronem subsquarrosum attenuatam albo-hyalinis, stamine sæpius
unico, stylo bifido (rarius trifido), nuculâ oblongâ utrinque attenuatâ
lævi facie planâ dorso convexâ (interdum si stigmata tria triquetrâ)
glumâ duplo breviore ☉, *C. Michelianus* Del. Ill. Nᵒ 34 non L. —
C. diffusus Roxb. — *Dichostylis pygmea* Nees.

Hab. in limosis et arenosis exsiccatis, Anatolia ad Magnesiam (Bal. exs.
sub *Sc. Micheliano*), Syria littoralis (Bl!), Egyptus inferior, media et superior
·(Del. Sieb! Boiss! Kral ! etc.), Mesopotamia et Babylonia (Noë! Haussk!),
.Persia australis (Haussk !).

Valde affinis et sæpe confusus cum *Scirpo Micheliano* qui (cl. Cosson Expl.
Alg. p. 53 indicante) distinguitur glumis tri nec 5-7-nerviis irregulariter nec
distiche imbricatis. *C. pygmeus* stylo interdum trifido transitum ad *Eucype-
·rum* præbet.

Ar. Geogr. Africa borealis et tropica, India orientalis.

Sect. II. EUCYPERUS.

· Spiculæ rachis angulata vel marginata, non alata.

13. **C. schænoïdes** (Griseb. Spic. Rum. 421) glaucescens, rhizomate longe repente, culmis teretibus crassiusculis erecto-subincur-
vis basi vaginatis et foliatis, foliis rigidis incurvis carinato-canaliculatis
·culmum æquantibus vel superantibus, spicularum glomerulis sessilibus in capitulum magnum globosum compactum congestis, involucri
phyllis 3-4 inæqualibus basi dilatatis horizontalibus capitulo multo
longioribus, spiculis numerosis ovato-oblongis compressis obscurius
distichis, glumis ferrugineo-castaneis late ovatis carinatis tenuiter
multinerviis carinâ excurrente mucronatis inferioribus 1-2 majoribus
·sterilibus, rachide non alatâ, stigmatibus tribus, nuculâ glumâ triplo

breviore obovatâ obtuse trigonâ ♃. *Schœnus mucronatus* L. Sp. 63.
— Fl. Græc. tab. 44. — Rchb. Germ. fig. 680. — *Mariscus mucronatus* Presl. — *Cyperus Ægyptiacus* Glox. Obs. 20, tab. 3. — *Galilea mucronata* Parlat. Fl. Ital. — *Scirpus Kalli* Forsk. Descr. 15.

Hab. in arenosis maritimis Græciæ et Cycladum (Orph. Fl. Gr. exs. 209, etc.), Thraciæ (Griseb!), Anatoliæ (K^th), Ciliciæ (Bal!), Syriæ (Gaill!), Palestinæ (Boiss!), Egypti inferioris (Forsk. Ehr! Schw! etc.).

Spiculæ sæpe obscurius tamen interdum (in speciminibus spiculis paucioribus et minus congestis donatis) manifeste distichæ observantur.

Ar. Geogr. Regio Mediterranea Europæ et Africæ borealis, insulæ Canarienses.

14. C. conglomeratus (Rottb. Descr. p. 21) cespitosus glaucescens, rhizomate abbreviato stolonifero fibras sæpe tomentosas edente, culmis sæpius elatis teretiusculis duris rigidis basi foliosis, foliis rigidis teretiusculis inferne canaliculatis culmos æquantibus aut brevioribus, spiculis in capitulum unicum globosum vel in umbellam breviter 3-4-radiatam ad radiorum apicem congestis oblongis vel oblongo-linearibus compresso-turgidis multifloris, involucri phyllis 1-3 rigidis inæqualibus longiore culmum continuante spiculas superante, glumis arcte imbricatis stramineis ovatis vel ovato-oblongis subcarinatis obtusiusculis vel mucronulatis multinerviis rachide non alatâ, stigmatibus ternis, staminibus ternis, nuculâ triquetrâ fuscâ facie planâ dorso convexâ obtusangulâ ♃. Rottb. Ic. tab. 15, fig. 7 (spiculæ nimis diminutæ). — *C. proteinolepis* Steud. Glum. II, 15. — *C. Aucherii* Jaub. et Sp. Ill. Or. II, tab. 101. — *C. pungens* Böck. Linn. 35, p. 527. — *C. macrorrhizus* Nees.

Hab. in arenosis maritimis et desertorum, Egyptus inferior (Auch. 2794!), ad Ismailia et Rosettam (Schweif! Ball!) ad mare Rubrum (Fig!), Palestina australis ad Gaza (Bové!), Persia media et regnum Mascate Arabiæ (Auch. 5483!), Persia media ad Kaschan (Buhse!). Variat culmis pumilis, Arabia petrea ad Tor (Bové!), insulæ Karek et Korgo sinûs Persici (Auch. N° 20, a!).

β *effusus*. — Spiculæ minores sæpius pauciores et minus congestæ, folia interdum tenuiora. Vix varietas. —· *C. effusus* Rottb. Descr. 22, tab. 12, fig. 3. — *C. curvulus* et *C. arcuatus* Böck. Linn. 35, p. 341. — *C. falcatus* Böck. l. cit. p. 546.

Hab. ad littora Ægyptiaca maris Rubri prope Kosseir (Schweinf!).

γ *arenarius* Cosson Expl. Alg. p. 245. — Laxius cespitosus, rhizomate gracili elongato, caules humiles tenuiores, spiculæ breviter ovatæ in capitulum globosum minus dense congestæ. — *C. arenarius* Retz Obs. 4, p. 9. — *C. Persicus* Boiss. Diagn. Ser. I, XIII, p. 39.

Hab. in arenosis maritimis Persiæ australis ad Abuchir (Haussk!), insularum Karrak et Korgo (Ky. 5 et 21!), Belutschiæ (Stocks!).

Species valde variabilis cujus formæ altera in alteram manifeste transeunt.

Ar. Geogr. Nubia et Abyssinia, Senegalia, Arabia tropica, Madagascaria, India.

15. **C. fuscus** (L. Sp. 69) annuus, radice fibrosâ, culmis fasciculatis pumilis erectis vel diffusis triquetris inferne foliatis, foliis linearibus planis culmo subbrevioribus, anthelâ vel compositâ breviter et
inæqualiter 3-7-radiatâ vel capituliformi, involucri phyllis 3-4 inæqualibus anthelâ longioribus, spiculis parvis oblongo-linearibus compresso-planis sessilibus ad radiorum apicem congestis, glumis
imbricatis præter carinam virentem fuscis vel virescentibus oblongo--
ovatis navicularibus obtusiusculis mucronulatis, rachide non alatâ,
staminibus binis, stigmatibus ternis, nuculâ acute triquetrâ ovatâ
mucronatâ albidâ glumâ subbreviore ⊙. Ic. Fl. Dan. tab. 179. —
Rchb. Germ. fig. 667. — Fl. Græc. tab. 48. — *C. protractus* Del. Eg.
tab. 5, fig. 3 (forma virescens!).

Hab. in humidis totius ditionis a Græciâ (Heldr! Orph. Fl. Gr. exs. 2981),
et Macedoniâ ad Syriam! Egyptum inferiorem!, Persiam australem et borealem, regiones Caucasicas, Affghaniam!

Ar. Geogr. Europa media et australis ab Angliâ et Daniâ ad Rossiam mediam, Sibiria, Africa borealis.

16. **C. difformis** (L. Sp. 67) annuus, radice fibrosâ, culmis soli--
tariis elongatis triquetris parte inferiori foliatis, foliis late linearibus-
planis, umbellâ simplici vel compositâ inæqualiter pluriradiatâ radio
centrali subnullo, spiculis in capitula globosa parva densissime conges--
tis anguste linearibus compressis 10-25-floris, involucri phyllis
3-5 valde inæqualibus majore umbellam longe superante, glumis-
minimis orbiculato-reniformibus navicularibus muticis vel retusis-
dorso viridi-rubellis subtrinerviis margine albo-membranaceis, rachide
non alatâ, staminibus tribus, stylo trifido, nuculâ ovatâ triquetrâ apiculatâ glumam subæquante ⊙. Rottb. Descr. tab. 9, fig. 2. — Fl.
Græc. tab. 46. — Rchb. Germ. fig. 674.

Hab. in paludosis et oryzetis, Peloponnesus prope Patras (Sibth.), Thracia.
ad Philippopolin (Pichl!), Egyptus inferior (Ehr! Schimp! Sieb. sub *C. pro-
tracto!*), Oasis Dachel (Asch!), ad Syenem (Husson!), Babylonia (Noë!),
Transcaucasia ad Lenkoran (C. A. M! Hoh!), Affghania (Griff!).

Staturâ multo majore, spiculis numerosis densissime congestis et præsertim-
glumarum minutie et formâ ab affini *C. fusco* facile distinguendus.

Ar. Geogr. Italia, Dalmatia, India, China, Japonia, Senegalia, P. B. Spei,.
Nova Hollandia.

17. **C Iria** (L Sp. 67) annuus, radice fibrosâ, culmis fasciculatis
triquetris inferne foliosis, foliis linearibus flaccidulis culmos sub--
æquantibus, umbellæ compositæ radiis 6-8 inæqualibus apice fascicu-
lato-ramosis, involucri phyllis late linearibus longissimis, spiculis
laxe spicatis lineari-oblongis compressis 6-12-floris, glumis laxiuscule imbricatis navicularibus orbiculari-obovatis obtusis præter carinam quinquenerviam in mucronulum excurrentem viridem flavidis.
latere enerviis, rachide non alatâ, staminibus tribus, stylo trifido,.
nuculâ ovato-oblongâ triquetrâ mucronatâ glumam æquante ⊙. *C.*.

Santonici Rottb. Descr. 41, tab. 9, fig 1. — *C. panicoides* Lam. Ill. I, 145.

Hab. copiose in oryzetis vallis Chyrsan Persiæ occidentalis prope Susan et Bors et in toto districtu Dinarun dicto (Haussk !).

Ar. Geogr. India, China, Senegalia, America borealis.

18. C. eleusinoides (Kunth Enum. II, p. 39) perennis, radice fibrosâ, culmis crassis valde elatis acute triquetris inferne foliosis, foliis longe vaginatis late linearibus planis rigidis superne scabris, umbellæ compositæ contractæ radiis 7-8 inæqualibus erectis spicas fasciculatas gerentibus, involucri generalis phyllis umbellam longe superantibus partialis phyllis spicas non æquantibus, spiculis dense et stricte spicatis anguste linearibus 10-15-floris, glumis laxe imbricatis carinato-navicularibus oblongo-ellipticis fuscis anguste albo-marginatis utrinque 3-4-nerviis acutis mucronatis, rachide non alatâ, staminibus tribus, stylo trifido, nuculâ obovoto-oblongâ triquetrâ mucronatâ glumâ tertiâ parte breviore ℣. *C. xanthopus* Steud. — *C. infraapicalis* Nees.

Hab. in humidis, Affghania (Griff. ex Aitch. Cat. p, 155).

Planta 2-3-pedalis, insignis umbellis contractis et spiculis angustissimis in spicas elongatas fasciculatas, strictas dispositis.

Ar. Geogr. India, Africa tropica, Nova Hollandia.

19. C. glaber (L. Mant. Alt. p. 179) annuus, radice fibrosâ, culmis triangulari-subcompressis inferne foliosis, foliis planis culmo brevioribus, umbellæ sæpe subcompositæ radiis 4-8 centrali sæpius brevissimo, involucri phyllis inæqualibus majoribus perlongis, spiculis ad radiorum apicem in capitulum ovatum vel globosum interdum compositum confertis lineari-lanceolatis compressis subsessilibus, glumis ovato-oblongis carinâ virentibus lateribus trinerviis purpurascentibus albo-marginatis obtusis carinâ excurrente mucronulatis, rachide non alatâ, staminibus tribus, stylo trifido, nuculâ nigrâ obovatâ triquetrâ læviusculâ glumâ duplo breviore ☉. Rchb. Germ. fig. 669. — *C. patulus* Kit. in Host Gram. III, tab. 74. — *C. pictus* Ten. Nap. III, p. 47.

Hab. in paludosis et oryzetis, Græcia ad Athenas (Heldr !), Bithynia (Sibth.), Lydia ad Smyrnam (Boiss!), Cilicia (Heldr !), Syria littoralis (Bl ! Gaill !) et borealis ad Marasch (Haussk!), Cyprus ad Paphos (Ky!), Palestina ad piscinas prope Bethlehem (Kersten !), Tauria (Ledeb !), Armenia Rossica (Szov !), Iberia (Rehm !), Persiâ in prov. Susianâ (Haussk !).

β *Blancheanus.* Glumæ pallidiores carinâ excurrente in aristulam erecto-subrecurvam abeuntes. — *C. Blancheanus* Desvaux Mss.

Hab. in paludosis Syriæ prope Beirut (Blanché !).

Ar. Geogr. Italia, Sicilia, Dalmatia, Serbia, regio Danubialis, Africa tropica.

20. C. Noëanus, annuus? radice fibrosâ, culmo triquetro imâ basi tantum et crebre foliato, foliis late linearibus patulis brevibus,

anthelâ multispiculatâ dense capituliformi globosâ phyllis 5 inæqualibus longioribus latis spiculas longe superantibus involucratis, spiculis oblongis valde compressis, glumis dense imbricatis ovatis naviculari-compressis carinatis acutissimis sub lente punctulatis in medio utriusque lateris uninerviis pallide stramineis, rachide non alatâ, stigmatibus tribus, nuculâ glumâ triplo breviore oblongâ triquetrâ sub lente elevatim tuberculato-punctatâ basi attenuatâ apice longiuscule mucronatâ ⊙.

Hab. in lacubus salsis Anatoliæ interioris loco non indicato (Noë!).

Planta 8-9-pollicaris, umbella magnitudine nucis, spiculæ 3 ¹/₂ lineas longæ 1 ¹/₄ latæ. Affinis *C. glabro* a quo differt spiculis brevioribus et latioribus, glumis acutissimis nec obtusis et dorso mucronulatis aliter nervatis.

21. C. compressus (L. Sp. 68) annuus glauco-virens, culmis compressis et altero latere canaliculatis, foliis culmo subæquilongis angustis carinato-planis margine sursum remote spinulosis, umbellâ simplici 4-6-radiatâ radiis valde inæqualibus, involucro 3-6-phyllo longissimo, spiculis terminalibus fasciculato-capitatis patentibus lanceolato-linearibus compressis 12-16-floris, fructiferis medio tumidis, glumis chartaceis apice subpatulis ovato-lanceolatis acuminatis acute carinatis dorso virentibus margine pallidis, nuculâ glumis triplo breviore obcordato-triquetrâ angulis prominentibus granulatâ nitidulâ ⊙. Rottb. Gram. 97, tab. 9.

Hab. in Egypto inferiori circâ Damiatam (Ehrenb. ex cl. Asch. in litt.). Specimen unicum lectum. An vere indigenus?

Ar. Geogr. Senegalia, India orientalis, P. B. Spei, America subtropica et tropica.

22. C. glomeratus (L. Amæn. 4, 301) annuus, radice fibrosâ, culmo elato triquetro parte inferiori folioso, foliis planis culmo subbrevioribus, umbellæ radiis pluribus brevibus inæqualibus apice spicas globosas vel ovatas crassas solitarias vel sæpius ternatas gerentibus, involucri phyllis longissimis, spiculis in spicâ numerosissimis congestis anguste linearibus compressis multifloris, glumis linearibus carinato-plicatis obtusis vel retusis præter carinam virentem pallide fuscis, rachide non alatâ, staminibus ternis, stylo trifido, nuculis lineari-oblongis triquetris glumâ dimidio brevioribus ⊙. Host Gram. III, tab. 71. — Rchb. Germ. fig. 565. — *C. australis* Schrad. Germ.

Hab. in paludosis et oryzetis, Thracia prope Philippopolin (Pichl!), Tauria (Stev.), Colchis ad Poti (Rehm!), Cis et Transcaucasia (Ledeb!).

Ar. Geogr. Italia borealis, Croatia, Serbia, regio Danubialis, Rossia australis, Songaria.

23 C. Malaccensis (Lam. Ill. 1, 146) perennis glaucescens, rhizomate tenui stolonifero, culmis triquetris inferne foliatis, foliis linearibus acuminatis culmo duplo brevioribus, umbellæ radiis 5-6

brevibus spicas breves fasciculiformi-globosas laxas ferentibus, involucri phyllis 3-4 longioribus spicas valde superantibus, spiculis longe
et anguste linearibus vix compressis patulis, glumis distiche et laxiuscule imbricatis ovato-ellipticis obtusissimis concavis non carinatis
pallide viridibus obsolete plurinerviis interdum subenerviis angustissime albo-marginatis, stylo trifido, rachide non alatâ, nuculis anguste
oblongo-linearibus obtusis trigonis ♃ *C enodis* Böckel. Linn. 36,
p. 271 el *C. tegetiformis* K^th Cyp. p. 46 non Roxb?

Hab. in Babyloniâ prope Mohammera Noë N° 46! et 1009!

Sesquipedalis vel bipedalis, radii 1-2-pollicares vel brevissimi, spicæ spiculis 16-25 constantes, spiculæ 6-7 lineas longæ vix lineam latæ. Species
glumis ellipticis obtusissimis non carinatis anguste albo-marginatis laxiusculis insignis; facies *C. congesti* a quo cæterum omnibus notis alienus, nuculæ anguste lineares *C. glomerati* inflorescentiâ, glumis, etc., diversissimi.
Nostram plantam speciminibus Indicis (herb. Griffith), Javanicis (Zollinger
1209), Chinensibus (Fortune 8) similem ex descriptione ad *C. Malaccensem*
adduco cujus specimina typica non vidi. Cætera synonyma hûc quoque spectare videntur quamvis in grege rachide alatâ donatâ indicata siut.

Ar. Geogr. India orientalis, China.

* * Spiculæ rachis alis decurrentibus aucta.

24. C. congestus (Vahl Enum. 2, 238) annuus glaucescens,
radice fibrosâ, culmis triquetris inferne foliatis, foliis linearibus
acuminatis culmo subbrevioribus, umbellæ radiis paucis brevibus, spicis globosis intermediâ sessili interdum unicâ, involucri
phyllis valde inæqualibus longioribus spicas valde superantibus, spiculis anguste linearibus teretiusculis patentibus vel subreflexis,
glumis arcte imbricatis oblongo-lanceolatis acutis dorso late viridibus
plurinerviis lateribus rubellis, rachide alatâ, stylo trifido, nuculis
nigris obovato-oblongis triquetris mucronatis basi attenuatis glumâ
dimidio brevioribus ⊙. *C. polycephalus* Link Enum. 1, 46.

Hab. in uliginosis, Byzantii et prope Nicomediam (Noë 503!), Iberiâ ad
fluv. Kura (Owerin!).

Pedalis, capitula globosa magnitudine inter nucem et avellanam media 3-5,
sæpe unicum sessile, spiculæ 3-6 lineas longæ lineâ angustiores. Afflnis
C. glabro a quo differt spiculis angustioribus non compressis, glumis elongatis acutis, nuculâ elongatâ. *C. glomeratus* spicis oblongis, glumis anguste
linearibus longius differt.

Ar. Geogr. P. B. Spei, Nova Hollandia.

25. C. auricomus (Sieb. in Spreng. Syst. 1, 230) perennis,
rhizomate crasso brevi, culmis crassis elatis acute triquetris inferne
foliatis, foliis longe vaginatis longe angustato-acumiuatis culmum
æquantibus, umbellæ compositæ radiis erecto-patulis valde inæqualibus apice corymboso-ramosis, involucri phyllis longioribus umbellam
valde superantibus, spiculis in spicas longiusculas distichas dispositis patentibus anguste linearibus teretiusculis, glumis imbricatis
oblongo-linearibus acutis mucronatis præter carinam virentem subtri-

nerviam pallide brunneis, rachide alatâ, stylo trifido, nuculâ oblongâ obtusâ triquetrâ glumâ duplo breviore ♃. *C. venustus* K^th. Agr. p. 68 (non R. Br. qui *C. exaltatum* Retz sistit). — *C. subulatus* Böck Linn. 36, p. 291 non Steud. — *C. xanthocomus* Link Hort. 1, 316. — *C. ornithopodioides* Delile (teste ipso Delile et cl. Aschers. ex herb. Delile.) — *C. Wiestii* Steud. Glum. p. 35 (ex cl. Ascherson benignâ communicatione).

Hab. in paludosis et ad aquas Ægypti inferioris, Alexandriæ (Duparq! Letourn!), Rosettæ (Ehrenb. exs. sub *C. alopecuroide*), Damiatæ (Sieb!), prope Kahiram (Schw!(.

Ar. Geogr. Africa tropica, Senegalia, India, Nova Hollandia, America tropica.

26. C. articulatus (L. Sp. 66) perennis, rhizomate stolonifero, culmis crassis elatis teretibus septis transversis interstinctis basi vaginis laxiusculis obsitis aphyllis, umbellâ compositâ multiradiatâ radiis inæqualibus, involucro ad squamas breves oblongas acutas reducto, spiculis ad radiorum apicem fasciculatis anguste linearibus elongatis multifloris, glumis imbricatis tandem apice patulis navicularibus oblongo-lanceolatis obtusis dorso virentibus 3-5-nerviis lateribus stramineis vel fuscescentibus, staminibus ternis persistentibus, stylo longo trifido, rachide flexuosâ alatâ, nuculâ oblongâ trigonâ basi attenuatâ apice mucronatâ ♃. *C. Niloticus* Forsk. Descr. 13.

Hab. in paludibus, Egyptus inferior ad Alexandriam (Gaill! Duparq! Letourn!) ad Ismailia (Letourn!).

Ar. Geogr. Senegalia. Africa tropica, India, Nova Hollandia, America subtropica et tropica.

27. C. diphyllus (Retz Observ. 5, p. 11) perennis, rhizomate stolonifero, culmis crassis elatis teretibus æqualibus nec septatis basi vaginis in limbum lineari-lanceolatum brevissimum abeuntibus obsitis, umbellæ compositæ radiis 7-9 inæqualibus, involucri phyllis binis umbellâ brevioribus vel brevissimis, spiculis ad radiorum apicem brevissime spicatis anguste linearibus elongatis multifloris, glumis imbricatis oblongis obtusis navicularibus dorso virentibus trinerviis lateribus pallide brunneis, staminibus ternis, stylo trifido, rachide flexuosâ alatâ, nuculâ.. . ♃. *C. Kœnigii* Vahl Enum. 2, 302.

Hab. in paludosis Babyloniæ ad ripas Tigridis (Noë 117!).

Valde affinis *C. articulato* et probabiliter ex cl. Kunth et Bentham hujus varietas culmis non transverse septatis, foliis et involucro paulo magis evolutis.

Ar. Geogr. India, Nova Hollandia.

28. C. Papyrus (L. Sp. 70) rhizomate crasso repente, culmis crassissimis valde elatis basi vaginis imbricatis aphyllis vel in limbum late et breviter lanceolatum abeuntibus obsitis superne triquetris, umbellâ nutante amplissimâ æqualiter multiradiatâ patente interdum contractâ, involucri phyllis numerosis late lanceolatis umbellâ multo brevioribus, radiis effusis longissimis inferne vaginâ longâ tubulosâ apice truncatâ auctis apice 1-3 spicas ovatas vel oblongas pedunculatas vel subsessiles ferentibus, involucelli phyllis subternis filiformibus spicas longe superantibus, spiculis secus spicas subcompositas anguste linearibus teretiusculis multifloris patentibus, glumis oblongis obtusis præter carinam virentem pallide ferrugineis, rachide alatâ, stylo trifido, nuculâ oblongâ triquetrâ glumis dimidio breviore ♃. *Papyrus antiquorum* Willd. Bruce It. tab. 1. — *C. Syriacus* Parl. Mém. p. 30, tab. 1.

Hab. in paludibus Palestinæ borealis ad lacus Tiberiadis et Merom! (Letourneux!), in Syriâ littorali ad Munkalid prope Jaffa (Michon) et ad fluvium Nahr el Aoudja (Letourn!), Olim in Egypto ubi destructus nunc esse videtur.

Culmi 8-10-pedales, 60-80 radii 6-9 pollices longi, spiculæ 5-6 lineas longæ. Notæ quibus cl. Parlatore plantam ex Siciliâ et Syriâ a plantâ Africæ tropicæ distinguit non firmas esse clari Oliver, Dyer, Ascherson, etc., demonstraverunt.

Ar. Geogr. Sicilia (ubi forsan olim introductus), Nubia, Abyssinia, Africa tropica australis.

29. C. longus (L. Sp. 67)

rhizomate repente, culmis elatis triquetris inferne foliosis, foliis linearibus latiusculis scabris longis vel culmo sæpius brevioribus, umbellæ supradecompositæ radiis numerosis longioribus apice iterum umbellatim ramulosis ramulis strictis umbellulam centralem sessilem superantibus, involucri generalis phyllis anthelam superantibus, spiculis multifloris linearibus acutis compressis ad ramulos inflorescentiæ breviter subspicato-fasciculatis, glumis ovatis obtusis præter carinam viridem 3-5-nerviam fuscis anguste albo-marginatis, rachide alatâ, stigmatibus tribus, nuculis obovato-oblongis triquetris glumâ triplo brevioribus ♃. Ic. Host tab. 75. — Rchb. Germ. fig. 670.

Hab. in fossis totius fere regionis, Græcia (Smith Prod.), Bæotia (Heldr!), Macedonia et Thracia (Griseb! Janka!), Cataonia (Hausskl!), Armenia Kurdica (Ky. 593!), Rhodus (Bourg!), Libanus (Gaill! Schweinf!), Tauria, Caucasus et Transcaucasia (Ledeb.), Persia occidentalis in Elymaitide (Hausskl!), Mesopotamia (Hausskl!).

β *pallidus*. — Glumæ pallidiores latius albo-marginatæ.

Hab. in Thraciâ (Friv!). Mesopotamiâ ad Derbend i Basian (Hausskl!), prov. Khorassan Persiæ ad Chanlug (Bge!), Affghaniâ (Griff!), Eamdem formam e Serbiâ a cl. Pancic missam habeo.

γ *Heldreichianus*. — Spiculæ abbreviatæ oblongæ vel oblongo-lineares 6-8-floræ ad anthelæ ramulos elongatos subcapitatæ. — *C. Heldreichianus* Boiss. Diagn. Ser I, XIII, p. 39.

Hab. in Thraciæ peninsulâ Athoâ (Janka!), Ciliciâ in faucibus montis Bulghurdagh (Heldr!), monte Amano Syriæ bor. (Ky. 74!), Cypro (Sint!) Palestinâ ad lacum Tiberiadis (Ball!), Specimina e Georgiâ Caucasicâ Hohen. ex sub *C. patulo* nexum inter hauc varietatem et præcedentem præbent.

Ar. Geogr. Europa media et australis ab Angliâ, Galliâ et Germaniâ australi ad regionem Danubialem et Rossiam australem, Africa borealis.

30. C. badius (Desf. Atl. 1, 45, tab. 7. fig. 2) rhizomate repente, culmis erectis triquetris basi foliatis, foliis angustius linearibus culmos subæquantibus, umbellæ subdecompositæ radiis subquinis abbreviatis centrali subnullo longioribus apice subbrachiato-ramulosis ramulis brevissimis angulo recto sæpius patentibus, involucri phyllis anthelam longe superantibus, spiculis ad ramulos breviter corymboso-spicatis patentibus linearibus acutis, glumis ovatis obtusis dorso subvirenti 3-5-nerviis fuscis obsolete albo-marginatis, rachide alatâ, stigmatibus tribus, nuculâ obovatâ triquetrâ glumâ duplo breviore ♃. Rchb. Germ. fig. 671. — *C. longus* var. *badius* J. Gay in Camb. Bal. — *C. tenuiflorus* Presl. et prob. Rottb. — *C. intermedius* Guss. — *C. myriostachys* Ten. — *C. elongatus* Sieb. exs. Egypt. — *C. Schimperianus* Steud. Syn. p. 34.

Hab. in paludosis, ad aquas, Zacynthus (Marg!), Corcyra (Ball!), Creta (Heldr! Raul!), Peloponnesus (Spr! Heldr!), Attica (Heldr!), Thracia (Pichler!), Anatolia ad Smyrnam (Pest!), Egyptus media (Asch!) et superior (Sieb! Boiss! Kralik!).

A botanicis nonnullis pro varietate *C. longi* habitus, facies tamen peculiaris.

Ar. Geogr. Regio Mediterranea totius Europæ et Africæ borealis, Nubia, Abyssinia, insulæ Canarienses.

31. C. pallescens (Desf. Fl. Atl. I, p. 45, tab. 9) rhizomate brevi vix stolonifero fibras numerosas tongas edente, culmis erectis triquetris parte inferiore foliosis, foliis culmo brevioribus, umbellâ inæqualiter pluriradiatâ simplici vel compositâ radiis tenuibus apice spicas breves fasciculiformes solitarias vel ternas gerentibus, involucri phyllis anthelâ brevioribus vel eam superantibus, spiculis linearibus acutis multifloris, glumis oblongis obtusiusculis vel mucronulatis præter carinam virentem nervulosam omnino albidohyalinis, rachide alatâ, stigmatibus tribus, nuculâ triquetrâ glumâ dimidio breviore ♃. *C. ochreoides* Steud. Glum. p. 34. — *C. Lamarckianus* Hochst. et Steud. in Ky. Pl. Nub. N° 222 non Schult. Mant. — *C. longus* var. *pallidus* Böck. Linn. 36, p. 280.

Hab. in paludosis ad canalem Alexandriæ Egypti (Letourn. 152!), prope Cahiram (Schweinf. 2017!) ad Tell Kebir in Ouadi Gora (Schweinf!).

Specifice a *C. longo* præter spiculas pallidas radicis indole distinctus, rhizoma non crassum et longe repens sed brevissimum globosum fibras longas et rarissime stolonem emittens. Hæc mihi planta a Fontanesio descripta et delineata videtur quamvis specimina Atlantica non viderim.

Ar. Geogr. Nubia.

32. C. rotundus (L. Syst. p. 98) perennis, caudice brevi, caudiculis elongatis filiformibus hinc inde in tubera ovato-oblonga incrassatis, culmo gracili triquetro basi crebre foliato, foliis linearibus acuminatis culmo sæpius brevioribus, umbellæ radiis 3-9 brevibus inæqualibus simplicibus rarius apice brachiato-ramosis, involucri phyllis majoribus umbellam æquantibus vel superantibus, spiculis

elongatis linearibus multifloris ad apicem radiorum breviter spicato-
fasciculatis, glumis ovato-oblongis obtusis vel acutiusculis carinâ
virentibus et subtrinerviis lateribus subenerviis membranaceis rubellis margine albidis, rachide alatâ, stigmatibus tribus, nuculâ obovato-
oblongâ triquetrâ glumâ dimidio breviore — *C. hexastachys* Rottb.
Descr. 28, tab. 14. fig. 2 — *C. olivaris* Targ. — Rchb. Germ. fig.
671. — *C. radicosus* Fl. Gr. 1, 32, tab. 45.

Hab. in pascuis, arenosis, cultis totius ditionis a Græciâ! Macedoniâ et
Thraciâ, Anatoliâ maritimâ!, Cataoniâ (Haussk!), Syriâ littorali (Bl! Gaill!),
Ægypto et ejus Oasibus! ad Iberiam Caucasicam (Hoh!), Babyloniam (Noë!),
Persiam borealem (Auch!) et australem (Haussk!), Belutchiam (Stocks!).

β *mucrostachyus.* — Spicutæ elongatæ interdum 1 ¹/₂-2-pollicares.
— *C. tetrastachys* Desf. Atl. tab. 8. — *C. comosus* Fl. Gr. I., p. 31,
tab. 44.

Hab. in Peloponneso (Sibth.), Atticâ (Heldr!), Syriâ littorali (Bl!), Egypto
(Boiss!), Mesopotamiâ (Noë!). Forma nec varietas.

Ar. Geogr. Regio Mediterranea totius Europæ et Africæ borealis, Africa tropica tota, P. B. Spei, India tropica, Arabia tropica, Nova Hollandia, America
septentrionalis et tropica.

33. C. esculentus (L. Sp. 67) perennis, collo vix incrassato,
caudiculis elongatis filiformibus hinc inde in tubera subglobosa
incrassatis, culmo erecto triquetro basi crebre foliato, foliis late
linearibus culmum sæpius æquantibus, umbellæ decompositæ radiis
numerosis inæqualibus longioribus apice sæpius brachiatim ramulosis, involucri phyllis late linearibus acuminatis spicas longe superantibus, spiculis patentibus in spicas breves fasciculiformes dispositis oblongis vel linearibus compressis, glumis laxiuscule imbricatis
late ovato-oblongis obtusis præter carinam anguste viridem stra-
mineo-luteis undique longitudinaliter multinerviis et sulculosis,
rachide alatâ, stigmatibus tribus, nuculâ oblongâ trigonâ glumâ dimidio breviore ♃. Host Gram. tab. 75. — *C. melanorrhizus* Del. Ill.
Æg. (nomen tantum). — Moggridge Contrib. Ment. tab. 27. — *C. aureus*
Ten. Fl. Nap. tab. 101. — *C. Tenorei* Presl — Rchb. Germ. fig. 670.
— *C. Damiettensis* Dietr. Spec. 2, 269.

Hab. in arenosis et cultis regionis inferioris præsertim maritimæ, Græcia
in Peloponneso prope Androuvitza (Herb. Fauché!), Creta (Sieb.), Syria littoralis ad Sidonem (Gaill!), Egyptus prope Cahiram (Husson! Schweinf!) et
in Egypto mediâ (Aschers!), prov. Transcaucasica Talysch (Hohen!).

Ar. Geogr. Gallia australis, Corsica, Italia, Sicilia, Africa borealis, Abyssinia, Madera, insulæ Capitis viridis, India orientalis.

34. C. bulbosus (Vahl Enum. 2, p. 342) caudice bulbiformi
parvo ovato tunicis nigris fuscis apice laciniatis vestito basi fibras
tenuissimas edente, culmis 1-2 erectis pumilis compresso-triangularibus inferne crebre foliatis, foliis supra basin vaginantem erecto-
patulis angustis canaliculatis longe setaceo-attenuatis culmum æquanti-

bus vel superantibus, spicâ terminali vel simplici vel brachiato-ramosâ
corymbosâ, bracteis 1-3 ad basin spicularum inferiorum lineari-setaceis spicam longe superantibus, spiculis angulo recto patentibus in
spicas breves dispositis linearibus acutis compressis 12-20-floris,
glumis arcte imbricatis oblongo-lanceolatis in mucronem subpatulum
abeuntibus multinerviis præter dorsum anguste viride sanguineo-fuscis, rachide alatâ, stigmatibus tribus, nuculâ ellipsoideo-triquetrâ
glumâ triplo breviore ♃..

Hab. in Egypto (Ehrenb. ex Böck., Belutschiâ (Stocks!).

Planta semipedalis, anthela corynbosa fere pollicaris, spiculæ 5-6 lineas
longæ. A cl. Kunth cum *C. rotundo* confusus a quo radicis indole, inflorescentiâ, glumis, longe differt.

Ar. Geogr. Abyssinia, Senegalia, insulæ Capitis viridis, Arabia tropica, India
orientalis.

Tr. II. SCIRPEÆ.

Flores hermaphroditi. Spiculæ solitariæ vel consociatæ sæpius plurifloræ. Glumæ undique imbricatæ rarissime subdistichæ infimæ
paucæ plerumque vacuæ.

SCIRPUS (L. Gen. 67. — *Isolepis* R. Br., *Holoschœnus*, *Eleogiton*
Link — *Malacochœte* Nees — *Blysmus* Panz. —
Bœothyron Nees.

Spiculæ sæpius multifloræ solitariæ vel plures varie dispositæ
Glumæ subæquales undique imbricatæ infimæ 1-2 sæpe steriles.
Stylus teres glaber cum ovario non articulatus nec basi incrassatus
deciduus. Setæ hypogynæ subsenæ vel nullæ. — Herbæ vaginis plerumque foliatis.

SECT. I. BÆOTHRYON. — Spicula terminalis solitaria.

1. S. Alpinus (Schl. in Gaud. Fl. Helv. I, p. 108) cespitosus,
radice stoloniferâ, culmis tenuibus humilibus teretibus striatis inferne
vaginatis vaginâ supremâ in folium filiforme obtusissimum abeunte,
spiculâ terminali solitariâ globosâ parvâ subtriflorâ, glumis fuscis
albo-marginatis obtusis inferiore spiculâ breviore eam basi semiam-
plexante, stigmatibus tribus, nuculâ lævi triquetrâ setis destitutâ
♃. Rchb. Ic. Germ. fig. 709. — *Isolepis oligantha* C. A. Mey. Cyp.
Nov. Nº 3, tab. 1. — *Isol. pumila* Kar. et Kir.

Hab. ad rivulos regionis alpinæ superioris Persiæ, Persia austro-occidentalis in alpe Kuh Daëna (Ky. 395!), borealis in monte Elbrus prope Derbend
(Ky. 149!), prov. Khorassan inter Nischapur et Meschhed (Bge!).

A *Sc. cespitoso* radice stoloniferâ, spiculis globosis, nuculis setis destitutis distinctus.

Ar. Geogr. Alpes Sabaudiæ, Helvetiæ, Songariæ, Sibiriæ Altaicæ et Baicalensis, montes Scopulosi Americæ borealis.

2. S. pauciflorus (Light. Fl. Scot. p 1088) cespitosus, radice stoloniferâ, culmis tenuibus teretibus striatis basi vaginis aphyllis truncatis obsitis, spiculâ terminali solitariâ ovatâ 3-5-florâ, glumis fuscis albo-marginatis obtusis muticis inferiore spiculam amplectente et eâ subbreviore, stigmatibus tribus, nuculâ trigonâ lævi mucronatâ, setis retrorsum scabris nuculâ subbrevioribus ♃. Rchb. Germ. t. 707-708. — *Sc. Bæothryon* Ehrh. Phyt. 31. — *Bæothryon Halleri* Nees Gen. Germ. Ic.

Hab. in turfosis alpinis, Pontus Lazicus in valle Djimil 6000' (Bal!), Tauria et Caucasus in subalpinis (M. B.).

Ar. Geogr. Europa borealis et media a Scandinaviâ ad Rossiam, Hispaniam borealem, Italiam mediam, regionem Danubialem, Sibiria, America borealis.

3. S. parvulus (R. et Sch. I, p. 125) cespitosus, radice fibrosâ stolones capillares gemmulâ terminatos edente, culmis nanis filiformibus septatis subpellucidis basi vaginis aphyllis tenuissime membranaceis obsitis, spiculâ terminali solitariâ minutâ ovato-oblongâ pauciflorâ, glumis ovatis obtusis flaccidis muticis, stigmatibus ternis, nuculâ trigonâ lævi acuminatâ setis retrorsnm scabris, ternis longioribus nuculâ duplo longioribus ♃. Ic. Rchb. Germ. fig. 706 — *Limnochloa parvula* Rchb. — *Scirpus pollicaris* Del. Ill. et herb. ex cl. Aschers!

Hab. in Egypto inferiore ad Damiatam (Del., Schweinfurth ex Aschers. iu litt.).

Ar. Geogr. Germania, Gallia occidentalis, Italia borealis ad Adriaticum, America borealis, P. B. spei ?

SECT. II. EUSCIRPUS. — Spiculæ plures in anthelam spurie lateralem vel terminalem dispositæ.

* Anthela spurie lateralis, involucri bracteâ unicâ vel majore erectâ culmi processum formante.

+ Setæ hypogynæ nullæ. — *Isolepis* R. Br.

4. S. setaceus (L. Sp. 72) annuus, radice fibrosâ, culmis fasciculatis humilibus filiformibus striatis, vaginis basilaribus breviter foliaceo-acuminatis, spiculis 1-3 sessilibus parvis ovatis in fasciculum lateralem aggregatis, culmi processu basi dilatato erecto setaceo spiculas sæpius superante caduco, glumis ovatis concavis carinatis obtusiusculis mucronatis, stigmatibus tribus, nuculis minimis obovatis mucronulatis longitudinaliter striatis et interdum transverse undulatis, setis nullis ⊙. Rchb. Germ. fig. 711-712. — *Isolepis setacea* R. Br. — *I. pleurocarpa* Hochst.

Hab. in cænosis, Græcia in arenosis maritimis Phaleri (Heldr!), in insulâ. Seriphos (Sm. Prodr.), Olympus Bithynus in subalpinis (Clem!), mons Berytdagh Cataoniæ (Haussk!), Libanus ad Dimam (Bl!), Pontus Lazicus maritimus ad Of (Bal!), Caucasus ad Narzana (Hoh!), Transcaucasia ad Lenkoran ad Caspium (C. A. Mey), Affghaniæ vallis Kuram (Aitch!).

Ar. Geogr. Europa fere tota ab Angliâ et Gothiâ ad Rossiam mediam, Madera, Sibiria, India bor., Africa australis, Nova Hollandia.

5. S. Savii (Seb. et Maur. Fl. Rom. 22) annuus, radice fibrosâ, culmis fasciculatis tenuissimis erectis striatis, vaginis basilaribus in limbum foliaceum subulatum brevem abeuntibus, spiculâ solitariâ vel binis sublateralibus ovatis, culmi processu a basi dilatatâ setaceo spiculis sæpius breviore, glumis ovatis concavis mucronatis longitudinaliter plicatulis, stigmatibus ternis, nuculis minimis orbiculatotrigonis minutissime punctulatis, setis nullis ⊙. Rchb. Germ. fig. 714. — *Sc. filiformis* Savi Fl. Pisan. — *Isolepis tenuis* Presl. — *I. Sicula* Presl. — *Scirpus Numidianus* Vahl Enum. 2, 254. — *I. pygmœa* Kᵗʰ. Cyp. p. 191. — *I. riparia* R. Br. Prodr. 222.

Hab. in arenosis humidis et cænosis, Græcia in Atticæ montibus Pentelico et Parnes et ad Chelidoni (Heldr!), Peloponnesus ad Cumusta (Pichl!), Rhodus (Bourg!), Creta in monte Cofino (Heldr!), Cilicia (Pér!), Syria littoralis ad Tripoli (Bl!), ad Ain Zehalta (Post!).

Ar. Geogr. Europa occid. et australis in Angliâ, Galliâ occid. et australi, Hispaniâ, Lusitaniâ, Italiâ, Dalmatiâ, Africa borealis, Madera, Insulæ Canarienses et Azoricæ, America borealis, Nova Hollandia.

6. S. supinus (L. Sp. 73) annuus, radice fibrosâ, culmis fasciculatis ascendentibus et erectis mediocribus teretibus striatis inferne vaginatis vaginâ superiore in folium subulatum abeunte, spiculis ovato-oblongis sessilibus in fasciculum lateralem aggregatis, culmi processu erecto longissimo, glumis ovatis concavis dorso virentibus plurinerviis margine fusco-scariosis apice obtusis mucronulatis transverse rugulosis, setis nullis ⊙. Ic. Rchb. Germ. t. 302. — *Isolepis supina* R. Br. Prodr. p. 77.

Hab. in arenosis et limosis humidis, Græcia in Bæotiâ ad Herkynam prope Lebadeam (Heldr!). Cataonia ad Giaurgöl prope Marasch (Haussk!), Iberia (Wilh. ex Ledeb.).

β *minimus.* — Pollicaris omnibus partibus diminutus. — *S. pollicaris* Del. Ill. p. 71.

Hab. in Egypto inferiore (Del. Schimp. 31!), ad Abuzabel (Schweinf!). — *Isolepis proxima* Steud. Cyp., p. 45.

γ *digynus.* — Stylus bifidus, nucula orbicularis lenticulari-biconvexa transverse obsolete et præsertim versus margines rugulosa. — *S. uninodis* Del. Descr. Eg. p. 132 sub *Isolepide* tab. 6, fig. 1.

Hab. in Egypto inferiere prope Damiatam (Delih.).

Hanc varietatem in Egypto recentiores non observaverunt, sed cl. Cosson in Expl. Sc. Alger. p. 311 eam ex speciminibus prov. Cirtensis Africæ borealis a cl. Letourneux prope La Calle lectis descripsit. Caules a Delileo trigoni dicti.

ex cl. Cosson revera teretes sunt et nota a numero stigmatum et nuculæ formâ
deprompta in hâc specie ut in pluribus Cyperaceis variabilis est.

Ar. Geogr. Europa media in Galliâ, Helvetiâ, Germaniâ, Italiâ, Serbiâ,
regione Caucasicâ, Sibiriâ Altaicâ, Indiâ, Africâ boreali tropicâ et australi,
Nova Hollandiâ.

7. **S. inclinatus** (Del. Illustr. N° 51, sub *Isolepide* ex Aschers.
in litt.) annuus? radice fibrosâ, foliis radicalibus lanceolatis brevibus
cito emarcidis, culmis pluribus crassis striatis cylindricis elatis
medullâ isthmis interceptâ farctis basi vaginis membranaceis cylindricis obtusiusculis obsitis, anthelæ lateralis ramis valde inæqualibus
aliis brevibus vel subnullis aliis elongatis, culmi et ramorum anthelæ
processubus brevibus acutis subpungentibus, spiculis glomerato-capi-
tatis sessilibus, glumis tenuiter membranaceis oblongis obtusis mucronulatis subinflatis et obtuse carinatis pallide brunneis, dorso virentibus,
stigmatibus tribus, nuculâ ovatâ triquetrâ subcompressâ læviu-
sculâ opacâ, setis nullis ⊙. *Sc. inclinatus* Ascherson et Schweinfurth. Mss. — *S. prolifer* Böckeler ex Schweinf. sched. (ubi?) non
Rottb.

Hab. in canalibus ad marginem orientalem ditionis Delta Egypti inferioris
prope Hakiat el Gattauri, Kafr Hauwan, Kom es Sam (Schweinf! Sickenberger!), ad Salehieh (Del.). Fl. Maio.

Culmi herbacei facile compressi 3-5-pedales inferne pennâ amerinâ duplo
crassiores, anthelæ rami 5-12 interdum omnes brevissimi et tunc glomeruli
spicularum subsessiles vel 2-5 pollices longi. Spiculæ 3 lineas longæ, nucula
lineæ ¹/₂ longa, Facies *S. lacustris*. Toto cælo differt a *Sc. prolifero* Rottb.
Descr. N° 74. tab. 17, fig. 2. Capensi et Neohollandico pro quo habitus fuit,
plantâ humili culmis pusillis tenuibus, spiculis lanceolato-ellipticis, bracteis
nervosis, etc.

8. **S. articulatus** (L. Sp. I, 70) annuus, radice fibrosâ, culmis
teretibus crassis fistulosis transverse plus minus manifeste septatis
erectis inferne vaginatis vaginis subaphyllis, spiculis crebris crassiusculis ovato-oblongis sessilibus in capitulum globosum laterale
dense conglomeratis, culmi processu erecto crasso culmo ipso multo
longiore, glumis late ovatis acutiusculis mucronulatis dorso subcarinatis longitudinaliter striatis, stigmatibus tribus, nuculâ ovato-globosâ acute triquetrâ apiculatâ sub lente obsolete punctulatâ lævi setis
nullis ⊙. *Isolepis articulata* et *I. prælongata* Nees — *I. Senegalensis*
Hochst. — Ic. Rheed. Malab. I, tab. 71. — *Sc. fistulosus* Forsk.
Descr. p. 14

Hab. in limosis, Egyptus (ex Forskahl). Planta tropica vix ditionis nostræ.

Culmi infra capitulum 2-3 pollices, supra capitulum pedem sæpe longi,
capitulum 10-20-stachyum tandem nucem æquans.

Ar. Geogr. Nubia, Abyssinia, Senegalia, India, Nova Hollandia.

9. **Sc. Holoschænus** (L. Sp. 72) rhizomate seriatim et horizontaliter repente, culmis cespitosis teretibus striatis inferne vaginatis vaginis in folium lineare semitereti-canaliculatum rigidum vel
sæpius in laminam brevem abeuntibus, spiculis ovatis obtusis in

capitula globosa compactissima sessilia et pedunculata anthelam lateralem formantia congestis, involucri phyllo majore elongato erecto-
acuto, glumis ovatis basi carinatis obtusis mucronulatis ciliatulis,
stigmatibus sæpius ternis, nuculis ovato-triquetris minute punctulatis, setis nullis ♃. *Isolepis Holoschœnus* R. et Sch. — Multum
variat, formas frequentiores enumero.

α genuinus. — Planta elata, anthela polycephala sæpe composita
capitulis piso submajoribus. — *Holoschœnus Linnœi* Rchb. Germ.
tab. 318.

Hab. in arenosis humidis, Cataonia (Haussk!), Syria littoralis (Gaill!) et
prob. alibi.

β globifer. — Inflorescentia var. *α.*, capitula ob spiculas magis
elongatas lobulata. — *Sc. globuliferus* L. Suppl. 104.

Hab. in Persiâ boreali (Buhse! Bge!).

γ australis Koch. — Humilior, anthela simplex capitulis paucis
minoribus altero sæpe sessili cæteris pedunculatis, capitulum interdum unicum. — *Sc. australis* L. Syst. p. 86. — *Holoschœnus australis*
Rchb. Germ. tab. 317.

Hab. in lapidosis, arenosis interdum humidis totius ditionis a regione
Inferiore ad alpinam usque, a Græciâ et Macedoniâ ad Egyptum! Persiam t.
usque, varietate *α* multo vulgatior.

Ar. Geogr. Europa media et australis ab Angliâ et Germaniâ ad Rossiam
australem, Sibiria Altaica, Africa borealis, insulæ Canarienses.

+ + Setæ hypogynæ.

10. S. mucronatus (L. Sp. 73) radice fibrosâ, culmis crassiusculis fasciculatis triquetris basi vaginis aphyllis oblique truncatis
obsitis, spiculis 10-20 multifloris oblongis sessilibus in fasciculum
lateralem arcte approximatis culmi processu triquetro demum refracto
longe superatis, glumis longitudinaliter striatis ovatis concavis acutis
integris, stigmatibus tribus, nuculâ transverse rugulosâ mucronulatâ,
setis 4-6 retrorsum aculeolatis nuculâ sublongioribus ♃. Del. Eg.
tab. 7, fig. 3. — Rchb. Germ. fig. 716. — *S. glomeratus* Scop.

Hab. in paludosis et ad fossas, Græcia (Sm. Prodr.), ad Lebadeam Bœotiæ
(Heldr!), Thracia (Friv!), Pontus Lazicus ad Rhizé (Bal!), Iberia et prov.
Talysch (Hoh!), Persia ad Ispahan (Haussk!), Egyptus inferior (Del!).

Ar. Geogr. Europa media et australis a Galliâ mediâ, Helvetiâ, Germaniâ
australi ad regionem Danubialem et Dalmatiam, India, Nova Hollandia.

11. S. juncoides (Roxb. Fl. Ind. I, 218) cespitosus, radice
fibrosâ, culmis elongatis tenuibus 4-6-angularibus basi vaginis aphyllis oblique truncatis obsitis, spiculis subternis sessilibus congestis
lateralibus ovatis, culmi processu erecto tenui longissimo, glumis
obsolete striatis ovatis concavis obtusis mucronatis, stigmatibus
sæpius binis, nuculâ obovatâ plano-convexâ obtusâ mucronatâ obso-

letissime rugulosâ, setis 4 retrorsum spinulosis nuculâ longioribus ♃.
S. debilis Pursh ex K^{th}. Fl. Austr.

Hab. in paludosis regni Cabulici (Griff. Herb. Ind. Comp. N° 6260 l).

Ar. Geogr. India, Nov. Hollandia, America borealis.

12. S. triqueter (L. Mant. 105) rhizomate repente, culmis triquetris elatis basi vaginatis vaginâ superiore in laminam brevem triquetram abeunte, spiculis ovatis lateralibus fasciculatis fasciculis
sessilibus pedunculatisque. culmi processu brevi triquetro, glumis
lævibus ovatis concavis fimbriato-ciliatis obtuse emarginatis cum
mucrone, stigmatibus binis, nuculâ lævi obovatâ plano-convexâ
mucronatâ, setis hypogynis retrorsum aculeolatis nuculâ brevioribus
♃. Host Gram. tab. 66. — Rchb. Germ. tab. 305. — *S. Pollichii*
Gr. et Godr. Fl. Fr. III, p. 374.

Hab. in paludibus, vidi ex uliginosis Babyloniæ prope Bassora (Haussk!),
in Transcaucasiâ (ex Ledeb.), Affghaniâ (Griff!), Egyptus (ex Schweinf.
Beitr.). Probab. alibi.

Ar. Geogr. Europa media et australis ab Angliâ et Daniâ ad Lusitaniam,
Italiam, regionem Danubialem, Rossiam australem. America borealis.

13. S. lacustris (L. Sp. 72) rhizomate crasso longe repente, culmis crassis elatis teretibus basi vaginatis vaginâ superiore in laminam
brevem abeunte, spiculis ovoideo-oblongis multifloris in anthelam
compositam lateralem dispositis, anthelæ ramis valde inæqualibus,
culmi processu subulato brevi erecto, glumis brunneis ovatis retusis
mucronatis dorso lævibus margine fimbriatis, stigmatibus tribus,
nuculâ trigonâ lævi, setis hypogynis retrorsum aculeolatis ♃. Engl.
Bot. tab. 2421. — Rchb. Germ. fig. 722.

Hab. in fossis et paludosis, Græcia et Creta (Sm. Prodr.), Macedonia (Griseb.). Cappadocia (Bal!). Syria littoralis et interior (Bl!), Tauria, Caucasus
et Transcaucasia (Ledeb.), Egyptus (ex Schw. Beitr.).

β digynus Godr. — Stigmata bina, nucula compressa, glumæ sæpe
punctato-scabræ. — *S. Tabernæmontani* Gmel. Bad. I, p. 101. Rchb.
Ic. Germ. fig. 723. — *S. glaucus* Engl. Bot. tab. 2321.

Hab. in paludosis, Græcia in Atticâ et Ætoliâ (Heldr!), Zacintho (Margot!),
Caucasus et Transcaucasia (Ledeb! Hohen!), Persia (Buhse!).

Ar. Geogr. Europa tota, Sibiria, Africa borealis, Nova Hollandia.

14. S. littoralis (Schrad. Germ. I, 142, tab. 5, fig. 7) rhizomate
stolonifero fibroso, culmis elatis triquetris inferne vaginatis vaginis culmorum juniorum in folia lineari-lanceolata abeuntibus adultorum subaphyllis, spiculis numerosis ovato-oblongis solitariis et fasciculatis sessilibus vel sæpius pedunculatis in anthelam compositam
lateralem dispositis, culmi processu erecto triquetro anthelam superante, glumis lævibus ovatis concavis margine membranaceis apice
obtusis vel retusis mucronatis, stigmatibus binis, nuculâ lævi plano-

convexâ, setis 4 hypogynis dilatatis superne plumosis nuculæ æquilongis ♃. Ic. Rchb. tab. 309. — *Sc. fimbrisetus* Del. Eg. p. 155,
tab. 7, fig. 1. — *Sc. triqueter* Gr. et Godr. Fl. Fr. III, p. 373 non
L. — *Sc. Ægyptiacus* Decaisne Ann. Sc. Nat. Oct. 1835. — *S. pectinatus* Roxb. Ind. I, p. 220. — *Malacochœte littoralis* et *M. pectinata*
Nees.

Hab. ad ripas, Græcia in Atticâ (Sprun!), Ætoliâ (Wied!), Creta (Sieb!),
Anatolia ad Smyrnam (Bal!), Cyprus (Ky. 289!), Syria (ex K^{th}.), Egyptus ad
Alexandriam et secus Nilum (Del. Ehr! Bové! etc.) in regione Fayum (Husson!), ad Oasin magnam (Schweinf!), ditio Transcaucasica Talysch ad Caspium (Hoh!), Affghania (Griff!).

β oligostachys. — Planta humilior pedalis culmis gracilibus, spiculæ 3-6 elongatæ 7-10 lineas longæ calami processu non superatæ.

Hab. ad Tcheschme Pias Persiæ orientalis (Bge!).

Ar. Geogr. Gallia australis, Corsica, Italia, Africa borealis, India.

* * Anthela terminalis.

+ Setæ hypogynæ.

15. S. maritimus (L. Sp. 74) rhizomate longe repente hinc
inde tuberculato, culmis triquetris longe foliosis, foliis planis carinatis,
spiculis brunneis vel pallidis ovato-oblongis multifloris sessilibus vel
sæpius pedunculatis in anthelam subterminalem foliis 2-3 inæqualibus eam valde superantibus involucratam aggregatis, glumis ovatis
acute bifidis sinu longiuscule mucronifero, stigmatibus tribus, nuculis
lævibus lucidis trigonis, setis retrorsum aculeolatis nuculâ brevioribus ♃. Rchb. Germ. tab. 310-311.

Hab. ad aquas totius ditionis ad Egyptum! Affghaniam! Belutschiam!
usque.

Valde variat spiculis omnibus sessilibus et glomeratis (*S. compactus*
Krok. et *S. affinis* Roth.), spiculis elongatis anthelam fere lateralem formantibus (*S. macrostachyus* Willd. En. 79. Rchb. Germ., fig. 681), spiculis
2 vel solitariâ laterali.

Ar. Geogr. Totus terrarum orbis.

16. S. sylvaticus (L. Sp. 75) rhizomate repente fibrilloso,
culmo triquetro crasso elato, foliis planis elongatis, spiculis parvis
viridi-nigricantibus ovatis sessilibus et pedicellatis in anthelam terminalem supradecompositam involucratam dispositis, involucri phyllis foliaceis inæqualibus, glumis obtusis mucronulatis, stigmatibus
ternis, nuculâ lævi obovato-trigonâ, setis hypogynis rectis retrorsum
scabris nuculam æquantibus ♃. Ic. Engl. bot. tab. 917. — Rchb.
Germ. tab. 731.

Hab. ad ripas, in humidis partis sept. ditionis, Thracia (Sibth. Griseb.),
Pontus Lazicus ad Djimil (Bal!), Tauria, Caucasus et Transcaucasia (Ledeb.).

Ar. Geogr. Europa borealis et media a Scandinaviá ad Rossiam et ab Hispaniá boreali et Italiá australi ad regionem Danubialem, Sibiria, America borealis.

+ + Setæ hypogynæ nullæ.

17· **S. Michelianus** (L. Sp. I, 76) annuus, radice fibrosâ, culmis cespitosis humilibus diffusis trigonis inferne foliatis, foliis teneris linearibus planis acuminatis, spiculis in capitulum terminale involucratum dense congestis, involucri phyllis foliaceis planis lineari-acuminatis inæqualibus majoribus capitulum longe superantibus, glumis oblongis acutis vel acuminatis subhyalinis carinatis trinerviis, stigmatibus sæpius binis, nuculis minimis oblongis elongatis trigonis mucronulatis lævibus, setis nullis ⊙. Host Gram. III, tab. 69. — Rchb. Germ. tab. 312. — *Isolepis Micheliana* R. et Sch. — *Dichostylis Micheliana* Nees.

Hab. in humidis et ad ripas, Macedonia (Friv!), Bithynia (Sibth.), Iberia Transcaucasica (Hohen!).

Cum *Cypero pygmeo* facie simili non confundendus. Facies *Kyllingiæ.*

Ar. Geogr. Lusitania, Hispania centralis, Gallia, Germania, Italia, Dalmatia, regio Danubialis, Rossia australis, Sibiria Amurensis, Japonia.

Sect. III. BLYSMUS. — Spiculæ in spicam terminalem disticham approximatæ.

18. **S. compressus** (L. Sp. 65 sub *Schœno*) rhizomate repente stolonifero, culmis compresso-teretibus superne angulatis, foliis remotiusculis linearibus longe acuminatis subtus carinatis, spiculis 6-8-floris sessilibus in spicam oblongam densiusculam basi interdum interruptam distiche compressam approximatis infimâ vel duabus infimis bracteâ a basi latiori attenuatâ spicam sæpe superante suffultis, glumis subquadrifariam imbricatis oblongis vel oblongo-lanceolatis fuscis plurinerviis, stylo exserto bifido, nuculâ ellipsoideâ compressâ subtiliter reticulatâ, setis retrorsum aculeolatis nuculâ longioribus ♃. *Scirpus compressus* Pers. Syn. I, 66. — *Sc. Caricis* Retz. — *Blysmus compressus* Panz. Rchb. Germ. fig. 693.

Hab. In pratis humidis præsertim regionis montanæ et alpinæ, Olympus Bithynus (Pichl!), Taurus Cilicicus (Bal!) et Catonicus (Haussk!), Libanus (Ehrenb! Bl! Schw!), Tauria et Caucasus (Ledeb), Persiæ bor. mons Elbrus (Ky. 251!) et Kuh Daëna Persiæ austr. (Ky. 740!).

Ar. Geogr. Europa borealis et media a Scandinaviá ad Rossiam, Hispaniam et Italiam medias, regionem Danubialem, Songaria, regio Himalaica.

HELEOCHARIS (R. Br. Prodr. I, p. 224).

Spicula terminalis solitaria pluriflora basi nuda. Glumæ undique imbricatæ inferiores sæpe submajores steriles. Stylus teres glaber

basi incrassatâ cum ovario articulatus. Setæ hypogynæ inclusæ.
Nucula styli basi mamillari remanente coronata. — Herbæ vaginis
aphyllis.

1. **H. palustris** (L. Sp. 70 sub *Scirpo*) rhizomate repente,
culmis fasciculatis tereti-subcompressis striatis crassiusculis spongiosis basi vaginis aphyllis oblique truncatis obsitis, spiculâ terminali erectâ oblongo-lanceolatâ prius acutatâ, glumis arcte imbricatis
oblongis obtusis late albo-marginatis inferiore breviore ovatâ basin
dimidiam spiculæ amplexante, stigmatibus binis, nuculâ ovatâ compressâ lævi lutescente styli basi ovato-conicâ superatâ, setis sub-4-
retrorsum spinulosis nuculâ sublongioribus ♃. Rchb. Germ. tab.
297. — *H. palustris* R. Br. Prodr. 244. — *H. Lehmanni* Kier. in
Bge pl. Lehm. p. 517.

Hab. in paludosis et ad ripas totius ditionis a Græciâ et ejus insulis! Macedoniâ! ad Syriam littoralem (Bl! Gaill!), Libanum ad Gebel Sanin 6000ʳ
(Schweinf!), Ægyptum inferiorem (Sieb! Husson! Sickenberger!), Mesopotamiam (Haussk!), Babyloniam (Noë!), Persiam australem in regione alpinâ
montis Kuh Daëna (Ky. 682!), Affghaniæ valle Kuram (ex Aitch.).

Ar. Geogr. Europa tota, Sibiria, India borealis, Africa borealis et australis,
America.

2, **H. uniglumis** (Link Jahrb. I, 3. 77) rhizomate repente,
culmis fasciculatis tereti-subcompresis striatis spongiosis basi vaginis
aphyllis oblique truncatis obsitis, spiculâ terminali oblongâ primum
acutatâ, glumis arcte imbricatis ovatis obtusis late albo-marginatis
inferiore breviore subrotundâ basin spiculæ penitus amplexante,
stigmatibus binis, nuculâ ovatâ compressâ styli basi ovato-conicâ
superatâ, setis subquaternis retrorsum spinulosis nuculâ longioribus
♃. Rchb. Germ. fig. 703. — *Sc. tenuis* Schreb. — *Hel. mitracarpa*
Steud. Syn. Cyp. p. 77.

Hab. in paludosis, vidi ex Persiâ australi ad Persepolin (Ky. exs. 390 sub
H. palustri), Belutschiâ (Stocks!), ad Lenkoran et Sallian Transcaucasiæ ad
Caspium (Hoh!).

Tenuior *H. palustri*, ab eâ charactere glumæ inferioris an sat distincta ?

Ar. Geogr. Europa borealis et media a Scandinaviâ ad Rossiam, Hispaniam
borealem et Italiam borealem usque, Serbia.

3. **H. argyrolepis** (Kierulff in Bge. Pl. Lehm. p. 518) cespitosa, culmis glaucis elatis teretibus strictis striatis glaucis basi vaginis
aphyllis oblique truncatis obsitis, spiculâ terminali lineari-oblongâ,
glumis ovato-ellipticis obtusis præter carinam viridi-purpurascentem
omnino hyalino-pellucidis albis infimâ spiculæ dimidiam partem
amplectente, stigmatibus binis, ovario lenticulari-compresso basi setis
4 spinulosis obsito ♃.

Hab. ad fluvium Syr Darja Turkestaniæ (Lehm!).

Vidi culmum unicum subsesquipedalem hujus plantæ fructiferæ non notæ.
Cl. auctor eam ab *H. palustri* formis, glaucedine, rhizomate non repente,

glumis fere omnino membranaceis distinctam autumat. Ulterius observanda. Spicula (florifera) 4 lineas tantum longa.

4. H. macrantha (Böckel. Linn. XXXVI, p. 453) rhizomate fibroso, culmis erectis gracillimis obsolete quadrangulis sulcato-striatis, vaginis basilaribus elongatis ore subobliquis, spiculâ terminali erectâ ovatâ obtusâ pauciflorâ, glumis pallidis albo-marginatis lanceolatis obtusiusculis inferiore cæteris simili et parum breviore basin spiculæ amplexante, stigmatibus ternis, nuculâ obovatâ triangulari angulis prominentibus obsolete reticulatâ stramineâ, styli basi subulato-conicâ haud perspicue discretâ, setis 4 caryopsi subæquilongis obsolete retrorsum scabridis ♃. — *Scirpus hexatrichus* Ehr. Mss.

Hab. in Syriâ littorali ad Gisr el Hajar prope Berythum (Ehrenb!). V. sp. in Mus. Berol.

Fere pedalis, culmi eis *H. palustris* tenuiores, spicula multo brevior 4-6-flora vix tres lineas longa, glumæ multo minus inæquales inferiores lanceolatæ nec ovatæ. Stigmata tria et caryopsis triquetra nec biconvexa. Ex unico specimine nota et ulterius observanda.

5. H. ovata (Roth Tent. 2, p. 562 sub *Scirpo*) annua cespitosa, caulibus fasciculatis erectis striatis subcompressis, basi vaginâ aphyllâ oblique truncatâ obsitis, spiculâ terminali ovatâ vel subglobosâ obtusâ multifloratâ, glumis arcte imbricatis ovatis apice rotundatis dorso virentibus margine rufo-scariosis longitudinaliter sulculosis subæqualibus inferiore semiamplexanti, stigmatibus binis, nuculâ obovato-pyriformi compressâ lævi, styli basi persistente æque latâ et longâ, setis retrorsum spinulosis nuculâ longioribus ⊙. *H. ovata* R. Br. Prodr. I, p. 60. — Ic. Host Austr. tab. 56. — Rchb. Germ. fig. 700.

Hab. in limosis hyeme inundatis, Iberia Caucasica (Wilh. ex Ledeb.) E ditione nondum vidi.

Ar. Geogr. Gallia, Helvetia, Germania, Italia borealis et media, Dalmatia, regio Danubialis, Rossia media, Sibiria Dahurica, India.

6. H. capitata (Willd. Sp. I, 294 sub *Scirpo*) annua cespitosa, caulibus fasciculatis tenuibus erectis striatis basi vaginis aphyllis oblique truncatis obsitis, spiculâ terminali globosâ, glumis arcte imbricatis ovato-orbicularibus scariosis crassiusculis non marginatis lævibus obtusissimis subæqualibus, stigmatibus binis, nuculâ obovato-pyriformi compressâ lævi nigrâ mamillâ stylari minimâ depressâ superatâ, setis 5-8 nuculam vix superantibus ⊙. *H. capitata* R. Br. Prodr. p. 225.

Hab. in limosis, Belutschia (Stocks!).

Facie et characteribus affinis *H. ovatæ*, spicula magis abbreviata, glumæ breviores, duriores, pallidæ non longitudinaliter subundulatæ, margine angustius membranaceæ.

Ar. Geogr. India, Nova Hollandia, Africa et America tropicæ.

7. H. caduca (Del. Descr. Eg. p. 134, tab. 6, fig. 2 sub *Scirpo*) perennis cespitosa, surculis radicalibus tenuibus repentibus, caulibus fasciculatis tenuibus erectis basi vaginis brevissimis obsitis, spicis terminalibus oblongis acutis tenuibus, glumis arcte imbricatis adpressis oblongo-lanceolatis obtusiusculis pallide brunneis, nuculâ obovato-pyriformi subcompressâ nigrâ lævi, mamillâ stylari depresse conicâ, setis 5-6 nuculâ tertiâ parte longioribus ♃.

Hab. in Egypto inferiore ad Damiatam (Del. qui eamdem speciem in Syriâ quoque vidisse dicit), ad El Chargeh in Oasi magnâ (Schweinf!).

Caules semipedales. spicæ tres lineas longæ lineam unam basi latæ.

Ab *H. capitatâ* collo surculoso, spiculis attenuatis acutis distincta. Cl. Ascherson plantam ex Oasi pro *H. caducâ* Del. legitimâ agnovit.

8. H. acicularis (L. Sp. 71 sub *Scirpo*) annua, rhizomate tenuiter repente, culmis fasciculatis capillaribus brevibus tetragono-sulcatis basi vaginâ truncatâ aphyllâ obsitis. spiculâ terminali minimâ oblongâ pauciflorâ, glumis rufis oblongis obtusis margine vix albidis infimâ non majore spiculæ basin fere amplectente, stigmatibus ternis, nuculâ oblongâ basi attenuatâ longitudinaliter et subtiliter costulatâ mamillâ stylari minimâ conicâ superatâ, setis paucis caducis nuculâ duplo brevioribus ⊙. *H. acicularis* R. Br. Prodr. p. 80. — Host Gram. tab. 60 — Rchb. Germ. fig. 695. — *Linnochloa acicularis* Rchb. — *Scirpidum acikulare* Nees Gen. Germ. Ic.

Hab. in limosis et arenosis ad ripas, Guria Transcaucasica (Nordm. ex Ledeb.) et prob. alibi.

Ar. Geogr. Europa borealis et media a Scandinaviâ ad Rossiam, Italiam mediam, regionem Danubialem, Sibiria tota, Japonia, Nova Hollandia, America.

FIMBRISTYLIS (Vahl Enum. 2, p. 285).

Spiculæ pluriflorae solitariae, capitatae vel umbellatae. Glumæ undique imbricatae. Stylus compressus saepissime hirtus basi bulboso-incrassatus. Setæ hypogynæ nullæ.

SECT. I. EUFIMBRISTYLIS. — Stylus hirtus basi bulbosâ cum ovario articulatâ et tandem deciduâ.

1. F. ferruginea (L. Sp. I, 74, sub *Scirpo*) perennis cespitosa, culmis elatis striatis subcompressis, foliis anguste linearibus caniculatis interdum ad laminam brevem reductis, umbellâ simplici vel subcompositâ pedunculis inaequalibus involucri phyllis 1-3 longiore umbellam interdum aequante, spiculis ovatis acutiusculis, glumis arcte imbricatis ovatis carinatis rufescentibus superne ferrugineo-canescentibus carinâ in mucronem abeunte, stylo bifido fimbriato-

ciliato, nuculâ stipitatâ lenticulari biconvexâ lævi vel lente valido
subtiliter punctulatâ mucronulatâ ⑨. *F. ferruginea* Vahl Enum. 2,
291. — Del. Fl. Eg. tab. 6, fig. 3. — *F Sieberiana* K^th. — *F. arvensis* Vahl Enum. 2, 291. — *F. lomatocarpa* Hochst. — *F. marginata*
Labill.

Hab. in glareosis ad aquas, Cilicia in paludibus ad Mersina (Bal!), Catao-
nia ad fluvium Aksu prope Djihan Köpri (Haussk!), Syria littoralis prope
Sidonem (Gaill!), Babylonia ad Hanneky (Noë 980!), Susiana in valle fluvii
Chyrsan (Haussk!), Egyptus in ditione Fayum (Nectoux), in Oasi magnâ
(Schweinf!), regnum Mascate Arabiæ (Auch. 5481).

Ar. Geogr. China, India, Nova Hollandia, Nubia et Abyssinia, Senegalia,
America tropica.

2. **F. laxa** (Vahl Enum. 2, p. 292) annua, culmis filiformibus
sulcatis glabris laxe foliatis, foliis anguste linearibus culmo brev(ori)-
bus planis, vaginis puberulis, spiculis ovatis in umbellam simplicem
vel compositam dispositis radiis filiformibus inæqualibus, involucri
phyllis 2-5 longioribus umbellam æquantibus vel superantibus, glumis
fuscis anguste albo-marginatis glabris ovatis acutis, stylo bifido fimbriato-ciliato, nuculâ obovatâ biconvexâ costulis longitudinaliter et striis
transversis eleganter clathratâ ☉. *Scirpus annuus* All. Pedem. tab.
88, fig. 5 et *F. annua* Ræm. et Sch. Rchb. Germ. fig. 734 (forma
humilior umbellâ simplici). — *F. diphylla* Vahl Enum. 2, 289. — *F.
communis* K^th. — *F. polymorpha* Böckel.

Hab. in paludosis, Pontus Lazicus ad ostium flum. Of (Bal!), Iberia ad fluv.
Cyrum (Hoh.), in oryzetis ad Lenkoran (Hoh!), prov. Ghilan Persiæ ad
Enzeli (Buhse!).

Ar. Geogr. Italia borealis, Africa tropica, P. B. Spei, India, Nova Hollandia,
America borealis et tropica.

3. **F. dichotoma** (Rottb. Gram. p. 57, tab. 13, fig. 1) annua
glaucescens, culmis numerosis sæpius pumilis filiformibus subtrigonis basi foliatis, foliis anguste linearibus acutatis culmum subæquantibus, umbellæ compositæ vel semidecompositæ radiis inæqualibus,
spiculis oblongo-fusiformibus acutiusculis, involucri phyllis 3-6 inæqualibus inferioribus umbellam sæpe superantibus, glumis glabris
parvis arcte imbricatis ovatis præter carinam prominentem viridem
in mucronem crassiusculum abeuntem membranaceis pallide fuscescentibus, stylo bifido fimbriato-ciliato, nuculâ minimâ obovatâ biconvexâ costulis longitudinalibus et striis transversis eleganter clathratâ
☉. *F. dichotoma* Vahl Enum. 2, p. 289. — Rchb. Germ. fig. 733. —
F. pallescens Nees

Hab. in udis, oryzetis, Græcia in Peloponneso (Guèr!), Macedoniâ et
Thraciâ (Friv! Griseb!), Anatoliâ in Lydiâ (Boiss!), Pamphyliâ (Heldr!),
Cataoniâ (Haussk!), Cappadociâ (Bal!), Syriâ littorali (Lab! Bl! Gaill!),
Ægypto infer. et superiore (Boiss! Schweinf! etc.), Babyloniâ (Noë!), Persiæ
australis monte Sawers in regionem alpinam usque (Haussk!), Persiâ bor.
(Auch. 5481!), Iberiâ et prov. Talysch (Hoh!), Afghaniâ (Griff!) et prope
Herat (Bge!).

A *F. laxâ* spiculis dimidio minoribus multo angustioribus, glumis longius mucronatis semper distinguenda.

Ar. Geogr. Lusitania, Italia, Serbia, India, Nubia, Abyssinia, Senegalia, insulæ Canarienses.

4. F. miliacea (L. Sp. I, 75, sub *Scirpo*) annua, radice fibrosâ, culmis cespitosis angulato-compressis'basi foliatis, foliis culmos sæpe æquantibus parte inferiore latâ complicatâ sursum attenuatis, vaginis compressis, umbellæ decompositæ radiis inæqualibus, pedicellis capillaribus divergentibus, involucri phyllis 1-3 filiformibus brevibus, spiculis minutis globosis, glumis minutis arcte imbricatis ovatis obtusis obtuse carinato-navicularibus fuscis nitidis, stylo trifido superne ciliato, nuculis minimis obovato-oblongis trigonis minute tuberculato-asperis ⊙. *F. miliacea* Vahl Enum. 2, 286 Rottb. Gram. tab. 5, fig. 2. — *Scirpus parviflorus* Willd. — *S. tetragonus* Poir.

Hab. in oryzetis inundatis, vallis Chyrsan Persiæ occidentalis prope Susan (Haussk!).

Ar. Geogr. Japonia, China, India, Madagascaria, Mauritius.

5. F. squarrosa (Vahl Enum. 2, 289) annua, radice fibrosâ, culmis cespitosis filiformibus humilibus compresso-triangularibus striatis basi foliatis, foliis a basi latiore subcanaliculatâ setaceo-acuminatis culmos æquantibus vel brevioribus, umbellæ simplicis vel compositæ radiis setaceis valde inæqualibus sæpe recurvo-patentibus, involucri phyllis 3-4 setaceis umbellam æquantibus, spiculis oblongo-fusiformibus multifloris squarrosulis, glumis oblongis pallide fuscis membranaceis carinâ viridi in mucronem longum subulatum recurvatum abeunte, styli bifidi basi incrassatâ comam ciliorum reflexorum nuculam tegentium ferente, nuculâ minimâ lenticulari-compressâ obovatâ seriatim punctulatâ ⊙. Ic. Rchb. Germ. fig. 735. — *F. comata* Nees. — *Pogonostylis squarrosa* Bertol.

Hab. in Egypto (ex Schweinf. Beitr.).

Ar. Geogr. Italia in Pedemontio et Etruriâ, Africa borealis, Nubia, Abyssinia, regio Amurensis, China, India, America calidior.

SECT. II. ONCOSTYLIS Nees. — *Bulbostylis* Nees. Stylus glaber basi bulbosâ remanente nuculam coronans. — Grex charactere inter *Isolepidem* et *Fimbristylidem* cui facie magis accedit intermedia.

6. F. capillaris (L. Mant. 321 sub *Scirpo*) annua cespitosa, culmis dense cespitosis strictis setaceis basi foliatis, foliis culmo brevioribus setaceis, vaginis ore barbatis, umbellæ simplicis vel compositæ radiis 4-6 inæqualibus, involucri phyllis 2 setaceis altero umbellam sæpe superante, spiculis parvis ovato-oblongis 6-8-floris fructiferis angulatis, glumis carinato-navicularibus ovatis præter carinam viridem fusco-membranaceis scabridis vel hirtellis præter inferiores mucronatas muticis, stylo trifido, nuculâ minimâ obovato-trigonâ undulato-rugulosâ, mamillâ stylinâ minimâ depressâ ☉. *F. capillaris* Asa Gray Man. Bot. — *Isolepis capillaris* R. et Sch. — *Isolepis tenerrima* Fisch. et Mey. pl. exs. — *I. trifida, I. arenaria, I. truncata* Nees.

Hab. in Guriâ prov. Transcaucasicâ (Szovits !).

Ar. Geogr. Africa tropica, Insulæ Capitis viridis, India, Nova Hollandia, America borealis et tropica.

ERIOPHORUM (L. Gen. 68).

Spiculæ solitariæ vel umbellatæ multifloræ. Glumæ persistentes, nonnullæ inferiores vacuæ. Setæ hypogynæ glumis demum multo longiores nuculam lanâ longâ involventes.

1. **E. vaginatum** (L. Sp. 76), cespitosum, radice fibrosâ, culmis erectis glabris superne trigonis vaginatis vaginis superioribus aphyllis inflatis, foliis radicalibus numerosis rigidis filiformibus triquetris canaliculatis margine scabris, spiculâ terminali solitariâ multiflorâ ovatâ erectâ, glumis lanceolatis acuminatis nigricantibus, nuculis subtriquetris apiculatis, setis hypogynis copiosissimis tandem in lanam setaceam valde elongatis ♃. Ic. Engl. bot. tab. 873. — Rchb. Germ. fig. 686.

Hab. in pratis turfosis regionis alpinæ, Pontus Lazicus supra Djimil (Bal !) Caucasus occidentalis 7-9000' (C, A. Mey.), orientalis in Daghestaniâ ad fontes Djulti Tchai 8500' (Rupr !).

Ar. Geogr. Lapponia et Scandinavia, Gallia, Britannia, Germania, Hispania et Italia boreales, regio Danubialis, Rossia, Sibiria tota, America borealis et arctica.

2. **E. latifolium** (Hoppe Taschenb.) rhizomate brevi obliquo non stolonifero, culmo superne subtrigono, foliis planis apice triquetris, spiculis pluribus ovatis demum nutantibus et pendulis in anthelam dispositis, pedunculis valde inæqualibus scabris, achenio obovato-oblongo trigono apice rotundato mutico, setis hypogynis copiosissimis demum in lanam setaceam valde elongatis ♃. Rchb. Germ. tab. 292. — *E. polystachum* var. β. L. — *E. pubescens* Smith.

Hab. in pratis humidis et turfosis regionis alpinæ, Olympus Bithynus (Boiss ! Pichler ! forma humilior spiculis paucis breviter pedunculatis), vallis Djimil Ponti Lazici 6000' (Bal !), Caucasus et Iberia (M. B.).

Ar. Geogr. Europa tota borealis et media a Scandinaviâ et Rossiâ ad Hispaniam borealam, Italiam centralem et regionem Danubialem, Sibiria, America borealis.

3. **E. angustifolium** (Roth Germ. 2, p. 63) rhizomate repente stolonifero, culmo teretiusculo, foliis linearibus canaliculatis apice

triquetris, spiculis pluribus ovatis demum cernuis pedunculis inæqualibus suffultis, nuculis ovato-oblongis triquetris mucronatis, setis hypogynis demum in comam setaceam longissime elongatis ♃. *E. polystachyum* L. var α. — Rchb. Germ. tab. 291.

Hab. in pratis uliginosis, regio subalpina montis Scardi Macedoniæ 4200-5000' (Griseb.).

Ar. Geogr. Europa arctica borealis et media ad Hispaniam borealem, Italiam, regionem Danubialem usque, Sibiria, America arctica.

Tr. III. RHYNCHOSPOREÆ K^th.

Flores hermaphroditi vel alter spiculæ abortu masculus. Spiculæ varie aggregatæ floribus paucis sæpius unico fertili. Glumæ undique imbricatæ, rarius *(Schœnus)* distichæ. plures inferiores ad basin spiculæ sæpius vacuæ, nucula perdura.

CLADIUM (Brown Jam. 114).

Spiculæ 1-2—floræ in anthelam valde compositam dispositæ, flore unico fertili. Glumæ trifariam imbricatæ carinatæ 5-6, tres inferiores vacuæ, setæ hypogynæ nullæ. Nucula cortice crustaceo instructa.

1. **C. Mariscus** (L. Sp. 62 sub *Schœno*) rhizomate duro repente stolonifero, culmis valde elatis crassis nodosis foliatis teretibus internodiis superioribus alternatim altero latere canaliculatis, foliis late linearibus longis rigidis margine et carinâ asperrimis, corymbis axillaribus et terminalibus plus minusve decompositis pedunculatis inæqualiter multiramosis, spiculis glomeratis ovato-oblongis acutiusculis bifloris flore unico fertili, glumis arcte imbricatis ovatis carinatis ferrugineis inferioribus brevioribus, staminibus sæpius binis, nuculâ crassâ subdrupaceâ ovatâ apiculatâ lævi fuscescenti ♃. *Cl. Mariscus* R. Br. Prodr. 6. — Rchb. Germ. 682. — *C. Germanicum* Schrad.

Hab. ad fossas et in paludibus, Peloponnesus (Sibth. Pichler!), Cephalonia et Ætolia (Heldr!), Anatolia occid. (Boiss! Bal!), Syria borealis (Haussk!), Tauria, Caucasus et Transcaucasia (Ledeb.), Persia australis prope Schiras (Ky. 874!).

Ar. Geogr. Europa omnis a Britanniâ et Gothiâ ad Rossiam mediam, Sibiria Altaica, China, Japonia, Nova Hollandia, Africa borealis et australis, Mauritius, America tropica.

SCHÆNUS (L. Gen. 65).

Spiculæ compressæ (in nostris) 2-3-floræ, spicatæ, floribus omnibus fertilibus. Glumæ subdistiche imbricatæ, inferiores paucæ steriles. Setæ perigynæ 3-5 vel nullæ. Stylus cum ovario continuus deciduus.

1. Sch. nigricans (L. Sp. 64) dense cespitosus, rhizomate brevi horizontali, culmis rigidis elatis teretibus basi foliosis et vaginis nigris nitidis foliorum emarcidorum cinctis, foliis ex vaginâ latâ subcarinato-compressâ canaliculato-filiformibus rigidis dimidium culmum æquantibus, spiculis 5-10 lanceolatis compressis 1-3-floris in capitulum terminale congestis, bracteis binis capitulum involucrantibus a basi dilatatâ subulatis inferiore capitulum superante, glumis distichis castaneo-nigris lanceolatis cymbiformi-carinatis, stylo trifido, nuculâ albâ lævi nitidâ trigonâ. setis 3-5 minimis vel sæpius nullis 4. Nees Gen. Germ. Ic. — Rchb. Germ. fig. 679. — *Chætospora nigricans* Kunth.

Hab. in turfosis et arenosis humidis totius ditionis a Græciâ! et Cretâ! ad Anatoliam! Syriam et Palestinam! Arabiam petream (Bové! Schimp.! sub *S. ferrugineo*), Egyptum in Oasi magnâ (Schweinf!), regionem Caucasicam! Persiam borealem (Bge!).

Ar. Geogr. Europa media et australis ab Angliâ et Gothiâ ad Rossiam mediam, Africa borealis.

2. Sch. ferrugineus (L. Sp. 64) cespitosus, rhizomate brevi, culmis gracilibus rigidis teretibus basi foliosis et vaginis nigris foliorum emarcidorum vestitis, foliis a vaginâ carinato-plicatâ subulatis culmo multo brevioribus, spiculis 2-3 in fasciculum sublateralem dispositis, bracteâ involucrali a basi dilatatâ attenuatâ spiculis subæquilongâ, glumis distichis lanceolatis nigricantibus acutis, stylo trifido, nuculâ albâ lævi nitidâ trigonâ, setis 3-5 nuculâ longioribus 4. *Chætospora ferruginea* R. Br. — Rchb. Germ. fig. 676. — *Streblidia ferruginea* Link. — Nees Gen. Germ. Ic.

Hab. ad aquas, in Thraciâ ad aquas calidas Ranja (Friv. ex Griseb.) sed e ditione nondum vidi.

Ar. Geogr. Europa borealis et media a Scandinaviâ ad Rossiam borealem, Galliam in montanis et alpinis, Italiam borealem, Transylvaniam.

Tr. IV. CARICEÆ

Flores unisexuales.

KOBRESIA (Willd. Sp. IV, p. 105).

Spiculæ in spicam terminalem compositam condensatæ, multifloræ androgynæ apice masculæ. *Masc.* Stamina tria ad glumæ basin. *Fem.* Perigonii loco squamulæ duo intra glumam germen amplectentes. Stylus unicus. Stigmata tria. Nucula obtuse trigona. — Herbæ perennis facie *Caricis festivæ* et *curvulæ.* Flos inferior spiculæ interdum rudimento pedicelliformi instructus.

1. K. caricina (Willd. Sp. IV. 206) cespitosa, radice fibrosâ, foliis firmis tenuibus canaliculatis acuminatis, culmo rigidulo foliis longiore, spicâ compositâ oblongâ, spiculis 3-4 alternis sessilibus breviter bracteatis multifloris terminali longiore, glumis ovatis acutis ferrugineis margine albidis ♃. Ic. Nees Gen. Germ. — Rchb. Ic. tab. 193. — *Carex bipartita* All. tab. 89, fig. 3. — *Schœnus monoicus* Sm. — *Carex hybrida* Schk. tab. 161. — *Elyna caricina* Mert. et Koch.

Hab. in pascuis alpinis humidis, mons Gisyl Tepe Tauri Cilicici 8000' (Ky! Bal!), Caucasus (C. A. Mey!), Salatavia et Daghestania Caucasi orientalis 8000'-9000' (Rupr!).

Ar. Geogr. Alpes Europæ borealis et mediæ ad Pyreneos Italiamque borealem usque, montes Americæ borealis.

ELYNA (Schrad. Germ. I, p. 155).

Spiculæ in spicam terminalem solitariam condensatæ biflore, rarius 2-4-floræ androgynæ flore inferiore femineo cæteris masculis. *Fem.* Squamula intra glumam germen amplectens marginibus vix imâ basi connatis. Stylus filiformis, stigmata tria. *Masc.* Stamina tria squamulâ laterali angustiore stipata. Nucula subtrigona. — Herba perennis facie *Caricis* e sect. *Psyllophoræ.*

1. **E. schænoides** (C. A. Mey. in Ledeb. Fl. Alt. 4. p. 235) radice fibrosâ, collo incrassato pluriculmi, foliis basi dilatatis striatis elongatis longe setaceo-acuminatis subarcuatis culmos æquantibus, spicâ simplici ovato-oblongâ, spiculis 3-4-floris, flore inferiore femineo cæteris masculis, glumis et squamulis fuscis inferiore latiore ♃. *Carex curvula* Stev. Mem. Natur. Mosc. 6, p. 67. — M. B. Taur. Cauc. III. p. 611 non All.

Hab. in regione alpinâ Caucasi, mons Kasbeck 9000' (Rehm. exs. sub *C curvulâ!*), mons Schahdagh Caucasi orientalis (Stev.), Daghestania 9-9500' (Rupr!).

Semipedalis, facie *C. curvulæ* simillima, sed præter characterem genericum ovarii non utriculati bracteæ obtusiores, culmi crassiores, etc.

Ar. Geogr. Mons Alatau Songariæ, Sibiria Altaica, jugum Himalaicum.

2. **E spicata** (Schrad. loc. cit.) cespitosa, radice fibrosâ, foliis filiformibus sulcatis culmum subæquantibus, spicâ terminali lineari confertâ, spiculis bifloris, glumis et squamulis spadiceis membranaceo-marginatis ♃. Ic. Nees Gen. Germ. — Rchb. Germ. tab. 193. — *Carex Bellardi* All. Ped. 2, p. 264, tab. 92. — *Kobresia scirpina* Willd. Sp. IV, p. 205.

Hab. in siccis regionis alpinæ totius Caucasi 7-9000' (C. A. Mey!), in Caucasi orientalis prov. Salataviâ et Tindal usque ad 9600' (Rupr! Owar!), Affghaniâ orientali in alpibus Kaiwas et Chendtoi 11-12000' (Aitch!).

Ar. Geogr. Alpes Europæ borealis et mediæ ad Pyreneos et Italiam mediam usque, Montenegro, Sibiria omnis, America borealis.

CAREX (L. Gen. 1046).

Flores unisexuales in spiculas unisexuales vel androgynas dispositi
ad axillam glumarum secus axin imbricatarum solitarii. *Masc.* Stamina
tria intra glumam. *Fem.* Utriculus seu perigynium glumellis vel squamulis binis inter se connatis constans lagenæforme apice contractum
ovarium includens. Stylus unicus stigmatibus 2-3 ex ore utriculi exsertis. Nucula compressa vel trigona utriculo aucto inclusa. — Herbæ
perennes, spiculis vel solitariis vel sæpius in spicam vel paniculam
dispositis. In nonnullis speciebus utriculus ad ovarii basin aristulam
rectam (axin floris) includit. — Genus vastissimum cujus monogra-
phia species non secundum characteres plus minus artificiales et
variabiles, sed secundum veram affinitatem enumerans valde exop-
tanda.

Specierum Orientalium distributio.

Sᴇᴄᴛ. I. PSYLLOPHORÆ Lois. — Spicula solitaria
terminalis dioica vel androgyna.

* Stigmata bina.

C. Davalliana, pulicaris, oreophila.

* * Stigmata tria.

C. pauciflora, microglochin, Pyrenaica, capitellata.

Sᴇᴄᴛ. II. CYPEROIDEÆ Koch Syn. — Spiculæ androgynæ in capitulum subglobosum involucro longo 2-3-phyllo cinctum conglo-
batæ. Stigm. 2. Facies *Cyperi.*

C. cyperoides.

Sᴇᴄᴛ. III. VIGNEÆ Koch Syn. — Spiculæ androgynæ in spicam
continuam vel interruptam dispositæ vel paniculatæ, sin-
gulæ bracteâ fultæ. Stigmata sæpissime bina.

A. — Stigmata bina.

* Spiculæ superne masculæ.

+ Radix stolonifera vel repens.

C. physodes, incurva, stenophylla, divisa, arenaria.

+ + Radix fibrosa cespites edens.

C. Curaica, vulpina, vulpinoidea, muricata, divulsa, paradoxa, paniculata.

    * * Spiculæ inferne masculæ.

    + Radix stolonifera.

C. Schreberi.

    + + Radix fibrosa cespites edens.

C. elongata, stellulata, leporina, **remota, canescens.**

    B. — Stigmata terna.

C. curvula.

SECT. IV INDICÆ. — Spiculæ androgynæ in paniculam decompositam dispositæ apice masculæ. Stigmata tria.

C. sanguinea.

SECT. V. LEGITIMÆ Koch Syn. — Spiculæ plures, terminalis vel superiores masculæ, inferiores femineæ. Rarius, normaliter in quibusdam speciebus, fortuito in quibusdam aliis spiculæ masculæ basi femineæ et feminearum suprema apice mascula evadunt, sed tunc inflorescentiâ, stigmatum numero, a *Vigneis* et *Indicis* facile distinguuntur.

    * Spiculæ normaliter vel omnes **vel superior androgynæ. Stigmata terna.**

C. Linkii, phyllostachys, illegitima, Oliveri.

    * * Spiculæ normaliter **unisexuales** (Confer *C. tristem*).

    + Utriculi erostres vel rostro brevi tereti oblique truncato vel retuso terminati.

    × Stigmata terna.

    1. Utriculi pubescentes.

C. digitata, ornithopoda, cardiolepis, gynobasis, **Transylvanica, præcox,** *Huetiana, ericetorum, pilulifera,* **montana, tomentosa, Grioleti, humilis.**

    2. Utriculi glabri.

C. pallescens, capillaris, obesa, **supina, Vahlii, atrata, Caucasica, melanantha,** *irrigua, panicea, glauca, echinata,* **maxima, strigosa.**

    × × Stigmata bina.

C. rigida, acuta, stricta, cespitosa, **vulgaris.**

    + + Utriculi rostro plus minusve elongato tereti vel compresso sæpius bifido vel bicuspidato terminuti (Conf. *C. extensam* et *C. dilutam*).

    × Stigmata bina.

C. mucronata.

× × Stigmata terna.

1. Rostrum ore scariosum retusum vel subbifidum. Spicala mascula solitaria.

C. sylvatica, latifolia, depauperata, macrolepis, hirtella, sempervirens, lœvis, tristis.

2. Rostrum marginatum antice planum bidentatum dentibus porrectis rarius subdivergentibus. Spicula mascula sæpius solitaria.

C. Cilicica, extensa, diluta, distans, fulva, Œderi, punctata, fissirostris, lœvigata, Michelii, brevicollis.

3. Rostrum teres vel compressum marginatum bicuspidatum cuspidibus sæpius divergentibus vel patulis. Spiculæ masculæ sæpius plures.

C. pseudocyperus, ampullacea, vesicaria, nutans, Songarica, paludosa riparia, hirta, hordeistichos.

Sect. I. PSYLLOPHORÆ.

' Stigmata bina.

1. **C. Davalliana** (Sm. Brit. III, p. 964) cespitosa, radice fibrosâ, foliis setaceis margine scabris, culmis folia superantibus filiformi-tri-quetris, spiculâ terminali simplici dioicâ masculâ lineari-cylindricâ femineâ oblongâ, glumis ovato-lanceolatis acuminatis fuscis margine pallidis, stigmatibus binis, utriculis fuscis patentibus et reflexis lan-ceolatis multinerviis in rostrum longum plano-convexum margine asperum apice scariosum attenuatis 4. Rchb. Germ. tab. 194. — Boott Car. tab. 462.

Hab. in udis alpinis, Cappadocia in alpibus Aslandach Antitauri (Bal !).

Ar. Geogr. Europa borealis et media usque ad Pyreneos, Italiam mediam, Montenegro, Rossiam mediam, Sibiria Altaica.

2. **C. pulicaris** (L. Sp. 1380) cespitosa stolonifera, foliis seta-ceis margine convolutis, culmis filiformibus erectis lævibus folia supe-rantibus vel æquantibus, spiculâ terminali simplici androgynâ apice masculâ tenuiter cylindricâ demum inferne laxiflorâ, glumis fuscis oblongis obtusiusculis apice hyalinis, stigmatibus binis, utriculis remotis oblongo-ellipticis utrinque attenuatis enerviis glumâ deciduâ longioribus ore hyalino integro 4. Ic. Schk. f. 3. — Rchb. Germ. 195, fig. 524. — *C. psyllophora* L. Suppl.

Hab. in pratis udis, Caucasus orientalis in Pschawiâ 9000' (Rupr !), ditio Grusia Transcaucasiæ (Schmidt ex C. Koch).

Ar. Geogr. Europa borealis et media ad Hispaniam et Italiam medias regio-nem Danubialem et Rossiam mediam usque, Sibiria.

3. C. oreophila (C. A. Mey. Verz. Cauc. p. 29) cespitosa, radice repente, foliis angustis canaliculato-filiformibus, culmis scabriusculis folia subsuperantibus, spiculâ terminali simplici ovatâ vel oblongâ densiflorâ fuscâ androgynâ superne masculâ, glumis orbiculato-ovatis obtusis margine pallidis, stigmatibus binis, utriculis sessilibus ovatis compressis rostellatis ore bidentatis superne marginibus scabridis glumas subsuperantibus, racheolâ lineari ad nuculæ basin ♃. Ic. Boott Car. tab. 465.

Hab. in regione alpinâ montis Argæi Cappadociæ 9000' (Bal. exs. 1111!), in devexis supra Erzerum ad Palanteuken 7600' (Ky. Suppl. 545!), in regione alpinâ Caucasi occidentalis et orientalis 7600'-9000' (C. A. Mey!), alpes Daghestaniæ 9-9600' (Rupr!).

Semipedalis, affinis *C. capitatæ* a quâ differt radice repente, utriculis margine scabris, racheolâ.

* * Stigmata tria.

4. C. pauciflora (Light. Fl. Scot. II, p. 543, tab. 6.) cespitosa, radice repente, foliis paucis filiformi-canaliculatis, culmo inferne parce foliato folia subsuperante, spiculâ terminali simplici stramineâ androgynâ subquadriflorâ flore terminali masculo interdum deficiente, glumis lanceolatis acutiusculis caducis, stylo longe exserto, stigmatibus ternis, utriculis sessilibus remotiusculis reflexis subulatis teretiusculis striatis ore integris lævibus ♃. Rchb. Germ. tab. 196. — *C. lcucoglochin* L. Suppl. 402.

Hab. in pratis turfosis alpinis ad orientem montis Tcharantach Ponti Lazici 7200' (Bal !).

Stylo longe exserto, racheolæ deficientiâ, utriculis paucis a *C. microglochin* distincta.

Ar. Geogr. Europa borealis et media ad Galliam mediam, Italiam borealem, regionem Danubialem Rossiamque mediam usque, America borealis.

5. C. microglochin (Wahlenb. Act. Holm. 1803, p. 140) stolonifera, foliis tenuiter filiformibus canaliculatis lævibus culmo brevioribus, culmo inferne plurifolio, spiculâ terminali simplici subduodecimflorâ ovatâ purpureo-ferrugineâ androgynâ, floribus masculis subsenis terminalibus, glumis oblongis deciduis, stylo incluso stigmatibus tribus, utriculis sessilibus reflexis lanceolato-subulatis subcomplanatis striatis ore integro, racheolâ aciculari exsertâ ♃. Rchb. Germ. tab. 196. — Boott Car. tab. 589.

Hab. in paludibus alpinis Caucasi orientalis 9000' (C. A. Mey.). Non vidi.

Ar. Geogr. Lapponia et Scandinavia, Alpes, Rossia arctica et media, Sibiria Altaica, Tibetia et regio Himalaica, Groënlandia.

6. C. Pyrenaica (Wahlenb. Act. Holm. 1803, p. 139) dense cespitosa, radice fibrosâ, foliis anguste linearibus plicatis culmo æquilongis vel brevioribus, culmis gracilibus triquetris, spiculâ simplici ovato-oblongâ densiflorâ fuscâ androgynâ superne masculâ, glumis oblongo-lanceolatis deciduis, stigmatibus ternis rarissime binis, utriculis stipitatis tandem patentibus et infimis reflexis fusiformi-trigonis in rostrum læve apice scariosum et oblique truncatum attenuatis ♃. Rchb. Germ. tab. 198. — Boott tab. 475. — *C. Grossekii* Heuff.

Hab. in pratis turfosis alpinis ad orientem montis Tcharantach Ponti Lazici. 7200' (Bal!), Caucasus orientalis in montibus Gudurdagh et Artschikala 9600' (Rupr!).

Ar. Geogr. Pyrenæi, Hispania in montibus Castellæ veteris! Alpes Transylvaniæ, Americæ borealis montes Scopulosi, Nov. Zelandia (ex Boott.).

7. **C. capitellata** (Boiss. et Bal. in Bal. pl. Armen. 1866) dense-cespitosa, radice fibrosâ, foliis anguste linearibus planiusculis, scapis gracilibus striato-triquetris folia subsuperantibus, spiculâ simplici parvâ ovatâ pallide fuscescenti androgynâ densiflorâ, floribus femineis 6-9, masculis terminalibus paucioribus, bracteis ovato-oblongis obtusis deciduis, stigmatibus ternis, utriculis sessilibus tandem patentibus et infimis subreflexis ellipticis utrinque attenuatis subtrigonis ore integris ♃.

Hab. in pratis alpinis Ponti Lazici supra Djimil 7500' (Bal!).

Semipedalis, affinis *C. Pyrenaicæ* diftert spicâ dimidio minore, floribus paucioribus, utriculis non stipitatis fere dimidio minoribus utrinque modice attenuatis nec in rostrum angustatis

Sect. II. CYPEROIDEÆ.

8. **C. cyperoides** (L. Syst. 703) annua, cespitosa, radice fibrosâ, culmis inferne foliatis, foliis linearibus longe acuminatis culmos æquantibus, spiculis 2-5 lanceolatis dense multifloris in capitulum subglobosum viride basi involucratum congestis androgynis inferne masculis, involucri bracteis subternis capitulum plerumque longe superantibus, glumis a basi lanceolatâ longe subulatis margine scabris, stigmatibus binis, utriculis longe stipitatis compressis margine subulatis et scabris a basi oblongâ in rostrum longissimum profunde bicuspidatum attenuatis ⊙. Rchb. Germ. tab. 224. — *C. Bohemica* Schreb. Gram. 2. tab. 28. — *Schelhammera capitata* Mænch Suppl. 119.

Hab. ad stagnorum exsiccatorum margines in prov. Imeretiâ Transcaucasiæ (Guld. ex Ledeb.).

Ar. Geogr. Gallia, Germania australior, Italia borealis, regio Danubialis, Rossia media, Sibiria.

Sect. III. VIGNEÆ.

A. — Stigmata bina.

* Spiculæ superne masculæ.

+ Radix stolonifera vel repens.

9. **C. physodes** (M. B. Mem. Mosc. II, p. 104, tab. 7) radice

repente stolones foliosos distantes basi dense vaginatos et fibrosos edente, foliis involuto-filiformibus acuminatis culmo obtusangulo lævi brevioribus, spicâ compositâ ovatâ vel oblongâ castaneâ, spiculis 3-6 congestis androgynis apice masculis bracteâ late ovatâ breviter cuspidatâ suffultis, glumis ovatis et ovato-lanceolatis acutis, stigmatibus binis, utriculis maximis membranaceis vesicarie inflatis globosis vel ellipticis subtiliter striatis pallide castaneis lucidis abrupte et brevissime rostellato-mucronatis ore bifido ♃. Boott tab. 576-577.

Hab. in desertis arenosis Kisylkum Turkestaniæ et circâ Buchara (Lehm!), in Affghaniâ (Griff!)

Culmi semipedales rarius pedales. Species nulli affinis, utriculo 4-10 lineas longo 4-5 lato insignis, nucula utriculo multoties minor 1 ½-2 lin. longa ovato-orbiculata compressa.

Ar. Geogr. Rossia austro-orientalis, Sibiria Altaica.

10. C. incurva (Lightf. Fl. Scot. 544, tab. 24) radice stolonibus elongatis repente, culmis nanis lævibus incurvis folia canaliculata æquantibus, spiculis androgynis superne masculis subsenis in capitulum ovatum aggregatis, glumis fuscescentibus ovato-oblongis acutis et obtusis fructu subbrevioribus, stigmatibus binis, utriculis membranaceis ovatis inflatis gibbo-convexis enerviis apice attenuatim acuminato-rostratis rostri lævi apice oblique truncato ♃. Rchb. Germ. t. 199. — *C. juncifolia* All. Ped. tab. 92. — *C. amphilogos* C. Koch Linn. XXI. p. 915 ex Ledeb.

Hab. in arenosis maritimis arcticis et in glareosis alpinis, prov. Caucasicæ (ex C. Koch), Affghania (Griff. exs. 89 (ex Boott). E ditione non vidi.

Ar. Geogr. Scotiæ, Scandinaviæ montes, Alpium jugum, Sibiria, regio Himalaica, Groenlandia, America arctica et montes Scopulosi.

11. C. stenophylla (Wahlenb. Act. Holm. 1803 N° 21) rhizomate stoloniefro repente, collo fibroso, foliis filiformibus convoluto-canaliculatis sæpe curvatis culmo humili brevioribus, spiculis 3-6 androgynis superne masculis, in spicam rotundatam vel ovato-oblongam congestis ferrugineis, bracteis breviter cuspidatis, glumis ovatis obtusis vel acutiusculis late albo-marginatis, stigmatibus binis, utriculis basi attenuatis ovatis plano-convexis 9-11-nerviis in rostrum breve margine serrulato-scabrum ore membranaceum retusum abeuntibus basi attenuatis ♃. Rchb. Germ. tab. 208. — *C. glomerata* Host Gram. tab. 44.

Hab. in collibus, pratis humidis præsertim regionis montanæ et alpinæ, Libanus (Post!), Armenia Turcica prope Erzerum et in monte Techdagh 7-8000' (Huet!), regio alpina Caucasi (C. A. Mey!), Iberia ad Tiflin (Szov!), Armenia Rossica et Persia borealis (Buhse!), Persiæ australis montes 7-12000' in montibus Kuh Delu et Kuh Daëna (Ky. 482!), Sawers et Nur (Haussk!), Affghania in valle Kuram 7000'-10000' (Aitch!).

β *planifolia*. — Folia sæpius explicata latiora. — *C. pachystylis* J. Gay Ann. Sc. Nat. X, 1838, p. 301.

Hab. in regione inferiore, Palestina ad meridiem Gaza (Barbey!), circâ Hierosolymam (Roth 210!), Damascum (Gaill!), Aleppo (Auch. 3808! Haussk!), inter Aleppo et Mossul (Oliv. ex J. Gay!).

Var. β ad formas pumilas *C. divisæ* accedens ab eis tamen spicâ congestâ nec sublobatâ, bracteâ spicularum inferiorum non longe cuspidatâ, utriculis minus late ovatis differt.

Ar. Geogr. Germania orienlalis, regio Danubialis, Rossia media et australis, Sibiria, Tibetia, America arctica et borealis.

12. C. divisa (Huds. Fl Angl. I, p. 348) rhizomate late repente, foliis firmis planis striatis attenuato-acuminatis culmum erectum triquetrum sæpe æquantibus, spicâ compositâ ovatâ vel oblongâ spiculis androgynis superne masculis approximatis vel inferioribus subdissitis basi bracteatis constante, bracteâ spicularum inferiorum longe aristatâ spicam interdum æquante, glumis brunneis carinatis acutis vel mucronatis, stigmatibus binis, utriculis basi attenuatis late ovatis plano-convexis obsolete nervosis nitidis superne margine scabris in rostrum brevissimum bidentatum attenuatis ♃. Ic. Schkuhr V, fig. 61. — Rchb. Germ. t. 205. — *C. schœnoides* Host Gram. tab. 4. — *C. Austriaca* Schk. — *C. incurva* Sm. Prodr. non Willd. — *C. cuspidata* Bertol.

Hah, in pratis et locis humidis maritimis et interioribus, a regione inferiori ad montanam in totâ ditione a Græciâ! Thraciâ! ad Egyptum et ejus Oases! Syriam, Arabiam Petream (Post!), Mesopotamiam! regiones Caucasicas! Persiam borealem et australem! Affghaniam (Griff!).

Ar. Geogr. Europa media et australis a Britanniâ et Galliâ ad Rossiam mediam, Sibiria Uralensis, regio Himalaica, Africa borealis, Madera, insulæ Canarienses.

13. C. arenaria (L. Sp. 1381) rhizomate longissime repente ad nodos stoloniferos vaginâ lacerâ aucto, foliis linearibus planis vel canaliculatis acumiuatis asperis, culmis triquetris asperis vel inferne læviusculis, spicâ decompositâ oblongâ vel ovatâ densâ vel inferue interruptâ spiculis supremis masculis, inferioribus femineis, intermeiis androgynis apice masculis bracteatis bracteâ latâ in aristam subulatam spiculam sæpe superantem attenuatâ, glumis fructu æquilongis vel longioribus lanceolatis acuminatis brunneo-marginatis, stigmatibus binis, utriculis ovatis plano-convexis valide nervatis a medio alâ dilatatâ serrulato-scabrâ in rostrum bifidum abeunte cinctis ♃. Rchb. Germ. tab. 209. — *C. intermedia* Urv. Enum. p. 122 non Good. — *C. Colchica* J. Gay Ann. Sc. Nat. (1838) X, p. 303.

Hab. in herbidis Peloponnesi (ex Sm. Prodr.), Tauriæ ad Kertch et arenosis maritimis Tauriæ ad Soukoum Kalé (Urv.). Non vidi.

Forma Orientalis e littoribus Euxini a typo culmis minus scabris et utriculis antice copiosius nervatis tantum differe videtur.

Ar. Geogr. Littora præsertim maritima totius Europæ, regio Danubialis, Sibiria (ex Ledeb.)

+ + Radix fibrosa.

14. C. Curaica (Kunth 375) cespitosa, radice fibrosâ, foliis planis acumiuatis culmo stricto brevioribus, spiculis 7-10 androgynis
superne masculis in spicam oblongam fusco-ferrugineam conglobatis
bracteis cuspidatis, glumis ovatis acutis margine albo-membranaceis,
stigmatibus binis, utriculis ovatis plano-convexis non inflatis valide
nervatis superne serrulatis acuminato-rostratis ore obliquo hyalino
♃. *C. ovata* C. A. Mey. in Led. Fl. Alt. IV, 207. Ic. Alt. tab. 323. —
C. incurva var. β Griseb. in Led. Fl. Alt. — *C. vulpinaris* Nees et
C. coacta Boott.

Hab. in Affghaniâ (Griff. N° 79 ex Boott). E ditione nondum vidi.

A *C. incurvâ* quâcum confusa fuit radice non stoloniferâ, foliis planis
culmis pedalibus strictis, utriculorum characteribus aliena.

Ar. Geogr. Songaria, regio Himalaica, Sibiriæ insulæ Kuraicæ.

15. C. vulpina (L. Sp. 1382) cespitosa, rhizomate obliquo fibras
radicales edente, foliis planis carinatis asperis latiusculis culmos elatos acute triquetros asperos æquantibus, spicâ decompositâ crassâ
oblongâ vel elongatâ interruptâ, spiculis multifloris interdum compositis superne masculis congestis omnibus vel inferioribus longe setaceo-bracteatis, glumis ovatis acutis vel acuminatis fructu brevioribus,
stigmatibus binis, utriculis squarroso-patentibus plano-convexis ovato-
lanceolatis in rostrum bifidum margine scaberrimum acuminatu-ros-
tratis dorso 5-7-nerviis ♃. Rchb. Germ. tab. 217.

Hab. in paludosis, ad fossas et rivos fere ubique in ditione, Græcia! Asia.
minor! Cyprus !, Syria littoralis et Libanus (Bl! Gaill!), prov. Caucasicæ.

Ar. Geogr. Europa tota, Sibiria Altaica et Baikalensis, Africa borealis.

16. C. vulpinoidea (Mich. Fl. Amer. II, p. 169) cespitosa,
radice fibrosâ, foliis firmis anguste linearibus culmo elato triquetro
scabrido æquilongis vel longioribus, spicâ decompositâ oblongâ vel
elongatâ conglomeratâ sæpe basi interruptâ pallidâ, spiculis multifloris inferne compositis sæpius setaceo-bracteatis androgynis superne
masculis, glumis ovatis cuspidatis fructu subæquilongis, stigmatibus
binis, utriculis arcte imbricatis divergentibus ovatis plano-convexis
abrupte rostrato-attenuatis bifidis margine acutissimis bifidis ♃.
Boott tab. 404-409.

Hab. in Caucaso unde specimen a cl. Fischer sub *C. nemorosœ* nomine cl.
Boott accepit.

Species a *C. vulpinâ* foliis angustis, utriculis fere dimidio minoribus et in
rostrum brevius abrupte nec sensim attenuatis prob. distincta. Locus Orientalis ab areâ geographicâ speciei valde alienus, sed specimen e Caucaso in
Boott loc. cit. tab. 405, fig. 2. delineatum Americanis omnibus notis simil limum est.

Ar. Geogr. America arctica et borealis, Andes Granatenses.

17. **C. muricata** (L. Sp. 1382) cespitosa, radice fibrosâ, foliis viridibus planis attenuato-acuminatis, culmis folia superantibus triquetris scabris gracilibus firmis, spicâ compositâ oblongâ densâ vel basi interruptâ, spiculis 6-8 globosis simplicibus apice masculis, bracteâ spiculis breviore, glumis acutis vel acuminatis dorso viridibus late membranaceo-castaneis fructu brevioribus, stigmatibus binis, utriculis viridibus squarrose divaricatis plano-convexis obsolete nervosis in rostrum crebre serrulato-scabrum acuminatis bicuspidatis ♃. Rchb. Germ. tab. 215.

Hab. in pratis et sylvaticis totius fere ditionis in regione inferiori, montanâ et subalpinâ, Græcia (Marg! Heldr!), Macedonia et Thracia (Friv! Griseb!), Anatolia, Cilicia (Bal!), Syria ad Damascum (Gaill!), Mesopotamia ad Orfa (Haussk!), Libanus in monte Sanin 6000' (Schweinf!), Pontus Lazicus (Bal!), Caucasus et Transcaucasia (Ledeb.)

Ar. Geogr. Europa omnis, in australioribus tantum montana, Sibiria Altaica Madera, Africa borealis, America borealis.

18. **C. divulsa** (Gooden. Trans. Linn. Soc. II, p. 160) cespitosa, radice fibrosâ, foliis viridibus planis apice attenuato-acuminatis, culmis gracilibus superne cernuis, spicâ compositâ elongatâ, spiculis globosis apice masculis inferioribus remotis interdum compositis superioribus approximatis, glumis præter nervum viridem albidis mucronatis fructu brevioribus, stigmatibus binis, utriculis albidis erecto-patulis plano-convexis obsolete nervosis in rostrum margine scabriusculum acuminatis ♃. Rchb. Germ. tab, 220. — *C. muricata* var. *divulsa* Boott.

Hab. in sylvaticis humidis totius fere ditionis, Græcia in Peloponneso (Orph!), Creta (Sieb!), Thracia (Friv!), Anatolia (Tchih!), Syria littoralis (Bl! Gaill!), Armenia Turcica (Huet!), Tauria et prov. Caucasicæ (Ledeb.), Persia borealis (Bge! Ky. 76!).

Affinis præcedenti cujus ex multorum sententiâ varietas distinguitur præter spiculas remotiores utriculis minoribus non divaricatis et apice vix scabris.

Ar. Geogr. Europa media et australis ab Angliâ et Gothiâ ad Rossiam mediam, Sibiria, Africa borealis, Madera, insulæ Canarienses.

19. **C. paradoxa** (Willd. Act. Acad. Berol. 1794, pag. 30, tab. 1) cespitosa, radice fibrosâ, foliis planis anguste linearibus attenuato-acuminatis culmos elatos strictos convexe triquetros basi fibris vestitos æquantibus, spiculis pluribus apice masculis paniculam elongatam lanceolatam strictam formantibus, bracteis brevibus, glumis fuscis acuminatis fructu subæquilongis, stigmatibus binis, utriculis parvis gibbo-convexis basi truncatis utrinque nervatis in rostrum conicum breve bidentatum margine scabrum abruptiuscule attenuatis ♃. Rchb. Germ. tab. 122.

Hab. in pratis paludosis, Transcaucasia (Eichw. ex Ledeb.). Non vidi.

Ar. Geogr. Europa borealis et media ad Galliam mediam, Italiam borealem, regionem Danubialem usque, Sibiria Altaica.

20. C. paniculata (L. Sp. 1383) dense cespitosa, radice fibrosâ, foliis late linearibus plicatis carinatis culmos subæquantibus infimis ad vaginas latas brunneas reductis, culmis elatis triquetris ad angulos acutos scabris, spiculis numerosis ovatis superne masculis in paniculam ovatam vel oblongam dispositis, bracteis brevissimis, glumis ovatis acutis fuscis albo-marginatis fructu brevioribus, stigmatibus binis, utriculis parvis patulis brunneis plano-convexis basi subtruncatâ obsolete nervosis in rostrum bidentatum margine serrulato-scabrum attenuatis ♃. Rchb. Germ. tab. **223.**

Hab. in pratis paludosis alpinis, vallis Djimil Ponti Lazici 6000' (Bal!), Caucasi ditio Alagir (Rupr!), Guria Transcaucasiæ (Szov!). Probab. in Macedoniâ et Thraciâ.

Ar. Geogr. Europa media et australis a Britanniâ et Gothiâ ad Rossiam mediam, insulæ Canarienses.

     * * Spiculæ inferne masculæ

     + Radix stolonifera.

21. C. Schreberi (Schrank Bai. Fl. 1, p. 278) radice stolonibus elongatis repente, foliis anguste linearibus canaliculatis margine asperis culmos graciles erectos triquetros non æquantibus, spicâ compositâ ovatâ vel oblongâ distichâ, spiculis 3-7 ovatis alternatim contiguis basi masculis clavatis bracteis præter infimam breviter aristatis suffultis, glumis dorso viridibus cæterum brunneis ovatis mucronatis fructu brevioribus, stigmatibus binis, utriculis erectis oblongo-ovatis plano-convexis fere a basi margine acutis et serrulatis in rostrum bifidum attenuatis utrinque nervatis ♃. Ic. Schk. tab. β, fig. 9. — Rchb. Germ. t. 287. — *C. brizoides* var. *campestris* Ledeb.

Hab. in campis arenosis, Tauria et Caucasus (M. B. Stev.).

Ar. Geogr. Europa media a Gothiâ et Belgio ad Galliam, Italiam, regionem Danubialem, Sibiria.

     + + Radix fibrosa.

22. C. elongata (L. Sp. 1383) cespitosa, radice fibrosâ, foliis planis linearibus longe acuminatis elongatis culmos graciles firmos triquetros asperos æquantibus, spicâ compositâ spiculis alternis approximatis oblongo-cylindricis basi masculis constante, bracteâ brevi squamiformi, glumis ovatis ferrugineis superne albo-hyalinis fructu subduplo brevioribus, stigmatibus binis, utriculis patentibus elliptico-lanceolatis nervatis in rostrum breve subintegrum margine scabriusculis attenuatis ♃. Ic. Schk. tab. E. fig. 25. — Rchb. Germ. tab 218.

Hab. in paludosis, Messenia (ex Sm. Prodr.). E ditione non vidi.

Ar. Geogr. Europa borealis et media ad Hispaniam Italiamque centrales regicnemque Danubialem usque, Sibiria.

23. C. stellulata (Gooden. Trans. Linn. Soc. II. p. 144) cespitosa, radice fibrosâ, foliis firmis anguste linearibus canaliculatis culmos erectos obtuse trigonos subæquantibus, spicâ compositâ brevi
spiculis 3-4 parum remotis inferne masculis constante, bracteis brevibus squamiformibus, glumis late ovatis ad nervum virentibus flavidis
vel pallide brunneis fructu brevioribus, stigmatibus binis, utriculis
stellatim squarroso-patentibus plano-convexis ovato-lanceolatis obsolete nervosis in rostrum longiusculum bifidum attenuatis margine scabris ♃. Ic. Schk. tab. C. fig. 14. — Rchb. Germ. t. 214. — *C. echinata* Murr. non Desf.

Hab. in pratis humidis, Rumelia (Friv!), vallis Djimil Ponti Lazici 6000'
(Bal!), Transcaucasia ad Suchum Kale (Nordm.) et Lenkoran (C. A. Mey.).

Ar. Geogr. Europa borealis et media ad Lusitaniam, Hispaniam borealem
et Italiam centralem usque, Sibiria, America borealis.

24. C. leporina (L. Sp. 1381) cespitosa, radice fibrosâ, foliis
firmis latiuscule linearibus planis carinatis acuminatis, culmis folia
superantibus crassiusculis erectis angulosis fistulosis, spicâ compositâ spiculis 4-6 alternis approximatis obovatis majusculis brunneis
basi masculis constante, bracteâ brevi squamiformi, glumis lanceolatis
acutiusculis fulvis margine albidis fructu æquilongis, stigmatibus
binis, utriculis erectis viridibus ovatis plano-convexis nervosis in rostrum bidentatum acuminatis margine alato serrulato-scabro in rostri
apicem excurrente cinctis ♃. Rchb. Germ. tab. 3. — *C. ovalis* Good.
Trans. II, p, 148. — Schk. tab. B, fig. 8.

Hab. in pratis humidis præsertim alpinis, Græcia (ex Sm. Prodr.), Mace-
doniæ Alpes (Griseb.), Rumelia (Friv!), mons Tmolus Lydiæ ad Bozdagh
(Boiss!), Cappadocia in monte Argæo (Bal!), Pontus Lazicus ad Djimil
(Bal!), Caucasus ad Kaischaur (Hoh!), Daghestania (Rupr!).

Ar. Geogr. Europa media et australis ad Hispaniam et Italiam centrales
usque, Sibiria omnis, America borealis in montibus Scopulosis.

25. C. remota (L. Sp. 1383) cespitosa radice fibrosâ, foliis planis anguste linearibus flexuosis attenuato-acumiuatis culmos graciles
elongatos debiles arcuatim nutantes subæquantibus, spiculis 6-10
alternis remotis parvis turbinatis viridibus basi masculis bracteâ in inferioribus longissimâ foliaceâ suffultis, glumis albidis ovatis
acutis fructu brevioribus, stigmatibus binis, utriculis erectis plano-
compressis ellipticis in rostellum bidentatum serrulato-scabrum breviter abeuntibus ♃. Ic. Schk. tab. E. f. 23. — Rchb. Germ. tab. 212.

Hab. in umbrosis humidis, Græcia in Messeniâ (Sm. Prodr.), monte Korax
Ætoliæ 5500' (Heldr!), Creta (Raul!), Macedonia et Thracia (Griseb!), Byzantii (Coum!), Libanus (Post!), Pontus Lazicus (Bal!), Caucasus centralis
(Rupr!), Guria et Iberia Transcaucasicæ (C. Koch., Szov!), Persia borealis
orientalis ad Siaret (Bge!).

C. axillaris Good. ex prov. Caucasicis in Ledeb. Fl. Ross. enumerata est
altera ex formis hybridis inter *C. remotam* et species affines obviis.

Ar. Geogr. Europa borealis et media ad Hispaniam centralem, et Italiam
usque, Sibiria, regio Himalaica, Africa borealis, America arctica.

26. C. canescens (L. Sp. 1383) cespitosa, radice fibrosâ, foliis pallide viridibus carinatis asperis valde acuminatis culmos graciles acute triquetros subæquantibus, spicâ compositâ, spiculis 5-6 ovatis remotiusculis supremis approximatis viridibus basi masculis densifloris, bracteâ squamiformi brevi, glumis ovatis acutis vel mucronatis præter nervum viridem albo-scariosis fructu subbrevioribus, stigmatibus binis, utriculis parvis viridibus erectis plano-convexis ovatis subtiliter striatis margine acutis scabridis in rostrum brevissimum retusum attenuatis ♃. Rchb. Germ. tab. 206. — Boott tab. 496. — *C. curta* Good.

Hab. in pratis turfosis alpinis, vallis Djimil Ponti Lazici 6000' (Bal !), Caucasus occidentalis 6600' (C. A. Mey.), orientalis in Daghestaniâ 8500' (Rupr!).

Ar. Geogr. Europa borealis et media ad Italiam mediam et regionem Danubialem usque, Sibiria omnis, America borealis et antarctica.

B. — Stigmata terna,

27. C. curvula (All. Ped. II, p. 294, tab. 92, fig. 3) radice fibrosâ cespitosâ, culmis erectis teretibus humilibus, foliis brevibus firmis incurvis glauco-virentibus subsetaceis striatis canaliculatis in fasciculos basi membranaceo-vaginatos congestis, spiculis androgynis superne masculis 3-6 in capitulum oblongum densissime aggregatis, bracteâ basilari ovatâ sæpius retusâ breviter aristatâ, glumis fuscescentibus ovato-lanceolatis breviter acuminatis fructu subbrevioribus, stigmatibus ternis, utriculis oblongis triquetris in rostrum apice membranaceum bilobum sub apice margine scabrum attenuatis ♃. Host Gram. III, t. 78.

Hab. in regione alpinâ montis Perimdagh Macedoniæ (ex cl. Janka in litt.).

Ar. Geogr. Pyrenæi, Alpium tractus, Carpathi, Alpes Hungariæ et Transylvaniæ.

SECT. IV. INDICÆ.

28. C. sanguinea (Boott Linn Trans. XX, p. 137) rhizomate stolonifero. culmis obtusangulis lævibus firmis basi foliatis, foliis linearibus rigidis planis margine scabridis, paniculâ elongatâ angustâ decompositâ racemis longe pedunculatis erectis distantibus oblongis plurispiculatis constante, bracteis foliaceis ad pedunculorum insertionem culmum sæpe æquantibus, spiculis in racemo 3-8 alternis sessilibus ovato-oblongis androgynis apice masculis, glumis purpureis ovato-oblongis acutis fructu sublatioribus et brevioribus, stigmatibus ternis, utriculis oblongo-lanceolatis triquetris sensim attenuato-rostratis nervatis scabris margine acuto subserratis ore breviter bifidis ♀ Boott Car. tab. 515.

Hab. in Affghaniâ (Griff. Herb. Ind. Comp. 6094!).

Pedalis vel subprocerior, folia 2 lineas lata, spiculæ fere 3 lineas longæ floribus femineis 4-6. Ex *C. Indicæ* grege, affinis *C. Wahlenbergianæ* Boott sed ab eâ et affinibus spiculis minoribus et præsertim utriculi rostro multo breviore aliena.

Sect. V. LEGITIMÆ.

* Spiculæ normaliter omnes (vel superior tantum) androgynæ. Stigmata tria.

29. C. Linkii (Schk. Car. 2, p. 85, tab. B bb) rhizomate cespitoso sæpe incrassato fasciculos steriles et culmos inferne foliosos triquetros edente, foliis planis carinatis anguste linearibus elongatis longissime acuminatis superne scabris, spiculis basi bracteatis 2-4 rarius solitariis androgynis superne masculis laxifloris inter se remotis inferiore sæpius pedunculatâ, bracteis foliaceis eâ spiculæ inferioris culmum sæpius superante, glumis amplectentibus ovato-lanceolatis acutis dorso viridibus margine late membranaceis, stigmatibus ternis, utriculis substipitatis oblongo-triquetris subenerviis breviter rostratis ore obliquo subintegro ♃. Boott Car. tab. 412-444. — *C. gynomane* Bertol. Dec. II, p. 43. — Rchb. Germ. tab. 258. — *C. tuberosa* Degland.

Hab. in sterilibus siccis regionis inferioris et montanæ, Græcia in insulâ Zacyntho (Marg!), Atticæ insulâ Salami et montibus Hymetto et Pentelico (Heldr!), Laconiæ pars inferior Taygeti (Boiss!), mons Chelmos Achaiæ 4500' (Orph!), insula Prinkipos ad Byzantium (Griseb!), Smyrna (Fleisch! Bal!), Syria littoralis ad Alexandrette (Haussk!).

Ar. Geogr. Lusitania, Hispania, Gallia australis, Italia, Istria et Dalmatia, Corsica et Sardinia, Africa borealis.

30. C. phyllostachys (C. A. Mey. Enum. p. 30) rhizomate cespitoso fasciculos steriles et culmos foliosos edente, foliis linearibus flaccidis carinatis striatis margine scabris longe attenuato-acuminatis culmos elatos flaccidulos æquantibus, spiculis 2-3 basi bracteatis approximatis inferioribus 1-2 floris femineis bracteâ longissimâ foliis simili suffultis, terminali brevius bracteatâ androgynâ superne masculâ tenuiter cylindricâ floribus femineis 1-2, glumis florum femineorum bracteis similibus longe acuminatis masculorum imbricatis breviter lanceolatis late membranaceis, stigmatibus tribus, utriculis majusculis substipitatis ovatis obsolete trigonis striatis in rostrum breve teres ore albo-hyalinum integrum ciliatum abrupte abeuntibus ♃. Boott Car. tab. 106.

Hab. in humidis sylvarum umbrosissimarum ditionis Transcaucasicæ Talysch 3200' (C. A. Mey!), ad Siaret Persiæ boreali-orientalis (Bge!).

Sesquipedalis, folia inferne lineam lata. Spica ab auctoribus erronee simplex interrupta describitur, bracteæ elongatæ foliiformes spiculas 2-3 indicant et species plurimis notis *C. Linkii* affinis est spiculis inferioribus unifloris femineis, utriculis crassioribus nervosis, etc. ab eâ discrepans.

31. C. illegitima (Cesal. in Frieder. Reis. p. 271) cespitosa, fasciculis rigidis vaginis atrofuscis obsitis, foliis erectis rigidis acute triquetris canaliculatis scabris longe attenuato-acuminatis culmos superantibus, spiculis linearibus androgynis fuscis superne masculis superioribus sessilibus erectis bracteâ fuscâ a basi vaginante longe subuliformi suffultis, infimo subradicali longe pedunculato, floribus femineis 1-3 ad spicularum basin laxis, glumis oblongis carinatis fructu brevioribus, stigmatibus ternis, utriculis magnis ellipsoideis ovatis inferne nervosis utrinque attenuatis erostribus, racheolâ oblongo-lanceolatâ acutâ membranaceâ inclusâ 2⟁. *C. Pharensis* Vis. Fl. Dalm. III, p. 346. — *C. Oliveriana* J. Gay in Bal. exs. 1854. — *Coleachyron Oliverianum* J. Gay eodem loco. — *C. Naufragii* Hochst. et St. Sched. in Steud. Syn. 206!

Hab. in Oriente (Oliv. ex Gay!), insulâ Poros Archipelagi (Friedr.) Cephaloniâ (Schimp!), monte Hymetto orientali Atticæ (Heldr!), insulâ Chustan (Macronisi) sinûs Smyrnensis inter Cistos (Bal. 19!). Fl. Apr. Mai.

Sesquipedalis; folia rigida superne tenuissima, spica composita pollicem longa angusta, utriculus cum stipite 2 ¹/₂ lineas longus. Species insignis facie et præsertim racheolâ non ut congeneribus cum adest setaceâ sed membranaceâ ultrà dimidiam lineam latâ nuculæ æquilongâ.

Ar. Geogr. Dalmatia.

32. C. Oliveri (Böckel. Flora 1880 p. 454) radice.... caule gracili elato obtuse triquetro inferne paucifoliato, foliis læte viridibus remotis culmo multo brevioribus carinatis planis vel complicatis lævibus longissime acuminatis, spicis quinis magnis cylindraceo-clavatis obtusis densifloris longe pedicellatis in apice culmi laxe dispositis prius erectis terminali androgynâ cæteris femineis, bracteis lineari-oblongis basi subvaginantibus longe setaceo-cuspidatis, glumis dense et adpresse imbricatis fusco-purpureis oblongo-lanceolatis acutatis, utriculis membranaceis fuscis glumas excedentibus lævibus subenerviis oblongo-ovatis in rostrum mediocre cylindricum angustum minute |bidentatum attenuatis angustissime viridi-marginatis, stigmatibus ternis 2⟁.

Hab. ad Bianckhel vallis Kurum Affghaniæ (Aitch.), in Oriente loco non indicato (Oliv. ex Böck.). Non vidi.

Culmus subbipedalis, folia 4-9 pollices longa basi 2 lin. lata. Spicæ 16-17 lineas longe 2 ¹/₂-3 latæ. Affinis dicitur *C. ustulatæ* Wahlenb. et *C. psychrophilæ* Nees.

* * Spiculæ normaliter unisexuales.

+ Utriculi erostres vel rostro brevi oblique truncato terminati.

× Stigmata terna.

1. Utriculi pubescentes.

33. C. digitata (L. Sp. 1383) radice fibrosâ foliorum fasciculos culmosque declinatos debiles aphyllos basi tantum breviter vaginatos edente, foliis linearibus acuminatis culmos æquantibus, spiculis tenui-

ter linearibus masculâ terminali sessili cæteris femineis laxifloris
exserte pedunculatis erectis superiore spiculam masculam longitudine superante inferioribus remotis, pedunculis bracteâ ad vaginam
membranaceam brunneam oblique truncatam reductâ inclusis, glumis·
obovatis obtusis sæpe mucronulatis basi utriculum amplectentibus et·
æquilongis brunneis scarioso-marginatis, stigmatibus ternis, utriculis·
subtiliter pubescentibus obovatis triquetris stipitato-attenuatis enerviis brevissime rostellatis ore subintegro ♃. Ic. Schk. fig. 38. —
Rchb. Germ. f. 599.

Hab. in sylvaticis, Thracia in monte Rhodope prope Carlova (Friv.), circâ
Byzantium (Sibth.), Tauria, Caucasus et Transcaucasia (M. B.), Persia boreali-
orientalis ad Siaret (Bge !).

Ar. Geogr. Europa borealis et media ad Hispaniam et Italiam medias usque·
Sibiria.

34. C. ornithopoda (Willd. Sp. 4, p. 255) radice fibrosâ folio-
rum fasciculos culmosque breves debiles declinatos aphyllos basi
breviter vaginatos edente, foliis linearibus acuminatis culmos æquantibus, spiculis breviter liuearibus ad culmi apicem subdigitatim congestis superiore masculâ, femineis 2-3 breviter pedunculatis divergentibus, bracteis ad vaginam fuscescentem oblique truncatam cuspida-
tam reductis, glumis obovatis obtusis basi amplectentibus fructu
brevioribus brunneis albo-marginatis, stigmatibus ternis, utriculis·
pubescentibus obovatis trigonis stipitato-attenuatis enerviis brevissime rostellatis ore subintegro ♃. Rchb. Germ. tab. 598.

Hab. in siccis regionis alpinæ, Pontus Lazicus supra Djimil 8400' (Bal !),
Iberia (Rupr !).

Ar. Geogr. Europa borealis et media a Scandinaviâ ad Italiam centralem,
regio Danubialis, Bosnia, Rossia media, Sibiria Uralensis.

35. C. cardiolepis (Nees in Wight Contr. 127) cespitosa, radice
fibrosâ, culmis erectis tenuibus firmis basi vaginis atrofuscis vestitis,
foliis firmis anguste linearibus multinerviis superne asperis culmo
subbrevioribus, spiculis 3 rarius 4 oblongo-cylindricis erectis purpureis terminali masculâ pedunculatâ femineis exserte pedunculatis·
remotis, bracteis longe vaginatis limbo brevi setaceo, glumis obovatis
late emarginatis atropurpureis late albo-marginatis dorso in cuspidem
scabridam abeuntibus, utriculis obovato-trigonis oblique stipitatis
breviter rostellatis ore oblique truncatis crebre et valide nervatis·
strigoso-scabris glumâ angustioribus et sublongioribus ♃. Ic. Boott
Car. tab. 17.

Hab. in Affghaniâ (Griff. ex Böckel. Linn. 41, p. 200), in valle Kuram
(Aitch !).

Species ab affinibus glumis emarginatis dorso excurrente longe cuspidatis·
distincta.

Ar. Geogr. Regio·Himalaica.

36. C. gynobasis (Vill. Delph. II, p. 206) rhizomate crasso ces~

pitoso fibris vestito fasciculos steriles et culmos basi foliatos debiles
sæpe reclinatos edente, foliis rigidulis planis carinatis margine scabris acuminatis culmo brevioribus, spicâ masculâ terminali solitariâ
tenui oblongo-cylindricâ, femineis 2-3 subquinquefloris globosis
superioribus basi bracteâ a basi vaginatâ subulatâ suffultis subsessi-
bus inter se et spicæ masculæ approximatis infimâ subradicali longissime pedunculatâ decumbente, glumis oblongo-lanceolatis concavis
obtusiusculis muticis fructu longioribus dorso viridibus trinerviis
margine fuscescenti-membranaceis, stigmatibus tribus, utriculis basi
attenuatis substipitatis obovatis triquetris nervosis tenuiter puberulis brevissime rostratis ore subretuso ♃. Rchb. Germ. tab. 259. —
C. Halleriana Asso Syn. No 922.— Boott tab. 415-416.— *C. alpestris*
All. Ped. 2, p. 270.

Hab. in collibus calcareis regionis montanæ, Attica in monte Hymetto
(Boiss ! Heldr!), Peloponnesus prope Golass in regione inferiore Taygeti
(Pichl !),Thracia (Griseb.), Tauria et Iberia (M. B. Hoh !), ditio Talysch (C. A.
Mey), Persia bor.-orientalis ad Siaret (Bge !).

Ar. Geogr. Europa media et australis a Galliâ, Helvetiâ et Germaniâ australibus ad Dalmatiam et regionem Danubialem, Africa borealis, Texas et
Mexico in Americâ boreali.

37. C. Transylvanica (Schur Enum. Transylv, p. 717) rhizomate

cespitoso fibris vestito surculoso, foliis planis striatis margine scabridis, culmis debilibus basi foliatis sæpe reclinatis, spicâ masculâ terminali solitariâ oblongo-cylindricâ glumis pallide brunneis ellipticis
muticis, femineis 1-3 subsessilibus ovatis 6-8-floris bracteâ a basi
vaginante setaceâ suffultis inter se et spicæ masculæ approximatis,
infimâ interdum radicali longissime pedunculatâ decumbente, glumis
femineis sæpius mucronatis utriculo sublongioribus, stigmatibus ternis, utriculis pubescentibus nervatis basi attenuatis stipitatis pyri-
formi-clavatis late et breviter conico-rostratis, achenio apice in cupulam sessilem dilatato ♃. *C. debilis* Boiss. et Bal. in Sched. 1866.

Hab. in sylvaticis circa Rhizé Ponti Lazici maritimi (Bal !). Fl. Jun.

Semipedalis rarius 9-10-pollicaris, folia sesquilineam lata. Affinis *C. basilari*
Jord. differt gracilitate, spicis femineis brevioribus paucifloris sessilibus, glumis non longe cuspidatis. Specimina Lazica Transylvanicis graciliora, folia
culmos æquantia vel superantia, utriculi sæpe pauciores magis nervati.

Ar. Geogr. Transylvania.

38. C. præcox (Jacq. Austr. 5, p. 23, tab 446) rhizomate stolo-

nifero, collo fibroso, culmis gracilibus abbreviatis patenti-arcuatis
obtuse triquetris, foliis firmis culmo brevioribus erectis vel arcuatis
planis, spiculis approximatis masculâ solitariâ oblongo-clavatâ, femineis 2-3 ovato-oblongis sessilibus vel inferiore subpedunculatâ, bracteis membranaceis inferiore vaginante in cuspidem subulatam brevem rarius spiculam æquantem contractâ, glumis pallide brunneis
ovatis sæpe mucronatis vel acuminatis fructum æquantibus, stigmatibus ternis, utriculis pubescentibus obscure nervatis pyriformi-tri-

gonis in rostrum breve non scariosum ore vix retusum sensim contractis, achenio apice subcupulari ♃. Rchb. Germ. fig. 634.

Hab. in pratis siccis præsertim montanis et alpinis, montes Atticæ (Smith
Prodr.), Macedonia et Thracia in montibus Rhodope et Athone et circâ
Byzantium (Griseb., Friv !), Pontus Lazicus ad Djimil 6000' (Bal!), Tauria
(herb. Fauché!), regio alpina et subalpina totius Caucasi 4500'-8400' (C. A.
Mey.).

Ar. Geogr. Europa borealis media et australis a Scandinaviâ et Rossiâ sept.
ad Hispaniam borealam, Siciliam, regionem Danubialem, Sibiria, America
borealis.

39. C. Huetiana (Boiss. Diagn. Ser. II, 4, p. 123) rhizomate
horizontali ramoso, collo dense fibroso-vaginato, culmis tenuibus
flexuosis basi exceptâ nudis, foliis pallide virentibus firmulis planis
culmo brevioribus, spiculis approximatis masculâ solitariâ oblongo-
clavatâ, femineis 2-3 ovatis inferiore brevissime pedunculatâ, bracteis vaginantibus nigrescentibus in cuspidem linearem spiculâ breviorem contractis, glumis fuscis ovatis obtusis muticis, stigmatibus
ternis, utriculis hirtis oblongis nervatis utrinque attenuatis apice
in rostrum breve non scariosum abeuntibus, achenio apice subcupulari ♀. *C. Reuteriana* Boiss. olim nec Diagn. Pl. Hisp.

Hab. in alpinis siccis Armeniæ Turcicæ supra Zazalarkhané 7-8000' (Huet!),
Ponto Lazico supra Djimil (Bal!) ; huc quoque refero specimina incompleta
ex Borbalo Caucasi orientalis (Rupr!).

Affinis *C. montanæ* et *C. præcoci*, a priori bracteis vaginantibus, a posteriore glumis obtusis et utriculi formâ distincta.

40. C. ericetorum (Poll. Hist. Palat. 2, p. 580) radice stoloniferâ, culmis gracilibus ascendentibus obtuse trigonis basi ciliatis,
foliis rigidis patentibus planis culmo brevioribus, spicâ masculâ
solitariâ clavato-oblongâ, femineis 1-2 approximatis sessilibus ovatis,
bracteis membranaceis fuscis breviter vaginantibus in subulam brevem abeuntibus, glumis obovatis vel oblongis obtusissimis fuscis late
albo-membranaceis erosulo-ciliatis fructu æquilatis et subbrevioribus, stigmatibus tribus, utriculis pubescentibus obovatis trigonis
enerviis brevissime rostellatis ore integris ♃. Rchb. Germ. fig. 636.
— *C. ciliata* Willd. — *C. membranacea* Hoppe.

Hab. in siccis, Caucasus inferior (C. Koch). E ditione nondum vidi.

Ar. Geogr. Europa borealis et media a Scandinaviâ et Rossiâ boreali et
australi ad Pyreneos, Alpes, regionem Danubialem, Sibiria Altaica et orientalis.

41. C. pilulifera (L. Sp. 1385) radice fibrosâ, foliis pallide
virentibus linearibus planis, culmis triquetris gracilibus tandem
incurvo-decumbentibus, spiculâ masculâ solitariâ oblongo-lineari,
femineis 3-4 approximatis sessilibus ovato-globosis paucifloris, bracteâ inferiore non vaginante totâ foliaceâ subulatâ spiculam superante
et sæpe culmum æquante, glumis ovatis acuminatis fructum æquan-

tibus brunneis nervo viridi, stigmatibus tribus, utriculis parvis pyri-
formi-globosis pubescentibus spongioso-stipitatis enerviis in rostellum longiusculum retusum contractis ♃. Engl. Bot. tab. 885. —
Boott tab. 283. — Rchb. Germ. tab. 260.

Hab. in sylvaticis, circa Byzantium (Smith Prodr.). E. ditione non vidi.

Ar. Geogr. Europa borealis et media a Britanniâ et Scandinaviâ ad Hispaniam borealem et Italiam centralem.

42. C. montana (L. Fl. Suec. Ed. II, p. 328) rhizomate crasso
elongato horizontali ramoso fibras edente superne vestigiis foliorum
vestito, foliis læte viridibus planis flexuosis breviter puberulis, culmis gracilibus obtuse triquetris fructiferis inclinatis, spiculâ masculâ
solitariâ cylindrico-clavatâ, femineis 1-2 sessilibus ovatis paucifloris valde approximatis, bracteis membranaceis fuscescentibus latis
amplexicaulibus non vaginantibus brevibus oblongis aristulatis, glumis fuscis ovato-oblongis obtusis fructu subbrevioribus, stigmatibus
tribus, utriculis oblongo-obovatis trigonis breviter et attenuatim rostratis ore retusis hirtis nervatis inferne spongioso-stipitatis ♃. Ic.
Schk. fig. 29. — Rchb. Germ. fig. 333.

Hab. in sylvaticis, prata alpina montis Kasbeck Caucasi (Rehm!), et probab. alibi in Macedoniâ vel Thraciâ.

Ar. Geogr. Europa borealis et media a Scandinaviâ et Rossiâ ad Hispaniam et Italiam boreales et regionem Danubialem.

43. C. tomentosa (L. Mant. 123) radice stoloniferâ, culmis gra-
cilibus triquetris, foliis linearibus planis culmo subbrevioribus, spicâ
masculâ solitariâ pedunculatâ cylindricâ, femineis 1-3 ovatis vel breviter cylindricis obtusis densis erectis subsessilibus approximatis,
bracteâ inferiore brevissime vaginante culmum sæpe æquante, glumis
ovato-lanceolatis acutis viridibus rubro-marginatis fructu angustioribus, stigmatibus tribus, utriculis dense et breviter tomentosis spongiosis viridi-stramineis subgloboso-ovatis obsolete trigonis enerviis
brevissime et sæpe obsolete rostellatis ore subretuso ♃. Rchb. Germ.
fig. 688. — C. sphærocarpa Ehrh. — C. cæsia Griseb. Sp. II, p. 412
ex descr. (Deest in ejus herb.).

Hab. in pratis humidis, Macedoniâ in sylvis montis Athos (Griseb.) In
Tauriâ ad Sympheropol et in valle Sudak (Stev.) Loci ex Caucaso in Ledeb-
Fl. Ross. citati ad C. Grioleti spectant.

Ar. Geogr. Europa media ab Angliâ et Gothiâ ad Rossiam mediam, Italiam
borealem, regionem Danubialem.

44. C. Grioleti (Römer iu Sckh. Riedg. p. 76, fig. 209) rhizo-
mate stolonifero, culmis gracilibus elatis triquetris, foliis elongatis
linearibus planis, spicâ masculâ solitariâ pedunculatâ longe et anguste
cylindricâ, femineis 3-4 breviter cylindricis obtusis densis erectis distantibus superiore subsessili cæteris exserte et sæpe longe pedunculatis, bracteis inferioribus vaginantibus foliaceis culmo longioribus,

glumis ovatis acutis mucronatis præter nervum virentem membranaceis pallidis fructu angustioribus, stigmatibus tribus, utriculis membranaceis obovatis obtuse trigonis antice a medio ad apicem lineâ
albâ percursis cæterum enerviis inferne glabris superne breviter
hirtis breviter rostellatis ore hyalino subintegro ♃. *C. tomentosa* C.
A. Mey. Enum. p. 31. non L.-Ledeb. Fl. Ross. ex parte. — *C. subvil-
losa* M. B. Taur. Cauc. II, p. 386 et Stev. Taur. Verz. p. 350.

Hab. in herbidis humidis, Tauria ad Sympheropol (Stev.), Pontus Lazicus
ad Rhizé (Bal. exs. sub *C. tomentosâ !*), Caucasus (C. A. M!), Iberia et Guria
(Ledeb.), ditio Talysch ad Lenkoran (C. A. Mey.), Persia boreali-orientalis
ad Siaret (Bge !).

Affinis *C. tomentosæ* sed distincta staturâ elatiore, spiculis femineis dissitis
et longe pedunculatis, bracteis longius vaginatis, utriculo parcius et superne
tantum hirto longius rostellato et antice lineato.

Ar. Geogr. Liguria, Italia media.

45. C humilis (Leyss. Fl. Bad. 175) rhizomate crasso obliquo
cespitoso, collo vaginis fibrosis dense vestito, culmis erectis brevissimis fere a basi spiculigeris compressis ad spicularum insertionem
excavatis, foliis dense cespitosis angustis canaliculatis persistentibus
erectis arcuatis culmos demum multo superantibus, spiculâ masculâ
pedunculatâ elliptico-oblongâ, femineis 2-4 remotis 2-3-floris pedunculatis pedunculis vaginâ inclusis demum breviter exsertis, bracteis
longe vaginantibus apice late albo-scariosis muticis, glumis latis ovatis subamplexantibus muticis vel mucronulatis dorso carinatis brunneis latissime albo-marginatis fructu latioribus, stigmatibus tribus,
utriculis obovatis obtuse trigonis basi striatis superne pubescentibus
brevissime rostratis ore integro obliquo ♃. Ic. Schk. tab. 43. —
Rchb. Germ. fig. 595. — *C. clandestina* Gooden.

Hab. in calcareis apricis, Iberia prope Tiflis (Rupr!), Caucasus alpinus
(M. B.), ad Vladikaucas (Wilh.), Iberiâ et prov Karabagh (Hoh!).

Ar. Geogr. Europa media et australis ab Angliâ, Belgio et Germaniâ ad
Rossiam mediam, Sibiria Altaica.

2. Utriculi glabri.

46. C. pallescens (L. Spt 1386) radice fibrosâ cespitosâ, culmis erectis foliosis triquetris scabris, foliis pallide virentibus pubescentibus planis linearibus culmo brevioribus, spicâ masculâ solitariâ
castaneâ cylindricâ, femineis 3-4 viridibus approximatis oblongo-ovatis densifloris erectis vel inferioribus subnutantibus exserte pedunculatis, bracteis foliaceis inferiore breviter vaginante culmum superante, glumis ovatis acuminato-cuspidatis pallide fulvis nervo viridi
fructu subæquilongis, stigmatibus ternis, utriculis viridibus glabris
vel superne ad margines scabris elliptico-oblongis subventricosis
obsolete nervatis erostribus ♃. Ic. Schk. fig. 99. — Boott tab. 450.
— Rchb. Germ. fig. 617.

Hab. in pratis et sylvis humidis, Byzantii (Sibth.), Pontus Lazicus ad Rhizé (Bal !), Caucasus orientalis (Ower !), ditio Transcaucasica Talysch ad Lenkoran (C. A. Mey), Persia borealis in ditione Ghilan (Auch. 5478 !).

Ar. Geogr. Europa borealis et media ad Hispaniam et Italiam centrales usque, Sibiria omnis, America septentrionalis.

47. C. capillaris (L. Sp. 1386) radice cespitosâ fibrosâ, culmis filiformibus lævibus basi foliatis, foliis planis linearibus acuminatis brevibus, spiculâ masculâ solitariâ breviter lineari-fusiformi pedunculatâ, spiculis femineis 2-3 longe pedunculatis cernuis laxe 5-10 floris superioribus oppositis spiculam masculam superantibus, bracteis longe vaginantibus foliaceis infimâ spiculam superante, glumis membranaceis pallide brunneis albomarginatis ovatis obtusiusculis deciduis fructu brevioribus, stigmatibus ternis, utriculis glabris lucidis enerviis ovato-ellipticis trigonis basi et iterum apice in rostrum breve scariosum obliqne truncatum at.enuatis ♃. Ic. Schk. tab. 56. Rchb. Germ. fig. 600.

Hab. in lapidosis humidis alpinis, Pontus Lazicus prope Djimil (Bal !), Caucasus occidentalis 4200' (C. A. Mey.), orientalis in Daghestaniâ et Salataviâ 6500'-7500' (Rupr!).

Ar. Geogr. Europa arctica, Alpes Europæ mediæ, Hispaniæ australis, regionis Danubialis, Sibiria, America arctica et septentrionalis.

48. C. obesa (All. Ped. 2, p. 270) radice stoloniferâ, culmis humilibus erectis gracilibus triquetris, foliis glauco-virentibus firmis arcuato-patentibus linearibus planis carinatis acuminatis, spiculâ masculâ solitariâ lineari-oblongâ, femineis 2-3 oblongis vel ovatis densifloris superiore sessili cæteris stricte et exserte pedunculatis, bracteis vaginantibus auriculatis inferioris laminâ spiculam æquante vel superante, glumis late ovatis obtusis muticis vel mucronulatis brunneis albo-marginatis, stigmatibus ternis, utriculis fuscis coriaceis nitidis globoso-ovatis striatis iu rostrum teres apice membranaceum bilobum contractis ♃. Boott Car. tab. 535. — *C. nitida* Host Gram. 1, p. 53, tab. 71. — Rchb. Germ. tab. 264. — *C. conglobata* Kit.

Hab. in collibus apricis siccis, Tauria (Stev.), Iberia (M. B. C. Koch).

Ar. Geogr. Europa media et australis in Galliâ mediâ et australi, Helvetiâ, Germaniâ australi, Italiâ boreali et mediâ, Dalmatiâ, regione Danubiali, Rossiâ mediâ, Songariâ.

49. C. supina (Wahlenb. Act. Holm. 1883. p. 158) radice stoloniferâ, culmis erectis brevibus gracilibus triquetris, foliis erectis planis carinatis anguste linearibus acuminatis culmos subæquantibus, spicâ masculâ solitariâ lineari-lanceolatâ, femineis 1-2 approximatis ovato-rotundis paucifloris sessilibus, bracteis membranaceis amplexicaulibus fuscis cuspide subulatâ brevi interdum herbaceâ, glumis ovato-oblongis acutis fuscis albo-marginatis, stigmatibus ternis, utriculis fuscis coriaceis nitidis globoso-ovatis obtuse costatis in rostrum teres sæpe obliquum apice scariosum et bilobum contractis ♀. Rchb.

Germ. fig. 631. — *C. glomerata* Schk. fig. 41 ♃. — C. *Schkuhrii* Willd. Sp. 4, p. 264. — *C. campestris* Host Gram. tab. 88. — *C. obesa* var. γ Boott Car. tab. 585.

Hab. in collibus siccis Iberiæ (Stev., C. Koch) ditionis Talysch (C. A. Mey.), Caucasi orientalis in monte Azunta Chewsuriæ 9-9500' (Rupr! specimina 2-3-pollicaria facie *C pedatam* Wahl. referentia).

Valde affinis *C. obesæ*, folia tenuiora, spicæ femineæ sessiles, bracteæ fere omnino membranaceæ breviores, glumæ acutiores.

Ar. Geogr. Germania, regio Danubialis, Rossia australis, Songaria, Sibiria, America borealis.

50. C. Vahlii (Sckh. Car. I. 87) cespitosa, culmis rigidulis sæpius humilibus parte inferiori foliatis, foliis linearibus acuminatis culmo brevioribus, spiculis 3-5 parvis terminalibus confertis nigricantibus terminali oblongâ androgynâ basi masculâ cæteris ovatis vel subrotundis femineis sessilibus vel infimâ subpedunculatâ, bracteâ foliaceâ auriculatâ spiculas æquante vel subsuperante, glumis late ovatis acutis vel obtusis atropurpureis margine decoloratis fructu brevioribus, stigmatibus ternis, utriculis obovato-orbiculatis triquetris subinflatis abruptiuscule rostellatis ore retusis ♃. Boott Car. tab 356 et 357. — *C. Alpina* Wahl. Act. Holm. 160.

Hab. in alpe Chendtoi Affghaniæ 11000' (Aitch.).

Ar. Geogr. Alpes Lapponiæ, Norvegiæ, Sueciæ, Scotiæ, Helvetiæ, Tyrolis, Sibiriæ, regionis Himalaicæ, Americæ arcticæ et borealis).

51. C atrata (L. Sp. 1385) cespitosa stolonifera radice fibrosâ, culmis foliosis basi fibris vestitis, foliis latiuscule linearibus acuminatis multinerviis culmo brevioribus, spiculis 3-5 ovato-oblongis terminalibus approximatis atropurpureis terminali androgynâ basi masculâ cæteris femineis breviter pedunculatis denique pendulis, bracteis basi breviter vaginantibus vel obsolete biauriculatis inferiore foliaceâ spiculam superante, glumis ovato-oblongis acutis nigris fructu æquilongis sed angustioribus, stigmatibus tribus, utriculis ovatis vel orbiculatis enerviis punctatis compressis dorso obtuse carinatis rostello brevi minute bidentato terminatis ♃. Rchb. Germ. tab. 237.

Hab. in pascuis regionis alpinæ, mons Corax Ætoliæ 6-7700' Heldr!), mons Peristeri Macedoniæ supra Bitolia 7500' (Orph!), Olympus Bithynus (Boiss!), alpes Armeniæ Turcicæ (Ky. Suppl. 541!) regio alpina Ponti Lazici supra Djimil (Bal!), Caucasus orientalis 8-9600' copiosissime (Rupr!).

β. *nigra.* — Spiculæ omnes sessiles et erectæ sæpe abbreviatæ, utriculi sæpius nigri. — *C. nigra* All. Ped. IV, p. 267. — *C. parviflora* Host. — *C. atrofusca* Stev. Mem. Mosq. p. 67. — *C. Tauricola* Boiss. Mss.

Hab. in pratis alpinis cum typo ad quem transit, Taurus Cilicicus supra Bulghar Maaden (Bal!) Armeniæ Turcicæ mons Techdagh (Huet!), Pontus Lazicus supra Djimil (Bal!), Guria (Szov!), Caucasi jugum totum 8000'-9000' (C. A. Mey! Rupr!).

Ar. Geogr. Montes elatiores Europæ borealis et mediæ ad Pyrenæos et Italiam borealem usque, Sibiria, regio Himalaica, America borealis.

52. C. Caucasica (Stev. Mem. Nat. Mosc. 4, p. 68) cespitosa stolonifera radice fibrosâ, culmis elatis foliatis, foliis late linearibus acuminatis multinerviis elongatis, spiculis 3-5 oblongo-cylindricis terminalibus subdistantibus terminali androgynâ basi masculâ cæteris femineis pedunculis eis sæpe longioribus suffultis demum pendulis, bracteis basi breviter vaginantibus foliaceis inferiore spiculam superante, glumis nigris triangulari-ovatis acuminatis fructu æquilongis et dimidio angustioribus, stigmatibus ternis, utriculis viridibus ovatis compressis enerviis punctatis dorso obtuse carinatis rostello brevi nigro minute bidentato terminatis ♃. *C. atrata* var. *Caucasica* Boott.

Hab. in regione subalpinâ et alpinâ Caucasi (Stev. C. A. Mey!), in Caucaso orientali 4800'-7000' (Rupr!), Ponto Lazico in pratis alpinis supra Djimil (Bal!).

Immerito cum *C. atrata* confusa, multo elatior, folia culmum subæquantia longe acuminata, spiculæ multo longius pedunculatæ, glumæ angustiores et magis acuminatæ. Culturâ perstat.

53 C. melanantha (C. A. Mey. Fl. Alt. 4, p. 216 tab. 317) cespitosa radice repente, culmis rigidis crassiusculis scaberrimis inferne foliatis et vaginis fibrosis vestitis superne scaberrimis, foliis planis glaucescentibus acuminatis culmo subbrevioribus, spicis sùbsenis ovatis sessilibus confertis, inferiore interdum remotiusculâ superiore androgynâ basi masculâ superne sæpe sterili, bracteâ infimâ vaginatâ brevi, glumis fuscis ovato-oblongis acutiusculis fructu sublongioribus et latioribus, stigmatibus tribus, utriculis erectis obovatis vel ellipticis inflatis subtrigonis tenuiter granulatis brevissime et abrupte rostellatis ♃. Ledeb. Ic. Ross. tab. 317.

Hab. in Affghaniâ (Griff. ex Boott. E ditione nondum vidi.

Affinis *C. nigræ* pro cujus varietate eam cl. Ledebour habet sed differt radice valde repente, culmis scabris, glumarum cum utriculis proportione.

Ar Geogr. Songariæ, Sibiriæ Altaicæ, Mongoliæ, Tibetiæ Alpes.

54. C. irrigua (Smith in Hopp. Caric. tab. 92) radice stoloniferâ fibras lanatas edente, culmis erectis incurvis tenuibus triquetris, foliis linearibus acuminatis planis culmo subbrevioribus, spiculâ terminali masculâ elliptico-lineari pedunculatâ erectâ, femineis 2-3 tenuiter et longe pedunculatis cernuis vel pendulis ovatis densis, bracteis angustis foliaceis inferiore basi auriculatâ vel breviter vaginante culmum sæpe æquante, glumis late lanceolatis acuminatis fuscis fructu longioribus, stigmatibus tribus, utriculis obovato-orbiculatis compressis subenerviis rostello tereti minuto truncato apiculatis ♃. Rchb. Germ. fig. 593. — *C. limosa* var. *irrigua* Wahlenb. Lapp. tab. 15. — *C. Magellanica* var. α Boott Car. p. 80, tab. 219.

Hab in pratis spongiosis alpinis, Pontus Lazicus ad occasum montis Tcha-rantach 8400' (Bal !).

C. limosa ex Erivan Armeniæ in Boiss. et Buhse Aufz. p. 222 enumerata hûc probab. spectat.

Ar Geogr. Alpes Scotiæ, Scandinaviæ, Helvetiæ, Germaniæ, Rossia arctica et septentrionalis, America arctica et septentrionalis.

55. C. panicea (L. Sp. 1387) radice stoloniferâ, culmis erectis obtuse trigonis, foliis glaucescentibus firmis erectis linearibus pla-nis, spiculâ masculâ erectâ pedunculatâ, femineis subbinis remotis breviter pedunculatis erectis cylindricis laxifloris, bracteis longe vaginantibus spiculâ suâ longioribus, glumis brunneis anguste albo-marginatis ovatis acutiusculis fructu brevioribus, stigmatibus tribus, utriculis magnis ovatis turgidis flavidis subnervatis in rostrum breve conicum truncatum abeuntibus ♃. Rchb. Germ.fig. 607. — Boott Car. tab. 472.

Hab. in pratis humidis præsertim alpinis, Armenia prope Erzerum (Calv!), vallis Djimil Ponti Lazici 6000' (Bal!), Tauria, Caucasus et Transcaucasia (Ledeb., C. A. Mey.).

Ar. Geogr. Europa borealis et media ad Lusitaniam Italiamque mediam usque, Sibiria, America borealis.

56. C. glauca (Scop. Fl. Carn. 2, p. 223) rhizomate repente sto-lonifero, culmis erectis obtuse trigonis lævibus, foliis glaucis lineari-bus planis vel carinatis firmis margine scabris, spiculis terminalibus 1-3 masculis oblongis erectis, femineis 2-3-remotis longe peduncu-latis denique pendulis cylindricis densifloris, bracteis inferioribus longe foliaceis breviter vaginantibus superioribus brevibus subulatis, glumis oblongo-lanceolatis nervo excurrente mucronatis rarius muti-cis fructus æquantibus, stigmatibus tribus, utriculis erectis ellipticis compressis enerviis scabriusculis obtusis rostello brevissimo obtuso apiculatis ♃. Rchb. Germ. tab. 269. — *C. recurva* Huds. — *C. flacca* Schreb. — *C erythrostachys* Hoppe (variatio spicis femineis brevius imo brevissime pedunculatis erectis, glumis sæpe acutioribus et fruc-tum superantibus). Hûc quoque *C. acuminata* Willd. 4, p. 300 et *C. cuspidata* Host Gram. tab. 97. — *C. serrulata* Biv. Manip. 4, p. 9. (variatio spiculis femineis sæpius crassioribus erectis, utriculis lævibus).

Hab. in pratis humidis regionis inferioris et subalpinæ ubique in ditione, orma serrulata typo fere frequentior præsertim in australioribus.

Ar. Geogr. Europa tota a Scandinaviâ ad Rossiam, Africa borealis.

57. C. echinata (Desf. Atl. 338) rhizomate repente stolones crassos vaginis ovatis fuscis vestitos edente, culmis validis elatis obtusangulis basi vaginis fuscis latis vestitis, foliis longis rigidis late linearibus planis vel carinatis margine sæpius scabris, spicâ longâ spiculis 4-10 erectis longis cylindricis densifloris constante, superio-ribus 3-6 masculis contiguis subsessilibus reliquis femineis crassio-

ribus infimo sæpe pedunculato, bracteis spicularum inferiorum foliaceis basi vix vaginantibus spiculam longe superantibus superiorum
brevissimis, glumis lineari-lanceolatis viridibus fusco-marginatis
cuspidatis rarius muticis fructu longioribus, stigmatibus tribus, utriculis erectis dense imbricatis obovatis plano-convexis scabris vel
glabris subnervatis margine denticulatis apice rotundato abrupte et
breviter cylindrico-rostellatis ♃. *C. hispida* Willd. IV, p. 302 — Schk.
fig. 64. — *C. longearistata* Biv. Manip. tab. 2. — *C. Provincialis*
Degl. in Lois Gall. 2, p. 307, tab. 31. Kunze Suppl. tab. 18. — *C.
Soleirolii* Dub. Bot. Gall. 471 (forma glumis muticis).

Hab. in paludosis et ad fossas, Græcia in regione inferiore (Boiss! Heldr!),
Zacynthus (Marg. forma glumis muticis!), Syria littoralis (Gaill!).

Ar. Geogr. Lusitania, Hispania, Italia australis et insulæ, Africa borealis.

58. C. maxima (Scop Carn. 2, p. 219) cespitosa, radice fibrosâ,
culmis elatis validis triquetris lævibus foliosis, foliis late linearibus
planis margine scabridis elongatis densifloris, masculâ unicâ rarius
binis terminalibus, femineis 3-4 distantibus arcuatis denique pendu-
is inserte vel exserte pedunculatis, bracteis inferioribus foliaceis
longe vaginatis culmum sæpe superantibus superioribus brevibus
lsubulatis breviter vaginatis, glumis ovato-lanceolatis mucronatis
fusco-marginatis fructu subbrevioribus, stigmatibus ternis, utriculis
ellipticis viridibus lævibus triquetris in rostrum cylindricum breviter
attenuatis ore retuso ♃. *C. pendula* Huds. Angl. 382. — Rchb.
Germ. tab. 247. — *C. agastachys* Ehrh.

Hab. in sylvis humidis et ad rivos umbrosos, Pelopponesus (Herb. Fauché!), Attica (Heldr!), Macedonia in vallibus Athonis (Sibth. Griseb), Byzantii (Coum!), Anatolia in Olympo Bithyno (Auch!) et ad Cerasuntem (Tchih!),
Ponto Lazico (Bal!), monte Akkerdagh Cataoniæ (Haussk!), Libano in
Cedretis Hadet (Bl!), Tauriâ (Stev.), Caucaso (Rehm!) Imeretiâ (Szov!),
ditione Talysch (C. A. Mey!), Persiâ boreali-orientali ad Siaret (Bge!).

Ar. Geogr. Europa media et australis a Britanniâ et Belgio ad regionem
Danubialem, Africa borealis, Madera.

59. C. strigosa (Huds. Fl. Angl. 411) radice stoloniferâ, culmis
elongatis tenuibus debilibus gracillimis lævibus, foliis intense viridibus flaccidis linearibus acuminatis margine scabridis culmo subbrevioribus, spicâ elongatâ laxissimâ, spiculis 5-6 gracilibus cylindricis
longis terminali masculâ cæteris femineis distantibus exserte pedunculatis cernuis laxifloris, bracteis foliaceis longe vaginatis inferioribus
spicam subæquantibus, glumis oblongo-lanceolatis cuspidatis dorso
viridibus late albo-marginatis fructu brevioribus, stigmatibus ternis,
utriculis viridibus fusiformibus triquetris nervatis apice attenuatis
ore oblique truncatis ♃. Rchb. Germ. fig. 602. — Sckk. tab. N. fig.
53 — *C. leptostachya* Ehrh.

Hab. in sylvaticis humidis, sylvæ prope Lenkoran Transcaucasiæ ad Caspium (C. A. Meyer). E ditione nondum vidi.

Ar. Geogr. Britannia, Batavia, Dania, Germania et Gallia boreales, Italia borealis, Hungaria.

× × Stigmata bina.

60. C. rigida (Gooden. Trans. Linn. Soc. 2, 193, tab. 22) radice stolonibus elongatis repente. foliis firmis rigidis planis interdum recurvis vaginis non reticulato-fissis, culmo acutangulo scabro, spiculis approximatis nigris erectis breviter cylindricis inferiore breviter pedunculatâ, bracteis basi biauriculatis inferiore spiculam suam sæpe æquante, glumis ovatis obtusis fuscis nervo virentibus interdum margine pallidis fructum æquantibus vel brevioribus. stigmatibus binis, utriculis glabris nigris vel flavidis ovato–ellipticis compressis convexiusculis enerviis obtusis vel acutis brevissime rostellatis ore integro ♃. Rchb. Germ. tab. 225. — *C. saxatilis* Fl. Dan. tab. 159 non L. — *C. vulgaris* var. *alpina* Boott Car. tab. 568-574.

Hab. in lapidosis humidis Caucasi orientalis 7-95'10' Rupr!, Ponti' Lazici supra Djimil 7500' (Bal!). Frustulum ex Olympo Bithyno hûc quoque spectare videtur, Affghania (ex Böckel).

Specimina pedalia, folia eis speciminum e Sudetis longiora, recta nec recurva, Norvegicis et Americanis quibusdam tamen simillima.

Ar. Geogr. Alpes Scotiæ, Scandinaviæ, Germaniæ borealis, Banatûs, Sibiria, Islandia, Groenlandia, America arctica et borealis prob. quoque centralis.

61 C acuta (Auct. — L. Sp. 1338 ex parte) radice stoloniferâ, foliis læte viridibus longe linearibus planis scabris vaginis non reticulato-fissis, culmis elatis acute triquetris scabris. spiculis longis masculis 2-3 erectis sessilibus subcontiguis, femineis 2-4 cylindricis plus minus longe pedunculatis inferioribus sæpe nutantibus, bracteis foliaceis basi brevissime biauriculatis infimâ culmum superante. glumis lanceolatis acutis præter nervum album nigris fructu angustioribus, stigmatibus binis, utriculis substipitatis ellipticis subinflatis biconvexis utrinque obsolete 7-5-nerviis breviter tenuecque rostellatis ore integro ♃ Rchb. Germ. tab. 31. — Boott Car. tab. 548-549. — *C. gracilis* Curt. Lond. 4, tab. 62.

Hab. in paludosis ad aquas prob. ubique in ditione a Græciâ (Sibth) ad Syriam (Bl! Haussk!), Caucasum et Transcaucasiam (Ledeb.).

Ar. Geogr. Europa tota, Sibiria.

62. C. stricta (Gooden. Tians. Linn. Soc. 2, 196, tab. 21) densissime cespitosa culmis elatis strictis acute triquetris, foliis angustis conduplicatis, vaginis in fibras reticulatas fissis. spiculis cylindraceis elongatis erectis masculis 1-2 cæteris femineis densis præter infimam interdum breviter pedunculatam sessilibus, bracteis non vaginatis infimâ foliaceâ biauriculatâ brevi, glumis atrofuscis oblongis obtusiusculis fructu angustioribus et subbrevioribus, stigmatibus binis. utriculis stipitatis elliptico-oblongis compressis nervalis breviter rostellatis ore integro ♃. Ic. Host Austr. tab. 94. — Rchb. Germ. tab. 230. — Boott Car. tab 584-585. — *C. cespitosa* Huds. Gay Ann. Sc. Nat.

Hab. in paludibus spongiosis, Græciâ in Peloponeso (Bory), Transcaucasiâ in Iberiâ et Guriâ (Ledeb.). E ditione nondum vidi.

Ar. Geogr. Europa borealis et media ad Hispaniam et Italiam medias usque.

63. C. cespitosa (L. Fl. Suec. p. 333 non Gooden nec J. Gay) radice dense cespitosâ non stoloniferâ, foliis anguste linearibus bicarinatis scabris, vaginis infimis in fibras solutis, culmis numerosis strictis acute triangularibus scabris, spiculis 3-4 confertis terminali subsolitariâ masculâ fusiformi cæteris cylindricis subsessilibus erectis, bracteis auriculato-subvaginantibus inferiore elongatâ, glumis fuscis margine pallidioribus ovatis obtusis erosulis, stigmatibus binis, utriculis glumâ sublongioribus elliptico-oblongis compressis subenerviis breviter rostellatis ♃. Ic. Rchb. Germ. tab. 229. — Boott Car. tab. 62. — *C. pacifica* Drej. Fl. Hafn. 292. — *C Drejeri* Lang. — Koch. — *C. Kotschyana* Boiss. et Hoh. Diagn. Ser. 2, 13, p. 38.

Hab. in humidis alpinis Caucasi septentrionalis (C. A. Mey.), Somchetiæ (Eichw. ex Ledeb.), Persiæ bor. in monte Elbrus prope Passgala (Ky. 120!) et australis in monte Kuh Daëna (Ky 694 et 740!).

Rhizoma in spec. magis completis *C. Kotschyanœ* non stoloniferum, hæc igitur a *C. cespitosâ* non sat differt

Ar. Geogr. Europa borealis ad Britanniam, Germaniam borealem, Rossiam mediam usque, Sibiria.

64. C. vulgaris (Fries Mant. 3, 155) radice laxe cespitosâ stoloniferâ, foliis anguste linearibus siccis convolutis, vaginis tandem laceris sed in fibras non solutis, culmis acute triquetris superne scabris, spiculis 3-5 oblongis vel cylindricis erectis contiguis vel remotiusculis sessilibus infimâ rarius pedunculatâ, bracteis non vaginatis infimâ culmum rarius æquante, glumis atrofuscis elliptico-oblongis obtusis fructu brevioribus, stigmatibus binis, utriculis albidis planoconvexis elliptico-oblongis multinerviis brevissime rostellatis ♃. Rchb. Germ. tab 226. — Boott tab. 557. — *C. cespitosa* Gooden L. Transact. non L. — *C. Goodenowii* J Gay Ann. Sc. Nat. 1839, p. 191.

Hab. in udis et paludosis, regio alpina Macedoniæ (Griseb.), Caucasus (M. B.) alpes Sikaram vallis Kuram Affghaniæ (ex Aitch) et prob. alibi. Sæpe cum *C. cespitosa* confusa, loci utriusque interdum dubii.

Ar. Geogr. Europa borealis et media ad Hispaniam Lusitaniamque boreales et Italiam septentrionalem usque, Asia borealis, America borealis et antarctica, Nova Hollandia.

+ + Utriculi rostro plus minus elongato sæpius bifido terminati

✕ Stigmata bina.

65. C. mucronata (All. Ped. 2, p. 268) dense cespitosa, culmis tenuiter filiformibus erectis inferne foliosis fibroso-vaginatis, foliis convolutis tenuiter setaceis culmo brevioribus, spiculis 2-4 congestis terminali lineari-oblongâ masculâ cæteris femineis sessilibus parvis breviter ovatis paucifloris, bracteâ a basi ferrugineâ amplectente setaceâ culmum æquante, glumis ovato-lanceolatis acutis carinatis fuscis albo-marginatis fructu 'brevioribus, stigmatibus binis, utriculis lanceolatis iu rostrum bifidum margine scabrum attenuatis castaneis crebre nervosis undique pilosis ♃. Ic. Schk. fig. 44. — Rchb. Germ. f. 537.

Hab. iu pascuis petrosis subalpinis et alpinis, mons Kasbek Caucasi 6000' (ex C. Koch), prob. iu Macedoniâ. E ditione nondum vidi.

Ar. Geogr. Gallia austro-orientalis, Helvetia Transalpina, Germania australis, Italia borealis et media, littorale Austriacum, Transylvania.

× × **Stigmata terna.**

1. Rostrum ore scariosum retusum vel subbifidum; spicula mascula solitaria.

66. **C. sylvatica** (Huds. Fl. Angl. 353) radice fibrosi, culmis erectis gracilibus foliatis triquetris lævibus, foliis pallide virentibus latiuscule linearibus planis acuminatis culmo subbrevioribus, spicâ elongatâ, spiculis 4-6 terminali masculâ sæpius solitariâ cæteris femineis remotis longe pedunculatis linearibus laxifloris, bracteis vaginatis foliaceis spiculas superantibus, glumis lanceolatis cuspidatis præter carinam virentem albo-membranaceis fructu subbrevioribus, stigmatibus ternis utriculis viridibus ovato-triquetris enerviis in rostrum æquilongum lineare ore scariosum bifidum attenuatis ♀. Rchb. Germ. tab. 603. — *C. patula* Scop. — *C. Drymeia* Ehrh.

Hab. in umbrosis et sylvaticis, Macedonia (Friv!), Thracia ad Byzantium, (Sibth.), Libanus (Post!), Pontus Lazicus ad Rhizé (Ball), Caucasus centralis (Rupr!), Transcaucasia (Ledebl C. A May Hohl), mons Elbrus Persiæ borealis ad Passgala (Ky. 1861), in montibus supra Asterabad (Bge!).

Ar Geogr. Europa media a Britanniâ, Gothiâ, Rossiâ mediâ ad Hispaniam borealem, Italiam, regionem Danubialem, Sibiria, regio Amurensis.

67. **C. latifolia** (Boiss. et Bal. exs. 1856), radice stoloniferâ, culmis elongatis foliosis, foliis læte viridibus late linearibus acutis margine scabris culmo brevioribus, spicâ elongatâ, spiculis tenuiter cylindricis longis densiusculis superiore masculo cæteris femineis dissitis longe pedunculatis erectis, bracteis longe vaginatis foliaceis spicam superantibus, glumis lanceolatis dorso viridibus carinatis anguste membranaceo-marginatis, utriculis glumâ sublongioribus erectis viridibus enerviis ovatis obtuse triquetris basi attenuatis in rostrum longum lineari-cylindricum apice retusum abeuntibus ♀.

Hab in Ponto Lazico circâ Djimil (Ball).

Bipedalis, folia 5 lineas lata, spiculæ femineæ fere bipollicares, utriculus in rostrum eo dimidio brevius attenuatus cum eo sesquilineam longus. Species *C. maximæ* et *C. sylvaticæ* intermedia, folia prioris sed rostrum triplo longius,

spiculæ eis *C sylvaticæ* longiores densifloræ et glumæ non cuspidatæ, radix
denique ut in *C. strigosâ* stolonifera sed in eâ utriculus fusiformis non rostratus. Specimen unicum vidi in quo spicula mascula femineis binis superioribus contigua est, omnes sessiles.

68. C. depauperata (Gooden. Trans. Linn. Soc. 2, p. 181)
cespitosa, radice fibrosâ. foliis planis viridibus, culmis elatis gracilibus, spicâ masculâ solitariâ terminali pedunculatâ lineari elongatâ,
femineis 2-3 remotis exserte pedunculatis basi bracteis foliiformibus
culmum subæquantibus suffultis erectis 3-6-floris. glumis fructu brevioribus mucronatis margine scariosis, stigmatibus tribus. utriculis
viridibus ovatis turgidis elevatim multinerviis basi acutis longe rostratis glabris, rostro lineari scabro ore hyalino obliquo retuso ♃.
Rchb. Germ. tab 256. — *C. triflora* Schk. Car. tab. M. fig. 50.

Hab. in sylvaticis, Laconia (ex Sm. Prodr.), Tauria meridionalis ad Laspi
(Stev!), prov. Caucasicæ (C. Koch).

Ar. Geogr. Scotia et Anglia, Gallia, Belgium, Hispania centralis, Italia,
regio Danubialis, Herzegovina, Kamtchatka.

69. C. macrolepis (D. C. Cat. Hort. Monsp. p. 89) rhizomate
indurato stolonifero vaginato, culmis elatis striatis, foliis longis sed
culmo subbrevioribus linearibus acuminatis planis firmis scabris,
spiculis approximatis masculâ solitariâ oblongo-clavatâ, femineis 1-3
ovatis paucifloris erectis sessilibus vel brevissime pedunculatis, bracteis vaginantibus foliaceis infimâ spiculam et interdum culmum
æquante, glumis late ovatis fuscis obtusis latissime albo-marginatis
utriculo sublatioribus et brevioribus, stigmatibus tribus, utriculis
magnis oblongis triquetris pilis adpressis hirtis nervosis basi attenuatis in rostrum ore hyalinum integrum abeuntibus ♃. Rchb. Germ.
fig. 608. — Kunze Suppl tab. 86 — *C.platystachya* Ten. Fl. Nap. 4,
p. 133. — *C. Tenorii* Kunth Enum. 2, p. 437.

Hab. in pascuis siccissimis subalpinis Peloponesi, montes Kyllene et Che l
mos (Orph!).

Planta sesqui vel bipedalis, folia inferne 2 lineas lata, utriculus maturus
cum rostro 2 ½ lineas longus Species glumis latissime albo-marginatis insignis.

Ar. Geogr. Montes Italiæ mediæ et australis.

70. C. hirtella (Drejer Symb. 21) cespitosa radice fibrosâ, culmis
elatis gracilibus inferne tantum foliosis folia anguste linearia plana
carinata duplo superantibus, spiculis oblongo-cylindricis erectis, masculis 2-3 approximatis subsessilibus pallidis, femineis 2-3 purpurascentibus sessilibus vel infimâ breviter pedicellatâ, bracteis vaginantibus culmo brevioribus, glumis ferrugineis albo-marginatis cuspidatis
fructu subbrevioribus, stigmatibus ternis, utriculis lanceolatis basi
attenuatis longe rostratis complanato-triquetris scabris margine serrulatis ore hyalino obliquo acute bifido ♃. Ic. Boott Carex tab. 31.

Hab. in alpibus Chendtoi vallis Kurrum Affghaniæ (Aitch.).

Ab affini *C macrogynâ* Turcz. utriculis majoribus longe rostratis, ore acute bifido, achenio apice piloso distincta.

Ar. Geogr. Himalaya et Tibetia occidentales.

71. C. sempervirens (Vill. Delph. 2, p. 214) cespitosa, radice non stoloniferâ, culmis strictiusculis folia anguste linearia acuminata subduplo superantibus, spiculis oblongo-lanceolatis erectis terminali solitariâ masculâ femineis 2-3 sublaxifloris, inferioribus exserte pedunculatis, bracteis vaginantibus foliaceis brevibus, glumis fusco-ferrugineis acutis fructu subbrevioribus, stigmatibus ternis, utriculis ovato-lanceolatis parce nervatis dorso subpapillosis in rostrum marginatum serrulato-ciliatum ore scariosum attenuatis ♃. Rchb. Germ. fig. 611. — *C. ferruginea* Schk. fig. 48 non Scop.

Hab. in graminosis siccioribus alpinis, Macedonia in monte Scardo (Griseb.). E ditione nondum vidi.

Ar. Geogr. Europa media in Pyreneis, Jurasso, Alpium toto tractu, Appenninis, montibus Dalmatiæ et regionis Danubialis.

Obs. *C. Mielichhoferi* Sckh. fig. 198. — *C. ferruginea* Scop. Carn. 2, p. 245. — *C. Scopolii* Gaud. Helv. a *C. sempervirenti* rhizomate stolonifero, culmis tenuibus flexuosis apice nutantibus, spiculis longe pedunculatis laxifloris, utriculis abrupte et brevius rostratis distincta in montibus Herzegovinæ crescit et prob. in Macedoniæ montibus reperietur. Ad eam ut varietatem spiculis abbreviatis pallidis cl. Ledeb. adducit *C. chlorostachys* Stev. in M. B. III, p. 615 ex subalpinis Caucasi orientalis in ditione Kubensi ad torrentem Jucharibasch.

72. C. lævis (Kit. in Willd. Sp. IV, p. 292), cespitosa radice stoloniferâ, foliis rigidulis plicatis anguste lineari-filiformibus margine scabridis glaucescentibus, culmis rigidulis brevibus striatis folia subduplo superantibus, spiculis 2-3 ferrugineis breviter oblongis erectis exserte sed stricte pedunculatis terminali masculâ cæteris femineis inferiore sæpius remotâ, bracteis longe vaginantibus subulatis pedunculo æquilongis, glumis rubello-ferrugineis albo-marginatis oblongis acutis vel obtusis subtrinerviis, utriculis glumâ longioribus elliptico-lanceolatis triquetris papilloso-puberulis margine acuto serrulatis in rostram apice scariosum sensim attenuatis ♃.

Hab. in lapidosis cacuminis Olympi Bithyni (Boiss. 1842, Pichler 1874!).

Semipedalis vel vix pedalis, affinis *C. sempervirenti*, differt foliis filiformibus convoluto-plicatis, rhizomate manifeste stolonifero, pedunculis spicularum brevioribus strictissimis. *C. hispidula* Gaud. foliis linearibus planis longe attenuato-acuminatis, spiculis angustis, etc, differt.

Ar. Geogr. Aprutium Neapolitanum (Porta et Rigo exs. N° 88 sub *C. macrolepis*), Dalmatia (Vis ! Pichler!), Bosnia (Knapp!), Herzegovina (Panc!), Croatia (Kit).

73. C. tristis (M. B. Taur. Cauc. 3, p. 615) cespitosa radice non stoloniferâ, foliis latiuscule linearibus valde attenuato-acuminatis, culmis folia superantibus, spicis terminalibus oblongo-cylindricis masculis subbinis cæteris plus minusve distantibus pedunculatis erectis androgynis apice masculis, vel inferioribus femineis, bracteâ inferiore longe vaginanti foliaceâ culmo breviore, glumis ovatis obtusis fuscis albo-marginatis fructu brevioribus, stigmatibus tribus, utriculis oblongo-trigonis superne parce puberulis glabris in rostrum longum margine scabridum ore hyalinum sensim attenuatis ♃. *C. Schottii* Boiss. Diagn. Ser. 2, 4, p. 123. — *C. sempervirens* var. γ. Boott Car. IV, p. 218.

Hab. in alpinis, Armenia Turcica (Huet!), Pontus Lazicus supra Djimil (Bal!), Caucasus totus 5500-9000 (C. A. Mey.), Caucasus orientalis usque ad 9000' (Rupr!) Iberiæ et Guriæ alpes (Ledeb.), Taurus Cilicicus 7200'-8000' (Ky! Bal!).

Valde affinis *C. sempervirenti* Vill. quocum sub var. γ a cl. Boott conjungitur, præter folia radicalia latiora differt tamen spicis masculis sæpius geminis et præsertim cæteris androgynis basi semper femineis, utriculi rostro manifeste longiore.

β *Lazica.* — Elatior bipedalis, spiculæ ad pedunculi elongati apicem 1-3. pedunculi ex eâdem vaginâ interdum bini paniculam longam (8-9-pollicarem) laxam angustam formantes. — *C. Lazica* Boiss. et Bal. exs. 1866.

Hab. in collibus alpinis prope cacumen Tcharantach Ponti Lazici 7000 (Bal.).

Præter culmum et folia elongata, spiculas numerosiores (10-15) et longiu pedunculatas sæpe 2-3 aggregatas a typo non differt.

Ar. Geogr. Transylvaniæ Alpes (ex cl. Janka), Songaria, Sibiria.

2. Rostrum antice planum bidentatum dentibus porrectis, spicula mascula sæpius solitaria.

74. C. Cilicica (Boiss. Diagn. Ser. 2, 4, p. 124) radice stoloniferâ, culmis gracilibus erectis, foliis glauco-virentibus coriaceis acuminatis planis apice triquetris scabris culmo brevioribus, spiculis 2-4 terminalibus oblongis erectis terminali masculâ erectâ subsessili cæteris femineis pedunculis inferioris elongatis superiorum brevibus, bracteâ inferiore longe vaginatâ foliaceâ ore fuscâ spicam æquante, glumis fuscis nervo pallidioribus oblongo-lauceolatis fructu brevioribus, stigmatibus tribus, utriculis glabris punctulatis nervosis oblongo-subtriquetris in rostrum nigricans lineare longiusculum læve profunde bidentatum abruptiuscule abeuntibus ♃.

Hab. in regione alpinâ Tauri Cilicici supra Bulghar Maaden (Bal!), in monte Berytdagh Cataoniæ ad rivulos 8000' (Haussk!)

Pedalis vel sesquipedalis, radix facies et characteres *C. frigidæ* a quâ specifice differre videtur spicis inferioribus non pendulis, utriculis abruptiuscule in rostrum læve nec sensim in rostrum margine valde serratum attenuatis.

75. C. extensa (Gooden. Trans. Linn. Soc. 2, p. 17, tab. 21) cespitosa radice fibrosâ, culmis erectis lævibus obscure trigonis, foliis rigidis pallidis convoluto-canaliculatis, spicâ masculâ fusiformi, femineis 2-3-ovato-oblongis densifloris sessilibus ad basin spiculæ masculæ congestis infimâ sæpe subremotiore breviter pedunculatâ, bracteis foliiformibus spiculas et culmum longe superantibus infimâ subvaginatâ, glumis ovatis obtusis sæpe mucronulatis fulvis viridinervatis fructu æquilatis et subbrevioribus, stigmatibus tribus, utriculis ovatis nervatis utrinque convexis in rostrum breve bidentatum margine glabrum contractis ♃. Ic. Schk. fig 72. — Rchb. fig. 274. — *C nervosa* Desf. Atl. 2, 237. — *C. Balbisii* Spr.

Hab. in pratis et arenosis maritimis, Græcia in Argolide (Heldr!), Cretâ (Siebl!, Macedonia ad Kara Bournu prope Thessalonicam (Janka!), Anatolia occidentalis ad Smyrnam (Bal!), Egyptus inferior (Schweinf!) Tauria, (Beaupré), littora Caspica prov. Talysch (C. A. Mey.).

In hâc specie et *C. dilutâ* utriculi rostrum breve quidem sed bidentatum, affinitasque omnino cum *C. distanti* et *C. punctatâ*.

Ar Geogr. Littora Europæ mediæ et australis ab Angliâ et Germaniâ ad Dalmatiam, Africa borealis, America borealis et australis (ex Boott).

76. **C. diluta** (M. B. Taur. Cauc. II, p. 388) cespitosa glauca. culmis acute triquetris erectis lævibus, foliis firmis planis carinatis culmo brevioribus, spiculâ terminali pallidâ cylindricâ masculâ, femineis 3-4 glauco-viridibus supremâ subsessili brevi cæteris cylindricis remotis erectis pedunculatis, bracteis foliaceis vaginantibus inferioribus spiculas superantibus, glumis præter nervum virens pallide fuscis ovatis acutis vel obtusis mucronatis fructu brevioribus, stigmatibus tribus, utriculis ovatis obtuse trigonis elevatim et æqualiter nervatis basi attenuatis et apice in rostrum breve breviter et subdivaricatim bidentatum margine scabridum contractis ♃. Boott tab. 448. — *C. dilatata* Hohen. sched (sphalmate).

Hab. in pratis et graminosis, Armenia Turcica prope Baibut (Bourg!), Tauria et Caucasus (Ledeb. C A. Mey). Iberia (Stev! Hohen!) Persia borealis (Buhse!), orientalis et australis (Bge!), Affghania (Griff!) Belutschia (Stocks!).

Affinis *C. extensæ* differt culmo triquetro, foliis planis, spiculis remotis, bracteis brevioribus et vaginantibus, rostro margine scabro; a *C. distante* spiculis longius pedunculatis, utriculis æqualiter nervatis, rostro brevi, foliis brevius ligulatis.

Ar. Geogr. Transylvania (ex cl. Janka), Turkestania borealis, Songaria, Sibiria.

77. **C. distans** (L. Sp. 1387) radice cespitosâ fibrosâ, culmis elatis rigidis lævibus, foliis firmis glaucescentibus culmo brevioribus, ligulâ oppositifoliâ oblongâ, spiculâ terminali masculâ fusiformi femineis 3-4 oblongis densifloris remotis erectis breviter pedunculatis, bracteis longe vaginatis spiculâ longioribus, glumis castaneis ovatis obtusis mucronatis fructu æquilatis et brevioribus, stigmatibus ternis, utriculis ovatis subinflatis obtuse trigonis nervatis nervis lateralibus crassioribus in rostrum rectum acute bifidum margine

et in dentium latere interiori serrulato-scabrum contractis ♃. Ic.
Sckh. fig. 68. — Rchb. Germ. tab. 253. — *C. Sinaica* Nees in
Steud. Cyp. 228.

Hab. in pratis humidis totius ditionis a Græciâ! et Macedoniâ! ad Cyprum
(Rigo!), Libanum Post!), Palestinam, Syriam littoralem (Barbey!), Arabiam
petreaml, Assyriam!, prov. Caucasicas!

Specimen incompletum radice orbatum a cl. Blanche ex Marserkis Libani
sub N° 228 accepi a *C. distante* spiculis inferioribus longius pedunculatis et
inprimis rostro utriculi brevissimo vel fere nullo distinctum. Formam inter
C. distantem et *C. glaucam* hybridam esse suspicor et hùc probabiliter spectat specimen ex Tauro Cilicico a cl. Boott Car. 4, p. 162 ad *C. binervem* speciem occidentalem erroneé relatum.

Ar. Geogr. Europâ omnis a Scandinaviâ ad Rossiam, Africa borealis

78. C. fulva (Gooden. in Linn. Trans. II, 177) radice cespitosâ

stoloniferâ, foliis viridibus erectis planis culmo brevioribus, ligulâ
ovatâ brevi truncatâ. culmis gracilibus scabris, spiculâ superiore masculâ sæpius solitariâ, femineis subternis erectis ovatis vel oblongis
inferiore longe remotâ exserte pedunculatâ, bracteis longe vaginantibus infimâ anguste foliaceâ spiculam suam superante, glumis ovatis
acutis fuscis fructu brevioribus. stigmatibus tribus, utriculis imbricatis viridibus ovatis subinflatis utrinque convexis nervoso-margina-
tis in rostrum bifidum margine serrulatum acuminatis, rostri dentibus apice scariosis ♃. Ic Schk. tab. 67. — Rchb. Germ. tab. 252. —
Boott tab 443. — *C. Hornschuchiana* Hoppe Flora 1824. p 599. —
C. speirostachya Sm. Engl. 4. p. 98. — *C. Armena* Boiss. Mss.

Hab. in pratis humidis, Græcia (Bory), Armenia prope Baibut et Gumusch
Khané (Bourg!), Iberia C. Koch).

Ar. Geogr. Europa media et australis a Scandinaviâ ad Rossiam mediam,
America septentrionalis.

79. C. Oederi (Ehrh. Calam. N° 79) radice cespitosâ fibrosâ,

culmis gracilibus erectis trigonis, foliis læte viridibus planis linearibus acuminatis, spiculâ masculâ solitariâ lineari-oblongâ pedunculatâ,
femineis 2-3 globoso-ovatis superioribus subsessilibus approximatis
inferiore pedunculatâ sæpe remotissimâ, bracteis vaginantibus foliaceis culmum superantibus demum patentissimis, glumis ovato-oblongis fulvis viridi-nervosis fructu brevioribus, stigmatibus tribus. utriculis ovatis inflatis flavidis nervosis glabris in rostrum rectum
plano-convexum margine scabrum bidentatum acuminatis demum
divergentibus ♀. Ic Schk. tab. 26. — Rchb. fig. 652. — *C. flava*
var. *Œderi* Auct.

Hab. in humidis montis Sawers Persiæ austro-occidentalis 8000' (Haussk!),
ın regione montanâ et alpinâ prov. Khorassan (Bge!) et probab. alibi.

Affinis et forsan varietas *C. flavæ* L in ditione nondum observatæ spiculisque majoribus magis condensatis demum reflexis rostroque multo longiore
tandem recurvo superatis distinctæ.

Ar. Geogr. Europa fere omnis, America borealis.

80. **C punctata** (Gaud. Agrost. Helv. 2, p. 152) radice cespitosâ, culmis erectis lævibus, foliis linearibus acuminatis culmo subbrevioribus, ligulâ oblongâ, spicâ masculâ terminali solitariâ lineari rarius binis contiguis, femineis 3-4 erectis remotis oblongis viridibus densifloris breviter pedunculatis, bracteis longe vaginantibus linearibus culmum æquantibus, glumis pallidis nervo viridi in mucronem scabrum fructum non æquantem producto, stigmatibus tribus, utriculis ovatis inflatis viridibus lucidis glabris obscure nervatis punctulatis in mucronem margine glabrum breviter bidentatum contractis ♃. Ic. Gaud. Helv. 6. tab. 2. — Rchb. Germ. fig. 619. — Kunze Suppl. tab. 6. — Boott Car. tab. 500. — *C. Corsicana* Link.

Hab. in collibus graminosis, Pontus Lazicus in declivitatibus inter Mapavri et Athina (Bal!).

Ar Geogr. Norvegia australis, Anglia, Gallia occidentalis et australis, Corsica, Italia, Helvetia australis, Africa borealis, insulæ Azoricæ.

81. **C. fissirostris** (J. Ball in Journ. Bot. 1875, p. 206 ex Böckeler in Aitch. Journ. Linn. Soc. XIX, p. 190. tab 28) radice fibrosâ cespitosâ, culmis humilibus basi foliatis vaginis foliorum vetustorum obsitis, foliis patenti-falcatis culmo brevioribus planiusculis acuminatis margine superne denticulatis, spicâ masculâ terminali oblongo-lineari, femineis 3 breviter pedunculatis remotiusculis erecto-patentibus viridibus cylindraceo-oblongis obtusis, bracteis foliaceis vaginantibus, glumis utriculo triplo minoribus ovatis mucronulatis carinâ viridibus cæterum membranaceis pallide ferrugineis, utriculis parvis viridibus ovatis inflatis lævibus subtiliter nervatis in rostrum breve acute bidentatum sensim attenuatis, stigmatibus ternis ♃. *C. Aitchisoni* Böck. Flora 1880, p. 456.

Hab. ad Chalizan, Sergal, Biankkel vallis Kurum Affghaniæ 7000'-10000' (Aith!) Vidi Sp. imperfecta.

Culmi 3-5-pollicares, spicæ femineæ 4-6 lineas longæ 2 ½ latæ. Ex affinitate *C. punctatæ* et *C. microlepidis* Böck.

Ar. Geogr. Africa borealis in Atlante.

82. **C. lævigata** (Sm. Trans. Linn. Soc. 5, p. 272) radice cespitosâ, culmis erectis elatis lævibus, foliis late linearibus planis margine scabris, ligulis binis alterâ oppositifoliâ brevi alterâ longiore limbo adnatâ, spicâ masculâ terminali lineari, femineis 2-4 distantibus cylindricis exserte pedunculatis inferiore subnutante, bracteis inferioribus longe vaginantibs spiculas superantibus, glumis lanceolatis cuspidatis pallide fuscis nervo virentibus fructu subbrevioribus, stigmatibus ternis, utriculis elliptico-lanceolatis obtuse triquetris nervosis in rostrum longum plano-convexum læviusculum longe bicuspidatum attenuatis ♃. Ic. Engl. Bot. tab. 1387. — Rchb. Germ. 254. — Boott Car. tab. 540.

Hab. in pratis umbrosis humidis, Tauria (herb. Fauché!).

Specimen Tauricum herb. Fauché etsi incompletum tamen omnino typicum est.

Ar. Geogr. Lusitania, Hispania borealis, Gallia, Anglia, Batavia, Germania occidentalis et borealis, Rossia media.

83. C. Michelii (Host Gram. tab. 72) rhizomate stolonifero, culmis inferne foliosis, foliis latis radicalibus culmum sæpe æquantibus, spicâ terminali masculâ clavatâ pedunculatâ, femineis 1-2 remotis breviter pedunculatis bracteâ vaginanti brachyphyllâ suffultis ovatis laxiusculis viridibus, glumis lanceolatis acutis late marginatis, stigmatibus tribus, utriculis ellipticis obsolete puberulis obsolete nervosis basi attenuatis in rostrum lineare eis æquilongum margine scabrum apice acute bifidum subito attenuatis, rostri lobis subdivergentibus ♃. Rchb. Germ. tab. 256.

Hab. in montosis Tauriæ (Stev.) Caucasi (Hoh!), Transcaucasiæ in ditionibus Lori et Kuba (C. Koch).

Ar. Geogr. Italia borealis, Germania austro-orientalis, regio Danubialis, Rossia media et australis, Sibiria Orientalis, Japonia.

84. C. brev collis (D. C. Fl. Fr. VI. p. 295) rhizomate obliquo cespitoso, foliis latis margine scabris radicalibus culmos sæpe æquantibus, spicâ masculâ terminali pedunculatâ clavatâ, femineis 2-3 pedunculatis remotis ovato-oblongis densifloris pallide fuscis basi bracteâ vaginanti subinflatâ valde brachyphyllâ suffultis, glumis oblongis truncatis vel retusis breviter cuspidatis, stigmatibus tribus, utriculis puberulis nervatis ellipsoideo-globosis basi attenuatis in rostrum breve conicum bidentatum attenuatis ♃. Ic. Kunze Car. 20, tab. 4, fig. 1. — Rchb. Germ tab. 244. — *C. rhynchocarpa* Heuff. in Rchb. Fl. Germ. 1209. — *C. Michelii* var. ß. Ledeb Fl. Ross.

Hab. in rupestribus graminosis alpinis, Pontus Lazicus supra Djimil 7200' (Bal!), sylvæ montanæ Somchetiæ (Szov. exs 39!).

Affinis *C. Michelii* sed spicis femineis densifloris fuscescentibus, bractearum limbo breviori, præsertim fructus rostro brevi conico prob. distincta.

Ar. Geogr. Galliâ occidentalis, Banatus, Transylvania, Serbia.

●

3. Rostrum bicuspidatum dentibus sæpius divergentibus. Spiculæ masculæ sæpius plures.

85. C. pseudocyperus (L. Sp. 1387) radice cespitosâ, culmis elatis acute triquetris scabris, foliis late linearibus planis nervosis erectis culmos superantibus, spiculâ masculâ solitariâ longe lineari erectâ, femineis 4-6 approximatis compacte cylindricis longe pedunculatis pendulis, bracteis foliaceis spiculam masculam longe superantibus inferioribus vaginantibus, glumis a basi lanceolatâ longe subulatis nervosis asperis fructu subbrevioribus, stigmatibus ternis, utriculis tandem divaricatis lanceolatis valde nervosis in rostrum bicuspidatum longe attenuatis ♃. Rchb. Germ. tab. 275.

Hab in paludosis, provinciæ Caucasicæ (ex Ledeb).

Ar. Geogr. Europa media et australis a Scandinaviâ australi et Rossiâ mediâ ad Hispaniam centralem, Italiam mediam, regionem Danubialem.

86. **C. ampullacea** (Gooden. Trans. Linn. Soc. 2, 207) rhizomate repente, culmis elatis foliosis obtusangulis lævibus, foliis erectis culmum superantibus linearibus canaliculatis margine scabris, spiculis masculis 2-3 gracilibus approximatis, femineis 2-3 remotis cylindricis densifloris erectis breviter pedunculatis, bracteis foliaceis non vaginantibus culmum superantibus, glumis pallidis oblongo-lanceolatis obtusis fructu brevioribus et angustioribus, stigmatibus tribus, utriculis flavis lucidis patentissimis subglobosis inflatis multinerviis in rostrum tenue bifidum subito contractis ♃. Schk. fig. 106. — Rchb. Germ. fig. 659.

Hab. in spongiosis et ad ripas, Peloponnesus (ex Smith Prodr.), Ponti Lazici regio subalpina 6000' (Ball), Armenia Turcica ad lacum Gestemert (Ky. 419!), Caucasus occidentalis 6600' (C. A. Mey), Transcaucasia (Ledeb.).

Ar. Geogr. Europa omnis borealis et media ad Hispaniam sept. et Italiam mediam usque, Sibiria Altaica.

87. **C. vesicaria** (L. Sp. 1388) rhizomate repente, culmis elatis foliosis acutangulis scabris, foliis culmo æquilongis vel longioribus latiuscule linearibus planis margine scabris, spiculis masculis 2-3 approximatis gracilibus, femineis 2-3 remotis oblongo-cylindricis compactis superioribus sessilibus erectis inferiore breviter pedunculatâ sæpe inclinatâ, bracteis foliaceis non vaginantibus culmum superantibus, glumis pallide fuscis anguste lanceolatis acutis fructu angustioribus et brevioribus, stigmatibus ternis, utriculis erecto-patentibus viridi-flavidis ovato-conicis inflatis multinerviis in rostrum compressum bicuspidatum attenuatis ♃. Ic. Schk. tab. 106. — Rchb. Germ. tab. 276.

Hab. in spongiosis et ad ripas, prob. in parte sept. ditionis, hucusque tantum ad littora Caspica prov. Transcaucasicæ Talysch observata (C. A. Mey.).

Ar. Geogr. Europa borealis et media ad Italiam et Hispaniam centrales usque, Sibiria omnis, Africa borealis, America septentrionalis.

88. **C. nutans** (Host Gram. 1, tab. 83) radice longe repente stoloniferâ, culmis mediocribus gracilibus trigonis basi vaginis fibrosis vestitis, foliis rectis linearibus planis carinatis margine scabris culmos sæpe æquantibus, spiculis masculis 1-2 approximatis linearibus, femineis 3-4 cylindricis vel ovatis densifloris erectis sessilibus vel inferioribus pedunculatis, bracteis foliaceis vix vaginatis inferiore culmum sæpe æquante, glumis a basi ovatâ longe lanceolato-cuspidatis fructu augustioribus fuscis viridi-nervosis, stigmatibus ternis, utriculis glabris fulvis opacis tenuiter sulcato-multistriatis ovato-conicis inflatis utrinque convexis in rostrum breve bicuspidatum attenuatis ♃. Rchb. Germ. fig. 642. — *C. melanostachya* M. B. in Willd. Sp. 4, p. 299. — *C. acuminata* Rchb. Germ. tab. 267 non W. — *C. Ledebourii* Boiss. et Buhse Aufz. p. 222.

Hab. in pratis et umbrosis humidis, Caucasus in alpinis et Transcaucasia (C. A. Mey.), prov. Karabagh (Buhse!), mons Ssahend Persiæ borealis

28

(Buhsel), prope Siaret Persiæ bor. orientalis (Bge !), Affghania in valle Kurrum (Aitch).

Ar. Geogr. Gallia media, Germania austro-orientalis, Italia borealis, regio Danubialis, Rossia australis, Sibiria Uralensis et Altaica.

89. **C. Songarica** (Kar. et Kir. Bull. Mosc. 3, 521) radice repente stoloniferâ, foliis firmis planis carinatis culmo brevioribus, culmis erectis triquetris, spiculis masculis 1-3 stramineis tenuibus approximatis, femineis remotis oblongis erectis subsessilibus vel infimâ longius pedunculatâ, bracteis oblongis vix vaginatis infimâ culmum æquante, glumis membranaceis a basi ovatâ lanceolatis cuspidatis, stigmatibus ternis, utriculis glabris aurantiaco-purpureis lucidis elevatim nervosis ovato-oblongis teretibus abrupte vel sensim in rostrum breve cylindricum ore bifurcatum abeuntibus ♃. *C. Gebleri* Boott Lin. Trans. XX, 141.

Hab. in regno Cabulico (Griff. in herb. Hook.).

Affinis *C. nutanti* differt utriculis lucidis elevatim nervosis nec opacis longitudinaliter sulcatis.

Ar. Geogr. Songaria.

90. **C. paludosa** (Gooden. Trans. Linn. Soc. 2, 202) rhizomate repente, culmis elatis triquetris ad angulos acutos scabris, foliis late linearibus elongatis acuminatis planis margine scabris, spiculis masculis 2-4 approximatis sessilibus inæqualibus, femineis 2-3 erectis cylindricis densifloris remotis superiore sessili interdum apice masculâ inferiore breviter pedunculatâ, bracteis erectis foliaceis non vaginatis culmo longioribus, glumis fuscis lanceolatis acuminatis fructu angustioribus et brevioribus, stigmatibus tribus, utriculis ovato-oblongis lividis compressis subtriquetris margine acutiusculo utrinque nervosis stipitatis in rostrum breve bidentatum sensim acuminatis ♃. Rchb. Germ. fig. 644.

Hab. ad fossas et aquas prob. fere ubique in ditione, indicata Byzantii (Sibth.), Syria inter Tripoli et Hama (Bl !), Tauria, Caucasus et Transcaucasia (M. B. Ledeb.).

Ar. Geogr. Europa omnis, Sibiria, regio Himalaica, Africa borealis, America.

91. **C. riparia** (Curt. Fl. Lond. fasc. IV, tab. 60) rhizomate longe repente, culmis crassis elatis acutangulis ad angulos scabris, foliis latissime linearibus planis acuminatis carinatis scabris, spiculis masculis 3-5 approximatis sessilibus, femineis 3-4 ovatis vel cylindricis erectis compactis superioribus sessilibus erectis inferiore pedunculatâ sæpe cernuâ, bracteis foliaceis non vaginatis culmum superantibus, glumis lanceolatis in cuspidem rigidam plurinerviam fructus æquantem vel superantem acuminatis, stigmatibus tribus, utriculis flavido-brunneis ovato-conicis utrinque convexis margine obtusis in rostrum breve bicuspidatum attenuatis ♃. Rchb. Germ. fig. 647.

Hab. ad fossas et ripas prob. in maximâ ditionis parte, Byzantium (Sibth. Coumany!), Peloponnesus (herb. Fauché!), Syria (Bl!), Tauria, Caucasus et Transcaucasia (Ledeb! Hohl).

Ar. Geogr. Europa fere omnis a Scandinaviâ australi ad Rossiam mediam, Africa borealis.

92. C. hirta (L. Sp. 1389) rhizomate longe repente, culmis erectis triquetris lævibus, foliis erectis planis ut et vaginæ sæpius hirtis, spiculis masculis 2-3 approximatis tenuibus, femineis 2-3 a masculis et inter se remotis erectis oblongis superioribus breviter inferioribus longius pedunculatis, bracteis foliaceis hirtis longe vaginantibus inferiore sæpe culmum æquante, glumis ovatis aristatis, stigmatibus ternis, utriculis erectis hirtis oblongo-ovatis nervosis viridibus subinflatis sensim in rostrum bicuspidatum acuminatis ♃. Rchb. Germ. fig. 628.

Hab. in arenosis sæpius humidis, Peloponnesus (Nym.), Thracia et Byzantium (Sibth. Friv.), Anatolia (Tchih!), Pontus Lazicus (Bal!), Tauria et Caucasus (Ledeb.), Affghania (Griff. herb. Ind. Comp. N° 6071!).

.**Ar. Geogr.** Europa præsertim borealis et media, Sibiria, Africa borealis.

93. C. hordeistichos (Vill. Dauph. 2, p. 226, tab. 6) radice cespitosâ, culmis erectis crassiusculis trigonis, foliis firmis erecto-patulis latiuscule linearibus planis culmos superantibus, spiculis masculis sessilibus 2-3 terminalibus gracilibus approximatis vel infimâ remotâ, femineis 2-3 erectis compactis ovatis inferiore remotissimâ longius pedunculatâ, bracteis longe vaginantibus spiculas masculas superantibus, glumis ovatis acutis præter nervum viridem albo-membranaceis fructu brevioribus, stigmatibus ternis, utriculis magnis elliptico-lanceolatis spongiosis antice convexo-trigonis postice plano-concavis interdum nervatis et subtuberculatis acute marginatis in rostrum acute bifidum margine serrulato-scabrum acuminatis ♃. Rchb. Germ fig. 627. — Boott tab. 430-31. — *C. hordeiformis* Wahlenb.

Hab. in humidis ad fossas, Taurus Cilicicus supra Bulghar Maaden (Bal!), Cataoniæ mons Ssoffdagh 3500' (Haussk!), Baibut Armeniæ ad agros humidos (Bourg!), Cappadocia ad Euphratem (Auch. 3785), Transcaucasia (Ledeb.).

β *secalina* Boott tab. 432. — Utriculi minores magis membranacei compressi. — *C. secalina* Wahlenb. Act. 151.

Hab. in ditione Talysch (C. A. Mey!).

Ar. Geogr. Scotia, Gallia, Germania, Dalmatia, regio Danubialis, Rossia media et australis, Sibiria Altaica, Africa borealis.

ORD. CXLI. GRAMINEÆ.

(Juss. Gen. 28).

Flores hermaphroditi vel rarius unisexuales in spicas uni vel pluri-floras *Spiculas* dictas bracteis alternis distichis singuli inclusi. Spiculæ bracteæ inferiores steriles sæpius binæ *Glumæ* dictæ, rarius unica vel plures aut nullæ, superiores fertiles (*Glumella, gluma fertilis* Benth.) in axillâ flosculum ferentes squamâ sæpius binervi bicarinatâ (*Palea, glumella superior*) inclusum. Perigonii loco *Squamulæ* binæ rarius ternæ hyalinæ minimæ (*Lodiculæ* aucto-rum) interdum nullæ. Stamina tria rarius 2-1 rarissime plura hypo-gyna, filamenta filiformia libera, antheræ versatiles lineares bilobæ longitudinaliter dehiscentes. Ovarium uniloculare ovulo unico ana-tropo, styli bini raro tres liberi vel basi coaliti in totidem stigmata sæpius elongata pilis simplicibus vel ramosis obsita abeuntes. Caryop-sis glumellâ paleâque inclusa libera vel paleæ adhærens, pericar-pium membranaceum sæpius semini arcte adnatum. Semen erectum albuminosum testâ tenui adnatâ. Embryo minutus extra albumen farinaceum ad ejus basin situs. — Cl. et amiciss. G. Bentham in Bth et Hook. Gen. III, p. 1075, dispositionem Ordinis proposuit quam paucis mutatis (præsertim in Tribûs *Phalaridearum* limitatione) saltem quoad lineas primarias secutus sum.

SERIES A. PANICACEÆ (Bentham in Bth et Hook Gen. Pl. III, pag. 1077).

Spiculæ cum pedicello infra glumas articulatæ flore fertili unico terminali, addito interdum altero inferiore masculo vel sterili.

TR. I. PANICEÆ.

Spiculæ a dorso compressæ hermaphroditæ rarius abortu uni-sexuales spicatæ vel paniculatæ rachi inflorescentiæ non articulatâ. Glumella non aristata fructifera indurata. (Genera *Anthephoram* et *Tragum* glumellâ membranaceâ donata et hâc ratione a cl. Bentham Tribui *Zoyzieæ* adnumerata sed cæteris notis *Paniceis* simillima ne nimis subdivisionum numerum augeam hic includo.

PANICUM (L. Gen. 76).

Spiculæ a dorso compressæ vel inflatæ non involucratæ bifloræ flosculo inferiore masculo vel neutro superiore hermaphrodito. Glumæ membranaceæ concavæ exterior nunquam aristata sæpius multo minor interdum obsoleta. Floris inferioris glumella glumæ superiori sæpius similis membranacea plurinervis, palea subenervis interdum abortiva. Floris hermaphroditi glumella et palea coriaceæ subæquales illa paleam amplectens. Squamulæ binæ carnosæ truncatæ glabræ. Stamina 3, ovarium glabrum. Styli bini terminales elongati, stigmata plumosa ad apicem floris emergentia. Caryopsis glumellis induratis inclusa sed libera a dorso subcompressa ventre ad basin hilo punctiformi obsita. — Herbæ inflorescentiâ variæ.

SECT. I. DIGITARIA. — Spiculæ secus spicas digitatas unilateraliter geminatæ alterâ sessili vel subsssili, alterâ pedicellatâ, Gluma inferior minima vel obsoleta. Palea superior flosculi neutri nulla. — *Digitaria* Scop.

1. **P. glabrum** (R. et Sch. Syst. II, p. 471 sub *Digitariâ*) annuum, culmis pluribus tenuibus procumbentibus, foliis lineari-lanceolatis acutis brevibus glabris ore vaginæ hirtâ, spicis 2-4 subdigitatis linearibus erecto-patentibus tandem rubellis, spiculis minutis ellipticis acutis, glumâ inferiore obsoletâ, superiore ellipticâ tenuiter hirtâ flosculos æquante, glumellâ neutrâ lanceolatâ acutâ subquinquenervi puberulâ, flosculo hermaphrodito glumellæ neutræ æquilongo lævi ⊙. *P. glabrum* Gaud. Helv. I, p. 155. Trin. Ic. tab. 149. — *Dig. filiformis* Kæl. Gram. 26. Rchb. Germ. fig. 506. — *Paspalum ambiguum*. D. C. Fl. Fr. 3, p. 16.

Hab. in cultis arenosis, prov. Caucasicæ in Iberiâ (Stev. C. A. Mey.), ditione Talysch (Hoh.), Pontus Lazicus ad Rhizé (Bal !).

Ar Geogr. Europa media et australis ab Angliâ et Gothiâ ad Rossiam mediam et ab Hispaniâ boreali ad Italiam et regionem Danubialem, Mandschuria, insulæ Canarienses, America borealis.

2. **P. sanguinale** (L. Sp. 84) annuum, culmis pluribus ascenditibus inferne sæpe radicantibus, foliis lineari-lanceolatis acutis vaginisque plus minus pilosis, spicis 3-8 subdigitatis linearibus elongatis erectis tandem patentibus et sæpius rubellis, spiculis oblongolanceolatis acutis, glumâ inferiore minimâ vix conspicuâ, superiore lanceolatâ apice pilosâ glumellâ neutrâ dimidio breviore, glumellâ neutrâ lanceolatâ acutâ prominenter quinquenervi sub lente hirtulâ vel glubrâ, flosculo hermaphrodito oblongo glumellæ neutræ æquilongo ⊙. *Digitaria sanguinalis* Scop. Carn. I., p. 52. — Host Gram. 2 tab. 17. — Rchb. Germ. fig. 507. — *P. Ægyptiacum* Retz Obs. III, p. 8 et *Dig. Ægyptiaca* Link (variatio vix notanda glumellâ neutrâ glabrâ).

Hab. in cultis totius ditionis a Græciâ ! ad Egyptum ! Caucasum ! Persiam ! Affghaniam !

β *ciliare* — Glumella floris neutri secus nervos laterales plus minus longe ciliata. — *P. ciliare* Retz Obs. IV, p. 16. — Trin. tab. 144. — Rchb. Germ., fig. 508.

Hab. in Egypto (Figari), copiose ad margines Nili prope Thebas (Kral!), Ponto Lazico in arenosis maritimis ad Rhizé (Bal!), Trancaucasiâ (Nordm!).

Ar. Geogr. Europa media et australis, regiones subtropicæ et tropicæ totius orbis.

Sect. II. TRICHACHNE Benth. — Spiculæ sericeo-pilosæ solitariæ vel plures in spicas paniculatas dispositæ. Glumellæ floris hermaphroditi vix coriaceæ. — *Trichachne* Nees.

3. P. pabulare (Aitch. et Hemsley Journ. Linn. Soc. 1882, p. 190) perenne, culmis elatis, foliis glabris latiuscule linearibus acuminatis scabridulis caulinis superioribus etiam elongatis, vaginâ prope orem barbatâ, ligulâ brevi lacerâ, paniculæ elongatæ pyramidatæ ramis 10-20 elongatis sub anthesi patentibus, spiculis secus ramos binatim vel solitarie dispositis alterâ breviter alterâ longius pedicellatâ pedicellis strictis, glumellâ inferiore minutissimâ ovatâ glabrâ superiore lanceolatâ membranaceâ acuminatâ longe sericeo-pilosâ, flosculo inferiore ad glumellam glumæ superiori similem sericeo-pilosam reducto, flosculi hermaphroditi glumellâ et paleâ glabris nigricantibus subcoriaceis lanceolatis acutis glumâ subbrevioribus 2|.

Hab. in Affghaniæ valle Kuram inter Thal et Chapri (Aitch. exs. 531!). Floret Septembri. Pabulum eximium.

Valde affine *P. leucophœo* H. B. K. et forsan bujus varietas, ex cl. auctoribus paniculæ ramis divaricatis imprimis distinctum.

Sect. III. TRICHOLÆNA. — Spiculæ longe pilosæ solitariæ inordinatim paniculatæ, Gluma inferior sæpe deficiens. Flosculi masculi glumella et palea subcoriaceæ. — *Tricholœna* Schrad.

4. P. Teneriffæ (Linn. fil. Suppl. 106 sub *Saccharo*) perenne cespitosum, rhizomate indurato, culmis basi ramosis ascendentibus, foliis glaucescentibus glabris anguste linearibus rigidis siccatione convolutis vaginâ ore pilosâ, paniculæ erectæ brevis sub anthesi patentis dein contractæ oblongæ ramis capillaribus flexuosis glabris, spiculis minutis violascentibus oblongis longiuscule pedicellatis, glumâ inferiore obsoletâ, superiore glumellâque flosculi masculi similibus æquilongis membranaceis ovato-lanceolatis pilis longis obsitis, paleâ flosculi masculi glabrâ angustiore obtusiusculâ, flosculi hermaphroditi glumâ multo brevioris glumellâ et paleâ oblongis subcoriaceis nitidis 2|. Ic. Fl. Græc. I, tab. 53. — Jacq. Eclog. t. 34. —

P. Teneriffæ R. Br. Prodr. I, 189. — *Tricholæna micrantha* Schrad. in Sch. Mant. II, 163.

Hab. in rupestribus siccis, Egyptus orientalis in desertis montanis (Fig! Husson! Asch!), Arabia petrea in jugo Sinaitico (Bové! Auch!) et ad Ouadi Scheick (Boiss!), Palestina ad lacum Tiberiadis (Boiss!), Arabia Mascatensis (Auch. 5447!), Affghania ad Khyber (Griff!).

Ar. Geogr. Sicilia et Italia australior, insulæ Canarienses et Capitis viridis, Africa borealis interior, regio Scinde Indiæ.

Sect. IV. ECHINOCHLOA. Spiculæ quadriseriatim vel irregulariter in ramos spiciformes secundos paniculæ dispositæ. Glumella flosculi masculi sæpe aristata. — *Echinochloa* P. de B.

5. **P. Crus Galli** (L. Sp. 83) annuum, culmo simplici vel pluribus sæpe elatis, foliis late linearibus glabris planis, paniculâ terminali contractâ racemiformi spicis sessilibus vel breviter pedunculatis simplicibus vel subcompositis linearibus erectis approximatis sæpius solitariis constante, paniculæ axi ad insertionem spicarum earumque rachide setigeris, spiculis hispidis vel scabris subquadriseriatis breviter pedicellatis oblongis acutis, glumâ inferiore subtriplo minore muticâ, superiore flosculum hermaphroditum æquante vel subsuperante plus minus longe mucronato-aristatâ ad nervos et margines ciliatâ, glumellâ flosculi inferioris (neutri rarius masculi) glumæ superiori simili sed in aristam sæpius longiorem productâ, floris hermaphroditi ovati acuti minuti glumellâ et paleâ nitidis albidis coriaceis ☉. Ic. Trin. Gram. tab. 161. — Rchb. Germ. fig. 516. — *P. Crus Corvi* L. Sp. 84. — *P. stagninum* Retz Obs. V. 17 (forma flore inferiore masculo).

Hab. in cultis totius ditionis a Græciâ! ad Egyptum! regiones Caucasicas! Arabiam Mascatensem! Affghaniam! usque.

β echinatum. — Glumella flosculi neutri in aristam tenuem interdum longissimam producta. — Trin. Ic. tab. 162. — *P. echinatum* Willd. En. 1032.

Hab. cum typo, Græcia in Eurytaniâ (Heldr!), Egyptus inferior (Ehr! Sam!), Armenia (Calvert!), Persia (Haussk!).

Valde variat spicis simplicibus vel compositis confertis vel distantibus, glumis plus minusve cuspidatis et longe vel breviter setulosis.

Ar. Geogr. Totus orbis terrarum arcticis exceptis.

6. **P. colonum** (L. Sp. 84) annuum, culmis simplicibus vel sœpius cespitosis subcompressis inferne sæpe geniculatis, foliis erecto-patulis linearibus planis acuminatis scabridis interdum rubrozonatis, racemo terminali spicis simplicibus sessilibus patentibus vel erectis alternis vel conjugatis plus minus dissitis oblongis vel oblongo-cylindricis constante, racemi axi ad spicarum inferiorum insertionem

interdum pilis paucis obsitâ, spiculis quadriseriatim rachidi aspe-
rulæ insertis breviter pedicellatis ovato-oblongis acutis turgidulis,
glumis ad nervos et margines pilis brevibus rigidulis asperis acutis
inferiore cordatâ dimidio breviore, superiore elevatim nervosâ et
glumellâ floris masculi æquilongis, flosculi hermaphroditi subæqui-
longi oblongi acuti glumellâ et paleâ coriaceis albis lævibus ☉.
Trin. Ic. tab. 160. — *P. zonale* Guss. Prodr. I, 62. — *Oplismenus*
colonum H. B. K. Nov. Gen. I, 112. — *P. Crus Galli* var. *colonum*
Cosson Expl. Alg. p. 28.

Hab. in cultis Egypti ad Alexandriam (Husson! Gaill !) ad Kahiram (Auch !
2968 !), in Oasibus (Asch! Schweinf!), Syriâ littorali ad Sidonem (Bl !),
Babyloniâ ad Bagdad (Noé 250 !).

β *leianthum*. Spiculæ glabræ læves, spicæ depauperatæ et laxiores.
— *P. Arabicum* Nees in Steud. Gram, p, 63.

Hab. in Egypto prope Alexandriam (Duparq !), in Egypto superiore
(Boiss !).

Ar. Geogr. Hispania australis, Sicilia et Italia australis, insulæ Canarienses
et Azoricæ, Africa borealis, Nubia, Abyssinia, Arabia tropica, India et ejus
insulæ, America borealis et tropica.

Sᴇᴄᴛ. **V.** BRACHIARIA Benth. — Spiculæ biseriatim in racemos
spiciformes unilaterales paniculæ imbricatæ. Inflorescentia *Paspali* sed gluma inferior non deficit. Glumella
nunquam aristata.

7. **P. obtusifolium** (Del. Eg. p. 127, tab. 5, fig. I) perenne
fluitans glabrum, culmis inferne prostratis ramosis et ad nodos radicantibus dein ascendenti-erectis, foliis linearibus patentibus obtusis
vel acutiusculis, vaginis inferioribus dilatatis patentibus, racemo terminali simplici unilaterali spicis linearibus in racheos dilatatæ exci-
curis sessilibus eique adpressis solitariis alternantibus constanti,
spiculis secus spicæ rachidem compressam glabram bifariis sessilibus
oblongis acutis subcompresssis, glumis membranaceis ovato-orbiculatis, inferiore uninervi flosculo hermaphrodito quintuplo superiore
trinervi eo dimidio brevioribus, flosculi masculi glumellâ flore hermaphrodito sublongiore membranaceâ obsolete uninervi, paleâ subangustiore, flosculi hermaphroditi ovati acuti glumellâ et paleâ
coriaceis rugulosis ♃. *Digitaria obtusifolia* R. et Sch. Syst. II, 889.

Hab. in fossas et canales Egypti, Kahiræ ad Birket el Kotly (Del. Bové !)
ad Damiatam et Tanim (Del.). Fl. autumno et hyeme.

Racemus semipedalis, spicæ 6-8 lineas longæ 1 ¹/₂ latæ interstitiis earum
longitudini æquilongis vel brevioribus remotæ. Species racemi rachide
dilatatâ glumisque inæqualibus a *P. fluitanti* distincta.

Ar. Geogr. Algeria prope la Calle.

8. **P. paspaloides** (Pers. Syn. I, p. 81) perenne fluitans glabrum, culmis inferne prostratis et ad nodos radicantibus dein erectis,

foliis linearibus elongatis acuminatis, vaginis inferioribus dilatatis patentibus, racemo termiuali simplici unilaterali spicis linearibus secus rachidem non dilatatam alternis approximatis subsessilibus et ei adpressis constante, spiculis secus spicæ rachidem compressam setuloso-asperam breviter pedicellatis biseriatim imbricatis ovatis minutis turgidis, glumis membranaceis inferiore late obovatâ truncatâ flosculis quadruplo breviore subenervi, superiore flosculis subbreviore quinquenervi. flosculi inferioris masculi glumellâ et paleâ membrauaceis illâ glumæ superiori simili sed sublongiore et acutiore, paleâ vix angustiore, flosculi hermaphroditi glumellâ et paleâ coriaceis oblongis acutiusculis ♃. *P. truncatum* Trin. Diss. II, p. 130. Icon. tab. 168 non Nees.

Hab. in fossis et ad canales Egypti ad Alexandriam (Auch! Gaill! Schweinf! Letourn!), ad Damiatam (Ehrenb!), ad Kahiram (Sieb. **exs.** sub *P. colonum!*), in Oasibus (Ascherson! 591! et 2411!).

A *P. obtusifolio* racemi rachide non dilatatâ, spiculis minoribus turgidis spicæ rachide setuloso-asperâ facile distinguendum.

Ar. Geogr. Abyssinia, India, Mauritius, America.

9. **P. fluitans** (Retz Obs. III, p. 8) perenne fluitans glabrum, culmis inferne ad nodos radicantibus, foliis linearibus elongatis longe acuminatis, vaginis inferioribus dilatatis, racemis in culmo sæpe pluribus elongatis, spicis linearibus sæpius elongatis in racemi rachide non dilatatâ sessilibus eique adpressis solitariis inferioribus distantibus, spiculis secus spicæ rachidem compressam glabram rarius margine asperulam bifariam imbricatis sessilibus ovato–oblongis acutis subcompressis, glumis membranaceis inferiore truncatâ brevissimâ superiore vix longiore orbiculari ovatâ obtusâ, flosculo inferiore ad glumellam membranaceam elevatim trinerviam ovatam acutam reducto, flosculi hermaphroditi glumellam neutram æquantis glumellâ et paleâ coriaceis ovato-oblongis acutis rugulosis ♃. *P. brizoides* Retz Obs. V., p. 18 et Willd. Sp. I, 338, non Linn.

Hab. in aquis et fossis, in Egypto indicatum, sed omnia specimina quæ vidi *P. paspaloidem* sistunt; probabiliter in Affghaniâ et Belutschiâ.

Sepe cum *P. paspaloide* et cum *P. flavido* Retz. = *P. brizoide* Jacq. Ecl. II, t. 2. Trin. Ic., tab. 158, confueum, facile dignoscitur spiculis a dorso compressis, flosculo inferiore unipaleaceo neutro, glumis minutis sabæquilongis.

Ar. Geogr. India subtropica in Pentapotamide et tropica.

10. **P. eruciforme** (Sibth et Sm. Prodr. I, p 40. — Fl. Græc. I, tab. 59) annuum cespitosum, culmis inferne ramosis et geniculatos ascendentibus, vaginis foliisque molliter pubesceuti-pilosis hisce brevibus patentibus latiuscule lanceolatis, ligulâ ciliari, spicis linearibus solitariis breviter pedunculatis secus rachidem tenuem hirtam in racemum brevem terminalem dispositis axi adpressis approximatis basi interdum subcompositis, spiculis biseriatim intricatis pedicelli-

brevibus hirtis suffultis ovatis, glumâ inferiore minimâ vel obsoletâ, superiore glumellâque flosculi neutri membranaceis simillimis ovatis acutiusculis quinquenerviis breviter hirtis, paleâ angustiore binervi glabrâ, flosculi hermaphroditi elliptici obtusi glumâ subbrevioris glumellâ et paleâ coriaceis nitidis glabris ⊙. Rchb. Germ. fig. 51. — *P Caucasicum* Trin. Ic. tab. tab. 262. — *Echinochloa eruciformis* C. Koch Linn. XXI, p. 437. — *P. Wightii* Nees.

Hab. in cultis insulæ Samos (Sibth.), Bithyniæ ad Moudania (Pichl!),Ciliciæ Tracheæ (Péron!), ad Mersina (Bal!), Libani prope Eden et Dimam (Bl!) et ad Schtora (Schweinf!), Transcaucasiæ (Trin.), Persiæ borealis (Auch! C. Koch), Egypti (Figari ex Parlat.).

Ar. Geogr. Sicilia, Italia australis, Dalmatia, Abyssinia, P. B. Spei, India.

11. P. prostratum. (Lam. Ill. 1, p. 171) perenne, culmis cespitosis inferne decumbenti-ascendentibus vel repentibus ad nodos radicantibus, foliis pilis e tuberculo ortis plus minusve hispidis vel glabratis margine membranaceis laminis a basi subcordatâ late lanceolatis acuminatis subundulatis, paniculâ brevi unilaterali ovatâ spicis subpedunculatis vel sessilibus confertis sæpius geminatis linearibus constante, spiculis biseriatim secus spicæ rachidem dispositis sæpius binis alterâ sessili alterâ pedicello setifero suffultâ parvis ovatis acutis glabris, glumâ exteriore cordato-amplexanti obtusiusculâ flosculo quinquies breviore, superiore et glumellâ flosculi inferioris similibus ovatis acutis elevatim 5-7 nerviis, flosculo hermaphrodito subbreviore oblongo acuto albo tenuiter ruguloso ♃. Ic. Trin. Gram. tab. 185.

Hab. in Egypti inferioris cultis Goscypio consitis prope Damiatam (Ehr! Sieb!), Affghaniâ (Griff!).

Ar. Geogr. Abyssinia, Arabia tropica, India, Nova Hollandia, America tropica.

12. P. Numidianum (Lam. Encycl. IV, 749), perenne glabrum, culmis elatis validis inferne prostratis et ad nodos radicantibus, foliis lanceolato-linearibus acuminatis planis patentibus, vaginis inferioribus apertis, paniculâ terminali laxâ spicis 5-12 solitariis breviter pedunculatis dissitis patentibus racemiformibus elongatis unilateralibus constante, spiculis majusculis laxe imbricatis pedicellatis oblongis acutis viridibus rubro-suffusis, glumis membranaceis inferiore triplo breviore ovatâ subtrinervi, superiore et glumellâ flosculi masculi simillimis late ovatis acutis quinquenerviis, paleâ flosculi masculi æquilongâ subangustiore, flosculi hermaphroditi vix brevioris oblongi obtusi glumellâ et paleâ subcoriaceis albis ruguloso-punctatis ♃. Desf. Atl. II, 60, tab. II. — Trin. Ic. tab. 174. — *P. leiogonum* Sieb. Egypt. exs. — *P. muticum* Link Hort. Ber. I. 206 non alior.

Hab. ad fossas et in humidis, Egyptus ad Cahiram (Ehrenb. exs. sub *P. obtusifolio!*) Syria littoralis ad Berythum (Bl! Gaill!).

Culmi 2-4-pedales, paniculæ spicæ 1-2 pollices longæ, 2 ¼ lineas latæ. *P. deustum* Thunb. e P. B. Spei hûc a cl. Nees relatum ob folia basi sub-auriculata spicasque erectas laxissimas spiculis non distichis specifice differre videtur.

Ar. Geogr. Algeria, America tropica ex Nees.

SECT. VI. **EUPANICUM.** — Spiculæ inordinatim et plus minusve laxe paniculatæ. Gluma inferior et palea flosculi herma-diti nunquam deficiunt.

13. **P. Petiverii** (Trin. Dissert. II, p. 144) annuum, culmis decum-benti, ascendentibus inferne sœpe geniculatis et radicantibus, foliis a basi rotundatâ lanceolatis acuminatis planis pubescentibus vel gla-bris, paniculæ erectæ breviter pyramidatæ simplicis vel subcompo-sitæ racemis linearibus elongatis axique communi setuloso-asperis, spiculis breviter pedicellatis basi setis longiusculis obsitis geminis vel solitariis secus rachidem laxis rarius subcontiguis majusculis ellipticis acutiusculis subinflatis albido-virentibus molliter tomentel-lis vel glabris, glumâ inferiore cordato-ovatâ acutâ amplectenti triplo breviore, superiore glumellâque floris neutri simiilimis 5-7-nerviis elliptico-ovatis acutiusculis. flosculo hermaphrodito vix breviore coriaceo oblongo mucronulato transverse ruguloso ☉. Trin. Ic. tab. 176. — *P. arvense* Kunth Gram. tab, 109. — *P. nudiglume* et *P. Kotschyanum* Hochst. in Schimp. exs.

Hab. in Affghaniâ (Griff. ex Aitch. Cat.).

Hæc species formâ densiflorâ (Trin. 176 B) *P. helopus* facie referenti tran-situm præbet inter *Brachiariam* spiculis approximatis unilateralibus (v. gr. *P, Numidianum*) et *Eupanica* spiculis inordinatim dissitis. Spiculæ in totâ ditione variant glabræ et velutinæ.

Ar. Geogr. India orientalis, Nubia, Abyssinia, Insulæ Capitis viridis, Senegalia.

14. **P. maximum** (Jacq. Ic. Rar. I, tab. 13) perenne? culmis elatis, foliis elongatis late linearibus acuminatis planis vaginis ore pilosis, nodis pubescentibus, paniculæ elongatæ simplicis vel compositæ ramis verticillatis tenuibus rigidulis erecto-patulis sæpe ramulosis, spiculis subgeminis in racemos longos tenues · laxos dispositis altero breviter altero longius et stricte pedicellato oblongo-ellipticis obtusiusculis lævibus, glumâ inferiore quadruplo breviore ovatâ obtusâ, superiore et glumellâ flosculi masculi sessilibus oblon-gis obtusiusculis nervis parum prominulis, flore hermaphrodito subæquilongo coriaceo-ruguloso elliptico acutiusculo ♃. *P. jumento-rum* Pers. Syn. I, p. 83. — *P. læve* Lam.

β — Spiculæ breviter et adpresse hirtulæ.

Hab. in valle Kuram Affghaniæ loco non notato (Aitch. exs. 506!).

Præter pilos sparsos et adpressos spicularum a typo non differe videtur.

Ar. Geogr. India, Africa tropica, P. B. Spei, America tropica.

15. P. antidotale (Retz Obs. IV. 17) perenne, culmis elatis strictis ad nodos subincrassatis, foliis longis linearibus acuminatissimis, ligulâ brevi lacerâ tomentellâ, paniculæ oblongæ nutantis compositæ ramis inferioribus 3-2-nis cæteris solitariis, spiculis breviter pedicellatis glomerulos in spicas tenues laxas dispositos formantibus minutis glabris oblongis acutis virentibus, glumâ exteriore ovato-triangulari acutâ trinervi dimidio breviore, superiore et glumellâ floris masculi oblongo-lanceolatis acutis 5-7-nerviis nervis omnium valde prominentibus, flosculo hermaphrodito coriaceo albo oblongo acuto neutro subbreviore ♃. *P. subalbidum* Kunth. Gram. II, tab. 112.

Hab. in valle Kurram Affghaniæ prope Chapri (Aitch. exs. 544!).

Herba tripedalis, panicula eâ *P. maximi* brevior apice nutans, spiculæ magis glomerulatæ minores, glumæ multo acutiores prominenter nec obsolete nervosæ.

Ar. Geogr. India, Nova Hollandia, Senegalia, Mauritius.

16. P. repens (L. Sp. 87), perenne glaucum repens stoloniferum, culmis strictis inferne crassiusculis squamosis, foliis villosulis vel glaucescentibus linearibus acuminatis rigidis subdistichis erecto-patulis planis demum subinvolutis supremis paniculam sæpe æquantibus, paniculæ terminatis erectæ subcompositæ ramis solitariis vel 2-3-nis strictissimis flexuosis, spiculis secus ramos paniculæ geminatim dispositis laxissime spicatis stricte pedicellatis glabris albidis ovato-oblongis acutiusculis, glumâ inferiore triplo breviore orbiculatâ obtusissimâ subenervi, glumâ superiore et glumellâ floris masculi similibus ovatis acutis obsolete 5-7-nerviis, flore hermaphrodito vix breviore ovato acuto coriaceo albo lævi ♃. Sibth. Fl. Gr. tab. 61. — *P. arenarium* Brot. Phyt. Lus. tab. 6. — *P. coloratum* Cav. Ic. tab. 110 non L.

Hab. in arenosis humidis præsertim maritimis Græciæ et Peloponesi (Sibth. Heldr!), Cretæ (Sieb! Heldr!), Cypri (Sint. et Rigo!), Pamphyliæ (Ball), Syriæ littoralis (Bl! Gaill!), Egypti ad Alexandriam (Gaill!) et in Oasi parvâ (Asch!), Babyloniâ inter Bassora et Bagdad (Haussk!).

Ar. Geogr. Hispania, Lusitania, Madera, Gallia australis, Italia australis et Sicilia, Sardinia, Africa borealis, P. B. Spei.

17. P. coloratum (L. Mant. 30) perenne cespitosum, culmis ascendentibus elongatis inferne sæpe geniculatis, foliis lanceolatis acuminatis planis flexuosis ut et vaginæ ciliis sparsis e tuberculo ortis obsitis, paniculæ brevis ovatæ pyramidatæ compositæ ramis patentibus capillaribus, spiculis purpureis laxissime ramulosis pedicellatis ovatis obtusis, glumâ inferiore ovato-triangulari 2 ½ plo breviore, superiore glumellâque floris neutri sessilibus ovatis obtusis obsolete 5-7-nerviis, flore hermaphrodito subbreviore ovato coriaceo albo lævi ♃. Jacq. Ic. I, tab. 12.

Hab. in Egypto mediâ ad ripas Nili prope Siut, Farschut (Auch. 2960! Boiss! Schweinf!), ad Derraui (Ehrenb!), prope Cahiram (Sickenberger!).

Radice non repente,foliis non rigidis nec distichis,paniculâ patente, spiculis obtusis purpureis a *P. repente* distinctum.

Ar. Geogr. P. B. Spei.

18. **P. turgidum** (Forsk. Descr. 18) perenne glabrum glaucescens, culmis duris ad nodos incrassatos proliferos fasciculatim ramosis dumos intricatos rotundatos formantibus, foliis dichotomiarnm ad vaginas ochraceas spathaceas late lanceolatas fissae aphyllas ad nodos imbricatas persistentes reductis, summorum vaginâ anguste lineari in laminam breve subulatam abeunti, paniculæ terminalis brevis angustæ ramis brevibus strictis breviter ramulosis, spiculis breviter pedicellatis erectis majusculis approximatis ovatis tumidis albis, glumis concavis subæquilongis acutiusculis viridi-7-9-nerviis, glumellâ flosculi masculi paleæ simili, flosculo hermaphrodito elliptico acuto coriaceo albo nitido ♃. Del. Eg. tab. IX, fig. 2 — Trin. Gram. tab. 227.

Hab. in desertis interioribus totius Egypti et ad mare Rubrum (Forsk, Del, Auch! Boiss! etc.), Arabiæ petreæ ad Ouadi Hebran (Schimp.152!), Palestinâ prope Hebron (Roth!), Cypro prope Sarona (Sint. et Rigo!), Persiâ australi ad Sinum Persicum (Auch. 5428!).

Dumi 3-4 pedes lati et elati, fibræ radicales crassæ velutinæ.

Ar. Geogr. Nubia, Abyssinia, Arabia tropica.

19. **P. miliaceum** (L. Sp. 86) annuum, culmo erecto folioso simplici vel inferne ramo aucto, foliis late linearibus acuminatis planis sæpius pilosis vel hispidis, paniculæ compositæ ramosissimæ effusæ demum nutantis ramis tenuibus elongatis, spiculis magnis oblongis acutis inflatis glabris, glumis concavis acuminatis inter nervos elevatos sulcatis, inferiore tertiâ parte breviore acutissimâ, glumellâ flosculi neutri glumæ superiori simillimâ, flosculo hermaphrodito glumis subbreviore ovato turgido coriaceo lævissimo ☉. Ic. Host Gram. Austr. II, tab. 20. — Reich. Germ. fig. 519. — Trin. Ic. tab. 221.

Hab. ex Indiâ orientali oriundum,ubique cultum hinc inde ex agris au fugum, Bithynia (Thirke!), Pisidia (Heldr!), Syria (Gaill!), Egyptus.

Ar. Geogr. India orientalis, in Europâ et Asiâ boreali sæpe cultum.

OPLISMENUS (P. de B. Agrost. 53 — *Orthopogon* R. Br.).

Spiculæ non involucratæ a dorso compressæ bifloræ flosculo inferiore neutro superiore hermaphrodito. Glumæ binæ membranaceæ subcarinatæ subæquales flosculis subbreviores in aristas glabras abeuntes, flosculi neutri glumella flosculum hermaphroditum æquans plurinervis retuso-truncata et mucronata, palea multo minor vel nulla. Flosculi hermaphroditi glumella et palea subcoriaceæ illa acuta paleam retusam includens. Squamulæ binæ obovato-cuneatæ.

Ovarium glabrum. Styli 2 terminales elongati, stigmata plumosa ex apice floris emergentia. Caryopsis oblonga glumellis inclusa sed libera hilo ad basin ventris punctiformi. — Herbæ spiculis in glomerulos breves vel spicas secus axim racemi simplicis dispositis. — Genus a *Panico* inprimis glumis aristatis distinctum.

1. O. undulatifolius (Arduin. Sp. alt. p. 13 sub *Panico*) perennis totus patule et molliter hirsutus, culmis numerosis debilibus decumbentibus parte inferiori prostratâ radicantibus totâ longitudine foliosis, foliis oblongo-lanceolatis acuminatis margine undulatis inferioribus brevioribus superioribus longioribus acutioribus, glomerulis 3-5-spiculatis subsessilibus inferioribus dissitis superioribus magis approximatis spicam brevem interruptam formantibus, axi et pedicellis brevissimis valde setulosis, glumis ovato-oblongis hirtulis vel glabris inferioris aristâ eâ quadruplo longiore, superiore in aristam eâ 2-3-plo longiorem abeunte, flosculo hermaphrodito lævi mucronato ♃. *Opl. undulatifolius* Ræm. et Sch. — Nees Gen. Germ. Ic. — Trin. Ic. tab. 192. — *Orthopogsn undulatifolius* R. Br. Rchb. Germ. fig. 513.

Hab. in sylvaticis humidis et ad vias umbrosas Ponti Lazici ad Rhizé (Ball),|Colchide, Abchasiâ et Imeretiâ (Rupr!), Kachetia (M. B.), ditio Talysch ad Lenkoran (Hohen!), Persia borealis in sylvis prov. Ghilan et Mazanderan (Haussk!). Fl. Aug. Nov.

Ar. Geogr. Helvetia Insubrica, Tyrolus australis, Italia secus Alpes.

SETARIA (P. de B. Agrost. 51. — *Panicum* sp. L.).

Spiculæ a dorso subcompressæ infra pedicelli articulationem involucro unilaterali aristis setiformibus scabridis constante obsitæ biflore, flosculo inferiore neutro vel masculo, superiore hermaphrodito. Glumæ binæ membranaceæ concavæ muticæ inferior trinervia superior 5-7-nervia. Floris inferioris glumella 5-7-nervia florem hermaphroditum subæquans, palea minor cum flosculus neuter est abortiva. Floris hermaphroditi glumella et palea coriaceæ muticæ subæquales illa paleam amplectens. Squamulæ binæ carnosæ truncatæ glabræ. Stamina 3. Ovarium glabrum. Styli 2 terminales elongati, stigmata plumosa ex apice floris emergentia. Caryopsis a dorso compressa glumellis arcte inclusa sed libera ventre ad basin hilo punctiformi notata. — Herbæ spiculis in paniculam spiciformem dispositis. Involucri aristæ ramuli vel pedicelli abortivi esse videntur.

1. S. glauca (L. Sp. 83 sub *Panico*) annua, culmis ascendentibus vel erectis, foliis latiuscule linearibus acuminatis scabridis, paniculâ spiciformi densâ cylindricâ vel ovato-oblongâ, involucri setis 6-12 luteis spiculis subtriplo longioribus aculeolis sursum versis

obsitis, glumis subæquilongis flosculo hermaphrodito dimidio brevioribus, glumellâ floris masculi ovatâ flosculo hermaphrodito transverse ruguloso æquilongâ. paleâ ovatâ subbreviore ⊙. *S. glauca*
P. de B loc. cit. Rchb. Germ. fig. 809. — *P. glaucum* Trin. Ic.
tab. 196.

Hab. in cultis insularum Ionicarnm, Syriæ littoralis ad Sidonem (Bl!),·
Egypti ad Kahiram (Husson!) et Oasibus (Aschers!), Caucaso et Transcaucasiâ (Led. Hoh!), Affghaniâ (Aitch!) et prob. alibi.

Ar. Geogr. Europa media et australis a Bataviâ ad Rossiam mediam, Africa·
borealis, Africa et Asia tropicæ, America borealis et tropica, Nova Hollandia.

2. **S. viridis** (L. Sp. 83 sub *Panico*) annua, culmis erectis vel
ascendentibus, foliis latiuscule linearibus acuminatis scabridis,
paniculâ spiciformi cylindricâ densâ, involucri setis 8-6 viridibus
vel rubellis spiculis plerumque longioribus aculeolis sursum versis
scabris, glumâ inferiore triplo minore, superiore et glumellâ flosculi
neutri subæquilongis flosculum hermaphroditum minutissime punc-
tulato-lineatum æquantibus, flosculi neutri multo breviore sæpe
nullâ ⊙. *P. viridis* P. de B. Rchb. Ic. Germ. 510. — Host Austr.
II, tab. 14. — Trin. Ic. 208.

Hab. in cultis Macedoniæ et Thraciæ (Griseb. Auch!), Ponti Lazici ad
Rhizé (Bal!), Libani (Bl!), Tauriæ, Caucasi et Transcaucasiæ (M. B. Hoh!),
Persiæ borealis (Bge!), Arabiæ Mascatensis (Auch. 5434!), Affghaniæ (Griff!).

β *ambigua* Coss. Expl. Alg. p. 36. — Spica magis composita
inferne subinterrupta. — *S. ambigua* Guss. Syn. 1, p. 114.

Hab. in Egypto ad Cahiram (Sieb!), Syriâ littorali et Persiâ occid.
(Haussk!).

Ar Geogr. Europa media et australis ab Angliâ et Gothiâ ad Rossiam,
Sibiria, Japonia, Africa borealis.

3. **S. verticillata** (L. Sp. 82 sub *Panico*) annua, culmis
erectis vel ascendentibus, foliis latiuscule linearibus acuminatis scabris, paniculâ spiciformi subverticillatâ inferne sæpe interruptâ,
involucri setis subbinis virentibus spiculis duplo longioribus retrorsum aculeolatis, glumâ inferiore quadruplo minore, superiore et
glumellâ floris neutri similibus florem hermaphroditum sub lente
minute punctato-lineolatum æquantibus, paleâ floris neutri multo
breviore sæpius nullâ ⊙. *S. verticillata* P. de B. Rchb. Germ. fig.
511. — Trin. Ic. tab. 202.

Hab. in cultis Græciæ in insulâ Zacyntho, Archipelago, Cretâ (Heldr!)
Macedoniæ (Friv!), Anatoliæ in Cappadociâ (Bal!), Syriæ littoralis (Bl!),
Arabiæ petreæ (Schinp. 300!), Egypti mediæ (Asch!), Tauriæ et regionum
Caucasicarum (M. B. Hoh!), Persiæ occideutalis (Haussk!). Belutschiæ
(Aitch.).

Ar. Geogr. Europa media et australis ab Angliâ et Belgio ad Rossiam
mediam, Africa borealis, Abyssinia, Arabia tropica, India, P. B. Spei.

Obs. *S. Italica* P. de B. in Caucaso, Cataoniâ Persiæque occid. montibus·
(Haussk!) frequenter colitur et hinc inde subspontanea occurrit.

PENNISETUM (Pal. de B. Agrost. 59. — *Gymnothrix* P. de B. — *Penicillaria* Willd.).

Spiculæ a dorso compressæ supra pedicelli articulationem involucro completo multisetoso cum spiculis deciduo involucratæ, setæ exteriores breviores scabræ, interiores parte inferiori (in nostris) plumosæ. Flosculi bini superior hermaphroditus inferior masculus vel neuter et tunc ad glumellam vel interdum ad aristulam reductus. Glumæ membranaceæ inferior minor. Glumella utriusque flosculi acuta vel acuminata paleam subæquilongam sed angustiorem amplectens. Squamulæ binæ minutæ interdum nullæ. Stamina tria. Ovarium glabrum. Styli bini terminales longi ima basi vel longe in unum connati stigmatibus plumosis ex apice floris ¡emergentibus. Caryopsis oblonga a dorso compressa ad basin ventris hilo punctiformi obsita glumellis inclusa sed libera. — Herbæ spiculis 1-3-nis in spicas simplices dispositis.

SECT. I. EUPENNISETUM. — Involucri setæ tenues capillares spiculam manifeste superantes. Styli liberi vel imâ basi connati.

1. **P. dichotomum** (Forsk. Descr. 20 sub *Panico*) perenne dumosum glabrum, culmis duris junceis rigidis parte inferiori persistentibus ad nodos prolifere et fasciculatim ramosis, culmorum vaginis aphyllis apertis scariosis lanceolatis persistentibus, foliis rameis e vaginâ subdilatatâ brevibus rigidis convolutis supremo sæpe spicam involucrante, spicis cylindraceis, rachide asperâ glabrâ, involucri sessilis setis numerosis inæqualibus albidis interioribus validioribus inferne plumosis spiculâ sesquilongioribus, spiculis solitariis rarius binis lanceolatis, glumâ exteriore oblongo-lanceolatâ acutâ trinervi tertiâ parte breviore. superiore glumellâque floris masculi æquilongis florem hermaphoditum æquantibus concavis 5-7-nerviis oblongo-lanceolatis acuminatis, paleâ floris masculi angustiore et subbreviore, floris hermaphroditi glumellâ oblongo-lanceolatâ acuminato-subaristatâ 2. *P. dichotomum* Del. Eg. 144, tab. 8, fig. — *Pennisetum phalaroideum* Sch. — *Phalaris setacea* Forsk Descr. 17. — *Cenchrus ramosissimus* Poir. Enc. VI, 51.

Hab. in arenosis vallium deserti Arabici Egypti ad Kahiram, Suez, Egyptum mediam (Forsk, Del.. Sieb! Kral! etc.). Arabiâ Petreâ (Bové! Auch! Schimp. 151!), Arabiæ regno Mascate et Persiâ australi (Auch. 5432!), Affghaniâ ad Otipore Griff. 321!).

Facies et ramificatio *Panici turgidi.*

Ar. Geogr. Algeria interior, India boreali-occidentalis.

2. P. elatum (Hochst. in Steud. Gram. p. 106) perenne glabrum glaucescens, culmis elatis inferne induratis dichotome ramosis et vaginis paucis aphyllis lanceolatis persistentibus obsitis, foliis paucis remotis vaginâ longâ angustâ in laminam brevem convolutam abeunte, spicis tenuiter cylindraceis rachide setoso-hirsutâ, involucri subsessilis setis rufescentibus numerosis inæqualibus spiculâ sesquilongioribus interioribus validioribus inferne plumosis, spiculis solitariis, glumâ exteriore ovatâ acutâ dimidio breviore, superiore sublongiore trinervi glumellâ floris masculi lanceolatâ subbreviore utrâque acuminatis ♃.

Hab. in Arabia Petreâ prope Nakkeb (Schimp. exs. 308!).

Unicum specimen vidi hujus speciei culmis iuferne induratis dichotomis persistentibus *P. dichotomum* referentis, ab eo differe videtur spicæ rachide setosâ nec asperulâ, spicâ tenuiore, involucri stipite sublongiore, setis rufescentibus, glumarum proportione.

3. P. ciliare (L. Mant. 302 sub *Cenchro*) perenne cespitosum, culmis numerosis herbaceis decumbenti-geniculatis vel ascendentibus foliosis, foliis anguste linearibus acuminatis vaginisque glabris vel pilosis, spicis cylindraceis densis rachide asperâ, involucri sessilis setis plurimis violaceo-rufescentibus rarius albidis inæqualibus interioribus basi coalitis inferne latioribus et plumosis spiculâ 1 ½-2-plo longioribus alterâ validiore et longiore, spiculis geminis rarius solitariis, glumis subæqualibus flosculis tertiâ parte brevioribus ovato-oblongis acutis uninerviis, glumellâ floris masculi glumellæ floris hermaphroditi conformi utrâque ovato-oblongâ acutâ quinquenervi, paleâ floris masculi breviore interdum obsoletâ ♃. *P. ciliare* Link Hort. Berol. I, 213 — *Cenchrus rufescens* Desf. Atl. II, 388 et *P. rufescens* Spreng. — *P. cenchroides* Pers. Syn. I, 72. Webb Phyt. Can. tab. 244. — *P. distylum* Guss Syn. I, 115. — *P. petreum* Steud. Gram. p. 106.

Hab. in desertis et cultis arenosis, Egyptus inferior orientalis ad limitem deserti (Schweinf!), ditio Fayoum, Oasis magna et littus Arabicum Egypti superioris (Schw!), Arabia petrea (Schimp. 153! Boiss!), Palestina ad Hebron (Roth!) et Jericho (Ball!), Persia australis ad Dalechi (Ky. 170! Haussk!) Belutschia (Stocks!).

Ar. Geogr. Sicilia, insulæ Canarienses, Madera et insulæ Capitis viridis, Africa borealis, Abyssinia, Arabia tropica, India borealis, P. B. Spei.

4. P. Orientale (Rich. in Pers. Syn. 1, 72) perenne dense cespitosum, culmis erectis vel ascendentibus supra partem inferiorem denudatam et vaginis siccis squamosam ramosis, foliis rigidulis erecto-patulis anguste linearibus longe acuminatis subconvolutis glabris vel sparsim pilosis, vaginæ ore ciliato, spicis laxiusculis elongatis rachide pilosâ, involucris 1-3 spiculigeris pedicellis brevibus hispidis suffultis multisetis setis inæqualibus flexuosis violaceorubellis spiculis 1 ½-2-plo longioribus interioribus vix crassioribus inferne pilis e tuberculo ortis plumosis alterâ aliis longiore, glumâ

29

inferiore ovatâ uninervi acutâ flosculo hermaphrodito triplo breviore, superiore ovato-lanceolatâ acuminatâ trinervi flore hermaphrodito vix breviore, glumellâ floris masculi et floris hermaphroditi subconformibus ovato-oblongis 5-nerviis acuminatis breviter aristatis, paleâ apice bimucronatâ ♃. — *H. fasciculatum* Trin. Mém. Petr. Ser. III, VI, p. 181. — *P. Sinaicum* Decaisne Fl. Sin.. p. 9. — *P. Persicum* Boiss. et Buhse Aufz. p. 232 (forma spicis paueispieulatis, glumis et glumellis longius aristulatis). — *Cenchrus Orientalis* Willd. ined. *P. tenue. P. variabile* et *P. spectabile.* Figari et Not. Agrost. Ægyptiacæ Fragmenta, p. 2-5, ex descriptione non specifice differre videntur.

Hab. in collibus siccis et ad rupes, Anatolia in Lycaoniâ ad Konieh (Heldr!), Galatia (Willd.) et ad Tokat (Wied!), Pontus (Auch. 2997!), Armenia Turcica ad Baibut (Bourg!) Cappadocia ad Cæsaream (Bal!), Catuonia ad Marasch (Haussk!), Cilicia ad Gülek 3500' (Ky. 861 Bal!), Syria borealis in monte Amano (Ky 122!), ad Cassii radices (Boiss!), Arabia petrea in jugo Sinaico (Bové! Schimp. 115!), deserta Arabica Egypti inferioris ad Ouadi Hamaka (Sckweinf!), prov. Transcaucasicæ Karabagh et Talysch (Hoh!), Persia borealis ad Rudbar (Buhse!), orientalis ad Schahrud (Bge!) et Jezd (Buhse!), australis ad Kaserun (Haussk!), Affghania ad Otipore (Griff! et in valle Kurram (Aitch!), Belutschia (Stoks!).

Ar. Geogr. Algeria interior.

5.. **P asperifolium** (Desf. Al. II, 388 sub *Cenchro*) perenne cespitosum, culmis erectis alatis foliosis scabridis, foliis longis rigidulis anguste linearibus acuminatis plicatis carinatis scabris, vaginis ore ciliatis, spicis longis cylindraceis densiusculis rachide scabrâ hirtulâ, involucris 1-2-spiculatis pedicellis fasciculatim setuloso-hispidis suffultis multisetis setis inæqualibus albidis vel rubellis spiculâ triplo longioribus interioribus basi subcoalitis crassioribus inferne pilis e tuberculo ortis plumosis, alterâ aliis longiore, glumis hyalinis inferiore ovato-triangulari acutâ subenervi triplo vel quadruplo breviore, superiore oblongo-lanceolatâ mucronato-aristulatâ 3-5-nervi, flosculo neutro nullo vel ad rudimentum setiforme reducto, glumellâ floris hermaphroditi oblongo-lanceolatâ 3-5-nervi paleam bidentatam involvente ♃. *P. asperifolium* Kᵗʰ. Gram. I, 49. — *P. Tiberiadis* Boiss. Diagn. Ser. I, 13, p. 43.

Hab. ad rupes Palestinæ prope Khan Hussein ad lacum Tiberiadis et circa Banias (Boiss!), in monte Carmelo (Labill!), Libano inter Arissa et Antoura (Ehr!) ad Nahr el Kelb prope Berythum (Barbey!).

Differt a *P. Orientali* spicis longioribus et densioribus 5-6-pollicaribus, involucri setis longioribus, spiculis unifloris, glumâ inferiore brevissimâ.

6. **P. mollissimum** (Hochst. Fl. 1844, p. 253) annuum, caule erecto ad nodos piloso basi ramoso totâ longitudine foliose, foliis linearibus acuminatis planis flexuosis sparsim pilosis, spicâ densissime cylindricâ rachide villosissimâ, involucris pedicellis brevibus hispidis suffultis fere horizontalibus multisetis setis albidis parum

inæqualibus spiculâ vix sesquilongioribus interioribus dense plumosis, spiculâ unicâ, glumis hyalinis enerviis inferiore minimâ ovalâ obtusâ, superiore glumellâque floris masculi oblongo-lanceolatis membranaceis subenerviis acuminatis, paleâ nullâ, glumellâ hermaphroditâ lanceolatâ acuminatâ demum subcoriaceâ glumis æquilongâ ⊙. *P. elegans* Rupr. in Ky. exs. 234 an Nees ?

Hab. in Egypto superiore ad Syenem (Sieb. exs. sub *P. typhoideo*).

Sesquipedale, folia inferne 4-5 lineas lata, spica 2-3-pollicaris, Radice annuâ sectioni *Penicillariæ* accedit sed setæ molles *Eupenniseti.*

Sᴇᴄᴛ. II. PENICILLARIA. — Involucri setæ rigidæ breves spiculæ subæquilongæ. Styli in unicum longe connati.

7. P. typhoideum (Rich. in Pers. Syn. I. 72) annuum, culmo erecto simplici vel inferne ramoso superne tomentello, foliis lanceolatis acuminatis flexuosis planis patule pilosis nervo medio crassiore subtus prominente, spicâ oblongâ vel cylindraceâ densissimâ, involucro pedicello eo triplo breviore hispido suffulto multiseto setis flavidis rigidis subinæqualibus spiculas subæquantibus interioribus parce plumosis, spiculis 2-3-nis, glumis hyalinis enerviis obtusis vel subtruncato-laceris inferiore brevissimâ superiore duplo majore flosculis triplo breviore, glumellâ flosculi inferioris neutri paleâ destituti eâque flosculi hermaphroditi æquilongis oblongo-lanceolatis acutis superne quinquenerviis demum subcoriaceis ⊙. *Penicillaria Raddiana* Fig. et Not. Fragm., p. 58. — *Penicillaria spicata* Willd. Enum. Berl. 1037 et *Holcus spicatus* L. Sp. 1483 forma culta spicâ multo crassiore et longiore. Del. Eg. tab. 8, fig. 3. — *P. violaceum* Rich.

Hab. in campis Indigoferâ consitis ad limites deserti ad Bir Ambar prope Keneh Ægypti (Schweinf. 1195!).

Forma spontanea vel subspontanea in Nubiâ prope Amada (Kralik) quoque crescens caule vix pedali, foliis 2-4 lineas tantum latis spicâ 1 ½-2 pollicari diam. 5-6 lineas latâ. Forma in Atricâ tropicâ, Indiâ ubique culta variat multum foliis 6-15 lineas latis, spicâ crassiore interdum ½-1-pedali.

Ar. Geogr. Senegalia.

ÇENCHRUS (L. Gen. 1149 ex parte).

Spiculæ a dorso subcompressæ supra pedicelli articulationem inclusæ involucro completo aculeis vel setis pluriseriatis constante setis in scutellam vel in cupulam lobatam plus minus coalitis. Spiculæ bifloræ flosculo superiori hermaphrodito, inferiore masculo vel neutro. Glumæ membranaceæ parum inæquales. Glumella floris hermaphroditi demum rigida vix coriacea. Squamulæ nullæ. Stamina 3. Ovarium glabrum. Styli 2 terminales elongati inferne connati.

Caryopsis oblonga glumellis inclusa sed libera. — Spiculæ in involucro 1-3, involucris in spicas simplices dispositis.

1. C. catharticus (Del. Cat. Monsp. 1838 et Linn. XIII Lit. 103) annuus, caulibus erectis vel ascendentibus inferne sæpe geniculatis, foliis scabridis lanceolatis acuminatis ciliatis vel glabris, involucris subsessilibus in spicam cylindricam laxiusculam dispositis a basi subtruncatâ obconicis subbifloris pluriaculeatis, aculeis imâ basi in patellam coalitis rigidis pungentibus externis brevissimis patentibus interioribus validioribus flosculos subsuperantibus erecto-patulis dorso sulcatis retrorsum scabris interdum inferne ciliatis, glumis ovatis acutis membranaceis inferiore breviore superiore glumellis flosculorum oblongis obtusiusculis subbreviore ⊙ *C. Niloticus* Fig. et Not. Fragm. 64, tab. 33 (1858). — *C. echinatus* Rich. Fl. Abyss. non L. — *Elymus Caput Medusæ* Forsk. Descr. p 25.

Hab. in Egypto ad ripas Nili (ex Figari). E ditione nondum vidi.

Hæc species *C. echinato* Americano facie similis ab eo involucri partibus imâ basi tantum nec in cupulam lobatam connatis differt, a sequentibus involucri partibus duris rigidis aculeiformibus retrorsum aculeolatis distincta.

Ar. Geogr. Nubia, Abyssinia, Guinea, Insulæ Capitis Viridis, Africa tropica. India boreali-occidentalis.

2. C. montanus (Nees in Royle Illustr. Pl. Ind.) annuus, culmis pluribus procumbenti-ascendentibns geniculatis foliosis foliis linearibus acuminatis flexuosis planis patule hirtis vel glabrescentibus, involucris brevissime pedicellatis 1-2-spiculatis globosis in spicam cylindricam densiusculam dispositis, setis involucri externis subulatis brevibus adpressis interioribus 8-10 lanceolatis pungentibus ad tertiam partem in cupulam obconicam coalitis erectis scabris interdum margine ciliatis spiculas vix excedentibus, glumis membranaceis ovatis acutis subcarinatis subinæqualibus flosculis tertiâ parte brevioribus, glumellis flosculi neutri et hermaphroditi oblongis acutis superne 5-nerviis, paleâ angustiore ⊙. *C. Schimperi* Hochst et Steud. in Schimp. exs. — *C. tripsacoides* Fresen. Abyss. et R. Br. qui in Salt app. nomen solum edidit. — *C. bulbifer* Hochst. in Schimp. Abyss. exs. — *C. uniflorus* Ehrenb. exs. 235!

Hab. in Egypt Oasi magnâ ad Hibe et ad littus Arabicum Egypti superioris inter Kosseir et Ras Benass (Schweinf. 725! et 1016!) Involucra fructifera semine Caunabeos paulo majora.

Ar. Geogr. Nubia, Abyssinia, Arabia tropica, India borealis.

3. C. pennisetiformis (Hochst. et Steud. in Schimp. exs. 973) annuus, culmis tenuibus procumbenti-ascendentibus geniculatis, foliis anguste lanceolatis acuminatis vaginisque asperis et pilis e tuberculo ortis plus minus obsitis, involucris subsessilibus globosis 1-2-spiculatis in spicam breviter cylindricam densiusculam dispositis, setis involucri externis subulatis brevibus interioribus validiori-

bus longe subulato-attenuatis basi in 3-4 fasciculos breviter connatis
inferne plumosis flosculis subduplo longioribus, glumis ovatis membranaceis acutis inferiore flosculo duplo superiore tertiâ parte breviore, glumellâ utriusque flosculi oblongâ obtusiusculâ mucronatâ ⊙.
C. echinoides Wight (ubi?) ex Nees in Steud. Gram. 109. — *C.
digynus* Ehrenb. Mss.

Hab. in Arabiá Mascatensi ad Nezoué (Auch. 5429!).

Involucra eis *C. montani* non majora sed setæ elongatæ. Species involucri
setis basi in fasciculos breviter coalitis nec in cupulam lobatam connatis transitum inter *Pennisetum* et *Cenchrum* præbens, huic facie potius adnumeranda.

Ar. Geogr. Arabia tropica.

ANTHEPHORA (Schreb. Gram. II, 105. — *Hypodœurus* Hochst.).

Spiculæ 4-7 basi concretæ earum glumis inferioribus coriaceis
dilatatis lanceolatis in involucrum spiculas includens imâ basi
connatis, sinubus inter eas rotundatis hiantibus. Gluma superior
membranacea a basi sublatiore subulata flosculis brevior. Flosculi
bini exterior neuter ad glumellam membranaceam reductus, superior
hermaphroditus glumellâ et paleâ membranaceis illâ hanc includente.
Squamulæ nullæ. Stamina 3. Ovarium glabrum. Styli 2 terminales
elongati basi connati stigmatibus plumosis. Caryopsis elliptica glabra
glumellis inclusa libera. — Herbæ involucris sessilibus in spicam
simplicem dispositis deciduis. — Genus ut et *Tragus* glumellis flosculi hermaphrodi membranaceis nec coriaceis a *Paniceis* discrepans
et ex cl. Bentham Tribui *Zoysicarum* a ditione nostrâ præter ea
cæterum exule adnumeratum.

1. **A. Persica** (Boiss. Diagn. Ser. I, 13, p. 44) perennis,
radice..., culmis geniculato-ascendentibus elatis superne longe denudatis, foliorum vaginis patule hispidis laminâ glabrâ lineari plicatâ
glaucescente, involucris in spicam cylindricam dense imbricatis sessilibus turbinato-campanulatis 6-7-partitis, spicæ rachide valde flexuosâ
ad involucrorum insertionem valde pilosâ, involucri phyllis basi
sinubus edentulis sejunctis coriaceis lanceolatis acuminato-attenuatis
extus dense tomentosis spiculas 5-6 includentibus et eis longioribus,
glumâ superiore a basi latiore subulatâ ciliatulâ spiculis tertiâ parte
breviore in spiculâ centrali deficiente, glumellâ et paleâ hyalino-membranaceis lanceolatis æquilongis eâ flosculi neutri obtusiusculâ marginibus ciliatâ, flosculi hermaphroditi acutis glabris ♃.

Hab. in Persiá australi loco non notato (Auch!)

Specimen unicum vidi hujus speciei insignis, culmus bipedalis, spica tripollicaris diam. 2 ½ lineas lata, involucri phylla inæqualia, majora fere
4 lineas longa.

TRAGUS (Hall. Helv. 2, p. 203. — *Lappago* Schreb. Gen. p. 131).

Spiculæ a dorso compressæ bifloræ. Gluma inferior deficiens, superior membranacea plana minima. Flosculus inferior neuter glumellâ unicâ coriaceâ concavâ 5-7-costatâ et ad costas echinatâ flosculum hermaphroditum includénte. Flosculi hermaphroditi glumella et palea membranaceæ oblongo-lanceolatæ illa acuta, palea retusa. Squamulæ binæ truncatæ. Stamina tria. Ovarium glabrum. Styli bini terminales distincti, stigmata plumosa supra mediam spiculam emergentia. Caryopsis oblonga glumellis inclusa sed libera hilo punctiformi. — Spiculæ 2-4-næ in fasciculos brevissime pedicellatos racemum spicæformem formantes dispositæ. Spicula terminalis sœpe sterilis.

1. **T. racemosus** (L. Sp. 1487 sub *Cenchro*) annuus cespitosus, culmis diffusis, foliis rigidis planis acutis brevibus margine aculeolatis, superiorum vaginis elongatis subinflatis, racemi laxiusculi fasciculis 3-4-spiculatis, flosculi neutri glumellâ lanceolatâ acutâ ad nervos 5-7 elevatos aculeis basi subconfluentibus uncinatis echinatâ ⊙. *T. racemosus* Hall. Helv. 141 3. Nees Gen. Germ. Ic. — *Lappago racemosa* Willd. — Fl. Græc. tab. 101. — Rchb. Ic. Germ. fig. 514.

Hab. in arenosis siccis regionum calidiorum ditionis a Græcia (Heldr !) et Macedoniâ (Friv. Orph !) ad Egyptum, prov. Caucasicas (Ledeb.), Affghaniam (Aitch !).

Ar. Geogr. Europa media et australis a Galliâ, Helvetia et Germaniâ australibus ad regionem Danubialem et Rossiam australem, insulæ Canarienses, India.

2. **T. decipiens** (Fig. et Not. Agrost. Æg. Fragm. p. 73, fig. 37, sub *Lappago*) annuus cespitosus, culmis brevibus diffusis, foliis rigidis planis acutis brevissimis superiorum vaginis elongatis subinflatis, racemi laxiusculi fasciculis sæpius bispiculatis, flosculi neutri glumellâ lanceolatâ acutâ ad nervos subquinos elevatos aculeis subdistantibus a basi incrassatâ subulatis non uncinatis echinatâ ⊙. *T. brevicaulis* Boiss. Diagn. Ser. I, 13, p. 44.

Hab. in Persiâ australi (Auch. 5472).

Forsan ut omnes *Tragi* species propositæ tantum varietas *T. racemosi* a quo glumellæ aculeis dissitis et rectis tantum differt.

Ar. Geogr. Arabia Felix, Nubia, Abyssinia.

BECKMANNIA (Host Gram. III, tab. 6).

Spiculæ bifloræ in rachi communi spicæ biseriatæ et unilaterales compressæ flosculis sessilibus æqualibus. Glumæ binæ subcoriaceæ compressæ naviculares æquales muticæ. Glumella et palea membranaceæ, illa quinquenervia paleam binervem bicarinatam amplectens in flosculo inferiore mucronata et glumas superans, in flosculo superiore mutica. Stamina tria. Styli duo, stigmata plumosa pilis dentatis. Squamulæ binæ breviter lanceolatæ dentatæ. Caryopsis elliptica latere compressa ventre sulcata. — Planta elata facie et inflorescentiâ *Paspali* vel *Panici erucæformis.* — Genus hucusque *Phalarideis* adnumeratum a cl. Bentham rectius ut videtur *Paniceis* associatum a quibus tamen flosculo inferiori quoque hermaphrodito differt.

1. **B. erucæformis** (L. Sp. 80 sub *Phalaride*) perennis, radice repente, culmis erectis elatis foliosis basi incrassatis, foliis planis linearibus elongatis, ligulâ elongatâ, spicis sessilibus linearibus in racemum longum alternatim et unilateraliter dispositis inferioribus dissitis super oribus subcontiguis, spiculis eximie et imbricatim distichis, glumis semiorbiculatis basi attenuatis apice oblique acutatis præter nervos transverse rugosis ♃. *B. erucæformis* Host Gram. tab. 6. — Rchb. Germ. fig 452. — *Cynosurus erucæformis* Ait. — *Paspalum aristatum* Mænch.

Hab. in humidis, ad fossas, Peloponnesus in Arcadiâ (Bory), Thracia (Frivl), Lydia ad Ephesum (Boiss!), Tauria, prov. Caucasicæ et Transcaucasia (Ledeb.), Armenia prope Erzerum ad Euphratem (Huet!).

Ar. Geogr. Italia, Dalmatia, regio Danubialis, Rossia, Sibiria tota, Japonia, America borealis.

TR. II. LYGEÆ (Lange Pug. 24).

Spiculæ 2-3 hermaphroditæ glumis destitutæ uniflorae inferne in tubum connatæ folio spathæformi involutæ. Genus a cl. Bentham Paniceis anomalis adnumeratum.

LYGEUM (L. Gen. p. 31).

Spiculæ pedunculo communi brevi suffultæ folio spathæformi involucratæ. Glumella mutica paleâ multo brevior lanceolata acuta inferne carnoso-coriacea glumellisque aliorum florum connata et longe sericeo-hirsuta apice libera. Palea multo longior hyalina binervis bicarinata apice bifida inferne per dorsum aliis paleis et per margines cæteris glumellis connata. Squamulæ nullæ. Stamina tria filamentis longissimis. Stylus indivisus longissimus ex apice spiculæ emergens. Caryopsis oblonga styli basi rostrata hinc convexa inde plana et longitudinaliter sulcata maculâ hilari lineari longâ notata loculo coriaceo duro e glumellis coalitis formato inclusa. — Planta perennis junciformis.

1. **L. Spartum** (Löfl. Ic. Hisp. tab. 2. — L. Sp. 74) rhizomate horizontali repente squamis coriaceis nitidis vestito, caulibus cespitosis, foliis glaucis duris filiformi-convolutis flexuosis subpungentibus, ligulâ elongatâ, spathâ terminali solitariâ striatâ virescente margine scariosâ acuminatâ, spiculis longe sericeo-pilosis prius spathâ inclusis dein lateraliter exsertis ♃. Lam. Ill. Gen. tab. 39.

Hab. in argillosis et arenosis maritimis, Creta ad prom. Sidero et prope Pilalimmata ditionis Sitia (Sieb. Heldr!), Egyptus inferior ad Aboukir, (Husson!), inter Alexandriam et Rosettam (Ehr!). Fl. Mart. Mai.

Ar. Geogr. Hispania littoralis et interior in salsuginosis, Sardinia, Sicilia, Italia australis, Africa borealis.

Tr. III. ANDROPOGONEÆ.

Spiculæ secus spicæ rachidem vel paniculæ ramulos sæpissime geminæ vel terminales ternæ a dorso compressæ, altera vel media fertilis, cæteræ masculæ vel neutræ, rarissime omnes fertiles. Glumella glumis minor hyalina sæpe aristata.

IMPERATA (Cyr. Pl. rar. Neap. 2, p. 26).

Spiculæ in paniculæ spiciformis ramis geminæ altera sessilis vel sæpius ambo pedicellatæ utraque fertilis et biflora flosculo inferiore neutro ad glumellam reducto superiore hermaphrodito. Glumæ membranaceæ pilis longissimis extus obsitæ subæquales muticæ flosculis longiores. Glumella floris neutri hermaphroditum involvens et eolongior, flosculi hermaphroditi glumella et palea tenuiter membranaceæ inæquales apice fimbriatæ muticæ. Squamulæ nullæ. Styli 2 terminales elongati basi connati, stigmata longa plumosa ex apice spiculæ emergentia. Caryopsis ovoidea glabra libera. — Herbæ perennes paniculâ cylindraceâ longe sericeâ. — Genus præter inflorescentiam ab *Eriantho* et *Saccharo* paniculæ ramulis vix articulatis distinctum.

1. **I. cylindrica** (L. Sp. 120 sub *Laguro*) perennis cespitosa, radice longe et late repente, culmis erectis strictis basi vaginis foliorum emortuorum stipatis, foliis anguste linearibus strictis planis demum convolutis marginibus scabris nervo medio lato radicalibus confertis caulinis paucis, paniculæ cylindricæ ramis brevibus adpressis, glumis oblongo-linearibus extus longe pilosis obtusis apice denticulatis, glumellâ et paleâ glabris apice fimbriatis ♃. *I. cylindrica* P. de B. Agrost. p. 1. — Rchb. Ic. Germ. fig. 455. — *Saccharum cylindricum* Lam. Ill. tab. 40. — Fl. Græc. tab. 54. — *I. arundinacea* Cyr. loc. cit. tab. II. — *I. Thunbergii* et *I. Kœnigii* P. de B.

Hab. in arenosis siccis et humidis, ad fossas totius ditionis a Græciâ! et Macedoniâ! ad prov. Transcaucasicas! Syriam!, Egyptum et ejus Oases!, Arabiam petræam! Babyloniam (Noé!), Persiam borealem et australem (Auch. 5452!), Affghaniam (Griff!), Belutschiam (Stocks!).

Ar. Geogr. Regio Mediterranea Europæ et Africæ borealis, India orientalis, P. B. Spei, Nova Hollandia, America.

SACCHARUM (Ræm. et Sch. Syst. II. p. 11).

Spiculæ in articulis ramulorum paniculæ ramosissimæ geminæ altera sessilis altera pedicellata, omnes fertiles conformes villis invo- lucratæ bifloræ. Glumæ binæ subæquales tenuiter membranaceæ flosculis longiores. Flosculus inferior neuter uniglumellatus (inter- dum deficiens), superior hermaphroditus glumellâ et paleâ tenuiter membranaceis muticis inæquilatis. Squamulæ binæ sub apice 2-3- lobæ. Stamina tria. Styli 2 elongati, stigmata plumosa supra medium flosculum emergentia. Caryopsis libera ovato-trigona hilo basilari oblongo. — Herbæ elatæ paniculâ amplissimâ longe et dense sericeâ.

1. S. Sara (Roxb. Fl. Ind. I, 249) perenne cespitosum, culmis elatis validis teretibus, foliis glaucescentibus rigidis longissimis pla- niusculis anguste linearibus margine scaberrimis nervo subtus valido albo, paniculâ ramosissimâ contractâ lanceolatâ compactâ albo-hirsutissimâ basi vaginâ elongatâ et dilatatâ folii supremi suffultâ, rachidis articulis brevissimis ut et spiculæ superioris pedicellis albo- hirsutissimis, glumis oblongo-lanceolatis acutiusculis dorso pilis albis eis æquilongis densissime obsitis, glumellâ et paleâ glumis vix bre- vioribus teneris margine ciliatis ♃.

Hab. in valle Kuram Affghaniæ inter Thal et Kuram ad aquas (Aitch. exs. n° 546! et in coll. meâ n° 467!).

Cespites latos formans, culmi 3-4-pedales, panicula pedalis et longior. Facie valde affinis *Eriantho Ravennæ* sed glumellæ muticæ *Sacchari* et insuper panicula magis densiflora magis nivea spiculis magis approximatis. Speci- men Aitch. n° 467 in ejus Catalogo Journ. Linn. Soc. XIX, p. 191 ad *S. Grif- fithii* refertur sed in meâ collectione unus et idem ae n° 546. *S. Sara* Roxb. cæterum ope ejus diagnosis brevis tantum novi et huic plantam Brahuicam referendo cl. Aitchison secutus sum.

Ar. Geogr. India.

2. S. Griffithii (Munro Mss. ex Aitch. Cat. in Journ. Linn. Soc. XIX, p. 191) perenne, culmis elatis validis teretibus, foliis glaucescentibus rigidis longissimis planiusculis anguste linearibus margine scaberrimis nervo subtus valido albo, paniculâ ramosis- simâ contractâ lanceolatâ albo-hirsutâ ramis strictis, rachidis arti- culis longiusculis et spiculæ pedicellis parcius hirsutis, glumis lan- ceolatis acuminatis dorso pilis eis subbrevioribus parcius obsitis, glumellâ et paleâ glumis vix brevioribus teneris acuminatis margine ciliatis ♃.

Hab. ad Schah Bilawul Affghaniæ (Griff. exs. 507 l).

Panicula in specimine meo 10-pollicaris illâ *S. Sari* multo macrior pilis multo minus copiosis et brevioribus obsita, ramuli laxius spiculiferi, glumæ parcius et brevius hirsutæ multo acutiores et longiores 3 ¼ nec 2 lineas longæ.

3. S. Ægyptiacum (Willd. Enum. 82) perenne cæspitosum, culmis elatis teretibus farctis superne adpresse sericeis, foliis glaucescentibus elongatis rigidis linearibus acuminatis canaliculatis subtus carinatis nervo incrassato margine serrulatis, paniculæ ramosissimæ elongatæ lanceolatæ ramis tenuibus erecto-patulis ramulis rachidique longe villoso-sericeis, spiculis basi annulo pilorum eis duplo longiorum involucratis, glumis pallide purpurascentibus oblongo-lanceolatis acuminatis margine longe ciliatis, glumellâ et paleâ glumâ brevioribus brevius ciliatis ♀. *S biflorum* Forsk. Descr. p. 16. — *S. spontaneum* L. Mant. 183.

Hab. in Egypto totâ a Kahirâ ad Nubiam usque ad ripas Nili et in insulis arenosis (Forsk. Del., Ehrenb ! etc., etc.), Syriâ littorali ad sepes circa Sidonem (Bl! Gaill l), Affghaniâ (Griff.), Arabice *Bous el Gezayr* vel *Bous Farsy*.

Ar. Geogr. Nubia, Abyssinia, Arabia tropica, India borealis, Sicilia,

Obs. *S. officinarum* L. in Egypto magnâ copiâ colitur.

ERIANTHUS (Rich. in P. de B. Agr., p. 14).

Spiculæ in articulis ramulorum paniculæ ramosissimæ geminæ interdum ternæ altera sessilis altera (interdum binæ) pedicellata, omnes fertiles conformes villis involucratæ biflorae. Glumæ binæ subæquales chartaceæ acutæ flosculis longiores. Flosculus inferior neuter glumellâ unicâ membranaceâ flosculum hermaphroditum involvente et eo sublongiore constans. Flosculi hermaphroditi glumella et palea membranaceæ illa acuta in aristam producta, palea brevior et angustior mutica. Squamulæ ovato-lanceolatæ oblique truncatæ. Stamina 2-3. Styli bini terminales elongati, stigmata plumosa lateraliter supra medium flosculum emergentia. Caryopsis libera oblonga hilo basilari oblongo. — Herbæ elatæ paniculâ amplissimâ undique sericeo-pilosissimâ. — Genus *Saccharo* facie et characteribus valde affine ab eo glumellâ flosculi hermaphroditi in aristam productâ præsertim distinctum.

1. **E. Ravennæ** (L. Sp. 1481 sub *Andropogon*) perennis, culmis valde elatis validis teretibus farctis, foliis radicalibus dense cespitosis elongatis caulinis paucis omnibus late linearibus canaliculatis margine serrulato-scaberrimis nervo medio lato albido, vaginis inferioribus villosis, paniculâ ramosissimâ lanceolatâ elongatâ

densâ demum contractâ sericeâ, rachide pedicellisque hispidissimis pilis spiculas æquantibus, glumis lanceolatis acuminatis plus minus hispidis, glumellâ in aristam eâ sublongiorem exsertam productâ ♃. *E. Ravennæ* P. de B. loc. cit. — Host Gram. III, tab.1. — Nees Gen. Germ. Ic. — *Saccharum Ravennæ* L. Syst. 88. — Fl. Græc. tab. 52.

Hab, in arenosis ad ripas, Græcia (Bory! Heldr! Orph. Fl. exs. 282!), Macedonia et Thracia (Sibth. Friv!), Cilicia usque ad 2000' (Ky!), Cataonia ad Marasch (Haussk !), Syria littoralis et Libanus (Bl!), Persia austro-occidentalis (Haussk!), Transcaucasia ad Caspium (M. B., C. A. Mey!), Somchetia (Szov!).

Ar. Geogr. Regio mediterranea Europæ et Africæ borealis, ditiones Scinde et Punjab Indiæ borealis (*E. Sara* Stocks exs. non Roxb.).

2. E. strictus (Host Gram. I, 2 tab. 2 sub *Andropogon* non Elliot) perennis, culmis elatis teretibus farctis ad nodos annulatim pilosis, foliis omnibus caulinis elongatis late linearibus acutis margine scabriusculis nervo medio valido albo, vaginis glabris. paniculæ valde contractæ linearis ramis strictis glabris, spiculis basi annulo pilorum rufescentium eis æquilongorum cinctis, glumis rufescentibus apice pallide scariosis obtusis subbidentatis exteriore margine longe ciliatâ dorso glabrâ, superiore glabrâ, glumellâ in aristam exsertam eâ sublongiorem productâ ♃. *Saccharum strictum* Spreng. Pug. II, 16. — *Erianthus Hostii* Griseb. Spic. Rum. 2, p. 548.

Hab. in alveis torrentium, collibus, Byzantium (Auch, 3002 ! Noë !) Lydia prope Philadelphiam (Boiss!) et in monte Sipylo (Bal. 16 !', Cilicia ad rivum Guzeldere (Bal!), mons Ssoffdagh Syriæ borealis (Haussk !), in collibus ad Antiochiam (Boiss!).

Ar. Geogr. Regio Danubialis, Dalmatia, Serbia.

ARTHRAXON (Pal. de Beauv. Agr. 111. — *Pleuroplitis* Trin. — *Lucæa* K[th]. — *Alectoridia* Rich. Fl. Abyss.).

Spiculæ secus spicæ rachidem tenuem flexuosam subarticulatam alternæ basi stipite interdum obsoleto alterius spiculæ semper abortivæ instructæ, bifloræ. Glumæ binæ lanceolatæ subincurvæ naviculares acutæ muticæ subæquilongæ glumellis longiores exterior subcoriacea plurinervis interior subcoriaceo-membranacea carinato-uninervis. Flosculus inferior ad glumellam hyalinam lanceolatam reductus, interior hermaphroditus glumellâ et paleâ hyalinis lanceolatis illâ basi aristâ geniculatâ et tortili auctâ, paleâ breviore. Squamulæ binæ truncatæ Stamina 2 vel 3. Styli bini, stigmata plumosa versus medium spiculæ emergentia. Caryopsis oblongo-linearis libera. — Herbæ spicis fasciculatis, facie *Panici prostrati.*

1. A Langsdorffianum (Trin. Fund. 155, tab. 15 sub *Pleuroplitide*) annuum? radice fibrosâ, culmis pluribus debilibus ascendentibus foliosis parte inferiori ramosis, foliis brevibus oblongo-

lanceolatis abruptiuscule attenuato-acuminatis basi cordatis obtuse
auriculatis amplexicaulibus scabrido-hirtis ciliisque basi tuberculatis
marginatis, spicis 3-9 in fasciculos terminales dispositis tenuibus 7-12-
spiculatis, spiculis rachidis flexuosæ glabræ articulis sublongioribus
basi glabris vel parce hirtulis, spiculæ abortivæ stipite obsoleto, glumis ad nervos breviter muriculato-ciliatis, aristâ tenui spiculâ duplo
longiore ⊙, *Pleuroplitis Centrasiatica* Griseb. in Led. Fl. Ross. IV,
p 477. — *P. Caucasica* Rupr. — *Andropogon amplexifolius* Trin.
Fund. — *Alectoridia Quartiniana* Rich. Fl. Abyss. II, 447, tab. 99. ⊙
Andropogon Alectoridia Steud. Glum. p. 383.

Hab. in paludosis, humidis ad mare Nigrum, Pontus Lazicus circa Rhizé
(Bal!), Mingrelia ad Poti (Rehm!), in graminosis humidis Kachetiæ inter
Quareli et Sazchenis (Rupr!).

Culmi ¹/₂-2 pedes longi, folia majora 1-1 ¹/₂-pollicaria 4-5 lineas longa
valde acuminata, spicæ tenues 1-1 ¹/₂-pollicares, glumæ 2 lineas longæ.

Ar. Geogr. Songaria, Japonia, Abyssinia.

POLLINIA (Spreng. Pug. 11-12, excl. speciebus).

Spiculæ in spicarum articulis binæ altera sessilis fertilis altera
pedicellata neutra, in apice spicæ interdum ternæ omnes biflore
flosculo inferiore neutro ad glumellam reducto. *Spica sessilis* hermaphrodita. Glumæ binæ flosculo longiores exterior membranaceo-her-
bacea acuminata, superior membranacea concavo-complicata ex apice
bifido aristata. Glumella membranacea profunde bifida inter lobos
longe aristata aristâ geniculatâ inferne contortâ, palea brevior angusta
subintegra. Squamulæ binæ truncatæ glabræ. Stam. 3. Styli 2 terminales elongati, stigmata elongata dense plumosa lateraliter infra
mediam spiculam emergentia. Caryopsis oblonga libera. *Spic. pedicell.*
mascula. Glumæ 3, inferior subherbacea ex apice bifido arista a
superior indivisa. Glumella et palea oblongo-lanceolatæ non aristatæ,
hæc brevior interdum deficiens. Herbæ spicis (in nostrâ) geminatis.
— Genus glumarum structurâ ab *Andropogone* distinctum.

1. **P. distachya** (L. Sp. 1481 sub *Andropogon*) perennis cespitosa, culmis erectis simplicibus, foliis glabris vel pilosulis linearibus
acuminatis planis, vaginis ore barbatis, spicis in apice culmi geminatis, rachide pedicellisque pilosis, glumellâ inferiore spiculæ fertilis
acutissimâ plurinervi membranaceo-marginatâ, aristis glumarum
tenuibus rectis eis æquilongis vel brevioribus, glumellæ aristâ
validâ eâ duplo longiore ♃. *P. distachya* Spr. Syst. I, 288. —
Rchb. Germ. fig. 462. — Fl. Græc. tab. 69.

Hab. in rupestribus apricis regionis inferioris Græciæ (Sibth!), insulâ
Æginâ (Heldr!), Peloponneso (Sprun! Heldr!), Cretâ (Heldr!), Hydra insulâ
(Heldr!), Rhodo (Bourg!), Anatoliâ australi in Lyciâ (Bourg!), Ciliciâ (Ky!
Bal!), Syriâ littorali ad Berythum (Gaill! Barb!), Palestinâ (Boiss!), Arabiâ
petreâ in jugo Sinaitico (Auch. 2954!).

Ar. Geogr. Regio mediterranea Europæ, Africa borealis, Insulæ Canarienses.

SPODIOPOGON (Trin. Fundam., p. 192).

Spiculæ in ramis paniculæ ternæ (vel abortu interdum binæ) intermedia sessilis, laterales pedicellatæ omnes articulatæ homogamæ bifloræ. Glumæ binæ herbaceæ hirsutæ flosculis sublongiores. Flosculus inferior masculus superior hermaphroditus uterque vel superior tantum aristatus. Glumella hyalino-membranacea, flosculi masculi lanceolata in aristam attenuata vel mutica, hermaphroditi profunde bifida e sinu aristam tortam edens, palea angusta. Styli elongati, stigmata plumosa versus mediam spiculam emergentia. Caryopsis libera... — Herbæ perennes spiculis paniculatis. — Genus inflorescentiâ et characteribus *Chrysopogoni* valde affine ab eo spiculis homogamis distinctum.

1. S. pogonanthus (Boiss. Diagn. Ser II, 4, p. 144 sub *Andropogon*) perennis cæspitosus, rhizomate fibras radicales validas et surculos edente, culmis elatis inferne sæpe stricte ramosis, foliis anguste linearibus rigidis planis attenuato-acuminatis glabriusculis, paniculæ oblongæ contractæ axi flexuosâ, ramis strictis glabris, pedicellis spicularum lateralium hirsutis, spiculis ad basin fasciculo pilorum longorum obsitis, glumis longe hirsutis subæquilongis lanceolatis mucronatis, glumellâ flosculi masculi lanceolatâ ciliatâ in aristam rectam eâ æquilongam vel breviorem attenuatâ, floris hermaphroditi lineari glabrâ ad medium bipartitâ inter lacinias acuminatas aristâ geniculatâ contortâ eâ triplo longiore auctâ ♃.

Hab. in rupestribus et lapidosis vallium ad Esilair Kiöi sex leucas ad orientem urbis Ouchak Phrygiæ 2800' (Bal!). Fl. Jul.

Culmi 2-3-pedales, folia inferne lineam aut paulo amplius lata, panicula 2-3-pol'icaris, glumæ 3 ½ lineas, aristae sex lineas longæ. Affine *S. Sibirico* foliis 5-6 lineas latis, paniculâ depauperatâ, glumellâ flosculi masculi in aristam non productâ distincto

CHRYSOPOGON (Trin. Fund. Agr., p. 161. — *Pollinia* Spreng. non Trin.).

Spiculæ in apice ramorum paniculæ ternæ bifloræ flosculo inferiore neutro ad glumellam membranaceam reducto, intermedia sessilis hermaphrodita, laterales pedicellatæ masculæ. *Spic. masc.* Glumæ binæ subæquales glumellam superantes inferior subcoriacea ex apice breviter bidentato aristata, superior membranacea mutica vel breviter aristata. Stamina 3. *Spic. herm.* Glumæ binæ membranaceo-subcoriaceæ flosculum superantes inferior concava acuminata,

superior aristata. Glumella et palea tenere membranaceæ, illa lanceolata ex apice breviter bifido longe aristata aristâ geniculatâ contortâ,
brevior mutica. Squamulæ binæ truncatæ glabræ. Stam. 3. Styli 2
longi terminales, stigmata elongata dense plumosa lateraliter versus
medium spiculæ emergentia. Caryopsis oblongo-linearis lateraliter
subcompressa libera. — Herbæ perennes spiculis paniculatis.

1. C. Gryllus (L. Sp. 1480 sub *Andropogon*) perennis cespitosus, culmis erectis simplicibus, foliis linearibus planis breviusculis
inferne interdum pilosulis vel glabris, ligulâ brevissimâ ciliatâ, paniculæ sub anthesi effusæ ramis capillaribus simplicibus verticillatis
glabris vel apice pilosulis, spiculâ hermaphroditâ basi pilis rufescentibus barbatâ, ejus glumâ inferiore juxta utrumque marginem serie
spinularum instructâ, superiore in aristam æquilongam abeunte, glumellæ aristâ eâ pluries longiore inferne hirtâ, pedicellis spiculâ subbrevioribus spiculisque lateralibus glabris ♃, *Ch. Gryllus* Trin. loc.
cit. Fl. Græc., tab. 67. — Host Gram. II, tab. 1. — Nees Gen.
Germ. Ic. — *Póllinia Gryllus* Spreng Pug II, p. 10.

Hab. in pratis et collibus aridis, Græcia in Atticâ et Ætoliâ (Heldr!), Creta
(Sibth.), Macedonia et Thracia (Griseb.), Anatolia in Lydiâ circâ Smyrnam
(Boiss! Bal!), Galatiâ (Wied!), Citiciâ (Bal!), Syria circâ Aintab et Orfa
(Auch. 2927!), Mesopotamia (Haussk!), Palestina (Bal!) Transcaucasia
(Ledeb.).

Ar. Geogr. Gallia, Helvetia et Germania australes, Italia media, Dalmatia,
regio Danubialis, India borealis, Africa borealis in regno Maroccano.

2. C. ciliolatus (Nees ex Steud Nom. p. 396 sub *Andropogon*)
perennis cespitosus. culmis erectis inferue induratis et stricte ramosis, foliis brevibus rigidulis anguste linearibus basin versus ciliis e
tuberculis ortis obsitis, ligulâ nullâ, paniculæ brevis depauperatæ
ramis hirtulis, spiculis ternis basi pilis albis vel rufescentibus barbatis, lateralium pedicellis brevissimis hirsutis, spiculæ hermaphroditæ glumâ inferiore lævi apice pilosulâ vel glabratâ in aristam rectam æquilongam vel breviorem abeunte, superiore muticâ, glumellæ
aristâ in glumam eâ pluries longiorem abeunte pubescente, spiculis
lateralibus plus minus hirsutis ♃.

Hab. in collibus siccis vallis Kurram Affghaniæ (Aitch! Griff!), Belutschiæ
(Stocks!).

β Aucheri. — Vaginæ et folia pube velutinâ brevissimâ retrorsâ
pubescentia ciliis tuberculatis sæpe deficientibus. — *Andropogon
Aucheri* Boiss. Diagn. Ser. I, 5, p. 7?.

Hab. in desertis Persiæ australis (Auch. 5465!), Belutschiâ (Stocks!).

Facies *C. Grylli* a quo notis indicatis differt.

Ar. Geogr. Scinde, India borealis, Australia.

SORGHUM (Pers. Syn. I, p. 102).

Spiculæ secus paniculæ ramos binæ, altera sessilis fertilis, altera pedicellata mascula, terminales interdum ternæ, omnes bifloræ, flosculo inferiore neutro ad glumellam reducto *Spic. hermaphr.* Glumæ binæ subæquales concavæ muticæ plurinerviæ demum valde coriaceæ. Glumella membranacea ex apice emarginato aristâ longâ compressâ articulatâ et valde contortâ obsita, palea mutica margine ciliata. Squamulæ binæ carnosæ truncatæ ciliatæ. Stamina tria. Styli 2 terminales elongati, stigmata dense plumosa versus medium spiculæ emergentia. Caryopsis majuscula ovata ad basin ventris hilo punctiformis notata libera. *Spic. masc.* Glumæ ut in spiculâ hermaphroditâ sed membranaceæ et angustiores, glumella mutica. Gramina °elata paniculâ multiflorâ. — Genus a *Chrysopogone* glumis muticis demum valde coriaceis, aristâ compressâ, caryopsidis formâ distinctum.

1. S. Halepense (L. Sp. 1485 sub *Holco*) perenne rhizomate repente surculifero, caulibus elatis sæpe ramosis, foliis planis glabris nervo medio subtus valde prominente, paniculæ pyramidatæ ramis numerosis erecto-patulis, spiculis hermaphroditis ovato-oblongis masculis oblongo-lanceolatis omnibus basi pilis brevibus obsitis, glumis pubescentibus inferiore carinis infra apicem desinentibus utrinque apice dentatâ, caryopside oblongâ ♃. *S. Halepense* Pers. l. cit. — Rchb. Ic. Germ. fig. 464. — *Andropogon Halepensis* Fl. Græc., tab. 68. — *Sorghum Caucasicum* Griseb. in Led. Fl. Ross. IV, p. 476. *Andropogon Caucasicus* Trin. Mém. Acad. Petersb. IV, Ser. 2, p. 286 ex descriptione est forma foliis angustioribus.

Hab. in cultis, ruderatis, regionis inferioris totius ditionis a Græciâ! et Macedoniâ ad Egyptum! Transcaucasiam! Mesopotamiam (Hausskl!), Affghaniam (Griffl) usque.

Ar. Geogr. Europa australis tota a Galliâ mediterraneâ, littorali Austriaco ad regionem Danubialem, Africa borealis, insulæ Canarienses, Nubia, India, P. B. Spei. In Novam Hollandiam et Americam introductum.

Obs. *Sorghum annuum* Pers. in Egypto, Persiâ et regionibus australioribus ditionis copiose colitur.

ANTHISTIRIA (Linn. Diss. Nov. Gram. 38).

Spiculæ septem (rarius 9-11) in apice ramorum paniculæ fasciculatæ foliis spathiformibus involucratæ, inferiores 4 (vel 6-8) plerumque sessiles masculæ vel neutræ reliquas quasi involucrantes ; superiores ternæ, inferior sessilis hermaphrodita, laterales binæ pedicellatæ masculæ vel neutræ. Glumæ muticæ, spicularum neutrarum vel mascularum membranaceæ, vel nullæ, illa flosculi hermaphroditi linearis angustissima in aristam longam contortam flexuosam producta, rarissime aristâ destituta, palea minutissima vel nulla. Squamulæ binæ truncatæ vel bifidæ. Styli terminales, stigmata elongata dense plumosa ex apice spiculæ emergentia. Caryopsis oblonga teretiuscula sed basin ventris maculâ hilari punctiformi obsita glumis involuta sed libera. — Herbæ facie *Andropogonis* e sectione *Cymbopogon.*

1. **A. ciliata** (L. Diss Gram. 86. — Suppl. 118) perennis glauca, culmis elatis teretibus foliosis simplicibus vel ramosis, foliis linearibus planis ciliis basi tuberculatis plus minus obsitis margine et ad nervos scabris, glomerulorum fasciculis pedunculis filiformibus suffultis nutantibus 4-7 inferioribus remotis, glomerulis in unoquoque fasciculo 3-4 spathâ lanceolatâ glabrâ communi eis longiore inclusis et spathis propriis dimidio brevioribus basi suffultis septemspiculatis, spicularum 4 involucralium sessilium glumis oblongolanceolatis multinerviis inferne glabris superne setis basi tuberculatis sparsis obsitis, spiculæ hermaphroditæ basi pilis rufis obsitæ glumis albis externâ apice breviter puberulâ, glumellæ aristâ validâ contortâ hirsutâ spiculis multoties longiore, spiculis binis terminalibus pedicellis glabris suffultis abortivis subulatis ♃. Cavan, Ic. tab. 459. — Desf. Journ. Phys. 40. 292, tap. 1. — *A. australis* R. Br. Prodr. 200.

β *brachyantha.* — Spiculæ subabbreviatæ — *A brachyantha* Boiss. Diagn. Ser. 1, 13, p. 71.

Hab. in dumosis siccis Syriæ littoralis ad radices Cassii inter Suadieh et Laodiceam (Boiss!), in coliibus ad radices Libani supra Tripolin (Bl!), in Ciliciæ littoralis valle Guzelderé ad Kechlik supra Mersina (Bal. 540!) et inter Gülek et Gehennan Deressi 2000' (Ky. 32!).

γ *Syriaca.* — Major, fasciculorum spathæ longiores inferne margine ciliatæ, spiculæ neutræ majores (5 lin. longæ) crebrius ciliatæ, spiculæ neutræ terminales pedicellatæ lanceolatæ nec subulatæ. — *A. Syriaca* Boiss. loc. cit. p. 72.

Hab. in Syriâ, in regione sylvaticâ inferiore montis Cassii (Boiss!), in collibus Ciliciæ ad sept. Tarsous (Bal!),

Comparatis nunc speciminibus pluribus polymorphæ *A. ciliatæ* species binas a me prius propositas ab eâ non specifice differe persuasum habeo. *A glauca* Desf. ex Africâ boreali spiculis setis e tuberculo ortis destitutis ab eis distinguitur.

Ar. Geogr. India orientalis, Africa tropica, Nova Hollandia.

2. **A. anathera** (Nees in Steud. Syn. 402) perennis glauca, culmis elatis stricte ramosis foliosis ad nodos incrassatis, foliis anguste linearibus acuminatis elongatis rigidis scabris, spicarum fasciculis pedunculatis erectis remotis in paniculam laxam elongatam dispositis, spicis pedicellatis oblongis subcompressis basi bracteis lanceolatis spathæformibus fuscis suffultis, spiculis subnonis imbricatis lanceo-

latis acutis inferioribus sex masculis glumâ exteriore plurinervi margine ciliis e tuberculis ortis longis pectinatis, septimo hermaphrodito conformi sed ciliis destituto, supremis masculis glabriusculis, glumellâ non aristatâ ♃. *Androscepia anathera* Anders. Mon. p. 21.

Hab. in planitiebus lapidosis vallis Kurram Affghaniæ copiose (Aitch. exs. 1242 !).

Tripedalis, panicula pedalis angusta ramis paucis valde ramosis, spicæ 5-6 lineas tantum longæ; in genere spiculis hermaphrodis aristâ destitutis anomala, facies *Uniolæ*.

Ar. Geogr. India orientalis.

HETEROPOGON (Pers. Syn. II, 533).

Spiculæ in spicam simplicem distiche et adpresse imbricatæ in ejus articulis geminæ altera sessilis altera pedicellata; inferiores spicæ omnes masculæ et aristâ destitutæ, in superioribus spicæ spicula sessilis feminea fertilis aristata, spicula pedicellata mascula vel neutra non aristata, omnes bifloræ flosculo inferiore neutro ad glumellam reducto. *Spic. masc.* subcompressa. Glumæ binæ subæquilongæ acutæ inferior membranaceo-coriacea inæquilateraliter carinato-alata, superior angustior. Glumella et palea inæquales muticæ. Squamulæ binæ truncatæ glabræ. Stamina 3. *Spic. fem.* teretiuscula. Glumæ binæ subæquilongæ coriaceæ hispido-fuscæ, inferior convoluta superiorem linearem arcte amplectens. Glumella angustissime linearis minutissime in aristam longissimam geniculatam flexuosam producta, palea nulla. Squamulæ maris. Stamina nulla. Styli 2 terminales, stigmata elongata dense plumosa ex apice spiculæ emergentia. Caryopsis lineari-oblonga. — Herbæ perennes inflorescentiâ spicatâ.

1. **H. Allionii** (Dec. Fl. Fr. III, 97 sub *Andropogon*) perenne cespitosum, culmis erectis compressis, foliis linearibus planis glabris, vaginis compressis ore barbatis, spicis terminalibus solitariis, rachide ad basin spicularum mascularum glabrâ, feminearum hirsutâ, glumis spiculæ masculæ glabris, femineæ fuscis hispidis, aristis longissimis infra articulum pubescentibus superne scabris ♃. *H. Allionii* Ræm. et Schult. Syst. II, p. 835. — Rchb. Germ. Ic. fig. 458. — *Andropogon contortum* All. Ped. Desf. Atl. II, 377.

Hab. in rupestribus apricis, in Libano (Blanche ex Cosson Expl. Alg., p. 51). Ego e ditione nondum vidi.

Valde et forsan nimis affina *H. contorto* R. et Sch. glumis flosculi masculi ciliis basi tuberculatis obsitis aristâque undique pubescenti præsertim distincto.

Ar. Geogr. Gallia australis, Italia, Sicilia, Helvetia australis, Dalmatia.

2. **H. contortus** (R. et Sch. Syst. II, 836 sub *Andropogon*) perenne cespitosum, culmis erectis ramosis vaginisque compressis,

foliis planis linearibus acutis scabris ad vaginarum os barbatis,
spicis terminalibus solitariis, rachide ad basin spicularum mascularum glabrâ, feminearum hirsutâ, glumis spiculæ masculæ ciliis basi
tuberculatis sparsis obsitis, femineæ fuscis hispidis, aristis longissimis undique pubescentibus ♃. *H. hirtus* Pers. Syn. II, 533.

Hab. in Affghaniæ valle Kurrum inter Thal et Munduri communis (Aitch.
Journ. Linn. Soc. XIX, p. 101). E ditione non vidi.

Ar. Geogr. Asia tropica et subtropica, Africa tropica, P. B. Spei, Nova Hollandia, America.

ANDROPOGON (L. Gen. 1145 ex parte).

Spiculæ in spicarum articulis geminæ (terminales rarius ternæ)
altera sessilis hermaphrodita, altera pedicellata mascula vel neutra
et tunc glumellâ et paleâ destituta. Flosculi bini inferior neuter ad
glumellam membranaceam reductus interdum nullus. Glumellæ binæ
flosculum superantes muticæ. Glumella flosculi hermaphroditi apice
sæpius bifida brevis angusta longe aristata vel ad aristam reducta,
palea minutissima sæpius deficiens. Squamulæ binæ subcarnosæ
truncatæ glabræ. Stamina 3. Styli bini terminales. Stigmata elongata
dense plumosa lateraliter emergentia. Caryopsis oblonga libera hilo
punctiformi ad basin faciei ventralis. — Herbæ sæpe elatæ spiculis
in spicas varie dispositas imbricatis, rachide plus minus pilosâ.

Sect. I. SCHIZACHYRIUM Benth. Fl. Austr. — Spicæ ad culmi vel
ejus ramorum apicem solitariæ.

1. **A. foveolatus** (Delile Eg. 16, tab. 8 fig. 2) perennis glaucescens cespitosus, radice fibrosâ, culmis erectis vel ascendentibus foliosis ad nodos hirtis simplicibus vel ex axillis ramosis, foliis brevibus
anguste linearibus plicatis acutis inferne ad margines et vaginis
oram ciliis basi tuberculatis parce obsitis, spicis ad culmi vel ejus
ramorum apicem solitariis tenuiter linearibus, spiculis distiche
imbricatis geminis alterâ sessili hermaphroditâ vel femineâ aristatâ,
alterâ pedicellatâ masculâ vel sæpius neutrâ non aristatâ, spicæ
rachide et pedicellis pilis albis spiculâ brevioribus obsitis, flosculo
inferiori spicularum neutro ad glumellam membranaceam reducto,
glumis spiculæ hermaphroditæ subcoriaceis glabris apice breviter
ciliatulis a dorso complanatis et inferiore sub apice foveolâ orbiculari
pertusis, glumellâ ad aristam tenuem spiculâ 3-4-plo longiorem geniculatam et contortam ad apicem spiculæ fragilem reductâ, paleâ
obsoletâ, spiculæ masculæ vel neutræ glumellis sæpius nullis ♃. *A.
monostachyus* Spreng. Png. 2, 9.

Hab. in arenosis desertorum Egypti prope Suez (Del. Ehrenb!) et Kahiram
(Sickenberger!), in maritimis Egypti superioris inter Kosseir et Ras Benass
(Schweinf!), regno Mascate Arabiæ (Auch. 5461!).

Ar. Geogr. Nubia, Abyssinia, Arabia tropica, India borealis, insulæ Canarienses et Capitis viridis, Nova Hollandia.

SECT. II. GYNANDROPOGON Bth loc. cit. — Spicæ terminales plures fasciculatæ vel digitatæ non bracteatæ.

2. A. Ischæmum (L. Sp. 1483) perennis, radice repente, culmis erectis simplicibus vel superne parce ramosis ad nodos glabris vel brevissime puberulis, foliis linearibus acuminatis glaucis ad basin pilosis pro ligulâ pilorum serie obsitis, spicis 5-10 subdigitatim fasciculatis linearibus subsessilibus griseis, rachide pedicellisque spicularum masculorum pilis albis spiculâ subbrevioribus obsitis, spiculæ hermaphroditæ a dorso complanatæ flosculo inferiore ad glumellam membranaceam reducto, glumis coriaceis inferiore oblongo-lineari obtusiusculâ a basi ad medium pilosulâ plurinervi, superiore acutâ trinervi, glumellâ tenui totâ ad aristam tenuem geniculatam et inferne tortam spiculâ triplo longiorem reductâ, paleâ nullâ, spiculâ pedicellatâ masculâ non aristatâ ♀. Ic. Jacq. Austr. tab. 384. — Host Gram. 2, tab. 2. — Rchb. Ic. Germ. fig. 461. — *A. angustifolius* Sm. Prodr. I, p. 47.

Hab. in siccis præsertim montanis, Græcia (Sibth.) regio montana Eurytaniæ et Phtiotidis 2509'-3000' (Heldr!), Macedoniæ et Thraciæ montes (Orph! Friv!), Byzantii (Sibth. Auch!), Pontus Lazicus ad Rhizé (Bal!), Cappadocia ad radices Argæi (Bal!), Libanus (Bl!), montes Avromàn et Schahu Kurdistaniæ (Hauss!), Persiæ borealis montes (Ky! Bge!), Tauria, Caucasus et Transcaucasia (Stev! Ledeb.), Afighania (Griff!).

Ar. Geogr. Europa media et australis a Belgio, Germaniá mediá ad regionem Danubialem et Rossiam mediam, Songaria, Tibetia.

3. A. annulatus (Forsk. Descr. 173) perennis cespitosus, radice fibrosâ, culmis erectis vel ascendentibus simplicibus vel ramosis ad nodos longe barbatis, foliis glaucescentibus linearibus planis glabris vel inferne laxe pilosulis, ligulâ brevi truncatâ, spicis 2-6 digitatis linearibus, rachide pedicellisque pilosis, spiculis oblongis obtusis a dorso complanatis flosculo inferiore ad glumellam reducto, glumis subcoriaceis oblongo-linearibus margine et interdum dorso ciliatis inferiore multinervi obtusâ superiore acutâ subenervi, glumellâ ad aristam inferne tortam et geniculatam spiculâ sextuplo longiorem reductâ, paleâ nullâ, spiculâ pedicellatâ masculâ vel neutrâ non aristatâ ♃. Ic. Del. Eg. tab. 7, fig. 2.

Hab. ad vias, fossas exsiccatas totius Egypti (Forsk. Del., Sieb. Boiss! etc.), Babyloniæ ad Mohammera (Noël), Persiæ occidentalis in Elymaitide (Haussk!), borealis in prov. Ghilan (Auch. 5464) et austro-orientali ad Chabbise (Bge!), Belutschiá (Aitch.).

Affinis *A. Ischæmo* a quo radice cespitosá fibrosá, nodis longe albo-barbatis, aristis elongatis distinguitur.

Ar. Geogr. Africa borealis interior, insulæ Capitis viridis, Nubia, Abyssinia, P. B. Spei, India, Australia.

4. A. Bladhii (Retz Obs. 2, 27) perennis, culmis subscandentibus elatis ramosis ad nodos pubescentes inferiores sæpe geniculatis, foliis linearibus planis acuminatis paginâ superiore pubescenti-scabridis, ligulâ pilosâ, spicis 5-6 terminalibus subdigitatis subsessilibus linearibus tenuibus, rachide pedicellisque spiculæ masculæ pilis spiculis subbrevioribus parce obsitis, spiculis lineari-ellipticis a dorso compressis altero sessili hermaphrodito altero pedicellato sterili glumellis nullis, glumis herbaceo-chartaceis ellipticis exteriore plurinervi apice obtusissimo minute et obtuse tridentatâ margine ciliatâ dorso interdum setis sparsis obsitâ, superiore trinervi obtusâ, flosculo neutro ad glumellam angustam reducto, glumellâ flosculi hermaphroditi ad aristam inferne geniculatam tortam et puberulam spiculâ quadruplo longiorem reductâ, palea nullâ ♃. Trin. Ic. tab. 325.

Hab. in Affghaniâ (Griff. ex Aitch. Cat.).

Ab *A. annulato* et affinibus culmis elatioribus subscandentibus et glumis inferioribus apice obtuse tridenticulatis distinctus.

Ar. Geogr. India.

5. A. pertusus (Willd. Spec. 4, 922) perennis cespitosus, radice fibrosâ, culmis gracilibus erectis foliosis ad nodos inberbes sæpe geniculatis simplicibus vel ramosis, foliis viridibus anguste lanceolatis longe attenuato-attenuatis ad oram vaginæ ciliatis cæterum glabris, spicis 5-9 subdigitatim fasciculatis linearibus sessilibus rachide pedicellisque spicularum mascularum pilis albis spiculâ subbrevioribus barbatis, spiculis ellipticis obtusis a dorso complanatis glumâ externâ subcoriaceâ plurinervi acutiusculâ parte inferiori margine longe ciliatâ dorso glabrâ versus tertiam partem superiorem foveolâ orbiculari vel ovatâ pertusâ, internâ acutâ, glumellâ tenui geniculatâ et contortâ spiculâ pluries longiore, spiculâ pedicellatâ masculâ non aristatâ ♃. P. de B. Agrost., tab. 23, fig. 2.

Hab. ad margines agrorum prope Chalizan vallis Kurrum Affghaniæ (Aitch. exs. 756 mixtus cum *A. Ischœmo* sub nomine *A. punctati*).

Facies et inflorescentia *A. Ischœmum* sed glumella eodem modo ac in *A. foveolato* pertusa. Cl. Aitchison Journ. Linn. Soc. XVIII sua specimina ad *A. punctatum* Roxb. refert sed hujus descriptio minimè convenit.

Ar. Geogr. India, Borbonia, Nova Hollandia.

SECT. III. CYMBOPOGON B^th loc. cit. — Spicæ ad ramulos paniculæ geminæ bracteis spathæformibus suffultæ.

6. A. hirtus (L. Sp. 1482) perennis cespitosus, culmis elatis superne ramosis, foliis anguste linearibus apice attenuatis carinatis margine scabridis glaucescentibus, ligulâ oblongâ pilosâ, ramulis in axillis superioribus 2-3 fasciculatis rarius solitariis paniculam plus minus floriferam sparsam formantibus elongatis tenuibus sæpius curvatis folio spathæformi lineari-lanceolato medium versus instructis supra spatham plus minusve pilosis, spicis ad ramulorum apicem geminis sessilibus subnutantibus linearibus compressis, rachide et pedicellis longe et dense pilosis, spiculis oblongo-lanceolatis, glumis spiculæ hermaphroditæ æquilongis obtusis inferiore plurinervi pilis ei æquilongis dense vestitâ superiore glabrâ vel parce pilosâ acutiusculâ. glumellâ membranaceâ anguste lineari ex apice breviter bidentato in aristam geniculato-contortam pubescentem eâ quadruplo longiorem abeunte, glumis spiculæ masculæ acutioribus, glumellâ non aristatâ ♃. Host Austr. IV, tab. 1. — Rchb. Ic. Germ. fig. 460.

Hab. in collibus siccis regionis inferioris, Græcia (Sibth. Heldr!), Cyprus (Ky. 617), Syria littoralis et regio inferior Libani (Bl! Gaill!), regnum Mascate in monte Chebeck (Auch. 5462!).

β *pubescens* Vis. Fl. Dalm. Suppl. I, p. 14. — Folia tenuiora, culmi sæpe breviores superne minus ramosi spicis paucioribus tenuioribus adpressius hirsutis pilis brevioribus, aristæ glumellâ suâ 5-6-plo longiores. — *A. pubescens* Visian. Fl. Dalm. I, 52, tab. 2. Rchb. Germ. fig. 459.

Hab. in Oriente formâ typicâ vulgatior, Græcia in Atticâ (Sprun! Heldr! Orph!), Zacynthus (Marg!), Creta (Sieb!), Anatolia australis in Pamphyliâ ad Adalia (Bourg!), Ciliciâ Tracheâ (Per!), Cataoniâ (Haussk!), Egypti inferioris deserta et superior ad mare Rubrum (Schweinf!), Judæa supra Jericho et Palestina prope Tiberiadem (Boiss!), Mesopotamia (Haussk!), Persia austro-occidentalis (Ky. 212! Haussk!).

Ar. Geogr. Regio mediterranea Europæ et Africæ borealis, Madera, insulæ Canarienses et Capitis viridis, Abyssinia, P. B. Spei, Arabia tropica.

7. **A. laniger** (Desf. Atl. II, 379) perennis dense cespitosus, radice fibrosâ, culmis erectis basi crebre foliosis et vaginis dilatatis vestitis, foliis glabris glaucescentibus rigidis laminâ filiformi convolutâ, paniculâ strictâ anguste oblongâ brevi laxâ ramulis brevibus subæqualibus in axillis supremis 2-4 fasciculatis vaginâ spathæformi dilatatâ suffultis constante, spicis terminalibus geminatis brevibus vaginâ cymbiformi muticâ flavidâ eas involucrante et primum obtegente obsitis, rachide et spiculæ masculæ muticæ pedicellis pilis patulis densissimis albis spiculas lanceolatas æquantibus vestitis, glumis lanceolatis subæquilongis subcarinatis glabrescentibus inferiore spiculæ hermaphroditæ margine ciliatulâ apice obsolete bidentatâ, glumellâ spiculæ hermaphroditæ minimâ hyalinâ ad medium bifidâ inter lacinias lineares pilosas aristâ tenui rectâ exsertâ eâ duplo longiore obsitâ ♃. *A. Olivieri* Boiss. Diagn. Ser. I, 5, p. 76. — *A. commutatus* Aitch. Cat. in Journ. Linn. Soc. XIX, p. 191, non Steudel.

Hab. in desertis et montanis aridis, Mesopotamia (Oliv!) inter Mossul et Bagdad (Auch. 2955!), Besch Abur ad Tigrin (Ky 386!), ad Kerkuk (Haussk!), Affghania ad Herat (Bge!), ad Gundamuk et ad collum Bolan (Griff!), in districtu Kuram 6090' (Aitch!), Belutschiâ (Stocks!).

Pedalis vel sesquipedalis, panicula angusta 3-6-pollices longa rarius pedalis et tunc laxissima. Fibræ radicales ut in *A. Schœnantho* et *A. Iwarancusâ* aromaticæ. Cl. Cosson hûc quoque *A. circinnatum* Hochst. ex Arabiâ tropicâ foliis longis circinnatis, rachidisque lanâ breviore insignem refert.

Ar. Geogr. Regnum Maroccanum, Algeria interior, regnum Tunetanum, Nubia ad mare Rubrum.

8. A. Iwarancusa (Blane in Phil. Trans. VIII, p. 284, tab. 16)

perennis, culmis erectis glabris, foliis elongatis linearibus planis margine scabris paniculæ angustæ lineari-lanceolatæ ramulis brevibus subæqualibus erectis ex axillis superioribus foliis dilatatis lanceolatis eos superantibus suffultis, spicis geminis brevibus confertim fasciculatis vaginis lanceolatis bracteatis, rachide et pedicellis spiculæ masculæ pilis spiculâ brevioribus obsitis, glumis oblongis inferiore spiculæ sessilis apice bifidâ glabriusculâ superiore margine ciliatâ, glumellâ superne bifidâ inter lobos hirtos aristâ tenui geniculatâ spiculâ 2·3-plo longiore auctâ ♃.

Hab. in collibus vallis Kuram Affghaniæ (Aitch. exs. et Cat. nᵒ 443 sub *A. Schœnantho* Var.).

Varietas speciminibus Indicis, Japonicis et Capensibus gracilior, paniculâ breviori depauperatâ. Hanc ad *A. Iwarancusam* potius quam ad *A. Schœnanthum* adduco cujus ex descriptionibus (an erronee!) flores omnes mutici dicuntur et quod forsan specifice non differt. Species ab *A. lanigero* foliis latioribus planis, rachide breviter pilosâ etc. distincta.

Ar. Geogr. India, China, Japonia, P. B. Spei.

ELIONURUS (Willd. ex Kᵗʰ Gram. I., p. 480. — *Lasiurus* Boiss. Diagn. Ser. II, 4, p. 145).

Spiculæ in racheos compressæ articulatæ hirsutæ excisuris binæ vel interdum in articulis inferioribus ternæ, laterales sessiles patentes bifloræ, intermedia pedicellata rachidi adpressa sterilis. Glumæ binæ subcoriaceæ lanceolatæ concavæ acuminatæ vel subcaudatæ marginibus longe ciliatæ. Flosculus exterior univalvis masculus, interior bivalvis hermaphroditus. Glumella et palea hyalino-membranaceæ illa glabra concava, palea ad carinas ciliatula. Sqnamulæ truncato-cuneiformes glabræ. Stamina tria antheris linearibus. Styli 2 terminales longiusculi, stigmata elongata longe plumosa versus medium floris emergentia. Caryopsis oblonga compressa libera hilo basilari punctiformi. — Herbæ spiculis in spicam solitariam linearem hirsutam dispositis. Genus a *Rottboelliâ* valde affini pilis sericeis totam spicam vestientibus imprimis discrepans. Cl. Bentham observante spiculæ in articulis interdum binæ nec ternæ occurrunt et *Lasiurus* igitur ab *Elionuro* generice non sejungendus.

1. E. hirsutus (Vahl Symb. I, 11 sub *Rottboelliâ*) perennis,

rhizomate duro cespitoso fibras cylindricas validas edente, culmis erectis inferne induratis sublignosis erectis stricte ramosis parte inferiori et ad basin ramorum densius foliatis vaginis dilatatis ore

barbatis laminis strictis ·linearibus acuminatis convolutis, spicâ terminali vaginâ elongatâ folii supremi abbreviati sæpe suffultâ densiflorâ dense et longe sericeo-argenteâ, rachide fragili, glumâ exteriore
·densius et longius hirsutâ valde patenti longius acuminatâ apice
interdum bifidâ ♃. Del. Eg. tab. 14, fig. 1. — *E. hirsutus* Munro ex
B[th]. — *Lasiurus hirsutus* Boiss. Diagn. Ser. II, 4, p. 146. — *Cœlor-
rhachis* hirsuta Brongn. in Duperr. Voy. — *Ischœmum hirsutum*
Nees. — *Saccharum hirsutum* Forsk. Descr., p. 16.

Hab. in arenosis desertorum Egypti (Del.), prope Kahiram (Forsk., Ehrb!,
Cramer! Barbey!), in desertis Arabiæ Petreæ (Bové 18!), regno Mascaté
(Auch. 5460!), Affghaniâ (Griff!) et in valle Kurram (Aitch!), Belutschiâ
(Stocks!).

Ar. Geogr. Nubia, Abyssinia, Arabia tropica, regio Scinde Indiæ.

HEMARTHRIA (R. Br. Prodr. I, 207).

Spiculæ in racheos compressæ articulatæ excavationibus binæ
altera sessilis immersa glumâ superiore præter apicem rachidi
adnatâ, altera pedicellata pedicello rachidi adnato glumis binis liberis,
utraque fertilis uniflora flosculo hermaphrodito interdum glumellâ
unicâ floris neutri basi stipato. Glumæ coriaceæ oblongo-lanceolatæ
concaviusculæ in spiculâ sessili rachidi oppositæ in pedicellatâ ei
parallelæ. Glumellæ et palea tenuiter membranaceæ illa oblonga
acuta, palea angustior oblongo-linearis. Squamulæ binæ transverse
latiores apice truncatæ. Stamina tria. Styli terminales, stigmata
longa plumosa lateraliter versus medium floris emergentia. Caryopsis oblonga a dorso compressa ad basin ventris hilo punctiformi
notata glumellis obtecta sed libera. — Herba perennis spiculis in
spicas lineares subcompressas solitarias vel in axillis fasciculatas
dispositis.

1. **H. fasciculata** (Desf. Atl. I, p. 110, tab. 36, sub *Rottboelliâ*)
perennis, culmis ascendentibus vel decumbentibus ad nodos radicantibus elongatis, foliis brevibus glabris carinatis canaliculatis, vaginis
compressis apertis ore pilosulis, spicis in foliorum axillis 3-6 fasciculatis pedunculatis basi vaginâ spathæformi suffultis rectis vel incurvis subcompressis, glumâ exteriore breviter lanceolatâ acutâ ♃.
H. fasciculata K[th] Gram. I, 153. — *Rottboellia spathacea* Ten.
Prodr. p. 2.

Hab. in herbosis humidis vel inundatis regionis maritimæ, Lydia prope
Smyrnam (Bal. 14!), Syria littoralis ad Sidonem (Gaill! Bl!), prope Berythum (Peyron!), Egyptus inferior ad Damiattam (Sieb! Schweinf!).

β *gracilis*. — Spicæ tenuiores abbreviatæ vix pollicares.

Hah. in palndosis Ponti Lazici ad ostium fluvii Of. (Bal!).

Ar. Geogr. Hispania australis, Sicilia, Regnum Neapolitanum, insulæ Canarienses, Africa borealis.

PHACELURUS (Griseb. Spic. Rum. II, p. 423).

Spiculæ in racheos compressæ subarticulatæ excisuris binæ, altera sessilis glumis binis liberis, altera pedicellata pedicello rachidi non adnato, utraque biflora flosculo inferiore masculo superiore femineo vel in spiculâ pedicellatâ quoque masculo. Glumæ coriaceæ lanceotatæ inæquilaterales carinatæ. Glumella et palea tenuiter membranaceæ lanceolatæ æquilongæ illa plurinervis, palea binervis. Squamulæ binæ cuneatæ oblique truncatæ inciso-dentatæ. Stamina tria antheris longis. Styli terminales, stigmata longa plumosa divergentia prope basin floris emergentia. Caryopsis... Herba perennis elata, spiculis in spicas compressas longissimas laxas terminales vel fasciculatas vel rarius solitarias dispositis. Genus affine *Rotboelliæ* quæ differt spicis cylindricis nec compressis articulis facile secedentibus apice profunde excavatis.

1. **P. digitatus** (Sibth. et Sm. Fl. Græc. I, tab. 92 sub *Rotboelliâ*) perennis, rhizomate crasso ramoso repente, turionibus squamis ovatis multinerviis imbricatis vestitis, culmis proceris, foliis late linearibus planis glaucis margine scabris ad vaginas inferiores præsertim dense et adpressiuscule pilosis, spicis 3-5 in paniculam brevem dispositis unicâ interdum solitariâ terminali strictissimis longis laxifloris, rachide elongatâ, spiculis geminis dissitis superioris pedicello interdum spiculæ æquilongo, glumis lanceolatis acuminatis elevatim nervosis scabridis inferiore longiore ♃. *P. digitatus* Griseb. l. cit. p. 424. — *Rottboellia Sandorii* Friv. Flora 1835, p. 335.

Hab. ad aquas, fossas regionis inferioris, Macedonia prope Stagyram (Fried.), Vodena (Orph!), Seres (Janka!), Thracia (Friv!), Bithynia ad Brussam (Sibth.), Lydia prope Kassaba (Boiss!), et Magnesiam (Bal! 131), Cataonia in graminosis Giaurdagh prope Marasch (Haussk!).

Culmi 3-5-pedales, spicæ ½-1-pedales, gluma exterior 5-7 lineas longa acuminata subpungens.

Tr. IV. ORYZEÆ.

Spiculæ (in nostris) a latere compressæ unifloræ hermaphroditæ paniculatæ rachi inflorescentiæ non articulatâ. Glumæ minimæ vel nullæ. Glumella et palea chartaceæ. Tribus *Phalarideis* affinis.

LEERSIA (Soland. in Sw. Fl. Ind. I, p. 119).

Spiculæ unifloræ sæpe abortu steriles a latere compressæ. Glumæ nullæ. Glumella compresso-carinata mutica clausa longitudine quinquenervis, palea æquilonga trinervis. Squamulæ binæ ovatæ membranaceæ. Stamina 8 vel 6 raro unicum. Styli 2 terminales stigmatibus plumosis. Caryopsis obovata a latere valde compressa ad ventrem maculà hilari lineari fere totà longitudine notata libera glumellis vix cohærentibus inclusa. — Plantæ aquaticæ, spiculæ ramosæ subunilaterales cum pedicello brevi articulatæ, in paniculam simplicem vel ramosam dispositæ.

1. **L oryzoides** (L. Sp. 81 sub *Phalaride*) rhizomate repente stolonifero, culmis basi sæpe radicantibus dein erectis, foliis late linearibus acuminatis asperis, ligulà truncatà, paniculà amplà ramosà ramis subpatentibus, spiculis oblique ellipticis, glumellà breviter aspero-hirtà carinà aculeolatà nervis intermediis obsoletis, staminibus tribus ♃. *Leersia oryzoides* Sol. loc. cit. — Host Gram. I, tab. 35. — Rchb. Icon. fig. 494.

Hab. ad aquas, paludes ad ostium fluv. Of in Ponto Lazico (Bal!), Transcaucasia ad Elisabethpol (Hoh.), ad Caspium (Gmel.).

Ar. Geogr. Europa omnis ab Angliâ, Daniâ, ad Rossiam borealem, Africa borealis.

2. **L. hexandra** (Sw. Fl. occid. VII, I, p. 131) rhizomate repente stolonifero, culmis gracilibus basi repentibus et radicantibus cæterum erectis, foliis angustius linearibus acuminatis, ligulà truncato-lacerâ, paniculà parce ramosà erectà ramis vix patentibus, spiculis obliqueovato-oblongis, spiculis ovato-oblongis, glumellà aspero-hirtà carinà ciliato-aculeolatà nervis intermediis subprominulis, staminibus senis ♃. *L. Ægyptiaca* Fig. et Not. Agr. Æg. Fragm. II, p.6. fig. 1. — *L. australis* P. Br. Prodr. 210 — *L. Abyssinica* Hochst in exs. Schimp. — *L. gracilis* Boiss et Bl. Ms. — *L. Mexicana* K[th] Gram. I, 179, tab. I.

Hab. in paludosis et oryzetis regionum calidiorum, Syria littoralis ad Tripolin (Bl!), Egyptus ad Damiatam (Sieb., Ehr! Schweinf!), Oasis parva (Asch!).

Affinis præcedenti a quà habitu graciliori, notisque indicatis differt.

Ar. Geogr. Africa borealis ad Tingidem, Abyssinia, P. B. Spei, India orientalis, America subtropica et tropica.

SERIES B. POACEÆ Bentham loc. cit.

Pedicellus infra glumas continuus. Spiculæ rachilla supra glumas sæpius articulata ultra flores interdum producta. (Nonnulla genera articulatione infraglumali artificialiter *Panicaceis* adsocianda essent sed omnibus aliis notis generibus hujus seriei adeo affinia sunt ut ab eis removeri nequeant. Confer *Crypsidem, Cornucopiæ, Alopecurum Polypogon, Holcum*).

Tr. V. PHALARIDEÆ K[th] Enum.

Spiculæ a latere compressæ unifloræ flosculo hermaphrodito cum vel absque rudimento flosculorum incompletorum inferiorum vel alterius superioris, rarius trifloræ flosculis inferioribus sterilibus. Glumæ (in nostris) subæquales sæpius compresso-carinatæ. Glumella fructifera sæpius indurata. Stylus longus. Stigmata elongata versus apicem spiculæ emergentia.

ANTHOXANTHUM (L. Gen. 42).

Spiculæ trifloræ flosculis binis inferioribus sterilibus terminali hermaphrodito. Glumæ binæ inæquales inferior dimidio brevior uninervis, superior trinervis flosculos æquans. *Fl. ster.* Palea hirsuta carinata binervis apice bifida dorso aristâ contortâ instructa. *Fl. herm.* Glumella glabra non aristata subrotunda paleam uninerviam involvens. Squamulæ nullæ. Stamina bina, styli longi, stigmata filiformia pilosa ex apice spiculæ emergentia. Caryopsis oblonga sub-compressa stylorum basi apiculata ad basin ventris maculâ hilari punctiformi notata intra glumellas demum coriaceas inclusa sed libera. — Herbæ paniculâ spiciformi donatæ.

1. **A. odoratum** (L. Sp. 40) perenne cespitosum, radice fibrosâ, culmis tenuibus erectis vel ascendentibus, foliis glabris vel villosulis ad ligulæ ortum ciliatis, paniculâ spiciformi oblongo-cylindricâ vel ovatâ densiusculâ, glumis lanceolatis cuspidatis glabriusculis, flosculis sterilibus glumâ interiore subbrevioribus, inferioris aristâ glumam interiorem æquante vel sublongiore, flosculo fertili sterilibus paulo breviore ♃. Host Gram. tab. 5. — Nees Gen. Germ. Ic. — Trin. tab. 14.

Hab. in herbidis regionis inferioris in partibus septentrionalibus ditionis atque montanæ et alpinæ in australibus, Græcia in montibus Malevo (Orph!), Parnes et Hymettus (Heldr!), Macedonia et Bithynia (Griseb., Friv!), Byzantium (Barbey!), Zacynthus (Marg!), Mitylene (Post!), Pontus Lazicus ad Djimil 6000' (Bal!), Caucasus 5000'-8500' (ex Led.), et in Caucaso orientali ad 10000' usque (Rupr!), Transcaucasiæ montes (Szov!).

Ar. Geogr. Europa fere tota sed in australioribus tantum montanum, Sibiria et Dahuria, Africa borealis, insulæ Canarienses, Azoricæ et Madera.

2. **A. gracile** (Biv. Stirp. rar. I, p. 2, tab. 1) annuum, caulibus ascendentibus pumilis, foliis ciliatis latiusculis, paniculâ spiciformi ovato-oblongâ laxiusculâ paucispiculatâ, glumis lanceolatis acuminatis glabris vel parce hirtulis, flosculis sterilibus glumâ interiore subbrevioribus, inferioris aristâ glumis 2-2 ¹/₂ plo longiore longe exsertâ, flosculo fertili sterilibus triplo breviore ⊙. Trin. Ic. tab. 13.

Hab. in herbidis, Zacynthus (Marg!), Creta in monte Arguta supra Ali-campo Eparchiæ Apocorona 2000' (Heldr!), Peloponnesus (ex Bory).

Flores eis congenerum duplo majores.

Ar Geogr. Sardinia, Sicilia et ejus insulæ, Melita.

PHALARIS (L. Gen. 74).

Spiculæ [hermaphroditæ vel interdum nonnullæ abortu steriles, flore hermaphrodito unico sessili flosculis neutris 1-2 ad glumellam linearem reductis sæpius stipato. Glumæ binæ membranaceæ naviculari-carinatæ. Glumella et palea glumis minores inferior superiorem involvens. Squamulæ binæ. Styli longi cum stigmatibus plumosis ex apice floris emergentes. Stamina tria. Caryopsis oblonga a latere compressa macula hilari plus minus elongatâ ad ventrem notata, cum glumellis demum coriaceis decidua sed ab eis libera. — Herbæ annuæ vel perenues paniculâ spiciformi.

SECT. I. EUPHALARIS. — Glumæ dorso alatæ. Spiculæ latere externo subconvexæ interno subconcavæ.

* Annuæ

1. Ph. Canariensis (L. Sp. 79) annua, culmis elatis foliatis, foliis scabris vaginis supremis subinflatis, paniculâ spiciformi ovatâ vel oblongâ densâ, glumis semiovatis prope marginem uninerviis albidis superne secus carinam virentem alatis alâ integrâ gibbâ utrinque attenuatâ et infrâ apicem sensim evanidâ, flosculo hermaphrodito villoso, flosculis neutris binis lanceolatis compresso-carinatis ciliatis fertili dimidio brevioribus ⊙. Ic. Fl. Græc. tab. 55. — Host Gram. tab. 38. — Trin. Ic. tab. 70. — *P. aquatica* et *P. Canariensis* Del. Eg. (ex Asch.)

Hab. in cultis Græciæ frequens (Sibth.), in Bithyniâ (ex Forsk.), Egypto (Del.). E ditione nondum vidi,

Ar. Geogr. Gallia australis, Italia, Africa borealis, insulæ Canarienses.

2. Ph. brachystachys (Link in Schrad. Journ. I, 3,) annua, culmis elatis foliatis, foliis scabris, vaginis supremis subinflatis, paniculâ spiciformi ovato-oblongâ densâ, glumis semioblongis acutis prope marginem uninerviis albidis superne secus carinam viridem alatis alâ integrâ gibbâ utrinque attenuatâ et infra apicem sensim evanidâ, flosculo hermaphrodito villoso, flosculis neutris binis triangulari-lanceolatis glabris fertili multoties brevioribus ⊙. Trin. Ic. tab. 75. — *Ph. Canariensis* Brot. et Auct. plur. non L. — *Ph. quadrivalvis* Lag. Nov. Gen. p. 3. — *Ph. nitida* Presl.

Hab. in agris et cultis, Macedonia (Friv!), Syria littoralis ad Sidonem et Tripolin (Bl!) et prope Damascum (Gaill!), Palestina (Ky. 437! Boiss! Barbey!), Mesopotamia (Haussk!).

Ar. Geogr. Lusitania, Hispania, Gallia australis, Italia, Africa borealis, insulæ Canarienses, Madera.

3. Ph. minor (Retz Obs. 3, 8) annua, culmis gracilibus, foliis margine scabris, vaginis supremis subinflatis, paniculâ spiciformi ovato-oblongâ, glumis semioblongis acutis prope marginem uniner- viis carinâ late alatis alâ lacero-denticulatâ ante apicem evanidâ, flore hermaphrodito villoso, flore neutro unico lineari subvilloso fer- tili triplo breviore ⊙. Trin. Ic. tab. 79. — *Ph. aquatica* W. Sp. I. 326. — *Ph. ambigua* Fig. et Not. Agrost. Æg. Fragm. 2, p. 10, fig. 6, var. paniculâ brevi (ex cl. Aschers.).

Hab. in herbidis, cultis, ad vias, Græcia in Atticâ (Heldr!), insulâ Æginâ (Heldr. var subcomata!), Zacyntho (Marg!), Cretâ (Raul!), Cycladibus (Sart! Orph!), Byzantii (Noë!), Syriâ littorali (Bl!), Egypto inferiore et mediâ (Ehr! Kralik!) et in Oasibus (Aschers!). Mesopotamiâ (Haussk!), Persia orientali ad Chabbise (Bge!), Affghaniâ (Griff!).

β gracilis Parl. Fl. It. I, p. 70. — *Ph. gracilis* Parlat. Fl. nov. p. 36. — Humilior, caules graciliores sæpe ascendentes superne lon- gius nudi, panicula brevior depauperata ovata.

Hab. in insulâ Cypro (Ky. 304!), Egypto ad Cahiram (Schweinf!), Arabiâ petreâ (Schimp. 247! Boiss!), Babyloniâ (Noë 282!), Transcaucasiâ (C. A. Mey!), Persiâ boreali ad Schahrud (Bge!) et australi (Ky. 85! Haussk!), Be- lutschiâ (Stocks!).

Ar. Geogr. Europa australis a Galliâ occidentali et australi ad Dalmatiam, Africa borealis, insulæ Canarienses, P.B. Spei.

4. Ph. paradoxa (L. Sp. 1665) annua, culmis ascendentibus foliosis, foliis scabris acuminatis, vaginâ supremâ spathaceo-dilatatâ basin spicæ sæpius involucrante, paniculâ spiciformi cylindraceâ inferne attenuatâ, ramulis paniculatæ fasciculatim 5-6-spiculatis, spi- culâ centrali hermaphroditâ fertili lateralibus 2-4-plo brevioribus neutris in ramis inferioribus sæpius præmorsis cuneatis obtusissi- mis glumellâ paleâ et genitalibus nullis, spiculæ fertilis glumis lan- ceolatis in rostrum aristatum productis infra rostrum carinâ alâ den- tiformi auctis utrinque trinerviis, glumellâ et paleâ glabris nitidis, floribus neutris binis minutissimis obtusis ⊙. Ic. Fl. Græc. tab. 58. Host Gr. tab. 40. — Trin. Ic. t. 82.

Hab. in cultis, ad vias regionis inferioris a Græciâ! ad Anatoliam occiden- talem, Cyprum (Ky!), Syriam ad Aleppo et Mesopotamiam (Haussk!), Pales- tinam (Roth!), Egyptum in ditione Fayoum (Asch!).

β præmorsa. — Spiculæ omnes omnium ramulorum hermaphrodito excepto neutræ truncatæ cum mucronulo, parvæ cuneatæ. — *Ph. præmorsa* Lam. ex Trin. — *Ph. appendiculata* Schult. Syst. Mant. II, 216. — *P. dentata* Sieb. exs. — *Ph. pseudoparadoxa* Fig.

et Not. loc. cit. p. 11, fig. 7. — *P. obvallata* et *Ph. rubens* Trin.
Phal. p. 4. — *Macrodon obtusus* Ehrenb. exs.

Hab. in Syriâ ad Sidonem (Bl!), Palestinâ (Boiss!), Egypto (Ehr! Boiss!
Schw! Asch!).

Hæc varietas formis intermediis in quibus spiculæ neutræ omnes elongatæ
vel ramulorum tantum inferiorum præmorsæ sunt ad typum transit. Var.
præmorsa in Hispaniâ australi, Africâ boreali, Abyssiniâ cum typo legitur.

Ar. Geogr. Europæ et Africæ borealis regio mediterranea, insulæ Canarienses, Madera.

* * Perennes.

5. **Ph. nodosa** (L. Syst. Ed. 13, p. 68) perennis, caudice obliquo
subrepente, caulibus basi in nodos 1-4 oblongos moniliformiter incrassatis superne longe denudatis, paniculâ spiciformi oblongâ vel cylindraceâ, glumis lanceolatis acutis utrinque uninerviis ad carinam
viridem alâ angustâ integrâ ad apicem usque productâ et sensim attenuatâ auctis, flosculo hermaphrodito villoso glumis dimidio breviore,
flosculo neutro unico lineari villoso glumellâ hermaphroditâ triplo
breviore ♃. Fl. Græc. tab. 56. — Trin. tab. 81. — *Ph. tuberosa* L.
Sp. 79 (ex Parlat.).

Hab. in herbidis, cultis, Græcia in Peloponneso (Heldr!). Atticâ (Sprun!
Heldr!), Byzantii (Murm!), Græciæ insulis (Sibth.), Cretâ (Raulin!), Rhodo
(Bourg!), Ciliciâ (Pér.), Syriâ littorali et Libano (Bl! Gaill!), ad Aleppo (Ky.
227!), in Mesopotamiâ (Haussk!), Caucaso et Transcaucasiâ (Ledeb.).

Ar. Geogr. Europæ et Africæ borealis regio mediterranea, insulæ Canarienses.

6. **Ph. truncata** (Gass. Syn. I, 118) perennis, caudice brevi
cespitoso caules fertiles elatos et fasciculos steriles edente, vaginis
non inflatis, paniculâ spiciformi cylindraceâ, glumis oblongis obtusiusculis prope marginem uninerviis ad carinam alâ integrâ superne
latiore et oblique truncatâ rotundatâ auctis, flosculo hermaphrodito
adpresse hirsuto glumis subtriplo breviore, flosculis neutris binis
hirtis squamæformibus vix conspicuis ♃ *Ph. aquatica* Desf. Atl. 1,
56 (ex cl. Cosson.).

Hab. in pascuis, cultis, Byzantii (Noë 732!).

Differt a *Ph. nodosâ* caudice incrassato cespitoso et caulibus basi non
nodosis, glumarum alâ sub apice oblique truncatâ et rotundatâ, squamulis
neutris binis.

Ar. Geogr. Gallia australis prope Massiliam, Italia, Sicilia, Africa borealis.

7. **Ph. cærulescens** (Desf. Atl. I, p. 56), caudice obliquo, caulibus basi in nodos 1-3 incrassatis, foliis acuminatis, vaginâ superiore
subinflatâ, paniculâ spiciformi oblongo-cylindraceâ, spiculis basilaribus interdum neutris, glumis sæpius cærulescentibus lanceolatis
acuminatis prope marginem uninerviis dorso alâ latâ eroso-dentatâ
excurrente vel sub apice evanidâ auctis, flosculo hermaphrodito gla-

bro glumis subtriplo breviore, squamis neutris obsoletis vel minimis setaceis ♃. *Ph. aquatica* Bertol. Fl. Ital. Koch. Syn. non L. nec Desf. — *Ph. bulbosa* Cav. Ic. tab. 64. — Trin. Ic. tab. 76.

Hab. in humidis, ex ditione hucusque tantum ex insulâ Zacintho (Marg!).

Ph. aquatica. Fl. Græca, tab. 57, in aquosis Asiæ minoris ex icone hanc speciem omnino refert sed in analysi flosculus fertilis sericeo-villosus nec glaber et glumarum alæ non sat dentatæ exhibentur.

Ar. Geogr. Regio mediterranea Europæ et Africæ borealis, insulæ Canarienses et Madera.

SECT. II. BALDINGERA. — Glumæ dorso non alatæ. Spiculæ utrinque convexæ.

8. **Ph. arundinacea** (L. Sp. 80) perennis, caudice repente, culmis crassis elatis foliosis, paniculâ elongatâ ramosâ patente demum contractâ, glumis lanceolatis acuminatis utrinque binerviis, flosculo hermaphrodito parce hirtulo glumis tertiâ parte breviore, flosculis neutris binis minimis anguste linearibus ♃. Engl. bot. tab. 462. — Host Austr. tab. 33. — *Arundo colorata* Wild. Sp. I, 457. — *Calamagrostis colorata* D. C. Fl. Fr. III, 26. — *Digraphis arundinacea* Trin. — *Baldingera arundinacea* Fl. Wetter. n° 99.

Hab. ad ripas et fossas, Byzantii (ex Sm. Prodr.), Syria inter Tripoli et Hama (Bl!), Tauria et prov. Caucasicæ (Led. Hohen!), Armenia Rossica (Szov!), Persia borealis ad rivulos subalpinos montis Elbrus (Ky. 439!).

Ar. Geogr. Europa borealis et media a Lapponiâ et Rossiâ arcticâ ad Hispaniam et Italiam medias, Sibiria omnis, regio Amurensis, America borealis.

CORNUCOPIÆ (L. Gen. 31).

Spiculæ unifloræ plures fasciculatæ subsessiles involucro communi apice dentato cinctæ. Glumæ binæ membranaceæ subæquales muticæ basi connatæ carinatæ. Glumella membranacea mutica glumis similis et eas vix excedens, palea nulla. Styli 2 terminales, stigmata elongata plumosa. Squamulæ nullæ. Caryopsis pyriformis. — Planta annua facie *Alopecuri utriculati.*

1. **C. cucullatum** (L. Sp. 79) annua, culmis cespitosis erectis vel patule decumbentibus foliosis geniculatis ramosis, foliis planis, vaginis dilatatis striatis internodio brevioribus, ligulâ brevi obtusâ, involucris e vaginâ supremâ 2-3 pedunculis elongatis tandem sursum incrassatis et curvatis suffultis infundibuli-campanulatis 8-10 dentatis induratis, spiculis obtusis subtruncatis involucro sublongioribus ☉. Smith Spic. tab. 13. — Sibth. et Sm. Fl. Gr. tab. 51. — Schreb. Gram. II, tab. 41. — *Gramen Orientale vernum capitulo reflexo Sherardi* Scheuchz. Agr. 114, tab. 3, fig. I.

Hab. ad fossas, sepes et culta humida, insula Patmos Archipelagi (Sibth.), circâ Smyrnam (Boiss ! Bal !), Pamphylia et Cilicia Trachæa littorales (Heldr !), Syria littoralis (Lab! Gaill ! Bl !), Palestina ad Marsaba (Schlumb!), Mesopotamia (Auch!) et ad fluvium Chabur (Haussk !). Fl. vere.

CRYPSIS (Ait. Kew Ed. I. I., 48).

Spiculæ unifloræ in axi disciformi subsessiles capitatæ. Glumæ binæ membranaceæ carinatæ carinâ scabræ subæquales flore subbreviores. Flosculus intra glumas brevissime stipitatus. Glumella et palea glumis similes eis sublongiores, inferior uninervis compresso-carinata, superior carinata obsolete uninervis. Squamulæ nullæ. Stamina bina. Styli bini terminales elongati. Stigmata plumosa ex apice floris emergentia. Caryopsis oblonga maculâ hilari punctiformi. — Herbæ annuæ cespitosæ spiculis dense capitatis et vaginis summis dilatatis involucratis ut in *Oryzeis*, *Cornucopiæ*, etc., cum pedicello infra glumas articulatis.

1. **C. aculeata** (L. Sp. 63 sub *Schæno*), annua cespitosa, culmis ramosis compressis in orbem expansis, vaginis dilatatis apertis internodio brevioribus, foliis glaucis patentibus subulato-attenuatis, florum capitulis hemisphæricis transverse latioribus involucro foliaceo 2-4-phyllo cinctis vaginis dilatatis ⊙. *C. aculeata* Ait. loc. cit. — Rchb. Germ. fig. 468. — *Phleum schænoides* Jacq. Austr. App. — *Antitragus aculeatus* Gærtn. Fruct. tab. 80, fig. 7.

Hab. in arenosis sæpius subhumidis et salsis fere totius ditionis a Græciâ ! Macedoniâ ! et Thraciâ ! ad Egyptum inferiorem et superiorem (Sieb! Boiss !) Babyloniam (Noë !), Tauriam et prov. Caucasicas (M. B. Hoh !), Persiam (Haussk,).

Ar. Geogr. Europa aastralior a Galliâ occidentali et austrnli ad Hungariam, Rossiam australem, Sibiriam, Africa borealis, Senegalia, India boreali-occidentalis.

HELEOCHLOA (Host Gram. Austr. I, 23. — *Crypsidis* sp. Auctorum).

Spiculæ unifloræ secus axin cylindricam brevissime pedicellatæ spicatæ. Glumæ binæ membranaceæ carinâ herbaceæ et scabræ subæquales flore subbreviores, flosculus intra glumas sessilis. Glumella et palea glumis similes eis sublongiores inferior uninervis carinata, superior binervis. Squamulæ nullæ. Stamina tria. Styli bini terminales elongati, stigmata plumosa ex apice floris emergentia. Caryopsis ovata maculâ hilari punctiformi. — Herbæ annuæ rarius perennes cespitosæ spiculis in spicas densas dispositis. — Genus facie et characteribus affinis *Crypsidi* cui hujus species sæpe adnumerantur sed distinctum axi cylindricâ nec disciformi, flosculo ut in *Phleo* supra glumas articulato, paleâ binervi nec uninervi.

1. H. schœnoides (L. Sp. 88 sub *Phleo*) annua cespitosa, culmis ramosis compressis in orbem expansis, foliis glaucis linearibus patentibus acuminatis, superiorum vaginis dilatatis apertis, spicis densissimis ovato-oblongis foliis 1-2 involucratis, vaginis dilatatis abbreviatis, glumis acutis ⊙. *Helecohlòa schœnoides* Host Gram. Austr. tab. 40. — *Crypsis schœnoides* Lam. Ill. I, 166, tab. 42, fih. 1. — *Phalaris vaginiflora* Sm. Prodr. I, 38. — *C. Niliaca* Fig. et Not. Agrost. Ægypt. Fragm. II, p, 6, fig. 4.

Hab. in humidis fere totius ditionis a Zacyntho (Marg!), Cretâ (Heldr!), Macedoniâ (Friv!) ad prov. Caucasicas (M. B. Hoh!), Syriam littoralem et Libanum (Bl!), Egyptum!, Babyloniam (Noë), Persiam (Auch. 54591), Affghaniam occidentaiem (Bge!).

Ar. Geogr. Europa australior a Galliâ occidentali et australi ad Rossiam australem et Sibiriam Altaicam, Africa borealis.

2. H. alopecuroides (Schrad. Germ. I, p. 167 sub *Crypside*) annua cespitosa, culmis subsimplicibus geniculato-ascendentibus, foliis glaucescentibus anguste linearibus acuminatis margine et superne asperis, vaginis cylindricis non dilatatis, spicis densissimis oblongis vel sæpius cylindricis elongatis basi attenuatis sæpe nigricantibus a vaginâ supremâ non dilatatâ sæpius remotis. glumis et glumellâ præter carinam ciliatam glabriusculis oblongis obtusiusculis subinæqualibus ⊙. Host Gram. tab. 29. — Rchb. Germ. fig. 470. — Del. Eg. tab 9. — *Phalaris geniculata* Sm. Prodr. I. 38. — *Cr. phalaroides* M. B. Taur. Cauc. I, p. 45. — *C. Ægyptiaca* Tausch Flora 1834, p. 120). (Variatio vaginâ supremâ subdilatatâ) — Fig. et Not. fig. 5.

Hab. in fossis, cultis, ad vias, Macedonia (Friv!), Anatolia occidentalis et Cilicia (Pér!), Catnonia (Haussk!), Egyptus (Sieb! Boiss!), Babylonia (Noë!), Kurdistania Persica (Haussk!), prov. Caucasicæ (Ledeb!). Quoque in subalpinis forma nana spicis abbreviatis, Libanus inter Hadet et Dimam (Bl!), mons Masmeneu Cappadociæ (Bal!). Fl. Æst.

Ar. Geogr. Gallia australis ei orientalis, Lusitania, Austria, regio Danubialis, Italia, Sicilia, Rossia australis, Sibiria, Africa borealis.

3. H. acutiglumis, annua cespitosa, culmis simplicibus patule geniculatis, foliis glaucescentibus linearibus acuminatis supra hirsutis, vaginis hirsutis non dilatatis. spicis densissimis longe cylindricis a vaginâ superiore remotiusculis, glumis glumellâque eis sublongiore sensim attenuato-acutissimis carinâ asperis cæterum glabris ⊙.

Hab. in regione subalpinâ Libani infra Cedretum Hadet in alveo sicco et in valle Kanobin (Bl. 3846! et 3847!), in monte Gebel Kenisa supra Felugha (Schweinf!).

Ab affini *H. alopecuroide* glumis et glumellis acutissimis sat distincta videtur; spicæ 1-2 pollices longæ rarius breviores tenues strictifloræ.

4. H. crucianelloides (Boiss. et Bal. in Bal. exs. 1865 sub *Crypside*) annua glaucescens hispídula, culmis brevibus procumbentibus geniculato-ascendenttbus, vaginis non dilatatis, spicis vaginæ supremæ approximatis oblongis vel breviter cylindricis, glumis glumellâque eis sublongiore margine longe ciliatis juxtâ carinam sulcatis a basi latiore sensim acuminatis rigidis ⊙.

Hab. in cultis derelictis Lydiæ ad Budja prope Smyrnam 550' (Bal!), in graminosis Sindjar Mesopotamiæ (Hausskl).

Culmi 1-3-pollicares, spicæ 6-8 lineas longæ. Ab *H. acutiglumi* glumis abbreviatis rigidis sulcutis margine ciliatis distincta.

5. H. ambigua (Boiss. et Bal. in Bal. exs. 1865 sub *Crypside*) annua glaucescens hispidula, culmis brevibus procumbentibus geniculatis, vaginis non dilatatis, spicis e vaginis compressis vix exsertis oblongis, glumis glumellâque eis subbreviore margine ciliatis a basi latiore longe caudato-acuminatis rigidis erecto-patulis subsquarrosis ⊙.

Hab. cum *H. cracianelloide* in alveis derelictis ad Budja Lydiæ (Bal!) Fl. Æst.

Culmi 2-3 pollices longi, spicæ 6-8 lineas longæ. Affinis *H. cracianelloidi* a quâ differt spiculis duplo longioribus (2-1 ¹/₃ lin. nec lineam longis), glumis longius caudato-acuminatis erecto-patentibus nec adpressis.

6. H. alpicola (Hochst. Sched. in Ky. exs. 1841. — Steud Gram. p. 152 sub *Crypside*) annua villosula, culmis tenuibus brevibus procumbeutibus geniculatis, vaginis non dilatatis, spicis e vaginis supremis longiuscule exsertis ovato-oblongis paucifloris, glumis oblongo-lanceolatis acutis carinâ asperis cæterum glabris, glumellâ glumis sublongiore apice truncatâ carinâ excurrente aristatâ ⊙.

Hab. ad vias siccas in alpinis montis Gara Kurdistaniæ (Ky. Pl. Alep. Kurd. 361!). Fl. Jul. Aug.

Culmi 1-2-pollicares, spicæ 4-6 lineas longæ. A præcedentibus glumellâ non attenuato-acuminatâ sed ad aristæ carinalis basin utrinque hyalino-auriculatâ distincta.

7. H dura (Boiss. Diagn. Ser. II, 4, p. 125 sub *Crypside*) perennis cespitosa tota sub lente breviter et crispule velutina, radice fibrosâ, culmis erectis rigidis inferne vaginis coriaceis dense obtectis superne præter 1-2 folia brevia nudis, foliis crassis coriaceis rigidis glaucis involutis erecto-patentibus curvatis pungentibus, superiorum limbo brevissimo, paniculâ dense spiciformi cylindricâ elongatâ albâ, spiculæ membranaceæ glumis oblongo-linearibus obtusis carinâ ciliatis exteriore breviore et basi subattenuatâ, glumellâ et paleâ glumas subsuperantibus inferiore in mucronulum attenuatâ, superiore apice truncato-erosulâ ♃.

Hab. in Belutschiâ vel ditione Scinde (Griff. exs. n° 455.)

Culmi crassi 8-10-pollicares, foliorum inferiorum limbus 3-4-pollicaris,

Species inter congeneres radice perenni, foliis crassis convolutis pungentibus anomala, facie *Sporobolum spicatum* referens quamvis omnibus partibus
multo crassior, ob stylos terminales nec ad basin spiculæ emergentes. *Heleo-
chloœ* ut videtur adnumeranda. Caryopsis ovata subcompressa pericarpio
nonut in *Spor bolo* laxo solubili.

RHIZOCEPHALUS (Boiss. Diagn. Ser. I, 5, p. 68).

Spiculæ unifloræ spicatæ. Glumæ binæ coriaceæ lanceolatæ trinerviæ basi in urceolum connatæ superne subrecurvæ. Glumella quinquenervia coriacea arcte convoluta paleam hyalinam binervem amplectens. Filamenta bina. Styli nulli, stigmata bina longissima pilosa.
Squamulæ nullæ. Ovarium ovatum. Caryopsis... — Herba pumila
subacaulis facie *Maillleæ* vel *Scirpi Micheliani.* — Genus affine
Crypsidi a quâ differt glumis subcoriaceis inferne in tubum connatis
tri nec uninerviis, glumellâ coriceâ convolutâ quinquenervi.

1. Rh. Orientalis (Boiss. l. cit. p. 69) annuus glabriusculus cespitosus, culmis brevissimis vel nullis, foliis confertis subradicalibus
vaginâ spathæformi suffultis elongatis anguste linearibus longe
subulato-attenuatis spicas superantibus multinerviis scabridis, ligulâ
brevi lacerâ, spicis terminalibus solitariis ovatis basi attenuatis obtusis vaginis summis involucratis et foliis longe superatis, spiculis
breviter pedicellatis, glumis oblongo-lanceolatis parte liberâ patnlo-
recurvis acutis dorso papillis clavatis hirtellis crassinerviis, glumellâ
glumis sublongiore rectâ involutâ acutâ papilloso-hirtellâ crassiner-
viâ ⊙. *Crypsis pygmea* Jaub. et Sp. Ill. 14, tab. 307.

Hab. in Syriâ vel Mesopotamiâ (Auch. 3066 l), in Olympo Bithyno (Auch.
3055). (sed vereor hunc locum ex errore schedulæ indicatum fuisse), in collibus
apricis Persiæ prope Persepolin (frustulum inter plantas a cl. Ky 1845
collectas commixtum).

Spicæ ad collum sessiles vel subsessiles 4-6 lineas longæ, spiculæ fere 2 ¹/₂
lineas longæ.

MAILLEA (Parl. Pl. Nov., p. 31).

Spiculæ unifloræ spicatæ. Glumæ binæ membranaceæ compresso-
carinatæ æquales inter se liberæ. Glumella et palea membranaceæ
glumis triplo breviores caryopsidem usque ad ²/₃ includentes subæquilongæ, illa latior basi marginibus connata et infundibuliformis
apice truncata crenata subenervie, palea angustior linearis obtusa
obsolete uninervis. Squamulæ minimæ longiusculæ truncatæ vel
retusæ angulo externo dente auctæ (Cl. Hackel in litt.) Stamina
tria. Styli subnulli, stigmata bina terminalia elongata plumosa.
Caryopsis libera stipitulata ovata vix compressa. — Herba pumila
facie *Crypsidis, Scirpi Micheliani* vel speciminum minorum *Phlei-*

arenarii. Generis character ex notis mihi a cl. Hackel benigne communicatis emendatus; ex cl. auctore *Maillea Phleo* valde affinis est et ab eo generice forsan non sat distincta, differt tamen glumellâ et paleâ hyalinis subenerviis, superiore uninervi nec binervi.

1. **M. crypsoides** (Urv. Enum. p. 7 sub *Phalaride*) annua glabriuscula a collo sæpius pluricaulis culmis nanis foliorum vaginis subinflatis dense obtectis, foliis planis vaginisque elevatimi multinerviis, ligulâ ovato-rotundatâ, spicis terminalihus sslitar is vaginis supremis spathæformibus basi suffultis, glumis albis semiovatis acutis submucronatis carinâ aculeolatis cæterum glabris ⊙. Kunth Gram. II tab, 202. — Jaub. et Sp. Ill. Or. tab. 208. — *M. Urvillei* Parlat. loc. cit.

Hab. in littoribus maritimis insularum Græciæ, scopulus Raphti Atticæ (Urv!), insula Chios Archipelagi (Oliv. ex Parl.), Rhodus (Bourg!). Fl. Mai.Jun.

Culmi ¹/₁-3-pollicares, folia 1 ¹/₁-2 lineas lata. Spicæ 4-6 lineas longæ. glumæ sesquilineam longæ.

Ar. Geogr. Sardinia (Reverchon!). Forma glumis carinâ longiu s ciliatis.

MIBORA (Adans. Fam. II, p. 493. — *Chamagrostis* Borckh. — *Knappia* Sm. — *Sturmia* Hoppe.

Spiculæ unifloræ breviter pedicellatæ in racemum simplicem spiciformem subunilateraliter dispositæ. Glumæ binæ oblongæ æquales obtusæ muticæ glabræ. Glumella glumis subbrevior mutica villosa et ciliata obovata quinquenervis paleam villosam angustiorem binervem apice bidentatam amplectens. Stamina tria. Styli 2 basi cohærentes, stigmatibus longis plumosis. Caryopsis oblonga a latere subcompressa. — Herba annua pusilla.

1. **M. minima** (L. Sp. 73 sub *Agrostide*) annua glabra, culmis setaceis erectis pumilis imâ basi tantum foliosis, foliis auguste linearibus canaliculatis obtusis culmo brevioribus, ligulâ oblongâ, racemo spiciformi tenui, spiculis secus rachidem flexuosam solitariis alternis, glumis rubellis ovato-oblongis membranaceis, glumellâ et paleâ villosis margineque dentatis et ciliatis, carypside sub lente asperulâ ⊙. *M. minima* Desv. Fl. Anj. 46. — *M. verna* Adans. — Rchb. Germ. fig. 453. — *Knappia agrostidea* Sm. — *Chamagrostis minima* Borck. — Nees Gen. Germ. Ic.

Hab. in arenosis regionis montanæ et subalpinæ, mons Ænos Cephaloniæ 4000'-5500' (Heldr!), mons Malevo Laconiæ prope Hagios Petros (Orph!). Fl. Apr. Mai.

Ar. Geogr. Europa occidentalis media et australis ab Angliâ, Belgio et Germaniâ occidentali ad Italiam borealem, Transylvaniam, Africa borealis.

PHLEUM (L. G. 77).

Spiculæ hermaphroditæ unifloræ sæpe ad basin glumellæ superioris rudimento pedicelliformi stipatæ in paniculam spiciformem vel capitatam congestæ. Glumæ binæ inter se liberæ subæquales naviculares carinatæ acuminatæ vel in aristam productæ. Glumella et palea membranaceæ dorso non aristatæ illa truncata hæc bicarinata. Squamulæ binæ rarius nullæ. Stamina tria. Styli bini, stigmata longa pilosa ex apice spiculæ emergentia Caryopsis obovata vel oblonga a latere subcompressa maculâ hilari punctiformi, inter glumellas libera. — Herbæ annuæ vel perennes facie *Alopecuri.* Absentia vel præsentia rudimenti stipitiformis (*rudimentum flosculi superioris* Auct., *arista rudimentaria glumellæ superioris* Griseb.) sæpius ægre dignoscendi ad sectiones constituendas non valet.

˙ Annua.

1. Ph. tenue (Schrad. Germ. I, p. 191) annuum sæpius pluriculme, culmis erectis ascendentibus rigidis tenuibus, foliis anguste linearibus margine asperis, paniculâ spiciformi longe cylindricâ gracili densissimâ glauco-virenti, spiculis plano-compressis ellipticis, glumis coriaceis glabris semiovatis dorso introrsum curvatis acutis mucronulatis valide et remote trinerviis conniventibus, glumellâ et paleâ membranaceis giumâ dimidio brevioribus subœquilongis illâ quinquenervi ovatâ truncatâ denticulatâ, paleâ angustâ binervi ⊙ Host· Austr. tab. 36. — *Ph. Bellardi* Willd. Enum. Ber. I, p. 85. — *Phalaris bulbosa* L. Amæn. 4, p. 264. — *Phalaris subulata* Savi. — *Phalaris cylindrica* D. C. Fl. Fr. III, p. 11.

Hab. in herbidis siccis regionis littoralis et montanæ a Græciâ et ejus insulis, Macedoniâ et Thraciâ (Griseb!) ad Anatoliam occidentalem et australem!, Syriam littoralem et Palestinam (Boiss! Bl! Gaill!), Tauriam et prov. Caucasicas ad Caspium (C. A. Mey).

β *ciliatum.* — Glumæ ad carinam ciliatæ. Ab affini *Ph. exarato* glumis superne introrsum nec extrorsum curvatis dignoscendum.

Hab. in insulâ Syrâ (Weiss!), Rhodo (Bourg!).

Ar. Geogr. Regio mediterranea Europæ a Galliâ australi ad Dalmatiam.

2. Ph. exaratum (Hochst. in Ky. Alep. Kurd. Sched. 1843) annuum sæpius pluriculme culmis erectis et ascendentibus rigidulis, foliis lineari-lanceolatis margine scabris, paniculâ spiciformi longe et ·dense cylindricâ, spiculis plano-compressis ovatis, glumis subcoriaceis oblongis inter nervos tres elevatos exaratis secus carinam superne parce ciliatis acuminatis et apice extrorsum subcurvatis, glumellâ et paleâ glumâ subquadruplo brevioribus sub lente puberulis æquilongis illâ trinerviâ ovatâ obtusâ subfimbriatâ, paleâ binervi ⊙.

Hab. in collibus siccis Syriæ borealis ad Aleppo (Ky. 197), ad Orfa et Aintab (Haussk!), Tauro Cilicico ad Gulek Maaden 6600' (Ky. 82! sub *Ph. Græco!*), in arenis maritimis Ciliciæ ad Mersina (Bal. 743!), Caucaso prope Weden (Owerin!).

A *Ph. tenui* glumis superne non introrsum curvatis convergentibusque sed divergentibus extrorsum subcurvatis distinctum.

3. Ph. Græcum (Boiss. et Heldr. Sched. 1848. — Diagn.

Ser. II, 13, p. 42), annuum glabrum sæpius pluriculme, culmis erectis rigidulis, foliis linearibus glabris læviusculis, paniculâ spiciformi longe et dense cylindricâ, spiculis compressis linearibus, glumis membranaceis navicularibus dorso trinerviis secus carinam crebre et longe pectinatim ciliatis lanceolatis superne subdivergentibus aristato-acuminatis, glumellâ et paleâ glumis sextuplo brevioribus glaberrimis illâ ovatâ truncatâ erosulâ quinquenervi, paleâ angustiore binervi ⊙. *Ph. exaratum* Griseb. Sp. 2, p. 462 non Hochst.

Hab. in campis sterilibus, vinetis, prope Athenas, monte Ænos Cephaloniæ (Heldr!), Lyciâ ad Adalia (Bourg!), Cappadociâ ad Talasse prope Cæsaream 3600 (Bal!), Paphlagoniâ (Wied!), Syriâ littorali ad Berythum (Gaill. exs. 2301!).

Affine *P. exarato* et *Ph. arenario*, a priori glumis duplo longioribus lanceolatis nec oblongis longius et crebrius pectinato-ciliatis, a posteriore spicis elongatis glumisque apice divergentibus nec rectis, ab utroque glumellâ quinquenervi nec trinervi distinctum. *Ph. tenue* glumellâ quinquenervi quoque donatum longe differt glumis brevibus semiovatis introrsum curvatis conniventibus.

4. Ph. arenarium (L. Sp. 88) annuum sæpius cespitosum,

culmis erectis vel ascendentibus pumilis, paniculâ spiciformi oblongâ vel breviter cylindricâ densâ utrinque attenuatâ, spiculis compressis. glumis lanceolatis utrinque angustatis acuminatis apice rectis nec divergentibus remote et valide trinerviis carinâ longe ciliatis, glumellâ et paleâ glumâ quadruplo brevioribus illâ ovatâ trinervi obtusâ subdentatâ puberulâ ⊙. Engl. bot. tab. 222. — *Crypsis arenaria* Desf. Atl. I, p, 63. — *Chilochloa arenaria* R. et Sch.

Hab. in littoribus maritimis arenosis Atticæ et Corinthi (Boiss! Heldr!), insularum Tenos et Myconi (Heldr!), Thraciæ (Griseb!).

Ar Geogr. Anglia, Dania, Scandinavia australis, Gallia maritima et interior Hispania, Italia, Dalmatia, Hungaria.

5. Ph. asperum Vill. Delph. 2, 61, tab. 2) annuum sæpius

pluricaule, culmis erectis rigidulis, foliis latiuscule linearibus acutis margine scabris, paniculâ spiciformi longâ tenui cylindricâ densâ viridi, spiculis lateraliter compressis cuneatis sinu terminali inter glumas conniventes rotundato, glumis subcoriaceis glabris vel scabris navicularibus obovato-cuneatis trinerviis inferne angustatis

superne dilatatis margineque membranaceis et gibbis apice truncatis
in mucronem brevissimum durum dorsalem contractis, glumellâ et
paleâ glumâ tertiâ parte brevioribus oblongis obtusis membranaceis
⊙. Jacq. Ic. Rar. I, tab. 14. — Rchb. Germ. fig. 486. — *Ph. viride*
All. Ped. II, p. 232. — *Chilochloa aspera* P. de B.

Hab in siccis, collibus, agris, Scutari prope Byzantium (Post!), Tauria,
prov. Caucasicæ et Transcaucasia (Ledeb.). Probab. in Macedoniâ.

β ciliatum. — Glumæ carinâ ciliatæ sæpe paulo longius mucronatæ. — *Ph. annuum* M. B. Taur. Cauc. I, p. 46.

Hab in Tauriâ meridionali et Caucaso septentrtonali (M. B.), Georgiâ Caucasicâ (Hoh!), Persiâ orientali ad Chabbise (Bge!), Affghaniâ (Griff!), typo
in ditione vulgatior.

Ar. Geogr. Anglia, Gallia, Helvetia, Germania, Italia, Dalmatia, regio Danubialis, Serbia, Turkestania.

6. **Ph. gibbum** (Boiss. Diagn. Ser. I, 5, p. 69) annuum, culmis
solitariis vel paucis abbreviatis, foliis angustissime iinearibus margine scabridis, paniculâ spiciformi tenuiter cylindricâ densâ, spiculis
minimis lateraliter compressis cuneato-obovatis sinu terminali inter
glumas conniventes subnullo, glumis navicularibus semiorbiculatis
basi angustatis superne dilatatis et dorso rotundato-gibbis margine
vix membranaceis apice breviter in mucronem contractis trinerviis
nervis lateralibus fere obsoletis carinali valido, glumellâ coriaceâ
extus hirtulâ oblongâ convolutâ in mucronem glumis sublongiorem
attenuatâ, paleâ breviore bicarinatâ ⊙.

Hab. in collibus regionis montanæ Anatoliæ occidentalis, pars superior
montis Mesogis supra Tralles (Boiss!), Tmolus occidentalis supra Bozdagh
et Kaiagueul Deré supra Ouchak (Bal. 6! et 1332!).

Semipedale vel paulo elatius, spica 8-20 lineas longa, spiculæ in genere
minimæ. Affine *Ph. aspero* a quo præter glumellarum structuram glumæ
valvis dorso gibbis et margine rectiusculis nec ut in eo dorso rectiusculis
et margine membranaceo subapice gibbis eximie differt.

7. **Ph. echinatum** (Host Gram. III, p. 8, tab. 11) annuum,
culmis sæpius pluribus erectis vel geniculato-ascendentibus, foliis
lineari-lanceolatis margine sæpius lævibus, paniculâ spiciformi ovatâ
vel oblongâ, glumis oblongis late membranaceis marginatis inferne
subinflatis apice truncatis dorso elevatim trinervi et ad carinam
longe ciliato in aristam scabram glumâ longiorem divergentem producto, glumellis et paleâ hyalinis illâ glumâ duplo breviore ovatâ
truncatâ sublacerâ, paleâ angustiore ⊙. Trin. Gram. tab. 7. — *Ph.*
felinum Sibth. et Sm. Prodr. I, p. 32.

Hab. in cultis Græciæ, Pelopponnesus ad Naupliam (Orph!), Laconia ad
Spartam (Boiss!), Zacynthus (Marg!), Corcyra (Ball!), Cephalonia a littore ad
montem Ænos 5500' (Heldr!), Byzantii (Noë!).

Ar. Geogr. Sicilia, Italia australis, Dalmatia.

* * Perennia.

8. **Ph. Bœhmeri** (Wib. Fl Wett. p. 125) perenne cespitosum, rhizomate brevi fibroso, foliis linearibus glaucis albo-marginatis scabridis, culmis elatis, paniculâ spiciformi cylindricâ longâ
densâ pallidâ, glumis lineari-oblongis trinerviis et ad carinam scabris
vel breviter ciliatis breviter aristato-mucronatis margine membranaceo infra mucronem oblique truncatâ, glumellâ et paleâ glumâ tertiâ
parte brevioribus obtusis ♃ Host Gram. tab. 34. — Fl. Dan. tab. 531.
— Rchb. Germ fig. 487. — *Phalaris phleoides* L. Sp. 80. — *Phleum
phalaroides* Kœl. — *Ph. montanum* C. Koch Linn. XXI, p. 383. —
Ph. ambiguum Griseb Sp. II, p. 463 non Ten. (forma glumis glabriusculis). — *Chilochloa Bœhmeri* P. de B.

Hab. in montanis et subalpinis siccis, mons Æta Phthiotidis (Heldr!),
Parnassi regio inferior (Guicc!), Macedonia (Griseb!), Byzantium (ex Sibth),
vallis Djimil Ponti Lazici 6000' (Ball), Tauria et prov. Caucasicæ (Led Hoh!),

β *ciliatum* Griseb. in Led. Fl. Ross. — Glumæ magis elongatæ
minus oblique attenuatæ et longius mucronatæ. — *Ph. serrulatum*
Boiss. Diagn. Ser. II, 4, p. 125. — *Ph. Kotschyi* et *Ph. Veluchense*
Boiss. Mss. — *Ph. collinum* Schur Trans. — *Ph. ambiguum* Ten. Fl.
Nap. 103.

Hab. in siccis regionis subalpinæ, mons Veluchi Ætoliæ (Sam. et Guicc!)'
mons Argæus Cappadociæ 6400' (Ball), Taurus Cilicicus supra Gulek (Ball),
Syriæ montes (Ky!), Libanus supra Hadet (Bll), Caucasus orientalis 3600'-
8000' (Rupr!).

Hæc forma manifeste in typum transiens eo frequentius in ditione occurrit
atque in Serbiâ, Banatu, Transylvaniâ, montibusque Italiæ australis et
Siciliæ quoque observatur; inter *Ph. Bœhmeri* et *Ph. Michelii* fere intermedia sed priori ob marginem membranaceum glumarum oblique truncatum et sub mucrone evanidum nec ut in *Ph. Michelii* usque ad apicem
mucronis sensim attenuatum adnumeranda *Alopecurus crypsoides* Griseb.
Spicil. II, p. 466 ex specimine typico herbarii Grisebachiani a cl. Hackel
examinato est status *Phlei Bœhmeri* Wib. ictu vermis ex ordine Nematodum
(*Anguillulæ Phalaridis*) ovaria incolentis deformatus: ovarium et glumella
tunc augentur et glumas valde superant. Hæc monstrositas ex cl. Hackel qui
mihi hanc notam benigne communicat in eâdem specie ex Suéciâ, Germaniâ
Rhenanâ, Italiâ superiore, Caucaso, quoque occurrit.

Ar. Geogr. Europa media et orientalis a Scandinaviâ ad Rossiam, Turkestania, Sibiria omnia.

9. **Ph. Michelii** (All. Ped. II, p. 233) perenne, rhizomate subrepente stolones breves edente, culmis elatis foliosis, foliis latiuscule
linearibus acutis margine subscabridis, paniculâ spiciformi cylindricâ
laxiusculâ et basi sæpe subinterruptâ, glumis trinerviis lanceolatis
sensim attenuatis acuminatissimis hirtis carinâ longe ciliatis anguste
membranaceo-marginatis, glumellâ et paleâ glumâ tertiâ parte brevioribus ♃ Rchb. Germ. fig. 488. — *Ph. phalaroideum* Vill. Dauph.
2, p. 60. — *Ph. cuspidatum* Willd. — *Phalaris alpina* D.
C. Fl. Fr.

Hab. in Caucaso 2400'-3000' ex M. B. et C. A. Mey. sed specimina Caucasica non vidi ot vereor ne claros auctores pro hâc specie varietatem ciliatam *Ph. Bœhmeri* habuisse.

Ar. Geogr. Alpes, Jurassus.

10. **H. pratense** (L. Sp. 79) perenne, rhizomate brevi fibras edente, culmis elatis erectis vel inferne subgeniculatis, foliis longis linearibus planis margine asperis vaginis cylindricis, paniculâ spiciformi cylindricâ densâ viridi, glumis lineari-oblongis late margine membranaceis apice angulo recto truncatis dorso adpresse et elevatim trinervi exarato ad carinam ciliato in aristam rectam glumâ ipsâ 3-4-plo breviorem producto, glumellâ et paleâ glumâ triplo brevioribuc hirtulis truncatis ⚲ Host Gram. t. 21. — Trin. Gram. tab. 5. — *P. montanum* C. Koch Linn. XXI, p. 383 ? ex descript.

Hab. in pratis præsertim regionis montanæ et subalpinæ, Parnassi regio abietina (Gaill!), mons Korthiati Macedoniæ (Orph!), Byzantii (Cast!), Armenia ad Gumuschkhané (Bourg!), in Caucasi regione subalpinâ et alpinâ (C. A. M. Rupr!), Iberiâ Caucasicâ (Hoh!), Tauriâ (Stev.).

β *nodosnm.* — Rhizoma bulboso-incrassatum, folia abbreviata angustiora. — *Ph. nodosum* L. Sp. 88. — Trin. Gram. tab. 6.

Hab. in siccis, Peloponnesus (Bory!), Byzantii (Post!), Cataoniæ mons Berytdagh (Haussk!), Bingöldagh Armeniæ 7500' (Ky!).

Ar. Geogr. Europa tota, Sibiria omnis, America borealis.

11. **Ph. alpinum** (L. Sp. 88) perenne, rhizomate subrepente, culmis ascendentibus, folis latiusculo linearibus acutis margine asperis, paniculâ spiciformi breviter cylindraceâ vel ovatâ purpurascente, glumis lineari-oblongis hirtis margine late membranaceis apice angulo recto truncatis, dorso trinervi exarato ad carinam longe ciliato in aristam rectam ciliatam vel nudam glumæ æquilongam vel paulo breviorem producto, glumellâ et paleâ glumâ tertiâ parte brevioribus illâ ovatâ obtusâ apice denticulatâ apice dorso hirtulâ ⚲. — Ic. Fl. Dan. tab. 213. — Host Gram. III, t. 10. — Trin. Gram. tab. 21.

Hab. in regione alpinâ, Pontus Lazicus ad Alischeri (Ky!), supra Djimi[1] (Bal!), Caucasi mons Kaischaur (Owerin!), Taurus Cilicicus supra Bulghar Maaden (Bal!).

β, *commutatum.* — Minus, tenue, spica minor ovata, glumarum aristæ breviores nudæ. — Trin. Gr. tab. 22. — *Ph. commutatum* Gaud. Agrost. I, p. 40. — *Ph. microstachyum* Nym.

Hab. in siccioribus alpinis, Græcia in monte Kyllene et Veluchi Ætoliæ (Heldr!), Parnasso (Orph!), Macedonia in Scardo (Griseb!) Olympus Bithynus (Boiss!), Libanus ad nives prope Aingeddaia (Bl!), Transcaucasia in montibus Talysch (Buhse!), Affghania ad Erak 12000' (Griff!).

Ar. Geogr. Alpes totius Europæ, Songariæ, Sibiriæ, Americæ borealis et australis.

ALOPECURUS (L. Gen. N° 78. — *Colobachne* P. de B.).

Spiculæ unifloræ hermaphroditæ in paniculam spiciformem vel capitatam densam dispositæ. Glumæ binæ liberæ vel basi plus minus longe connatæ subæquales naviculares carinatæ. Flos sessilis. Glumella membranacea glumas subæquans obtusa vel oblique truncata sæpius marginibus basi connata dorso aristata, palea angusta uninervia sæpe nulla. Squamulæ nullæ. Stamina tria. Styli 2 sæpe in unum basi coaliti, stigmata elongata plumosa ex apice floris emergentia. Caryopsis ovata vel oblonga a latere subcompressa maculâ hilari punctiformi. — Herbæ annuæ vel perennes. — Palea in *A. vaginato* nonnullisque affinibus et in speciminibus simillimis adest vel deest, divisio generis in sectiones *Colobachne* et *Eualopecurus* igitur non naturalis.

* Annui.

1. A. agrestis (L. Sp. 89) annuus, radice fibrosâ, culmis erectis superne scabriusculis, foliis læte viridibus glabris vaginis cylindricis, paniculâ spiciformi cylindricâ utrinque attenuatâ ramis 1-2 spiculas gerentibus, glumis ad medium connatis lanceolatis sensim acutatis carinâ anguste alatis et pubescentibus, glumellâ glumis æquilongâ ovato-lanceolatâ prope basin aristatâ aristâ glumis subduplo longiore, paleâ nullâ ⊙. Engl. Bot. tab. 848. — Host Gram. III, t. 12. — Rchb. Germ. f. 473. — Trin. Gr. tab. 37. — *A. purpurascens* Link Linn. XXVII, p. 400 (ex descriptione).

Hab. in pascuis, cultis sæpius humidis, vineis totius ditionis a Græciâ! Macedoniâ (Friv!) ad Syriam littoralem et interiorem (Bl! Gaill!), Egyptum in ditione Fayum! (Schw!), regionem Caucasicam! Mesopotamiam (Haussk!), Persiam borealem (Szov!), australem in subalpinis (Haussk!), Affghaniam (Griff!).

β *tonsus* Blanche in litt. — Arista brevis glumis inclusa. — *A. cœrulescens* Steud. et Hochst in Fleisch. exs. 1827. — *A. purpurascens* Link Linn. XVII, p. 400!

Hab. in agris Smyrnæ (Fleisch!), Syriâ littorali ad Tripolin (Bl!).

Ar. Geogr. Europa media et australis a Daniâ et Gothiâ ad Rossiam mediam, Turkestania, Africa borealis. Quoque in America boreali et Nova Zelandiâ. An ibi introdnctus?

2. A. Creticus (Trin. Sp. Gram. I, tab. 41.— Spreng. N. Entd. II, p, 45.) annuus, radice fibrosâ, culmis cespitosis ascendenti-geniculatis, foliis glabris linearibus planis, vaginis apertis subdilatatis, ligulâ oblongâ, paniculâ spiciformi oblongâ vel oblongo-cylindricâ ramis unispiculatis, glumis ad ⁴/₅ connatis asperulis ovatis apice acutiusculis et ad carinam late alatis et ciliatis, glumellâ horizontaliter truncatâ et subfimbriatâ supra basin aristatâ aristâ glumis duplo longiore, paleâ nullâ ⊙. — *A. Balansæ* Boiss. Mss.

Hab. in Cretâ (Sieb exs. sub *A. agresti*), in humidis planitiei Omalo montium Lassiti 4000' (Heldr!), in pratis uliginosis Lydiæ ad Ak Boghas prope Miletum (Bal!).

Semipedalis vel pedalis. Ab *A. agresti* quocum a cl. Parlatore conjungitur vaginis magis dilatatis. paniculâ abbreviatâ, glumis altius inter se coalitis ovatis late alatis nec lanceolatis obsolete alatis, glumellâ truncatâ nec lanceolatâ distinctissimus.

3. A. utriculatus (L. Sp. 80 sub *Phalaride*) annuus, radice fibrosâ, culmis cespitosis erectis vel ascendentibus, foliis linearibus glabris, vaginis inferioribus cylindricis superioribus utriculoso-inflatis, paniculâ spicæformi ovatâ vel oblongâ ramis 1-2 spiculatis, glumis subcoriaceis valde compressis fere ad medium connatis et lateraliter ventricoso-gibbis supra medium abrupte triangularibus acutis ad carinam ciliatis cæterum glabris, glumellâ glumis sublongiore suboblique acutâ prope basin aristatâ aristâ glumis duplo longiore, paleâ nullâ ⊙. *A. utriculatus* Pers. Syn. I, p. 80. — Fl. Græc. tab. 63. — Trin. Gram. tab. 46. — *Tozzettia utriculata* Savi.

Hab. in herbidis, Græcia (Sibth.), Peloponnesus in Messeniâ et Arcadiâ (Heldr!), Thracia et Byzantium (Friv! Post!), props Trojam (Schmidt!), Anatolia borealis ad Samsun (Tchih!). Locus Syriacus (Aleppo) citatus ad *A. anthoxanthoidem* spectat.

Ar. Geogr. Anglia, Germania occidentalis et australis, Gallia orientalis et australis, Italia, Sicilia, Dalmatia, Hispania, Africa borealis.

4. A. anthoxanthoides (Boiss. Diagn. Ser. I, XIII, p. 42) annuus cespitosus glaber, radice fibrosâ, caulibus erectis vel ascendentibus, vaginis inferioribus cylindricis superiore inflatâ, ligulâ truncatâ tubuloso-convolutâ, paniculâ spiciformi ovato-oblongâ ramis 3-4 spiculas gerentibus, glumis ad tertiam partem usque connatis lanceolatis acutis basi et carinâ hispidis dorso anguste alatis vel apteris, glumellâ glumas æquante lanceolatâ acutâ glabrâ basi aristatâ, aristâ geniculatâ glumis subtriplo longiore, paleâ nullâ ⊙.

Hab. in arenosis, collibus graminosis, Rhodi in monte Comoly (Bourg!), Cypri (Ky!), Cilicia littorali (Bal. 745!), Syriâ littorali ad radices montis Cassii (Boiss!), circâ Berythum, Sidonem, Tripolin (Ehr! Gaill! Bl! Barbey!), Libano ad lacum Limoni supra Balbeck 4500' (Ky 376!), supra Aleih (Schweinf!), Antilibano)Schlnmb!), Hierosolymæ (Roth!), circâ Aleppo et in deserto Mesopotamiæ (Haussk!).

Semipedalis vel pedalis, spiculæ magnæ 3 lineas et amplius longæ. Species insignis juxta *A. utriculatum* collocanda.

· · Perennes.

5. A geniculatus (L. Sp. 89) annuus, radice fibrosâ, culmis geniculatis ascendentibus basi sæpe radicantibus, foliis linearibus planis acuminatis, vaginis glabris superioribus subtumidis, paniculâ spiciformi cylindricâ elongatâ ramis plurispiculatis, glumis vix basi connatis ellipticis obtusis ad nervos et carinam longe ciliatis, glumellâ glumis vix breviore obtusâ supra basin aristatâ aristâ glumis duplo longiore, paleâ nullâ ☉. Rchb. Germ. fig. 472. — Trin. Gram. tab. 42.

Hab. in humidis, ad fossas, in prov. Caucasicis (Hohen!), probab. in aliis ditionis locis quoque occurrens, Affghania ad Otipore (Griff!).

Ar. Geogr. Europa fere tota a Scandinaviâ ad Rossiam, Sibiria, America borealis.

6. **A. fulvus** (Sm. Engl. bot 21, tab. 1467) annuus, radice fibrosâ, culmis geniculatis ascendentibus basi sæpe radicantibus, foliis glaucis linearibus planis acuminatis, vaginis superioribus tumidis, paniculâ spiciformi cylindricâ elongatâ ramis plurispiculatis, glumis fere liberis ellipticis obtusis ad nervos et ad carinam longe ciliatis, glumellâ glumis subæquilongâ obtusâ apice denticulatâ versus medium aristatâ aristâ glumis subbreviore, paleâ nullâ ☉. Anders. Agrost. f. 120.

Hab. in humidis præsertim regionis alpinæ, Olympus Bithynus (Fritsch!), Pontus Lazicus supra Djimil 8000' (Bal!).

Valde affinis *A. geniculato* cui a nonnullis conjungitur, vaginis glauco-cœsiis, antheris fulvis nec ochroleucis insuper ab eo differe videtur.

Ar. Geogr. Europa præsertim borealis et media ad Hispaniam borealem, Italiam usque, Turkestania, Sibiria.

7. **A. arundinaceus** (Poir. Dict. VIII, p. 766) perennis, rhizomate repente, culmis elatis, foliis planis elongatis, ligulâ brevi, vaginis parum ventricosis, paniculâ spiciformi cylindricâ obtusâ ramis 4-6 spiculas gerentibus, glumis ad quartam partem inferiorem connatis lanceolatis oblique acutatis præsertim ad carinam longe villosis, glumellâ ovato-oblongâ oblique acutâ glumis subbreviore infra medium dorsum aristatâ aristâ inclusâ vel exsertâ, paleâ nullâ ♃. Rchb. Germ. fig. 477. — *A. nigricans* Horn. Hafn. I, 68. — *A. Ruthenicus* Weinm. — *A. nigrescens* Jacq. Ecl. II, tab. 13. — *A. repens* M. B. Taur. Cauc III, p. 54. — *A. ventricosus* Pers. Syn. I, p, 80 forma vaginis magis ventricosis. — *A. pratensis Ruthenicus* Trin. Gram. tab. 45.

Hab. in humidis regionis inferioris sed frequentius in montanâ et alpinâ, Smyrnæ (Bal. n° 5!), montes Lyciæ supra Elmalu (Bourg!), Taurus Cilicicus (Bal!), Argæus Cappadociæ 6000' (Bal!). montes Armeniæ Turcicæ (Calv. Bourg!) et Pontus Lazicus 6000' (Bal!), Caucasus et Transcaucasiæ montes (Hoh! Szov!), mons Demavend Persiæ bor. (Ky. 926!) et omnes montes Persiæ austro-occidentalis et Turkestaniæ Persicæ 10-12000' (Ky! Haussk.) circa Aleppo (Ky. 111!) in deserto Mesopotamiæ (Haussk!), Affghaniâ (Griff!), Belutchiâ (Stocks!).

Affinis *A. pratensi* quocum a botanicis sæpe conjungitur sed rhizomate elongato repente nec abbreviato obliquo discrepans.

Ar. Geogr. Gallia centralis, Scandinavia, Transylvania, Rossia, Sibiria Altaica, Africa borealis.

8. **A. lanatus** (Sibth. et Sm. Prodr. I, p. 43) perennis cespitosus, rhizomatis pluricipitis basi fibriferi ramis cylindricis vaginis
nigris membranaceis arcte involucratis, foliis dense niveo-tomentosis
confertis patentibus linearibus planis brevibus obtuse mucronulatis.
caulino unico basilari ad vaginam albo-tomentosam reducto, culmis
tenuibus, paniculâ spiciformi globosâ vel ovatâ, glumis basi vix
connatis longe et undique albo-hispidissimis lanceolatis longe attenuatis spinulosis, glumellâ apice ciliatâ oblique truncatâ glumis subbreviore paulo supra basin aristâ geniculatâ spiculâ plus duplo longiore auctâ, paleâ nullâ ♃. Trin. Gram. t. 45.

Hab. in regione superiore Olympi Bithyni (Sibth! Auch! Boiss! Clem!),
montis Akdagh Lyciæ (Bourg. 2741), montis Masmeneudagh Cappadociæ
(Ball), in montibus Iberiæ (ex Stev. sed spec. non vidi).

Culmi tenues rigiduli 6-10-pollicares, folia 1 ½-2 ½ pollicaria, spica piso
paulo major. Species foliis niveis elegantissima.

9. **A. Gerardi** (Vill. Dauph. II, p, 66) perennis, rhizomate crasso
obliquo brevi sæpe ramoso vaginis brevibus tandem in fibras solutis
glabris vestito, culmo erecto vel inferne geniculato præter folia 1-3
ad vaginas inflatas fere reducta nudo, foliis radicalibus brevibus
anguste linearibus acuminatis, paniculæ spiciformis globosæ vel
ovatæ ramis 2-3-spiculatis, glumis liberis lanceolatis oblique attenuato-aristatis ad carinam longe ciliatis, glnmellâ oblique truncatâ
obtusâ infrâ medium aristâ reclâ eâ breviore obsitâ, paleâ angustissimâ ♃. Trin. Gram. tab. 1. — Rchb. Germ. fig. 479. — Jacq.
Ic. rar. tab. 301. — *Phleum Gerardi* All. — *Colobachne Gerardi*
Link. — *A. phalaroides* C. Koch Liun. XIX, p. 5.

Hab. in pascuis regionis alpinæ, Græcia in montibus Panachaicos et
Kyllene Peloponnesi (Heldr!), Velugo (Sprun!), Parnasso (Heldr! Orph!),
Olympo Thessalo (Heldr!), monte Scardo Macedoniæ (Griseb!), Hæmo supra
Kalofer (Janka!), Olympo Bithyno (Auch. 3039! Boiss!), mente Tchoschdagh
Ciliciæ orientalis (Ky. 161!), Argæo Cappadociæ 7000' (Bal. 850!), Techdagh
Armeniæ Turcicæ (Huet!), Berytdagh Cataoniæ (Haussk!), Libani regione
subalpinâ inter Sanin et Zachle (Ehrenb!).

Ab *A. vaginato* et affinibus aristâ inclusâ et altius insertâ statim distinguendus.

Ar. Geogr. Pyrenei, Alpes Galliæ et Pedemontii, Apennini, montes Transylvaniæ?

10. **A vaginatus** (Willd. Nov. Act. Berol. III, 443 sub *Polypogon*) perennis cespitosus, rhizomate fibroso, culmis brevibus erectis
foliisque radicalibus vaginis glabris membranaceis tandem in fibras
solutis basi involucratis. foliis radicalibus anguste linearibus brevibus, culmis 1-2 ad vaginas inflatas cuspidatas reductis, paniculâ spicæformi ovoideâ vel ovoideo-oblongâ villosâ, glumis inter se fere liberis
undique sed ad carinam longius hirsuto-sericeis oblongo-lanceolatis in mucronem plus minus elongatum attenuatis, glumellâ glumis
subbreviore oblique truncatâ obtusiusculâ suprâ basin aristâ genicu·

tatâ divergente spiculâ duplo longiore auctâ, paleâ anguste lineari ♃.
A. vaginatus Pall. Ind. Taur. — *A. Pallasii* Trin. Gram. t. 2. — *Colobachne vaginata* P. de B.

Hab. in collibus apricis Tauriæ (M. B!), Ciscaucasiæ ad Matchuka (Hoh;), Caucasi centralis 6000'-9000' (C. A. Mey ! Hoh! Rupr!) et orientalis 8-10000' (Rupr!), Libani regione alpinâ ad fontem Djouit et ad Dahr et Hadib (Bl!).

β *unipaleaceus.* — Palea nulla. — *A. angustifolius* Fl. Græc. tab. 64. — *A. Aucheri* Bal. Bull. Soc. bot. Fr. XXI, pag. 11 non Boiss. et *A. laguroides* Bal. eod. loc. non Schur. — *A. dasyanthus* Trautv. pl. Casp. Cauc. p. 88, (formæ e locis excelsioribus foliis radicalibus latioribus et brevioribus). — *A. Cassius* Boiss. Diagn. Ser. I, 13. p. 41.

Hab. in Caucasi alpinis (C. A. M!), ad moles glaciales Kasbeck 10000' (Rehm !). Caucaso orientali in Tuschetiâ et Pschawiâ 9000' (Rupr !), Ponto Lazico 9000' (Bal!), Olympi Bithyni regio superior copiose (Sibth! Boiss! Clem!).

Species paleâ manifestâ vel nullâ, glumellâ basi plus minus marginibus connatâ, glumis in aristulam plus minus longam attenuatis varians. An species sequentes ab eâ notis sat firmis differant ulterius observandum.

11. A. glacialis (C. Koch Linn. XXI, p. 282) perennis cespitosus, radice fibrosâ, fasciculorum sterilium et culmorum vaginis membranaceis adpresse hirtulis, culmis elongatis gracillimis, foliis radicalibus linearibus elongatis flexuosis, caulinorum vaginis elongatis non vel vix dilatatis, paniculâ spiciformi oblongâ vel oblongo-cylindricâ villosâ griseâ, glumis undique villosis liberis divergentibus lanceolatis attenuato-acuminatis, glumellâ superne villosâ oblique truncatâ interdum tridenticulatâ supra basin aristâ geniculatâ glumis duplo longiore auctâ, paleâ lineari vel nullâ ♃. *A. Ponticus* C. Koch loc. cit. (forma glumellis binis).

Hab. in regione alpinâ superiore Ponti Lazici supra Djimil 8100' (Bal!), supra Hemschin 800'-9000' (C. Koch), Caucaso supra Borschom (Radde!), in ditionibus Alagir et Radscha 9000' (Rupr!), Caucaso orientali in Daghestaniâ, Tuschetiâ, Chewsuriâ 9000'-11000' (Rupr!).

β *gracilis.* — Elatior sæpe bipedalis, spiculæ paulo majores. — *A. gracilis* Trautv. Pl. Casp. Cauc. p. 88.

Hab. in Tuschetiâ ad Dartlo (Radde!), ad Diklo et in Daghestaniâ australi 9000' (Rupr!).

Species a formis *A. vaginati* præter culmos graciles elatos et vaginas caulinas non dilatatas spicâ longiore et sæpe minus densâ, spiculis minoribus discedens ; palea in speciminibus cæterum simillimis adest vel deest.

12. A. Aucheri (Boiss. Diagn. Ser. I, 13, p. 41) perennis, rhizomate cespitoso vaginis membranaceis in fibras solutis obsito stolones repentes elongatos edente, foliis linearibus attenuato-acuminatis glabris, culmis elongatis vaginis 2-3 elongatis vix dilatatis obsitis, paniculâ spicæformi ovato-oblongâ, glumis sericeo-hirsutis lanceolatis

longiuscule attenuato-aristulatis, glumellâ glumis tertiâ parte breviore
apice eroso-truncatâ glabrâ basi aristâ geniculatâ spiculâ duplo longiore obsitâ. paleâ nullâ ♃.

Hab in alpibus Persiæ borealis ad nives deliquescentes, mons Elamut
(Auch. 5857 !), mons Elbrus occidentalis prope pagum Asadbar (Ky. 464 !),
montes Savalan et Ssahend supra Schah Jordi (Buhse!), mons Arekligeduk
ditionis Karabagh (Szov. 368!).

Pedalis vel elatior, spica 8-9 lineas longa. Differt ab *A. vaginato* rhizomate
stolonifero, fere ut *A. nigricans* ab *A. pratensi.* An hæc nota sat firma sit
ulterius inquirendum.

13. A. textilis (Boiss. Diagn. Ser. I, 13, p. 40) perennis cespitosus, rhizomate brevi obliquo incrassato fibrifero, fasciculis et culmis
vaginis longis firmis extus hirtis et in fibrillas demum solutis involucratis, foliis radicalibus anguste linearibus canaliculato-plicatis rigidulis, caulinorum vaginâ elongatâ interdum inflatâ, paniculâ spiciformi hirsutâ densâ oblongâ vel breviter cylindricâ, glumis basi
subcoalitis hirsutis lanceolatis longiuscule attenuato-aristatis, glumellâ
ciliatâ apice truncato-subtridentatâ basi aristâ geniculatâ spiculâ
duplo longiore obsitâ, paleâ anguste lineari ♃ *A. lasiochlamys* Boiss.
et Ky. Sched. 1859.

Hab. in glareosis vulcanicis montis Demavend Persiæ borealis 9000' (Ky.
351! Buhse!), in arenosis trachyticis montis Bimgoldagh Armeniæ Turcicæ
(Ky. Suppl. 540!), Ponto Lazico 10000' (Bal!), regione alpinâ montis Argæi
Cappadociæ 8500 (Bal. exs 851! et 852!), monte Berytdagh Cataoniæ 8000'
(Haussk!). Tauro Cilicico 8-8500' (Bal. et Ky. 123 sub. *A. angustifolio!*),
regione alpinâ montis Akdagh Lyciæ Bourg. 273 sub *A. angustifolio !*).

A præcedentibus rhizomate incrassato, vaginis basilaribus subcoriaceis
elongatis firmis extus velutino-hirtis, foliis convolutis rigidiusculis sat distinctus videtur. Culmi 1-1 ½-pedales.

Tß. IV. AGROSTIDEÆ (Benth. loc. cit. p. 1084).

Spiculæ uniflorae teretes vel a latere subcompressæ, rhachillâ ultra
flosculum nullâ vel in setam aut stipitem productâ. Styli nulli vel
breves. Stigmata plumosa ad basin spiculæ emergentia.

SUBTR. STIPEÆ B[th] loc. cit. — Glumella coriacea demum fructifera
caryopsin arcte involvens. sæpissime aristâ terminata.

ARISTIDA (L. Gen. 38).

Spiculæ uniflorae a latere subcompressæ flosculo hermaphrodito
stipitato. Glumæ binæ membranaceæ lanceolatæ acuminatæ. Glumella
et palea valde inæquales, illa membranacea demum indurata paleam
teneriorem muticam includens apice aristata, aristâ a basi vel suprâ

basin trisetâ setis nudis vel plumosis. Squamulæ binæ. Stamina tria. Styli 2 terminales breves, stigmata plumosa. Caryopsis oblongo-fusiformis glumellis inclusa maculâ hilari lineari elongatâ notata sed libera. — Herbæ perennes rarius annuæ.

SECT. I. CHÆTARIA. — Arista persistens a basi triseta setis nudis.

1. A. cærulescens (Desf. Atl. I, p. 109, tab. 21) perennis sæpius cespitosa, radice fibrosâ, culmis erectis gracilibus inferne interdum ramosis, foliis anguste linearibus convolutis vel canaliculatis margine scabridis, ligulâ brevissimâ truncatâ lacerâ, paniculâ coarctatâ laxiflorâ elongatâ subsecundâ basi sæpe interruptâ ramis 1-2-nis brevibus strictis, glumis anguste lineari-subulatis subinæqualibus, glumellâ stipite glabro suffultâ glumis subbreviore lineari-convolutâ vix scabrâ, aristis in apice glumellæ sessilibus divergentibus capillaribus complanatis scabriusculis mediâ sublongiore ⚥. *A. depressa* Retz Obs. 4, p. 22. — *A. Canariensis* Willd. Enum. p. 99. — *A. gigantea* L. fil. Suppl. p. 113. — *A. Arabica* Trin. et Rupr. loc. cit. p. 135.

Hab. in siccis, rupestribus, regionis inferioris partium australiorum ditionis, Cilicia Trachea prope Anamur (Péronin!), Syria littoralis in arenosis ad Berythum (Ehr. Gaill!), Palestina calidior ad Jericho (Ball!), Arabia Petrea in rupestribus montis Sinai (Schimp. 368!), Egyptus in Oasibus (Asch! Rohlf!) et in littore Arabico ad Ras Benass (Schw!), Persia australis ad Schiras (Ky 306!) et Kotel Kumaredj (Hausk!), regno Mascate Arabiæ (Auch. 5446!), Affghaniâ (Griff!).

Ex variorum opinione ab *A. Adscensionis* L. specifice non diversa, sed hæc cujus specimen ex insulâ Adscensionis a cl. d'Urville lectum contuli differt (an specifice?) aristis brevioribus glumellâque non tautum scabrâ sed margine pectinatim ciliolatâ. Planta insularam Capitis viridis hûc quoque spectat.

Ar. Geogr. Hi-pania australis, Sicilia, Africa borealis, Madera, Insulæ Canarienses, Nubia, Abyssinia, Senegalia, P. B. Spei, India orientalis, Nova Hollandia.

2. A. pumila (Decaisne Ann. Sc. Nat. Ser. II, 85) annua? culmis e radice fibrosâ pluribus nanis ascendentibus geniculatis ramosis, foliis anguste linearibus canaliculatis vel convolutis, ligulâ brevissimâ truncatâ lacerâ, paniculâ coufertâ ramis brevibus strictis, glumis anguste lineari-subulatis inæqualibus, glumellâ glumis longiore stipite piloso suffultâ lineari-convolutâ subscabrâ, aristis in apice glumellæ sessilibus capillaribus complanatis divergentibus subæqualibus scabris ⊙. *A. cærulescens* var. *pumila* Trin. loc. cit. p. 136.

Hab. in Syriæ littoralis valle Barghoutié prope Sidonem (Bl!), ad Nahr el Kelb prope Berythem (Barb!), in Arabiæ petreæ Ouadi Scheick (Boiss!) et ad radices Sinai (Auch. 2993!), in Egypto Arabiæ petreæ conterminâ (Bové! (Schweinf!), inter Kahiram et Suez (Ehr.).

Videtur a formis *A. cærulescentis* culmis ¹/₂-2-pollicaribus, glumis valde inæqualibus, flosculi glumis longioris stipite dense piloso, aristis brevioribus differre.

Ar. Geogr. Africa borealis ad Biskra et in regno Maroccano.

SECT. II. ARTHRATHERUM. — Arista articulata caduca inferne simplex et sæpe torta dein triseta setis nudis.

3. A. Sieberiana (Trin. in Spreng. Neu Entd. II, p. 71) perennis, radice fibrosâ, caule erecto rigidulo gracili, foliis linearibus convolutis, ligulâ ad pilos reductâ, paniculæ contractæ aagustæ |ramis 1-2-nis brevissimis strictis, glumis anguste linearibus valde inæqualibus inferiore longe setaceo-acuminatâ superiore arcte convolutâ apice longe trisetosâ setâ mediâ longiore, aristâ ex apice glumellæ inferne simplici tortâ et ei æquilongâ in setas tres parte simplici multo longiores tenuiter capillares divergentes subæquilongas divisâ ♃.

Hab. in Palestinâ prope Arimatheam (Sieber!).

Fere pedalis, gluma superior cum setis fere pollicaris, aristæ rami fere bipollicares. Facies *A. cærulescentis* a quâ charactere sectionis et aristis multo longioribus differt. Glumä superiore apice trisetâ insignis.

Ar Geogr. Nubia (varietas major aristæ ramis tripollicaribus).

4. A. cyanantha (Nees in Royle Ind. sub *Chœtarid.* — Trin. Stip. p. 150) perennis glabra, culmis erectis elatis, foliis anguste linearibus rigidis elongatis margine scabris demum convolutis, ligulâ brevissimâ truncatâ fimbriatâ, paniculæ contractæ longissimæ ramis 2-4-nis capillaribus strictis scaberrimis inferne longe denudatis interdum 1-3-ramulosis, spiculis dissitis longiuscule pedicellatis, glumis angustissime linearibus arcte involutis inferiore ad carinam scaberrimâ apice subulatâ subbreviore, superiore sublongiore ex apice fimbriato-dentato subulatâ, aristâ ex apice glumellæ inferne simplici non tortâ in setas tres parte simplici multo longiores rectas subinæquilongas divisâ ♃.

Hab. in Affghaniæ valle Kurrum inter Thal et Kuram (Aitch. 442!).

Culmi 3-4-pedales, foliorum superiorum lamina semipedalis, panicula pedem et amplius longa ramis inferioribus semipedalibus, spicula cum aristâ 15-16 lineas, glumæ 6-7 lineas longæ. Descriptionem cl. Nees non novi et determinationem cl. Aitchison secutus sum.

5. A. funiculata (Trin. et Rupr. Stip. p. 159) annua multicaulis culmis tenuibus sæpius pumilis basi ramosis et geniculatis, foliis anguste linearibus brevibus ad vaginæ oras longe ciliatis, paniculâ contractâ pauciflorâ ramis 1-2-nis brevissimis strictis, glumis anguste linearibus subinæqualibns longe setaceo-acuminatis, glumellâ stipite longo villoso insidente glumis multo breviore, aristæ parte inferiore indivisâ tortâ caryopside et glumis multo longiore in setas tres tenuiter capillaceas divergentes eâ duplo longiores divisâ ⊙. *A.*

paradoxa Schmidt Cap. Verd. p. 140. — *A. Kotschyi* Hochst. — *A. stipacea* Ehrenb. Mss. — *A. macranthera* Hochst.

Hab. in littore Ægyptiaco-Arabico ad Ouadi Tundebach (Schw. exs. 1058!), in Belutchiá (Frére).

Planta 4-5-pollicaris rarius fere pedalis, gluma superior 8 lineas longa, rami 2-¹/₂-pollicares.

Ar. Geogr. Nubia, Abyssinia, Arabia tropica, Senegalia.

6. **A. Schweinfurthii,** annua multicaulis, culmis pumilis stricte ramosissimis, foliis tenuissime linearibus convolutis, liguláad pilorum coronam reductâ, paniculâ confertâ ramis 1-2-nis strictis, glumis lanceolatis valde inæquilongis inferiore breviore longius cuspidatâ, glumellâ inferiore glumis multo breviore stipite longo glabro insidente, aristâ ex apice glumellæ inferne simplici tortâ glumellæ æquilongâ in setas tres parte simplici multoties longiores tenuiter capillares divergentes æquilongas divisâ ⊙.

Hab. in littore Ægyptiaco-Arabico inter Kosser et Ras Benass (Schweinf. n° 2517!), in arenosis graniticis Zabara (Husson!).

Culmi 1-3-pollicares, aristæ pars inferior indivisa 2 lineas longa, ejus rami pollicem longi. Ab *A. fasciculatâ* spiculis multo minoribus, aristæ partium proportione diversa. Planta affinis ex Abyssiniâ Schimp. 2198 sub nomine falso *Ar. barbicollis* Trin. (quæ sectionis *Chætaria* est) distributa fuit vaginæ oris longe barbatis, glumâ superiore apice breviter tridentatâ, etc., tamen discrepans.

SECT. III STIPAGROSTIS. — Arista caduca inferne simplex et sæpe tortâ dein triseta setâ intermediâ vel omnibus plumosis. — Species omnes perennes.

Specierum Orientalium *Stipagrostidis* distributio.

* Arista pollicem saltem vel amplius longa, setæ laterales (*A. Forskahlei* exceptâ) non plumosæ.

+ Glumella ex apice bilobo aristata.

A. obtusa.

+ + Glumella apice in aristam sensim attenuata.

× Glumella versus medium articulata.

A. ciliata.

× × Glumella apice cum aristâ articulata.

1. Gluma superior longior.

A. plumosa, brachypoda, Forskahlei, hirtigluma, pogonoptila.

2. Gluma inferior longior.

A. *caloptila*

* * Arista 5-8 lineas tantum longa parte indivisâ brevissima setis omnibus plumosis.

A. *acutiflora, Zittelii, pungens, pennata.*

---

7. **A. obtusa** (Delile Fl. Eg. 124, tab. 13, fig. 2) dense cespitosa pulvinaris caudiculis sterilibus foliosis congestis, foliis radicalibus confertis vaginis apertis dilatatis ore barbatis insidentibus arcte convolutis tenuiter filiformibus obtusis brevibus curvatis, culmis tenuibus pumilis ad nodos sæpe infractis, paniculæ strictæ ramis pedicellisque brevibus strictis, glumis subæquilongis flosculo triplo longioribus anguste lanceolatis convolutis acutatis, glumellâ callo obconico dense hirsuto insidente apice late emarginato-bilobâ inter lobos aristatâ et ibi articulatâ, aristâ infra genu nudâ non tortâ flosculo subduplo longiore, setâ mediâ tertiâ circ. parte inferiori nudâ superne longe plumosâ, setis lateralibus tenuiter capillaribus nudis mediâ 2 ¹/₂-plo brevioribus ♃ *Stipagrostis obtusa* Nees. — *Arthratherum obtusum* J. et Sp. Ill. tab. 338.

Hab. in desertis Egypti (Del.), inter Kahiram et Suez (Boiss.! Schw!), Arabiâ petrea ad Ouadi Hebran (Schimp. 163!), Arabis *Dereri.*

Foliorum radicalium lamina 6-8 lineas longa, culmi cum paniculâ 4-7-pollicares. Arista 8-15 lineas longa Species glumellâ late bilobâ insignis. Aristæ seta intermedia apice interdum sed non semper nuda.

Ar. Geogr. Africa borealis interior, Arabia tropica, P. B. Spei.

8. **A. ciliata** (Desf. in Schrad. N. Journ. II, 255) dense cespitosa, foliis arcte convolutis abbreviatis acutis arcuatis vaginisque glabris, culmis elatis, nodis et ligulis dense et longe barbatis, paniculâ strictâ racemiformi laxâ; glumis glabris subæquilongis lineari-lanceolatis obtusis retusis, glumellâ callo stipitiformi elongato hirsuto insidente infra medium articulato-circumscissâ articulo superiore calyptræformi in aristam attenuato et demum cum eâ deciduo, aristâ infra genu nudâ brevi rectâ, setâ mediâ tertiâ parte inferiore nudâ superne longe plumosâ lateralibus tenuiter capillaribus nudis pluries longiore ♃. *Arthrath. ciliatum* Nees. Jaub. et Sp. Ill. tab. 834. — *A. plumosa* Desf. Atl. I, p. 109 non L. — *A Schimperi* Hochst. et St. in Schimp. Arab. exs. — *Schistachne ciliata* Fig. et Not. l. cit. p. 8.

Hab. in desertis Egypti (Del.), inter Kahiram et Suez (Schw!), Arabiâ petreâ in jugo Sinaitico (Bové. Schimp!), ad Ouadi Mokkateb (Boiss!).

Bipedalis, arista bipollicaris. Species glumellâ versus medium circumscissâ insignis.

Ar. Geogr. Algeria interior, regnum Tunetanum, Nubia, P. B. Spei.

9. **A. plumosa** (L. Sp. 1666) cespitosa, foliis arcte convolutis
filiformibus acutis, culmis ascendentibus vel erectis inferne sæpe
ramosis ad internodia et vaginas inferiores tomentellis vel lanatis,
ligulâ ad annulum setarum reductâ, paniculâ strictâ angustâ racemiformi, glumis glabris inæqualibus lanceolatis acuminatis superiore
longiore, glumellâ callo stipitiformi hirsuto suffultâ glumis triplo breviore lævi glabrâ apice cum aristâ articulatâ, aristâ infrâ genu rectâ
nudâ, setâ mediâ a medio ad apicem arrecte plumosâ inferne nudâ,
setis lateralibus intermediâ 3–4-plo brevioribus nudis tenuiter capil
laribus ♃ Vahl Symb. I, II, tab. 3. — *Arthratherum plumosum* Nees.
— *Gramen Orientale spicatum minus aristis pennatis* Tourn. Inst. 39.

Hab. in arenosis desertorum, Egyptus inferior ad Mokattam, Gebel Achmar
etc. prope Kahiram (Schw! Cramer!), desertum Arabicum inter Esueh et
Oasin Chargeh (Asch!), littorale maris Rubri prope Kosser (Schw. 1066! et
1068!), Arabia petræa (Schimp. 174! et 394! Boiss!), Mesopotamia ad Besch
Abur (Ky. 392!) et inter Altun Köpri et Kerkuk (Haussk!), Persia orientalis
ad Kerman (Bge!), media ad Schurab prope Kaschan (Haussk!), prov. Ader-
didjan in salsis arenosis ad Khoï (Szow!), Persia borealis ad Asterabad
(Kar!), prov. Khorassan ad Nichapur (Bge!), Turcomania ad Casplum
(Kar! Becker!).

β *Haussknechtii*. — Gluma superior superne remote et longiuscule ciliata.

Hab. in arenosis subsalsis Persiæ australis inter Seytun et Bebehan
(Haussk!).

Planta semipedalis rarius pedalis, gluma superior 6–8 lineas, arista 2–2 ½-
pollicaris.

Ar. Geogr. Africa borealis interior.

10. **A. brachypoda** (Tausch Flora 1836, p. 506) cespitosa,
foliis arcte convolutis filiformibus flexuosis acutis, culmis erectis vel
ascendentibus inferne sæpe ramosis ad intermedia inferiora sæpe
tomentellis, vaginis glabris, ligulâ ad annulum setarum reductâ, paniculâ strictâ angustâ racemiformi vaginâ superiore suffultâ, glumis
glabris anguste lineari-lanceolatis obtuse acuminatis superiore longiore, glumellâ callo longo hirsuto stipitiformi suffultâ glumis quadruplo breviore lævi apice cum aristâ articulatâ, aristâ infra genu
brevissimâ rectâ nudâ, setâ mediâ tertiâ vel dimidiâ parte inferiore
rarius a basi nudâ superne patule plumosâ, setis lateralibus tenuiter
capillaribus nudis intermediâ dimidio vel tertiâ parte brevioribus ejus
parte nudâ longioribus ♃.

Hab. in desertis Egypti prope [Kahiram inter Gebel Achmar et sylvam
lapideam (Cramer!), ad Abubellah prope Ismailia et Ouadi R9ched deserti
Arabico-Egyptiaci prope Helouan (Schweinf!), inter Kahiram et Suez
(Boiss!).

Planta 6–8-pollicaris, gluma superior 7 lineas, arista sesquipollicem longæ
Valde affinis facie *A. plumosæ* a quâ vaginis glabris, aristæ parte infra genu
sitâ setâ breviore setisque lateralibus magis elongatis fere tantum differt. An
illæ notæ sat firmæ?

11. A. Forskahlei (Tausch loc. cit. p. 506) cespitosa, foliis arcte convolutis tenuiter filiformibus flexuosis acutis, culmis ascendentibus basi sæpe ramosis et geniculatis tomentellis, vaginis glabris, ligulâ ad annulum setarum reductâ, paniculâ brevi strictâ vaginâ supremâ suffultâ, glumis anguste lanceolatis acuminatis inferiore glabrâ superiore longiore superne interdum parce ciliatâ, glumellâ callo longo sericeo suffultâ lævi apice cum aristâ articulatâ, aristâ infra genu abbreviatâ rectâ nudâ, setis tribus omnibus vel a basi vel a tertiâ parte inferiori patule plumosis, lateralibus intermediâ quartâ parte brevioribus ⚥. — *A lanata* Forsk. Descr. 25 (saltem partim). — *A. plumosa* Delile herb. ex Asch.

Hab. in arenosis et desertis Egypti ad Pyramides (Sieb! Auch. 3022!), ad Mandara prope Alexandriam (Letourn. 158! sub *A. plumosâ*), ad Aboukir et Rosette (Gaill!), Syriâ littorali in arenosis ad meridiem Berythi (Bl!).

Facies *A. plumosæ* a quâ notis indicatis specifice sat distincta videtur; gluma superior 6 lineas, arista 14-17-lin longa.

12. A. hirtigluma (Steud. Nom. Ed. II, p. 131) dense cespitosa, foliis arcte convolutis tenuiter filiformibus flexuosis acutis, culmis basi geniculatis ascendentibus glabris, vaginis apice ligulæ loco barbatis, paniculâ strictâ racemiformi vaginâ supremâ suffultâ, glumis hirtellis lanceolatis obtuse acuminatis superiore longiore, glumellâ callo brevi plumoso insidente glumis plus dimidio breviore papilloso-muricatâ glabrâ apice cum aristâ articulatâ, aristâ longissimâ infra genu elongatâ tortâ glabrâ vel superne pilosâ, setis lateralibus nudis intermediâ nunc a basi nunc a medio plumosâ 3-4-plo brevioribus ♃. *Arth. hirtiglume* Jaub. et Sp. Ill. tab. 335.

Hab. in rupibus montis Sinai et vallis Ouadi Hebran Arabiæ Petreæ (Schimp. exs. 165 et 161 sub nom. *A. Schimperi* et *A. ciliatæ* non Desf!) Ouadi Feiran (Boiss!), littus Egyptiacum maris Rubri inter Kosser et Ras Benass (Schweinf!).

Pedalis, gluma superior 5 lineas, arista tripollicaris. Species glumis hirtis, flosculo muriculato, aristis longis ab *A. plumosâ* et *brachypodâ* facile distinguenda.

Ar. Geogr. Abyssinia.

13. A. pogonoptila (Jaub. et Sp Ill. IV, tab. 337) cespitosa, foliis involutis tenuiter filiformibus acutis flexuosis caulibusque glabris, vaginis ore longe ciliatis, paniculâ elongatâ laxiusculâ subconfertâ, glumis lanceolatis attenuato-acuminatis glabris superiore longiore, flosculi callo basilari pilis longis densis glumellam mediam æquantibus obsito, glumellâ glumis quintuplo breviore papilloso-scabrâ glabrâ apice cum aristâ articulatâ, aristâ parte inferiori indivisâ tortâ apice sub genu longe penicillatâ, setâ mediâ fere a basi plumosâ lateralibus nudis capillaribus triplo longiore ⚥. *Arthratherum elatum* Boiss. Diagn. Ser. II, 4, p. 128.

Hab. in Belutschiâ (Stocks 1217!).

Bipedalis paniculâ semipedali, gluma superior 4 lineas, arista 15-18 longa Folia eis *A. plumosœ* tenuiora, glumella ut in *A. hirtiglumi* papilloso-scabra sed glumæ non hirtæ et prætereà ad eà et affinibus aristâ sub genu eximie penicillato-plumosâ discedens.

Ar. Geogr Ditio Scinde, Punjaub (Pentapotamis) Indiæ borealis. ·

14. A. caloptila (Jaub. et Sp. Ill. Or. tab. 336 sub *Arthrathero*)

cespitosa, foliis arcte convolutis filiformibus flexuosis acutis, culmis erectis glabris basi ramosis, vaginis glabris ligulæ loco barbatis, paniculâ erectâ contractâ laxiusculâ e vaginâ supremâ exsertâ, glumis scabriusculis lanceolatis obtuse attenuato-acuminatis inferiore longiore, glumellâ callo brevi longe plumoso insidente glumis multo breviore oculo valde armato interdum scabriusculâ glabrâ apice cum aristâ articulatâ, aristâ longâ infra genu elongatâ tortâ glabrâ, setis lateralibus tenuiter subulatis glabris intermediâ ex toto plumosâ triplo brevioribus ⚥. *A. sericea* Ehrenb. Mss.

Hab. in deserto Arabico Ægypti mediæ ad Ouadi Mor et ad Gebel Schaluf prope Suez (Schw. exs 275! et 444!), in Arabiâ (an tropicâ? Ehrenb!) ad sinum Persicum (Auch. 5445!), Persiâ orientali inter Meibut et Ispahan (Bge 81!), Affghaniæ jugo Bolan (Griffith!).

Fere pedalis, gluma inferior 8 lineas longa, arista fere tripollicaris. Aristis elongatis affinis *A. hirtiglumœ* sed glumæ non hirtæ et inferior longitudine superiorem superans quod in aliis speciebus eon occurrit.

15. A. acutiflora (Trin. et Rupr. Stip. p. 167)

cespitosa, rhizomate indurato ramoso, foliis arcte convolutis tenuiter filiformibus acutis flexuosis glabris, culmis inferne ramosis tomentellis, vaginis ore brevissime ciliatis, paniculâ elongatâ contractâ vaginâ supremâ suffultâ polystachyâ, glumis glabris lanceolatis attenuato-acuminatis superiore sublongiore apice tridenticulatâ, flosculi glumis pluries brevioris stipite longo adpresse sericeo apice ciliato, glumellâ apice cum aristâ articulatâ, aristæ brevis non geniculatæ parte indivisâ brevissimâ nudâ, setâ mediâ inferne nudâ a medio plumosâ summo apice nudâ lateralibus setaceis nudis duplo longiore ⚥. *Arth. brachyatherum* var. *acutiflora* Coss. et Dur. Exp. Alg. p. 291.

Hab. in arenosis mobilibus deserti Arabici Egypti mediæ (Schweinf. 445! et 281!) in Arabiâ petreâ (Bové ex Cosson).

Pedalis vel sesquipedalis, gluma superior sex lineas longa, arista 6-7 lineas tantum longa, ejus pars indivisa lineam dimidiam longa. *A. brachyathera* Coss. et Bal. Bull. Soc. Bot. Fr. V. 169 est varietas setis aristæ lateralibus paululum longioribus.

Ar. Geogr. Nubia, Africæ borealis regio Saharensis.

16. A. Zittelii (Aschers. Verh. Brandenb. 1880, p. 70)

cespitosa, rhizomate indurato ramoso, foliis arcte involutis filiformibus glabris, culmis geniculato-ascendentibus adpresse puberulo-scabris, ligulâ brevi breviter ciliatâ, paniculâ polystachyâ laxâ subconstrictâ basi vaginâ supremâ involucratâ, glumis subæquilongis lanceolatis acuminatis adpresse scabridis superiori apice denticulatâ, flosculi glumis duplo brevioris stipite longe obconico adpresse et breviter sericeo apice setis coronato, glumellâ apice cum aristâ articulatâ, aristæ brevis geniculatæ parte indivisâ brevissimâ nudâ, setâ mediâ a medio plumosâ apice obtusâ lateralibus setaceis nudis tertiâ parte longiore ♃.

Hab. in calcareis deserti Libyci Egypti mediæ inter Siut et Oasem Farafrah (Asch!).

Fere pedalis, glumæ 4-5 lineas, arista 7 lineas longa. Valde affinis *A. acutiflorœ* a quâ glumis adpresse scabridis nec glabris lævibus, aristæ subgeniculatæ apice obtuso nec in setulam nudam excurrente differt.

17. A. pungens (Desf. Atl. I, p. 109, trb. 35) rhizomate repente multicauli cespitoso. culmis crassis inferne ramosis rigidis glabris crebre foliosis, foliis rigidis convolutis crassis junciformibus pungentibus erecto-patulis longis, ligulâ ad coronam pilorum brevium reductâ, paniculæ erectæ polystachyæ vaginâ summâ involucratæ ramis brevibus erecto-patulis, pedicellis flexuosis spiculæ æquitongis vel brevioribus, glumis glabris subinæqualibus lanceolatis apice attenuatis, flosculo stipite brevissimo ciliato insidente, glumellâ glumis triplo breviore apice cum aristâ articulatâ, aristæ rectæ parte indivisâ brevissimâ nudâ, setis brevibus æquilongis arcuatim patulis apice excepto omnibus plumosis ♃. *A. vulnerans* Tr. et Rup. Stip. p. 175.

Hab. in desertis Egypti mediæ et superioris, ad Syenem (Sieb!), ad Koum Ombos (Boiss !), in Oasi magnâ (Schweinf!) et parvâ (Asch!).

Dumi rigidi 1 ¼-2-pedales, folia caulina inferiora semipedalia, panicula 4-6-pollicaris, glumæ 5 lineas, aristæ stipes lineæ ¼, setæ 5 lineas longæ.

β scoparia. — Folia multo tenuiora acuta sed vix pungentia interdum pedalia, panicula laxior, glumæ magis inæquales (7 lineas longæ).

Hab. hæc forma Egypto inferiori orientali propria (cl. Asch.) ad Pyramides (Auch. 2988!), ad Abuzabel (Schimp. 36!), prope Ismailia (Schimp! Letourn!), ad Bir el Harras (Barbey!).

Hæc varietas ad typum intermediis transit et est forma e locis minus calidis et minus siccis.

Ar. Geogr. Turkestania, Sibiria Altaica, Africa borealis interior, Nubia.

18. A. pennata (Trin. Act. Petrop. 1815, p. 488, tab. IV) cespitosa radice fibrosâ, culmis elatis tenuibus foliatis, foliis longis flexuosis convolutis tenuiter filiformibus acutis, paniculâ vaginâ summâ suffultâ amplâ effusâ ramis elongatis pedicellis flexuosis patulis spiculâ 4-5-plo longioribus, glumis lanceolatis acuminatis glabris subæquilongis, flosculo stipite acutato ciliato insidente, glumellâ glumis dimidio breviore apice cum aristâ articulatâ, aristæ rectæ parte indivisâ brevissimâ nudâ, setis brevibus æquilongis arcuatim patulis apice excepto omnibus plumosis ♃. *A. pungens* var. *pennata* Trautv.

Hab. in desertis Persiæ orientalis inter Djendack et Yezd (Buhsel), in arenâ mobili desertorum Kisilkum et Karakum Turkestaniœ (Lehm!).

Folia longissima, panicula sepe sesquipedalis, pedicelli 1-3 pollices longi· glumæ 7-8 lineas, aristæ setæ 7-8 lineas longæ. Affinis *A. pungenti* var. *scopariæ*, an paniculæ effusæ pedicellis longissimis, glumellâ aristæque setis longioribus sat distincta ?

Ar. Geogr. Deserta Caspia, Sougaria.

STIPA ·(L. Gen. 90).

Spiculæ unifloræ a latere plus minus compressæ flosculo hermaphrodito stipitato. Glumæ binæ membranaceæ lanceolatæ subulatoacuminatæ flosculo longiores. Glumella et palea coriaceæ demum induratæ illa convoluta paleam involvens basi in callum attenuata apice aristata, arista basi articulata inferne torta et geniculata sæpe longissima, glumella superior obsolete binervis mutica. Squamulæ ternæ. Stamina terna rarius pauciora, antheræ apice sæpius barbulatæ. Styli 2-3 breves, stigmata plumosa a latere floris emergentia. Caryopsis lineari-oblonga elongata teretiuscula maculâ hilari lineari longâ notata glumellis inclusa sed libera. — Herbæ perennes rarius annuæ.

* Arista lævis vel breviter et adpresse pubescens.

1. S. Sibirica (Lam. Ill. I, p. 158) perennis, radice fibrosâ, culmis erectis elatis foliatis, foliis linearibus planis elongatis longe acuminatis rigidulis, ligulâ brevi truncatâ, paniculæ angustæ laxæ ramis 2-3-nis abbreviatis strictis, glumis teneris trinerviis lanceolatis subæqualibus acuminatis, glumellâ glumis subbreviore æqualiter et adpressiuscule villosâ in aristam eâ triplo longiorem (7-9 lin. longam) geniculato-flexuosam inferne adpresse pubescentem superne scabram abeunte ♃. Ic. Ledeb. tab. 99.

Hab. in umbrosis vallis Kurrum Affghaniæ frequentissime 7-9000' (Aitch. 753 et 897!) Pecoribus venenata.

Ar. Geogr. Sibiria Altaica et orientalis, Mongholia, Cachemiria.

2. S. parviflora (Desf. Atl. I, 98, tab. 29) perennis cespitosa, foliis radicalibus involuto-filiformibus brevibus rigidulis sæpe curvatis, culmis gracilibus, vaginis ore pilosis ligulâ brevissimâ, paniculæ vaginâ summâ basi sæpius involucratæ diffusæ ramis capillaribus semiverticillatis, glumis hyalino-membranaceis anguste lanceolatis valde inæqualibus exteriore in aristam hyalinam ei subæquilongam attenuatâ, superiore subdimidio breviore, flosculi stipite curvato basi glabro, glumellâ basi pilosâ superne adpresse hirtâ, aristâ longissimâ (3-4-pollicari) capillaceâ tenuiter et breviter pubescenti-scabridâ ad quartam partem geniculatâ infra genu tortâ supra genu arcuatâ ♃. *S. Bergeri* Link Linn. 1834, p. 135.

Hab. in rupestribus et desertis arenosis, Græcia loco non citato (Link.)' Creta (Sieb.), Syria in monte Gebel Khaisun ad Damascum (Gaill!), Arabia petrea (Schimp. 102 sub *S. gigante*û, Boiss!), Egyptus ad Alexandriam (Ehr!), in deserto Ægyptiaco-Arabico (Schw!).

Ar. Geogr. Hispania australis et orientalis, Africa borealis.

8. S. tortilis (Desf. Atl. I, p. 99, tab. 81) annua cespitosa, culmis foliosis erectis vel geniculato-ascendentibus, foliis convolutis radicalibus angustioribus et abbreviatis, ligulâ brevissimâ truncatâ hirtâ, paniculâ spiciformi contractâ vaginâ summâ involucratâ ramosâ ramis brevibus, glumis subinæquilongis angustissime lineari-lanceolatis in cuspidem tenuissimam eis breviorem attenuatis flosculo quadruplo longioribus, glumellâ callo acuto basi nudo insidente undique adpressiusculé pubescente, aristâ 3-4-pollicari ad tertiam partem vel dimidiam partem semel vel bis geniculatâ infra genua adpressiuscule pilosâ, supra scabrâ rectâ vel contortâ ⊙. *S. paleacea* Fl. Græc. I, p 68, tab. 86. — *S. humilis* Brot. Fl. Lus. I, p. 86.

Hab. in aridis et arenosis regionis inferioris, Græcia (Spr! Boiss!), Creta (Heldr!), Rhodus (Bourg!), Cyprus (Ky!), Cilicia littoralis (Ball), Syria littoralis (Bl!), Palestina ad Hebron (Roth!), Egyptus ad Alexandriam (Ehr!) et in Thebaide (Huss!), Persia australis ad Gere (Ky. 90!) et ad Kaserun (Haussk!), Belutschia (Stocks!).

Ar. Geogr. Regio mediterranea Europæ et Africæ borealis, insulæ Canarienses, Madera et P. B. Spei (si *S. Capensis* Thumb. huic recte adducitur).

4. S. capillata (L. Sp. 116) rhizomate fibroso cespitoso, culmis erectis rigidis totâ longitudine foliosis, foliis glaucis rigidis convolutis tenuibus, ligulâ lanceolatâ fissili glabrâ, paniculæ vaginâ supremâ suffultæ erecto-patulæ laxæ ramosæ ramis tenuissimis erectis elongatis valde inæqualibus, glumis subinæqualibus anguste lanceolatis sensim et longe cuspidato-attenuatis, glumellâ lineatim sericeâ superne glabrâ, ejus aristâ nudâ subquinquepollicari inferne scabrâ, supra geniculum lævi varie et flexuose curvatâ ♃. Host Gram tab. 5. — Rchb. Germ. fig. 166.

Hab. in siccis montosis partis septentrionalis ditionis, Macedonia (Friv.) et in monte Athone (Sibth.), Tauria (Stev.), Caucasus sept. et occid. (C. A. Meyer), orientalis (Rupr!), Iberia et ditio Talysch (Hoh!), littora orientalia Caspii ad Mangislack (Becker!), Persia borealis in jugo Elbrus (Buhse! sub *S. juncea*).

Ar. Geogr. Hispania, Gallia et Helvetia australes, Germania, Italia, regio Danubialis, Rossia media et australis, Sibiria.

5 S. Lagascæ (R. et Sch. Syst. II, 833) rhizomate cespitoso fibroso, culmis elatis ut et vaginæ inferiores et folia radicalia glabris rarius tomentellis, foliis rigidis convolutis flexuosis, ligulâ longiusculâ, paniculâ vaginâ summâ basi involucratâ erectâ ramosâ contractâ ramis abbreviatis strictis, glumis hyalinis æqualibus in cuspidem

subulatam eis longiorem abeuntibus, glumellâ seriatim vel undique
pubescente in callum obconicum sericeum basi glabrum attenuatâ,
ejus aristâ 5-7-pollicari ad tertiam partem geniculatâ supra genu
arcuato-nutante undique breviter et adpressiuscule pubescenti-ciliatâ,
antheris apice glabris ♃. *S. pubescens* Lag. Gen. et Sp. non R. Br.
— *S. holosericea* Trin. Act. Petrop. 1829, p. 81. — *S. pellita* Trin.
Stip. p. 71. — *S. Kotschyana* Hochst. in Ky Syr. exs. 112. — *S. juncea*
Sibth. Fl. Gr. tab. 85 Del. Eg. ex Asch. non L. — *S. Sibthorpii*
Boiss. et Reut. Mss. olim. — *S. gigantea* Led. Fl. Ross. non Lag.

Hab. in rupestribus, collibus siccis regionis inferioris et montanæ, Atticæ
montes (Sprun! Boiss! Heldr! Orph!), Creta (Sibth.), Anatolia (Auch. 3021!),
montes Phrygiæ supra Guediz et Tmolus occidentalis (Bal!), colles Smyrnæ
(Bal!), montes Lyciæ supra Elmalu (Bourg!), Pisidiæ (Heldr), Cappadociæ
(Tchih! Bal!), Armeniæ prope Baibut (Bourg!), Transcaucasiæ ditio Talysch
(C. A. Mey.), Syriæ bor. mons Ssoffdagh 3500' (Haussk!), colles Aleppi (Ky.
112!) et Damasci (Gaill!), Arabia Petrea ad fines Palestinæ (Boiss!), Egyptus
ad Alexandriam (Ehr!), Persiæ australis mons Sawers (Haussk!) et Kuh
Daena (Ky. 685!).

Valde affinis et forsan non specifice distincta a *S. giganteâ* Lag. Hispanicâ
et Algeriensi, aristis sæpe etiam longioribus scabris nec pubescentibus
donatâ. Utraque a *S. capillatâ* aristâ superne arcuato-nutante nec multifa-
riam et flexuose implicatâ differt.

Ar. Geogr. Hispania, Sicilia, Africa borealis.

6. S. Haussknechtii (Boiss.) perennis, radice fibrosâ, foliis
glaucis linearibus convolutis glabris margine scabris, ligulâ oblongâ
truncatâ, paniculâ a vaginâ superiore valde remotâ erectâ effusâ
ramosâ ramis 2-5-nis pedicellisque capillaribus longissimis erecto-
patulis, glumis flavidis inæqualibus lanceolatis in cuspidem eis muito
breviorem attenuatis, glumellâ undique adpresse sericeâ callo brevissimo hirsuto suffultâ glumis duplo breviore, aristâ tripollicari rectâ
vel subarcuatâ ultra tertiam partem geniculatâ parte inferiore tortâ
undique adpresse et breviter pubescente ♃.

Hab. in rupibus calcareis montis Sawers Persiæ occid. supra Gulbar 9000'
(Haussk!).

Tripedalis, paniculæ cum aristis fere pedales. Differt a *S. Lagascæ* paniculæ ramis elongatis patentissimis nec brevibus strictis, aristæ breviores
inde dissitæ nec intricatæ, glumæ dimidio breviores (6 lin. nec pollicem longæ)
breviter nec longissime caudatæ, caryopsis vix stipitata 3 nec 5 lineas
longa.

7. S. Richteriana (Kar. et Kir Enum. Nº 907) rhizomate cespitoso fibroso, caulibus tenuibus mediocribus, foliis glaucis rigidis
brevibus convoluto-filiformibus, ligulâ brevi, paniculæ vaginâ summâ
involucratæ brevis depauperatæ ramis abbreviatis strictis, glumis
lanceolatis inæqualibus in cuspidem eis breviorem attenuatis, glumellâ glumis tertiâ parte breviore callo obconico glabro insidente
adpresse pubescente apice glabrescente, aristâ sesquipollicari ad ter-

tiam partem geniculatâ infra genu tortâ undique adpresse holoseri-
ceâ ♃. *S. consanguinea* Trin.

Hab. in Persiâ orientali prope Kerman (Bge!).

A *S. Lagascœ* cui aristis holosericeis accedit eis brevissimis glumisque
breviter cuspidatis 4 nec 12-14 lineas longis distincta.

Ar. Geogr. Sibiria Altaica.

* * Arista supra genu vel tota plumosa.

8. **S. pennata** (L. Sp. 115) cespitosa radice fibrosâ, culmis elatis
vaginisque lævibus vel scabridis, foliis rigidis convolutis elongatis,
ligulâ oblongâ, paniculâ basi sæpius vaginâ supremâ inclusâ pauciflorâ
coarctatâ ramis brevibus. glumis hyalinis subæqualibus flosculo triplo longioribus in cuspidem tenuissimam eis triplo longiorem attenuatis, glumellâ parte inferiori seriatim et adpresse hirsutâ apice glabrâ basi in callum glabrum attenuatâ, aristâ 7-9-pollicari ad tertiam
partem inferiorem geniculatâ infrâ genu tortâ glabrâ, supra genu
pilis longis patentibus plumosâ ♃. Ic. Nees Gen. Germ. — Host
Gram. tab. 33. — *S. Tirsa* Stev. Taur. Verz. p. 367.

Hab. in siccis apricis regionis montanæ et alpinæ, Attica ad Heracleam
(Heldr!), Macedonia in Athone (Sibth. Friv.), Anatolia in regione alpinâ
Tauri Cilicici 8000' (Ky! Bal!), Lycaoniâ (Tchih!), collibus Cappadociæ ad
Cæsaream (Bal!), Armeniâ ad Gumuschkhanè (Bourg!), Ponto Lazico (Bal!),
Tauriâ (Stev! Rehm!), Caucaso (Radde! Rehm!), Transcaucasiâ (C. Koch
Hoh!), valle Kurrum Affghaniæ 8500' (Aitch. 445!).

Glumæ 1 ¹/₂-2 pollices longæ. Caryopsis 8-10 lineas longa.

β *minor*. — Folia tenuiora, glumæ abbreviatæ pollicares, caryopsis
brevior 5-6 lineas tantum longa. — *S. Hohenackeriana* Trin. loc.
p. 80, quoad descriptionem.

Hab. in Transcaucasiâ circa Schuscha et Helenendorf (Hoh.), Persiæ
austro-occidentalis monte Teng Biresa (Haussk!),

Hæc varietas *S. Lessingianæ* foliis tenuioribus, glumis et fructibus brevioribus affinis est sed glumellâ inferne tantum et seriatim hirsutâ apice glabrâ nec penicillo pilorum instructâ differt.

Ar. Geogr. Europa media et australis a Scandinaviâ meridionali, Angliâ et
Belgio ad Rossiam mediam, Hispaniam, Italiam, Siciliam, regionem Danubialem, Rossiam mediam, Sibiria Uralensis et Altaica, Africa borealis in
montanis.

9. **S. Lessingiana** (Trin. Stip. p. 79) cespitosa, radice fibrosà,
culmis elatis vaginisque scabriusculis, foliis tenuibus convolutis
elongatis, ligulâ oblongâ, paniculâ basi vaginâ supremâ inclusâ pauciflorâ coarctatâ ramis brevibus, glumis hyalinis subæqualibus in
cuspidem tenuissimam eis sesquilongiorem attenuatis, glumellâ undique pubescenti-pilosâ apice ad aristæ ortum pilorum penicillo
instructâ basi in callum glabrum attenuatâ, aristâ 5-6-pollicari ad
tertiam partem inferiorem usque glabrâ et tortâ suprâ geniculum plumosâ ♃.

Hab. in Persiæ orientalis prov. Khorassan inter Schahrud et Nichapur (Bge!), in desertis Turkestaniæ inter fluvios Kuwan et Jan Darja (Lehm!).

A formis *S. pennatæ* glumellâ (5-6 lineas tantum longâ) undique nec inferne et seriatim pilosâ, apice penicillo pilorum instructâ differt. Glumæ breviores 12-15 lineas longæ.

Ar. Geogr. Rossia australis, Sibiria Uralensis, Transylvania (cl. Janka).

10. **S. Graffiana** (Stev. Taur. Verz. p. 368) cespitosa, radice fibrosâ, culmis proceris foliisque glabris vel scabrido-tomentellis hisce validis convolutis rarius planis elongatis, paniculâ vaginâ summâ involucratâ brevi paucifiorâ coarctatâ ramis brevibus, glumis stramineis subæqualibns late lanceolatis in cuspidem eis duplo longiorem abeuntibus flosculo triplo longioribus, glumellâ inferne undique superne secus lineam adpresse pilosâ in callum longum attenuatâ, aristâ fere pedali ad tertiam partem inferiorem geniculatâ valde tortâ et nudâ supra genu plumosâ ♃. *S. pulcherrima* C. Koch Linn. XXI, p. 152.

Hab. in collibus Armeniæ prope Gumuschkhané (Bourg!), in graminosis montis Berytdagh Cataoniæ 7-8000' (Haussk!), in prov. Erivan (C. Koch).

A *S. pennatâ* videtur differre culmis 4-5-pedalibus, foliis crassioribus, glumis latioribus membranaceo-cartilagineis nec hyalinis fere 3 pollices longis, caryopsis crassior fere pollicaris, arista longior crassior. An formæ intermediæ adsint ulterius observandum.

Ar. Geogr. Serbia, Transylvania, Campi Mæotici Rossiæ australis.

11. **S. barbata** (Desf. Atl. I, 97 tab. 27), cespitosa radice fibrosâ, culmis inferne foliisque lævibus rarius scabrido-tomentellis, hisce rigidis convolutis rectis vel arcuatis, ligulâ brevissimâ ciliatâ, paniculâ vaginâ summâ basi suffultâ paucifiorâ coarctatâ ramis brevibus, glumis subæquilongis hyalinis auguste lanceolatis in cuspidem tenuissimam eis longiorem attenuatis, glumellâ in callum acutum basi nudum abeunte glumis triplo breviore undique vel lineatim adpresse hirsutâ, aristâ ad tertiam vel quartam partem geniculatâ infra genu tortâ et pilis adpressiusculis vel patulis obsitâ supra genu patule plumosâ ♃. *S. Ehrenbergiana* Trin. Stip. p. 75. — *S. Arabica* Trin. p. 77, forma aristis brevioribus. — *S. Hohenackeriana* (Trin, ex parte quoad specim. Hohenackeri). — *S. Szovitziana* Trin. in Hoh. Talysch, p. 13, et Stip. p. 77 forma culmo cum vaginis breviter tomentoso. — *S. Meyeriana* Tr. p. 78. — *S. Orientalis* Trin. in Meyer Enum. non Trin. in Ledeb. Fl. Alt. — *S. Caspia* C. Koch Linn. XXI, p. 142. — *S. Damascena* Boiss. Diagn. Ser. I, 13, p. 45. — *S. pennatiformis* Fig et Not. Ag. Eg. Fragm. 6.

Hab. in siccis apricis regionis montanæ et alpinæ, Anatolia interior in Pisidiâ (Heldr!), regione alpinâ Tauri Cilicici (Bal!), ditione Kassanoglu Ciliciæ orientalis (Ky. 163!), Syriæ borealis monte Ssoffdagh 4000' (Haussk!), Antilibano circa Racheya et prope Damascum (Boiss! Gaill!), Libano (Bl!), Arabiâ petreâ (Schimp. 107!), Cataoniæ monte Berytdagh (Haussk!), Armeniâ prope Erzerum (Huet!) et Gumuschkhané (Bourg!), Transcaucasiâ et

Caucaso orientali (Ledeb! Rupr! Becker!), Georgiá Caucasicá (Hoh!), ditione
Talyrch (C. A. M.), Persiá boreali (Szov! Buhse!) et australi in faucibus
Sabst Buschom (Ky. 413!), montibus Avroman et Schahu Kurdistaniæ-
Persicæ 9000' (Haussk!), deserto Ras el Ain Mesopotamiæ (Haussk!).

Indumento, aristæ (inter 5 et 6 pollices variantis) parte inferiori adpressiuscule vel patule plumosæ valde variabilis, nec etiam in varietates distri-
buenda.

Ar. Geogr. Hispania orientalis et australis, Africa borealis.

12. S. Orientalis (Trin. Act. Petrop. 1829 p. 79) cespitosa,
radice fibrosâ, culmis abbreviatis, foliis radicalibus convolutis tenuibus erectis vel curvatis, vaginâ supremâ paniculam involucrante et
superante dilatatâ late lanceolatâ planiusculâ multinerviâ in cuspidem subulatam attenuatâ, paniculæ 5-7-floræ contractæ ramis brevissimis, glumis subæquilongis lanceolatis longe subulatis præter nervos hyalinis, glumellâ glumis duplo breviore undique patule pilosâ,
aristâ brevi ad tertiam partem geniculatâ undique patule et dense
plumosâ ⊙. Ic. Ledeb. Alt. tab. 823.

Hab. in Persiá boreali-orientali prope Schabrud (Bge!).

Planta 3-6-pollicaris, vagina superior 2 lineas lata, arista 2 pollices tentum
longa. A formis *S. barbatæ* caulibus pumilis, vaginâ supremâ dilatata longâ,
aristâ brevissimâ an sat distincta.

Ar. Geogr. Songaria, Sibiria Altaica, Tibetia occidentalis.

ARISTELLA (Bertol. Fl. Ital. I. p. 690).

Spiculæ uniflioræ a latere subcompressæ flosculo hermaphrodito
sessili articulato. Glumæ binæ membranaceæ subæquales. Glumella
coriacea involuta paululum sub apice obsolete bidentato aristam
basi articulatam rectam non tortam gerens, palea brevior obtuse
bicarinata. Squamulæ ternæ. Stamina tria antheris glabris. Styli bini
breves, stigmata plumosa a latere floris emergentia. Caryopsis cylin-
drico-fusiformis. — Herba perennis facie *Stipæ.* — Genus a *Lasia-
grostide* et *Stipâ* quibus nimis affine flosculo sessili nec basi stipitato
distinctum.

1. A. bromoides (L. Mant. I, p. 30 sub *Agrostide*) perennis
cespitosa, radice fibrosâ, foliis elongatis angustissime linearibus
convolutis lævibus, culmis erectis gracilibus rigidis, paniculæ anguste
linearis elongatæ laxæ sæpe basi interruptæ ramis 3-3-nis brevibus
axi adpressis, glumis pallidis lanceolatis acuminatis prominenter trinerviis, glumellâ glumis subbreviore adpresse hirsutâ aristâ scabridâ
eâ 2 ½-plo longiore exsertâ obsitâ ♃. *A. bromoides* Bertol. Fl. Ital.
I, p. 670. — *Stipa Aristella* L. Syst. — Ic. Fl. Græc. tab. 87. — Host.
Gram. tab. 84. — Rchb. Germ. fig. 164.

Hab. in siccis regionis montanæ, Attica (Sibth.), Laconiæ mons Malevo (Orph!), Corcyra (Ball!), Cretæ montes 4000' (Heldr!), Byzantii (Sibth. Auch!), Bithynia ad radices Olympi (Boiss!), Caria (Boiss!), Rhodus (Bourg!), Cilicia Trachæa (Per!), ad Gulek Boghas (Ky!), Cyprus (Sint. et Rigo!), Syria borealis ad Aintab et Mesopotamia ad Derbent i Bassian (Haussk!), Libanus supra Sidonem (Bl! Ehr!), Antilibanus supra Rascheya 5000' (Ky. 175!), Tauria meridionalis (Stev.), Transcaucasia in Kachetiâ (Rupr!).

Ar. Geogr. Hispania, Gallia australis, Italia, Istria, Dalmatia, Serbia.

LASIAGROSTIS (Link Hort. Ber. I, p. 99).

Spiculæ hermaphroditæ unifloræ a latere subcompressæ biconvexæ flosculo breviter stipitato articulatim secedente. Glumæ binæ membranaceæ glumellis sublongiores. Glumella vix coriacea hirsuta vel villosa apice breviter bifida inter lobos aristam basi non articulatam inferne curvatam vel tortam gerens. Squamulæ ternæ. Stamina tria, antheræ apice barbulatæ. Styli 2 brevissimi, stigmata plumosa a latere floris emergentia. Caryopsis cylindrica hinc sulcatâ maculâ hilari elongatâ notata glumellis inclusa sed libera. — Herbæ perennes cespitosæ. Genus inter *Piptatherum* et *Stipam* intermedium a priore aristâ inferne curvatâ vel tortâ, a posteriore glumellâ et paleâ non coriaceis et aristâ basi non articulatâ discedens

1. **L. Calamagrostis** (L. Sp. 92 sub *Agrostide*) caudice cespitoso duro fibroso, culmis elatis rigidis foliosis, foliis longissime linearibus rigidis scabris longe attenuato-acuminatis, ligulâ brevissimâ truncatâ pilosâ, paniculæ flavidæ elongatæ apice nutantis in anthesi patentis demum confertæ ramis 5-7-nis iterum divisis tenuibus scabris, glumis subinæqualibus acuminatis basi trinerviis, glumellâ glumis dimidio fere breviore pilis eam longitudine subæquantibus villosâ in aristam basi curvatam eâ plus duplo longiorem abeunte, paleâ glabrâ dimidio breviore 4. *L. Calamagrostis* Link Hort. Berol. I, p. 99. — Rchb. Germ. fig. 167. — *Calamagrostis speciosa* Host Gram. tab. 45. — *Cal. argentea* D. C. F. Fr. III, p. 25. — *Arundo speciosa* W.

Hab. in faucibus umbrosis regionis abietinæ Græciæ, Parnassus ad Dipotamo et mons Æta (Katavothra) Phtiotidis 4500'-6000' (Heldr!), Olympus Thessalus prope Hagios Dionysios (Orph! Heldr!).

Ar. Geogr. Gallia orientalis, Hispania, Helvetia, Germania australis, Italia, Istria, Dalmatia, regio Danubialis.

2. **L. Caragana** (Trin. Stip. p. 90) perennis radice fibrosâ, foliis rigidis convolutis strictis tenuibus glabris radicalibus et caulinis brevibus, ligulâ brevi pilosulâ, paniculæ pallidæ elongatæ depauperatæ ramis subbinis tenuissimis ad ⅔ nudis, glumis subæqualibus lanceolatis acutis flosculum tertiâ parte superantibus, glumellâ et

paleâ æquilongis illâ pilis adpressiusculis eâ multo brevioribus
obsitâ, aristâ glumellis triplo longiore scabridâ supra basin leviter
curvatâ ♃. *Stipa Caragana* Trin. Act. Petrop. — Eichw. Pl. rar.
tab. 40. — *Stipa Redowskii* Trin. in Led. Fl. Alt. — Icon. Fl. Alt.
tab. 98 (excl. Anal.).

Hab. in valle Kurrum Affghaniæ orientalis inter Kaiwas et Pewarkotal
(Aitch. 8901).

Arista 3-3 lineas longa.

Ar. Geogr. Turkestania ad mare Caspium, Sibiria Altaica, Songaria.

3. L. Jacquemontii (Jaub. et Sp. Ill. Or. tab. 339 sub *Stipâ*)
perennis cespitosa, radice fibrosâ, foliis rigidulis convolutis tenuiter
filiformibus, ligulâ brevi, culmis tenuibus erectis fere ad apicem
usque breviter foliosis, paniculæ gracilis paucifloræ angustæ subcontractæ ramis 1-3-nis brevibus strictis paucispiculatis, pedicellis
brevibus, glumis subinæqualibus lanceolatis acuminatis inferne trinerviis, glumellâ glumis vix breviore externe pilis flexuosis adpressiusculis eâ triplô brevioribus obsitâ, aristâ ex apice bifido eâ sextuplo longiore inferne tortâ, paleâ tertiâ parte breviore hirtulâ ♃.
Lasiagrostis Jacquemontii Munro.

Hab. in alpinis Chendtoi 8000' vallis Kurrum Affghaniæ (Aitch. 775!).

Semipedalis vel elatior, spiculæ 2 ½-3 lineas longæ, arista pollicaris.

Ar. Geogr. Regio Himalaica occidentalis in Cachemiriâ.

PIPTATHERUM (P. B. Agr. 18. — *Urachne* Trin.).

Spiculæ hermaphroditæ unifloræ a dorso compressæ biconvexæ
flore callo brevissimo inserto Glumæ binæ membranaceæ concavæ
glumellis longiores. Glumella et palea subcoriaceæ, illa valde concava
paleam binervem amplectens apice aristâ articulatâ et deciduâ rectâ
non tortili instructa. Squamulæ tres. Stamina tria, antheræ sæpius
apice glabræ. Styli bini breves, stigmata plumosa e latere floris emergentia. Caryopsis ovato-oblonga vel lanceolata a dorso subcompressa
vel teres maculâ hilari lineari ventre notata glumellis induratis
inclusa et cum eis decidua sed libera. — Herbæ perennes spiculis
paniculatis.

* * Caryopsis ovato-oblonga.

1. P. miliaceum (L. Sp. 91 sub *Agrostide*), perenne, radice
fibrosâ, caulibus pluribus elatis inferne sæpe ramosis et induratis,
foliis planis, ligulâ brevi truncatâ, paniculâ amplâ ramosissimâ apice
subnutante patenti demum contractâ ramis numerosis verticillatis,
spiculis parvis, glumis subinæqualibus lanceolatis acuminatis, glumellæ glabræ glumis tertiâ parte brevioris aristâ paulo sub apice

insertâ eâ duplo longiore glumas excedente caducâ ⳇ. *P. miliaceum*
Coss. Exp. Alg. p. 73. — *Milium multiflorum* Cav. et *P. multiflorum*
P. de B. — *Milium arundinaceum* Sibth. Fl. Gr. tab. 66. — *Milium
frutescens* Sieb. Herb. Cret. — *Urachne pauciflora* Trin. Fund. Agr.
p. 40. — Rchb. Germ. fig. 162.

Hab. in dumosis, ad sepes regionis inferioris, Zacynthus et Attica (Sibth.
Heldr. Herb. Norm. 3017!), Rhodus (Bourg !), Cyprus (Ky!). Syria littoralis
(Bl !), prope Damascum (Gaill !), Palestina (Boiss !), Arabia petrea (Schimp.
309! Boiss !), Egyptus ad Alexandriam (Ehr !) et in deserto Ægyptiaco-Arabico (Schw !).

β *Thomasii* — Paniculæ rami inferiores steriles. Vix varietas. —
M. Thomasii Duby Bot. Gall.

Hab. in Ætoliâ et in Cretâ ad radices muntis Ida (Sieb ! Heldr !).

Ar. Geogr. Regio mediterranea totius Europæ et Africæ borealis, insulæ
Canarienses, Madera.

2. P. cærulescens (Desf. Atl. I, 66, tab. 12 sub *Milio*)
perenne, rhizomate fibras crassiusculas edente, caulibus elatis, foliis
anguste linearibus acuminatis siccis convolutis, ligulâ lanceolatâ,
paniculæ laxæ paucifloræ ramis solitariis vel geminis capillaribus
brevibus, spiculis majusculis, glumis lævibus lanceolatis acuminato-
attenuatis inferne cærulescentibus, glumellâ et paleâ glabris nigris
illius aristâ caducâ eæ æquilongâ glumas non excedente, antheris
apice barbulatis ⳇ. *P. cærulescens* P. de B. — *Agrostis cærulescens*
D. C. — *Urachne cærulescens* Trin.

Hab. in collibus saxosis regionis inferioris et montanæ, Zacynthus
(Letourn !), Græcia in Argolide (Sprun !), Atticâ et ejus insulis (Sprun !
Heldr !), Messenia (Heldr !), Macedonia in Athone (Friv ! Griseb.), insula
Prinkipos prope Byzantium (Murm !), Chios et Syra (Orph !), Rhodus (Bourg !),
Smyrnæ colles (Boiss !), Cyprus (Ky !), Cilicia littoralis ad Guzel deré (Bal !),
Lycia in collibus Adalia (Bourg. exs. 276 sub *P. holciformi !*), Affghania ex
Aitch. Cat.

Ar. Geogr. Regio mediterranea Europæ et Africæ borealis.

3. P. virescens (Trin. Fund. p. 110 sub *Urachne*) radice
fibrosâ, culmis erectis elatis glabris, foliis linearibus acuminatis elongatis planis, ligulâ breviter truncatâ, paniculæ laxæ ramis 2-3-nis
capillaribus scabris inferne longe denudatis erecto-patulis, spiculis
mediocribus longissime pedicellatis, glumis pallidis lanceolatis acuminatis exteriore elevatim trinervi, glumellâ et paleâ nigris sparsim et
adpresse puberulis glumâ tertiâ parte brevioribus, illius aristâ eâ
sextuplo longiore longissime exsertâ, antheris apice subbarbatis ⳇ.
Miliumm paradoxum Scop. Carn. — Host Gram. tab. 23 non L.

Hab. in umbrosis et sylvaticis, Cilicia in sylvâ Abetis Cilicicæ supra
Gülek (Bal !), Tauria (Stev !), Caucasus (M. B., C. A. Mey), Daghestania
(Becker !), prov. Karabagh (Szov !), Persia boreali-orientalis ad Siaret (Bge !).

Diu commutatum cum *P. paradoxo* P. de B. = *Urachn Linnæi* Trin

Hispaniæ, Italiæ, Galliæ australis, Africæ borealis incolæ quod glumis quinquenerviis et antheris nudis specifice diversum videtur.

Ar. Geogr. Carinthia, Carnia, regio Danubialis.

4. P. holciforme (M. B. Taur. Cauc. I, p. 54, sub *Agrostide*)

radice fibrosâ, culmis elatis lævibus, foliis linearibus elongatis planis,
ligulâ elongatâ, paniculæ laxæ ramis geminatis elongatis flaccidis vel
cernuis, spiculis majusculis, glumis membranaceis basi quinquenerviis late lanceolatis acuminatis pallidis, glumellâ et paleâ adpresse
pilosulis glumis tertiâ parte brevioribus, illius aristâ eâ triplo longiore glumas excedente ♃. *P. holciforme* Spreng. Syst. I, p. 251. —
Urachne grandiflora Trin. Gram. Unifl. p. 174, Ledeb. Ic. tab. 221.
— *Urachne Sinaica* Steud. Gr. p. 122.

Hab. in graminosis apricis et rupestribus regionis montanæ et subalpinæ,
Lydia ad Saboundja Kaivé inter Smyrnam et Magnesiam (Bal!), Cilicia ad
Karli Boghaz (Ky!) et Gulek Boghaz 4-6000' (Bal!), montes Berytdagh et
Ssofidagh 4-7000' (Haussk!), Armenia ad Gumuschkhané (Bourg!), Tauria
meridionalis (Stev!), Iberia et Grusia (M. B. C. Koch), Persia australis ad
Ispahan (Bge!), montes Sabst Buschom (Ky. 413!), Pir Omar Gudrun et Kuh
Nur (Haussk!), Palestina in Carmelo (Boiss!), ad Hierosolymam (Ball!).

β *Blancheanum.* — Glumella et palea glabrescentes nitidæ. — *P.
Blancheanum* E. Desv. in Boiss. Diagn. Ser. I, 4, p. 127.

Hab. in Libani vallibus Dimam et Abu Ali (Bl!) prope Felugha (Schweinf!).

Ar. Geogr. Banatus, Turkestania.

5. P. sphacelatum (Boiss. et Buhse Aufg. p. 230 sub *Urachne*)

radice fibrosâ, foliis radicalibus dense cespitosis a basi dilatatâ
anguste linearibus superne scabris, ligulâ exsertâ, culmis ascendentibus brevissime 2-3-phyllis superne longe nudis, paniculæ breviter
pyramidatæ paucifloræ ramis capillaribus 1-2-nis pedicellisque divergentibus spiculâ oblongo-lineari vix longioribus, glumis æqualibus
lanceolatis acutis 7-nerviis virentibus apice nigro sphacelatis, flosculo glumis paulo longiore adpresse et parce hirto apice ciliato in
aristam subæquilongam apice breviter exsertam abeunte ♃.

Hab. in montibus Persiæ mediæ ad pagum Ssou inter Ispahan et Kaschan
(Buhse!).

Foliorum radicalium lamina 2-3 pollices tantum longa, culmi fere pedales,
panicula 2-3-pollicaris, glumæ tres lineas longæ. A *P. holciformi* paniculâ
brevi depauperatâ, glumis dimidio minoribus apice sphacelatis alienum, propius accedens ad *P. molinioides* paniculâ spiciformi, etc. distinctum.

6. P angustifolium (Munro Mss. ex Aitch. Cat. Kur. Vall.

Journ. Linn. Soc. X, VIII, p. 106) perenne cespitosum, radice fibrosâ,
foliis radicalibus brevissimis rigidis convolutis læviusculis, ligulâ
elongatâ apice subtruncatâ, culmis tenuibus erectis rigidulis, foliorum caulinorum vaginâ angustâ longâ laminâ brevissimâ, paniculæ
abbreviatæ ovalæ ramis capillaribus elongatis pluries ramulosis
patentibus, pedicellis spiculâ subbrevioribus, glumis purpureis

vel apice sphacelatis lævibus oblongo-lanceolatis acutis obscure quinquenerviis, flosculo glumis paulo breviore glaberrimo, glumellæ aristâ eâ breviore caducissimâ ♃. *P. cœrulescens* var. *angustifolium* Regel Act. Petrop. VII.

Hab. in pinetis vallis Kurrum Affghaniæ ad Biankhel et Alikhel (Aitch. 827 et 196!).

Foliorum radicalium vagina dilatata subcoriacea, lamina 1-1 ¹/₂-pollicaris, culmi cum paniculâ 1-1 ¹/₂-pedales, spiculæ 2 lineas tantum longæ. Inflorescentiâ affine *P. sphacelato* a quo foliis radicalibus, flosculo glaberrimo et aristâ glumellâ breviore specifice distinctum videtur.

* * Caryopsis lanceolata.

7. **P molinioides** (Boiss. Diagn. Ser. I, 7, p. 121) perenne cespitosum, foliis scabriduiis valde striatis tenuiter filiformibus convolutis, ligulâ elongatâ truncatâ, culmis erectis sæpe elongatis in paniculas contractas laxe spiciformes abeuntibus, ramis 1-2-nis brevibus strictis, pedicellis strictis spiculâ majusculâ subbrevioribus, glumis pallidis vel apice purpurascentibus vel purpureo-nigris tenere membranaceis quinquenerviis lanceolatis acuminatis, flosculo glumis tertiâ parte breviore superne adpresse sericeo in aristam subæquilongam breviter exsertam abeunte ♃ *P. laterale* Munro Mss. ex Aitch. Cat.

Hab. in siccis regtonis alpinæ Kurdistaniæ Persicæ ad montes Avroman et Schahu 9-10000' (Haussk!), Persiæ austro-occidentalis in monte Dalechani supra Sungur, in montibus Ssebsekuh et in monte Kellal ad nives 12-13000' (Haussk!), in monte Kuh Daëna ad fontem Tchesme Pias (Ky. 755!), in montibus Kerman (Bge!), in Affghaniæ montibus Mesdched (Bge!), ad Kulloh et Siah Sung (Griff!), in valle Kurrum Affghaniæ orientalis (Aitch. 947!).

Pedale vel sesquipedale interdam humilius, paniculæ depunperatæ ramis brevibus 1-2 spiculas tantum ferentibus, spiculæ 3-3 ¹/₂ lineas longæ. A *P. holeiformi* et *P. sphacelato* foliis tenuibus convolutis et inflorescentiâ spicæformi discedens.

8. **P. longearistatum** (Boiss. et Haussk.) perenne, rhizomate indurato breviter stolonifero, culmis elatis, foliis linearibus subcoriaceis demum subconvolutis, ligulâ brevissimâ truncatâ, paniculæ contractæ spiciformis ramis 1-2-nis strictis ramulosis pedicellisque brevibus scabridis, glumis viridibus subæquilongis lanceolatis acuminatis carinâ scabris exteriore inferne 7-nervi, glumellæ glumis brevioris adpressissime villosæ aristâ eâ 2 ¹/₂-plo longiore rectâ ♃.

Hab. ad rupes calcareas montium Avroman et Schahu Kurdistaniæ Persicæ 6-9000' (Haussk!),

Caules 2-3-pedales. folia caulina 2 lineas lata, panicula semipedalis stricta ramis inferioribus sæpe dissitis. Glumæ fere tres lineas longæ, arista 7 lineas longa. Species ad *Lasiagrostidem* ob glumellam longius et densius villosam accedens sed ob aristam rectam nec supra basin curvatam nec tortam *Piptathero* aptius adnumeranda.

MILIUM (L. Gen. 79 ex parte).

Spiculæ unifloræ hermaphroditæ convexæ a dorso subcompressæ flore sessili. Glumæ binæ æquales membranaceæ glumellis sæpe sublongiores. Glumella et palea coriaceæ muticæ, illa obsolete trinervia valde concava paleam binervem amplectens. Squamulæ binæ. Stamina tria, antheræ apice glabræ. Styli bini breves, stigmata e latere floris emergentia plumosa pilis denticulatis. Caryopsis oblonga a dorso subcompressa biconvexa ventre maculâ lineari elongatâ notata glumellis induratis inclusa et cum eis decidua sed libera. — Herbæ perennes et annuæ spiculis in paniculam semiverticillatim dispositis.

1. M. effusum (L. Sp. 90) perenne, rhizomate breviter stolonifero fibrifero, caulibus elatis foliosis, foliis late linearibus elongatis acutis margine scabris, paniculæ longe et laxe pyramidatæ ramis semiverticillatis patentibus tandem reflexis, spiculis distantibus, glumis ovatis acutis scabriusculis, glumellâ et paleâ glabris illâ acutiusculâ ♃ Host Gram. tab. 22. — Engl. bot. tab. 1106. — Nees Gen. Germ. Ic. Rchb. Germ. f. 159. — *M. Schmidtianum* C. Koch Linn. XXI, p. 438 non differt.

Hab. in unbrosis et sylvis regionum magis borealium ditionis, Olympus Bithynus supra Brussam (Pichl!), Pontus Lazicus ad Djimil 6000' (Bal!), Tauria, Caucasus et Transcaucasia (M. B. Koch), Daghestania 6900' (Ruprecht!).

Ar. Geogr. Europa tota borealis et media, Sibiria, regio Himalaica, America borealis.

2. M. vernale (M. B. Taur. Cauc. I, 53) unnuum, caulibus solitariis vel sæpius pluribus cespitosis erectis inferne foliosis, foliis brevibus anguste linearibus acutis, paniculæ compositæ laxæ confertæ vel subeffusæ ramis semiverticillatis erecto-patulis, spiculis approximatis, glumis ovato-oblongis acutiusculis scabrido-tuberculatis, glumellâ et paleâ glabris illâ ellipticâ obtusâ ⊙. Rchb. Germ. fig. 160.

Hab. in dumosis regionis montanæ, Hymeltus pars superior (Heldr!), Phrygia ad Yachamichlar Keni 3000' (Bal!). mons Elmalu Lyciæ (Bourg. 269!), Cappadocia ad Argæi radices 5200! (Ky!), Tauria et Caucasus (M. B! etc!), Transcaucasia (Szov!).

β. *Montianum* Cosson Exped. Alg. 72. — Sæpius majus, caules longiores sæpe fere ad apicem usque foliiferi. — *M. Montianum* Parl. Fl. Ital. I, 156.

Hab. in pinetis montium Lassiti Cretæ 4000' (Heldr!), monte Taktali prope Smyrnam (Boiss!), Cypro (Sint!), Libano (Bl!), Antilibano inter Rascheya et Damascum (Boiss!), Mesopotamiâ supra Terek (Haussk!), Persia borealis propre Siaret (Bge!).

Ar. Geogr. Batavia, Gallia media, Hispania media, Serbia, Valachia, Bulgaria, Corsica, Sardinia, Sicilia, Italia australis, Turkestania, Africa borealis.

3. M. trichopodum (Boiss. Diagn. Ser. I, 13, p. 45) annuum glabrum, caulibus e collo pluribus erecto-divergentibus nanis, vaginis striatis subdilatatis laminâ anguste lanceolato-lineari, paniculâ foliis vix longiore ambitu ovatâ divaricatim effusissimâ ramis per 2-3 verticillatis, pedicellis apice incrassatis spiculâ 3-4-plo longioribus, glumis oblongo-ellipticis acutis glabris lævibus, glumellâ et paleâ glumæ æquilongis adpressissime puberulis.

Hab. in lutosis exsiccatis, Antilibanus inter Rascheya et Damascum (Boiss!), Mesopotamia inter Orfa et Suerek (Ky. 41!).

β. *poæforme.* — Culmi elatiores, panicula magis evoluta exserta, pedicelli paulo breviores. — *M. poæforme* Boiss. et Bal. pl. exs.

Hab. in campis humidis ad Yachamichlar Keui prope Ouchak Phrygiæ 3600' (Bal. 1331 !).

Plantula in formâ typicâ 2-4-pollicaris in varietate interdum semipedalis, spiculæ eis *M. vernalis* minores et magis elongatæ, pedicelli longiores et divaricati, flosculus adpresse hirtus nec glaber.

4. M. verticillatum (Boiss. et Bal. Diagn. Ser. II. 4, p. 126) annuum, culmis sæpius pluribus erectis rigidulis brevibus, foliis anguste linearibus brevibus supremo basin paniculæ involucranti, paniculæ pyramidatæ cauli æquilongæ vel longioris ramis scabris capillaribus longis per 10-20 verticillatis demum patulis inferioribus sæpe sterilibus pedicellis tenuissimis spiculâ 4-8-plo longioribus apice incrassatis, glumis flosculo subbrevioribus carinatis carinâ subscabridis inferiore lanceolatâ acutâ superiore ovato-oblongâ mucronulatâ, glumellâ et paleâ apice puberulis ovato-oblongis ⊙.

Hab. in collibus supra Yachamichlar Keui prope Ouchak Phrygiæ 3600' (Bal !).

Semipedale vel paulo elatius, panicula ampla sæpe semipedalis; glumellis adpresse hirtis affinis *M. trichopodo* a quo verticillis polycladis, glumis flosculo brevioribus etc. eximie differt. Ob ramos elongatos quorum inferiores sæpe steriles sunt facie refert *Airam involucratam.*

SUBTR. II. EUAGROSTEÆ. — Glumella membranacea fructifera caryopsin laxe includens, mutica vel dorso aristata.

SPOROBOLUS (R. Br. Prodr. N. Holl. I, 170. — *Vilfæ* Sp. P. de B.).

Spiculæ unifloræ hermaphroditæ a latere subcompressæ, flosculo sessili. Glumæ binæ membranaceæ inæquales superior glumellas subæquans. Glumella et palea membranaceæ muticæ subæquales, palea bicarinata. Squamulæ binæ. Stamina 2-3. Styli 2 breves, stigmata plumosa ad basin floris emergentia. Caryopsis oblonga maculâ hilari punctiformi glumellis inclusa sed libera, pericarpio hyalino demum solubili. — Gramina facie *Agrostidis.* — Genus ab *Agrostide* pericarpio demum solubili et flosculo sessili nec callo insidente distinctum.

1. S. pungens (Schreb. Gram. II, p. 46 tab. 27 sub *Agrostide*) perennis, rhizomate late repente stolones longos squamigeros edente, culmis numerosis brevibus ascendentibus inferne ramosis creberrime et distiche foliosis, vaginis sese obtegentibus ore barbatis, foliis rigidis duris intus puberulis extus glabris lanceolatis canaliculatis subulato-attenuatis apice convolutis pungentibus, paniculâ vaginâ supremâ suffultâ ramosâ brevi ovato-oblongâ contractâ, glumis lævibus nitidis breviter lanceolatis acutiusculis inferiore tertiâ parte breviore, glumellâ et paleâ glumis similibus inter se et glumæ superiori æquilongis ♃. *S. pungens* K^{th} Gram. I, p. 68. — Cav. Ic. tab. III. — *Vilfa pungens* P. de B. — Trin Sp. Gram. tab. 47. — Nees Gen. Germ. Ic.

Hab. in arenosis maritimis Græciæ (Sibth.), Peloponnesi (herb. Fauché!), Cretæ (Sieb!), Macedoniæ (Friv!), Ciliciæ littoralis (Ball!), Syriæ littoralis (Bl! Gaill!), Egypti ad Alexandriam (Sieb. etc!).

Ar. Geogr. Regio mediterranea Galliæ, Hispaniæ, Italia, Dalmatia, Africa borealis, insulæ Capitis viridis.

2. S. spicatus (Vahl Symb. I, 9, sub *Agrostide*) perennis, rhizomate duro repente stolones procumbentes duros nudos ad nodos fibras radicales folia et culmos floriferos edente, foliis ad collum et stolonum nodos confertissimis a basi dilatatâ vaginanti linearibus involutis pungentibus margine scabris superne hirtis subtus lævibus, culmis ascendentibus sæpe geniculatis remote foliosis vaginis longis laminâ brevi, paniculâ spiciformi longâ tenui densiflorâ, glumis nitidis exteriore triplo breviore hyalinâ ovatâ obtusiusculâ, interiore acutâ, glumellâ et paleâ æquilongis glumæ superiori similibus et sublongioribus ♃. *S. spicatus* K^{th}. Gram. I, 67. — Ic. Del. Eg. tab. IV, fig. I. — *Vilfa spicata* Trin. Gram. tab. 12.

Hab. in arenosis depressis salsuginosis Egypti ad Alexandriam (Ehr! Letourn!), ad Ismailia (Ball!), ad Pyramides (Sieb!), prope Cahiram (Schimp! Kral!), in Oasibus et deserto Lybico (Asch!), Arabia ad Mascate (Auch. 5320!).

Ar. Geogr. Nubia litioralis, Abyssinia, Arabia tropica.

3. S. pallidus (Nees in Trin. Agrost. I, p. 40) perennis cæspitosus, rhizomate breviter et parce stolonifero, foliis linearibus rigidis superioribus demum convolutis radicalibus confertis, culmis erectis gracilibus inferne sæpe geniculatis et ramosis, foliis remotis laminâ brevi, vaginis ore pilosis, paniculæ oblongæ pyramidatæ ramis 2-4-nis subverticillatis capillaribus erecto-patulis subspicatim floriferis, glumis glabris exteriore triplo breviore, superiore oblongâ obtusiusculâ glumellâ et paleâ æquilongis obtusiusculis subbreviore ♃. *S. Arabicus* Boiss. Diagn. Ser. I, 13, p. 47.

Hab. in aridis regni Mascate Arabiæ (Auch. 5425!), in Belutschiá (Stocks 667 !).

Sesquipedalis, folia radicalia 3-6-pollices longa, panicula 4-6-pollices longa, flores eis *S. spicati* submajores. Determinatio ex auctoritate speciminis Indici ab Herb. Kewensi missi.

Ar. Geogr. Regio Scinde, Indiæ boreali-occidentalis regio montana.

4. S. commutatus (Trin. Gr. Ic. tab. IV sub *Vilfâ*) annuus, radice fibrosâ, culmis pluribus pumilis ascendentibus parte inferiori crebre foliosis superne nudis, foliis late linearibus brevibus multinerviis planis margine cartilagineis et aculeolato-ciliatis, vaginis subauriculato-dilatatis et pilosis, paniculæ ovatæ brevis ramis 5-10 verticillatis patentibus brevibus, spiculis minimis, glumâ externâ hyalinâ minutissimâ obtusâ squamiformi, internâ acutiuscalâ glumellâ et paleâ acutiusculis subæquilongâ ⊙.

Hab. in regno Cabulico (Griff!), Belutschiá (Stocks!).

Planta 5-8-pollicaris, folia inferiora 1-1 ¹/₂-2 ¹/₂ lineas lata.

Ar. Geogr. Nubia littoralis, India.

AGROSTIS (L. Gen. 80).

Spiculæ unifloræ, flosculo hermaphrodito absque vel rarius cum · rudimento flosculi superioris. Glumæ binæ carinatæ vel compressæ. Glumella et palea basi callo rotundo glabro insidentes membranaceæ illa quinquenervia mutica vel dorso aristata, palea minor bicarinata interdum deficiens. Squamulæ binæ. Styli 2 terminales, stigmata plumosa ad basin floris emergentia. Caryopsis ovata vel oblonga maculâ hilari punctiformi glumellis inclusa sed libera pericarpio non solubili. — Herbæ perennes vel annuæ spiculis parvis paniculatis.

SECT. I. EUAGROSTIS. Griseb. in Led. Fl. Ross. — Glumella et palea. Rudimentum floris secundi nullum.

1. A. verticillata (Viil. Dauph. II, p. 74) perennis, culmis basi decumbentibus et ad nodos interiores sæpe radicantibus, foliis planis latis acuminatis brevibus asperis, ligulâ brevi truncatâ, paniculæ albido-virentis densæ ovatæ vel oblongæ lobatæ ramis semiverticillatis scabris a basi confertim spiculiferis, glumis æquilongis oblongis obtusiusculis undique breviter et adpresse puberulis, glumellâ et paleâ dimidias glumas æquantibus subæqualibus illâ mnticâ ♃ Trin. Gram. tab. 36. — Rchb. Germ. fig. 138. — *A. stolonifere* L. herb. non Sp. — Parlat. Fl. It. — *A. aquatica* Pourr. — *A. rivularis* Brot. — *A densa* M. B. Taur. Cauc. I, 66. —*A. Anatolica* C. Koch Linn. XXI, 379.

Hab. ad aquas, in humidis regionis inferioris totius ditionis a Græciâ ! et ejus insulis! ad Arabiam petream (Schimp. 289!),Egyptum inferiorem (Wiest ! Asch!), Macedoniam (Friv !), Tauriam (Stev.), Transcaucasiam (C. A. Meyer! Hoh:), Persiam mediam ad Kaschan (Haussk!), Belutschiam (Stocks !).

Ar. Geogr. Regio mediterranea totius Europæ et Africæ borealis, Arabia tropica, insulæ Canarienses et Azoricæ, America borealis calidior.

2. A. subaristata (Aitch. et Hemsley Journ. Linn. Soc. XIX, p. 192, tab. 29) perennis glabra, culmis basi stoloniferis crassiusculis lævibus, foliis planis acutis supra scabridis, ligulâ maximâ, paniculæ elongatæ densiusculæ ramis numerosis subverticillatis a basi spiculiferis, pedunculis puberulis spiculâ brevioribus, glumis æqualibus lanceolatis mucronato-aristulatis undique puberulis, glumellâ glabrâ dorso supra medium aristâ longiuscule exsertâ leviter geniculatâ auctâ, paleâ late ovatâ glabrâ ♃.

Hab. ad margines agrorum districtûs Kuram Affghaniæ 7000' (Aitch. 1253). Non vidi.

Ex cl. auctoribus affinis *A. verticillatæ* a quâ glumis aristato-mucronatis et glumellâ dorso aristatâ differt.

3. A. alba (L. Sp. 93) perennis, radice sæpius stoloniferâ, culmis ascendentibus vel basi decumbentibus et ad nodos radicantibus, foliis omnibus linearibus planis, ligulâ oblongâ, paniculâ viridi vel purpurascente oblongo-lanceolatâ laxiusculâ ramis asperis inæqualibus sub anthesi patentibus demum contractis, glumis lanceolatis acutis subæquilongis carinâ scabris, glumellâ glumis breviore apice denticulatâ muticâ paleam duplo superante ♃. *A. stolonifera* L. Sp. 93 excl. var. α. — Koch Syn. — Host Austr. tab. 57. — *A. polymorpha* (Huds. ex parte).

Hab. in pratis,arenosis humidis,præter partes ditionis magis septentrionales montana et alpina, Græcia in montibus Kyllene et Œta 3000'-6000' (Heldr!). Cappadocia ad Cæsaream (Bal!), Cataoniæ mons Berytdagh 8000' (Bal!), Caucasus ! et Transcaucasia!, littora Caspia in ditione Talysch (Haussk!), Libanus (Bl! Schweinf!), mons Pir Omar Gudrun Kurdistaniæ Persicæ (Haussk!), Affghaniæ montes (Griff! Aitch!).

β. *scabriglumis.* — Glumæ non carinâ tantum sed undique scabræ. — *A. scabriglumis* Boiss. et Reut. Pug. 125. — *A Sinaica* Boiss. Diagn. Ser. I, 13, p. 46.

Hab. in pascuis subalpinis montis Œta Phtiotidis 5500-5300' (Heldr !), regione alpinâ montis Argæi Cappadociæ (Bal!), Libano ad Brummana (Bl!), ad aquas montis Sinai (Bové!).

Hæc varietas in montanis Hispaniæ, Siciliæ, Americâ boreali quoque crescit.

γ. *aristata.* — Culmi elati, folia lata *A. albæ* var. *giganteæ.* — *A. gigantea* Gaud. cui præter glumellam aristâ rectâ eâ sublongiore auctam simillima.

Hab. ad rivulos Ponti Lazici supra Khabackar (6000' (Bal!).

Ar. Geogr. Europa omnis, Sibiria, Tibetia, Africa borealis, America borealis.

4. A. vulgaris (With. Arr. p. 132) perennis, radice plus
minusve stoloniferâ, culmis erectis vel ascendentibus, foliis omnibus
linearibus planis scabris, ligulâ brevissimâ truncatâ, paniculæ ovatæ
vel oblongæ purpurascentis vel violaceæ ramis patentibus asperis,
glumis subæquilongis oblongo-lanceolatis acutis superne ad carinam
scabris cæterum lævibus, glumellâ glumis subbreviore apice denticulatâ paleam duplo superanto ⚥ *A. stolonifera* L. ex parte. — *A.
hispida* Willd.

Hab. in sylvaticis, pratis alpinis, Pontus Lazicus prope Rhizé et Khabackar
(Bal!) in pratis alpinis prope Djimil (Bal!), Caucasus (M. B.), Caucasus orientalis in Daghestaniâ usque ad 10000' (Rupr!), Georgia Caucasica (Hohen!),
vallis Merga sauk Armeniæ Turcicæ (Ky! Suppl. 536 sub *A. caninâ* var!).

β. *aristata.* — Glumella dorso aristâ rectâ exsertâ obsita.

Hab. in alpinis Græciæ, Olympus Thessalus (Auch. 3052!).

Hæc species in editioribus Caucasi orientalis sensim diminuta 5-6-pollicaris
A. alpinam vel *rupestrem* simulat.

Ar. Geogr. Europa præsertim borealis et media, America borealis.

5. A. Lazica (Bal. in Bull. Soc. Bot. Fr. XXI. p. 12 ex parte)
perennis cespitosa substolonifera, foliis surculorum sterilium angustis convolutis, culmeis latioribus planis, ligulâ brevi ovatâ truncatâ,
culmis gracilibus pumilis inferne tantum ramosis, paniculæ parvæ
contractæ anguste linearis subinterruptæ ramis brevibus strictis,
glumis purpureis flavo-marginatis lanceolatis acutis lævibus carinâ
scabridis, glumellâ glumis subbreviore sub medio dorso aristâ subgeniculatâ e glumis exsertâ auctâ, paleâ 2-3-plo breviore ⚥.

Hab. ad rivulos in regione alpinâ Ponti Lazici supra Khabackar (Bal!), in
montibus Saridagh, Borbalo, Antschibala et Gudurdagh Caucasi orientalis in
Daghestaniâ et Chewsuriâ 8000'-10000' (Rupr!).

Culmi 3-8-pollicares, panicula pollicem longa 2 ¼ lineas lata. A formis
A. albæ et *vulgaris* foliis surculorum filiformibus convolutis, glumellæ aristâ
elongatâ subgeniculatâ discedit. Cl. Balansa loco citato formas venias enumerat quarum altera ad *A. albam*, altera ad *Calamagrostidem Balansæ*
spectat.

6. A. Byzantina (Boiss. Diagn. Ser. I, 13, p. 46) perennis ?
cespitosa, radice fibrosâ, foliis anguste linearibus planiusculis multinerviis ad nervos et margines scabris, ligulâ brevi ovatâ, paniculæ
contractæ liueari-lanceolatæ elongatæ ramis strictis pedicellisque
brevibus scabris, glumis virentibus lanceolatis acutis subinæqualibus
ad carinæ apicem scabriusculis cæterum lævibus, glumellâ glumis
tertiâ parte breviore obtusâ subdenticulatâ muticâ, paleâ triplo
breviore obtuse bidentatâ ⚥.

Hab. prope Byzantium (Noë 225 !).

Pedalis, panicula 3-4 pollices longa. Facie affinis *A. caninæ* a quâ foliis
etsi angustis tamen vix convolutis et præsertim paleâ non deficiente bidentatâ differt. Specimina duo tantum vidi et ulterius observanda.

7. **A. trichoclada** (Griseb. in Ledeb. Fl. Ross. IV, p. 439) annua glabra sæpe pluricaulis, radice fibrosâ, culmis erectis, foliis lineari-setaceis subconvolutis brevibus, ligulâ oblongâ lacerâ, paniculæ basi folio supremo suffultæ oblongæ nebulosæ multifloræ ramis semi-verticillatis erecto-patulis trichotomis pedicellisque setaceis læviusculis apice incrassatis spiculâ pluries longioribus, spiculis minimis, glumis pallidis æquilongis obtusis lævibus, glumellâ paleâ et glumis æqualibus oblongis obtusis muticis sub lente valido adpresse hirtellis ⊙ *A. capillaris* Pall. Ind. Taur. et M. B. Fl. Taur. Cauc. I, p. 55 non L. — *A. Biebersteiniana* Claus Beitr. Russ. Reich. VIII.

Hab. in planitiebus ad radices septentrionales Caucasi (M. B.).

β. *Pisidica*. — Glumæ aliquantulum longiores et acutiores. — *A. Pisidica* Boiss. in Tchih. As. Min. Bot. II, p. 625, tab. 43.

Hab. in Pisidiâ inter Tchukur et Ahyrkieui ad extremitatem meridionalem lacâs Egirdir (Tchih!).

Semipedalis et pedalis. Facies omnino *A. capillaris* et *A. nebulosæ* (species Hispanicæ inter se forsan non sat distinctæ), eadem spicularum minuties, iidem pedicelli elongati tenuissimi sed in eis glumella et paleâ valde inæquales, illa truncata glumis multo brevior et paleâ duplo longior.

SECT. II. TRICHODIUM. — Palea nulla. Rudimentum floris secundi nullum.

8. **A. canina** (L. Sp. 92) perennis cespitosa, radice fibrosâ vix stoloniferâ, culmis gracilibus erectis vel geniculato-ascendentibus, foliis radicalibus complicato-setaceis, culmeis planis angustis, ligulâ ovato-oblongâ, paniculâ rubellâ ovatâ diffusâ post anthesin contractâ, ramis pedicellisque scabris, glumis inæqualibus lanceolatis acutis carinâ scabris, glumellâ glumis quartâ parte breviore versus medium dorsum aristâ geniculatâ glumas subsuperante auctâ interdum muticâ ♃. Rchb. Germ. fig. 128. — *Trichodium caninum* Schrad.

Hab. in pratis et sylvaticis humidis, Græcia in regione abietinâ supra Carpenisi Eurytaniæ (Sam. et Guicc! forma mutica), regio Caucasica in alpinis montis Kasbek (C. Koch), Guriâ (Nordm.), montibus Daghestaniæ 6000'-6600' (Rupr!).

β. *tenuifolia*. — Folia etiam culmea setaceo-convoluta, panicula pallida, glumella mutica. — *A tenuifolia* M. B. Taur. Cauc. I. p. 56. — Trin. Gram. 35.

Hab. in monte Beschtau Caucasi septentrionalis prope cacumen (Stev!). Ne minimum quidem discrimen inter hujus et formæ typicæ flores; in specimine floribus pallidis Germanico *A. caninæ* (Rchb. Fl. exs. 107) folia culmea quoque anguste convoluta video. Ex Biebersteinii descriptione palea minima adest sed in speciminibus typicis nullam video.

Ar. Geogr. Europa borealis et media ad Hispaniam borealem, Italiam mediam, regionem Danubialem et Rossiam meridionalem usque, Sibiria.

9. **A. planifolia** (C. Koch Linn. XXI, p. 380) cespitosa stolonifera, foliis planis latiuscule linearibus brevibus multinerviis vaginisque scabridis, ligulâ brevi truncatâ, paniculæ nigricanti-purpureæ contractæ lanceolatæ ramis strictis longe denudatis pedicellisque scabris, glumis subæquilongis lanceolatis acutiusculis carinâ scabridis, glumellâ glumis æquilongâ paulo supra medium aristâ eâ sublongiore obsitâ ♃.

Hab. in provinciâ Erivan Armeniæ Rossicæ (C. Koch in herb. Berol!).

Culmus 1-1 ¹/₂-pedalis, panicula 3-4 pollices longa, spiculæ fere lineam longæ, facie formis rubrifloris *A. albæ* vel *vulgaris* similis, ab eis paleâ nullâ discrepans, ab *A. caninâ* foliis brevibus planis latis distinguenda.

10. **A. rupestris** (All. Ped. II, p. 237) perennis, cespitosa, radice fibrosâ, culmis pumilis erectis filiformibus, foliis radicalibus fasciculatis omnibus complicatis setaceis, paniculæ patentis ovatæ violaceæ vel rubellæ ramis inferne nudis pedicelisque lævibus, glumis vix inæqualibus lanceolatis acutis, glumellâ glumis subbreviore apice obsolete denticulatâ sub medio dorso aristâ geniculatâ spiculâ subduplo longiore auctâ. ♃. Host Gram. tab. 49. — Rchb. Germ. fig. 127.

Hab. in regione alpinâ, mons Peristeri Macedoniæ 6500' (Orph! Friv. sub *A. alpinâ*).

Ar. Geogr. Montes Scandinaviæ et Germaniæ, Pyrenæi, montes Hispaniæ centralis, Alpes, montes Corsicæ, Apennini, montes regionis Danubialis, Serbiæ.

11. **A. Ruprechtii**, perennis cespitosa, radice fibrosâ, culmis humilibus, foliis surculorum culmeisque latiuscule linearibus acutis planis brevibus multinerviis lævibus, ligulâ brevi truncatâ paniculæ purpureæ contractæ lineari-lanceolatæ ramis strictis brevibus fere a basi spiculiferis pedicellisque brevissimis scabris, glumis subæquilongis lanceolatis acutiusculis carinâ scabridis, glumellâ glumis tertiâ parte breviore apice obtusâ subdenticulatâ sub medio dorso aristâ geniculatâ breviter exsertâ obsitâ ♃.

Hab. in Caucasi orientalis monte Azunta ditionis Chewsuriæ 9000'-9500' (Rupr!).

Culmi 6-8 pollicares, folia 1-1 ¹/₂ lineam lata, panicula angusta 2-2 ¹/₂-pollicaris. Spiculæ magnit earum *A. alpinæ* et *rupestris* a quibus foliis latis planis et paniculâ angustâ dignoscitur. Facie quoque varietati alpinæ pumilæ *A. vulgaris* et *A. Lazicæ* affinis, sed utraque cæteris neglectis glumellis binis differt. Affinis tandem *A. planifoliæ* C. Koch culmo elato, radice stoloniferâ, foliis scabridis, glumellâ glumas æquante et suprâ medium nec sub medio aristatâ diversâ.

Sect. III. APERA Ad. — Glumella adest. — Rudimentum floris
secundi stipitiforme et palea adsunt.

12. A. Spica venti (L. Sp. 91) annua, culmo erecto elato,
foliis planis latiuscule linearibus asperis, ligulâ elongatâ lacerâ, paniculæ elongatæ amplæ diffusæ ramis semiverticillatis inæqualibus
capillaribus trichotomis pedicellisque asperis, glumis inæqualibus
lanceolatis acuminatis carinâ scabris, glumellâ glumis sublongiore
acutâ sub apice aristâ tenuissimâ flexuosâ spiculâ 4-8-plo longiore
auctâ, antheris lineari-oblongis ☉. Host Gram. t. 47. — Engl. Bot.
tab. 951. — Rchb. Germ. fig. 125. — *Apera Spica venti* Pal. de B.

Hab. in cultis præsertim inter segetes, Tauria (Stev.), prov. Caucasicæ
(M. B C. Koch.). E ditione nondum vidi.

Ar. Geogr. Europa media ab Angliâ et Scandinaviâ australi ad Rossiam
mediam et ab Hispaniâ boreali ad Italiam septentrionalem et regionem
Danubialem.

13. A. interrupta (L. Sp. 92) annua, culmis erectis gracilibus,
foliis planis anguste linearibus asperis, ligulâ lanceolatâ lacerâ, paniculæ angustæ contractæ ramis semiverticillatis fere a basi spiculiferis pedicellisque scabris, glumis inæqualibus lanceolatis acutis, glumellâ glumis subæquilongâ acutâ undique asperulâ sub apice aristâ
tenuissimâ flexuosâ spiculâ quadruplo longiore auctâ, antheris sub-
rotundo-ovatis ☉. Host Gram. tab. 48. — Rchb. Germ. fig. 123.

Hab. in arenosis, cultis, ad muros, Lydia in latere meridionali Tmoli
(Boiss!), Phrygia (Tchih!), Cappadocia ad Cæsaream (Bal!), Mesopotamia
inter Orfa et Suerek (Ky. 42!), Babylonia ad Bagdad (Noë 695!), prov. Caucasicæ (M. B.)

Ar. Geogr. Europa media et australis in Galliâ, Belgio, Helvetiâ australi,
Germaniâ, Hispaniâ, Lusitaniâ, Italiâ, regione Danubiali, Rossia australi.

GASTRIDIUM (P. de B. Agrost., p. 21, tab. 6).

Spiculæ unifloræ hermaphroditæ a latere compressæ flosculo sessili. Glumæ binæ membranaceæ carinatæ acutæ sæpius basi ventricosæ flosculo multo longiores. Glumeila et palea membranaceæ
minimæ, illa latior apice truncato-denticulata vel biseta, sub apice
vel ad basin aristâ geniculatâ aucta vel mutica. Squamulæ binæ.
Styli 2 breves, stigmata plumosa ad basin spiculæ emergentia.
Caryopsis obovata maculâ hilari punctiformi glumellis obtecta sed
libera pericarpio non solubili. — Herbæ facie *Phlei.* — Genus ab
Agrostide glumis basi plus minus ventricosis et flosculo non stipitato
distinctum. *G. nitens* glumis basi non ventricosis et aristâ basali
transitum inter hæc genera præbet.

1. G. lendigerum (L. Sp. 91 sub *Agrostide*) annuum sæpius multicaule, culmis erectis vel ascendentibus sæpe basi geniculatis, foliis linearibus planis, ligulâ lanceolatâ, paniculâ spiciformi utrinque attenuatâ per anthesin subpatente demum contractâ, glumis basi ventricosis lanceolatis acuminato-attenuatis carinâ scabris cæterum nitidis inferiore breviore, glumellâ hirsutâ apice truncato-dentatâ sæpius sub apice aristâ glumis longiore obsitâ rarius muticâ ⊙. *G. lendigerum* Gaud. Helv. I, p. 176. — Fl. Græc. tab. 65. — Host Gram. tab. 24. — *G. australe* P. de B.

Hab. in collibus, pascuis, ad vias, Græcia (Sprun! Heldr!), Macedonia (Friv!), Byzantii (Post!), Anatolia occidentalis maritima (Sibth.), Creta (Raul!), Rhodus (Bourg!), Cilicia littoralis ad Sidonem (Bl!).

Ar. Geogr. Europa centralis et australis ab Angliâ, Galliâ centrali, Helvetiâ ad Dalmatiam, Africa borealis, Abyssinia, insulæ Canarienses, California, Chili.

2. G. scabrum (Presl Cyp. Sic. p. 21) annuum sæpius pluricaule, culmis erectis vel ascendentibus inferne sæpe geniculatis, foliis linearibus planis, ligulâ elongatâ, paniculâ spiciformi densâ etiam per anthesin contractâ, glumis basi ventricosis undique scabris falciformibus acutis inferiore subbreviore, glumellâ glabriusculâ levi apice truncato-dentatâ sæpissime non aristatâ ⊙. *G. muticum* Gunth. in Spreng. Syst. I, p. 250. — Coss. et Dur. Alg. tab. 40, fig. 3.

Hab. in cultis, Peloponnesus ad Calamata et Nisi (herb. Fauché!), Smyrnæ (Bal!), Syria littoralis ad Berythum (Bl!), Libanus ad Abeih (Post!).

Glumis scabris falciformibus acutis nec lanceolatis præter carinam lævibus longe acuminatis, glumellâ glabrâ a præcedente distinctum.

Ar. Geogr. Gallia et Hispania australes, Sardinia, Sicilia, Italia australis, Africa borealis.

3. G. nitens (Guss. Prodr. Sic. I, 50 sub *Agrostide*) annuum sæpius pluricaule, caulibus erectis vel ascendentibus inferne sæpe geniculatis, foliis linearibus planis, ligulâ elongatâ, paniculâ spiciformi contractâ densâ, glumis basi subventricosis parum inæqualibus lanceolatis longe attenuatis acutis carinâ scabris, glumellâ villosulâ obtusâ apice longe bisetâ basi aristâ geniculatâ glumas subæquante auctâ ⊙. *G. nitens* Coss. et Dur. Alg. p. 68. — *G. triaristatum* Dur. Expl. Alg. tab. 40, fig. I. — *Lachnagrostis nitens* Trin. Gram. Ic. tab. 243. — *Triplachne nitens* Link. — *Milium lendigerum* Del. Eg. ex Asch. non L.

Hab. in arenosis maritimis, Cilicia Trachea ad Genova (Péron!), Cyprus ad Pr. S. Andreæ (Sint. et Rigo!), Egyptus ad Maxi et Ramleh prope Alexandriam (Let. 160!).

Ar. Geogr. Sicila et ejus insulæ, Africa borealis.

POLYPOGON (Desf. Fl. Atl. I, p. 66).

Spiculæ unifloræ a latere compressæ flosculo hermaphrodito sessili. Glumæ binæ flosculo multo longiores membranaceæ carinatæ paulo infra apicem indivisum vel bilobum aristatæ. Glumella sub apice truncato-denticulato aristata vel mutica, palea minor bicarinata. Squamulæ binæ. Styli 2 terminales brevissimi. Stigmata pilis dentatis plumosa ad basin spiculæ emergentia. Caryopsis obovata maculâ hilari lineari-oblongâ glumellis inclusa sed libera. — Herbæ annuæ et perennes spiculis minutis in paniculam contractam spiciformem congestis.

1. P. Monspeliense (L. Sp. 89 sub *Alopecuro*) annuum, culmis foliosis erectis vel geniculato-ascendentibus, foliis linearibus viridibus planis, ligulâ lanceolatâ erosâ, paniculâ spiciformi densâ oblongâ interdum lobulatâ, glumis æqualibus pubescenti-scabris margine ciliolatis oblongis infra apicem obtusum integrum aristâ tenui eis triplo longiori instructis, glumellâ glumis dimidio breviore apice quadridentatâ breviter aristatâ ⊙. *P. Monspeliense* Desf. l. cit. — Rchb. Germ. fig. 170. — *Agrostis panicea* Host Austr. tab. 46. — *Phleum crinitum* Schreb. Gram. I, p. 151. — Flora Græc. tab. 62.

Hab. in arenosis humidis præsertim maritimis totius ditionis a Græciâ! et insulis, Macedoniâ! ad Egyptum! ejus Oases (Asch!) et desertum Arabicum (Schweinf!), Babyloniam (Noë!), Transcaucasiam! Persiam australem in montibus Kuh Nur 7000' (Haussk!) et Sabst Buschom (Ky. 444!), Affghaniam (Griff! Aitch!).

Ar. Geogr. Britannia, Gallia occidentalis et australis, regio mediterranea totius Europæ et Africæ borealis, Abyssinia, India, Japonia, P. B. Spei, insulæ Canarienses et Madera, America borealis et australis, Tasmania.

2. P. maritimum (Willd. Nov. Act. Nat. Cur. III, p. 443) annunm, culmis foliosis erectis vel geniculato-ascendentibus, foliis linearibus viridibus planis, ligulâ lanceolatâ erosâ, paniculâ spiciformi oblongâ densâ, glumis æqualibus dorso inferius squamulis argenteis exasperatis margine ciliatis oblongo-cuneiformibus bifidis e sinu aristâ eis quadruplo longiore instructis, glumellâ glumis triplo breviore apice quadridentatâ muticâ ⊙. Guss. Pl. rar. tab. 5, fig. 2.

Hab. in arenosis præsertim maritimis, rarius in interioribus, Insulæ Ioniæ! Peloponnesus (Bory!), Attica (Heldr!), insula Syra (Weiss!), Creta in maritimis et in montibus Sphacioticis ad Omalo 3500' (Heldr! Raul!), Byzantii (ex Trin.), Rhodo (Bourg!), Smyrnæ (Bal. 142!), ad Pylas Cilicicas (Bal!), Syriâ littorali ad Sidonem (Bl!), Egypto ad Rosette (Husson!), Turcomaniâ ad Caspium (herb. Petrop!), Affghaniâ (Griff!), Belutschiâ (Stocks!).

β. *longipes.* — Pedicelli articulus superior inferiore longior neo æquilongus vel brevior. — *P. subspathaceum* Req. — Formæ intermediæ adsunt.

Hab. Smyrnæ in arenosis maritimis (Bal. 143 !).

Ar. Geogr. Lusitania, Hispania, Gallia maritima, Italia, Dalmatia, Sibiria Altaica, Songaria, Africa borealis, Insulæ Azoricæ, Madera.

3. P. littorale (Smith Comp. Brit. 13) perenne, radice repente, culmis geniculato-ascendentibus ad nodos inferiores radicantibus, foliis viridibus linearibus glabris, ligulâ elongatâ apice lacerâ, paniculâ spiciformi densâ lobatâ, glumis æqualibus lanceolatis ad carinam vel undique scabridis acutiusculis sub apice acutiusculo in aristam æquilongam aut sublongiorem abeuntibus, glumellâ glumis dimidio breviore breviter aristatâ ♃. *P. elongatum* Lag. Gen. et Sp. non H. B. K. — *P. ascendens* Guss. in Bert. Fl. It. 2, p. 777. — Flor. Ischia tab. XIX, fig. I.

Hab. in littoribus salsuginosis Byzantii (Trin.), Cilicia littoralis ad Mersina secus rivulos (Bal !).

Ar. Geogr. Anglia, Germania borealis, Gallia australis et occidentalis, Hispania maritima, Italia australis, Abyssinia, India boreali-occidentalis.

LAGURUS (L. Gen. 104).

Spiculæ a latere compressæ unifloræ hermaphroditæ cum rudimento pedicelliformi secundi floris. Glumæ binæ plumosæ subæquales subulato-attenuatæ flosculo longiores. Glumella concava longe bifido-aristata dorso infra apicem aristâ longiore geniculatâ instructa, palea angustior bicarinata. Squamulæ binæ subcarnosæ. Stigmata bina sessilia terminalia pilosa lateraliter emergentia. Caryopsis oblonga glumellis inclusa sed libera. — Herba annua paniculâ densâ spiciformi ovatâ pilosissimâ.

1. L. ovatus (L. Sp. 119) annuus, culmis foliosis erectis vel ascendentibus, foliis villosis late linearibus, vaginis mollibus superioribus subinflatis, ligulâ brevi obtusâ pubescente, spicâ obtusâ ovato-oblongâ vel subglobosâ, glumis angustissime linearibus longe ciliatis, glumellæ aristâ dorsali e spicâ longe exsertâ ⊙. Ic. Fl. Græc. tab. 70. — Rchb. Germ. 169.

Hab. in arenosis præsertim maritimis, Græcia et ejus insulæ!, Thracia (Griseb!), Byzantium (Noël), Anatolia maritima occidentalis et australis (Fleisch! Bourg!), Cyprus (Ky!), Palestina (Boiss!), Mandara ad Alexandriam in palmetis forma nana (Letourn 272!), Transcaucasia in Grusiâ (ex C. Koch).

Ar. Geogr. Regio mediterranea Europæ et Africæ borealis, Insulæ Canarienses et Madera.

CALAMAGROSTIS (Roth Tent. Germ. I, 43).

Spiculæ unifloræ flosculo hermaphrodito absque vel cum rudimento longe pilifero flosculi superioris abortivi. Glumæ binæ membranaceæ carinatæ subcompressæ. Glumæ binæ (rarissime unica) basi callo insidentes. Glumella basi (et rarius undique) pilosa apice denticulata vel bifida ex apice, dorso, vel paulo supra basin aristata rarius mutica; palea bicarinata. Squamulæ binæ. Styli 2 brevissimi, stigmata plumosa ad basin emergentia. Caryopsis lineari-oblonga ventre sulcata hilo lineari glumellis inclusa sed libera. — Herbæ perennes spiculis paniculatis. — Genus affine *Agrostidi* ad quam species nonnullæ facie valde accedunt, ab eâ flosculo basi piloso semper dignoscendum. Pedicellus flosculi sterilis in nonnullis specibus adest vel deficit. *Deyeuxia* igitur ut et *Apera* ab *Agrostide* et *Calamagrostide* generice non sejungenda.

SECT. I. EPIGEIOS Koch Syn. — Flosculi sterilis rudimentum nullum.

1. **C. agrostoides** perennis valde stolonifera, culmis erectis elatis, foliis linearibus planis margine scabris, ligulâ oblongâ, paniculæ purpureo-nigricantis contractæ lanceolatæ compositæ ramis strictis densifloris pedicellisque scabris, glumis lanceolatis acutis carinâ scabris subinæqualibus. glumellâ glumis subbreviore basi unilateraliter pilis brevissimis obsitâ oblongâ acutiusculâ sub medio dorso aristatâ aristâ geniculatâ breviter exsertâ rarius submuticâ. paleâ nullâ ♃. *Agrostis calamagrostoides* Regel Ind. Petrop. 1865, p. 38.

Hab. in jugo Mamisson ditionis Radscha Caucasi (Radde!) ad Gutgora montis Kaischaur (Owerin!).

Sesquipedalis, panicula angusta 2-3-pollicaris, glumæ 1 ¼ lin. longæ. Folia radicalia 3-4-pollicaria 1-1 ½ lin. lata.

β. *Pontica.* — Folia elongata angustiora subconvoluta, aristæ paulo longius exsertæ. — *A. canina* var. *spiculis majoribus* Bal. Bull. Soc. Bot. Fr. XXI, p. 12.

· Hæc species *Calamagrostidi* nec *Agrostidi* ob penicillum pilorum ad glumellæ basin etsi brevissimum tamen manifestum adnumeranda est. Affinis *C. Balansæ* ab eâ differt radice stoloniferâ, foliis elongatis, glumellæ pilis brevissimis, aristâ dorsali nec basilari. Ambo ob paleam deficientem rarius minimam ad sectionem *Trichodium* accedunt.

2. **C. Balansæ**, cespitosa radice fibrosâ, culmis erectis vel basi geniculatâ ascendentibus, foliis linearibus acuminatis planis, ligulâ oblongâ dentatâ, paniculæ contractæ angustæ apice nutantis ramosæ ramis strictis inferne nudis pedicellisque scabris, glumis purpurascentibus lanceolatis acutissimis subæquilongis carinâ scabris, glumellâ basi pilis eâ triplo brevioribus obsitâ glumis tertiâ parte breviore apice denticulatâ paulo supra basin aristâ geniculatâ inferne subtortâ e glumis breviter exsertâ auctâ, paleâ brevissimâ vel nullâ ♃. *Agrostis Lazica* ex parte Bal. Bull. Soc. Bot. Fr. XXI, p. 12.

Hab. in Ponto Lazico supra Djimil 6300' et supra Khabackar 7500' (Bal!).

Sesquipedalis vel bipedalis, folia interdum 2 ½ lineas lata pedem dimidium et amplius longa, interdum autem angustiora et multo breviora, panicula 2-4 pollices longa. Adest forma humilior depauperata paniculæ anguste racemosæ ramis brevissimis, facie *Agrostidi Lazicæ* similis sed flosculo basi piloso statim distinguenda. *C. Balansæ C. tenellæ* affinis differt paniculâ contractâ nec patente, spiculis majoribus, glumellâ basi fere et longius nec medio dorso aristatâ.

3. C. Olympica (Boiss. Diagn. Ser. I, 5, p. 70) cespitosa, radice fibrosâ, foliis teneris erectis planis latiuscule vel anguste linearibus acuminatis viridibus, ligulâ oblongâ, culmis gracilibus erectis paniculâ angustâ contractâ laxâ vel interruptâ subsimplici racemiformi vel inferne ramosâ ramis brevibus strictis pedicellisque scabridulis, glumis subæquilongis purpureis vel nigricantibus subæquilongis oblongis acutis inferiore dorso scabridâ. glumellâ glumis tertiâ parte breviore basi pilis eæ æquilongis obsitâ oblongâ acutâ bidentatâ ad medium dorsum aristâ rectâ vel incurvâ eâ longiore et exsertâ instructâ, superiore angustiore et subbreviore ♃.

Hab. in rupestribus alpinis humidis Olympi Bithyni (Boiss! Pichl!!), turfosis Tauri Cilicici supra Bulghar Maaden (Bal!), Ponti Lazici supra Djimil 7500' (Bal!), Caucaso in Alpibus Daghestaniæ frequens 6600'-9000' (Rupr!), in monte Elvend Persiæ occidentalis et ad nives montis Sawers 12000' (Haussk!), in monte Kuh Daëna Persiæ australis (Ky. 788!), in alpinis prov. Khorassan (Bge!).

Specimina Olympica et Pontica semipedalia, Caucasica interdum pedalia, folia lineam lata vel angustiora, panicula 1 ½-2 ½-pollicaris, spiculæ magn. *Agrostidis vulgaris.* Juxta *A. tenellam* foliis elongatis. glumis lanceolatis, pilis glumellâ dimidio brevioribus, paleâ minutissimâ etc., distinctam collocanda.

4. C. Munroana (Aitch. et Hemsl. sub *Agrostide*), cespitosa radice fibrosâ, culmis gracilibus erectis, foliis viridibus linearibus acuminatis flaccidulis scabridis, paniculæ effusæ angustæ ramis pedicellisque setaceis elongatis scabridulis hisce spiculâ minutâ 3-6-plo longioribus, glumis æquilongis viridibus margine rubellis oblongo-lanceolatis acutiusculis, glumellâ glumis quartâ parte breviore undique longiuscule pilosâ muticâ (excl. Munro in Aitch. Cat. aristatâ). paleâ angustiore et subbreviore ♃. *A. Agrostis Munroana* Aitch. et Hemsley Joarn. Linn. Soc. XIX, pag. 192.

Hab. ad Chendtoi valiis Kurrum Affghaniæ 11000' (Aitch. n° 1252!).

Sesquipedalis, panicula 2-3-pollicaris, spiculæ vix lineam longæ. Facies *Agrostidis* sed flosculus pilosus. Rudimentum nullum. Ex cl. Munro species nova affinis *A. ciliatæ* quam non novi sed quæ ex Trinii descriptione differt spiculis duplo majoribus aliisque notis. Glumella ex cl. Munro aristata, in meis speciminibus semper mutica.

5. C. simplex, cespitosa glauca, radice stoloniferâ, culmis pumilis erectis foliosis, foliis linearibus acuminatis rigidis coriaceis

multinerviis brevibus, culmis patentibus, ligulâ oblongâ lacerâ, paniculæ folio supremo eam involucranti superatæ angustissimæ paucispiculatæ laxe spiciformis subsimplicis ramis brevibus strictis scabridis 1-2-spiculigeris, glumis purpureis lanceolatis longe acuminatis subinæquilongis lævissimis, glumellâ basi pilis longis eâ parum brevioribus obsitâ lanceolatâ apice breviter trisetâ glumis quartâ parte breviore suprâ basin aristâ validâ ad medium valde geniculatâ parte inferiori tortâ spiculâ duplo longiore auctâ, paleâ angustiore et subbreviore ⊙.

Hab. in monte Djultidagh Daghestaniæ australis 10000'-10800' (Rupr!).

· Culmi cum paniculâ pollicari 6-7-pollicares, folia 1 ¹/₁-2 pollices longa lineam vel paulo amplius lata, glumæ 2 lineas longæ. Species foliis brevibus rigidis, paniculâ subsimplici, aristâ validâ et inferne valde tortâ insignis

6. **C. lanceolata** (Roth Germ. I, p. 34) radice repente, culmis elatis robustis rigidis, foliis elongatis linearibus acuminatis asperulis vix rigidis, ligulâ brevi obtusâ, paniculæ patentis elongatæ laxæ sæpius violaceæ ramis erecto-patulis pedicellisque asperulis, glumis latiuscule lanceolatis subinæqualibus acuminatis, pilis glumas subæquantibus, glumellâ glumis tertiâ parte breviore apice bidentatâ inter dentes apice aristatâ aristâ inclusâ flore plus duplo breviore ♃. Fl. Dan. tab. 1624. — Rchb. Germ fig. 151. — *Arundo Calamagrostis* L. Sp. 121.

Hab. ad ripas, in pratis humidis, Anatolia inter Smyrnam et Brussam (Sm. Prodr.), Caucssus (ex Kᵗʰ Gram.). E ditione nondum vidi.

Ar. Geogr. Europa borealis et media ad Galliam mediam, Helvetiam, Germaniam, Italiam borealem, regiouem Danubialem usque, Sibiria.

7. **C. littorea** (Schrad. Germ. I, p. 312 tab. 4, fig. 2 sub *Arundo*) radice repenti, culmis elatis, foliis glaucis firmis linearibus acuminatis asperis. ligulâ ovatâ obtusâ, paniculæ patentis laxæ erectæ vel apice subnutantis violaceæ rarius pallidæ ramis erecto-patulis basi nudis pedicellisque asperis, glumis anguste lanceolatis carinâ scabris inæqualibus longe subulato-attenuatis, pilis glumellas superantibus, glumellâ glumis dimidio breviore bidentatâ inter dentes aristâ glumellâ ipsâ sublongiore obsitâ ♀. *C. littorea* D. C Fl. Fr. V, p. 255. Rchb. Ic. fig. 162. — *C. laxa* Host Gram. IV, p. 25, tab. 43. — *Arundo pseudophragmites* Hall. non Rchb. — *A. qlauca* M. B. Taur. Cauc. I, p. 79.

Hab. ad aquas regionis montanæ et subalpinæ, Lydia ad margines fl. Hermon prope Magnesiam, Phrygiæ prope Ouchak 2700' Cappadocia prope Talasse, Cilicia ad Gulek Boghaz (Bal!), mons Berytdagh Cataoniæ 8000' (Haussk!), vallis Djimil Ponti Lazici ad rivulos 6000' (Bal!), Caucasus centralis 5500'-6000' (C. Koch), Transcaucasia (Hoh!), Affghania (Griff. 6911) et in valle Kurrum (Aitch. 887 sub *C. lanceolatâ!*).

β. Persica.— Glumæ minus longe subulatæ minus inæquales. Intermediis in typum transit. Vix varietas. — *C. rubella* Boiss. Mss.

Hab. in humidis montis Kuh Daëna Persiæ australis (Ky. 645 !), borealis
in monte Elbrus (Ky. 527!).

Ar. Geogr. Norvegia, Belgium, Gallia, Helvetia, Hispania borealis, Germania præsertim australis, Italia borealis, Hungaria, Rossia media et australis,
Sibiria, Tibetia.

8. **C. epigeios** (L. Sp. 120 sub *Arundo*) radice repenti, culmis
elatis robustis rigidis, foliis glaucis firmis rigidis linearibus longis
longe subulato-acuminatis asperrimis, ligulâ elongatâ acutâ, paniculæ
violascentis vel pallidæ erectæ strictæ lobatæ ramis erectis asperis
fasciculatis basi nudis, glumis subinæqualibus anguste lanceolatis
longe subulato-attenuatis carinâ et margine asperis, pilis numerosis
glumas æquantibus, glumellâ glumis dimidio breviore bifidâ ad
medium dorsum aristatâ aristâ rectâ tenui pilis breviore ♃ *C. epigeios* Roth Germ. I, p. 34. — Host Gram. t. 42. — Rchb. Germ. tab.
84. — *C. glomerata* Boiss. et Buhse Aufz. p. 22à. — *C. Georgica* C.
Koch Linn. XXI, p. 387 et *C. thyrsoidea* C. Koch p. 388.

Hab. ad ripas, in sylvaticis humidis, Peloponnesus (Bory!), Thracia (ex
Griseb), Anatolia (Tchih!), Cappadocia in regione subalpinâ Argæi (Bal!),
Pontus Lazicus prope Rhizé (Bal!), Tauria, Caucasus et Transcaucasia!
Persiæ borealis mons Elbrus (Buhse!), Affghania (Griff!).

Ar. Geogr. Europa borealis et media ad Hispaniam borealem? Italiam
Dalmatiam, regionem Danubialem usque, Sibiria.

Sect. II. DEYEUXIA P. de B. — Flosculi sterilis rudimentum
pedicelliforme pilosum.

9. **C. montana** (Gaud. Agrost. I, p. 42 sub *Arundo*) radice
repente, culmis elatis, foliis linearibus planis elongatis acuminatis,
ligulâ oblongâ lacerâ, paniculæ elongatæ patentis dein contractæ
ramis brevibus tandem strictis pedicellisque asperis, glumis pallidis
vel rubello suffusis lanceolatis acutis subæqualibus, glumellæ glumis
subbrevioris apice denticulatæ pilis basilaribus eæ subæquilongis vel
subbrevioribus, aristâ supra basin insertâ geniculatâ brevissime
exsertâ, paleâ paulo breviore, rudimenti barbâ florem æquante ♃.
C. montana Host Gram. tab. 146. Rchb. Germ. t. 146. — *C. varia*
Schrad. — *C. acutiflora* D. C. — *C. Caucasica* Trin. in C. A. Mey.
Enum. p. 15.

Hab. in sylvaticis montanis et alpinis, Græcia in monte Œtâ Phtiotidis
4500'-6000' (Heldr!), prov. Caucasicæ in Grusiâ (C. Koch), mons Tufandagh
Caucasi orientalis 9000' (C. A. Mey!), in Daghestaniâ 6000'-7500' (Rupr!).

Ar. Geogr. Europa media a Scandinaviâ merid. ad Rossiam mediam,
Galliam mediam et australem et Italiam mediam in montibus, Dalmatiam,
Serbiam et regionem Danubialem, Turkestania, Sibiria.

34

10. C. sylvatica (Schrad. Germ. I, p. 218 sub *Arundo*)
radice repente, culmis elatis rigidis, foliis elongatis linearibus acuminatis planis. ligulâ breviter oblongâ, paniculæ longæ laxæ sæpe
interruptæ patentis demum contractæ ramis brevibus inæqualibus
strictis scabris, glumis æqualibus lanceolatis acuminatis carinâ scabris, glumellæ glumis subbrevioris pilis basilaribus eâ quadruplo
brevioribus, aristâ paulo supra basin insertâ geniculatâ glumis duplo
longiore, paleâ subbreviore, rudimenti barbâ flosculo triplo breviore
♃. *C. sylvatica* D. C. Fl. Fr. V, p. 253. — Rchb. Germ. fig. 143. —
Agrostis arundinacea L. Sp. 91. — *C. arundinacea* Roth Germ.

Hab. in subalpinis et alpinis sylvaticis, Macedonia in montibus Peristeri
et Athone 5800' (Orph!), Pontus Lazicus in valle Djimil 6000' (Bal!), regio
subalpina et alpina Caucasi (C. A. Mey., Rupr!), Iberia (Eichw.).

Ar. Geogr. Europa media a Norvegiâ australi et Succiâ ad Rossiam mediam et ab Hispaniâ boreali ad regionem Danubialem.

11. C. Munroi, glauca, caulibus elatis, foliis anguste linearibus
elongatis rigidulis scaberrimis, ligulâ oblongâ, paniculæ confertæ
angustæ racemiformis ramis brevissimis strictis a basi floriferis
pedicellisque scaberrimis, glumis subæqualibus albidis lanceolatis
longissime attenuato-acuminatis undique scabris, glumellâ glumis
tertiâ parte breviore scabrâ apice bifidâ pilis basilaribus brevissimis,
aristâ paulo supra basin insertâ geniculatâ longe exsertâ, paleâ glumellæ æquilongâ, rudimenti barbâ flosculo triplo breviore ♀.

Hab. ad Chendtoi et Sikaram vallis Kurrum Affghauiæ (Aitch. 1251!)

Planta 2-3-pedalis, paniculæ 3-4-pollicares. Ab affini *C. sylvaticâ* sat differre
videtur glumellâ glumisque undique scabris, hisce longissime acuminatis
fere 4 lineas longis.

AMMOPHILA (Host Gram. Austr. IV, p. 24. — *Psamma* Pal. de B.).

Spiculæ unifloræ a latere compressæ, flosculo hermaphrodito breviter stipitato cum rudimento pedicelliformi flosculi sterilis. Glumæ
binæ membranaceæ firmæ subæquales inferior uninervia superior
trinervia. Glumella et palea subæquilongæ consistentiâ glumarum,
illa basi barbata compresso-carinata quinquenervia apice bidentata
et ex sinu breviter mucronata, palea bicarinata, squamulæ binæ. Styli
breves, stigmata plumosa ad basin flosculi emergentia. Caryopsis
oblongo-obovata facie interiori sulco exarata libera. — Herbæ perennes culmis validis elatis, floribus in paniculam longam contractam
spiciformem dispositis. — Genus a *Calamagrostide* glumis glumellisque subcoriaceis præsertim distinctum.

1. A. arenaria (L. Sp. 121 sub *Arundo*) perennis cespitosa,
rhizomate indurato longe repente pluricipiti, culmis validis elatis

rigidis, foliis glaucescentibus longis involutis rigidis subpungentibus, paniculâ spiciformi densâ rigidâ cylindraceâ superne attenuatâ, spiculis albidis, glumis lanceolatis acutis asperulis, pilis flosculo triplo brevioribus, glumellâ glumis æquilongâ mucrone ejus dentibus vix longiore 4. *A. arenaria* Link.—Host. Berol. I,105.— *A. arundinacea.* Host Gram. tab. 41. — *Psamma arenaria* R. et Sch. — Ic. Engl. bot. tab. 520. — Rchb. Germ. fig. 157.

Hab. in arenosis maritimis Græciæ in Peloponneso (Bory!), Atticâ (Heldr!), Zacyntho (Marg!), Cretâ (Heldr!), Egypto ad Alexandriam (Ehr! Letonrn!).

Ar. Geogr. Europa media et australis a Britanniâ, Daniâ, Gothiâ ad Rossiam, Lusitaniam, Hispaniam, Italiam, Dalmatiam, Transylvaniam, Africa borealis, America borealis.

Trib. VII AVENEÆ B[th].

Spiculæ 2-multifloræ flosculo terminali sæpe tabescente, sæpius paniculatæ. Glumæ magnæ spiculam fere includentes. Glumella sæpe dorso aristata.

Subtr. I. Aireæ B[th]. Spiculæ stricte hifloræ, rhachilla ultra flores non producta.

AIRA (L. Gen. 81 ex parte).

Spiculæ bifloræ flosculis hermaphroditis vel superiore stipitato. Glumæ binæ subæquilongæ sæpius glumellis longiores. Glumella dorso rotundata apice sæpius bifida vel bisetosa infra dorsum aristâ inferne tortili non articulatâ nec clavatâ obsita vel mutica. Palea bicarinata bidentata. Squamulæ binæ ovato-lanceolatæ glabræ. Stigmata bina sessilia terminalia plumosa lateraliter emergentia. Caryopsis ventre sæpius sulcata et maculâ hilari punctiformi notata, glabra glumellis obtecta et terminali demum coriaceæ adhærens. — Herbæ annuæ pusillæ spiculis paniculatis.

Sect. I. AIROPSIS. — Gen. *Airopsis* P. de B. — Spiculæ glabræ. Glumæ binæ naviculares muticæ flores sessiles superantes. Glumella et palea muticæ longitudine æquales illa latissima obsolete triloba concava extus pilosa. Caryopsis orbiculata dorso convexa ventre plana glumellis tecta.

1. **A. globosa** (Thore Journ. Bot. I, p. 197, tab. 7.) annua e radice fibrosâ sæpe pluriculmis, culmis tenuibus erectis pumilis, foliis brevibus involutis subulatis scabridis vaginâ superiore subinflatâ, ligulâ lanceolatâ, paniculæ erectæ oblongæ spiciformis

densæ ramis brevissimis strictis pedicellis capillaribus flexuosis, spiculis minutis globosis, glumis nitidis pallidis æquilongis turgidis
acutiusculis flosculis multo majoribus, glumellâ pilosâ et margine
ciliatâ, paleâ obovatâ obtusissimâ glabrâ ⊙. *Airopsis globosa* Desv.—
Milium tenellum Cav. Ic. III, tab. 274.

Hab. in arenosis, Peloponnesus prope Androusa, Nisi et Calamata (Gittard
in herb. Fauché!) sed vereor ne locus erroneé indicatus sit nam hic collector
sæpe plantas Hispanicas pro Græcis communicavit.

Ar. Geogr. Lusitania, Hispania australis, Gallia australis, Sicilia, Africa
borealis orientalis.

Sect. II. ANTINORIA. — Gen. *Antinoria* (Parlat. Fl. Palerm. 1, p. 92)
Spiculæ a latere compressæ. Glumæ binæ carinatæ flosculos superantes. Flosculus alter sessilis, alter stipitatus.
Glumella et palea longitudine æquales muticæ, illa lata
concava nuda, palea linearis bicarinata. Caryopsis obo-
vato-pyriformis obtusissima dorso compressa facie plana
glumellis tecta.

2. **A. insularis** (Parl. loc. cit. sub *Antinoriâ*) annua e radice
fibrosâ pluriculmis, culmis inferne sæpe geniculatis erectis foliosis,
foliis anguste linearibus scabridis, ligulâ elongatâ, paniculæ ramosissimæ diffusæ ramis subtrichotomis capillaribus patentibus, pedicellis
spiculâ minimâ longioribus, glumis ovato-oblongis obtusis laxiusculis
per anthesin erecto-patentibus divaricatis fructiferis caryopside subduplo longioribus, antheris brevibus ⊙.

Hab. in stagnis montanis exsiccatis, Creta in planitie Omalo montium
Sphacioticorum 3500 (Heldr!), Lydia in monte Pago prope Smyrnam (Ball).

Specifice differre videtur ab *A. agrostideâ* Lois. Lusitaniæ, Hispaniæ et
Galliæ incolâ radice annuâ, paniculâ multo ramosiore, spiculis dimidio minoribus, fructu majore, antheris abbreviatis.

Ar. Geogr. Sardinia, Sicilia.

Sect. III. MOLINERIA. — Gen. *Molineria* (Parl. Fl. It. I. p. 236.) Spiculæ a latere compressæ. Glumæ binæ carinatæ floribus
breviores. Flosculus alter sessilis alter pedicellatus. Glumella et palea æquilongæ muticæ, illa oblonga carinata
apice rotundato-subtriloba glabra, palea bicarinata. Caryopsis lanceolata utrinque attenuata libera.

3. **A. minuta** (Löfl. It. p. 2) annua sæpe pluriculmis, culmis
nanis, foliis setaceo-linearibus flexuosis brevibus, ligulâ elongatâ,
paniculâ erectâ ovatâ divaricatim et pluries trichotomâ ramis et pedicellis capillaribus hisce spiculâ minutissimâ longioribus, glumis patentibus oblongis obtusis, glumellâ valide quinquenervi ad nervos scabridâ apice hyalinâ erosâ obtusâ ⊙. Schreb. Gram. tab. 21. fig. 2. —

Airopsis minuta Desv. — *Catabrosa minuta* Trin. — *Molineria minuta* Parl.

Hab. in collibus siccis, Græcia in monte Malevo Laconiæ prope Hagios Petros (Orph!), Byzantium ad aquas dulces Europæ (Dup!), ad Kiagidchane (Murm!), colles Smyrnæ (Bal. 144!). Fl. Mart.

Ar. Geogr. Lusitania, Hispania, Gallia australis, Corsica, Italia, Africa borealis.

SECT. IV. EUAIRA. — Spiculæ a latere compressæ, flosculi sessiles. Glumæ binæ æquilongæ carinatæ uninerviæ flores superantes. Glumella apice bifida dorso rotundata et sæpius aristata, aristâ superne tortili et apice non incrassatâ, palea bicarinata. Caryopsis fusiformis latere interno longitudinaliter sulcata glumellis adhærens.

4. A. cariophyllea (L. Sp. 97) annua, culmis tenuibus erectis solitariis vel pluribus, foliis brevibus setaceis, ligulâ lanceolatâ, paniculæ erectæ trichotomæ plus minus effusæ ramis capillaribus brevibus pedicellis spiculâ 1-2-plo longioribus, spiculis approximatis utroque sæpius aristato inferiore rarius mutico, glumis albidis oblongo-lanceolatis acutis carinâ superne scabris, glumellâ brunneâ asperâ basi brevissime penicillatâ apice bisetosâ, aristâ infra medium dorsum insertâ geniculatâ glumas longe excedente ☉. Host Gram. t. 44. — Rchb. Germ. fig. 180. — *Avena caryophyllea* Wigg.

Hab. in arenosis apricis, Creta (Sieb!), Rhodus (Bourg!), Syra (Bal!), Thracia prope Ruskoi (Griseb!), Byzantii (Murmann!),Tauria circa Tchorgan et Inkerman (M.B.), Caucasus (Radde!), ditio Talysch prope Swant (Hoh!).

Ar. Geogr. Europa media et australis ab Angliâ, Daniâ, Gothiâ ad Rossiam mediam, Africa borealis, Abyssinia, P. B. Spei, insulæ Canarienses et Madera, America australis (an sponte?).

5. A. capillaris (Host Gram. IV, 20, tab. 35) annua, culmis gracilibus erectis solitariis vel pluribus, foliis brevibus setaceis, ligulâ lanceolatâ. paniculæ erectæ trichotomæ effusissimæ patentim divaricatæ ramis capillaribus elongatis, pedicellis spiculâ pluries longioribus scabris, spiculis distantibus, glumis albidis oblongis scabridis apice erosulis et mucronatis, flosculo inferiore sæpius mutico rarius aristato, glumellâ brunneâ asperâ basi breviter penicillatâ apice longe bisetosâ in flosculo superiore infrâ medium aristatâ aristâ geniculatâ glumis duplo longiore ☉. Rchb. Germ. fig. 181. — *A. elegans* Gaud. Agrost. I, p. 130.

Hab. in arenosis et siccis, Attica (Heldr!), Ætolia (Heldr!), Creta (Weiss! Raulin!), Macedonia (Friv!) et in monte Athone (Griseb.), Byzantii (Noë!), Anatolia prope Trojam (Schmidt!), et Pamphylia prope Adalia (Bourg!), Phrygie prope Ouchak 3300' (Bal!), Syria inter Tripoli et Hama (Bl!), Pontus Lazicus ad Rhizé (Bal!), Tauria (M. B. Stev.), Transcaucasiæ ditio Talysch (Hoh!).

Ar. Geogr. Europa australis in Hispaniá, Galliá australi, Italiá, littorali Austriaco, Dalmatiá, Rossiá, Hungariá, Africa borealis orientalis.

6. A. intermedia (Guss. Fl. Sic. Suppl. Prodr. I, p. 105) annua, culmis gracilibus erectis solitariis, foliis brevibus setaceis, liguláa elongatá, paniculæ erectæ trichotomæ patentissimæ sub-corymbosæ ramis pedicelisque capillaribus longissimis scabris, glumis oblongis obtusis cariná scabridis vel lævibus, flosculo inferiore mutico superiore aristato, glumellá asperulo-punctatá basi glabrá brevissime bifidá, aristá e glumis breviter exsertá ⊙. Parlat. Ic. Panorm. tab. 4. — *Aira corymboso* Fauché et Chaub. Fl. Pélop. n° 120, tab. 7, fig. I.

Hab. in Peloponneso prope Androusa, Pylos, Calamata (Gittard !).

Inter *A. capillarem* et *A. Tenorii* Guss. = *Fioriniam pulchellam* Parl. quasi intermedia, a priori inflorescentiá corymbosá, glumis obtusis, aristá brevi distincta ; posterior in ditione non observata differt paniculá divari-catissimá, glumis turgidis, glumellá apice integrá convoluto-mucronatá.

Ar. Geogr. Corsica, Sardinia, Siciliá.

Obs. *A. præcox* L. et *A. lendigera* Lag. = *A. pulchella* Trin. non Link per errorem ut videtur in Tauriá indicantur.

SUBTR. II. EUAVENEÆ. Bth. Spiculæ 2-multifloræ. Rachilla ultra flosculos sæpius producta.

CORYNEPHORUS (P. de B. Agr., p. 190).

Spiculæ biflorä floribus hermaphroditis, inferiore sessili superiore stipitato. Glumæ membranaceæ compresso-carinatæ subæquales flos-culis longiores. Glumella et palea membranaceæ subæquilongæ, illa canaliculato-lanceolata integra acuta basi breviter barbata supra basin aristata aristá in medio articulatá et torquatim barbatá infra articulum tortili apice clavato-incrassatá, palea inferne binervis apice triloba. Squamulæ binæ acute bifidæ. Stigmata bina terminalia sessilia plumosa. Caryopsis oblonga obtusa ventre anguste sulcata maculá hilari punctiformi notata paleæ adhærens. — Herbæ annuæ facie *Airæ*.

1. C. articulatus Desf. Fl. Atl. I, p. 70, tab. 13, sub *Airá*; annuus, culmis gracilibus, foliis convoluto-setaceis radicalibus non fasciculatis, vaginis elongatis, liguláa oblongá, paniculæ erectæ ante et post anthesin contractæ ramis capillaribus elongatis inferne longe simplicibus dein trichotomis spiculiferis, spiculis breviter pedicella-tis approximatis viridi et rubello variegatis, glumis lanceolatis acutis cariná asperis, flosculi fasciculo pilorum basilari glumellam dimidiam æquanti, aristæ rectæ glumis inclusæ articulo inferiore brunneo æquali superiore albo clavato ☉. *C. articulatus* P. de B. — *C. canescens* Sm. Prodr. I, p. 50 et C. Koch Linn. XI, non L.

Hab. in arenosis maritimis et rarius interioribus, Achaia (Sibth.), Attica in pinetis (Heldr!), Rhodus (Bourg!), Cilicia littoralis ad Mersina (Bal!), Syria littoralis in arenosis ad meridiem Berythi (Bal!), Palestina circa Gaza (Boiss!), Egyptus prope Alexandriam (Letourn.), mons Garbi Antilibani (Ky. 32!), Pontus Lazicus ad ostium Of (Bal!), Caucasus (Radde!), Transcaucasia ad Caspium (C. A. M! Hoh!).

Ar. Geogr. Gallia australis, Hispania australis, Italia, Africa borealis.

DESCHAMPSIA (P. de B. Agr., p. 91. — *Airæ* sp. L.).

Spiculæ 2-3-floræ cum vel absque rudimento flosculi sterilis, floribus hermaphroditis inferiore sessili cæteris stipitatis. Glumæ subæquales flosculos basi pilosos subæquantes. Glumella apice truncato-denticulata dorso aristâ non articulatâ nec clavatâ instructa; palea bicarinata bidentata. Squamulæ lanceolatæ glabræ. Stigmata subsessilia terminalia plumosa. Caryopsis subfusiformis glabra dorso compressa, facie plana, libera. — Herbæ perennes spiculis paniculatis.

1. D. cespitosa (L. Sp. 96 sub *Airâ*) dense cespitosa, radice fibrosâ, culmis elatis, foliis radicalibus fasciculatis longissimis rigidulis linearibus planis superne scaberrimis, caulinis abbreviatis, ligulâ oblongâ, paniculâ amplâ late pyramidali patentissimâ ramis semiverticillatis capillaribus scabris, spiculis nitidis pedicello longioribus, glumellis lanceolatis acutis carinâ scabris, glumellâ basi aristâ rectâ tenui subæquilongâ auctâ ⚥. *D. cespitosa* P. de B. — Rchb. Germ. fig. 185.

Hab. in umbrosis humidis, Græciæ insulæ (Sibth.), Macedonia et Thracia (Griseb.), Ponti Lazici regio subalpina (Bal!), Caucasus borealis (Hoh!), Daghestania (Rupr!).

β *colorata* Griseb. Sp. II, 457. — Humilior, folia abbreviata et latiora, panicula minor condensata spiculis majoribus fusco-purpureis. — *A. brevifolia* M. B. Taur. Cauc. III, p. 63 non R. Br. — *A. Biebersteinii* et *A. Wilhelmsii* Steud. Gram. 219. — *A. triflora* Friv. Flora 1836. p. 433 (forma spiculis trifloris).

Hab. in regione alpinâ typo in ditione multo vulgatior, Thraciæ mons Rhodope (Friv!), mons Anemas Lycaoniæ 6500' (Heldr!), Taurus Cilicicus supra Bulghar Maaden et Argæus Cappadociæ (Bal!), Berytdagh Lycaoniæ 7000' (Heldr!), Pontus in Alpibus Tchairlar (Ky. 533!), Persiæ occidentalis mons Elvend 10000' et Kellal atque Ssebsekuh ad nives (Hausskl!).

Ar. Geogr. Europa fere tota sed in boreali et mediâ vulgatior, Sibiria et Dahuria, Himalaya, America borealis, Tasmania.

2. D. flexuosa (L. Sp. 96 sub *Airâ*) cespitosa, radice fibrosâ, culmis erectis elatis tenuibus rigidulis, foliis radicalibus fasciculatis tereti-setaceis flexuosis, caulinis abbreviatis, ligulâ oblongâ obtusâ, paniculæ nutantis patentis,demum contractæ ramis capillaribus asperis inferne longe nudis, pedicellis spiculâ variegatâ longioribus, glumis lanceolatis carinâ asperis, glumellâ asperulâ paulo suprâ basin aristâ eâ sesquilongiore geniculatâ et inferne tortâ obsitâ ♃. *D. flexuosa* Griseb. Spic. II, p. 457. — Host Gram. tab. 48. — Rchb. Germ, fig. 182. — *Avenella flexuosa* Parl.

Hab. in pratis alpinis, Macedonia in Scardo 7000' (Griseb., Orph!), Pontus Lazicus supra Djimil 6000' (Dal!), Caucasus occid. 3600'-4200' (C. A. M.) et orientalis 5500'-8500' (Rupr!), Guriæ alpes (Szov!).

Ar. Geogr. Europa fere tota Græciâ et Dalmatiâ exclusis, America, borealis et antarctica.

HOLCUS (L. Gen. 1146).

Spiculæ bifloræ a latere compressæ. Glumæ flosculis longiores naviculari-carinatæ æquilongæ superior latior trinervia inferior uninervia. Flosculi stipitati inter se distantes, inferior hermaphroditus muticus, superioris masculi glumella sub apice aristata. Palea glumellæ subæquilonga bicarinata. Squamulæ binæ glabræ lobo laterali sæpe auctæ. Stamina tria. Styli terminales brevissimi, stigmata ad basin floris emergentia plumosa pilis dentatis. Caryopsis oblonga a latere compressa maculâ hilari punctiformi vel breviter lineari glumellis inclusa sed libera. — Herbæ spiculis in paniculas dispositis.

1. **H. lanatus** (L. Sp. 1485) perennis, radice fibrosâ, culmis erectis vel ascendentibus ad nodos villosis, foliis linearibus acuminatis planis vaginisque molliter villosis, ligulâ oblongâ, paniculâ oblongâ patente demum contractâ albidâ, glumis lanceolatis puberulis vel punctato-scabris carinâ ciliatis superiore retusâ mucronulatâ, floris superioris masculi glumellâ ad tertiam partem superiorem aristâ uncinatâ instructâ ♃. Host Gram. tab. 2. — Rchb. Germ. fig. 190.

Hab. in pratis præsertim in regione montanâ et subalpinâ, Peloponnesus in sylvis montis Malevo (Orph!), mons Korax Ætoliæ et Œta in pascuis et ad scaturigines 5500'-6300' (Heldr!), Eubæa (Wild!), Macedonia (Friv!), Bithynia et prope Byzantium (Thirke!), Pontus Lazicus (Bal!), Transcaucasia (Ledeb. Haussk!), Tauria (Stev.), Libanus supra Berythum (Bl!).

Ar. Geogr. Europa tota arcticis terris exceptis, Sibiria, Africa borealis, insulæ Canarienses, America borealis.

2. **H. annuus** (Salzm. Fl. Ting. exs.) annuus, culmis erectis ad nodos villosis, foliis linearibus planis brevibus vaginisque molliter pubescentibus, ligulâ oblongâ lacerâ, paniculâ oblongâ patente demum contractâ ramis pedicellisque brevibus pubescentibus, glumis pubescentibus inferiore lanceolatâ breviter aristatâ, superiore duplo latiore ovato-lanceolatâ aristâ setaceâ æquilongâ superatâ, floribus glabris, superioris masculi glumellâ ad teriiam partem superiorem aristâ

flexuosâ flosculo sesquilongiore subexsertâ obsitâ ⊙. *H. setiglumis* Boiss. et Reut. Diagn. Hisp. 27.

Hab. in cultis Anatoliæ, Smyrnæ (Bal. exs. 2 !), Cilicia Trachea ad ostium fluvii Anamour (Péronin!), Libanus in pinetis ad Beitméri (Peyron!), insula Sara Transcaucasiæ ad Caspium (C. A. Mey.).

Ar. Geogr. Hispania centralis, Africa borealis in regno Maroccano et in parte orientali.

TRISETUM (Pers. Syn. I, 97).

Spiculæ a latere compressæ 2-6-floræ, flosculis hermaphroditis vel summo tabescente præter inferiorem stipitatis. Glumæ carinatæ membranaceæ 1-3-nerviæ. Glumella concava apice bicuspidata dorso supra medium rarius sub apice aristâ geniculatâ vel rectâ sæpius inferne tortili instructa. Squamulæ binæ cuneatæ vel subbilobæ. Stamina tria. Ovarium glabrum. Stigmata 2 sessilia plumosa terminalia lateraliter emergentia. Caryopsis elliptico-oblonga compressiuscula exsulca glabra maculâ lineari sæpe obsoletâ. — Herbæ spiculis paniculatis sæpius minutis. — Genus ab *Avenâ* ovario glabro et caryopside exsulcâ distinctum.

Specierum Orientalium distributio

· Annua.

+ Glumellæ setæ binæ terminales brevissimæ.

T. myrianthum, condensatum, Rohlfsii, pumilum, Bungei.

+ + Setæ glumellâ dimidiâ longiores vel saltem eæ æquilongæ.

T. Gaudinianum, macrochœtum, glumaceum. lineare.

· · Perennia.

T. flavescens, Laconicum, rigidum.

———————

· Annua.

1. **T. myrianthum** (Bertol. Fl. Ital. I, p. 722 sub *Avenâ*)· annuum, culmis sæpius fasciculatis elatis erectis vel inferne geniculatis, foliis convolutis anguste linearibus glabris, ligulâ lanceolatâ lacerâ, panicuiâ elongatâ ramosissimâ patulâ post anthesin contractâ ramis semiverticillatis pedicellisque setaceis asperis, spiculis minimis bifloris, glumis subæquilongis oblongis mucronatis inferiore subangustiore uninervi superiore basi trinervi, flosculis basi brevissime

barbatis, glumellâ apice breviter bisetâ aristâ e medio dorso geniculatâ eâ subtriplo longiore obsitâ ⊙. *T. myrianthum* Parl. Fl. It. —
Cesati Ic. Stirp. It. — *Avena Mediolanensis* Bals. — *Avena agrostoides* Griseb. Spic. II, p. 454.

Hab. in pascuis Arcadiæ (Sartori!), Laconiæ in cultis Taygeti (Pichl!),
Ætoliæ prope Agrinion (Heldr !), Thraciæ prope Ænos (Griseb).

Ar. Geogr. Italia superior.

2. T. condensatum (Link Enum. Ber. I, p. 82, sub *Avenâ*)

annuum. culmis sæpius cespitosis pumilis inferne geniculatis, foliis
anguste linearibus planis superne pilosis, ligulâ ovatâ lacerâ, paniculâ brevi ovatâ sæpe lobatâ demum contractâ ramis pedicellisque
capillaribus brevibus asperis, spiculis minutis subtrifloris, glumis
glabris acuminatis inferiore anguste lanceolatâ uninervi, superiore
duplo latiore et manifeste longiore oblongo-lanceolatâ basi trinervi,
axi flosculisque glabris, glumellâ apice breviter bisetâ supra medium
dorsum aristâ geniculatâ eâ subduplo longiore instructâ, paleâ tertiâ
parte breviore ⊙. *T. condensatum* Schult. Syst. Mant. II, p. 366. —
T. aureum Ten. Fl. Nap. II, p. 378, tab. 107. — *Avena pumila* Urv.
Enum. p. 11, non Desf. — *A. chlorantha* Link Linn. XVII, p. 401 et
Herb! — *T. Noëanum* Boiss. Diagn. Ser. I, 13, p. 48.

Hab. in arenosis regionis maritimæ, Corcyra (W. Barbey!), Attica prope
Eleusin (Heldr!), Peloponnesus ad Naupliam, Corinthum, Xylocastron
(Orph !), Byzantii (Noë 116!).

Ar. Geogr. Italia meridionalis, Sicilia, Melita, in Galliâ australi sed ibi
forsan sporadicum.

3. T. Rohlfsii (Aschers. Verh. Bot. Ver. Brandenb. XXI, p. 71.)

annuum, caulibus pluribus tenuibus a basi geniculatâ erectis, foliis
brevibus anguste linearibus vaginisque villosulis, ligulâ exsertâ
oblique truncatâ, paniculæ anguste spiciformis densæ sublobatæ ramis
strictis inferne breviter nudis, spiculis subquadrifloris, glumis flosculis subbrevioribus oblongo-lanceolatis acutis ad nervos ciliato-scabris inferiore angustiore et triente breviore uninervi, superiore
trinervi, rachide pilis flosculo multo brevioribus obsitâ, glumellâ scabriusculâ dorso paululum infra apicem breviter bidentatum aristâ
rectâ æquilongâ auctâ ⊙.

Hab. in cultis arenosis ad El Qasr Oaseos parvæ (Asch. exs. 622!).

Semipsdale aut paulo elatius, panicula sæpe bipollicaris 4 lineas circ. lata,
spicula absque aristis 2 lineas longa. Facies *T. pumili* sed major, glumæ non
villosæ, rachis pilis brevissimis nec longis obsita, glumella apice fere nec
ad tertiam partem superiorem aristata. Affinis quoque facie *Kœleriæ Micheli*
et sicut *T. pumilum* transitum inter *Triseta* et *Kœlerias* præbens.

4. T. pumilum (Desf. Atl. 1, 103, sub *Avenâ*) annuum, culmis

pumilis sæpius pluribus tenuibus erectis vel geniculato-ascendentibus, foliis linearibus planis vaginisque pubescentibus, ligulâ brevis-

simâ, paniculæ confertæ spiciformis ovato-oblongæ densifloræ sæpe lobatæ ramis brevissimis plurispiculatis, spiculis minutis subquadrifloris, glumis flosculis subbrevioribus ovato-oblongis acutis æquilongis sed inferiore sublatiore undique et superiore vel undique vel dorso tantum villosis, rachidis et calli pilis paleas æquantibus, glu meliâ sub lente punctato-scabrâ apice breviter bidentatâ ad tertiam partem superiorem dorsi aristâ rectâ ei æquilongâ obsitâ ⊙. *T. pumilum* Kth Gram. I, 102.

Hab. in arenosis desertorum, Egyptus inferior ad Ramleh prope Alexandriam (Barb!), ad Abouroasch prope Cahiram (Sickenberger!), prope Siut (Aschers. 3522!), in Arabiâ petreâ (Auch. ex Cosson) et Abouchir Persiæ australis ad Sinum Persicum (herb. Deless.).

Ut cl. Cosson animadvertit transitum inter *Triseta* et *Kœlerias* præbens et facie similis *K. phleoidi* et *K. pubescenti* a quibus pilis longis rachidis et aristâ non terminali facile dignoscitur.

Ar. Geogr. Hispania orientalis et australis, regnum Maroccanum, Algeria interior, insulæ Canarienses.

5. **T. Bungei**, annuum, culmis inferne geniculato-ascendentibus, foliis vaginisque patule et molliter plus minus villosulis anguste linearibus elongatis inferioribus tenuibus subconvolutis, paniculæ laxiusculæ contractæ oblongæ ramis pedicellisque tenuibus scabridis, spiculis trifloris cum rudimento sterili piloso, glumis carinâ scabridis acuminatis inferiore anguste lanceolatâ tripfo angustiore et tertiâ parte breviore, superiore oblongo-lanceolatâ flosculis subæquilongâ, axi breviter pilosâ, glumellâ apice brevissime bisetâ supra medium dorsum aristâ eâ duplo longiore geniculatâ obsitâ ⊙.

Hab. in Persiâ boreali prope Siaret (Bge exs. 68 et 69 !).

Culmi semipedales, panicula bipollicaris. Facie et characteribus affine *T. macrochæto* a quo differt glumarum cum flosculis proportione, glumellâ breviter nec longe bisetâ.

6. **T. Gaudinianum** (Boiss. Voy. Esp., p. 653) annuum, culmis pumilis, foliis brevibus anguste linearibus convolutis vaginisque breviter pubescentibus, ligulâ pilosâ, paniculâ brevi spiciformi contractâ, spiculis bifloris cum rudimento flosculi tertii piloso, glumis lanceolatis acuminatis inferiore dimidio angustiore et subbreviore uninervi · superiore basi trinervi, glumellâ in setas binas ei æquilongas abeunti supra medium dorsum aristâ geniculatâ sesquilongiore obsitâ, flosculi inferioris basi brevius pilosâ superioris pilis crebris ei subæquilongis obsitâ ⊙. *Avena Löflingiana* Balb. Gaud. Fl. Helv. non L.

Hab. in collibus regionis montanæ Cappadociæ supra Bereketly 4000' (Bal !), in Armeniâ Rossicâ prope Arguri (Buhse !), in Persiâ orientali ad Kerman (Bge !).

Specimina tripollicaria Helveticis similia.

Ar. Geogr. Pedemontium, Valesia.

7. T. macrochætum (Boiss. Diagn. Ser. I, 13, p. 58) annuum, culmis pumilis, foliis brevibus glabriusculis inferioribus subsetaceis convolutis superioribus anguste linearibus, ligulâ brevissimâ truncatâ ciliatulâ, paniculæ brevis laxioscule contractæ ramis pedicellisque scabridis, spiculis bifloris cum rudimento sterili piloso, glumis carinâ scabridis acuminatis flosculos superantibus inferiore lineari triplo angustiore et tertiâ parte breviore, axi ad flosculi superioris basin breviter pilosâ, glumellâ glumis dimidio breviore apice in setas binas eâ dimidio breviores abeunte supra medium dorsum aristâ geniculatâ et inferne tortili glumis triplo longiore obsitâ ⊙.

Hab. circa Hierosolymam unde specimina bina tantum retuli.

Planta 3-4-pollicaris, gluma superior 2 lineas longa. Affine *T. Gaudiniano* a quo differt paniculâ laxiore, spiculis minoribus, pilis ad flosculi superioris basin brevibus nec glumellæ æquilongis etc. *T. glumoceum* cujus glumella quoque longe biseta est differt glumis inter se subæqualibus, aristâ brevi.

8. T. glumaceum (Boiss. Diag. Ser. I, 13. p. 49) annuum, culmis pluribus pumilis geniculato-ascendentibus, foliis hirtulis brevibus vaginisque retrorsum hirtis inferioribus convolutis lineari-setaceis superioribus linearibus planis, ligulâ brevi truncatâ hirtâ, paniculæ oblongo-spiciformis densifloræ sæpe lobatæ ramis strictis basi breviter nudis, spiculis bifloris cum rudimento, glumis flosculos superantibus subæqualibus lanceolatis acutis præter carinam superne subscabridam lævibus nitidis, rachide ad flosculi superioris basin stipiteque sterili longiuscule pilosis, glumellâ glumis fere dimidio breviore in setas binas eâ dimidio breviores abeunte infrâ medium dorsum aristâ geniculatâ e glumis breviter exsertâ obsitâ ⊙. *Avena subcylindrica* Ehr. Mss. (forma spiculis subminoribus et glumis minus acuminatis).

Hab. in deserto Arabiæ petreæ ad Palestinæ fines inter Nueckl et Gaza (Boiss!), ad Alexandriam (Ehrenb! Letourn. pl. exs. 277!).

Planta 3-5-pollicaris, panicula 1.¹/₁-1 pollicem longa, glumæ fere 2 lineas longæ.

9. T. lineare (Forsk. ex Del. Eg. tab. 12, fig. 3, sub *Trisetariâ*) annuum, culmis elatis crassiusculis rigidis ut et folia sub lente adpresse et brevissime hirtellis, vaginis elongatis elevatim nervosis, foliis rigidulis anguste linearibus demum convolutis, ligulâ brevissimâ truncatâ ciliolatâ. paniculâ spiciformi longâ lineari densiflorâ, ramis brevissimis a basi spiculigeris, spiculis pedicello brevissimo incrassato insidentibus bifloris flosculo superiore stipitato vel unifloris flore superiori abortivo ad aristam reducto, glumis vix inæqualibus glumellas superantibus anguste lineari-lanceolatis acuminatis inferne subbinerviis nervis elevatis scabridis, glumellâ basi breviter barbatâ in setas binas eâ triplo longiores rectas attenuatâ setâ tertiâ breviore interdum obviâ, aristâ sub apice insertâ geniculatâ et basi tortâ setas

longe superante, paleâ subbreviore anguste lineari profunde bifidâ
⊙. *T. lineare* Boiss. Diagn. Ser. I, 13, p. 49. — *T. arenarium* Labill.
Déc. 10, t. 7. — *T. Trisetaria* R. et Sch. — *Trisetaria linearis* Forsk.
Eg. 60. Del. Fl. Eg. tab. 12, f. 3.

Hab. in arenâ mobili Syriæ littoralis (Labill.), circa Berythum (Bl!),
Arabia petrea (Boiss!), Egyptus ad Alexandriam et Rosettam (Ehrenb! Del.),
ad Mandara prope Alexandriam (Let. 161!).

Pedale et interdum sesquipedale, spica 3-6 pollices longa 4 lineas circiter
lata, glumæ 3 ½ lineas longæ, glumella cum aristâ 6-7 lineas longa, ovarium
anguste lineare. Planta *Agrostideis* ob spiculas interdum subunifloras sæpe
adnumerata, sed flosculi fertiles bini (ut in iconibus citatis et speciminibus
Ehrenbergianis manifestum est) et nulla nota eam a *Triseto* distinguit.

* * Perennia

10. **T. flavescens** (L. Sp. 118 sub *Avenâ*) perenne cespitosum
subrepens, culmis elatis, foliis linearibus planis margine asperis
vaginisque inferioribus plus minusve pubescentibus, ligulâ brevi
truncatâ, paniculâ compositâ laxâ oblongo-cylindricâ lobulatâ patenti
dein contractâ ramis tenuibus asperis flexuosis, spiculis flavidis 2-3-
floris, glumâ inferiore uninervi breviore et multo angustiore, superiore
trinervi oblongo-lanceolatâ supra medium attenuato-acuminatâ, axi
pilis floribus multo brevioribus obsito, glumellâ apice breviter bisetâ
supra medium dorsum aristâ geniculatâ eâ longiore obsitâ ♃. *T.
flavescens* P. de B. Rchb. Germ. fig. 204 et 205. — *T. splendens*
Presl Gram. Sic. I, p. 80.

Hab. in pratis fere semper in regione montanâ et alpinâ, Græcia in montibus
Delphi Eubeæ et Œta 4-6500' (Heldr!), Parnassus (Orph!), montes Macedo-
niæ 2500'-5000' (Griseb.), Byzantii ad montem gigantis (Post!), mons Argæns
Cappadociæ 7-8000' (Bal!), Pontus Lazicus 6000' (Bal!), Caucasus 6-9000'
(Led. Rupr!), Armenia Rossica (Ch. Koch), montes Talysch (Hoh.).

Ar. Geogr. Europa media et australis a Sueciâ ad Rossiam mediam, Sibiria
tota, Africa borealis in montanis

11. **T. Laconicum** (Boiss. et Orph. Diagn. Ser. II, 4, p. 129)
perenne stoloniferum, culmis elatis, foliis planis lineari-lanceolatis latiusculis acutis firmis vaginisque pilis brevibus patulo-
deflexis hirtis, ligulâ brevi truncatâ lacerâ, vaginæ ore auriculato,
paniculæ compositæ contractæ oblongo-lanceolatæ ramis brevibus
strictis asperis, spiculis stramineis trifloris cum pedicello sessili plumoso, glumis lanceolatis acuminatis inferiore uninervi breviore et
fere dimidio angustiore superiore basi trinervi superne sensim attenuatâ, axi pilis flosculos dimidios æquantibus stipato, glumellâ apice
obsolete bidentatâ ad quartam partem superiorem aristâ geniculatâ
sesquilongiore obsitâ.

Hab. in monte Malevo Laconiæ prope Vrancopigadou (Orph!).

Bipedale, panicula 5-6-pollicaris, spiculæ paulo majores eis *T. flavescentis* a quo differt glumâ superiore sensim attenuatâ, glumellâ obsolete bidentatâ nec bisetâ et imprimis racheos pilis multo longioribus.

12. T. rigidum (M. B. Taur. Cauc I. p. 85) perenne cespitosum, rhizomate repente, culmis erectis, foliis glaucis lanceolatis longe acuminatis rigidis planis margine sæpe scabris patentibus ad caules steriles et in parte inferiori culmorum approximatis distichis, vaginis hirtis, ligulâ brevissimâ lacerâ, paniculæ erectæ æqualis ramis strictis inferioribus semiverticillatis, spiculis 2-3-floris cum vel absque pedicello sterili plumoso, glumis flavidis lanceolatis acutis superiore latiore et longiore basi elevatim trinervi, axi pilis albis copiosis flosculos superiores æquantibus barbato, glumellâ apice longiuscule bisetâ supra medium dorsum aristâ geniculatâ exsertâ obsitâ, paleâ glumellâ breviore ♃ . *T. rigidum* Ræm. et Sch. — *Avena sesquitertia* M. B. Taur. Cauc. I, p. 77. — *Arundo Wilhelmsii* Ledeb. Mém. Ac. Pétersb. VI, p. 593, tab. 19. — *Avena Daënensis* Boiss. Diagn. Ser. I, 7, p. 123 et *T. distichophyllum* C. A. Mey. Ind. Cauc. 17. non Vill. (formæ pumilæ).

Hab. in rupestribus alpinis, Taurus Cilicicus supra Bulghar Maaden (Ky! Bal!), Armenia versus fontes Araxis (Tchih!), mons Bousdouandagh Ponti Lazici (Bal. 7500!), Caucasus omnis 6-8500' (M. B. C. A. Mey! Rupr!), Iberia, Somchetia, ditio Talysch (Hoh!), Persia borealis ad radices Demavend (Ky 393!), australis in ditione Bachtiaris (Haussk!) et in monte Kuh Daëna (Ky. 784!).

Variat culmis ¹/₂-1 ¹/₂-pedatibus, foliis plus minus latis semper patentirigidis interdum subpungentibus. Valde affine *T. distichophyllo* Vill. foliis angustioribus brevioribus, glumis subæqualibus, glumellâ et paleâ æquilongis distincto.

VENTENATA (Kæl. Gram. 273).

Spiculæ a latere compressæ 3-6-floræ rarius unifloræ cum rudimento sterili, floribus hermaphroditis præter infimum stipitatis supremo ad rudimentum sæpe reducto. Glumæ membranaceæ carinatæ exterior brevior. Glumella oblongo-lanceolata in flore inferiore dorso exaristatâ integra acuta vel attenuato-acuminata, in cæteris apice bidentata vel biseta dorso aristâ geniculatâ et basi contortâ instructa, palea bicarinata. Squamulæ binæ carnosulæ glabræ oblongo-lanceolatæ Stam. 3. Stigmata bina sessilia plumosa lateraliter emergentia. Caryopsis oblongo-linearis glabra ventre sulcata maculâ hilari punctiformi. — Herbæ annua facie *Gaudiniæ* vel *Avenæ*. — Species hujus generis variant spicularum numero, nervis glumarum ternis vel senis sed tamen inter se proxime affines sunt.

SECT. I. EUVENTENATA. — Spiculæ laxe paniculatæ.

1. V. dubia (Leers sub *Avenâ* 1775) annua, culmis sæpe fasciculatis erectis tenuibus, foliis anguste linearibus erectis tandem convolutis brevibus, ligulâ oblongâ, paniculæ laxæ æqualis pyramidatæ ramis semiverticillatis tenuissimis asperis inferne longe denudatis, spiculis 2-5 terminalibus approximatis breviter pedicellatis, glumis prominule 7-9-nerviis ad nervos scabris oblongo-lanceolatis acuminatis inferiore tertiâ parte breviore, glumellâ floris inferioris in aristam terminalem attenuatâ, florum superiorum basi in stipitem linearem villosum attenuatâ apice biaristatâ et dorso ad medium aristâ flore longiore instructâ ⊙. *Avena tenuis* Mænch. — *Avena triaristata* Vilh. — *V. avenacea* Kœl. — *Trisetum tenue* R. et Sch. — Host Gram. t. 58. — Rchb. Germ. fig. 197.

Hab. in collibus et montosis sterilibus, Macedonia et Thracia (Griseb!), Phrygia ad Kaiagheul Deré prope Ouchak 2000' (Bal. 1337!), Transcaucasia (ex Griseb.).

Ar. Geogr. Hispania australis, Gallia centralis et australis, Belgium, Germania occidentalis et australis, Italia, regio Danubialis, Serbia, Rossia australis, Africa borealis in montanis.

2. V. subenervis (Boiss. et Bal. Bull. Soc. Bot. Fr. IV, p. 305) annua, culmis interdum fasciculatis erectis tenuibus, foliis anguste linearibus convolutis brevissimis, ligulâ oblongâ, paniculæ laxæ æqualis pyramidatæ ramis semiverticillatis tenuissimis asperis inferne longiuscule denudatis, spiculis solitariis vel 2-3-confertis breviter pedicellatis, glumis obsolete 3-5-nerviis sublævibus lanceolatis longe attenuato-aristatis inferiore dimidio breviore, glumellâ floris inferioris longe attenuato-aristatâ, florum superiorum basi in stipitem villosum attenuatâ apice biaristatâ et ad medium dorsum aristâ flosculo longiore instructâ ⊙.

Hab. in Smyrnæ collibus incultis (Bal. ; 7!), ad Kaiagheul Deré Phrygiæ 2000' (Bal. 1336!).

Facies præcedentis a quâ glumarum characteribus optime distinguitur.

3. V. Blanchei. annua, culmis erectis tenuibus, foliis anguste linearibus vix convolutis, ligulâ oblongâ, paniculæ laxæ æqualis pyramidatæ ramis semiverticillatis tenuibus asperrimis, spiculis pedicellis incrassatis brevibus suffultis 2-3 terminalibus confertis bifloris, flosculo superiore ad rudimentum muticum reducto, glumis lanceolatis longe acuminatis ad nervos elevatos valde scabris inferiore subtriplo breviore uninervi superiore trinervi, glumellâ floris fertilis longe attenuato-aristatâ demum convolutâ et superne valde scabridâ infrà medium dorsum aristâ contortâ et divergenti eâ sesquilongiore instructâ ⊙.

Hab. in Cedreto Libani supra Hadet (Septembri fructiferam legit cl. Blanche!).

Culmi pedales, panicula paucispiculata 4-5-pollicaris, spiculæ magnitudinis *V. dubiæ.* Species in genere ob flosculum fertilem spiculæ unicum aristatum anomala, sed a *Ventenatâ* non sejungenda.

SECT. II. GAUDINOPSIS. — Spiculæ breviter pedicellatæ spicatæ.

4. V. macra (Stev. in M. B. Taur. Cauc. I, p. 77 sub *Avenâ*) annua, culmis mediocribus erectis vel inferne geniculatis, foliis anguste convolutis brevibus rigidulis erecto-patulis, ligulâ lanceolatâ lacerâ, spiculis oblongo-linearibus pedicellis strictis eis æquilongis vel brevioribus suffultis, glumis oblongo-lanceolatis acutis parum inæqualibus glabris exteriori uninervi superiore trinervi, glumellâ floris inferioris muticâ oblongo-lanceolatâ acutâ glumæ superiori simili, glumellis florum superiorum calli basi exceptâ glabris apice brevissime bidentatis supra medium dorsum aristâ contortâ eis sesqui vel duplo longiore obsitis ☉. *V. macra* Bal. Sched. — *Bromus Hohenackeri* Hochst. in Sched. Hoh. — *Avena Georgica* Boiss. Mss. olim.

Hab. in siccis, Phrygia in quercetis prope Ouchak 3000' (Bal. 1335!), Elmalu Lyciæ in agris incultis (Bourg. 267!), Cappadocia ad radices montis Alidagh (Bal!), regio montana Tauri Cilicici (Bal. 757!), Mesopotamia ad Orfa et in deserto Chabur (Hausk!). Tauria meridionalis (Stev.), Sonchetia (Szov.), Georgia et prov. Kerabagh (Hoh. sub *Avenâ fragili!*).

5. V. quercetorum (Boiss. et Bal. Diagn. Ser. II, 4, p. 130) annua, culmis pumilis inferne geniculatis, foliis brevibus angustis demum convolutis, ligulâ lanceolatâ lacerâ, spiculis ovatis compressis pedicellis incrassatis strictis eis brevioribus suffultis, glumis subinæqualibus flosculis brevioribus carinâ scabridis inferiori uninervi superiore trinervi, glumellâ floris inferioris glabrâ acutâ muticâ glumis simili, flosculorum superiorum glumellâ dorso ad medium usque adpresse velutinâ apice bisetâ dorso medio aristâ geniculatâ flosculo triplo longiore instructâ ☉.

Hab. copiose in quercetis prope Bulghas Kiöi Phrygiæ 3000' (Bal!).

Planta semipedalis. Species a *V. macrâ* valde affini glumellâ flosculorum superiorum inferne velutinâ nec glabrâ, apice bisetâ nec breviter bidentatâ tantum distincta. An hujus varietas?

AVENA L. Gen. 94 (ex parte)

Spiculæ a latere compressæ vel teretiusculæ, 2-3 vel plurifloræ, flosculis hermaphroditis supremo sæpius sterili, superioribus saltem stipitatis cum rachide articulatis. Glumæ concavæ carinatæ. Glumella major concava plus minus coriacea et semen demum involvens, apice bifida vel bicuspidata dorso sæpius aristata, aristâ geniculatâ inferne tortili, palea bicarinata bidentata. Squamulæ binæ. Stamina tria. Ovarium superne pilosum. Stigmata bina subsessilia plumosa terminalia lateraliter emergentia. Caryopsis subfusiformis superne saltem pilosa ventre sulcata maculâ hilari elongatâ libera sed glumellis arcte involuta. — Herbæ spiculis magnis vel majusculis paniculatis. — Characteres sectionem et subsectionum a cl. Cosson quoad modum articulationis axeos et a cl. Duval Jouve quoad aristæ formam propositarum secutus sum.

Sect. I. **EUAVENA** Gr. et Godr. — Spiculæ demum pendulæ. Glumæ 7-9-nerviæ. Radix annua. Aristæ pars inferior cylindrica et bisulca demum sæpius cochleatim torta.

§ I. **Sativæ** Coss. — Flores cum rachide non articulati et tantum ipsius fractione soluti.

1. **A. sativa** (L. Sp. 118) paniculâ undique diffusâ, spiculis 2 rarius 3-floris, glumis acuminatis flosculos superantibus, rachide glabrâ vel ad flosculi inferioris basin brevissime pilosâ, flosculo inferiore subsessili aristato, superiore sæpius mutico, utroque interdum mutico, glumellâ apice breviter bidentatâ ad medium aristatâ aristâ inferne tortili ⊙. Host Gram. t. 56.

Frequenter culta.

2. **A. Orientalis** (Schreb. Spic. 52) paniculâ contracto-subsecundâ, spiculis bifloris, glumis acuminatis flosculos superantibus, rachide glabrâ vel ad flosculi inferioris basin pilosulâ, flosculo inferiore sessili utroque aristato vel superiore mutico, glumellâ apice denticulatâ ad medium aristatâ, aristâ rectâ vel flexuosâ inferne non tortili ⊙. Host Gram. tab. 44.

Hinc inde cum *A. sativâ* intermixta culta.

3. **A. strigosa** (Schreb. Spic 52) paniculâ subsecundâ, spiculis bifloris, glumis subinæqualibus flosculos paulo superantibus acuminatis, rachide præter pitorum fasciculum ad basin flosculi superioris glabrâ, flosculo inferiore substipitato utrpque vel altero stipitato, glumellâ apice bifidâ lobis longe aristatis versus medium aristâ longâ inferne tortili obsitâ ⊙. Host Gram. tab. 55.

Hab. in pratis ad mare Caspium inter Sallian et Lenkoran (C. A. Mey.).

Ar. Geogr. In Europâ boreali et mediâ culta et subspontanea.

§ 2. **Agrestes** Cosson. — Flores omnes aut inferior tantum cum
rachide articulati. Callus sæpe elongatus calcariformis
post floris delapsum cicatricem incisam præbens.

* Flos tantum inferior cum rachide articulatus, superiores rachidis
fractione tantum soluti (*Biformes* Coss.).

4. **A. pilosa** (M. B. Taur. Cauc. III, p. 84) patule et sparsim
pilosa, paniculâ subsecundâ, glumis acuminatis superiore flosculos
superante, inferiore dimidio breviore, rachide dense pilosâ pilis flosculis quadruplo brevioribus, flosculi inferioris glumellâ basi in
callum acutum cicatrice lineari exaratum attenuatâ superne plus-
minusve pubescenti-scabrâ bifidâ lobis longe aristatis ad medium
dorsum aristâ pubescenti subtriplo longiore inferne tortâ obsitâ ⊙.
A. eriantha var. *acuminata* Durieu et Cosson.

Hab. in collibus et dumosis, Chersonesus Thraciæ ad Ainadji Khan (Griseb.),
Smyrnæ colles (Bal. 8!), Cilicia ad Mersina (Bal!), Syria ad Aleppo (Ky. 59!.
Auch. 2929! Haussk!), Iberia (Stev.).

Descriptioni Floræ Taur-Caucasicæ omnibus notis congrua, nomen igitur
A. pilosæ servandum. In ditione glumella semper apice biaristata, in Algeriâ
interdum obtusa bifida, quæ forma est *A. eriantha* Durieu gennina specifice
non sejungenda.

Ar. Geogr. Africa borealis.

5. **A. sterilis** (L. Sp. 118) glabra, paniculâ subsecundâ, glumis
amplis acuminatis flores superantibus, spiculis magnis 3-4-floris,
floribus 2 rarius 3 aristatis a basi ad medium longe setosis superioribus muticis glabris, flosculi inferioris glumellâ basi in callum brevem latum cicatrice ovatâ exculptum abeunte apice bifidâ et scabrâ
ad medium aristâ longâ et validâ inferne tortili auctâ ⊙. Jacq. Rar.
tab. 23. — Host Gram. tab. 57. — *A. Syriaca* Boiss. et Bl. Mss.
olim.

Hab. in cultis, olivetis, vinetis regionis inferioris a Græciâ! et ejus insulis !
ad Anatoliam maritimam! Syriam littoralem (Bl!) et interiorem ad Aleppo
et Damascum (Ky! Gaill!), Palestinam (Post!), Arabiam petream (Boiss!),
Egyptum inferiorem (Barbey!), Persiam australem ad Abuchir et Dalechi
(Ky !), Affghaniam (Griff!).

Ar. Geogr. Regio mediterranea Europæ et Africæ borealis.

* * Flores omnes cum rachide articulati (*Conformes* Coss.).

6. **A. clauda** (Durieu in Duchart. Rev. Bot. I, 360) patule pilosula, paniculâ subsecundâ, spiculis 3-4-floris, glumâ inferiore dimidio minore superiore flores æquante; rachide stipiteque floris tabescentis pilosissimis, glumellâ dorso glabrâ basi in callum pilosum
linearem obtusiusculum cicatrice lineari exaratum attenuatâ apice

bifidâ lobis in aristas longiusculas productis ad medium aristâ longâ inferne tortili auctâ ⊙. Ic. Exp. Sc. Alg. tab. 41, fig. 2.

Hab. in Atticâ ad Hymetti cacumen et insulâ Lero Pharmacusarum (Heldr!), in collibus Lydiæ prope Smyrnam (Bal. 9!), Ciliciâ ad Mersina (Bal!), in deserto Chabur Mesopotamiæ (Haussk!).

Ar. Geogr. Africa borealis.

7. **A. barbata** (Brot. Fl. Lusit. I, 108) patule pubescens vel velutina, pauiculâ subsecundâ, spiculis bifloris, glumis subæqualibus 9-nerviis flores subsuperantibus, rhachide infra florem inferiorem glabrâ ad basin cæterorum stipitemque flosculi tabescentis pilosissimâ, flore utroque aristato, glumellâ in callum obtusiusculum oblongum cicatrice oblongo-lineari exculptum attenuatâ a basi ad medium pilis fuscis obsitâ apice bifidâ et longe biaristatâ dorso medio aristâ longâ inferne tortili obsitâ ⊙. *A. hirsuta* Roth Cat. III. 19. — Webb Phyt. Can. tab. 247. — *A. hirtula* Lag. Gen. et Sp. 50. — *A. atherantha* Presl Cyp. 30.

Hab. inter segetes, in collinis siccis fere totius ditionis, Attica in Hymetto (Heldr!), Macedonia et Thracia (Griseb!), Byzantium (Cosson!), Rhodus (Bourg!), Cyprus (Ky!), Pamphylia (Bourg!), Syria littoralis (Bl!) et interior (Gaill!), Arabia petrea (Schimp. 277!), Tauria (Stev.) Iberia et ditio Talysch (C. A. Mey! Hohen!).

Ar. Geogr. Regio mediterranea Europæ et Afrïcæ borealis, insulæ Canarienses et Azoricæ, Abyssinia, Chili (an introducta?).

8. **A. Wiestii** (Steud. Gram. p. 231) patule pilosula, paniculâ secundâ, spiculis bifloris abbreviatis, glumis æqualibus flosculos æquantibus septemnerviis, glumellâ in callum brevem obtusum cicatrice ovatâ exculptum attenuatâ totâ longitudine pilosâ apice bifidâ lobis longe setaceo-aristatis medio dorso aristâ duplo longiore tenui inferne contortâ obsitâ ⊙.

Hab. in Egypto prope Cahiram (Wiest.), Deir et Tin prope Cahiram (Barbey!), ad Salehieh (Schw!), deserto Arabiæ petreæ versus Palestinam (Boiss!), in deserto inter Bassorah et Bagdad (Haussk!).

Affinis *A. barbatæ* differt spiculis abbreviatis, glumis septemfloris, glumellis fere ad apicem usque nec ad medium barbatis multo minoribus (5 lineas tantum longis), calli cicatrice ovato-oblongâ nec lineari.

9. **A. fatua** (L. Sp. 118) paniculâ æquali patente, spiculis 2-3-floris, floribus omnibus aristatis, glumis subæqualibus flores paulo superantibus, rachide stipiteque floris tabescentis pilosis, glumellâ in callum brevem obtusum cicatrice oblongâ vel ovatâ exaratum setoso-pilosum attenuatâ a basi ad medium setoso-pilosâ apice dentato-bifidâ medio dorso aristâ longâ validâ inferne tortili auctâ ⊙. Schreb. Gram. t. 15. — Host Gram. tab. 58. — *A. trichophylla* C. Koch Linn. XXI, p. 393 ex descript. — *A. sterilis* Del. Eg. ex Asch. non L.

Hab. in cultis Græciæ (Sibth.), Macedoniæ (Friv.), Tauriæ (Stev.), prov. Caucasicarum (Ledeb. Hoh!), Ciliciæ (Pér!), Arabiæ petreæ (Auch. 2924!)

Egypti inferiori ad Damiatam (Ehr!), Kahiram (Schweif!), Oases (Aschers!), in Affghaniâ (Aitch !).

β. *glabrescens* Coss. Exp. Alg. p. 113. — Glumella basi exceptâ glabra vel glabrescens. — *A. Byzantina* C. Koch Linn. XXI, p, 392. — *A. hybrida* Petermann.

Hab. in Bithyniâ (Thirke), Ponto Lazico circa Djimil (Bal!), Babyloniâ inter Bassorah et Bagdad (Haussk!).

Ar. Geogr. Europa media et australis, Sibiria, Africa borealis, Abyssinia. Quoque in Americâ boreali et australi, P. B. Spei sed an introducta ?

SECT. II. AVENASTRUM Koch Syn. — Spiculæ in nostris erectæ. — Radix perennis fasciculos foliorum sterilium culmosque fertiles edens.

* Gluma inferior uninervia, superior basi trinervia. Aristæ pars inferior cylindrica a dorso subcompressa et bisulca demum cochleatim torta.

A. pubescens, convoluta.

* * Gluma utraque trinervia. Aristæ pars inferior complanata margine albo-cartilaginea demum spiraliter torta. Folia margine albo cartilagineo instructa.

A. Scheuchzeri, Argæa, pratensis, caryophyllea, agropyroides, planiculmis

* * * Gluma superior 5-9-nervia. Aristæ pars inferior complanata margine albo-cartilaginea demum spiraliter torta. Folia ut subsec. præcedentis.

A. compacta, oligostachya, Carmeli.

---

10. **A. pubescens** (L. Sp. 1665) cespitosa, radice fibrosâ breviter stoloniferâ, culmis elatis glabris, foliis linearibus planis inferioribus utrinque læviusculis et ad vaginas patule plus minus pubescentibus interdum glabris, ligulâ oblongâ acuminatâ glabrâ, paniculæ erectæ vel apice subnutantis contractæ oblongæ ramis brevibus strictis paucispiculatis, spiculis 3-4-floris, glumis scariosis diaphanis inferiore uni superiore trinervi, axis barbatæ pilis ad basin flosculi secundi ejus dimidiam partem æquantibus, glumellâ apice late albo-scarioso lacerâ versus medium dorsum aristâ brunneâ eâ duplo longiore auctâ, paleâ non ciliatâ ⊙. Host Gram. tab. 50. — Rchb. Germ. fig. 213. — *A. glabra* C. Koch Linn. XIX, 5, (forma glabra).

Hab. in pratis siccis montanis et alpinis partis septentrionalis ditionis, Olympus Bithynus inter Juniperos (Pichl!), Pontus Lazicus circa Djimil et Khabackar 6-8000' (Bal!), Caucasus borealis in montibus Beschtau et Matchuka (Hohen!), occidentalis 2000'-5000' (C. A. Mey.).

β *longifolia.* — Folia surculorum elongata sæpe pedalia longius hispida, paniculæ spiculæ pauciores majores. — *A. hirtifolia* Boiss. Diagn. Ser. I, 4, p. 128.

Hab. in monte Tchabandagh prope Guediz Phrygiæ (Bal!).

Ar. Geogr. Europa borealis et media a Scandinaviâ et Rossiâ ad Galliam, Italiam borealem, Dalmatiam, regionem Dannbialem, Sibiria.

11. A. convoluta (Presl Cyp. et Gr. Sic. p. 31) perennis dense cespitosa glabra fasciculis sterilibus culmisque basi vaginis involutis hisce elatis gracilibus, foliis radicalibus arcte convolutis tenuibus rigidis elongatis lævibus, ligulâ brevissimâ truncatâ glabrâ, paniculæ erecto-patentis demum contractæ ramis tenuissimis flexuosis inferioribus 2-5-spiculatis semiverticillatis, spiculis 3-4 floris lutescentibus vel violaceo variegatis, glumis inæqualibus lanceolatis acuminatis inferiore uninervi superiore inferne trinervi, axi totâ longitudine villosâ pilis ad basin flosculorum eis triplo brevioribus, glumellâ dorso obsolete nervosâ sub lente punctato-scabridâ apice scarioso lacerâ ad medium dorsum aristâ eâ duplo longiore auctâ, paleâ ad carinas ciliatâ ♃. — *A. fallax* Tin. Fl. Nap. — Guss. Fl. rar. tab. 9. — Bertol. Fl. It. non R. et Sch. — *A. striata* Vis Fl. Dalm. I, p. 70. — Koch Syn. non Lam. — *A. Heldreichii* Parl. Fl. It. I, p. 275.

Hab. in siccis regionis montanæ, insula Corcyra (Barbey!), Attica in Hymetto versus cacumen et Parnes ad Dekeleiam (Heldr!), mons Corfi prope Xylocastron (Orph!), Taygetus supra Androuvista (Heldr! Pichler!).

Valde affinis *A. filifoliæ* Lag. ex Hispaniâ ligulis eximie barbatis, spiculæ axi longius pilosâ, fere tantum distinctæ. Notæ quibus cl. Parlatore *A. Heldreichii* ab. *A. convolutâ* sejunxit valde fallaces sunt.

Ar. Geogr. Sicilia, Italia australis, Dalmatia.

12. A. Scheuchzeri (All. Fl. Pedem. II, p. 255) rhizomate cespitoso vaginato, radice fibrosâ, culmis gracilibus, foliis glabris brevibus planis obtusis margine cartilagineo scabris facie lævibus, ligulâ elongatâ lacerâ glabrâ, paniculæ brevis ovatæ vel oblongæ ramis brevibus erectis subflexuosis spiculam solitariam vel binas gerentibus, spiculis nitidis violaceo et luteo variegatis subquinquefloris, glumis oblongis scariosis trinerviis inæqualibus superiore flosculis breviore, axi pilosâ pilis articulorum flosculo multoties brevioribus, glumellâ punctato-scabrâ apice scariosâ bidentatâ lævi ad medium dorsum aristâ brunneâ eâ longiore iuferne complanatâ et tortâ obsitâ, paleâ ad carinas ciliatâ ♃. Host Gram. t. 52. — Rchb. Germ. fig. 208. — *A. versicolor* Vill. Dauph. II, p. 142, tab. 4.

Hab. in pratis alpinis siccis, mons Bousdouandagh Ponti Lazici supra Khabackhar 8000' (Bal!), Caucasus 7200'-9000' (C. A. Mey!), Caucasus orientalis 8500'-9000' (Rupr!).

Ar Geogr. Alpes, montes Galliæ australis, Pyrenei, Apennini, Aipes regionis Danubialis, America borealis.

13. A. Argæa rhizomate cespitoso vaginato, radice fibrosâ, culmis rigidis. foliis brevibus rigidis anguste linearibus obtusis margine cartilagineo scabris facie scabriusculis, ligulâ lanceolatâ glabrâ, paniculæ brevis oblongæ contractæ paucispiculatæ pedicellis solitariis vel binis strictissimis brevibus, spiculis aureo-fuscis 5-6-floris, glumis lanceolatis subæquilongis trinerviis superiore flosculis breviore, axi brevissime pitosâ, pilis ad basin flosculorum eis multoties brevioribus, glumellâ punctato-scabrâ obsolete plurinervi apice scariosâ denticulatâ supra medium dorsum aristâ brunneâ eâ longiore inferne complanatâ et tortâ obsitâ, paleâ ad carinas ciliatâ ⚄.

Hab. in regione alpinâ montis Argæi Cappadociæ 4200' (Bal. exs. 347 ! sub *A pratensi*).

Folia fasciculorum sterilium 3-4-pollicaria linæ ²/₃ lata, culmi 12-15 pollices longi, panicula 2-3-pollicaris. Inter *A. pratensem* et *A. Scheuchzeri* quasi intermedia, a priori foliis brevibus, paniculæ brevis paucifloræ ramis brevissimis, spiculis aureo-fuscis, glumis subæqualibus distincta; ab *A. Scheuchzeri* quam facie refert culmis validis elatioribus, pedicellis strictis brevibus, spiculis majoribus, glumis lanceolatis et æqualibus 7 lineas longis nec oblongis inæqualibus 4 lineas longis, etc, distinguenda.

14. A. pratensis (L. Sp. 119) perennis radice fibrosâ, culmis erectis rigidis, foliis rigidis linearibus multinerviis glabris facie superiori margineque cartilagineo scabris, ligulâ lanceolatâ glabrâ, paniculæ contractæ spiciformis subsimplicis ramis strictis monostachyis inferioribus sæpe distachyis, spiculis 4-5-floris virentibus, glumis scariosis inæqualibus utrâque trinervi, axi lateraliter et breviter barbatâ, pilis ad secundi flosculi basin eo multoties brevioribus, glumellâ dorso punctato-scabrâ obsolete plurinervi apice late scarioso lacerâ ad medium dorsum aristâ duplo longiore inferne complanatâ et tortâ auctâ, paleâ ad carinas ciliatâ ⚄. Host Gram. tab. 51. — Rchb. Germ. fig. 209.

Hab. in Caucaso ad Nartzanam (ex M. B.), Sonchetiâ et Kachetiâ (ex Eichw.) sed specimina Caucasica non vidi.

β. australis. — Folia angustiora. spiculæ paulo majores, axis vix barbata. — *A. australis* Parl. Fl. It. I, p. 285.

Hab. in Laconiæ monte Malevo prope Hagios Joannis (Orph!), monte Taygeto (Pichl!).

Ar. Geogr. Europa borealis et media a Scandinaviâ et Rossiâ ad Hispaniam mediam, Italiam, regionem Danubialem, Sibiria, Africa borealis.

15. A. caryophyllea (Sibth. et Sm. I, 71, tab. 89) perennis, radice fibrosâ, culmis erectis, foliis glabris planis margine incrassato scabris, ligulâ elongatâ, paniculæ elongatæ angustæ contractæ spiculis 5-8-floris stramineis 1-2-nis remotiusculis altero subsessili altero breviter pedicellato, glumis subinæqualibus obsolete trinerviis, axi glabrâ interdum pilis paucis brevissimis et lente tantum perspicuis ad flosculorum basin obsitâ, glumellâ obsolete nervosâ inferne dorso sub lente pilis adpressis brevibus obsitâ apice scariosâ et dentato-

lacerâ supra medium aristâ brunneâ eâ longiore inferne complanatâ
et tortâ obsitâ, paleâ ad carinas ciliatâ ♃. *A. pratensis* Sibth. in Sm.
Prodr. I, p, 67 non L.

Hab. in insulæ Cimoli Archipelagi cretaceis (Fl. Græc.), in Thraciâ circa
Byzantium (Castagne!), ad Ruskoi (Grisebl).

A. pratensi et præsertim *A. bromoidi* Gou. valde affinis pilis ad flosculorum
basin nullis vel paucis lente tantum conspimis differre videtur. Planta ex
Cimolo in herb. Sibthorpiano deest et ulterius inquirenda. Cl. Janka in
schedulis hauc speciem cum *A compressâ* Heuffel conjungit sed hæc glumellâ dorso eximie sulcatâ plurinervi differre videtur.

16. **A. agropyroides** (Boiss. Diagn. Ser. I, 13, p. 50) perennis glabra cespitosa. radice fibrosâ, culmis erectis gracilibus, foliis
auguste linearibus rigidis brevibus margine cartilagineo scabridis,
culmorum laminâ patenti, ligulâ elongatâ acutâ glabrâ, spiculis solitariis vel inferioribus geminis stricte et breviter pedicellatis subtrifloris in paniculam spiciformem angustissimam laxam dispositis, glumis
lanceolatis acuminatis trinerviis inæqualibus superiore flosculos
æquante, axi glabrâ, callo ad flosculorum basin brevissimo piloso,
glumellâ adpresse et brevissime sericeâ superne hyalinâ breviter
bidentatâ supra medium aristâ inferne complanatâ et tortlli eâ
sublongiore auctâ, paleâ margine ciliatâ.

Hab. in Argolide (Spruner! sub *Avenâ bromoide!*).

Unicum specimen stirpis ulterius observandæ vidi, culmi pedales vel longiores, spica 3-4-pollicaris, spiculæ valde dissitæ, gluma superior 7 lineas
longa. Affinis *A. pratensi* et præsertim *A. caryophylleæ* a quâ laminis foliorum patentibus, spiculis subsolitariia distantibus 2-3-floris differre videtur.

17. **A. planiculmis** (Schrad. Fl. Germ. I, 381, tab. 6, fig. 2)
cespitosa, radice repente, culmis elatis crassis inferne cum vaginis
compressis, foliis planis late linearibus viridibus breviter acutatis
margine cartilagineo scabris, ligulâ oblongâ demum laceratâ, paniculæ
erectæ rigidæ elongatæ contractæ ramis 2-4-nis strictis longioribus
spiculas 2-4-gerentibus, spiculis violaceo-variegatis 5-8-floris lanceolatis, glumis lanceolatis acuminatis valde inæqualibus trinerviis flosculis multo brevioribus, axi elongatâ uno latere parce pilosâ pilis ad
flosculorum basin callum parum excedentibus, glumellâ crebre
punctato-scabrâ apice scariosâ et laciniatâ subquinquenervi ad medium dorsum aristâ inferne complanatâ et tortâ eâ duplo longiore
auctâ, paleâ ad carinas ciliatâ ♃. Rchb. Germ. fig. 211. — *A. latifolia* Host Gram. tab. 22.

Hab. in valle Djimil Ponti Lazici 6000' (Bal!).

Specimine Austriacis similia.

Ar. Geogr. Imperium Austriacum, regio Danubialis, Serbia.

18. **A. compacta** (Boiss. et Heldr. Diagn. Ser. I, 7, p. 122)
perennis, radice fibrosâ, fasciculis sterilibus culmisque vaginis nitidis

fuscis involucratis cespites densissimos duros compactos formantibus, foliis radicalibus brevibus setaceo-convolutis rigidis acuminato-subpungentibus, ligulâ ovatâ brevi, culmis tenuibus erectis
breviter subdiphyllis, paniculâ spiciformi brevi interruptâ, spiculis 2-7 pedicellis brevissimis strictis insidentibus vel subsessilibus
5-7-floris flavidis, glumis lanceolatis longe acuminatis quinquenerviis
inæquilongis superiore flosculos æquante, axi longe pilosâ, glumellâ
subcoriaceâ dorso ad medium usque longe pilosâ apice profunde
bifidâ dentibus lanceolato-aristatis dorso inter lobos in aristam glumellâ longiorém geniculatam inferne planam et tortam producto,
paleâ ad carinas ciliatâ ♃. *Danthonia compacta* Boiss. et Heldr.
in Sched. — *Avena Neumayeriana* Vis. Fl. Dalm. III, p. 339, Suppl. I,
tab. IV, fig. 2.

Hab. in fissuris rupium regionis summæ Taygeti ad Hagios Paraschevy
(Heldr! Pichl!).

Culmi 6-8-pollicares, folia radicalia 3-5-pollicaria, spiculæ fere magn.
A. pratensis. Speciem insignem ob glumas elongatas et glumellam inferiorem longe bifido-aristulatum prius *Danthoniæ* adnumeravimus sed ob
ovarium pilosum et sulcatam *Avenæ* potius adnumeranda.

Ar. Geogr. Montenegro, Serbia.

19. A. oligostachya (Munro Mss. ex Aitch. Affgh. in Journ.
Linn. Soc. XVIII et XIX, p. 193, tab. 30) perennis dense cespitosa,
radice fibrosâ, foliis radicalibus convolutis setaceis acutis rigidulis
culmos humiles tenues parce et breviter foliatos æquantibus, ligulâ
longe lanceolatâ lacerâ, paniculâ brevi laxiusculâ spiculis 4-5 breviter et stricte pedicellatis trispiculatis constante, glumis viridibus late
albo-marginatis longe acuminatis inferiore subbreviore quinquenervi
superiore 9-nervi flosculos superante, glumellâ viridi quinquenervi
albo-marginatâ apice attenuatâ bidentatâ toto dorso ut et axis pilis
albis copiosis eæ æquilongis villosâ infra medium dorsum aristâ basi
complanatâ et tortâ eâ 3-4-plo longiore auctâ, paleâ ad carinas
glabrâ ♃.

Hab. in fissuris rupium calcarearum faucis Chendtoï Affghaniæ 7-8000'
(Aitch!).

Facies *A. compactæ*, culmi 6-9-pollicares, gluma superior 11-12 lin. longa,
palea 7 lineas longa, arista fere bipollicaris. Ovarium pilosissimum.

20. A. Carmeli (Boiss. Diagn Ser. I, 13. p. 50) perennis, radice
fibrosâ, culmo erecto, foliis anguste linearibus flexuosis planis margine vix incrassatis læviusculis glabris, vaginis retrorsum hispidis,
ligulâ truncatâ brevissimâ fimbriatâ, paniculæ anguste spiciformis
simplicis erectæ spiculis 2-3-floris geminatis pedicellis strictis crassis
altero brevissimo altero spiculâ triplo breviore suffultis, glumis lanceolato-linearibus breviter acuminatis rigidis inferiore trinervi superiore quinquenervi nervis prominentibus, axi glaberrimâ in articulos
facillime ruptili, glumellâ coriaceâ convolutâ dorso subseptemnervi

punctato-scabridâ apice membranaceâ breviter et acute bidentatâ superne ad quartam partem longitudinis aristâ eâ sesquilongiore inferne planiusculâ et subtortâ instructâ, paleâ margine remote ciliatâ ♃.

Hab. in monte Carmelo Palestinæ ubi specimen unicum Maio 1846 legi.

Sesquipedalis, folia caulina 4-5-pollicaria sesquilineam lata. Spica 2 ½-pollicaris angustissima, glumella vix 5 lineas longa. Species facie *Ventenatam macram* referens, glumâ superiori quinquenervi, axi fragili et glumellâ coriaceâ involutâ insignis.

GAUDINIA (Pal. de B. Agrost., p. 95).

Spiculæ a latere compressæ 4-7 floræ in racheos excisuris sessiles rachidi parallelæ. Flores inter se distantes hermaphroditi vel summus tabescens. Glumæ membranaceæ concavæ carinatæ inferior trinervis multo minor, superior 7-9-nervia. Glumella et palea membranaceæ, illa major lanceolata margine late scariosa apice bidentata supra medium dorsum aristâ geniculatâ inferne tortili obsita, palea bicarinata bifida. Squamulæ 2 carnosulæ glabræ bilobæ. Stigmata 2 sessilia terminalia plumosa lateraliter emergentia. Caryopsis lineari-oblonga ventre sulcata maculâ lineari punctiformi apice contracta et ciliata. — Herba annua spiculis in spicam longam articulatam ad articulos fragilem distiche dispositis facie *Lolii.*

1. G. fragilis (L, Sp. IIV sub *Avenâ*) annua, culmis fasciculatis erectis vel ascendentibus, foliis linearibus planis vaginisque molliter villosis, ligulâ brevi obliquâ, spicâ elongatâ, spiculis adpressis glabris vel pubescentibus, glumâ inferiore triplo minore acutâ, superiore acutâ flosculis breviore, glumellæ aristâ flosculo longiore ☉ *G. fragilis* P. de B. — Schreb. Gram. tab. 24. — Host Gr. t. 54. — Fl. Græc. tab. 88. — Rchb. Germ. tab. 90.

Hab. in arenosis præsertim regionis maritimæ Græciæ (Sibth.), Zacynthus (Marg!) ager Corinthiacus et Ætolia (Heldr!), Argolis (Sprun!), Byzantium (Noë! Clem!), insula Chios (Orph!), Anatolia occid. ad Smyrnam (Fleisch!), in Ciliciâ littorali (Pér!), Syria littoralis (Gaill!), circa Damascum (Ky!) Loci Transcaucasici indicati ad aliam speciem spectant.

Ar. Geogr. Lusitania, Hispania, Gallia media et australis, Helvetia australis, Belgium, Germaaia australis, Italia, Dalmatia, Africa borealis.

ARRHENATHERUM (P. de B. Agrost. 35).

Spiculæ a latere compressæ biflorae sæpius cum rudimento pedicelliformi tertii floris, flore inferiore masculo, superiore hermaphrodito. Glumæ membranaceæ concavæ inferior brevior superior latior

flores æquans. Glumella concava apice bidentata vel 2-4 fida in flore
inferiore prope basin aristata aristâ elongatâ inferne tortili, in flore
hermaphrodito infra apicem aristâ rectâ instructâ rarius mutica.
Palea minor bicarinata bifida. Squamulæ binæ glabræ lanceolato-
lineares integræ vel dente laterali auctæ. Stamina tria. Stigmata bina
sessilia terminalia plumosa supra basin floris lateraliter emergentia.
Caryopsis oblonga terctiuscula pubescens maculâ hilari lineari ad
medium notata glumellis tecta sed libera. — Herbæ spiculis in paniculas laxas angustas dispositis.

1. **A. elatius** (L. Sp, 117 sub *Avenâ*) perennis, radice fibrosâ,
culmis elatis, radicis collo tuberculis 2-3 superpositis (internodiis
inferioribus abbreviatis et incrassatis) interdum obsito, foliis elongatis linearibus planis longe acuminatis, ligulâ brevi ciliatâ, paniculæ
elongatæ apice subnutantis effusæ dein contractæ subinterruptæ
ramis brevibus asperis semiverticillatis, glumis lanceolatis obtusiusculis carinâ scabris, glumellâ apice breviter bidentatâ, aristâ floris
inferioris infra medium insertâ glumam superiorem longe superante,
floris superioris aristâ brevi ♃. *A. elatius* Mert. et Koch Deutsch.
Fl. I, 546 — *A. avenaceum* P. de B. Rchb. Germ. tab. 98. — *Avena
bulbosa* W. (forma collo tuberifero). — *Avena precatoria* Thuill.

Hab. in pratis præsertim montanis et alpinis, Græcia in montibus Chelmos
Hymetto, Parnasso (Orph!), Œtâ et Delphi Eubeæ 4000'-630θ (Heldr!), Mace-
donia in Athone (Pichl!) et in pratis maritimis Bithyniæ (Griseb!), Olympus
(Sibth.), Cypri montes (Ky!), Caucasus et Transcaucasiæ montes 2400', ditio
Talysch 3000' et insula Sara (C. A. M.), montes Avroman et Schahu Kurdis-
taniæ (Haussk!).

β. *Palestinum.* — Spiculæ minores, flosculi superiori glumella non
inferne tantum sed ad ⅔ longitudinis longe et adpresse hirsuta. —
A. Palestinum Boiss, Diagn. Ser. I, 13, p. 51.

Hab. in montibus Rhodi (Bourg!), Lyciæ (Bourg!), monte Bulghasdagh
Phrygiæ (Bal!), Libano (Bl!), Palestinâ (Boiss! Barbey!), Mesopotamiâ inter
Bir et Orfa (Haussk!).

Ar. Geogr. Europa tota regione arcticâ exceptâ.

2. **A. Kotschyi** (Boiss. Diagn. Ser. I, 7. p. 122) perennis, radicis
fibrosæ collo tuberculis rotundis superimpositis sæpe aucto, foliis
linearibus acuminatis planis fasciculorum sterilium angustissimis,
ligulâ brevi truncatâ, paniculæ subsecundæ ramis pedicellisque cernuis, glumis lanceolatis acutis nervo excurrente aristulatis, glumellâ
inferiore floris masculi basi et superne secus marginem longe pilosâ
apice longe bisetâ setis bifidis ad basin ipsam aristâ ea triplo longiore
obsitâ, glumellâ floris hermaphroditi longe et dense hirsutâ apice
bisetâ paulo supra medium aristâ rectâ tenui æquilongâ obsitâ ♃.
Jaub. et Sp. Ill. Ort, 198.

Hab. in glareosis et rupestribus umbrosis ad Persepolin Persiæ (Ky. 2721
et 287!), in graminosis. montis Pir Omar Gudrnn Kurdistaniæ Persicæ

3-5000' (Haussk!), in saxosis ad Nudaja Antilibani supra Zebdani 5000' (Ky.
exs. 3 sub *A. Palestino*).

A varietate β præcedentis spiculis fere duplo majoribus, glumellis apice
longe 2-4-setis, aristâ floris masculi basilari, utrâque longiore et validiore
distinctum.

DANTHONIA (D. C. Fl. Fr. III, p. 32).

Spiculæ distiche 2-5-floræ a latere subcompressæ floribus hermaphroditis supremo sterili. Rachis articulata callis barbatis. Glumæ
subæquales concavæ flores æquantes vel superantes. Glumella concava
multinervis apice bifida et inter dentes aristâ elongatâ inferne complanatâ et tortili aucta, palea bicarinata. Squamulæ binæ carnosulæ.
Styli duo breves, stigmata plumosa lateraliter emergentia. Caryopsis
obovato-oblonga glabra ventre planiuscula dorso convexa maculâ
lineari vel lineari-oblongâ. — Herbæ spiculis in paniculam racemo-
sam vel spicatam dispositis.

1. **D. Provincialis** (D. C. Fl. Fr. III, p. 33) perennis cespitosa
glabra, culmis gracilibus erectis, foliis anguste linearibus acuminatis
margíne asperis, ligulâ ciliatâ, paniculæ spiciformis subsimplicis 3-6-
spiculatæ pedicellis brevibus strictis, spiculis distiche 4-5-floris, glumis chartaceis late lanceolatis·longe attenuato-acuminatis flosculos
longe superantibus carinâ asperis cæterum glabris, glumellâ subcoriaceâ ad callum basilarem et margines longe ciliatâ apice longe
biaristulatâ, aristâ terminali basi complanatâ et spiraliter tortâ flosculo duplo longiore ♃. Nees Gen. Germ. Ic. — Rchb. Germ.
fig. 220. — *Avena calycina* Vill. Dauph. II, p. 148, tab. 2.

Hab. in graminosis alpinis, mons Athos Macedoniæ prope Panagia 4500'
(Griseb.).

Ar. Geogr. Hispania australis, Gallia, Helvetia et Germania australes,
Italia borealis, Dalmatia, regio Danubialis, Serbia.

2. **D. Forskahlei** (Vahl Symb. II, 25, sub *Avenâ*) perennis
tota velutina, rhizomate cespitoso indurato longe fibrifero, culmis
basi procumbentibus et sæpe ramosis ascendenti-diffusis, foliis brevibus latiuscule linearibus acuminatis rigidulis inferioribus congestis,
ligulâ piloso-annulari, vaginâ supremâ dilatatâ paniculam involucrante, paniculæ contractæ spiciformis oblongo-linearis ramis strictis
brevissimis infimis plurispiculatis, spiculis trifloris, glumis plurinerviis oblongo-lanceolatis acuminatis velutinis flosculos superantibus,
glumellâ subcoriaceâ plurinervi dorso longe barbatâ in callum
subulatum basi attenuatâ, aristâ rectiusculâ glumellam æquante ejus
laciniis duplo longiore ♃. Ic. Del. Eg. tab. 12, fig. 2. — *Danth. Forskahlei* Trin. Gram. t. 49. — *Avena Pensylvanica* Forsk. 23.

Hab. in arenosis siccis desertorum, Egyptus circa Alexandriam (Del., Ehr!
Auch ! etc.), littorale Arabicum prope Kosser (Schw !), Arabiæ Petreæ planities
Ramla (Boiss!), Persia prope Kaschan (Buhse!).

Ar. Geogr. Africa borealis inferior, Arabia felix.

TRISTACHYA (Nees in Mart. Bras. II, 459).

Spiculæ bifloræ ternæ in apice ramulorum congestæ et subsessiles,
intermedia sæpe effeta. Glumæ lanceolatæ trinerves membranaceæ.
Flosculus inferior sessilis maaculus vel neuter glaber glumellâ glumis simili sed plurinerviâ, paleâ binervi. Flosculus superior hermo-
phroditus basi pilosus glumellâ inferiore apice bifidâ inter dentes
longe aristatâ coriaceâ cylindrico-convolutâ superiorem dorso sul-
cato-binervem amplectente. Arista articulata parte inferiori spiraliter
torta. Squamulæ binæ carnosæ subintegræ glabræ. Stamina 2-3
antheris elongatis. Styli 2 elongati glabri, stigmata plumosa.
Caryopsis oblonga sulcata glumellis corticata. — Herbæ perennes
facie *Danthoniæ* vel *Triseti.*

1. T. barbata (A. Br. Flora 1841, p. 714 sub *Loudetiâ*) perennis glauca adpresse velutina elata cespitosa, rhizomate caulibusque inferne induratis sublignosis squamatis ramosis, culmis erectis
oligophyllis, foliis breviter lanceolato-linearibus rigidis inferioribus
confertis patentibus subpungentibus, caulinis longioribus, vaginâ ad
pilorum coronam reductâ, paniculæ contractæ ramis strictis solitariis
vel geminis, glumis lanceolatis acuminatis inæqualibus minute velutinis, glumellâ hermaphroditâ apice longe bisetosâ adpresse hirsutâ
superne pilis rigidis densis setas dimidias æquantibus penicillatâ,
aristâ valde tortâ et geniculatâ glumis et setis duplo longiore ♃. *T.
barbata* Nees loc. cit. — *Sorghum barbatum* Hochst. et St.

Hab. in littore Nubico et prob. Ægyptiaco maris Rubri (Schweinf. 1564!
1542 !).

Ar. Geogr. Arabia felix prope Ferihe (Schimp. 788!).

2. T. Stocksii, perennis glauca breviter velutina, rhizomate
caulibusque inferne induratis ramosis, culmis erectis gracilibus oligophyllis, foliis brevissimis rigidis pungentibus patentibus inferioribus
confertis lanceolatis culmeis angustis, vaginâ ad pilorum coronam
reductâ, paniculæ brevis subcontractæ ovatæ ramis strictis solitariis
vel geminis, glumis lanceolatis inæqualibus glabris, glumellâ hermaphroditâ apice bisetosâ undique longe hirsutâ superne pilis rigidulis
densis setis æquilongis penicillatâ, aristâ geniculatâ et tortâ glumis
subduplo longiore ♃.

Hab. in Belutschiâ et Scinde (Stocks 1141 et 648!).

Affinis *T. barbatæ* a quâ differe videtur culmis tenuioribus, foliis culmeis
angustis, spiculis minoribus, aristâ minus robustâ et subbreviore, præsertim
glumellæ pilis terminalibus ejus setas æquantibus nec duplo brevioribus.

Trib. VIII. CHLORIDEÆ.

Spiculæ 1-multifloræ hermaphroditæ secus rhachidem spicarum unilateralium biseriatim sessiles et secundæ.

SCHŒNEFELDIA (Kunth Enum Gram, p. 258).

Spiculæ secus spicæ rachidem planiusculam sessiles innumeræ distiche unilateraliter arcte imbricatæ unifloræ. Glumæ binæ subæquales carinatæ acutato-subulatæ flosculum basi pilosum duplo superantes. Glumella et palea membranaceæ illa demum indurata concava sub apice longissime aristata, palea canaliculata dorso pilosa. Stamina tria. Styli bini basi approximati, stigmata plumosa. Caryopsis subfusiformis glumellâ inclusa. — Herba annua elegans facie *Ctenii.*

1. S. gracilis (K^th Gram. I. 283, tab. 53) annua, culmis pluribus elatis tenuibus, foliis anguste linearibus planis strictiusculis superioribus demum convolutis, ligulâ brevissimâ pilosâ, spicâ terminali solitariâ vel 2-3-digitatis sessilibus longis pallidis, rachide non articulatâ, glumis subenerviis carinâ scabris lanceolatis acuminatis, glumellâ adpresse pubescente acutâ, aristis tenuissimis sursum arcuatis ☉. *S. stricta* Steud. Gram. p. 202.

Hab. in Egypto superiore ad Tragun prope Syenem (Ehrenb. ex Aschers. in litt.).

Ar. Geogr. Nubia, Abyssinia, Senegalia.

CYNODON (Rich. in Pers. Syn. I, 85).

Spiculæ secus spicæ rachidis planæ dilatatæ faciem exteriorem unilaterales alternæ sessiles rachidi parallelæ a latere compressæ uuifloræ hermaphroditæ cum rudimento setiformi vel clavato secundi flosculi, rarius bifloræ. Glumæ binæ membranaceæ subæquales subpatentes. Glumellæ et palea membranaceæ, illa compresso-carinata obscure trinervia mutica, palea bicarinata. Squamulæ binæ carnosæ truncatæ. Styli 2 terminales elongati, stigmata plumosa supra medium florem emergentia. Caryopsis oblonga a latere compressa glumellis obtecta sed libera hilo punctiformi. — Herbæ spicis filiformibus digitatim paniculatis.

1. C. Dactylon (L. Sp. 85 sub *Panico*) perenne, rhizomate ramoso late repente fasciculos steriles distiche confertifolios et cul-

mos basi ramosos et geniculatos ad vel ultra medium patentim foliosos edente, foliis glaucis brevibus rigidulis glabrescentibus vel pilosis
linearibus acuminatis, spicis 4-7 digitatis anguste linearibus virentibus vel violaceis, glumis triangulari-lanceolatis acutis, glumellâ semi-
oblongâ carinâ pubescenti-ciliatâ ♃. *C. Dactylon* Pers. Syn. I, p. 85.
Sibth. Fl. Græc. tab. 60. — Rchb. Ic. Germ. fig. 454. — *Paspalum
Dactylon* D. C. Fl. Fr.

Hab. in incultis, ad vias regionis inferioris et montanæ totius ditionis a
Græciâ ! ad Egyptum ! Persiam australem (Ky !), Affghaniam (Griff!).

Ar. Geogr. Totus orbis terrarum.

CHLORIS (Sw. Fl. Ind. occid. I, 189).

Spiculæ secus rachidis complanatæ faciem exteriorem sessiles
unilaterales alternæ flore unico hermaphrodito cæteris superioribus
neutris glumellâ unicâ constantibus. Glumæ binæ persistentes membranaceæ muticæ vel aristatæ carinatæ. Glumella trigono-carinata
sæpius paulo infra apicem aristata, aristâ rectâ, bicarinata. Squamulæ binæ glabræ integræ. Styli 2 elongati, stigmata longe plumosa.
Caryopsis oblonga vel fusiformis subtrigona glumellis obtecta sed
libera hilo punctiformi. — Herbæ spicis sæpius pluribus digitatim
dispositis.

1. **C. Meccana** (Hochst. in Schimp. exs. Arab. 1837) annua, caulibus inferne geniculatis sæpe prostratis et radicantibus, culmis
floriferis erectis, foliis linearibus acuminatis plus minus ciliatis,
vaginarum ore piloso, spicis 5-8 anguste linearibus elongatis digitatis,
glumis lanceolatis longe attenuato-acuminatis superiore duplo longiore, glumellâ oblongâ superne utroque margine longe ciliatâ sub
apice aristâ pallidâ eâ triplo longiore obsitâ, flosculo neutro unico
truncato brevius aristato ⊙. *Heterolepis elegans* Ehr. Mss.

Hab. in culis Egypti ad Gurna (Ehr !), in Belutschiâ (Frére ex Aitch.).

Ar. Geogr. Africa et Arabiæ tropicæ.

TETRAPOGON (Desf. Atl. II. 289).

Spiculæ secus rachidis complanatæ faciem exteriorem sessiles unilateraliter biseriatæ flosculis 3-4 inferioribus binis hermaphroditis
cæteris tabescentibus e glumellâ unicâ constantibus. Glumæ binæ persistentes membranaceæ carinatæ acuminatæ. Glumella carinata trinervis obtusa vel retusa sub apice longe aristata, palea retusa bicarinata. Squamulæ, styli et caryopsis *Chloridis*. — Herbæ spicis binis
erectis facie internâ adnatis villorum ope adhærentibus et spicam

unicam quadrifariam simulantibus. — Genus a *Chloride* inflorescentiâ et spiculæ flosculis pluribus (nec unico) fertilibus vix distinctum.

1. **T. villosus** (Desf. Alt. II, 389, tab. 255) perenne cespitosum, rhizomate crassiusculo polyphyllo, culmis erectis ultra medium sparsim foliatis, foliis glabris anguste linearibus canaliculatis radicalibus in fasciculos subdistiche congestis, ligulâ brevi ciliatâ, spicis binis ferminaiibus erectis vel distinctis vel inter se plus minus coalitis, glumis lanceolatis inferiore acutâ superiore ex apice rotundato mucronatâ, glumellâ obovatâ obtusâ dorso pilis copiosis sericeis longis obsitâ sub apice obtuso vel retuso aristâ subduplo longiore auctâ, glumellâ florum neutrorum glabrescente obovato-rotundâ brevius aristatâ ♃ *Chloris villosa* Pers. Syn. I, 87. — Jaub. et Sp. Ill. Gr. tab. 327.

Hab. in rupestribus deserti Ægyptiaco-Arabici ad Ouadi Rigle et Ouadi As (Schweinf), vallium Sinaiticarum (Bové! Schimp. 1551 Boiss!), insulâ Kichma Persiæ australis (Auch. 3001!), Affghaniæ ad Bolan (Griff. Journ. 184!). in valle Kurrum (Aitch. 14).

Ar. Geogr. Africa borealis interior, Abyssinia, Arabia tropica, India boreali-occidentalis, insulæ Canarienses.

ELEUSINE (Gærtn. Fruct. I, 8).

Spiculæ secus spicæ rachidis planæ dilatatæ faciem exteriorem unilaterales alternæ sessiles a latere compressæ 2-multifloræ hermaphroditæ flore superiore tabescente. Glumæ 2 carinatæ membranaceæ muticæ flosculis breviores. Glumella carinata navicularis trinervis mutica, palea bicarinata plicata. Squamulæ binæ truncato-bilobæ glabræ. Styli 2 terminales elongati, stigmata plumosa. Caryopsis libera glabra subrotunda subcompressa ad basin ventris hilo punctiformi notata transversim rugosa pericarpio plus minus solubili. — Herbæ spicis digitatim paniculatis.

1. **E. Indica** (L. Sp. 106 sub *Cynosuro*) annua, culmis compressis inferne ramosis, foliis glabris planis, ligulâ pilosâ, spicis longis digitatis strictis 3-5-floris, glumâ superiore glumellâque glabris oblongis acutiusculis nervis lateralibus carinæ scabridæ approximatis ⊙. *E. Indica* Gærtn. l. cit. — Lam. Ill. tab. 48. — Trin. Ic. 6, tab. 71.

Hab. in vias et in cultis hinc inde introducta, Byzantium (Cast!), Transcaucasia in Guriâ (Szov!), Persia borealis ad Enzeli ad Caspium (Buhse!), Pontus Lazicus ad Rhizé forma prostrata culmis brevibus cespitosis paniculâ 2-3-spicatâ (Bal!).

Ar. Geogr. Regiones subtropicæ et tropicæ totius orbis.

2. **E. flagellifera** (Nees in Royle herb.) perennis glauca, culmis e rhizomate crasso pluribus prostratis flagelliformibus prolifere et divaricatim ramosis ad nodos bulboso-incrassatis, foliis anguste linea-

ribus acuminatis convolutis rigidulis distantibus supremis brevissimis, ligulâ pilosâ, spicis 3-5 digitatim fasciculatis brevibus crassiusculis 5-8-floris, glumis lanceolatis glabris superiore acutissimâ,
glumellâ lanceolatâ acuminato-attenuatâ inferne pilosâ nervis lateralibus carinæ approximatis ♃. *E. Arabica* Hochst et Steud. in
Schimp. exs.

Hab. in desertis subtropicis Persiæ australis et Regni Mascate (Aucher
5469! 5468!), Affghaniæ ad Bolan (Griff!), Belutschiæ (Stocks!).

Culmi stoloniformes interdum pedales valde proliferi, spicæ vix pollicares
eis *E. Indicæ* crassiores.

Ar. Geogr. Nubia, Arabia tropica, India boreali-occidentalis.

DACTYLOCTENIUM (Willd. Enum, 1029).

Spiculæ secus spicæ rachidis planæ dilatatæ faciem exteriorem
unilaterales alternæ sessiles a latere compressæ 2-pluri-floræ hermaphroditæ flosculo superiore tabescente. Glumæ binæ subæquales
carinato-compressæ membranaceæ flosculis breviores superior
mucronato-aristata. Glumella carinato-navicularis ex apice aut paulo
infra apicem mucronato-aristata, palea bicarinata. Squamulæ binæ
truncato-2-3-lobæ glabræ. Styli bini terminales elongati, stigmata
plumosa. Caryopsis libera glumellis obtecta subrotunda a latere subcompressa hilo punctiformi notata transversim rugosa pericarpio
frustulatim secedente. — Herbæ spicis digitatim fasciculatis. — Genus
ab *Eleusine* glumis et glumellis aristatis vix distinctum.

1. **D. Ægyptiacum** (L. Sp. 106 sub *Cynosuro*) annuum, culmis
inferne geniculatis et prostratis sæpe prolifere ramosis et ad nedos
radicantibus, foliis latiuscule linearibus brevibus planis vaginisque
sæpius ciliatis, spicis 3-5 digitatis patentissimis brevibus crassiusculis rachide excurrente breviter mucronatis, glumâ inferiore oblongâ
acutâ superiore majore ovatâ apice rotundatâ oblique et abrupte
aristâ æquilongâ obsitâ, glumellâ breviter mucronato-aristatâ nervis
lateralibus obsoletis ⊙. *D. Ægyptiacum* Desf. Atl — *E. crnciata*
Lam. Ill. tab. 48, fig. 2. — *D. mucronatum* W. loc. cit. — Trin.
Ic. tab. 69. — *D. prostratum* W. loc. cit. — *D. Figarei* Notaris Sem.
Gen. 1847.

Aab in cultis, ad vias, Græciæ (ex Sibth.), Egypti inferioris (Del. Ehr!
Sieb! etc.), in Oasibus (Aschers!), Syriâ littorali ad Sidonem (Gaill!),
Belutschiâ (Frère). *D. aristatum* Link Arabiæ tropicæ et Abyssiniæ incola
erronee in Egypto indicatum fuit (Asch. in litt.)

Ar. Geogr. Sicilia et Italia australis, Nubia, Abyssinia, Arabia, P. B. Spei.
India, America tropica.

2. D. Scindicum (Boiss. Diagn. Ser. II, 4, p. 131) perenne?
caulibus ex rhizomate brevi nodoso geniculatis et prostratis prolifere
ramosis, culmis floriferis elongatis erectis subnudis gracilibus, foliis
brevibus linearibus acuminatis planis basin versus margine ciliatis,
ligulâ truncatâ ciliatâ, spicis 4-3 brevissimis ovatis in capitulum terminale digitatim congestis rachide in mucronem productâ, glumâ
inferiore oblongâ acutâ superiore majore ovatâ in aristam eâ breviorem oblique et abrupte abeunti, glumellâ oblongo-lanceolatâ apice
obtusiusculâ carinâ scabrâ in mucronem brevem abeunte, nervo laterali prominulo 2↓. *Eleusine aristata* Ehrenb. Mss.

Hab. in ditione Scinde et probab. in Belutchiâ inferiore (Stocks 687!).

Folia radicalia 1-1 ¹/₂-pollicaria, culmi floriferi pedales eis *D. Ægyptiaci*
longiores, spicæ 5 lineas tantum longæ tres latæ, inde inflorescentia capituli-
formis.

DINEBRA (Jacq. Fragm. 77. — *Dinœba* Del. Eg.).'

Spiculæ secus spicæ rachidis planæ dilatatæ faciem exteriorem
biseriales sessiles 2-4-floræ flosculis inferioribus hermaphroditis superiore cum adest tabescente. Glumæ subæquales coriaceæ carinatæ lanceolatæ longe subulato-attenuatæ flores longe superantes. Glumella
et palea membranaceæ ovatæ acutæ carinatæ illa obsolete quinquenervia, palea bicarinata retusa. Squamulæ binæ. Styli bini breves,
stigmata plumosa. Caryopsis oblonga acuta a latere subcompressa.
— Herba annua spicis multispiculatis in paniculam simplicem race-
mosam dispositis sparsis sessilibus.

1. D. retroflexa (Vahl Symb. 2, p. 20 sub *Cynosuro*) annua,
culmis erectis inferne sæpe geniculatis, foliis late lanceolato-linearibus longe acuminatis teneris, ligulâ brevi truncatâ, spicis in paniculam simplicem racemiformem laxam dispositis demum patentibus
vel retroflexis sessilibus linearibus dense vel laxiuscule multispiculatis, glumis longe subulato-acuminatis flosculos 2-3-plo superantibus ⊙. *D. retroflexa* Panz. — *D. Ægyptiaca* Jacq. Fragm. tab. 121,
fig. 1. — Del. Eg. tab. II, fig. 3. — *D. Arabica* P. de B. Agr. tab. 16,
fig. 2. — *Leptochloa Arabica* K^th. Gram. I, 91.

Hab. in cultis, Egyptus inferior ad Damiatam (Del. Ehr! Sieb!), Rosset-
tam (Duparq!), Alexandriam (Samar!). Babyloniam ad Bagdad (Haussk!),
Affghaniam (Griff!).

Planta ¹/₂-1 ¹/₂-pedalis paniculâ interdum pedali. Spicæ longitudine multum
variant 4-5 lineas vel interdum 1-2 pollices longæ.

Ar. Geogr. Nubia, Abyssinia, Senegalia, India orientalis.

Tr. IX. FESTUCEÆ (B^th. l. cit. p. 1089).

Spiculæ 2-multifloræ varie paniculatæ vel rarius racemosæ, plus
minus longe pedicellatæ. Glumæ flosculo inferiori sæpissime breviores.

Subtr. I. Pappophoreæ. B[th]. — Glumella plurinervis 3-pluriaristata.

PAPPOPHORUM (Schreb. in L. Gen. 1715. — *Enneapogon* K[th].).

Spiculæ a latere compressæ (in nostris) 2-3-floræ flosculo inferiore hermaphrodito superioribus masculis vel neutris. Glumæ lanceolatæ multinerviæ flosculos superantes. Glumella subcoriacea concava (in nostris) 9-nervia nervis in aristas totidem rectas subulatas productis. Palea membranacea bicarinata retusa. Squamulæ binæ minimæ obovatæ. Stamina tria. Ovarium glabrum. Styli 2 terminales, stigmata plumosa sub apice floris emergentia. Caryopsis obovato-elliptica maculâ hilari punctiformi. — Herbæ spiculis in paniculam contractam spiciformem dispositis.

1. **P. Persicum** (Boiss. Diagn. Ser. I, 5, p. 71 sub *Enneapogon*) perenne cespitosum, radice fibrosâ, collo nodoso, culmis erectis brevibus simplicibus remote et breviter foliosis, foliis minute velutinis vel glabratis patentibus rigidulis linearibus convolutis brevibus, ligulâ in pilorum coronam mutatâ, paniculæ spiciformis inferne subinterruptæ ramis brevibus strictis fere a basi spiculigeris, spiculis 2-3-floris, glumis velutinis lanceolatis multinerviis superiore longiore acuminatâ glumellâ longiore ejus aristis breviore, glumellâ ovato-rotundâ velutinâ in aristas 9 apice excepto plumosas alternatim subinæquales eâ 3-4-plo longiores abeunte ♃. *P. Aucheri* Jaub. et Sp. Ill. Or. tab. 323. — *P. Turcomanicum* Trautv.

Hab. in collibus aridis subsalsis Persiæ australis (Auch. 5430 '), orientalis ad Meschhed et Meibut (Bge!), prope Schurab et Kaschan (Haussk!), in Mesopotamiâ inter Kerkuk et Derbent i Basian (Haussk!), Turkestaniâ ad Caspium (Becker!), Afghaniâ ad Otipore et Bolan (Griff!).

Culmi 6-10-pollicares, panicula 3-4-pollices longa.

2. **P. brachystachyum** (Jaub. et Sp. Ill. Or. tab. 324) perenne? cespitosum, culmis tenuibus pumilis geniculato-ascendentibus, foliis anguste linearibus acutis convolutis pubescenti-villosulis radicalibus confertis brevibus, vaginis ore barbatis, paniculæ spiciformis densæ ovato-oblongæ ramis brevissimis adpressis, spiculis trifloris, glumis aristas non æquantibus subquinquencrviis villosulis oblongis obtusis superiore triente longiore; glumellâ dorso setoso-hirsutâ ovato-ellipticâ nervis 9 in totidem aristas infra medium plumosas 5 glumellâ duplo longiores, 4 alternatim paulo breviores abeuntibus ☉. *P. Jaminianum* Coss. et Dur. in Jam. exs. — *P. Arabicum* Hochst. in Steud. Glum. p. 199. — *P. bulbosum* Fig. et Not. Agr. Fragm. p. IV, ex descriptione et forsan *P. Figarianum* Fig. et Not. eodem loco ex descriptione non sat distinctum.

Hab. in Egypto superiore ad mare Rubrum loco Ouadi Etit (Schweinf. 1454, 1459 ex cl. Asch.), Sinai (Figari).

Facies *P. phleoidis.*

Ar. Geogr. Algeria interior ad Biskra, Nubia, Arabia tropica.

ANTOSCHMIDTIA (Steud. Syn. Glum., p. 199 in notâ. — *Schmidtia* Steud. in Schmidt Cap. Verd. Beitr., p. 144 non alior.).

Spiculæ a latere compressæ 4-6-floræ flosculis inferioribus hermaphroditis superioribus masculis vel neutris Glumæ lanceolatæ multinerviæ flosculos subæquantes. Glumella membranacea extus villosa 9-nervia nervis 4 in lacinias totidem lanceolatas, 5 in totidem aristas cum laciniis alternantes easque superantes abeuntibus. Palea binervis acuta. Stamina tria. Squamulæ binæ minimæ truncatæ. Styli bini elongati terminales, stigmata plumosa sub apice floris emergentia. Caryopsis... — Herbæ spiculis in paniculas vel spicas dispositis. Genus iuter *Pappophorum* et *Boissieram* intermedium.

.1. **A. quinqueseta** (B[th]. Mss. Hiern. in Trans. Linn. Soc. Sec. Ser. Vol. 2 sub *Schmidtiâ*) perennis, culmis crassiusculis prostratoascendentibus inferne radicantibus et valde ramosis, vaginis dilatatis foliisque molliter pubescentibus planis latiuscule linearibus acutis, coronâ ligulari pilorum, paniculæ anguste spiciformis laxiusculæ ramis 2-3-spiculigeris brevissimis strictis, spiculis murino-nigricantibus 5-6-floris, glumis lanceolatis obtusiusculis glanduloso-pilosis multinerviis superiore sublongiore, glumellâ oblongâ dorso hispidâ ad tertiam partem usque in lacinias 4 oblongas obtusas fissâ, aristis inter lacinias sitis eis 2 ¹/₂-plo-longioribus ♃. *Autoschmidtiu quinqueseta* Aschers. in litt.

Hab. ad Megs in Oasi magnâ Egypti (Schweinf. 523!).

Ex specimine in quo culmi primarii jam exsiccati et secundarii tantum obvii abbreviati semipedales erant descripta, spica bipollicaris laxa interrupta, spiculæ vix tres lineas longæ. *A. pappophoroides* Steud. loc. cit. ex insulis Capitis viridis, species valde affinis, differt tantum foliis acuminatissimis, paniculâ oblongâ magis compositâ, spiculis fere tertiâ parte majoribus, glumis minus villosis, glumellæ laciniis acutissimis, aristis brevioribus.

Ar. Geogr. Senegambia, regio Darfur Africæ tropicæ (Pfund !), vallis fluvii Ninda Africæ tropicæ australis (Serpa Pinto). regio Transvaalensis et desertum Kalahari, Africa orientalis ad Mozambique.

BOISSIERA (Hochst. in Steud. Nom. I, p. 243. — *Wiestia* Boiss. in litt. ad Hochst.).

Spiculæ teretis elongatæ 5-6-floræ flosculis secus axin elongatam distantibus arcte imbricatis inferioribus 2-3 hermaphroditis cæteris

effetis ad glumellam reductis. Glumæ binæ membranaceæ plurinerviæ subinæquales flosculis multo breviores. Glumella coriacea elongata linearis intus concava extus convexa elevatim plurinervis superne
in membranam hyalinam truncatam lacero-denticulatam abiens, nervis 7-9 ad membranæ terminalis basin exteriorem in totidem aristas
scabras basi dilatatas et subcontortas. Palea æquilonga et angustior
bicarinata bidentata. Squamulæ binæ lanceolatæ dentatæ. Ovarium ad
angulos et apice hirtum. Stigmata bina sessilia brevia plumosa.
Caryopsis lineari-spathulata apice hirsuta ventre sulco profundo
exarata. — Herbæ annuæ nanæ spiculis in paniculam densam obovatam confertis, facie *Bromi rubentis*.

1. **B. bromoides** (Hochst. loc. cit.) annua adpresse puberula,
culmis solitariis aut pluribus pumilis vel brevissimis ascendentibus
vel erectis inferne sæpe geniculatis saltem ad medium usque foliosis,
foliis flexuosis linearibus planis, ligulâ brevi truncatâ lacerâ, paniculæ subcapitatæ obovatæ ramis brevissimis strictis fasciculatim spiculigeris, glumis lanceolatis flosculo contiguo triplo brevioribus inferiori acutâ superiore sublongiore obtusiusculâ sæpe mucronulatâ,
glumellâ elevatim 11-13-nervi inferne dorso plus minus hirsutâ membranâ terminali aristâ ipsâ quadruplo breviore, aristis 6-9 basi complanatis et subcontortis divergentibus glumellæ subæquilongis, aristis glumellarum sterilium vix abbreviatis ⊙. J. et Sp. Ill. Or. tab.
197. — *Pappophorum squarrosum* Russ. Al. 2, p. 244? — *P. pumilio* Trin. Act. Petr. 1830, p. 92. — *P. Sinaicum* Trin. loc. cit. 4,
Suppl. p. 54.

Hab. in lapidosis et arenosis deserti Egyptiaco-Arabici (Schweinf.), vallium
Sinaiticarum (Schimp. 402! Boiss!), Syriæ ad Balbeck (Bl!), in deserto ad
Palmyram (Bl!), Damasci (Gaill!), ad Aleppo (Ky. 371!), Persiâ totâ, australi
ad Ispahan et Schiras (Auch. 5417! Ky. 313!), occidentali (Auch. 2937!),
orientali (Bge!), septentrionali ad Teheran et ad radices montis Elbrus (Ky.
215!), in prov. Aderbidjan (Szov!), Affghaniâ (Griff!), Belutschiâ (Stocks!).

β. *glabriflora*. — Glumella glaberrima, aristæ sublongiores.

Hab. in Syriâ (Auch. 2936!), in Mesopotamiâ ad Biredjick et in deserto
inter fluvium Chabur et Sindjar (Haussk!), in monte Sabst Buschom prope
Schiraz (Ky!).

Culmi $^1/_3$-6-pollicares, panicula 1 $^1/_2$-2 pollices longa et lata. Spicula cum
aristis sesquipollicaris,

Ar. Geogr. Turkestania.

Subtr. II. Triodieæ B^th. — Glumella tridentata vel trifida.

TRIODIA (R. Br. Prodr. 182).

Spiculæ distiche 3-5-floræ a latere subcompressæ floribus hermaphroditis, superiore sterili. Rachis articulata callis barbatis. Glumæ

subæquales flosculis sublongiores. Glumella dorso rotundata convexa demum cartilaginea inferne margine ciliata apice bidentata et inter dentes mucronata, palea bicarinata margine ciliata. Squamulæ binæ carnosulæ bilobæ. Styli duo breves, stigmata plumosa pilis dentatis lateraliter emergentia. Caryopsis obovata glabra ventre plana dorso convexa hilo punctiformi glumellis tecta sed libera. — Herba spiculis subspicatis racemosis facie *Festucæ*.

1. T. decumbens (L. Sp. 110 sub *Festucâ*) perennis cespitosa, culmis erectis vel decumbentibus, foliis planis vaginisque sparsim pilosis, ligulâ ad pilos reductâ, paniculâ subsimplici rectâ spiciformi brevi spiculis 5-10 constante, pedicellis strictis monostachyis infimis sæpe distachyis, glumis lanceolatis acutis carinato-uninerviis ♃. *T. decumbens* P. de B. — Rchb. Germ. fig. 483. — *Danthonia decumbens* DC. Fl. Fr. — *Poa decumbens* Scop. Host Gram. tab. 72.

Hab. in regionibus magis septentrionalibus ditionis rara, in pratis, Byzantium (Sibth.), Pontus Lazicus ad Rhizé (Bal!).

Ar. Geogr. Europa media a Lusitaniâ, Hispaniâ boreali, Italiâ mediâ ad regionem Danubialem et Rossiam mediam, Scandinaviam, Angliam, Africa borealis.

DEPLACHNE (P. de B. Agrost. 163).

Spiculæ plurifloræ lineares breviter pedicellatæ secus paniculæ ramos remotiusculæ, flosculi hermaphroditi, rachis articulata. Glumæ inæquales. Glumella carinata acuta apice bidenticulata carinâ in mucronem rectum productâ, palea bicarinata apice bifida. Squamulæ binæ oblique truncatæ. Styli duo brevissimi, stigmata penicillata Caryopsis oblonga utrinque angustata ventre obsolete sulcata libera.

1. D. fusca (L. Sp. 109 sub *Festucâ*) perennis, radice repente, culmis inferne prostratis geniculatis et ascendentibus dein erectis elongatis foliatis, foliis elongatis linearibus acuminatis scabris flexuosis, vaginâ lacerâ, paniculæ contractæ ramis subsolitariis elongatis erectis a basi spiculigeris, spiculis pedicellis brevissimis strictis insidentibus virenti-fuscis anguste linearibus compressis 5-9-floris, glumis lanceolato-linearibus acutis carinato-scabris inferiore dimidio minore, glumellâ lanceolato-lineari paulo sub apice breviter bidentato mucronulatâ inferne ad margines ciliatulâ nervis lateralibus obsoletis ♃. Del. Eg. tab. 11, fig. I. — *D. fusca* P. de B. Agrost. 163. — *Leptochloa fusca* Kᵗʰ. Agrost. p. 271. — *Festuca reptatrix* L. herb. ex Munro.

Hab. in pratis humidis Egypti inferioris et mediæ (Del. Sieb! Ehr! Boiss etc.), Syriæ littoralis (Hasselq. ex Del.), Babyloniæ ad Kutt el Amara inter Bassora et Bagdad (Haussk!).

Ar. Geogr. Senegalia, India. Nova Hollandia.

2. D. serotina (L. Sp. III sub *Festucâ*) perennis cespitosa, rhizomate duro nodoso subrepente, culmis rigidis erectis ad apicem fere vaginis foliorum tecto, foliis brevibus rigidis linearibus acuminatis planis dein subconvolutis, culmeis patentibus crebris sensim abbreviatis, paniculæ rectæ brevis rigidæ ramis solitariis brevibus erectopatnlis, spiculis nigricantibus laxiuscule 3-5-floris oblongis, glumis oblongis acutis membranaceis valde inæqualibus flosculis multo brevioribus, glumellâ lanceolatâ quinquenervi paulo sub apice mucronatâ ♃. *D. serotina* Link — *Molinia serotina* M. K. Deutsch. Fl. I, p. 585. — Host Gram. II, tab. 92. — Rchb. Germ. fig. 432.

Hab. in rupestribus Macedoniæ australis (Friv,), Tauri Cilicici ad Gülek Boghaz (Bal l), Tauriæ (Stev!), Caucasi (M. B. Rehm!), Transcaucasiæ in Iberiâ, Armeniâ Rossicâ, prov. Karabagh (Hoh. Szov!). Fl. Sept. Oct.

Ar. Geogr. Gallia, Helvetia et Germania australes, Italia, Dalmatia, regio Danubialis, Rossia australis.

3. D. nana (Nees Gram. Afr. Austr. p. 259) annua nana, culmis confertis geniculato-ascendentibus foliatis, foliis anguste linearibus acuminatis flores æquantibus et superantibus, vaginis crebre striatis ciliis longis basi tuberculatis obsitis ore barbatis, pauiculâ in capitulum ovatum densum contractâ, spiculis breviter et stricte pedicellatis oblongis 5-6-floris, glumis glabris lanceolatis uninerviis inferiore acutâ, superiore ex apice retuso mucronatâ sublongiore, glumellâ oblongâ trinervi lateraliter patentim hirsutâ nervis lateralibus apice in setas binas breves terminali in setam glumellæ æquilongam abeuntibus ⊙.

Hab. in Egypto mari Rubro finitimo ad Oûadi Toundebah, Ouadi Gadireh inter Kosseir et Ras Benass et Ouadi Etit prope Mirza Ouadi Lechuma (Schweinf!).

Plantula 1-2-pollicaris. Capitula avellanâ minora.

Ar. Geogr. P. B. Spei.

Subtr. III. Arundineæ B[th]. — Spiculæ, rhachilla sub glumellis et sæpe glumellæ longe pilosæ apice sæpe 2-3-denticulatæ.

AMPELODESMOS (Link Hort. Berol. I, 136).

Spiculæ 2-5-floræ a latere compressæ, flosculis hermaphroditis supremo abortivo. Glumæ binæ membranaceæ subæquales lanceolatæ mucronato-aristatæ flosculis subbreviores. Rachis hirsuta. Glumella et palea subæquilongæ lanceolatæ illa 5-nervis acuta vel ex apice breviter bifido mucronata extus inferne pilis sericeis obsita, palea bicarinata bidentata. Stamina tria antheris linearibus longis. Squamulæ binæ lanceolatæ ciliatæ. Styli 2 terminales brevissimi, stigmata plumosa pilis ramosis supra basin floris emergentia. Caryopsis lineari-oblonga ventre sulcata maculâ hilari lineari glumellis tecta sed libera — Gramen elatum spiculis paniculatis.

1. A. tenax (Vahl Symb. 2. p. 25 sub *Arundo*) perennis dense cespitosa, culmis elatis, foliis longissimis linearibus canaliculatis et demum convolutis subulato-acuminatis tenuissimis scabris, ligulâ elongatâ basi ciliatâ, paniculâ elongatâ laxâ subsecundâ cernuâ ramosâ ramis semiverticillatis scabris, pedicellis brevibus, spiculis viridi rubelloque variegatis ♃. *A. tenax* Link loc. cit. — *Arundo ampelodesmos* Cyr. Neap. fasc. II, p. 30, tab. 12. — *Ar. festucoides* Desf. Atl. I, 108, tab. 34.

Hab. in apricis incultis, Zacynthus ad radices montis Scopo (Schmidt!).

Ar. Geogr. Hispania in Catalauniâ et Balearibus, Corsica, Sardinia, Sicilia, Italia, Dalmatia, Africa borealis.

PHRAGMITES (Trin. Fund. Agr. 154).

Spiculæ 3-7-floræ a latere compressæ flosculis subdistantibus, inferiore masculo nudo rachide glabrâ, cæteris hermaphroditis rachide pilis longis barbatâ. Glumæ binæ valde inæquales membranaceæ carinatæ acutatæ flosculis breviores. Glumella et palea membranaceæ glabræ, illa lanceolata longe subulato-acuminata, hæc multo brevior bicarinata Squamulæ binæ obtusæ. Stamina tria, antheræ breviter lineares. Styli 2 terminales, stigmata plumosa ad medium floris emergentia. Caryopsis oblonga teretiuscula. Gramina elata paniculâ pyramidatâ.

1. Ph. communis (Trin. loc. cit.) rhizomate longe repente, culmis crassis elatis rigidis crebre foliatis, foliis firmis distichis late lanceolatis planis longe subulatis margine asperis, ligulâ in pilorum brevium coronam mutatâ, paniculâ magnâ densâ erectâ ramosissimâ brunneâ vel flavescenti, glumâ inferiore dimidio longiore ♃. Host Gram., tab. 39. — Rchb. Germ. fig. 502. — *Ar. phragmites* L. Sp. 120. — *Ar. Græca* Link Linn. IX, p. 136.

Hab. ad ripas, in paludibus in ditione totâ, varietas spiculis flavescentibus multo vulgatior.

Var. β. *Isiacus* Cosson Expl. Alg. — Major 15-18-pedalis, folia sæpe latissima, panicula amplior, magis effusa subnutans. — *Ar. Isiaca* Del. Æg. Ill. 4. — *Phragmites Isiacus* Kth. Gram. I, 80. — *Ar. maxima* Forsk. — *Ph. gigantea* J. Gay.

Hab. in paludibus Syriæ littoralis ad Tyrum (Gaill.), Palestinæ prope Nazareth (Gaill!), Egypti inferioris (Del. Sieb!), ad Oases (Schw!), Babyloniâ prope Bagdad (Noël!), Transcaucasiâ ad radices montis Ararat (Led!).

Var. γ. *stenophylla.* — Folia abbreviata angustissima linearia sæpe subconvoluta et pungentia.

Hab. in arenosis sæpius maritimis vel salsis, Attica ad Phalerum (Heldr!), Anatolia ad Smyrnam (Ky!), Syria prope Tripoli (Bl!), Egypti Oasis magna (Schweinf!), Assyria prope Mossul (Ky!), Persia borealis in monte Elbrus et circa Teheran (Ky! Haussk!).

Omnes species Europæ *Phragmitis* nuper propositæ a *Ph. communi* non sat differre videntur.

Ar. Geogr. Europa tota, Sibiria, Abyssinia, Senegalia, P. B. Spei, America borealis et australis, Nova Hollandia.

ARUNDO (L. Gen. 93 ex parte. — *Donax* P. de B.).

Spiculæ 2-7-floræ a latere compressæ flosculis subdistantibus hermaphroditis supremo tabescente vel ad stipitem reducto. Glumæ binæ membranaceæ concavæ subæquales. Rachis glabra. Glumella et palea membranaceæ hæc dorso sericeo-pilosa, illa multo minor bicarinata ad carinas ciliatula apice truncata bidenticulata. Squamulæ binæ truncatæ. Stamina tria. Styli 2 elongati terminales, stigmata plumosa ad medium floris emergentia. Caryopsis fusiformis libera. — Gramen valde elatum paniculâ pyramidatâ.

1. A. Donax (L. Sp. 120) rhizomate repente tuberifero, culmis valde elatis crassis nodosis lignosis, foliis late lanceolatis acuminatis planis, ligulâ brevissimâ ciliolatâ, paniculâ ramosissimâ longe thyrsoideâ strictâ densâ. spiculis 3-4-floris summo minimo tabescente glabro, glumis oblongo-lanceolatis carinâ scabris, glumellâ glumis sublongiore apice bifidâ lobis subulatis inter lobos breviter aristatâ, hujus pilis glumas subæquantibus ♃. Nees Gen. Germ. Ic. — Host Gram. tab. 88. Rchb. Germ. t. 504. — *Donax arundinaceus* P. de B.

Hab. in humidis, ad ripas Græciæ et ejus insularum! Thraciæ et Bithyniæ (Griseb.), Lyciæ (Forbes), Ciliciæ (Ball), Syriæ ad Aleppo (Haussk!), Egypti inferioris (Ehr!), Transcaucasiæ ad mare Nigrum et Caspium (Ledeb.).

Ar. Geogr. Regio mediterranea Europæ et Africæ borealis.

2. A. Pliniana (Turr. Fl. Ital. Prodr. I, p. 68) rhizomate repente tuberifero, culmis elatis gracilibus foliatis, foliis late linearibus longe acuminatis planis, ligulâ brevissimâ ciliolatâ, paniculâ ramosissimâ anguste oblongâ strictâ, spiculis 1-2-floris summo ad pedicellum glabrum reducto, glumis lanceolatis acuminatis carinâ lævibus, glumellâ tenuiter acuminato-aristatâ, hujus pilis glumâ brevioribus ♃. Rchb. Germ., fig. 505. — *Ar. collina* Ten. Fl. Nap., tab. 108. — *Ar. Mauritanica* Desf. Atl. I, p. 106.

Hab. ad sepes, in collibus, circa Byzantium (Castagne!).

Spiculæ eis *A. Donax* dimidio minores.

Ar. Geogr. Lusitania, Hispania, Gallia australis, Italia, Dalmatia, Africa borealis.

SUBTRIB. IV. SESLERIEÆ B[th].— Spiculæ in spicas vel capitula dispositæ. Inflorescentia basi sæpe glumis vel spicis sterilibus stipata.

ECHINARIA (Desf. Atl. I, 385).

Spiculæ 2-rarius 3-5-floræ cuneiformes a latere compressæ sessiles in capitulum confertæ flosculis hermaphroditis superiore interdum tabescente. Glumæ binæ inæquales membranaceæ carinatæ inferior breviter 2-3-aristata superior longior uninervis uniaristata. Glumella coriacea concava 5-7-nervia nervis in totidem spinas inæquales divergentes abeuntibus, palea bicarinata carinis in spinas apice productis. Squamulæ binæ cuneiformes lobatæ. Stamina 3 antheris cuspidatis. Stigmata bina sessilia filiformia elongata undique puberula ex apice floris emergentia. Caryopsis obovata hilo punctiformi. — Herba annua facie *Phlei echinati*. Capitulum infra spicas squamis nonnullis spinosis (glumis vel glumellis vacuis) obsitum.

1. **E. capitata** (L. Sp. 1488 sub *Cenchro*) annua, culmis solitariis vel pluribus rigidis brevibus inferne tantum foliatis, foliis planis linearibus brevibus puberulis, spicâ capitato-globosâ spinis divaricatis ⊙. *E. capitata* Desf. loc. cit. — Sibth. Fl. Gr. tab. 100. — Rchb. Germ. fig. 441. — *Sesleria echinata* Lam. Ill.

Hab. in aridis et herbidis siccis regionis inferioris et montanæ totius ditionis a Græciâ! ejusque insulis! et Macedoniâ ad Syriam littoralem! et interiorem ad Damascum (Gaill!) et Aleppo (Haussk!), Palestinam (Boiss!), Mesopotamiam (Auch. 3048!), Tauriam (Stev.), Transcaucasiam (Szovî Hoh!).

Ar. Geogr. Regio mediterranea Europæ et Africæ borealis.

AMMOCHLOA (Boiss. Diagn. Ser. I, 13, p. 52).

Spiculæ a latere compressæ 7-13-floræ flosculis hermaphroditis. Glumæ binæ flosculis breviores ovato-oblongæ acutæ subinæquales valde inæqualiter carinato-plicatæ ad carinam late alatam marginesque membranaceæ uninerviæ dorso subcoriaceæ. Glumella coriacea quinquenervis membranaceo-marginata concava ovato-oblonga in mucronem subpungentem attenuata, palea brevior et angustior hyalina lineari-lanceolata ad carinas binas ciliata. Squamulæ nullæ. Stamina tria. Styli terminales brevissimi basi post anthesin accrescente coaliti, stigmata longissima pubescentia ex apice flosculi emergentia. Caryopsis oblonga glabra basi persistente stylorum rostrata dorso-

convexa ventre plana hilo punctiformi. — Herbæ annuæ spiculis in
spicam densam globosam glumis spicularum inferiorum quasi involucratam congestis, facie *Echinariæ* vel *Oreochloæ*. — Genus glumis
non secus lineam mediam sed excentrice carinato-plicatis, carinâ
alatis insigne.

1. **A. subacaulis** (Bal. Sched. 1853 sub *Sesleriâ*) annua glabra
cespitosa, radice fibrosâ, capitulis inter folia radicalia subsessilibus
vel culmis crassis foliis brevioribus suffultis, foliis a basi membranaceâ dilatatâ anguste linearibus elongatis flexuosis, ligulâ brevi,
spiculis dense congestis 8-14-floris, glumis ovatis muticis vel mucronulatis, glumellâ oblongâ sub lente scabridulâ elevatim et obtuse quin-
quenerviâ inter nervos sulcatâ sensim in cuspidem rectam brevem
attenuatâ margine membranaceo in lóbum obtusum apice utrinque
abeunte, stylorum basi accrescente complanatâ demum ovario longiore ⊙. *A. Palestina* Boiss. loc. cit., p. 52.

Hab. in arenosis deserti Palestinæ ad meridiem Gaza (Boiss!), ad Katieh
et Bir es Seba (Barbey!), in Egypto inferiore prope Rosette et in palmetis
Mandara ad Alexandriam (Letourn!), inter Mersina et Pompeiopolin Ciliciæ
(Bal. 747!).

Facies *Scirpi Micheliani*. Altera generis species *A. pungens* (Schreb. sub
Dactylis) Algeriæ incola differt culmis gracilibus, glumellis in cuspidem
longam recurvam abeuntibus.

Ar. Geogr. Regnum Tunetamum, Africa borealis in interioribus.

SESLERIA (Arduin. Spec. 2, p. 18).

Spiculæ a latere compressæ 2-6-floræ, flosculis hermaphroditis
superiore interdum sterili. Glumæ carinatæ flosculis breviores. Glumella membranacea carinata apice 4-5-denticulata, palea bicarinata
bifida. Squamulæ binæ apice 2-5-fidæ. Stamina tria. Styli 2 brevissimi,
stigmata longa plumosa ad flosculi apicem emergentia. Ovarium (in
nostris) apice pilosum. Caryopsis libera obovato-elliptica externe
convexa interne planiuscula libera hilo oblongo. — Herbæ perennes
paniculâ spiciformi brevi vel elongatâ, spiculis subsessilibus.

1. **S. argentea** (Savi in Usteri Ann. 1800, tab. I, fig. I, sub *Festucâ*) perennis cespitosa stolonifera, culmis elatis, foliis glaucis rigidis linearibus apice sensim acuminatis superne margine scabris,
vaginis ad fasciculorum basin in fibras non solutis, paniculâ spicæformi cylindricâ densâ basi bracteâ latâ brevi subintegrâ involucratâ,
glumis lanceolatis longe acuminatis carinâ scabris flosculos subæquantibus, glumellâ carinâ scabrâ apice in setas 2-3 breves aristamque
intermediam glumellâ multo breviorem abeunte ♃. *S. argentea* Savi
Bot. Etrusc. I, p. 68. — *S. cylindrica* D. C. Fl. Fr. 6, p. 279. — *S.
alba* Sibth. et Sm. Fl. Gr. I, p. 56, tab. 72 (glumellæ analysi erroneâ).

— *S. elongata* Host Gram. II. 69, tab. 97, (forma serotina spicâ tenuiori elongatâ interdum basi interruptâ Rchb. Germ. fig. 445).

Hab. in siccis et rupestribus, Byzantium in collibus ad Bosphorum et sylvâ Belgrade (Sibth. Thuret! Jankal), Olympi Bithyni regio alpina (Pichler!),Lydia ad Sabounjou Kaive inter Smyrnam et Magnesiam (Bal.141!), mons Anemas Lycaoniæ 6000' (Heldr!), Taurus Cilicicus 5-6000' (Bal! Ky 9! et 106! sub *S. nitidâ* et *S. elongatâ*), Transcaucasia (Bayern!).

β *nitida* Vis. Fl. Dalm. Suppl. I. — Spica abbreviata oblonga compacta nitida sæpe cærulescens, folia abruptius et brevius cuspidata, arista intermedia glumellam dimidiam æquans. — *S. nitida* Ten. Fl. Nap. III. p. 57, tab. 103.

Hab. id Taygeti rupestribus ad nives Hagios Paraschevi (Heldr! Pichler!), in cacumine Hagios Elias montis Olenos (Heldr. 6600 !), Kyllene supra Livadi 5500' (Orph !).

Formæ enumeratæ intermediis altera in alteram transeunt. In Icone Floræ Græcæ glumella inferior lanceolata et apice integra delineatur quod erroneum. Interdum tamen in flosculo inferiori spiculæ hujus glumellæ dentes laterales fere obsoletos observavi.

Ar. Geogr. Hispania borealis, Gallia australis, Italia, Istria, Dalmatia, Serbia.

2. **S. phleoides** (Stev. Fl. Taur. Cauc. III, p. 64) cespitosa stolonifera, foliis duris anguste linearibus demum convolutis arcuatis breviter attenuato-mucronatis margine superne scabris, vaginis sub lente minute pruinoso-hirtis radicalibus in fibras non solutis, culmis gracilibus longe nudis, paniculâ densâ ovatâ pallidâ vel cærulescente bracteis latis brevibus dentatis involucratâ, glumis flosculos vix æquantibus longe cuspidatis carinâ scabris. glumellâ sub lente puberulâ apice 3-5-setâ setis lateralibus glumellæ dimidiæ subæquilongis, intermediâ (aristâ) glumellæ subæquilongâ ♃. *S. nitida* C. A. Mey. Ind. Cauc., p. 21. — *S. Caucasica* Scheele Flora 1844, I, p. 55. — *S. polyathera* C. Koch Linn. XXI, p. 399 (variatio glumellæ aristâ paululum abbreviatâ).

Hab in pratis alpinis siccis, Taurus Cilicicus ad Karboghaz (Ky! Bal!), mons Aslandach Cappadociæ (Bal. 844!), Armenia Turcica in monte Techdagh 7000' (Huet!) et in montibus Gumuschkhané (Bourg!), Caucasus in Daghestaniâ 5500' (Rupr! Becker!) montes ditionis Talysch (C. A. M! Hoh! Buhse!) mons Ssahend Persiæ bor. (Buhse!).

Semipedalis interdum sesquipedalis, a *S. argenteâ* var. *nitidâ* spicis abbreviatis compactis, glumellæ aristâ elongatâ, a *S. cærulanti* spicâ majore non distichâ, foliis crassioribus rigidis, glumellæ aristâ longiore distinguenda.

3. **S. cærulans** (Friv. in Reg. Flora 1836, p. 428) perennis cespitosa, culmis tenuibus, fasciculorum vaginis in fibras reticulatas non solutis, foliis anguste linearibus flexuosis breviter cuspidatis ad vaginas et interdum ad laminam sub lente adpressiuscule puberulis, paniculâ spiciformi ovatâ densâ subdistichâ cærulescenti basi bracteâ ovato-oblongâ suffultâ, glumis flosculos æquantibus carinâ hirtis longe cuspidatis, glumellâ superne totâ hirtellâ apice breviter 2-3-

setâ aristâ intermediâ dimidiam glumellam æquante ♃. *S. marginata*
Griseb. Spic. II, p. 442. — *S. vaginalis* Boiss. et Orph. Diagn.
Ser. II, 4, p. 130. — *S. rigida* Schur non Heuff. — *S. Bielzii* Schur.

Hab. in pratis regionis alpinæ, mons Peristeri Macedoniæ 5-7000' (Griseb.
Orph!) Rhodope Thraciæ (Friv!). Olympus Thessaliæ (Auch. 3054! Heldr!
Orph!), Parnassus ad Dakalia (Guicc f), Delphi Eubeæ (Heldr! Orph! Pichl!),
mons Kyllene supra Livadi et Malevo (Orph i), Chelmos (Heldr!).

Culmi ¹/₂-1-pedales, folia eis *S. argenteæ* multo tenuiora et vix rigida nervo
marginali cæteris subvalidiore. Species vaginis spiculisque adpresse pubescentibus insignis.

Ar. Geogr. Montenegro, Alpes Transylvaniæ.

4. S. rigida (Heuffel ex Rchb. Fl. exc. 143) perennis dense
cespitosa, vaginis fasciculorum in fibras non solutis, foliis rigidis
complicatis utrinque convexis lævibus filiformibus obtusiusculis,
vaginis junioribus sub lente pruinosis, paniculâ cæruleâ spiciformi
distichâ brevi laxâ, spiculis subpedicellatis basi bracteâ oblongâ suffultis, glumis abruptiuscule cuspidatis flosculos non æquantibus, glumellâ pruinosâ apice breviter 3-4-dentatâ, aristâ intermediâ dimidiâ
glumellâ breviore ♃. *S. cærulea* var. *rigida* Griseb. Spic. II, p 442.

Hab. in regione montanâ Khodopes Thraciæ supra Philippopolin (Friv
ex Griseb.). E ditione non vidi.

Facies et spica laxa *S. tenuifoliæ* a quâ vaginis radicalibus non reticulatim
fibrosis statim distinguitur. A *S. cærulante* foliis tenuioribus convoluto-plicatis, spicâ laxâ, aristis brevibus distincta,

Ar. Geogr. Banatus, Transylvania, Serbia.

5. S. tenuifolia (Schrad. Fl. Germ. I. p. 172, tab. 6, fig. 4)
perennis cespitosa, fasciculorum vaginis denique in fila reticulatim
intertexta solutis, foliis filiformibus canaliculato-plicatis acutis glabris rigidis culmos tenues sæpe æquantibus, paniculâ spiciformi
angustâ brevi laxâ sæpe interruptâ basi bracteâ parvâ oblongâ suffultâ, spiculis flosculisque breviter pedicellatis, glumis longiuscule
cuspidatis, glumellâ apice ciliatulâ et breviter 2-4-setâ aristâ (setâ
intermediâ) dimidiam glumellæ longitudinem vix æquante ♃. *S. juncifolia* Host Gram. Austr. IV, t. 22. — *S. interrupta* Vis. Fl. Dalm. I,
p. 87, tab. 1, fig. — Rchb. Germ. fig. 446, 448, 449.

Hab. in regione alpinâ Scardi Macedoniæ, mons Ljubatrin 4300'-6000'
(Griseb.).

A congeneribus vaginis fibroso-reticulatis facile distinguenda.

Ar. Geogr. Istria, Dalmatia, Serbia, Bosnia, Italiæ australis montes.

FINGERHUTHIA (Lehm. Cat. Hamb. 1834).

Spiculæ in paniculam spiciformem simplicem dense congestæ cum
pedicello brevissimo stricto articulatæ et tandem deciduæ compressæ

sesquifloræ vel bifloræ ffore inferiore hermaphrodito vel femineo, intermedio (cum adest) masculo, supremo tabescente. Glumæ binæ membranaceæ carinatæ uninerviæ breviter aristatæ flosculum sub- æquantes. Glumella glumis similis lanceolata oblonga obtusa a dorso breviter aristata quinquenervis, palea hyalina bicarinata. Squamulæ membranaceæ obcordatæ. Stamina tria antheris oblongo-linearibus. Styli bini longi. Stigmata bina elongata breviter villosa. Caryopsis oblonga lævis glabra glumellis laxe inclusa. — Herba facie et inflo- rescentiâ *Alopecuri.* Spiculæ inferiores spicæ diminutæ vacuæ ad glu- mas subulatas persistentes spicæ basin involucrantes reductæ, quâ notâ a cl. Bentham hoc genus juxta *Sesleriam* collocatum fuit.

1. F. Affghanica, perennis cespitosa glabra glaucescens, radice fibrosâ, culmis gracilibus erectis remote foliosis, foliis planis anguste linearibus attenuato-acuminatis fasciculorum sterilium angustissi- mis, vaginarum ore barbato, spicâ oblongâ densâ, spiculis trifloris flosculo inferiore femineo intermedio masculo supremo tabescente omnibus pedicellatis, glumis membranaceis lanceolatis subæqualibus carinâ et margine longe ciliatis in aristam attenuatis cum eâ flosculos subsuperantibus, glumellâ herbaceo-cartilagineâ oblongo-lineari ad carinam glabrâ marginibns ciliatâ ex apice obtuso breviter aristulatâ, paleâ ciliatâ, flosculo masculo obsolete mucronulato, summo ad glu- mellam obovatam mucronulatam sterilem reducto ♃. *F. Africana* Aitch. Journ. Linn. Soc. XIX, p. 193 non Lehm.

Hab. iu Affghaniâ inter Thal et Schinak (Aitchison 1880 et 5401). Fl. Aug. Sept.

Culmi sesquipedales, folia fasciculorum 4-5-pollicaria, spicæ 9-11 lineas longæ. Facies omoino *Alopecuri,* pabulum pecoribus optimum. Excl. Bentham cum *F. ciliatâ* Nees Capensi combinata, sed hæc cæterum valde affinis differt flosculo inferiore hermaphrodito, glumis et glumellâ longius aristatis, hisce etiam carinâ ciliatis.

LAMARCKIA (Mænch. Meth., p. 201).

Spiculæ a latere subcompressæ fasciculatæ aliæ fertiles breves bifloræ flosculo inferiori hermaphrodito breviter superiore tabescente longe intra glumas stipitato, aliæ steriles longe 6-9-floræ ad glumas et glumellas inferiores imbricatas distichus obtusas muticas reductæ. Glumæ binæ hyalinæ lanceolatæ utrinque attenuatæ acutæ flosculos æquantes. Glumella flosculi fertilis lanceolata quinquenervia hirta apice bifida inter dentes longe aristata, palea bicarinata bifida, flosculus sterilis aristatus. Squamulæ binæ minutæ integræ. Styli bini terminales breves, stigmata longa plumosa lateraliter emergen- tia. Caryopsis oblonga ventre concava hilo breviter lineari glumellis laxe cincta et libera. — Herba annua spiculis racemose et secunde paniculatis.

1. L. aurea (L. Sp. 107 sub *Cynosuro*) annua, culmis humilibus
sæpius fasciculatis foliosis, foliis mollibus late linearibus planis acuminatis, ligulâ oblongâ productâ, paniculæ racemiformis oblongæ
secundæ demum aureæ ramulis nutantibus hispidis 3-4-spiculas pedi-
cellatas fasciculatas pendulas ferentibus unicâ fertili aristatâ cæteris
sterilibus muticis elongatis, spicularum sterilium glumis eis multo
brevioribus, glumellâ obovatâ obtusâ trinervi ⊙. *L. aurea* Mænch
loc. cit. — Ic. Fl. Græc. tab. 79. — Nees Gen. Germ. Ic. — *Chrysurus
aureus* Spreng. — Rchb. Germ. fig. 367.

Hab. in pascuis arenosis, ad vias regionis inferioris, Græcia et insulæ
(Sprun! Heldr!), Thracia ad Byzantium (Griseb.), Anatolia maritima australis (Auch! Bal!), Syria ad Damascum (Gaill!), Palestina (Boiss!), Egyptus
ad Alexandriam (Ehr!), Persia australis (Ky. 86! Haussk!), Affghania
(Griff!).

Ar. Geogr. Regio Mediterranea Europæ et Africæ borealis, Abyssinia,
Madera et insulæ Canarienses, California.

CYNOSURUS (L. Gen. 87).

Spiculæ a latere compressæ breviter pedicellatæ aliæ fertiles 3-5-
floræ, aliæ intermixtæ steriles multifloræ bracteiformes pectiniformes
flosculis ad glumellam inferiorem lineari-lanceolatam reductis constantes, omnes in paniculam secundam spiciformem vel capitatam
coarctatæ. Glumæ binæ membranaceæ carinatæ lanceolatæ subæquales flores æquantes vel subbreviores. Glumella membranacea concava
3-5-nervia ex apice bidentato sæpius mucronata vel aristata, palea
bicarinata apice bifida. Squamulæ binæ integræ vel bilobæ. Styli bini
terminales breves, stigmata plumosa lateraliter infra medium florem
emergentia. Ovarium glabrum. Caryopsis oblonga ventre subconcava
et hilo lineari medium versus notata glumellis arcte obtecta et superiori adhærens. — Herbæ annuæ vel perennes.

1. C. cristatus (I. Sp. 105) perennis, radice fibrosâ, culmis
erectis, foliis planis linearibus acuminatis, ligulâ brevi truncatâ,
paniculâ spiciformi lineari densâ unilaterali ramis alternis brevissimis asperis spiculas 3-4 alias fertiles 2-5-floras alias steriles pectiniformes fasciculatas edentibus, glumis flosculos oblongos punctulato-
scabros non æquantibus acuminatis, glumellâ lanceolatâ obsolete
bidentatâ mucronatâ, spiculæ sterilis lineari mucronatâ carinâ scabrâ
♃. Host Gram. tab. 96. — Rchb. Germ. fig. 366.

Hab in pratis partis septentrionalis ditionis, Græcia (Bory ex herb. Fauché!), Macedonia et Thracia (Friv!), Byzantium (Cast!), Pontus et Armenia
borealis (Tchih!), Pontus Lazicus ad Djimil 6000' (Bal!), Tauria et Caucasus
(M. B.), Guria (Szov!).

Ar. Geogr. Europa fere tota a Scandinaviâ ad Rossiam.

2. C. echinatus (L. Sp. 105) annuus, culmis erectis superne nudis, foliis glabris late linearibus acuminatis margine scabris. ligulâ oblongâ, paniculæ densæ ovato-oblongæ unilateralis ramis brevissimis breviter dichotomis spiculas alias fertiles bifloras alias steriles distiche pectiniformes fasciculatas edentibus, glumis lanceolatis subulato-attenuatis flosculos oblongo-lanceolatos subsuperantibus, glumellâ lanceolatâ superne scabrâ bidentatâ inter dentes aristâ eâ longiore auctâ, glumellis spiculæ sterilis subæqualiter distantibus lanceolatis inferioribus longe superioribus brevius aristatis ⊙. Sibth. et Sm. Fl. Græc. tab. 78. — Rchb. fig. 365. — Host Gram. tab. 95.

Hab. in cultis dumosis, ad vias regionis inferioris et abietinæ a Græciâ (Spr! Heldr! et Thraciâ (Friv!) ad Syriam littoralem (Bl!), Anatoliam (Auch!), Pontum (Bourg!), Tauriam et Transcaucasiam (M. B. Hoh!), ditionem Talysch (Kieser!).

Ar. Geogr. Europa australis a Galliâ, Helvetiâ et Germaniâ australibus ad Dalmatiam, regionem Danubialem, Africa borealis, Insulæ Canarienses, Madera.

Obs. *C. coloratam* Lehm. speciem Capensem forsan ex cl. Nees *C. echinati* varietatem ad Mariut prope Alexandriam legit cl. Letourneux. Specimen unicum a me non visum (Cl. Ascherson in litt.).

3. C. callitrichus (W. Barbey Herbor. Levant pag. 165, t. 10). annuus, culmis humilibus erectis ad apicem usque foliosis, foliis latiuscule linearibus acuminatis supremi vaginâ paniculam involucrante, paniculæ ovatæ densæ unilateralis ramis brevissimis breviter dichotomis spiculas fasciculatas alias fertiles unifloras alias steriles edentibus, glumis hyalinis a basi lanceolatâ in cuspidem subulatam eâ longiorem flosculum longe superantem attenuatis, glumellâ spiculæ fertilis oblongo-lanceolatâ apice subbidentatâ in aristam violaceam eâ decuplo longiorem abeunte, spiculæ sterilis glumellis spiraliter dispositis strictis a basi anguste lanceolatâ longissime setaceis scabris violaceis ⊙ .

Hab. in siccis Palestinæ ad el Dhoheriyeh et in areâ templi ad Hierosolymam (Barbey!), ad Boustan el Douaidar prope Damascum (Gaill!).

Plantula 3-4-pollicaris. Differt a *C. echinato* paniculâ vaginâ superiore suffultâ, glumis angustissimis multo longius aristatis, flosculo unico, glumellâ inferiore longissime setaceo-aristatâ, glumellis spiculæ sterilis inordinatim et subspiraliter nec distiche dispositis strictis nec patentibus in aristas seliformes multo longiores violaceas abeuntibus.

4. C. elegans (Desf. Atl. I, 82, tab. 17) annuus, culmis tenuibus erectis superne nudis, foliis mollibus planis anguste linearibus acutis, ligulâ obliquâ oblongâ, paniculæ ovato-oblongæ confertæ secundæ ramis alternis pluries dichotomis ramulisque longiusculis spiculas fasciculatas alias fertiles 1-2-floras alias distiche pectiniformis omnino steriles vel apice flosculiferas edentibus, glumis hyalinis.

a basi lanceolatâ sensim et longe subulatis glumellæ æquilongis, glumellâ oblongâ superne scabrido-hirtâ apice obscure bidentatâ et aristâ scabrâ eâ multoties longiore obsitâ, spiculæ sterilis glumellis inferioribus dissitis anguste lanceolatis longe setaceo-aristatis superioribus approximatis latioribus brevius aristatis ⊙. *C. gracilis* Viv. Cors. Diagn. 3. — *C. polybracteatus* Gren. et Godr. Fl. Fr. I, p. 563 non Poir. — *C. obliquatus* Link Linn. XVII, 406.

Hab. in siccis regionis inferioris et præsertim montanæ, Attica in montibus Pentelicus (Boiss!), Parnes (Heldr!), Creta (Heldr!), Macedonia in Athone (Griseb!), Cypri montes (Ky!), montes Smyrnæ (Boiss!), Syria in Libano ad Hasrun et deserto ad Palmyram (Bl!), mons Cassius (Boiss!), Palestina (Ky!), Persia australis ad Teng Nalli et Kaserun (Haussk!).

Ar. Geogr. Gallia australis, Lusitania, Hispania et Italia australes, Corsica, Sardinia, Sicilia. Africa borealis, Madera.

Subtr. V. Eufestuceæ. — Spiculæ varie paniculatæ rarius spicatæ vel capitatæ. Glumella mutica vel apice aut sub apice aristata.

* Glumella trinervis vel rarius uninervis.

KŒLERIA (Pers. Syn. I, p. 97).

Spiculæ a latere compressæ 2-5-floræ flosculis hermaphroditis vel summo tabescente, superioribus stipitatis. Glumæ carinatæ acutæ 1-3-nerviæ flores subæquantes vel subbreviores. Glumella carinata trinervia apice sæpius bidentata vel mutica vel inter dentes aut paulo inferius breviter aristata aristâ rectâ. Squamulæ binæ integræ vel bidentatæ. Stamina tria. Stigmata bina sessilia plumosa lateraliter emergentia. Caryopsis oblonga a latere compressa exsulca glabra maculâ lineari obsoletâ. — Herba spiculis in paniculam spiciformem dispositis. — Genus *Triseto* valde affine.

Sect. I. LOPHOCHLOA. — Glumella bidentata et apice aristata.
Species annuæ.

1. **K. phleoides** (Vill. Dauph. Il. p. 95, tab. 2, fig. 7, sub *Festucâ*) annua, culmis sæpius pluribus ascendentibus vel erectis, foliis mollibus linearibus planis pilosis, ligulâ abbreviatâ truncatâ, paniculâ spiciformi cylindraceâ densâ sæpe lobulatâ, spiculis 3-5-floris, glumâ inferiore subbreviore angustiore lanceolatâ superiore oblongâ acuminatâ flosculis breviore utrâque glabrâ vel puberulâ carinâ asperâ, glumellâ villosâ vel glabriusculâ quinquenervi sæpius tuberculosâ breviter bidentatâ e sinu in aristam eâ sæpius breviorem interdum brevissimam in flosculis superioribus subnullam abeunte ⊙. *K. phleoides* Pers. Syn. I, p. 97. — Desf. Atl. tab. 23. — Nees Ic. Germ

Rchb. Germ. fig. 337. — *K. brachystachya* D. C. Cat. Monsp. (forma spicis abbreviatis). — *Wilhelmsia Caucasica* C. Koch Linn. XXI, p. 400 (forma macra paniculâ brevi ex Griseb.) — *K. Trapezuntina* C. Koch Linn. XXI, p. 396! — *K. Figarei* Notar. Hort Genuen. 1847 (ex cl. Aschers.).

Hab. in cultis, arenosis, ad vias totius ditionis a Græciâ et ejus insulis!, Macedoniâ et Thraciâ! ad Syriam et Arabiam petream! Egyptum! Babyloniam (Haussk!), regiones Caucasicas! Persiam borealem (Bge!) et australem (Ky! Haussk!), Affghaniam (Griff.!), Belutschiam (Stocks!).

Species mire ludibunda cujus varietates a typo magis aberrantes sed formis intermediis conjunctas enumero.

β. *grandiflora*. — Spiculæ fere duplo majores, glumella acutata longe aristata nervis sæpius prominulis. — *K. Berythea* Boiss. et Bl. Diagn. Ser. II, 4, p. 135.

Hab. in Syriâ littorali circâ Berythum et Sidonem (Bl!), Aleppo (Haussk!),

γ *condensata* Boiss. loc. cit. p. 134. — Spiculæ parvæ, glumella abbreviata acuta nervis (dorsali præsertim) valde prominulis, aristâ brevissimâ.

Hab. in Syriâ circâ Tripoli et Sidonem (Bl! Gail!).

δ. *amblyantha* Boiss. loc. cit. — Spiculæ parvæ, glumella valde abbreviata elliptica obtusa mutica sæpius tuberculata aristâ brevissimâ vel nullâ, nervis fere obsoletis. — *K. amblyantha* E. Desv. Mss.

Hab. in Syriâ littorali ad Sidonem et Berythum (Gail! Bl!), ad Larnaca Cypri (W. Barbey!).

ε. *obtusiflora*. — Spiculæ magnæ varietatis β sed glumella ut in var. δ. obtusissima nervis valde prominulis. — *K. obtusiflora* Boiss. Diagn. Ser. I, 7, p. 131.

Hab. in apricis Persiæ australis prope Dalechi (Ky. 131 !).

Ar. Geogr. Europa australis ad Galliam mediam, Istriam, Hungariam usque, Africa borealis, Insulæ Canarienses.

2. **K. Sinaïca** (Boiss. Diagn. Ser. I, 13, p. 52) annua, culmis humilibus basi geniculatis, foliis mollibus linearibus acuminatis planis patentim hirtis, ligulâ brevi hirtâ, paniculâ spiciformi oblongâ sublobatâ, glumis flosculis subbrevioribus oblongo-lanceolatis acutis æquilongis inferiore sublongiore villosulâ, glumellâ et paleâ glaberrimis illâ flosculi inferioris oblongo-lanceolatâ ex apice integro breviter aristatâ, flosculorum superiorum bifidâ ad quartam partem superiorem aristâ eâ sublongiore auctâ ⊙.

Hab. in regione Sinaiticâ Arabiæ Petreæ (Auch. 3161!).

Bipollicaris, facies *Schismi*, ex unico specimine mihi nota, sed ab omnibus *K. phleoidis* formis glumis æquilongis, flosculis glabris, glumellâ multo inferius aristatâ discrepans.

3. **K. pubescens** (Vahl Symb. II!, 9, sub *Airâ*) annua, culmis sæpius pluribus ascendentibus, foliis planis pilosis vel molliter vil-

37

losis, ligulâ truncatâ pilosâ, paniculâ spiciformi ovatâ vel oblongo-
cylindraceâ densissimâ non lobatâ, glumis flosculos æquantibus
æquilongis et æquilatis carinâ ciliatis undique plus minus villosis,
glumellâ ad carinam breviter ciliatâ sub apice emarginato breviter
aristatâ vel muticâ ☉. *K. pubescens* P. de B. Agr. 85. — *K. villosa*
Pers. Syn. I, 97. — *Trisetum pubescens* Trin. — *K. Barrelieri* Ten.

Hab. ad limites occidentales ditionis, Corcyræ (Margot!).

Ar Geogr. Hispania orientalis, Gallia australis, Italia, Sicilia, Africa
borealis.

4. K. Michelii (Savi Bot. Etrusc. I, 76, sub *Bromo*) annua,
culmis gracilibus erectis inferne sæpe geniculatis, foliis anguste
linearibus vaginisque puberulis supremo a paniculâ remoto, ligulâ
brevissimâ, paniculâ gracili demum contractâ spiciformi, ramis strictis
brevissimis inferioribus 3-4-nis, spiculis 3-4-floris flore superiore
ad pedicellum reducto, glumis valde inæqualibus acutis inferiore lanceolato-subulatâ brevissimâ superiore quadruplo longiore oblongo-
lanceolatâ flosculis sublongiore, glumellâ marginibus convolutâ subulatâ sub apice bidentatâ aristâ eâ breviore instructâ ☉. *K. Michelii*
Cosson Alg. p. 120. — *Avellinia Michelii* Parl. Pl. Nov. p. 59. —
Avena puberula Guss. Pl. rar. tab. 10, fig. 2 — *Kœleria macilenta*
D. C. Fl. Fr. — *Vulpia Michelii* Rchb.

Hab. in collibus siccis, Cyprus prope Davlu (Sint. et Rigo.

Hæc planta cl. Hackel optime observante nihil cum *Vulpiis* nisi glumas
valde inæquales commune habet, pedicellisque tenuibus nec sensim incrassatis, glumellâque sub apice bidentato nec ex apice ipso aristatâ ab eis differt.

Ar Geogr. Lusitania, Hispania, Gallia australis, Italia, Dalmatia, Africa
borealis.

SECT II. AIROCHLOA. — Glumella apice integra non aristata.
Species perennes

5. K. cristata (L. Sp. 94 sub *Airâ*) cespitosa, vaginis foliorum
emarcidorum indivisis, culmis erectis superne nudis glabris vel apice
puberulis, foliis planis inferioribus ciliatis. ligulâ brevi truncatâ,
paniculâ spiciformi densâ sæpius elongatâ basi interdum interruptâ,
glumis subinæqualibus breviter acuminatis carinâ vel undique asperulis superiore flosculis subbreviore, glumellâ lanceolatâ acutâ 4.
K. cristata Pers. Syn. I, 97. Host Gram. tab. 75. — Rchb. Germ.
fig. 174.

Hab. in pratis siccis præsertim alpinis, Græcia in monte Kyllene 5-6000'
(Heldr!), Thracia (Friv.), prope Byzantium (Conmany!), Anatolia supra
Elmalu Lyciæ (Bourg!), Cilicia Trachæa 4200' (Per!), Taurus Cilicicus 5-8000'
(Ky. 751), Cappadociæ montes supra Cæsaream (Bal!), mons Berytdagh
Cataoniæ 8000' (Haussk!), Armenia Turcica ad Baibut (Bourg!), Tauria,
Caucasus et Transcaucasiæ montes (Ledeb.), Caucasus orientalis 6-9500'
(Rupr!).

β. *grandiflora.* — Folia præter infima breviter velutina glabrescentia. Spiculæ paulo majores. Potius forma quam varietas distincta. — *Dactylis lobata* M. B. Taur. Cauc. I, p. 67. — *K. grandiflora* Bertol. — *K. glauca* Ledeb. Fl. Ross. 4, p. 402 non DC. (quæ est var. glumellâ obtusiusculâ).

Hab. in montibus Græciæ Taygeto, Parnes Atticæ, Œta et Delphi Eubeæ 4-6000', Velugo Ætoliæ (Heldr!), Parnasso (Sprun! Orph!), regio Caucasica (Ledeb.).

γ *tenuifolia.* — Folia abbreviata glabriuscula plus minusve convoluta. — *K. brevis* Stev. Verz. Taur. p. 363 (variatio paniculâ abbreviatâ ovalâ).

Hab. in Ponto Lazico supra Djimil 7500' (Bal!), Tauria (Stev!), montes Bachtiaris Persiæ occidentalis (Haussk!), Affghaniæ vallis Kurrum (Aitch. 590!).

Ar. Geogr. Europa media et australis a Daniâ et Gothiâ ad Rossiam mediam, Sibiria, regio Himalaica, Africa borealis, P. B. Spei, America borealis.

SPHENOPUS (Trin. Fund. Agr. 155).

Spiculæ a latere compressæ 2-3-floræ flosculis remotis supremo sterili, axi articulatâ. Glumæ inæquales membranaceæ cum pedicello continuæ et persistentes. Glumella et palea membranaceæ muticæ, illa oblonga obtusa concava nervis tribus lateralibus superne evanidis, palea biloba ad carinas binas scabrida. Squamulæ binæ subcarnosæ bilobæ· Stamina tria. Stigmata bina subsessilia lateraliter emergentia. Caryopsis oblonga tereiiuscula ventre sulcata glabra glumellis cincta sed iibera. — Herba annua spiculis minimis paniculatis, facie *Airæ.*

1. **Sp. divaricatus** (Gouan Ill. 4, tab. 2 sub *Poa*) annuus, culmis pluribus tenuibus e basi geniculatâ erectis, foliis tenuissimis canaliculatis demum involutis, ligulâ elongatâ fissâ, paniculæ primum confertæ dein divaricatim diffusæ ramis 2-3-nis capillaribus dichotomis vel trichotomis, pedicellis sensim ad apicem usque clavato-incrassatis, glumis obtusis flosculis multo brevioribus superiore triplo majore, glumellâ apice scariosâ obtusâ subcarinatâ ⊙. *Sp. divaricatus* Rchb. Germ. fig. 382. — *Sp. Gouani* Trin. l. cit. — *Festuca expansa* Kᵗʰ. — *Sclerochloa divaricata* P. de B. — *Nephelochloa breviglumis* Trautv. Act. Petrop. VII, p. 523.

Hab. in campestribus et maritimis, Peloponnesus (herb. Fauché!), Attica ad Phalerum (Spr! Boiss! Heldr!), Byzantium (Coum!), Cyprus ad 4000' usque, (Ky!). Palæstina ad Jericho (W. Barbey!), Egypt inferior ad Alexandriam et Rosette (Ehr! Ky!), desertum Syriæ ad Palmyram (Bl!), Babylonia (Noë!) Persia australis ad Dalechi (Ky. 1241), Transcaucasia ad Baku (Becker!).

Ar. Geogr. Lusitania, Hispania, Gallia australis, Italia, Africa borealis.

CATABROSA (Pal. de B. Agrost., p. 97. — *Colpodium* Trin. Fund. p. 119).

Spiculæ vel 2-3-floræ interdum cum pedicello floris sterilis, flosculo inferiori sessili cæteris stipitatis, vel unifloræ. Glumæ inæquales vel æquales flosculis breviores. Glumella et palea membranaceæ longitudine subæquales illa inferne saltem trinervis obtusa vel truncatosubdentata, palea bicarinata biloba. Squamulæ binæ ovatæ vel oblongæ. Stamina tria antheris longis, stigmata bina terminalia subsessilia plumosa lateraliter supra basin flosculi emergentia. Caryopsis oblonga lateraliter subcompressa maculâ hilari punctiformi notata glabra libera. — Herbæ facie *Poæ* vel *Airæ*; species spiculis unifloris donatæ generice a cæteris abortu rarius flosculo unico donatis sejungi nequeunt et transitum ad *Agrostidem* præbent.

S
_D_CT. EUCATABROSA. — Spiculæ normaliter plurifloræ.

1. C. aquatica (L. Sp, 95 sub *Aira*) perennis aquatica, rhizomate repente, culmis inferne prostratis radicantibus, foliis late linearibus obtusiusculis mollibus, ligulâ oblongâ, paniculæ pyramidatæ erectæ ramis semiverticillatis prius erectis tandem horizontaliter patentibus vel deflexis, spiculis bifloris (rarissime 3-4 floris) flosculo superiore pedicellato, glumis parte superiori membranaceis flosculis multo brevioribus inferiore triplo minore ovatâ obtusâ superiore obovatâ rotundatâ basi trinervi, glumellâ trinervi elevatim tricarinatâ ad nervos glabrâ vel hirtulâ apice truncatâ eroso-denticulatâ ♃. *C. aquatica* Pal. de B. l. cit. — Host Gram. tab. 41. — Nees Gen. Germ. Ic. — *Glyceria airoides* Rchb. Germ. fig. 374. — *Poa airoides* Kæl. — *Colpodium aquaticum* Trin. — *C. ochroleuca* Dum. Agr. Belg. p. 108 (forma paniculâ pallidâ, glumâ superiore angustiore, glumellâ magis puberulâ).

Hab. ad aquas totius ditionis a Græciâ! ad regionem Caucasicam! Persiam borealem (Ky. 330!), Syriam!, a regione inferiori ad alpinam. Forma ochroleuca in australioribus præsertim typo vulgatior.

Ar. Geogr. Europa tota, Africa borealis, Sibiria, America borealis.

2. C. Pontica (Bal. Bull. Soc. Bot. Fr. XXI, p. 15) cespitosa parce stolonifera, radice fibrosâ, culmis gracilibus modice elatis basi fibris vaginarum vetustarum involucratis, foliis anguste linearibus planis, culmeis paucis laminâ brevi, ligulâ abbreviatâ, paniculæ brevis ramis filiformibus 2-nis erecto-patulis subnutantibus flexuosis, spiculis rubellis albo-variegatis bifloris cum pedicello sterili vel trifloris, glumis subæqualibus oblongo-lanceolatis oblusiusculis flosculos non æquantibus, glumellâ oblongâ apice subdentatâ trinervi inferne pilis crispis lanatulâ superne albo-hyalinâ ♃.

Hab. in regione alpinâ superiore Ponti Lazici supra Djimil ad nives 8500' (Bal!).

Facies *Poæ minoris*, pedalis, spiculæ eiş specierum afflnium majores fere tres lineas longæ. Species inter *Catabrosam* et *Poam* subdubia. Facies *C. Altaicæ*, sed folia multo angustiora, spiculæ plurifloræ, etc.

3. C. variegata (Boiss. Diagn. Ser. I, 5. p. 71) cespitosa, radice fibrosâ, vaginis fasciculorum brevibus demum in fibras solutis, foliis radicalibus confertis linearibus planis brevibus expansis, culmis abbreviatis sæpe geniculatis 1-2-phyllis laminâ brevissimâ, ligulâ brevi obtusâ, paniculæ breviter pyramidatæ ramis filiformibus 1-2-nis paucispiculatis patentibus demum subdeflexis, spiculis bifloris cum pedicello sterili flosculoque superiore stipitato rarius unifloris, glumis flosculos subæquantibus lanceolatis purpureis subæquilongis inferiore acutâ subangustiore superiore obtusiusculâ, glumellâ flavidâ oblongâ apice obtusâ vel truncatâ et subdenticulatâ carinatâ inferne trinervi ad nervos sericeâ ♀.

Hab. in humidis alpinis Olympi Bithyni (Auch. 3038! Boiss!).

Culmi semipedales, folia radicalia 1 ½-2 pollices longa lineam lata, ramuli inferiores paniculæ fere pollicares ; spiculæ eleganter purpureo et flavo variegatæ interdum abortu unifloræ fiunt A *C. Altaicâ* præter spiculas minores, etc., glumellâ ad nervos breviter sericeâ nec longe lanatâ discedens.

4. C. Balansæ (Boiss. in Bal. Sched. 1866. — Bull. Soc. Bot. Fr. XXI, p 15) cespitosa, radice fibrosâ, fasciculorum vaginis in fibras demum solutis, foliis linearibus latiusculis planis brevibus, culmis parce et breviter foliosis inferne sæpius geniculatis, ligulâ brevi truncatâ, paniculæ breviter pyramidatæ ramis capillaribus 3-5-nis erecto-patulis, spiculis trifloris flosculis superioribus stipitatis, glumis glabris purpureis flosculis brevioribus obtusis inferiore lineari-oblongâ superiore latiore obovatâ, glumellâ oblongâ truncatâ subdentatâ inferne ad nervos vel undique crispule pubescente superne membranaceâ flavidâ ♀. *Poa catabrosodes* C. Koch Linn. XXI, 118 ex descr.

Hab. in pratis alpinis Ponti Lazici supra Djimil- 8000' (Bal !) prope Pertakrek (C. Koch), in montibus Antchikala et Boschog Daghestaniæ 9500-10500' (Rupr !).

Facie et characteribus affinis *C. variegatæ*, differt præter folia sublatiora et spiculas majores glumarum formâ et glumellâ inferne longius pilosâ. Facies *C Altaicæ* a quâ præter spiculas non unifloras glumis abbreviatis obtusioribus glumelláque non lanatâ distinguitur.

5. C. fibrosa (Trautv. Stirp. Nov. Descr. Fasc. V. N° 23 sub *Colpodio*) cespitosa, radice fibrosâ, fasciculorum vaginis in fibras flexuosas demum solutis, foliis anguste linearibus planis, culmis geniculatis 1-2-phyllis folia parum superantibus, ligulâ productâ

acutâ, paniculæ brevis ovatæ coarctatæ ramis geminis brevibus, spiculis bifloris, glumis glabris purpureis oblongo-lanceolatis acutiusculis superiore sublongiore, glumellâ glumis sublongiore flavidâ
oblongo-lineari truncatâ denticulatâ undique sub lente brevissime
puberulâ ♃ .

Hab. in Armeniâ ad lacum Küpgöl montis Ararat majoris (Radde). Vidi
specim. in herb. cl. a Trautvetter.

Semipedalis, valde affinis *C. Balansæ* ad quam forte transit, fasciculi foliorum vaginis magis fibrosis arctius involucrati, folia angustiora, panicula
depauperata ramis brevibus strictis nec erecto-patulis, spiculæ bi nec trifloræ,
glumæ acutiores, glumella brevius hirta.

6. **C. humilis** (M. B. Taur. Cauc. I, p. 57 sub *Airâ*) radice
fibrosâ, culmis humilibus basi nodoso-incrassatis et cum foliis radicalibus vaginis demum in fibras solutis involucratis, foliis lineari-setaceis subconvolutis flexuosis, ligulâ oblongâ brevi, paniculæ breviter
pyramidatæ ramis 2-4-nis capillaribus erecto-patulis, spiculis 2-3-
floris nitidis argyreis flosculis superioribus stipitatis, glumis oblongis
acutiusculis subæquilongis flosculis brevioribus superiore basi trinervi, glumellâ præter basin herbaceam scariosâ eroso-truncatâ elevatim trinervi inferne ad nervos pubescenti ♃. *Catabrosa humilis.*
Trin. Fund. p. 136. — *Colpodium bulbosum* Trin, Mém. Pétersb. II,
Ser. I, p. 394. — *Colp. Steveni* Hoh. Talysch non Trin. — *Poa humilis* et *Poa pumila* C. Koch Linn. XXI non Koch. — *P. tristriata* Stev.
Mem. Mosq III, p. 352? (ex descr. et loco).

Hab. in pascuis, arenosis Iberiæ 4000'-5400' (M. B., Hoh!), littore Caspio
ad Baku et ditione Talysch 6000' (C. A. Mey!), Persia prope Ispahan (Bge!).

β. *Steveni.* — Spiculæ minores, glumæ ovatæ. — *Colp. Calverti*
Boiss. Diagn. Ser. II. 4, p. 133.

Hab. in Armeniâ prope Erzerum (Calv!).

Ar. Geogr. Rossia austro-orientalis

7. **C. parviflora**, radice fibrosâ, culmis basi nodoso-incrassatis, foliis radicalibus brevibus subsetaceis minute scabridis, culmeis
paucis sublatioribus, ligulâ oblongâ, paniculæ triangularis ramis
capillaribus 2-3-nis patentibus, spiculis minutis bifloris, glumis ovatis subinæqualibus flosculo tertiâ parte brevioribus, glumellâ oblongâ
obtusâ subdenticulatâ glaberrimâ inferne pallide violaceâ obsolete
trinervi superne flavidâ ♃. *Colp. parviflorum* Boiss. et Buhse Diagn.
Ser. II, 4, p. 133.

Hab. in monte Ssahend Persiæ borealis 9000' (cl. Buhse !).

Affinis *C. humili* a quâ differt spiculis minoribus, glumellâ glabrâ nec
inferne pubescente ; hâc notâ proxima *C. violaceæ* quæ tamen distat spiculis
majoribus unifloris, glumis oblongo-lanceolatis.

SECT. II. COLPODIUM. — Spiculæ normaliter unifloræ.

8. **C. versicolor** (Stev. Mém. Mosq. III, p. 282 sub *Agrostide*) perennis, radice fibrosâ interdum stoloniferâ cespitosâ, foliis anguste linearibus vel subsetaceis flexuosis, culmis gracilibus, ligulâ elongatâ, paniculæ breviter pyramidatæ ramis capillaribus 2-4-nis patentibus apice paucispiculatis, spiculis unifloris, glumis subæqualibus flosculo subbrevioribus purpurascentibus oblongis obtusiusculis inferiore carinatâ uninervi superiore elevatim trinervi, glumellâ oblongâ obtusâ subdentatâ obsolete trinervi infra medium pubescente ♃. *Colpodium Steveni* Trin. Fund. 119, tab. 7.

Hab. in regione alpinâ Caucasi centralis in montibus Kasbeck (C. A. Mey.) et Beschtau (Parrot), in Caucasi orientalis cacuminibus 9500'-10800' copiosa (C. A Mey! Rupr!) in monte Ssavalan Persiæ borealis (Buhse!), in montibus Kellal et Ssebsekuh Persiæ australi-occidentalis ad nives (Haussk!).

9. **C. violacea** (Boiss. Diagn. Ser. I, 7, p. 126) cespitosa, radice fibrosâ, culmis pumilis basi nodoso-incrassatis, foliis brevibus plicatis angustissimis subsetaceis, ligulâ brevi truncatâ, paniculæ breviter pyramidatæ ramis capillaribus 2-3-nis paucispiculatis, spiculis violaceis unifloris, glumis flore subbrevioribus subæqualibus oblongo-lanceolatis obtusiusculis, glumellâ oblongâ apice erosulâ inferne trinervi glaberrimâ ♃.

Hab. in humidis et ad fontes alpinos alpis Kuh Daëna Persiæ australis (Ky. 738 et 723! et n° 5 forma pallida sub *C. bulbosâ*), ad nives alpis Kuh Nur 13000' (Haussk!).

Culmi cum paniculâ 3-5-pollicares ; species spiculis unifloris affinis *C. versicolori*, culmis basi bulbosis *C. humili*, ab utrâque glumellâ glabrâ, a priori insuper radice stoloniferâ, a posteriori spiculis unifloris discedens.

10. **C. Altaica** (Trin. in Ledeb. Fl. Alt. I, p. 100 sub *Colpodio*) radice stoloniferâ, culmis erectis foliatis, foliis latiuscule linearibus brevibus planis obtusiusculis, ligulâ ovatâ truncatâ, paniculæ coarctatæ ovato-oblongæ subnutantis ramis brevibus 2-3-nis capillaribus strictis, spiculis variegatis majusculis unifloris, glumis lanceolatis obtusiusculis herbaceis albo-marginatis glabris subinæqualibus superiore glumellis vix breviore, glumellâ et paleâ subæquilongis herbaceis undique lanatis apice membranaceis obtusiusculis illâ trinervi, paleâ binervi ♃. Ledeb. Ic. Ross. tab. 226.

Hab. in Caucaso centrali ad fontes fluv. Aragwa et Didi Liakwa in alpe Saarkom (Brotherus !).

Speciminibus Altaicis et Songaricis similis.

Ar. Geogr. Songaria, Sibiria Altaica.

ERAGROSTIS (P. de B. Agr. 70).

Spiculæ pedicellatæ a latere complanatæ 3-multifloræ, flosculis distiche imbricatis hermaphroditis, axi persistente. Glumæ binæ membranaceæ carinatæ uninerves flosculo proximo breviores. Glumella et palea muticæ membranaceæ illa valide trinervia concavo-ventricosa carinata una cum caryopside decidua, palea bicarinata sæpissime in rachide dintius persistens. Squamulæ binæ minutæ obtusæ vel truncatæ. Ovarium glabrum. Styli bini terminales longiusculi, stigmata breviter plumosa lateraliter ad basin floris emergentia. Caryopsis ovato-subrotunda vel oblongo-elliptica non canaliculata maculâ hilari punctiformi notata libera. — Herbæ annuæ vel perennes, spiculis parvifloris in paniculam effusam vel spicatam dispositis.

SECT. I. EUERAGROSTIS. — Palea glumellâ delapsâ in rachide diutius persistens.

* Species annuæ.

+ Palea ad carinas scabrida.

1. E. poæoides (P. de B. Agr. 71) annua rarius perennans, culmis erectis vel geniculato-ascendentibus, foliis linearibus planis, vaginis pilosis ore barbatis, paniculæ æqualis patentis oblongæ ramis solitariis alternis longiusculis, pedicellis capillaribus divergentibus spiculâ brevioribus, spiculis anguste lanceolato-linearibus 8-20-floris, glumellâ ellipticâ obtusâ nervo laterali valido ⊙. — Rchb. Germ. fig. 427. — *Poa Eragrostis* L. Sp. 100. — Host Gram. II, tab. 69. — *Briza Eragrostis* Desf. non L. — *E. vulgaris* var. *microstachya* Coss. et Germ.

Hab. in cultis et herbidis totius ditionis a Græciâ! ad Egyptum (Bové!), Arabiam petream (Schimp. 266!), Affghaniam (Griffl).

Ar. Geogr. Europa media et australis a Belgio, Galliâ mediâ et australi, Germaniâ ad Rossiam mediam, Sibiria Altaica, India orientalis, Insulæ Canarienses, Africa borealis.

2. E. megastachya (Link Hort. Berol. I, 187) annua, culmis geniculato-ascendentibus, foliis linearibus, vaginis ore pilosis, paniculæ ovato-oblongæ æqualis ramis sæpius solitariis alternis brevissimis, pedicellis spiculâ multo brevioribus, spiculis fasciculatis vel solitariis lineari-oblongis 15-20-floris, glumellâ oblongâ vel retusâ sæpe mucronulatâ nervo laterali valido ⊙. Rchb. Germ. fig. 426. — *Poa Eragrostis* Fl. Gr tab. 73. — *Briza Eragrostis* L. S. 103. — *E. vulgaris* var. *megastachya* Coss. et Germ. — *E. major* Host Gram. tab. 24. — *Poa multiflora* Forsk. Descr. p. 21. — *E. multiflora* Aschers.

Hab. in cultis Græciæ et ejus insalarum (Sibth. Heldr! etc.), Cretæ! Sieb!), Ciliciæ (Per!), Cappadociæ et Cataoniæ (Bal!), Syriæ littoralis (Gaill!), Egypti (Boiss! Kralik!) et ejus Oasibus (Asch!). littore Egyptiaco maris Rubri (Schw!), Persiæ australis (Auch!), Affghaniæ ad Herat (Bge!).

Ar. Geogr. Europa media et australis a Belgio et Germaniá ad regionem Danubialem, Africa borealis, Nubia, Abyssinia, Arabia tropica, India orientalis, China, P. B. Spei, America.

3. E. tremula (Lam. Ill. I, 183 sub *Poâ*) annua, culmis tenuibus geniculatis erectis, foliis anguste linearibus acuminatis rigidulis glabris, vaginis ore barbatis, paniculæ compositæ pyramidatim ramosissimæ effusæ erectæ ramis alternis capillaribus longis patentibus divaricatim ramulosis ad insertionem interdum barbatis, pedicellis capillaribus spiculæ æquilongis vel longioribus, spiculis subcompressis anguste et longe linearibus imbricatim 20-30-floris, glumellâ ovatâ obtusâ nervo laterali valde prominulo a margine remoto, superiore persistenti incurvâ ⊙. *E. tremula* Munro ex Aitch. Cat. — *E. rhachitricha* Hochst. — *E. multiflora* Herb. Ind. Or. non Asch.

Hab. in Affghaniá (Griff. ex Aitch. Cat.).

Pedalis vel sesquipedalis, ab *E. poæoide* et *megastachyâ* ramis pedicellisque longis tenuissimis paniculam effusissimam formantibus, spiculis angustioribus et longioribus (5-8 lin. longis vix lineam latis), glumellá latiore breviore distincta.

Ar. Geogr. India, Abyssinia, Nubia tropica, regnum Gabon Africæ.

4. E. pilosa (L. Sp. 100 sub *Poâ*) annua, culmis gracilibus erectis vel geniculato-ascendentibus, foliis anguste linearibus planis acuminatis. vaginis ore barbatis, paniculæ oblongæ æqualis ramosissimæ contractæ demum patulæ ramis capillaribus ad insertionem pilosis elongatis inferioribus plerumque 3-5 semiverticillatis, pedicellis capillaribus spiculæ æquilongis vel longioribus, spiculis angustissime linearibus laxe 5-11-floris purpurascentibus, glumellâ minimâ oblongâ acutiusculâ nervis vix prominulis, superiore subincurvâ ⊙. *E pilosa* P. de B. Host Gram. 2, tab. 68. — Rchb. Germ. 424. — *E. verticillata* Ræm. et Sch. — *E. Mossulensis* Steud. Agr. 264. — *E. Bagdadensis* et *E. bicolor* Boiss. Mss. in Ky. exs.

Hab. in arenosis, in humidis, ad vias, Græcia in Peloponneso et Ætoliá (Heldr!), Macedoniá (Orph!), Thraciá (Pichl!), Cataoniá (Haussk!), Egypto inferiore (Sieb! Auch. 2944!), Persiæ prov. Khorassan et circa Herat (Bge!), Assyriá ad Mossul (Ky. 434!), Babyloniá ad Bagdad (Noë 305!).

Ar. Geogr. Europa media et australis a Belgio et Germaniá australi ad regionem Danubialem, Rossiam mediam, Sibiria Altaica, India, Nubia, Abyssinia, Nova Hollandia, America borealis.

5. E. Ægyptiaca (Del. Eg. 157, tab. IV, fig. 2) annua, culmis numerosis cespitosis procumbentibus vel geniculato-ascendentibus, foliis linearibus, vaginis ore longe barbatis, paniculæ pallidæ æqualis diffusæ vel contractæ ramis brevibus semiverticillatis basi non cilia-

tis. spiculis subsessilibus longe et anguste linearibus imbricatim 15-
20-floris, rachide flexuosissimâ, glumellâ oblongo-lanceolatâ obtusiusculâ nervo marginali prominenti, paleâ diu persistente valde arcuatâ
⊙. *E. Ægyptiaca* W. Enum. p. 107. — *P. pallida* Lag. Elench. 3!

Hab. in arenosia Egypti ad Nilum (Del.), prope Kahiram et Minieh (Auch.
2946! Sickenberger! Aschers!), ad Syenem (Boiss!).

Culmi procumbentes eis *E. pilosæ* breviores et magis conferti, paniculæ
rami brevissimi et basi non pilosi, spiculæ longiores flosculi₅ magis imbricatis, palea magis curvata.

Ar. Geogr. Nubia.

+ + Palea ad carinas longe ciliata.

6. E. ciliaris (L. Sp. 102 sub *Poâ*) annua, culmis gracilibus
geniculatis ascendentibus, foliis anguste linearibus acuminatis vaginisque ciliatis hisce ore barbatis, paniculâ coarctatâ spicæformi oblongâ
vel cylindraceâ sæpe interruptâ ramosâ ramis fere a basi dense spiculigeris, spiculis pedicellis tenuissimis eis brevioribus suffultis ovatis vel oblongis obtusis valde compressis imbricatim 5-8-floris, glumis
acutis, glumellâ ad nervos scabrâ oblongâ obtusâ truncatâ mucronulatâ vel 2-3-denticulatâ, paleâ ad carinas ciliis albis glumellaram
latitudine duplo longioribus rigidis pectinatâ ⊙. Jacq. Ic. rar. tab.
884. — *E. ciliaris* Link. — *Poa Boryana* Willd.

β *brachystachya.* — Humilior, panicula valde condensata abbreviata ovato vel oblongo-cylindrica. — *E. Arabica* Jaub. et Sp.
III. tab. 322.

Hab. in arenosis littoris Egyptiaco-Arabici inter Kosseir et Ras Benass
(Schv. 1091!), Belutschiâ (Stocks!).

Ar. Geogr. India, Africa tropica et australis, insulæ Capitis viridis et Senegalia, America tropica. Varietas in Nubiâ, Arabiâ tropicâ, insulis Capitis
viridis.

7. E. plumosa (Retz Obs. IV, 20, sub *Poâ*) annua, culmis erectis vel ascendentibus, foliis linearibus acuminatis vaginisque glabris
vel sparsim ciliatis hisce ore barbatis, paniculæ compositæ oblongæ
vel oblongo-pyramidatæ ramis erecto-patulis vel patentibus ad axillas
ciliatis divaricatim ramulosis, pedicellis spiculâ sublongioribus, spiculâ oblongâ laxiuscule 5-7-florâ, glumis acutiusculis, glumellâ apice
oblique truncatâ, paleâ ad carinas ciliis rigidulis ejus latitudine duplo
longioribus pectinatâ ⊙. *Poa tenella* L. Sp. 101 ex parte. Kunth
Gram. tab. 147. — *E. pulchella* Parl. Spic. Gorg. 188. — *E. lepida*
Hochst.

Hab. in Affghaniâ (Griff. ex Aitch. Cat.).

Affinis *E ciliari* a quâ paniculæ laxæ ramis patentibus divaricatim ramulosis, spiculis dissitifloris præsertim differt. An ejus varietas?

Ar. Geogr. India, insulæ maris Pacifici, Arabia et Africa tropicæ.

* * Species perennes.

8. E. cynosuroides (R. et Sch Retz Obs. p. 20, sub *Poâ*) perennis cespitosa, rhizomate crasso repente, culmis elatis teretibus crassis foliosis, foliis radicalibus fasciculatis longis rigidis longe attenuato-acuminatis demum superne convolutis, culmis angustioribus, paniculâ longâ strictissimâ spiciformi compressâ bipinnatim compositâ, spiculis secus paniculæ ramos sessiles strictos compressos hirtos unilateraliter imbricatis sessilibus 6-12-floris oblongis compressis, glumâ inferiore acutiusculâ superiore longiore et duplo latiore obtusâ, glumellâ subcoriaceâ albidâ vel nigricante oblongâ obtusiusculâ carinâ scabrâ nervo laterali subprominulo 2. Del. Eg. 159, tab. 10, fig. 3. — *Briza bipinnata* et *Uniola bipinnata* L. — *Leptochloa bipinnata* Hochst.

Hab. in cultis siccis, ad aggera, vias in totâ Egypto (Del. Ehr! Boiss! Schw! etc.), Syriâ littorali ad Joppen (Roth. 2721), Babyloniâ (Auch. 2948!) ad Bagdad (Noë!), in Affghaniâ (Griff!), Belutschiâ (Stocks!). Ægyptis *Halfeh* audit.

Culmi 3-6-pedales folia, 3-4-pedalia, panicula ¼-1-pedalis, spiculæ 3-5 lineas longæ sesquilineam latæ.

Ar. Geogr. Arabia subtropica, India borealis.

9. E. Piercii (Beuth. in Hook. Ic. Pl. tab. 1370) perennis, culmis elongatis ascendentibus inferne foliatis et sæpe ramosis, foliis planis brevibus subulato-acuminatis, paniculæ laxe pyramidatæ ramis filiformibus elongatis erecto-patulis solitariis vel infimis subgeminis, spiculis secus ramos dissitis pedicellis strictis infimis longiusculis cæteris brevissimis suffultis ovatis 8-16-floris, glumis lanceolatis late membranaceis carinatis superiore acuminatâ, glumellâ oblongâ obtusâ subdenticulatâ nervo laterali submarginali valde prominenti 2.

Hab. in littore Belutschiæ (Pierce!).

Culmi cum paniculâ sesquipedales, folia 1-2-pollicaria, paniculæ 3-7 rami 5-3-pollices longi 8-15 spiculas dissitas ferentes, spicula tres lines longa 2-lata. Facies *E. unioloidis* R. et Sch. radice annuâ, glumellæ acutæ nervo laterali a margine magis remoto distinctæ.

SECT. II. PSEUDERAGROSTIS. — Glumella et palea ambo cum
caryopside deciduæ.

10. E. nutans Retz Obs. IV, 19 sub *Poâ*) annua, culmis erectis sæpius elongatis, foliis linearibus acutis strictis vaginisque etiam ore glabris, paniculâ ramosissimâ elongatâ contractâ apice subnutante interdum interruptâ ramis semiverticillatis strictis vel erecto-patulis nunc brevissimis nunc longioribus inferne nudis ad insertionem non pilosis, spiculis pedicellis brevissimis strictis insidentibus minutis ovato-oblongis compressis imbricatim 3-7-floris, rachide non flexuosâ, glumellâ ovato-oblongâ obtusâ elevatim nervosâ, caryopside oblongâ acutâ ☉. *Poa interrupta* Lam. Ill. I, 185.— Kunth Gram. tab. 188. — *Er. diandra* Roxb. — *Er. Namaquensis* Nees Agr. Cap. p. 408. — *Er. diplachnoides* Steud. Gram. 268. — *Er. Mossulensis* Steud. Gr. 264. — *Diplachne pocæformis, D. elongata* et *Catabrosa micrantha* Hochst. in Ky. et Schimp. exs. Nub. et Abyss.

Hab. in arenosis Egypti superioris ad Syenem (Ehrb ! Boiss!) Thebas (Kral ! Let!), Kenneh (Fig.), Assyriâ ad Mossul (Ky. 434 ∗ !), Babyloniâ ad Bagdad (Noë 162! et 1233 !), Susianâ ad fluv. Chyrsan (Haussk !), Belutschiâ (Aitch !).

Bipedalis, panicula semipedalis vel pedalis stricta ramis inferioribus 1-2-pollicaribus vel brevissimis ; flosculi eis *E. pilosæ* et *Ægyptiacæ* breviores et fere minores.

Ar. Geogr. Japonia, India, Nubia, Abyssinia, Senegalia, Madagascaria, P. B. Spei.

11. E. cælachyrum (Benth. in Hook. Ic. XIV, p. 50, tab. 1368) annua glabra, culmis pluribus humilibus lateralibus prostratis vel ascendentibus, foliis brevibus planis latiusculis acutis, spicis ad culmi apicem 3-4 confertis subsessilibus, spiculis secus spicam distichis subsessilibus 3-4-floris compressis, glumis ovatis obtusis prominenter trinerviis, caryopside suborbiculatâ a dorso compressâ valde rugosâ antice concavâ ☉. *Eleusine brevifolia* Hochst et St. in Sched. — *Cælachyrum brevifolium* Nees Linn. XVI, p. 221.

Hab. in littore Ægyptiaco inter Kosseir et Ras Benass (Schweinf!),

Facies omnino *Eleusines.* Cl. Bentham hanc plantam inter *Eragrostides* inserendo secutus sum.

Ar. Geogr. Nubia, Arabia subtropica prope Djedda (Schimp! Zohrab!).

∗ ∗ **Glumella 5-plurinervia** (Except. *Scleropoæ* species nonnullæ glumellâ 3-1-nerviâ donatæ).

MELICA (L. Gen. 82).

Spiculæ a latere compressæ 2-5-floræ Flosculi inferiores 1-2 fertiles hermaphroditi, superiores 1-vel 2 steriles tabescentes in corpusculum turbinatum vel oblongo-cylindricum imbricati. Glumæ membranaceæ concavæ flosculis æquales vel subbreviores. Glumella et palea muticæ illa subcartilaginea concava dorso 5-plurinervia, palea minor bicarinata apice bidentata. Squamulæ binæ carnosæ. Stamina tria. Styli bini terminales stigmatibus ramose plumosis ad basin flosculi emergentibus. Caryopsis oblonga subconvexa maculâ hilari lineari longitudinali notata. — Herbæ perennes. — Genus flosculorum neutrorum conformatione notabile.

Specierum Orientalium distributio

* Glumella glabra.

× Culmi fasciculati.

M. ramosa, minor.

+ + Culmi sparsi.

M. nutans, picta, secunda, uniflora, rectiflora.

* * Glumella margine ciliata vel tota villosa.

M. ciliata, Cupani, penicillaris.

---

* Glumella glabra.

1. **M. ramosa** (Vill. Dauph. II, p. 91) cespitosa, caudice indurato, radice fibrosâ. culmis fasciculatis humilibus vel elongatis inferne crebre foliosis et interdum ramosis ascendentibus vel erectis gracillimis rigidis, foliis anguste convolutis rigidis, ligulâ oblongâ lacerâ, paniculâ elongatâ laxâ pyramidatâ ramosâ vel subsimplici racemiformi secundâ, spiculis erectis demum nutantibus subquadrifloris superioribus 1-2-sterilibus, glumis oblongo-lanceolatis acutiusculis late scariosis subquinquenerviis superiore sublongiore flosculos æquante vel superante, glumellâ glabrâ lanceolatâ dorso punctatoscabrâ elevatim plurinervi et inter nervos exaratâ apice scariosâ ♃. *M. minuta* L. Mant. I, p. 32 (nomen omnino incongruum).

α. vulgaris Cosson Exp. Alg. p. 136. — Paniculæ pyramidatæ rami patentes inferiores gemini. — *M. major* Sibth et Sm. Prodr. I, p. 51. — *M. aspera* Desf. — *M. pyramidalis* Lam. Fl. Fr.

Hab. in rupestribus Græciæ (Sibth.), Cephaloniâ in monte Ænos (Heldr!), Atticâ in monte Hymetto (Boiss!) et insulâ Lero (Heldr!), Cretâ (Sieb!), Cypro ad Chrysorodissa et Prodromo (Ky. 682!).

β. saxatilis. — Panicula racemiformis secunda simplex vel inferne ramis 1-3 solitariis brevibus strictis aucta. — *M. saxatilis* Sibth. et Sm. Fl. Gr I, 55, tab. 71.

Hab. in collibus et rupestribus Græciæ in insulis (Sibth.), Chios (Orph!), Peloponneso in monte Taygeto (Pichl!), Anatoliâ ad Elmalu Lyciæ (Bourg!), Ciliciâ Tracheâ prope Anamour (Pér!), Cypro ad Kantara (Sint!).

γ parviflora. — Panicula depauperata secunda simplex vel ramis 1-2 solitariis aucta, spiculæ eis præcedentium minores, culmi tenues elongati, foliia elongata sæpe flaccida. — *M. Armena* Boiss. et Ky. Sched. 1859.

Hab. in rupestribus trachyticis pagi Goschkar prov. Musch Armeniæ 5000'
(Ky. 338 !), Ciliciâ littorali ad Bouloukli (Bal!).

δ. *eligulata.* — Culmi tenues elongati et folia convoluta setacea var.
parviflorœ sed ligula nulla. Racemus 2-3-pollicaris paucispiculatus.
Glumæ obtusiores — *M. angustifolia* Boiss. et Bl. Diagn. Ser. II, 4,
p. 131.

Hab. ad rupes præruptas Libani supra Beyrout et ad Broummana, Marserkis, Bezulmar, Eden (Bl!), iu sylvâ Beitkaschbo (Gaill!) ad Muchtarrah
(Ball!),

Species polymorpha. Varietas *ε. latifolia* Cosson loc. cit. = *M. pyramidalis* Desf. foliis planis latioribus, ligulâ brevissimâ, glumis magis inæqualibus
insignis et in Hispaniâ, Galliâ australi, Italiâ, Africâ boreali crescens in
Oriente non observata fuit.

Ar. Geogr. Regio mediterranea Europæ et Africæ borealis.

2. M. minor (Hackel in litt.) cespitosa, culmis fasciculatis gracilibus interdum geniculatis parte dimidiâ inferiore remote foliatis
lævibus, foliis planis anguste linearibus acutis rigidis erecto-palulis
vaginisque elevatim plurinerviis scabris, ligulâ brevissimâ truncatâ
lacerâ vel obsoletâ, paniculâ racemiformi remote paucispiculatâ simplici vel ramo stricto 1-3-spiculato auctâ, spiculis pedicello brevissimo
hirto suffultis cernuis trifloris flosculo supremo sterili, glumis flosculis subbrevioribus membranaceis purpureis tenuiter quinquenerviis
late albo-marginatis oblongis obtusis subæquilongis, glumellâ lanceolatâ apice scariosâ obtusiusculâ dorso lævi et sub lente tenuiter et
obscure 5-7-nervi ♃. *M. subenervis* Boiss. in herb. Acad. Petrop !

Hab. in rupestribus Caucasi orientalis, Daghestania australis prope Kur-
güll et Kussur 60 0' et ditio Tindal inter Tindi et Aknada 8 00' (Rupr!), iu
Ossetiâ prope Lars (Brotherus !).

Culmi tenues riguli semipedales vel pedales longioresque, racemus
remote 4-7-spiculatus. Facies et spiculæ minutæ *M. ramosœ* var. *parviflorœ*
a quâ foliis planis abbreviatis rigidis erecto-patulis glumellâque brevi subenervi nec scabrâ elevatim plurinervi distinguitur. A cl. Hackel cum
M. nutanti comparata quæ differt culmo superne scabro, glumis latioribus
obtusioribus, glumellâ elevatim nervoso-costatâ.

3. M. nutans (L. Sp 98) rhizomate tenui longe repente stolonifero, culmis gracilibus erectis elongatis superne asperis, foliis linearibus acuminatis superne pilosulis margine scabris, ligulâ brevissimâ
truncatâ, paniculâ racemiformi subsimplici secundâ laxâ tandem cernuâ ramis 1-2-spiculatis brevissimis strictis, spiculis pendulis ovatis,
flosculis tribus supremo sterili, glumis coloratis scariosis obtusis
subinæqualibus flosculis subbrevioribus, glumellâ oblongâ apice scariosâ dorso scabrâ elevatim multinervi sulcatâ ♃. Host Gram,
tab IV. — Fl. Dan. tab. 962.

Hab. in rupestribus sylvaticis Macedoniæ in Athone et sylvæ Belgrad
prope Byzantium (ex Sibth.), Caucaso septentrionali (M. B., C. A. Mey.). Adest

specimen in herb Fauché ex Messeniá a Gittard missum sed hujus collectoris indicationes sæpe nimium fallaces.

Ar. Geogr. Europa septentrionalis et media ad Hispaniam mediam, Lusitaniam, Italiam borealem, Dalmatiam et regionem Danubialem usque, Sibiria.

4. M. picta (C Koch Linn. XXI, p. 396) cespitosa, rhizomate interdum breviter subrepente, culmis gracilibus erectis, foliis planis linearibus glabris scabridis, ligulâ ovatâ truncatâ. paniculâ racemiformi simplici laxâ ramis hirtis 2 rarius 2-spiculatis brevissimis strictis. spiculis tandem cernuis, flosculis tribus supremo sterili, glumis ovato-oblongis obtusis inæqualibus flosculos non æquantibus inferne herbaceis viridibus zonâ purpureâ cinctis apice scariosis albis, glumellâ oblongâ apice scariosâ obtusâ scabrâ nervis quinque parum prominentibus ♃. *M. nutans* var. *picta* Griseb. in Led. Fl. Ross. IV, p. 400. — *M. viridiflora* Czern.

Hab. in sylvis humidis Mingreliæ et Grusiæ in Transcaucasiá (C. Koch.), in Somchetiá ad fluvium Chram (Szov!) ad monasterium Marskobi prope Tiflis (Rupr!).

Valde affinis *M. nutanti* sed distincta radice cespitosá, ligulâ elongatâ, paniculâ sæpius simplici, glumis et glumellâ herbaceis margine tantum nec ex toto scariosis.

Ar. Geogr. Rossia australis, Transylvania, Hungaria, Serbia (et ex cl. Celukowski Œst. Bob. Zeit. 1883, p. 210) Bohemia Germaniaque orientalis.

5. M. secunda (Regel Act. Petrop. VII. p. 629), rhizomate repente?, culmis erectis elatis gracilibus totâ longitudine foliosis rigidulis, foliis anguste linearibus demum subconvolutis longe attenuato-acuminatis strictis, ligulâ oblongâ brevi, paniculæ racemiformis elongatæ angustæ ramis strictissimis inferioribus multispiculatis, pedicellis brevibus sub spiculâ erectâ demum horizontali hirtis, spiculis oblongis, flosculis tribus valde remotis supremo sterili, glumis herbaceis late scariosis oblongo-linearibus obtusis subæqualibus flosculis vix brevioribus, glumellâ lanceolato lineari apice scariosâ obtusâ dorso lævi obsolete quinquenervi ♃. *Mel. spinosa* Munro in Aitch. Cat. — *M. Munroi* Boiss. Mss· — *M. gracilis* Aitch. et Hemsl. Journ. Linn. Soc. XIX. p. 192.

Hab. in valle Kurrum Affghaniæ prope Chendtoi 9000′ (Aitch. 1257!).

Culmi cum paniculâ 6-9 pollices longâ 2-2 ½-pedales, spiculæ, glumæ et glumella eis *M. nutantis* et *pictæ* angustiores et multo longiores, flosculi valde dissiti nec approximati.

Ar. Geogr. Regio Kokand Turkestaniæ.

6. M. uniflora (Retz Obs. I, 10) rhizomate tenui repente stolonifero, culmis elongatis gracilibus flexuosis, foliis planis linearibus acuminatis glabris, ligulâ truncatâ hirtâ latere altero in appendicem acuminatam productâ. paniculæ laxæ secundæ ramis erecto-patulis inferioribus elongatis longe nudis apice 2 3-spiculatis, spiculis erectis, flosculis binis superiore sterili, glumis membranaceis rubellis oblongis mucronulatis subæqualibus flosculos subæquantibus, glumellâ oblongâ apice scariosâ obtusâ dorso scabriusculâ nervis 5 parum pro- minulis ♃. Host Gram. tab. 11. — Fl. Dan. tab. 1144.

Hab. in sylvaticis montanis, Attica in monte Parnes (Pichl !), mons Dirphys Eubeæ (Heldr!), Kyllene supra Flambouritza (Orph!), Macedonia (Griseb), Byzantii (Post!), Pontus australis (Tchih!), Pontus Lazicus supra Trapezun- tum (Bourg!) et intra Khabackar (Ball), Transcaucasia (Led.), ditio Talysch (Hoh.). Persia boreali-orientalis ad Siaret (Bge!).

Ar. Geogr. Europa fere omnis a Scandinaviâ australi et Rossiâ mediâ ad Hispaniam mediam, Italiam, Dalmatiam, regionem Danubialem.

7. **M. rectiflora** (Boiss. et Heldr. in Heldr. exs. 1847. — Diagn. Ser. I. 13, p. 56) cespitosa caadiculis induratis ramosis ascendenti- bus, culmis erectis rigidulis foliosis, foliis planis linearibus attenuato- acuminatis strictis margine remote scabridis, ligulâ brevissimâ mar- giniformi in appendicem ovatam oppositifoliam productâ, paniculâ erectâ racemiformi laxâ subsimplici pedicellis strictis inferioribus 1-2-spiculatis brevissimis spiculis superioribus subsessilibus, floscu- lis binis superiore neutro pyriformi longe pedicellato, glumis strami- neis oblongis mucronatis subæqualibus flosculum æquantibus, glu- mellâ ellipticâ obtusâ dorso lævi elevatim plurinervi ♀ .

Hab. in Cretâ ad rupes, faux Hagio Rumeli ditionis Sphakia (Heldr!), ad promontorium Maleka (Raul!).

Culmi 8-12-pollicares, foliorum lamina 3-4-pollicaris, racemus 1-2-polli- caris. Affinis *M. uniflorœ* differt ligulæ formâ, spiculis subsessilibus fere dimi- dio minoribus, glumellâ multinervi.

8. **M. altissima** (L. Sp. 98) rhizomate repente, culmis valde elatis crassis teretibus foliosis, foliis planis late linearibus glabris longe acuminatis, ligulâ ovato-oblongâ lacerâ, paniculæ racemiformis elongatæ inferne interruptæ ramis brevissimis capillaribus strictis a basi spiculiferis, spicis congestis secundis breviter pedicellatis cer- nuis, flosculis 2-3 superiore sterili, glumis amplis membranaceis albis subæqualibus ovato-ellipticis obtusiusculis flosculos subæquan- tibus eisque latioribus, glumellâ oblongo-lanceolatâ herbaceâ dorso scabrâ et elevatim multinervi superne longe scariosâ acutiusculâ sæpe mucronulatâ paleam valde superante ♃. Host Gram tab. 9. — Rchb Germ. fig, 439 et 440. — *M. Sibirica* Lam. Ill. N° 935.

Hab. in dumosis humidis, sepibus Ponti Lazici ad Zylzyl Khan 9000' (Ky. Suppl. 529 l), Caucaso occidentali et monte Beschtau 1200'-2400' (C A. Mey!).

Ar. Geogr. Hungaria, Transylvania, Gallicia, Rossia media et australis, Sibiria Uralensis et Altaica, Turkestania.

* * Glumella margine tantum vel tota villosa.

9. **M. ciliata** (L. Sp. p. 97) rhizomate repente, culmis fasciculatis erectis elongatis fere totâ longitudine stricte foliatis, foliis firmis

linearibus acuminatis planis tandem subinvolutis, ligulâ oblongâ,
paniculæ spiciformis cylindricæ æqualis sæpe lobulatæ ramis brevissimis adpressis, spiculis erecto-patentibus pallidis, spiculis 2-3-floris
inferiori unico fertili, glumis membranaceis stramineis inferiore
oblongo-lanceolatâ apiculatâ, superiore longiore lanceolatâ acuminatâ,
glumellâ lanceolatâ acutâ dorso glabrâ tuberculato-scabrâ margine
pilis albo-lutescentibus ejus latitudine longioribus a basi ad apicem
ciliatâ ♃. Sibth. Fl. Græc. tab. 70. — *M. Magnolii* Gr. et Godr. Fl.
Fr. III, 550.

Hab. in collibus et rupestribus apricis fere ubique, Græcia in Hymetto et
regione inferiori Parnassi (Heldr !), rupes regionis inferioris Cretæ (Raul!),
Macedonia (Friv!), Byzantium (Cast!), Bithynia et Paphlagonia (Wied!),
Smyrnæ montes (Boiss!), montes Cappadociæ (Bal!), Syria in Antilibano
(Gaill!) et circa Aintab (Haussk!), Caucasus et Iberia (M. B. Hoh! Haussk!)

β. *micrantha.* — Spica angustior. Spiculæ minores. Glumæ minus
acuminatæ. — *M. micrantha* Boiss. et Heldr. Diagn. Ser. I, 13,
p. 53. — *M. Cretica* var. *major* Heldr., Orph. pl. Græc. exs. 367. —
M. Taurica C. Koch Linn. XXI, 395. — Potius forma quam varietas
recte definita.

Hab. in saxosis regionis subalpinæ et alpinæ, Græcia in monte Chelmos,
(Orph!), Kyllene, Corax Ætoliæ, Ænos Cephaloniæ, Parnes, Delphi Eubeæ,
Œta et Parnassus in regione superiore (Heldr !), Sipylus Lydiæ (Bal!), mon-
tes Lyciæ (Bourg. 283!), Taurus Cilicicus 4000' (Bal!), Pontus Lazicus 6000'
(Bal!), Tauria (Rehm!), Caucasus orientalis (Becker !), Persiæ borealis mons
Elbrus (Ky. 435!)

γ. *Nebrodensis* Cosson Fl. Alg. — Minor, folia arcte involuta
augustissima. Spica depauperata laxiuscule subsecunda. Glumæ magis
acuminatæ sæpe rubellæ, glumellæ pili nivei. — *M. Nebrodensis*
Parl. Fl. Palerm. I, p. 120. — *M. Cretica* Boiss. et Heldr. Diagn.
Ser. I, 13, p. 54. — *M. laxiflora* Boiss. et Bl. Mss.

Hab. in rupestribus alpinis Cretæ in montibus Sphacioticis 7000' (Heldr!),
Libani ad Cedros (Boiss!), supra Dimam et Yamouny (Bl!), Ain Soghar et
Gebel Sannin (Post!), Gebel Kennisa (Sohweinf!), Antilibano supra Zeb-
dani (Ky!).

δ. *tomentella.* — Folia plana demum plus minus involuta cum
vaginis breviter pubescenti-velutina canescentia. Glumæ ovato-oblongæ
acutæ. — *M. Balansæ* Boiss. Diagn. Ser. I. 4, p. 132. — *M. Cappa-
doicca* Boiss. Mss. — *M. Boissieri* Reuter Mss.

Hab. in monte Bulghasdagh Phrygiæ 3300' (Bal. 839! sub *M. ciliatâ!*)
collibus Armeniæ supra Baibut (Bourg!).

Inter formas supra enumeratas transitus manifesti observantur. Auctores
nonnulli species plures disjungunt et ego prius nonnullas proposui, sed speciminum ex variis locis confertorum copiâ characteres differentiales evanescunt.

Ar. Geogr. Europa omnis a Scandinaviâ meridionali ad Rossiam mediam
et australem, Sibiria Uralensis et Altaica, Africa borealis, Madera, Insulæ
Canarienses.

38

10. **M. Cupani** (Guss. Prodr. Sic. Suppl. I, p. 17) rhizomate
repente, culmis fasciculatis erectis stricte foliosis, foliis planis vel
involutis linearibus acuminatis rigidulis, ligulâ oblongâ lacerâ rarius
obsoletâ, paniculæ spiciformis cylindricæ æqualis vel subsecundæ
ramis brevissimis adpressis, spiculis breviter pedicellatis erectis
tandem patulis 2-4-floris flosculo superiore (rarius binis) sterili
oblongo vel turbinato vel cylindrico lævi vel scabro semper glabro,
glumis stramineis vel violaceis inferiore breviore ovatâ acutâ superiore lanceolato-acuminatâ, glumellâ dorso a basi ad apicem undique
longe et dense villosâ ♃.

Species foliis et vaginis vel glabris vel villosis aut velutinis, glumis plus
minusve inæqualibus, flosculi sterilis formâ mire varians. Speciminum ex
omnibus ditionis partibus nunc acceptorum copiâ et comparatione edoctus
sententiæ cl. et amic. Cosson qui omnes species infrâ citatas a me ipso et
aliis prius distinctas *M. Cupani* conjungit lubenter assentior, formas sæpius
obvias indicans.

1. *Vaginæ foliorumque laminæ glabræ.*

α. *typica.* — Spica densiflora æqualis vix secunda, gluma superior inferiorem tertiâ vel quartâ parte tantum superans. — *M. Cupani*
Guss. Fl. Sic. — *M. humilis* Boiss. Voy. Esp.

Hab. in rupestribus Lyciæ ad Elmalu (Bourg!), Ponti australis (Tchih!),
prope Marasch, Aintab et monte Ssoffdagh Syriæ Cataoniæ conterminæ
(Haussk!), Libani ad Zachle (Post!), Gebel Baruck (Ball!).

β. *viridis.* — Folia tenuiter convoluta. Spica secunda laxiuscula.
Gluma inferior vix quartâ parte brevior. — *M. viridis* Boiss. et
Ky. Mss.

Hab. in Antilibani monte Garhi 4500' (Ky. 560!).

γ. *inæquiglumis.* — Spicæ laxiusculæ subsecundæ. Gluma inferior
superiore duplo vel triplo brevior. — *M. inæquiglumis* et *M. tra-
chyantha* Boiss. Diagn. Ser. I, 7, p. 124. — *M. Armena* Boiss. et Ky
Mss. forma foliis planis longe acuminatis rigidis erecto-patentibus.

Hab. in monte Berytdagh Cataoniæ 9000' (Haussk!), Armeniâ australi
(Ky. 338!), monte Avroman Kurdistaniæ 7-8000' (Haussk!), Persiâ australi
prope Schiraz et in alpe Kuh Delu (Ky. 35! et 895!).

δ. *breviflora.* — Culmi tenues. Spica secunda laxiflora. Spiculæ eis
præcedentium minores. Gluma inferior superiore dimidio brevior.
Forma varietati *micranthæ M. ciliatæ* parallela. — *M. Jacquemontii*
Decaisn. in Jacq. Voy. IV, tab. 175.

Hab. in montibus Schahu, Dalechani, Kellal et Kuh Nur Kurdistaniæ
Persicæ et Persiæ australis 9-10000' (Haussk!), monte Kuh Daëna (Ky. 754!),
montibus supra Yezd (Buhse Verz. sub *M. inæquiglumi!*) valle Kurrum Affghaniæ (Aitch!).

2. *Folia (vel vaginæ tantum) pilosa vel tomentosa.*

ε. *Hohenackeri.* — Spicæ laxæ secundæ. Glumæ parum inæquales.

Vaginæ inferiores retrorsum pilosæ, folia glabra. — *M. Hohenackeri* Boiss. Diagn. Ser. I, 13, p. 54. — *M. Persica β. Caspica* Griseb. in Led. Fl. Ross. IV, p. 398.

Hab. in aridis lapidosis ditionis Svant 4500'-5500' (Hoh!).

9. *vestita.* — Spiculæ laxiusculæ subsecundæ. Glumæ valde inæquales. Folia ut et vaginæ patule pubescentia vel villosa. — *M. vestita* Boiss. Diagn. Ser. I, 7, p. 25. — *M. Persica* Kunth Gram. I, 122, p. 89. — *M. Kotschyi* Hochst. in Ky. Sched. 1843.

Hab. in monte Gara Kurdistaniæ (Ky. 368!), Persiá australi in montibus Sawers et Kuh Nur 8-12000' (Haussk!), Kuh Delu (Ky. 494!), Affghaniá (Griff!), Belutschiá (Stocks!).

η. *pannosa.* — Spicæ densiusculæ subæquales. Gluma inferior subtriplo minor. Culmi, vaginæ, folia dense et breviter tomentosa cana. — *M. pannosa* Boiss. Diagn. Ser. I, 13, p. 55. — *M. lanata* Steud. Gram. p. 289. — *M. glaucescens* Steud?

Hab. in monte Ssoffdagh Syriæ borealis (Haussk!), Antilibano ad Souk Ouadi Barrada (Boiss!), supra Zebdani (Ky. 65!), prope Damascum (Gaill!).

Θ. *eligulata.* — Varietati *pannosæ* omnibus notis similis sed ligula omnino obsoleta. — *M. eligulata* Boiss. loc. cit. p. 56.

Hab. in Persiá boreali loco non citato (Ky. 718!) in montibus Yezd prope Maswar (Buhse!), monte Kuh Esckker Persiæ australis (Haussk!), Mesopotamiá in arenosis Derbent i Basian (Haussk!).

Ar. Geogr. Hispania australis, Sicilia, Africa borealis, Turkestania, Himalaya occidentalis.

11. M. penicillaris (Boiss. et Bal. Diagn. Ser. II, 1, p. 132) rhizomate repente, culmis fasciculatis elatis erectis rigidis, foliis glabris glaucescentibus linearibus planis vel demum convolutis acuminatis rigidis margine scabris, ligulá brevi truncatá, paniculæ spiciformis secundæ elongatæ ramis brevissimis strictis 2-5-floris, spiculis magnis trifloris flosculo supremo sterili hirsutissimo, glumis membranaceis late oblongis obtusissimis subæquilongis flosculis subbrevioribus, glumellá oblongá obtusá undique pilis longis dense obsitá ♃.

Hab. in dumosis collium prope Elmalu Syriæ (Bourg. 282!), in lapidosis Cappadociæ ad occidentem Cæsareæ 4 leucas remotis 3600' (Bal!).

Bipedalis, panicula 4-6 pollices longa. Inter congeneres ditionis spiculis magnis quinque lineas longis et flosculo sterili hirsutissimo nec glabro insignis.

Species non sat notæ valde dubiæ.

M. capillaris (Russ. Alepp. II, 147) paniculá capillari patentissimá, corollis imberbibus cylindraceo-subulatis.

Hab. in Syriá prope Aleppo (Russ.).

M. caricina (Urv. Enum. p. 7) foliis longis scabris strictis acutiusculis, supremo paniculam elongatam cærulescentem vaginante, glumis
acutis glabris inermibus.

Hab. in pascuis Tauriæ ad littora Bosphori Cimmeriani freqæns (Urv.).

Facies *Sesleriæ*, prob. nou *Melicæ* species.

BRIZA (L. Gen. 84).

Spiculæ plurifloræ a latere compressæ ovato-orbiculares flosculis
hermaphroditis dense imbricatis. Glumæ binæ membranaceæ subæquales concavæ dorso rotundatæ orbiculatæ muticæ flosculis breviores. Glumella late ovata compresso-concava plurinervia basi cordata mutica, palea multo minor bicarinata obtusa. Squamulæ binæ
ovato-lanceolalæ integræ vel lateraliter lobulatæ. Stamina tria. Styli
2 terminales breves, stigmata plumosa ad medium floris emergentia.
Caryopsis glabra obovato-orbiculata glumellâ et paleâ obtecta, huic
adnata vel libera. — Herbæ annuæ vel perennes spiculis paniculatis.

1. B. media (L. Sp. 103) perennis, radice fibrosâ stoloniferâ,
culmis gracilibus erectis sæpe geniculatis, foliis brevibus planis
linearibus acuminatis, ligulâ brevissimâ truncatâ, paniculæ erectæ
compositæ ramis pedicellisque capillaribus demum horizontaliter
patentibus, spiculis ovato-orbiculatis 5-9-floris, glumellâ cordatâ
dorso convexâ, caryopside inter glumellam et paleam liberâ hilo lineari-
oblongo ♃. Host Gram. 2, tab. 29. — Rchb. Germ. fig. 429.

Hab. in pratis præsertim alpinis et montanis, montes Macedoniæ et Thraciæ
3800'-4600' (Griseb!), Anatoliæ borealis (Tchih!), Armeniæ Turcicæ mons
Techdagh (Huet!), Pontus Lazicus supra Djimil 8200' (Bal!), Caucasus et
Transcaucasia (Ledeb. Radde!).

Ar. Geogr. Europa media et australis a Scandinaviâ et Rossiâ ad Hispaniam et Italiam centrales, Sibiria.

2. B. elatior (Sibth. et Sm. Fl. Græc. I, p. 59, tab. 75) perennis,
rhizomate obliquo fibras et stolones abbreviatos edente, culmis elatis
validis, foliis late linearibus acuminatis, ligulâ brevi truncatâ dentatâ, paniculæ erectæ compositæ ramis pedicellisque filiformibus erectis strictis, spiculis orbiculatis 9-12-floris, glumellâ cordatâ ad dorsi
basin gibbâ, caryopside inter glumellam et paleam liberâ ♃. *B. media* var. *trachyclada* Panc. Sched. — *B. virens* Trin. non L

Hab. in pratis insulæ Tassos Macedoniæ (Griseb!), montium Korthiati et
Athos (Sibth., Auch. 2920! Orph!), Byzantii (Auch. 2918! Noë 72³¹), Ponti
prope Samsun (Tchih!), Ponti Lazici ad Khabackar (Bal. 6000'), Abchasiæ
(Nordm.), Guriæ (Szov!), ditionis Talysch ad Lenkoran (Hoh!), Daghestaniæ
ad Gunib (Rupr!).

Affinis *B. mediæ* cujus forsan varietas, robustior, folia latiora, paniculæ
rami stricti nec patentes, spiculæ majores et plurifloræ, glumella inferior
dorso evidenter gibba.

3. B. minor (L. Sp. 103) annua, culmis solitariis vel pluribus sæpe geniculatis, foliis planis late linearibus acuminatis, ligulâ elongatâ lanceolatâ acutâ, paniculæ erectæ compositæ laxæ ramis capillaribus erecto-patulis 2-3-tomis, spiculis parvis triangularibus 5-7-floris, glumellâ hirtulâ orbiculari-cordatâ obtusissimâ transverse latiore dorso valde gibbâ, caryopside inter glumellam et paleam liberâ maculâ hilari punctiformi ♃. Ic. Fl. Græc. tab. 74. — Host Gram. tab. 28. — Rchb. Germ. fig. 428. — *B. virens* L. Sp. 23. — Rchb. Germ. fig. 430.

Hab in pratis, sylvis arenosis Græciæ in Zacyntho et Laconiá (Sibth.), Atticá (Sprun!), Eubæá (Pichl!), Ætoliá (Nieder!), Anatoliá (Auch. 2917!), Ciliciá (Pér!), Cypro (Ky. 428!), Libano (Schweinf!), Ponto Lazico (Bal!), Transcaucasiá (Hoh!).

Ar. Geogr. Lusitania, Hispania, Gallia australis et occidentalis, Anglia, Belgium, Helvetia australis, Italia, Corsica. Sicilia, Hungaria, Africa borealis, Insulæ Canarienses, Azoricæ et Madera, Africa borealis et australis, Borbonia, P. B. Spei, Nova Hollandia, Japonia.

4. B. spicata (Sibth. et Sm. Fl. Græc. I. 61, tab. 77) annua, culmis sæpius pluribus gracilibus ascendentibus geniculatis, foliis inferioribus brevibus setaceis culmeis anguste linearibus. ligulâ oblongâ acutâ lacerâ, paniculæ contractæ racemiformis sæpe simplicis ramis strictis brevissimis præter infimos monostachyis, pedicellis spiculâ brevioribus, spiculis ovatis vel oblongis acutiusculis 7-9-floris, glumis glumellâque sub lente scabridulis obovato-oblongis acutiusculis, caryopside inter glumellam et paleam liberâ ☉. Trin. Gram. III, tab. 893. — *B. humilis* M. B. Taur. Cauc. p. 66.

Hab. in rupestribus siccis regionis inferioris et montanæ, Græcia in montibus Hymetto et Parnes (Sprun! Boiss!), Parnasso (Sibth.), Taygeti regione inferiori (Pichl!), Thraciá (Griseb!), montibus Lydiæ, Cariæ, Lyciæ (Boiss! Bal! Heldr!), Pisidiæ (Heldr!), Cappadociæ (Bal!), Cataoniæ et Syriæ borealis ad Malatia et Orfa (Haussk!), Libani in valle Kanobin (Bl!) et Antilibano ad Souk Ouadi Barrada (Post!), Armeniá Turcicá ad Ispir (Huet!), Tauriá (Stev!), Iberiá (M. B.).

5. B. maxima (L. Sp. 103) annua, culmis elatis inferne sæpe geniculatis, foliis planis latiuscule linearibus acuminatis, ligulâ oblongâ, paniculæ subsimplicis subsecundæ apice nutantis ramis tenuissimis flexuosis, spiculis magnis ovatis vel ovato-oblongis pendulis 7-17-floris glabris vel pubescentibus stramineis vel rubellis, glumellâ margine late membranaceâ ovatâ basi cordatâ, caryopside paleæ adnatâ maculâ hilari lineari ☉. Ic. Fl. Græc. tab. 75. — Host Gram. tab. 30· — Rchb. Germ. fig. 431. — *B. rubra* Lam. Ill. I, p. 187.

Hab. in collibus, herbidis regionis inferioris rarius montanæ, Græcia et ejus insulæ! Creta! Macedonia et Thracia (Griseb! Noë!), Anatolia occidentalis (Auch! Bourg!), Cilicia (Pér!), Cyprus (Ky!), Syria littoralis (Bl!), Palestina (Ky!).

Ar. Geogr. Regio mediterranea Europæ et Africæ borealis, insulæ Canarienses, Madera, P. B. Spei, Borbonia, Nova Hollandia.

ÆLUROPUS (Trin. Fund. Agr., p. 143. — Chamædactylis Nees).

Spiculæ subsessiles 5-11-floræ a latere compressæ imbricatim fasciculatæ fasciculis in paniculam spiciformem vel ovato-globosam unilateralem dispositis. Flosculi hermaphroditi supremus tabescens, rachis subfragilis demum in articulos secedens. Glumæ binæ inæquales flosculis breviores carinatæ ovato-oblongæ muticæ vel mucronatæ. Glumella herbacea carinata vel dorso convexa plurinervia concavo-subcarinata mucronata vel subaristata, palea obtusa bicarinata. Squamulæ binæ oblique truncatæ. Styli bini longiusculi, stigmate plumosa ad apicem floris emergentia. Caryopsis ovato-oblonga ventre exsulca basi maculâ hilari punctiformi notata glumellâ et paleâ obtecta sed libera. — Genus inflorescentiâ *Dactylidi* affine sed caryopside, stigmatum situ, etc., ab eâ sat distinctum. Ligula in coronam pilorum mutata.

1. Æ. littoralis (Willd. Sp. I, p. 408 sub *Dactylis*) perennis glabra longe stolonifera rarius hispidula, culmis procumbentibus vel repentibus sæpe radicantibus elongatis ad vaginas ramosis ad apicem usque crebre foliosis, foliis glaucis distichis rigidis erecto-patentibus planis dein apice convolutis subulatis, paniculæ spiciformis oblongæ vel elongatæ fasciculis subsessilibus inferioribus sæpe distantibus, spiculis glabris, glumis oblongis obtusis, glumellâ carinatâ oblongo-lanceolatâ obtusâ vel abruptiuscule attenuatâ mucronatâ ♃. *Æ. littoralis* Parlat. — *Festuca littoralis* Sibth. Fl. Gr. tab. 80. — *Dactylis littoralis maritima* Suffr. Rchb. Germ. fig. 361. — *Æluropus lævis* Trin. l. cit. — *Chamædactylis maritima* Nees Gen. Germ. Ic.

Hab. in humidis hyeme inundatis præsertim salsis maritimis et interioribus Attica (Sprun! Heldr!), Ætolia (Nieder!). Creta (Sieb!), Anatolia (Auch. 3054!), Cappadocia ad Cæsaream (Bal!), deserta Syriaca ad Palmyram (Bl!), Tauria, Transcaucasia ad Caspium! Armenia! (C. A. M! Szov!), Persia borealis (Bge!), austro-occidenalis et australis ad Schiras (Ky. 369! Haussk!), Affghania (Griff!)

β. *repens* Cosson Exp. Alg. p. 155. — Spicis exceptis glabriuscula vel tota albo-tomentella. Folia abbreviata patentissima, panicula compacta ovata vel globosa. Spiculæ minores 4-5-floræ. Glumæ et glumellæ abbreviatæ obtusiores ciliatæ vel hirsutæ. — *Dactylis repens* Desf. Atl. I, p. 79, tab. 15. — *Æ. Sinaicus* et *Æ. concinnus* Fig. et Not. p. 13 ex descript. — *Poa Tunetana* Spr. Pug. II, p. 29. — *Calotheca Niliaca* Spreng. Syst. II. p. 347. — *Poa Massavensis* Mus. Senckenb. p. 142.

Hab. in arenosis et humidis salsuginosis regionum australiorum ditionis, Cyprus (Sint!), Arabia petræa (Bové! Schimp. 204!), Egyptus maritima et interior ad Alexandriam! Kahiram! ad mare Rubrum!, Oasibus (Wiest! Kralik! Aschers! etc.), Babylonia (Noë!), Transcaucasia ad Caspium (C.[A. M! Hoh!), Persia boreali-orientalis ad Schahrud (Bge!) et australis ad Abuchir (Haussk!), Affghania inferior (Griff!), Belutschia (Stocks!).

Formis intermediis ad formam typicam transit.

Ar. Geogr. Hispania, Gallia australis, Italia, Dalmatia, Rossia australis, Songaria, Africa borealis et varietas β in Africâ boreali, Nubiâ, Arabiâ tropicâ.

2. Æ. mucronatus (Forsk. Eg. Arab. p. 22 sub *Festucâ*) perennis. stolonibus longissime repentibus ad vaginas amplas late lanceolatas coriaceas ramosissimis, ramis erectis brevibus crebre foliosis, foliis glaucis multinerviis pruinoso-hirtellis patentibus lineari-lanceolatis rigidis planis superne subconvolutis et in cuspidem pungentem longe attenuatis, paniculæ compactæ ovato-globosæ fasciculis sessilibus, spiculis 4-6-floris ovatis, glumis concavis ovato-triangularibus acutis, glumellâ concavâ dorso elevatim multinervi hirsutâ longe ciliatâ ovato-oblongâ ex apice membranaceo-marginato obtuso breviter et abrupte mucronatâ 2. *Æ. mucronatus* Aschers. in Schweinf. Beitr. p. 297. — *Æ. bombycinus* Fig. et Not. ex descript. — *Æl. Arabicus* Steud Nom. ex parte.

Hab. in littore Ægyptiaco maris Rubri inter Kosseir et Ras Benass (Schw' 2512).

Surculi sæpe pluripedales, capitula magnitudine inter Pisum et Avellanam media. An satis a formis *Æ. littoralis* specifice diversa? Folia eis *Æ. littoralis* var. *repentis* longiora plana pungentia, vaginæ stolonum longissimorum ampliores, glumæ et glumella inferior longius ciliatæ breviores latiores elevatius nervosæ. *Æ. pungens* Vahl Symb., tab. 2, sub *Festucâ* = *Æ. Arabicus* Steud. Nom. ex parte et Anderson Fl. Aden in Hook. Journ. of Botany ex Arabiâ felici est tertia species foliis confertis brevissimis convolutis pungentibus crassis, spicâ oblongâ, flosculis laxius imbricatis villosis lineari-lanceolatis obtusis obtuse mucronulatis.

Ar. Geogr. Nubia, Arabia tropica.

DACTYLIS (L. Gen. 86).

Spiculæ breviter pedicellatæ 3-5-floræ rarius 9-10-floræ a latere compressæ confertim fasciculatæ fasciculis in paniculam unilateralem dispositis. Flores hermaphroditi supremus tabescens, rachis non fragilis. Glumæ binæ inæquales inæquilateræ carinatæ uninerviæ mucronatæ flosculis breviores. Glumella carinata quinquenervis ex apice integro vel emarginato mucronato-aristata, palea minor bicarinata bifida ad carinas ciliolata. Squamulæ binæ carnosæ bilobæ. Styli 2 breves terminales, stigmata plumosa lateraliter emergentia. Caryopsis oblonga lateraliter subcompressa trigona ventre sulcata et ad basin maculâ hilari punctiformi notata glabra glumellâ et paleâ inclusa sed libera. — Herbæ perennes.

1. D. glomerata (L. Sp. 105) perennis cespitosa, radice fibrosâ, culmis erectis elatis, foliis linearibus planis vel cánaliculatis vaginis compressis, ligulâ longâ laciniatâ, paniculæ erectæ unilateralis lobatæ fasciculis densis inferioribus ramis nudis erecto-patentibus brevibus suffultis spiculis subquinquefloris, glumellâ lanceolatâ ex apice integro vel bilobo mucronatâ ad carinam ciliato-scabrâ ♃. Host Gram. tab. 94. — Rchb. Germ. fig. 364.

Hab. in pratis, collinis regionis præsertim montanæ et alpinæ, Græcia in montibus Chelmos (Orph !), Parnasso prope cacumen (Heldr!), Zacynthus (Marg!), Athone Macedoniæ 2000'-3500' (Griseb.), Tauriá, Caucaso et Transcaucasiá 1500'-6000' (C. A. Mey! Koch), Libano (Bl !), monte Cassio Syriæ borealis (Boiss!), Armeniæ monte Ararat (Szov!), Persiæ borealis monte Elbrus (Ky. 83 !) et australis alpe Kuh Daëna (Ky. 628 !), montibus Sawers et Eschker 8000' (Haussk !).

β. *Hispanica.* — Folia plus minus glaucescentia angustiora, panicula ob fasciculos etiam inferiores subsessiles vel sessiles spiciformis interdum abbreviata ovata, spiculæ 4-6-floræ. Forma non rite definita intermediis ad typum transiens. — *D. Hispanica* Roth. — *D. glaucescens* W. Enum. — *D. abbreviata* Bernh. — Rchb. Germ. fig. 302-303.

Hab. in regione calidiori sæpe in maritimis atque etiam in montanis siccis, Græcia circa Athenas (Heldr!), in monte Kyllene (Pichl!), parte inferiori Parnassi (Orph!), monte Œta (Heldr!), Cretá (Weiss!), monte Berytdagh Cataoniæ et ad Orfa Mesopotamiæ (Haussk!), Syriá littorali et deserto ad Palmyram (Bl! Gaill!), Palestiná (Boiss!), Caucaso (Radde!).

γ. *Sibthorpii.* — Folia angustissima patentia, panicula brevis capitata ovata compacta, spiculæ 9-10 floræ, glumella undique scabra. — *D. Hispanica* var. *Sibthorpii* Hackel Œsterr. Bot. Zeit. 1878, N° 6. — *Festuca dactyloides* Fl. Græc. I, 64, tab. 81.

Hab. in vineis insulæ Melos Archipelagi (Sibth. in herb. Jacquin. Musei Viadobonensis (Hackel).

Forma erronee ex icone ad *Ammochloam pungentem* adducta.

Ar. Geogr. Europa tota, Sibiria Uralensis et Altaica, Africa borealis, America borealis.

2. D. rigida (Boiss. et Heldr. Diagn. Ser. I, 13, p. 60) cespitosa, radice fibrosâ, culmis pumilis crassiusculis rigidis inferne tantum foliatis foliisque radicalibus vaginis membranaceis arcte tunicatis, foliis brevibus anguste linearibus canaliculatis anguste albomarginatis lævibus, ligulâ oblongâ acutâ, foliorum caulinorum vaginâ longâ angustâ laminâ brevi, spiculis brevissime et stricte pedicellatis vel sessilibus in paniculam anguste linearem spiciformem interdum interruptam congestis trifloris, glumis subinæqualibus oblongo-linearibus mucronulatis flosculis subbrevioribus, glumellâ oblongo-lineari ad carinam vix scabridâ obtuse bilobâ breviter mucronatâ ♃.

Hab. in saxosis subalpinis et alpinis montis Ida (Psiloriti), Cretæ 5000'-7800' (Heldr !).

Vix semipedalis, spica 7-10 lineas longa sesquilineam vix lata. Ab omnibus *D. glomeratæ* formis culmis crassis rigidis, spicâ tenuissimâ, glumis glumellisque obtusis oblongo-linearibus nec lanceolatis acutis, glumellâ fere lævi nec carinâ ciliatâ distincta.

SCHISMUS (P. de B. Agr. 73, tab. 15).

Spiculæ 6-7-floræ a latere compressæ flosculis hermaphroditis, rachide articulatâ fragili. Glumæ flosculo contiguo multo longiores herbaceæ margine scariosæ oblongæ acutiusculæ subæquilongæ inferior latior 5-7-nervia superior trinervia. Glumella obovata concava compressa plurinervis margine scariosa apice biloba vel bifida mutica vel inter lobos aristulata, palea æquilonga vel brevior oblongo-spathulata integra inferne bicarinata. Squamulæ binæ membranaceæ truncatæ. Stamina tria. Ovarium stipitatum. Styli bini terminales longiusculi stigmatibus plumosis. Caryopsis obovata dorso compressa ventre exsulca maculâ hilari oblongâ vel punctiformi notata glumellâ et paleâ inclusa sed libera. — Herbæ annuæ spiculis in paniculam brevem contractam dispositis.

1. **S. calycinus** (L. Sp. 110 sub *Festucâ*) annuus cespitosus, culmis brevibus diffusis vel ascendentibus, foliis anguste liuearibus canaliculatis demum convolutis interdum sparsim hirtis, ligulâ ad cilia longa reductâ, paniculæ contractæ brevis oblongæ vel racemiformis ramis brevibus adpressis, pedicellis spiculâ 2-3-plo brevioribus scabridis, glumis lanceolatis acutis, glumellâ viridi obovatâ obtusâ elevatim septemnervi margine vel undique laxe et breviter pilosâ rarius glabrâ superne scariosâ glabrâ ad'quintam partem usque obtusiuscule bilobâ, aristâ inter lobos nullâ vel brevissimâ, paleâ glumellæ fere æquilongâ ⊙. *S. calycinus* Coss. Alg. Cav. Ic. tab. 44, fig. 2. — *Sch. marginatus* P. de B. loc. cit.

Hab. in arenosis Egypti inferioris in desertis prope Kahiram et Suez (Ehr. Wiest 527! Ky. 498! Schweinf! Aschers!), Iberiâ Caucasicâ prope Elisabethpol et Helenendorf (Szov! Hoh. sub *Sch. minuto!*).

Ar. Geogr. Insulæ Canarienses, Hispania interior, australis et orientalis, Gallia australior, Africa borealis.

2. **S. Arabicus** (Nees Fl. Afr. austr. p. 422) annuus cespitosus, culmis pumilis erectis vel ascendentibus, foliis anguste linearibus acutis demum convolutis sparsim ciliatis, ligulâ ad cilia longa reductâ, paniculæ contractæ oblongæ ramis brevibus strictis, pedicellis spiculâ 2-4-plo brevioribus scabridis, glumis lanceolatis acuminatis, glumellâ longe sericeo-hirsutâ oblongo-lanceolatâ ad tertiam partem vel profundius acute bifidâ aristâ obsoletâ, paleâ tertiâ parte breviore ⊙. Hackel Œsterr. Bot. Zeit. 1878, p. 191. — *Sch. spectabilis* Fig. et Not. Mem. Acad. Torino 1852, p. 255 (ex cl. Ascherson).

Hab. in arenosis regionis inferioris, Attica (Heldr. Herb. Norm. 81 ! et Orph. Fl. Gr. exs. 13 ! sub *Sch. minuto*), Rhodus (Bourg !). Cyprus (Sint. et Rigo !), Syria ad Aleppo (Haussk !) et Damascum (Gaill !), Palestinâ ad Jordanum (Ky. 754 !), Arabiâ petreâ (Schimp, 371 ! Boiss !), Egypto ubi *S. calycino* frequentior (Aschers.), prope Alexandriam (Ehrenb ! Asch ! Gaill !), in desertis inter Kahiram et Suez, (Boiss ! Schweinf., Asch !). Oasi parvâ (Asch !), Babyloniâ (Noël !), Persia australi prope Abuschir et Schiraz (Ky. 73 ! Haussk !), boreali ad Teheran (Ky. 29 !), prov. Aderbidjan (Szov !), Transcaucasiâ ad Baku (Haussk !), Grusiâ (Schmidt), Turkestaniæ desertis (Lehm !), Affghaniâ (Griff !), Belutschiâ (Stocks !).

β *minutus.* — Spiculæ subminores, glumella inferior ad quartam partem tantum bifida in sinu aristâ lobis breviore vel eos æquante vel subsuperante obsita. — *Sch. minutus* R. et Sch. II, 584. — *Festuca minuta* Hoffm. in Comm. Mosq. I, p. 43. Kth. Enum. tab. 28, fig. 3.

Hab. in Transcaucasiâ prope Gandscha (Szov.)·

Cl. Ascherson hanc varietatem Œsterr. Zeit. 1878, p. 256 pro specie propriâ habet sed transitus inter eam et typum occurrere videntur.

Ar. Geogr. Songaria (Kar et Kir.).

POA (L. Gen., N° 83).

Spiculæ pedicellatæ a latere compressæ 2-multiflore flosculis hermaphroditis. Glumæ binæ carinatæ flosculis breviores subæquales aut inferior minor. Glumella carinata apice scariosa obtusa vel acuta sæpius quinquenervis, palea membranacea bicarinata biloba demum cum glumellâ decidua. Squamulæ binæ membranaceæ distinctæ. Stamina sæpius tria. Styli breves, stigmata plumosa lateraliter ad basin floris emergentia. Caryopsis oblonga ventre et ad basin maculâ hilari punctiformi notata glumellâ et paleâ obtecta sed libera rarius adhærens. Herbæ spiculis in paniculam dispositis.

Specierum Orientalium distributio.

Sect. I. EUPOA Griseb. in Led. Fl. Ross. — Glumella quinquenervis.

' Glumeilæ nervi laterales prominuli.

+ Glumella glabra.

P. Chaixi, hybrida, longifolia, Paryadrica, diversifolia.

+ + Glumella ad carinam et sæpius ad margines sericeo-hirta.

P. annua, pratensis, Aitchisoni, trivialis.

' ' Glumellæ nervi laterales obsoleti.

+ Rhizoma repens stoloniferum.

P. compressa, Cenisia. Peronini, Caucasica.

+ + Radix fibrosa.

P. trichophylla, pumila, Alpina, bulbosa, Sinaica, Reuteriana, Timoleontis, nemoralis, cæsia, fertilis, sterilis, attenuata, violacea.

SECT. II. PSILANTHA C. Koch Linn. XXI, p. 405. — Glumella trinervis.

P. Tatarica, Persica, Songarica.

SECT. I. EUPOA.

* Glumellæ nervi laterales prominuli.

1. P. Chaixi (Vill. Flor. Dauph. p. 7) perennis rhizomate cespitoso fibrifero culmos crassos elatos et fasciculos steriles foliorum distichos plano-compressos sub anthesi vegetos edente, foliis late linearibus brevibus apice subito acuminatis et sæpe cucullato-contractis, vaginis ancipitibus, ligulâ brevi obtusâ, paniculæ elongatæ laxæ ramosissimæ demum apice nutantis ramis scabris inferioribus 3-4-nis, spiculis ovato-oblongis 3-5-floris, lanugine nullâ, glumis lanceolatis acutis inæquilatis, glumellæ lanceolatæ acutæ nervis omnibus prominulis glabris ♃. *P. Sudetica* Hænke Sud. 120. — Rchb. Germ. fig. 121 et 122. — *Poa sylvatica* Vill. non Poll. — *Poa quadripedalis* Ehrb.

Hab. in parte superiori montis Bouzdouandagh Ponti Lazici 7500' (Ball).

Ar. Geogr. Belgium, Gallia, Hispania borealis, Helvetia, Italia, Germania, regio Danubialis, Serbia.

2. P. hybrida (Gaud. Helv. I, 229) rhizomate repente culmos robustos elatos compressos fasciculosque steriles distichos plano-compressos sub anthesi sæpius emarcidos edente, foliis lanceolato-linearibus elongatis sensim attenuato-acutissimis, ligulâ brevi truncatâ, vaginis ancipitibus, paniculæ longæ ramosissimæ apice nutantis ramis asperis longe nudis demum patenti-deflexis inferioribus 4-5 nis, spiculis sæpe scabridulis ovato-oblongis 3-5-floris, flosculis basi parcissime lanatis, glumis inæqualibus lanceolatis acuminatis, glumellâ lanceolatâ apice scariosâ acutissimâ nervis omnibus prominulis glabris ♃. Rchb. Germ. fig. 423. — *P. Sudetiea* var. *angustifolia* C. A. Mey. Index p. 19.

Hab. in sylvaticis montis Athos Macedoniæ (Friv!), Ponti Lazici in sylvis Abetis orientalis supra Khabackar 6000' (Ball), Caucaso occidentali (C. A. Mey.), in monte Botschog Daghestaniæ 6500' (Rupr!).

Ar. Geogr Norvegia, Rossia septentrionalis, Gallia in Jurasso et Alpibus, Helvetia, Germania australis, Transylvania, Serbia.

3. P. longifolia (Trin. Mém. Ac. Pétersb. Ser. VI, 4, Suppl. p. 61) rhizomate cespitoso vix stolonifero fibrillifero culmos graciles teretes elatos fasciculosque steriles non compressos edente, foliis convolutis anguste linearibus fasciculorum et inferioribus longissimis superioribus abbreviatis, ligulâ brevissimâ, paniculæ contractæ angustæ ramis 2-4-nis abbreviatis strictis, spiculis ovatis 3-5-floris, glumis glabris lanceolatis acutis inæqualibus, lanugine nullâ, glumellâ lanceolatâ acutâ glaberrimâ apice scariosâ nervis omnibus prominentibus ♃. *P. Sudetica* var. *α.* C. A. M. Ind. p. 19.— *P. controversa* Bal. Ann. Sc. Nat. XXI, p. 16! — *P. Iberica* Ind. IX Petrop. Suppl. N° 157!

Hab. in subalpinis Caucasi ad rivulum Baidari 6600' (C. A. M.), in faucibus montis Kasbeck (Rehm!), in montibus Dindidagh et Autschabala Caucasi orientalis 6600'-9000' (Rupr!), in pascuis alpinis montis Bousdouandagh supra Khabackar Ponti Lazici 7500' (Bal!).

Bi vel tripedalis, folia fasciculorum sæpe bipedalia longioraque tenuia. Hâc notâ, paniculæ angustæ contractæ ramis parte nudâ brevibus atque spiculæ rachide lanâ destitutâ a *P. hybridâ* distincta, hujus tamen ex cl. Hackel varietas. Cl. Balansa legit in monte Bousdouandagh specimina inter *P. Chaixi* et *P. longifoliam* hybrida, in parentium consortio.

4. P. Paryadrica (Boiss. in Tchih. As. Mnn. Bot. II, p. 608) cespitosa, radice fibrosâ, culmis teretibus elatis crassiusculis, foliis crassiusculis rigidis linearibus breviter acutatis plicatis vel subconvolutis radicalibus culmo brevioribus, caulino superiore paniculæ approximato, ligulâ brevi truncatâ, paniculæ coarctatæ ramis strictis brevibus scaberrimis inferioribus 3-5-nis, spiculis pallide virentibus 3-5-floris, axi glabrâ, glumis glumellâque undique sub lente punctato-scabris illis acutis carinâ scabridis, eâ lanceolatâ apice scariosâ obtusâ nervis 4 prominentibus ♃.

Hab. in declivitate australi jugi Paryadres Ponti inter pagos Lisdja et Kumbet Khan 6000'-8000' (Tchih!).

Culmi bipedales, panicula interrupta 4-6 pollices longa. Affinis *P. longifoliæ* a quâ differt foliis brevioribus crassis nec tenuibus, spiculis majoribus fere 4 lineas longis, flosculis punctato-scabris nec glabris lævibus, glumellâ obtusâ nec acutâ.

5. P. diversifolia (Boiss. et Bal. Bull. Soc. Fr. 1857, p. 306. — Diagn. Ser. II, 4, p. 137 sub *Festucâ*), perennis cespitosa, radice fibrosâ, culmis erectis elatis foliosis, foliis lævibus fasciculorum sterilium e vaginâ dilatatâ tenuibus involutis rigidulis, culmeis latioribus abbreviatis planiusculis, ligulâ brevi truncatâ, paniculæ erectæ pyramidatæ ramis subcapillaribus semiverticillatis erecto-patulis inæqualibus, spiculis trifloris virentibus vel rubellis, glumis lanceolatis acutis inferiore uninervi superiore trinervi sublongiore flosculis tertiâ parte breviore glabrâ, glumellâ glabrâ lanceolatâ obtusiusculâ scabridulâ ad nervos dorso carinatâ nervis lateralibus prominulis ♃. *Poa diversifolia* Hackel in litt.

Hab. in regione mediâ Sipyli prope Magnesiam (Bál!), Phrygiæ prope Ouchak ad Yachamichlar Keui 3300' (Bal!), Tauri Cilicici ad Pylas Cilicicas
(Bal!), supra Ermenek (Pér!), Libano supra Dimam et Yamouny (Bl!). in
monte Djebel Baruck (Ball!).

Culmi 1 ½-2-pedales, folia radicalia 3-6-pollicaria, panicula 3-4-pollicaris,
spiculæ 2-3 lineas tantum longæ. Facies *Poæ pratensis* var. *angustifoliæ*,
spiculæ eis *P. longifoliæ* et *Paryadricæ* minores. Ob caryopsidem paleæ
adhærentem *Festucis* adnumeraveram sed cl. Hackel in litt. observaute ob
maculam hilarem punctiformem vera *Poa* est.

β. crassipes Hackel in litt. — Differt a typo innovatioribus basi
subbulboso-incrassatis, foliis conformibus, paniculâ angustissimâ,
ramis 1-2-nis paucispiculatis. Spiculæ typo simillimæ. Ex unico specimine cæterum nota et ulterius observanda.

Hab. in Libano ad Cedros (Bl. exs. 3889 !).

6. P. annua (L. Sp. 99) annua vel biennis cespitosa, radice
fibrosâ, culmis subcompressis flaccidis decumbentibus vel ascendentibus basi sæpe radicantibus et stoloniformibus, foliis flaccidis linearibus planis, ligulis superioribus oblongis, paniculæ subsecundæ laxæ
divaricatæ ramis glabris solitariis vel geminis demum patentibus vel
subreflexis, spiculis ovatis 3-5-floris viridibus vel violaceo variegatis, glumis subinæqualibus oblongo-lanceolatis acutiusculis carinâ
lævibus, flosculis lanâ non connexis, glumellâ obtusiusculâ margine
membranaceâ glabrâ vel ad carinam et margines pubescenti-sericeâ
nervis lateralibus inferne prominulis ⊙ vel ⓧ Host Gram. tab. 64.
— Rchb. Germ. fig. 387.

Hab. ubique a cultis plateisque regionis inferioris ad regionem alpinam in
Olympo, Tauro, Libano, Caucaso, etc. Floret toto anno.

Ar. Geogr. Totus terrarum orbis.

7. P. pratensis (L. Sp. 99) perennis, radice repente stolonibus
elongatis, culmis erectis teretibus, foliis linearibus planis radicalibus
interdum convolutis multo angustioribus, vaginis lævibus, ligulâ brevissimâ truncatâ, paniculæ erectæ oblongæ patentis ramis scabris
inferioribus subquinis, spiculis ovatis, flosculis 3-5 lanâ longe protrahendâ connexis, glumis subæquilongis acutis carinâ scabris, glumellâ
acutâ margine scariosâ dorso et margine sericeâ nervis omnibus prominulis pubescenti-sericeis ♃. Host Gram. tab. 61. — Rchb. Germ.
tab. 161. — *P. angustifolia* L. Sp. 99 ex Sm. (forma foliis radicalibus setaceis).

Hab. in pratis regionis inferioris et sæpius alpinæ, Peloponnesus (Sibth.),
Attica in regione abietinâ Parnethos et humidis Pentelici (Heldr !), Macedonia
in regione inferiori et montibus, Thracia (Grisebl), Byzantii (Cast!), Pontus
(Tchih !), Pontus Lazicus ad Djimil (Bal!), Libanus ad Rouessat (Bl!), Caucasus et Transcaucasia (C. A. M. Hoh!), mons Dalechani Persiæ occid. 9-
10000' (Haussk!).

β. Attica. — Culmi inferne subcompressi, glumella ad carinam et nervos glabriuscula vel glabra. — *Poa Attica* Boiss. et Heldr. Diagn. Ser. I, 13, p. 57.

Hab. Athenis in Oliveto et ad Kephissum (Heldr!).

Ar. Geogr. Europa tota præsertim borealis et media, Sibiria, America borealis.

8. **P. Aitchisoni,** perennis, radice fibrosâ breviter repente ? culmis gracilibus erectis oligophyllis superne nudis, foliis linearibus planis acutis, culmeorum laminâ vaginâ suâ brevioribus, ligulâ breviter ovatâ lacerâ, paniculæ breviter triangulari-pyramidatæ ramis capillaribus patentissimis binis inferne nudis, spiculis virentibus purpureo-suffusis oblongis laxiuscule 3-5-floris, glumis oblongis membranaceo-marginatis inferiore acutiore subangustiore, axi glabrâ, glumellâ oblongâ superne scariosâ obtusâ inferne ad carinam et margines pilis brevibus crispis obsitâ nervis 5 prominulis ♃.

Hab. in valle Kurrum Affghaniæ (Aitch. 405 et 497!).

Culmi cum paniculâ sesquipollicari 8-10-pollicares, facies *P. minoris* vel formarum alpinarum *P. pratensis.* A *P. minore* differt flosculis lanâ non cohærentibus, glumellæ obtusæ nec acutæ nervis prominulis. *P. pratensis* distat flosculis lanâ connexis, glumellâ acutâ etc. Rhizoma ex speciminibus incompletis breviter repens videtur.

•   •   Glumellæ nervi laterales obsoleti.

9. **P. trivialis** (L. Sp. 99) perennis, radice fibrosâ, culmis elongatis tereti-subcompressis superne sæpius scabris basi sæpe arcuato-ascendentibus radicantibus, foliis flaccidis linearibus planis, vaginis sæpius scabris, ligulâ oblongâ acutâ, paniculæ magnæ erectæ vel apice nutantis ramis scabris inferioribus subquinis, spiculis parvis ovatis viridibus vel rubellis 3-4-floris, lanugine paucâ vel nullâ, glumis inæqualibus lanceolatis mucronatis, glumellâ lanceolatâ acutâ ad carinam subsericeâ nervis lateralibus prominentibus ♃. Host Gram. tab. 62. — Rchb. Germ. tab. 162. — *P. Hohenackeri* Trin. in Hoh. Talysch. p. 15!

Hab. in pratis et sylvaticis humidis, Græcia et ejus insulæ (Heldr!), Creta (Weiss!), Macedonia et Thracia (Griseb), Pontus Lazicus ad Djimil (Bal.), Tauria, Caucasus et Transcaucasia (Led. Hohl), Persia bor. (Ky! Bge!), Cyprus (Sint!), Syria littoralis (Bl! Gaill!), Affghania (Griff!).

β. *umbrosa* Bal. in Bull. Soc. Bot. XXI, p. 16. — Surculi steriles graciles elongati foliosi foliis subdistichis breviter ligulatis.

Hab. in humidis Ponti Lazici prope Rhizé (Bal!).

Ar. Geogr. Europa omnis, Sibiria, Japonia, Africa borealis.

10. **P. compressa** (L. Sp. 101) rhizomate repente stolonifero, culmis anticipiti-compressis basi procumbentibus vel geniculatis, foliis latiuscule linearibus glaucis lævibus, ligulâ brevi truncatâ, paniculæ erectæ oblongæ compactæ ante et post anthesin contractæ ramis

brevissimis asperis inferioribus 2-3-nis, spiculis ovato-oblongis
virentibus vel variegatis, flosculis 5-9 basi lanâ parcâ convexis, glumis subæqualibus oblongis acutis, glumellâ oblongâ apice obtusâ scariosâ inferne ad carinam et margines longe sericeâ nervis obsoletis
♃. Host Gram. Austr. tab. 70. — Rchb. Gram. fig. 401.

Hab. in siccis ad vias, muros præsertim in montanis, Macedonia in
glareosis torrentium montis Korthiati 2000' (Heldr!), Pontus Lazicus ad
Rhizé (Bal !), Taurus Cilicicus ad Gülek Boghaz (Bal!), Libanus (Bl !), Tauria, Caucasus et Transcaucasia (Stev. C. A. M. Eichw.).

Ar. Geogr. Europa media et australis a Scandinaviâ ad Rossiam mediam,
Sibiria, America borealis.

11. P. Cenisia (All. Auct. p. 40) perennis, rhizomate cespitoso
repente stolonifero, culmis ascendentibus vel erectis lævibus superne
longe aphyllis, foliis linearibus acuminatis firmulis fasciculorum sterilium sæpe approximatis et subdistichis patentibus, ligulis brevibus
superiore ovatâ, paniculâ erectâ oblongâ sub anthesi patente dein
contractâ oblongo-lineari ramis inferioribus 2-3-nis, spiculis ovatis
3-5-floris virentibus vel sæpius variegatis, glumis subæqualibus lanceolatis acuminatis carinâ scabris, flosculis basi lanâ longe protrahendâ connexis, glumellâ lanceolatâ acutâ secus carinam et margines
sericeo-hirtâ nervis lateralibus obsoletis ♃. *Poa distichophylla* Gaud.
Helv. I, p. 250. — Rchb. Germ. Ic. fig. 397 et 398. — *P. flexuosa*
Wahl. Lapp. 63. — Host Gram. t. 65. — *P. psychrophila* Boiss. et
Heldr. Diagn. Ser. I, 13, p. 57. — *P. oreophila* Boiss. et Heldr. Mss.

Hab. iu siccis rupestribus regionis alpinæ Græciæ in monte Parnasso
6-7000' (Heldr. Herb. Norm.. 563! Orph !), Anatoliâ in Olympo Bithyno
(Boiss!), Montibus Davros, Stavros et Anemas Pisidiæ et Isauriæ (Heldr!),
Tauro Cilicico supra Bulghar Maaden (Ky. 35! Bal!), monte Argæo (Bal!),
monte Berytdagh Cataoniæ 8000' (Haussk !), Ponto Lazico supra Djimil 9600'
(Bal!), Tauriæ monte Tchatyrdagh (Led.).

β. *depauperata.* — Panicula depauperata angustior, spiculæ 2-3-
floræ. — *P. Altaica* C. A. Mey. Ind. Cauc. p. 19 et probab. Trin. in
Mem. Petersb. VI, p 382 et Ledeb. Ic. tab. 225.

Hab. in Caucasi alpibus Kasbek et Tufandagh 7-9000' (C. A. Mey.). in
regione alpinâ Tuschetiæ et Daghestaniæ Caucasi orientalis usque ad 10800'
(Rupr !).

γ. *dolosa.* — Panicula angusta depauperata var. β. sed folia anguste
linearia subconvoluta. — *P. dolosa* |Boiss. et Heldr. Diagn. Ser. II,
4, p. 136.

Hab. in pascuis alpinis Olympi Thessali (Heldr. exs. 2544!).

Species variabilis cujus formæ nonnullæ facile confunduntur cum *P. nemorali* radice vix stoloniferâ, nodis culmi denudatis, spiculis ovato-lanceolatis etc., tamen alienâ. Varietas β ad typum intermediis manifestis transit,
specimina ejus Altaica non vidi sed ea ex icone et descriptione hûc fere
absque dubio spectant. Var. γ. denique facie *Poam laxam* vel *minorem* referens ob ligulam brevem obtusam aliasque notas ab eis longe differt et hûc ut
forma stenophylla omnino spectare videtur; ex unico specimine cæterum nota
est et ulterius investiganda.

Ar. Geogr. Alpes Europæ arcticæ, Alpes, Pyrenæi, montes Hungariæ, Serbiæ. Sibiriæ Altaicæ et orientalis, Himalaya, Groenlandia.

12. P. Peronini, perennis, rhizomate repente, culmis elatis erectis foliosis superne denudatis, foliis planis latiusculis linearibus acutis flexuosis, laminâ caulinorum vaginâ suâ breviore, ligulâ brevissimâ truncatâ, paniculæ amplæ erectæ ramosissimæ ramis 4-5-nis verticillatis filiformibus vix scabris inæqualibus inferne longe nudis, spiculis brevissime pedicellatis ovato-oblongis pallide virentibus 2-3-floris, glumis lanceolatis acutis elevatim trinerviis carinâ scabris, flosculis lanâ longe protrahendâ connexis, glumellâ lanceolatâ acutiusculâ glabrâ nervis obsoletis ♃.

Hab. in hortis ad Ermenek Ciliciæ Trachsæ 3600' (Péronin!).

Culmus 2-2 pedalis, folia inferiora fere 2 lineas lata. panicula 4-7 pollices longa, spiculæ magnitudinis *P. pratensis*. Radix ex speciminibus binis nimis incompletis tamen repens videtur.

13. P. Caucasica (Trin. in C. A. Mey. Ind. p. 19) rhizomate repente stolonifero, culmis cæspitosis humilibus, foliis anguste linearibus flaccidis fasciculorum sterilium culmos æquantibus vel superantibus, ligulis oblongis, paniculæ patentis brevis laxæ ramis 2-3-nis lævibus, spiculis ovatis 2-4-floris flosculis remotiusculis, axi glabrâ, glumis lanceolatis acuminatis exteriore angustiore, glumellâ lanceolatâ apice scariosâ obtusiusculâ ad carinam et marginem scabridulâ cæterum glabrâ ♃.

Hab. in humidis Caucasi occidentalis 2400' et in alpe Ingusche ejusdem regionis 8400' (C. A. Mey!).

Semipedalis, facies *Poæ laxæ* sed rhizoma repens, ab eâ insuper et congeneribus glumellâ non glabrâ vel sericeo-lineatâ sed ad carinam et margines minute scabridâ discedens.

14. P. trichophylla (Heldr. et Sart. in litt.) perennis dense cespitosa, radice fibrosâ, culmis tenuissimis humilibus sæpe geniculatis, foliis brevissimis complicatis setaceis radicalibus et surculorum congestis flaccidulis, culmeis 1-2 laminâ brevissimâ, ligulâ niveâ lanceolatâ acutâ, paniculæ paucispiculatæ brevis anguste oblongæ laxæ ramis erecto-patulis inferioribus geminis, spiculis ovatis laxiuscule 3-4-floris, glumis rubellis subæqualibus oblongis acutiusculis, lanâ nullâ, glumellâ glaberrimâ margine et apice scariosâ acutâ nervis lateralibus obsoletis ♃. *P. trichopoda* errore typogr. Diagn. Ser. II, 4. p. 136.

Hab. in pascuis regionis alpinæ Parnassi (anno 1846 a cl. Sartori detecta, (Guicc! Orph. Fl. Gr. exs. 366!).

Cespites pulvinares sæpe ampli, folia fascicularum sterilium vix pollicaria, panicula vix pollicaris, spiculæ vix 2 lineas longæ Species insignis ligulis foliorum radicalium exsertis *P. ligulatam* et *P. Timoleontis* referens sed culmis basi incrassatis, spiculis paucifloris gluberrimis ab eis longe aliena potius gregi *Poæ laxæ* adnumeranda.

15. **P. pumila** (Host Fl. Austr. I, p. 146) cespitosa radice fibrosâ, caulibus gracilibus erectis inferne sæpe geniculatis, foliis angusle linearibus brevibus, ligulâ oblongâ acutâ, paniculæ oblongo-triangularis laxæ ramis geminis et solitariis patentibus, spiculis ovatis laxiuscule 7-9-floris, glumis subæqualibus oblongis acuminatis carinâ scabris, axi non lanatâ, glumellâ oblongâ apice scariosâ acutâ ad carinam et margines dense pubescente nervis obsoletis ♃. Ic. Rchb. Germ. fig. 394.

β *Thessala.* — Paniculæ rami et pedicelli abbreviati et ideo spiculæ magis condensatæ; glumella præter pubem marginum et carinæ inferne undique hirta. — *P. Thessala* Boiss. et Orph. Diagn. Ser. II, 4, p. 135.

Hab. in regione inferiore Olympi Thessali prope Crio Vryssi (Orph!)
Omnibus perpensis videtur tantum varietas *P. pumilæ.*

Ar. Geogr. Carnia, Serbia.

16. **P. Alpina** (L. Sp. 99 perennis, radice fibrosâ, culmis erectis superne longe aphyllis basi non incrassatis cum foliis radicalibus vaginatis, foliis latiuscule linearibus subito in apicem acutam contractis firmis, ligulis inferioribus brevibus superioribus oblongis acutis, paniculæ erectæ conico-ovatæ sub anthesi patentis dein contractæ densifloræ ramis sæpius abbreviatis inferioribus geminis, spiculis ovatis sæpius variegatis, flosculis 4-6 basi lanâ destitutis, glumis subæqualibus oblongis mucronatis carinâ scabris, glumellâ oblongo-lanceolatâ inferne ad carinam et margines vel undique sericeo-pilosâ superne scariosâ acutâ nervis obsoletis ♃. Host Gram. t. 67. — Rchb. Germ f. 392. Variat paniculâ viviparâ et in excelsioribus adest forma brevifolia paniculâ parvâ confertâ. Spiculæ interdum sed rarius stramineæ.

Hab. in pratis alpinis Macedoniæ in montibus Scardo et Athone (Friv!), Thraciæ (Griseb!), Olympo Bithyno (Boiss! Pichl!), montibus Lyciæ supra Elmalu (Bourg!), Tauro Cilicico 8000' (Ky. Coss! Bal!), monte Berytdagh Cataoniæ 8000' (Haussk!), Ponto Lazico supra Djimil (Bal!), montibus Guriæ (Szov!), Caucaso centrali (C. A. M.) et occidentali 7-10000' (Rupr! Owerin!).

β. *Parnassica.* — Folia angustiora sensim superne acutata brevia rarius elongata, panicula magis attenuata ramis brevissimis. — *P. Parnassi* Boiss. et Heldr. in Sched.

Hab. in regione alpinâ et superiore Parnassi 6-7000' (Heldr. Herb. Norm. 564! Orph!), montis Kyllenes (Heldr! Orph!), Veluchi Ætoliæ et Delphi Eubeæ (Heldr!).

Ar. Geogr. Alpes Scandinaviæ, Britanniæ, Galliæ, Hispaniæ, Italiæ, regionis Danubialis, Rossia arctica, Sibiria Altaica, Tibetia, America arctica.

17. **P. bulbosa** (L. Sp. 102) perennis cespitosa, radice fibrosâ, culmis erectis basi sæpe bulbiformi-incrassatis, foliis anguste linearibus planis acutis, vaginis lævibus, ligulâ oblongâ acutâ, paniculæ

ovatæ vel oblongæ contractæ erectæ densæ ramis brevibus erectis
solitariis vel geminis, spiculis in ramorum apice confertis ovatis 4-7-
floris albidis vel variegatis, glumis subæqualibus oblongis acutis, flosculis imbricatis lanâ copiosâ longe protrahendâ cohærentibus, glumellæ oblongæ apice scariosæ acutæ ad carinam et margines sericeæ
nervis lateralibus obsoletis ♃. Host Gram. tab. 65. — Rchb. Germ.
fig. 385 et 386.

Hab. in apricis et rupestribus totius ditionis a regione inferiore ad subalpinam a Græciâ! et Macedoniâ! ad Syriam littoralem et Libanum (Bl!
Post!), interiorem! Palestinam (Boiss!) Mesopotamiam! regionem Caucasicam! Persiam borealem (Bge!), Affghaniam (Griff!), Belutschiam (Stocks!).
Variat sæpissime vivipara glumellis in gemmas foliaceas mutatis.

Ar. Geogr. Europa fere omnis a Gothiâ ad Rossiam, Sibiria, regio Himalaica occidentalis, Africa borealis, insulæ Canarienses.

18. **P. Sinaica** (Steud. Syn. p. 256) perennis cespitosa, radice
fibrosâ, culmis erectis basi bulbiformi-incrassatis, vaginis dilatatis ciliatis foliorum radicalium truncatis, foliis brevibus subsetaceo-
convolutis breviter hirtulis, ligulâ elongatâ, paniculæ anguste oblongo-
lanceolatæ contractæ ramis brevissimis strictis 2-3-nis, spiculis
confertis ovatis albidis nitidis, flosculis 5-6 lanâ non connexis, glumis subæqualibus ovato-oblongis acutis carinâ scabris, glumellâ
oblongâ acutiusculâ undique plus minusve pruinoso-scabridâ nervis
obsoletis ♃. *P. Dahurica* Hochst. et St. in Schimp. Sched non Trin.
— *P. Catharinæ* Presl Bem. 120 (nomen solum). — *P. gracilis*
Bertol. Misc. I, p. 420, tab. 40, fig. 1, 2.

Hab. in cacumine montis Stæ Catharinæ Arabiæ Petreæ (Schimp. 326!!), in
planitie elatâ Galala deserti Ægyptiaco-Arabici (Schweinf!), ad oras Euphratis (Chesney), Iberiâ Caucasicâ (Bayern!), in Persiâ prope Kerman et Neme-
tabad (Bge!).

Ab affini *P. bulbosâ* foliis tenuissimis, paniculâ angustiore, flosculis lanâ
destitutis, glumellis undique pruinosis vel glabratis nec lineatim sericeis distincta. *P. concinna* Gaud. foliis temissimis quoque donata differt paniculâ
ovatâ confertâ, glumellâ ad carinam et margines sericeâ.

19. **P. Reuteriana** (Boiss. et Buhse Aufz. p. 227) perennis cespitosa, radice fibrosâ, culmis elatis basi bulbiformi-incrassatis, foliis
radicalibus et fasciculorum anguste linearibus elongatis flaccidis,
paniculâ oblongo-lanceolatâ contractâ ramis brevibus strictis scabris
inferioribus 2-3-nis, spiculis ovato-oblongis 9-13-floris, glumis subæqualibus oblongis acutis scabridis axi scabriusculâ non lanatâ, glumellâ oblongâ obtusiusculâ glabrâ vel superne scabriusculâ apice
scariosâ, paleâ ad carinas longiuscule ciliatâ ♃.

Hab. in montibus Persiæ orientalis prope Yezd ad pagum Maswar
(Buhse!).

Culmi sesquipedales, panicula angusta 2 ½-2-pollicaris, folia inferiora
sæpe 8-10-pollices longa tenuissima. Affinis *P. Sinaicæ* a quâ foliis longissimis, spiculis multifloris sat differre videtur.

20. P. Timoleontis (Heldr. in litt. et Sched.) perennis cespitosa, radice fibrosâ, culmis tenuibus humilibus basi bulbiformi incrassatis basi vaginis dilatatis foliorum radicaliûm tunicatis. foliis brevibus subsetaceo-convolutis scabris, ligulâ lanceolato-acuminatâ foliorum radicalium longe exsertâ, paniculæ parvæ ovatæ densiusculæ ramis brevibus scabris solitariis vel inferioribus binis, spiculis ovatis 6-9-floris, glumis oblongis subæqualibus acuminatis, axi non lanatâ, glumellâ oblongâ acutiusculâ superne et marginibus late scariosâ ad carinam et margines sericeâ nervis obsoletis ♃.

Hab. in montosis siccis, Attica ad radices et in pascuis montanis Hymetti atque prope Laurion (Heldr!), monte Parnes (Orph!), in monte Panachaicon prope Patras (Heldr!). Specimen e monte Gebel Khaisun prope Damascum (Gaill!), hûc quoque spectare videtur.

Culmi 4-10-pollicares. folia radicalia 1-2-pollicaria. A formis pumilis *P. bulbosæ* foliis tenuissimis, ligulis protractis, axeos lanâ deficiente diversa sed omnibus hisce notis *P. ligulatæ* Boiss. Hispanicæ proxima et ab eâ tantum foliis tenuioribus et glumellâ latius membranaceâ discedens.

21. P. nemoralis (L. Sp. 102) perennis, radice fibrosâ rarius substoloniferâ, culmis gracilibus elatis foliosis nodis denudatis, foliis anguste linearibus acutis. vaginâ supremâ laminam suam non æquante, ligulâ brevissimâ vel obsoletâ, paniculæ elongatæ sub anthesi patentis dein contractæ ramis scabris semiverticillatim 5-2-nis, spiculis ovato-lanceolatis virentibus 2-5-floris, flosculis basi lanâ parcissimâ connexis vel nudis, glumis subinæqualibus lanceolatis acutissimis carinâ scabris margine anguste membranaceis, glumellâ lanceolatâ apice scariosâ obtusiusculâ inferne ad carinam et margines pubescenti-sericeâ ♃. Rchb. Germ. tab. 69. — Host Gram. tab. 71.

Hab in umbrosis et sylvaticis regionis montanæ et sylvaticæ, Græcia in montibus Parnasso et Œtâ (Heldr! Orph!), Macedoniâ et Thraciâ (Griseb.), Byzantii (Sibth.), Bithyniâ supra Brussa (Pichl!), Anatoliâ boreali (Tchih!), Ponto Lazico ad Djimil (Bal!), Cappadociâ ad Argæum (Ky!), Tauro Cilicico (Ky!), Tauriâ, Caucaso et Transcaucasiâ (Led. Hoh! Rupr!), Persiæ borealis jugo Elbrus (Auch. 5427! Ky!), Affghaniæ vallis Kurrum (Aitch 931! forma glauca).

Ar. Geogr. Europa fere omnis, in australioribus montana, Sibiria, America arctica, regio Himalaica.

22. P. cæsia (Sm. Brit. p. 103) cespitosa radice fibrosâ, culmis rectis rigidis superne nudis et sæpe asperis, foliis anguste linearibus acutis rigidulis brevibus, vaginis nodos tegentibus supremâ laminâ suâ longiore, ligulâ brevi truncatâ, paniculæ erectæ contractæ angustæ oblongo-linearis depauperatæ ramis brevissimis scabris. spiculis ovato-lanceolatis 2-5-floris, glumis subæqualibus oblongis acutis carinâ scabris, flosculis basi lanâ parcâ connexis. glumellâ obtusâ superne scariosâ inferne ad carinam et margines sericeo-lineatâ nervis obsoletis ♃· *P. Gaudini* R. et Sch. — *P. Frearitis* Orph. Mss.

Hab. in rupestribus apricis, cacumen montis Peristeri (Lyncos), Macedoniæ 7500' (Orph!), mons Elbrus Persiæ borealis 72J0' (Ky. 461!), vallis Kurrum Affghaniæ (Aitch. 946!).

Ar. Geogr. Scandinavia, Anglia, Scotia, Gallia, Helvetia, Italia, Germania in montibus, Hungaria, Bosnia.

23. P. fertilis (Host Gram. Austr. III, p. 10, tab. 14) radice fibrosâ, culmis gracilibus elatis foliosis superne nudis. foliis anguste linearibus firmulis acutissimis, ligulis oblongis acutis, paniculæ diffusæ patentis apice subnutantis ramosissimæ post anthesin contractæ ramis parte nudâ elongatis tenuibus inferioribus subquinis, spiculis parvis virentibus ovato-lanceolatis, flosculis 3-5 basi lanâ connexis, glumis lanceolatis acutis subæqualibus, glumellâ oblonзâ apice scarioxâ lutescente obtusâ inferne ad carinam et margines sericeo-lineatâ nervis obsoletis ♃, *P. serotina* Gaud. Helv. et prob. Ehrh. Beitr. 6, p. 83. — *P. palustris* Roth. — *P. angustifolia* Wahlemb. Suec. p. 58. — Rchb. Germ. tab. 160.

Hab. in pratis humidis, Græcia in Ætoliâ ad Missolunghi (Nied!) Macedonia australis secus fluvium Axium (Friv. ex Griseb.), ager Trojanus (Schmidt!), Transcaucasia (Hohen!).

Affinis *P. nemorali* a quâ ligulis elongatis statim distinguitur.

Ar. Geogr. Europa borealis et media a Scandinaviâ et Rossiâ ad Galliam mediam, Italiam borealem, Germaniam, Dalmatiam, regionem Danubialem, Sibiria, America borealis.

24. P. sterilis (M. B. Taur. Cauc. I, p. 62) cespitosa radice fibrosâ. culmis tenuibus erectis, foliis anguste linearibus brevibus, culmeorum laminis vaginâ suâ brevioribus tenuibus angulo fere recto distiche patentibus, ligulis quadrato-oblongis laceris, paniculæ contractæ tenuis linearis subinterruptæ ramis brevissimis strictis scabriusculis inferioribus subbinis, spiculis ovatis 2-4-floris pallidis, glumis lanceolatis acutis scabridulis, flosculis basi parcissime lanatis, glumellâ oblongo-lanceolatâ apice scariosâ scabridulâ ad carinam et margines sericeo-lineatâ ♀. *P. serotina* var. Trin. — *P. nemoralis* var. *sterilis* Regel Act. Petr. VII, p. 614.

Hab. in rupestribus siccis Tauriæ ad Sympheropol, Nikita, Sudak (Stev!), ad Kastell (Rehm!), in collibus Armeniæ Turcicæ ad Baibout (Bourg!).

Pedalis vel sesquipedalis, folia tenuia, panicula 1 ¹/₂-2-pollicaris. A formis paniculâ contractâ depauperatâ *P. nemoralis* ligulâ protractâ, a *P serotinâ* inflorescentiâ distincta.

25. P. attenuata (Trin. in Bunge Enum. Alt. p. 5) perennis cespitosa, radice fibrosâ, culmis ascendentibus totâ longitudine foliosis tenuibus rigidulis, foliis fere omnibus culmeis brevibus anguste linearibus flexuosis planis, ligulâ oblongâ apice lacerâ. paniculæ lineari-oblongæ contractæ ramis scabris strictis 2-1-nis fere a basi spiculigeris, spiculis 3-5-floris virentibus, glumis lanceolatis obsolete nervosis acuminatis parum inæqualibus, glumellâ oblongo-lanceolatâ carinatâ apice scariosâ obtusiusculâ ad carinam et margines breviter lanatâ nervis lateralibus parum prominulis ♃. *Poa Araratica* Trautv. Act. Hort. Petrop. II, p. 486 ex cl. Regel Descr. pl. fasc. 7, p. 69 et ex descriptione.

Hab. in montibus Kellal et Ssebsekuh Persiæ austro-occidentalis ad nives (Haussk!), in monte Ararat ad lacum Küpgöl (Radde ex Trautv.).

Nostra planta facie *Poam cæsiam* referens ab eâ ligulâ elongatâ statim distinguitar et a speciminibus Sibiricis *P. attenuatæ* foliis planiusculis nec convolutis, flosculis paululum elongatioribus tantum differt. *Poa Araratica* ex foliis planis dictis ad eamdem formam spectare videtur.

Ar. Geogr. Turkestania, Songaria, Sibiria Altaica et Baikalensis.

26. **P. violacea** (Bell. Act. Taur. 5, 214, tab. 5) perennis cespitosa, radice fibrosâ, culmis gracilibus erectis elongatis, foliis scabriusculis radicalibus fasciculatis elongatis convoluto-setaceis, culmeis sublatioribus complicatis, ligulâ oblongâ, paniculæ oblongæ patentis dein contractæ ramis brevibus capillaribus flexuosis 2-5-spiculatis inferioribus semiverticillatis, spiculis sæpius violaceo-varisgatis oblongis laxiuscule 3-5-floris, axi sub flosculis fasciculo pilorum barbatâ, glumis lanceolatis acutis subinæqualibus, glumellâ lanceolatâ acutâ muticâ vel breviter aristatâ obsolete nervosâ ♃. *Festuca pœæformis* Host Gram. II. tab. 82. — Rchb. Germ. fig. 318. — *Festuca pilosa* Hall. fil. — *Festuca Rhætica* Suter Helv.

Hab. in regione alpinâ Macedoniæ in monte Atho (Janka!), Korth iat (Heldr!), Scardo (Griseb. Orph!), Olympo Bithyno (Pichl!).

β. *Argœa* Boiss. et Bal. Diagn. Ser. II, 4. p. 138. — Minor, folia abbreviata valde scabra, paniculæ abbreviatæ rami inferiores longiores, spiculæ purpureæ subminores muticæ. — *F. Argœa* Boiss. et Bal. in Sched. — *Festuca polychroa* Trautv. ex Hackel in litt.

Hab. in regione alpinâ montis Argei Cappadociæ (Ball), Bingöldagh Armeniæ (Tchih!), Ponti Lazici suprâ Djimil (Bal!).

Hæc species ob maculam hilarem punctiformem (characterum essentialem *Pœ* ex cl. Hackel) *Pœ* nec *Festucæ* adnumeranda est.

Ar. Geogr. Montes Hispaniæ borealis, Arverniæ, Pyrenæi, Alpes Helvetiæ et Germaniæ, Apennini, Siciliæ montes, Hungaria, Montenegro.

SECT. II. PSILANTHA.

27. **P. Tatarica** (Fisch. in Bess. Cat. Krm. — Ledeb. Fl. Ross. IV, p. 381), cespitosa, rhizomate repente, culmis crassis duris teretibus lævibus elatis, foliis glaucis longis late linearibus longissime attenuato-acuminatis planis vel sæpius convolutis coriaceis margine scabris, ligulâ ad cilia reductâ, paniculæ amplæ pyramidatæ ramosissimæ ramis rigidulis erecto-subpatulis basi longe nudis solitariis sparsis, spiculis minutis secus ramulos congestis secundis 2-3-floris glaberrimis, glumis subinæqualibus omnino membranaceis

ovatis acutis flosculis dimidio brevioribus, axi glabrâ læri, glumellâ oblongâ obtusâ nervis angulatim prominentibus ♃. *Aira arundinacea* Pall. — *Poa arundinacea* Link H. Berol. I, p. 76, non alior. — *Eragrostis collina* Trin. loc. cit. I, p. 413. — *Poa collina* C. Koch.

Hab. in collibus calcareis desertisque ad radices sept. Caucasi (Hoh!), Iberiâ Caucasicâ (Hoh!), Persiæ bor. districtu Khoï prov. Aderbidjan (Szov!), desertis Turkestaniæ (Lehm!), Mesopotamiâ in salsis prope Tell Afar (Haussk!).

Planta pluripedalis sæpe semipedalis et longior, flosculi minimi *Eragrostidis* sed glumella et palea ambo cum semine deciduæ.

.Ar. Geogr. Rossia austro-orientalis, Turcomania.

28. P. Persica (Trin. in C. A. Mey Enum. p. 18) annua, culmis sæpius pluribus gracilibus, erectis foliosis, foliis anguste linearibus, ligulâ lanceolatâ, paniculæ oblongæ ramis capillaribus verticillatis 6-10-nis rigidulis erecto-patulis ramulosis, pedicellis strictis scabridis spiculâ sæpius longioribus, spiculis ellipticis laxiuscule 3-15-floris, glumis lanceolatis acutis scabridis inferiore dimidio minore, superiore elevatim trinervi et basi sulcatâ flosculo inferiore breviore, glumellâ lineari inferne obsolete trinervi glabrâ vel lente puberulâ superne oblique truncatâ hyalinâ obtusâ erosulâ cum vel absque mucronulo ☉. *Nephelochloa Persica* Griseb. in Led. Fl. Ross. IV, p. 367 — *Festuca Persica, heptantha* et *polygama* C. Koch Linn. XXI, p. 409. — *Poa Pamphylica* Boiss. Diagn. Ser. I, 13, p. 58.

Hab. in arenosis siccis, rupestribus montanis, Anatolia in Pamphyliâ (Heldr!), Ciliciâ littorali et Tauro (Ky. 76! Bal. 748!), Cappadociâ in monte Karamasdagh 4800' (Bal!), Syriâ ad Aleppo (Auch. 3070!), Aintab et Orfa (Haussk!), ad radices montis Cassii et in Cælesyriâ (Boiss!), Libano ad Kanobin (Bl!), Babyloniâ ad Bagdad (Noë!), prov. Transcaucasicâ Karabagh (Szov!), ditione Talysch ad Lenkoran in littore Caspio et in montibus (C. A. Mey! Hoh!), Per-iâ boreali prope Teheran et in monte Elbrus (Ky!), australi circa Persepolin (Ky!), Ispahan (Bge!).

β. oxyglumis. — Glumella sensim attenuata acuta.

Hab. in Ponto (Tchih!), Ponto Lazico ad Djimil 6000' (Bal!), in collibus et agris incultis Armeniæ Turcicæ ad Gumuchkhanê et Baibout (Bourg!), Erzerum (Huet!).

γ. alpina. — Pumila vel nana paniculâ sæpe subradicali, rami elongati pedicellique longissimi divaricati, spiculæ depauperatæ 2-5-floræ, giumellæ sæpius acutæ.

Hab. in alpinis, montes supra Elmali Lyciæ (Bourg. 271!), Taurus Cilicicus 5-6000' (Ky. 121 Bal!), mons Troodos Cypri (Sint!), Libani cacumina (Bl!) mons Kuh Delu Persiæ australis (Ky. 477!).

γ. major. — Spiculæ 7-15-floræ flosculis majoribus et magis dissitis, glumella apice oblique truncata obtusa. — *Neph. Tripolitana* Boiss. et Bl. Diagn. Ser. II, 4, p. 133.

Hab. in cultis et ad vias circâ Berythum et Tripolin (Gaill! Bl! Barb!).

Primâ facie spiculis et flosculis duplo majoribus distincta sed formæ intermediæ adsunt. Varietas ex locis cultis et humidioribus orta.

Species facie et spiculis minutis *Nephelochloam* referens cui generi a cl.
Grisebach dein a me ipso relata fuit, tamen suadente cl. et am. Bentham ab
eâ glumellâ dorso carinatâ nec convexâ, apice oblique truncatâ nec bifidâ et
aristatâ distincta.

29. P. Soongarica (Schrenk Enum. I, p. 1 sub *Glyceriâ*) annua,
culmis gracilibus erectis, foliis anguste linearibus, ligulâ lanceolatâ,
paniculæ oblongæ ramis capillaribus exasperatis verticillatim 6-3-nis
erecto-patulis mono-vel oligostachyis, pedicellis elongatis, spiculis
parvis ovatis 2-3-floris, glumis scariosis lanceolatis 2-3-floris superiore duplo majore, glumellâ glabrâ lineari apice scariosâ et attenuato-
acuminatâ ⊙. *Neph. Soongarica* Griseb. loc. cit. — *Poa paradoxa*
Kar. et Kir. Enum. Alt. 926 et *P. subtilis* Kar. et Kir. Enum. Song.
912. — *Aira Altaica* Trin. in Bge Enum. 4. — *Neph. Altaica* Griseb.
— *Poa diaphana* (errore typogr. *diaphora*) Trin.

Hab in siccis plerumque montanis, mons Sinai Arabiæ Petreæ in rupestribus (Schimp. 105! Boiss!), Persia australis in montibus prope Schiraz (Ky.
424! et 718!), in montibus Bachtiaris (Haussk!), Persia orientalis inter Khab-
bise et Kerman et inter Nichapur et Meschhed (Bge!), desertum Karakum
Turkestaniæ (Lehm!), Affghania (Griff!).

Valde affinis *P. Persicæ* mediante ejus var. *oxyglumi* et ab eâ tantum spiculis oliganthis flosculisque minoribus distincta. Forsan *P. Persicæ* varietas.

Ar. Geogr. Songaria, Sibiria Altaica, Himalaya occidentalis.

NEPHELOCHLOA (Boiss. Diagn. Ser. I, 5, p. 68).

Spiculæ compressæ 5-6-floræ flosculis laxe imbricatis, rachide articulatâ ad cujusque flosculi basin pilosâ. Glumæ flosculis multo breviores subinæquales obsolete nervosæ dorso convexæ. Glumella obsolete nervosa dorso convexa et inferne pilosula apice scarioso in
dentes acutos bifida inter eos aristata, aristâ rectâ scabridâ dentibus longiore. Palea bicarinata breviter bidentata. Squamulæ binæ
basi connatæ carnosulæ ovato-lanceolatæ. Stamina tria antheris elongatis. Ovarium glabrum. Styli bini brevissimi apicales subdivergen-
tes, stigmata fastigiato-aspergilliformia plumosa pilis grosse dentatis.
Caryopsis oblonga sulcata libera maculâ hilari punctiformi.... Herba
annua, paniculæ ramis numerosis verticillatis inferioribus sterilibus,
facie *Airæ involucratæ.* — Genus a *Poâ* glumellâ aristatâ dorso
convexâ nec carinatâ paleâque ut videtur persistentibus nec caducis
discedens.

1. N. Orientalis (Boiss. l. cit. p. 73) annua, culmo tenui rigidulo folioso, foliis anguste linearibus demum convolutis ad nervos
scabridis, ligulâ brevi fimbriato-lacerâ, paniculæ oblongæ ramis capillaribus rigidulis erecto-patulis verticillatis 4-9-nis infimis breviori-

bus sterilibus vel spiculas abortivas 1-2--floras ferentibus, cæteris longiuscule et stricte ramulosis 2-5-spiculatis, spiculis oblongis, glumis oblongis glabris acutiusculis superiore sublongiore, glumellæ oblongo-linearis dentibus scariosis triangularibus erosulis, aristâ glumellâ subbreviore ⊙. Hook. Ic. Plant. t. 1369.

Hab. in collibus siccis Cariæ interioris prope Geyra (Aphrodisiam) (Boiss. Jun. 1842 !), circa Ouchak Phrygiæ 3000' (Bal. Julio).

Cum paniculâ 3-5-pollicari semipedalis, spiculæ 2-2 ¹/₂ lineas longæ lineæ ¹/₃ latæ.

MOLINIA (Schrank Bai. Fl. I, p. 334).

Spiculæ a latere compressiusculæ remotiuscule 2-5-floræ flosculo supremo sæpius tabescente. Glumæ binæ membranaceæ concavæ uninerviæ flosculis breviores. Glumella herbacea quinquenervis dorso semicylindrica convexa a basi subventricosâ sensim attenuata integra mutica, palea membranacea bicarinata carinis nudis. Squamulæ binæ cuneatæ Stamina tria. Styli bini terminales, stigmata plumosa lateraliter ad basin floris emergentia. Caryopsis libera glabra quadrangulo-oblonga ventre lineâ impressâ notata. — Herba perennis spiculis paniculatis.

1. **M. cærulea** (L. Sp. 95 sub *Airâ*) perennis, caudice cespitoso foliis foliorum vetustorum stipato, culmis elatis striatis lævibus rigidis inferne oligophyllis superne longe nudis, foliis planis latiuscule linearibus acuminatis firmis margine scabris, ligulâ ad pilos reductâ, paniculæ elongatæ sæpe interruptæ angustæ ramis subgeminis fere a basi ramulosis ramulisque strictis, spiculis 2-3-floris sæpius violaceis, glumis ovato-oblongis muticis subinæqualibus, glumellâ obtusâ ♃. *M. cærulea* Mænch Meth. 183. — Host Gram. tab. 8. — Rchb. Germ. fig. 372. — *Melica cærulea* L. Mant. II, p. 324.

Hab. in pratis locisque sylvaticis udis sæpius montanis præsertim in parte septentrionali ditionis, Macedonia in monte Athone (Friv. ex Griseb.), Thracia ad Byzantium (Sibth), Pontus Lazicus in pinetis maritimis ad fluv. Of (Bal !), Tauria et Caucasus (Ledeb.). Iberia Caucasica (Hohl), Libanus inter Djebel Kenissa et Gebel Sannin (Schweinf!).

Ar. Geogr. Europa fere tota, Sibiria, Africa borealis, America borealis.

GLYCERIA (R. Br. Prodr. I, p. 179).

Spiculæ pluri vel multifloræ a latere plus minus compressæ rachide fragili. Glumæ concavæ obtusæ muticæ inæquales flosculis breviores. Glumella et palea simul deciduæ muticæ, illa concava non carinata obtusa 5-7-nervis, palea membranacea bicarinata apice bifida carinis tenuiter ciliolatis. Squamulæ binæ connatæ truncatæ glabræ.

Stamina tria antheris linearibus. Ovarium glabrum. Styli terminales longiusculi stigmatibus plumosis lateraliter supra basin floris emergentia. Caryopsis ovata vel oblonga substipitata ventre plana subimpressa totâ fere longitudine maculâ hilari lineari notata glumellis obtecta sed libera — Herbæ spiculis paniculatis, facie *Poæ.*

1· **G. spectabilis** (M. K. Deutsch. Fl. I, p. 586) rhizomate repente, culmis valde elatis validis erectis foliatis, foliis firmis late linearibus planis abrupte acutatis margine scabris radicalibus fasciculatis longis, ligulâ brevi truncatâ, paniculæ amplæ æqualis ramosissimæ ramis semiverticillatis erectis asperis, spiculis erectis compressis ovato-oblongis 5-9-floris viridi et violaceo variegatis, glumis oblongis obtusis subinæqualibus, glumellâ ovato-oblongâ obtusâ albomarginatâ elevatim septemnervi ♃. *G. aquatica* Wahlenb. non Presl. — *Poa aquatica* L. Sp. 98. — *Poa altissima* Mænch. — Ic. Fl. Dan. tab. 920, — Host. tab. 60. — Rchb Germ. fig. 399. — *Gl. Caspia* Trin. in Hoh. Talysch. p. 16!

Hab. ad aquas partis septentrionalis ditionis, Byzantii (Sibth.), Ponto Lazico infra Khabackar 5400' (Bal!), Caucaso (C. A. M.), Iberiâ (M. B.), ditione Talysch in sylvaticis prope Swant (Hoh. in herb. Petrop!).

Ar. Geogr. Europa borealis et media ad Galliam, Siciliam, Dalmatiam, regionem Danubialem usque, Sibiria et Dahuria, America borealis.

2. **G. remota** (Fries Summ. I, p. 254) rhizomate repente, culmis elatis erectis foliosis, foliis linearibus planis, ligulâ brevi, paniculæ amplæ elongatæ nutantis ramis 1-2-nis flaccide patentibus valde inæqualibus remote spiculiferis, spiculis oblongis subcompressis 3-5-floris, glumis membranaceis oblongis acutiusculis inferiore minore, glumellâ oblongâ apice breviter scariosâ obtusiusculâ elevatim septemnervi ♃. *G. Norvegica* Sommerf. — *Poa arundinacea* M. B. Taur. Cauc. I, p. 69, III, p. 66. — *G. spectabilis* var. Trin.

Hab. in paludosis sylvæ abietinæ infra Khabackar Ponti Lazici 5400' (Bal!), in Caucaso boreali ad fluvios Terek et Malk (M. B.), in Cartaliniâ ad Gori (Brotherus!).

Ab affini *G. spectabili* foliis angustioribus, paniculæ angustæ laxæ nutantis ramis flaccidis, spiculis paucifloris laxioribus, glumellâ longiore differt.

Ar. Geogr. Norvegia, Rossia septentrionalis.

3. **G. fluitans** (L. Sp. III sub *Festucâ*) rhizomate repente, culmis inferne prostratis et radicantibus dein erectis foliosis, foliis late linearibus planis inferioribus sæpe natantibus, culmeorum vaginis compressis, ligulâ brevi, paniculâ racemiformi longâ laxâ erectâ subunilaterali ramis sub anthesi patentibus dein erectis inferioribus subcompressis 7-11-floris, glumis oblongo-lanceolatis obtusis inferiore duplo minore, glumellâ lanceolato-oblongâ acutiusculâ elevatim septemnervi asperulâ, caryopside oblongâ ♃. *G. fluitans* R. Br. Prodr. I, p. 199. — Ic. Fl. Dan. tab. 237. — Rchb. Germ. fig. 380.

Hab. in aquis lente fluentibus *Glyceriâ plicatâ* rarior, Macedonia et Thracia (Griseb.), Byzantii (Sibth. Cast!), Caucasus et Transcaucasia (Ledeb.).

Ar. Geogr. Europa præsertim borealis et media, Sibiria Uralensis.

4. G. plicata (Fries Nov. Mant. III, p. 176) rhizomate repente, culmis inferne prostratis et radicantibus dein erectis foliosis. foliis late linearibus planis inferioribus sæpe natantibus, culmeorum vaginis compressis inferioribus in fibras demum solutis, ligulâ brevi, paniculæ elongatæ verticillatæ apice nutantis ramis sub anthesi erectis tandem patulis inferioribus subquinis, spiculis anguste lineari-sub-cylindricis 7-11-floris, glumis ovato-oblongis obtusissimis inferiore duplo minore, glumellâ ovato-oblongâ apice late scariosâ obtusâ sinuato-crenatâ elevatim septemnervi, caryopside ovato-oblongâ ♃. Rchb. Germ. fig. 381. — *H. fluitans β. plicata* Griseb in Ledeb. Fl. Ross.

Hab. in aquis *G. fluitante* in ditione vulgatior a Græciâ (Heldr!) ad Syriam (Bl! Gaill!), Transcaucasiam (Hoh!), Persiam borealem (Bge!) et australem in montibus Bachtiaris (Haussk!), Affghaniâ (Griff!).

Ar. Geogr. Europa media et australis a Gothiâ ad Rossiam mediam, Africa borealis, America borealis et australis

Obs. Cl. Balansa observavit circa Djimil Ponti Lazlci inter parentes formam inter *G. spectabilem* et *G. plicatam* hybridam huic inflorescentiâ et spiculis elongatis magis affinem sed flosculis minoribus et abbreviatis notabilem, antheris polline destitutis.

ATROPIS (Rupr. Fl. Samoj. 64. — *Glyceria* Sect. *Heleocloa* Fries Summ. I, 77. — *Puccinellia* Parlat. Fl. It., I, 366).

Spiculæ pluri-vel 2-3-floræ a latere compressæ rachide fragili. Glumæ obtusæ concavæ muticæ inæquales floribus breviores. Glumella et palea simul deciduæ muticæ longitudine subæquales illa concava non carinata obtusa vel truncata quinquenervia, palea membranacea bicarinata ad carinas ciliolata. Squamulæ binæ liberæ oblique oblongæ lobulo auctæ. Stamina tria. Ovarium glabrum. Stigmata bina subsessilia terminalia simpliciter plumosa lateraliter supra floris basin emergentis. Caryopsis oblonga ventre impressa sed exsulca ad basin maculâ hilari punctiformi obsita glumellis obtecta sed libera. — Herbæ spiculis in paniculam dispositis facie *Poæ.*

1. A. maritima (Huds. Angl. 42 sub *Poâ*) glauca, radice fibrosâ fasciculos steriles stoloniformes interdum edente, culmis ascendentibus vel erectis sæpe geniculatis, foliis linearibus plicatis vel convolutis crassiusculis, ligulâ brevi obtusâ, paniculæ erectæ angustæ ramis brevibus fructiferis contractis inferioribus subgeminis, spiculis compressis oblongis 4-6-floris, glumis ovatis valde inæqualibus, glu-

mellâ oblongâ apice scariosâ obtusâ inferne puberulâ obsolete quin-
quenerviâ. ♃. *Glyceria maritima* M. K. Deutsch. Fl. I, p. 588
Rchb. Germ. fig. 377. — *G. distans* var. *maritima* Cosson Alg.

Hab. in littoribus maritimis insularum Græcarum (ex Sibth.), e ditione eam
nondum vidi. Ex nonnullis auctoribus varietas speciei sequentis.

Ar. Geogr. Littora Europæ, in septentrionalibus frequentior.

2. A. distans (L. Mant. 32 sub *Poâ*) glauca, radice fibrosâ non
stoloniferâ, culmis erectis vel ascendentibus sæpe geniculatis. foliis
firmis linearibus latiusculis, ligulâ brevi obtusâ, paniculæ erectæ
æqualis pyramidatæ ramis longe nudis patentibus post anthesin
deflexis inferioribus subquinis, spiculis oblongis compressis 4-6-floris,
glumis late scariosis ovatis obtusis valde inæqualibus, glumellâ
oblongâ obtusâ obsolete quinquenervi inferne vix puberulâ ♃ *Atropis
distans* Griseb. in Led. Fl. Ross. — *G. distans* Wahl. Ups. p. 36. —
Host Gram. tab. 63. — Rchb. fig. 375.

Hab. in maritimis et salsis interioribus, Græcia (Sprun! Heldr!), Thracia
(Griseb. , Anatolia ad Smyrnam et in salsis Cappadociæ ad Cæsaream (Ball),
Syria interior inter Hama et Palmyram (Bll), Tauria et Transcaucasia (M.B.).

β. *convoluta*. — Folia angustiora convoluta. — *G. convoluta* Fries
Nov. Mant. III. Affinis *G. festucæformi* sed rami paniculæ demum
deflexi. Forma intermedia forsan eas conjungit.

Hab. in salsis Tauriæ (Stev., Rehm.).

Ar Geogr. Littora Europæ fere totins, Africæ borealis, Sibiria Altaica.

3. A. festucæformis (Host Gram. III, 12, tab. 17 sub *Poâ*)
radice fibrosâ non stoloniferâ, culmis erectis vel ascendentibus foliosis. foliis firmis convolutis vel plicatis junciformibus, ligulâ brevi
obtusâ. paniculæ erectæ æqualis pyramidatæ ramis basi longe denudatis erecto-patulis fructiferis rachidi adpressis inferioribus subquinis viridi et violaceo variegatis oblongo-linearibus subcompressis 5-
11-floris, glumis valde inæqualibus superne scariosis obtusis, glumellâ
oblongâ superne scariosâ obtusâ obsolete quinquenervi ♃. *G. festucæformis* Cosson Alg. — Rchb. Germ. fig. 3.7. — *Festuca pœci-
lantha* C. Koch L. XXI, p. 411. — *Poa arenaria* Retz β. *capillaris*
C. A. Mey. En. p. 20.

Hab. Byzantii ad aquas dulces (Duparq!), Armeniâ Rossicâ ad lacum Our-
miah (Auch. 5421!), ad littora Caspia (C. A. Mey! C. Koch.).

An satis foliis plicatis junciformibus, paniculæ ramis post anthesin strictis
a *G. distante* distincta?

Ar. Geogr. Littora maris Mediterranei et Adriatici in Galliâ australi, Italiâ
boreali, Istriâ, Dalmatiâ, Africâ boreali.

FESTUCA (L. Gen. 88 ex parte).

Spiculæ pedicellatæ a latere compressæ 2-multifloræ flosculis præter superiorem sæpe tabescentem hermaphroditis. Glumæ binæ plerumque carinatæ plus minus inæquales inferior angustior uninervia
superior binervis. Glumella lanceolata mutica vel in aristam attenuata
semicylindrica et dorso sæpius rotundata plus minus conspicue 5-
nervis. Palea præter carinas binas herbaceas scabras vel ciliolatas
scariosa oblonga vel lanceolata bidentata. Squamulæ binæ imâ basi
connatæ. Stamina 3. Ovarium glabrum vel apice bispidulum. Styli 2
breves terminales vel subterminales. stigmata plumosa lateraliter ad
basin floris emergentia. Caryopsis oblonga vel obovata dorso convexa
ventre concava vel sulcata et maculâ hilari lineari vel lineari-lanceolatâ elongatâ notata paleæ omnino vel basi tantum adhærens, rarius
libera. — Herbæ perennes spiculis in paniculam vel racemum unilateralem dispositis. — Genus a *Poâ* maculâ hilari punctiformi et glumellâ vix carinatâ (Hackel) distinctum. In hujus generis quoad
specierum distinctionem valde ardui expositione pedetentim sed sum-
matim egregiam monographiam cl. Prof. E. Hackel qui specimina
orientalia herbarii mei summâ benignitate determinavit secutus sum,
eos qui expositionem fusiorem expetunt ad hunc librum remittens.
Cl. auctor species primarias admittit quarum nonnullæ formas plures
inter se affines ab aliis ut species proprias ab eo autem ut subspecies
habitas includunt. Hanc divisionem admittere et litteris r e m o t i s
designare debui quamvis hic gradus classificationis alibi in Florâ
Orientali non usitatus sit. Cl. Hackel subspecies in varietates et iterum
in subvarietates distribuit, sed hanc postremam divisionem brevitatis
causâ negligere debui. In diagnosibus characteres vaginarum et ei
fasciculorum sclerenchymaticorum (in sectione transversâ folii obser-
vatorum) e foliis surculorum radicalium nec ex foliis culmi floriferi
deprompti sunt.

SECT. I. OVINÆ (Fries, Hackel). — Vaginæ basi non incrassatæ.
      Ligulæ truncatæ biauriculatæ. Foliorum laminæ vel omnes
      complicatæ vel culmeæ plus minus planæ vernatione
      conduplicatæ. Glumella margine anguste scariosa. Caryop-
      sis ventre profunde canaliculata glumellæ et paleæ arcte
      adhærens maculâ hilari eæ æquilongâ notata.

A. *Intervaginales* Hackel. — Surculi foliosi (innovationes) e gemmis apogeotropicis ex axillis vaginarum inferiorum nascentibus
oriundi intra vaginam diutius persistentem verticaliter crescentes
folio primario lineari vaginas subæquante incipientes et statim ad
folia perfecta progredientes.

1. F. ovina (L. sensu valde ampliato et Hackel Mon. p. 82). cespitosa, radice fibrosâ, vaginis integris vel plus minus profunde fissis parte integrâ non sulcatis, foliorum omnium laminis conformibus plus minusve complicatis 3-9-nerviis, fasciculis sclerenchymaticis inæqualibus sæpe in strata continua confluentibus, ligulâ manifeste biauriculatâ. paniculâ sub anthesi patente, spiculis 4-8-floris, flosculis lanceolatis muticis vel breviter aristatis, ovario glaberrimo.

1. **euovina** (Hackel) — vaginæ imâ basi tantum indivisæ emarcidæ non fibrosæ. laminæ obtusæ 5-9-nerves siccando subcylindraceæ, fasciculi scler. in strata 1-4 continui. Hujus subspeciei varietates *α capillata.* = *F. tenuifolia* Sibth. et *β. vulgaris* Koch. = *F. ovina* L. sensu stricto in ditione non observatæ fuerunt, sequentes solæ occurrnnt.

γ. supina. — Culmi humiles (3-6-pollicares). Laminæ setaceæ læves virides longæ. Panicula brevis sub anthesi contracta. Glumella plus minus longe aristata. — *F. supina* Schur Enum. 784. — *F. duriuscula* var. *alpestris* et *F. ovina* var. *alpina* Gren. et Godr. Fl. Fr.

Hab in alpinis, mons Rhodope Thraciæ (Friv! sub *F. pumilâ*), Armenia prope Zazalarkané (Huet!), Caucasus in alpe Kasbek (Broth!), in Daghestaniâ et Tuschetiâ 9-9500' (Rupr!).

δ. duriuscula. — Culmi elatiores. Laminæ rigidulæ grosse setaceæ vel subjunceæ virides vel glaucescentes non pruinosæ. Glumella aristata — *F. duriuscula* Rchb. Germ. fig. 303.

Hab. in Armeniâ (Radde), in Caucaso (Ledeb.).

ε. glauca. — Culmi elati. Laminæ pruinosæ junceæ rigidæ. Glumella pruinosa aristata vel mucronata. Similis formæ præcedenti sed pruinosa. — *F. glauca* Schrad. — Rchb. Germ. fig. 307.

Hab. in regione alpinâ Parnassi (Heldr! 2775!), prov. Caucasicarum (M. B. Hoh).

2. **pinifolia** (Hackel in litt.) — Vaginæ omnino integræ tenuiter membranaceæ cito marcescentes et irregulariter fibrosæ. Laminæ breves glaucescentes rigidæ pungentes quinquenerves intus elevatim tricostatæ, fasciculi scler. in strata 3-5 continua confluentes. Ligulæ auriculæ acutæ. Panicula contracta lævis paucispiculata, gluma inferior duplo brevior ciliolata. Glumella pruinosa glaberrima breviter aristata, paleæ carinæ glaberrimæ. Culmi ¹/₂-1-pedales. Affinis *F. orinæ indigestæ* quæ differt vaginis fissis, ligulæ auriculis obtusis, paleâ ad carinas scabrâ.

Hab in regione alpinâ montis Akdagh Lyciæ (Ky. 272!), Tauri Ciliciei (Ball Ky. 126! et 352!), Libani ad Djord Arascha (Ky. 306!) et supra Eden (Bl!).

3. **Cataonica** (Hackel in litt.). — Vaginæ integræ demum fibrosæ. Laminæ glaucescentes rigidæ junceæ subcurvatæ obtusæ 7-nerves intus tricostatæ. Fasciculi scler. in 5-8 strata continua con-

fluentes. Ligulæ auriculæ rotundatæ. Panicula brevis stricta ad race‑
mum reducta. spiculis breviter pedicellatis, rachide scabrå. Gluma
inferior dimidio brevior superior oblonga mucronata breviter aris‑
tata. Palea ad carinas scabridula. Affinis præcedenti.

Hab. in monte Berytdagh Cataoniæ 8000' (Haussk!).

4. **s u l c a t a** (Hackel). — Vaginæ imå basi tantum indivisæ
emarcidæ non fibrosæ. Laminæ obtusæ quinquenerves siccatione
compressæ ad latera plus minus profunde sulcatæ intus elevatim
tricostatæ. Fasciculi scler. tres validi sejuncti rarius binis additis.

α. Valesiaca Koch. — Culmi tenues. Laminæ glauco‑pruinosæ
scabræ firmulæ capillares. Fasciculi scl. 3. Spiculæ glauco‑pruinosæ
ovatæ vel ovato‑oblongæ. Glumæ et glumella subulato‑lanceolatæ, hæc
breviter aristata. — *F. Valesiaca* Scheich. Rchb. Germ., fig. 311.

Hab. in regione alpinå Græciæ, Parnassus, Œta, Panachaicos 6‑9500'
(Heldr!). Thraciæ (Friv. sub *F. Pannonicå!*), Anatoliæ (Tchih!), Armeniæ
ad Erzerum (Huet!), Cappadociæ in Argæo 6400' (Bal!), Persiæ borealis
(Auch. 5421!) et australis in monte Kuh Daëna (Ky 752!), Caucasi in Tus‑
chetiå 7500' (Rupr!), Affghaniæ (Aitch. 949!). Ejusdem in herb. meo cl.
Hackel binas subvarietates indicat a typo glumellå lanceolatå nec subulato‑
lanceolatå subaberrantes, subv *Bourgiei* ex collibus Armeniæ prope Baibut
(Bourg!) et subv. *Syriacam* paniculå angustå contractå racemiformi insig‑
nem ex Gisr el Hajar Libani (Ehrenb!).

β. pseudovina (Hackel). — Culmi tenues. Laminæ capillares non
pruinosæ. Fasciculi 3. Spiculæ minutæ.

Hab. Byzantii (Cast!).

γ. Taurica (Hackel). — Culmi elati robusti. Laminæ grosse setaceæ
elongatæ scaberrimæ virides. Fasc. 4 crassi et bini interjecti tenues.
Glumæ et glumella subulato‑lanceolatæ longearistatæ.

Hab. in rupibus graniticis Tauriæ ad fluv. Kastowata prope Bracht
(Rehm).

δ. genuina (Hackel). — Culmi elati robusti. Laminæ setaceæ vel sub‑
junceæ scabræ non pruinosæ. Fasc. 3 crassi et interdum bini tenues
interjecti. Gluma superior et glumella late lanceolatæ.

Hab. in campis Thraciæ prope Ruskol (Griseb. ex Hackel), montibus Da‑
ghestaniæ australis supra Kussur 9000' (Rupr!).

5. **l æ v i s** (Hackel). — Vaginæ læves ad vel ultra medium inte‑
græ basi saltem tandem plus minus fibrosæ. Laminæ læves obtusæ
5‑nerves intus elevatim tricostatæ siccatione compressæ lateribus
sulcatis et marginibus elevatis. Fasciculi scler. tres validi.

α. genuina. — Elatior raro pumila. Vaginæ usque vel paulo ultra
medium integræ emarcidæ basi subfibrosæ. Laminæ grosse setaceæ
vel junceæ. Panicula oblonga vel lineari‑oblonga. Spiculæ oblongo‑
ellipticæ. Glumellæ aristå eå dimidio brevior.

Hab. in montibus Græciæ, Hymettus, Pentelicus, Pateras, Parnes Atticæ (Heldr!), Taygetus et Delphi Eubeæ (Heldr! Pichl!), Kyllene (Orph!), Ida Cretæ (Heldr!), Ænos Cephaloniæ (Letourn!), Olympus Bithynus (Auch. 3055!), Lycia in montibus Elmalu (Bourg!), mons Cassius Syriæ (Boiss!). Subvarietas *gracilis* pumila foliis brevi-simis occurrit in summis montibus Sphacioticis Cretæ 7000' (Heldr!).

β. *Halleri* (Hackel). — Humilis. Vaginæ usque ad os integræ emarcidæ longitudinaliter laceratæ. Laminæ subsetaceæ firmulæ virides. Panicula brevissima oblonga densa sæpius simplex racemiformis. Spiculæ ellipticæ. Glumellæ arista eam interdum æquans vel dimidio brevior. — *F. Halleri* All. Ped. — *F. ovina* var. *Scardica* Griseb. Spic. II, 432.

Hab. in regione alpinâ montis Scardi Macedoniæ (Griseb.).

γ. *Ruprechtii* (Boiss.) — Humilis. Vaginæ integræ emarcidæ demum in fibras paucas solutæ. Laminæ tenuissime setaceæ culmos sæpius æquantes virides. Panicula breviter linearis laxa racemiformis. Spiculæ ellipticæ nigrescentes. Glumellæ arista eâ 3-6-plo brevior. — Affinis var. *Halleri*. folia tenuiora longiora, panicula angustior spiciformis. glumellæ brevius aristatæ. A subsp *frigidâ* Hackel laminis 7 nec 3-nerviis, a subsp. *alpinâ* antheris longitudine dimidiam paleam æquantibus nec brevissimis distincta.

Hab. in regione alpinâ Caucasi orientalis, mons Diklo Tuschetiæ 9600' et montes Azunta et Borbalo Chewsuriæ 9500-10000' (Rupr!).

6. Kotschyi (Hackel in litt.). — Vaginæ ad os usque integræ emarcidæ diu persistentes non fibrosæ. Laminæ brevissimæ rigidulæ tenues acutæ pruinosæ quinquenerves scaberrimæ. Fasciculi scler. 8. Culmi pumili. Panicula racemiformis simplex spiculis 4-6-erectis. Spiculæ remotæ 4-5-floræ. Glumæ valde inæquales. glumella longiuscule aristata. Facies Subsp. *lævis* var. *Halleri* et Subsp. *frigidæ* et *alpinæ* a quibus foliis scaberrimis acutis pruinosis, flosculis dissitis differt.

Hab. in cacumine monte Totschal prope Teheran Persiæ borealis (Ky. 66!)

7. remota (Hackel in litt.) — Vaginæ integræ membranaceæ marcescentiâ subfibrosæ. Laminæ setaceæ firmulæ lævissimæ glaucescentes obtusæ quinquenerves sectione transversâ obtuse hexagonæ intus elevatim tricostatæ. Fasciculi scler. validi septem subæquales nervis et utroque margini adjacentes. Panicula laxa ovata vel oblonga spiculis longe et patule pedicellatis magnis longe et remote 4-5-floris. Glumæ longe inæquales lanceolatæ. glumella lanceolata breviter aristata. Culmi cum paniculâ simplici vel subcompositâ 10-12-pollicares, ramis paniculæ elongatis pedicellisque patentibus et spiculis magnis 5-6 lineas longis. *F. rubram* var. *rivularem* facie referens sed foliis tenuissimis hexagonis ab omnibus diversa.

Hab. in Affghaniæ cacumine Koh Baba 14500' (Griff.), ad Sikaram 1300.' (Aitch. 1256). Crescit quoque in Tibetiâ.

Ar Geogr. totius speciei. Europa omnis, Asia borealis et orientalis, regio Himalaica, Africa borealis, Nova Hollandia, Nova Zelandia, America borealis.

2. F. punotoria (Sm. Prodr. Fl. Gr. 1, p. 60) cespitosa radice fibrosâ, surculis confertissime foliosis curvato-ascendentibus. vaginis ad apicem usque integris non sulcatis. foliorum omnium laminis conformibus emortuis persistentibus brevibus junceis crassis rigidis curvatis ad apicem pungentem usque arcte complicatis cylindricis a latere subcompressis ecostatis præter margines scabridos lævissimis pruinosis 7-9-nerviis intus obsolete unicostatis, fasciculis sclerenchymaticis in stratum continuum sub epidermide confluentibus, ligulæ auriculis rotundatis. culmo rigido subbinodi, paniculâ brevi subsimplici coarctatâ racemiformi oblongâ, spiculis breviter pedicellatis erectis 5-6-floris, glumis lanceolatis acutis parum inæqualibus, glumellâ lanceolatâ in aristam triplo breviorem abeunti pruinosâ ad margines et superne undique scabridâ obsoletissime quinquenervi ecostatâ, paleâ ad carinas scabrâ, ovario glabro ♃ *F. acerosa* C. Koch Linn. XIX, 6.

Hab. in regione superiori Olympi Bithyni (Sibth! Auch. 3046 ! Boiss! Pichl!).

Culmi fere pedales, folia durissima 2-3-pollicaria, racemus sesquipollicaris Valde affinis *F. indigestæ* Boiss. quam cl. Hackel inter subspecies *F ovinæ* enumerat et forsan secundum cl. auctoris methodum huic speciei polymorphæ adsocianda Folia eis *F. indigestæ* crassiora, vaginæ multo crassiores, laminæ pruinosæ, glumella teres nec inferne angulato-costata.

3. F. amethystina (L. Sp. Ed. 1. p. 74 non Host.) dense cespitosa radice fibrosâ. culmis elatis robustis teretibus, vaginis a basi ad medium integris et sulco profundo plicæformi percursis emarcidis diu persistentibus non fibrosis. laminis omnium foliorum conformibus complicatis setaceis vel filiformibus surculorum longissimis flaccidis 5-7-nerviis sectione transversâ obtuse hexagonis intus elevatim tricostatis, fasciculis scler. 7 validis subæqualibus, paniculâ compositâ amplâ ovatâ laxâ patente apice nutante, spiculis lanceolatis longiuscule pedicellatis laxe 3-7-floris sæpius violaceo variegatis, glumis parum inæqualibus lanceolatis acutis. glumellâ lanceolato-oblongâ acuminatâ obtusiusculâ obsolete costatâ. ovario apice et posterius sub lente pilosulo ♀. *F. Austriaca* Hackel Œst. Zeit. 1878, p. 349.

Hab. in regione alpinâ Ponti Lazici supra Djimil (Bal!).

Ar. Geogr. Helvetia, Bavaria, Austria, Hungaria, Transylvania, Bosnia, Serbia.

B. *Extravaginales* Hackel. — Surculi foliosi, (innovationes) e gemmis diageotropicis in axillâ vaginarum inferiorum nascentibus oriundi earum basim rumpentes vel eis tandem dissolutis liberi vel horizontaliter elongati (rhizoma repens) vel brevi intervallo sursum curvati et cespitem formantes. Folia primaria ab infimo brevissimo ovato sensim aucta et elongata. In quibusdam subspeciebus surculi intervaginales extravaginalibus mixti occurrunt, interdum eis numerosiores.

4. **F. rubra** (L. Sp. 109 sensu ampliore et Hackel Mon. p. 128) cespitosa surculis a basi breviter curvatâ erectis vel plus minus elongatis repentibus, vaginis integris non sulcatis emarcidis plerumque in fibras solutis, laminis sæpius difformibus surculorum complicatis setaceis culmeis planis, ligulâ foliorum surculorum non auriculatâ culmeorum inæqualiter biauriculatâ, fasciculis scler, singulis nervis correspondentibus paniculâ sæpius patente, spiculis 4-5-floris, flosculis lanceolatis aristatis, ovario apice hispidulo vel glabro.

1. h e t e r o p h y l l a Hackel. — Dense cespitosa surculis parte majore intravaginalibus non repenti-elongatis. Culmi elati. Folia valde difformia surculorum capillaria trigona arcte complicata trinervia elongata, culmea multo latiora plana facie superiore elevatim 5-7-costata. Ovarium apice hispidulum. — *F. heterophylla* Lam. Fl. Fr.

Hab. in sylvaticis, mons Nidje Macedoniæ 4000'-4509 (Griseb.), Grusia Transcaucasica (C. Koch ex Ledeb.) et prob. alibi.

2. v i o l a c e a Hackel. — Dense cespitosa surculis fere omnibus extravaginalibus non repentibus. Folia obtusa subconformia surculorum capillaria complicata angulata 5-7-nervia, culmorum latiora laxius complicata 5-9-nervia, ovarium apice sæpius hispidum. — *F. violacea* Schleich. Gaud. Fl. Helv. Rchb. Germ. fig. 302. — *F. ovina* var. *Scardica* Griseb Spic. II, p. 432.

Hab in regione alpinâ montis Scardi Macedoniæ 4-7000' (Griseb!) in summis montis Bimgöldagh Armeniæ (Ky. Suppl. 535 !).

β. *Djimilensis* Hackel in litt. — Panicula depauperata linearis, spiculæ majores angustatæ. — *F. Djimilensis* Boiss. et Bal. Soc. Bot. Fr. XXI. p. 18.

Hab. in valle Djimil Ponti Lazici (Bal!).

3. e u r u b r a. Hackel. — Laxius cespitosa, surculis fere totidem intravaginalibus et extravaginalibus hisce plus minusve repentibus. Folia obtusa sæpius difformia surculorum complicata setacea obtusangula 5-7-nervia, culmea latiora planiuscula. — *F. rubra* L. (sensu stricto). Rchb. Germ. fig. 321.

Hab. in regione montanâ et alpinâ, Græcia in monte Œta Phthiotidis 5500-6300' (Heldr!), mons Delphi Eubeæ (Pichl!), Olympus Bithynus in herbidis jugi Kitirlidagh (Pichl! forma *F. rubram* var. *rivularem* referens), Taurus Cilicicus prope Gülek Boghaz (Bal!), Caucasi Salatavia (Owerin!), mons Kaischaur 6300' (C. A. Mey) et Transcaucasia (C. Koch).

Ar. Geogr. Europa tota, Sibiria, America borealis.

40

Sɛcᴛ. II. BOVINÆ (Fries, Hackel). — Vaginæ basi non incrassatæ. Ligulæ truncatæ exauriculatæ sed vaginæ os sæpe in auriculas falciformes protractum. Foliorum laminæ sæpius planæ vernatione convolutæ, glumella superne scariosa fructifera valde involuta. Caryopsis ventre late canaliculata glumellæ et paleæ arcte adhærens maculâ hilari lineari æquilongâ notata.

5. F elatior (L. Sp. Ed. II, p. III, sensu ampl.) cespitosa, surculis plerumque extravaginalibus basi curvatis interdum breviter repentibus oligophyllis, culmis elatis teretibus, vaginis glabris ad basin usque fissis, ligulâ brevissimâ truncato-lacerâ, laminis conformibus lineari-lanceolatis planis siccatione subconvolutis longe acutatis multinerviis superne scabris multicostatis, paniculâ compositâ vel simplici, spiculis oblongis vel ellipticis, glumis subinæqualibus, glumellâ muticâ vel breviter aristatâ.

1. p r a t e n s i s Hackel. — Vaginæ emarcidæ cito in fibras fuscas solutæ. Laminæ flaccidæ raro auriculatæ. Fasciculi scler. superiores omnes nervis omnibus inferiores autem nonnisi nervis primariis correspondentes. Panicula subsimplex vel parum composita oblonga vel linearis sub anthesi patula ramis inferioribus geminis paucispiculatis, spiculis lanceolatis vel lineari-lanceolatis laxiuscule 7-8-floris. Caryopsis obovato-oblonga. — *F. pratensis* Huds. Rchb. Germ. fig. 330.

Hab. in pratis præsertim montanis, Attica in Pentelico (Heldr!), Macedonia in Scardo (Grieeb.), Pontus Lazicus ad Djimil (Bal!), Caucasus et Transcaucasia (M. B. Becker!), Persiæ borealis mons Demawend (Ky!).

β. simplex. — Panicula spiciformis simplex ramulis brevissimis strictis monostachyis subsolitariis. — *F. simplex* Boiss. et Bal. Diagn. Ser. II, 4, p. 138.

Hab. in planitie Takirjaila montis Argæi Cappadociæ 6000' (Bal!).

2. a r u n d i n a c e a Hackel. — Vaginæ emarcidæ integræ vel subfibrosæ. Laminæ duriusculæ basi auriculatæ. Fasc. scler. omnes inferiores et superiores nervis omnibus correspondentes. Panicula composita ramis inferioribus ramulosis plurispiculatis. Spiculæ ellipticæ 4-5-floræ. Caryopsis oblonga. — *F. elatior* var. *β.* L. — *F. arundinacea* Schreb. Ic. — Host Gram. Austr. t. 8. — Rchb. Germ. fig. 334.

Hab. in rivulos sæpius montanos et alpinos, prope Byzantium (Cast!), Anatolia (Tchih!), Cataoniæ mons Berytdagh 8000' (Haussk!), Libanus et Antilibanus (Gaill! Post.), mons Sawers Persiæ australis 8000' (Haussk!).

β. Fenas Hackel. — Foliorum laminæ sæpius abbreviatæ glaucescentes exsiccatione arctius convolutæ. Fasciculi scler. omnes cum nervis confluentes. Panicula strictissima linearis. — *F. Fenas* Lag Gen. p. 4. — *F. arundinacea* var. *glaucescens* Boiss, Voy. Esp. — *F. interrupta* Gr. et Godr. an Desf?

Hab. in graminosis præsertim maritimis, Attica ad Phalerum et Creta in valle Messara (Heldr!). ·

Ar. Geogr. speciei. Tota Europa arcticâ exceptâ, Sibiria, Africa borealis.

6. F. gigantea (L. Sp. 97 sub *Bromo*) laxe ccspitosa surculis omnibus extravaginalibus basi curvatâ ascendentibus, culmïs elatis foliosis teretibus, vaginis omnino fissis emarcidis demum subfibrosis, laminis conformibus planis late lineari-lanceolatis acutissimis basi contractâ biauriculatis multinerviis costis numerosis distantibus, fasciculis scler. tenuibus nonnullis tantum cum nervo confluentibus, paniculæ amplæ patentissimæ ramis elongatis flaccide nutantibus, spiculis longiuscule pedicellatis lineari-lanceolatis, glumis acutissimis, glumellâ lanceolatâ aristâ subapicali eâ saltem duplo longiore terminatâ ♃. *F. gigantea* Vill. Dauph. II, 110. Rchb. Germ. fig. 358. — *F. aristata* C. Koch L. XXI, p.413!

Hab. in umbrosis et sylvaticis, Pontus Lazicus supra Trapezentum (Bourg!), ad Rhizé et Djimil (Bal!), Tauriâ (Stev.), Daghestaniâ et Caucaso (C. Koch!), Transcaucasiâ (Eichw. Ruprecht!).

Ar. Geogr. Europa borealis et media ad Hispaniam borealem et Italiam usque, regio Himalaica, Africæ tropicæ occidentalis montes.

SECT. III. SUBBULBOSÆ (Nyman, Hackel). — Vaginæ basi in bulbos oblongos sensim incrassatæ. Ligulæ truncatæ exauriculatæ. Foliorum laminæ vernatione conduplicatæ demum planæ. Glumella apice et margine anguste scariosa fructifera marginibus involuta. Caryopsis oblonga ventre canaliculata paleæ basi adhærens, maculâ hilari eâ æquilongâ.

7. F. spadicea (L. Syst. II, p. 732) dense cespitosa, surculis intravaginalibus oligophyllis basi bulboso-incrassatis oblique deorsum inclinatis (geotropicis) rhizoma validum in solum profunde penetrans formantibus. vaginis surculorum basi crassis refractis et integris superne tenuioribus fissis emarcidis integris vel in fibras solutis, laminis duris rigidis erectis planis longe acutatis 5-6-nerviis surculorum longissimis et emarcidis deciduis, culmeis brevibus, culmis elatis, paniculæ erectæ oblongæ demum contractæ ramis brevibus paucispiculatis, spiculis magnis late obovatis dense 3-5-floris flavidis, glumis scariosis lanceolatis subæqualibus, glumellâ lanceolatâ carinatâ undique punctato-scabrâ, ovario sæpius apice hirtulo ♃. Host Gram. Austr. III, t. 20. — Rchb. Germ. fig. 325. — *F. aurea* Lam. Fr. Fr. — *F. fibrosa* Griseb. Spic. Rum. II, 433 (forma vaginis in fibras solutis et paniculâ minore paucispiculatâ).

Hab. in pratis alpinis montis Scardi (Kobelitza) Macedoniæ 3300'-4050' (Griseb.) forma typica cum formâ fibrosâ mixta.

Ar. Geogr. Hispania, Lusitania, Galliæ mediæ et australis montes, Helvetia australis et Italia borealis et media, Germania in Alpibus, Dalmatia, Serbia, Transylvania, Africa borealis, Himalaya occidentalis.

SECT. IV. VARIÆ (Hackel). Vaginæ basi non incrassatæ. Ligulæ non auriculatæ. Laminæ sæpius complicatæ vernatione conduplicatâ vel convolutâ. Glumella apice et margine late scariosa fructifera marginibus laxe involuta. Caryopsis oblonga ventre canaliculata libera maculâ hilari eæ æquilongâ vel subbreviore.

A. *Intravaginales* Hackel — Surculi foliosi (innovationes) a gemmis apogeotropicis (sursum directis) in axillis vaginarum inferiorum nascentibus oriundi intra vaginam verticaliter crescentes. Foliorum laminæ vernatione condupiicatæ adultæ semper arcte complicatæ.

8. **F. varia** (Hænke in Jacq. Coll. II, 94) dense cespitosa, culmis elatis erectis vel ascendentibus, foliis setaceis vol subjunceis convolutis rigidulis acutis subpungentibus sectione transversâ ovatis 7-9· nerviis intus 5-7-costatis, fasciculis scler. inferioribus in strata continua vel interrupta confluentibus cæteris distinctis, ligulâ oblongâ, paniculâ oblongâ compositâ apice subnutante ramo inferiore elongato plurispiculato, spiculis breviter pedicellatis oblongo-lanceolatis 4-7-floris variegatis rarius pallidis rachide scabrâ, glumellâ late lanceolatâ acutâ muticâ vel breviter aristatâ, paleâ ad carinas sub scabrâ, ovario apice hirto ♃. Host Gram. Austr II, tab. 90. — Rchb. Germ. fig. 315. — *F. acuminata* Gaud. Fl. Helv.

Hab. in siccis regionis subalpinæ et alpinæ, Gcæcia in monte Tymphresto Ætoliæ 5500'-7200' (Heldr!). Macedoniæ alpes (Friv!), Anatolia in Olympo Bithyno (Pichl!), Argæo Cappadociæ (Bal!), Berytdagh Cataoniæ 8000' (Haussk!), Tauro Cilicico 6000' (Ky! Bal!), Caucaso centrali (M. B.), Daghestaniá, Salataviá et Tuschetiá 8500'-9500' (C. A. Mey! Rupr!).

β. *Cyllenica* (Hackel Mon. p. 175). — Panicula oblongo-linearis erecta depauperata ramo inferiore brevi 2-3-spiculifero, spiculæ subtriflœ rachide lævi. — *F. Cyllenica* Boiss. et Heldr. Diagn. Ser. I, 13, p. 58.

Hab. in saxosis alpinis Græciæ, mons Kyllene Peloponnesi 5500'-6000' (Heldr!), Malevo Laconiæ (Orph!), Taygetus (Pichl!), Parnassus (Heldr!).

Ar. Geogr. Pyrenæi, Alpes, Sudeti, Carpathi, alpes Transylvaniæ, Serbiæ' Bosniæ.

9. **F. pumila** (Chaix in Vill. Dauph. I, p. 316) dense cespitosa, culmis pumilis erectis filiformibus firmis, foliis setaceis flaccidulis brevibus acutis sectione transversâ obtuse hexagonis 7-nerviis intus 1-3-costatis, fasciculis scler. omnibus distinctis, paniculâ brevi ovatâ subpatulâ paucispiculatâ ramis brevissimis asperis, spiculis laxe 3-5-floris oblongo-ellipticis violaceo-variegatis rachide lævi vel subscabrâ, glumellâ obovato-lanceolatâ acuminatâ vel breviter aristatâ,

paleâ ad carinas dense ciliolatâ, ovario apice hirto ♃. Rchb. Germ.
fig. 316. — *F. varia* subsp. *pumila* Hackel Mon. p. 176.

Hab in alpinis Macedoniæ (Friv.). E ditione nondum vidi.

Cl. Hackel eam ut subspeciem *F. variæ* adnumerat sed præter faciem valde
diversam character paleæ eas specifice sejungere videtur.

Ar. Geogr. Pyrenei, Jurassus, alpes Galliæ, Helvetiæ, Germaniæ, regionis
Danubialis, Corsica.

B. *Extravaginales* (Hackel). — Surculi foliosi omnes a gemmis
diageotropicis (horizontalibus) in axillis vaginarum inferiorum nascentibus oriundi dein vaginarum basin perrumpentes et extra vaginas
accreti. Foliorum laminæ vernatione sæpius convolutæ rarius conduplicatis adultæ laxe plicatæ vel planæ.

10. **F. spectabilis** (Jan Elench. II, Nº 38) dense cespitosa non
stolonifera, surculis inferne vaginis squamiformibus paucis aphyllis
elevato-costatis cinctis, culmis elatis robustis, vaginis omnino fissis,
laminis vernatione convolutis planis surculorum longissimis multinerviis multicostatis scabriusculis, fasciculis scler. validis distinctis,
ligulis brevibus ciliolatis, paniculâ amplâ compositâ nutante sub
anthesi patente ramis longe denudatis, spiculis obovato-oblongis 4-6-
floris flavidis, glumis subinæqualibus lanceolatis muticis vel mucronulatis fere omnino scariosis, glumellâ lanceolatâ 5-costatâ carinatâ
scabro-punctatâ muticâ vel mucronulatâ, ovario apice hispidulo ♃.

Formam genuinam foliis latis semper planis (Rchb. Germ. fig. 35) e ditione
non vidi sed tantum formas sequentes.

1. s c l e r o p h y l l a. — Vaginæ radicales tandem in fibras
longas solutæ, folia surculorum longissima rigida dura demum subconvoluta ad costas et margines scaberrima, paniculæ amplæ erectæ
rami inferiores longe denudati polystachyi, spiculæ 6-7-floræ undique
scabrido-hirtulæ. — *F. sclerophylla* Boiss. et Hoh. Diagn. Ser. I,
13, p. 59.

Hab. in schistosis montis Elbrus Persiæ borealis prope Derbend (Ky. 2451),
montibus prope Teheran (Bge 381), Persiâ australi in monte Kellal ditionis
Bachtiaris (Haussk !), Affghaniâ ad Hajiguk 12000' (Griff!).

2. a f f i n i s Hackel Mon. p. 189. — Laminæ angustiores tantum
septem nervis et septem costis percursæ exsiccatione convolutæ.
Panicula contracta strictissima linearis erecta ramis arrectis paucispiculatis. — *F. affinis* Boiss. Diagn. Ser. II, 4, p. 137.

Hab. in lapidosis Parnassi prope Acrinonero (Heldr! Orph. Fl. exs. 368!),
monte Veluchi Ætoliæ (Samar. et Guicc!).

Primâ facie foliis angustis et paniculâ lineari contractâ a *F. spectabili* ge-
nuinâ diversissima sed formis Dalmaticis et Croaticis ad eam ex cl. Hackel
confluens. Facie *F. dimorphæ* similior sed hæc longius distat foliorum vernatione conduplicatâ.

Ar. Geogr. Italia superier, Tyrolia, Carnia, Dalmatia, Croatia.

11. F. Sibirica (Griseb. in Led. Fl. Rossica sub *Leucopoa*) laxe cespitosa breviter stolonifera surculis inferne vaginis squamiformibus 1-3 tenuibus elevatim costatis demum subfibrosis cinctis, culmis elatis, vaginis omnino fissis, laminis vernatione convolutis planis vel siccatione subconvolutis rigidulis longe acuminatis lævibus vel margine scabris plurinerviis pluricostatis surculorum longissimis, culmeis brevioribus latioribus, ligulâ ad marginem angustissimum ciliolatum scariosum reductâ, paniculæ lineari-oblongæ ramis filiformibus erectis eâ 2-4-plo brevioribus raehideque glaberrimis·lævibus, spiculis ovato-oblongis dense 4-6-floris albido-viridulis, glumis præter nervos virides scariosis ad carinam parum prominulam scabris inferiore lanceolatâ obtusiusculâ uuinervi superiore tertiâ parte longiore trinervi ovato-lanceolatâ acutiusculâ, glumellâ longiore late lanceolatâ acutiusculâ vel obtusiusculâ interdum mucronulatâ quinquecostatâ dorso sub lente setulis vel punctis exasperatâ apice late scariosâ, paleâ æquilongâ acutâ carinis rigide ciliolatâ, ovario apice sæpius hispidulo ♃. *F. Sibirica* Hackel in litt. — *Poa albida* Turz. Fl. Baical.

β. Caucasica. — *F. Caucasica* (Hackel in litt.) Panicula composita ramis inferioribus 3-7-spiculatis.

Hab. in Caucaso, Ossetia prope Kars, Balta, in alpe Kadlasen (Brotherus!), in districtu Alagir ad ripus fluv. Ardon infra Risurtzy 3200' (Rupr!).

Bipedalis, folia surculorum interdum pedalia, panicula 3-6 pollicaris. Varietas plantæ Sibiricæ quæ paniculæ simplicis ramis 1-2-spiculatis tantum differt. Species proxima *F. Altaicæ* paniculæ valde diffusæ ramis capillaribus nutantibus scabris longe denudatis, glumellâ longe acuminatâ elevatius costatâ diversæ.

Ar. Geogr. Sibiria Altaica et Baicalensis, Dahuria.

Sɛcт. V. MONTANÆ (Hackel). Vaginæ basi non incrassatæ. Ligulæ non auriculatæ. Laminæ planæ vernatione convolutæ. Glumella angustissime scarioso-marginata laxe involuta. Ovarium apice hispidulum stylis subterminalibus. Caryopsis sublibera ventre subexsulca maculâ hilari lineari eâ duplo breviore obsita.

12. F. montana (M. B. Taur. Cauc. III, p. 75) longe stolonifera stolonibus omnibus extravaginalibus, culmis elatis robustis, vaginis omnibus fissis infimis squamiformibus paucis vel nullis emarcidis fibroso-laceratis, ligulâ brevi fimbriatâ, laminis longis planis longe acutatis multinerviis multicostatis margine ciliolato-scabris ciliolis inferiorihus deorsum spectantibus, paniculâ amplâ compositâ nutante, spiculis elliptico-lanceolatis densiuscule 3-5-floris rachide scabrâ subflexuosâ, glumis subinæqualibus lanceolatis acutis, glumellâ lanceolatâ acutâ vel obtusiusculâ obsolete carinatâ quinquecostatâ undique

punctulato-scabrâ ♃. *F. sylvatica* Host Austr. II, tab. 78 non Vill·
— *F. drymeia* Mert. et Koch. D. Flora I, 670. Rchb. Germ. fig. 528·
— *F. exaltata* Presl Fl. Sic.

Hab. in sylvaticis montanis, Olympus Thessalus (Heldr!), Macedonia in peninsulâ Athoâ (Griseb.). Byzantii (Thuret!), Olympus Bithynus (Boiss!), Pontus Lazicus ad Rhizé (Bal!), Caucasus (M. B.), Guria et Colchis (Rupr!), ditio Talysch (Hoh!).

Ar. Geogr. Austria, Bohemia, regnum Neapolitanum, Sicilia.

13. F. sylvatica (Pollich Pal. 1, 83 sub *Poâ*) cespitosa radice fibrosâ, stolonibus omnibus intravaginalibus, culmis erectis graci-libus, vaginis omnibus fissis infimis squamiformibus numerosis latis duris incrassatis, ligulâ brevi truncatâ margine ciliolatâ, laminis longis late lanceolatis planis longe acutatis multinerviis multicostatis margine antrorsum aculeolatis, paniculâ amplâ ramosisimâ diffusâ cernuâ, spiculis elliptico-lanceolatis laxiuscule 3-5-floris rachide sca-berrimâ flexuosâ, glumis inæqualibus subulato-lanceolatis acutissimis, glumellâ subulato-lanceolatâ acutissimâ totâ longitudine carinatâ utro-que latere prope marginem unicostatâ undique scabrâ ♃. *F. sylvatica* Vill. Dauph. II, 105. — Rchb. Germ. fig. 327. — *F. calamaria* Smith Brit. — *F. latifolia* Host Austr. IV, tab. 60.

Hab in sylvaticis, Pontus Lazicus prope Djimil (Bal.), Taurus Cilicicus in sylvis Abietis Cilicicæ supra Gulek Boghaz (Bal!, Imeretia Caucasica (Bro-therus ex Hackel).

Ar. Geogr. Europa media a Norvegia australi et Sueciâ mer. ad Austriam et regionem Danubialem et ex Galliâ ad Italiam continentalem.

VULPIA (Gmel. Bad. I, p. 8. — *Festucæ* sp. L.).

Spiculæ pedicellis crassiusculis vel superne incrassatis suffultæ inter-dum subsessiles plurifloræ flosculis divergentibus superne latiores, flos-culi superiores sæpe tabescentes. Glumæ binæ carinatæ acuminatæ. Glu-mella subulato-lanceolata ex apice integro attenuato-aristata carinata rarius dorso convexa, bicarinata bidentata. Squamulæ binæ lobatæ. Sta-mina 1-3 per anthesin sæpius glumellis inclusa. Stigmata bina sessilia brevia plumosa per anthesin glumellis inclusa. Ovarium glabrum. Caryopsis lineari-elongata ventre compressa et late sulcata glumellis adhærens maculâ hilari lineari. — Herbæ (in nostris) annuæ spiculis in paniculam contractam spici vel racemiformem congestis. — Species fere semper annuæ spiculis in paniculam sæpe spiciformem disposi-tis. — Genus a *Festucâ* radice sæpius annuâ, spiculis brevius pedicel-latis post anthesin apice dilatatis, antheris et stigmate brevioribus, caryopside lineari distinctum (Cl. Hackel).

SECT. I. EUVULPIA. — Pedicelli sunerne incrassati, flosculi fertiles in spiculâ sæpius plures. Glumæ valde inæquales. Stamen unicum vel tria antheris minimis. Caryopsis linearis prælonga utrinque attenuata.

1. **V. myuros** (Auct. an L. Sp. 109?) annua, culmis erectis, foliis lineari-setaceis siccis convolutis. supremi vaginâ paniculæ basi proximâ vel eam involucrante, ligulâ biaurîtâ, paniculæ elongatæ secundæ contractæ subspicatæ apice arcuato-nutantis ramis adpressis inferioribus eâ multo brevioribus, pedicellis brevissimis compressis asperis inferne subattenuatis, spiculæ 4-6-floræ flosculis pluribus fertilibus, glumis linearibus setaceo-acuminatis iuferiore triplo breviore superiore flosculo contiguo subdimidio breviore, glumellâ lineari-lanceolatâ glabrâ superne vel undique scabrâ in aristam subduplo longiorem abeunte, stamine sæpius unico ⊙. *V. myuros* Gmel. Bad. — Host, Gram. Austr. tab. 93. — *V. pseudomyuros* Suy. Will. — Rchb. Ic. Germ. fig. 290.

Hab. in arenosis et cultis regionis inferioris et montanæ totius ditionis a Græciâ! et Macedoniâ! ad Tauriam, Caucasum et Transcaucasiam! Syriam littoralem et interiorem ad Aleppo (Haussk!), Arabiam petream (Schimp. 347 sub *F. tromoide*), Palestinam (Ky!), Persiam borealem in monte Elbrus (Ky!), Affghaniam (Griff!).

Ar. Geogr. Europa media et australis a Belgio et Germaniâ ad regionem Danubialem et Rossiam mediam, Abyssinia, Africa borealis, insulæ Canarienses, America borealis et australis, Nova Hollandia.

2. **V. sciuroides** (Roth Tent. Germ. II, 130, sub *Festucâ*) annua, culmis erectis, foliis lineari-setaceis siccis convolutis, supremi vaginâ a paniculâ longius remotâ, paniculæ abbreviatæ erectæ interdum simplicis ramis inferioribus dimidiam ejus longitudinem sæpe æquantibus. pedicellis brevissimis compressis asperis inferne subattenuatis, glumis linearibus setaceo-acuminatis inferiore sudimidio breviore, superiore flosculo contiguo vix breviore, glumellâ lineari-lanceolatâ glabrâ superne vel undique scabrâ in aristam eâ sesqui vel duplo longiorem abeunte, stamine sæpius unico ⊙. Rchb. Germ. fig. 293. — *Festuca bromoides* Sm. Brit. et mult. Auct. non L. — *V. myuros* var. *sciuroides* Auct. plur. Forsan præcedentis tantum varietas.

Hab. in arenosis et cultis præcedente rarius, vidi e Byzantio (Cast!), Ponto Lazico ad Rhīzé (Bal!).

Ar. Geogr. Eadem ac præcedentis.

3. **V. ciliata** (Pers. Syn. I, 94 sub *Festucâ*) annua, culmis erectis fere totâ longitudine foliosis, foliis setaceis involutis, paniculæ subsecundæ contractæ subspicatæ ramis adpressis, pedicellis brevissimis ancipitibus, spiculis 4-6-floris flosculo infimo tantum plerumque fertili, glumis glabris lanceolato-subulatis infimâ minutissimâ vel

nullâ, superiore flosculo proximo multoties breviore, glumellâ lanceolatâ carinatâ basi el margine rarius undique villosâ ciliatâ in aristam eâ duplo longiorem attenuatâ, stamine sæpius unico ⊙. *V. ciliata*
Link Hort. Berol. I, p. 147. — Host Gr. tab. 65. — *V. myuros* Rchb.
exc. et Germ. fig. 289 an L? non Gmel.

Hab. in arenosis, collinis regionis inferioris, Attica in monte Parnes (Sprun !),
ad Laurion (Heldr !), Byzantii (Noë !), Creta (Sieb !), Bithynia (Schmidt !),
Cyprus (Sint. et Rig !), Tauria (Rehm !). Iberia (M. B.), prov. Transcaucasicæ
Karabagh et Talysch (Szov. C. A. Mey), Persia australis ad Dalechi (Ky.
1000').

β. *plumosa.* — Spiculæ tantum trifloræ flosculis spiraliter nec
distiche dispositis, gluma superior brevissima inferior vix perspicua,
glumellæ cilia densiora longiora magis patentia.

Hab. in graminosis Gebel Nahar prope Aleppo *Syriæ* et in deserto Chabur
et Gebel Taktak Mesopotamiæ (Haussk !).

Ar. Geogr. Belgium, Gallia occidentalis et australis, Helvetia australis, Lusitania, Hispania, Italia, Istria, Dalmatia, Africa borealis.

4. V. hirtiglumis (Boiss. et Haussknecht in Sched. Pl. Or.
1865) annua, culmis erectis subgeniculatis firmis, foliis anguste linearibus convolutis. superiorum vaginis dilatatis supremâ paniculæ basin
amplectente, paniculæ subsecundæ contractæ spiciformis erectæ basi
sæpe interruptæ ramis strictis brevibus a basi spiculigeris, pedicellis
brevibus compressis, spiculis 5-6-floris flosculis pluribus fertilibus,
glumis lanceolato-subulatis rigidis carinâ remotiuscule ciliatis superiore flosculo proximo dimidio breviore, inferiore eâ 2-3-plo breviore,
glumellâ lineari in aristam eâ duplo longiorem abeunte dorso rotundatâ undique pilis erecto-patulis dense hispidâ ⊙.

Hab. in vineis Mesopotamiæ prope Orfa (Haussk !).

Cum paniculâ angustâ 4-5-pollicari pedalis. A *V. ciliatâ* distincta glumellis
non carinato-compressis sed dorso convexis undique hirsutis, glumisque
sparsim et longiuscule ciliatis.

5 V. uniglumis (Sol. in Ait. Kew. I, 53) annua, culmis basi
sæpius geniculatis erectis, foliis anguste linearibus demum convolutis glabris. superiore paniculæ proximo et sæpe ejus basin includente,
ligulâ brevi truncatâ, paniculæ contractæ subunilateralis racemiformis erectæ subsimplicis ramis brevissimis strictis, pedicellis longiusculis compressis a basi ad apicem incrassatis, spiculis majusculis
superne dilatatis 4-7-floris, glumâ inferiore acutâ brevissimâ vel
obsoletâ, superiore lineari-lanceolatâ multoties longiore longe aristatâ
flosculos subæquante, glumellâ lineari-lanceolatâ glabrâ ad carinam
scabrâ in aristam æquilongam vel longiorem sensim attenuatâ, staminibus ternis antheris parvis lineari-oblongis ⊙. Hort Austr. tab.
64. — *V. uniglumis* Parl. — *F bromoides* L. Sp. 110, ex descr. non
Auct. plur. — *Vulpia membranacea* Link Hort. Berol. I, 147. —
Festuca Matritensis Desf. Atl. ex cl. Cosson non Auct.

Hab. in arenosis maritimis Atticæ (Heldr!), Egypti inferioris ad Alexandriam (Ehr! Letourn!).

Ar. Geogr. Anglia et Hibernia, Gallia occidentalis et australis, Hispania, Lusitania, Istria, Dalmatia, Africa borealis.

SECT. II. SPIRACHNE Hackel. — Pedicelli superne incrassati. Spiculæ flosculus infimus unicus fertilis, reliqui ad glumellam reducti sursum decrescentes in fasciculum stipitatum distiche vel spiraliter congesti. Glumæ æquales glumellæ floris fertilis similes. Stamina tria antheris minimis. Glumæ æquales glumellæ floris fertilis similes. Stamina tria antheris minimis. Caryopsis liuearis basi attenuata apice rotundata.

6. **V. inops** (Del. Fl. Eg. Suppl. tab. 63, fig. I, ined. sub *Festucâ*) annua pumila, culmis pluribus erectis vel ascendentibus fere ad apicem usque foliatis puberulis vel glabris, foliis anguste linearibus demum complicatis, ligulâ obtusâ, paniculâ brevi densâ obovato-oblongâ spiciformi ramis brevibus strictis, pedicellis brevibus compressis, glumis æquilongis glabris vel hirtis glumellam æquantibus-inferiori anguste subulatâ superiore lanceolatâ utrâque in aristam longam attenuatis, glumellâ floris fertilis glabrâ vel hirtâ longe aristatâ, glumellis florum sterilium multo brevioribus longe aristatis supremis ad aristam reductis ⊙. *V. inops* Hackel Flora 1880, 467. — *V. brevis* Boiss. et Ky. Diagn. Ser. II, 4, p, 139. — *Festuca biaristata* Ehrenb. Mss.

Hab. in agris arenosis Egypti inferioris ad Mandara prope Alexandriam (Ehr! Letourn exs. 165!), ad Abou Merzouk deserti Egyptiaco-Syriaci (W. Barbey!), in graminosis Mar Tserkis Libani 4800' (Ky! 258! Statio subalpina abnormis; an errore schedulæ?).

Culmi 3-5 pollicares, spiculæ sparsæ et distichæ (Vid. Aschers. Bot. Ver- Brandenb. XXII, p. 111, fi4. 3 et 4) sed adest forma rarior submonstrosa pedicellis ternis in rami apice fasciculatis in quâ glumæ, glumella floris fertilis et glumellæ steriles axeos tortione spiraliter disponuntur (Vide Hack. l. cit., p. 468, fig. 1 et 2 et Asch. l. cit, pag. 110, fig. 1 et 2). Hæc forma prius innotuerat et ex ejus conformatione Sectioni nomen *Spirachnes* a cl. Hackel impositum fuit. Hæc dispositio spiralis in aliis. Gramineis quoque occurrit, eam in *Vulpiâ ciliatâ* var. *plumosâ* quoque observavi.

SDCT. III. LORETIA (Duval Jouve (ut genus). Flora 1880, p. 477). Pedicelli superne incrassati. Flosculi fertiles in spiculâ plures. Glumæ valde inæquales. Stamina tria antheris magnis. Caryopsis elongata inferne attenuata superne sublatior.

7. **V. Ligustica** (All. Pedem. II, p. 249 sub *Bromo*) annua, culmis erectis vel ascendentibus, foliis linearibus planis siccis convolutis superne pubescentibus, ligulâ brevi truncatâ, paniculæ compo-

sitæ oblongæ secundæ subnutantis sub anthesi patulæ dein contractæ ramis inferioribus 3-4-nis inæqualibus brevibus, pedicellis spiculâ multo brevioribus ancipitibus a basi ad apicem incrassatis, spiculis 2-4-floris apice dilatatis, glumâ inferiore minimâ obtusâ ovato-triangulari vel obsoletâ, superiore lanceolatâ aristatâ flosculis (absque aristis) longiore, glumellâ glabrâ lanceolatâ dorso demum non carinatâ in aristam æquilongam vel sublongiorem abeunte, staminibus tribus, autheris magnis lineari-elongatis ☉. *V. Ligustica* Link Ber. I, p. 148. — Rchb. Germ. fig. 292.

Hab. in arenosis, collibus regionis inferioris in ditione rara, Creta prope Cydoniam (Weiss!).

Ar. Geogr. Gallia australis, Corsica, Sardinia, Italia, Sicilia, Africa borealis.

SECT. IV.CTENOPSIS (Gen. *Ctenopsis* Notaris).—Spiculæ subsessiles pedicellis nodiformibus, flosculi fertiles plures. Glumæ valde inæquales inferior sæpe obsoleta. Stamina tria antheris magnis linearibus. Caryopsis elongata utrinque attenuata. Hæc grex cui *V. cynosuroides*, *V. delicatula* adnumerandæ sunt a cæteris *Vulpiis* spiculis subsessilibus discedens transitum ad *Narduros* præbet a quibus spicæ rachide non excavatâ differt. Cl. Bentham *Ctenopsidem Chlorideis* adnumerat.

8. **V. pectinella** (Del. Ind. Monsp. 1836, 24. — Fl. Eg. Suppl. ined. tab. 63, fig. 2 sub *Festucâ*) annua pumila, culmis sæpius pluribus tenuibus rigidulis inferne geniculatis, foliis angustissime linearibus demum involutis, ligulâ oblongâ acutâ, paniculæ spiciformis oblongæ secundæ simplicis vel basi ramo patenti auctæ spiculis distichis patentibus oblongis 3-6-floris, glumâ inferiore minimâ squamiformi ovato-triangulari, superiore coriaceâ concavâ lineari mucronatâ dorso convexâ flosculis dimidio breviore, axi vix incrassatâ, flosculis subdissitis, glumellâ coriaceâ involutâ lineari vix carinatâ in mucronem sensim attenuatâ ☉. *Festuca cynosuroides* Del. Eg. Illustr. 107 non Desf. — *V. patens* Boiss. Diagn. Ser. I, 13, p. 62. — *Ctenopsis pectinella* Not. Ind. Genuens 1847. ex Steudel.

Hab. in arenosis Egypti ad Alexandriam (Del.), ad Maxi prope Alexandriam (Letourn. 214!), ad Bir Abou Elfein (W. Barbey!), in deserto ad Palestinæ fines (Boiss!).

Planta 3-6-pollicaris, spiculæ fere 2 lineas longæ. Cl. Hackel in litt. binas alias formas hujus speciei distinguit in ditione cæterum non crescentes. Var. β. *Kralikiana* Hackel. Culmi pumili et spiculæ distichæ patentes formæ typicæ sed gluma superior spiculam æquans vel eâ vix brevior. Crescit in arenosis Ain Bel Khelil provinciæ Oran interioris Kralik! — Var. *connivens* Hackel in litt. Culmi sæpe longiores. Spiculæ in spicam longiorem sæpe recurvam arctius et unilateraliter imbricatæ. Flosculi magis imbricati, gluma superior flosculos æquans vel subæquans, gluma inferior sæpius obsoleta. == *Festuca pectinella* Cosson Exp. Algérie, tab. 41! Crescit in arenosis maritimis prope Oran (Boiss. et Reut! Bal. exs. 279!) ad Mostaganem (Bal. 3621), ad fluvium Macta (Cosson!), ad Mascara (Durieu!).

Ar. Geogr. Africa borealis.

NARDURUS (Rchb. in Godron Fl. Lorr. I¹¹, p. 187).

Spiculæ subsessiles vel pedicellis brevissimis crassis æquilatis suffultæ in rachidis excavationibus solitariæ et alternæ compressæ alterâ facie axin spectantes plurifloræ flosculis divergentibus, sæpius apice sublatiores. Glumæ binæ æquales vel inæquales. Glumella concava non carinata lanceolata mutica vel aristata. Palea bidentata bicarinata ad carinas scabrida. Squamulæ binæ inæqualiter bilobæ. Stamina tria. Styli 2 breves stigmatibus plumosis simplicibus. Caryopsis oblonga obtusa glabra ventre concava glumellis adhærens maculâ hilari breviter lineari. — Herbæ annuæ spiculis in spicam simplicem raro ramosam dispositis. — Genus inter *Vulpiam* et *Catapodium* intermedium, a priore spiculis in racheos incisuris subsessilibus, a posteriore eis ob flosculos divergentes apice latioribus nec attenuatis distinctum.

1. **N. tenuiflorus** (Schrad. Germ. I, p. 345 sub *Festucâ*) annuus, culmis numerosis humilibus tenuibus, foliis brevibus tenuibus subflexuosis convolutis, spicâ simplici lineari erectâ vel incurvâ distichâ vel unilaterali laxâ, spiculis pedicellis brevissimis crassis adpressis suffultis 5-6-floris, glumis linearibus acuminatis carinatis inferiore breviore uninervi superiore trinervi flosculis breviore, glumellâ lanceolato-lineari acutissimâ in mucronem brevem vel in aristam abeunte ☉. *N. tenuiflorus* Boiss. Voy. Esp. — *Triticum unilaterale* L. Mant. I, p 35 (forma unilateralis). — *T. Nardus* Dc. Fl. Fr. — *T. tenellum* Viv.

Hab. in arenosis et graminosis siccis, Anatolia (Auch. 2974!), Lycia prope Elmalu (Bourg!), Pontus ad Batum (Bal!), Tauria (Stev!), Syria ad Aleppo (Haussk!) et Damascum (Gaill!), desertum ad Palmyram (Bl!), Mesopotamia (Ky!).

Ar. Geogr. Lusitania, Hispania, Gallia occidentalis et australis, Helvetia australis, Italia, littorale Austriacum, Croatia, Africa borealis.

2. **N. Persicus** (Boiss. et Buhse Aufz. p. 225) annuus, culmis pumilis geniculatis erectis, foliis anguste linearibus demum convolutis flexuosis, supremi vaginâ spicæ basin involucrante, spicâ laxiusculâ brevi distichâ, spiculis pedicello brevissimo crasso insidentibus 8-5-floris laxis, glumis subulatis inferiore triplo breviore acutâ superiore obtusiusculâ flosculorum tertiam partem æquante, glumellâ lanceolatâ dorso convexâ scabridâ in aristam longe attenuatâ, aristâ flosculorum inferiorum brevi superiorum glumellâ ipsâ longiore ☉.

Hab. in Persiâ orientali ad Bunegu inter Djendack et Yezd (Buhse!),

Plantula 3-5-pollicaris, spica sesquipollicem longa, flosculi superiores cum aristâ 5 lineas longi. *N. tenuiflorus* differt spiculis fere dimidio minoribus glumisque parum nec valde inæqualibus. Species ex unico specimine nota et ulterius investiganda.

8. N. Poa (D.C. Fl Fr. III, p. 86 sub *Tritico*) annuus, culmis numerosis humilibus crassiusculis rigidis, foliis rigidis brevibus tenuibus convolutis, spiculâ simplici (rarissime ramosâ) lineari erectâ rigidâ disticha laxâ, spiculis pedicellis brevissimis crassis adpressis suffultis alternis 5-8-floris, glumis subinæqualibus flosculis brevioribus trinerviis linearibus obtusis, glumellâ oblongo-lineari utrinque attenuatâ obtusâ subcoriaceâ apice membranaceâ muticâ vel longiuscule aristatâ ☉. *N. Poa* Boiss. Voy. Esp. 667. — *Triticum Luchenalii* Gmel. Bad. — *Triticum Halleri* Viv. — *Brachypodium Halleri* Rchb. Germ. 276. Forma aristata est *Tr. tenuiculum* Lois. — *T. festucoides* Bertol. Fl. Ital. I, 808. — *Tr. Hispanicum* Viv.

Hab. in arenosis et cultis, Macedonia (Friv! Forma aristata).

Spiculis parte superiori vix dilatatis hæc species *Catapodio* accedit sed ob magnam cum *N. tenuifloro* affinitatem inter *Narduros* aptius militat.

Ar. Geogr. Lusitania, Hispania, Gallia, Belgium, Germania occidentalis, Italia borealis, Africa borealis.

4. N. Orientalis (Boiss. Diagn. Ser. I, 7, p. 127) annuus, culmis solitariis vel pluribus nanis erectis vel geniculatis, foliis setaceo-convolutis, supremi vaginâ subdilatatâ spicæ basin involucrante, spicâ simplici anguste lineari distichâ, spiculis sessilibus strictis 3-5-floris, glumis duris lanceolato-linearibus acuminatis subæqualibus concavis dorso rotundatis scabridis flosculos superantibus, glumellâ ellipticâ utrinque attenuatâ acutâ muticâ vel paulo sub apice breviter aristatâ ☉. *Festuca Aleppica* Steud. in Pl. Ky. Mss.

Hab. in collibus siccis Phrygiæ prope Geubeck 2700' (Ball), Pamphyliæ ad Adalia (Bourg!), in Syriâ ad Aleppo (Ky. 281! Haussk!), circa Damascum (Gail!), in Persiâ ad Teheran (Ky. 5!) ad ruinas Persepolis (Ky. 269!), prope Kerman et Yezd (Bge!).

Plantula 3-4-pollicaris, spica 1-2-pollicaris, facies *N. Poæ* et *tenuiflora* a quibus spiculis omnino sessilibus, glumis subpungentibus flosculos manifeste excedentibus eximie differt.

CATAPODIUM (Link Hort. Berol. I, p. 44).

Spiculæ ovato-oblongæ rarius oblongo-lanceolatæ in racheos excisuris subsessiles pluriflore compressæ apice angustiores. Glumæ subcoriaceæ flosculis breviores. Glumella plurinervis subcoriacea concava obtusa mutica, palea bidentata bicarinata carinis ciliatulis. Squamulæ binæ indivisæ. Stamina tria. Styli bini breves, stigmata plumosa. Caryopsis oblonga obtusa ventre concava glumellis adhærens maculâ hilari breviter lineari. — Herbæ annuæ spiculis in spicam simplicem vel ramosam dispositis. — Genus a *Narduro* et *Vulpiâ* spiculis apice attenuatis nec dilatatis imprimis distinctum.

1. C. Salzmanni (Boiss. Voy. Esp. p. 667, tab. 178 B sub *Narduro*) annuus, culmis pumilis tenuibus rigidulis erectis inferne sæpe geniculatis, foliis tenuibus convolutis setaceis, spicâ simplici filiformi elongatâ rectâ vel subincurvâ, spiculis sessilibus anguste oblongo-lanceolatis rhachidis excisuris immersis subsecundis longitudine suâ fere distantibus imbricatim 3-2-floris glabris, glumis subcoriaceis oblongo-linearibus carinatis apice *obtusissimis* subscariosis subinæqualibus superiore flosculis tertiâ parte breviore, glumellâ oblongo-lineari obtusâ concavâ non carinatâ apice subscariosâ ⊙.

Hab. in collibus Lydiæ inter Smyrnam et Budja 1000' (Ball).

Facies *Psiluri nardoidis*. Planta 6-10-pollicaris, spica interdum semipedalis rigida tenuissima, spiculæ 2 ¼ lineas longæ vix dimidiam lineam latæ. Specimina Orientalia omnibus notis Hispanicis similia Ob spiculas apice attenuatas nec dilatatas cl. Cosson recte hauc speciem *Catapodio* potius quam *Narduro* adnumeravit.

Ar. Geogr. Hispania australis, Algeria occidentalis.

2. C. loliaceum (Huds. Angl. 43 sub *Poâ*) annuum, culmis sæpius pluribus decumbentibus vel prostratis inferne ramosis humilibus crassiusculis foliosis, foliis linearibus acutis planis, spicâ simplici vel inferne ramosâ rigidâ unilaterali distichâ, spiculis in rachide crassâ valde excavatâ pedicellis brevissimis crassis suffultis approximatis erectis oblongis acutiusculis 7-11-floris, glumis oblongo-lanceolatis subcarinatis obtusis subæqualibus flosculis multo brevioribus, glumellâ elliptico-lanceolatâ obtusâ apice subscariosâ ⊙. *C. loliaceum* Link Hort. Ber. I. p. 45. Rchb. Germ. fig. 274. — Nees Gen. Germ. Ic. — *Brachypodium loliaceum* R. et Sch. — *Festuca rottbollioides* Kth. — *Triticum Rottbolla* D.C.

Hab. in arenosis maritimis Atticæ et ejus insularum (Heldr!), Cephalonia in regione inferiori montis Œni 2000' (Heldr!), Thracia ad Byzantium (Cast!), Rhodus (Post!), Pamphylia ad Adalia (Bourg!), Cyprus (Sint. et Rigo!), Syria littoralis (Bl!).

Ar. Geogr. Anglia, Gallia occidentalis et australis, Lusitania, Hispania, Italia, Dalmatia, Transylvania, Africa borealis.

3. C. tuberculosum (Moris Atti Riun. Sc. Ital. 1841 p. 481) annuum, culmis erectis elatis, foliis linearibus latiusculis flexuosis, paniculæ rigidæ vel simplicis spiciformis vel inferne ramosæ ramis patentibus, spiculis in rachide generali vel partiali subsessilibus ovato-oblongis 6-12-floris valde compressis rachidi adpressis, glumis flosculis multo brevioribus lævibus inferiori angustâ acutâ, superiore longiore et latiore obtusâ, glumellâ oblongo-lanceolatâ obtusâ muticâ concavâ dorso elevatim quinquenervi et tuberculis exasperatâ ⊙.

Ic. Cosson. Alg. tab. 41. fig 2. — *Castellia tuberculata* Tineo Pl. Rar. Sic.

Hab. in arenosis insulæ Lero Pharmacusarum Atticæ (ubi a cl. et am. Heldreich detectum fuit!). Fl. Apr.

Pedale et sesquipedale, panicula interdum semipedalis, spiculæ 4 lineas longæ. Hæc species ovario apice pilosulo et caryopside magis compressá a cæteris *Catapodiis* paululum differt nihilominus ab eis generice non sejungenda.

Ar. Geogr. Sardinia, Lampedusa, Algeria occidentalis, insulæ Canarienses.

4. C. pungens, perenne glaucum cespitosnm et inferne ramosum, rhizomate repente, fasciculis sterilibus rigidulis brevibus confertim et subdistiche foliosis, culmis floriferis rigidis sparsim foliosis, foliis fasciculorum et culmeis brevibus multinerviis scabridulis lanceolatis acuminato-pungentibus planis rigidis, paniculæ spiciformis interruptæ ramis brevissimis strictis a basi spiculas 5-7 subsessiles contiguas distiche dispositas gerentibus, spiculis oblongis compressis distiche et imbricatim 18-21-floris, glumis membranaceis minutis ovatis acutiusculis, glumellá ovato-oblongá hirsutá elevatim multinervi ex apice scarioso obtuso subbidentato brevissime mucronatá ♃.

Hab. in Affghaniá prope Caudahar ad ripas fluvii Turnuk (Griff. Journ. n° 710!).

Culmi floriferi ½-1-pedales, folia sesquipollicaria, panicula 3-6-pollices longa angusta, spicularum fasciculi distichi sessiles 5-10 remotiusculi, spiculæ 5-6 lineas longæ 2 lineas latæ flosculis valde imbricatis, axi fragillimá. Species a præcedentibus paniculá compositá discedens et inflorescentiá *Eragrostidem cynosuroidem* referens sed ab hoc genere axi fragili et glumellá multinervi aliena.

SCLEROCHLOA (P. de B. Agrost., 97, tab. 19).

Spiculæ a latere subcompressæ 3-5-floræ flosculis imbricatis. superiore tabescente. Glumæ obtusæ vel retusæ inæquales flosculis multo breviores late membranaceæ. Glumella et palea persistentes illa coriacea late membranaceæ Glumella et palea persistentes illa coriacea late membranacea carinata a latere complanata obtusa quinquenervis, palea membranacea bicarinata obtusa. Squamulæ binæ ovatæ obliquæ apice dentatæ. Styli 2 terminales brevissimi, stigmata simpliciter plumosa ad basin floris emergentia, Caryopsis trigono-oblonga basi stylorum persistente rostrata maculá hilari punctiformi notata libera. — Herba annua spiculis in paniculam spiciformem unilateralem dispositis.

1. S. dura (L. Sp. 105 sub *Cynosuro*) annua, culmis cespitosis brevibus prostratis compressis totá longitudine foliatis, foliis planis

linearibus aculis, vaginis laxis apertis, ligulâ oblongâ, paniculâ spiciformi densâ ovato-oblongâ unilaterali rigidâ simplici vel brevissime
ramosâ, spiculis pedicellis brevissimis crassis trigonis in rachide
flexuosâ insidentibus erectis adpressis suffultis oblongo-linearibus, glumis herbaceis lato albo scariosis inferiori elevatim trinervi superiore
quinquenervi utrâque obtusâ vel retusâ glumellâ herbaceâ demum
coriaceâ late membranaceo-marginatâ carinatâ elevatim quinquenervi
obtusâ ⊙. *Scl. dura* P. de B. loc. cit. Rchb. Ic. Germ. fig. 268. —
Poa dura Scop. Carn. I, 70. — Host Gram. Austr. tab. 73. — *Festuca
dura* Vill.

Hab. in arenosis et cultis humidis vel interdum inundatis, Attica ad Athenas
et Phalerum (Heldr! Orph. Fl. exs. 774!), Arcadia ad Mænali radices 2500'-
3500' (Heldr!), Thracia (Friv!), ad Byzantium (Post!), Pisidia ad lacum
Bouldour (Heldr!), Pamphylia ad Adalia (Bourg!), Syria ad Aleppo et Mesopotamia (Haussk!), desertum Syriacum prope Homs (Post!). Tauria, Caucasus
et Transcaucasia (Led.), Persia borealis (Auch. 5471!, Bge!), Turcomania ad
Caspium (Kar!).

Ar. Geogr. Gallia, Helvetia australis, Germania occidentalis et australis,
Hispania centralis, Italia. Dalmatia, regio Danubialis, Rossia media et australis, Africa borealis.

SCLEROPOA (Griseb. Spic. II, p. 431. — *Cutandia* Willk. Prodr. Hisp. I, 86).

Spiculæ breviter pedicellatæ compressæ vel lineari-teretiusculæ
flosculis 3-pluribus imbricatis. Glumæ subæquales vel parum inæquales carinatæ flosculis breviores. Glumella sæpius subcoriacea carinata muticâ vel mucronato-aristulata quinquenervia vel trinervia
rarius uninervia, palea brevior acutiuscula bicarinata. Squamulæ
binæ ovato-oblongæ integræ vel bilobæ. Stamina tria. Stigmata bina
subsessilia plumosa. Caryopsis oblonga obtusa ventre concava maculâ
hilari breviter lineari notata glumellis adhærens. — Herbæ annuæ
spiculis in paniculas unilaterales vel divaricatim dichotomas dispositis. Genus a *Sclerochloa* cui ejus species adnumeratæ fuerunt præter alias notas caryopside nec rostratâ nec liberâ alienum, magis
affine *Catapodio* quod spiculis in racheos excisuris sessilibus differt.
Notæ differentiales inter *Scleropoam* et *Cutandiam* a cl. Willkomm ex
ramis paniculæ continuis vei articulato-fragilibus, a cl. Bentham ex
numero nervorum glumellæ desumptæ non sat graves nec sat distinctæ videntur, nervi glumellæ enim in nonnullis speciebus adeo
obsoleti ut incertum sit an terni aut quini sint.

* Spiculæ latiores lateraliter compressæ.

1. **S. Philistæa** (Boiss. Diagn. Ser. I, 13, p. 60) annua, culmis
pluribus a basi geniculatâ erectis tenuibus rigidulis, foliis anguste

linearibus setaceo-acuminatis brevibus, supremis brevissimis a paniculâ remotis, paniculæ rigidæ subunilateralis ovato-oblongæ ramis
brevissimis angulatis inferioribus 3-5-spiculatis rigidis erecto-patulis
pedicellisque superne sublatioribus tandem sæpe deflexis, dichotomiis non spiculiferis, spiculis oblongis basi subattenuatis 9-13-floris,
glumis oblongis subinæqualibus flosculo contiguo brevioribus albo-
marginatis obtusis inferiore uninervi superiori trinervi, glumellâ
oblongâ albo-marginatâ obtusâ obsoletissime trinervi sub apice interdum obsolete mucronulatâ inferne parce et breviter hirtulâ carinatâ
nervis lateralibus obsoletis ⊙.

Hab. in arenis mobilibus Palestinæ maritimæ ad Gaza (Boiss!), ad **Achzib**
(W. Barbey!), prope Tripolin Syriæ (Bl!).

Semipedalis vel pedalis, culmi eis *S. maritimæ* multo tenuiores et spiculæ
in bifurcatioribus nullæ. Spiculæ 5-6 lineas longæ 2 ¼ latæ sæpe rubellæ
valde compressæ flosculis approximatis eximie distichis eas *Catapodii Siculi*
et *tuberculosi* referentes sed pedicellatæ nec sessiles quá notá hæc planta
aptius inter *Scleropoas* militat.

2. **S maritima** (L. Sp. 128 sub *Tritico*) annua glauca, culmis
crassiusculis ascendentibus inferne ramosis et geniculatis, foliis rigidulis anguste linearibus demum convolutis superiorum latiorum
vagtuà subdilatatâ paniculam sæpe amplectente, paniculâ rigidâ
ovato oblongâ subunilaterali compositâ ramis crassis triquetris brevibus ramulisque angulatim divaricatis bifurcationibus spiculas subsessiles gerentibus, spiculis pedicellis ancipitibus brevibus apice non
incrassatis terminalium longioribus suffultis patentibus 5-9-floris
oblongis vel oblongo-lanceolatis, glumis subæqualibus lanceolatis
carinatis lævibus flosculo contiguo brevioribus obtusiusculis inferiori
trinervi superiore quinquenervi, axi fragili, glumellâ coriaceâ lævi
oblongo-lanceolatâ obtusiusculâ mucronulatâ nervis lateralibus utrinque binis geminatis margini approximatis ⊙. *S maritima* Parl. lt. I,
468. — *Sclerochloa maritima* Link, Rchb Ic. Germ. fig. 371. — *Brachypodium maritimum* R. et Sch. Syst. II, 743. — *Festuca lanceolata*
Forsk. Fl. Eg. 22.

Hab. in arenosis maritimis, Attica ad Phalerum et Laurium (Heldr!), Zacynthus (Marg!), Creta (Raul! Weiss!), Syria littoralis ad Sidonem (Gaill!),
Egyptus ad Alexandriam (Ehr!).

Ar. Geogr. Regio mediterranea Europæ a Lusitaniâ ad Italiam, Africa
borealis.

* * Spiculæ angustiores lineari-oblongæ vel lineares teretiusculæ.

+ Paniculæ rami non articulati.

3. **S. procumbens** (Curt. Lond. 6, tab. 11 sub *Poâ*) annua, culmis fasciculatis crassiusculis foliosis procumbentibus vel ascendentibus, foliis latiusculè linearibus planis, ligulâ brevi truncatâ, paniculæ
rigidæ oblongæ contractæ unilateralis compositæ ramis brevissimis

41

strictis angulatis ad dichotomias non spiculigeris, spiculis brevissime
et crasse pedicellatis oblongo-linearibus 5-9-floris, glumis viridibus
albo-marginatis oblongis obtusis subinæquilongis inferiore uninervi
superiore trinervi nervis valde prominentibus, glumellâ oblongâ
obtusâ elevatim quinquenervi et sulcatâ ⊙. *Sclerochloa procumbens*
P. de B. — Rchb. Germ. fig. 369. — *Festuca procumbens* K^th. Enum.
I, p. 393. — Engl. bot. tab. 532. — *Glyceria procumbens* Fries exs.

Hab. in humidis salsuginosis deserti Syriaci inter Hama et Palmyram (Bl!),
Mesopotamiæ inter Sindjar et Tell Afar.

Vix differt a speciminibus Gallicis, Germaniæ borealis, Hispanicis, spiculis
paulo longioribus et magis multifloris. Ab affini *S. rigidâ* spiculis brevissime
pedicellatis, glumis et glumellâ elevatim nervosis et inter nervos sulcatis
distincta. Area geographica valde dissociata.

Ar. Geogr. Hispania australis, Gallia occidentalis, Batavia, Anglia, Germania borealis.

4. S. rigida (L. Sp. 101 sub *Poâ*) annua, culmis pluribus ascendenti-geniculatis basi ramosis rigidis foliatis, foliis linearibus acuminatis margine scabris, ligulâ elongatâ lacerâ, paniculæ rigidæ oblongo-
lanceolatæ unilateratis coarctatæ compositæ ramis ramulisque
triquetris rigidis erecto-patentibus, dichotomiis non spiculigeris, spiculis lineari-oblongis compressis 5-11-floris, glumis subinæqualibus
lineari-lanceolatis carinatis obtusiusculis flosculis multo brevioribus,
flosculis distantibus axi non articulatâ, glumellâ lineari convolutâ
obtusâ lævi dorso convexâ obsolete carinatâ nervis lateralibus obso-
letissimis ⊙. *Scleropoa rigida* Griseb. Spic. II, 431. — *Festuca
rigida* Link, Ic. Host Gram. t. 37. — Rchb. Germ. fig. 870. — Nees
Gen. Germ. Ic.

Hab. in graminosis siccis, ad vias totius ditionis a Græciâ et insulis ! Macedoniâ ! Thraciâ ! ad Tauriam et regionem Caucasicam !, Persiam borealem
(Bge !), Anatoliam ! Syriam littoralem et interiorem (Ehr ! Gaill !).

β. *Trinii.* — Glumæ et glumella magis carinatæ hæc acutata. —
Festuca rigescens Trin. in Hoh. Sched. non K^th.

Hab. in arenosis maris Caspii prope Lenkoran (Hohen!).

Ar. Geogr. Europa australis a Galliâ mediâ et Helvetiâ australi ad littorale
Austriacum, regionem Danubialem, Dalmatiam, Africa borealis.

5. S. stenostachya, annua, culmis tenuibus ascendentibus vel
erectis foliosis, vaginis non dilatatis, laminâ anguste lineari flexuosâ,
paniculæ racemiformis oblongo-lanceolatæ subsimplicis ramis non fragilibus præter infimos interdum binos solitariis tenuibus erecto-patulis a basi spiculas 5-2 gerentibus superioribus monostachyis, pedicellis brevissimis, spiculis patentibus tenuissime linearibus filiformibus 2-4-floris, glumis anguste lineari-lanceolatis lævibus obtusis
acute carinatis inferiore breviore superiore flosculo proximo subbreviore, flosculis axi hirtulæ fragillimæ adpressis plus quam eorum

media longitudo invicem distantibus, glumellâ lineari apice scariosâ obtusâ dorso elevatim uninervi ⊙.

Hab. in monte Tartali prope Smyrnam (Boiss!), in sylvaticis montanis prope Adalia Pamphyliæ (Bourg. exs. 270 ! sub *Scler. divaricatâ*).

Semipedalis et pedalis, panicula 3-4 pollices longa pollicem lata; species inflorescentiâ simpliciore, ramis tenuioribus brevissimis, spiculis tenuissimis 3-5 lineas longis vix lineæ tertiam partem latis a congeneribus distincta.

+ + Paniculæ rami articulati fragiles.

6. S. Memphitica (Spreng. in Roth Cat. I, 18, sub *Dactylis*) annua, culmis fasciculatis basi valde geniculatis et ramosis ascendentibus foliosis, vaginis dilatatis apertis supremâ paniculam sæpius involucrante, laminâ elongatâ longe acuminatâ, paniculæ oblongæ sæpe elongatæ laxæ pluries dichotomæ ramis inferioribus 2-3-nis fragilibus angulo recto divaricatis tenuibus angulatis, dichotomiis inferioribus spiculigeris, spiculis anguste oblongo-linearibus vix compressis subtrifloris pedicellis brevibus angulatis apice vix incrassatis suffultis dichotomiarum subsessilibus, glumis lanceolatis acutis carinatis subinæqualibus flosculo inferiore dimidio brevioribus, flosculis laxis axi fragili adpressis, glumellâ coriaceâ lanceolatâ elongatâ longe attenuato-acuminatâ ex vel sub apice aristulatâ carinatâ trinervi ⊙. *S. Memphitica* Parl. Fl. It. — *F. divaricata* var. *Memphitica* Coss. Alg. — *Dineba divaricata* R. et Sch. II, 712. — *Fest. divaricata* C. A. M. Ind. 22 non Desf. — *Scleropoa Caspica* C. Koch Linn. XXI, p. 409.

Hab. in arenosis maritimis et desertorum, Egyptus inferior circa Alexandriam, etc. (Ehr ! Wiest ! Letourn. exs. 169 !). Oasis magna (Schweinf!) et parva (Asch!), desertum Arabicum Thebaidis (Husson!), Arabia petrea (Auch. 3037!), deserta inter Egyptum et Palestinam (Boiss ! Barb !), Palestina prope Hebron (Ky !), Syria littoralis prope Sidonem (Gaill !), Persia australis prope Abuchir (Haussk!), littora Caspia inter Baku et Lenkoran (C. A. Mey !).

Species a *Scleropoâ divaricatâ* = *Festucâ divaricatâ* Desf. in ditione non observatâ certe distincta. *S. divaricatæ* culmi erecti basi non ramosi, vaginæ angustæ suprema a panicula remota laminâ brevissimâ, paniculæ rami brevissimi stricte semel vel bis tantum dichotomi, ramuli non angulo aperto divaricati nec fragiles, spiculæ latiores longiores compressæ 6-12-floræ, glumella obtusiuscula vel breviter mucronulata. Variat spiculis glabris vel brevissime hirtellis.

Ar. Geogr. Hispania austro-orientalis, Africa borealis.

7. S. dichotoma (Forsk. Eg. Arab. Cent. I, p. 22 sub *Festucâ*) annua, culmis cespitosis pumilis decumbentibus inferne geniculatis et ramosis foliosis, foliis radicalibus paucis subsetaceis, caulinorum vaginâ dilatatâ supremâ paniculam basi sæpius involucrante, laminâ longâ lineari acuminatâ, paniculæ oblongæ ramis brevibus angulatis scabridis inferioribus 2-3-nis pluries dichotomis divaricatim infracto-flexuosis fragilibus, spiculis subsessilibus divergentibus angustissime linearibus 2-4-floris brevissime hirtellis rarius glabratis, glumis æqualibus lineari-lanceolatis obtusiusculis flosculo inferiore dimidio brevioribus, flosculis axi elongatæ adpressis distantibus, glumellâ anguste lanceolato-lineari trinervi carinatâ acutiusculâ ☉. *S. dichotoma* Parl. Fl. It. I, p. 471. — *S. pumila* Boiss. Diagn. I, 13, p. 61. — *Sclerochloa vestita* Not. Ind. Gen. 1856.

Hab. in arenosis Egypti inferioris ad Alexandriam et Damiatam (Forsk., Ehr! Gaill! Letourn. exs. 166!), in desertis inter Egyptum et Palestinam (Boiss! W. Barbey!).

Culmi 3-4 rarius 5-7-pollicares, panicula 1 ¹/₂-2-pollicaris, rami eis speciei præcedentis breviores, spiculæ tres lineas longæ flosculis magis adpressis invicem plus dimidiâ nec quartâ parte eorum longitudinis distantibus, glumella acutiuscula nec longe acuminato-aristulata Synonymon Notarisii hûc ex ejus descriptione et ex autopsiâ cl. Parlatore potius quam ad præcedentis formam hirtellam spectat.

BROMUS (L. Gen. 89).

Spiculæ pedicellatæ a latere plus minus compressæ multifloræ flosculis superioribus sæpe tabescentibus, rachide fragili. Glumæ sæpius inæquales flosculo proximo breviores sæpius carinatæ. Glumella herbacea concava vel carinata apice sæpius bidentata vel bifida, ad vel infra apicem aristata rarius mutica. Palea membranacea bicarinata integra vel retusa ad carinas ciliis rigidis pectinata. Squamulæ binæ oblongæ integræ. Ovarium apice pilosum. Styli bini brevissimi iu latere anteriori ovarii supra medium inserti, stigmata plumosa lateraliter ad basin floris emergentia. Caryopsis oblonga vel lineari-oblonga dorso convexa ventre plana vel concava maculâ hilari longe lineari prominente instructa glumellis obtecta et superiori adhærens. — Herbæ perennes vel annuæ spiculis paniculatis.

Specierum Orientalium distributio.

Sᴇᴄᴛ. I. FESTUCARIA Gr, et Godr. Fl. Fr. — Perennes, spiculæ defloratæ superne vix latiores. Glumæ inæquales inferior uninervia, superior trinervia.

* Rhizoma repens.

B. albidus, tomentosus, Armenus, inermis, stenostachyus, Munroi.

** Radix fibrosa.

+ Vaginæ radicales emarcidæ integræ vel in fibras non reticulatim intertextas solutæ.

B. asper, Sipyleus, erectus, variegatus, frigidus, fibrosus.

+ + Vaginæ radicales emarcidæ in fibras reticulatas solutæ.

B. Cappadocicus, tomentellus, sclerophyllus.

SECT. II. EUBROMUS Gr. et Godr. — Annui, spiculæ defloratæ superne latiores flosculis divergentibus. Glumæ inæquales inferior uninervia superior trinervia.

B. crinitus, tectorum, sterilis, flabellatus, Haussknechtii, Matritensis, rigidus, rubens, fasciculatus.

SECT. III. SERRAFALCUS Koch Syn. — Genus *Serrafalcus* Parl. — Annui vel biennes. Spiculæ etiam defloratæ apicem versus angustiores. Glumæ subæquales vel inæquales inferior angustior 3-5-nervia, superior 7-9-nervia.

˙ Flosculi etiam fructiferi margine imbricatim sese obtegentes.

+ Glumella marginibus plus minusve convexa nec angulata.

B. scoparius, alopecurus.

+ + Glumella marginibus ad vel supra medium angulum obtusum exhibens.

B. squarrosus, brizæformis, macrostachys, intermedius, mollis, commutatus, brachystachys, arvensis.

˙ ˙ Flosculi fructiferi remotiusculi margine non sese obtegentes.

+ Glumella marginibus supra medium angulum obtusum exhibens.

B. patulus.

+ + Glumella marginibus convexa nec angulata.

B. secalinus.

SECT. I. FESTUCARIA

˙ Rhizoma repens.

1. B. albidus (M. B. Taur. Cauc. III, p, 79) perennis glaucus glaber, rhizomate repente stolonifero, culmis erectis, foliis rigidulis anguste linearibus acuminatis nervosis planis, ligulâ brevissimâ, paniculæ simplicis contractæ racemosæ ramis solitariis rarius geminis spiculâ brevioribus strictis. spiculis anguste lanceolatis 5-8-floris, glumis subinæqualibus lanceolatis obtusiusculis, glumellâ oblongo-lanceolatâ 5-7-nervi sub apice scarioso obtuso abrupte et breviter aristatâ aristâ rectâ ♃.

Hab. in Georgiæ Caucasicæ montibus circâ Tiflis (M. B., Hoh!), in subalpinis Caucasi orientalis ad torrentem Jucharibach (M. B.).

Folia eis *B. erecti* angustiora conformia rigida. Spiculæ cum aristis brevibus vix pollicares eis *B. erecti* angustiores.

2. B. tomentosus (Trin. Rem. Ac. Petersb. VI, p. 487, tab. 9), perennis glaucescens velutino- tomentosus, rhizomate repente stolonifero, culmis erectis elatis, foliis conformibus linearibus elongatis planis, ligulâ brevissimâ, paniculæ erectæ contractæ angustæ ramis tenuibus strictis 1-2-spiculatis spiculâ subbrevioribus inferioribus 3-4-nis, spiculis 5-8-floris oblongo-lanceolatis compressis, glumis subinæqualibus lanceolatis obtusiusculis, flosculis subdissitis, glumellâ lanceolatâ elevatim quinquenervi sub apice scarioso bidentato aristâ eam continuante rectâ triplo breviore obsitâ ♃. — *B. Persicus* Boiss. in Ky. Pers. bor.

Hab. in Trancaucasiâ ad fines Persiæ (Trin. ex Ledeb.), in montis Elbrus parte occidentali prope Asadbar (Ky. 479!).

Bipedalis, folia 1 ¼-2 lineas lata, panicula semipedalis, spiculæ 9-10 lineas longæ.

3. B. Armenus, perennis brevissime et adpresse velutinus cinerascens, rhizomate repente, foliis abbreviatis acuminatis planis et canaliculato-plicatis flexuosis præter indumentum velutinum ad marginem albidum ciliatis, ligulâ brevissimâ, paniculæ brevis oblongæ contractæ ramis tenuissimis strictis scabris 1-2-spiculatis spiculâ subbrevioribus infimis 3-2-nis, spiculis 5-8-floris sub lente pruinosis vel brevissime velutinis, glumis inæqualibus anguste lauceolatis obtusiusculis, glumellâ lanceolatâ 5-7-nervi sub apice scarioso longe bifido aristâ subdivergente eâ dimidio breviore instructâ ♃.

Hab. in montibus Armeniæ Turcicæ, supra Baibut (Bourg. exs. sub *B. tomentello*), mons Techdagh propre Erzerum 7-8000' (Huet!).

Pedalis vel sesquipedalis, folia radicalia tripollicaria, panicula 2-3-pollicaris. Differt a *B. tomentoso* indumento breviori cinerascenti nec cano et sæpius duplici, paniculâ brevi, spiculis pruinoso-subvelutinis, glumellâ apice longe bifidâ. Affinis quoque *B. vernali* Pancic foliis longis angustis patentim villosis aliisque notis distincto.

4. B. inermis (Leyss. Hal. p. 16) perennis, rhizomate repente, culmis erectis elatis ad nodos sæpe puberulis, foliis conformibus late linearibus acuminatis planis margine scabris inferioribus superne sæpe pilosulis, ligulâ brevi lacerâ, paniculæ oblongæ erectæ laxæ subsimplicis ramis longis tenuibus asperis erecto-patulis semiverticillatis inæqualibus 1-2-spiculatis, spiculis oblongis laxiuscule 5-7-floris, axi pubescente, glumis inæqualibus lanceolatis inferiore acutâ uninervi superiore trinerviâ obtusâ, glumellâ trine.vi carinatâ apice scariosâ subbidentatâ obtusâ muticâ vel mucronulatâ ♃. Schreb. Gram. I, tab. 13. — *Festuca inermis* D. C. — Rchb. Germ. fig. 335.

Hab. in herbidis campestribus Tauriæ (Štev!), Caucasi et Transcaucasiæ (M. B., C. A. Mey), ditionis Talysch ad Lenkoran (Hoh.).

Ar. Geogr. Europa borealis et media ad Italiam mediam et regionem Danubialem usque, Songaria, Sibiria.

5. B. stenostachyus, perennis cespitosus, rhizomate tenui repente, culmis erectis tenuibus strictis, foliis conformibus strictis linearibus acuminatis planis nervosis inferioribus patule hispidulis, ligulâ brevi truncatâ, paniculæ laxæ racemiformis simplicis elongatæ angustæ ramis solitariis rarius binis plus minus remotis unispiculatis strictissimis inferioribus spiculâ longioribus, spiculis oblongo-lanceolatis compressis 7-9-floris, glumis lanceolatis inferiori longe acuminatâ, superiore duplo latiore sublongiore obtusiusculâ, glumellâ lanceolatâ obsolete quinquenervi apice obtuso bidentatâ et aristâ eam continuante et quadruplo breviore obsitâ ♃.

Hab. in alpe Sikarram vallis Kuram Affghaniæ 11000'-13000' (Aitch. 1255!) st ad Seratigah forma depauperata (Aitch. 814!), ad Sikaram 10-12000' (Aitch. 1254!).

Bipedalis, racemus 3-4-pollicaris spiculis 3-5 strictis dissitis 10-12 lineas longis constans. Facies *Agropyri.*

6. B. Munroi, cespitosus, rhizomate tenui breviter repente, culmis erectis elatis, foliis planis linearibus acuminatis flaccidulis superioribus parte inferiori ciliatis, ligulâ brevissimâ truncatâ, paniculâ brevi simplici racemiformi subnutante, spiculis 4-5 pedicellis brevibus erectis suffultis 5-7-floris, glumis inæqualibus lanceolatis acutissimis inferiori 1 superiore 3-nervi, glumellâ lanceolatâ 5-7-nervi dorso ad margines præsertim dense velutinâ ad apicem breviter bidentatum aristâ rectâ eâ triplo breviore eam continuante obsitâ ♃.

Hab. ad Chendtoi vallis Kuram Affghaniæ 11-12000' (Aitch. 1006!).

Tripedalis, facies *B. asperi,* folia eis hujus angustiora, racemus simplex 2-3-pollicaris, spiculæ magnitudinis *B. asperi* flosculis paucioribus et sublaxioribus; glumellâ secus margines late et adpresse velutinâ ins,gnis.

* * Radix fibrosa.

7. B. asper (Murr. Prodr. Gött. p. 42) perennis, radice fibrosâ, caudice brevi obliquo, culmo erecto elato pubescenti, foliis omnibus conformibus late linearibus planis flaccidulis facie pilosulis margine scaberrimis, vaginis præsertim inferioribus patentim vel deflexe villosis, ligulâ brevi, paniculâ amplâ laxissimâ flaccide nutante ramis 2 vel 4 semiverticillatis inæqualibus sub anthesi pendulis scaberrimis, spiculis glabris vel pubescentibus compressis 7-9-floris pedicellis flexuosis eis æquilongis suffultis, glumis valde inæqualibus lanceolatis acutissimis carinatis inferiore uninervi superiore trinervi, glumellâ anguste lanceolatâ subcarinatâ obsolete 5-7-nervi ad apicem breviter bidentatum aristâtâ aristâ rectâ glumellam continuante et eâ breviore ♃. Host Gram. I. tab. 7. — Rchb. Germ. fig. 857.

Hab. in sylvaticis montanis, Græcia in monte Malevo Laconiæ supra Kastanitza (Orph !), Macedonia in Athone (Sibth.), Pontus Lazicus infra Khabackar 5200' ; Bal !), Caucasus (M. B.), ditio Talysch (C. A. Mey).

Ar. Geogr. Europa media et australis a Scandinaviâ ad Rossiam mediam, Sibiria Altaica, Africa borealis.

8. **B. Sipyleus** (Boiss. Diagn. Ser. I, 13, p. 65) perennis, radice fibrosâ, caudice brevi vaginis in fibras solutis obsito, culmo elato brevissime velutino, foliis late linearibus inferioribus vaginisque pilosulis, ligulâ brevissimâ truncatâ, paniculæ laxæ subnutantis abbreviatæ ramis 1-2-nis longis nudis erectis, spiculis longe lineari-lanceolatis glabris 7-9-floris pedicellis strictis eis multo brevioribus suffultis, glumis subinæqualibus acutissimis inferiori uninervi superiori trinervi, glumellâ lanceolato-lineari elevatim 5-7-nervi sub apice membranaceo obtuse bidentato aristâ rectâ glumellam continuante et eâ dimidio breviore auctâ 24.

Hab. in umbrosis montis Sipyli Lydiæ (Boiss !), in sylvaticis Olympi Bithyni (Pichler !).

Culmus 4-5-pedalis, foliorum intermediorum lamina pedalis. Affinis *B. aspero* differt caudice vaginis fibrillosis vestito, spiculis triplo longioribus cum aristis sæpe bipollicaribus, paniculæ vix nutantis ramis brevibus erectis.

9. **B. erectus** (Huds. Angl. 39) perennis, cespitosus, rhizomate fibroso brevi vaginis in fibras solutis vel indivisis tecto, culmis erectis rigidis, foliis linearibus imis angustioribus vaginisque sæpius sparsim pilosis carinatis plicatis, culmeis latioribus planis, ligulâ brevi, paniculæ erectæ rigidæ æqualis ramis tenuibus asperis inferioribus 3-6 semiverticillatis, spiculis 4-8-floris compressis lineari-lanceolatis tandem superne latioribus glabris vel puberulis, glumis anguste lanceolatis acutissimis inæqualibus, glumellâ lanceolatâ 5-7-nervi ex apice bidentato aristatâ aristâ rectâ glumellam continuante et eâ duplo breviore 24. Fl. Dan. tab. 1383. — Rchb. Germ. fig. 360. — *B. angustifolius* M. B. Taur. Cauc. I. 73. — *B. glaberrimus* C. Koch Linn. XXI, p. 420

Hab. in pratis et collinis montanis, Anatolia borealis (Tchih !), Taurus Cilicicus ad Karli Boghaz (Ky. 235 !) et Bulghar Maaden (Bal !), Armenia in alpinis Baibut (Ky !), Caucasus (M. B., C. A. M! Hohen !).

β. Syriacus. — Folia minus inæquilata inferiora longissima flaccida, paniculæ laxioris non rigidæ rami inferiores elongati patentes. — *B. Syriacus* B. et Bl. Diagn. Ser. II, 4, p. 139.

Hab. in Syriâ littorali circa Sidonem, Tripoli, ad ostium fl. Damur (Bl !).

Ar. Geogr. Europa fere tota a Scandinaviâ ad Rossiam, Africa borealis.

10. **B. variegatus** (M. B. Taur. Cauc. III, p. 79) perennis cespitosus, radice fibrosâ, caudicis tenuis pluricipitis vaginis integris vel in fibras parallella sæpe flexuosas demum solutis, culmis tenuibus erectis, foliis glabris vel parce piloso-ciliatis planis linearibus

acuminatis brevibus viridibus conformibus, ligulâ brevi, paniculæ simplicis racémiformis contractæ oblongæ ramis strictis sæpius monostachyis spiculâ brevioribus, spiculis variegatis glabris vel adpresse hirtis oblongo-lanceolatis 5-7-floris, glumis lanceolatis acutissimis inæqualibus, glumellâ lanceolatâ quinquenervi sub apice acute bifido aristâ rectâ eâ breviore obsitâ ♃. *B. pubescens* C. Koch Linn. XXI, p. 420 non Mühl.

Hab. in ditione Koubensi Caucasi orientalis (M. B.), Daghestaniâ 6-7000' (Rupr!), Caucaso australi (Rehm!), Persiâ boreali (Buhse!), valle Khabackar Ponti Lazici (Bal!), Persiâ boreali (Buhse!).

A formis *B. erecti* foliis brevibus conformibus, paniculæ confertæ eam *B. rubentis* referentis ramis brevissimis strictis distincta.

11. B. frigidus (Boiss. et Haussk.) perennis cespitosus, radice fibrosâ, caudicis pluricipitis vaginis indivisis, culmis gracilibus erectis, foliis lanceolatis plenis brevibus conformibus inferioribus sæpe patule hispidulis, ligulâ brevissimâ truncatâ, paniculæ erectæ breviter triangulari-ovatæ ramis tenuibus elongatis patulis 2-3-nis uni vel bispiculatis, spiculis oblongo-lanceolatis laxe 5-7-floris variegatis glabris, glumis lanceolatis obtuse acuminatis subinæqualibus obsolete nervosis, glumellâ lanceolatâ obsolete nervosâ apice scariosâ bidentatâ in aristam rectam eâ triplo breviorem abeunte ♃.

Hab. in regione alpinâ montium Persiæ australis ad nives, mons Kuh Daëna (Ky. 744 sub *B. erecto*), Kuh Nur 12000', montes Kellal et Ssebsekuh ditionis Bachtiaris et Schahu Kurdistaniæ Persicæ (Haussk!).

Pedalis, folia radicalia 2-3-pollicaria, panicula brevis laxissima spiculis 5-7 constans. Valde afflnis *B. variegato* a quo differt paniculæ ramis elongatis patentibus tenuibus. An tamen hujus varietas?

12. B. fibrosus (Hackel Œst. Bot. Zeit. 1879, p. 207) perennis cespitosus, caudicis pluricipitis sæpe stoloniferi vaginis in fibras laxe reticulatas demum solutis, culmis elatis, foliis parce piloso-ciliatis vel glabris elongatis lineari-lanceolatis acuminatis radicalibus angustioribus plicatis, ligulâ brevi, culmis elatis, paniculæ laxæ ramis 3-5-nis spiculâ longioribus tenuibus erectis vel erecto-patulis, spiculis elongatis laxe 7-9-floris superne tandem dilatatis, glumis inæqualibus lanceolatis obtuse acuminatis, glumellâ lanceolatâ quinquenervi sub apice scarioso acute bifido in aristam eâ breviorem rectam vel extrorsum arcuatam abeunte ♃. *B. variegatus* Auct. Fl. Danubialis non M. B. — *B. Transylvanicus* Schur.

Hab. in pascuis alpinis montis Tymphresti Eurytaniæ et Œta Phthiotidis 5000-6500' (Heldr!), monte Athone Macedoniæ (Pichl!).

Sesqui vel bipedalis, radicis et vaginarum indole a *B. erecti* formis distinctus, spiculæ interdum bipollicares. Species a *B. variegato* quocum confusa fuit rhizomate stolonifero, vaginarum fibris reticulatis, paniculæ ramis longis aliena Specimina Græca ramos paniculæ eis plantæ Danubialis breviores habent, sed in plantâ Athoâ valde elongata sunt.

Ar. Geogr. Serbia, Transylvania, Banatus, Valachia.

13. B. Cappadocicus (Boiss. et Bal. Diagn. Ser. II, 4. p. 140) perennis cespitosus glaucus, radice fibrosâ, fasciculorum radicalium vaginis adpressis reticulatim fibrosis, foliis brevibus complicatis ·patule et sparsim hirtis rarius glabratis, culmeis sublatioribus, culmis erectis rigidulis, paniculæ erectæ ovatæ ramis 2-3-nis tenuissimis flexuosis erecto-patulis vel subnutantibus 1-2-spiculatis spiculâ vix brevioribus, spiculis oblongo-linearibus compressis laxiuscule 6-8-floris, glumis subinæqualibus lanceolato-attenuatis acutissimis, glumellâ quinquenervi lanceolatâ acute bidentatâ paulo sub apice in aristam subdivergentem eâ vix breviorem abeunti ⊙.

Hab. in collibus ad basin montium Alidagh et Masmeneudagh Cappadociæ 3000'-4500' (Bal !), in incultis ad Baibut Armeniæ (Bourg!), in monte Berytdagh Cataoniæ 6-9000' (Haussk!), in Tauro Isaurico (Pér!), in sylvaticis ad Ouchak Phrygiæ 3000' (Bal !), monte Tchatyrdagh Tauriæ (Stev!).

Sesquipedalis, panicula oligostachya. spiculæ pollicem vel amplius longæ, inter affines vaginis radicalibus arctis eximie fibroso-reticulatis, pedicellis et ramis capillaribus, spiculis nutantibus laxifloris insignis.

14. B. tomentellus (Boiss. Diagn. Ser. I, 7, p. 126) perennis, radice fibrosâ, rhizomatis crassi obliqui pluricipitis ramis vaginis reticulatim fibrosis pallidis arcte cinctis, foliis radicalibus et inferioribus anguste linearibus planis breviter et plus minus dense velutinis prætereaque patule ciliatis, culmeis brevissimis, culmis erectis inferne sæpe geniculatis, paniculæ erectæ brevis paucispiculatæ subsimplicis contractæ ramis 2-3-nis strictis spiculæ æquilongis vel brevioribus, spiculis pallidis 6-9-floris laxiusculis, glumis anguste lanceolatis subinæqualibus attenuatis acutis, glumellâ lanceolatâ obsolete quinquenervi sub apice acute bidentato aristâ æquilongâ rectâ vel divergente obsitâ ♃.

Hab. in siccis montanis et alpinis, Creta in monte Ida 5000' (Heldr !), in montibus Sphacioticis (Raul!), Lyciâ in montibus Elmalu (Bourg!), mons Cadmus Cariæ (Boiss !), Phrygia ad Yaparlar Kiöi (Bal!), Libani regio superior et Hermonis cacumen (Bl! Boiss! Ky. 189!), Armenia supra Mardin (Haussk!), Persia borealis (Auch. 5443!), prope Teheran et Ssoff (Bge!), in monte Elbrus (Ky. 250!), in monte Kuh Barfi Persiæ australis (Ky. 344!).

Fasciculorum radicalium vaginæ structurâ *B. Cappadocicum* referentes sed indumentum velutinum pilis longis sparsis mixtum et panicula contracta *B. variegati.*

15. B. sclerophyllus (Boiss. Diagn. Ser. I, 13, p. 65) perennis, præter cilia ad vaginarum inferiorum apicem glaberrimus, rhizomatis pluricipitis vaginis reticulatim fibrosis, foliis paucis rigidis duris subpungentibus complicatis nervo medio marginalibusque albis validis, ligulâ brevissimâ, paniculæ simplicis brevis ovatæ ramis unispiculatis spiculâ sublongioribus strictis 2-1-nis, glumis anguste lanceolatis acuminatis æqualibus, glumellâ adpresse hirtulâ late lanceolatâ sub apice longe et acute bifido aristâ divergente scabrâ eâ æquilongâ auctâ ♃.

Hab. in regione superiori montis Tmoli supra Philadelphiam in Lydiâ (Boiss!).

Sesqnipedalis, folia 4-5-pollicaria, panicula bipollicaris in specimine unico observato sexspiculata, flosculi 6 lineas longi, glumella eis specierum affinium latior aristâ magis divergente. Species ex unico specimine nota ulterius obeervanda, foliis duris angustis valide nervatis insignis. Rhizoma elongatum obliquum nec repens videtur.

Sect. II. EUBROMUS.

16. **B. crinitus** (Boiss. et Hoh. Pl. Pers. Sched. 1846. — Diagn. Ser. I, 13, p. 64) annuus, culmis erectis tenuibus glabris, folliis flaccidis lineari-lanceolatis acuminatis breviter pubescenti-velutinis, ligulâ oblongâ lacerâ velutinâ, paniculæ oblongæ compositæ ramis capillaribus erectis elongatis inferioribus 3-5-nis, spiculis pedicellis eis plerumque longioribus suffultis minutis ovatis 3-4-floris, glumis subæquilongis florem inferiorem æquantibus inferiori lanceolatâ acuminatâ superiore oblongâ breviter attenuato-acuminatâ, glumellâ elliptico-lanceolatâ obsoletissime plurinervi superne sub lente puberulâ sub apice breviter bidentato aristâ setaceâ rectâ eâ sextuplo longiore auctâ ⊙. *B. gracillimus* Bge. Pl. Lehm. p. 528) (1851). — *Deschampia Aralensis* Rgel Pl. Semen. 1195.

Hab. in Persiâ, mons Elbrus prope Passgala (Ky. 133!), inter Ispahan et Yezd (Buhse!), circa Ispahan et Kerman (Bge!), ad Yonutt Affghaniæ (Griff. Journ. 1006!), in deserto Karakum Turkestaniæ (Lehm!).

Semipedalis rarius pedalis, panicula 1-1 ¹/₂ pollicem longa, spicula absque aristis 2 ¹/₂ lineas longa, flosculus sesquilineam, arista 7-9 lineas longi. Prope *B. tectorum* militat, sed ab eo et omnibus congeneribus spicularum et florum minutie diversissimas.

Ar. Geogr. Tibetia occidentalis.

17. **B. tectorum** (L. Sp. 114) annuus, culmis erectis vel ascendentibus apice pubescentibus, foliis linearibus planis mollibus vaginisque pubescentibus, ligulâ brevi obtusâ, paniculæ brevis subsecundæ pendulæ ramis capillaribus elongatis, spiculis 5-9-floris pubescentibus, rarius glabris linearibus, flosculis divergentibus supremis pluribus sterilibus, glumis inæqualibus lanceolatis scarioso-cuspidatis, glumellâ lineari-lanceolatâ sub apice acute subulato bifido aristatâ, aristâ rectâ glumellam æquante vel superante ⊙. Sibth. et Sm. Fl. Gr. tab. 82. — Host Gram. I, t. 15. — *Anisantha Pontica* C. Koch Linn. XXI. p. 394 (forma flosculo unico fertili).

Hab. in sterilibus, ad muros, tecta a regione inferiori ad alpinam in totâ ditione a Græciâ! ad Syriam et Mesopotamiam! Egypti deserta (Schw!), Arabiam Petream (Schimp! Boiss!), Persiam borealem (Ky. 35!) et australem (Haussk!). Affghaniam (Griff!).

Ar. Geogr. Europa tota a Scandinaviá ad Rossiam, Sibiria, Africa borealis, insulæ Canarienses.

18. B. sterilis (L. Sp. 113 annuus, culmis erectis glabris, foliis latiuscule linearibus acuminatis pubescentibus, vaginis inferioribus sæpe villosis, ligulá ovato-oblongá laceró, paniculæ laxæ subsimplicis ramis elongatis undique nutantibus vel pendulis semiverticillatis spiculá longioribus, spiculis glabris vel pubescenti-scabris 6-10-floris, glumis anguste lanceolatis longe attenuato-acuminatis, glumellá lanceolatá-subulatá elevatim multinervi sub apice acute bifido aristatá aristá rectá glumellá longiore ⊙. Engl. Bot. t. 1030. — Host Gram. I, tab. 17. — B. jubatus Ten. Prodr. X. — B. amplus C. Koch Linn. XXI, p. 418!

Hab. in cultis, ad vias, in rupestribus umbrosis montanis totius ditionis à Græciá ! ad Syriam !, provincias Caucasicas ! Persiam borealem et australem (Ky !).

Ar. Geogr. Europa tota media et australis, a Scandinaviá meridionali ad Rossiam mediam, Sibiria Uralensis, Africa borealis.

19. B. flabellatus (Hackel in litt. uti subspecies B. *sterilis*) annnus, culmis pumilis ascendenti-erectis tenuibus superne minute puberulis, foliis patule puberulis anguste linearibus acuminatis, ligulá protractá obtusá glabrá, paniculæ paucispiculatæ obovato-flabelliformis densæ ramis subsolitariis brevissimis strictis unispiculatis, spiculis pallide virentibus oblanceolatis laxe 4-5-floris, glumá inferiore subulatá uninervi, superiore anguste lanceolatá trinervi, glumellá anguste lanceolatá quinquenervi nervis lateralibus valde approximatis infra apicem bidenticulatum aristatá, aristá rectá glumellam æquante adpresse hirtá dorso scabrá ⊙.

Hab. prope Hierosolymam (cl. Fahrngruber in herb. cl. Hackel !).

Culmi vix semipedales, spiculæ cum aristis 15-18 lineas longæ. Affinis *B. sterili* a quo differt paniculæ angustæ pedicellis brevissimis. Exstant in herb. cl. Hackel specimina ex Eubæá (Willd.) quæ inter hauc subspeciem et *B. sterilem* exacte medium tenent (Hackel).

20. B. Haussknechtii, annuus, culmis erectis strictis velutinis. foliis linearibus flaccidis vaginisque molliter pubescentibus, ligulá oblongá laceró, paniculæ erectæ strictæ oblongo-lanceolatæ simplicis ramis strictis semiverticillatis apice incrassatis spiculá brevioribus, spiculis 5-7-floris compressis, glumis anguste lanceolatis longe attenuato-acuminatis, glumellá adpresse hirtá anguste lineari-lanceolatá carinatá subquinquenervi sub apice longe et acute bidenlato in aristam rectam tenuem eá sesquilongiorem abeunte ⊙.

Hab. in desertis Bábyloniæ circa Bagdad (Haussk !).

Fere pedalis, panicula angusta stricta 2-3-pollicaris, spiculæ cum aristis fere pollicem, glumella absque aristá sex lineas longa. Species paniculá angustá elongatá, spiculis dimidio brevioribus a *B. Matritensi* distincta.

21. B. Matritensis (L. Sp. 114) annuus, culmis erectis gracilibus glabris, foliis linearibus planis acutis pubescentibus, ligulâ
ovato-oblongâ lacerâ, paniculæ erectæ subsimplicis oblongæ basi
attenuatæ ramis brevibus vel spiculæ æquilongis erectis scabris inferioribus 3-5-nis subnutantibus, spiculis glabris vel pubescentibus 5-
12-floris, glumis anguste lanceolatis acutis inferiore angustiore et
subdimidio breviore, floribus dissitis, glumellâ lanceolato-subulatâ
carinatâ nervis lateralibus subobsoletis sub apice longe et acutissime
bifido aristatâ, aristâ rectâ vel extrorsum incurvâ glumellam subæquante ⊙. Host Gram. I, t. 17. — *B. polystachyus* D. C. Fl. Fr. —
B. diandrus Curt. Lond. tab. 5. — *B. scaberrimus* Ten. Fl. Nap.
tab. 105.

Hab. in cultis, rupestribus Atticæ (Heldr!), Cretæ (Raul!), ins. Chios (Orph!),
Rhodi (Bal !), Macedoniæ, Thraciæ et Bithyniæ (Griseb. Noë !), Anatoliæ australis (Bourg!), Syriæ littoralis (Gaill! Bl !) et interioris ad Aleppo et Damascum (Gaill! Haussk!), Arabiæ petreæ (Neerg!), Cypri (Sint!), Persiæ australis (Ky. 148! Haussk!), Tauriæ meridionalis (Stev.).

β. *Delilei.* — Humilior, panicula ob ramos brevissimos obovato-
oblonga conferta, spiculæ absque aristis 7-9 lineas tantum longæ
flosculique minores. — *B. rubens* Desf. Ill. p. 164, tab. 11, fig. 2
non L.

Hab. in Egypto circa Alexandriam (Del.), in deserto Ægyptiaco-Arabico
variis locis (Schweinf. 28! 130! 253! et 456!).

Inter *B. Matritensem* et *B. rubentem* = *B. purpurascens* Del. quasi intermedius sed priori tamen adnumerandus.

Ar. Geogr. Britannia, Gallia australis, Lusitania, Hispania, Italia, Dalmatia,
Africa borealis, insulæ Canarienses.

22. B. rigidus (Roth in Ræm. Ann. 10, p. 21) annuus, culmis
firmis sæpius elatis superne pubescentibus, foliis linearibus planis
vaginisque pilosis, ligulâ oblongâ lacerâ, paniculæ oblongæ erectæ
simplicis ramis velutinis brevibus erectis, spiculis 6 8-floris glabris
rarius pubescentibus maximis, glumis inæqualibus lanceolatis acuminatis late membranaceis carinâ scabris, glumellâ lanceolatâ late membranaceâ carinatâ et elevatim subquinquenervi sub apice subulato-
bidentato in aristam carinatam validam scaberrimam rectam eâ duplo
longiorem productâ ⊙. *B. maximus* Desf. Fl. Atl. I, 95, tab. 25. —
B. maximus var. minor Boiss. Voy. Esp. — *B. Matritensis* Del. Eg.
ex Asch.

Hab. in Atticæ littoribus (Sprun! Heldr!), Cretâ ad Khania (Raul!), Egypto
ad Alexandriam (Ehr! Letourn!), Oasi Dachel (Asch!), Transcaucasiâ in
Iberiâ et ad mare Caspium (Eichw.)

β. *Gussonei* Parl. Fl. It. I. p. 407. — Paniculæ laxioris apice subnutantis rami elongati. — *B. Gussonei* Parlat. Pl. rar.

Hab. in Atticâ (Heldr !). Cypro (Rigo !), Syriâ littorali (Bl !).

Ar. Geogr. Britannia, Gallia occidentalis et australis, Hispania, Italia, Dalmatia, Africa borealis, insulæ Canarienses.

23. B. rubens (L. Sp, 114) annuus, culmis superne pubescentibus, foliis linearibus vaginisque molliter pubescentibus, ligulâ oblongâ lacerâ, paniculæ erectæ compactæ obovatæ ramis pedicellisque brevissimis strictis pubescentibus, spiculis pubescentibus vel glabratis angustis teretiusculis vix compressis 4-8-floris, flosculis superioribus pluribus sterilibus, glumis lanceolatis acuminatis superiore longiore et duplo latiore, glumellâ anguste lanceolatâ 5-7-nerviâ membranaceo-marginatâ sub apice membranaceo acute bifido in aristam rectam vel extrorsum curvatam eâ sublongiorem abeunte ☉. Sibth. et Sm. Fl. Græc. I, tab. 85. — *B. purpurascens* Delile Illustr, N⁰ 117 ex cl. Asch.

Hab. in cultis arenosis regionis maritimæ, Græcia in Atticâ et Argolide (Sprun! Heldr!), Cretâ (Heldr!), Byzantii (Noё!), Cypro (Sint!), Arabiâ petreâ et Palestinâ (Boiss!), ditione Philisteorum (Boiss!), Egypto circâ Alexandriam (Ehr! Letourn. 218 et fl65 bis!), Mesopotamiâ ad Euphratem (Haussk!), Tauriâ (Parrot ex Ledeb.), Iberiâ prope Baku et Sallian (C. A. Mey!).

Ar. Geogr. Hispania, Gallia australis, Italia, Africa borealis, insulæ Canarienses.

24. B. fasciculatus (Presl Cyp. Sic. r. 39) annuus, culmis erectis humilibus glabris, foliis brevibus anguste linearibus breviter puberulis, vaginis pubescentibus, ligulâ brevi truncatâ lacerâ, paniculæ erectæ confertæ obovato-cuneiformis ramis brevissimis strictis, spiculis glabris rarius puberulis compressis laxiuscule 8-10-floris flosculis 1-2-supremis sterilibus, glumis anguste lanceolatis acutis inferiore breviore et angustiore longe acuminatâ, glumellâ tenuiter lineari-subulatâ dorso convexâ carinatâ nervis lateralibus obsoletis sub apice longe subulato-bifido in aristam demum subtortam et subpatentem æquilongam abeunte ☉. Guss. Pl. rar. tab, 8, fig. 2. — *B. rubens* Delile Eg. ex cl. Asch. — *B. rubens* var. β. *Moretti.*

Hab. in aridis et pinetis Atticæ ad radices Hymetti, ad Raphina et in insulâ Lero (Heldr!), Cypro (Ky!), in cultis derelictis Syriæ littoralis ad Tripolin (Bll) et circa Damascum (Gaill!), ad radices Antilibani (Boiss!), Palestinâ ad Hierosolymam (Boiss!) et ad mare Mortuum (W. Barbey!), Egypto ad Alexandriam (Sickenberger!).

Affinis *B. rubenti* a quo culmis humilibus, spiculis plurifloris compressis dissitifloris nec teretiusculis densifloris, glumellâ angustiore subulatâ, aristâ demum patenti contortâ differt.

Ar. Geogr. Sicilia, Sardinia, Italia australis, Africa borealis.

SECT. III. SERRAFALCUS

25. B. scoparius (L. Sp. 114) annuus, culmis humilibus geniculatis erectis glabris, foliis linearibus vaginisque sparsim pilosis, ligulâ brevi lacerâ, paniculâ erectâ confertissimâ ovatâ vel oblongâ obtusâ ramis brevissimis, spiculis pubescentibus rarius glabratis oblongis subsessilibus 6-8-floris, glumis lanceolatis acutiusculis albo-marginatis subinæqualibus, glumellâ oblongâ albo-marginatâ sub apice breviter bifido aristatâ, aristâ glumellam subæquante patente demum divaricatâ et subcontortâ ☉. *B. humilis* Cav. Ic. tab. 589. — *B. confertus* M. B. Taur. Cauc. I, p. 71. Rchb. Germ. fig. 849.

Hab. in arenosis, collinis, cultis Græciæ in Atticâ et Bæotiâ (Heldr!), Peloponneso (Bory!), Macedoniâ et Thraciâ (Griseb! Noë!), Anatoliâ occid. (Schmidt!), Ciliciâ (Bal!), Cypro (Sint!), Syriâ littorali (Bl!) interiori ad Aleppo et Damascum (Gaill!), deserto ad Palmyram (Bl!), Palestinâ (Boiss! Barb!), Babyloniâ (Noë 64!), Ponto Lazico ad Djimil 6000' (Bal!), Transcaucasiâ (M. B., Hoh!), Persiâ boreali (Szov!) et australi (Ky. 148!).

Ar. Geogr. Lusitania, Hispania, Sardinia, Istria, Dalmatia, Rossia australis, Africa borealis.

26. B. alopecurus (Poir. Voy. II, 100) annuus, culmis erectis sæpius geniculatis glabris, foliis linearibus vaginisque molliter pilosis, ligulâ brevi lacerâ, paniculâ erectâ confertâ oblongo-lanceolatâ inferne interdum interruptâ ramis brevissimis, spiculis pubescentibus rarius glabris lanceolatis 8-15-floris, glumis inæqualibus lanceolatis longe attenuato-acuminatis, glumellâ oblongo-lanceolatâ margine membranaceâ sub apice acute bifido aristâ divaricato-patente demum spiraliter contortâ eâ sublongiore auctâ ☉. *B. alopecuroides* Poir. — *B. contortus* Desf. Atl. I, 95, tab. 25. — *B. alopecurus* et *Br. scoparius* Fl. Pél. tab. 5, fig. 1 et 2.

Hab. in Peloponneso (Bory), Zacyntho (Marg! Schmidt!), Macedoniâ (Friv!), Cypro (Sint!), Ciliciâ littorali (Bal!), Syriâ littorali (Bl!), Galilæâ (Post!), Cataoniâ prope Marasch (Haussk!).

Ab affini *B. scopario* paniculâ elongatâ acutiore, spiculis multifloris elongatis, aristis validioribus eximie contortis dignoscendus.

Ar. Geogr. Sicilia, Italia australis.

27. B. squarrosus (L, Sp. 112) annuus, culmis gracilibus brevibus glabris, foliis anguste linearibus inferioribus vaginisque pubescentibus, ligulâ brevi truncatâ, paniculæ laxæ simplicis flaccide nutantis subsecundæ pedicellis tenuibus curvatis spiculâ brevioribus, spiculis glabris rarius molliter villosis ovato-oblongis vel ellipticis obtusis valde compressis imbricatim 8-20-floris, glumellis oblongis obtusis subinæqualibus, glumellâ late oblongo-rhombeâ obsolete nervosâ late scarioso-marginatâ obtusiusculâ breviter bifidâ, aristâ ab apice remotâ demum divaricatim patente et subcontortâ glumellâ longiore ☉. Host Gram. I, 11, tab. 13. — Rchb. Germ. fig. 355. — *B. Wolgensis* Spr. — *B. Noeanus* Boiss. Mss.

Hab. in siccis præsertim regionis montanæ, Græcia in monte Parnes Atticæ (Heldr!), Kyllene (Orph!), Corax Ætoliæ (Sprun!), Macedonia et Thracia (Griseb.), Lycia (Bourg!), Cilicia (Ky!), Anatolia centralis (Noë!), Cyprus (Sint!), Libanus (Bl!), Syria prope Damascum (Gaill!) et ad Palmyram (Bl!), desertum Chabur Mesopotamiæ (Haussk!), Tauria (Stev!), Transcaucasia 2000'-9000' (Ledeb.).

Ar. Geogr. Europa australis a Galliâ et Helvetiâ australibus ad regionem Danubialem et Rossiam mediam, Turkestania, Sibiria, Africa borealis.

28. B. brizæformis (F. et M. Ind. III Petrop. p. 30) annuus,
culmo elato gracili glabro, foliis linearibus vaginisque pubescentibus,
paniculæ laxæ simplicis nutantis secundæ spiculis paucis pedicellis
tenuissimis nutantibus æquilongis vel sublongioribus suffultis compressis late oblongis imbricatim 10 20-floris glabris fructiferis turgidis, glumis obtusis inferiori oblongo-lineari superiore oblongâ
sublongiore, glumellâ oblongo-rhombeâ dorso convexâ acutiusculâ,
aristâ subterminali brevissimâ mucroniformi vel obsoletâ ⊙. Ic.
F. et M. Sert. Petrop. tab. 10. — *B. squarrosus muticus* C. A. M.
Ind. Cauc. p. 21.

Hab. in graminosis umbrosis Georgiæ Caucasicæ ad Schuscha et in ditione
Talysch prope Swant (C. A. M! Hoh!), in jugo Elbrus Persiæ borealis inter
Kiutsch et Kudchur (Buhse!).

Facies *Brizæ maximæ*. Sesquipedalis, spiculæ 9-13 lineas longæ 4 latæ;
ab affini *B. squarroso* differt spiculis multifloris demum turgidis, glumellâ
ob angulum marginalem productum rhombeâ apice subintegrâ muticâ vel
mucronulo subterminali instructâ.

29 B. macrostachys (Desf. Atl. I. 96, tab. 19, fig. 2) annuus,
culmis erectis elatis glabris, foliis linearibus cum vaginis molliter
pubescentibus, ligulâ brevi lacerâ, paniculæ erectæ strictæ lanceolatæ contractæ subsimplicis ramis strictis omnibus brevissimis vel inferioribus longiusculis. spiculis glabris vel glabrescentibus magnis lanceolatis teretiusculis 10-16-floris. glumis inæqualibus
oblongo-lanceolatis, obtusiusculis muticis, glumellâ oblongo-ellipticâ
sub apice longe producto in lobos lanceolatos bipartito aristatâ, aristâ
glumellâ sublongiore divaricato-patente demum subcontortâ ⊙. *B.
lanceolatas* Roth Cat. 2. p. 13, Bory Exp. Mor. t. 4. — *B. divaricatus* Rohde in D. C. Fl. Fr.

Hab. in graminosis Rhodi (Post!), Kurdistaniâ Persicâ ad radices Pir Omar
Gudrun (Haussk!).

β. *lanuginosus.* — Panicula sublaxior ramis inferioribus sublongioribus, spiculæ lanuginosæ. — *B. lanuginosus* Poir. Encycl. Suppl. I,
703. — *B. oxyphlœus* Payne Palest. Expl. Rep. 1874, p. 128!

Hab. in ditione formâ glabrescenti multo vulgatior, Attica (Heldr!), Macedonia et Thracia (Griseb!). Bithynia (Pichl!), Cilicia (Bal!), Syria littoralis
(Bl!) et interior ad Damascum (Gaill!) et Aleppo (Ky!), Palestina (Boiss!
Payne!), Egyptus inferior (Ehr. Asch.), Babylonia (Haussk!), Transcaucasiæ
ditio Talysch (Hoh!).

γ. *triaristatus* Hackel Flora 1879. — Culmi sæpius humiliores,
panicula spiculis 1-5-approximatis inferioribus pedicellis strictis brevissimis suffultis cæteris sessilibus constans, glumella flosculi infimi
vel flosculorum inferiorum spiculæ ut in typo uniaristata, flosculorum superiorum autem plus minus regulariter infra apicem acute
bipartitum triaristata aristis plerumque nigris in ermediâ validiore
patente vel divaricatâ glumellâ longiore. — *B. Danthoniæ* Trin. in

C. A. Mey. Ind. Cauc. p, 24. — Ic. Gram. III, tab. 354. — *Boissiera* *Danthoniæ* Al. Braun Ind. Sem. Berol. 1857, p. 3. — *Triniusia Dan-thoniæ* Steud. Gram. p. 378.

Hab. in incultis montanis præsertim regionum interiorum, Lycia ad Elmalu (Bourg. 266!), Cilicia Trachea ad Ermenek (Péron!), Taurus Cilicicus (Bal!), Cappadocia (Bal!), Pontus Lazicus supra Djimil 6000 (Bal!), Syria interior ad Damascum (Ky! Gaill!) et Aleppo (Auch. 2431!), Gebel Abiad ad Palmyram (Bl!), Mesopotamia (Haussk!), ditio Transcaucasica Talysch (C. A. M!), Persia orientalis ad Kerman (Bge!), australis ad Ispahan et Schiraz (Ky. 425!), Turkestania (Lehm!), Affghania (Griff!).

Spiculæ nitidæ glabræ raro pubescentes, glumellæ non tantum quoad nume-rum aristarum sed etiam quoad lateralium longitudinem mire variantes. Forma insignis Orienti peculiaris et cujus nexum ad *B. macrostachyum* cl. Hackel loc. citato demonstravit.

Ar. Geogr. Regio mediterranea Europæ et Africæ borealis, Sibiria Altaica. Varietas triaristata quoque in Asia centrali.

30. **B. intermedius** (Guss. Prodr. Sic. I, 114) biennis? culmis erectis sæpe elatis glabris, foliis linearibus mollibus vaginisque velu-tinis, ligula brevi, panicula erecta patente demum contracta sæpius composita ramis inferioribus erectis vel erecto-patulis brevibus sæpe plurispiculatis pedicellis spicula brevioribus, spiculis molliter pubes-centibus elliptico-oblongis obtusis rubello-variegatis 6-10-floris com-pressis, glumis lanceolatis acutis superiore latiore et sublongiore, glumella lineari-oblonga superne oblique acutata longe et acute bifida ad tertiam partem superiorem arista nigricante æquilonga demum contorta et divaricatim patente instructa ④. *B. Requienii* Lois. Gall. — *Avena lasiantha* Link Linn. IX, p. 135 (Confer cl. Aschers. Ind. Berol 1871).

Hab. in incultis, rupestribus Græciæ in Argolide (Sprun!), Attica in Hymetto, Lycabetto et insula Lero (Heldr!), Ætolia (Nied!), Eubæa (Wild!), insula Zacyntho (Marg!), Creta (Raul!), Rhodo (Bourg!), Thracia (Grisb!), Anatolia occidentali ad Trojam (Schmidt!), Syria littorali (Bl!).

Sæpe ab auctoribus *B. molli* comparatus a quo cæteris neglectis arista in glumellæ dorso inferius inserta et valde divaricata longe differt. Magis affinis *B. macrostachyo* spiculis longis angustioribus acutis, glumella duplo lougiore lanceolata statim distinguendo.

Ar. Geogr. Hispania, Gallia australis, Corsica, Sardinia, Sicilia, Italia aus-tralis, Africa borealis.

31. **B. mollis** (L. Sp. 112) annuus, culmis velutinis vel glabris, foliis linearibus acuminatis vaginisque molliter pilosis, ligula brevi sublacera, panicula erecta deflorata contracta oblonga compacta ramis semiverticillatis brevibus erectis inferioribus sæpe plurispiculatis, spiculis molliter pubescentibus rarissime glabratis 3-10-floris oblon-gis vel oblongo-lanceolatis subcompressis, glumis lanceolatis infe-riore angustiore acuta, glumella oblongo-lanceolata elevatim 7-9-ner-via sub apice vix bifido acutiusculo arista tenui recta et subbreviore

instructâ, glumellâ superiore breviore ⊙. Host Gram. I, tab. 19. —
Rchb. Germ. fig. 345 et 346. — *B. glòmeratus* Tausch (forma leiostachya).

Hab. in pratis, Attica in Oliveto Athenarum (Sprun!), Macedonia in Chal-
cidice et monte Athone (Gris.), Byzantii (Noë!), Anatoliâ boreali ad Samsun
(Tchih!), Tauriâ et prov. Caucasicis (Led.). Forma leiostachya ad Kahiram
(Sickenberger ex Asch.).

Ar Geogr. Europa tota a Scandinaviâ ad Rossiam, Sibiria Uralensis,
Africa borealis.

32. B. commutatus (Schrad. Germ. I, p. 353), culmis glabris,
foliis linearibus acuminatis vaginisque pubescentibus, paniculâ laxiusculâ erecto-subnutante contractâ simplici vel ramis inferioribus plurispiculatis, pedicellis erectis spiculæ æquilongis vel longioribus, spiculis glabris ovato-lanceolatis acutis compressis 6-12-floris, glumâ
inferiore lanceolatâ acutâ superiore longiore oblongâ obtusiusculâ,
glumellâ ovato-oblongâ nervis 7 parum manifestis sub apice obtusiusculo subintegro aristâ rectâ subæquilongâ obsitâ, paleâ glumellâ
breviore ②. Rchb. Germ. fig. 347. — *B. pratensis* Ehrh. Calam. 16.

Hab. in cultis, ad vias, Eubæa septentrionalis (Wild!), Ætolia ad Missolunghi (Heldr!), Egyptus ad Medinet el Fayum (Asch!). Probabiliter alibi
nam sæpe cum *B. patulo* confusus.

Ab affini *B. molli* præter spiculas glabras eis hujus majores, glumellâ
latiore non elevatim nervosâ, paniculæ laxæ nutantis ramis pedicellisque
elongatis differt, præterea biennis esse dicitur. Hâc notâ accedit ad *B. patulum*
flosculis fructiferis remotiusculis aristisque divaricatim patentibus diversum.
Tandem a *B. racemoso* L. vero paniculâ non erectâ strictâ, glumellâ margine
ad medium obtuse angulatâ nec rotundato-arcuatâ differe videtur.

Ar. Geogr. Scandinavia, Gallia, Helvetia. Germania, Italia, Dalmatia, regio
Danubialis, Africa borealis.

33. B. brachystachys (Hornung Flora XVI, (1833), 2, p. 418
tab, 1), biennis, culmis erectis gracilibus glabris, foliis vaginisque
pubescentibus, ligulâ brevi, paniculæ breviter pyramidatæ ramis
semiverticillatis erecto-patulis inferioribus sæpius elongatis plurispiculatis, pedicellis scabris inæquilongis aliis spiculæ æquilongis aliis
brevioribus, spiculis parvis ovatis vel ovato-lanceolatis acutis 10-15-
floris glabris vel hirtis, glumis subæquilongis elevatim nervosis inferiore acutâ superiore oblongâ obtusiusculâ, glumellâ oblongo-rhombeâ basi attenuatâ elevatim septemnervi late albo-marginatâ sub
apice obtusiusculo vel retuso aristatâ, aristâ tenui rectâ glumellæ
æquilongâ vel breviore, paleâ breviore ②. *B. Ægyptiacus* Tausch
Flora 1837, p. 124. — *B. Tigridis* Boiss. et Noë Diagn. Ser. II, 4,
p. 141. — *B. leptostachys* Ehrenb. Mss.

Hab. in cultis Egypti inferipris (Sieb. Ehrenb! Schweinf!), Palestinæ ad
Jordanum (Boiss!), Ciliciæ ad Mersina (Bal. 752!), Syriæ interioris inter Hama
et Palmyram (Bl!), Mesopotamiæ ad Diarbekir (Ky. 263!), Babyloniæ prope
Kutt ad Tigridem et ad Korna (Noë 66!).

Spiculæ 6-10 lineas longæ 3 tantum latæ. Specimina Orientalia a Germanicis glumellâ paululum elongatâ tantum differunt. Species affinis *B. commutato* a quo spiculis dimidio angustioribus, glumellâ minore et angustiore elevatim nervosâ, aristâ tenuiore differt.

Ar. Geogr. Germania boreatis ubi forsan introductus.

34. B. arvensis (L. Sp. 113) annuus, culmis erectis elatis glabris, foliis mollibus linearibus vaginisque villosulis, ligulâ brevi truncatâ, paniculâ amplâ ramosâ laxissimâ aute anthesin erectâ contractâ ramis tenuibus verticillatis longissimis tandem patulis, spiculis lanceolatis acutis glabris virentibus vel variegatis 5-10-floris, glumis oblongo-lanceolatis carinatis acutiusculis subinæqualibus, glumellâ elliptico-oblongâ obscure nervatâ albomarginatâ sub apice acute bifido aristâ tenui erectâ æquilongâ auctâ, paleâ glumellâ subæquilongâ ⊙. Host Gram. Austr. 1, tab. 14. — Rchb. Germ. fig. 343. — *B. macrocladus* Boiss. Diagn. Ser. I. 13, p. 64.

Hab. in cultis et vinetis, Ætolia prope Carpenisi 2500'-3000' (Heldr!), Anatolia borealis (Tchih!), Lyeia ad radices Tmoli (Boiss!), Lycia ad Elmalu (Bourg!), Kurdistania Persica (Haussk!), Tauria (Stev.), Transcaucasia prope Sallian et Lenkoran (Hoh!).

Cl. Hackel in litteris nec monet *B. macrocladum* quem ad *B. patuli* formas adnumeraveram hûc ob antheras majusculas nec ut in *B. patulo* minimas spectare.

Ar. Geogr. Europa borealis et media a Scandinaviâ ad Rossiam, Hispaniam borealem, Italiam mediam, Dalmatiam, regionem Danubialem, Sibiria Uralensis.

35. B. patulus (M. K. Deutsch. Flora I, p. 685) biennis, culmis erectis glabris, foliis linearibus vaginisque pubescentibus, ligulâ truncatâ lacerâ, paniculæ laxæ pyramidatæ patentis demum nutantis simplicis vel compositæ ramis semiverticillatis tenuibus flexuosis erecto-patulis demum nutantibus spiculâ longioribus, spiculis glabris vel adpresse villosulis compressis lanceolatis acutis, flosculis 8-12 fructiferis remotiusculis, glumis elliptico-oblongis subinæqualibus abruptiuscule acutatis, glumellâ paleam manifeste superante elliptico-oblongâ margine supra medium obtuse et interdum obsolete angulatâ obsolete vel manifeste nervosâ sub apice triangulari acutiusculo bifido aristatâ, aristâ tenuissimâ glumellæ æquilongâ erecto-patenti demum subrecurvâ ⚧. Rchb. Germ. fig. 344. — *B. multiflorus* Host Gram. I, tab. II, non Sm. — *B. commutatus* M. B. Taur. Cauc. III, p. 77 non M. K. — *B. polymorphus* Hoh. Talysch Ex. p. 19. — *B. Anatolicus* Boiss. et Heldr. Diagn. Ser. I, 13, p. 63 (forma spiculis adpresse velutinis et glumellâ inferiore marginibus obsolete angulatâ). — *B. Phrygius* Boiss. Diagn. Ser. II, 4, p. 140 (forma glumellâ profundius et acutius bifidâ, aristâ validiore magis divaricatâ).— *B. Cyri* Trin. in Mey. Ind. Cauc. 24.

Hab. in cultis, rupestribus, collinis Thraciæ (Griseb.), Byzantii (Noë!), Tauriæ (Stev.), Caucasi, Iberiæ, prov. Talysch (C. A. M., Hoh!), Ponto Lazico in maritimis et in valle Djimil 6000' (Bal!). Cilicià littorali (Bal. 751 !), Pamphylià ad Tsimbouk Khan (Heldr!), Phrygià prope Ouchak 3000' (Bal. 1448!), Syrià boreali (Haussk!), Persià boreali (Bge!), Kurdistanià Persicà. (Haussk!), Affghanià (Griff!).

Speciminum ex variis locis acceptorum copia docuit species a me prius distinctas formas tantum esse intermediis conjuctas. *B. patulus* ab affini *B. arvensi* radice bienni, flosculis demum remotiusculis, antheris duplo brevioribus, aristis demum divaricatim recurvis differt. *B. squarrosus* culmis humilibus, paniculà paucispiculatà nutante, spiculis latis obtusis multo longius distat.

36. B. secalinus (L. Sp. 112) annuus, culmis erectis elatis glabris, foliis linearibus acuminatis vaginisque glabris vel pilosulis, paniculæ laxæ angustæ erectæ tandem subnutantis secundæ ramis tenuibus asperis spiculà longioribus erectis inferioribus interdum 2-3-spiculatis, spiculis glabris vel pubescentibus ovato-oblongis valde compressis 6-12-floris, flosculis fructiferis margine contractis teretibus non sese obtegentibus, glumis oblongo-lanceolatis acutis superiore latiore sublongiore, glumellà ovato-oblongà obsolete 7-nervià margine sensim curvatà non angulatà sub apice integro aut obsolete bifido aristà tenui rectà vel flexuosà vel eæ æquilongà vel ad mucronem reductà instructà ⊙. Rchb. Germ. fig. 353. — Host Gram. I, tab. 12. — *B. grossus* D. C. Fl. Fr. III, 68. — *B. velutinus* Schrad. Germ. I, tab. 6 (forma spiculis velutinis).

Hab. in segetibus, Transcaucasia (ex C. Koch). E ditione non vidi.

Ar. Geogr. Europa borealis et media ad Lusitaniam borealem, Italiam centralem, Dalmatiam, regionem Danubialem usque, Sibiria Uralensis, Africa borealis, America borealis.

Species non sat notæ.

B. grandiflorus (C. Koch Linn. XXI, p. 419) glaberrimus, foliis radicalibus angustis subinvolutis caulinis latioribus, ligulà brevi, racemi spiculis 5-8 subcernuis laxe 10-floris pedicellis lævissimis suffultis, glumis subæquilongis inferiore angustiore, glumellà septemnervi bifidà aristà rectà eà subbreviore instructà.

Hab. in pratis alpinis districtùs Pertakrek Ponti 6000' (C. Koch).

Nequidem radicis character an annua vel perennis sit indicatur! Ab auctore *B. sterili* affinis dicitur et ab eo notis nullius momenti distinctus.

B. pulchellus (Fig. et Not. Agr. Fragm. p. 16) annuus, pumilus pubescens, paniculà simplici subsecundà, spiculis erectis vel nutantibus oblongis compressis laxiuscule 6-9-floris, glumis exquisite nervosis flosculis brevioribu↓ dorso adpressæ hirtis, glumellà adpresse hirtà bifidà obverse oblongà margine non angulatà in lacinias a basi triangulari-subulatas bifidà supra medium aristà eà longiore intortà et patenti arcuatà obsità ⊙.

Hab. in convallibus Sinaiticis (Figari).

Palmaris, Affinis dicitur *B. intermedio.*

BRACHYPODIUM (P. de B. Agr. 100).

Spiculæ brevissime pedicellatæ multifloræ cylindricæ dein lineari-lanceolatæ vel oblongæ a latere subcompressæ axi spicæ adpressæ, floribus hermaphroditis supremis tabescentibus rachide sæpius fragili. Glumæ parum inæquales subcoriaceæ plurinerves flosculis breviores. Glumella et palea longitudine subæquales, illa herbacea vel subcoriacea concava aristata rarius mutica, palea membranacea bicarinata apice truncata ad carinas pilis rigidis pectinata. Squamulæ 2 membranaceæ ciliatæ. Stamina 2-3. Stigmata bina sessilia plumosa lateraliter ad basin floris emergentia. Caryopsis apice hirta oblongo-linearis ventre concava maculâ hilari longe lineari obsita glumellis obtecta et paleæ laxe adhærens. — Herbæ perennes rarius annuæ. Genus ab *Agropyro* spiculis breviter stipitatis spicæque axi non excavatâ nec complanatâ distinctum.

1. **B. distachyum** (L. Sp. 115 sub *Bromo*) annuum, culmis sæpius pluribus pumilis geniculato-ascendentibus ad medium usque foliosis, foliis late linearibus flaccidis planis pilosis vel puberulis, ligulâ brevi truncatâ, spiculis 1-6 linearibus compressis 6-12-floris glabris vel puberulis alternis in spicam brevem disticham approximatis. glumis lanceolatis acutis inæqualibus elevatim plurinerviis, flosculis imbricatis, axi fragili. glumellâ lineari-lanceolatâ dorso convexo elevatim quinquenervi in aristam rectam eâ longiorem abeunte superne ut palea ciliis rigidis pectinatâ ⊙. — *B. distachyum* R. et Sch Syst. II, 741. — Host Gram. I, 20. — *Trachynia distachya* Link, Rchb. Germ. fig. 287. — *Festuca monostachya* Poir. Desf. Atl. tab. 24. — *B. geniculatum* C. Koch Linn. XXI, p. 422 (ex Griseb).

Hab. in cultis aridis, ad vias regionis inferioris, Græcia (Sprun! Heldr!), Byzantii (Cast!), Anatoliâ Orientali (Fleisch!), Cilicia (Ball), Syria littoralis (Bl!), Palestina (Boiss!), Arabia petrea (Schimp!) Egyptus ad Alexandriam (Letourn!) et in Oasibus (Asch!), Cyprus (Ky!), Tauria (M.B.), Iberia, (C. A. M. Hoh!), Persia borealis (Szov!), et australis (Ky!, Haussk!), Affghania (Griff!).

Ar. Geogr. Europæ regio mediterranea a Galliâ australi ad Dalmatiam Africa borealis, Abyssinia, Madera, insulæ Canarienses.

2. **B. sylvaticum** (Huds. Angl. Ed. I, p. 38 sub *Festucâ*) perenne, radice fibrosâ, culmis pluribus elatis erectis non ramosis gracilibus superne nudis ad nodos hirsutis, foliis lanceolato-linearibus viridibus planis flaccidulis vaginisque sæpius pilosis, ligulâ brevi truncatâ, spiculis alternis lineari-lanceolatis multifloris villosis rarius glabris strictis in spicam laxiusculam angustam subnutantem distiche dispositis, glumis subinæqualibus lanceolatis acutis plurinerviis, glumellæ

plurinerviæ aristâ in flosculis superioribus glumellâ ipsâ longiore ♃.
B. sylvaticum R. et Sch. Syst. Syst. II, 741. — Host Gram. tab. 21.
— *B gracile* P. de B. Agr. 101. — Rchb. Germ. Ic. 277-279.

Hab. in umbrosis et sylvaticis regionis montanæ et subalpinæ, Græcia in
montibus Malevo et Kyllene (Orph) Parnes, Parnasso, Œta (Heldr!), Athone
Macedoniæ (Griseb !), Byzantii (Cast!), Ponto Lazico (Bal !), Cataoniâ
(Haussk.) Libano (Bl!), Antilibano 4-5000' (Ky. 67!), Tauriâ Caucaso et
Transcaucasiâ (Led!), Talysch (Hoh !) Persiæ borealis monte Elbrus (Ky!).

Ar. Geogr. Europa omnis a Scandinaviâ meridionali ad Rossiam mediam,
Africa borealis, Madera, insulæ Canarienses.

3. B. pinnatum (L. Sp. 115 sub *Bromo*) perenne, rhizomate
elongato repente, culmis pluribus erectis rigidis non ramosis, foliis
lanceolato-linearibus planis rigidulis acutis glabrescentibus vel puberulis, ligulâ brevi rotundatâ, spiculis alternis oblongo vel lineari-lanceolatis extrorsum sæpe arcuatis multifloris in spicam angustam erectam vel subnutantem laxiuscule et distiche dispositis glabris vel
velutinis, glumis late lanceolatis subinæqualibus acutis mucronatis
plurinerviis, glumellâ plurinervi in aristam rectam rigidam eâ breviorem abeunte ♃. *B. pinnatum* P. de B. Ag. 101. — *B rupestre* et *B.
cespitosum* Host Gram. I, tab. 22 et IV, tab. 17 et 18. — Rchb.
Germ. fig. 280, 281.

Hab. in lapidosis, aridis regionis montanæ, mons Chelmos Peloponnesi
(Orph!), Parnassi regio inferior (Heldr!), Macedoniæ mons Korthiati
(Friv.), Pontus Lazicus 7,500' (Bal!), Syria littoralis et Libani pars inferior
(Bl), mons Avroman Kurdistaniæ Persicæ 4000' (Hauss!), Tauria Stev!),
Caucasus et Transcaucasia (C. A. M. Hoh.), Persia borealis orientalis ad
Siaret (Bge!).

Ar. Geogr. Europa tota a Scandinaviâ ad Rossiam, Sibiria, Africa borealis.

4. B. ramosum (L. Mant. 34 sub *Bromo*) perenne, rhizomate
repente, culmis cespitosis basi et parte inferiori sæpe geniculatâ
ramosis filiformibus rigidulis superne longe denudatis, caudiculis sterilibus foliosis erectis intermixtis, foliis patentibus convolutis rigidis
tenuiter subulatis subpungentibus brevibus, ligulâ brevi truncatâ,
spiculis multifloris paucis (interdum solitariis) anguste oblongo vel
lineari-lanceolatis glabris in spicam brevem erectam dispositis, glumis lanceolatis acutis multinerviis subinæqualibus, glumellâ lanceolatâ acutâ vel obtusiusculâ mucronatâ vel aristatâ aristâ glumellâ breviore ♀. *B. ramosum* R. et Sch. Syst. II, 737 — Sibth. et Sm. Fl. Græc.
tab. 84. — *Festuca cespitosa* Desf. Atl. I, t. 91, tab. 24. — *B Plu-
kenetii* Link Rchb. Germ. fig. 285, 286. = *B phœnicoides* R. et Sch.
non D. C. Fl. Fr.

Hab. in rupestribus regionis inferioris Græciæ et insularum, Attica ad
Pikermi Ampelokypos et Hymetto (Sprun ! Heldr!), Megara (Orph!),
Corcyra (Ball!) Creta ad prom. Sidero (Heldr !) ad Khania (Raul!).

Ar. Geogr. Lusitania, Hispania, Gallia australis, Corsica, Italia, Sicilia,
Africa borealis.

5. B. Kotschyi, perenne cespitosum, rhizomate repente, culmis basi tantum subramosis ascendentibus tenuibus rigidulis superne denudatis, foliis convolutis tenuiter filiformibus erectis acutis, ligulâ brevissimâ, spiculis glabris oblongis 6-9-floris in spicam brevem erectam dispositis, glumis oblongo-linearibus albo-marginatis elevatim 5-7-nerviis obtusis, glumellâ lineari-lanceolatâ obsolete nervosâ anguste membranaceo-marginatâ obtusâ muticâ ♃.

Hab. in arenosis dioriticis Tauri Cilicici ad Bulgar Magara 8000' (Ky 233 sub *B. ramoso* var!).

Culmi pedales vel paulo longiores, folia 2-3-pollicaria, spica 1-¹/₁-pollicaria spiculis 6 lineas longis. Habitu et foliis tenuissimis *B. ramosum* refert sed basi vix ramosum, folia non patentia nec subpungentia, spiculæ breviores, glumæ et glumellæ obtusissimæ muticæ.

6. B. sanctum (Janka Breviar. I p. 8) perenne cespitosum, rhizomate lignoso in ramos ascendentes crassos rete nigricanti vaginarum emarcidarum arcte vestitos alios supra folia radicalia in culmos abeuntes, alios steriles foliosos diviso, foliis rigidis convolutis junceis lævissimis acutis subpungentibus radicalibus elongatis arcuatis, caulinis brevioribus strictis, ligulâ obsoletâ, culmis ascendenti-erectis firmis mediâ parte superiori nudis, spiculis subsessilibus numerosis 5-10-floris ellipticis alternis in spicam longam anguste linearem dispositis strictis inferioribus subdissitis, glumis subinæqualibus lineari-lanceolatis canaliculatis elevatim trinerviis obtusiusculis vel subacutis, flosculis subdissitis, glumellâ lanceolatâ obsolete nervosâ |in aristam rectam æquilongam abeunti ♃.

Hab. inter saxa marmorea lateris australis montis Athos Macedoniæ in regione alpinâ gregarie (Janka!).

Rhizomatis rami tripollicares pennâ anserinâ duplo crassiores. Folia radicalia fere semipedalia ut in *Sesleriâ juncifoliâ* vaginata. Culmi sesquipedales. Spica 3-5-pollicaria, spiculæ cum aristis sex lineas longæ. Species caulium basi arcte vaginatâ insignis, inter *Brachypodium* et *Agropyrum* subdubia.

Trib. X. HORDEÆ B^th.

Spiculæ uni vel pluriflræ ad excavationes rhachidis spicæ simplicis sessiles.

Subtr. I. Triticeæ B^th. — Spiculæ ad nodos rhachidis solitariæ tr vel pluriflræ rarius unifloræ. Spica crassa.

AGROPYRUM (Pal. de B. Agrost., p. 101).

Spiculæ sessiles in dentibus racheos solitariæ 5-multifloræ a latere compressæ rachidi facie alterâ applicatæ. Flosculi hermaphroditi 1-2 supremi masculi vel tabescentes. Glumæ binæ coriaceæ subæquales flosculis breviores lanceolatæ vel lineares non ventricosæ concavæ vel carinatæ 3-plurinerviæ muticæ vel aristatæ. Glumella glumis similis mutica vel aristata multinervis nervis apice conniventibus, palca membranacea bicarinata carinis ciliatis. Squamulæ binæ carnoso-membranaceæ ciliatæ. Stamina tria. Stigmata bina subsessilia plumosa lateraliter ad basin floris emergentia. Caryopsis oblonga ventre excavata apice pilosa concava hilo lineari elongato glumellis plus minus adhærens. — Genus a *Tritico* spiculis compressis, glumis non ventricosis nec apice oblique truncatis, glumellæ inferioris nervis apice conniventibus distinctum.

SECT. I. EUAGROPYRUM. — Spiculæ in rachide elongatâ plus minus dissitæ erectæ. Glumæ sæpius plurinerviæ concavæ non carinatæ. — Species perennes.

* Glumella in aristam plus minus elongatam divaricatam producta.

1. **A. longearistatum**, cespitosum, radice fibrosâ, culmis erectis fere totâ longitudine foliosis, foliis rigidulis linearibus convolutis glabris vel sub lenle retrorsum tomentellis, spiculis 4-7-sessilibus internodiis longioribus 9-12-floris distiche complanatis superne latioribus spicam oblongam superne ob aristas divergentes dilatatam formantibus, glumis lineari-lanceolatis acutis vel breviter attenuato-mncronatis subinæqualibus 3-5-nerviis flosculo inferiori brevioribus subinæqualibus, rachide fragillimâ, flosculis subdissitis callo ovato basi instructis, glumellâ lineari lanceolatâ lævi superce trinervi nervis lateralibus fere obsoletis medio crasso in aristam inferne crassam et subcanaliculatam margine scabram glumellâ sextuplo longiorem divergentem abeunti ♃. *Brachypodium longearistatum* Boiss. Diagn. Ser. I, 7, p. 127. — Jaub. et Sp. Ill. Or. tob. 199.

Hab. in rupestribus et glareosis alpinis Persiæ australis in montibus Kuh Daëna (Ky. 6951 et 7551), Sawers et Kuh Nur 10000' (Hausskl), Persiâ boreali in monte Elamout (Auch. 5412!), in monte Totschal (Ky. 5691).

β. *Haussknechtii*. — Spiculæ pauciores (3-4) inter se valde distantes internodio sæpe breviores.

Hab. in Persiæ occidentalis mentibu s Kellal, Ssebsekub, Elvend, Avroman et Schahu in regionibus altioribus (Haussk!).

γ. *Aitchisoni*. — Culmi humiliores, glumella sub lente pruinosa superne obsolete subquinquenervia. — *Brachypodium Tataricum* Munro in Aitch. Cat. Journ. Linn. Soc. 1880, p. 109.

Hab. ad Sergal et Sikaram vallis Kurum Affghaniæ 10000'-14000' (Aitch. 962).

Culmi formæ typicæ pedem et amplius longi, spiculæ cum aristis 2 pollices et amplius longæ glumellâ sex lineas aristâ 1 ½-2 pollices longâ. Facies *Bromi rigidi.* Species inter *Brachypodium* et *Agropyrum* subdubia sed huic generi ob rachidem fragillimam et summam cum *A. strigoso* et *divaricato* affinitatem potius adnumeranda.

2. A. Lazicum, rhizomate obliquo repente, culmis elatis totâ fere longitudine foliosis, foliis rigidulis elongatis convolutis acuminatis, spiculis 3-5 paucifloris axi adpressis internodiis vix longioribus, glumis latiuscule lanceolatis acuminatis subinæqualibus elevatim 5-7-nerviis flosculo proximo subbrevioribus, glumellâ scabrâ superne obsolete trinervi nervo medio valido in aristam scabram validam divaricatam eâ triplo longiorem abeunte ♃.

Hab. in sylvâ *Abetis Orientalis* supra Khabaokar Ponti Lazici 4800' (Bal!).

Bipedale, spiculæ 2-4-floræ, glumella inferior cum aristâ 2-2 ¹/₂-pollicaris. Inter *A. longearistatum* et *A. divaricatum* intermedium ab eis rhizomate repente, spiculis paucifloris, glumis latioribus distinctum videtur sed ex unico specimine notum et ulterius observandum.

3. A. divaricatum (Boiss. et Bal. Bull. Soc. Bot. Fr. 1857. — Diagn. Ser. II, 4, p. 113) rhizomate cespitoso fibroso surculos edenti, culmis erectis, foliis rigidulis brevibus anguste linearibus planis demum convolutis facie superiori glabris vel breviter velutinis, spicæ linearis tenuis spiculis 4-8 erectis internodiis sublongioribus imbricatim 4-6-floris, spiculæ rachi fragili, glumis flosculum inferiorum subæquantibus oblongo-linearibus elevatim 5-7-nerviis breviter attenuato-aristatis interdum ad basin aristulæ 1-2-denticulatis, glumellâ oblongo-lanceolatâ lævi apice breviter bidentatâ nervo crasso in aristam scabram inferne crassiusculam eâ duplo longiorem recurvo-divaricatam abeunti ♃.

Hab. in rupestribus siccis, regio montana montis Mouraddagh Phrygiæ (Bal!), Lycia prope Elmalu (Bourg!), Begdagh Cataoniæ supra Malatia 4-5000 (Haussk!) montes Karamas et Dededagh Cappadociæ 4700' (Bal!).

Sesquipedale, spicæ 3-5-pollicares, glumella 5 lineas aristaque 9-10 lineas longa. Affine *A. strigoso* a quo differt spiculis magis dissitis, glumis, glumellis aristâque duplo longioribus, glumellâ et interdum glumis sub aristâ terminali bidentatis.

4. A. strigosum (M. B. Taur. Cauc. III, p. 81 sub *Bromo*) rhizomate fibroso cespitoso, culmis tenuibus erectis, foliis brevibus anguste linearibus convolutis acuminatis rigidulis, spicæ tenuis spiculis laxiuscule imbricatis laxiuscule trifloris, glumis subæqualibus linearibus obtusis septemnerviis flosculis tertiâ parte brevioribus, glumellâ lineari-lanceolatâ lævi apice integrâ quinquenervi nervis in aristam terminalem tenuem glumellâ sublongiorem angulo recto divaricatam abeuntibus ♃. *Triticum hamosum* Rehm. pl. exs.

Hab. in rupestribus montium altiorum Tauriæ (M. B.), in monte Bobugan 4000' (Rehm!).

Culmi 1-1 ¹/₂-pedales foliosi, folia dimidiam lineam lata, spica 2-5 pollices longa, spiculæ absque aristis 4 lineas longæ illis *A. canini* breviores et dissitifloræ. Ab *A. canino* et affinibus foliis tenuibus brevibus convolutis rigidis, spiculis dissitifloris flosculique aristâ tenuissimâ 5 lineas circ. longâ angulo recto eximie curvatâ nec rectâ distinctum. Planta Sibirica, *Triticum caninum* var. *Gmelini* Ledeb. Ic. Ross. tab. 248, mihi immerito ob folia latiora plana et aristas multo longiores *A. strigoso* associata fuisse videtur.

Ar. Geogr. Turkestania (Regel).

5. **A. Rægnerli** (Griseb. in Ledeb. Fl. Ross. IV, p. 330 sub *Tritico*) rhizomate fibroso cespitoso, culmis elatis totâ fere longitudino foliosis, foliis glabris linearibus acuminatis planis multinerviis flexuosis elongatis, spicâ gracili brevi interruptâ spiculis 3-4 dissitis internodiis racheos brevioribus constante, flosculis 3-4 dissitis, glumis flosculis brevioribus subæqualibus lanceolato-oblongis acutis quinquenerviis, glumellâ adpresse hirtulâ superne obsolete trinervi in aristam a basi dilalatâ tenuissimam flexuoso-divergentem eâ duplo longiorem abeunte ♃. *Rœgneria Caucasica* C. Koch Linn. XXI, p. 413. — *Triticum strigosum* var. *microcalyx* Regel Act. Petrop. VII, p. 59.

Hab. in sylvis prov. Daghestan Caucasi in dominio Kuba 500'-1000' (C. Koch!). Vid. sp. in herb. Berol.

Culmi 2-3-pedales, folia 2 lineas lata, spiculæ 5 lineas longæ, arista 9 lineas longa. Facies et folia *A. canini* sed spiculæ paucæ valde dissitæ et aristæ divergentes, ab *A. strigoso* foliis planis elongatis flaccidulis et eodem spicularum charactera meo sensu alienum.

* * Glumella in aristam rectom attenuata.

6. **A. caninum** (L. Sp. 134. sub *Elymo*) radice fibrosâ, culmis erectis gracilibus, foliis glabris vel hirtis planis latiuscule linearibus tenuinerviis utrinque scabris, spicâ distichâ gracili elongatâ, spiculis lineari-ellipticis internodio longioribus subquinquefloris, glumis lanceolatis acuminatis breviter aristatis 3-5-nerviis flosculos non æquantibus, glumellâ apice bidentatâ in aristam flexuosam eâ longiorem abeunte ♃. *A. caninum* R. et Sch. Syst. II, p. 756. — *Triticum caninum* Huds.

Hab. in umbrosis et sylvaticis regionis montanæ et subalpinæ, Pontus Lazicus ad Djimil (Bal!), Armenia ad Nackitschevan (Szov!), Caucasus (Ledeb.), ad Radscha 6000' (Rupr!), ditio Talysch (C. A. Mey).

Ar. Geogr. Europa omnis a Scandinaviâ ad Rossiam, in australioribus rarius, Sibiria, America borealis.

7. **A. semlcostatum** (Nees Mss. ex Steud. Glum., p. 346) radice fibrosâ, culmis erectis, foliis elongatis planis linearibus acuminatis tenuinerviis supra pilosis vel glabris, spicæ elongatæ spiculis adpressis laxe imbricatis 7-8-floris, glumis lineari-lanceolatis scabris elevatim 5-7-nerviis acuminatis flosculis subbrevioribus, glumellâ superne scabrâ et trinervi bilobâ aristâ scabrâ eâ duplo longiore obsitâ ♃.

Hab. ad Chalizan, Chendtoi et Sikaram vallis Kurrum Affghaniæ 11-12000' (Aitch. 803! et 903), ad Topchie (Griff!).

Valde affine *A. canino* a quo differt tantum glumis et glumellis scabris, illis multinerviis hisce brevioribus et longius aristatis.

Ar. Geogr. Nepalia, Turkestania.

8. **A. Panormitanum** (Parl. Pl. rar. Sic. fasc. II, p. 20 et Pl. novæ, p. 26) radice fibrosâ, culmis erectis elatis, foliis linearibus planis utrinque scabris tenuinerviis, spicæ distichæ gracilis spiculis paucis majusculis laxiscule imbricatis oblongo-linearibus 3-5-floris, glumis lineari-lanceolatis breviter aristatis eievatim subseptemnerviis et sulcatis flosculos æquantibus, glumellâ superne tantum nervosâ in aristam inferne complanatam eâ longiorem abeunte ♃. Boiss. Voy. Bot. Esp., tab. 181.

Hab. in umbrosis montis Malevo Laconiæ (Orph!), Sipyli Lydiæ 1800' (Bal. 11!), Cypri in vineis Prodromo (Sintenis et Rigo!), Ciliciæ ad Gülek Boghaz (Bal!), in monte Hermon Syriæ supra Hasbeya (Letourn!).

Differt ab *A. canino* spiculis duplo majoribus sæpius magis dissitis, glumis 7-9-nerviis flosculos æquantibus. Specimina Hispanica glumas 5 vel 7-9 nervias habent.

Ar. Geogr. Hispania australis, Sicilia, Banatus, Serbia.

9. **A. brachyphyllum** (Boiss. et Haussk) radice fibrosâ, caudice cespitoso ramosissimo sublignoso vaginis fuscis vestito, culmis gracilibus elongatis strictis parte dimidiâ inferiore foliatis, foliis inferioribus brevibus flexuosis ânguste linearibus planis superne remote 5-7-nerviis pubeseentibus, superiorum limbo brevissimo convoluto, spicæ longiusculæ strictæ spiculis axi adpressis internodiis subæquilongis ellipticis sursum dilatatis compressis distichis 6-8-floris, rachide fragili, glumis subæquilongis lanceolatis acuminatis rigidis elevatim 5-7-nerviis spiculâ duplo brevioribus, glumellâ lanceolatâ superne carinatâ subtrinervi scabrâ in aristam rectam scabram eâ sublongiorem abeunte ♃.

Hab. in rupestribus regionis nivalis montium Kellal et Ssebsekuh ditionis Bachtiaris Persiæ occidentalis (Haussk!).

Culmi 2-2 ¹/₂-pedales, spica semipedalis, spiculæ cum aristis sesquipollicares. Affine *A. semicostato* et *A. Panormitano* a quibus caudice duro ramoso, foliis angustis abbreviatis, spicis strictissimis differt.

* * * Glumella mutica vel brevissime aristata.

+ Radix repens.

10. **A. repens** (L. Sp. 128 sub *Tritico*) radice repente, culmis erectis, foliis elongatis planis supra tenuinerviis punctulis acutis scabris, spicâ gracili compressâ distichâ, rachide non fragili, spiculis approximatis vel inferioribus remotiusculis ovato-cuneatis compressis subquinquefloris, glumis subæqualibus lanceolatis acuminatis elevatim quinquenerviis flosculis subbrevioribus, glumellâ lanceolatâ obtusiusculâ vel acuminatâ muticâ vel mucronatâ aut breviter aristatâ ♃. *A. repens* Pal. de Beauvois Agr. p. 102. — Ic. Host Gram. II, tab. 21. — Rchb. Germ., tab. 120.

Hab. in cultis et arenosis siccis regionis inferioris et montanæ totius ditionis; vidi e regione abietinâ Parnassi supra Delphos (Heldr!), Thraciâ (Friv.),

Lyciá ad basin montis Akdagh (Bourg!), Libano ad Rouessat (Bl!), Ponto Lazico ad Djimil 6000' (Bal!), Caucaso et Transcaucasiá (herb. Petrop!), montibus Pir Omar Gudrun et Dalechani Persiæ occid. (Haussk!), montibus Persiæ borealis (Buhse!), Affghaniá Griff!).

β. *glaucum*. — Glaucum, folia, angustiora sæpe convoluta, spica gracilior et sæpius laxior. Spiculæ minores et angustiores glumis et glumellá obtusioribus. *A. glaucum* nonnull. Auct. non Host Gram. Aust. An Desf. Hort. Par ? — *A. firmum* Presl.

Hab. in montanis siccis, Pisidiæ mons Boudroun (Heldr!), Armenia (Calv!), Caucasus (Becker! Radde!), Antilibanus prope Balbeck (Boiss! Letourn!), mons Kuh Daëna Persiæ australis (Ky. 584! et 748!), mons Kuh Nur Persiæ occid. 10000' (Haussk!), Affghania (Aitch!).

Ex Oriente formas flosculis aristulatis nondum vidi.

Ar. Geogr. Europa tota, Sibiria, Africa borealis, America borealis.

11. **A. littorale** (Host Gram. Austr. IV, tab. 9 sub *Tritico*) totum glaucum, radice repente, culmis elatis ad ²/₃ usque foliatis, foliis rigidis erectis acuminatis planis vel demum convolutis facie superiori nervis crassis contiguis obsitis scabris vel læviusculis, spicæ distichæ densæ spiculis magnis ovato-oblongis compressis 5-7-floris, glumis subæquilongis oblongo-lanceolatis obtusiusculis elevatim 5-7-nerviis flosculis quartá parte brevioribus, glumellá oblongo-lineari quinquenervi obtusá vel truncatá nervo dorsali excurrente interdum brevissime et crasse mucronulatá rarissime breviter aristatá ♃. *T. glaucum* Host Gram. Austr. t. 10, forma glumis et glumellá obtusioribus. — *T. pungens* Auct. plur. an Pers? — *A. pycnanthum* Gr. et Godr. Fl. Fr. III, p. 606. — *A. repens* var. *maritimum* Koch Syn. ⊙.

Hab. in arenosis maritimis Corcyræ (Ball!), Zacynthi (Marg!), Cephaloniæ (Schimp! Heldr!), ad sinum Corinthiacum (Heldr!), insula Prinkipos prope Byzantium (Heldr!). Crescit quoque in montanis, regio media montis Kyllenes Achaiæ 3-4500' (Heldr!), Armenia prope Gumuschkhané (Bourg!), Transcaucasia ad Tatuni (Hohen!).

A formis *A. repentis* foliorum nervis crassis contiguis nec parenchymate sejunctis, spiculis crassioribus latioribus, glumis obtusis distinctum.

Ar. Geogr. Gallia occidentalis et australis, Hispania, littorale Austriacum, Dalmatia, Italia.

12. **A. Aucheri** (Boiss. Diagn. Ser. I, 5, p. 75) radice repente, culmis erectis ultra medium foliatis. foliis rigidulis latiuscule linearibus superne elevatim multinerviis utrinque pilosis, vaginis tomentellis, foliis superioribus abbreviatis convolutis, spicá elongatá laxá axi velutiná, spiculis 5-7-floris rachidi adpressis anguste lineari-oblongis inferioribus internodio vix longioribus, glumis tomentosis æquilongis spiculá tertiá parte brevioribus oblongo-linearibus obtusis elevatim quinquerviis, glumellá oblongo-lineari superne velutiná subcarinatá obsolete trinervi obtusiusculá ♃. *A. repens* var. *lasiostachys* Boiss. in Ky. exs.

Hab. in Cataoniæ monte Akkerdagh (Haussk!); Argæo Cappadociæ in regione alpinâ (Bal!), Tauro Ciliciæ ad Gülek Boghaz (Bal. 756!), Libano prope Felugha (Schw!), Armeniâ ad Baibut (Bourg!) et circa Goschkar 6000' (Ky. 356!), Georgiâ Caucasicâ (Hoh!), monte Perezend Persiæ (Auch. 5424!), in humidis Kuh Daëna (Ky. 6731), montibus Kuh Kilouyeh 10000' (Haussk!).

Culmi bipedales, folia 2-3 lineas lata, spicæ 6-8-pollicares, spiculæ 7 lineas longæ. Præter indumentum velutinum differt ab *A. repente* et *A. littorali* spiculis angustioribus magis dissitis, glumis obtusissimis. *A. dasyanthum* quoque tomentosum spiculas habet duplo breviores ovatas, glumas carinatas etc.

13. A. junceum (L. Sp. 108 sub *Tritico*) rhizomate ramoso longe repente, culmis ascendentibus et erectis crassis foliosis, foliis elongatis superne elevatim multinerviis et breviter velutinis firmis apice subulatis demum convolutis, spicæ crassæ rigidæ axi fragillimâ, spiculis paucis crassis axi adpressis distantibus inferioribus internodio subbrevioribus ellipticis compressis distiche et imbricatim 5-13-floris, glumis æqualibus lævibus spiculâ tertiâ parte brevioribus lineari-lanceolatis 9-11-nerviis obtusis, glumellâ oblongo-lanceolatâ obsolete mucronulatâ ♃. *A. junceum* P. de B. Agrost. 102. — Flora Græc. tab. 99. — Host Gram. III, tab. 23. — Rchb. Germ. fig. 267. — *A. farctum* Viv. Fl. It. Fragm. I, 28, tab. 26.

Hab. in arenis maritimis mobilibus, Attica (Sprun! Heldr!), littus maris Ægei et Hellesponti (Griseb.).

β. Sartorii Boiss. et Heldr. Diagn. Ser. II, 4, p, 142. — Glumæ subquinquenerviæ.

Hab. in Atticâ ad Phalerum (Heldr!), insulâ Tenos (Sart!), Cretâ ad Kissamos (Heldr!), Zacyntho (Marg!), Egypto inferiore ad Alexandriam (Gaill! Letourn!).

Ar. Geogr. Littora maritima totius Europæ borealis et australis, Africæ borealis.

+ + Radix fibrosa.

14. A. elongatum (Host Gram. Austr. II, p. 18, tab. 23) radice fibrosâ valde cespitosâ, culmis elatis fistulosis, foliis elongatis anguste linearibus demum convolutis filiformibus erectis paginâ superiore multinerviis nervis subcontiguis asperis, spicâ longissimâ tenui laxe multispiculatâ, spiculis axi adpressis compressis ovato-oblongis distiche et imbricatim 5-13-floris inferioribus remotis internodio brevioribus, axi non fragili, glumis lævibus subæquilongis spiculâ dimidio brevioribus lineari-oblongis obtusissimis vel truncatis anguste albo-marginatis dorso rotundato 7-9-nerviis, glumellâ lineari-oblongâ obtusâ nervis viridibus tenuibus per paria approximatis percursâ ♃. *T. rigidum* Schrad. Fl. Germ. I, 392. — *Agr. scirpeum* Presl Cyp. et Gr. Sic. p. 49.

Hab. in arenosis humidis maritimis, Attica (Sprun! Heldr!), Creta (Sieb!), Thracia (Friv!), Anatolia ad Smyrnam (Heldr!), Tauria (Rehm!), Transcaucasia ad Caspium (Hoh !), Syria ad Berythum (Ehr!), Egyptus inferior ad Rosettam et Alexandriam (Letourn!), et in interioribus, Sinjar Mesopotamiæ (Haussk!).

β. *flaccidifolium* B. et H. Diagn. Ser. II, 4, p. 142. — Folia radicalia elongata flaccida superne hirtula.

Hab. in Atticâ ad Phalerum (Heldr. Herb. Norm. N° 501!), insulis Poros et Syra (Heldr!).

A. scirpeum a nonnullis ab *A. elongato* distinctum est tantum forma gracilior, spiculis angustioribus.

Ar. Geogr. Hispania et Gallia australes, Italia et ejus insulæ, littorale Austriacum, Dalmatia, Rossia australis, Africa borealis.

15. **A. Tauri** (Boiss et Bal. Bull. Soc. Bot. Fr. 1857, p. 307. — Diagn. Ser. II, 4, p. 142) radice fibrosâ, cespitosum inferne ramosum, culmis ascendenti-erectis tenuibus fere totâ longitudine foliosis, foliis erectis flexuosis elongatis angustissime linearibus convoluto-filiformibus facie superiori velutinis subenerviis, spicâ brevi tenui laxâ 4-7-spiculatâ, spiculis parvis strictis internodiis vix longioribus linearibus remotiuscule 4-7-floris, glumis subinæqualibus flosculo tertiâ parte brevioribus anguste linearibus obtusis albomarginatis inferiore trinervi superiore quinquenervi, glumellâ oblongo-lineari obtusâ lævi superne obsolete trinervi ♃. *Trit. intermedium* var. *pertenue* C. A. Mey. Enum. p. 25.

Hab. in herbidis septentrionalibus Tauri Cilicici infra castellum Gülek Boghaz (Bal. exs. 826!, Ly. 536! et ditione Talysch (C. A. Mey!).

Culmi pedales et sesquipedales, folia tenuissima, spiculæ minutæ angustissimæ 4-5 lineas longæ. Distinguitur a formis macris glaucescentibus *A. repentis* radice cespitosâ non repente, foliis tenuissimis superne velutinis obsolete nervosis, spiculis angustis fragillimis. Refert quoque *A. ramosum* Trin. Ledeb. Ic. 245 cujus præter folia latiora plana glumæ subulato-attenuatæ sunt, inferior enervis, superior uninervis.

SECT. II. EREMOPYRUM Ledeb. — Spiculæ in rachi abbreviatâ distiche imbricatæ patentes. Glumæ lanceolatæ carinatæ nervis lateralibus nullis vel obsoletis rarius (*A. Bourgæi*) manifestis.

* Perennia, glumæ margine non induratæ.

16. **A. Sibiricum** (Willd. Enum. I, p. 135 sub *Tritico*) perenne cespitosum, radice fibrosâ, culmis tenuibus erectis foliosis, foliis rigidulis elongatis erectis anguste linearibus superioribus præsertim convolutis, spicâ lineari densiusculâ, rhachi strictâ lævi, spiculis 2-4-floris brevibus erecto-patentibus, glumis ovato-lanceolatis carinatis muticis vel aristulatis, glumellâ lanceolatâ acutiusculâ muticâ vel aristatâ ♃. *A. Sibiricum* Eichw. Casp. p. 1.

Hab. in provinciis Transcaucasicis prope Tarki (Eichw.).

β. desertorum Trautv. — Glumæ et glumellæ breviter aristatæ. — *T. desertorum* Fisch. Ledeb. Ic. Fl. Ross. tab. 247.

Hab. in Transcaucasiæ deserto Madschar (Hohen!). Vidi in herb. Hort. Petrop.

Ar. Geogr. Rossia australis, Songaria, Turkestania, Sibiria Altaica.

17. **A. cristatum** (Schreb. Gram. XII, tab. 23 sub *Tritico*) perenne, radice fibrosâ, culmis erectis ad nodos interdum infractis foliosis, foliis glaucescentibus rigidulis linearibus superioribus abbreviatis convolutis, spicâ oblongâ compresso-distichâ densâ, rachi flexuosâ scabrâ, spiculis pectinatim patentibus 3-5-rarius 8-floris lineari-lanceolatis, glumis crasse uninerviis longe subulato-attenuatis, glumellâ lanceolatâ superne trinervi in aristam eâ breviorem abeunte ♃. *A. aristatum* Besser Enum. p. 41. — Rchb. Ic. fig. 255 — Host Gram. II, tab. 24. — *T. pectinatum* M. B. Taur. Cauc. (forma spiculis 7-8 floris).

β. spiculis hirsutis. — *T. imbricatum* M. B. Taur. Cauc. I, p. 88. — *T. puberulum* Boiss. et Hoh. in Ky. Pl. Pers. bor.

Hab. cum varietate in arenosis et campestribus siccis, Thracia ad Byzantium (Sibth. Pichler!), Armenia ad Baibut (Bourg!), Cappadocia (Bal!), Tauria (Stev! Rehm!), Cis et Transcaucasia (M. B. Hoh!), Persia borealis (Szov! Ky. 374!).

Ar. Geogr. Hispania centralis et Catalaunia, regio Danubialis, Rossia australis, Songaria, Sibiria.

18. **A. bulbosum** (Boiss. Diagn. Ser. I, 5, p. 75) perenne, radice fibrosâ, collo bulboso-incrassato vaginis fuscescentibus tunicato, culmis abbreviatis foliatis, foliis abbreviatis anguste linearibus valde nervosis superne subvelutino-pruinosis, spicâ ovatâ compressâ distichâ densiusculâ, spiculis laxiuscule 6-7-floris erecto-patulis, glumis a basi lanceolatâ uninervi in aristam eis duplo longiorem sensim attenuatis flosculo subbrevioribus, glumellâ lanceolatâ glumis simili in aristam æquilongam vel longiorem attenuatâ ♃.

Hab. in Persiâ loco non notato (Auch. 3065!).

Culmi 4-5-pollicares, foliorum lamina subbipollicaris basi lineam lata, spica fere pollicaris spiculis 8-9 constans, flosculus cum aristis 8-9 lineas longus.

* * Annua. Glumæ demum margine induratæ corneæ et basi cohærentes.

19. **A. prostratum** (L. Suppl. 114 sub *Tritico*) annuum, multicaule culmis ascendentibus sæpius pumilis foliosis, foliis brevibus latiuscule linearibus vaginâ folii supremi caulini inflatâ, spicâ ovatâ distichâ compressâ spiculis glabris lateraliter compressis 3-6-floris, glumis spiculâ dimidio brevioribus oblongis concavis superne abruptiuscule attenuato-subulatis demum corneis juxta carinam bisulcatis,

glumellâ lanceolatâ acuminatâ subpungente ☉. *A. prostratum* Eichw. Casp. — *Triticum pumilum* L. Suppl. 115.

Hab. in arenosis, ad vias, teeta, Phrygia ad Ouchak (Ball), Pisidia ad Buldur (Heldr!). Cilicia Trachæa ad Ermenek (Pér!), Cappadocia ad Cæsaream (Ball), Armenia ad Erzerum (Huet!) et Gumuchkhane (Bourg!), Cis et Transcaucasia (M. B. Hoh!).

Ar. Geogr. Rossia australis, Turcomania, Turkestania, Songaria, Sibiria Altaica

20. **A. Orientale** (L. Sp. 124 sub *Secale*) annuum, culmis pluribus pumilis diffusis vel ascendentibus sæpe geniculatis foliosis, foliis linearibus brevibus planis, supremi vaginâ inflatâ, spicâ ovatâ vel ovato-oblongâ densâ distichâ compressâ, spiculis hirsutis 3-5-floris lateraliter compressis, glumis flosculos subæquantibus vel eis brevioribus anguste lanceolatis sensim et longe attenuato-subulatis juxta carinam crassam rotundatam bisulcatis, glumellâ oblongo-lanceolatâ sensim subulato-attenuatâ ◯. *A. Orientale* R. et Sch. Syst. II, p. 757. — *Erem. Orientale* Jaub. et Sp. Ill. Or. IV, tab. 319.

Hab. in Armeniâ prope Erzerum (Calv!) et Baibut (Bourg!), prov. Cis ed Transcaucasicis (M. B., C. A. Mey! Hoh!), Persiâ boreali (Auch. 5413!), Babyloniâ (Noël), Affghaniâ (Aitch. 561!), Belutschiâ (Stocks;).

β. *lasianthum*. — Spiculæ longius et densius villosæ, glumæ et glumella longius subulato-attenuatæ, glumarum carina tenuior. — *A. lasianthum* Boiss. Diagn. Ser. II, 13, p, 68 et *A. hordeaceum* Boiss. eod. loc. p. 67.

Hab. ad Cæsaream Cappadociæ (Ball), deserto Syriæ inter Hama et Palmyram (Bl!), Armeniâ Turcicâ (Huet!), ditione Talysch (Hoh!), Persiâ boreali (Szov. Bgel). Eadem varietas in Algeriâ occurrit.

Ar. Geogr. Songaria, Turkestania, Africa borealis interior.

21. **A. squarrosum** (Roth N. Beitr. I, 128 sub *Tritico*) annuum, culmis pluribus erectis vel ascendentibus sæpe geniculatis foliatis, foliis latiuscule linearibus acutis, vaginâ supremâ non inflatâ, spicâ ovato-oblongâ densâ compressâ distichâ, spiculis glabris 3-5-floris lateraliter compressis, glumis flosculis brevioribus lanceolato-linearibus sensim et breviter attenuato-acuminatis secus carinam crassam superne scabram utrinque sulcatis, glumellâ lineari-lanceolatâ præter carinam elevatam superne scabram enervi sensim acuminatâ rigidâ subpungenti ☉. *A. squarrosum* Link Hort. Berol. — *Erem. squarrosum* Jaub. et Sp. Ill. Or. IV, tab 320. — *Trit. patulum* Willd. Enum Berol. 135. — *Tr. Buonapartis* Spreng. — *A. biforme* Fig. et Not. Fragm. p. 16 ex descript. — *Agr. Kotschyanum* Boiss. Diagn. Ser I. 13, p. 69, forma flosculis magis scabris glumellâ brevius acuminatâ.

Hab. inter segetes, in siccis, Arabia Sinaica (Schimp. 157!), Damasci colles (Boiss!), ad Palmyram (Bl!), Mesopotamia inter Aleppo et Kharran (Haussk!), Assyria (Ky!), Armenia (Buhse!), Transcaucasia ad Araxem et ditione

Talysch (Hoh!), Persia (Auch. 2970!) ad Teheran (Ky. 12!), in prov. Aderbidjan (Szov!), Affghania (Griff!), Belutschia (Stocks!).

Affine *A. Orientali* sed præter indumenti defectum glumæ et glumellæ multo magis coriaceæ nec longe attenuato-aristatæ.

Ar. Geogr. Africa borealis interior.

22. A. Bourgæi, annuum, culmis pluribus pumilis ascendentibus foliosis, foliis brevibus latiuscule linearibus acutis, spicâ ovato-oblongâ densâ distichâ compressâ, spiculis 2-3-floris hirsutis, glumis flosculos æquantibus duris lanceolatis sensim subulato-attenuatis pungentibus carinatis grosse trinerviis ad nervos scabris, glumellâ a basi subventricosâ dense hispidâ sensim subulato-attenuatâ superne quinquenervi subpungenti ⊙. *A. distans* C. Koch Linn. XXI, p. 426 ?

Hab. ad margines agrorum incultorum ad Baibut Armeniæ (Bourg!).

Semipedalis, spica vix pollicaris sex lineas lata, spiculæ eis *A. Orientalis* breviores 4 lineas tantum longæ, glumæ et glumella coriaceæ pungentes. Ab affinibus glumis grosse trinerviis nec uninerviis discedit. An *A. distans* C. Koch cujus glumæ trinerviæ dicuntur ? sed vaginæ inflatæ dictæ et præsertim flosculi distantes et pedicellati dicti nostræ speciei non conveniunt. Hoc a cl. Grisebach in Ledeb. Fl. Ross. ex autopsiâ ut synonymom *A. Orientalis* var. *lasianthi* datur.

SECT. III. PSEUDOSECALE (Gren. et Godr. Fl. Fr. — *Dasypyrum* Cosson et Dur. Expl. Alg. p. 202). — Spiculæ in rachi abbreviatâ dense imbricatæ erectæ 3-5-floræ. Glumæ latiusculæ concavæ dorso inter nervos binos carinantes plano-subcanaliculatæ superne truncatæ et attenuato-aristatæ.

23. A. villosum (L. Sp. 124 sub *Secale*) annuum, culmis 1-3 erectis elatis foliosis, foliis linearibus planis flaccidulis elongatis glabris vel pubescentibus, spicâ densâ oblongâ distichâ, rachide demum fragili barbatâ, spiculis 3-5-floris hirsutis flosculis inferioribus binis aristatis superioribus tabescentibus muticis, glumis glumellâ dimidio brevioribus secus nervos binos dorsales villosis lateraliter parcius hirsutis infra apicem truncato-biauriculatis nervis in aristam a basi lanceolatâ subulatam glumâ 2-3-plo longiorem productis, glumellâ lanceolatâ subquinquenervi apice inter dentes binos membranaceos longe aristatâ dorso ad aristæ basin penicillatim pilosâ ⊙. Host Gram. II, t. 47. — Fl. Græc. tab. 97. — *Triticum villosum* M. B. Taur. Cauc. I, p. 85. — Rchb. Germ. fig. 272. — *Hordeum ciliatum* Lam.

Hab in arenosis regionis inferioris et montanæ, Græcia et ejus insulæ (Sprun! Heldr! Pichl!), Creta (Raul!), Macedonia et Thracia (Friv! Cast!), Anatolia occid. (Schmidt! Bal), Tauria (Rehm!), Caucasus prope Derbent (Gmel.).

Ar. Geogr. Gallia australis, Corsica, Sardinia, Sicilia, Italia, Istria, Dalmatia, Rossia australis, Africa borealis.

Species non satis nota.

A. cespitosum (C. Koch Linn. XXI, p. 424) cespitosum foliis involutis supra scabriusculis, spicâ lineari 8-10-spiculatâ, rachide setulosâ, spiculis trifloris, glumis inæqualibus truncatis 3-5-nerviis ⚥.

Hab. in planitie elate districtûs Artahan Armeniæ 5500' (C. Koch.).

Ex cl. auctore affine *A. geniculato* et *A. desertorum*, a cl. Grisebach autem qui plantam typicam vidit *A. repentis* formæ maritimæ adnumeratum.

SECALE (L. Gen. 97).

Spica cylindrica. Spiculæ sessiles in dentibus rachos solitariæ distichæ biflore interdum cum rudimento tertii flosculi pedicellati. Glumæ binæ laterales subæquales anguste lanceolato-subulatæ aristatæ carinatæ uninerves. Glumella subcoriacea lanceolata integra carinata ad carinam pectinatim ciliata integra longe attenuato-aristata, palea apice bidentata bicarinata ad carinas serrulato-ciliata. Squamulæ binæ apice ciliatæ. Stamina tria. Stigmata bina subsessilia plumosa lateraliter ad basin floris emergentia. Caryopsis oblonga glumellis tecta sed libera apice pilosa ventre concava maculâ hilari elongatâ. — Herbæ annuæ vel pereunes. Genus *Agropyro* valde affine glumis subulatis ab eo præsertim distinctum.

1. S. montanum (Gass. Prodr. Sic. I. p. 145) perenne, radice fibrosâ, culmis elatis foliosis, foliis linearibus planis flaccidis sæpe tomentellis, spicâ lineari elongatâ densâ compressâ subnutante, rachide fragili marginibus piloso-barbatâ, spiculis bifloris, glumis anguste linearibus carinato-plicatis acutis glabris flosculis dimidio brevioribus, glumellâ lanceolatâ subtrinervi ad carinam pectinatim ciliatâ in aristam æquilongam vel subbreviorem abeunte ⚥.

Hab. in regione subalpinâ et alpinâ, Græcia in montibus Œta 5500'-6900' (Heldr!) et Parnasso (Orph!), Olympi Bithyni regio alpina (Pichl!), montes Lyciæ (Bourg!), Cappadocia in subalpinis Argæi (Ball!) et Cataoniæ mons Akkerdagh (Hau-sk!), Armenia supra Baibut (Bourg!), Pontus Lazicus ad Djimil (Ball!), Caucasus prope Kaischaur (Owerin!), Kurdistaniæ Persicæ mons Pir Omar 3-4000' et montes Sawers et Eschker Persiæ occid. 8000' (Haussk!).

β. *Anatolicum.* — Glumella longius ciliata in aristam eâ duplo longiorem abiens. — *S. Anatolicum* Boiss. Diagn. Ser. I, 5. p. 76.

Hab. in regione alpinâ montis Tmoli Lydiæ supra Bozdagh (Boiss! Bal. 138!).

γ. *ciliatoglume.* — Glumæ carinâ ciliatæ, glumella ut in var. β. longe aristata.

Hab. in monte Zagros Kurdistaniæ Persicæ (Haussk!).

Ar. Geogr. Hispania australis, regnum Maroccanum, Sicilia, Italia australis, Serbia.

2. **S. cereale** (L. Sp. 124) annuum, radice fibrosâ, culmis elatis foliosis, foliis linesribus planis flaccidis, spicâ lineari elongatâ laxiusculâ compressâ subnutante, rachide tenaci pilosâ, spiculis 2-3-floris flore superiore sæpius tabescente, glumis lanceolatis acutis carinato-plicatis glabris flosculis brevioribns, glumellâ lanceolatâ trinervi ad carinam pectinatim ciliatâ in aristam sæpius eâ multo longiorem abeunti ⊙. Ic. Metzg. Cer. t, 9. — Host Gram. Austr. II, tab. 48. — *S. Creticum* Sieb, herb. Cret. non L.

Habeo specimen ex graminosis montis Berytdagh Cataoniæ 8000' (Haussk!) et a cl. C. Koch indicatur in Ponto Lazico prope Djimil 5-6000' ut spontaneum, in Affghaniâ (Griff!). An vere spontaneum ?

Ar. Geogr. Turkestania (Regel).

3. **S. fragile** (M. B. Taur. Cauc. III, p. 93) annuum, radice fibrosâ, culmis mediocriter elatis superne tomentellis totâ longitudine foliatis, foliis brevibus linearibus flaccidulis inferioribus velutinis, superiorum vaginis dilatatis, spicâ superne dilatatâ densâ, rachide fragili villosâ, spiculis trifloris flosculo supremo ad paleam linearem reducto, glumis anguste lineari-lanceolatis cariuâ ciliatulis in aristam eis multo longiorem abeuntibus, glumeilâ lanceolatâ ad carinam pectinatim ciliatâ in aristam eâ pluries longiorem abeunte ⊙. Rchb. Ic. Germ. fig. 273. — *S. cereale* M. B. Taur. Cauc. I, p. 84 non L. — *S. glaucum* Urv. Enum. p. 12 ex descriptione.

Hab. in arenosis mobilibus Tauriæ meridionalis (Stev.), Transcaucasiæ ad Baku (Becker!) et Lenkoran (C. A. Mey!).

Ar. Geogr. Hungaria, Serbia, Rossia australis, Turkestania, Songaria, Sibiria Altaica.

HETERANTHELIUM (Hochst. in Kotschy. pl. Alepp. exs, cum descriptione).

Spica breviter cylindrica disticha. Spiculæ sessiles in dentibus racheos fragilis solitariæ multifloræ floribus omnibus longe aristatis, aliæ fertiles duobus flosculis infimis (vel unico tantum) hermaphroditis biglumellatis cæteris ad glumellam reductis in fasciculum stipitatum congestis neutris, aliæ steriles floribus omnibus neutris uniglumellatis. Glumæ binæ subulatæ rigidæ a flosculis subremotæ eisque breviores. Flosculorum fertilium glumella coriacea inferne ovata ventricosa superne quinquenervis in aristam longam sensim attenuata, palea membranacea lineari-oblonga carinato-binervis nervis excurrentibus subulato-biaristulata. Squamulæ binæ obovatæ ciliatæ. Stamina tria. Stigmata bina sessilia ad basin floris emergentia.

Caryopsis glumellæ internæ adhærens oblonga apice tomentella et acute bidentata ventre profunde sulcata. — Herba annua facie *Hordei.* — Genus a *Tritico* spiculis dimorphis, glumis a flosculis dissitis, caryopsidis characteribus distinctum.

1. **H. piliferum** (Hochst. in Ky. pl. Al. exs. cum descriptione) annuum pluricaule, culmis geniculato-ascendentibus pumilis foliosis, foliis sæpius pilosulis linearibus acuminatis planis superioribus spicam sæpe superantibus, spicâ oblongâ 20-25-spiculatâ viridi vel violascenti aristis copiosissimis longe setosâ undique ad glumas glumellam inferiorem et aristas patule setuloso-hispidâ, spiculis sterilibus ad basin et partem superiorem spicæ præsertim sitis nonnullis in mediâ spicâ fertilibus intermixtis glumellâ a basi dilatatâ longe aristatâ paleâque nullâ, flosculorum fertilium glumellâ parte inferiori præter setas crebre verruculosâ longe attenuato-aristatâ ⊙. Jaub. et Sp. Ill. Or. IV, tab. 318. — *Elymus pilifer* Russell Aleppo.

Hab. in aridis, cultis derelictis Syriæ in jugo Gebel Baruch Libani australis (Ball !), Antilibani (Schlumb!), Cælesyriá (Ehr!), circa Damascum (Gaill!), Aleppo (Ky. 130! Haussk!), deserto Chabur Assyriæ (Haussk!), Persiá australi ad Schiraz et Persepolin (Ky. 278! et 355!), boreali ad Teheran (Bge!).

TRITICUM (L. Gen. 99. speciebus exclusis).

Spiculæ sessiles in dentibus racheos solitariæ rachidi parallelæ 3-5-floræ a latere compressæ flosculo superiore sæpe tabescente. Glumæ binæ coriaceæ ovatæ vel oblongæ ventricosæ sæpius inæquilateræ carinatæ apice oblique truncatæ sæpius uni vel bidentatæ muticæ vel aristatæ flosculis breviores. Glumella plus minus carinata inferne subventricosa apice integra vel bidentata longe aristata vel mutica nervis apice non conniventibus. Palea membranacea bicarinata ad carinas rigide ciliata. Squamulæ binæ ciliatæ. Stigmata bina subsessilia ad basin floris emergentia. Caryopsis apice pilosula ovato-oblonga ventre sulcata hilo lineari elongato paleâ inclusa libera vel adnata. — Species omnes annuæ. — Genus *Agropyro* valdo affine et ab eo glumis et glumellâ plus minus ventricosis, hujus nervis apice non conniventibus distinctum. — *Tritica* in ditione culta enumerare non queo. Vidi *T. vulgare, turgidum. durum* atque *T. Speltam.*

1. **T. monococcum** (L. Sp. 127) annuum, culmo elato, foliis late linearibus, spicâ lineari a latere compressâ distichâ densâ. rachide fragili glabrâ vel glabriusculâ, spiculis oblongis sutrifloris flosculo inferiore fertili aristato altero (cum adest) sterili brevius aristato, supremo mutico. glumis ovato-oblongis acute bicarinatis ad carinas scabris apice bidentatis dentibus triangularibus subinæqualibus, flosculi inferioris glumellâ carinatâ infra apicem breviter bidentatum

aristâ scabrâ eâ multoties longiore obsitâ, caryopside glumellæ adhærente ⊙. Host Gram. III. tab. 32.

β lasiorrachis. — Omnia typi præter rachidis articulos complanatos margine et ad basin spiculæ longe et dense albo-pilosos. — *T. Bæoticum* Boiss. Diagn. Ser, I, 13, p. 69. — *T. Thaoudar* Reut. in Bourg. exs. — *Crithodium ægilopoides* Link Linn. IV, p. 132 (ubi errone gluma unica dicitur). — *Ægilops Crithodium* Steud. Gram. 355.

Hab. in graminosis sæpius montanis, Græcia in Argolide et Achaiâ (Link!), planitie Thebanâ (Sprun!), Lydia inter Smyrnam et Magnesiam et prope Ouchak Phrygiæ (Bal!), Lyciâ in collibus Elmalu (Bourg. 281!), monte Ssoffdagh Cataoniæ 4500' (Haussk!), Mesopotamiâ inter Orfa et Suerek (Ky. 431!). Turcice *Thaoudar.*

Absque dubio spontaneum et *Tritici monococci* culti origo.

Obs. *Triticum loliaceum.* Del. Eg. ex cl. Ascherson post herb. Delileani inspertionem est *Desmaziera loliacea* Nym. Alexandriæ indicata sed ex cl. Ascherson in Egypto non spontanea.

ÆGILOPS (L. Gen. 1150).

Spiculæ sessiles in dentibus racheos solitariæ 3-plurifloræ, rachidi parallelæ, terminalis vel 2-3 superiores steriles graciliores. Glumæ binæ coriaceæ vel cartilagineæ concavæ dorso non carinatæ multinerves apice truncatæ integræ vel dentatæ dentibus interdum in aristas productis, spicularum lateralium inæquilateræ. Glumella chartacea concava non vel vix carinata nervis apice non conniventibus apice 1-3-dentata dentibus aristatis sæpius muticis. Palea bicarinata ad carinas ciliata. Squamulæ, stigmata, caryopsis ut in *Tritico.* — Herbæ annuæ. — Genus *Tritico* valde affine et cum eo a nonnullis auctoribus conjunctum, commode tamen habitu, glumis et glumellâ non carinatis distinguendum.

* Glumæ omnes vel superiores tantum in aristas productæ.

+ Glumæ omnes aristatæ.

1. **Æ. ovata** (L. Sp. 1489) annua pluricaulis, culmis geniculatoascendentibus, foliis linearibus planis villosis vel glabris, spicâ brevi ovatâ dense 3-5-spiculatâ integrâ ab apice culmi demum secedente racheos dente inferiore spiculam rudimentariam sæpius unicam gerente, spiculis inferioribus 3-4-floris ovatis inflatis superne constrictis cæteris tenuibus sterilibus bifloris, glumis ovato-oblongis hirtis ventricosis omnibus plerumqne quadriaristatis, glumellâ glumas subæquante 2-3-aristatâ, aristis lanceolato-subulatis trinerviis scabris erecto-patulis glumarum et glumellæ omnium spicularum subæquali-

bus glumellâ multo longioribus ⊙. Host Gram. Austr. II, tab. 5. —
Fl. Græc. b. 93. — Rchb. Germ. fig. 240.

Hab. in graminosis totius ditionis a Græciâ! ad Syriam! Egyptum! provin-
cius Caucasicas! Persiam borealem et australem!

β. triaristata Cosson et Dur. Exp. Alg. p. 211. — Spica ovata
superne magis attenuata spiculis rudimentariis sæpius 2-3 basi obsita,
glumæ spicularum tantum fertilium 3-2-aristatæ et glumella 2-1-aris-
tata. Intermediis ad typum transit. — *Æ. triaristata* Willd. Sp. IV,
943. — Rchb. Germ. fig. 241. — *Æ. neglecta* Requien. — *Æ. intermedia* Steud. et *Æ. Notarisii* Clem. Sert. p. 99, tab. 5. fig. 1, forma
glumis biaristatis.

Hab. in Græciâ (Heldr!), Macedoniâ et Thraciâ (Friv!), Anatoliâ occidentali (Post!), Syriâ littorali (Bl! Gaill!), Transcaucasiâ ad Baku (Becker!).

γ. Lorentii. — Glumæ biaristatæ aristâ alterâ 5-6-nervi. — *Æ.
Lorentii* Hochst. in Lorent Wand. p. 356.

Hab. in Syriâ ad Seleuciam (Lor.), Ciliciâ Trachæâ (Pér!), ad Aleppo
(Haussk!).

Ar. Geogr. Europa australis, Africa borealis, insulæ Canarienses.

2. **Æ. triuncialis** (L. Sp, 1489) annua pluricaulis, culmis geniculato-ascendentibus, foliis linearibus planis, spicâ lineari-elongatâ
gracili cylindricâ demum integrâ ab apice caulis secedente. spiculis 5-7
bi vel trifloris oblongis non ventricosis supremis sterilibus et 2-3 ad
basin spicæ rudimentariis, glumis hirtis vel muricatis triaristatis vel
spicularum inferiorum biaristatis, aristis a basi anguste lanceolatâ
subulatis spicularum superiorum duplo longioribus, glumellâ spicularum inferiorum tridentatâ dentibus muticis vel breviter aristatis
spiculæ terminalis longissime aristatâ ⊙. Host Gram. Austr. II,
tab. 6. — Rchb. Germ. fig. 242.

Hab. in herbidis et cultis Græciæ totius et insularum (Sprun! Heldr!), Macedoniæ (Orph!), Byzantii (Clem!), Anatoliæ (Tchih!), Lyciæ (Bourg!),
Ciliciæ (Bal!), Syriæ littoralis (Gaill! Bl!), Mesopotamiæ ad Orfa et Diarbekir (Ky! Haussk!), Armeniæ ad Gumusch (Bourg!), Tauriæ et Transcaucasiæ (Led.), Persiæ australis ad Schiraz (Ky. 366!).

β. brachyathera. — Arista abbreviatæ, terminales glumellâ subduplo longiores.

Hab. in Syriâ prope Tripoli (Bl. exs. 805!) Egypto ad Alexandriam
(Ehrenb!).

γ. Kotschyi. — Spica tenuior spiculâ rudimentariâ basilari unicâ,
aristæ strictissimæ non divergentes tenuissimæ abbreviatæ. — *Æ.
Kotschyi* Boiss. Diagn. Ser. I, 7, 129.

Hab. in Persiâ australi ad radices montis Sabst Buschom prope Schiraz
(Ky. 366 a!).

Ar. Geogr. Regio mediterranea Europæ et Africæ borealis.

+ + Glumæ inferiores muticæ vel breviter aristatæ, spiculæ terminalis longissimæ.

3. **Æ. cylindrica** (Host Gram. Austr. II, p. 6, tab. 7 non Fl. Græca) annua, culmis numerosis ascendenti-erectis tenuibus, foliis linearibus planis pilosis vel glabris, spicâ longâ cylindricâ multispiculatâ comosâ rachide fragili, spiculis oblongo-cylindricis 3-4-floris in racheos sinubus nidulantibus ejusque articulis vix brevioribus, spicularum lateralium glumis oblongis multinerviis ad nervos scabris apice truncatis bidentatis dente altero triangulari altero in aristam glumâ sublongiorem abeunte, glumellâ emarginatâ inter lobos brevissime aristatâ, spiculæ terminalis glumis et glumellâ in aristas longissimas strictas abeuntibus ☉. Ic. Jaub. et Sp. Ill. Or. tab. 311. — *Æ. caudata* Griseb. Spicil. et Ledeb. Fl. Ross. non L.

Hab. in Thraciâ prope Carlova (Friv!).

Glumellâ spiculæ terminalis in aristam longissimam excurrente ab *Æ. caudatâ* statim dignoscenda.

Ar. Geogr. Italia, regio Danubialis, Serbia, Rossia australis.

4. **Æ. caudata** (L. 1489) annua, culmis numerosis gracilibus erectis, foliis brevibus anguste linearibus planis, spicâ longâ gracillime cylindricâ 4-7-spiculatâ comosâ rachidi vix fragili, spiculis 4-2-floris rachidis internodiis subæquilongis et eis adpressis linearibus tenuibus, spicularum lateralium glumis late linearibus plurinerviis apice bidentatis dentibus breviter triangulari-lanceolatis muticis, glumellâ apice inæqualiter 2-3-dentatâ muticâ, spiculæ terminalis glumis in aristam a basi crassâ lanceolatâ subulatam longissimam abeuntibus, glumellâ mucronatâ vel breviter aristatâ ☉. Ic. Jaub. et Sp. Ill. tab. 312. — *Æ cylindrica* Fl. Gr. tab. 95 non Host.

Hab. in Argolide (Sprun!), Atticâ in aridis et ad vias (Sprun! et Heldr. Herb. Norm. 605!), Cretâ (Sibth! Heldr!), Cycladibus (Oliv!), Smyrnæ (Bal. exs. 131), Rhodo (Bourg!).

β. *polyathera.* — Spicularum lateralium glumæ dens alter in aristam glumâ 2-3-plo longiorem productus. Formæ intermediæ adsunt.

Hab. in quercetis ad Bulghar Keui Phrygiæ (Bal!), Lyciâ in collibus Elmalu (Bourg. 277!), Cappadociâ ad Cæsaream (Bal!), Tauro Cataoniæ ad Surug (Haussk!).

γ. *Heldreichii.* — Forma depauperata bispiculata. — *Æ. Heldreichii* Holzm. in Sched.

Hab. in regione inferiore montis Parnes Atticæ prope Dekeliam (Heldr!).

Species comâ terminali spicæ aristis binis crassis longis constante insignis nec confundenda cum *Æ. Aucheri* cujus coma quoque aristis binis sed ex glumellâ nec e glumis oriunda est.

5. **Æ. Persica** (Boiss. Diagn. Ser. I. 7, p. 129) annua, culmis pluribus pumilis, foliis brevibus anguste linearibus ciliatulis, spicâ

tenui cylindrico-linaari 3-4-spiculatâ comosâ, spiculis bifloris oblongis internodiis æquilongis rachidi adpressis, glumis spicularum lateralium oblongis glabris ad nervos scaberrimis apice bidentatis dentibus triangulari-lanceolalis, spiculæ terminalis dente altero vel binis in aristas subulatas scabras glumâ quintuplo longiores abeunti, glumellâ muticâ spicularum lateralium bidentatâ spiculæ terminalis tridentatâ ⊙.

Hab. ad radices montis Sabst Buschom prope Schiraz (Ky. 365!).

Affinis *Æ. caudatæ* sed spica brevior paucispiculata absque aristis pollicem vix excedens ob spiculas oblongas subventricosas nec lineares substrangulata. In specimine ex prov. Khorassan (Bge.) cœterum conformi dentes glumarum in aristas breves elongantur.

6. Æ. comosa (Sibth. et Sm. Fl. Græc. I, p. 75, tab. 94) annua, culmis pluribus ascendenti-erectis, foliis brevibus anguste linearibus planis puberulis, spicâ gracillimâ cylindricâ 3-4-florâ comosâ rachide vix fragili, spiculis 2-3-floris internodiis æquilongis et rachidi adpressis lineari-cylindricis, spicularum lateralium glumis late linearibus plurinerviis apice bidentatis dentibus breviter triangulari-lanceolatis muticis, glumellâ breviter bidentatâ muticâ, spiculæ terminalis glumis triaristatis aristâ mediâ longissimâ inferne crassâ lateralibus subulatis brevioribus glumâ 2-3-plo longioribus, glumellâ tenuiter aristatâ ⊙.

Hab. in Atticâ in Oliveto et monte Lycabetto (Sprun!), insulis Pharmacusis (Heldr!), Cycladibus (Sibth.), Smyrnæ in collibus (Bal. 13! Fleisch!).

Valde affinis *Æ. caudatæ*, spica spiculis paucioribus constans et apice ob glumas terminales triaristatas comâ pluri nec biaristatâ coronata. In locis natalibus examinandum an formæ intermediæ non occurrant.

β. *subventricosa.* — Spica 2-3-spiculata, spiculæ subventricosæ, inferiorum glumæ ob dentem alterum magis elongatum caudatæ. — Ic. Jaub. et Sp. Ill. Or. tab. 314.

Hab. prope Spartam (Bory!), in Atticâ ad radices montis Parnes (Heldr. 606!).

* * Glumæ omnes muticæ.

+ Glumellæ spicularum superiorum rarius omnium longe aristatæ.

7. Æ. squarrosa (L. Sp. 1489) annua, culmis solitariis vel pluribus erectis vel ascendentibus foliosis, foliis linearibus planis, spicâ cylindricâ elongatâ tenui comosâ 7-11-spiculatâ rachide fragillimâ, spiculis oblongis 3-5-floris in rachidis articulis incurvis nidulantibus eisque subæquilongis flosculis binis inferioribus fertilibus, glumis oblongo-quadratis multinerviis apice abrupte truncatis interdum minutissime 3-4 crenato-apiculatis glumellâ quartâ parte brevioribus, glumellâ apice truncatâ vel retusâ in spiculis supremis longissime uniaristatâ in inferioribus aristâ eâ parum longiore obsitâ vel muticâ ⊙. Schreb. Gr. 11, tab. 27, fig. 2. — Jaub. et Sp. Ill. tab. 310. — *Æ. Tauschii* Cosson Not. p. 69.

Hab. in Cataoniâ ad Surug (Haussk!), Caucaso prope Kislar (M. B.), Transcaucasiâ ad Elisabethpol et Schuscha (Hoh!), Persiâ boreali ad Siaret (Bge!), Affghaniâ (Griff! Aitch. 560!), Belutschiâ (Stocks!).

β. *Meyeri* Griseb. in Led. Fl. Ross. — Spica tenuior. — *Æ. caudata.* C. A. Mey. Ind. Cauc. p. 26 non L.

Hab. in Transcaucasiâ ad Sallian (C. A. Mey.), ad Tiflin (Radde!), Persiâ boreali (Buhse!).

8. **Æ crassa** (Boiss. Diagn. Ser. I, 7, p. 129) annua, multiculmis, culmis brevibus crassis ascendentibus vel decumbentibus totâ longitudine foliatis foliis late linearibus, vaginis elongatis dilatatis, spicâ cylindricâ 7-9-spiculatâ inter spiculas moniliformiter contractâ superne attenuatâ comosâ, rachide fragili flexuosâ valde complanatâ, spiculis crassis ovatis ventricosis 3-4-floris internodiis sublongioribus, glumis coriaceis adpresse tomentellis coriaceis ovatis multinerviis apice rotundatis vel truncatis obsolete 1-3-denticulatis, glumellâ glumis longiore coriaceâ a basi oblongâ in aristam lanceolatam 3-5-nervem aculeolatam pungentem spicularum inferiorum glumellâ ipsâ dimidio breviorem superiorum glumellâ longiorem attenuatâ ⊙.

Hab. ad canales in planitie circa Persepolin Persiæ australis (Ky. 248!).

β. *macrathera.* — Spicularum 3-4- supremorum aristæ elongatæ spiculis pluries longiores et inde spica valde comata. — *Æ platyathera* J. et Sp. Ill. Or. tab. 313.

Hab. in Mesopotamiâ et Assyriâ, inter Mardin et Mossul (Auch. 2913!), ad Surug et in desertis Sindjar et Chabur (Haussk!).

Affinis *Æ. squarrosæ* et præsertim *Æ. ventricosæ*, ab eis differt spiculis crassioribus tomentellis nec scabridis et imprimis glumellæ inferioris aristis parte inferiore lanceolatis latis 3-5-nerviis nec tenuibus uninerviis.

9. **Æ. bicornis** (Forsk. Descr. p, 26 sub *Tritico*) annua, radice fibrosâ, caulibus elatis gracilibus foliosis, foliis planis linearibus elongatis glabris vel pubescentibus flaccidis, spicâ strictâ anguste lineari distichâ lateraliter subcompressâ, spiculis strictis axeos articulis sublongioribus subtrifloris flosculo supremo tabescente non aristato, glumis coriaceis oblique oblongis concavis dorso rotundatis et elevatim multinerviis apice truncatis sæpe retusis brevissime 1-2-denticulatis ad nervos scabris flosculo subbrevioribus, glumellâ oblongâ plurinervi subcarinatâ in aristam longissimam scabram abeunte nervis lateralibus ad basin aristæ in mucronulos laterales interdum productis ⊙. Del. Fl. Eg. tab. 15, fig. 1. — *Ægileps bicornis* Jaub. et Sp. Ill. Or. tab. 309: — *Æ. speltoides* Tausch Fl. 1837 p. 109. — J. et Sp. Ill. Or. tab. 316. — *Crithodium Ægyptiacum* Trin. ex Steud.

Nom. — *T. obtusatum* Godr. Flor. Juv.! — *Tr. Ligusticum*! Bert. Fl. Ital. VI, p. 612. — *Crithodium triticoides* Link herb!

Hab. in arenosis, agris incultis Ægypti inferioris ad Alexandriam (Ehr! Gaill! Let!), regione Philisteorum (Barbey!), Syriæ littoralis (Bl! Gaill!), Galatiæ (Wied!), Ciliciæ littoralis (Bal!), Mesopotamiæ (Ky!), Assyriæ ad Mossul (Noë!).

Quamvis glumella hujus speciei subcarinata sit eam *Ægilopi* cl. Jaub. et Sp. indicantibus adjungere non dubito ob summam cum *Æ. Aucheri* et aliarum specierum affinitatem.

10. **Æ Aucheri** Boiss. Diagn. Ser. I, 5, p. 74 (1844) annua, culmis elatis. foliis linearibus planis flaccidulis, spicâ elongatâ laxâ 5-6-spiculatâ distichâ subcompressâ ramosâ. spiculis 3-5-floris rachidis articulis æquilongis, glumis omnium spicularum oblongo-linearibus inæquilateris concavis coriaceis dorso multinerviis scabris obsolete carinatis apice truncatis et mucronulatis, glumellâ glumis longiore lineari-oblongâ multinervi apice truncatâ in spiculis lateralibus apice 1-2 denticulatâ dentibus lateralibus rotundatis intermedio acuto, glumellâ spiculæ terminalis in aristam eâ multoties longiorem attenuatâ. ⊙. *Æ macrura* J. et Sp. Ill. Or. Ill. IV, tab. 315 (1853).

Hab. in Mesopotamiá ad Assuaner (Ky. 358!), inter Orfa et Kharran et in deserto Chabur (Haussk!), circa Aleppo (Auch. 2980!), in vinetis prope Beilan Syriæ borealis (Ky. 50! forma spiculis adpressioribus tantum 2-3-floris), in Syriá littorali ad Tripoli (Boiss! Bl!), in Ciliciá littorali ad Mersina (Bal. 754!).

β. potyathera. — Glumella spicularum lateralium in aristam eis æquilongam vel sublongiorem producta.

Hab. in arenosis maritimis mobilibus ad Tripoli Syriæ (Bl. 47! et 609!).

Species spicâ muticâ comâ biaristatâ superatâ *Æ. caudatæ* facie similis sed coma e glumellâ nec e glumis oriunda !; propius affinis est *Æ. bicorni* aristis omnium spicularum conformibus etc. distinctâ.

+ + Glumellæ omnes muticæ,

11. **Æ. mutica** (Boiss. Diagn. Ser. I, 5, p. 73, 1844) annua, radice fibrosâ pluriculmi, culmis erectis elatis rigidulis, foliis linearibus planis inferioribus brevissimis ciliatis superiorum vaginâ valde elongatâ limboque stricto, spicâ strictâ longissimâ laxâ tenuiter cylindricâ multispiculatâ, rachide tenaci, spiculis glabris vel velutinis laxiuscule 5-7-floris rachidi adpressis et ejus internodiis brevioribus lateraliter compressis muticis, glumis flosculis inferioribus subbrevioribus lineari-cuneatis concavis dorso rotundatis et late plurinerviis apice truncatis lunulato-emarginatis brevissime et obtuse 2-3-denticulatis, glumellâ oblongo-lineari obtusissimâ ⊙. *Æ. tripsacoides* J. et Sp. Ill. Or. tab. 200 (1846) et *Æ. loliacea* J. et Sp. tab. 317 (1853).

Hab. in Phrygiá ad Pambuk Kalessi (Jaubert), Ponto australi (Tchih!), Cappadociá ad Euphratem (Auch. 2974!) et in collibus ad occasum Cæsareæ (Bal. 838!), in vineis ad Karput Armeniæ australis (Noë 1049!).

Culmi cum spicâ pedem dimidium interdum longâ 2-3-pedales, spiculæ 5-6 lineas longæ. Species glumis et glumellis omnibus muticis in genere insignis facie *Agropyri* et cum hoc genere transitum præbens, *Ægilopi* tamen ob affinitatem cum *Æ. Aucheri* aliisque et ob spiculas subturgidas glumasque apice truncatas et denticulatas aptius adnumeranda.

LOLIUM (L. Gen. 95).

Spiculæ solitariæ 3-multifloræ in racheos excisuris sessiles rachidi contrariæ et ei latere nec facie contiguæ. Glumæ in spiculâ terminali binæ subæquales in cæteris unica ad latus externum spiculæ ita herbacea firma canaliculata mutica plurinervis. Glumella herbacea apice scariosa concava mutica vel aristata, palea bidentata bicarinata ad carinas ciliata. Squamulæ binæ glabræ integræ vel inæqualiter bilobæ. Stamina tria. Stigmata bina sessilia plumosa ad basin floris emergentia. Caryopsis oblonga glabra ventre subconcava hilo lineari elongato notata glumellæ superiori adhærens. — Herbæ annuæ vel perennes.

* Flosculi lanceolati.

1. L. perenne (L. Sp. 122) perenne, radice fibrosâ culmos florentes erectos vel ascendentes et foliorum fasciculos steriles edente, foliis linearibus novellis simpliciter complicatis, spicâ erectâ, spiculis oblongis compressis 3-11-floris glumâ lanceolatâ acutiusculâ longioribus, flosculis lanceolatis muticis ♃. Host Gram. I, tab. 25. — Rchb. Germ., fig. 235.

Hab in pratis, ad vias probab. totius ditionis in regione inferiori et montanâ. Vidi ex Atticâ (Sprun!), regione abietinâ Ætoliæ (Samar!), Chioa (Orph!), Cretâ (Raul!), Byzantio (Coum!), Anatoliâ (Auch!), Cis et Transcaucasiâ (Ledeb.), Cypro (Ky!), Syriâ littorali et interiore ad Damascum (Gaill!), Libano supra Dimam (Bl!), Egypto ad Rosettam et Kahiram (Ehr!).

Ar. Geogr. Europa tota, Africa borealis.

2. L. multiflorum (Gaud. Helv. I, p. 354) annuum vel bienne, radice fibrosâ fasciculos steriles non edente, foliis linearibus novellis convolutis, spicâ erectâ elongatâ, spiculis lanceolatis 7-20-floris compressis glumâ lanceolatâ obtusiusculâ triplo longioribus, flosculis lanceolatis muticis vel breviter aristatis ⊙. Rchb. Germ. fig. 234. — *L. Gaudini* Parl. Fl. It. 1, 532.

Hab. in graminosis, formam muticam solam hucusque e ditione vidi. Macedonia et Thracia (Griseb!), Cilicia (Pér!), Syria littoralis (Bl! Gaill!), Palestinæ deserta ad meridiem Gaza (Boiss!), Egyptus inferior (Samar! W. Barbey!) et in Oasi magnâ (Schw!).

β. *pumilum.* — Culmi decumbentes 2-4-pollicares A. *L. tenue* var. compresso spiculis glumâ duplo longioribus distinctum.

Hab. in arenosis Syriæ littoralis ad Sidonem (Gaill. n° 829 !), ad Nahr el Kasimieh (Barbey !).

Ar. Geogr. Europa media et australis, Africa borealis.

3. L. Persicum (Boiss. et Hoh. Diagn. Ser. I, 13, p. 66) annuum, radice fibrosâ fasciculos sterilium edente, culmis erectis, foliis linearibus planis, spicâ elongatâ rectâ latiuscule multispiculatâ, spiculis strictis oblongo-lanceolatis 3-7-floris. glumâ elevatim plurinervi lanceolatâ obtusiusculâ in aristam rectam tenuem eâ sesqui vel duplo longiorem abeunte ⊙.

Hab. in provinciâ Armenâ Karabagh et in monte Elbrus Persiæ borealis (Buhse!) in uliginosis montis Elbrus prope Derbend Ky. 278! (forma depauperata macra) prope *Shahpur* (Haussk!), in Affghaniâ (Griff!), in valle Kurrum (Aitch. 1261!), Belutschiâ prope Quettah (Stocks!).

Affine *L. multifloro* ab eo glumâ flosculos subæquante glumellâque longe nec brevissime aristatâ vel muticâ differt. Diagnosis loco citato ex speciminibus macris et paucifloris oriunda erat; culmi in speciminibus vegetioribus pedem et amplius longi, spica 5-9-pollicaris, arista 5-6 lineas longa.

4. L. rigidum (Gaud. Helv. I, p. 355) annuum, radice fibrosâ foliorum fasciculos steriles non edente, culmis erectis vel ascendentibus gracilibus rigidis, foliis linearibus acuminatis planis, spicâ gracili laxâ erectâ vel incurvâ laxâ, spiculis obverse lanceolatis 3-9-floris rachidi sæpius adpressis glumam lineari-lanceolatam obtusam parum superantibus, flosculis lanceolatis obtusis muticis ⊙. *L. tenue* Guss. Syn. I, p. 59 non L. — *L. strictum* Presl Cyp. Sic. p. 49. — *L. durum* et *L. cylindricum* C. Koch Linn. XXI, p. 434 (ex Griseb). — *L. flagellare* Sprun. pl. exs.

Hab. in rupestribus, arenosis, agris, vineis totius fere ditionis a Græciâ (Sprun! Heldr!), Thraciâ ad Byzantium (Murm!), Cretâ (Heldr!) ad Syriam littoralem (Bl! Gaill!), Egyptum in ditione Fayum (Asch!), Palestinam in monte Ihabure et ad Banias (Boiss!), Mesopotamiam ad Kharran (Haussk!), Persiam australem (Ky. 365!) et orientalem ad Chabbise (Bge!).

β. *rottbollioides.* Heldr. Mss. — Minor rigidior, spica crassior recta vel incurva rachide crassiori et profundius excisâ, gluma flosculis longior. Hujus varietatis specimina spicâ rectâ donata *Monermæ cylindricæ* facie similia sunt. — *L. lepturoides* Boiss. Diagn. Ser. I, 13, p. 67. — *Rottboellia loliacea* Bory et Chaub. Fl. Pélop. p. 9, tab. 3, fig. 2. — *Crypturus loliaceus* Link Linn. XVII, p. 387! — *L. subulatum* Visian. Fl. Dalm. I, 90, tab. 3.

Hab. in maritimis, Messenia ad Methonem (Bory!), Attica (Orph!) et in insulâ Lero Pharmacusarum (Heldr!), Rhodi (Bourg!), Ponto Lazico ad Rhizé (Bal!), Ciliciâ littorali prope Mersina (Bal. 755!), Syriâ littorali ad Tortosam (Gaill!).

γ. *compressum.* — Boiss. et Heldr. Diagn. Ser. II, 4, p. 144. — perennans cespitosum sed fasciculis sterilibus destitutum, culmi breves crassiusculi decumbentes numerosi, spica sæpe curvula spiculis magis approximatis interdum imbricatis magis compressis et latioribus. — *Hordeum compressum* Boiss. et Orph. in Sched.

Hab. in a renosis humidis agri Corinthiaci (Orph. Fl. Græc. exs. 364!), Atticæ ad viam Cephissiæ (Heldr. Herb. Norm. 548!), in halipedo Phaleri (Heldr!), in Egypto ad Ramleh prepe Alexandriam (Gaill. 68!).

Culmi sæpius sex pollices non excedentes, spiculæ latiusculæ eas *L. perennis* referentes sed glumam æquantes vel vix excedentes collumque radicis fasciculos steriles non edens. Videtur var. *L. rigidi* e loco arenoso humido.

Ar. Geogr. Europa australis, Africa borealis, Insulæ Canarienses.

* * Flosculi elliptici.

5. **L. linicola** (Sonder in Koch Synn. 957) annuum, radice fibrosâ. culmis tenuibus erectis elongatis inferne sæpe geniculatis, foliis anguste linearibus planis, spicâ rigidâ laxâ gracili axi tenui, spiculis internodiis brevioribus vel æquilongis cuneato-obovatis compressis 3-6-floris, glumâ anguste lineari rigidâ acutâ spiculam subæquante, flosculis fructiferis oblongo-ellipticis, glumellâ muticâ vel sub apice breviter aristatâ ♃. *L. arvense* Schrad. Germ. 399 non With. — Rchb. Germ. fig. 226-228.

Hab. in Tauriâ! (herb. meum), Transcaucasiâ (M. B., C. A. Mey., Hoh.).

Ar. Geogr. Europa sept. et media ad Hispaniam borealem, Italiam mediam, Corsicam, Dalmatiam et regionem Danubialem usque, Sibiria Uralensis.

6. **L. temulentum** (L. Sp. 122) annuum, radice fibrosâ fasciculos steriles non edente, culmis erectis rigidis elatis crassis, foliis firmis late linearibus planis rigidis, spicâ rigidâ laxâ elongatâ axi crassâ, spiculis cuneato-oblongis 3-8-floris internodiis subæquilongis, glumâ rigidâ lineari multinervi flosculis longiore, flosculis ellipticis fructiferis turgidis. glumellâ sub apice acuto longiuscule aristatâ ☉. Schreb. Gram. t. 36. — Host Gram. I, tab. 20. — Rchb. Germ. fig. 232-233.

Hab. in cultis, Attica in ditione Mesogæon (Heldr!), Hymetto (Sprun!)› Taygeti cultis (Heldr!), Thracia (Friv!), Creta (Raul!), Cyprus (Ky!), Syria ad Sidonem (Barbey!) et prope Aintab (Haussk!), Egyptus ad Kahiram (Schweinf!), Kurdistaniæ Persicæ montes Avroman et Schahu (Haussk!), Transcaucasia (Hoh.), Affghania (Aitch!).

. β *muticum*. — Flosculi obtusiores mutici. — *L. speciosum* Stev. in M. B. Taur. Cauc. I, 80. — *L. robustum* Rchb. Germ. fig. 229.

Hab. in cultis, Zacynthus (Marg!), Creta (Raul!), Cilicia (Pér!), Syria littoralis (Bl!), Cyprus (Sint!), Palestina (Roth!), Transcaucasia (Hoh!), Persia borealis (Karelin!).

Ar. Geogr. Europa fere tota, Sibiria Uralensis, Africa borealis.

SUBTR. II. LEPTUREÆ B[th]. — Spiculæ ad nodos solitariæ 1 vel 2-floræ in axeos excavationibus inclusæ. Spica tenuis.

NARDUS (L. Gen. 69).

Spiculæ secus spicæ rachidem excavatam solitariæ sessiles alternæ sed unilaterales unifloræ basi denticulo glumæ vices agente e rachide orto suffultæ. Glumæ nullæ. Glumella lineari-subulata carinata subulato-acuminata trinervia paleam breviorem bicarinatam glabram obtusam amplectens. Squamulæ nullæ. Stamina tria. Stylus unicus brevis. Stigma longissimum pubescens. Caryopsis linearis trigona ventre sulcafa stylo acuminata glabra libera. — Herba cespitosa perennis.

1. **N. stricta** (L. Sp. 77) perennis dense cespitosa, foliis glaucescentibus rigidulis tenuibus convolutis subulatis radicalibus numerosis, culmis tenuibus erectis folia vix superantibus, spicâ erectâ tenuissimâ laxâ unilaterali, spiculis tenuibus violascentibus erectis, glumellâ scabridâ asperulâ longiuscule et tenuiter aristatâ ♃. Host Gram. II, tab. 4. — Rchb. Germ. fig. 450.

Hab. in pratis siccis alpinis, Græcia in monte Œta Phthiotidis 5500'-6300 (Heldr!), mons Scardus Macedoniæ 2800'-6000' (Griseb. Orph!), Olympus Bithynus (Fritsch!), mons Argæus Cappadociæ 6600' (Bal!), Alpes Caucasi (M. B.), Daghestaniæ 8000'-9600' (Rupr!), Guriæ (Szov!).

Ar. Geogr. Europa fere tota in borealibus campestris in australioribus montana et alpina, Groëlandia.

PSILURUS (Trin. Fund. I, 73).

Spiculæ solitariæ (rarissime binæ) in rachidis excavationibus nidulantes bifloræ flosculo altero sessili hermaphrodito, altero pedicellato plerumque abortivo. Gluma unica triangularis ad spiculæ basin externam sita eâ multo brevior. Glumella et palea dorso rachidem spectantes illa uninervis anguste lanceolata subulato-aristata paleam binervem bicarinatam ciliolatam involvens. Squamulæ binæ inæqualiter bifidæ. Stamen unicum. Stigmata bina subsessilia plumosa lateraliter supra basin floris emergentia. Caryopsis linearis trigona externe carinata hilo lineari notata glabra glumellis adhærens. — Herba annua.

1. **P. nardoides** (Trin. l. cit.) annuus cespitosus, culmis tenuissimis in spicam tenuissimam elongatam remote spiculigeram abeuntibus, spiculis lineari-subulatis in rachidis articulatioribus occultatis, glumâ brevi dentiformi, glumellâ in aristam rectam æquilongam vel longiorem abeunte ⊙. Rchb. Germ. fig. 221. — *Nardus aristata* L.

78. — *Rottbollia monandra* Cav. Ic. I. p. 72, tab. 39. — *Asprella nardiformis* Host Gram. IV, t. 29.

Hab. in collibus aridis, Atticæ (Spr! Heldr!) Thraciæ (Griseb. Janka!), Anatoliæ orientalis ad Smyrnam (Fleisch!), Lyciæ (Bourg!), Ciliciæ (Bal!), Syriæ littoralis (Bll) et interioris ad Aleppo (Ky!), Antilibani in monte Garbi 5000' (Ky!), Palestinæ (Boiss!), Tauriæ (Stev.), Transcaucasiæ (Hoh.).

Ar. Geogr. Regio mediterranea Europæ, Africa borealis.

MONERMA (Pal. Agrost. 116).

Spiculæ solitariæ in rachidis excavationibus immersæ unifloræ rudimento pedicelliformi secundi floris interdum obvio. Glumæ coriaceæ plurinerviæ spiculæ terminalis binæ oppositæ lateralium unica florem obtegens. Flosculus tenuiter membranaceus dorso rachidem spectans, glumella acuta, palea bicarinata bidentata. Squamulæ binæ integræ. Stamina tria. Stigmata bina subsessilia plumosa lateraliter emergentia. Caryopsis oblongo-linearis utrinque convexa hilo lineari-oblongo notata. — Herba annua. — Genus a *Lepturo* glumâ spicularum lateralium unicâ et flosculi quoad axem situ diversum.

1. **M. cylindrica** (Willd. Sp. I, 464, sub *Rottbollid*) annua, radice fibrosâ, culmis sæpius fasciculatis erectis vel ascendentibus inferne sæpe ramosis crassiusculis, foliis linearibus planis demum involutis, spicâ crassâ tereti elongatâ rectâ rarius subincurvâ, spiculis internodio sublongioribus in racheos excavationibus occultatis unifloris, glumis spiculæ terminalis binis oppositis lateralium omnium unicâ coriaceâ lanceolatâ acutâ pungente plurinervi primum patente demum rachidi adpressissimâ et flosculum includente, glumellâ et paleâ hyalino-membranaceis illâ lanceolatâ acutâ ⊙. *M. cylindrica* Coss. et Dur. Exp. Alg. p. 214, — *Lepturus cylindricus* Trin. Fund. 123. — *Rottbollia subulata* Savi. — *Mon. subulata* Pal. Agr. 117 — *Ophiurus subulatus* Link, Rchb. Germ. fig. 224 — *Rottbollia incurvata* Sibth. et Sm. Fl. Græc. l. 72 non L.

Hab. in arenosis et cultis sæpius maritimis vel salsis, Græcia in Peloponneso (Bory!), Ætoliâ ad Missolunghi (Heldr!). Atticâ in monte Parnes (Heldr!), Eubæâ (Wild!), Byzantii (Noë!), Smyrnâ (Fleisch!) et prope Miletum (Bal!), Cypro (Ky. 239!), Egypto in Oasi parvâ (Asch!), Syriâ littorali ad Tortosam (Gaill!), in salsis deserti Sindjar Assyriæ (Haussk!).

Descriptio et Icon *R. incurvatæ* in Florâ Græcâ hûc nec ad *Lept. incurvatum* spectant.

Ar. Geogr. Lusitania, Hispania. Gallia australis, Italia, Istria, Dalmatia, Africa borealis, P. B. Spei.

LEPTURUS (R. Br. Prodr., p. 207. — *Rottbollia* L. ex parte).

Spiculæ solitariæ in rachidis excavationibus immersæ unifloræ, rudimento pedicelliformi alterius floris sæpe addito, vel bifloræ. Glumæ omnium spicularum binæ coriaceæ plurinerviæ in spiculis lateralibus anticæ juxtapositæ post anthesin cum rachide flosculos includentes, in spiculâ terminali oppositæ. Flosculi tenuiter membranacei latere oblique rachidem spectantes, glumella et palea æquilongæ illa concava mutica, palea bicarinata. Squamulæ binæ oblongæ acutiusculæ integræ. Stamina tria. Stigmata bina subsessilia plumosa lateraliter emergentia. Caryopsis oblonga linearis utrinque convexa hilo lineari-oblongo. — Herbæ annuæ.

1. **L. incurvatus** (L. Sp. 1490 sub *Ægilope*) annuus, culmis fasciculatis sæpius brevibus decumbentibus vel ascendentibus basi sæpe ramosis, foliis linearibus angustis planis supremo basi spicæ contiguo, spicâ rigidâ lineari-subulatâ arcuatâ, spiculis internodiis longioribus in racheos excavationibus occultatis unifloris, glumis coriaceis æqualibus lineari-lanceolatis acuminatis 3-5-nerviis flosculum tertiâ vel dimidiâ parte superantibus, glumellâ lanceolatâ acuminatâ, antheris minutis ovato-oblongis ☉. *L. incurvatus* Trin. Fund. 123. — Rchb. fig. 222. — *Rottbollia incurvata* L. fil. Suppl 114. — Cav. Ic. tab. 113. — Host Gram. I, tab. 23.

Hab. in pascuis et arenosis maritimis et salsis interioribus, Peloponnesi (Bory), Eubeæ (Wild !), Macedoniæ (Friv!), Byzantii (Auch. 20)21 Castl), Cretæ (Heldr!), Rhodi (Bourg!), Cypri (Ky. 248!), Ciliciæ (Pér !), Pamphyliæ (Bourg !), Egypti ad Alexandriam (Ehr! Let !), Mesopotamiæ ad Orfa (Haussk !), Transcaucasiæ ad Caspium (Baker !), Persiæ australis ad Kotel Mallu (Haussk !).

Ar. Geogr. Britannia, Belgium, Gallia occidentalis, regio Mediterranea Europæ et Africæ borealis, Madera.

2. **L. filiformis** (Roth Cat. I, 21, sub *Rottbolliâ*) annuus, culmis fasciculatis ascendentibus vel diffusis gracillimis sæpe elongatis, inferne ramosis, foliis linearibus planis demum convolutis, spicâ elongatâ gracili rectâ vel arcuatâ, spiculis internodio subæquilongis in racheos excavationibus occultatis unifloris, glumis coriaceis æqualibus lineari-lanceolatis acuminatis 8-5-nerviis flosculum subæquantibus, glumellâ lanceolatâ acuminatâ, antheris majusculis linearibus ☉. *L. filiformis* Trin. Fund. 123. — Rchb. Germ. fig. 223.

Hab. id arenosis humidis præsertim maritimis Atticæ (Heldr !), Corcyræ (Ball !), Cretæ (Raul !), Cypri (Ky 239 !), Egypti ad Rosettam (Ehr!), quoque in interioribus, Armenia ad Baibut (Bourg!).

Ab affini *L. incurvato* spicâ graciliore, flosculi et glumarum proportione et præsertim antheris distinctus.

Ar. Geogr. Gothia. Dania, Batavia, Germania borealis, Gallia occidentalis et australis, Hispania, Italia, Africa borealis.

3. **L. pubescens** (Bertol. Misc. I, pag 10, tab 40, figt 3, sub *Rottbollid*), annuus, culmis erectis pumilis cito in spicas tenues cylindricas rectas abeuntibus, foliis anguste linearibus puberulis, rachidis pubescentis articulis spiculâ subbrevioribus, spiculis unifloris, glumis coriaceis albo-marginatis anguste lanceolatis acutiusculis dorso convexo elevatim subquinquenervils ad nervos setulis basi subtuberculatis obsitis, glumellâ et paleâ æquilongis hyalinis anguste lineari-lanceolatis hirtulis glumâ subbrevioribus ⊙.

Hab. ad oras Euphratis (Chesney 14!). Vidi in herb. Cand.

A præcedentibus glumis obtusioribus et latioribus ad nervos præsertim tenuiter setulosis diversus.

4. **L. Persicus** (Boiss. Diagn. Ser. I, 13. p. 71) annuus, culmis erectis vel ascendentibus brevibus crassiusculis inferne stricte ramosis foliosis, foliis linearibus retrorsum minute tomentellis, spicâ longâ cylindricâ rectâ, rachide crassiusculâ fragili, spiculis articulis subæquilongis in rachidis excavationibus occultatiæ bifloris vel unifloris, glumis coriaceis adpresse tomentellis vel glabratis oblongo-lanceolatis obtusiusculis nervosis, flosculis æquilongis, glumellâ acutâ ⊙.

Hab. in Persiâ australi (Auch 2914!), Affghaniâ ad Choky (Griff. 514 Journ!). Belutschiâ (Stocks 1138!).

Facies et spiculæ crassæ rectæ *Monermæ cylindricæ* sed characteribus *Lepturo* adnumerandus. Affinis *L. Pannonico* a quo differt pube velutinâ retrorsâ foliorum et spicularum, spicâ et rachide crassioribus, glumis latioribus obtusis. A *L. pubescente* spicis crassioribus, glumis obtusis glabratis vel adpresse hirtis nec subtuberculato-setulosis diversus.

5. **L. Pannonicus** (Host Gram. I, tab. 24 sub *Rottbollid*) annuus, culmis fasciculatis inferne valde geniculatis et ramosis, foliis linearibus planis, spicâ erectâ elongatâ gracili laxâ rachide tenui flexuosâ, spiculis internodio sublongioribus in racheos articulationibus occultatis bifloris, glumis coriaceis æqualibus coriaceis lanceolatis acutis elevatim multinerviis late cartilagineo-marginatis flosculis subæquilongis, glumellâ acutâ, antheris linearibus magnis ⊙. *L. Pannonicus* K[th]. Gram. I, 151. — *Ophiurus Pannonicus* Trin. Fund 131. Rchb. Germ. fig. 225. — *Rottbollia biflora* Roth N. Beitr. 1, 121.

Hab. in salsis interdum inundatis, Thracia inter Philippopolin et Stanimak (Janka!), Traiscaucasiæ ditio Talysch prope Swant (Hoh.).

Ar. Geogr. Regio Danubialis, Rossia australis.

Subtr. III. Elymeæ. B[th]. — Spiculæ ad nodos rachidis binæ vel
pluries collaterales.

HORDEUM (L. Gen. 98).

Spiculæ in racheos excisuris ternæ unifloræ cum rudimento
flosculi secundi, laterales (in nostris spontaneis) stipitatæ masculæ vel neutræ, intermedia hermaphrodita sessilis vel stipitata.
Glumæ binæ angustæ anticæ subunilaterales spicularum trium subcontiguæ involucrum dimidium simulantes. Glumella et palea rachidi
oppositæ, illa concava integra spiculæ intermediæ in aristam producta, palea membranacea bicarinata ad carinas scabra vel ciliolata.
Squamulæ binæ carnosulæ sæpius ciliatæ. Stamina tria. Stigmata
bina sessilia plumosa lateraliter emergentia. Caryopsis oblonga ventre concavo-canaliculata maculâ hilari lineari notata apice pilosa paleæ
sæpius adhærens. — Herbæ annuæ vel perennes.

* Annua.

1. H. Ithaburense (Boiss. Diagn. Ser. I, 13, p. 70) annuum,
culmis erectis elatis, foliis flaccidis linearibus planis attenuato-acuminatis, spicâ elongatâ compressâ angustâ distichâ rachide fragili,
spiculis lateralibus stipitatis masculis muticis, intermediâ sessili
hermaphroditâ aristatâ, glumis omnium a basi anguste lanceolatâ
subulatis dense ciliato-plumosis flosculis lateralibus sesquilongioribus, glumellâ spicularum lateralium muticâ, spiculæ intermediæ in
aristam validam rectam inferne planiusculam margine scabram eâ
multoties longiorem productâ ⊙. *H. Decaisnei* Hort. Par. — *H. spontaneum* C. Koch Linn. XXI, p. 300, ex descript.

Hab. in pascuis, desertis, Arabia petræa Palestinam versus et mons Thabor
Palestinæ (Boiss!), circu Damascum (Gaill!) et inter Palmyram ut Hama
(Bl!), in rupe-tribus ad Orfa et deserto Sindjar Assyriæ (Haussk!), ad Cor-
delio prope Smyrnam (Bal!), in Transcaucasiæ prov. Schirvan (C. Koch) et
inter Baku et Lenkoran (C. A. Mey.), in Persiâ australi ad Persepolin (Ky.
290!) et ad Dalechi (Haussk!), Belutschiâ ad Quettah (Stocks!).

Cl. C. Koch hanc speciem typum spontaneum *H. distichi* esse suspicatur,
ab eo differt spicæ rachide fragili, glumis sæpius villosissimis glumellam
longe superantibus nec eæ æquilongis, aristâ flosculi intermedii validiore et
longiore sæpe semipedali.

2. H. murinum (L. Sp. 126) annuum, culmis pluribus ascendentibus totâ longitudine foliatis, foliis planis latiuscule linearibus
flaccidis, spicâ subcylindricâ densâ demum cernuâ rachide fragili,
spiculis ternis intermediâ sessili rarius stipitatâ hermaphrodita, lateralibus pedicellatis masculis vel neutris, omnibus subæquilatis et
æquilongis, glumis a basi lanceolatâ ciliatâ subulato-aristatis glumellâ

longioribus spicularum lateralium inferiorum sublatiore, glumellâ omnium spicularum lanceolatâ convolutâ in aristam eâ duplo longiorem abeunte ⊙. Host Gram. Austr. I, tab. 22. — Rchb. Germ. fig. 249. — *H. leporinum* Link Linn. IV, p, 133.

Hab. in ruderatis et aridis totius ditionis a Græciâ ad Egyptum! prov. Caucasicas ! Babyloniam ! Persiam (Griff !).

Ar ¡Geogr. Europa tota media et australis a Daniâ et Gothiâ, Africa borealis, in insulis Canariensibus, Americâ.

3. H. ambiguum (Döll in Flor. Brasil. Gram. 231 tab. 57) annuum, culmis pluribus ascendentibus totâ longitudine foliatis, foliis planis latiuscule linearibus pubescentibus flaccidis. spicâ subcylindricâ densâ demum cernuâ rachide fragili, spiculis ternis intermediâ sessili hermaphroditâ lateralibus pedicellatis tertiâ parte breviore et eis angustiore. glumis spicularum lateralium setaceis scabris glumellam subæquantibus, spiculæ intermediæ a basi anguste lanceolatâ subulatis, glumellâ omnium flosculorum lanceolatâ convolutâ in aristam eâ sesquilongiorem abeunte ⊙.

Hab in Cretâ (Sieb. ex cl. Döell). Non vidi.

Ex icone et descriptione *H. murino* valde affine et ab eo spiculis lateralibus intermediâ longioribus et latioribus tantum discedens. An hæc nota sat firma ?

Ar. Geogr. America australis ad Montevideo (ubi prob. introductum).

4. H. maritimum (With. Arr. 172) annuum sæpius cespitosum, culmis geniculato-ascendentibus, foliis linearibus planis pubescentibus flaccidulis, spicâ brevi teretiusculâ densâ rachide parum fragili, spiculis ternis intermediâ sessili hermaphroditâ lateralibus pedicellatis neutris interdum obliteratis, glumis scabris aristatis flosculis 2 3-plo longioribus spicularum lateralium externâ setaceâ interiore semilanceolatâ subulato-attenuatâ, spiculæ intermediæ glumis setaceis, glumellâ lanceolatâ convolutâ in aristam glumis sublongiorem abeunte ⊙. Host Gram. I, tab. 34. — Rchb. Germ. fig. 250.

Hab. in pascuis præsertim salsis et maritimis, interdum autem in regione montanâ, Græcia in Atticâ ad Phalerum (Heldr !) atque in monte Kyllene 4500 (Heldr!), Thracia ad Œnos (Griseb), Creta in maritimis (Raul !) et in montibus. Sphacioticis ad Omalo 4500' (Heldr!), Chios Orph!), Cyprus (Ky! Sintenis sub *H. secalino*!), Syr·a littoralis (Bl!), Mesopotamia (Hausik!) Babylonia ad Mohammera (Noë 52!), Persia australis ad Schiraz (Ky. 299!).

Ar. Geogr. Europa fere tota Rossiâ exceptâ, regio Danubialis, Africa borealis, insulæ Canarienses, America.

* * Perennia.

5. H secalinum (Schreb Spic. 148) perenne cespitosum, culmis gracilibus erectis foliosis. foliis latiuscule linearibus planis. spicâ densâ teretiusculâ. rachide subfragili, spiculis ternis intermediâ sessili hermaphroditâ, lateralibus pedicellatis masculis vel neutris interdum obliteratis, glumis omnibus æquilatis setaceis scabris flosculis duplo longioribus. glumellâ spicularum lateralium breviter, spiculæ intermediæ longe aristatâ ♃. Host Gram. I, tab. 33. — *H. pratense* Huds. Angl. Rchb. Germ. fig. 251.

Hab. in pratis, Cilicia prope Anamour (Per!), regio Golan Palestinæ Transjordanicæ (Wetztein!),Caucasi regio alpina et subalpina 4800'-700' (C. A. M.), Transcaucasia (Hohen!).

Ar. Geogr. Europa media et australis a Daniâ, Gothiâ ad Rossiam australem, Sibiria, Africa borealis, America borealis et australis.

6. H. violaceum (Boiss. et Huet Diagn. Ser. I, 13, p. 70)

perenne cespitosum, collo bulboso-incrassato fasciculos steriles culmosque erectos foliatos edente, foliis linearibus planis abbreviatis, spicis cylindricis tenuibus densis vix compressis violaceo-nigricantibus. axi fragili, spiculis ternis unifloris intermediâ sessili hermaphroditâ lateralibus pedicellatis masculis, glumis omnibus setaceis scabris flosculo vix longioribus, flosculo spicularum lateralium intra glumas stipitato,glumellâ acuminatâ, eâ flosculi intermedii in aristam setaceam eæ æquilongam vel breviorem abeunte ♃. *H. nodosum* M. B. Taur. Cauc I, p. 72 non L. — *H. pratense β nodosum* Griseb. in Led. Fl. Ross.

Hab. in pratis montanis et subalpinis Armeniæ ad Baibut (Bourg!), supra Ortus (Huet!), Caucasi (M. B.). circa Kasbeck (Rehm!), Daghestaniæ montibus 8000'-8500 (Rupr!) in montibus Totschal et Demavend Persiæ borealis (Ky. 5! et 325!), monte Kuh Daëna Persiæ australis (Ky. 684!).

Culmi ¹/₁-2-¹/₁-pedales,spica 1-2-pollicaris 3 ¹/₁ lineas diam.²lata. Affine *H. secalino* differt culmis basi incrassatis, spiculis cum aristâ 3 lineas nec 7-8 lineas longis, lateralium glumellâ mucronatâ nec aristatâ. *H. nodosum* L. est planta dubia prob. *H. secalini* forma.

7. H. bulbosum (L. Sp. 147)

perenne cespitosum, radice fibrosâ, culmis basi bulboso-tumidis vaginis fibrosis cinctis elatis foliosis, foliis linearibus planis elongatis, spicâ subcernuâ lineari elongatâ subcompressâ distichâ, rachide parum fragili, spiculis ternis intermediâ subsessili hermaphroditâ aristatâ lateralibus pedicellatis masculis muticis, glumis spicularum lateralium setaceis glumellâ longioribus, spiculæ fertilis glumis a basi lanceolatâ ciliatâ setaceis glumellâ longioribus, glumellâ flosculi fertilis oblongo-lineari 3-5-nervi in aristam rectam glumis 2-3-plo longiorem abeunti ♃. Ic. Fl. Græc. tab. 98. — Rchb. Germ. fig. 252. — *H. strictum* Desf. Atl. I, 133, tab. 37.

Hab. in herbidis totius Græciæ (Sprun! Heldr!), Macedoniæ (Friv!), Thraciæ (Cast!), insulæ Chios(Orph!), Lydiæ ad Smyrnam (Bal!), Rhodi et Lyciæ (Bourg!), Cypri (Sibth. Ky. 524!), Palestinæ in monte Thabor (Boiss!),Syriæ ad Aleppo (Ky. 175!). Assyriæ in monte Sindjar et Persiæ occid. in monte Kuh Sawers (Haussk!), Tauriæ (Stev!), Transcaucasiæ et ditione Talysch (Hoh! C. A. Mey!).

β. Bourgœi. — Glumella spicularum lateralium acuminata.— *H. Lycium* Boiss. in Bourg. exs. 1860.

Hab. in graminosis circa Adalia (Bourg. 294)·

Ar. Geogr. Regio Mediterranea Europæ et Africæ borealis, Serbia, Turkestania (Regel).

8. H. fragile (Boiss. Diagn. Ser. I, 7, p. 128) perenne cespitosum ad collum vaginatum, radice fibrosâ, culmis erectis tenuibus rigidulis, foliis rigidulis anguste linearibus convolutis, fasciculorum sterilium elongatis erectis, spicâ oblongâ densâ ob aristas divergentes flabelliformi, spiculis quaternis terminali longe pedicellatâ tabescente cæteris hermaphroditis unifloris cum rudimento secundi flosculi aristæformi apice subspathulato lateralibus breviter stipitatis, glumis subulatis ciliato-scabris erecto-patentibus flosculis sesquilongioribus, glumellâ lanceolatâ convolutâ villosulâ in aristam tenuem eâ 3-4-plo longiorem glumas superantem attenuatâ ♃. *Elymus fragilis* Boiss. in Ky. pl. Pers.

Hab. in rupestribus alpinis, Armenia Turcica ad Baibout (Bourg!) ad Haho (Huet!), montes Avroman et Schahu Kurdistaniæ 10000' (Haussk!), montes Nur et Sawers Persiæ australis 4500' (Ky. 375!), montes prov. Aderbidijan (Auch. 5410! Szov!).

Pedale, folia fasciculorum 8-10 pollices longa, spica cum aristis 2-3-pollicaris, spiculæ sex lineas longæ, aristæ tenuissimæ flexuosæ 1 ¹/₂-pollicares. Species fere æquo jure *Elymo* et *Hordeo* adnumeranda, huic tamen potius ob spiculas laterales breviter stipitatas associanda.

Species non satis nota.

H. hirsutum (Bertol. Misc. I, 421, tab. 46, fig. 5-6) annuum, culmis brevibus erectis, foliis linearibus planis hirtulis, spicâ ovatâ brevi distichâ hirsutâ, spiculis trifloris, glumis lineari-subulatis dorso nervosis subaristatis flosculis brevioribus, flosculo intermedio fertili lateralibus sterilibus uniglumellatis, glumellâ lanceolato-lineari canaliculatâ apice breviter subulato-aristatâ hirsutâ ⊙.

Hab. ad oras Euphratis (Chesney 196). Non vidi.

Descriptio et Icon incompletæ de spicularum secus axin dispositione silent. Au *Hordeum?* Icon plantam *Agropyro Orientali* similem exhibet.

ELYMUS (L. Gen. 96).

Spiculæ in racheos exsicuris 2-4. omnes sessiles et fertiles 2-pluriflloræ vel unifloræ cum rudimento flosculi secundi. Glumæ binæ antico-laterales involucri ad instar spicularum glomerulum antice cingentes Glumella· et palea rachidi oppositæ, illa concava integra mutica vel aristata, palea membranacea bidentata bicarinata ad carinas scabra. Squamulæ binæ semiovatæ ciliatæ. Stamina tria. Stigmata bina sessilia lateraliter emergentia. Caryopsis paleis adnata lineari-oblonga ventre canaliculata hilo lineari, apice pilosa. ⊙ Herbæ annuæ vel perennes. — Genus *Hordeo* nimis affine ab eo aptius charactere spicularum omnium sessilium et fertilium quam numero variante flosculorum distinctum.

* Perennes.

1. E sabulosus (M. B. Taur. Cauc. I, 81) perennis cespitosus rhizomate stolonifero, culmis crassissimis elatis foliosis, foliis linearibus elongatis erectis rigidis demum convolutis, spicâ elongatâ confertâ, spiculis ternis vel quaternis 3-4-floris racheos internodio sublongioribus, glumis lanceolatis rigidis canaliculatis obsolete trinerviis acuminato-subpungentibus spiculæ subæquilongis. glumellâ oblongo-lanceolatâ concavâ 3-5-nervi acutiusculâ inferne velutinâ superne glabrâ ♃. *E. arenarius* Pall. non L. — *E. giganteus* var. *sabulosus* C. A. M. Enum. p. 26.

Hab. in arenosis maritimis Tauriæ (Stev!), ad littora Caucasica maris Nigri (Nordm.) et Caspii) C. A. M.).

Planta 2-4-pedalis. Species nimis affinis *E. arenario* a quo spiculis subbrevioribus et glumellâ parte superiore glabrâ tantum differt.

Ar. Geogr. Rossia australis.

2. E. excelsus (Turcz. Cat. Baic, N° 1302) perennis, glaber, radice fibrosâ, culmo elato folioso, foliis linearibus planis acuminatis rigidulis, spicâ gracili erectâ, spiculis geminis 3-6-floris, glumis lanceolatis 5-7-nerviis in aristam eis breviorem abeuntibus spiculâ brevioribus, glumellâ lanceolalâ superne obsolete quinquenervi scabriusculâ in aristam tenuem eâ longiorem attenuatâ ♃.

Hab. ad ripas humidas rivorum vallis Kurrum Affghaniæ 7500'(Aitch. 754!).

Specimina Sibiricis similia. Facies *E. Europæi*, spica longior et paulo crassior.

Ar. geogr. Dahuria.

3. E. Europæus (L. Mant. I, p. 35) perennis, viridis, rhizomate brevi fibroso, culmis elatis versus nodos puberulis, foliis linearibus acutis planis elongatis ad vaginas villosulis, spicâ rigidâ cylindricâ, spiculis ternatis bifloris vel unifloris cum rudimento flosculi secundi, glumis spiculâ brevioribus subulato-aristatis erectis uninerviis basi connatis, glumellâ scabrâ trinervi in aristam eâ duplo longiorem attenuatâ ♃. Host Gram. I. tab. 28. — Rchb. fig. 246. — *Hordeum sylvaticum* Huds. Angl.

Hab. in sylvaticis in ditione rarus, Pontus Lazicus in sylvâ *Abetis Orientalis* supra Khabackar 5700' (Bal!), in Caucaso (M. B. C. Koch).

Ar. Geogr. Europa borealis et media ad Galliam, Italiam, regionem Danubialem usque.

4. E. junceus (Fisch. in Mem. Mosq. I, p. 45. tab. 4) perennis glaucus cespitosus, radice fibrosâ, culmis pluribus erectis remote et breviter foliosis, foliis anguste linearibus rigidis demum plus minnsve involutis, spicâ elongatâ angustâ, spiculis geminis vel ternis 2-3-floris internodio longioribus, glumis a basi lineari-setaceis obsolete uninerviis, glumellâ glumis subduplo longiore oblongo-lanceolatâ acutâ vel breviter acuminatâ a basi quinquenervi pubescente ♃.

Hab. in regno Cabulico propel Yonutt (Griff. Journ. 1004!).

Bi-tripedalis, folia eis *E. Europæi* multo angustiora et demum convoluta, spica angustior, flosculi breviores non aristati.

Ar. geogr. Rossia australis, Turcomania, Sibiria Altaica.

5. **E. Cappadocicus** (Boiss. et Bal. in Bull. Soc. Bot. Fr. 1857. — Diagn. Ser. II, 4, p. 143) perennis glaber glaucus, rhizomate longe stolonifero, culmis tenuibus breviusculis remote foliatis, foliis rigidulis linearibus elongatis turionum sterilium elongatis culmeis brevibus, spicâ brevi anguste lineari subcompressâ, spiculis inferioribus geminatis cæteris alternis 1-2-floris cum rudimento pedicelliformi secundi vel tertii flosculi, glumis lineari-subulatis enerviis scabris flosculo æquilongis, glumellâ oblongo-lanceolatâ superne obsolete 3-5-nervi in mucronem attenuatâ glabrâ ♃.

Hab. in pratis salsis Cappadociæ 2 leucis inter septentrionem et occidentem a Cæsareâ distantibus (Bal. 853!) Fl. Julio.

Facies *Agropyri repentis* formæ macræ, culmi pedales vel breviores, spica 1-1/2-2-pollicaris tres lineas tantum lata 10-12-spiculata, spiculæ 4 lineas longæ. Affinis *E. junceo* a quo distat culmis tenuibus humilibus, spicis brevibus angustis, glumellâ glabrâ subenervi et præsertim spiculis superioribus solitariis quo charactere a congeneribus distat.

6. **E. caduous** (Munro Mss. ex Aitch. Cat. in Journ. Linn. Soc. XVIII, p. 110 sub *Hordeo*) perennis cespitosus, culmis elatis rigidis, foliis strictis rigidis linearibus demum subconvolutis multinerviis breviter velutinis, superiorum laminâ brevissimâ, spicâ oblongo-cylindricâ, axi fragillimâ, spiculis ternis sessilibus unifloris hermaphroditis cum quartâ masculâ longe pedicellatâ, glumis subulatis patule hispidissimis erecto-patentibus flosculis sesquilongioribus, glumellâ lanceolatâ obsolete quinquenervi in aristam breviter ciliato-scabram glumis sesquilongiorem abeunte ♃.

Hab. in planitiebus ad Yonutt Affghaniæ (Griff. Journ. 1011), valle Kurrum ad Karatigah et Seratigah 9-11000' (Aitch. 815!).

Culmi 2-2 1/2-pedales, spica 2-2 1/2-pollicaris ob glumas divergentes hispidas plumosa, spicula cum aristis pollicem et amplius, glumella 5 lineas longa. Ob spiculas laterales sessiles hæc species meo sensu *Elymo* nec *Hordeo* adnumeranda est. *E. lanuginosus* et *E. mollis* Trin. spica villosâ quoque donati spiculis plurifloris etc. longe differunt.

* * Annui.

7. **E. Caput Medusæ** (L. Sp. 223) annuus, radice fibrosâ, culmis gracilibuo modice elatis rigidulis, foliis anguste linearibus planis

acutis. spicâ subnutante oblongâ aristis longissimis plus minus divergentibus horridâ rachide tenaci glabrâ, spiculis præter infimas interdum solitarias geminis hermaphroditis sessilibus unifloris cum rudimento, glumis subulatis rigidis flosculum multo superantibus erecto-patulis vel patentissimis, glumellâ lineari scabridâ subtrinervi in aristam eâ glumarum validiorem et longiorem inferne complanatum extrorsum arcuatam abeunti ⊙. Schreb. Gram. t. 24. — *E. crinitus* Schreb. Gram. tab. 24, fig. I (forma glumis abbreviatis minus divaricatis). — Host Gram. I, tab. 27. — Fl. Græca, t. 96. — Rchb. Germ. fig. 244-245. — *E. intermedius* M. B. Taur. Cauc. I, 82 (forma glumis abbreviatis magis erectis). — *E. platyatherus* Link (ex Asch.). — *Hordeum jubatum* D. C. Fl. Fr. non L.

Hab. in arenosis rupestribus fere totius ditionis, Græciâ (Sprun! Heldr!), Thraciâ (Janka!), Byzantii (Cast!), Lydiâ ad Smyrnam (Sibth.), Pisidiâ et Ciliciâ Trachæâ (Heldr!), Syriâ ad Damascum (Gaill!), Palmyram (Bll). Aleppo (Ky!), Mesopotamiâ Haussk!), Armeniâ ad Erzerum (Huet!), Tauriâ (Stev.), Transcaucasiâ (C. A. M.! Hoh!), Persiâ boreali (Bge!) et australi (Ky. 810!), Affghaniâ (Griff!).

Ob spiculas sessiles binas et laterales non stipitatas *Elymo* aptius quam *Hordeo* adnumerandus.

Ar.. Geogr. Europæ regio Mediterranea, regio Danubialis, Turkestania, Africa borealis.

8. E. Delileanus (Schult. Mant. 2, 424) annuus cespitosus

radice fibrosâ, culmis pumilis ascendenti-geniculatis foliatis, foliis linearibus acuminatis planis flaccidulis ciliatulis supremo spicam sæpe æquante vel superante, spicâ strictâ oblongâ densâ, rachide fragili setis albis dense barbatâ, spiculis geminis distichis sessilibus bifloris flosculo altero lineari neutro longe pedicellato, glumis coriaceis lanceolato-aristatis erectis trinerviis scaberrimis, glumellâ coriaceâ oblongo-lanceolatâ concavâ subquinquenervi scabrâ in aristam planiusculam glumas æquantem erectam attenuatâ ⊙. *E. geniculatus* Del. Eg. tab. 13, fig. 1, non Curt. — *E. rhachitrichus* Hochst. in Ky. exs. 1843. — *Crithopsis rhachitricha* Jaub. et Sp. Ill. Or. tab. 321. — *E. subulatus* Forsk. Eg. Arab. p. 26? (ex diagnosi nimis incompletâ).

Hab. in lapidosis et agris incultis, Egyptus in agris prope Alexandriam ubi a recentioribus non lectus (Delile), Palestina inter Hierosolymam et Jericho atque in vallibus Ephraim (Boiss!), in montosis ad Damascum (Gaill!), inter Hama et Palmyram (Bl!), Aleppi (Ky, 130!) et inter Aleppo et Aintab (Haussk!), Assyriâ ad Mossul (Noë!), Persiâ australi ad Schiraz (Ky. 301!).

Culmi 3-6-pollicares, spica 1-2-pollicaris.

CLASS. III. GYMNOSPERMÆ

ORD. CXLII. CONIFERÆ.

(Juss. Gen. 411).

Flores unisexuales amentacei perigonio destituti. *Masc.* Antheræ bractearum basi adnatæ sæpius sessiles vel secus amenti ebracteati axin dispositæ. *Fem.* Ovula bina raro plura nuda vertice pertusa ad basin internam squamarum amenti (ovariorum squamiformium) sita vel in involucro carnoso apice pervio solitaria vel bina. Semina nuda albuminosa erecta vel inversa, embryone axili recto antitropo, coty-ledonibus sæpius pluribus verticillatis. — Arbores vel frutices.

Tr. I. ABIETINEÆ Rich.

Flores monoici. Amenta mascula terminalia vel axillaria. Bracteæ plurimæ axi spiraliter insertæ. Stamina sub unâquaque bracteâ bina, filamenta brevissima, antheræ (in nostris) biloculares connectivo apice in aristam vel gibbum abeunte. Amenta feminea squamis spira-liter imbricatis bracteâ sæpius adnatâ stipatis constantia, ovula sub quâvis squamâ gemina collateralia in basi squamæ extus adnata. Strobilus squamis plurimis axi spiraliteri nsertis persistentibus vel demum ab axi solutis constans. Semina bina collateralia pendula alata vel aptera. — Arbores foliis linearibus vel planis vel com-presso-triquetris, semiteretibus vel subtetragonis.

PINUS (Tourn. Link. — Subgenus *Pinus* Endl. Conif. p. 137. — Parlatore in D. C. Prodr. 16, p. 378).

Amenta mascula oblonga vel cylindrica basi squamulis involu-crata in infimâ ramulorum novellorum parte congesta. Antherarum loculi longitudinaliter dehiscentes. Amenta feminea in arboris parte superiori in ramulis subterminalia vel lateralia. Strobili secundo vel tertio anno rarius primo anno maturantes. Squamæ persistentes coriaceæ vel lignosæ apice in apophysim pyramidatam vel dimidiatam abeuntes, *umbone* in apophysi dorsali vel terminali. — Arbores floratione vernali, foliis 2-pluribus fasciculatis, fasciculis basi squamulis minutis scariosis involucratis. Canales resiniferi intra folium longitudinales, vel epidermidi contigui et tunc *periphœrici* dicti, vel in medio parenchymate et tunc *parenchymatosi*, vel tandem fasciculo ventrali vasculari proximi et tunc *interni*.

SECT. I. PINASTER Engelm. Revis. Pin. p. 16. — Squamarum strobili apophysis superne dilatata umbone dorsali. Fasciculi di-vel triphylli. Strobili secundo interdum tertio anno maturantes.

* Foliorum ductus resiniferi periphærici.

+ Strobili subterminales. — Folia gemina serrulata vaginis persistentibus.

1. P. Pinea (L. Sp. 1419) elata comâ umbraculiformi ramis horizontalibus, foliis geminis longis tenuibus rigidiusculis erecto-patentibus, amentis masculis numerosis oblongis in spicam oblongam crassam congestis, antheris cristâ orbiculatâ superatis, strobilis solitariis vel geminis subsessilibus horizontalibus vel subreflexis maximis ovatis obtusis tertio anno maturantibus, squamarum apophysi crassâ rhomboideâ depresse pyramidatâ nitidâ annulis quadratis concentricis elevatis notatâ umbone parvo depresso, seminibus magnis obovatis fere apteris, testâ osseâ. — Rchb. ♃. Germ. fig. 1135. — Lamb. Pin. t. 6-8.

* Hab. in arenosis et collibus maritimis, Peloponnesus (Sibth. Heldr!), Macedonia in Peninsulâ Athoâ (Griseb.), Anatolia maritima (Tchih.), Syria in regione littorali (Ky. 528! Post!). Ex cl. Heldr. in Cretâ non spontanea videtur.

Ar. Geogr. Regio mediterranea totius Europæ et Africæ borealis, Madera, insulæ Canarienses.

2. P. sylvestris (L. Sp. 1418 excl. var.) excelsa comâ subrotundâ, ramis horizontalibus, foliis geminis glaucis brevibus subcontortis, amentis masculis numerosis parvis in spicam ovato-conicam dense congestis, antherarum connectivo in dentes paucos abeunte, strobilis 1-3 in pedunculo uncinato pendulis parvis maturis conicis anno secundo maturantibus opacis, apophysi subrhombeâ depressâ transverse carinatâ parte dimidiâ inferiore depressiori, umbone brevi recurvo, alis semine triplo longioribus. testâ membranaceâ ♃. Rchb. Germ. fig. 1127. — *P. Pontica* et *P. Armena* C. Koch in Tchih. As. Min. II, p. 497 et 499. — *P. Kochiana* Kl. Linn. XXII, p. 296.

Hab. in regione subalpinâ et alpinâ Macedoniæ in Scardo (Griseb!), Anatoliæ borealis (Tchih !) Ponti supra Trapezuntem (Ky! Bal.), Ponti Lazici (nec Laristan Persiæ) (Herb. Boiss!), Tauriæ (Stev.!), Caucasi (C. A. Mey, Rehm!), montibus Imeretiæ et Guriæ (Ledeb), Cartiliniæ (Szov!).

Ar. Geogr. Europa arctica borealis et media ad Hispaniam, Italiam mediam, Dalmatiam et regionem Danubialem usque, Sibiria, Davuria.

3. P. montana Durol Obs. bot. p. 42) humilis ramis crebre verticillatis ascendentibus, foliis geminis brevibus rigidis subpatulis rectis vel curvalis breviter mucronato-pungentibus, amentis masculis numerosis, strobilis solitariis vel 2-3 verticillatis demum horizontalibus vel subpendulis subsessilibus ovato-conicis obtusiusculis, apophysi subrhombeâ planiusculâ vel elevatim pyramidatâ umbone lato mutico vel mucronato fasciâ nigricante circumdato, alis semine 2-5-plo longioribus ♂. *P Mughus* Scop. — *P. pumilio* Hænke.

Hab. in monte Perimdagh Macedoniæ in consortio *P. Peuce* (cl. Janka in litt), in declivitate montis Rilo Thraciæ (Pancic).

Ar. Geogr. Pyrenæi, Apennini, Alpes, Dalmatia.

+ + Strobili laterales.

× Folia gemina vaginis persistentibus.

4. P. Halepensis (Mill. Dict. N° 8) modice elata, comæ effusæ ramis subverticillatis erecto-patulis, foliis geminis tenuissimis subflaccidis margine scabriusculis, amentis masculis breviter cylindricis fasciculato-capitatis, antheris cristâ superatis, strobilis solitariis vel 2-3 verticillatis in pedunculo crasso reflexis oblongo-conicis obtusiusculis secundo anno maturantibus læviusculis, apophysi planiusculâ transverse leviter carinatâ umbone transverse latiore vix prominenti, seminibus parvis oblongis alâ suâ 3-4-plo brevioribus testâ tenerâ ♂. Ic. Rchb. Germ. II 33. — *P. maritima* Lamb. Pin. tab. 6. — Rchb. Germ. fig. 1134 non Ait. = *P Abchasica* Fisch. Mss. — *P. pithyusa* Strangw.?

Hab. in collibus siccis regionis inferioris totius Græciæ et insularum (Sibth! Heldr! Orph!), Macedoniæ (Friv.), Thraciæ ad Byzantium (Noël), Cretæ (Heldr!), Anatoliæ occidentalis et australis (Ky!), Syriæ littoralis (Gaill!) Palestinæ (Ky!), in Egypto prope Alexandriam (Ky! sed an sponte?), Transcaucasiâ in Abchasiâ (Nordm.).

Ar. Geogr. Regio mediterranea totius Europæ a Lusitaniâ, Africa borealis.

5. P. Brutia (Ten. Syll. p. 477) modice elata, comæ effusæ ramis subverticillatis erecto-patulis, foliis geminis longis crassiusculis rigidis margine subscabris, amentis masculis breviter cylindraceis fasciculato-capitatis, antheris cristâ superatis, strobilis 3-6 verticillatis subsesssilibus erecto-patulis oblongo-conicis obtusiusculis

læviusculis secundo anno maturantibus, apophysi planiusculâ transverse plus minusve elevatim carinatâ, umbone transverse latiore vix
prominenti, seminibus parvis oblougis alâ suâ pluries brevioribus ♂.
Ic. Ten. Nap. 200. — *P. Pyrenaica* Parl. Fl. Ital. et D. C. Prodr.
ex parte non Lapeyr. — *P. Carica* Don Ann. Nat. Hist. Ser. I, 7,
p. 458.

Hab. in regione montanâ, Creta supra Askyphous Heldr!), montes insulæ
Chios (Orph! sub *P. Halepensi*), Rhodus (Bourg!), montes Pamphyliæ supra
Adalia (Bourg! sub *P. Halepensi*), Ciliciæ supra Gülek (Ball), Tauri Lycao-
nici monte Anemas. (Heldr!), Cataoniæ monte Akkerdagh (Haussk!), Libano
infra Eden 3-4000' (Ky. 363!) Ponto supra Samsun (Tchih!), Persiâ boreali
(Buhse!), Affghaniâ occid. inter Herat et Tebbes (Bge!).

Proxima *P. Halepensi* sed specifice distincta videtur, folia crassiora rigidiora, flores masculi duplo majores Engelm.), coni sessiles et crassiores non
penduli. congesti nec subsolitarii. Hæc species cum *P. Laricione* sæpe confusa in Pyrenæis non crescit, *P. Pyrenaica* Lap. ex loco natali est varietas
foliis subtenuioribus *P. Laricionis*.

Ar. Geogr. Montes Italiæ australis.

+ + Folia terna vaginis deciduis.

6. P. Gerardiana (Wallich in Lamb. Pin. Ed. III, tab. 79) elata
comâ dilatatâ, ramis erecto-patulis. cortice albâ, foliis ternis glaucescentibus erecto-patulis compresso-triquetris brevibus rigidiusculis
pungentibus, amentis masculis ovatis dense fasciculato-capitatis,
ântherarum cristâ suborbiculari, strobilis pedunculo brevi crasso
suffultis erectis ovato-oblongis obtusis magnis longis, apophysi con-
vexo-planâ pyramidatâ recurvâ umbone valido acuto, seminibus
magnis alâ eis breviore superatis ♂. Royl. Himal. tab. 85, fig. 2.

Hab. in regione alpinâ districtûs. Hariab et Kost Affghaniæ orientalis 7-
11000' (Aitchis!).

Arbor 50-60-pedalis, strobili 7-9 pollices longi. Semina edulia 10 lineas
longa.

Ar. Geogr. Himalaya occidentalis.

* * Foliorum ductus resiniferi parenchymatosi.

+ Strobili subterminales. Folia gemina.

7. P. Laricio (Poir. Dict. Encycl. V, p. 339) excelsa, comâ subpyramidali ramis verticillatis patulis subhorizontalibus apice assurgentibus, foliis geminis viridibus longis patulis rigidiusculis. amentis
masculis cylindraceis elongatis obtusis, antherarum appendice cris-
tatâ. strobilis solitariis vel 2-4-verticillatis sessilibus horizontalibus
ovato-conicis acutiusculis, apophysi convexâ nitidâ rhombeâ transverse et acute carinatâ dimidiâ parte inferiori depressâ lineâ longitu-

dinali vel subternis radiatis elevatis obsitâ, umbone transverse latiore planiusculo vel depresso sæpe mucronato, alâ semine triplo longiore ♂. Rchb. Germ. fig. 1131. — Lamb. Pin. tab. 4. — *P. maritima* Ait. Kew. V, p. 315 non Lamb. — *P. nigricans* Host Austr. II, p. 628. — *P. Austriaca* Höss. — *P. Pallasiana* Lamb. p. 11, tab. 5. — *P. Fenzlii* Ky. et Antoine Mss. — *P. Parolinii* Visian. Ill. Pad. Mem. 3, p. 7, tab. I. (ex clari Parlatore in D. C. Prodr. sententiâ; cl. C. Koch autem in Verhandl. Brandenb. XVII, p. 41 arborem typicam Horti Patavini *P. Halepensi* adscribit).

Hab. in sylvis regionis montanæ et subalpinæ, Græcia in monte Taygeto 4500'-6000' (Heldr!), montibus Malevo et Kyllene (Heldr! Orph!), Parnasso (Sart.), Olympo Thessalo (Heldr!), Eubæâ (Unger), Macedoniâ in monte Athone (Griseb. Orph!), Bithyniâ in Olympo (Griseb. Barbey!), monte Idâ Troadis (Parol.), monte Tmolo Lydiæ (Boiss!), Tauro Isanrico 4-5000' (Heldr!), Tauro Cilicico 3800'-6000' (Ky!), monte Berytdagh Cataoniæ (Haussk!), monte Troodos Cypri 4-6000' (Heldr!).

Species foliis tenuioribus, strobilis minoribus, apophysi squamarum depressâ vel convexiore ludens. Hûc ut formam *leptophyllam* cl. Christ recte ut videtur adducit *P. Pyrenaicam* Lapeyr. — *P. Salzmanni* Dunal.

Ar. Geogr. Hispania orientalis, Gallia australis, Corsica, Italia australis et Sicilia, Austria, Istria, Dalmatia, Bosnia, Serbia, regio Danubialis.

Obs. *P. Pinaster* Solander ex confusione cum *P. Laricione* in Græciâ indicata fuit, illa est species occidentalis in Hispaniâ, Galliâ australi, Italiâ ad Apennini occidentem, Africâ boreali crescens sed in regionibus magis Orientalibus non observata, strobilis lateralibus duplo majoribus pedunculatis, apophysi elevatim pyramidatâ in umbonem compressum acutum subpungentem tandem deciduum abeunti, seminibus duplo majoribus, etc. a *P. Laricione* diversa.

8. **P. leucodermis** (Antoine Diar. Bot. Austr. 1864) parum excelsa, ramis dense foliosis, foliis geminis longis crassiusculis arcuatis, amentis masculis.., strobilis solitariis vel binis sessilibus longe conicis superne valde attenuatis, apophysi leviter convexâ concolore acute carinatâ in medio excavatâ et umbone parvo acuto recurvo obsitâ ♂. *P. Heldreichii* Christ Europ. Abiet. p. 11.

Hab. in Olympo Thessalo ubi cum *P. Laricione* et *Abete Apollinis* crescit (Heldr.) Incolis ΠιμταLα.

Hujus speciei specimen mihi quondam ab am. Heldreichio missum infausto casu amissum fuit, hanc igitur ex notis cl. Christ et Heldreichii describo. Cl. Parlatore hanc cum *P, Laricione* conjungit, sed ex cl. Heldreich longe distat staturâ humiliori, foliis crassioribus, strobilis multo minoribus (2 ½ pollices longis), apophyseos formâ. Ex cl. Christ sententiâ magis affinis est *P. montanæ* Mill. — *P. Pumilioni* Hænke quæ tamen differt staturâ valde pumilâ et apophysi suprâ umbonem zonâ nigrâ notatâ nec concolori. Ex cl. Nyman estsubspecies *P. nigricantis* Host.

Ar. Geogr. Dalmatia, Montenegro, Herzegovina, Serbia.

SECT. II. STROBUS (Sweet. — Squamarum strobili apophysis dimi-
diato-pyramidata tenuior umbone in margine superiori
sito. Fasciculi pentaphylli vaginis deciduis. Semina (in
nostris) alata et ductus resiniferi foliorum periphærici.
Strobili primo anno maturantes subterminales.

9 **P. excelsa** (Wall. Pl. As. rar. tab 201) elata, comæ pyramidalis ramis verticillatis, foliis quinis prope apicem ramulorum confertis tenuiter filiformi-triquetris longis ad angulos serrulato-scabris,
amentis masculis oblongo-cylindricis obtusis, strobilis in pedunculo
longiusculo pendulis cylindraceis obtusis, squamis cuneatis coriaceis,
apophysi rhombeâ lævi convexâ longitudinaliter subcarinatâ umbone
terminali late et obtuse conico transverse latiore, alâ semine duplo
longiore ♂. Lamb. tab. 26. — Gard. Chron. 1883, p. 249, tab. 35.

Hab. in valle Kurrum Afghaniæ orientalis 7-11000' (Altch.).

Ar. Geogr. Totum jugum Himalaicum.

10. **P. Peuce** (Griseb. Spic. Rumal. II, p. 349) modice elata a basi
pyramidatim ramosa ramis erecto-patulis, foliis quinis strictis secus
totum ramulum dense congestis tenuiter filiformi-triquetris breviusculis ad angulos serrulato-scabris, amentis masculis..., strobilis brevissime pedunculatis nutantibus vel pendulis oblongis obtusis,
squamis cuneatis in apophysin latam subrhombeam convexam longitudinaliter sulculosam abeuntibus, umbone terminali transverso
latiore depresse conico alâ falcatâ semine 3-4-plo longiore ♂. Ic. Flora
1865, tab. 2, Gard. Chron. 1833, p. 245, fig. 34. — *P. excelsa* ex
parte Parl. in D. C. Prodr.

Hab. in regione montanâ et subalpinâ Macedoniæ 2400'-6000', mons Peristeri (Grisebl Orph. Fl. Gr. exs. 762!), mons Perimdagh supra Nevrekop
(Janka!), mons Rilo Thraciæ (Paucii!).

Affinis *P. excelsæ* a quâ tamen differt foliis brevioribus in ramulo toto persistentibus, strobilis multo brevius pedunculatis abbreviatis 3-4½ pollices nec 6-7
pollices longis, squamis superne sulcatis, seminis alâ longiore, an ejus forma ?
Ex cl. Janka) in litt. arbor montis Perimdagh novam distit speciem (*P. vermi-
cularis* Janka a *P. Peuce* cortice, ramis flexilibus, strobilorum colore, etc., distinctam, de quibus differentiis ex specimine unico non dijudicare queo.

Ar. Geogr. Serbia, Montenegro.

Species valde dubia.

P. Persica (Strangw. in Gard. Mag XV. p. 130) foliis 3-4-nis rigidis squarrosis, vaginis persistentibus laxis, strobilis cylindraceis

obtusis. squamarum apophysi latâ rhombeâ nitidissimâ carinâ transversâ acutissimâ umbone plano, tuberculo minimo supra carinam
percurrentem sito.

Hab. in Persiâ australi.

CEDRUS (Link Linn. XV, p. 537).

Amenta mascula cylindrico-conica terminalia solitaria. Amenta
feminea obovato-obtusa solitaria vel gemina ad ramulorum brevissi-
morum extremitatem. Strobili secundo anno maturantes erecti.
Squamæ persistentes coriaceæ lignescentes planæ margine attenuatæ
transverse latiores obtusissimæ arcte imbricatæ. Semina alata. Arbores proceræ floratione autumnali, foliis in apice ramulorum 30-40
verticillatis, persistentibus.

1. **C. Libani** (Barr. Ic. 499. — Link Linn. XV, p. 537) excelsa,
comâ subpyramidali interdum umbraculiformi ramis horizontalibus,
foliis subpollicaribus subtetragonis rigidis acutis, strobilis ovatis
vel ovato-oblongis apice umbilicatis, squamis holosericeo-sub-
lanatis, bracteis parvis squamâ multo brevioribus. seminibus obovatis alâ subquadratâ multo brevioribus ♂. *Pinus Cedrus* L. Sp. Lamb.
Pinus tab. 3fl. — *Larix Cedrus* Mill.

Hab. in regione montanâ et subalpinâ Anatoliæ meridionalis in montibus
Cariæ (Pinard !) Lyciæ in monte Akdagh (Bourg!). Pisidiæ in montibus
Olklatschi et Davrosdagh (Heldr !), Isauriæ (Tchih !), Tauri Cilicici ubi sylvas
extensas cum *Abete Cilicicâ* et *Junipero fœtidissimâ* 4-6500 format (Ky! Bal !),
Antitauri (Tchih.). Cataoniæ monte Berytdagh 6000' (Haussk!), Libano
supra Eden ubi sylvula fere 400 arborum adhuc exstat (Lab. Ehr!.Boiss! Ky),
etc.), supra Hâdet, et in monte Gebel Baruk Libani australis (Bl. in litt.) Turcis *Kateran Bujus.*

Arbor 80-120-pedalis. Strobili 3 ¹/₂-4 pollices longi. Variat in iisdem locis
foliis viridibus vel argenteo-glaucis.

β. *brevifolia.* — J. D. Hooker Journ. Bot. 1880, p. 31. — Folia
abbreviata. Strobili minores. Ex cl. J. D. Hooker hæc forma strobilis
immaturis nondum sat nota ad *C. Atlanticam* accedere videtur.

Hab. in montibus insulæ Cypri inter Kyller et Krysokus (Baker).

2. **C. Deodara** (Roxb. Ined. in Lamb. Pin. 98, tab. 52 sub *Pino*)
excelsa comâ pyramidali conicâ ramis inferioribus subdeflexis superioribus patulis. ramulis elongatis pendulis. foliis bipollicaribus
tenuibus subtetragonis rigidiusculis acutis, strobilis ovato-oblongis
obtusis dorso glabriusculis, bracteis squamâ multo brevioribus, seminibus obovatis alâ obovato-triangulari brevioribus ♂. Lamb. Pin.
tab. 46.

Hab. in regione subalpinâ et alpinâ montium distr. Kuiram Affghaniæ
orientalis 7500'-1000J' (Aitch.).

Differt a præcedente comâ elongatim pyramidatâ, ramis pendulis, foliis duplo longioribus, strobili majoris squamis non holosericeis. Cf J. D Hooker aliique botanici eâm ut et *C. Atlanticam* pro varietatibus *C. Libani* habent.

Ar. Geogr. Himalayæ totum jugum.

PICEA (Link Linn. XV, p. 516).

Amenta mascula axillaria et terminalia cylindrico-conica, ad ramulos anni præcedentis sita, antherarum connectivum in cristam circularem expansum, loculi longitudinaliter dehiscentes. Amenta feminea ad ramulorum extremitatem pendula Strobili eodem anno maturantes. Squamæ persistens coriaceæ planæ margine attenuatæ imbricatæ bracteis multo latiores. Semina vesiculis resiniferis destituta alata. — Arbores floratione vernali, foliis persistentibus acicularibus tetragonis rigidis non distichis secus ramulum spiraliter sparsis supra pulvinum durum persistentem articulatis.

1. **P Smithiana** (Lamb. Pin. 3, tab. 88 sub *Pino*) excelsa, comâ pyramidatâ, ramis erecto-patulis ramulis gracilibus pendulis, foliis viridibus confertis subulatis obtuse tetragonis mucronato-pungentibus rigidis patentibus, amentis masculis crassis oblongis obtusis, strobilis magnis solitariis ad ramulos terminalibus subsessilibus pendulis oblongis obtusis, squamis numerosis imbricatis coriaceis late obovatis obsolete striatis margine rotundatis integris vel subfissis, bracteis parvis ovatis squamâ multo brevioribus, alâ obovato-oblongâ semine triplo longiore ƒ *Picea Morinda* Link Linn. XV, p. 522. — *Pinus Khutrow* Royle Ill. p. 353, tab. 84. — *Abies spinulosa* Griff. Journ.

Hab. *Pini excelsæ* socia in sylvis distr. Kurrum et Hariab Affghaniæ orientalis 8000'-11000' (Aitch.).

Facies *P. excelsæ*, rami multo longiores, folia sublongiora rigidiora et pungentia, strobili subminores squamis latioribus apice non attenuatis.

Ar. Geogr. Regio Himalaica tota.

2. **P. Orientalis** (L. Sp. 1421 sub *Pino*) excelsa comâ pyramidali, ramis confertis patentibus, foliis obscure viridibus brevissimis erecto-patulis obtuse tetragonis obtusis, amentis masculis solitariis oblongo-cylindricis, strobilis 1-3-nis sessilibus pendulis cylindrico-fusiformibus, squamis longitudine latioribus orbiculatis obtusissimis, bracteâ obovato-orbiculari squamis multo breviore, alâ obovatâ semine parvo 2-3-plo longiore ƒ Jaub. et Spach Ill. Or. tab. 14. — Lamb. Pin. tab. 14.

Hab. in regione montanâ et alpinâ, montes Troadis, Mysiæ, Galatiæ et Phrygiæ (ex Tchih!), Ponti inter Trapezuntem et Erzerum (Tourn. Ky! Bourg! Bal!), prov. Transcaucasicis Cartaliniâ, Imeretiâ, Guriâ (Stev., Nordm., Szov!), in vallibus Antitauri (ex Tchih.).

Arbor staturâ *P. excelsæ* (quæ in ditione nostrâ non crescere videtur meridiem versus ultra montes regioniⁿ Danubialis et Rossiam mediam non observata) ab eâ distincta foliis 3 ½ lineas tantum longis, strobilis 2 ¼-3 pollices longis multo tenuioribus. *P. Omorika* Pancic ex Serbiâ et Montenegro species affinis sed *P. Ajanensi* Fisch. et *P. Menziezii* Dougl. magis proxima differt foliis paginâ superiore eximie glaucis bisulcis, strobilis abbreviatis, squamis dorso striatis margine eroso-denticulatis. *P. obovata* Ledeb. Sibirica proxima quoque foliis 8-10 lineas longis mucronato-pungentibus curvulis, strobilis majoribus semper erectis, etc. distinguitur.

ABIES (Link Linn. XV, p. 526).

Amenta mascula ovata vel cylindrica ex axillis foliorum anni præcedentis. Antherarum connectivum in gibbum abiens loculis transverse dehiscentibus. Amenta feminea erecta. Strobili eodem anno maturati. Squamæ ad maturationem ab axi deciduæ. Semina alata vesiculis resiniferis crebre obsita. — Arbores floratione vernali, foliis persistentibus subsessilibus plus minus compressis secus ramulos horizontales torsione suprabasilari subdistichis areolæ circulari non elevatâ insidentibus.

1. A. pectinata (D. C. Fl. Fr. III, p. 276) excelsa, comâ pyramidali, ramulis oppositis, foliis distichis et oligostichis brevibus linearibus planis obtusis vel retusis supra viridibus sulco longitudinali percursis subtus carinatis albo-bilineatis, amentis masculis plurimis congestis oblongo-cylindraceis, femineis ad ramulos superiores solitariis erectis, strobilis cylindraceis obtusis, squamis a basi cuneatâ rotundato-dilatatis dorso prope marginem superiorem puberulo-tomentellis transverse sublatioribus, bracteâ stipitatâ lineari-spathulatâ apice denticulatâ et in cuspidem exsertam reflexam squamâ longiorem attenuatâ, seminibus alâ latiusculâ subcuneatâ brevioribus ♃. *Abies alba* Mill. — Ic. Rchb. Germ. fig. 1139. — *Pinus Picea* L. Sp. 1420. — *Pinus Abies* Duroi Obs. p. 39.

Hab. in regione montana et subalpinâ Macedoniæ in monte Perimdagh (Janka in litt.), Anatoliæ borealis, Olympus Bithynus 2500'-4600' (Griseb. Boiss! Barbey! etc.), montes Anatoliæ borealis (Tchih.), provinciæ Caucasicæ Ossetia et Imeretia (M. B. Led.).

Var. β *Equi Trojani*[*] Asch. et Sint. in litt. — Foliis acutatis apice latiusculo subemarginato, strobili oblongo-cylindrici bracteis bene exsertis.

Differt a typo speciei et ab *A. Nordmanniâ* foliis acutatis ea *A. Apollinis* et *A. Cephalonicæ* æmulantibus attamen subemarginatis ; ab hisce speciebus insuper bracteis longius exsertis, ab *A. pectinatâ* typicâ strobilo latiore. Mediante hâc varietate quæ novos transitus inter species enumeratas præbet omnes ulterius forsan in unicam conjungendæ erunt (Aschers.)

Ar. Geogr. Regio montana et subalpina Europæ mediæ et australis a Galliâ et Germaniâ ad Rossiam mediam.

[*] Instar montis *equum* divinâ Palladis arte.
Ædificant sectâque intexunt *abiete* costas (Virg. Æneid. II).

2. A. Apollinis (Link Linn. XV, p; 528) excelsa· trunco· pyramidali fere a basi ramoso ramis horizontalibus superioribus patentissimis, ramulis oppositis, foliis subdistichis· et oligostichis linearibus planiusculis acutis supra viridibus subtus carinatis albo-bilineatis, amentis masculis oblongo-cylindricis ad axillas·lateris inferioris ramulorum congestis, fæmineis ad ramulos superiores solitariis erectis, strobilis longe cylindricis obtusis, squamis a basi cuneatâ et stipitatâ rotundatis transverse latioribus dorso versus marginem velutinis, bracteis stipitatis apice spathulatis in cuspidem inter squamas breviter exsertam reflexam abeuntibus, seminibus alâ cuneatâ· subcompressâ brevioribus. — Ic. Lawson Pinet. Brit. part 5.

Hab. in regione subalpinâ fere omnium montium Græcorum, Taygetus, Malevo, Olenos, Chelmos (Heldr!), Parnes Atticæ (Link, Boiss!), Parnassus (Link), Onion, Citheron, Helicon Bæotiæ, Delphi Eubeæ, Olympus Thessalus (Heldr!), mons Athos Macedoniæ 4500'-5200' (Friv! Griseb.).

β. *Panachaïca.* — Heldr. Gartenfl. 1861,. p. 286). Folia magis plana longius acuminata. Strobili elliptici superne et inferne subattenuati. Forsan *A. Cephalonicæ* magis affinis.-

Hab. in monte Panachaicon Achaiæ supra Patras (Heldr!).

γ. *Reginæ Amaliæ.* — Forma (parte arboris superiore resectâ)· ex ramis lateralibus et ex trunci primarii basi turiones in truncos verticales secundarios demum crescentes edens. — *A. Reginæ Amaliæ* Heldr. Gartenfl. 1860, p. 300 et 1861, p. 286.

Hab. in montibus Mænalus, Madara, Thaumasion et Rhoudia Arcadiæ centralis alt. 2900'-5000' (Held. Herb. Norm. 603!).

Ex cl. Link et Heldreich *A. Apollinis* est species distincta, ex cl. Parlatore et aliis autem conjungitur cum *A. Cephalonicâ* quæ est ipsi nonnisi varietas *A. pectinatæ.* Ex dispositione distichâ foliorum in plantâ cultâ observatâ et bractearum strobili formâ *A. Apollinis* mihi magis affinis videtur *A. pectinatæ* a quâ foliis acutis præsertim differt. Varietas γ proprietate truncos secundarios edendi valde singularis est, sed nec foliis nec strobilis differre videtur. Omnes formæ iterum in locis natalibus investigandæ.-

3. A. Cephalonica (Loud. Arb. Brit. IV, 2325)· excelsa comâ pyramidali ramis horizontalibus superioribus patentissimis, ramulis oppositis, foliis vix distichis linearibus rigidis mucronato-pungentibus suprâ viridibus subtus carinatis late albo-bilineatis, amentis masculis plurimis oblongis ad axillas lateris inferioris ramulorum congestis, femineis ad ramulos superiores solitariis erectis, strobilis cylindraceis obtusis, squamis a basi cuneatâ rotundato-dilatatis transverse latioribus dorso prope marginem tomentellis, bracteâ stipitatâ obcordatâ apice denticulatâ inter lobos cuspide brevi inclusâ auctâ, seminibus alâ cuneatâ subtruncatâ· brevioribus ♂· Ic. Woburn. Pin. tab. 42.

Hab. in monte Ænos· Cephaloniæ· ubi 2500'-5000' regionem sylvaticam format. (Heldr. Herb. Norm. 801!).·

Arboris cultæ facies ob·folia (ramorum inferiorum præsertim) multo rigidiora pungentia subtus intense albo-bilineata ab *A. pectinatâ* valde dissimilis est, bracteæ insuper apiceobcordato-bilobæ cuspide brevi inclusâ auctæ nec spathulatæ insuper in cuspidem exsertam attenuatæ aliam notam differantialem præbent. Cl. Heldreich nunc hanc arborem ut et *A. Apollinis* et ejus formas pro *A. pectinatæ* varietatibus habet.

4. A. Nordmanniana (Stev. Bull. Soc. Mosq. 1838, p, 45, tab. 2)

excelsa comâ pyramidali, ramis horizontalibus verticillatis inferioribus deflexis, foliis subdistichis crebris polystichis longiusculis planis linearibus retusis supra intense viridibus subtus carinatis albo-bilineatis, amentis masculis...., femineis ad ramulos superiores erectis late ovato-conicis, squamis a basi cuneatâ reniformibus transverse latioribus dorso versus apicem tomentellis, bracteis a basi stipitatâ spathulatis fere orbiculatis apice denticulatis et retusis squamæ æquilongis abrupte in cuspidem exsertam reflexam abeuntibus, alâ cuneatâ subrepandâ semine duplo longiore ♃. *A. pectinata* var. Parlat. in D. C. Prodr.

Hab. in regione subalpinâ et alpinâ, Pontus Lazicus in valle Khabackar 6000' (Bal!), Armenia Turcica ad Gumuschkanô (Tchih!), in monte Koschdagh (Huet!), Guria in montibus Adschar et ad fontes Cypri (Nordm), districtus Radscha (Rupr!), in montibus Cartaliniæ (Witm.).

Arbor 80-pedalis et ultra, folia eis *A. pectinatæ* sublongiora et intensius viridia secus ramulos in series numerosiores disposita multo magis conferta et obscurius disticha, strobili majores 5-pollices longi 2 ½-lati, squamæ latiores, bractea amplior elatior retuso-obcordata nec in cuspidem attenuata.

5. A. Cilicica (Ant. et Ky. Œst. Woch. 1853 p. 409)

excelsa, comâ pyramidali, ramis valde approximatis inferioribus horizontalibus superioribus subrectis, ramulis oppositis distichis, foliis longiusculis linearibus planis obtusis retusis supra pallide virentibus subtus glaucescentibus carinatis albo-bilineatis, amentis masculis ad axillas in latere inferiore ramulorum congestis oblongis, femineis ad ramos superiores solitariis erectis, strobilis magnis cylindraceis obtusis, squamis abrupte unguiculatis transverse multo latioribus margine tomentello ad utrumque latus in hamum recurvum abeunte, bracteâ stipitatâ spathulatâ retusâ breviter mucronatâ inclusâ, alâ obovatâ latâ semine sesquilongiore ♃. Fl. des Serres II, p. 67 Ic.

Hab. in regione subalpinâ et alpinâ Tauri Cilicici 4-6500' (Ky.415!), ditione Kassan Oglu (Ky. 91!), Cataoniæ in Antitauro (Tchih.), in monte Berytdagh (Haussk!), Libano (Labill.), ad Danie supra Eden (Ky. 370!). Turcis *Illeden*.

Arbor 45-60-pedalis, folia interdum sesquipollicaria. Strobili maximi 9-10 pollices longi, squamæ transverse sesquipollicares utrinque retrorsum uncinatæ formæ peculiaris.

6. A. Webbiana (Wall. Mss. Lamb. Pin. p. 77, tab. 44)

excelsa, comâ pyramidali, ramis verticillatis horizontalibus, foliis distichis oligostichis elongatis linearibus planis apice bidentatis supra viridibus subtus juxta carinam late niveo-bifasciatis, amentis masculis cylindricis gracilibus, femineis ad ramos superiores solitariis, strobilis erectis oblongo-cylindraceis obtusis intense purpureo-violaceis, squamis unguiculatis late cuneatis transverse latioribus margine ad utrumque latus in hamum obtusum recurvum abeunte, bracteâ a basi lineari dilatatâ fere orbiculari denticulatâ breviter mucronatâ inclusâ, alâ late obovatâ truncatâ semini subæquilongâ ♂. *Abies spectabilis* Spach.

Hab. in sylvis districtuum Kuram et Hariab Affghaniæ orientalis alt. 8000'-11000' (Aitch!).

Arbor 80-100-pedalis, folia 2 pollices et amplius longa colore niveo faciei inferioris elegantia, strobili 6-7 pollices longi, squamæ pollicem latæ.

Ar. Geogr. Regio Himalaica omnis.

Tr. II. CUPRESSINEÆ.

Flores monoici vel dioici. Amenta mascula squamis decussatim oppositis vel ternatim verticillatis constantia. Antheræ 3-5 rarius binæ subglobosæ. Strobili feminei squamæ 4-12 decussatim oppositæ ternatim verticillatæ persistentes vel liberæ aut basi connatæ, fructiferæ peltatæ coriaceæ, vel carnosæ inter se coalitæ. Ovula erecta. Folia opposita.

BIOTA (Endl. Conif. p. 46. — *Thuyæ* sp. L.).

Flores in diversis ramis monoici. Amenta mascula subglobosa squamis decussatis quadrifariam imbricatis subpeltatis subtus 3-4 antheras uniloculares gerentibus. Amenta feminea squamis 6-8 decussatim oppositis constantia infima et suprema sæpe sterilia. Strobilus anno secundo maturescens squamis sublignosis infra apicem mucronatis demum patulis. Semina ad basin squamarum majorum bina collateralia vel abortu solitaria erecta ovato-oblonga subangulata aptera. — Arbor sempervirens facie *Thuyæ* vel *Cupressi.*

1 **B. Orientalis** (L. Sp. 1422 sub *Thuyâ*) arborea, comâ subconicâ, ramis inferioribus subverticillatis superioribus sparsis erectopatulis assurgentibus, ramulis distichis compressis, foliis minimis squamæformibus decussatim imbricatis facialibus planis obovatorhombeis obtusis dorso glandulâ lineari notatis, marginalibus subnavicularibus ovato-oblongis obtusis, strobilis erectis obovato-globosis fusco-violaceis glaucis ♀. *B. Orientalis* Endl. loc. cit. — Rich. Conif. tab. 7, fig. 2. — Sieb. et Zucc. Fl. Jap. tab. 118.

Hab. in Persiâ boreali orientali ad Asterabad et in valle Ketul (spontanea Buhse!), prope Siaret et Sebsewar prov. Khorassan (spontanea quoque Bge!) Persis *Ssoür* audit.

Ar. Geogr. China, Japonia.

CUPRESSUS (Tourn. Inst. p. 358).

Flores in ramis diversis monoici. Amenta mascula oblonga vel oblongo-cylindracea squamis decussatis quadrifariam imbricatis subpeltatis sub stipite staminiferis constantia, antheræ 3-4 sessiles uniloculares. Amenti feminei squamæ 6-13 demum sublignosæ excentrice peltatæ dorso mucronatæ liberæ superiores steriles. Strobilus anno secundo maturescens squamis suborbicularibus angulatis umbonatis margine inter se contiguis arcte clausus demum dehiscens. Nuculæ plurimæ pluriseriatæ ovoideæ vel oblongæ osseæ in alam sæpe expansæ. — Arbores vel frutices sempervirentes facie *Biotæ* vel *Sabinæ.*

1. C. sempervirens (L. Sp. p. 1422) arborea, comâ conico-pyramidali vel effusâ, ramis confertis, ramulis patulis subdistichis compresso-tetragonis, foliis squamæformibus decussatim oppositis arcte imbricatis adpressis ovatis obtusis dorso convexis et impresso-glandulosis, amentis masculis oblongo-cylindraceis, femineis globosis demum horizontalibus vel deflexis, strobilis magnis subpendulis ovatis cinereo-plumbeis, squamis 8-14 apice suborbiculatis umbonatis muticis, nuculis sub quâvis squamâ pluribus oblongis anguste alatis ♂. Ic. Rchb. Germ. fig. 1140. — *C. pyramidalis* Targ. — *C. horizontalis* Mill. Dict. N° 2.

Hab. utraque varietas in regione montanâ (varietas *pyramidalis* sæpius cult.) Creta in montibus Sphacioticis ubi regionem sylvaticam constituit 2-4500' (Heldr! Raul!), Cypri montes (Sint. et Rigo!) insula Melos (Armenis!). Rhodus (Bourg!), Cilicia in collibus Mersina (Bal!), Syria bor. supra Beilan (Haussk!), Libanus regio media 3500-5000' (Lab! Boiss! Gaill!), Persia borealis in montanis (Buhse!), Ibi *Ssärvi Kuhi* audit

Ubique culta et inde loci ubi spontanea crescit sæpe incerti. Var. *umbilicata* Parlat. in D. C. Prodr. 16, p. 469 est modificatio ludibunda umbone squamarum plus minus depresso.

Ar. Geogr. Regio Himalaica (ex Roxb.).

JUNIPERUS (L. G. 1134).

Flores dioici vel in ramis diversis monoici. Amenta mascula globosa vel ovata squamis decussatis vel ternatis laxiuscule imbricatis suborbicularis subtus antheras 3-6 sessiles globosas uniloculares ferentibus. Amenta feminea bracteis paucis adpressis sterilibus basi suffulta. Squamæ 4-6 decussatim oppositæ vel ternatim verticillatæ inter se coalitæ carnosæ, superiores ovula lagenæformia solitaria erecta foventes. Galbulus carnosus indehiscens squamarum margine vel apice interdum subprominentibus costatus apice areolâ depressâ triangulari instructus. Semina 1-3 raro 4-8 erecta angulata aptera distincta vel rarius inter se coalita ossea.

Sect. I. OXYCEDRUS (Spach Ann. Sc. Nat. 2. Ser. XVI, p. 282). Flores dioici. Ramuli triquetri. Folia ternatim verticillata basi articulata libera acicularia pungentia.

1. J. drupacea (Labill. Syr. Déc. 2, p. 14, tab. 8) arborea erecta pyramidata ramis plus minus erectis, ramulis erecto-patulis, foliis patentibus rigidis lanceolatis acerosis supra subcanaliculatis subtus carinatis, amentis masculis in axillis solitariis subsessilibus ovatis erectis, galbulis maximis drupaceis ovato-globosis cæsio-pruinosis, squamis 7-8 trifariam imbricatis margine elevato acuto prominentibus, seminibus in unicum durissimum triloculare connatis ♂. *Arceuthos drupacea* Antoine et Ky. Œst. Woch. 1854.

Hab. in regione montanâ et subalpinâ montis Malevo Laconiæ 3500-4500' (Orph. Fl. Gr. exs. 3921 — Heldr. Herb. Norm. 758!), Tauro Caramanico inter Karaman et Ermenek (Heldr!), Tauro Cilicico in Alpibus Bulghardagh 2000'-5000' (Ky. 408! Bal. 829!), in monte Akkerdagh Tauri Cataonici supra Marasch (Haussk!), Syriâ in monte Cassio (Labill!), Libano ad Cedros (Boiss!) ad Daunie (Reyg!), Antilibano in Hermone 3800' (Ky. 233!). Turcis *Andys* vel *Habhel*, Syriæ incolis *Duffran* audit.

Arbor 12-15-pedalis interdum 30-pedalis, fructus dulces edules Ceraso majores interdum fere pollicem longi. Commutatione schedulæ erroneé ex insulis Cretæ vicinis indicata.

2. J. macrocarpa (Sibth. et Sm. Prodr. 2, p. 263) fruticosa vel arborescens, trunco patentim ramoso, ramnlis obtuse triquetris, foliis ternatis approximatis patentibus lineari-lanceolatis acerosis supra bisulcatis subtus carinatis, amentis masculis sessilibus in axillis superioribus solitariis, galbulis erectis vel pendulis magnis folio sublongioribus globosis demum subpulposis rubello vel nigrescenti-brunneis pruinoso-cærulescentibus rarius ellipticis, squamis 3 rarius 6 trifariam imbricatis marginibus apice liberis areolam in galbulo terminalem depressam formantibus, seminibus subternis ♂. Ic. Rchb. Germ. fig. 1146. — *J. Lobelii* Guss. Syn. II, p. 635 (forma galbulis ovatis vel turbinatis).

Hab. in collibus regionis inferioris et in arenosis maritimis, Attica ad radices Hymetti et Pentelici (Sprun! Heldr! Orph. Fl. exs. 393!), ad prom. Coliadis (Heldr!), Melo (ex Parl.), Rhodo in arenosis (Bourg!), Cilicia ad Tauri radices (Bal!), Syria littoralis (Ehrenb. Labill!), Creta (Heldr! forma galbulis majoribus!).

Ex cl. Freyn Flora Istr. p. 189 facilius ex plantâ vivâ quam ex speciminibus exsiccatis a *J. Oxycedro* distinguenda, differt ramis gracilioribus curvatis paucioribus non rigidis, foliis longioribus, galbulis duplo majoribus sparsis nec congestis.

Ar. Geogr. Lusitania et Hispania australes, Italia occidentalis et australis, Sardinia, Sicilia, Istria, Dalmatia, Africa borealis.

3. **J. Oxycedrus** (L. Sp. 1470) fruticosa trunco erecto ramosissimo, ramulis obtuse triquetris, folis ternatis approximatis patentibus lineari-lanccolatis acerosis supra albidis obsolete bisulcatis subtus carinatis, amentis masculis ad axillas solitariis subsessilibus
ovatis, galbulis mediocribus folio brevioribus globosis rubris demum
lucidis, squamis 3 vel 6 margine superiore vix prominenti, areolâ
terminali fructûs triangulari, seminibus 2-3 rarius solitariis ♂. Ic.
Rchb. Germ. fig. 1145. — *J. rufescens* Link Flora 1846, p. 1846, p.
579. — *J. Marschalliana* Stev. Taur. p. 316.

Hab. in regione montanâ totius fere ditionis, Græcia in monte Parnes
Atticæ (Heldr!), Malevo (Orph!), regione abietinâ Mænali et Parnassi (Heldr!),
montibus Macedoniæ, Thraciæ et Bithyniæ (Friv! Orph! Griseb.), Cretæ in
montibus Sphacioticis (Raulin!), insulæ Chios (Orph!), Naxos (Oliv.), monte
Troodos Cypri (Sint!), monte Mesogis Lydiæ (Boiss!), Tauro Cilicico (Ky.
411!) et Cataonico (Haussk!). Libano ad Danie et Eden (Ky!), Hermone (Ky.
243!), monte Amano Syriæ borealis (Ky. 53! forma foliis abbreviatis), Tauriâ
(Stev! Rehm!), Caucaso australi (M. B.), Persiâ boreali ad *Siaret* (Bge!).

Ar. Geogr. Regio mediterranea Europæ et Africæ borealis, Madera.

4. **J. communis** (L. Sp. 1470) fruticosa ramis patentibus vel
subpendulis, ramulis obtuse triquetris, foliis ternatis approximatis
patentibus linearibus acerosis supra canaliculatis fasciâ albâ notatis
subtus carinatis, amentis masculis axillaribus sessilibus ovato-globosis, galbulis parvis globosis vel ovatis folio 2-3-plo brevioribus nigris
glauco-pruinosis, squamis subternis apiculo tantum liberis areolâ terminali triangulari sæpe indistinctâ, seminibus 3-2 vel solitariis ♂.
Rchb. Germ. fig. 1141. — Fl. Dan. tab. 1119.

Hab. in regione montanâ sylvaticâ, Olympus Thessalus (Heldr!), Parnassus
inferior prope Bachova (Guicc!), montes Macedoniæ et Thraciæ (Griseb.
Orph!), Caucasus (M. B.), Affghaniæ vallis Kuram 11-13000' (Aitch.).

β. *depressa.* — Humilior depressa, folia abbreviata sed semper
acerosa et plus minusve superne interdum eæsio-pruinosa. — *J.
depressa* Stev. Taur. p. 317. — *J. oblonga* M. B. Taur. Cauc. 2, pag.
426. — *J. hemisphærica* Presl Del. Prag. p. 142. — *J. pygmæa* C.
Koch Linn. XXII. p. 302.

Hab. in regione subalpinâ et alpinâ, Parnassus superior (Heldr. 2762!)
montes Tauriæ (Stev!), Armeniæ Rossicæ (Szov!), Caucasus orientalis (M. B.),
ditio Talysch (C. A. Mey!) montes Persiæ borealis (Buhse!).

γ. *nana.* — Fruticulosa decumbens ramis sæpe prostratis, folia
brevissima imbricata et plus minus erecta sæpe incurva vel viridia
vel superne albido-pruinosa. — *J. alpina* Clus. — *J. nana* Willd. Sp.
4, p. 854. — Rchb. Germ. fig. 1112. — *J. Argæa* Bal. exs.

Hab. in regione superiori montis Peristeri Macedoniæ (Orph!), Olympi
Bithyni (Auch! Boiss! Barbey!), montis Argæi Cappadociæ 6600' (Bal!).
Ponto Lazico supra Djimil 8006! (Bal!).

Ar. Geogr. Europa omnis borealis et media, Sibiria omnis, regio Himalaica
occidentalis, America borealis et Arctica, Africæ borealis montes.

SECT. II. SABINA (Spach. loc. cit. — Flores monoici vel dioici.
Ramuli teretiusculi vel tetragoni foliis imbricatis obtecti
Folia ternatim verticillata vel quadrifariam opposita
parva non articulata ramulis maximâ ex parte adnata
apice libera dorso sæpius glandulâ resiniferâ obsita.

* Galbulorum maturatio annua.

5. J. recurva (Hamilt. in Don Prodr. Fl. Nep. p. 55) monoica
arborea vel sæpius fruticosa, ramis teretibus cortice cinnamomeo
secedente vestitis, ramulis subtriquetris viridibus recurvato-depen-
dentibus, foliis ternis imbricatis ramulos tegentibus erectis rigidiusculis inferne adnatis superne liberis lineari-lanceolatis mucronato-
pungentibus supra canaliculatis et late glauco-fasciatis subtus
convexo-carinatis et a basi ad medium anguste sulcatis, amentis
masculis ovalibus obtusis subcernuis, bracteis ovato-orbiculatis obtusis dorso planis margine integris, galbulis solitariis erectis subsessilibus ovati-oblongis subglaucis nitidis folio longioribus, squamis sex
bifariis arcte connatis infra apicem acute et patule apiculatis, seminibus magnis solitariis oblongis obtusis putamine crasso ♂ vel ♀. *J.
squamata* Ham. (varietas decumbens ramosissima foliis sublatioribus
curvulis).

Hab. in monte Sikaram ditionis Kurram Affghaniæ 10-11000'(Aitch. 1210!).

Ar. Geogr. Regio Himalaica.

6. J. Sabina (L. Sp. 1472) monoica fruticosa ramis erecto-patulis, foliis ramorum ternatis ramulorum quadrifariam oppositis imbricatis rhombeis vel rhombeo-lanceolatis acutis dorso glandulâ oblongâ
notatis, amentis masculis erectis ovatis ramulo brevi insidentibus
squamis orbiculatis apice rotundatis, galbulis solitariis in ramulo
brevissimo pendulis globosis atro-cæruleis pruinosis, squamis 4-6-
prope apicem interdum obsolete apiculatis, seminibus 2-3 rarius
unico ♂. Ic. Rchb. Germ. fig 1143.

Hab. in alpinis editioribus Tauriæ (herb. D. C.), in Caucaso occidentali (C·
A. Mey.), prope Lars (Rehm!), monte Beschtau (herb. Fisch!), Tuschetia et
Daghestania (Rupr!).

Ar. Geogr. Hispania, Gallia in Alpibus et Pyrenæis, Helvetia, Germania
australis, Italia, Dalmatia. Serbia, Transylvania, Rossia australis, Songaria,
Sibiria, America borealis.

7. J. excelsa (M. B. Taur. Cauc. 2, p. 425) monoica arborea
pyramidalis ramis erectis vel patulis, foliis ramorum ternatis ovato-
triangularibus acutis ramulorum quadrifariam imbricatis adpressis-
mis ovato-rhombeis acutiusculis dorso glandulâ oblongâ notatis,

amentis masculis erectis vel subcernuis ovatis obtusis ramulo brevi insidentibus, bracteis orbiculatis obtusis, galbulis in ramulo brevissimo subincurvo solitariis agregatis globosis nigrescentibus albo-pruinosis, squamis subquaternis apicibus demum omnino obliteratis, seminibus 6-4 ♂ *J. Sabina* var. *Taurica* Pall. Fl. Ross. II, p. 15. — *J. fœtida* var. *excelsa* Spach Ann. Sc. Nat. — *J. polycarpos* et *J. isophylla* C. Koch Linn. XXII, p. 303. — *Cedrus Orientalis fœtidissima arbor excelsa seu Sabina Orientalis fructu parvo nigro.* Tourn. Cor. p. 41. — *Sabina excelsa* Antoine Cupr. tab. 60.

Hab. in sylvaticis insulæ Tassos maris Ægei (Griseb!), montibus Sipylo et Mesogis Anatoliæ occidentalis (Boiss!), Cariá (Pinard!), Lyciæ monte Akdagh (Bourg. sub *J. fœtidissimá*), Tauro Lycaonico et Isaurico inter Karaman et Ermenek 3-4000' (Heldr!), Tauro Cilicico 4000-6400' (Ky. 424! Bal. 831!), Cataoniæ montibus (Haussk!), regione superiori Libani (Boiss! Ky 229! Ehr.), et Hermonis 6500 (Ky!), Ponto Lazico supra Djimil 6600' (Bal!) Armeniá Rossicá et prov. Karabagh (Szov!), Tauriá meridionali in collibus maritimis (Stev! Rehm!) Turcis *Ardytsch* audit.

Arbor sæpe elata quo charactere jam a *J. Sabiná* distinguitur, folia eis hujus breviora et obtusiora; galbuli eis *J. communis* fere duplo majores « Diagnosis a *J. Sabiná* difficillima quamvis specie omnino differat » (M. B. loc. cit).

8. **J. macropoda**, fruticosa vel arborea, dioica, ramis elongatis prostratis vel in plantá arborescente erecto-patulis, ramulis confertissimis tenuiter cylindricis flexuosis intricatis, foliis minimis rhombeis quadrifariam oppositis carnosulis acutis vel obtusiusculis dorso subcarinatis glandulá obsitis adpressissimis, amentis masculis ramulo elongato incurvo insidentibus clavatis squamis a superioribus lauceolatis acutis ad inferiores ovatas obtusas sensim diminutis, galbulis in ramulo brevi solitariis nutantibus cæsiis pruinosis globosis, squamis 4-6 apicibus in cristas transversas subprominentibus, seminibus quaternis ♂.

Hab. in rupibus calcareis alpis Kuh Daéna (Ky. 711!), montium Kuh Erchker et Sawers Persiæ et Kellal ditionis Bachtiaris Persiæ austro-occidentalis 10-13000' (Haussk!), montis Gebel Akadar Arabiæ Mascatensis (Auch. 5335!). Specimina (feminea mihi tantum nota), Persiæ borealis in jugo Elbrus (Buhse!), inter Nichapur, Meschhed et Herat (Bge!), Belutschiæ 8-10000' (Stocks!) húc quoque spectare videntur.

Frutex prostratus vel arbor 12-30-pedalis, galbuli magnit. *J. excelsæ* sed apicibus squamarum in cristulas plus minus prominulis. Huic speciei hucusque adnumerata sed amenta mascula omnino dissimilia videntur ramulo elongato insidentia, ob squamas superiores (internas) elongatas lanceolatas clavata; ramuli insuper tenuiores numerosissimi intricati foliis minoribus adpressioribus subcarinatis obsiti. Planta regionis Himalaicæ cujus amenta non vidi ex distrib. geographicá húc potius quam ad *J. excelsam* probabiliter spectat.

9. **J. fœtidissima** (Willd. Sp. IV, p. 853) monoica, arborea, ramis teretibus erectis, ramulis subtetragonis, foliis ramorum et

ramulorum primariorum quadrifariam oppositis ovatis vel lanceolato-acuminatis præter basi adnatam liberis, ramulorum secunda-
riorum ovato-rhombeis acutiusculis dorso convexis eglandulosis, amentis masculis erectis ovato-globosis ramulo brevi insidentibus squamis
orbiculatis, galbulis in ramulo brevi erecto solitariis crassiusculis
globosis fusco-purpureis glaucescentibus, squamis 4-6 marginibus
brevissime prominentibus, seminibus 2-1 ♃. *J. Sabina* Sm. Prodr. II,
p. 264. — *J. fœlida* var. *squarrulosa* Spach loc. cit. — *Juniperus
Orientalis fœtidissima arbor excelsa sen Sabina Orientalis foliis
aculeolatis* Tourn. Cor. p. 41. — *J. sabinoides* Griseb. Sp. II,
p. 552.

Hab. in sylvaticis abietinis regionis subalpinæ et alpinæ Græciæ 4500'-
6000', mons Malevo!(Orph !), montes Kyllene, Olenos,Velugo, Œta, Parnassus
(Heldr. Herb. Norm. 542!), Delphi Eubeæ (Heldr.), mons Athos Macedoniæ
(Griseb!), Olympus Bithynus (Sibth.), montes plerique Anatoliæ in Mysiä,
Ponto, Galatiä (Auch. Tchih!), Taurus Cilicicus ubi cum *J. excelsâ* com-
mixta crescit 5-6000' (Ky. 412 et 413! Bal!), Taurus Cataonicus (Haussk!),
mons Troodos (Olympus) Cypri 6000' (Ky. 757! Sint et Rigo !), Armenia et
Iberia (Tourn., C. Koch!), prov. Karabach occidentalis (Hohen. sub
J. excelsâ!). Græcis *Malokedra,* Turcis *Selwi Aghatch* audit.

Arbor, interdum frutex 10-12 pedalis facie *J. excelsæ* similis et cum eâ in
herbariis sæpe confusa, distincta tamen ramulis crassioribus ob folia longiora
acutiora minus adnata et parte superiori non adeo adpressa squarrosulis,
galbulis majoribus 1-2 nec 3-4 nuculas includentibus.

* · Galbulorum maturatio biennis.

10. **J. Phænicea** (L. Sp. 1471) monoica vel dioica fruticosa vel
arbuscula, ramis erectis vel ascendentibus, ramulis teretibus, foliis
minimis ternis vel oppositis adpressissime imbricatis ovato-rhombeis
obtusis dorso convexis et glandulâ depressâ lineari notatis, amentis
masculis ramulo brevi insidentibus erectis ovato-oblongis squamis
orbiculatis, galbulis subsessilibus majusculis globosis fusco-rubris
nitidis demum sæpe carnosis, squamis 6-8 margine indistincto vel vix
prominulo, seminibus 3-6 ♃. Rchb. Germ. fig. 1144. — *J. Lycia* L.
Sp. 1471.

Hab. in collibus et rupestribus regionis inferioris sæpius mari proximis,
insulæ Leucadia et Cephalonia (Parl.), Attica prope Daphne (Boiss!), ad
radices Pentelici et in isthmo Corinthiaco (Heldr!), insulæ Melos, Paros,
Œgina (Parl.), Creta (Sieb.), Rhodos (herb. Berol.), Cyprus (Lab! Ky!), Lycia
(herb. Webb), Palæstina in Ouadi Arabah (Roth 162!), in Tauriâ ex Parl.
sed in Floris Rossicis deest.

β. *turbinata* Parl. — Galbuli ovati vel subturbinati. — *J. turbinata* Guss. Syn. II, p. 634. — *J. oophora* Kz. Flora 1846, p. 633. —
Vix varietas.

Hab. in maritimis Atticæ et paludibus Lernæ prope Astros (Orph. Fl. Gr.
exs. 255 et 761!).

Ar Geogr. Lusitania, Hispania australis et orientalis, Gallia mediterranea, Italia, Dalmatia, Africa borealis, Insulæ Canarienses, Arabia tropica prope Djedda (Schimp!) et felix prope Taifa (Botta!).

Tr. III. TAXINEÆ Rich.

Flores dioici raro monoici. Amenta mascula squamis peltatis orbiculatis constantia. Antheræ 2-8 pendulæ uniloculares. Amenta feminea squamis sæpius carnosis cum rachide in receptaculum simplex vel duplex connatis et ovulo unico terminali erecto constantia.

TAXUS (L. Gen. 1135).

Flores dioici axillares Amenta mascula parva subglobosa basi bracteis imbricatis suffulta squamis paucis peltatis subtus antheris 5-8 concentrice obsitis. Amenta feminea bracteis parvis imbricatis urceoloque prius brevi annuliformi dein accrescente basi cincta. Fructus subdrupaceus involucro duplici, altero exteriori bracteis imbricatis brevibus constante, altero cupulari carnoso apice aperto semen includente. Semen osseum apice pertusum. — Arbores foliis alternis subdistichis.

1. **T. baccata** (L Sp. 1472) foliis approximatis distichis subpetiolatis planis linearibns mucronatis supra viridibus subtus glaucescenti-bifasciatis, amentis masculis pendulis, squamis antheriferis peltatis sub-7-lobis, fructibus subpedunculatis patulis, cupulâ globosâ semen æquante vel superante, semine ovato ♃. Ic. Rchb. Germ. fig. 1147.

Hab. in regione montanâ et abietinâ Græciæ in montibus Malevo Peloponnesi (Heldr! Orph!), Chelmos (Orph!), Parnasso et faucibus montis Æta (Heldr!), Anatoliâ in monte Kestel Hassar Mysiæ (Calv. ex Aschers.), in Tauro Cilicico 4-7000' (Ky! Bal!), Armeniâ Rossicâ (Szov!), montibus Tauriæ (Stev.), Caucaso et montibus Transcaucasicis (Ledeb. Ruprecht!), Persiâ boreali in montibus vallis Ketul (Buhse!), Persis *Schurchedor*, Turcis *Illeden Bajas* audit.

Ar. Geogr. Europa omnis ab Angliâ, Norvegiâ, Sueciâ, ad Rossiam mediam, Sibiria Amurensis, regio Himalaica, Africa borealis.

ORD. CXLIII. GNETACEÆ

(Blum. Expos. 23).

Flores unisexuales amentacei monoici vel dioici bracteis vaginæformibus vel paleis setaceo-laceris fulti. *Masc.* Involucellum vaginæforme membranaceum bifidum stamen unicum aut plura in columnam connata includens, anthera 2-4 locularis apice poris dehiscens. *Fem.* Ovulum solitarium vel bina involucello duplici vel triplici cincta extimo ore angusto aperto intimo in tubulum exserto. Semen integumento exteriore coriaceo vel carnoso mucamentaceum vel drupaceum. Embryo in axi albuminis carnosi antitropus cotyledonibus binis. — Arbores vel frutices.

EPHEDRA (L. Gen. 1136).

Flores dioici rarissime monoici amentacei. *Masc.* Amenta ovata bracteis quadrifariam imbricatis constantia. Flos in axillâ bracteæ solitarius staminibus in unicam *columnam* coalitis constans, antheræ in columnâ sessiles vel stipitatæ. *Fem.* Involucrum vaginis 3-pluribus bifidis vel bilobis decussatim imbricatis ovula 2 rarius unicum fulcrantibus constans. Seminis involucellum exterius apice pertusum interius in tubillum ex ore exterioris exsertum. Pseudonuculæ subcoriaceæ (in nostris) ob vaginas involucri in fructn sæpius succulentas bacciformes. — Frutices ramulis articulatis aphyllis vel ad ramos aovellos foliis oppositis linearibus obsitis, ad articulationes breviter vaginatis.

Specierum Orientalium dispositio.

* Pseudonucula involucro demum succulento drupacea.

+ Aphyllæ. — involucri vaginæ glabræ.

E. distachya, pachyclada, Nebrodensis, fragilis, campylopoda, podotylax-

+ + Ad ramos saltem novellos foliatæ. — Involucri vaginæ ciliatulæ.

E. Alte, foliata, polylepis, peduncularis.

* Involucri fructiferi vaginæ late membranaceæ non carnosæ.

E. alata.

---

1. E. distachya (L. Sp, 1040) fruticosa humilis pallide virens ramis erectis vel decumbentibus interdnm radicantibus, ramulis erectis tenuibus præter strias transverse rugulosis, vaginis brevibus tubulosis, amentis masculis breviter femineis longius pedunculatis, antheris suboctonis columnâ brevi suffultis centralibus saltem stipitatis, amentis femineis erectis bifloris, involucri vaginis 3-4-nis immarginatis bifidis intimæ nuculis subbrevioris tubo ab inferioribus recondito, tubillo recto ♂. Rchb. Germ. fig 1148. — *E. vulgaris* Rich. ex parte. — *E. monostachya* L. Sp. 1040. — *E. Gerardiana* Wall. Çat.?

Hab. in rupestribus regionis inferioris sæpius in maritimis et salsis, Tauria (Pall., M. B., Rehm!), Armenia Rossica in salsis ad Nackitchewan (Buhse!), Iberia et ditio Talysch (C A. M., Hoh.), Persia borealis ad Mendjil, Damgan, Jezd (Buhse!), Turcomania ad oras orientales Caspii (Karel. ex C. A. Mey.).

Ar. Geogr. Gallia occidentalis et australis, Hispania, Corsica, Sardinia, Italia australis, regio Danubialis, Rossia australis, Songaria, Sibiria, regio Himalaica septentrionalis et Tibetia.

2. E. pachyclada, fruticosa elata glauca ramis erectis, ramulis erectis strictis crassis albidis præter strias transverse rugosissimis, vaginis brevissimis, amentis ad internodia sessilibus oppositis paucifloris, antheris 6-8 sessilibus columnâ brevi, amentis femineis erectis bifloris, vaginis 3-4-nis anguste albo-marginatis bifidis latis intimæ nuculis subbrevioris tubo ad inferioribus recondito tubillo (an semper?) curvulo ♂.

Hab. in Persiâ boreali prope Teheran (Ky 51!), australi ad ruinas Persepolis Ky. exs. 819 sub *E. fragili*), in declivibus montis Kuh Eschker 8000' (Haussk!), in montibus Puschut Affghaniæ (Griff. 1348!), in Belutschiâ ad Nichara (Stocks. 999!). Specimina incompleta ex Marasch Cataoniæ in glareosis fluvii Aksù hûc quoque spectare videntur.

Frutex quadripedalis, ramuli eis *E. distachyæ* fere duplo crassiores et rugosiores glauci, vaginæ breviores, vaginæ involucri margine submembranaceæ, spiculæ paucifloræ sessiles nec pedunculatæ. Species iterum observanda.

Ar. Geogr. Tibetiæ occidentalis regio alpina (Thomson!)

3. E. Nebrodensis Tin. in Guss. Syn. Sic, 2, p. 638 (1843) fruticosa ramosissima erecta, ramulis viridibus strictis confertissimis tenuibus striatis obscure rugulosis, vaginis brevibus basi nigris, amentis masculis sessilibus globosis minutis, antheris 6-8 stipitulatis columnâ breviter exsertâ, amentis femineis brevissime pedunculatis erectis unifloris, vaginis involucri 2-3-nis anguste marginatis bifidis intimæ ad ²/₃ bipartitæ nuculâ acutiusculâ subcompressâ brevioris tubo ab inferioribus subrecondito, tubillo recto ♂. *E. procera* F. et M. Ind. X, Petrop. (1844), p. 45. — C. A. Mey. Mon. tab. 4. — *E. Græca* C. A. Mey. Mon. 93, tab. 5. — *E. distachya* Vill. Dauph. non L. — *E. Villarsii* Gren. et Godr. Fl. Fr. 8, p. 161. — *E.*

scoparia Lange Prod. Hisp. 1, p. 24. — *E. equisitiformis* Webb Phyt. Can. III, 4, 275. — *E. equisetina* Bge pl. Lehm. p. 500.

Hab. in rupestribus regionis montanæ subalpinæ et etiam alpinæ, Græcia in monte Malevo 6000' (Heldr!), monte Kyllene 1800' (Orph. Fl. Gr. exs. 267!), mons Œtain regione abietinâ 5500' (Heldr!), cacumen montis Korthiati Macedoniæ (Orph!), Olympus Bithynus (Noë!) et montes Troadis (Schmidt! Sint!), Pisidia in monte Olklatschi (Heldr!), Lycia supra Elmalu (Bourg!), Cataonia inter Malatia et Kharput (Haussk!), Armenia (Auch. 5339!), prope Nackitschewan (Szov. ex Parl.), Caucasus inter Darial et Kasbeck (Kolen. Rehm!), Iberia (Eichw! Owerin!), Persia borealis in prov. Ghilan (Haussk!), ad Bibersin (Buhse!), prov. Khorassan (Bge!), Persia australis in monte Sabst Buschom prope Schiraz (Ky. 417 sub *E. majore!*), Turkestania in regione subalpinâ montis Karatau (Lehm!), Affghania supra Bamian 10000' (Griff!).

Præter amenta feminea uniflora ab *E. distachyâ* dignoscitur ramulis tenuioribus, amentis masculis sessilibus dimidio minoribus, femineis brevissime pedunculatis, nuculâ solitariâ acutiore. Area geographica extentissima sed notas differentiales nullas vel levissimas inter specimina e terris remotissimis observo.

Ar. Geogr. Insulæ Canarienses, Africa borealis, Hispania australis, Gallia austro-orientalis, Sardinia, Sicilia, Italia australis, Dalmatia.

4. **E. fragilis** (Desf. Fl. Atl. II. p. 372) fruticosa ramis et ramulis erectis striatis et asperulis exsiccatis demum fragillimis, amentis masculis ad articulos sessilibus congestis ovatis, antheris 4-5 sessilibus in columnam involucro longiorem coalitis, amentis femineis 2-5 unifloris ad articulationes aggregatis sessilibus vel breviter pedunculatis erectis. involucri vaginis ternis glabris inferioribus abbreviatis intimâ breviter et obtuse bilobâ multo longiore nuculam subæquante, tubillo recto ♂. Ic. C. A. Mey. Eph. tab. 1, fig. 1. — *E. dissoluta* Webb Phyt. Can. III, p. 275.

Hab. in Laconiâ ad ripas fluv. Eurotas (Despréaux ex herb. Lenormand!).

Unica statio Orientalis mihi nota hujus speciei quæ probabiliter alibi reperietur; ab auctoribus frequenter cæterum in Oriente indicatur sed semper specimina Græca et Asiatica ad *E. campylopodam*, Ægyptiaca ad *E. Alte* referenda esse comperi.

Ar. Geogr. Insulæ Canarienses, Madera, Hispania australis orientalis, Baleares, Sicilia, Africa borealis in prov. Algeriensi.

Obs. Ephedræ species quam in Voy. Bot. Esp. p. 581 sub *E. altissimæ* nomine designavi ab eâ ut et ab *E. fragili* specifice differt et sic deficienda.

E. Gibraltarica, fruticosa ramis elongatis gracillimis ramulisque verticillatis exsiccatione fragilibus striatis asperulis, amentis masculis ovatis confertis sessilibus, antherarum 5-6-sessilium columnâ stipitatâ, amentis femineis 3-5 axillaribus confertis pedunculis recurvis eis longioribus suffultis unifloris, involucri vaginis ternis inferioribus brevibus truncatis interiore multo longiore breviter bifidâ nuculam æquante lobis mucronulatis ♂. *E. altissima* Boiss. Voy. Bot. Esp. non Desf.

Hab. in rupibus Gibraltariæ (Boiss. et Reut!), prov. Malacitanæ occid. ad Alhaurin (Boiss!), Lusitaniæ in Algarbiâ ad Lagos (Wedd! Bourg!), regni Maroccani ad Mogador (Bal l(.

Differt ab *E. fragili* amentis femineis longe pedunculatis pendulis, involucri vaginæ interioris brevissime bifidæ lobis mucronatis. *E. altissima* Desf. longius differt inflorescentiâ masculâ paniculatâ, amentis masculis minimis, antheris binis columnâ longissimâ suffultis, involucri vaginâ intimâ acute bilobâ.

5. E. campylopoda (C. A. Mey. Eph. p. 73, tab. 2) fruticosa ramosissima ramis elongatis distortis scandentibus striatis et asperulis, ramulis verticillatis sæpe patentibus vel retrorsis, amentis masculis ovatis aggregatis sessilibus, antheris 5-6 sessilibus columnâ longe exsertâ suffultis, amentis femineis pedunculo reflexo vel recurvo eis æquilongo vel longiore suffultis bifloris, involucri vaginis 2-3 glabris inferioribus brevibus truncatis cupuliformibus interiore multo majore bilobâ nuculas æquante, tubillo brevi recto ♂. *E. major* Host Austr. 2, p. 71 et Visian. Fl. Dalm. I. p. 204 ex parte. — *E. altissima* Tomm. Fl. XVIII, Beibl. p.56 non Desf. — *E. fragilis* Sieb. Spr. et plur. Coll. non Desf.

Hab. in sepibus regionis inferioris et montanæ, Græcia (Orph. Fl. exs. 268!), Taygetus (Psarides!), Argolis (Sprun!), Achaia ad Patras et ins. Cephallonia (Heldr!), Lycabetus et Hymettus Atticæ (Sprun! Heldr!), mons Velugo Ætoliæ (Orph!), insule Zea (Sart!), Creta in monte Idâ 2500' (Sieb! Heldr!), Macedonia in monte Korthiati supra Salonicam (Friv! Heldr!), Byzantium prope Scutari (Auch. 2872! Heldr!), Troas ad Asso (Sint.), Smyrnæ (Fleisch!), Ciliciâ inter Tarsus et Gûlek (Ky. Suppl. 356! Bal!), Cataonia ad Marasch (Haussk!), Palestina in monte Thabor (Gaill!) ad Achzib (Barbey!) et Ramleh (Ball!), Hierosolymæ (Roth. 262! Boiss!) et ad ipsos templi veteris muros Barbey!). Fl. vere.

Ex cl. C. A. Meyer hujus speciei amenta mascula floribus 2 femineis sterilibus sæpe terminantur. *E. campylopoda* a cl. Parlatore cum *E. fragili* conjungitur sed hujus rami non contorti et adeo elongati, amentaque feminea subsessilia erecta semper uniflora sunt.

Ar. Geogr. Dalmatia, Bosnia, Serbia.

6. E. podostylax, fruticosa ramis elongatis erectis striatis et asperulis, ramulis verticillatis erecto-patulis, amentis masculis ad articulos confertis ovatis, antheris 6-8 stipite eis æquilongo suffultis in columnam bracteis longiorem coalitis, amentis femineis ad ramulos breves erectos vel recurvos sessilibus vel brevissime pedicellatis solitariis vel 2-3 confertis, involucri vaginis 3-4 bifidis ovatis, interioris nuculis subbrevioris tubo ab inferioribus recondito, tubillo recto ♂.

Hab. in montibus Cappadociæ ad occasum Cæsareæ 4000' (Bal. exs. sub *E. campylopodâ*).

Frutex videtur parum elatus ramis pedalibus. Hanc plantam prius habueram pro *E. campylopodâ* cui ramulis femineis sæpe recurvis et amentis bifloris convenit, sed differt involucri vaginis profunde bifidis sensim elongatis nec internâ cæteris multo longiore et præsertim antheris stipitatis nec sessilibus.

7. E. Alte (C. A. M. Eph. p. 75, tab. 3. fig. 4) fruticosa elata, ramis elongatis striatis et asperulis erectis vel tortuosis scandentibns, ramulis ad ramorum articulos verticillatis rectis junioribus foliis brevibus linearibus oppositis obsitis, amentis masculis ad ramulorum articulos et terminalibus congestis sessilibus et breviter pedunculatis ovatis paucifloris, antherarum 3-4 sessilium columnâ longe

exsertâ, amentis femineis in ramulo axillaribus oppositis terminalibusque 1-3-breviter pedicellatis erectis unifloris vel bifloris, involucri vaginis ternis non marginatis ciliolatis inferioribus cupulæformi-
bus interiore triplo longiore obtuse bilobâ nuculâ breviore, tubillo
recto ♂. *E. alata* Schimp. Arab. exs. non Decaisne. — *E. fragilis*
Decaisne Flor. Sin. non Desf. — *E. altissima* Delil. Ill. Eg. 947
non Desf.

Hab. in Egypto ad Alexandriam (Schw! Letourn!), ad Oaadi Rísched prope
Heluan (Schweinf!), Arabiâ petreâ in jugo Sinaitico (Bové! Boiss!), ad Ra-
phidim et Bestan (Schimp. 316! et 280!), Palestinâ ad Joppen (Ky. 458!), ad
Jericho (Ball! Barbey!), in deserto Syriaco inter Hama et Palmyram
(Blanche!). Arabice *Alte.*

Frutex pluripedalis et etiam ad arbores alte scandens, amenta feminea
variant uniflora et rarius biflora. Species ab *E. fragili* ramis junioribus foliatis,
involucri vaginis ciliatis, ab *E. campylopodâ* hâc notâ et amentis femineis
subsessilibus erectis discrepans. *E. altissima* Desf. Africæ borealis incola et
in ditione floræ Orientalis non obvia longius differt inflorescentiâ masculâ
paniculatâ, antheris binis, etc.

8. **E. foliata** (Boiss. et Ky. Sched. Pers, Austr. 1845) fruticosa
ramis striatis flexuosis opposite ramulosis ramulisque ad articulationes foliosis, foliis quaternis et binis filiformi-subulatis, amentis
terminalibus 2-5 subsessilibus intermedio femineo bifloro lateralibus
vel omnibus masculis ovatis, antheris ternis sessilibus columnâ breviter exsertâ suffultis, involucri feminei vaginis ternis ciliatis obtuse
bilobis interiore duplo longiore nuculis sublongiore ♂. *E. ciliata* F.
et M. ex C. A. Mey Eph. p. 100.

Hab. in prov. Ghilan Persiæ (Auch. 5338!), in Persiâ loco non notato (Ky!),
in Affghaniæ valle Kurrum inter Khal et Manduri 3500' (Aitch. 495).

Unica species *Ephedræ* monoica mihi nota. Ramis foliiferis et vaginis
involucri ciliatis ad *E. Alte* accedit sed hæc dioica est, differt insuper amentis et masculis ad articulationes confertis numerosissimis. Ex paucis et imperfectis speciminibus nota et ulterius observanda.

9. **E. polylepis** (Boiss. et Haussk.) fruticosa elata scandens,
ramis elongatis ramulisque verticillatis et oppositis striatis læviusculis, foliis linearibus brevibus ciliatis superioribus ad squamas
reductis, amentis masculis 7-9 sessilibus oblongis multifloris ad
ramulorum longiorum apicem capitato-congestis, antheris ternis sessilibus columnâ brevi suffultis, femineis breviter pedicellatis bifloris
in cymas terminales bis trifidas approximatis, involucri vaginis 6-7
laxe imbricatis obtuse bilobis anguste membranaceo-marginatis
ciliatis ab inferioribus ad superiorem duplo longiorem sensim auctis,
tubillo recto ♂.

Hab. in dumetis vallium districtûs Kuh Kilouyeh Persiæ austro-occidentalis
ad Teng Biresa et fere ubique 3000'-6000' (Haussk!). Fl. Jul.

Ramuli floriferi bipollicares, amenta mascula 2 ½ lineas fæminea 5 lineas
longa, nuculæ eis congenerum subminores. Species inflorescentiâ et vaginis
numerosis amentorum femineorum insignis.

10. **E. peduncularis**, fruticosa elata scandens, ramis elongatissimis flexuosis striatis et asperulis griseis verticillatim ramulosissimis, junioribus foliatis, foliis quaternis et binis subulatis, ramulis filiformibus patentibus, amentis masculis ad ramulos elongatos terminalibus solitariis vel 2-3 sessilibus minimis, antheris 2-3 sessilibus columnâ brevi suffultis, amentis femineis bifloris rarius unifloris pedunculis eis longioribus recurvis suflultis, involucri vaginis ternis ciliatulis inferioribus brevibus truncatis internâ subduplo longiore obtuse bilobâ nuculls subbreviore, tubillo recto ♂.

Hab. in Belutschiâ inferiore (Stocks 4491 sub *E. campylopodâ*).

Ab *E. campylopodâ* inflorescentiâ et vaginis ciliatis aliena sed *E. Alte* magis affinis, ab eâ differt amentis masculis minimis pedunculo (ramulo) tenuissimo 1-1 ½-pollicari suffultis nec confertis sessilibus, femineis• non erectis subsessilibus sed ut in *E. campylopodâ* pedunculo longo recurvo suffultis.

11. **E. alata** (Decaisne Flor. Sin. Ann. Sc. Nat. 1834) fruticosa elata ramosissima ramis ramulisque oppositis rigidis pallidis striatis tenniter scabris vel puberulis, amentis sessilibus ad articulationes ramulorum terminalibusque confertis masculis ovatis, antheris 3-5 in columnâ subexsertâ longe stipitatis, amentis femineis bifloris fructiferis lutescentibus, involucri phyllis 4-5 laxe imbricatis et subæquilongis nuculas ovatas acuminatas trigonas æquantibus ♂. *E. strobilacea* Bge Pl. Lehm. p. 499.

Hab. in desertis, Egypto in deserto Libyco rarius et in Arabico frequenter (Kralik!), ad Megheta et Gebel Genef (Schweinf!), prope Suez (Bové), in Thebaide (Husson!) inter Ismailia et Katiyeh (Barbey!), Arabiâ petreâ in vallibus Sinaiticis (Bové! Auch. 2876!), in deserto Tih (Boiss!), in Persiâ ad Persepolin et Tcheran (Ky.), inter Kerman et Jezd (Bge!), in deserto Kisilkum Turkestaniæ (Lehm!).

Ar. Geogr. Africa borealis interior.

CLASS. IV. ACOTYLEDONEÆ VASCULARES

ORD. CXLIV. FILICES

(Juss. Gen. 14).

Frondes e rhizomate foliiformes vernatione sæpius circinnatæ facie inferiori sporangia libera vel in *soros* aggregata uniformia ferentes. *Annulus* elasticus circa sporangium vel nullus. Sori nudi vel membranâ (*indusio*) tecti. — Herbæ (in nostris), sæpissime perennes. — Plantæ terrestres.

Tr. I. OPHIOGLOSSEÆ. — R. Br. Prodr. 163.

Sporangia sessilia libera vel subconnata exannulata transverse dehiscentia bivalvia unilocularia. Indusium nullum. — Frons vernatione erecta bipartita partibus petiolatis, pars altera externa sterilis foliacea, altera fertilis ad rachidem reducta composita.

BOTRYCHIUM (Sw. Syn. p. 171).

Frons sterilis pinnata, vel composita, frondis fertilis sporangia libera in spicas compositas vel subpaniculatas distiche disposita.

1. **B. Lunaria** (L. Sp. 1519 sub *Osmundâ*) fronde sterili solitariâ oblongâ petiolum frondis fertilis ad medium adnatim involvente pinnatipartitâ pinnis cuneato-semilunaribus vel reniformi-rhomboideis integris dentatis vel incisis, paniculâ fertili angustâ bis vel ter pinnatisectâ ♃. *Botrychium Lunaria* Sw. Syn. 171. Ic. Schk. 154. — Engl. Bot. 318.

Hab. in pratis subalpinis et alpinis, Cappadocia in monte Argæo 6600' (Bal !), Ponto Lazico supra Djimil (Bal !), Caucaso (C. A. Mey.), prov. Khorassan Persiæ inter Nichapur et Mesched (Bge.), Affghaniâ ad Chendtoi 9-10000' (Aitch !).

Ar. Geogr. Europa borealis et media ad Hispaniam et Italiam centrales usque, Sibiria, America borealis, Nova Hollandia.

OPHIOGLOSSUM (L. Gen. 1171).

Frons integra venis anastomosantibus, frondis fertilis sporangia inter se connata in spicam simplicem linearem disticham disposita transverse bivalvia.

1. O. vulgatum (L. Sp. 1518) fronde sterili ovatâ vel ovato-lanceolatâ basi abrupte attenuatâ et breviter decurrente, epidermidis cellulis flexuosis, spicâ lineari acutâ pedunculo suo breviore frondem sterilem superante, sporis tuberculatis ♃. Ic. Fl. Dan. tab. 147.

Hab. in pratis umbrosis. Asia minor (ex Milde), Pontus Lazicus ad Rhizé (Bal!), Syria in hortis umbrosis et humidis ad Zebdani prope Damascum (Ky. 89!), Tauria, Caucasus et Transcaucasia ad Caspium (M. B. Hohen.), Affghaniæ ditio Kurrum (Aitch. 454!). Fl. primo vere.

Ar. Geogr. Europa tota borealis et media ad Hispaniam et Italiam centrales usque, Sibiria, America borealis.

2. O. Lusitanicum (L. Sp. 1518) frondibus sterilibus lanceolatis vel lanceolato-linearibus a medio basin versus cuneato-attenuatis, epidermidis cellulis rectis, spicâ lineari longe pedunculatâ frondes steriles superante, sporis lævibus ♃. Hook. et Grev. Ic. tab. 80.

Hab. in Peloponneso circâ Navarin et Modon (Panaget ex Bory). Non vidi. Fl. Jan. Febr.

Ar. Geogr. Lusitania, Hispania maritima, Anglia, Gallia australis, Italia, Istria, Dalmatia, Africa borealis, insulæ Canarienses Capitis viridis et Madera.

Tr. II. OSMUNDACEÆ R. Br. Prodr., p. 161.

Sporangia membranaceo-reticulata breviter pedicellata exannulata in valvas binas regulariter dehiscentia unilocularia. Indusium nullum.. — Frons vernatione circinnata, petiolus cum rhizomate continuus.

OSMUNDA (L. Gen. 1172).

Frons bipinnatim secta, segmenta sterilia et fertilia dissimilia, illa foliacea, fertilia contracta margine sorifera. Sporangia globosa gibba.

1. O. regalis (L. Sp. 1521) frondibus elatis, petiolo canaliculato, segmentis inferioribus sterilibus pinnulis lanceolatis basi oblique truncatis obsolete crenulatis obtusis, segmentis superioribus fertilibus in paniculam terminalem angustam dispositis contractis anguste linearibus totâ superficie dense soriferis ♃. Engl. Bot. 209.

Hab. in umbrosis udis, Macedonia in Athone et prope Byzantium (Sibth.), Creta in castanetis Eparchiæ Kissamos (Heldr!), Libanus prope Hammana (Gaill!), Pontus Lazicus ad Rhizé (Bal!), Iberia et Mingrelia (Szov!).

Ar. Geogr. Europa media ab Angliâ, Daniâ et Gothiâ ad Rossiam mediam, Lusitaniam, Hispaniam, Africa borealis, insulæ Azoricæ, Japonia, P. B. Spei, America borealis et australis.

Tr. III. POLYPODIACEÆ R. Br. Prodr., p. 146

Sporangia unilocularia reticulato-venosa annulo articulato verticali elastico plerumque in altero latere incompleto cincta transversim irregulariter rumpentia. Sori ad faciem inferiorem frondis siti. Frons vernatione circinnata.

Subtr. I. Nudæ. — Sori nudi, nec indusio membranaceo supero tecti.

GYMNOGRAMME (Desvaux).

Sporangia secus nervos secundarios fere totâ longitudine in soros plus minus manifestos exindusiatos laxius vel densius disposita. Frons (in nostrâ) decomposita subtus paleis destituta et sorifera. Petiolus cum rhizomate continuus. — Genus nimis artificialiter species habitu et characteribus alienas amplectens.

1. **G. leptophylla** (L. Sp. 1553 sub *Polypodio*) annua cespi-tosa, frondibus teneris pellucidis abbreviatis petiolis purpureis suf-fultis glabris junioribus brevissimis pinnatisectis pinnis flabellatis, cæteris 2-3-pinnatisectis segmentis obovato-cuneatis incisis, soris secus venas ultimi ordinis liberas oblongo-linearibus denique totam paginam inferiorem obtegentibus. ⊙. Ic. Barrel. 431. Hook. et Gr. tab. 25. — *G. leptophylla* Desv. — *Grammitis leptophylla* Sw.

Hab. in cryptis, lacunosis, muris umbrosis regionis inferioris, Peloponnesus (Bory), Ætolia (Nied!), Attica (Heldr!), Cyclades (Urv.), Zacynthus (Weiss!), Creta (Sieb!), Lycia (Bourg!), Cyprus (Ky!), Syria littoralis (Gaill!), Pales-tina, mons Sindjar Mesopotamiæ (Haussk!), insula Karrak sinûs Persici (Ky!), Pontus Lazicus ad Rhizé (Bal!).

Ar. Geogr. Regio mediterranea Europæ et Africæ borealis, Insulæ Canarien-ses, Madera, Abyssinia, India, America australis, Nova Hollandia.

CETERACH (Willd. Sp. V., p. 135).

Sori lineares unilaterales obliqui non indusiati squamis scariosis intermixti ad faciem inferiorem frondis pinnatipartitæ siti. Venæ ramosæ anastomosantes, secundariæ soriferæ.

1. **C. officinarum** (Wild. Sp. 5, p. 136) cespitosum, frondibus patentibus lanceolatis breviter petiolatis in segmenta ovata obtusa integra crassa alternatim et sinuatim pinnatipartitis superne glabris subtus petiolisque paleis rufis triangulari-lanceolatis soros occultantibus vestitis, segmentis præter infima sensim diminuta confluentibus, soris brevibus pinnæ axin spectantibus 4. *Asplenium Ceterach* L. Sp. 1538. — *Gymnogramma Ceterach* Spr. — Ic. Schk. 7-6.

Hab. in fissuris rupium regionis inferioris montanæ et subalpinæ totius ditionis a Græciá et insulis (Heldr! Orph. Fl. exs. 139!) ad Syriam borealem (Ky! Haussk!), Libanum (Bl!), Armeniam (Calv!), Tauriam, Caucasum et Transcaucasiam! Persiam bor. (Szov!), montem Schahu Kurdistaniæ Persicæ (Haussk!), Affghaniam ad Hariab (Aitch.).

Ar. Geogr. Europa tota media et australis ab Angliá et Germaniá ad Rossiam australem, Turkestania, regio Himalaica, Africa borealis.

WOODSIA (R. Br. Trans. Linn. Soc. XI, p. 170).

Sori sessiles subglobosi in facie inferiori frondis ad medias venulas siti. Involucrum membranaceum (indusium inferum Auct.) calyciforme soros includens apertum vel in lacinias filiformes ad basin usque partitum. Sporangia pedicellata.

1. **W. Ilvensis** (L. Sp. 1528 sub *Acrosticho*) frondibus teneris petiolatis petiolo articulato subtus et etiam sæpe superne cum rachide paleaceo-hirsutis ambitu oblongo-lanceolatis bipinnatisectis, pinnis lanceolatis, pinnulis oblongis obtusis basi sessili latioribus subconfluentibus integris vel leviter crenatis, involucro ab basin usque in pilos longos partito 4. *W. Ilvensis* R. Br. — *Aspidium rufidulum* Sw. — *W. hyperborea* β, *rufidula* Koch Syn.

Hab. in fissuris rupium graniticarum, Tauria (Pall), ditio Transcaucasica Talysch (Hohen!), Affghania ad Chendtoi 10500' (Aitch.).

Ar. Geogr. Anglia, Scandinavia, Germania, Alpium tracius, Sibiria, America arctica et borealis.

2. **W. fragilis** (Trevir. Ges. Nat. Freund. Berl. VII, p. 155, tab. III, fig. 18, sub *Dicksoniá*) frondibus teneris breviter petiolatis minute glandulosis subtus interdum sparsim pilosis ambitu lanceolatis acutis bipinnatisectis, petiolo cum rhizomate continuo, pinnis

lanceolatis versus basin et apicem frondis decrescentibus, pinnulis oblongis obtusis vel acutis basi confluentibus crenato-serratis, soris in unâquaque pinnulâ 4–6 magnis, involucro globoso laxo primum clauso tandem hianti ore contracto irregulariter lacero ♃. *W. fragilis* Moore Ind. — *Hymenocystis Caucasica* C. A. Mey. Verz. p. 229. — *Physematium fragile* Kze. Anal. 42.

Hab. in fissuris rupium alpinarum Caucasi, ad Nartzana 3000' et ad Kobi 6000' (Mey! Hoh! Rehm!), ad Kasbek (Rehm!).

Species rarissima facie *Cystopteridem fragilem* referens.

POLYPODIUM (L. Gen. 1179 ex parte).

Sori exindusiati rotundi vel oblongi ad faciem inferiorem frondis sparsi vel seriati. Petiolus cum rhizomate articulatus.

1. P. vulgare (L. Sp. 1545) rhizomate repente sæpe epigeo paleis fuscis dense vestito, frondibus petiolatis ambitu oblongo-lanceolatis subcoriaceis pinnati-partitis pinnis a basi versus apicem sensim decrescentibus oblongo-lanceolatis et lineari-oblongis acutis vel obtusis integris vel serrulatis basi latâ adnatis anguste subconfluentibus, soris in pinnâ biserialibus orbiculatis ♃. Ic. Fl. Dan. 1060.

Hab. ad rupes umbrosas et truncos totius ditionis in regione inferiore et montanâ a Græciâ! et Macedoniâ! ad Syriam littoralem et Libanum (Bl! Gaill!), Cyprum (Sint!), Caucasum et Transcaucasiam! Persiam borealem (Bge.).

Cl. Heldreich ex antro Nympharum vallis Kephissi Atticæ misit formam pusillam 1-2 pollicarem, pinnis 5-7. soro in pinnâ terminali unico.

Ar. Geogr. Europa tota, Sibiria, insulæ Canarienses, Azoricæ et Madera, Africa borealis et P. B. Spei, America borealis.

2. P. clathratum (Clarke Ferns North India p. 559, tab. 82, fig. I,) rhizomate repente paleis fuscis ovatis acutis sæpe in setam abeuntibus dense vestito, frondibus pumilis simplicibus lanceolatis acutis in stipitem sæpe æquilongam attenuatis, venis castaneis anastomosantibus primariis ad marginem usque non productis, soris ad utrumque nervi medii latus uniserialibus orbiculatis squamis clathratis sessilibus irregulariter peltatis et laceris intermixtis ♃.

Hab. in valle Kurram Affghaniæ ad Chendtoi et Kaiwas 11000' (Aitch.).

Affine *P. lineari*, minus 3-4-pollicare, venatio magis conspicua.

Ar. Geogr. Cachemiria.

PHEGOPTERIS (Fée Gen. III, p. 242).

Sori orbiculares vel obloagi exindusiati ad faciem inferiorem frondis seriati. Petiolus rhizomati continuus.

1. **Ph. polypodioides** (Fée loc. cit.) rhizomate tenui repente, fronde petiolo eâ longiore parce paleaceo suffultâ ambitu triangulari-ovstâ longe acuminatâ utrinque pubescente pinnatisectâ pinnis oblongo-lanceolatis acuminatis ab infimis subdeflexis ad superiores sensim diminutis pinnatifidis pinnulis oblongis obtusis obsolete crenulatis, soris ad venarum extremitatem prope marginem pinnularum seriatis ♃. *Polypodium Phegopteris* L. Sp. 1550. — Ic. Fl. Dan. 1240.

Hab. in rupestribus umbrosis regionis alpinæ, Pontus Lazicus supra Djimil 7500' (Bal!), Asia minor et Caucasus (ex Milde).

Ar Geogr. Europa borealis et media ad Italiam borealem, regionem Danubialem, Bosniam usque, Sibiria, America borealis.

2. **Ph. Dryopteris** (L. Sp. 1555 sub *Polypodio*) rhizomate tenui repente, frondibus horizontaliter inclinatis glabris petiolo glabro longo suffultis ambitu subæquilateraliter triangularibus ternato-bipinnatisectis pinnis infimis pinnatipartitis pinnulis oblongis obtusis integris, soris ad venarum extremitatem prope marginem pinnularum seriatis disjunctis ♃. *Phegopt. dryopteris* Fée loc. cit.

Hab. in saxosis umbrosis regionis subalpinæ et alpinæ, mons Peristeri Macedoniæ 6500' (Orph!), Pontus Lazicus in sylvâ Abetis orientalis infra Khabackar 5700' (Bal!), Asia minor (ex Milde).

Ar. Geor.. Europa borealis et media ad Italiam mediam et regionem Danubialem usque, Sibiria, Japonia, regio Himalaica, America borealis.

3. **Ph. Robertiana** (Hoffm. Deutsch. Fl. Crypt. Add. p. IV, sub *Polypodio*) rhizomate elongato repente, frondibus rectis petiolo longo suffultis glanduloso-pubescentibus ambitu deltoideo-triangularibus ternato-bipinnatisectis pinnis infimis pinnatipartitis pinnulis oblongis obtusis integris vel inferioribus crenatis, soris ad venarum extremitatem prope marginem pinnularum seriatis denique confluentibus ♃. *Ph. Robertiana* R. Br. — *Polypodium calcareum* Sm. Brit. p. 1117.

Hab. in lapidosis umbrosis et siccis, Olympus Thessaliæ 5500' (Orph!), Affghania ad Chendtoi (Aitch!).

Ar. Geogr. Europa borealis et media ad Italiam mediam, Dalmatiam, Rossiam mediam uspue.

SUBTR. II. VELATÆ Koch. — Sori margine reflexo membranaceo pinnarum indusium verum supplente plus minus tecti.

NOTOCHLÆNA (R. Br. Prodr., p. 146).

Sori marginales oblongo-orbiculares in lineam marginalem non indusiatam sed sæpe margine frondis revoluto pro parte tectam cito confluentes. Frons bipinnatipartita subtus paleis vel pilis mollibus soros occultantibus vestita. Petiolus rhizomati continuus.

1. **N. lanuginosa** (Desf. Atl. 400. tab. 256 sub *Acrosticho*) dense cespitosa, frondibus abbreviatis ambitu lanceolatis bipinnatisectis supra viridibus pilosis subtus densissime villosis, pinnulis parvis rotundatis vel ovatis obtusis, soris ad marginem frondis subrevolutæ nudis ♃. *Acrostichum velleum* Ait. — Fl. Græc. tab. 965. *Not. lanuginosa* et *N. vellea* |Desv.

Hab. in rupestribus siccis regionis inferioris Græciæ (Heldr. Herb. Norm. 778!), Zacynthi (Sibth.), Cretæ (Sieb.), Cypri (Sint!), Palestinæ (Milde), Persiæ austro-occidentalis ad Schahpur prope Kaserun (Haussk!), Affghaniæ occidentalis (Bge).

Ar. Geogr. Insulæ Capitis Viridis, Canarienses, Madera, Africa borealis' Hispania australis, Corsica, Italia australis et Sicilia, Nova Hollandia.

2. **N. Marantæ** (L. Sp. 1527 sub *Acrosticho*) rhizomate repente dense palaaceo, frondibus elongatis longius petiolatis ambitu lanceolatis, supra viridibus glabris subtus paleis acutis tandem rnfescentibus dense obtectis bipinnatisectis pinnulis oblongis obtusis integris, soris margine revoluto membranaceo frondis subtectis ♃. *N. Marantæ* R. Br. — Ic. Fl. Græc. 904.

Hab. in rupium apricarum fissuris, Creta, Cyprus et mons Athos Macedoniæ (ex Sibth.), Troas (Sint.), Cilicia littoralis (Bal. 760!), mons Berytdagh Cataoniæ (Haussù!), Syria borealis in monte Amano (Ky!) et Cassio (Boiss!), Armenia ad Baibut (Bourg!), Tauria (Pall.), Georgia Caucasica (Hohen.).

Ar. Geogr. Hispania, Lusitania, Gallia et Germania australes, Italia, regio Danubialis, Bosnia, insulæ Capitis Viridis, Canarienses, Madera.

CHEILANTHES (Sw. Syn. 5).

Sori in venarum apice incrassato parvi subglobosi oligocarpi distincti vel demum subconfluentes lineam intramarginalem sinuosam plus minus continuam formantes, lobulorum margine reflexo membranaceo in tomentum tenue abeunte plus minus velati.

1. **Ch. fragrans** (L. Mant. II, p. 307 sub *Polypodio*), cespitosum collo squamis ferrugineis vestito, frondibus glabris brevibus petiolis nigris nitidis gracillimis suffultis ambitn ovato-oblongis tripinnatisectis, segmentis ultimi ordinis minutis ovatis obtusis inferioribus obtuse paucilobatis superioribus integris confluentibus ♃. *C. odora* Sw. — *Ch. suaveolens* Fl. Græc. tab. 966, — Desf. Atl. tab. 257.

Hab. in fissuris siccis rupium regionis inferioris et etiam montanæ, Græcia et ejus insulæ (Heldr. herb. Norm. 763! et Orph. Fl. exs. 140!), Macedonia (Griseb!), Troas (Sint.), Creta (Sieb.), Anatolia australis (Bourg! Bal!), Cyprus (Sibth! Sint!), Syria littoralis et Libanus (Bl! Gaill!), Palestina (Roth!), mons Sindjar Mesopotamiæ (Haussk!).

Ar. Geogr. Hispania, Lusitania, Gallia australis, Italia, Dalmatia, Africa borealis, Madera, insulæ Canarienses.

2. Ch. Szovitsii (F. et M. in Hoh. Talysch En. p. 11) cespitosum, frondibus petiolis fragilibus pilosis et squamosis suffultis ambitu oblongo-lanceolatis supra glabris subtus cum rachide et petiolulis dense villosis in segmenta minutissima orbiculata vel ovata integerrima tripinnatisectis, soris villo araneoso omnino occultatis ♃. Ic. Hook Sp. Fil. II. tab. 94. B. — Bertol. Misc. tab. 4. — *Ch. fimbriata* Vis. Fl. Dalm. p. 42, tab. I. — *Acrostichum microphyllum* Bertol.— *Æosporangium Persicum* Vis. Fl. Dalm. Suppl. p. 12. — *Notochlæna Persica* Belang. Voy, p. 21.

Hab. in fissuris rupium, Lycia ad Adalia (Bourg!), Cilicia ad Pylas Cilicicas (Bal!), Armenia ad Gumusch Kané (Bourg!), Mesopotamia ad Terek (Haussk!) Transcaucasia in Iberiâ et prov. Karabagh (Szov!), Affghania (Griff!), Belutschia ad Chehel Tun (Stocks!).

Ar. Geogr, Italia media, Dalmatia, Turkestania, regio Himalaica.

ALLOSORUS (Bernh. in Schrad, N. Journ. 1, 2, p. 36).

Sori exindusiati primum rotundi tandem confluentes extremitatem nervorum occupantes pinnulæ margine revoluto in membranam abeunte involuti, margine denique explanato nudi. — Frondes steriles et fertiles subdifformes. Petiolus rhizomati continuus.

1. A. crispus (L. Sp. 1512 sub *Osmundâ*) glaber, rhizomate repente ramoso, frondibus petiolatis ambitu ovato-lanceolatis tripinnatisectis, sterilium breviorum pinnulis obovato-cuneiformibus pinnatifidis, fertilium pinnulis anguste oblongo-linearibus integris ♃. *A. crispus* Bernh. — *Pteris crispa* All. — *Cryptogramme crispa* R. Br. ♃ Ic. Fl. Dan. 498. — Engl. bot. tab. 1160.

Hab. in fissuris rupium graniticarum regionis alpinæ, Olympus Bithynus (Sibth.), Pontus Lazicus supra Djimil (Bal!), Chendtoi Affghaniæ 9-11000' (Aitch.).

Ar. Geogr. Alpes Europæ fere totius, regio Himalaica, America borealis.

ONYCHIUM (Kaulf)

Sporangia secus receptaculum lineare submarginale venarum apices connectens sita in soros approximata pinnularum margine membraneo reflexo (involucro Auct.) semitecta. Petiolus cum rhizomate continuus. — Genus *Allosoro* facie et characteribus summopere affine et ab eo apicibus venarum in receptaculum lineare continuum a quo sporangia oriuntur tantum distinctum. *Pteridi* quoque proximum.

1. O. melanolepis (Decaisn. Arch. Mus. II, p. 189 sub *Allosoro*) glabrum, rhizomate fibroso squamis lanceolatis nigricantibus plus minus obsito, frondibus numerosis petiolatis tenuiter membranaceis ambitu late ovatis supradecompositis, segmentis omnium ordinum petiolatis minutis, pinnulis frondium sterilium breviorum obovato-cuneatis, fertilium linearibus obtusis ♃. *O. melanolepis* Kunze Farrn. tab. 104, fig. 2. — *Allosorus cuspidatus* Hochst. — J. et Sp. Ill. Or. tab. 201. — *Cheilanthes leptophylla* R. Br. in Salt Abyss.

Hab. in speluncis et rupestribus umbrosis regionis calidæ subtropicæ, Persiæ australis ad Pirezend (Auch. 5488!), insulâ Karrak sinûs Persici (Ky. 10!), prope Persepolin, Kaserum et in distr. Kuh Kilouyeh (Haussk!).

Facies omnino *Allosori crispi* laciniis minoribus et magis divaricatis.

Ar. Geogr. Arabia tropica, Abyssinia.

SUBTR. III. INDUSIATÆ. — Sori (saltem juniores) indusio membranaceo tecti.

PTERIS (L. Gen. 1174 ex parte).

Sorus linearis receptaculo intramarginali e venis apice anastomosantibus orto impositum, indusium membranaceum e margine frondis vel paulo intra marginem oriens lineare continuum soros plus minus tegens. Petiolus rhizomati continuus. — Frondes steriles et fertiles distinctæ vel segmenta inferiora sterilia et superiora fertilia.

1. P. Cretica (L. Mant. 130) rhizomate repente fusco-paleaceo, frondibus ambitu oblongis elongatis rigidis coriaceis longe petiolatis glabris pinnatisectis, segmentis 3-9-jugis oppositis subsessilibus basi breviter attenuatis superioribus decurrentibus, frondis sterilis lanceolato-linearibus acuminatis serrulatis inferioribus sæpe geminatis vel ternatis, frondis fertil.s angustioribus integris, indusio vero nullo ♃. Ic. Schk. tab. 90.

Hab. in vallibus umbrosis humidis Cretæ (Milde), Ponti Lazici ad Rhizé (Bal!), Guriæ et Imeretiæ (Szov!), ditionis Talysch ad Astara (C. A. M!), prov. Ghilan Persiæ (Haussk!) et Asterabad (Buhse!).

Ar. Geogr. Helvetia australis, Italia, Arabia, Abyssinia, Japonia, America borealis, insulæ Sandwicenses.

2. P. longifolia (L. Sp. 1531) rhizomate repente apice fuscopaleaceo, frondibus elatis petiolatis ambitu lanceolatis coriaceis pinnatisectis multijugis segmentis oppositis longe lineari-lanceolatis basi subsessili inæqualiter cordatis frondis sterilis et inferioribus frondium fertilium latioribus cartilagineo-serrulatis, fertilibus angustioribus, soris indusii veri loco paraphysibus immixtis ♀. *P. lanceolata*

Desf. Atl. II, p. 401. — Fl. Pelop. tab 39. — *P. ensifolia* Sw. — *P. vittata* Sm. Prodr. II, p. 277. — *P. Alpini* Spr. Syst. IV, 71. — Ic. Jacq. pl. rar. 645.

Hab. ad rivos, rupes humidas, Græcia in insulâ Zacyntho (Sibth., Mazziari!), Messenia (Bory), Anatolia australis in Pamphyliâ prope Adalia (Bourg!), Syria littoralis ad Sidonem (Bl!), ad ostium Nahr el Kelb (Barbey! Ball!), Cyprus (Sint! et Rigo!), Arabiæ regnum Mascate (Auch. 5489!).

Ar. Geogr. Hispania et Italia australes, insulæ Capitis Viridis et Canarienses, Africa borealis et tropica, America tropica, Nova Hollandia.

3. **P. arguta** (Ait. Kew. p. 758) rhizomate repente, fronde glabrâ longe petiolatâ elatâ amplâ ambitu ovatâ basi bipinnatisectâ segmentis late lineari-lanceolatis longissimis profunde pinnatipartitis laciniis a basi latiore decurrente lanceolato-oblongis obtusis vel acutis subfalcatis crenulatis superne ad nervi basin spinulâ e costâ segmenti oriundâ instructis, soris abbreviatis ultrâ mediam laciniarum longitudinem non productis ♃. Ic. Tourn. Inst. tab. 313. — Lowe Fil. tab. 41. — *P. palustris* Poir. in Lam. Dict. V. 722.

Hab. in sylvis humidis, Corcyræ (Mazziari ex Milde) E ditione non vidi.

Ar. Geogr. Lusitania, insulæ Azoricæ, Canarienses, Madera, regnum Maroccanum, Abyssinia, P. B. Spei, Africa, America.

4. **P. aquilina** L. Sp. 1533) rhizomate repente nigro apice nudo, fronde petiolo longo crasso suffultâ amplâ coriaceâ ambitu ovato-deltoideâ inclinatâ tripinnatisectâ subtus præsertim pubescente, segmentis oppositis lanceolatis inferioribus petiolulatis, pinnulis oblongo-lanceolatis basi latâ sessilibus inferioribus pinnarum inferne plus minus pinnatifidis superioribus integris basi subconfluentibus, soris continuis frondis margine subrepando angusto ciliato tectis, indusio vero ciliato e latere costali receptaculi oriundo ♃. Ic. Schk. tab. 95 et 96.

Hab. in sylvaticis totius ditionis a Græciâ! Macedoniâ et Thraciâ ad Caucasum et Transcaucasiam ad ditionem Talysch usque, Libanum ad 6000' usque (Bl! Gail! Schweinf!).

Ar. Geogr. Europa tota, Sibiria, insulæ Atlantidis, Africa borealis et tropica, America borealis.

BLECHNUM (L. Gen. 1175).

Sori in facie inferiore frondis fertilis contractæ lineares continui costæ pinnarum utrinque paralleli et spatium totum inter costam et anastomosem marginalem nervorum occupantes, bini ejusdem pinnæ tandem confluentes. Indusium extus e disco pinnæ juxta marginem ortum latere interno liberum membranaceum. Folia pinnata, petiolus rhizomati continuus.

1. B. Spicant (L. Sp 1522 sub *Osmundâ*) cespitosum, rhizomate obliquo paleaceo, pinnis pinnatipartitis dimorphis, sterilibus breviter petiolatis ambitu elongato-lanceolatis pinnis a medio deorsum et sursum decrescentibus integris oblongis et lineari-lanceolatis obtusis mucronulatis sæpe confluentibus, frondibus fertilibus paucis longius petiolatis longioribus pinnis anguste linearibus distantibus ♃. *B. Spicant* Roth Tent. p. 44. — Fl. Dan. tab. 99. — *Lomaria Spicant* Desv.

Hab. in sylvis humidis, Creta in prov. Kissamos ad Enneachoria (Heldr!), mons Ida Troadis (Sint), Pontus Lazicus ad Trapezuntem (Bourg!), ad Rhizé (Bal!), Imeretia Caucasica (Rupr.), Libanus (Ehrenb!).

Ar. Geogr. Europa borealis et media ad Lusitaniam, Hispauiam centralem, Siciliam et Rossiam mediam usque, Kamtchatka, insulæ Fortunatæ, Japonia, America boreali-occidentalis.

SCOLOPENDRIUM (Sm. Act. Taur. 5, p. 410).

Sori lineares inter se paralleli in fronde oblique transversi, unusquisque soris binis ab initio contiguis et margine externo indusio lineari donatis constans, indusia bina primum margine conniventia tandem utrinque replicata et soros nudantia. Frondes indivisæ fertiles non contractæ. Petiolus cum rhizomate continuus.

1. S. officinale (Sm. loc. cit.) rhizomate brevi apice paleaceo, frondibus firmis elatis glabris breviter petiolatis late lanceolato-lingulatis basi cordatis rotundatim biauriculatis acutis vel obtusis margine integris vel erosulis ♃. Sckh. tab. 83. — *Asplenium Scolopendrium* L. Sp. 1537.

Hab. in saxosis umbrosis regionis subalpinæ et alpinæ, Græcia in montibus Taygeto, Delphi, Olympo Thessalo (Heldr!). Macedonia in Athone (Sibth.), Creta (Heldr!), Anatolia borealis et Pontus Lazicus (Bal!), Libanus (Ky. 946!), Caucasus et Transcaucasia (Led.), Kurdistania Persica in montibus Avroman et Schahu (Haussk!), Persia borealis in prov. Asterabad (ex Milde).

Ar. Geogr. Europa media et australis a Scandinaviâ australiori, Angliâ, Belgio et Germaniâ australi ad Rossiam mediam, Turcomania, Japonia, Africa borealis, Insulæ Atlantidis, America borealis.

2. S. Hemionitis (Sw. Syn. p. 90) rhizomate brevi obliquo paleis dense vestito, frondibus firmis petiolis plus minus paleaceis suffultis junioribus cordato-ovatis tandem oblongo-lanceolatis acuminatis supra basin dilatatam profunde cordatam sæpe divaricatim hastato-2-4-lobam constrictis integris vel undulato-erosis, soris abbreviatis ♃. *S. sagittatum* D. C. Fl. Fr. — *S. breve* Bertol. Misc. tab. 5. — *S. obcordatum* Bory. — Ic. Sckh. tab. 84.

Hab. in rupibus umbrosis et muris regionis inferioris, Græcia (ex Milde!), Cilicia Trachæa (Péronin!), Cilicia in valle Karliboghaz (Ky. 40!), Palestina in monte Garizim prope Naplouse (Gaill!), Libanus ad fontes rivi Kadischa et in monte Gebel Kenisa (Schweinf!).

Interdum a formâ brachyphyllâ *S. officinalis* ægre dignoscendum sed frondes primariæ semper latiores ovatæ imprimis caracteristicæ.

Ar. Geogr. Hispania, Gallia et Italia australes, Africa borealis,

ADIANTUM (L. Gen. 1180).

Sori transverse oblongi vel lineares in parte supremâ loborum marginales indusio membranaceo cum frondis margine continuo squamæformi semilunari intus aperto obtecti. Petiolus rhizomati continuus. Frondes valde divisæ.

1. **A Capillus Veneris** (L. Sp. 1558) rhizomate repente cespitoso paleaceo, frondibus tripinnatis petiolis tenuibus ut et rachis ebeneis suffultis glabris teneris ambitu late oblongis tripinnatisectis segmentis petiolulatis cuneato-obovatis inæquilateris lateraliter integris apice obtusissime palmatifido-lobatis lobis soro transverse lineari-oblongo terminatis, sterilibus crenatis ♃. Ic. Engl. bot. 1594.

Hab. in speluncis humidis et stillicidiis tophaceis fere totius ditiouis in regione inferiori a Græciâ! et Macedoniâ! ad Pontum Lazicum (Ball), Trans-caucasiam (Led.), Persiam orientalem (Bge.), Babyloniam (Noël), Syriam et Patestinam, Arabiam petream in jugo Sinaitico (Bové! Schimp!), Egyptum inferiorem et mediam (Boiss! Schweinfl).

Ar. Geogr. Europa calidior, insulæ Atlantidis, Africa borealis et australis, Turkestania, India, Nova Hollandia, America.

2. **A. Æthiopicum** (L. Sp. 1568) rhizomate repente, frondibus 3-4-pinnatis glabris teneris petiolis longis ebeneis suffultis ambitu oblongis segmentis parvis submembranaceis orbiculatis basi oblique cuneatis in petiolulum tenuissimum abeuntibus margine superiore obtuse et minute lobatis lobis retusis ad sinum soriferis, soris in segmento 3-6 lineari-quadratis ♃. Hook. Sp. Filic. tab. 77 A.

Hab. ad rupes madidas Affghaniæ ad Chalizan (Aitch.).

Habeo specimen absque collectoris et loci proprii indicatione ex Egypto superiore? indicatum, forsan cultum.

Ar. Geogr. Abyssinia, montes Neilgherenses Indiæ, Africa australis, America tropica.

3. **A. venustum** (Don. Prodr. Fl. Nep. p. 16) rhizomate.... fronde longe petiolatâ oblongâ tripinnatâ petiolis ebeneis, segmentis parvis membranaceo-chartaceis glabris subtus glaucescentibus obovato-cuneatis brevissime petiolatis striatis margine superiore rotundato tenuissime serrulato-denticulato sinubus 1-2 instructo, soro in unoquoque sinu reniformi cordato ♃. Ic. Hook Sp. Fil. tab. 76 B.

Hab. in sylvis Affghaniæ inter Chalizan et Kaïwas (Aitch.

Ar. Geogr. Montes Indiæ borealis.

ASPLENIUM (L Gen. 1178 ex parte).

Sori oblongi vel lineares secus nervos secundarios unilaterales. Indusium soro conforme margine exteriore affixum interiore aper-tum. Petiolus rhizomati continuus fasciculo centrali 3-4-cruri inter-dum in duo ovales sejuncto percursus. Paleæ clathratæ (id est cel-lulis brevibus rigidis hexagonis ob parietes incrassatas clathratis constantes).

1. **A. viride** (Huds. Angl. Ed. II, p. 453) dense cespitosum gla-briusculum, rhizomate paleis nigricantibus obsito, frondibus ambitu lauceolato-linearibus simpliciter pinnatisectis petiolatis petiolo tenui præter basin nigrescentem viridi, rachide viridi exalatâ, segmentis-distincte petiolulatis rhombeo-ovatis basi cuneatis crenatis, soris oblongis ♃. Fl. Dan. tab. 1289.

Hab. in fissuris rupium umbrosarum subalpinarum et alpinarum in ditione rarius, Olympus Thessalus (Heldr!), Taurus Cilicicus supra Bulgharmaaden (Bal!), Tauria (Led.), Affghania ad Chendtol 9-11000' (Aitch.).

Ar. Geogr. Montes totius Europæ, in australioribus alpinum, Sibiria.

2. **A Bourgæi** (Boiss. Mss. — Milde Fil. Eur. p. 61) cespito-sum, rhizomate cespitoso, foliis ambitu oblongo-lanceolatis simplici-ter pinnatisectis brevissime petiolatis petiolo nigro rachideque viridi exalatâ paleis fuscis sparsis plus minus obsitis, segmentis a medio sursum deorsumque diminutis patentibus oblongis obtusis basi ses-sili breviter decurrentibus in lobos minutos bidentatos pinnatifidis nervis subtus prominentibus, soris oblongis obliquis subincurvis ♃.

Hab. in fissuris rupium montis Tcharyklar prope Adalia Pamphyliæ (Bourg!), montis Amani supra Beilan Syriæ borealis (Hausak!), ad pontem fluvii Lethuny Cœlesyriæ (Dʳ Post!).

Frondes cum petiolo 3-4 pollicares, primæ majores 4 lineas longæ. Species ut videtur rarissima ab *A. viridi* pinnis elongatis sessilibus decurrentibus in lobos bidentatos pinnatifidis diversa.

3. **A. Trichomanes** (L. Sp. 1540) dense cespitosum glabrum, rhizomate nigro-paleaceo, frondibus ambitu lanceolato-linearibus simpliciter pinnatisectis petiolatis petiolo rachideque ebeneis hâc margine angusto alæformi crenulato obsitâ, segmentis sessilibus vel brevissime petiolulatis basi cuneatis vel truncatis obovato-subrotun-dis crenulatis, soris oblongis ♃. Ic. Fl. Dan. 119. — Schk. tab. 74.

Hab. ad rupes umbrosas regionis montanæ et subalpinæ. Græciæ totius! Macedoniæ et Thraciæ montes! Creta in monte Idâ (Heldr!), Chios (Orph!), Anatolia in monte Sipylo Lydiæ (Bal!), Pamphyliâ (Bourg!), Tauro Cilicico (Ky.), Libanus supra Tripoli (Bl!), Tauria, Caucasus et Transcaucasia (Led. Szov!), Persia borealis in prov. Ghilan (Auch. 5486!), in monte Elbrus (Ky. 300!), Affghania ad Chendtol 7-9000' (Aitch.).

Ar. Geogr. Europa tota a Scandinaviâ ad Rossiam septentrionalem, Turkestania, Sibiria, Japonia, regio Himalaica, Africa borealis et australis, America borealis et australis.

Obs. *A. Petrarchœ* D. C. Fl. Fr. II, p. 554. = *A. glandulosum* Loisel. — *A. Trichomanes var. pubescens* Gren. et Godr. Fl. Fr. in Peloponneso circa Arcadia a cl. Gittard lectum indicatur sed hujus collectoris schedulis nulla fides habenda.

4. **A. Reuteri** (Milde Fil. Eur. p. 62) dense cespitosum, rhizomate paleaceo, frondibus glabris petiolo longo ebeneo suffultis simpliciter pinnatisectis ambitu lineari-lanceolatis, rachide viridi exalatâ, segmentis inferioribus remotis petiolulatis ovatis transverse sublatioribus tripartitis laciniis obovatis obtusis intermediâ lobato-crenatâ. superioribus rhombeis crenatis basi decurrentibus supremis confluentibus, soris oblongis ♃.

Hab. in fissuris rupium Pylarum Ciliciæ (Bal!).

Frondes 1 ¹/ᵗ-pollicares petiolo bipollicari suffultæ, segmenta eis præcedentium pauciora. Petiolis ebeneis et habitu *A. Trichomane* affine differt rachide exalatâ, segmentis inferioribus transverse latioribus profunde tripartitis.

5 **A. Rutamuraria** (L. Sp. 1541) cespitosum, rhizomate brevi paleaceo, frondibus petiolis viridibus parce nigricanti-hirtis suffultis ambitu triangulari-ovatis coriaceis opacis glaucis glabris vel glandulosis bis et ter pinnatisectis, pinnis primi et secundi ordinis petiolulatis alternis, laciniis ultimis a basi cuneatâ obovatis vel oblongo-obovatis apice crenulatis vel dentatis soris linearibus tandem confluentibus totam laciniarum partem inferiorem tegentibus, indusio margine fimbriato ♃. Ic. Fl. Dan. 190. — Engl. bot. tab. 150.

Hab. in fissuris rupium regionis præsertim montanæ et alpinæ, Græcia in regione abietinâ Parnassi (Sibth, Heldr!), Byzantii (Sibth.), Pontus Lazicus supra Khabackar 7500' (Bal!), Cataonia (Hausskn. ex Milde), Libanus in cacuminibus Makmel (Ky. 770! Bl!), Tauria, Caucasus et Transcaucasia (Ledeb!), Persia borealis in prov. Asterabad (Bge ex Milde), Affghaniæ vallis Kurrum (Aitch.).

Ar. Geogr. Europa tota, Sibiria Altaica et Baicalensis, regio Himalaica, America borealis et australis.

6. **A. Haussknechtii** (Godet et Reut. in Milde Fil. Eur. p. 78) cespitosum, rhizomate brevi paleis angustis obsito, frondibus glabris viridibus petiolis longis tenuibus viridibus suffultis ambitu elongato-ovatis tenuiter membranaceis teneris pellucidis bis et ter pinnatisectis, pinnis primi ordinis inferne remotis superne approximatis, secundi ordinis petiolulatis, laciniis ultimis a basi cuneatâ obovatis apice breviter trilobis crenatis, soris infimam laciniæ partem tantum occupantibus, indusio ciliato ♃.

Hab. in fissuris rupium calcarearum Cataoniæ supra Seytun 6000' et in monte Begdagh supra Malatia (Haussk!), in Tauro Cilicico (Ky. 552!).

Valde affine *A. Rutamurariæ* cujus forsan varietas laxior tenera pellucida parcius fructifera.

7. **A. fissum** (Kit. in Willd. Sp. V, p. 348) cespitosum, rhizomate squamis congestis nigricantibus vestito, frondibus longiuscule petiolatis glabris membranaceis viridibus opacis ambitu oblongo-lanceolatis tripinnatisectis segmentis primi et secundi ordinis petiolulatis divaricatis, laciniis ultimi ordinis anguste cuneatis trifidis dentibus brevibus truncatis sæpe obtuse 2-3-denticulatis, soris lacinias obtegentibus, indusio margine crenato ♃. Ic. Schk. 56 B. — *A. Trettenerianum* Jan. — *A. angustifolium* et *A. tenuifolium* Guss. Pl. rar. tab. 65.

Hab. in fissuris alpinis rupium calcarearum, Scardus Macedoniæ (Griseb!).

Ar. Geogr. Alpes Maritimæ Pedemontii et Alpes Austriacæ, Apennini, montes Croatiæ et Dalmatiæ.

8. **A. fontanum** (L. Sp. 1550 sub *Polypodio*) cespitosum, rhizomate obliquo apice paleis atrofuscis vestito, frondibus glabris viridibus petiolo inferne nigro suffultis ambitu oblongo-lanceolatis pinnatisectis segmentis versus apicem et basin frondis decrescentibus petiolulatis ovatis vel oblongis iterum in lacinias obovatas spinulosodentatis superiores confluentes pinnatisectis, soris ovatis ♃. *A. fontanum* Bernh. in Schrad. Journ. I, p. 314. — *Aspidium Halleri* D. C. Fl. Fr.

Hab. in rupibus irriguis Græciæ loco non indicato (ex Sm. Prodr.), Affghania ad Chendtoi et Sikaram 11080 (ex Aitch.). E ditione non vidi.

Ar. Geogr. Anglia, Gallia, Hispania, Germania australis, Helvetia, Italia, Hungaria, Galicia, Turkestania (Regel).

9. **A. varium** (Hook. et Grev. Ic. Filic. tab. 172) cespitosum glabrum pumilum, frondibus lanceolatis pinnatis vel bipinnatis petiolis fuscescentibus basi paleaceo-pilosis suffultis, segmentis utrinque 8-12 deltoideis cuneatis in lacinias interdum divisis latere externo acute incisis, soris demum confluentibus totam faciem inferiorem segmenti tegentibus ♃. Bedd. Ferns South. Ind. tab. 129.

Hab. in valle Kurrum Affghaniæ ad Chendtoi (Aitch.).

Petioli 1-1 ½-pollicares, frondes 2-3 pollices longæ, segmenta primaria breviter petiolata. Affine *A. fontano*, irregularius divisum et acutius incisum.

Ar. Geogr. Regio Himalaica, India, Ceylona, China et Japonia, Africa australis.

10. **A. lanceolatum** (Huds. Angl. 454) cespitosum, rhizomate paleis fuscis angustis dense vestito, frondibus petiolo valido inferne fusco suffultis ambitu oblongis acutis bipinnatisectis, segmentis primariis lanceolatis in lacinias obovatas cuneiformi-petiolulatas acute dentatas pinnatisectis inferioribus subbrevioribus, soris ovatis ♃ Lowe Fil. Brit. V, tab. 226. — *A. obovatum* Viv. Fl. Lib. Spec. p. 68 (forma laciniis latius obovato-orbiculatis brevius et obtusius dentatis). — Guss. Pl. rar. tab. 64.

Hab. in fissuris humidis rupium regionis inferioris, Græcia (Sm. ex herb. Sibth.), Archipelagi insulæ Naxos et Andros (Sart!), Poros (Reinh!).

Ar. Geogr. Lusitania, Hispania, Anglia, Gallia occidentalis et australis, Corsica, Sardinia, Sicilia, Italia australis, Africa borealis.

11. A. **Adiantum nigrum** (L. Sp. 1542), cespitosum, rhizomate nigro-paleaceo, frondibus petiolis longis validis inferne nigricantibus suffultis glabris coriaceis nitidis ambitu triangulari-lanceolatis acuminatis basi tripinnatim superne bipinnatim sectis pinnis primi et secundi ordinis ab inferioribus ad superiora sensim diminutis, segmentis ultimi ordinis oblongo-lanceolatis basi cuneatâ integrâ decurrentibus apice acute et stricte dentatis ♃. Ic. Sckh. 80 A.

β. *Virgilii.* — Frons fere magis divisa pinnis longius acuminatis, eis ultimi ordinis lanceolatis acutius dentatis. — *A. acutum* Bory in Willd. Sp. — *A. productum* Lowe. Variatio in typum sensim transiens.

Hab. forma typica præsertim in partibus magis borealibus ditionis, Pontus Lazicus ad Rhizé (Bal!), Transcaucasia (Ledeb. Szov!). Var. β frequentior in regione montanâ Græciæ! Macedoniæ et Bithyniæ (Griseb!), Cypri (Ky!), Libani (Gaill!), Ciliciæ et Syriæ borealis (Ky!).

Ar. Geogr. Europa media et australis a Norvegiâ australi et Scaniâ ad Rossiam mediam, insulæ Atlantidis, Africa borealis, Abyssinia, P. B. Spei, regio Himalaica.

12. A. **septentrionale** (L. Sp. 1524 sub *Acrosticho*) cespitosum, rhizomate brevi squamis linearibus fuscis vestito, frondibus longe petiolatis coriaceis glabris in 2-5 segmenta elongato-linearia basi longa cuneata petiolulata acuta integra vel superne in dentes subulatos incisa furcatim divisis, soris linearibus angustis denique confluentibus totam paginam inferiorem obtegentibus, indusio margine integro ♃. *A. septentrionale* Sw. Syn. 75. — Ic. Engl. bot. tab. 1017. — Fl. Dan. tab. 10.

Hab in fissuris siccis rupium graniticarum, Olympus Bithynus (Sibth.), Ida Troadis (Sint.), mons Argæus Cappadociæ in regione subalpinâ (Bal!), Pontus Lazicus ad Kalonoros 1500' (Bal!), Armenia Turcica prope Baibut (Bourg!), Tanriæ mons Kastell (Rehm!), Caucasus et Transcaucasia (Rehm! Ledeb.), Affghaniæ vallis Kurram ad Chendtoi 7-11000' (Aitch!).

Ar. geogr. Europa fere totius montes, Sibiria Uralensis et Altaica, America borealis.

ATHYRIUM (Roth Tent. III, p. 58).

Sori oblongi vel rotundi secus costas secundarias unilaterales. Indusium laterale soro conforme nervo adnatum margine interiore apertum. Petiolus rhizomati continuus basi fasciculis binis oblongis periphericis superne ad basin laminæ arcu in unicum periphericum conjunctis percursus. Paleæ cystopterideæ (id est cellulis laxis elongatis teneris ad parietes non incrassatis constantes).

1. A. Filix fæmina (L. Sp. 1551 sub *Polypodio*) rhizomate crasso, frondibus elatis amplis petiolo plus minus paleaceo suffultis ambitu elliptico-oblongis acuminatis versus basin angustioribus bipinnatisectis pinnis longe acuminatis multijugis, pinnulis lanceolatis in lobos ovatos apice sæpius acute 3-4-dentatos pinnatifidis, soris obliquis ovalibus vel inferioribus semilunatis, indusio margine fimbriato ♃. *A. Filix fœmina* Roth. — Ic. Schk. 33,59. — Engl. bot. 1459. — *Asplenium Filix fœmina* Bernh.

Hab. in sylvaticis, in australioribus subalpinum, Græcia (Sibth.), Taygetus (Heldr!), Creta (Heldr.(, Pontus ad Rhizé (Bal!), Caucasus et Transcaucasia (Ledeb. Ruhm!), Persia borealis (ex Milde), Affghaniæ vallis Kuram (Aitch!).

Ar. Geogr. Europa omnis, Songaria, Sibiria, regio Himalaica, Africa borealis, insulæ Azoricæ et Madera, America borealis.

2. A. alpestre (Hoppe in Koch Syn. 731 sub *Polypodio*) cespitosum, rhizomate petiolisque valde paleaceis, frondibus breviter petiolatis elatis amplis ambitu oblongo-lanceolatis basi et apice sensim decrescentibus bipinnatisectis pinnis lanceolatis acuminatis pinnulis oblongo-lanceolatis in lobos oblongos obtusos inciso-crenatos pinnatipartitis, crenis obtusis vel in denticulos sursum curvatos abeuntibus, soris ad sinus loborum parvis orbiculatis ob indusii minuti ciliati fugacitatem sæpius nudis ♃. *Athyrium alpestre* Nyl. — *Polypodium Rhæticum* D. C. Fl. Fr. V, p. 242. — *P. molle* All.

Hab. in lapidosis sylvaticis regionis alpinæ, Pontus Lazicus prope Djimil 6000' (Bal!), ditio Transcaucasica Talysch (C. A. Mey.).

Ar. Geogr. Europæ borealis et mediæ montes ad Pyreneos et Alpes usque America borealis occidentalis.

ASPIDIUM (Sw. ex parte).

Sori orbiculares seriati vel sparsi. Indusium superum orbiculare peltatum centro affixum margine liberum. Petiolus rhizomati continuus.

1. A. Lonchitis (L. Sp. 1548 sub *Polypodio*) rhizomate crasso brevi, frondibus brevissime petiolatis subcoriaceis ambitu elongato-lanceolatis sensim acuminatis et basi angulatis pinnatisectis, pinnulis indivisis breviter stipitatis breviter lanceolato-falcatis basi margine superiori acute auriculatis duplicato-serratis dentibus majoribus spinuloso-cuspidatis subtus undique sed ad nervum copiosius paleaceis, soris utrinque inter costam et marginem uniseriatis ♃. *A. Lonchitis* Sw. in Schrad. Journ. II, p. 30. — Ic. Fl. Dan. tab. 497.

Hab. in rupestribus subalpinis et alpinis, Græciæ montes (Sibth.), Macedoniæ mons Peristeri (Griseb.), Cretæ montes Sphaciotici (Sibth.), Olympus Bithynus (Pichl!). Pontus Lazicus supra Khabackar (Bal!), Tauria (Rehm!), Caucasus (Hohen.).

Ar. Geogr. Totius Europæ montes, Turkestania (Regel), Sibiria (Ledeb.), America arctica.

2. **A. Prescotianum** (Wall. Cat. N° 3(33) rhizomate crasso brevi squamis latis brunneis dense vestito, frondibus anguste lanceolatis sensim acuminatis et inferne angustatis subsessilibus pinnatisectis pinnulis ovato-oblongis sessilibus basi subæqualibus subtus ut et frondis rachis longe fibrillosis profunde pinnatifidis lobis ovatis acute serratis dentibus in setas abeuntibus, soris prope nervum medium utrinque uniseriatis ♃. Ic. Hook Sp. Fil. tab. 223.

Hab. in saxosis vallis Kurrum Affghaniæ ad Chendtol 9-10000' (Aitch.).

Frondes eis *A. Lonchitis* angustiores, pinnulæ breviores obtusiores basi non auriculatæ, dentes longius cuspidati.

Ar. Geogr, Regio Himalaica.

3. **A. aculeatum** (L. Sp. 1562 sub *Polypodio*) rhizomate crasso dense paleaceo, frondibus rigidis petiolo brevi crebre paleaceorufo suffultis ambitu oblongo-lanceolatis utrinque attenuatis acutis subtus paleaceis bipinnatisectis, pinnis lanceolatis acuminatis, pinnulis trapezoideo-rhombeis basi cuneatis inæqualiter spinuloso-denticulatis apice aristatis inferioribus subpedicellatis cæteris confluentibus, soris secus nervum medium bilineatis ♃. *A. aculeolatum* Döll Rh. p. 20. — Multum variat.

α. vulgare Döll. — Frondes rigidiores, pinnulæ magis rhombeæ subfalcatæ vix pedicellatæ et magis confluentes, inferiores pinnarum solæ basi latere superiori in auriculam lateralem productæ. — *A. lobatum* Sw. Fil. 53. — Ic. Sckh. 39 et 40.

Hab. in sylvaticis præsertim subalpinis et alpinis, insula Cephallenia (Heldr!). Olympus Thessalus (Heldr!), Macedonia, Thracia et Bithynia (Griseb.), Pontus Lazicus circa Rhizé et Djimil (Bal!), Caucasus et Transcaucasia (Ledeb!), Persia borealis (Bge ex Milde).

β. Swartzianum Koch. — Frondes molliores, pinnulæ minores ovato-rhombeæ distinctius pedicellatæ fere omnes sursum obtusæ auriculatæ. — *A. angulare* Sm. — *A. aculeatum* Ser.— *A. hastulatum* Ten. — *Hypopeltis lobulata* Bory Fl. Pélop. 7, — Ic. Engl. Bot. 1562.

Hab. in monte Taygeto (Heldr.), monte Athone (Orph!), Byzantii (Thuret!) Lydiâ in monte Sypilo (Auch!), Ponto Lazico (Bal!), Kurdistaniæ monte Avroman (Haussk!).

Ar. Geogr. Europa media et australis a Scandinaviâ australi ad regionem Danubialem, Africa borealis, P. B. Spei, Nova Hollandia, America borealis et tropica.

NEPHRODIUM (Rich. — *Polystichum* Roth.).

Sori orbiculares seriati vel sparsi. Indusium superius orbiculari-reniforme puncto centrali et radio plicæformi affixum. Petiolus rhizomati continuus.

1. **N. Thelypteris** (L. Mant. 405 sub *Polypodio*), rhizomate tenui repente, frondibus remotis elatis longe petiolatis eglandulosis ambitu oblongo-lanceolatis pinnatisectis, pinnis elongatis pinnatipartitis rachide nudâ, lobis basi confluentibus frondium sterilium oblongis acutis integris vel subrepandis, fertilium margine revolutis triangularibus. soris in lobo biserialibus tandem confluentibus ♃.*N. Thelypteris* Desv. — Ic. Fl. Dan. 760.

Hab. in turfosis, in ditione rarum, prov. Transcaucasica Karabagh (Kolenati ex Rupr.).

Ar. Geogr, Europa fere tota a Scandinaviâ et Rossiâ ad Lusitaniam, Hispaniam centralem usque, Turkestania, Sibiria, Africa borealis, P. B. Spei, Japonia, regio Himalaica, America borealis.

Obs. *Nephrodium fragrans.* — *Aspidium fragrans* Sw. species Sibirica schedulâ erroneâ in Caucaso ex herb. Vindob. indicatum videtur.

2. **N. Oreopteris** (Ehrh. Crypt. N° 22 sub *Polypodio*) rhizomate crasso obliquo, frondibus petiolo brevi paleaceo suffultis ambitu lanceolato-oblongis a medio deorsum decrescentibus læte viridibus subtus glanduloso-punctatis pinnatisectis, pinnis lanceolatis acuminatis in pinnas late confluentes oblongas obtusas integras vel subrepandas pinnatipartitis infimis parvis brevibus triangularibus, soris secus margines subrevolutos loborum seriatis sæpe subconfluentibus ♃. *Polystichum montanum* Roth. — *Asp. montanum* Vogl.

Hab. in sylvaticis in ditione ut videtur rarum, Pontus Lazicus in pinetis ad ostium rivi Of (Bal!).

Differt a *N. Filis mas* glandulositate paginæ inferioris, pinnulis integris.

Ar. Geogr. Europa borealis et media a Britanniâ et Gothiâ ad Hispaniam et Italiam boreales, regionem Danubialem, Rossia media, Madera.

3. **N. Filix mas** (L. Sp. 1551 sub *Polypodio*) rhizomate crasso obliquo, frondibus elatis secus petiolum brevem et sæpe rachidem plus minus crebre paleaceis ambitu elliptico-oblongis a medio sursum et deorsum angustatis subtus non glandulosis pinnatisectis, pinnis lanceolatis acuminatis profunde pinnatipartitis, pinnulis oblongis obtusis vel subtruncatis totâ basi confluentibus apice crenatis vel dentatis denticulis ascendentibus acutis muticis, soris paucis in parte inferiori pinnularum biseriatis ♃. *Aspidium Filix mas* Sw. — Ic. Schk. Crypt. tab. 44.

Hab. in sylvaticis montanis, Peloponnesus (Bory!), Parnassus (Heldr!), Creta et Zacynthus (Sibth), Macedoniæ mons Athos (Orph!), Olympus Bithynus (Fritsch!), Argæus Cappadociæ (Bal!), Pontus Lazicus (Ball), Cyprus (Sint!), Tauria, Caucasus et Transcaucasia (Ledeb. Szov !).

β. incisum Moore. — Pinnulæ argutius et sæpe biserratæ. — *Asp. affine* F. et M. in Hoh. Talysch Enum. p. 11.

Hab. in Iberiá et distr. Karabagh (Hoh! Szov!).

Ar. Geogr. Europa tota media et australis, Turkestania, Sibiria, Japonia, regio Himalaica, Africa borealis, America borealis et tropica.

4. **N. rigidum** (Sw. Fil. 53 sub *Aspidio*) rhizomate robusto obliquo, frondibus rigidiusculis utrinque sed subtus præsertim glandulosis ambitu oblongo-lanceolatis basi vix decrescentibus petiolo valde paleaceo suffultis bipinnatisectis, rachide paleaceá, pinnis lanceolatis pinnatipartitis, pinnulis præter summas pinnarum basi non confluentibus oblongis obtusis pinnatilobatis lobis ovatis 1-5-denticulatis dentibus mucronulatis, soris in pinnulá biserialibus subcontiguis, indusio glanduloso ♃. *N. rigidum* Desv. — *Polypodium rigidum* Hoffm. — *Polyp. fragrans* Vill. Delph. 3, p. 843. — *Aspidium nivale* Bory. — *Hypodematium nivalc* Fée.

Hab. in rupestribus alpinis, Taygetus Peloponnesi (Bory ex Milde!).

β. australe Ten Act. Inst. Nap. V, 144, tab. 2. — Amplius, interdum 3-4-pedale, subtripinnatisectum, pinnulæ inferiores interdum petiolulatæ et parte inferiori pinnatisectæ. Indusium sæpe glabrum. — *N. pallidum* Bor. et Ch. Fl. Pélop. p. 67. tab. 38.

Hab. in umbrosis et sylvaticis regionis inferioris et montanæ, Græcia in Messeniá (Bory !), Taygeto (Heldr !), Kyllene (Heldr!), Malevo (Orph !), Parnasso (Heldr!), insulá Cephaloniá (Heldr!), Cretá (Heldr! Raul!), Rhodo (Bourg!), montibus Lydiæ (Bal!), Lyciæ et Pamphyliæ (Bourg!), Tauro Cilicico (Ky! Bal!), Cypri montibus (Ky. 3)5!), Syriá littorali ad Sidonem et Libano (Bl! Gail!), Affghaniæ valle Kurrum (Aitch !).

Specimina valde evoluta a *N. rigido* typico facie diversa videntur sed formæ intermediæ adsunt.

Ar. Geogr. Forma typica in montibus Angliæ, Galliæ, Norvegiæ, Germaniæ, Helvetiæ, Hispaniæ, Italiæ, Dalmatiæ, America boreali-occidentalis. Varietas β in Balearibus, Sardiniá, Siciliá, Italiá, Africá boreali.

5. **N. spinulosum** (Sw. Syn. p. 54 sub *Aspidio*) rhizomate obliquo robusto, frondibus membranaceis flaccidis amplis ovatioblongis vel triangulari-ovatis subtus interdum glandulosis bi vel tripinnatisectis petiolo plus minus paleaceo suffultis, jugo inferiori pinnarum primarium cæteris breviore, pinnulis pinnatipartitis vel sectis lobis ovatis obtusis spinuloso-dentatis, soris parvis secus nervum medium pinnularum biseriatis ♃ Multum variat. Formæ sequentes altera in alteram transeuntes præsertim indicandæ.

α. vulgare Koch Syn. — Frons ambitu ovato-oblonga, lobi inferiores pinnularum soli distincti, cæteri rachide latâ confluentes. — *A. spinulosum* W. Sp. 5, p. 262. — Ic. Fl. Dan. 707. — Schk. tab. 48.

Hab. in sylvis montanis et alpinis, mons Peristeri Macedoniæ 6-7000' (Orph!), Pontus Lazicus ad Djimil (Bal!), Transcaucasia (Ledeb.).

β. *dilatatum* Koch. — Frons latior triangulari-ovata, segmenta pinnularum supremis exceptis fere omnia distincta rachide angustâ. — *A. dilatatum* W. Sp. V, p. 263. — Ic. Schk. 47.

Hab. in Ponto Lazico supra Khabackar Bal.

Ar. Geogr. Europa omnis borealis et media ad Lusitaniam, Hispaniam et Italiam centrales usque, Sibiria, regio Himalaica, America borealis.

6. N. barbigerum (Hook. Sp. Filic. IV, p. 113) caudice robusto ut et frondes juniores squamis lanceolatis flavis nitidis pilis aureis intermixtis dense vestito, frondibus proceris stipite longo dense et longe aureo-squamoso suffultis late ovato-oblongis bipinnatis pinnis primariis subpetiolatis oblongis obtusis profunde pinnatifidis lobulis crebre dentatis dentibus aristatis, soris inter nervum et marginem copiosis uniseriatis ♃. *N. Falconeri* Hook. loc. cit. p. 123 tab. 254 ex cl. Clarke non differt. — *N. Brunonianum* Hook. l. cit. p. 113, tab. 251 ex cl. Baker eadem species esse videtur.

Hab. ad Chendtoi vallis Kurram Affghaniæ 9500'-10000' (Aitch.). Non vidi.

Frondes in stipite sæpe pedali 1 ¹/₂-2-pedales ; species indumento denso longo aureo caudicis et frondium nondum evolutarum insignis.

Ar. Geogr. Regio Himalaica.

7. N. cristatum (L. Sp. 1551 sub *Polypodio*) rhizomate obliquo, frondibus dimorphis glabris, sterilibus brevioribus et tenuioribus oblongis, fertilibus petiolo parce paleaceo suffultis elongato-lanceolatis pinnatisectis a medio versus basin valde decrescentibus, pinnis pinnatipartitis inferioribus inter se remotis petiolulatis plerumque sterilibus triangulari-lanceolatis, superioribus lanceolatis sessilibus, omnibus in segmenta oblonga obtusa denticulata pinnatipartitis denticulatis ascendentibus mucronatis, soris in segmento biseriatis ♃. *N. cristatum* Mich. — *Polypodium Callipteris* Ehrh. Beitr. III, p. 77. Ic. Fl. Dan. 1517. — Sckh. 37,41.

Hab. in umbrosis turfosis, Bæotia et circa Byzantium (Sibth.), Transcaucasia in Iberiâ et prov. Talysch (Hoh.). E ditione nondum vidi.

Ar. Geogr. Scandinavia, Anglia, Belgium, Gallia, Helvetia, Italia borealis, regio Danubialis, Rossia media, Sibiria Uralensis, America borealis.

CYSTOPTERIS (Bernh. in Schrad. Journ. I, p. 2, pag. 26).

Sori subrotundi sparsi vel subseriati. Indusium membranaceum orbiculare vel ovatum denticulato-lacerum puncto marginis interioris nervo adnatum versus margines et apicem lobuli liberum tandem corrugatum et evanescens. Petiolus rhizomati continuus. Frons decomposita.

1. C. fragilis (L. Sp. 1553 sub *Polypodio*) rhizomate horizontali brevi apice paleaceo, frondibus petiolis gracilibus laminâ brevioribus suffultis ambitu oblongo-lanceolatis 2-3-pinnatisectis segmentis inferioribus abbreviatis magis dissitis, pinnulis ovatis basi decurrentibus pinnatifidis vel sectis, lobulis ovatis vel lanceolatis denticulatis vel retusis, soris utrinque ad costam uniseriatis ♃. *C. fragilis* Bernh. l. cit. — Species pinnularum et loborum divisione et formâ summopere variabilis et cujus formæ innumeræ altera in alteram transeuntes magis notabiles sunt.

α. *genuina.* — Pinnulæ pinnatifidæ lobulis ovatis vel obovatis integris vel denticulatis. — *Cyst. dentatu* Sm. — *C. Caucasica* C. A. Mey. in Hoh. exs. — Ic. Engl. bot. lab. 1587.

Hab. ad rupes umbrosas subalpinas et alpinas, Peloponnesus in monte Malevo (Sart!), Macedonia in Athone (Sibth.), Lydia in Tmola (Boiss!), Taurus Cilicĭcus (Bal!), Armenia circa Erzerum (Calv!), Pontus Lazicus ad Djimil (Bal!), Cyprus (Ky!), Tauria, Caucasus et Transcaucasia (Ledeb. Hoh! Szov!), Persia borealis (Ky!), Affghania (Aitch!).

β. *tenuisecta.* — Pinnulæ profundius et tenuius sectæ lobulis angustioribus oblongis vel linearibus truncatis vel retusis interdum serrulatis. — *Aspidium alpinum* W. — *Asp. regium* Sw. — *Cystopteris alpina* Link. — *C. regia* Presl — *Aspidium Taygetense* Bory Fl. Pelop. p. 67.

Hab. in rupestribus umbrosis alpinis formâ præcedente fere vulgatior, omnia cacumina excelsiora Peloponnesi et Græciæ continentalis (Bory! Heldr!), Olympus Bithynus (Auch!), Creta (Heldr!), Armenia Kurdica (Ky!), Libanus (Ehr! Boiss!), Cataonia (Haussk!), Persia borealis in monte Elbrus (Ky. 679!) et australis in montibus Nur et Kellal usque ad 13000' (Haussk!), Affghania (Griff!).

Ar. Geogr. Europa omnis, Turkestania, Sibiria, Africa borealis, insulæ Canarienses, America borealis et australis, Australia.

ORD. CXLV. EQUISETACEÆ.

(D. C. Fl. Fr. 2, p. 580).

Caules e rhizomate subterraneo articulato repente erecti simplices vel verticillatim ramosi ad articulos vaginâ dentatâ instructi ramis et ramulis verticillatis. Amentum terminale squamis verticillatis constans quarum unaquaque peltata angulata stipitata subtus margine 4-7 sporangia circulariter disposita fert. Sporangia membranacea longitudinaliter fissa. Sporæ numerosissimæ globosæ appendicibus

quatuor filiformibus apice spathulatis in crucem dispositis circa sporam spiraliter convolutis siccitate elastice resilientibus instructæ.
— Plantæ perennes terrestres vel aquaticæ.

EQUISETUM (L. Gen. 1169).

Character ordinis.

Sect. I. VERNALIA A. Br. — Caules dimorphi, fertiles præcoces
simplicissimi teneri decolores sporis elapsis marcescentes et evanidi, steriles seriores ramosi æstatem perdu-
rantes.

1. E. arvense (L. Sp. 1516) caulium fertilium vaginis turbinato-tubulosis superne scariosis in 8-10 dentes lanceolatos acutos
herbaceos plus minus cohærentes fissis, spicâ obtusâ, caulium sterilium vaginis quadridentatis, ramis quadrangularibus simplicibus
vel ramulosis ♃. Ic. Schk. 167. — Fl. Dan. t. 1942 et 2001.

Hab. in pratis frigidis humidis et agris limosis præsertim in regionibus
septentrionalibus ditionis, Græcia (ex Sibth.), Armenia Turcica (Cal! Ky!),
Pontus Lazicus ad Djimil (Bal!), Caucasus et Transcaucasia (Ledeb.).

Adest sæpe forma serotina.

Ar. Geogr. Europa tota sed in australioribus rarius, Sibiria, Japonia, regio
Himalaica, America borealis.

2. E. Telmateia (Ehrh. Beitr. 2, p. 159) caulium fertilium
vaginis turbinato-tubulosis superne scariosis in 30 dentes subulato-
setaceos fissis, spicâ crassâ obtusâ, caulium sterilium elatorum vaginis quadridentatis, ramis octangularibus gracilibus elongatis simplicibus ♃. Ic. Engl. bot. 2022. — Schk. 168. — *E. fluviatile* Sm. non
L. — *E. eburneum* Roth.

Hab. in umbrosis humidis, Græcia (Bory), Macedonia, Thracia et Bithynia
(Griseb.), Tauria, Caucasus et Transcaucasia (Ledeb.), Cyprus (Ky.), Syria
borealis in monte Amano (Ky!), in Libano (Bl! Gaill!), Persia (Milde).

Ar. Geogr. Europa media et australis ab Angliâ et Daniâ ad Rossiam mediam, Africa borealis, insulæ Fortunatæ.

Sect. II. SUBVERNALIA A. Br.— Caules dimorphi, fertiles coëtanei
albido-rubelli, fructificationis tempore simplices vel ramis
brevissimis instructi, demum spicâ cum ejus pedunculo
emarcidâ ramosi et cum caulibus sterilibus æstatem per-
durantes.

3. E. sylvaticum (L. Sp. 1515) ramis crebre verticillatis
arcuato-nutantibus tetragonis verticillatim ramulosis ramulis trique-

tris, vaginis caulinis turbinato-tubulosis scariosis superne lobato-
fissis, ramorum quadridentatis, ramulorum tridentatis dentibus
subulatis ♃. Ic. Fl. Dan. 1182. — Schk. tab. 166.

Hab. in sylvis humidis, Græcia et Byzantium (ex Sibth.), Transcaucasia
(ex Ledeb.), Cyprus (ex Ky.). E ditione nondum vidi.

Ar. Geogr. Europa borealis et media ad Italiam borealem regionemque
Danubialem usque, America borealis.

SECT. III. ÆSTIVALIA A. Br. — Caules fertiles et steriles conformes
      virides fructificationis tempore omnino evoluti æstatem
      perdurantes sed hyeme ineunte emorientes.

4. **E. palustre** (L. Sp. 1516) caulibus profunde 6-8-sulcatis
·vaginis turbinatis in 6-8 dentes lanceolatos nigros late albo-margina-
tos abeuntibus ramis simplicibus profunde 5-6-sulcatis, vaginulis 5-
6-dentatis, spicâ obtusâ ♃, Ic. Fl. Dan. 1183. — Schk. 170.

Hab. in pratis humidis et paludibus, Peloponnesus in Elide (Sibth.), Attica
ad Kephissiam (Heldr!), Byzantii (Sibth.), Pontus Lazicus ad Djimil (Bal!),
Transcaucasia (Hohen.), Cyprus (Sint. et Rigo!).

Ar. Geogr. Europa a Scandinaviâ et Rossiâ arcticâ ad Lusitaniam, Hispaniam, Italiam borealem usque, Sibiria, Japonia, America arctica.

5. **E. limosum** (L. Sp. 1518) caulibus simplicissimis vel ramosis 10-20-striatis, vaginis cylindricis arctis 10-20-dentatis dentibus
lanceolato-subulatis nigris margine vix membranaceis, ramis cum
adsunt simplicibus 5-6-angulatis vaginulis 5-8-dentatis, spicâ obtusâ
♃. Ic. Schk. 171. — Fl. Dan. 1184.

Hab. in paludibus, aquis lente fluentibus, Tauria (Pall. ex Ledeb.). E ditione non vidi.

Ar. Geogr. Europa borealis et media, Sibiria, America borealis.

SECT. IV. HYEMALIA A. Br. — Caules fructiferi et steriles conformes
      virides sempervirentes nempe hyeme perdurantes.

6. **E. ramosum** (Schl. Cat. 1807, p. 27), pallide virens vel glau-
·cum, caulibus fructiferis sterilibusque conformibus erectis verticillatim ramosissimis rarius nudis 8-15-costatis costis convexis, vaginis
caulis cylindraceis ramorum turbinatis 6-8-dentatis concoloribus
dentibus breviter triangularibus sæpe nigro-maculatis appendice
membranaceâ lanceolato-subulatâ diu persistenti terminatis, spicis
vel tantum unicâ terminali vel ad omnium ramorum superiorum apicem sitis acuminato-mucronulatis ♃. *E. ramosissimum* Desf. Atl. non
H. B. K. — *E. elongatum* W. Sp. V, p. 8. — *E. Pannonicum* W. Sp. V,
p. 6. — *E. pallidum* Bory Fl. Pél. tab. 37 et *E. ephedroides* Bory
ibid. p. 66. — Variat multum staturâ, caulibus ramosissimis, ramis

plus minus elongatis vel a basi ramosis subcespitosis interdum simplicibus nudis. — *E. variegatum* Bory Fl. Pel. non Schleich.

Hab. ubique in arenosis humidis et siccis a Græciâ! ad Syriam littoralem et interiorem (Bl! Gail!), prov. Caucasicas!, Persiam (Aitch!), Affghaniam (Aitch.), Belutschiam (Stocks!).

Ar. Geogr. Europa media et australis a Germaniâ ad Rossiam mediam' Sibiria Uralensis et Altaica, regio Himalaica, Japonia, Africa borealis et australis, America media et australis.

7. **E. hyemale** (L. Sp. 1517) pallide virens, caulibus elatis simplicibus nudis omnibus conformibus 14-20-costatis asperis costis convexis, vaginis cylindricis arctis basi nigro-zonatis in dentes nigricantes rotundatos obtusos quadristriatos acumine lanceolato crispo membranaceo cito evanido terminatos abeuntibus, spicâ terminali solitariâ ♃. Ic. Fl. Dan. tab. 1409. — Schk. 172 α. — *E. zonatum* Friv. — Variat caulibus subtenuioribus, vaginis ? pallidioribns minus arctis. — *E. paleaceum* Schleich.

Hab in humidis et uliginosis regionum magis septentrionalium, Thracia prope Philippopolin (Friv!), Bithynia in Olympo Bithyno (Sibth.), Pontus Lazicus in valle Djimil (Bal!), Caucasus septentrionalis (Ledeb).

Ar. Geogr. Europa borealis et media a Scandinaviâ et Rossiâ arcticâ ad Hispaniam borealem, Italiam centralem, regionem Danubialem, Sibiria.

ORD. CXVLI. LYCOPODIACEÆ.

D. C. Fl. Fr. II, p. 257.

Caules alternatim ramosi vel dichotomi foliati basi sæpius decumbentes. Folia persistentia numerosa spiraliter vel tetrastiche disposita sessilia. Sporangia in axillis foliorum vel caulinorum omnium vel tantum superiorum bracteæformium sita uniformia vel biformia. (*Macrosporangia* et *Microsporangia*). — Plantæ terrestres.

LYCOPODIUM (L. Gen. 1165 ex parte).

Sporangia omnia conformia solitaria unilocularia axillaria bivalvia. Sporæ minutissimæ striis tribus notatæ globosæ quaternatim in corpuscula trigona cohærentes.

1. **L. Selago** (L. Sp. 1565) caulibus erectis ascendentibusve a basi dichotome ramosis dense foliosis, ramis fastigiatis, foliis omnibus conformibus imbricatis coriaceis rigidis lanceolatis acuminatis integris vel subdenticulatis, sporangiis in toto caule et ramis axillaribus ♃. Ic. Fl. Dan. 104. — Schk. tab. 159.

Hab. in sylvis montanis et alpinis, Pontus Lazicus supra Djimil 7800'
(Ball), totum jagum Caucasi (C. A. Mey).

Ar. Geogr. Europa tota borealis et media ad Hispaniam septrionalem·
Italiam centralem et regionem Danubialem usque, Sibiria, Madera, America
borealis, Peruvia, Nova Hollandia.

2. **L. clavatum** (L. Sp. 1564) caulibus elongatis prostratis,
ramulis erectis dense foliosis fertilibus in pedunculum longum apice
1-3-stachyum abeuntibus, spicis longe cylindricis, foliis ramulorum
crebris lineari-lanceolatis acuminatis pilo elongato terminatis, pedunculi abbreviatis subdenticulatis verticillatis, spicæ bracteis late ovatis
cuspidatis eroso-denticulatis ♃. Ic. Schk. 162. — Fl. Dan. 127.

Hab. in ericetis, ad colles Ponti Lazici supra Trapezuntem (Bourg!).

Ar. Geogr. Europa borealis et media ad Hispaniam, Italiamque centrales,
regionem Danubialem usque, Sibiria, America borealis et tropica, India,
P. B. Spei, Nova Hollandia.

3. **L. alpinum** (L. Sp. 1567) caulibus repentibus radicantibus
ramosissimis, foliis remotis spiraliter dispositis adpressis, ramis erectis fastigiatim et breviter ramosissimis quadrifariam foliosis aliis sterilibus aliis spicâ sessili solitariâ breviter cylindricâ terminatis, foliis
adpressis lanceolatis acutis integris, bracteis ovatis acuminatis denticulatis ♃. Ic. Fl. Dan. 79. — Schk. t. 161.

Hab. in sylvaticis alpinis, Armenia Turcica ad Alischeri Khan 6200' (Ky!);
Pontus Lazicus in sylvâ Abetis Nordmannianæ prope Tcharantach 6000'
(Bal!).

Ar. Geogr. Europa borealis et media ad Pyreneos, Italiam borealem usque,
Sibiria, America arctica.

4. **L. complanatum** (L. Sp. 1567) caulibus repentibus elongatis ramosis foliosis, foliis adpressis spiraliter dispositis, ramis erectis dichotome ramosissimis innovatione mediâ in pedunculum longum
sparsim et breviter foliosum apice pleiostachyum abeunti, ramulis
sterilibus fastigiatis plus minus compressis quadrifariam et adpresse
foliosis foliis lateralibus carinatis triangulari-lanceolatis decurrentibus acuminato-mucronatis, anticis et posticis sæpius angustioribus,
spicis cylindricis, bracteis late ovatis cuspidatis eroso-crenulatis ♃.
Ic. Schk. 163.

β. *chamæcyparissias* A. Br. — Differt a formâ typicâ ramulis sterilibus magis compressis fastigiatis nec flabellatis, foliis subconformibus nempe lateralibus ut in formâ typicâ non latioribus. Cæterum
ambo altera in alteram manifeste transeunt.

Hab. in dumosis et ericetis, Pontus Lazicus supra Rhizé 900' (Bal!).

Ar. Geogr. Europa borealis et media ad Pyreneos, Italiam borealem, regionem
Danubialem usque, Sibiria, Madera, India, America borealis.

SELAGINELLA (Spring in Doell Rh. Fl., p. 38).

Sporangia difformia in eâdem spicâ, macrosporangia ad basin spicæ 3-4-cocca sporas 3-4 majores tristriatas continentia, microsporangia numerosiora illis *Lycopodii* similia muriculata microsporis numerosis impleta. — Folia homormorpha undique directa vel dimorpha tetrasticha.

SECT. I. — HOMOPHYLLÆ Spring. — Folia homomorpha undique directa. Facies *Lycopodii*.

1. S. spinulosa (A. Br. in Döll. Fl. Rh. p. 38) caulibns brevibus repentibus, ramis abbreviatis ascendentibus spicâ solitariâ sessili cylindricâ terminatis, foliis viridibus sparsis subpatentibus ovatolanceolatis spinuloso-dentatis, bracteis pallidis foliis sublongioribus ♃. *Lycopodium selaginoides* L. Sp, 1565. — Ic. Fl. Dan. 80.

Hab. in pratis alpinis, Caucasus prope Lars (Rehm !).

Ar. Geogr. Europa borealis et media ad Pyreneos, Italiam, regionem Danubialem usque, Sibiria, America borealis.

2. S. sanguinolenta (L. Sp. 1567 sub *Lycopodio*) caulibus erectis cespitosis tenuibus rigidis pluries dichotomis densissime foliosis, foliis quadrifarium et confertissime imbricatis adpressis triangulari-ovatis acute carinatis acutis integris, spicis erectis quadrangularibus elongatis ramo similibus sed subcrassioribus, bracteis foliis conformibus ♃. *Sel. sanguinolenta* Spring.

Hab. ad rupes vallis Kurrum Affghaniæ in montibus Chendtoi 7000'-8000' copiosissime (Aitch !).

Ar. Geogr. Sibiria Kamschatka, regio Amurensis, China borealis.

SECT. II. — HETEROPHYLLÆ Spring. — Folia tetrasticha dimorpha, serierum externarum patentia, seriei superioris et inferioris minora adpressa.

3. S Helvetica (L. Sp. 1568 sub *Lycopodio*), cespitosa radicans ramosa, ramis complanatis, foliis pallide viridibus lateralibus patentissimis ovato-oblongis obtusiusculis sub lente obsolete denticulatis, intermediis dimidio minoribus adpressis, spicis tenuiter cylindricis simplicibus vel geminatis pedunculo distincto minutius foliato suffultis, bracteis folio minoribus ovatis acutis ♃. *S. Helvetica* Spring. — Ic. Schk. 165.

Hab in rupestribus umbrosis alpinis et subalpinis, Caucasus occid. et centralis (C. A. Mey. Rehm!), Georgia Caucasica (Kolen.*)*, prov. Karabagh (Szov!).

Ar. Geogr. Alpes, Vogesi, Silesia, Sibiria Amurensis, Mantchuria.

4. S. denticulata (L. Sp. 1569 sub *Lycopodio*) cespitosa radicans ramosa læte virens, ramis complanatis, foliis lateralibus patentibus late ovatis cuspidatis margine serrulatis, intermediis dimidio minoribus angustioribus adpressis, spicis cylindricis sessilibus solitariis vel geminis, bracteis folio minoribus ovatis longe cuspidatis ♃. *S. denticulata* Link Fil. Hort. Berol. p. 159. — Ic. Dill. Musc. tab. 66, fig. 1.

Hab. in umbrosis regionis inferioris præsertim maritimæ, Græcia et ejus insulæ (Heldr! Orph. Fl. exs. 277!), Macedonia (Grisebl), Anatolia occid. ad Smyrnam (Bal!), Cyprus (Ky. 190!), Syria littoralis (Gaill! Bl!).

Ar. Geogr. Regio Mediterranea, Galliæ, Lusitaniæ, Hispaniæ, Italiæ, Dalmatiæ, Africæ borealis, Madera, Insulæ Canarienses.

ORD. CXLVII. ISOETEÆ.

(Bartl. Ord. p. 16).

Rhizoma breve crassum discoideum (cormus) inferne longitudinaliter 2-3-sulcatum subtus fibris longis copiose obsitum superne fasciculum foliorum edens. Folia spiraliter disposita subulata pellucida vernatione stricta basi in vaginam latam dilatata. Sporocarpia basi interiori foveæ foliorum adnata solitaria membranacea membranâ e marginibus foveæ ortâ (*velo*) plus minus complete tecta unilocularia indehiscentia, alia ad foliorum exteriorum axillas macrosporas 40-200, alia formâ exteriore similia ad axillas foliorum interiorum microsporas innumeras minimas continentia. Macrosporæ sphæricæ supra lineam transversam elevatam costis tribus radiantibus ad apicem conjunctis percursæ, microsporæ trigonæ striâ solitariâ notatæ. — Herbæ perennes facie gramineâ, immersæ, amphibiæ vel terrestres. Folia lacunis quatuor aëreis transverse septatis percursa, in nonnullis speciebus basibus squamæformibus foliorum vetustorum induratis nigris (*phyllopodiis*) circumdata. — Ordo *Lycopodiaccis* valde affinis.

ISOETES (L. Gen. 1184).

Characteres ordinis.

Sᴇᴄᴛ. I. AQUATICÆ Alex. Br. — Foliorum lacunæ amplæ. Stomata et phyllopodia nulla. Velum incompletum. Species submersæ. — Nulla species hujus sectionis in ditione hucusque observata fuit.

Sᴇᴄᴛ. II. AMPHIBIÆ A. Br. — Foliorum lacunæ amplæ. Folia stomatibus instructa sed phyllopodiis destituta. Velum sæpius incompletum. — Species hyeme submersæ æstate plus minusve exsiccatæ.

1. I. Olympica *(*A. Br. in Milde Fil. Eur. p. 285) cormo trilobo basi fibris nigris intertextis vestito, foliis brevibus tenuissimis subsetaceis, velo incompleto, macrosporis albis minutis costâ transversâ et costis superioribus prominentibus obsitis ad omnes facies tuberculosis verruculis facierum superiorum numerosioribus minoribus, microsporis spinulosis ♃ .

Hab. in stagnis planitiei graniticæ Olympi Bithyni 5500! (Fritsch!).

Cormus avellanâ multo minor, folia 1-1 ¹/₂ pollices longa tenuissima. Ex cl. A. Braun in litteris ad cl. Fritsch ab *I. velatâ* cui affinis exiguitate omnium partium, macrosporis parvis, etc. recedit, sed forsan ipso cl. A. Braun suadente huic sicut plures aliæ species e regione Mediterraneâ ut subspecies conjungenda.

2. I. velata (A. Br. Expl. Sc. Alg. tab. 37, fig. I) cormo profunde trilobo, foliis numerosis longissimis firmulis tenuibus acutis, velo fere completo, macrosporis mediocribus inter costas minute tuberculatis tuberculis partis dimidiæ inferioris prominentioribus, microsporis spinulosis ♃. *I. decipiens* et *I. longissima* Durieu Flora 1846, p. 719.

Hab. in aquis Asiæ minoris (ex Baker Journ. Bot. 1880, p. 107). E. ditione non vidi.

Ar. Geogr. Regio mediterranea Europæ et Africæ borealis.

Sᴇᴄᴛ. III. TERRESTRES A Br. — Foliorum lacunæ angustæ. Folia stomatibus instructa. Velum completum. Phyllopodia persistentia cormum vestientia.

3. I. Duriæi (Bory Compt. Rend. Ac. Sc. Vol. XVIII) cormo subgloboso trisulcato phyllopodiis coriaceis nigris apice breviter tridentatis vestito, foliis tenuiter filiformibus patentibus, macrosporis obsolete costatis valde scrobiculatis, microsporis tenuissime tuberculatis ♃ .

Hab. in aridis ad rupium maritimarum radices Ponti Lazici prope Rhizé (Ball).

Ar. Geogr. Gallia australis, Corsica, Italia, Africa borealis.

4. I. hystrix (Durieu in Bory loc. cit.) cormo ovato trisulcato phyllopodiis coriaceis nigris in cornua bina lineari-subulata (adjecto sæpe dentc tertio intermedio brevi) abeuntibus vestito, foliis filiformibus patentibus, macrosporis subglobosis albis tenuiter costatis et tuberculatis, microsporis fuscis densissime aculeis latis subtruncatis vestitis ♃.

β. subinermis. — Cormus citius desquamatus, phyllopodiorum cornua breviora.

Hab. in collibus incultis circa Smyrnam frequenter (Bal i), in Peloponneso et insulâ Zacyntho (Letourn. in litt.). Fl. Apr.

γ. Phrygia. — Phyllopodia in dentes breves triangulares abeuntia. macrospora obsolete et parce tuberculata fere lævia lineâ transversâ fere obsoletâ.

Hab. in collibus saxosis supra pagum Kaïagheul Deré 2 leucas ab urbe Ouchak Phrygiæ versus meridiem et occidentem distantem (Bal. 1327!) Maio.

Hæc varietas quæ ulterius investiganda ob phyllopodia in dentes triangulares nec in cornua subulata abeuntia et macrosporas sublæves forsan species propria.

Ar. Geogr. Lusitania, Hispania, Anglia, Gallia occidentalis et australis Corsica, Sardinia, Italia, Sicilia, Africa borealis.

ORD. CXLVIII. MARSILEACEÆ

(R. Br. Prodr. 166).

Frondes e rhizomate, vernatione circinnatæ, vel latere involutæ foliiformes, steriles vel lineares vel ellipticæ vel limbo quadrilobæ, fertiles sessiles vel breviter stipitatæ laminâ marginibus recurvatis et coalitis involucrum (*sporocarpium*,) sporangia includens formantes. Sporangia dimorpha (*Macrosporangia* et *Microsporangia*) sporocarpio (paginâ inferiore frondis) inclusa. — Rhizoma filiforme flexuosum. — Plantæ in aquâ degentes.

Tr. I. MARSILEÆ Koch.

Rhizoma radicans. Frondes vernatione circinnatæ. Sporangia nuciformia globosa vel oblonga basi frondium vel intra fibras radicales inserta bilocularia.

PILULARIA (L. Gen. 1185)

Rhizoma filiforme repens ad nodos radicans. Frondes steriles ad stipitem filiformem reductæ. Sporocarpia globularia ad nodos solitaria sessilia vel breviter stipitata 4-2-locularia tongitudinaliter 4-2 valvia dense pilosa tandem nuda. Sporangia lineæ elevatæ intervalvulari longitudinali inserta, inferiora (*macrosporangia*) in loculo sporam unicam majorem ovatam vel globosam, superiora (*Microsporangia*) sporulas numerosas minutissimas continentia.

1. **P. minuta** (Dur. Descr. Alg. tab. 38) frondibus tenuissimis erectis, sporocarpiis stipite declinato eis 3-4-plo longiore suffultis minimis globosis bilocularibus bivalvibus, macrosporâ globosâ non constrictâ ♃.

Hab. in stagnis, mons Pagus prope Smyrnam (Bal !).

P. globulifera in ditione nondum observata differt frondibus longioribus crassioribus, sporocarpiis quadruplo majoribus quadrivalviis subsessilibus, macrosporâ medio constrictâ.

Ar. Geogr. Sardinia, Africa borealis.

MARSILEA (L. Gen. 1182).

Rhizoma filiforme repens ad nodos radicans. Frondes steriles petiolo longo, laminâ digitatim quadripartitâ. Sporocarpia sessilia vel stipitata (stipite sæpe cum basi petioli coalito) ovata vel globosa coriacea bilocularia transverse multilocellata maturitate lobis duobus dehiscentia. Sporangia lineis elevatis parietalibus inserta majora et minora intermixta. Macrosporangia monospora, microsporangia sporulis minutissimis copiosis repleta.

1. **M. quadrifolia** (L. Sp. 1563) glabra, frondium segmentis late cuneato-rotundatis integerrimis, sporocarpiis stipitatis 2-3 rarius solitariis stipitibus inter se et cum petioli basi connatis adpresse hirtis suffultis tandem glabratis erecto-horizontalibus ovatis subcompressis ecostatis juxta basin bidentatis apice rotundatis ♃. Ic. Lam. Ill. tab. 803. — Schk. 173.

Hab. in stagnis et paludibus, Iberia Caucasica (Milde), prov. Talysch ad Caspium in oryzetis prope Lenkoran et Astara (Hoh!), Affghaniæ ditio Kurram (Aitch!).

Ar. Geogr. Gallia, Helvetia australis, Germania occid, et australis, Italia borealis, regio Danubialis, Rossia australis, America borealis, Asia.

2. M. diffusa (Leprieur ex A. Br. Mon. Berl. Acad. 1863 p. 419) glabrescens, frondium segmentis cuneato-obovatis antice repandis, sporocarpiis 2-4 stipitibus inter se liberis in basi vel supra basin petioli oriundis inter se remotis sporocarpio duplo longioribus suffultis horizontalibus ovatis subcompressis juxta basin bidentatis rufo-hirtis tandem glabratis ♃.

Hab. in aquis Egypti ad Ain Munin Oaseos parvæ (Asch! specimina sterilia).

Ar. Geogr. Insulæ Canarienses, Senegalia, Africa tropica.

3. M. strigosa (Willd. Sp. V, 539) ad petiolos et laminas pilosa tandem glabrata, frondibus segmentis cuneatis apice rotundatis integris vel erosulo-undulatis, sporocarpiis singulis declinatis stipite brevissimo cum petioli basi connato suffultis cuneato-rotundatis compressis subtrigonis juxta basin minute bidentatis adpresse pilosis ♀.

Hab. in oryzetis Trans-caucasiæ prope Lenkoran (C. A. Mey.), prope Astara (Schrenk).

Tenuior et frondes eis *M. quadrifoliæ* minores. A cl. Milde *M. pubescenti* Ten. = *M. Fabri* Dunal in Gallia et Italia australibus, Africa boreali obvia consociatur, sed hæc fructibus sessilibus rhizomati distiche seriatim et appresse insertis distincta videtur.

Ar. Geogr. Rossia austro-orientalis, Songaria.

4. M. Ægyptiaca (W. Sp. W. Sp. V, p. 540) ad petiolos et laminam pilosa sæpe glabrata, frondis segmentis anguste cuneatis emarginatis bilobis vel interdum 3-6-lobis, in formis natantibus apice rotundatis indivisis, sporocarpiis singulis stipite eis multo longiore a petiolo libero suffultis horizontaliter deflexis adpresse hirsutis obtuse tetragonis apice subretusis latere dorsali sulcatis angulo basali unidentatis, adpresse pilosis tandem glabratis ♀. Ic. Del. Fl. Eg. tab. 56.

Hab. in totius Egypti aquis profundis et inundatis tandem exsiccatis (Del. Schimp! Boiss! Schweinf! etc,).

Forma ex locis tandem exsiccatis petiolos breviores habet, segmenta minuta et apice lobata, hæc sola fructificat. In aquis profundis autem crescit forma sterilis petiolis sæpe longissimis, segmentis multo majoribus et apice rotundatis integris *M. quadrifoliæ* similis.

Tr. III. SALVINIEÆ Bartl.

Rhizoma radicans natans. Frondes foliiformes vernatione a latere involutæ. Sporocarpia plura pedunculo communi insidentia unilocularia non dehiscentia.

SALVINIA Michel. Nov. Gen. p. 107, tab. 58).

Caulis natans ramosus frondes distichas petiolatas alternas edens. Sporocarpia intra fibras radicales pedunculo brevi deorsum spectanti inserta glomerata membranacea altera pauca in receptaculo columellæformi dimidiato macrosporangia sporam unicam magnam, altera numerosiora microsporangia sporulis minimis numerosis repleta continentia.

1. **S. natans** (L. Sp. 1562 sub *Marsileā*) frondibus ovato-ellipticis obtusis facie superiori aëreā stellatim hispidulis inferiori pilis fuscis obsitis, sporocarpiis 4–8 glomeratis ⊙. *S. natans* Willd. Sp. V. p. 536. — Ic. Schk. 173.

Hab in lacubus et aquis lente fluentibus, Macedonia (herb. Kze!), Cataonia ad Giaur Geül prope Marasch (Hausskl), Transcaucasia versus Caspium (C. A. Mey! Hohen.), Persiæ borealis prov, Ghilan (Hausskl).

Ar. Geogr. Gallia, Germania, Italia borealis et media, Rossia media et australis, regio Amurensis, China borealis, Africa borealis.

EMENDANDA ET ADDENDA

AD VOLUMEN QUINTUM

Pag. 18. **Potamogeton pusillus** Hab. ad Bounarbachi Troadis (Sint.).

Pag. 21. **Cymodocea nodosa**. Hab. quoque ad Volo Græciæ (Heldr.) et in Hellesponto (Sint. ex Aschers. in litt.).

Pag. 24. **Halodule uninervis**. In locis pro Schweinf. 192 lege 172 (Asch).

Pag. 25. **Zostera marina**. Hab. quoque ad Volo Thessaliæ (Heldr.) et in Hellesponto (Sint). ex Asch. in litt.).

Pag. 25. **Zostera nana**. Hab. quoque ad Volo Thessaliæ (Heldr.) et in Hellesponto (Sint.) ex cl. Ascherson.

Pag. 26. **Posidonia Oceanica**. Hab. quoque in Hellesponto (Sint.), in Cypro (Sint.) ex Aschers. in litt.

Pag. 27. **Naias major**. In locis quo *Desert Arab.* lege *Desert. Arab.*

Pag. 28. **Naias graminea** lege *N. serristipula* Maxim. nec Balb. et Nocca. *N. intermedia* Balb. et Nocc. ad *N. minorem* pertinet (Asch.).

Pag. 30. **Lemna minor**. Hab. quoque in Troade ad Bounabarchi (Sint).

Pag. 39. **Arum Orientale** var. *gratum*. Hab. quoque in Cypro prope Kythræa (Sint.).

Pah. 40. **Arum Italicum**. Hab. quoque in Troade prope Thymbram (Sint.).

Pag. 43 post **Arisæma abbreviatum** adde.

1 *bis*. **A. Jacquemontii** (Blum. Rumphia I, p. 95) foliis
binis petiolis longe vaginatis suffultis, segmentis 5-7 a basi sessili cuneatâ oblongis acuminatis intermedio sublatiore, spathæ
tubo longo anguste cylindrico, laminâ cum subulâ longissimâ
filiformi tubo longiore, spadicis inflorescentiâ unisexuali vel
androgynâ dimidium tubum subsuperante, genitalibus rudimentariis subulatis paucis vel nullis, appendice filiformi ♃.
Jacquem. Voy. tab. 168.

Hab. in sylvaticis vallis Kurram Affghaniæ (Aitch. 3271).

Ar. Geogr. Regio Himalaica.

Pag. 47. Pro **Chamærops Ritchieana** pone

1. Nannorhops Ritchieana Wendl. Bot. Zeit. 1878,
p. 418.

Hujus novi generis characteres præter eos foliorum non indicantur. Pulchra Icon in Journ. Linn. Soc. XIX, tab. 26.

Hab. copiose in planitie vallis Kurram Affghaniæ prope Badischkel
et inter Darwazaghai Pass et Hazarpirziarat. Fibræ foliorum funibus
parandis usitatæ et ex foliis canistra tegetesque parantur.

Pag. 55. **Aceras longibracteata**. Hab. quoque in Cypro ad
Larnaca (Sint.).

Pag. 62. **Orchis sancta**. Hab. quoque in Troade (Oliv. ex
Aschers.).

Pag. 64. **Orchis punctulata**. Hab. quoque in Troade ad Alexandriam (Virch. ex Aschers.).

Pag. 68. **Orchis mascula** Adde Syn. *P. Parreyssii* Presl Bot·
Bem. III, fide Walp. Ann. p. 794.

Pag. 69. **Orchis Provincialis**. Hab. in Troade (Virch. Sint.),
in Mysiâ (Calv.).

Pag. 70. **Orchis Anstolica**. Hab. quoque in Troade (Virch.
Sint.).

Pag. 71. **Orchis incarnata**. Hab. quoque in Troade (Schmidt).

Hag. 78. **Ophrys aranifera**. Hab. quoque in Troade (Virch.
Sint.).

Pag. 85. **Cephalanthera Royleana** pro Krause lege Krause.

Pag. 94 ad calcem **Orchidearum**. Species binæ a me non visæ in
Aitch. Cat. Journ. Linn. Soc. XIX, p. 179 indicantur, nempe
Habenaria brachyphylla Lind. in sylvis vallis Kuram
Affghaniæ 7500! et **Diuris muscifera** Lindl. in quercetis
9500' vallis Chendloi.

Pag. 100. **C. sativus**. Cl. Janka Bot. Centralbl. 1883, p. II, negat
Crocum Orsinii Parl. ut synonymon *C. sativi* adduci posse
illi spatham monophyllam, huic autem diphyllam tribuens. Cl.
Parlatore equidem. Fl. Ital. III. p. 228, spatham sui *C. Orsinii*
monophyllam dicit, sed errat, vel forsan specimen imperfectum abortu monospathum descripsit; omnes hujus gregis species spathâ diphyllâ gaudent (cl. Maw in litt.) — *C. sativus*
var. *Pallasii* hab. qnoque in Troade (Calv. ex Aschers.).

Pag. 114. **C. speciosus** ex cl. Janka loco citato nec in Hungariâ
nec in Transylvaniâ crescit.

Pag. 115. **C. pulchellus**. Hab. quoque in Mysiâ ad Demir Kapu
(Calv.).

Pag. 116. **Romulea Linaresii**. Hab. quoque in Troade (Sint.)

Pag. 117. **Romulea Columnæ**. Hab. quoque in Troade (Sint.)

Pag. 120. Ad **Iris Sisyrinchium** var. *monophylla* pro Atti
Firenze 1864 lege 1874.

Pag. 133. Post **Iridem filifoliam**

36 *bis*. **I. Bartoni** (Foster in Gard. Chron. 1883, I,
p. 275) rhizomate carnoso, foliis late ensiformibus longis,
caule elato plurifloro folia subsuperante, spathæ valvis magnis
navicularibus angustis acuminatis carinatis apice tantum scariosis diu persistentibus, floribus magnis, perigonii tubo ovario trigono breviter stipitato sublongiore, limbi laciniis
spathulatis subconformibus et omnibus barbatis albis unguibus purpureo-venosis, exterioribus reflexis albo et ad ungues
flavo-barbatis, laciniis interioribus emarginatis margine subundulatis secus medios ungues lineatim albo-barbatis, stigmatibus albis cristis longis denticulatis, capsulâ.... ♃.

Hab. in Affghaniâ prope Candahar (Barton).

Folia 1 ½-2-pedalia sesquipollicem lata, flores magnitudinis
I. Florentinæ quâcum cl. auctor hauc speciem comparat sed ob perigonii lacinias omnes barbates mihi potius in sectione *Hexapogon*
militare videtur.

Pag. 135. **Iris rubromarginata**. Hab. quoque in Troade (Virch.
Sint.) in Mysiâ (Calv.).

Pag. 145. **Galanthus Elwesii.** Hab. quoque ad Su-Surlu Mysiæ (Calv.).

Pag. 147. **Sterbergia lutea**. Hab. quoque in Troade (Webb.) Calv.).

Pag. 152. **Pancratium maritimum.** Hab. quoque ad Joppen Palestinæ a colonis Germanis *Lilium Saronense* dictum (Sint).

Pag. 159. Ad **Colchicum speciosum**. Hauc speciem cl. Janka Bot. Centralblatt 1883, p. 11, ex viciniis Byzantii retulisse indicat.

Pag. 160. Ad **C. Turcicum**. Syn. *C. Orientalis* Friv. floriferi tantum lecti et ex cl. Janka loc. cit. potius ad *C. Neapolitanum* vel *C. autumnale* referendi delendum est.

Pag. 162. **C. micranthum**. Hæc species ex cl. Janka eadem ac ea quam cl. Sintenis ex regione Dobrutscha sub *C. arenarii* nomine divulgavit.

Pag. 162. **C. Kochii**. Hanc speciem Cl. Janka loc. citato a *C. longifolio* Cosson non specifice distinctam autumat.

Pag. 164. **C. montanum**. Cl. Janka loc. cit. de *C. montano* Forsk. quod pro specie distinctâ *C. Steveni* proximâ habet sermonem facit, sed hanc plantam extrâ fines nostros in Arabiâ felici crescentem non enumeravi.

Pag. 167. **Merendera sobolifera**. Add. ex cl. Janka Friv. in Eukön. 1838, tab. 3. Hab. quoque in Troade (Calv. Sint. ex Ascherson).

Pag. 168. **M. Caucasica**. Ex cl. Janka loc. cit. p. 12 erescit quoque in Thraciâ prope Slivno (Friv.).

Pag. 470. Ad **Erythrostictus Palestinus**. Adde Hab. ad Minet el Matruleh Marmaricæ Ægyptiacæ (Gottf. Roth ex Asch. in litt.).

Pag. 172. **Lilium candidum**. Crescit magnâ copiâ in rupestribus faucium prope. Feitrun Libani 3900' cl. Peyron!) et in pluribus aliis locis imperviis eorumdem montium ab eodem botanico quoque observatum fuit. Ideo in Libano absque dubio sylvestre.

Pag. 185. **Fritillaria tulipifolia**. Hûc prob. spectat *F. parviflora* Martius Hort. Monac. 1838. Linn. XIII, lit. 102 nimis incomplete descripta, sed cujus characteres et locus (prov. Karabagh Fischer) non male quadrant.

Pag. 199. **Tulipa humilis**. Hûc ex citatione Auch. exs. 5372·et ex descriptione spectare videtur *T. Aucheriana* Baker in Gard. Chron. 1883, II. p. 168.

Pag. 202. **Lloydia Græca**. Ex cl. Janka Bot. Centr. 1883, p. 12, synonymon *L. Siculæ* Huet ad *L. trinerviam* Cosson Bull. Soc. Bot. Fr. 1865, p. 285, floribus majoribus et antheris apiculatis distinctam referendum est.

Pah. 249. Ad|**Allium albidum**. Hûc ut et Cl. Regel All. Mon. p. 132 in synonymiâ *A. flavescens* Besser adduximus. Cl. Janka autem Bot. Centr. 1883, p. 12, eas species specifice distinctas habet, posteriori *A. ammophilum* Heuff. conjungens. Cl. Regel loco citato notas differentiales utriusque indicat sed formas intermedias frequenter observavit.

Pag 250. **A. Ascalonicum** ex Alph. de Candolle Orig. pl. cult. est varietas culturâ ex *Allio Cepâ* enata.

Pag. 256. Ad **A. stamineum**. Hab. quoque in Thraciâ prope Stanimak (Janka loco citato).

Pag. 256. **A. pulchellum**. Hab. in Troade (Calv. Sint.).

Pag. 281. Post **A. hirtifolium**.

130 *bis*. **A. atropurpureum** (W. K. Pl. rar. Hung. I, p. 16, tab, 17,) bulbi ovati tunicis integris, scapo tereti elato folia lineari-lanceolata acuta lævia superante, spathâ 2-4 valvi umbellâ breviore, umbellæ multifloræ hemisphæricæ vel globosæ pedicellis flore 2-3 plo longioribus, perigonii saturate purpurei phyllis lineari-oblongis basi subcoalitis, filamentis perigonio sublongioribus a basi latiore subulatis, capsulâ globosâ ♃. *A robustum* Kar. et Kir. Enum Alt. num. 855.

Hab. in Thraciâ prope Stanimak (Friv. ex Janka loc. cit.), ad radices montis Sikaram Affghaniæ 9000' (ex Aitch. Cat.) E ditione non vidi).

Ar. Geoqr. Hungaria, Songaria, Sibiria Altaica.

Pag. 283. **A. Aschersonianum**. Adde W. Barbey Herbor. au Levant p. 163, tab. IV.

Pag. 294. **Muscari latifolium**. Pro « *Nuzlu* » lege « *Narly* ».

Pag. 302. **Bellevalia ciliata**. Hab. quoque ad Renkoi Troadis (Sint.).

Pag. 309. **Hyacinthus Orientalis**. In Troade ad Thymbram vere indigena videtur (Sint.).

Pag. 313. Ad **Asphodelus microcarpus**. In synonymiâ pro *A. racemosus* lege *A. ramosus*.

Pag. 314. Ad **Asphodelus fistulosus.** Ex habitatione Egyptus prob. delenda (Aschers. in litt.).

Pag. 327. **Eremurus Aitchisoni.** Adde Journ. Linn. Soc. XIX, tab. 27. Ex icone filamenta perigonio tertiâ parte breviora, antheræ oblongæ nec globosæ, stylus non exsertus.

Pag. 331. Post Genus **Paris** adde

TRILLIDIUM (Kunth Enum. V., p. 120).

Flores hermaphroditi. Perigonium hexaphyllum regulare persistens phyllis omnibus petaloideis patentissimis subæqui-longis lanceolatis acuminatis interioribus angustioribus. Fila-menta sex imæ basi phyllorum inserta. Antheræ biloculares lineares basi bifidæ apice breviter et obtuse mucronatæ. Ova-rium liberum sessile ovato-conicum triloculare. Stigmata tria sessilia elongata subulata patula. Fructus baccatus ovato-glo-bosus breviter apiculatus. — Horba rhizomate horizontali, caule simplici apice verticillatim triphyllo unifloro.

1. **T. Govanianum** (Wall. Cat. N° 812 sub *Trillio*), foliis breviter petiolatis ovatis attenuato-acuminatis glabris, pedun-culo flor. breviore, perigonii atropurpurei phyllis lanceolatis acuminatis, staminibus perigonio quadruplo brevioribus ♃. Royle Illustr. tab. 93, fig. I.

Hab. in valle Kuram Affghaniæ (Aitch. 2621).

Ar. Geogr. Himalaya temperata.

Pag. 341. **Ruscus aculeatus.** Hab. quoque in Troade (Sint.).

Pag. 342. **Ruscus hypophyllum.** Hab. quoque in *Troade* ad fontem Scamandri (Clarke, Virchow, Sintenis).

Pag. 345, 346. Ut jam suspicatus fui **Commelyna nudiflora** et **C. Kotschyi** in Egypto perperam indicatæ sunt ex Nubiâ et Africâ tropicâ tantum oriundæ (Aschers. in litt.).

Pag. 347. **Luzula pilosa** adde. Hab. quoque in monte Hæmo Thraciæ (ex Janka Bot. Centr. Blatt 1883, p. 13.

Pag. 348. **Luzula spicata.** Hab. quoque in summo monte Ida Troadis (Sint.).

Pag. 349. **Luzula multiflora.** Hab. in Troade ad Renkioi et in monte Ida (Sint.).

Pag. 352. Post **Juncum effusum** adde

1 *bis*. **J. paniculatus** (Hoppe Dec. Gram. N⁰ 156) culmo nudo elato profunde striato medullâ loculoso-interruptâ farcto, vaginis rudicalibus aphyllis, anthelâ laterali decompositâ laxâ ramis exterioribus prolifere elongatis, floribus remotis, perigonii phyllis lanceolatis acutissimis, stylo manifesto, capsulâ oblongo-ellipticâ acutâ mucronatâ ♃.

Hab. ad scaturigines regionis Rephidim Arabiæ petreæ (Schimp. exs 287 sub *J. glauco* (sub eodem numero adsunt *J. maritimi* β *Arabici* specimina).

Plantam Hoppeanam non novi et specimen (floriferum) Schimperi a *J. effuso* distinguere non valui. Tamen cl. Buchenau in Engl. Jahrb. 1881, p. 107 et cl. Ascherson in Bot. Zeit. 1883, p. 164, *J. paniculatum* pro specie propriâ habentibus ejus diagnosin ex Koch Syn. addidi.

Ar. Geogr. Littora Adriatica, Affghania (Buchenau).

Pag. 356. **Juncus Gerardi**. Hab. quoque in littore ad Dardanellas (Sint.)

Pag. 361. Post **Juncum bufonium**.

25 *bis*. **J. sphærocarpus** (Nees ex Funk Regensb. Bot. Zeit. 1818, p. 321) annuus, caulibus filiformibus humilibus simplicibus vel ramosis 1-2-foliis, foliis setaceis basi caniculatis, floribus solitariis remotis subsessilibus secus paniculæ ramos erectos bifidos, perigonii phyllis oblongo-lanceolatis acuminatis mucronatis capsulâ subsphæricâ obtusâ conspicue longioribus, seminibus ovatis læviusculis ☉.

Hab. in deserto Mesopotamiæ prope Kharran in consortio *J. bufonii* (ex Haussk. Bot. Zeit. 1871, p 803), specimina e Cælesyriâ (Ehrenb.) sub *J. tenageiâ* in Flor. Orient. citata hûc quoque spectant.

Ex variis auctoribus *J. tenageiæ*, rectius autem ut videtur ex Cl. Bachenau *J. bufonio* magis affinis.

Ar. Geogr. Europa in Germaniâ, Hispaniâ et prob. alibi, regio Amurensis.

Pag. 364. **Cyperus globosus**. Hab quoque in Syriâ ad Nahr el Kelb prope Berythum (Ehrenb.).

Pag. 365. **Cyperus tremulus**. Cl. Aitch. Cat. Journ. Linn. Soc. XIX, p. 189 ex Affghaniâ *C. puncticulatum* Vahl Enum. 2, 348 in aquis inter Shinak et Alizai crescentem indicat. Hujus specimen junius simile est plantæ Zeylanicæ a cl. — Thwaites ad *C. puncticulatum* relatæ, utrumque a *C. tremulo* Poiret mihi non differre videtur et glumis arctius imbricatis (prob. ex statu juniori) tantum ab eo diversum.

Pag. 365. **C. polystachyus** in habitatione pro « Rohlfs » lege « Ascherson ».

Pag. 367. **C. Pannonicus**. Species annua distinctissima post *C. lævigatum* et *C. distachyum* inter se valde affines et forsan specifice non distinctas enumerandus.

Pag. 367. **C. alopecuroides.** Hab. quoque in ditione Fayum Egypti (Aschers.).

Pag. 368. **C. pygmæus.** Cl. Ascherson in litt. characteres ex numero nervorum glumarum et ex glumarum dispositione distichâ vel spirali depromptos variabiles autumat et tunc hæc species *Scirpi Micheliani* forma esset. Hab. quoque in Corcyrâ (Wichura ex Aschers.), in planitie Trojanâ (Sint.).

Pag. 370. **C Iria** adde. Hab in oryzetis districtûs Kuram Affghaniæ (Aitch. 418 !). Cl. Aitchison ex eâdem regione *C. niveum* Retz speciem mihi non notam indicat.

Pag. 371. **C. glaber.** Hab. quoque in planitie Trojanâ ad Seilunlû (Sint.).

Pag. 373. **C. auricomus.** Non ad Kahiram sed prope Benha et in ditione Fayum lectus (Aschers.).

Pag. 376. **C. pallescens.** Non ad Kahiram sed prope Benha (Schweinf. 2017) lectus.

Pag. 376. **C. badius.** Hab. quoque in Cælesyriâ (Ehr.).

Pag. 380. **Scirpus Savii.** Hab. quoque in Syriâ littorali ad Berythum et interiore in Cælesyriâ (Ehrenb.).

Pag. 380. **Scirpus supinus.** Hab. quoque in Egypti Oasibus parvâ et Dachel (Aschers.). Deleatur ejus varietas β *minimus* hûc per errorem inserta nam *Sc. pollicaris* Delile teste cl. Ascherson est *Sc. parvulus*. Vide p. 379.

Pag. 381. **Scirpus inclinatus.** Hab. prope Rosettam et Damiatam (Delile ex Ascherson), in Oasi Dachel (Nectoux, Aschers.). Ex cl. Ascherson certe perennis et more *Sc. radicantis* se propagans. Hæc species ex notâ cl. Böckeler in herb. Schweinfurth a *Sc. prolifero* Rottb. non differt.

Pag. 381. **Scirpus articulatus.** Hab. in Oasi Dachel Egypti (Aschers.).

Pag. 381. **Scirpus Holoschænus** var. *australis*. Hab. ad scaturigines Egypti ad Gebel Ghutur (Husson!).

Pag. 383. **Scirpus triqueter** et **Sc. lacustris** perperam ut videtur in Egypto indicati fuerunt. Specimina utriusque sunt *S. littoralis* (Aschers. in litt.). — *S. littoralis* in Persiâ prope Kermanchah quoque crescit (Haussk.(.

Pag. 383. **Scirpus littoralis** β *digynus* adde. Syn. *S. subulatus* Aitch. Cat. in Journ. Linn. Soc. XIX. p. 180 non Vahl. — Hab. in oryzetis ditionis Kuram Affghaniæ (Aitch. 465!).

Pag. 385. Scirpus compressus. Hab. quoque in monte Ida
. Troadis (Sint.).

Pag. 387 post Heleocharis capitata.

6 *bis.* **H. atropurpurea** (K[th]. Enum. 2, 161) annua
cespitosa, radice tenuiter fibrosâ, culmis filiformibus pumilis
aphyllis basi vaginatis, spicâ terminali solitariâ ovatâ obtusâ,
glumis oblongo-ovatis obtusis dorso uninerviis sanguineis
margine hyalinis, stylo profunde bifido, nuculâ obovatâ tur-
gide lenticulari atrocastaneâ margine acutâ tuberculo minuto
patellari superatâ. setis 4 retrorsum spinulosis nuculam
subæquantibus ⊙. *Scirpus Lereschii* Thomas.

Hab. in Oryzetis ad Chalizan Affghaniæ (Aitch.), Non vidi.

Ar. Geogr. Helvetia australis, Italia, Africa tropica, India orientalis.

Pag. 388. Fimbristylis ferruginea adde. Hab in Oasi parvâ
et ad Dachel (Aschers. in litt.).

Pag. 391. Post Eriophorum angustifolium adde

4. **E. comosum** (Wall. Cat. — Nees in Wight Bot. 110)
dense cespitosum radice fibrosâ, culmis inferne fusco-vaginatis teretibus superne trigonis, foliis longis carinato-complicatis angustis sæpe setaceis scabris, umbellâ supradecompositâ, involucri phyllis spiculas longe superantibus, spicis longe
pedunculatis oblongis parvis, glumis ovato-oblongis mucronatis uninerviis, setis hypogynis capillaribus demum valde elongatis ♃ .

Hab. in rupestribus vallis Kurram Affghaniæ inter Thal et Kurram
usque ad 4000' (Aitch. 316!).

Ar. Geogr. Himalaya temperata.

Pag. 393. Ad Kobresia caricina pro *Gisyl Tepe* lege *Kisyl
Tepe.*

Pag. 394. Ad Elyna schænoides. Adde. Hab. in jugo Safed
Koh ditionis Kuram Affghaniæ 11-120000' Aitch. 301 !).

Pag. 402. C vulpinoidea. Cl. Christ vidit specimen Caucasicum
a cl. Brotherus missum ad *G. vulpinum* veram nec ad *C.
vulpinoideam* referendum. *C. vulpinoidea* igitur in Caucaso
valde dubia.

Pag. 405. C. stellata et **C. leporina.** Habitant quoque in
Libano (Ehrenb. ex Aschers.).

Pag. 407. Carex Linkii. Hab quoque in Troade (Sint.).

Pag. 408. **C. Oliveri.** Cl. Ascherson in litt. monet hanc speciem minime ab Oliviero peregrinatore Gallico lectam fuisse sed a . Böckeler Cl. Daniel Oliver botanico Kewensi dicatam.

Pag. 411. **Carex Huetiana.** Cl. Christ ex litt. vidit formas in Caucaso a cl. Brotherus inter *C. præcocem* et *C. Huetianam* lectas, hæc igitur probab. tantum varietas *C. præcocis.*

Pag. 411. **C. pilulifera** adde. Hab. in Caucaso (Brotherus ex cl. Christ. in litt.).

Pag. 412. **C. tomentosa** adde. Hab. in Caucaso (Brotherus ex cl, Christ in litt.)

Pag. 413. **C. pallescens.** Hab. quoque in monte Ida Troadis (Sint.).

Pag. 412. **Carex Grioleti.** Nomen antiquius est *C. grisea* Viv. Fl. Ital. Fragm. p. 186 (ex J. Gay Bull. Soc. Bot. Fr. p. 166) sed Wahlenbergius speciem Americanam diversam eodem nomine nuncupavit. Eodem loco Cl. Gay *C. Grioleti* pro varietate *C. virescentis* Americanæ habet sed collatis utriusque speciminibus species Americana neglectâ pubescentiâ aliisque notis spicis fructiferis laxioribus et duplo angustioribus statim distinguitur.

Pag. 418. **Carex echinata.** Hab. quoque in planitie Trojanâ. (Virchow).

Pag. 420. **Carex vulgaris** Hab. in Troade (Calv.).

Pag. 455. **Erianthus strictus.** Hab. ad Dardanellas (Calv. Sint.), ad fontem Scamandri (Sint.).

Pag. 465. **Andropogon hirtus** var. *pubescens.* Hab. ad Assos Troadis (Sint.).

Pag. 468. **Phacelurus digitatus.** Hab. in Troade prope Bounarbachi (Sint.).

Pag. 481. **Phleum asperum.** Hab. in Troade (Sint.).

Pag. 484. **Phleum Alpinum.** Hab. in monte Ida Troadis (Sint. ex Asch.).

Pag. 501. **Stipa tortilis.** Hab. in Troade ad Assos (Sint.).

Pag. 506. **Piptatherum miliaceum.** Hab. in Troade (Sint.).

Pag. 507. **Piptatherum cærulescens** Hab. in Troade (Sint.).

Pag. 510. **Miluem vernale.** Hab. in Troade (Calv., Sint.)

Pag. 525. **Calamagrostis epigeios.** Hab. in monte Ida Troadis (Sint.).

Pag. 531. **Deschampsia flexuosa.** Hab. in monte Ida Troadis (Sint.).

Pag. 543. **Avena barbata.** Hab. in Troade (Schm., Sint.).

Pag. 561. DEPLACNE errore typographico, lege DIPLACHNE.

Pag. 566 **Sesleria argentea.** Hab. in mante Ida Troadis (Sint.).

Pag. 571. **Cynosurus elegans.** Hab. in Troade (Sint.).

Pag. 583. **Eragrostis nutans.** Dele synonymon *E. Mossulensis* hûc per confusionem citatum et quod ad *E. pilosam* spectat. *E. nutans* cæterum prope Mossul quoque crescit.

Pag. 615. **Atropis festucæformis.** Hab. quoque ad Dardanellas (Sint.) Calv.).

Pag. 626. **Festuca montana.** Hab. in Troade ad fontes Scamaudri (Sint.).

Pag, 635. **Sclerochloa dura.** Hab. quoqne in Troade (Calv. Sint.).

Pag. 644. **Bromus Sipyleus.** Hab. in monte Idâ Troadis (Sint.),

Pag. 655. **Bromus patulus.** Hab. quoque in Troade (Calv.).

Pag. 656. **Bromus secalinus.** Hab. in Troade (Calv. ex Asch.).

Pag, 658. **Brachypodium pinnatum.** Hab. quoque in monte Idâ Troadis (Sint.).

Pag. 665. **Agropyrum junceum.** Hab. quoque in Troade Calv. Sint.).

Pag. 678. **Secale montanum** var. *Anatolicum.* Hab. in monte Idâ Troadis (Sint.).

Pag. 682. **Nardus stricta.** Hab. in monte Ida Troadis (Sint.).

Pag. 682. **Psilurus nardoides.** Hab. quoque in Troade (Calv. Sint.).

INDEX

INDEX

ORDINUM, GENERUM, SPECIERUM ET SYNONYMORUM

INDEX

NOMINUM VERNACULORUM

IN HOC OPERE ADMISSORUM

(SIVE IN NOMENCLATURAM BOTANICAM HIC ADHIBITAM RECEPTORUM)

Auctore P. ASCHERSON *

Obs. Orthographia nominum vernaculorum, quantum fieri potuit, pronuntiationi gallicæ accommodata est; nomina vero secus transcriptiones germanicam, anglicam etc. admissa in serie alphabetica suis locis citantur. Nomina Orientalia in nomenclatura botanica solum adhibita uncis ( ) inclusa.

a significat nomina Arabica.

g   —   —   Græca.

p   —   —   Persica (cum Ghilanicis et Mazenderanicis).

t   —   —   Turcica (cum Tataricis, Kirghisicis cet.).

A

	Vol.	Pag.
abéthrané (a) : *Artemisia annua*, L.	III	372
abhar (pronunt. ab-har) (a): *Styrax officinale*, L.	IV	35
abou dalebisé (a) : *Trifolium purpureum*, Loisl.	II	123
accoub, cf. akkoub.		
adé (a) : *Artemisia monosperma*, Del.	III	363
ændjelou (p [mazenderan.]): *Parrotia Persica*, C. A. Mey.	II	818
agria maroulitza (g): *Petromarula pinnata*, Alph. DC.	III	957
agrioberikoukia (g.) : *Prunus pseudoarmeniaca*, Heldr. et Sart.	II	651
agrioelia (g) : *Olea europæa*, L. spontan.	IV	36

* Hunc Indicem a cl. et am. Prof. P. Ascherson (adjuvante Cl. J. G. Wetzstein) elaboratum et benigne communicatum grato animo accipit et ut supplementum utilissimum Floræ Orientali addit hujus auctor.

B

	Vol.	Pag.
bal kouraï (kirghis.) : *Dorema Ammoniacum*, Don.	II	1009
balloutt (afgh. [potius p, s]) : *Quercus Balout*, Griff.	IV	1168
bangui-divâna (t) : *Lagochilus inebrians*, Bge.	IV	771
basul baasch cf. bazoul.		
batoum (a) : *Pistacia Palæstina*, Boiss.	II	6
batoum akhdar (a) : *Pistacia Khinjuk*, Stocks.	II	7
bayi (beludj.) : *Balsamodendron pubescens*, Stocks.	II	3
bazoul-bandj [nec baasch] (a) : *Lagochilus inebrians*, Bge.	IV	771
bellân (a) : *Poterium spinosum*, L.	II	734
bên [rectius bân] (a) : Semen (et oleum) *Moringæ apteræ*, Gært.	II	23
inde nomina *Silenes Behen*, L., I, 583, et *Centaureæ Behen*, L.	III	682
bené (p) : *Pistacia Khinjuk*, Stocks.	II	7
berchemi cf. berkhemy.		
berkan cf. berqân.		
berkhemy (a) : *Plantago cylindrica*, Forsk.	IV	882
berqân (a) : *Phæopappus scoparius*, Boiss.	III	602
bersalîn (p) : *Artemisia Persica*, Boiss.	III	574
bersym [nec bersyn] (a) : *Trifolium alexandrinum*, L.	II	127
billesour (p) : *Dorema Aucheri*, Boiss.	II	1009
bombar (a) : *Cordia Myxa*, L.	IV	124
boridjé (p [mazend.]) : *Ferula galbaniflua*, Boiss. et Buhse	II	988
boukhouri-yag (t) : Balsamum *Liquidambaris orientalis*, Mill.	II	819
bourghoul (a) : *Atriplex leucocladum*, Boiss.	IV	915
bourg-aghatch (t) : *Viscum album*, L.	IV	1068
bous-el-djez'yr bousa fâriey } (a) : *Saccharum ægyptiacum*, Willd.	V	454
breyhema (a) : *Convolvulus lanatus*, Vahl.	IV	89
buchuri cf. boukhouri.		
burgul cf. bourghoul.		
burg aghagii cf. bourg-aghatch.		

C

(Cf. k. ch (gall.) = sch (germ.), ch (germ.) = kh (gall.), ch (angl.) = tch (gall.)

	Vol.	Pag.
(chafta (p) : *Silene Schafta*, Gmel.	I	655)
chakha khoul (t [tat. nec afgh.]) : Radix *Eremodauci Lehmannii*, Bge.	II	931
chamoun (Caucas. ?) : *Spinacia tetrandra*, Stev.	IV	906

D

(dj (gall.) = dsch (germ.), cf. etiam g).

	Vol.	Pag.
djidebado (georg.?): *Michauxia lævigata*, Vent.	III	891
doum (a): *Hyphœne thebaica*, Mart.	V	46
dschaschir cf. djachir.		
(dydjeyr (a): *Digera alternifolia*, Aschs.	IV	994)

E

(el (a) articulum sistit.)

el âs cf. âss.		
el bun [rectius habb-el-bân] (a): *Moringa aptera*, Gærtn.	II	23
el charembâ cf. kharembâ.		
el gar cf. ghâr.		
el hamd cf. hamd.		
el koreu cf. qoreyn.		
endjâss (a): *Pyrus Syriaca*, Boiss.	II	655
erebyân (a): *Anthemis deserti*, Boiss.	III	305
eroua (a): *Ærva Javanica*, Juss.	IV	992

F

ferch [nec feras] -ed-daba (a): *Prangos asperula*, Boiss.	II	942

G

(cf. gu, k, q, etiam dj, gh(as) cf. rh.)

gahalle cf. kahalâ.		
galokhorto ⎱ (g): *Campanula versicolor*, Sibth. et Sm.	III	915
galomana ⎰		
gavros (g): *Ostrya carpinifolia*, Scop.	IV	1178
gazâny (a): *Erigeron Bovei*, Boiss.	III	168
gerrtum cf. qertoum.		
gerrud cf. djerroud.		
ghaouchân (t): *Artemisia fragrans*, Willd.	III	366
ghâr (a): *Vitex Agnus castus*, L.	IV	535
(ghobbeyra (a): *Robbairea prostrata*, Boiss.	I	755)
gimschir cf. guimchir.		
girdægan cf. guirdægân.		
gjasum cf. djasoum.		
gougl (beludj.): *Balsamodendron Mukul*, Hook.	II	3

H

(cf. kh.)

I

J

(j (germ.) = y (gall.), j (angl.) = dj (gall.)

K

(cf. g, gu, q ; kh (gall.) — ch (germ.)

L

M

N

O

(ou (gall.) = u (germ.), w (angl. et a.)

P

T

U

(u (gall.) = û (germ.) ; u (germ.) = ou (gall.)

ad cf. oud.

umbürtel cf. oumburtel.

unab cf. ounnâb.

uolak cf. ouolak.

uuchek cf. ouchek

V

(v (gall.) = w (germ.)

W

(w (germ.) = v (gall.) ; w (angl., a.) = ou (gall.)

waradika cf. varadika.

ward cf. ouard.

wezba cf. ouezba.

wort berri cf. ouard berry.

woija cf. voïyæ.

wuhs cf. vouss.

wuzam cf. ououzâm.

Y

(y (gall , angl.) = j (germ.)

Z

(z (gall., angl.) = s (germ.) ; z (germ.) = ts, tz (gall.)

	Vol.	Pag.
zaëterân (a) : *Thymus decussatus*, B-nth.	IV	559
zarour (a) : *Cratægus Sinaica*, Boiss.	II	663
(inde nomen *Cratægi Azaroli*, L.	II	662)
zatar (a) : *Origanum Maru*, L.	IV	553
(inde nomen *Zatariæ*, Boiss.	IV	561)
zatar fârisy (a) : *Thymus capitatus*, Lk. et Hfmg.	IV	560
zeytoun (a, etiam p et t) : *Olea europæa*, L., culta cf.	IV	36
(zilla (a) : *Zilla myagroides*, Forsk.	I	408)
(ziziforân (a) : *Zizyphora capitata*, L.	IV	586)
zuh cf. tsouh.		

INDEX

GENERUM FLORÆ ORIENTALIS

800
14
355
561
158
229
745
408
385
12
697
821
674
24
755
037
282
330
900
909

Lightning Source UK Ltd.
Milton Keynes UK
25 August 2010

158968UK00005B/15/P